# spectrum Literaturwissenschaft/ spectrum Literature

—

Komparatistische Studien/Comparative Studies

Herausgegeben von
Moritz Baßler, Werner Frick,
Monika Schmitz-Emans

# Band 35

Bent Gebert
**Mythos als Wissensform**

Bent Gebert

# Mythos als Wissensform

Epistemik und Poetik des *Trojanerkriegs*
Konrads von Würzburg

**DE GRUYTER**

Gedruckt mit Unterstützung durch die Wissenschaftliche Gesellschaft Freiburg im Breisgau

Diss. Freiburg i.Br.

ISBN 978-3-11-029931-1
e-ISBN 978-3-11-029959-5
ISSN 1860-210X

**Library of Congress Cataloging-in-Publication Data**
A CIP catalog record for this book has been applied for at the Library of Congress.

**Bibliografische Information der Deutschen Nationalbibliothek**
Die Deutsche Nationalbibliothek verzeichnet diese Publikation in der Deutschen
Nationalbibliografie; detaillierte bibliografische Daten sind im Internet
über http://dnb.dnb.de abrufbar.

# Vorwort

Die vorliegende Arbeit wurde im Wintersemester 2011 von der Philologischen Fakultät der Albert-Ludwigs-Universität Freiburg im Breisgau als Dissertation angenommen. Für den Druck wurde sie überarbeitet.

Besonders herzlich danken möchte ich Burkhard Hasebrink für ermutigenden Zuspruch, inspirierende Kritik und hingebungsvolle Aufmerksamkeit, mit der er mein Projekt in allen Phasen förderte. Mein besonderer Dank gilt außerdem Thomas Klinkert als zweitem Betreuer für Gespräche und wesentliche Hinweise insbesondere zu systemtheoretischen Aspekten. Peter Philipp Riedl danke ich für die Übernahme des dritten Gutachtens. Da die Arbeit den *Trojanerkrieg* Konrads von Würzburg im Rahmen vergleichender Wissensforschung untersucht, bin ich den Herausgebern für die Aufnahme in die komparatistische Reihe *spectrum Literaturwissenschaft* zu großem Dank verpflichtet.

Der wissensgeschichtlich heikle Status mittelalterlicher Mythographie erregte meine Neugier erstmals im Rahmen einer Arbeitsgruppe zum Thema „Mythos und Mythostheorie", zu der die Studienstiftung des deutschen Volkes als Teil ihres ersten geisteswissenschaftlichen Kollegs eingeladen hatte. Christoph Jamme und Stefan Matuschek als Leitern der Arbeitsgruppe gilt mein besonderer Dank für diese fruchtbare Keimzelle, Uwe Mayer seitdem für engste Zusammenarbeit.

Vielfältige Anregungen zum Verhältnis von Literatur und Wissen verdanke ich den Fellows und Gästen des Freiburg Institute for Advanced Studies. Danken möchte ich zudem Hans Ulrich Gumbrecht für die Einladung zu einem Forschungsaufenthalt am Department of Comparative Literature der Stanford University. Der Wissenschaftlichen Gesellschaft Freiburg im Breisgau bin ich für die Förderung dieses Forschungsaufenthaltes ebenso wie für großzügige Beihilfe zu den Druckkosten dankbar. Meinen Eltern danke ich für ihre beständige Unterstützung.

Der umfangreiche Text verlangte umfangreiche Korrekturen: Nadine Krolla, Ramona Raab und Vera Auer haben mir tatkräftig geholfen, so viele Fehler wie möglich aufzuspüren – ihnen gilt mein herzlicher Dank. Gleichwohl bleibt die Arbeit mit ihrem Anliegen, abstrakte Theoriebildung und konkrete Textanalyse fortlaufend aneinander zu entwickeln, bis zuletzt ein Versuch. Er wurde und wird unablässig bewegt von Gesprächen mit Eva, der ich diesen Versuch widme.

Konstanz, im Juni 2013                                                                        Bent Gebert

# Inhalt

Vorwort —— V

Erster Teil: **Theoretische Annäherungen** —— 1

I      **Einleitung** —— 3
1      Mythographie. Zur Archäologie einer prekären Textsorte —— 3
2      Mythographische Poetik und die Evolution von Wissensordnungen.
          Der *Trojanerkrieg* Konrads von Würzburg als Modellfall —— 9
3      Leitfragen, Prämissen und Vorgehen der Untersuchung —— 16

II     **Theoretische Vorüberlegungen zur Epistemik und Poetik von**
       **Mythographie** —— 21
1      Was weiß Literatur? Ansätze, Perspektiven und Probleme
          der Theoriebildung —— 21
1.1     Wissen *in* Literatur —— 27
1.2     Wissen *und* Literatur —— 34
1.3     Wissen *oder* Literatur —— 38
1.4     Irritationspunkte in der Diskursgeschichte des Wissens —— 43
1.5     Anforderungen an ein Analysemodell —— 55
1.6     Wissen als Invisibilisierung. Vorschlag zu einem Design —— 57
1.7     Leitbegriffe der Studien —— 65
1.8     Zusammenfassung: Wissen und literarische Kommunikation —— 68
2      Mythos und Wissen —— 69
2.1     Mythos. Zur Unschärfe einer kulturwissenschaftlichen
          Analysevokabel —— 69
2.2     Mythoskonzepte der Mediävistik —— 72
2.3     Heuristische Zugänge zu Mythosdiskursen —— 79
2.4     Mythos in Wissensordnungen – Mythos als Wissbares. Ein Diskurs
          in der Spannung von Fremdreferenz und Selbstreferenz —— 80
2.5     Der Trojanische Krieg zwischen Historiographie und
          Mythologisierung —— 100
2.6     Zusammenfassung: Mittelalterliche Mythographie zwischen Wis-
          sensordnungen und Wissbarkeit —— 102

Zweiter Teil: **Untersuchung des *Trojanerkriegs* Konrads von Würzburg** —— 105

III     **Paradoxien** —— 109
1      Schwebende Referenz. Das Urteil des Paris und das Erzählen mit
          euhemeristischen Paradoxien —— 109

| | | |
|---|---|---|
| 2 | Dispersion. Paradoxien mythographischer Kommunikation —— **134** | |
| 3 | *bîschaft*. Von der Erfüllung der Zeichen zum Erzählen mit erfüllten Zeichen —— **155** | |
| 3.1 | Sinnstrukturen vor Ausbruch des zweiten Trojanischen Kriegs —— **163** | |
| 3.1.1 | Träumen und Traumdeutung —— **163** | |
| 3.1.2 | Der Apfel der Discordia. Zur Evidenz und Polysemie des Schriftmodells —— **176** | |
| 3.1.3 | Voraussagen, Prophezeiungen, Kryptoskopie —— **189** | |
| 3.1.4 | Genealogien der Rache —— **210** | |
| 3.1.5 | Helena (I): Erotik, Politik und Ästhetik einer Anziehungsform —— **217** | |
| 4 | Zusammenfassung: Paradoxien des *Trojanerkriegs* —— **224** | |
| | | |
| **IV** | **Selbstreferenz / Fremdreferenz —— 229** | |
| 1 | Der Trojanische Krieg als multisensorisches Wahrnehmungsereignis. Erzählformen der Selbstreferenz —— **232** | |
| 1.1 | Präsentifikationen —— **232** | |
| 1.1.1 | Vorspiele der Präsenz. Zur ersten Zerstörung Trojas (Tr 11378 – 13397) —— **237** | |
| 1.1.2 | Rüstungsbeschreibungen —— **243** | |
| 1.1.3 | Semantik des Blutes —— **249** | |
| 1.1.4 | Synästhesien —— **253** | |
| 1.1.5 | Intradiegetische Wahrnehmungslenkung —— **257** | |
| 1.1.6 | Intensivierung innerer und äußerer Dynamik —— **258** | |
| 1.1.7 | *dilatatio* und *abbreviatio* —— **259** | |
| 1.1.8 | Artifiziale und naturale Metaphern —— **261** | |
| 1.1.9 | Zirkulations- und Austauschprozesse —— **264** | |
| 1.1.10 | Wilde Metaphern —— **265** | |
| 1.1.11 | Helena (II) und das Rauschen der Wahrnehmung —— **270** | |
| 1.1.12 | Kompositionsverfahren: Aufritte – *entrelacements* – Gesamtschauen —— **275** | |
| 1.1.13 | Fokalisierungsverfahren: Zooming und panoramatisches Erzählen —— **280** | |
| 1.1.14 | Performativität der erzählten Rede: Redeformen und Redesituationen —— **289** | |
| 1.1.15 | Performativität der Erzählerrede: Formularisierungen und Erzählmodule —— **300** | |
| 1.2 | Zusammenfassung: Selbstreferentialisierung —— **314** | |

2        Diskursivierung. Implizite Verarbeitungsformen von
         Fremdreferenz —— 320
2.1      *vriuntschaft*. Zum Interdiskurs personaler Nahbeziehung im
         *Trojanerkrieg* —— 324
2.1.1    Intimisierung der Rede. Das Prologprogramm als Kommunikations-
         modell der Nähe —— 328
2.1.2    Gefährliche Rückläufe. Die Jugendgeschichte des Paris oder die
         Rekursivität der *vriuntschaft* —— 334
2.1.3    Untreue Männer, zerstörerische Frauen. Nahbeziehungen als
         Fusionskerne —— 340
2.1.4    Intimräume der *list:* Jason und Medea —— 343
2.1.5    Kampfbegegnungen der *vriuntschaft* —— 372
2.1.6    Freundschaft als Passion. Entgrenzte und begrenzte Formen der
         *vriuntschaft* (Achill und Patroclus, Paris und Panfilôt) —— 390
2.2      Zusammenfassung: Diskursivierung —— 410
3        Zusammenfassung: Referenzstrukturen des *Trojanerkriegs* —— 413

V        **Invisibilisierung —— 415**
1        Erzählverfahren —— 418
1.1      Einlagerungen. Metadiegesen und Erzählsituationen mehrfacher
         Ordnung —— 418
1.1.1    Verkleidete Selbstreferenz. Achill singt von Achill —— 420
1.1.2    Vom Wissensparadox zum Exempel. Das Argumentieren mit Mythen
         und das Verschwinden der Figuren im Erzählen —— 428
1.1.3    Hörensagen (*liumet*). Zur Invisibilisierung mit Flügeln —— 435
1.1.4    *Heros – philosophus – confessor.* Das Fortleben des Hercules und
         die Differenz des Erzählens —— 440
1.2      Dekomposition und Paradigmatisierung —— 465
1.3      Entfesselte Evidenz. Ekphrastisches Erzählen und das Verlöschen
         des Deskriptors —— 472
1.3.1    Exkurs: Unendliches Erzählen. Description als Invisibilisierung der
         Textproduktion —— 495
2        Semantiken —— 500
2.1      Wildheit – Zorn – Passion. Semantiken der Naturalisierung —— 504
2.2      „ach got, daz ich ie schœne wart!" Liebessemantik als Absorp-
         tionsmedium von Begründungskontingenz —— 517
3        Effekte des Erscheinens. Ostensives Erzählen und die Produktion
         von Unbeobachtbarkeit —— 525
4        Zusammenfassung: Sichtbarkeiten / Unsichtbarkeiten —— 532

**VI**   **Ergebnisse —— 538**
1        Der *Trojanerkrieg* als Wissenstextur —— 538
2        Der *Trojanerkrieg* als Mythographie —— 544
3        Kulturwissenschaftliche Wissensforschung und
         Mythographie —— 547

**VII**  **Anhang und Literaturverzeichnis —— 549**
1        Anhang (I): Handlungs- und Quellenübersicht zum
         *Trojanerkrieg* —— 549
2        Anhang (II): Formularisierung im *Trojanerkrieg* und in höfischer
         Epik —— 552
3        Abkürzungen —— 559
4        Textausgaben —— 559
5        Forschungsliteratur und Nachschlagewerke —— 566

**VIII**  **Index —— 597**

Erster Teil: **Theoretische Annäherungen**

# I Einleitung

## 1 Mythographie. Zur Archäologie einer prekären Textsorte

Mythographien bilden seit der Antike eine Textsorte, deren Wissensstatus als prekär gilt. Grund hierfür ist ihr breites Spektrum von fiktionalisierenden und faktualisierenden Verfahren, deren Referenz zwischen vielfältigen Bezugsrichtungen changiert. Welche Gegenstände Mythographien repräsentieren und mittels welcher Darstellungsverfahren, findet in ihrer Gattungsgeschichte gegensätzliche Varianten. So können Mythographien beispielsweise als Florilegien antiker Dichtung und ihrer Auslegung explizit an literarische Kanonisierungs- und Tradierungsprozesse angeschlossen sein. In dieser Weise beschließt etwa Natale Conti seine *Mythologiae* (1567) mit einem „Index nominum et locorum variorum scriptorum",[1] der mit detaillierten Stellennachweisen zu 283 Autoren antiker und mittelalterlicher Texte die mythographische Arbeit als Quellenorganisation ausweist. Entsprechend durchsetzt Conti auch die Einzelartikel mit Quellenverweisen und Zitaten, wie etwa sein Eintrag zum Parisurteil als Anlass des Trojanischen Kriegs belegt:

> Scripsit Str. lib. 13. in Antandro, cui mons vocatus Alexandria imminet, Deas illas à Paride fuisse iudicatas, cum in Ida monte id accidisse scribat Ouid. etiam in his;
>
> > Cum Venus, & Iuno, Pallasq; in montibus Idæ,
> > Corpora iudicio supposuere meo.
>
> Aiunt hunc ingentibus donis fuisse à Deabus omnibus solicitatū: quippe cū Iuno Asiæ Europæq; imperium illi promitteret, Pallas se omnibus græcis sapientiorem facturam polliceretur, at Venus mulierum omnium pulcherimam se illi concessuram diceret, si sibi victoriam de forma adiudicasset; quā rem ita attigit Ouid. in epist. Paridis;
>
> > Tantaq; vincendi cura est; ingentibus ardent
> > Iudicium donis solicitare meum.
> > Regna Iouis coniux, virtutem filia iactat.
>
> Atq; caetera, quae in eadem epist. scribuntur in eam sententiam, multa sunt[.][2]
>
> Strabon schrieb im 13. Buch [der *Geographika*], dass in Antandros, in der Nähe des Berges namens Alexandria, Paris über jene Göttinnen urteilte, während Ovid schrieb, dies sei am Berg Ida geschehen. Auch schreibt er [in seinen *Heroides*]:
>
> > Als Venus, Juno und Pallas auf den Hügeln des Ida
> > sich meinem Urteil unterwarfen.

---

1 Comes, Natalis: *Mythologiae, sive explicationum fabularum libri decem.* Reprint of the edition Venice 1567. New York 1976, S. 309–315.

2 Comes: *Mythologiae*, S. 199, 1,37–2,2 (6,23; „De Paride").

Sie sagen, dieser sei von gewaltigen Geschenken seitens eben dieser Göttinnen verführt worden: Denn Juno habe ihm die Herrschaft über Asien und Europa in Aussicht gestellt, Pallas habe versprochen, ihn weiser als alle Griechen zu machen, doch Venus habe ihm gesagt, sie werde ihm die schönste aller Frauen zu eigen geben, wenn er ihr den Sieg in der Schönheit zugesprochen habe. Dieses Thema sprach Ovid im Brief des Paris mit diesen Worten an:

> Und ihr Wunsch zu siegen war stark; sie brannten vor Eifer,
> mein Urteil mit Geschenken zu beeinflussen.
> Die Gattin Iuppiters bot Macht, seine Tocher kriegerischen Ruhm.

Und es gibt noch vieles Weitere, was im selben Brief zu diesem Urteil geschrieben steht.[3]

Intertextuelle Zitattechnik und indirekte Mythenreferate kennzeichnen Contis *Mythologiae* durchgängig. Ihre Verfahren sind repräsentativ für die Extremform der „Außenindexikalität" von Wissen,[4] die Mythoshandbücher vom antiken Hellenismus über das Mittelalter und die Frühe Neuzeit bis zur Gegenwart prägt.[5] In lexikographischer Artikelform können Mythographien Gegenstände abbilden, indem externe Wissensbezüge ausgestellt werden; Mythographie vermag in solchen Fällen Wissen zu repräsentieren, zu abstrahieren und zu kommentieren – Mythen selbst und deren Wissen bietet sie hingegen nicht. So zumindest ließe sich eine seit den Renaissanceforschungen des Warburg-Kreises[6] prominent gewor-

---

**3** Sämtliche Übersetzungen fremdsprachlicher Zitate stammen – sofern nicht anders vermerkt – vom Verfasser.
**4** Zur Unterscheidung „zweifache[r] Indexikalität des Wissens" in Bezug auf die erzählte Welt („Binnenindexikalität) und die Welt des Erzählens („Außenindexikalität") vgl. Friedlein, Roger: „Indexikalisierung von Wissensinszenierungen in der Renaissance-Epik Portugals (Luís de Camões: *Os Lusíadas* und Jerónimo Corte-Real: *Naufrágio de Sepúlveda*)". In: *Dynamiken des Wissens.* Hg. v. Klaus W. Hempfer u. Anita Traninger. Freiburg i.Br. 2007, S. 187–217, insbes. S. 187–190. Im Anschluss an die linguistische Beschreibung indexikalischer Ausdrücke durch Karl Bühler und ihre sprachphilosophische Aufnahme wird Indexikalisierung in der Textlinguistik als „Bezeichnung der grundsätzlichen Kontextgebundenheit jeglichen Wissens" verwendet; vgl. zum Diskussionsstand Hempfer, Klaus W. u. Anita Traninger: „Einführung". In: *Dynamiken des Wissens.* Hg. v. Klaus W. Hempfer u. Anita Traninger. Freiburg i.Br. 2007, S. 7–21, hier S. 12.
**5** Zur lexikographischen Tradition der Mythographie vgl. grundlegend Seznec, Jean: *Das Fortleben der antiken Götter. Die mythologische Tradition im Humanismus und in der Kunst der Renaissance.* München 1990, S. 95–112 und S. 163–193; Häussler, Reinhard: „Grundzüge antiker Mythographie". In: *Mythographie der frühen Neuzeit. Ihre Anwendung in den Künsten.* Hg. v. Walther Killy. Wiesbaden 1984, S. 1–23; Heidmann Vischer, Ute: „Mythologie". In: *Reallexikon der deutschen Literaturwissenschaft.* Hg. v. Georg Braungart [u.a.]. Bd. 2. Berlin, New York 2007, S. 660–664, insbes. S. 661–663.
**6** Vgl. z.B. Seznec: *Fortleben der antiken Götter,* S. 4; Panofsky, Erwin: *Die Renaissancen der europäischen Kunst.* Frankfurt a.M. 1990, S. 212 und passim.

dene Gattungsvorstellung paraphrasieren, die Mytho*graphie* von Mythen bzw. Mytho*logie* unterscheidet, indem sie die Trennbarkeit von primärer Gestaltung und sekundärer Beschreibung,[7] von „narrative[r] Überlieferung aus einer vorschriftlichen Epoche" und deren „Aufzeichnung"[8] oder von mündlichen Ritualstufen und deren späterer Literarisierung voraussetzt.[9]

Doch beschränkt sich Mythographie weder auf sekundäre Formen einer Literatur über Literatur noch auf externe Indexikalisierung ihrer Wissensbestände. Denn seit der Antike, spätestens seit der *Bibliotheke* des Pseudo-Apollodor (2. Jh. v. Chr.) gehört zum Schreiben über Mythos auch die Möglichkeit, Götter- und Heroenerzählungen, Bilder und Namen aus spezifischen Autorschaften, Werken und Erzählkontexten auszulösen und neu zusammenzustellen. Obgleich auch Ps.-Apollodors *Bibliotheke* konkrete Texte und Autoren beerbt – allen voran Hesiod, Homer und deren Kommentartraditionen –, tilgt die Sammlung offene Anbindungen an ihre Prätexte. Sämtliche Schichten der auslegenden Deutung, welche die kritische Auseinandersetzung mit Mythen in der antiken Literatur und Philosophie aufgeworfen hatte,[10] werden abgestreift und durch „rein ‚narrativ[e]‘ Präsentation" von Geschichten ersetzt.[11] Dass Ps.-Apollodors Mythographie sich dadurch referentiell stärker als Contis *Mythologiae* schließt, kann wiederum die Erzählung des Parisurteils illustrieren:

> Wegen eines von diesen Gründen also wirft Eris einen Apfel ‹als Preis› um die Schönheit unter Hera und Athena und Aphrodite, und Zeus befiehlt Hermes, sie in den Ida zu Alexandros [= Paris] zu führen, damit sie von jenem beurteilt würden. Die aber erbieten sich, Alexandros Gaben zu geben. Hera nun behauptete, sie werde, wenn ihr der Vorzug im Urteil zugestanden

---

**7** So z. B. Chance, Jane: „The origins and development of medieval mythography from Homer to Dante". In: *Mapping the Cosmos*. Hg. v. Jane Chance u. Raymond Wells. Houston 1985, S. 35–64, hier S. 37: „Mythography differs from mythology chiefly in its form: mythology is a unified system of myth, often in narrative form, whereas mythography is an explanation and rationalization of one or more myths, often in didactic form." Ähnlich formulieren auch Smith, R. Scott u. Stephen M. Trzaskoma: „General introduction: what is mythography?". In: *Apollodorus' Library and Hyginus' Fabulae. Two handbooks of Greek mythology*. Hg. v. R. Scott Smith u. Stephen M. Trzaskoma. Indianapolis 2007, S. x–xxviii: Mythographie sei „writing *about* myth" (S. x).

**8** Heidmann Vischer: „Mythos", S. 664; Heidmann Vischer: „Mythologie", S. 660.

**9** Vgl. Jamme, Christoph: *„Gott an hat ein Gewand". Grenzen und Perspektiven philosophischer Mythos-Theorien der Gegenwart*. Frankfurt a.M. 1999, S. 207; zur Unterscheidung von *Mythischem, Mythos* und *Mythologie* als Symbolisierungsformen „jeweils verschiedene[r] Menschheitsepochen" vgl. ebd., S. 175–224 (Zitat S. 175).

**10** Vgl. zur antiken Mythoskritik die Überblicke von Brisson, Luc: *Einführung in die Philosophie des Mythos*. Bd. 1: *Antike, Mittelalter und Renaissance*. Darmstadt 2005, S. 5–38 und Powell, Barry B.: *Einführung in die klassische Mythologie*. Stuttgart 2009, S. 17–25.

**11** Graevenitz, Gerhart von: *Mythos. Zur Geschichte einer Denkgewohnheit*. Stuttgart 1987, S. 46.

werde, das Königtum über alle geben, Athena den Sieg im Krieg, Aphrodite die Heirat mit Helena. Sobald er aber Aphrodite den Vorzug im Urteil zugestanden und Phereklos Schiffe gebaut hatte, segelte er nach Sparta [...].[12]

Mythographie stellt in diesem Fall die erzählinterne „Binnenindexikalität"[13] ihres Wissens in den Vordergrund – bis zur Grenze lapidarer Verknappung. Wo Ps.-Apollodor dennoch auf Erzählvarianten oder anonyme Quellen zu sprechen kommt, führt er diese im Modus überpersonalen Allgemeinwissens an, die stets anonym bleiben.[14] Implizit geht damit der Anspruch einher, nicht bloß auf Wissensbestände zu verweisen, sondern diese selbst darzubieten – ein Archivkonzept des narrativen Wissens, für das nicht zuletzt der Titelbegriff der Bibliothek steht. Auch solche Verfahren der Dekontextualisierung und Narrativierung von Mythen mit selbstreferentiellen Wissensansprüchen gehören von der Antike bis zur Gegenwart zu mythographischen Darstellungsmöglichkeiten.

Exemplarisch markieren Mythoshandbücher wie Contis *Mythologiae* und Erzählsammlungen wie Ps.-Apollodors *Bibliotheke* ein Spektrum, dessen Pole man als *„interpreting or analyzing* myths" bzw. als *„retelling or paraphrasing* myths" fassen könnte.[15] Jedoch erscheint Mythographie als Textsorte vielfach prekär, wo dieses Spektrum weniger als trennscharfe Typologie entfaltet wird, sondern Mischformen produziert – in mythographischen Texten, die zwischen Repräsentation und Präsentation, Reflexion und Narration oder Fremd- und Selbstbezüglichkeit oszillieren. Ein einflussreiches Beispiel für derartige Verschiebungen bietet etwa Karl Kerényis *Mythologie der Griechen* (1951–1958), die Erzählen und philologischen Kommentar, tiefenpsychologische Deutung und Fingieren einer unmittelbaren Erzählsituation prismatisch ineinander übergehen lässt. Kerényis Vorwort ruft hierzu „eine künstlich hergestellte Situation, eine Fiktion" des Nacherzählens auf, die ihren Rezipienten gleichwohl „in das mythologische Erzählen zurückzuversetzen" sucht:

> Es wird jetzt angenommen, daß wir auf unserer Insel einem ähnlichen Griechen begegnen, der uns die Mythologie seiner Vorfahren erzählt. Er weiß nicht mehr als das, was in der Literatur und durch die Denkmäler überliefert ist. Diese Überlieferung geht ihn aber persönlich an.[16]

---

12 Apollodorus: *Bibliotheke. Götter- und Heldensagen.* Hg. u. übers. v. Paul Dräger. Düsseldorf, Zürich 2005, S. 260f. (Epitome 3, S2).
13 Friedlein: „Indexikalisierung", S. 188.
14 Vgl. Smith u. Trzaskoma: „Introduction to Apollodorus' *Bibliotheke*", S. xxxvi.
15 Smith u. Trzaskoma: „General introduction", S. xivf.
16 Kerényi, Karl: *Die Mythologie der Griechen.* 16. Aufl. München 1994, Bd. 1, S. 10f.

Obgleich Kerényis Mythographie also auf philologisch erschlossene Texte und historische Kontexte aufbaut, zielt ihre Imaginationsanweisung zugleich auf archaische Ursprünglichkeit und Zeitlosigkeit der nachfolgend erzählten Mythen. Wissensautorität beansprucht solches Wiedererzählen vor allem durch den Hinweis auf seine existential-hermeneutische Relevanz, die vom Modell-Erzähler auf den Rezipienten übertragen wird: „Diese Überlieferung geht ihn [...] persönlich an." Spannungen eines solchen Umstellungsprogramms bleiben keineswegs verborgen. Zwar scheint solche Mythographie einerseits weder interne noch externe Differenzen anzuerkennen: Kerényis Erzählungen suchen dem „ursprüngliche[n] Medium" von Mythologie – „Ursprung und Schicksal der Menschheit" – eine reibungslose Kohärenz zu verleihen, die „wie die Kapitel eines einzigen Erzählungswerkes vom Anfang bis zum Ende zu lesen" sei.[17] Andererseits erklärt Kerényi als Philologe, den „Urtexten womöglich wörtlich folgen"[18] zu wollen, anstatt die Illusion einer „zeitlosen" Erzählung zu befördern, und liefert dazu Quellennachweise im Anhang.[19] Das Erzählen von Mythen zwischen gelehrten Fremdverweisen und narrativer Selbstbezüglichkeit wird offenkundig paradox, wenn Kerényi den Parismythos wiedererzählt:

> Am liebsten wäre er weggelaufen. Da haben die Göttinnen ihre Gaben ihm angeboten [Stellennachweis im Anhang: Er. C. 22, B.G.]: Athene Sieg und Heldentum, Hera die Herrschaft über Asien und Europa, Aphrodite den Besitz der Zeustochter Helena.
>
> Als Paris dessen inne wurde, welche Wahl er da treffen durfte, schalt er die anderen zwei Göttinnen aus [Stellennachweis im Anhang: N. D. 25. 32, B.G.]. Er beleidigte sie in seiner Torheit auf unnötige Weise und gab seiner Liebestollheit nach, ohne die schöne Schwester der Dioskuren je gesehen zu haben. Der Ruhm ihrer Schönheit hatte damals die ganze Welt erfüllt.[20]

Die in der Forschung oft unterschiedenen Gattungstypen der Mythographie – die fremdreferentielle Sammlung und das selbstbezügliche Wiedererzählen – bezeichnen also allenfalls Extrempole eines Spektrums kommunikativer Formen und Funktionen, deren Verschränkungen und Übergänge systematisch noch kaum erschlossen sind. Ihre vielfältigen Interferenzen und Hybridisierungsmöglichkeiten von Wissensreferenzen machen deutlich, dass sowohl die Unterscheidung von fiktionalisierenden und faktualisierenden Textfunktionen als auch die Un-

---

**17** Kerényi: *Mythologie der Griechen*, Bd. 1, S. 12 / 16.
**18** Kerényi: *Mythologie der Griechen*, Bd. 1, S. 12.
**19** Kerényi: *Mythologie der Griechen*, Bd. 1, S. 15: „Eine Kompilation der Bruchstücke auf einer fiktiven Ebene, als gehörten sie alle einer und derselben Zeit oder einer zeitlosen, statischen Antike an, war nicht die Absicht des Verfassers."
**20** Kerényi: *Mythologie der Griechen*, Bd. 2, S. 247; Stellennachweise im Anhang auf S. 305.

terscheidung von „Binnen-" und „Außenindexikalität" narrativ konstruierten Wissens zwar analytisch sinnvoll sind,[21] aber von mythographischen Texten ebenso gezielt unterlaufen, überblendet oder umgestülpt werden können. Indem Mythographien ihre Referenz verschieben oder Grenzen zwischen erzählten Welten und Erzählen überspringen, beginnen sie zwischen lexikographischer Repräsentation und narrativer Präsentation, zwischen vermeintlich sekundärer Wissenssammlung und primärer Wissenserzeugung zu schweben.

Insofern verdient Mythographie nicht bloß als bislang unterbelichtete Textsorte Aufmerksamkeit – vielmehr stellen die Schwierigkeiten ihrer Beobachtung geläufige, doch kaum geklärte Grenzziehungen zwischen Wissenstextsorten und literarischer Wissensinszenierung zur Debatte. Denn es geht nicht nur um die Frage, inwiefern Wissen in literarischer Kommunikation vermittelt, veranschaulicht, problematisiert oder enthalten sein kann.[22] Mythographien lenken den Blick noch grundsätzlicher auf transformative Wechselbeziehungen zwischen Poetik und Epistemik,[23] die sich im Medium von Texten erst herstellen und dabei ein hohes Maß an Irritabilität freisetzen. Mythodiskurse beweisen dazu in der europäischen Tradition besonders ausgeprägte Affinitäten, indem sie beharrlich Fragen nach dem Status ihrer Wissensreferenz und ihrer Bildsprache provozieren.

Literaturwissenschaftliche Wissensforschung – so die methodische Prämisse der vorliegenden Arbeit – verfügt erst dann über leistungsfähige Begriffe und

---

**21** Vgl. Friedlein: „Indexikalisierung", S. 188.
**22** Dies sind nur einige der Fragen, welche die Debatte zum Verhältnis von Literatur und Wissen in den letzten Jahren bestimmten; vgl. dazu Köppe, Tilmann: „Literatur und Wissen: Zur Strukturierung des Forschungsfeldes und seiner Kontroversen". In: *Literatur und Wissen. Theoretisch-methodische Zugänge*. Hg. v. Tilmann Köppe. Berlin, New York 2011, S. 1–28, hier S. 6 sowie ausführlich Kap. II.1 der vorliegenden Arbeit.
**23** Ließe sich für diesen Zusammenhang nicht (einfacher) von Poetik und Epistemologie sprechen? Aus Perspektive der Wissensforschung scheint hier Differenzierung ratsam. Philosophische und literaturwissenschaftliche Forschungen kennzeichnen mit dem Begriff der Epistemologie in der Regel *spezialisierte* Wissensformen – etwa in Gestalt expliziter Erkenntnistheorien oder die Kommunikation der Wissenschaft (vgl. grundlegend Klinkert, Thomas: *Epistemologische Fiktionen. Zur Interferenz von Literatur und Wissenschaft seit der Aufklärung*. Berlin, New York 2010, S. 7–13). Mit dem Begriff der *Epistemik* zielt die vorliegende Untersuchung hingegen auf die *allgemeinere* Frage nach Wissensformen, die auch implizite, vorinstitutionelle bzw. nicht generalisierte Praktiken einschließen: auf die Gesamtheit von Formen und Funktionen, die *epistemisch* relevant sind. Die Arbeit setzt also weniger voraussetzungsreich an. Zugleich verlangt dies, den Begriff der Epistemik erst zu entwickeln, statt dafür auf eine spezielle Wissenstheorie zurückzugreifen, wie sie etwa das Epistemekonzept der Diskursanalyse anbieten könnte. Ob für ein solches erweitertes Verständnis von Epistemik der Wissensbegriff verwendet werden sollte oder im engeren Sinne für explizit-propositionale Urteile reserviert werden sollte, bedarf der Diskussion. Sie wird ausführlich in Kap. II.1 aufgearbeitet.

überzeugende Verfahren, wenn diese gestatten, selbst Objekte fremder Wissensordnungen zu beobachten, die Grenzziehungen des Wissens in erheblicher Weise herausfordern. In dieser Hinsicht kommt der Mythographie des Hoch- und Spätmittelalters eine paradigmatische Rolle zu: „Bis an die Grenzen ihrer Fassungskraft angefüllt mit Wissen", stehen mythographische Handbücher, Dialoge und Romane zugleich unter dem Verdacht, mit „Schein- und falschem Wissen" zu operieren – einem Vorwurf, den nicht erst Gelehrte der Renaissance und ihre neuzeitlichen Erforscher aufbringen,[24] sondern der bereits innerhalb der mittelalterlichen Mythographie selbst verhandelt wird. Mittelalterliche Mythographie konfrontiert die historische Wissensforschung daher mit einem doppelten Beobachtungsproblem: zum einen mit der Schwierigkeit, die Alterität mittelalterlicher Beziehungen zwischen Wissensordnungen und literarischer Kommunikation diachron zu beobachten (Beobachtung fremder Wissensordnung); zum anderen mit der Schwierigkeit, dass mittelalterliche Mythographie Spannungen von Epistemik und Poetik bereits synchron in sich einbaut, reflektiert und modifiziert (Beobachtung interner Differenzierung von Wissensordnungen). Positiv gewendet könnte mittelalterliche Mythographie damit eine Modellbildung anregen, die für vormoderne Wissenskulturen bislang ein Desiderat ist. Im Bemühen um ein solches literaturwissenschaftliches Wissensmodell wählt die vorliegende Arbeit für ihre Modellanalyse den zwischen 1281 und 1287 in Basel entstandenen *Trojanerkrieg* Konrads von Würzburg zu ihrem Beobachtungsobjekt.

## 2 Mythographische Poetik und die Evolution von Wissensordnungen. Der *Trojanerkrieg* Konrads von Würzburg als Modellfall

Konrads Trojaroman entstammt einem literarischen Experimentalfeld volkssprachlicher Mythographie im Mittelalter, um das Mythosforschung und Studien zur Antikenrezeption bisher einen Bogen geschlagen haben. Entgegen Forschungsperspektiven, die entweder die Kontinuität mittelalterlicher Mythographie betonen oder umgekehrt den Mythosdiskurs der Renaissance als Neuanfang akzentuieren,[25] bahnt Konrads Darstellung des Trojanischen Kriegs neue Wege der

---

24 So ist der Vorwurf etwa pointiert zu lesen bei Panofsky: *Renaissancen*, S. 212.
25 Vgl. Heidmann Vischer: „Mythos", S. 666: „Das Mittelalter beherrscht ein bis ins 16. Jh. wirkendes allegorisches Verständnis von ‚mýthos', das es ermöglicht, im Mythos verborgene Geheimnisse aufzuspüren und christliche Anspielungen sogar bei paganen Autoren der Antike [...] zu entdecken". Axel Horstmann charakterisiert den hochmittelalterlichen Mythosdiskurs als bloßes „Überleben" antiken Bildungsgutes; vgl. Horstmann, Axel: „Mythos, Mythologie. II. Von

Mythographie, die Regularitäten des lateinischen Mythosdiskurses aufnehmen und markant verändern.[26] Der *Trojanerkrieg* trägt damit zur Evolution von mythographischen Wissensordnungen mittels literarischer Verfahren bei, die für unterschiedliche Wissensdiskurse anschlussfähig werden – für rhetorische Mustersammlungen ebenso wie für historiographisches Wissen zum Trojanischen Krieg in spätmittelalterlichen Weltchroniken, die Konrads Roman als Geschichtswissen inserieren. Mehrere Gründe privilegieren den *Trojanerkrieg* somit für die Frage nach dem Wissensstatus von Mythographie und für die Arbeit an einem Beschreibungsmodell zur literarischen Wissenserzeugung:

(1.) *Lateinische Mythographie und volkssprachliches Erzählen.* Auf der Basis des altfranzösischen *Roman de Troie* Benoîts de Sainte-Maure liefert Konrads *Trojanerkrieg* nach Herborts von Fritzlar *Liet von Troye* die zweite, jedoch unvollendet gebliebene Großerzählung von den Kämpfen um Troja in deutscher Sprache. Der *Trojanerkrieg* steht damit einerseits in Kontexten volkssprachlicher Poetik, die seit Ende des 12. Jahrhunderts zunehmend eigene Spielräume ausdifferenzieren – gegenüber den Vorgaben lateinischer Rhetorik[27] ebenso wie in

---

der Patristik bis zum 17. Jh. – Das frühe Christentum". In: *Historisches Wörterbuch der Philosophie*. Hg. v. Joachim Ritter u. Karlfried Gründer. Bd. 6. Basel 1984, Sp. 283–286, hier Sp. 283. Zur ausführlicheren Diskussion und Neueinschätzung der hochmittelalterlichen Mythographie vgl. Kap. II.2.

**26** Die mittellateinische Mythographie haben vor allem die Überblicksstudien von Jane Chance neu zugänglich gemacht: vgl. Chance, Jane: *Medieval Mythography*. Bd. 1: *From Roman North Africa to the School of Chartres, A.D. 433–1177*. Gainesville 1994; Dies.: *Medieval Mythography*. Bd. 2: *From the School of Chartres to the Court at Avignon, 1177–1350*. Gainesville 2000. Dennoch klammern diese Arbeiten wichtige Diskursbereiche aus: volkssprachliche Mythosrezeption kommt – abgesehen von Dante – nicht in den Blick, obwohl höfische Literatur gattungsübergreifende Anspielungsdialoge mit der lateinischen Mythographie führt; vgl. Kern, Manfred: *Edle Tropfen vom Helikon. Zur Anspielungsrezeption der antiken Mythologie in der deutschen höfischen Lyrik und Epik*. Amsterdam 1998.

**27** Volkssprachliche und lateinische Dichtung gehen natürlich auch im *Trojanerkrieg* keine getrennten Wege: auch Konrad kündigt an, auf Vorlagen „von welsche und von latîne" (Tr 305) zurückgreifen und diese „breiten" (Tr 303) zu wollen. Er bekennt sich damit ausdrücklich zu jener rhetorischen Technik, die Worstbrock, Franz Josef: „Dilatatio materiae. Zur Poetik des ‚Erec' Hartmanns von Aue". In: *Frühmittelalterliche Studien* 19 (1985), S. 1–30 als gemeinsame Praxis von lateinischer und volkssprachlicher Dichtung beschrieben hat. Wenn Konrads Erzählprojekt jedoch „ein wunder [...] / von âventiuren wilde" (Tr 282f.) in Aussicht stellt, sind die Grenzen lateinischer Schulpoetik überschritten; so grundlegend Monecke, Wolfgang: *Studien zur epischen Technik Konrads von Würzburg. Das Erzählprinzip der wildekeit*. Stuttgart 1968, S. 21. Textwiedergaben und Versangaben zum *Trojanerkrieg* folgen hier und im Folgenden unter Angabe der Sigle „Tr" (ohne Versabkürzung) der Ausgabe Konrad von Würzburg: *Der Trojanische Krieg*. Nach den Vorarbeiten K. Frommanns und F. Roths. Hg. v. Adelbert von Keller. Stuttgart 1858.

Bezug auf Formen des kulturellen und literarischen Gedächtnisses.[28] Zugleich baut die von Konrad rezipierte Trojaliteratur auf antiker Historiographie[29] und Mythographie auf – greifbar werden somit vielschichtige Adaptationsbeziehungen zwischen lateinischen und volkssprachlichen Texttraditionen, die Konrad durch zusätzliche Montage weiterer Trojaberichte und mythographischen Materials steigert.[30] Als weltgeschichtliches Auftragswerk für den Basler Domkantor Dietrich an dem Orte (Tr 245–247) verschränkt der *Trojanerkrieg* damit lateinische Mythographie und volkssprachliche Poetik, Historiographie und Mythographie mit einem maximalen Integrationsanspruch, der vorbildlos im Mittelalter ist. Dies eröffnet die Frage, welchen Beitrag dazu Verfahren leisten, die gerade die volkssprachliche Poetik bereitstellt bzw. von Konrad auf dieser Basis entwickelt werden.

(2.) *Interdiskursivität des Wissens.* Diese mehrfache diskursive Situierung öffnet den *Trojanerkrieg* für verschiedene Bezugsfelder des Wissens, deren Interferenzen es auszuloten gilt. Dies betrifft nicht nur Fragen der Selektion von Wissensgegenständen, sondern ebenso nach den narrativen Verfahren, mit denen Konrad solche Bezüge etabliert und arrangiert. Unter dem Stichwort der *wildekeit* hatte Wolfgang Monecke Züge eines Erzählverfahrens skizziert, das im *Trojanerkrieg* „ungebändigt" und „rasch umherschweifend" vor allem „befremdlich[e]" Sachverhalte und Geschehen versammle: „Erkennbar wird ein faszinierendes, die Aufmerksamkeit, die Neugier erregendes Element".[31] Neugier stimuliert Konrad mit den performativen Naturbeschwörungen Medeas ebenso eindrücklich wie durch synästhetische Schlachtengemälde; einzelne Episoden wie die Jugendliebe Achills oder der qualvolle Tod des Hercules wachsen zur erzählerischen Eigen-

---

**28** Dieses „new literary self-consciousness" hat Palmer, Nigel: „Literary criticism in Middle High German literature". In: *Literary criticism.* Bd. 2: *The Middle Ages.* Hg. v. Alastair J. Minnis u. Ian Johnson. Cambridge 2009, S. 533–548 (Zitat S. 533) eingehend vom Literaturexkurs des *Tristan* Gottfrieds von Straßburg her entwickelt. Wie die Konradforschung aufgewiesen hat, ist Gottfried maßgeblicher intertextueller Bezugspunkt für Konrads *Trojanerkrieg.*
**29** Zur Spannung von Historizität und Literarizität in Trojaerzählungen des Mittelalters vgl. grundlegend Kellner, Beate: *Ursprung und Kontinuität. Studien zum genealogischen Wissen im Mittelalter.* München 2004, S. 67 f., zur Begriffsproblematik dieser Unterscheidung am Spezialfall des *Trojanerkriegs* vgl. Lienert, Elisabeth: *Geschichte und Erzählen. Studien zu Konrads von Würzburg ,Trojanerkrieg'.* Wiesbaden 1996, S. 314–320; für ein konsequent historiographisches Profil plädiert Lienert, Elisabeth: „Der Trojanische Krieg in Basel. Interesse an Geschichte und Autonomie des Erzählens bei Konrad von Würzburg". In: *Literarische Interessenbildung im Mittelalter. DFG-Symposion 1991.* Hg. v. Joachim Heinzle. Stuttgart, Weimar 1993, S. 266–279: „Der ,Trojanerkrieg' ist die Geschichte schlechthin" (S. 272). Kritische Einwände formuliert dagegen Knape, Joachim: „Geschichte bei Konrad von Würzburg?". In: *Jahrbuch der Oswald von Wolkenstein Gesellschaft* 5 (1988/1989), S. 421–430.
**30** Grundlegend hat diese Quellenanreicherung Lienert: *Geschichte und Erzählen* erschlossen.
**31** Monecke: *Studien,* S. 6–8.

ständigkeit von Binnenromanen bzw. Novellen an. Unterschiedliche Diskurse und Wissensbestände gehen dabei in den *Trojanerkrieg* ein, der sich selbst als „wilde[s] tobende[s] mer" (Tr 236; vgl. auch Tr 283) charakterisiert. Wie aber organisiert Konrads mythographische Poetik solche Wildheit – und wie begegnet sie den Kohärenzproblemen des Wissens, die ihre potenzierte Interdiskursivität aufwirft?[32]

(3.) *Poetik und Epistemik.* Konrads Roman erhebt den Anspruch, in poetischer Form sämtliche Quellen der Trojaüberlieferung in sich aufzunehmen und lehrreich darzubieten:

> ich wil ein mære tihten,
> daz allen mæren ist ein her.
> als in daz wilde tobende mer
> vil manic wazzer diuzet,
> sus rinnet unde fliuzet
> vil mære in diz getihte grôz.
> (ir ꝛꝛꝛ ꝛꝛꝛ)
>
> sô wirt ein wunder hie vernomen
> von âventiuren wilde,
> dâ bî man sælic bilde
> und edel bîschaft nemen sol
> (Tr 282–285)

Geradezu mit „enzyklopädischem Anspruch"[33] kündigt der Prolog eine Synthese sämtlichen Trojawissens an, die sich als neue Autorität über die Tradition erhebt („allen mæren [...] ein her"). Konrads Prolog wechselt dabei von der poetologischen Wassermetaphorik zum Bildfeld von Rissen und Brüchen (Tr 276), die das

---

**32** Diese Frage hat die *Trojanerkrieg*-Forschung vornehmlich als hermeneutische Frage nach der „Sinnperspektive" beschäftigt: vgl. Cormeau, Christoph: „Quellenkompendium oder Erzählkonzept? Eine Skizze zu Konrads von Würzburg ‚Trojanerkrieg'". In: *Befund und Deutung. Zum Verhältnis von Empirie und Interpretation in Sprach- und Literaturwissenschaft.* Hg. v. Klaus Grubmüller. Tübingen 1979, S. 303–319, hier S. 307. Worstbrock, Franz Josef: „Der Tod des Hercules. Eine Problemskizze zur Poetik des Zerfalls in Konrads von Würzburg ‚Trojanerkrieg'". In: *Erzählungen in Erzählungen. Phänomene der Narration in Mittelalter und Früher Neuzeit.* Hg. v. Harald Haferland u. Michael Mecklenburg. München 1996, S. 273–284 hat die Kohärenzprobleme des *Trojanerkriegs* hingegen in narrativer Perspektive als Auflösung eines höfischen Erzählmodells diskutiert.
**33** Kellner, Beate: „*daz alte buoch von Troye* [...] *daz ich es welle erniuwen.* Poetologie im Spannungsfeld von ‚wiederholen' und ‚erneuern' in den Trojaromanen Herborts von Fritzlar und Konrads von Würzburg". In: *Im Wortfeld des Textes. Worthistorische Beiträge zu den Bezeichnungen von Rede und Schrift im Mittelalter.* Hg. v. Gerd Dicke, Burkhard Hasebrink u. Manfred Eikelmann. Berlin, New York 2006, S. 231–262, hier S. 249.

„alte buoch von Troye" (Tr 269) im Prozess seiner Überlieferung zerfurcht hätten; wie eine frische Gladiole wolle er es nun wieder zum Blühen bringen (Tr 270 f.). Konrads rasch wechselnde Metaphernfolge lenkt damit die Aufmerksamkeit gleich zu Beginn des Romans auf dessen poetische Faktur – auf das Strukturierungs- und Imaginationspotential von Metaphern und anderer Elemente und Verfahren, aber ebenso auf deren Artifizialität. Als mythographischer Roman spitzt der *Trojanerkrieg* damit die Frage nach dem Beitrag literarischer Verfahren für den kommunikativen Wissensaufbau zu – und zugleich nach den Grenzen, die zwischen epistemischen Effekten und poetischer Künstlichkeit im 13. Jahrhundert verlaufen.[34] Dichtung schlägt immer wieder in Wissen um, doch wurden solche Wechselbeziehungen von Zeichen und Evidenz bislang erst punktuell erforscht.

(3.) *Verschiebung von Referenz.* Anders als zeitgenössische mythographische Handbücher weist Konrads literarische Inszenierung die „manic wazzer" ihrer Quellflüsse nicht aus, sondern führt den Trojanischen Krieg selbst vor die Sinne. Gerade in seiner zweiten Erzählhälfte gewinnt der *Trojanerkrieg* dadurch verstärkt selbstreferentielle Qualitäten – er löst sich damit sowohl aus historiographischen als auch aus mythographischen Diskursbedingungen des hohen Mittelalters. Wie lässt sich das Erzählverfahren des *Trojanerkriegs* in der Perspektive dieser Referentialisierung und ihrer diskursiven Voraussetzungen beschreiben? Und welche Verschiebungen produziert ein Erzählmodell innerhalb von Wissensordnungen, deren Gegenstände es zwar absorbiert, sich im Akt des Erneuerns jedoch absolut setzt und seine Fremdreferenz gleichsam zu löschen sucht?

(4.) *Konstruktion und Destruktion von Sinn.* Der *Trojanerkrieg* entfaltet damit eine Spannung zwischen Produktion und Destruktion von Verweisungsstrukturen, die für Wissensgenerierung zentral ist. Wie zu erörtern ist, steht und fällt die Stabilität von Wissen mit Unterscheidungen, die nicht zu hinterschreiten sind. Der *Trojanerkrieg* und sein Programm der Autorisierung von literarischen Wissenssynthesen könnte damit einen aufschlussreichen Modellfall bieten, an dem sich eine komplexe Wissensform im Prozess ihrer Produktion studieren lässt. Dazu gehört nicht zuletzt die Spannung, dass Wissenskonstruktionen nicht nur Anschlussmöglichkeiten eröffnen, sondern auch Optionen der Verweisung radikal unterbrechen, ausblenden und unterdrücken. Die für Konrad kontrovers disku-

---

34 Diese Diskussion wird im Hinblick auf Konrad traditionell unter dem Stilbegriff des Blümens geführt; vgl. Müller, Jan-Dirk: „*schîn* und Verwandtes. Zum Problem der ‚Ästhetisierung' in Konrads von Würzburg ‚Trojanerkrieg'. (Mit einem Nachwort zu Terminologie-Problemen der Mediävistik)". In: *Im Wortfeld des Textes. Worthistorische Beiträge zu den Bezeichnungen von Rede und Schrift im Mittelalter.* Hg. v. Gerd Dicke, Burkhard Hasebrink u. Manfred Eikelmann. Berlin, New York 2006, S. 287–307.

tierte Ästhetisierung und Intensivierung des Erzählens ist für diese Perspektive ein besonders einschlägiger Ansatzpunkt.[35]

(5.) *Paradoxien.* Um nicht nur als literarische Kommunikation („mære", „getihte") im Gattungsfeld des mittelalterlichen Antikenromans zu erscheinen, sondern absolute Wissensautorität zu gewinnen („allen mæren [...] ein her"), ist erhöhte Paradoxieresistenz erfordert. Tatsächlich lässt sich einerseits beobachten, dass der *Trojanerkrieg* extreme Paradoxien aufbaut: Konrads Erzählen entwirft ein gewaltiges Mosaik von historiographischen, mythologischen, höfisch-literarischen, religiösen und anderen Quellen mehr, versteht sich jedoch als selbstbezügliche, kohärente Erneuerung des „buoch von Troye" (Tr 269; Paradoxie des Erneuerns).[36] Im Gegensatz zur mythenbereinigten Vorlage des *Roman de Troie* speist Konrad in breitem Umfang Götterfiguren und anderweitige Erzählelemente der Mythographie ein – doch mit ihnen auch Spannungen des mythographischen Diskurses, die referentielle Unschärfen freisetzen (Paradoxien der Referenz). Als literarisches Erzählen ist Konrads Roman an die Bedingungen schriftgestützter Kommunikation gebunden – als Wissenstext sucht der *Trojanerkrieg* hingegen bestimmte Sinnverweisungen zu unterbrechen, die literarische Kommunikation ermöglicht (Paradoxien der Wissenskommunikation).[37] Zu einem faszinierenden Modellfall machen Konrads Roman andererseits verschiedene Lösungsversuche, diese Paradoxien zu löschen und unsichtbar werden zu lassen: durch präsentifizierende Erzählverfahren und unterschwellige Diskursverflechtung, durch Substitution der Erzählinstanz mittels autologischer Erzählprozesse mit hoher

---

**35** Vgl. zum Diskussionsstand Bleumer, Hartmut: „Zwischen Wort und Bild. Narrativität und Visualität im ‚Trojanischen Krieg' Konrads von Würzburg. (Mit einer kritischen Revision der Sichtbarkeitsdebatte)". In: *Zwischen Wort und Bild. Wahrnehmungen und Deutungen im Mittelalter.* Hg. v. Hartmut Bleumer [u.a.]. Köln 2010, S. 109–156; grundlegend auch Müller: „Ästhetisierung".

**36** Beate Kellner hat überzeugend die „Spannung zwischen Autonomie und Heteronomie" rekonstruiert, die den *Trojanerkrieg*-Prolog prägt; vgl. Kellner: *„erniuwen",* S. 259. Dies stellt an die vorliegende Arbeit die Aufgabe, auch die poetischen Verfahren des weiteren Erzählens auf die Verarbeitung dieser Paradoxie von Nähe und Abstand gegenüber Bezugsdiskursen zu prüfen. In diese Richtung weist auch Hasebrink, Burkhard: „Die Ambivalenz des Erneuerns. Zur Aktualisierung des Tradierten im mittelalterlichen Erzählen". In: *Fiktion und Fiktionalität in den Literaturen des Mittelalters.* Hg. v. Ursula Peters u. Rainer Warning. München 2009, S. 205–217, insbes. S. 213–217.

**37** Die „Abstraktheit" zahlreicher Kriegspassagen des *Trojanerkriegs* und Konrads Präferenz für „unpersönliche, distanzierte Formulierungen" hat die Forschung vielfach konstatiert (Lienert: *Geschichte und Erzählen,* S. 151), aber kaum plausibilisiert. Unbeantwortet blieb bislang die Frage, wie sich solches Verschwinden der Erzählinstanz mit markanten Profilierungen des Erzählers vermittelt, wie ihn etwa der Prolog entwirft. Dass solche paradoxe Spannungen Bedingungen von Wissenskommunikation verarbeiten, ist Hypothese der nachfolgenden Studien.

Imaginationskraft oder durch Figuren und Semantiken, die das Erzählte naturalisieren und dem Eindruck der künstlichen Erzeugung entziehen. Konrads Umgang mit Paradoxien spiegelt damit Herausforderungen und Strategien, die für Wissenskommunikation paradigmatisch sind.

(6.) *Reflexivität und Aisthesis*. Doch nicht nur seine umfängliche Entfaltung von Paradoxien qualifizieren den *Trojanerkrieg* als Modellfall des literarischen Wissensaufbaus. Denn ebenso aufschlussreich ist seine erhöhte Reflexivität: Konrads Roman vollzieht nicht nur Wissensbildung mit literarischen Mitteln, sondern legt zugleich mit beispielloser Radikalität die Bedingungen eines solchen Versuchs offen – Paradoxien werden nicht von Anfang an ausgeblendet, sondern erst im Romanfortgang transformiert; Präsenz gewinnen die Ereignisse des Trojanischen Kriegs und seiner Vorgeschichte erst im Laufe des Erzählens und seiner Verfahrenswechsel; Quellenkompilation und Probleme der Fremdreferenz werden nicht stillschweigend abgewiesen, sondern bisweilen explizit verhandelt. Gleichwohl ist der *Trojanerkrieg* kein ausschließlich meta-epistemischer Roman, sondern vollzieht zugleich die Transformationen des Wissens, die er ausstellt. Für ein literaturwissenschaftliches Wissensmodell mit Anspruch auf Historisierbarkeit könnte diese Spannung von Wissensreflexion und Wissenspoetik, von Selbstthematisierung und performativem Vollzug in besonderer Weise leitend sein, erlaubt sie doch, die Beobachtungsfähigkeit an einem Modellfall zu überprüfen, der selbst zwischen Beobachtungsverhältnissen erster und zweiter Ordnung, zwischen aisthetischen Präsenzeffekten und hermeneutischen Dimensionen oszilliert.

Die Frage, im Lichte welcher Gattungsbestimmung sich Konrads Roman als Mythographie auffassen lässt, verliert damit an definitorischer Schärfe. Als Produkt des schriftlich ausgebauten Literatursystems des 13. Jahrhunderts bezieht sich der *Trojanerkrieg* auf Erzählformen, die nicht nur fremdreferentielle Sammlung, sondern selbstreferentielle Inszenierung von Mythen erlauben. Konrads Text lässt sich dabei nicht auf die Alternative von Geschichte und Geschichten reduzieren – er erzählt ebenso mythographisch. Wie ausführlich zu rekonstruieren sein wird, umfasst der mittelalterliche Mythosdiskurs ein Spektrum an Darstellungsverfahren und Gegenständen, die seine Grenzen gegenüber anderweitigen Textsorten bzw. Diskursen in hohem Grade durchlässig zeigen. Unbestreitbar gehören Erzählungen um Troja zum Kernbestand mittelalterlicher Mythographie; darüber hinaus erzählt der *Trojanerkrieg* zahlreiche angelagerte Mythen – vom Parisurteil über den Raub der Helena bis zur Geschichte Achills oder dem Heldenleben und Sterben des Hercules. Der *Trojanerkrieg* verortet sich demnach in einem Feld, das neben historiographischen Erwartungen auch von den Diskursbedingungen der Mythographie geprägt ist. Ihr Interferenzfeld ist im 13. Jahrhundert nicht im strengen Sinne wissensförmig strukturiert. Das zentrale Experiment des *Troja-*

*nerkriegs* kann darin gesehen werden, Mythos als Wissensform erst zu produzieren.

## 3 Leitfragen, Prämissen und Vorgehen der Untersuchung

Die genannten Aspekte verbinden sich zu drei Leitfragen, welche die nachfolgenden Studien exemplarisch zu beantworten versuchen. Ihre Prämissen gilt es vorab offenzulegen:

(1.) *Wissen und Literatur: Welchen Beitrag leisten spezifisch literarische Verfahren zur Wissenserzeugung?* Während ein zunehmendes Forschungsinteresse der vergangenen Jahre eine Vielzahl an theoretischen Explikationen und Fallstudien zu Interferenzen von Wissenschaften und literarischer Kommunikation der Neuzeit anregte,[38] sind solche Ansätze bislang ein Desiderat, die Wissenskulturen der Vormoderne methodisch zu beschreiben erlauben. Wie lässt sich Wissen beobachten, das weder unser eigenes ist, noch durch auffällige Wissensbezeichnungen markiert ist oder einem ausdifferenzierten Wissenschaftssystem entstammt? Vormoderne literarische Wissenskulturen spitzen somit ein Alteritätsproblem der Beobachtung von Wissen zu, das in der aktuellen Theoriebildung noch kaum erschlossen ist.[39]

(2.) *Mythos als Wissensform: Inwiefern wird Mythographie im Trojanerkrieg wissensförmig?* Mythographie scheint besonders geeignet, die Wechselbeziehungen von epistemischen und poetischen Dimensionen historischer Wissenskulturen zu erhellen, da sie Wissensordnungen und literarische Ordnungen eng aufeinander bezieht. Ihre Grenzen erweisen sich speziell im Mythosdiskurs des hohen Mittelalters als hoch durchlässig. In welchem Maße poetische Verfahren die un-

---

38 Vgl. mit Hinweisen zur Forschung Klinkert: *Epistemologische Fiktionen*, S. 1f. mit Anm. 1.
39 Auf dieses Problem verweisen Danneberg, Lutz u. Carlos Spoerhase: *„Wissen in Literatur* als Herausforderung einer Pragmatik von Wissenszuschreibungen: sechs Problemfelder, sechs Fragen und zwölf Thesen". In: *Literatur und Wissen. Theoretisch-methodische Zugänge.* Hg. v. Tilmann Köppe. Berlin, New York 2011, S. 29–76. Danneberg und Spoerhase diskutieren die Beobachtungsschwierigkeiten der Evolution von Wissensordnungen in umgekehrter Richtung: „Ein neues Wissen mag sich zwar in Literatur finden, es ist aber *nicht zeitgleich als neu wahrnehmbar.* Voraussetzung für seine Wahrnehmung *als neu* ist, dass dieses Wissen bereits bekannt ist, und zwar als Wissen im *propositionalen* Gehalt und in *nichtliterarischen* Texten" (S. 61). Doch auch umgekehrt gilt: veraltetes Wissen in Literatur, das nicht der Wissensordnung ihres Beobachters entspricht, kann höchstens *als vermeintliches* Wissen in den Blick kommen – was in der beobachteten Fremdkultur als Wissen gilt, bleibt *als Wissen* für ihren distanten Beobachter unbeobachtbar. Eine Modellbildung, die solche Alteritätsmomente berücksichtigt, steht bislang aus.

sicheren Zeichenordnungen der Mythographie wissensförmig werden lassen, ist an Konrads *Trojanerkrieg* zu untersuchen.

(3.) *Mythosdiskurse und Wissensforschung: Welche Aufschlüsse verspricht Mythographie für kulturwissenschaftliche Wissensforschung?* Mythosdiskurse stellen in der Geschichte des Wissens notorische Problemkandidaten dar. Gerade dies könnte Mythographie für kulturwissenschaftliche Wissensforschung zu einem aufschlussreichen Grenzobjekt machen, da sie grundsätzliche Fragen der Beobachtbarkeit von prekären Ansprüchen und Praktiken des Wissens aufwirft. Statt einer Gattungsgeschichte der Mythographie vorarbeiten zu wollen, richtet sich das Interesse der vorliegenden Arbeit auf Mythos als einem solchen prominenten Grenzdiskurs des Wissens.

Die vorliegenden Studien verfolgen diese Leitfragen unter einer gemeinsamen methodischen Prämisse. Nicht Autorintentionen in Bezug auf Wissensansprüche gilt es zu rekonstruieren, sondern die epistemischen Formen und Verfahren, die der *Trojanerkrieg* verwendet bzw. produziert. Für diese Frage ist prinzipiell unerheblich, ob das historische Autorsubjekt Konrad von Würzburg beabsichtigte, einen Wissenstext zu verfassen, noch ob er überhaupt von diesen Dimensionen wusste. Diese im folgenden Kapitel näher zu begründende Entscheidung hat praktische Implikationen für ihr Untersuchungsobjekt. Ist der *Trojanerkrieg* mit dem Text jener 1870 in Straßburg verbrannten Handschrift des 14. Jahrhunderts gleichzusetzen, der bislang der einzigen Edition zugrundeliegt – oder mit einem anderen (oder mehreren) der insgesamt 33 bekannten Textzeugen?[40] Die Überlieferungsformen von Konrads Roman reichen von Kurzzitaten in Weltchroniken über themenorientierte Blockexzerpte (z. B. im Kontext der Minnereden-Überlieferung) bis zur vollillustrierten Bilderhandschrift. Die mit solchen Formen verbundene funktionale Varianz, die der *Trojanerkrieg* im Spätmittelalter entfaltet, wäre von einer dringend erforderlichen Neuedition erst aufzuarbeiten; Vorarbeiten in dieser Richtung bestätigen jedoch bereits die hier verfolgte These, dass diese unterschiedlichen Überlieferungstypen des *Trojanerkriegs* zugleich auf unterschiedliche Kontexte und Pragmatiken des Wissens verweisen.[41]

---

**40** Der *Trojanerkrieg* wird von 6 Vollhandschriften (davon 5 erhalten), 9 Fragmenten sowie 18 Exzerpten überliefert. Zu Überlieferung und Handschriften des *Trojanerkriegs* vgl. ausführlich Lienert, Elisabeth: „Die Überlieferung von Konrads von Würzburg ‚Trojanerkrieg'". In: *Die deutsche Trojaliteratur des Mittelalters und der Frühen Neuzeit. Materialien und Untersuchungen.* Hg. v. Horst Brunner. Wiesbaden 1990, S. 325–406.
**41** Vgl. zusammenfassend Lienert: „Überlieferung", S. 405: „Konrad wird als Quelle historischen Wissens, als Meister der Rhetorik, als Vermittler höfischer Identifikationsmuster gelesen; der Aspekt der Vermittlung historischen Wissens steht dabei [...] im Vordergrund."

Um den Blick auf diese Kontextualisierungen nicht schon vorab einzuschränken, stützt sich die folgende Untersuchung im Wesentlichen auf die Handschrift Cod. A 90 der Straßburger Stadtbibliothek (14. Jahrhundert, 1870 verbrannt, abschriftlich erhalten), die der bislang einzigen Edition Adelbert von Kellers aus dem Jahr 1858 maßgeblich zugrunde liegt. Als einer der umfangreichsten Volltextzeugen bietet sie den Vorteil, den *Trojanerkrieg* in möglichst großem Spielraum von Wissensbildung und Wissenskontexten zu erfassen. Kurzversionen und Exzerptüberlieferung machen von diesem Spielraum selektiv Gebrauch. Da weder autornahe Fassungsrekonstruktion noch streng kontextualisierte Stichproben der *Trojanerkrieg*-Überlieferung, sondern grundsätzliche Optionen des literarischen Wissensaufbaus das Erkenntnisinteresse der Arbeit bilden, bietet der Text der Straßburger Handschrift für ihre Untersuchung eine akzeptable Grundlage. Unter ähnlichen Vorbehalten stehen im Folgenden sämtliche Rückgriffe auf Benoîts *Roman de Troie*, der neben anderen Vorlagentexten vergleichend herangezogen wird.[42]

Wenn im Folgenden abkürzend vom *Trojanerkrieg* die Rede ist, setzt die Untersuchung demnach nicht die Einheitskategorie des Werkes voraus, sondern meint damit ein heuristisches Provisorium: den Textbestand der Straßburger Handschrift. Wie alle Vollhandschriften ergänzt auch der Straßburger Codex den Erzähltorso bis zu Beginn der vierten Schlacht um knapp neuneinhalbtausend Verse, welche die Erzählung inhaltlich abschließen; sie sind der Forschung als *Trojanerkrieg-Fortsetzung* bekannt und schließen sich in allen Vollhandschriften nahtlos an. Müsste daher nicht auch diese Ergänzung von einer Untersuchung aufgenommen werden, die nicht nach dem Autorwerk, sondern den konkreten textuellen Realisationsformen von Wissen fragt? Verschiedene Befunde deuten jedoch darauf hin, dass die suggestive Einheit des Codex keine Einheit des Untersuchungsobjekts verbürgt.[43] Produktionsästhetisch betrachtet wechselt die Fortsetzung abrupt von den Leitquellen Dares/Benoît zum Trojabericht des Dictys

---

42 Für Vergleiche mit Konrads altfranzösischer Vorlage stützen sich die nachfolgenden Analysen auf die von Léopold Constans erstellte Edition (im Folgenden: „RdT" ohne Versabkürzung): Benoît de Sainte-Maure: *Le roman de Troie*. Hg. v. Léopold A. Constans. Paris 1904–1912. Auch dies ist mit Risiken behaftet: Die 28 Handschriften und 15 Fragmente des *Roman de Troie* bieten stark abweichende Fassungen, aus denen Constans einen Archetyp rekonstruieren zu können meinte. Unklar ist, in welcher Fassung Konrad der *Roman de Troie* vorlag. Bis die Quellenfrage neu aufgerollt ist und fassungsorientierte Neueditionen vorliegen, bleibt der Constanssche Archetyp vorläufiger Bezugspunkt. Alle Aussagen zu Benoît haben daher ihren heuristischen Wert nur unter diesem Vorbehalt.
43 Vgl. zu den folgenden Befunden Lienert: *Geschichte und Erzählen*, S. 332–350 und Klitscher, Gustav: *Die Fortsetzung zu Konrads v. Würzburg Trojanerkrieg und ihr Verhältnis zum Original*. Diss. Breslau 1891, S. 10–70.

– mit dem Effekt eines weit knapperen Erzählduktus, der nicht mehr auf Ausweitung der Schlachtenschilderung, sondern auf Kürzung und Handlungsorientierung setzt. Diese Effekte vermitteln sich auch rezeptionsästhetisch: Beherrschen die Schlachtdarstellung des ersten Teils vor allem Praktiken der ästhetischen Vergegenwärtigung, so schlägt die Fortsetzung abrupt in sequentielle Narrativierung um; Darstellungsverfahren, Proportionen und Rhetorik durchzieht damit eine erkennbare Bruchlinie. Auch einzelne Segmente der Überlieferung reagieren darauf: Prosaerzählungen vom Trojanischen Krieg, die im 14. und 15. Jahrhundert den *Trojanerkrieg* rezipieren, verwenden so zum Beispiel nicht den Fortsetzungsteil – die Überlieferung spiegelt also eine historische Differenzwahrnehmung, die an der Anlage der Vollhandschriften des *Trojanerkriegs* selbst nicht ablesbar ist.[44] Insgesamt deutet dies darauf hin, dass die Fortsetzung zwar als „Vervollständigung der Geschichte" produziert und wahrgenommen wurde, aber nicht in bruchloser Einheit zum vorangegangenen Text – eine ästhetische, inhaltliche und funktionale Sollbruchstelle ist von Anfang an eingezeichnet. Die vorliegende Untersuchung beschränkt sich daher auf den Basistext bis zu diesem Einschnitt. Dies schließt freilich nicht aus, die historischen Praktiken der Erweiterung eines Wissenstextes auf einer nächsten Stufe der Untersuchung zum Thema zu machen.

Das Begrenzungsproblem des Objekts betrifft indes nicht nur Vollhandschriften wie den Straßburger Codex. Denn ebenso wenig ließe sich davon sprechen, dass Minnereden-Exzerpte oder Chroniken *Konrads* Text (bzw. dessen Reduktionsstufe) bieten – Text, Funktionen und Zuschreibungen zeigen sich vielmehr radikal unterschiedlich. Was aber überliefern mittelalterliche Handschriften, wenn Konrads Text anonymisiert, exzerpiert, neu kompiliert und integriert wird – ist es (noch) Konrads *Trojanerkrieg*? Erst in Ansätzen stehen hierfür methodisch verwendbare Kategorien bereit, mit denen sich diese Form- und Funktionswechsel schlüssig beschreiben ließen. Der Versuch der vorliegenden Arbeit besteht darin, einen Vorschlag zu erarbeiten: Als Beobachtungsbegriff könnte das Konzept des Wissens (und seine Analysekategorien) Möglichkeiten eröffnen, die unterschiedlichen Textformen, Funktionen und Kontexte zu profilieren, ohne dazu auf Kategorien wie Werk, Autor oder Linearitätsannahmen der Rezeption angewiesen zu sein. Eine solche Heuristik könnte beispielsweise plausibilisieren, weshalb „Konrads Text" in der Überlieferung „weitgehend an-

---

44 Vgl. die Übersicht zur Prosaüberlieferung bei Alfen, Klemens, Petra Fochler u. Elisabeth Lienert: „Deutsche Trojatexte des 12. bis 16. Jahrhunderts. Repertorium". In: *Die deutsche Trojaliteratur des Mittelalters und der Frühen Neuzeit. Materialien und Untersuchungen*. Hg. v. Horst Brunner. Wiesbaden 1990, S. 7–196, insbes. S. 47–112.

onymisiert, gleichsam als Buch von Troja tradiert" wird.[45] Das Zurücktreten von Autor und Werk als Grenzkategorien wäre in dieser Perspektive als spezifisch unterschiedlicher Wissenseffekt zu beschreiben.

Das methodische Vorgehen der Arbeit folgt zunächst in seiner Modellbildung den ersten beiden Leitfragen. In einem ersten Schritt sind bestehende Ansätze, Perspektiven und Problemstellungen der Theoriebildung zum Zusammenhang von Literatur und Wissen zu sichten, auf die ein historisierungsfähiges Analysemodell aufbauen kann. Besonders instruktiv sind dafür wissenssoziologische und systemtheoretische Begriffe, deren hohe Abstraktionsfähigkeit die Beobachtung vormoderner Wissenskulturen entscheidend erweitern können (Kap. II.1). In einem zweiten Schritt ist sodann nach den systematischen und historischen Voraussetzungen mittelalterlicher Mythographie und ihrer Beobachtbarkeit zu fragen: Welches Profil trägt der mittelalterliche Mythosdiskurs, in den sich der *Trojanerkrieg* einschreibt? Und welche Mythosbegriffe sind adäquat, um diesen historischen Diskurs zu bezeichnen (Kap. II.2)?

Auf dieser Basis versucht die anschließende Untersuchung des *Trojanerkriegs*, die zentralen Begriffe des entwickelten Beschreibungsmodells analytisch zu erproben: entsprechend gelten die Studien den Paradoxien (Kap. III), dem Verhältnis von Selbst- und Fremdreferenz (Kap. IV) und den Invisibilisierungsleistungen wissensförmiger Kommunikation (Kap. V). Das methodische Arrangement der Detailuntersuchungen erprobt damit einen Theorievorschlag, der zu einer allgemeinen literaturwissenschaftlichen Wissensforschung beizutragen sucht. Dieser Vorschlag und seine Ansatzpunkte sind nach dieser ersten Annäherung nun eingehender vor dem Hintergrund der Forschungsdiskussionen um Wissen, Literatur und Mythos zu entwickeln.

---

**45** Lienert: *Geschichte und Erzählen*, S. 333; die Studie von Lienert stellt bislang den Leitentwurf für die autorzentrierte *Trojanerkrieg*-Forschung.

# II Theoretische Vorüberlegungen zur Epistemik und Poetik von Mythographie

## 1 Was weiß Literatur? Ansätze, Perspektiven und Probleme der Theoriebildung

Wissen wird im Rahmen vielfältiger Disziplinen untersucht: der philosophischen Erkenntnis- und Wissenschaftstheorie, der Psychologie, Sprach- und Kognitionswissenschaft ebenso wie der Philologien und der Geschichtswissenschaft sowie Disziplinen, die wie die Soziologie und Ethnologie nach den epistemischen Implikationen sozialer Ordnungen fragen. Trotz der zum Teil umfänglichen Forschungstraditionen, die sich in diesen Fächern und Richtungen mit dem Thema verbinden, lässt sich in jüngerer Zeit eine besondere Konjunktur beobachten:[1] Wissen ist zum Leitbegriff einer Debatte aufgestiegen, mit der die Ausdifferenzierung von Geistes-, Natur- und Sozialwissenschaften auf den Prüfstand gestellt wird.[2] Angeregt durch Impulse unter anderem seitens der Diskursanalyse, des New Historicism und kulturwissenschaftlicher Fragestellungen erkunden Lehrbücher,[3] Monographien[4] und Tagungsprojekte[5] neue Sachbereiche in den Interferenzzonen von Wissens- und Kommunikationsgeschichte.

---

**1** Damit sind frühere Konjunkturen des Wissensparadigmas keineswegs in Abrede gestellt, wie sie Ende der 1960er Jahre etwa von den Thesen Peter Bergers und Thomas Luckmanns sowie Michel Foucaults ausgingen. Auch die Auseinandersetzung um kulturwissenschaftliche Erweiterungen der Philologien wurde zentral über den Begriff des Wissens ausgetragen. Die hier angesprochene Konjunktur geht in ihrer Reichweite indes über diese Diskussionsphasen hinaus.
**2** Diese Differenzierung wird in der Wissenschaftstheorie u. a. in der Debatte über *reflexive Modernisierung* verhandelt, die nach „verschiedenen Wissensformen" fragt und dabei die „jeweiligen Reichweiten" von Wissenskonzepten und Wissenssphären zu bestimmen sucht; vgl. dazu Wengenroth, Ulrich: „Zur Einführung: Die reflexive Modernisierung des Wissens". In: *Grenzen des Wissens – Wissen um Grenzen.* Hg. v. Ulrich Wengenroth. Weilerswist 2012, S. 7–22, hier S. 17. Zur Ablösung universaler Wissensmodelle zugunsten der Frage nach verschiedenen epistemischen Praktiken im 20. Jahrhundert vgl. auch Wehling, Peter: „Gibt es Grenzen der Erkenntnis? Von der Fiktion grenzenlosen Wissens zur Politisierung des Nichtwissens". In: *Grenzen des Wissens – Wissen um Grenzen.* Hg. v. Ulrich Wengenroth. Weilerswist 2012, S. 90–117.
**3** Vgl. z. B. Klausnitzer, Ralf: *Literatur und Wissen. Zugänge – Modelle – Analysen.* Berlin, New York 2008.
**4** Vgl. aktuell z. B. Klinkert: *Epistemologische Fiktionen;* Köppe, Tilmann: *Literatur und Erkenntnis. Studien zur kognitiven Signifikanz fiktionaler literarischer Werke.* Paderborn 2008; Hörisch, Jochen: *Das Wissen der Literatur.* München 2007. Forschungsüberblicke zum Verhältnis von Literatur und Wissenschaft bieten u. a. Krämer, Olav: „Intention, Korrelation, Zirkulation. Zu verschiedenen Konzeptionen der Beziehung zwischen Literatur, Wissenschaft und Wissen". In: *Literatur und Wissen. Theoretisch-methodische Zugänge.* Hg. v. Tilmann Köppe. Berlin, New York

Das Verhältnis von Literatur und Wissen hat dabei fachwissenschaftliche Kontroversen hervorgerufen, in denen methodologische Normen unterschiedlicher Disziplinen aufeinanderprallten.[6] Auch auf institutioneller Ebene manifestiert sich dieses gesteigerte interdisziplinäre Interesse an der Erforschung von Wissen.[7]

In den literaturwissenschaftlichen Teilen des Forschungsfeldes speist sich dieses Interesse weniger aus der Tatsache, dass Wissen vielfältig die Produktion und Rezeption von Literatur bedingt, sei es in Form von Handlungswissen über kulturelle Zeichensysteme und Diskursregeln, sei es in propositionaler Form der Kenntnis von Gegenständen und Sachzusammenhängen, auf die literarische Kommunikation referiert. Sprachwissen, Sachwissen, Schemawissen oder Diskurswissen prägen Literatur und ihre Kontexte grundsätzlich.[8]

---

2011, S. 77–115 und Pethes, Nicolas: „Literatur- und Wissenschaftsgeschichte. Ein Forschungsbericht". In: *Internationales Archiv für Sozialgeschichte der deutschen Literatur* 28 (2003), S. 181–231. Zum erweiterten Verständnis von Wissenskultur vgl. auch Sandkühler, Hans Jörg: *Kritik der Repräsentation. Einführung in die Theorie der Überzeugungen, der Wissenskulturen und des Wissens.* Frankfurt a.M. 2009, insbes. S. 68–77.

5 Vgl. z.B. die Sammelbände von Köppe: „Literatur und Wissen"; Klinkert, Thomas (Hg.): *Literatur, Wissenschaft und Wissen seit der Epochenschwelle um 1800. Theorie – Epistemologie – komparatistische Fallstudien.* Berlin, New York 2008; vgl. hierzu auch die Beiträge zur umfangreichen Sektion „Kultur und Wissen" in Erhart, Walter (Hg.): *Grenzen der Germanistik. Rephilologisierung oder Erweiterung?* Stuttgart, Weimar 2004 sowie zuvor bereits Vogl, Joseph (Hg.): *Poetologien des Wissens um 1800.* München 1999.

6 Vgl. hierzu insbesondere die Debatte, die in der *Zeitschrift für Germanistik* geführt wurde: Köppe, Tilmann: „Vom Wissen *in* Literatur". In: *Zeitschrift für Germanistik N.F.* 17 (2007), S. 398–410; vgl. dazu die (wechselweisen) Erwiderungen: Borgards, Roland: „Wissen *und* Literatur. Eine Replik auf Tilmann Köppe". In: *Zeitschrift für Germanistik N.F.* 17 (2007), S. 425–428; Dittrich, Andreas: „Ein Lob der Bescheidenheit. Zum Konflikt zwischen Erkenntnistheorie und Wissensgeschichte". In: *Zeitschrift für Germanistik* 17 (2007), S. 631–637; Köppe, Tilmann: „Fiktionalität, Wissen, Wissenschaft. Eine Replik auf Roland Borgards und Andreas Dittrich". In: *Zeitschrift für Germanistik* 17 (2007), S. 638–646; Jannidis, Fotis: „Zuerst Collegium Logicum. Zu Tilmann Köppes Beitrag ‚Vom Wissen *in* Literatur'". In: *Zeitschrift für Germanistik N.F.* 18 (2008), S. 373–377; dazu auch Specht, Benjamin: „Was weiß Literatur? Vier neue Antworten auf eine alte Frage". In: *KulturPoetik* 10 (2010), S. 234–249.

7 So verfolgte etwa die School of Language & Literature des Freiburg Institute for Advanced Studies zwischen 2007 und 2012 das Rahmenthema „Repräsentation und Wissen". Ebenso manifestiert sich der Institutionalisierungsschub transdisziplinärer Wissensforschung seit 2008 im PhD-Net „Das Wissen der Literatur" (Kooperation der Universitäten HU Berlin, Harvard, Princeton und Berkeley) oder dem Graduiertenkolleg 1507 „Expertenkulturen des 12. bis 16. Jahrhunderts" an der Universität Göttingen.

8 Vgl. zu diesen Grundlagen Köppe: „Literatur und Wissen", S. 2–5; Danneberg u. Spoerhase: „Literatur und Wissen" sehen die theoretische „Herausforderung" der Literaturwissenschaft

Neue Dimensionen erhält die Wissensforschung vielmehr durch die Konkurrenz von Paradigmen, die nach den Entdifferenzierungstendenzen der Kulturwissenschaften in jüngerer Zeit mit aller Schärfe gegeneinander geführt werden: hermeneutische und analytische Orientierungen, bewusstseins- und diskurszentrierte Ansätze, aber auch unterschiedliche Verfahrensmodelle wie Lektüre, Studie oder Explikation werden im Zeichen des Wissensbegriffs verhandelt. Auch die Faszination, die von Literatur als Speichermedium alteritären, schwierigen Wissens oder als Experimentalmedium für neue bzw. unsichere Wissensformen ausgehen mag, trägt zur neuen Geltung literaturwissenschaftlicher Wissensforschung bei. Sie wird nicht zuletzt vom Anspruch getragen, im Aufweis ihrer epistemologischen Relevanz die Wirklichkeit von Literatur zu rehabilitieren. Entsprechend prägen vor allem Forschungen die umrissene Konjunktur, die Interrelationen von Literatur mit *wissenschaftlichen* Kenntnissen und Modellen beleuchten.[9] Deutlich artikuliert sich auf diese Weise ein gewandeltes Interesse, das jenseits klassischer kunstspezifischer Codierungen wie schön/hässlich oder interessant/uninteressant die Nähe von Literatur zu Codierungen geltungsstärkerer Systeme wie Wissenschaft erprobt.[10]

Obwohl in den letzten Jahren mithin ein umfangreiches transdisziplinäres Arbeitsfeld der Wissensforschung entstanden ist, haben sich dennoch keine festen Methodologien ausgebildet. Selbst grundlegende Fragen sind weiterhin umstritten: Was ist Wissen, d. h. wie lässt sich eine Objektdefinition gewinnen, die sich nicht im Rekursivitätsproblem verfängt, das sich bei der Suche nach *Wissen vom Wissen* einstellt, sondern dieses nach wissenschaftlichen Standards überzeugend löst? Woran erkennt man Wissen in fremden Beobachtungskontexten,

---

„eher in einem Überfluss als in einem Mangel an Wissen", das in/für Literatur relevant ist (S. 30).

**9** Vgl. z. B. Klinkert: *Epistemologische Fiktionen*; Danneberg, Lutz u. Friedrich Vollhardt (Hg.): *Wissen in Literatur im 19. Jahrhundert*. Tübingen 2002; mit ausführlichen Forschungshinweisen vgl. auch Krämer: „Intention" und Pethes: „Literatur- und Wissenschaftsgeschichte"; zur Interferenz von gelehrtem Wissen und Literatur in vormoderner Literatur vgl. auch Bulang, Tobias: *Enzyklopädische Dichtungen. Fallstudien zu Wissen und Literatur in Spätmittelalter und früher Neuzeit*. Berlin 2011.

**10** Mit der Unterscheidung schön/hässlich als Leitdifferenz von Kunst beziehe ich mich auf Luhmann, Niklas: „Ist Kunst codierbar?". In: *Schriften zu Kunst und Literatur*. Hg. v. Niels Werber. Frankfurt a.M. 2008, S. 14–44; zur Codierung von Kunst als interessant/langweilig vgl. Plumpe, Gerhard u. Niels Werber: „Literatur ist codierbar. Aspekte einer systemtheoretischen Literaturwissenschaft". In: *Literaturwissenschaft und Systemtheorie. Positionen, Kontroversen, Perspektiven*. Hg. v. Siegfried Schmidt. Opladen 1993, S. 9–43. Dass literarisch hergestellte Nähe zu anderen Systemen Literatur jedoch keineswegs in Wissenschaft, Wirtschaft, Medizin o.a.m. verwandelt, sondern allenfalls deren Codierungen importiert, einlagert, übercodiert, hat jüngst Klinkert: *Epistemologische Fiktionen*, S. 38 unterstrichen.

d. h. wie lässt sich Wissensforschung derart operationalisieren, dass für die Analyse von Wissen keine Einheits- oder Kontinuitätsunterstellungen zwischen Beobachter und Beobachtungsobjekt vorausgesetzt werden müssen, die häufig auf Intuitionen z. B. hinsichtlich vermeintlicher Wissenstextsorten oder auf Introspektionen z. B. in Mentalitäten oder psychische Akte des Wissens gründen? Und schließlich: Sind Literaturwissenschaftler hierfür überhaupt qualifiziert, d. h. ist das Objekt Wissen mit Literatur überhaupt gegeben und mit literaturwissenschaftlichen Mitteln zugänglich? Auffällig ist, dass Grundfragen dieser Art in der gegenwärtigen Diskussion häufig vermieden werden. Wo Antworten explizit zur Debatte gestellt wurden, blieben diese kontrovers.

Forschungsberichte unterstreichen zusätzlich den Befund, dass methodische und begriffliche Grundlagen der Wissensforschung kaum gesichert sind.[11] Dies liegt nicht allein an der Pluralisierung von Methoden und Paradigmen innerhalb der Literaturwissenschaften. Entscheidend verschärft werden Orientierungsprobleme vielmehr durch den Umstand, dass unter den Stichworten *Wissen und Literatur* nicht bloß divergente Theorievorschläge, sondern divergente Axiome und methodische Grundvoraussetzungen aus dem Gesamtbestand von Geistes-, Natur- und Sozialwissenschaften aufeinandertreffen. Es geht also nicht nur um die Frage, inwiefern Literatur eine „Form des Wissens"[12] darstellt oder „historisch relevantes Wissen [...] ‚organisiert'".[13] Noch grundlegender ist derzeit offen, auf welcher Basis sich eine solche Frage sinnvoll stellen lässt, wenn hierarchische Ordnungsfunktionen der Wissensdebatte – von der Expertenrolle bis zum Vorrang einzelner

---

**11** Vgl. zuletzt Köppe: „Literatur und Wissen", zusammenfassend S. 1; Danneberg u. Spoerhase: „Literatur und Wissen", deren methodische Diskussion verdeutlicht, dass im Verhältnis von Wissen und Literatur derzeit mehr Problemfelder als etablierte Methoden, mehr Thesen als Klärungen vorliegen. Selbst in Leitdisziplinen der methodologischen Debatte wie z. B. der philosophischen Wissensforschung zeigt sich ein ähnlicher Stand: „Die Erfahrung lehrt, dass es in 2000 Jahren Philosophie nicht gelungen ist, die Probleme der Gewissheit und der Wahrheit des Wissens allgemeingültig zu lösen"; Sandkühler: *Kritik der Repräsentation*, S. 217; ebenso Wengenroth: „Reflexive Modernisierung", S. 18. Speziell aus mediävistisch-literaturwissenschaftlicher Sicht unterstreicht auch Bulang: *Enzyklopädische Dichtungen*, dass das Verhältnis von Literatur und Wissen „nach wie vor als klärungsbedürftig" zu betrachten ist (S. 14).
**12** Geisenhanslüke, Achim: „Was ist Literatur? Zum Streit von Literatur und Wissen". In: *Was ist Literatur? Basistexte Literaturtheorie.* Hg. v. Jürn Gottschalk u. Tilmann Köppe. Paderborn 2006, S. 108–122, hier S. 120.
**13** Vollhardt, Friedrich: „Wissen in Literatur im 19. Jahrhundert. Zur Einführung in den Band". In: *Wissen in Literatur im 19. Jahrhundert.* Hg. v. Lutz Danneberg u. Friedrich Vollhardt. Tübingen 2002, S. 1–6, hier S. 2.

Wissenskonzepte – ihren souveränen disziplinenübergreifenden Status eingebüßt haben.[14]

Gefordert ist dazu nicht eine weitere *spezifische* Theorie des Wissens, sondern zunächst ein *übergeordnetes* Modell, das auf die Orientierungsbedürfnisse der aktuellen Forschungsdebatte um konkurrierende Theorien des Wissens antwortet und dabei den unterschiedlichen Ansprüchen Rechnung tragen kann, die ihre divergierenden Fachvoraussetzungen und Erkenntnisinteressen (etwa hinsichtlich Historisierung oder analytischer Explikation) aufwerfen.[15] Wie lässt sich ein solches Modell bilden, ohne einzelne kontroverse Positionen normativ festzuschreiben? Der Vorschlag der vorliegenden Arbeit besteht darin, so voraussetzungsarm wie möglich anzusetzen und der Gefahr des *top-down*-Theoriebaus durch Querschnitte von systematisch und historisch unterschiedlichen Wissenssemantiken entgegenzusteuern. Denn sowohl Wissenstheorien als auch die Diskursgeschichte von Wissenskulturen liefern aufschlussreiche Ansatzpunkte, um einen Anforderungskatalog für ein solches Modell zu erstellen. Wie die annähernd 2500jährige Kulturgeschichte ihrer Diskussion eindrücklich belegt, kann es nicht darum gehen, eine widerspruchsfreie Version des Wissensbegriffs herauszupräparieren zu wollen, ist seine Geschichte doch konstitutiv mit Irritationen, Grenzverletzungen und Evolutionen von Wissensentwürfen verknüpft. Auch innerhalb unterschiedlicher wissenschaftlicher Disziplinen und Forschungszweige haben unterschiedliche Wissensbegriffe ihre Berechtigung.

Noch aufschlussreicher als begriffliche Einzellösungen und Prämissen könnten daher Probleme und Reizpunkte sein, die Wissensreflexionen quer zu ihrer disziplinären Zugehörigkeit beharrlich umkreisen und die jene Rahmen abstecken, innerhalb derer etwas als Wissen wahrgenommen und bezeichnet wird. Wenn sich der Wissensbegriff der transdisziplinären Klärung entzieht, so könnten gerade diese Schwierigkeiten zu seinen Gebrauchsbedingungen gehören, die es ernst zu nehmen gilt.

---

**14** Vgl. zu dieser Lage mit weiteren Literaturhinweisen Wehling: „Grenzen der Erkenntnis", S. 108–112; Wengenroth: „Reflexive Modernisierung", S. 19.

**15** Ein solches Modell ist in der Forschung gefordert worden, aber bislang nicht enwickelt. Vgl. etwa Specht: „Was weiß Literatur?", S. 248: „Diese Vielstimmigkeit [von Wissensbestimmungen] ist aber vielleicht gerade kein Malus, sondern könnte die Basis bilden, in kommenden Untersuchungen verstärkt nach der Vermittlung von systematischen Modellen und den historisch und medial bedingten Phänomenen zu fahnden." Vgl. für die Mediävistik auch die Forderung von Bulang: *Enzyklopädische Dichtungen*, „nicht allein die Ebene der zu untersuchenden Objekte" zu berücksichtigen, sondern „auch eine methodische Reflexion auf die Historizität der anzusetzenden Kategorien" für die Entwicklung eines Wissensmodells anzustreben. In diese Richtung zielt die vorliegende Arbeit.

Während bestehende Arbeiten zumeist nur einzelne Theoriefamilien bevorzugen oder überhaupt zu Wort kommen lassen (z. B. diskurstheoretische oder wissenspoetologische Ansätze der Kulturwissenschaften einerseits; analytische Erkenntnistheorien andererseits etc.), könnte es weiter führen, hierfür das Feld der Wissensforschung in seiner Breite in den Blick zu nehmen. Innerhalb dieses Feldes lassen sich familienähnliche Gruppen unterscheiden. Sie entspringen zwar unterschiedlichen Disziplinen und Richtungen, beschreiben jedoch das Verhältnis von Literatur und Wissen nach gemeinsamen Intuitionen und werfen verwandte Probleme auf. Nacheinander sollen im Folgenden Ansätze gesichtet werden, die Wissen und Literatur eng verschränken (Kap. II.1.1: Wissen *in* Literatur), als mögliche, aber nicht notwendige Verbindung modellieren (Kap. II.1.2: Wissen *und* Literatur) oder aber als gegensätzliche, sich wechselseitig ausschließende Disjunktion beschreiben (Kap. II.1.3: Wissen *oder* Literatur).[16]

Das zu sondierende theoretische Spektrum liefert Prämissen und Probleme, die ein leistungsfähiges Modell aufnehmen muss. Aber auch exemplarische Längsschnitte aus der Diskursgeschichte der Wissensdiskussion (Kap. II.1.4) verweisen auf Ansatzpunkte, um einen gehaltvollen, aber selbst voraussetzungsarmen Anforderungskatalog zu erstellen (Kap. II.1.5). Erst auf dieser Basis lässt sich ein abstrakter Rahmen entwickeln, der je nach Beobachtungskontext und disziplinären Interessen gestattet, adäquate Wissenstheorien zu entwickeln und Untersuchungsbegriffe zu generieren. Ein Vorschlag zu einem solchen Modellrahmen wird mithilfe des Anforderungskatalogs sowie Begriffsressourcen der Systemtheorie vorgestellt (Kap. II.1.6).

Ein solcher Rahmen bietet keine Theorie des Wissens, sondern etabliert zunächst eine allgemeine Beschreibungsebene, auf die sich unterschiedlichste Konzepte, Phänomene und Funktionen von Wissensentwürfen beziehen lassen. Ihre Abstraktionslage und ihr nicht-axiomatisches Design bieten dabei zwei entscheidende Vorteile. Da sie nicht einzelne Begriffe zur unhintergehbaren Voraussetzung erklären, sondern auf einem Katalog weitverbreiteter, einschlägiger Unterscheidungen von Wissensdiskursen aufbaut, verwandelt sie zum einen die scheinbaren Schwächen von Wissensbegriffen in Stärken: chronische Problemstellen (z. B. Begründung- und Regressionsprobleme von Gewissheit, Stabilisie-

---

[16] Diese Unterscheidung strukturieren logische Gesichtspunkte: Wissen und Literatur werden häufig als *notwendige*, *mögliche* oder aber *unmögliche* Verbindung betrachtet. Eine stärker funktionale Systematisierung entwirft dagegen Klinkert, Thomas: „Literatur und Wissen. Überlegungen zur theoretischen Begründbarkeit ihres Zusammenhangs". In: *Literatur und Wissen. Theoretisch-methodische Zugänge.* Hg. v. Tilmann Köppe. Berlin, New York 2011, S. 116–139: Literatur stehe demnach zu Wissen häufig in Beziehungen von (1.) Rezeption/Import, (2.) Korrelation, (3.) Innovation oder (4.) Reflexion/Problematisierung.

rungs- und Universalisierungsprobleme angesichts historischer Wissensveränderung u. a. m.) können als Ausdruck von Abgrenzungsbemühungen verstanden werden, die den Raum möglicher Konzeptionen des Wissens abstecken.

Zum anderen lassen sich von einer allgemeinen Ebene wiederum konkretere Wissensdiskurse (mit jeweils eigenen Bedingungen) ansteuern, ohne dass hierzu ein ahistorisches, vermeintlich universales Wissenskonzept postuliert werden müsste. Das im Folgenden entwickelte zweistufige Modell verfolgt vielmehr den Anspruch, eine allgemeine Bezugsebene für Kontexte der Wissensforschung bereitzustellen, welche die jeweiligen Erfordernisse dieser Kontexte (z. B. historischer, terminologischer oder operativer Art) berücksichtigen kann.[17]

Lässt sich eine solche allgemeine Ebene ansetzen, so verlangt dies je nach Beobachtungsziel, ihre organisierenden Begriffe für die Analysearbeit zu konkretisieren – und so z. B. für die Beobachtung mittelalterlicher Mythographie in Romanform ein konkreteres Set von Begriffen zu wählen, das speziell mediävistischen Beschreibungsbedürfnissen entspricht (Kap. II.1.7: Leitbegriffe der Studien). Hilfreich erweist sich hier eine übergeordnete Modellebene, wenn sie die Suche und Auswahl solcher Begriffe leitet und zugleich im Rahmen einer allgemeinen Wissensforschung transparent macht, welche spezifischen Wissensformen damit in den Blick kommen. Sowohl der analytischen Spezialisierung als auch der übergreifenden Vergleichbarkeit wird damit zugearbeitet. Kurz gesagt schlägt die vorliegende Arbeit also zur Organisation gegenwärtiger Theorieprobleme der Wissensforschung ein mehrstufiges Design vor, das zwischen abstrakter Modellebene und konkreteren Ebenen der Theorie methodisch zu unterscheiden hilft.

## 1.1 Wissen *in* Literatur

Den engsten Zusammenhang von Literatur und Wissen postuliert eine Reihe von Ansätzen, die sich als Verschränkungstheorien bündeln lassen. Gemeinsam teilen sie die Prämisse, dass literarische Texte nicht nur Wissensbestände importieren, verhandeln oder produzieren *können*, sondern konstitutiv in Wissensstrukturen eingebunden sind. Literatur steht danach z. B. mit Wissenschaft nicht in bloß *möglicher* bzw. *inferenzieller*, sondern *notwendiger* und *konstitutiver* Verbindung:

---

17 Ein solches mehrstufiges Design scheint besonders angesichts der Tatsache gefordert, dass methodische Bezugsmöglichkeiten von *allgemeinen* Beschreibungsebenen und *speziellen* Strukturen und Elementen von Wissenskonzeptionen bislang wenig beleuchtet wurden; vgl. dazu Krämer: „Intention", S. 115 [dort bezogen auf das Verhältnis von Literatur und Wissenschaften und seiner Erforschung].

„in *einem* Raum des Wissens".[18] In der kulturwissenschaftlichen Wissensforschung sind vor allem drei Orientierungen methodisch prominent geworden: (a) diskursanalytische Ansätze auf den Spuren Foucaults, (b) das ethnographisch inspirierte Modell der *thick description* sowie (c) dynamische Transferkonzepte wie Zirkulation (*circulation*) und Verhandlung (*negotiation*), die aus den Arbeiten Stephen Greenblatts in die Methodologie des New Historicism eingehen.

(a) Während analytische Erkenntnistheorien Wissen in der Regel als wahre, gerechtfertigte Überzeugung beschreiben,[19] weisen diskurstheoretisch orientierte Positionen die von solchen Konzepten vorausgesetzte Zentrierung des Wissensbegriffs auf personales Bewusstsein ebenso wie die Annahme einer objektiven Welt als Verifikationshorizont zurück. Wie Kommunikation im Allgemeinen gehört auch Literatur im Besonderen zu den diskursiven Praktiken, über die eine Kultur erzeugt und begrenzt, was in ihr als mögliches Wissen geäußert und gewusst werden kann – und was dagegen unterdrückt, ausgegrenzt oder als unvernünftige Äußerungsform markiert wird. Solche (historisch veränderlichen) Gesamtheiten des Wissbaren und seine Regularitäten fasst Foucault als *Episteme* zusammen, womit der Wissensbegriff eine an der Modalform der Möglichkeit orientierte Fassung erhält.[20]

Der diskursanalytische Wissensbegriff zielt damit nicht auf singuläre Urteilsakte oder subjektive Wahrheitsüberzeugungen, sondern auf historisch veränderliche Regelmäßigkeiten, nach denen Wissen „erst ausgehend von einem komplexen Feld des Diskurses konstruiert" wird:[21] über allgemeine „Praktiken [...], die systematisch die Gegenstände bilden, von denen sie sprechen".[22] Wissen wird demnach greifbar als reguliertes Zusammenspiel von Begriffen, Gegenständen, Strategien und Redemodalitäten, die zusammen Äußerungen formieren.

Foucault weitet den Begriff des Wissens somit über traditionelle Unterscheidungen von explizitem und implizitem, wissenschaftlichem und erfahrungsmäßigem Wissen hinaus aus, wenn er Wissen als die „Menge von einer diskursiven Praxis regelmäßig gebildeten [...] Elemente" versteht, die „auch in

---

**18** So charakterisiert Krämer: „Intention", S. 100 die Grundannahme der im Folgenden zusammengefassten Ansätze (bei Krämer unter dem Titel der „Zirkulationskonzeption").
**19** Vgl. zu dieser „Standarddefinition von ‚Wissen'" Sandkühler: *Kritik der Repräsentation*, S. 12 f. und 207–213.
**20** Vgl. v. a. Foucault, Michel: *Die Ordnung der Dinge. Eine Archäologie der Humanwissenschaften*. Frankfurt a. M. 1974; Ders.: *Archäologie des Wissens*. Frankfurt a. M. 1981. Zum Möglichkeitsmodus dieses Ansatzes vgl. Kellner, Beate u. Peter Strohschneider: „Erzählen und Episteme". In: *Erzählen und Episteme. Literatur im 16. Jahrhundert*. Hg. v. Beate Kellner u. Peter Strohschneider. Berlin, New York 2011, S. 1–19, hier S. 5 f.
**21** Foucault: *Archäologie des Wissens*, S. 36.
**22** Foucault: *Archäologie des Wissens*, S. 74.

Fiktionen, in Überlegungen, in Berichten, institutionellen Verordnungen, in politischen Entscheidungen liegen" können.[23] Literaturwissenschaftliche Ansätze, die sich um Diskursgeschichten des Wissens bemühen, geht es entsprechend „um den Nachweis, dass die Literatur an der grundständigen Kodierung des Blickes aktiv beteiligt ist",[24] wie Roland Borgards formuliert. Als diskursives Ereignis wird Literatur damit eine Doppelfunktion zugesprochen: „Sie reproduziert und produziert Wissen; sie ist eine Repräsentationsweise und im gleichen Zuge ein Konstruktionsmodus von Wissen."[25]

Getragen von mentalitätsgeschichtlichen Forschungen war es Foucaults erklärtes Ziel gewesen, den vermeintlichen Abstand zwischen Texten und Wirklichkeit zu überbrücken, indem dieser als konstruktives Kontinuum von Diskursen enthüllt wird. Dies aber legt zugleich nahe, unterschiedliche Äußerungsformen tendenziell einzuebnen. Ob Texten so zum Beispiel der Status der Fiktionalität zugeschrieben und damit interne Wissensreferenz dominant wird oder ob andere Modi der Wirklichkeitsreferenz die Selbstbeschreibungen von Texten prägen,[26] wird oft programmatisch übergangen.[27] Das Diskurskonzept des Wissens läuft

---

**23** Foucault: *Archäologie des Wissens*, S. 259 bzw. S. 261. Wissen wird damit von Foucault weiter gefasst als Erkenntnis („conaissance"), eine „klare Definition von Wissenschaft bewußt suspendiert"; Schneider, Ulrich Johannes: „Wissensgeschichte, nicht Wissenschaftsgeschichte". In: *Michel Foucault. Zwischenbilanz einer Rezeption*. Hg. v. Axel Honneth u. Martin Saar. Frankfurt a.M. 2003, S. 220 – 229, hier S. 221. Im Anschluss an Foucault sind auch literaturwissenschaftliche Ansätze dieser Ausweitung des Wissensbegriffs gefolgt; vgl. Titzmann, Michael: „Kulturelles Wissen – Diskurs – Denksystem. Zu einigen Grundbegriffen der Literaturgeschichtsschreibung". In: *Zeitschrift für französische Sprache und Literatur* 99 (1989), S. 47–61; als historische Fallstudien zu diesem Ansatz vgl. Kellner, Beate u. Peter Strohschneider (Hg.): *Erzählen und Episteme. Literatur im 16. Jahrhundert*. Berlin, New York 2011. Kritisch wird dieser erweiterte Wissensbegriff diskutiert von Bulang: *Enzyklopädische Dichtungen*, S. 16f. und S. 27–30.
**24** Borgards: „Wissen *und* Literatur", S. 427.
**25** Borgards, Roland u. Harald Neumeyer: „Der Ort der Literatur in einer Geschichte des Wissens. Plädoyer für eine entgrenzte Philologie". In: *Grenzen der Germanistik. Rephilologisierung oder Erweiterung?* Hg. v. Walter Erhart. Stuttgart, Weimar 2004, S. 210–222, hier S. 212.
**26** Vgl. zu dieser Unterscheidung Luhmann, Niklas: „Literatur als fiktionale Realität". In: *Schriften zu Kunst und Literatur*. Hg. v. Niels Werber. Frankfurt a.M. 2008, S. 276–291.
**27** Bündig fasst Gilles Deleuze daher für Foucaults Diskurskonzept zusammen: „Wissenschaft und Poesie sind gleichermaßen Wissen." Deleuze, Gilles: *Foucault*. Frankfurt a.M. 1987, S. 34. – Der Unterschied zwischen Referenzarten wird in diskursanalytischen Wissensanalysen somit nicht einfach zurückgestuft, sondern gezielt aufgehoben. Vgl. Vogl, Joseph: „Für eine Poetologie des Wissens". In: *Die Literatur und die Wissenschaften 1770–1930*. Hg. v. Karl Richter, Jörg Schönert u. Michael Titzmann. Stuttgart 1997, S. 107–127, hier S. 123: „[Dadurch werden] die Gegenüberstellungen von Innen und Außen, Subjektivem und Objektivem, Imaginärem und Realität unterlaufen; der Gegensatz zwischen Fiktion und Nicht-Fiktion ist ein ungenügendes Kriterium, selbst referenzlose Aussagen haben diskursive Objekte." Diese Entdifferenzierung hat

damit nicht nur geistphilosophischen und ontologischen Prämissen klassischer Erkenntnistheorien entgegen, sondern sperrt sich auch gegenüber deren Anspruch, unterschiedliche Referenzarten scharf abzugrenzen. In Programmen zur Erforschung der *poetischen* Strukturierung von Wissensordnungen findet solche Entdifferenzierung des Wissensbegriffs aktuelle Fortsetzungen.[28]

(b) Verschränkungen von kulturellem Wissen und der Interpretation literarischer Texte postulierte Anfang der 1970er Jahre auch der Ethnologe Clifford Geertz im Rahmen seines Interpretationsmodells der *thick description*. Geertz zufolge teilen literarische Texte (als Objekte des Literaturwissenschaftlers) und kulturelle Praktiken (als Objekte des Ethnologen) mindestens zwei grundlegende Eigenschaften: Beide besitzen Textualitätscharakter und sind daher nicht objektiv gegeben, sondern nur durch interpretative Akte der teilnehmenden Beobachtung zugänglich. Im Einklang mit der hermeneutischen Tradition sieht Geertz darin das Eindringen des Untersuchenden in das Untersuchungsobjekt: „A good interpretation of anything – a poem, a person, a history, a ritual, an institution, a society – takes us into the heart of that of which it is the interpretation."[29] Dies hat zur Konsequenz, dass nicht das Untersuchungsobjekt *an sich* repräsentierbar ist,

---

gerade seitens der historischen Textwissenschaften die Kritik hervorgerufen, spezifisch ästhetische Verfahren würden durch solche Diskursgeschichten des Wissens nivelliert; vgl. z.B. Kellner, Beate: „Melusinengeschichten im Mittelalter. Formen und Möglichkeiten ihrer diskursiven Vernetzung". In: *Text und Kultur. Mittelalterliche Literatur 1150–1450.* Hg. v. Ursula Peters. Stuttgart 2001, S. 268–295, insbes. S. 271. An anderen Stellen unterscheiden Vertreter des wissenspoetologischen Ansatzes hingegen deutlicher zwischen Wissen und Wissenschaft: vgl. z.B. Vogl, Joseph: *Kalkül und Leidenschaft. Poetik des ökonomischen Menschen.* München 2002, S. 15.

**28** Vgl. Vogl: „Poetologie des Wissens"; Borgards u. Neumeyer: „Ort der Literatur in einer Geschichte des Wissens"; Neumeyer, Harald: „Literaturwissenschaft als Kulturwissenschaft (Diskursanalyse, *New Historicism*, ,Poetologien des Wissens')". Oder: Wie aufgeklärt ist die Romantik?". In: *Kulturwissenschaftliche Literaturwissenschaft. Disziplinäre Ansätze – Theoretische Positionen – Transdisziplinäre Perspektiven.* Hg. v. Ansgar Nünning u. Roy Sommer. Tübingen 2004, S. 177–194; Pethes, Nicolas: „Poetik/Wissen. Konzeptionen eines problematischen Transfers". In: *Romantische Wissenspoetik. Die Künste und die Wissenschaften um 1800.* Hg. v. Gabriele Brandstetter u. Gerhard Neumann. Würzburg 2004, S. 341–372; zur Rekonstruktion dieses Programms vgl. auch Klinkert: „Literatur und Wissen", S. 134–136. Kritisch zur Entdifferenzierung bzw. mangelnden Begriffsschärfung dieser Ansätze vgl. Stiening, Gideon: „Am ,Ungrund' oder: Was sind und zu welchem Ende studiert man ,Poetologien des Wissens'?". In: *KulturPoetik* 7 (2007), S. 234–248 und Ders.: „,Und das Ganze belebt, so wie das Einzelne, sei'. Zum Verhältnis von Wissen und Literatur am Beispiel von Goethes *Die Metamorphose der Pflanzen*". In: *Literatur und Wissen. Theoretisch-methodische Zugänge.* Hg. v. Tilmann Köppe. Berlin, New York 2011, S. 192–213.

**29** Geertz, Clifford: „Thick description. Toward an interpretive theory of culture". In: *The interpretation of cultures. Selected essays.* New York 2000, S. 3–30, hier S. 18.

sondern strenggenommen nur die Interaktion von Beobachtetem und Beobachter, die in kulturelle Zeichensysteme eingelagert bleibt:

> As interworked systems of construable signs [...], culture is not a power, something to which social events, behaviors, institutions, or processes can be causally attributed; it is a context, something within which they can be intelligibly – that is, thickly – described.[30]

Statt beobachterunabhängiger Objektivität nähert sich das kulturanthropologische Beschreiben somit Akten des Fingierens an, die aus der engen Interrelation von Beobachter und Beobachtetem resultieren.[31] Wissen existiert demnach nicht statisch, sondern reproduziert sich in dynamischen Interaktionen von Sozialformen und Institutionen, Körpern und Praktiken, Texten und anderen Artefakten. Diese Dynamiken des kulturellen Wissens lassen sich von ihren Sinnrahmen nicht abstrahieren, sondern nur in ihnen *dicht* beschreiben.

Auch das Geertzsche Modell der *dichten Beschreibung* weitet damit das Wissenskonzept aus, indem es Zeichen- und Auslegungspraktiken auf die Ebene der Kultur bezieht und kulturelle Symbolisierungsleistungen zur anthropologischen Universalie erhebt: „In fact, this type of reciprocally relationship between somatic and extrasomatic phenomena seems to have been of crucial significance during the whole of the primate advance" – „cultural resources are ingredient, not accessory, to human thought."[32] Geertz' suggestive Leitmetapher von der Kultur als Text erschwert jedoch, Wissen als analytische Kategorie zu präzisieren. Je stärker sich damit die theoretische Aufmerksamkeit von Wissen zu Interpretation verschiebt, desto weniger lassen sich die Objektivitätsansprüche von Wissen im Rahmen einer solchen interpretativen Kulturtheorie einholen.[33]

(c) Auf diesen Präzisierungsbedarf reagiert ein drittes Verschränkungsmodell, das für literaturwissenschaftliche Wissensforschung ebenfalls prominent ge-

---

**30** Geertz: „Thick description", S. 14.

**31** Diese Interdependenz des Beobachtens führten innerhalb der Ethnologie zur Diskussion über literarische Verfahren als Möglichkeiten ethnographischer Repräsentation: vgl. in Reaktion auf Geertz v. a. Clifford, James: *The predicament of culture. Twentieth-century ethnography, literature, and art.* Cambridge, Mass. 2002. Umgekehrt regte dies auch in der Literaturwissenschaft ein verstärktes Interesse für Fragestellungen und Beobachtungssituationen der Ethnologie an: vgl. Bachmann-Medick, Doris (Hg.): *Kultur als Text. Die anthropologische Wende in der Literaturwissenschaft.* Basel, Tübingen 2004.

**32** Geertz, Clifford: „The growth of culture and the evolution of mind". In: *The interpretation of cultures. Selected essays.* New York 2000, S. 55–83, hier S. 68 / S. 83.

**33** Vgl. zu dieser Verschiebung in der Geschichte ethnologischer Kulturtheorie Reckwitz, Andreas: „Die Kontingenzperspektive der ‚Kultur'. Kulturbegriffe, Kulturtheorien und das kulturwissenschaftliche Forschungsprogramm". In: *Unscharfe Grenzen. Perspektiven der Kultursoziologie.* 2. Aufl. Bielefeld 2010, S. 15–45, inbes. S. 22f. und 33f.

worden ist: die Literaturtheorie des New Historicism und ihr Leitkonzept der *Zirkulation* sozialer Energien.[34] Aufbauend auf die Prämisse der Textförmigkeit von Kultur entwarfen erstmals Stephen Greenblatts Shakespeare-Lektüren ein Untersuchungsmodell der *poetics of culture*, das sowohl nach den spezifischen Funktionen von Texten als auch nach den kollektiven Praktiken und Zeichensystemen ihrer Erzeugung fragt.

Literatur partizipiert Greenblatt zufolge grundsätzlich an kollektiven Wahrnehmungseinstellungen und Erfahrungsmustern, die als „social energy" sämtliche Praktiken und Artefakte einer soziohistorischen Formation durchdringen; Sprache stellt dazu das zentrale Medium bereit.[35] Macht, religiöses Charisma, aber ebenso sexuale Erregung, Begehren und andere Energien können in einer Gesellschaft zirkulieren, wobei sie unterschiedliche Schwellen und Grenzen überschreiten. Ihre Grenzüberschreitungen bezeichnet Greenblatt als „cultural transactions", weil sie mit spezifischen Verschiebungen einher gehen.[36] Literatur lässt sich dementsprechend als Produkt von Transformationen betrachten, in denen soziale Energien in spezifisch ästhetische Formen umgesetzt werden.

Für die Verschränkung von Literatur und kulturellem Wissen ist die Metapher der *transaction* in zweifacher Hinsicht zentral. Denn einerseits fasst sie Operationen zusammen, die soziales Wissen in Literatur überführen und gleichzeitig recodieren: Verfahren der Isolierung, Entkonkretisierung, der rhetorischen Verschleierung oder anderer Arten der Ähnlichkeitsreduktion erzeugen Differenz zwischen literarischen Texten und ihren sozialen Kontexten – so gesehen bewirken *transactions* Übertragungen, die funktionale und referentielle Abstände schaffen.

Zum anderen unterhalten Texte weiterhin Austauschbeziehungen zu den sozialen Energien, aus denen sie sich speisen. Anstatt Wissen unverändert abzubilden oder aber zur Unkenntlichkeit zu verändern, kann Literatur dessen soziale Codes bearbeiten und neue Bedeutungsstrukturen prägen, die auf kulturelles Wissen zurückwirken. Wissen und Literatur sind somit nicht bloß durch einseitige Transfers, sondern durch reversible Übertragungen verbunden: durch *negotiation*

---

34 Vgl. grundlegend Greenblatt, Stephen: „Towards a poetics of culture". In: *The New Historicism*. Hg. v. H. Aram Veeser. New York 1989, S. 1–14 sowie das methodologische Einleitungskapitel in Greenblatt, Stephen: *Shakespearean negotiations. The circulation of social energy in Renaissance England*. Oxford 1990, S. 1–20.
35 Greenblatt: *Shakespearean negotiations*, S. 19 / S. 4.
36 Greenblatt: *Shakespearean negotiations*, S. 4; vgl. auch Greenblatt: „Poetics of culture", S. 8. Zu Zirkulation als Leitkonzept literaturwissenschaftlicher Wissensforschung vgl. im Anschluss an Greenblatt auch Borgards u. Neumeyer: „Ort der Literatur in einer Geschichte des Wissens", S. 214.

*and exchange*,[37] die Wahrnehmbarkeit von sozialer Energie und deren funktionale und formale Verschiebungen permanent vermitteln. Dieses Wissen der Literatur lässt sich besonders leicht dort aufdecken, wo seine Ökonomie weniger stark verdeckt wird: in Texten jenseits des normativen Literaturkanons, in beiläufigen intertextuellen Bezügen, in übercodierten randständigen Details.[38] Konzepte der Zirkulation und der Verhandlung von Wissen in und durch Literatur sind in der Literaturwissenschaft ausgesprochen produktiv geworden, selbst wo diese auf andere Theorien als den Prämissen des New Historicism aufsetzen.[39] Trotz aller Unterschiede teilen ihre Ansätze die grundlegende Auffassung, Literatur repräsentiere nicht einfach bestehendes kulturelles, soziales oder wissenschaftliches Wissen, sondern transformiere, reflektiere und evoluiere Wissensbestände.

Damit sind nur wenige, aber einflussreiche Modelle umrissen, die Thesen zur konstitutiven Verschränkung von Wissen und Literatur vertreten. Ihre leitenden Prämissen, aber auch ihre zentralen Probleme gilt es im Hinblick auf eine übergeordnete Modellbildung festzuhalten. Alle genannten Ansätze verbindet einerseits (1.) ein ausgeprägtes Bewusstsein für die Historizität bzw. Diskontinuität von Wissensformationen. Sie betrachten Wissen (2.) als Erzeugungssysteme, die ihrerseits veränderbar sind, (3.) auch nicht-propositionale Formen umfassen (z. B. *knowing how, knowledge by acquaintance*) und (4.) kollektiv verankert sind.

Andererseits werfen ihre leitenden Entscheidungen auch methodische Probleme auf, die zum Teil bereits von ihren Vertretern artikuliert werden, in der jüngeren Diskussion der Wissensforschung jedoch offener zutage treten: (1.) Programmatisch lösen sie die Unterscheidung von Text und Welt auf – diskursive Formationen, Kultur, soziale Energien oder Wissen treten als neue Einheitsbegriffe an ihre Stelle. Verschärfte Rekursivitätsprobleme sind die Folge: Wissen als diskursive Regularität lässt sich nur unter Verwendung diskursiver Praxis untersuchen; *dichte Beschreibungen* von kulturellem Wissen in Literatur führen vom Wunsch nach Fremdverstehen in Rückkopplungen der „constructions of other people's constructions" hinein.[40] Mag den Wissenshistoriker auch der Wunsch leiten, „mit den Toten zu sprechen" (Greenblatt),[41] so vervielfacht seine Beobachtung nur den Abstand, produziert er doch seinerseits *negotiations* mit historischen Kulturen, deren *negotiations* er zu beschreiben beabsichtigt. (2.) Alle genannten Ansätze schöpfen ihre Provokation daraus, Phänomene und Konzepte

---

**37** Greenblatt: *Shakespearean negotiations*, S. 12.
**38** Greenblatt: *Shakespearean negotiations*, S. 4: „less at the presumed center of the literary domain than at its borders [...], at the margins of the text".
**39** Vgl. hierzu den Überblick von Krämer: „Intention", S. 98–113.
**40** So pointiert Geertz: „Thick description", S. 9 das ethnographische Repräsentationsproblem.
**41** Vgl. Greenblatt: *Shakespearean negotiations*, S. 7 (Übersetzung B.G.); vgl. auch S. 1.

des Wissens zu entspezifizieren. Ihre allgemeineren Fragen nach diskursiven Praktiken, kulturellen Formen oder sozialer Energie drohen Differenzen zwischen unterschiedlichen Modi, Artikulationsformen oder Medien des Wissens einzuebnen. (3.) Insbesondere für die konkrete Analysearbeit verschärft dies das Problem, Wissensstrukturen präzise fassen, aber auch ihre Grenzen angeben zu können.

## 1.2 Wissen *und* Literatur

Angesichts der methodischen Schwierigkeiten, welche die Entgrenzung des Wissensbegriffs auf Ebene des Diskurses oder der Kultur mit sich bringt, formulieren viele Ansätze vorsichtigere Prämissen: Literatur und Wissen *können*, aber *müssen nicht* interferieren, so die Basisannahme einer Vielzahl von Positionen unterschiedlicher theoretischer Orientierung. Wissen und Literatur als *mögliche, aber keineswegs sichere oder notwendige* Verbindung zu beschreiben, verweist auf eine Diskussion, die seit der Antike geführt wird. Sie wird durch eine Wahrheitskritik literarischen Wissens angestoßen, die auf epochale Umstellung von oralen Dichtungstraditionen zu schriftgestützter Literatur reagiert:[42] Die Musen der Dichter verstehen die Wahrheit zu sagen, aber ebenso zu lügen, lautet das Argument seit Hesiod;[43] wer sich von den Epen Homers Fachwissen über Medizin oder Wagenlenken erhofft, ist Platon zufolge schlecht beraten.[44] Auch Aristoteles unterscheidet – gleichwohl unter positiven Vorzeichen – Tatsachenwissen von demjenigen Wissen, das in literarischer Kunst zugänglich wird: Von der Geschichtsschreibung hebe sich die Dichtung dadurch ab, dass sie nicht das wirklich Geschehene mitteile, sondern das, was geschehen könnte – „das nach den Regeln der Wahrscheinlichkeit oder Notwendigkeit Mögliche".[45] Literatur muss damit

---

**42** Vgl. Rösler, Wolfgang: „Die Entdeckung der Fiktionalität in der Antike". In: *Poetica* 12 (1980), S. 283–319.

**43** Vgl. Hesiod: *Theogonie. Griechisch/Deutsch*. Hg. u. übers. v. Otto Schönberger. Stuttgart 1999, S. 4f. (V. 27f.).

**44** Vgl. Platon: „Ion". In: *Werke in acht Bänden. Griechisch und Deutsch*. Bd. 1. Hg. v. Gunther Eigler. Übers. v. Friedrich Schleiermacher. 4. Aufl. Darmstadt 2005, S. 1–39, hier S. 24–33 (537c–540a). Zur Nachwirkung dieser Kritik vgl. Schlaffer, Heinz: *Poesie und Wissen. Die Entstehung des ästhetischen Bewußtseins und der philologischen Erkenntnis*. Frankfurt a.M. 2005 und Curtius, Ernst Robert: *Europäische Literatur und lateinisches Mittelalter*. 11. Aufl. Tübingen 1993, S. 210–213.

**45** Aristoteles: *Poetik. Griechisch / Deutsch*. Hg. u. übers. v. Manfred Fuhrmann. Stuttgart 1994, S. 28–31 (1451a).

weder den Wirklichkeitsbedingungen der Historiographie genügen, noch steht sie unter dem Notwendigkeitsanspruch der Philosophie.

Der Modus des Möglichen, den Aristoteles der Literatur zuweist, bildet über vielfältige ästhetikgeschichtliche Transformationen hinweg den Ausgangspunkt auch für literaturwissenschaftliche Wissensmodelle. Dies gilt zum einen für Beschreibungen, die bei der Fiktionalität literarischer Texte ansetzen:[46] Statt auf Wirklichkeit zu referieren, entwerfen Aussagesätze in fiktionaler Literatur nur den „allgemeinen Typus" von Zeiten, „möglichen" Sachverhalten und Gegenständen; der „quasi-urteilsmäßige Charakter" von Aussagen literarischer Texte sei nicht eigentlich wahrheitsfähig, könne somit nicht Träger von Wissen sein.[47] „Der Fiktionsoperator" – so hat es Thomas Klinkert vor kurzem formuliert – ermögliche die „Integration epistemischer Elemente [...], suspendiert aber andererseits den mit der Thematisierung von epistemischen Elementen verbundenen Wahrheitsanspruch".[48] Literatur kann Wissen importieren und reflektieren, doch verändert die Einschätzung von Texten als fiktional dabei den Modus solcher Referenz.

Anders konzipieren Theorien die Möglichkeitsspielräume von literarischem Wissen, die in Literatur ein Innovationslabor von Wissensordnungen sehen. Literatur könne Wissen generieren,[49] das neue „Realitätsversionen"[50] oder „Sys-

---

**46** Vgl. Kablitz, Andreas: „Kunst des Möglichen. Prolegomena zu einer Theorie der Fiktion". In: *Poetica* 35 (2003), S. 251–273. Im Rekurs auf einen berühmten Begriff Robert Musils peilen auch Kellner u. Strohschneider: „Erzählen und Episteme" den Wissensstatus literarischer Kommunikation von deren „Möglichkeitssinn" her an (S. 5f.).

**47** So z.B. Ingarden, Roman: *Das literarische Kunstwerk. Mit einem Anhang von den Funktionen der Sprache im Theaterschauspiel.* 3. Aufl. Tübingen 1965, S. 179 bzw. S. 177 (§ 25).

**48** Klinkert: *Epistemologische Fiktionen*, S. 4. Ähnlich – allerdings im Anschluss an Foucaults Epistemekonzept – beschreiben Kellner u. Strohschneider: „Erzählen und Episteme" das Pluralisierungs- und Kombinationspotential von Literatur: „Literatur erscheint als hybrides Gebilde, welches konstitutive Elemente aus allen anderen Diskursen integrieren kann" (S. 6).

**49** Vgl. zu Beispielstudien dieser Art Klinkert: „Literatur und Wissen", S. 121f. Standardthese dieser Position ist, Literatur könne Wissen vorwegnehmen (Zuschreibungen vom Typ: Büchners *Lenz* antizipiert psychologisches Wissen über Schizophrenie, Adelbert von Chamissos Gedicht *Das Dampfroß* antizipiert physikalisches Wissen über Lichtgeschwindigkeit usw.). Gegen diese Auffassung vom Wissen *avant la lettre* in Literatur wenden Danneberg u. Spoerhase: „Literatur und Wissen" kritisch ein, dass man „die Qualität eines *neuen* Wissens [...] *erst sehen oder wissen kann,* wenn dieses neue Wissen unabhängig vom literarischen Text bereits bekannt oder verfügbar ist" (S. 62). Dieses Projektionsproblem der Beobachtung *ex post* bleibt in Innovationskonzepten literarischen Wissens meist ein blinder Fleck.

**50** Alt, Peter-André: „Beobachtung dritter Ordnung. Literaturgeschichte als Funktionsgeschichte kulturellen Wissens". In: *Grenzen der Germanistik. Rephilologisierung oder Erweiterung?* Hg. v. Walter Erhart. Stuttgart, Weimar 2004, S. 186–209, hier S. 197. Alt sieht den Experimentalstatus von literarischem Wissen vor allem in dessen Realitätsabweichung begründet: „Durch die Ablösung von ‚notwendigem Sinn', welche die kulturelle Reflexionstätigkeit vollzieht, entsteht ein

temrationalitäten"[51] erzeuge, noch bevor diese in den sie umgebenden Wissens-ordnungen allgemein verwendbar seien; Literatur ermögliche Gedankenexperi-mente und kognitives Probehandeln[52] oder halte „symbolisch[e] Überschüsse"[53] und „Alternativ-Wissen"[54] bereit, das sich der wissenschaftlichen Leitdifferenz wahr/falsch widersetze. Zu diesem Feld gehören ebenso Auffassungen, die lite-rarisches Wissen als riskant oder subversiv einstufen[55] oder Literatur die Funktion zusprechen, gesellschaftliche Wissensbestände darbieten und in besonderer Weise reflektieren zu können.[56] Der Möglichkeits- bzw. Ermöglichungscharakter

---

Freiraum offener Sinnzuschreibungen, in dem Bedeutungen kontingent und für beliebige An-schlüsse verfügbar werden" (S. 196).

**51** Koschorke, Albrecht: „Codes und Narrative. Überlegungen zur Poetik der funktionalen Dif-ferenzierung". In: *Grenzen der Germanistik. Rephilologisierung oder Erweiterung?* Hg. v. Walter Erhart. Stuttgart, Weimar 2004, S. 174–185, hier S. 179.

**52** Nach Swirski, Peter: *Of literature and knowledge. Explorations in narrative thought experi-ments, evolution and game theory.* London, New York 2007, S. 96–123 greifen Wissen und Li-teratur auf gemeinsame kognitive Operationen zu: Wiederholung und Verankerung (*recollec-tion*), Pfadbildung, Dekomposition und Reperspektivierung (*rearrangement*), Distanzierung und Identifikation (*transformation*), Selbststimulation (*homuncular system*) und Reduktion von ko-gnitiver Komplexität (*cleansing*).

**53** Bulang, Tobias: „Epistemische Kontingenzen und ihre literarische Aktivierung. Fallstudie zur Nomenklatur der Pflanzen in Johann Fischarts *Geschichtklitterung*". In: *Kein Zufall. Konzeptionen von Kontingenz in der mittelalterlichen Literatur.* Hg. v. Cornelia Herberichs u. Susanne Reichlin. Göttingen 2010, S. 364–389, hier S. 389.

**54** Hörisch: *Das Wissen der Literatur,* S. 10. Um den Abstand ästhetischen Wissens vom Leitcode der Wissenschaft deutlich zu markieren, legt Hörisch einen dreigliedrigen analytischen Wis-sensbegriff zugrunde („zutreffende, intersubjektiv geteilte [...] Sachverhalte", S. 9). Eine „alter-native Form des Wissens, welches sich nicht auf Begriffe reduzieren lässt", spricht auch Klinkert: „Literatur und Wissen" literarischen Texten zu; dieses komme „nur im Prozess der Rezeption des literarischen Textes" und seiner „formalen Eigenschaften" zur Geltung (S. 137).

**55** So etwa vertreten von Studien im Anschluss an Foucaults (frühe) Einschätzung von Literatur als Gegendiskurs; vgl. dazu Klinkert: „Literatur und Wissen", S. 119 f.

**56** Ausgehend von literarischen Darstellungen ökonomischen Wissens um 1900 argumentiert so z. B. Richter, Sandra: „Wirtschaftliches Wissen in der Literatur um 1900 und die Tragfähigkeit ökonomischer Interpretationsansätze". In: *Literatur und Wissen. Theoretisch-methodische Zu-gänge.* Hg. v. Tilmann Köppe. Berlin, New York 2011, S. 214–238: „Der Literatur ist es möglich, diese Ambivalenz [von Wettbewerb, B.G.] in ihrer Komplexität auszudrücken, weil sie alle Sphären des Lebens und Schreibens umgreift. Sie leistet damit, was wohl keine andere Form der Wissensdarbietung vermag" (S. 220). Vorsichtiger beschreibt diese Darstellungs- bzw. Reflexi-onsleistung Klinkert: „Literatur und Wissen", S. 138: „Tatsächlich zeigt sich bei genauerer Hinsicht, dass die Literatur durch solches Rivalisieren mit dem fremden System Wissenschaft ihre eigenen Grenzen und damit auch die Grenzen des fremden Systems auslotet". Vgl. zu solcher Auslotung von Systemgrenzen die Fallstudien von Klinkert: *Epistemologische Fiktionen.*

von Literatur, so die verbindende These, kann damit auch die Wirklichkeit kulturellen Wissens verändern.

Vorsichtiger beurteilen derartige Wechselwirkungen zwischen literarischen und nicht-künstlerischen Wissensordnungen hingegen Ansätze, die systemtheoretisch von der Ausdifferenzierung und operativen Schließung unterschiedlicher Funktionssysteme ausgehen:

> Reaktionen des seinen eigenen Regeln folgenden Literatursystems auf Vorgänge in den Wissensordnungen und -bereichen ‚außerhalb' seiner Formen beruhen nicht auf Abbildung oder Widerspiegelung, sondern auf Verarbeitungsprozessen [...] nach Maßgabe des eigenen Wandlungspotentials [...].[57]

Ob Interferenzen von Literatur und Wissen somit tatsächlich auch Wissensordnungen außerhalb des Systems Kunst beeinflussen oder aber auf dieses beschränkt bleiben, wird somit unterschiedlich beantwortet. Gemeinsam ist den genannten Ansätzen jedoch die Leithypothese, dass Literatur und Wissen interferieren können, ohne konstitutiv verschränkt zu sein.[58]

Bei näherer Betrachtung weisen Theorien des Interferenzmodells aber ebenso Probleme in Bezug auf den Wissensbegriff auf. (1.) Je entschiedener ihre Vertreter den Abweichungscharakter literarischen Wissens gegenüber außerliterarischen Wissensordnungen betonen („Alternativ-Wissen"), desto weniger scheint der vertretene Wissensbegriff mit alltagsweltlichen Wissensvorstellungen gemein zu haben, die weniger auf Optionalität und Innovativität als auf verbindlichen Wahrheitsansprüchen basieren. Inwiefern „hypothetisches Wissen"[59] damit sinnvollerweise als Wissen bezeichnet werden kann, wird von den betreffenden Theorien selten ausführlich expliziert. (2.) Wie schon wenige Beispiele illustrierten, sind die erwähnten Theorien trotz verwandter Basisintuitionen untereinander inkonsistent – sie setzen unterschiedliche Literaturverständnisse (emphatische oder pragmatische) voraus, verorten diese unterschiedlich (umfassend, in ein-

---

**57** Klausnitzer: *Literatur und Wissen*, S. 47 f. So auch Klinkert: *Epistemologische Fiktionen*, S. 38: „Die Literatur beobachtet als System das in ihrer Umwelt befindliche System Wissenschaft. Durch strukturelle Kopplung importiert sie selektiv Elemente des ihr fremden Systems und unterwirft diese Elemente einer literaturspezifischen Codierung." Wissen der Literatur unterscheide sich von empirischem Wissen strukturell und funktional; vgl. dazu auch Klinkert: „Literatur und Wissen", S. 118 f.
**58** Zu diesem Befund gelangt auch Krämer: „Intention" im Überblick über Studien zum Verhältnis von Literatur und Wissenschaft, die er als „Korrelationstyp" bündelt: gemeinsam sei diesen die „Annahme [...], nach der Literatur und Wissenschaft zugleich miteinander ‚gekoppelte' *und* relativ autonome Bereiche sind" (S. 95); vgl. insgesamt S. 85–98.
**59** Vgl. Klausnitzer: *Literatur und Wissen*, S. 44–49.

flussreichen Innovationszonen oder ausdifferenzierten Systemen) und gehen von unterschiedlichen Wirkungsrichtungen aus (in Richtung von außerliterarischen Wissensordnungen oder in Richtung fiktionaler Binnenwelten). Kaum lässt sich daher von einem gemeinsamen Modell sprechen. (3.) Schließlich haben auch diese Ansätze erhebliche Beschreibungslasten zu tragen, sofern sie das Verhältnis von Literatur und Wissen als Transformations- bzw. Innovationsbeziehung entwerfen. Zwei Probleme sind häufig damit verbunden, zu denen keine befriedigenden Lösungen vorliegen. Dies betrifft zum einen die Entstehung neuen Wissens, die in der Regel mittels Projektionen beschrieben werden (indem man etwa von Wissensbeständen *avant la lettre* spricht); zum anderen betrifft dies die Stabilisierungen und Sicherungsformen, die Wissensinnovationen grundsätzlich entgegenstehen, von den hier umrissenen Forschungsansätzen jedoch häufig in den Hintergrund gedrängt werden zugunsten alternativer, experimenteller oder unsicherer Rationalität.

## 1.3 Wissen *oder* Literatur

Drittens ist eine Gruppe von Theorieansätzen zu sichten, die aus den erwähnten Problemen (und weiteren Einwänden) weitgehend skeptische Schlüsse ziehen und Literatur als strenggenommen nicht wissensfähiges Medium betrachten. Da viele ihrer Ansätze der philosophischen Erkenntnistheorie entstammen bzw. sich auf deren Prämissen stützen, lässt sich anders als bei den zuvor betrachteten Theorien also durchaus von einem gemeinsamen Modell sprechen.

Dem Leitverständnis analytischer Erkenntnistheorie zufolge verfügt über Wissen, wer „wahre gerechtfertigte Überzeugung" („justified true belief") von einem Sachverhalt besitzt, das er in urteilsförmigen Aussagen ausdrückt und argumentativ bewähren kann.[60] Zu definitorischer Fassung gelangt diese Vorstellung schon in der Antike mit den Dialogen Platons, die zentral um das Begründungsproblem von Wissen kreisen.[61] Wissen besteht demnach nicht im bloß

---

[60] Detel, Wolfgang: „Wissen und Kontext". In: *Wissen zwischen Entdeckung und Konstruktion. Erkenntnistheoretische Kontroversen.* Hg. v. Matthias Vogel u. Lutz Wingert. Frankfurt a.M. 2003, S. 249–287, hier S. 251; Sandkühler: *Kritik der Repräsentation*, S. 12f., 23, 34 und 207–220.
[61] Vgl. zur Unterscheidung von Glauben und Wissen Platon: „Gorgias". In: *Werke in acht Bänden. Griechisch und Deutsch.* Bd. 2. Hg. v. Gunther Eigler. Übers. v. Friedrich Schleiermacher. 4. Aufl. Darmstadt 2005, S. 269–503, hier S. 290–295 (454a–455a); zu Vermutung und begründeter Erkenntnis Ders.: „Menon". In: *Werke in acht Bänden. Griechisch und Deutsch.* Bd. 2. Hg. v. Gunther Eigler. Übers. v. Friedrich Schleiermacher. 4. Aufl. Darmstadt 2005, S. 505–599, hier S. 588–591 (97a–98b); zur Abgrenzung von Vorstellung und Erkenntnis vgl. Ders.: „Theai-

zufälligen Überzeugtsein von der Wahrheit eines Sachverhalts, sondern muss sich gegenüber fortlaufenden Informationsströmen und möglichen Einwänden bewähren können: Wissen ist demnach „ein irrtumssensibles und irritationsfestes Überzeugtsein von der Wahrheit",[62] das Gründe für sein Überzeugtsein angeben muss. Wer etwas weiß, so betonen auch Wissenspragmatiker wie Edward Craig oder Douglas Walton, muss vor allem gute Gründe dafür angeben können.[63]

Was jedoch sind gute Gründe? Für wen und innerhalb welcher Sphären müssen sie gelten? Welche Prozeduren und Institutionen regulieren, ob Gründe weitere Begründungen fordern, anregen oder aber überflüssig machen? „Is true justified belief knowledge?", so fragte Edmund Gettier 1963 in einem nur wenige Seiten umfassenden bahnbrechenden Aufsatz, dessen Einwände weiterhin die Erkenntnistheorie beschäftigen.[64] Gettier entwarf ein Gedankenexperiment zu einer simplen Frage: Besitzt jemand Wissen, der, sei es unwissentlich, sei es durch Zufall oder durch Glück im Unglück, zu einer objektiv wahren Überzeugung gelangt ist?[65] Gettiers Grundfrage nach der Begründungsbasis von Wissen wurde in

---

tetos". In: *Werke in acht Bänden. Griechisch und Deutsch.* Bd. 6. Hg. v. Gunther Eigler. Übers. v. Friedrich Schleiermacher. 4. Aufl. Darmstadt 2005, S. 1–217, hier S. 184–187 (201c–d).

**62** Wingert, Lutz: „Die eigenen Sinne und die fremde Stimme. Über den mehrfachen Grund unserer Wissensansprüche". In: *Wissen zwischen Entdeckung und Konstruktion. Erkenntnistheoretische Kontroversen.* Hg. v. Matthias Vogel u. Lutz Wingert. Frankfurt a.M. 2003, S. 218–248, hier S. 226 im Anschluss an Überlegungen Robert Nozicks zur Varianzbeständigkeit von Wissen.

**63** Vgl. Craig, Edward: *Was wir wissen können. Pragmatische Untersuchungen zum Wissensbegriff.* Frankfurt a.M. 1993, S. 59: entscheidendes Kriterium für Wissenszuschreibung ist die hohe Wahrscheinlichkeit, dass eine Person akzeptable Begründungen angeben kann bzw. könnte. Zum pragmatischen Ansatz vgl. auch Walton, Douglas: „Pragmatic and idealized models of knowledge and ignorance". In: *American Philosophical Quarterly* 42 (2005), S. 59–69.

**64** Vgl. zum Nachhall der Frage Baumann, Peter: *Erkenntnistheorie.* 2. Aufl. Stuttgart, Weimar 2006, S. 40–46; Zagzebski, Linda: „What is knowledge?". In: *The Blackwell guide to epistemology.* Hg. v. John Greco u. Ernest Sosa. Oxford 2002, S. 92–116, insbes. S. 99–104 und 111; Ernst, Gerhard: *Einführung in die Erkenntnistheorie.* Darmstadt 2007, S. 69–83; Detel, Wolfgang: *Erkenntnis- und Wissenschaftstheorie.* Stuttgart 2007, S. 58.

**65** Vgl. Gettier, Edmund: „Is justified true belief knowledge?". In: *Analysis* 23 (1963), S. 121–123. Gettiers Gedankenexperiment lautet im Detail folgendermaßen: Auf seiner Fahrt durch ein Dorf, dessen Hauptstraße von Scheunen-Attrappen gesäumt wird, hält ein Mann zufällig vor der einzigen Scheune, bei der es sich um *keine* Attrappe handelt. Dass alle übrigen Scheunen bloß Attrappen sind, weiß der Mann jedoch nicht. Ist es nun aber gerechtfertigt zu sagen, der Mann *wisse*, dass das Objekt vor ihm eine Scheune sei? Die Überzeugung des Mannes ist objektiv wahr; entsprechend fiele ihm nicht schwer, Gründe für seine Auffassung anzugeben, bei dem Objekt handele es sich um eine Scheune. Dennoch scheint es zweifelhaft anzunehmen, der Mann *wisse*, dass es sich um eine Scheune handele – schließlich ist ihm verborgen, dass das Objekt vor ihm ausgerechnet die einzig echte Scheune ist.

der wissenstheoretischen Diskussion kontrovers aufgenommen. Während externalistisch argumentierende Positionen einen (wie immer definierten) objektiven Sachverhalt als maßgebliches Kriterium von Wissensansprüchen betrachten,[66] führen hingegen internalistische Argumentationen die Stabilität von Rechtfertigungen als unerlässliches Zusatzkriterium von Wissen ein.[67] Ihre Kontroversen lassen eine gemeinsame Leitannahme indes unberührt: Wissen ist keine Sache bloßen Zufalls. Entsprechend versuchen Modelle der potenzierten Begründung, der Institutionalisierung von Akzeptanzrahmen für Begründungsketten, der Standardisierung von Methoden des Wissenserwerbs oder Zusatzvorschläge zur klassischen Wissensdefinition gleichermaßen die Möglichkeit eines *bloß zufälligen Wissens* theoretisch zu eliminieren.[68]

Vor dem Hintergrund dieser analytisch-philosophischen Diskussion weist Tilmann Köppe in einem vielbeachteten Aufsatz die Rede vom „Wissen *in* Literatur" zurück. Wissen sei im eigentlichen Sinne an Personen gebunden.[69] Köppe plädiert daher für einen enger gefassten, korrespondenztheoretisch geschärften Wissensbegriff:[70] Personales Wissen sei (1.) eine *zweistellige Relation* (Wissender – Gewusstes) eines (2.) *zeitabhängigen* (d. h. erwerb- und verlierbaren), (3.) *besonderen kognitiven Modus*, der sich durch die Bedingungen der *verifizierbaren Wahrheit*, der *subjektiven Überzeugung* sowie der *Rechtfertigung* auszeichne. (4.) Eine spezifisch *normative Komponente* ermögliche, Wahrheitsansprüche zu erheben. Die Auffassung, Literatur enthalte Wissen, stuft Köppe auf dieser Basis als eine methodisch unzulässige Übertragung ein: „Ein literarischer Text besteht

---

66 Vgl. z. B. Armstrong, David M.: *Belief, truth and knowledge.* Cambridge 1973; Goldman, Alvin: „A causal theory of knowing". In: *The Journal of Philosophy* 12 (1967), S. 357–372; Alston, William P.: „Justification and knowledge". In: *Epistemic justification. Essays in the theory of knowledge.* Ithaca 1989, S. 172–182.
67 Vgl. z. B. Chisholm, Roderick M.: *Theory of knowledge.* 3. Aufl. Englewood Cliffs 1989, S. 97–99.
68 So führen etwa Lehrer, Keith u. Thomas D. Paxson: „Knowledge: undefeated justified true belief". In: *The Journal of Philosophy* 66 (1969), S. 225–237 das Konzept des Entwerters („defeater") als zusätzliches Prüfkriterium ein, an dem sich Begründungen messen lassen müssen, um den Gettier-Einwand der Zufälligkeit zu entkräften. Reliabilistische Theorien auf der anderen Seite versuchen dies durch Standardisierung von Methoden und Institutionen des Wissenserwerbs auszuschließen; vgl. z. B. Feldman, Richard: „Reliability and Justification". In: *The Monist* 68 (1985), S. 159–174. Zur Übersicht über zusätzliche Rechtfertigungsbedingungen und -verfahren vgl. Sandkühler: *Kritik der Repräsentation*, S. 114–129 und 209–220.
69 Vgl. Köppe: „Vom Wissen *in* Literatur": Wissen „bezeichnet eine Beziehung zwischen einer Person und etwas, das die Person weiß" (S. 400).
70 Zur grundsätzlichen Unterscheidung von Korrespondenz- und Kohärenztheorien des Wissens vgl. Bieri, Peter: „Einleitung". In: *Analytische Philosophie der Erkenntnis.* Hg. v. Peter Bieri. 2. Aufl. Frankfurt a.M. 1992, S. 75–84, insbes. S. 79.

demnach aus Sätzen, die bestimmte Auffassungen zum Ausdruck bringen können, aber Wissen enthält er nicht."[71]

Diese Radikalposition ist nicht unwidersprochen geblieben. Insbesondere ihre Reduktion des Wissensbegriffs auf personale Urteile, die ontologischen Prämissen ihrer Verifikationsvoraussetzung und die offensichtlichen Anpassungsschwierigkeiten für historische Fragestellungen haben scharfe Kritik hervorgerufen: Wissensordnungen anderer Epochen kommen mit einer solchen Definition nur als veraltetes, überholtes, kurz: als vermeintliches Wissen in den Blick.[72] Skeptisch beurteilt wurde ferner die Konzentration auf urteilsgebundenes Wissen, insofern dadurch andere Formen wie praktisch-prozedurales, episodisches und phänomenales Wissen ebenso wie kollektives Wissen definitorisch ausschlossen werden.[73] Was als Weltbezug den Bewährungshorizont korrespon-

---

71 Köppe: „Vom Wissen *in* Literatur", S. 403; vgl. auch S. 402: „Texte sind keine Personen, sie können daher nichts wissen." Dies deckt sich mit dem Konsens analytischer Erkenntnistheorie: „Bücher haben kein Wissen; [...] sie speichern ein Wissen, das jemand hat oder hatte" (Baumann: *Erkenntnistheorie*, S. 29); „Wissen kann nur, wer Überzeugungen haben kann. Das schließt Steine, Bäume und Bücher aus dem Kreis der Wissenden aus" (Ernst, Gerhard: *Das Problem des Wissens*. Paderborn 2002, S. 73). Trotz dieser apodiktischen Absage arbeitet Köppe allerdings differenziert die zugrunde liegende Frage nach dem Erkenntnispotenzial von Literatur aus: fiktionale Texte können durchaus dazu beitragen, theoretisches Wissen (wahre, gerechtfertigte Überzeugungen) und praktisches Wissen (wertende Einstellungen zu Handlungsoptionen) zu erwerben – allerdings nur als „Quelle von Wissen": Überzeugungen und Einstellungen können im eigentlichen Sinne nur Personen, nicht Texten zugesprochen werden; vgl. Köppe: *Literatur und Erkenntnis*, S. 236.

72 Vgl. in direkter Antwort auf Köppes Aufsatz Borgards: „Wissen *und* Literatur"; zum „ahistorische[n] Erkenntnisinteresse" des analytischen Ansatzes vgl. kritisch auch Specht: „Was weiß Literatur?", S. 238. Für historische Wissensforschung wertet Bulang: *Enzyklopädische Dichtungen* die von Köppe initiierte Kontroverse insgesamt als „in der Sache unergiebige Debatte" (S. 14, Fn. 2).

73 Vgl. zur Kritik insbes. Jannidis: „Zuerst Collegium Logicum", S. 373f. Zur Vielfalt von Wissensformen vgl. auch Hempfer u. Traninger: „Einführung". Zu kollektiven Wissensdimensionen, allen voran der Sprache als semantischem Speicher von gesellschaftlichem Wissen, vgl. z. B. Berger, Peter u. Thomas Luckmann: *Die gesellschaftliche Konstruktion der Wirklichkeit. Eine Theorie der Wissenssoziologie. Mit einer Einleitung zur deutschen Ausgabe von Helmuth Plessner.* Frankfurt a.M. 1969, S. 42–48. Disziplinenübergreifend wird auch unter dem Stichwort der *Wissenskultur* die soziale Produktion von Wissen diskutiert: „Wie Kulturen insgesamt, werden auch Wissenskulturen als Kontexte des Erkennens und Verstehens sozial hergestellt"; Sandkühler: *Kritik der Repräsentation*, S. 71, insges. S. 68–77. Ausführlichere Studien zum Thema machen deutlich, dass die in der *Zeitschrift für Germanistik* geführte Debatte den Wissensbegriff polemisch verkürzte: Sorgfältiger argumentiert etwa Köppe: *Literatur und Erkenntnis*, S. 157–203 für die These, im Umgang mit Literatur lasse sich Handlungswissen erwerben. Zur Kritik an der Einschränkung von Wissensdefinitionen auf empirisches Urteilswissen vgl. jetzt auch Köppe: „Literatur und Wissen", S. 6f.

denztheoretischer Wissensmodelle bildet, ist auf viele Weisen konstruierbar, Wirklichkeit nur im Plural zu haben.[74]

Trotz aller Einwände sind korrespondenztheoretische Konzepte des personalen Wissens auch in den historischen Kulturwissenschaften weit verbreitet.[75] Einflussreich ist dieses Modell, weil es prominente Intuitionen zu Wissen zum Ausdruck bringt und differenziert verfolgt: (1.) Statt den Wissensbegriff zu entgrenzen – so der methodische Anspruch –, wird an einer Definition von Wissen festgehalten, die valide und definitorisch präzise ist und damit Grundlage für operationalisierte Verwendung schafft.[76] Wissen wird außerdem als herausgehobener kognitiver Zustand gefasst, woran normative Verwendungen anknüpfen. Schließlich steht dabei stärker als bei anderen Ansätzen die Referenzstruktur von Wissen (*etwas wissen*) im Zentrum.

Gerade die jüngere Debatte um „Wissen in Literatur" hat aber auch erhebliche Probleme zutage gefördert, die analytisch-erkenntnistheoretische Wissensbegriffe für kulturwissenschaftliche Forschungen aufwerfen. (1.) Ihre Zentrierung auf Bewusstsein und Reflexion (Gewissheit, Rechtfertigung) schließt andere Medien des Wissens aus – darunter traditionell auch Schrift und Texte, denen lediglich wissens*repräsentierende* Funktion zugesprochen wird. (2.) Wahrheitstheorien, in die korrespondenztheoretische Wissensbegriffe eingebettet sind, erweisen sich selten historisierbar, womit fremde Wissensordnungen allenfalls als Ordnungen des Glaubens, Meinens, Fürwahrhaltens oder vermeintlichen Wissens etc. beschrieben werden können. (3.) Engere analytische Fassungen des Wissensbegriffs

---

**74** Vgl. Goodman, Nelson: *Ways of worldmaking.* Sussex 1978.

**75** Als mediävistisches Beispiel vgl. etwa Melville, Gert: „Durch Fiktionen von der Wirklichkeit zur Wahrheit. Zum mittelalterlichen Umgang mit Widersprüchen zwischen Empirie und kultureller Axiomatik". In: *Fiktion und Fiktionalität in den Literaturen des Mittelalters.* Hg. v. Ursula Peters u. Rainer Warning. München 2009, S. 83–104: Mittelalterliche Herkunftsfiktionen um Troja untersucht Melville als „historisch falsch[e]" Erfindungen, die „dem Leser [...] als besonders glaubhaft erscheinen [konnten], ließen sie sich doch vollends in andere als wahr angenommene Parallelgeschichten integrieren" (S. 94). Genealogisches Wissen wird damit am Maßstab einer objektiv verifizierbaren Wirklichkeitsannahme in (a) falsche Erfindung, (b) Glauben und (c) Wahrheitssuggestion zerlegt: Wirklichkeit und Fiktion treten in einer solchen Beschreibung auseinander. Zur Differenz von personalem Wissen und Literatur vgl. auch Vollhardt: „Wissen in Literatur im 19. Jahrhundert. Zur Einführung in den Band"; Kintzinger, Martin: *Wissen wird Macht. Bildung im Mittelalter.* Darmstadt 2003.

**76** Der analytische Ansatz wendet sich damit gegen inflationäre oder gedehnte Begriffsverwendungen, wie sie etwa Konzepte wie Wissenskultur oder Wissensgesellschaft umgeben; vgl. dazu kritisch Beckermann, Ansgar: „Zur Inkohärenz und Irrelevanz des Wissensbegriffs. Plädoyer für eine neue Agenda in der Erkenntnistheorie". In: *Zeitschrift für philosophische Forschung* 55 (2001), S. 571–593 und Hacking, Ian: *The social construction of what?* Cambridge, Mass. 1999.

schließen zudem zahlreiche Formen aus, die als Wissen gelten, obgleich sie nicht propositional verfasst sind.

## 1.4 Irritationspunkte in der Diskursgeschichte des Wissens

Für eine übergeordnete Modellebene der Wissensforschung sind nicht nur Prämissen und Probleme der jüngeren Theoriebildung von Interesse, sondern ebenso die Diskursgeschichte um Phänomene und Semantiken des Wissens. Aufschlussreich sind dazu nicht nur positive Antwortvorschläge auf die Frage, was Wissen sei. Auch Reizpunkte und Probleme, die historische Wissensdiskussionen umkreisen, erhellen die Grenzverläufe von Wissenskonzeptionen. Einige ihrer besonders häufig wiederkehrenden Irritationspunkte sind stichprobenartig in diesem Teilkapitel zu sichten.[77] Mindestens drei Perspektiven kehren in Wissenssemantiken beharrlich wieder: Sie betreffen (1.) mögliche *Gegenstände* des Wissens, (2.) die *Erfahrung*, Wissen zu besitzen, und (3.) die *Form* von Wissen.

(1.) *Gegenstände des Wissens.* Für die Frage, was Gegenstand möglichen Wissens sein kann, spielt seit der Antike die Unterscheidung von pragmatischen und reflexiven Dimensionen von Wissen eine leitende Rolle. Von propositionalem Wissen über Sachverhalte der Welt[78] unterscheidet die Philosophie seit Platon nicht-propositionale Gegenstände von Wissen: Kenntnis durch Bekanntschaft bzw. Vertrautheit (*knowledge by acquaintance* im Anschluss an Bertrand Russell), prozedurales Handlungswissen (*knowing how*, Gilbert Ryle) oder phänomenales Erfahrungswissen subjektiver Erlebnisse (*knowing what it is like*, Thomas Nagel).[79]

---

**77** Es sei betont, dass damit keine Wissensdefinition angestrebt wird – eher geht es um *„Aufdeckung des Bedeutungskerns* durch *notwendige* Bedingungen für Wissen", die sich auch in der historischen Veränderlichkeit von Wissensbedingungen abzeichnen. Brendel, Elke: *Wahrheit und Wissen.* Paderborn 1999, S. 294.
**78** Propositionale Gehalte sind die Erfüllungsbedingungen für den Äußerungsanspruch von Sätzen; vgl. Detel, Wolfgang: *Philosophie des Geistes und der Sprache.* Stuttgart 2007, S. 71.
**79** Vgl. Rapp, Christof u. Tim Wagner: „Einleitung: Wissen und Bildung in der antiken Philosophie". In: *Wissen und Bildung in der antiken Philosophie.* Hg. v. Christof Rapp u. Tim Wagner. Stuttgart, Weimar 2006, S. 1–22; zu propositionalem Wissen speziell bei Platon vgl. Kutschera, Franz von: „Der Wissensbegriff bei Platon und heute". In: *Wissen und Bildung in der antiken Philosophie.* Hg. v. Christof Rapp u. Tim Wagner. Stuttgart, Weimar 2006, S. 87–102. Wie allerdings Albrecht, Andrea: „Zur textuellen Repräsentation von Wissen am Beispiel von Platons *Menon".* In: *Literatur und Wissen. Theoretisch-methodische Zugänge.* Hg. v. Tilmann Köppe. Berlin, New York 2011, S. 140–163 argumentiert, exemplifizieren Dialoge wie Platons *Menon* ihrerseits nicht-propositionales Wissen, z. B. in der performativen Inszenierung der Sokratesfigur. Zu nicht-propositionalen Wissensgegenständen in der antiken Epistemologie vgl. auch Schmitt, Arbogast: „Konkretes Denken. Zur emotionalen und praktischen Bedeutung des Wis-

Die alteuropäische Diskursgeschichte des Wissens begleitet somit von Anfang an eine Unterscheidung, die tief in die Fundamente philosophischer Sinnkulturen eingelassen ist: Als Kandidaten von Wissen gelten nicht nur Urteile, die mit den diskursiven Mitteln von Argumentationsstandards reflexiven Sinn erzeugen, sondern ebenso Dinge, Geschehnisse und Erfahrungen, die man wissen kann, selbst ohne sie reflektieren oder überhaupt explizieren zu können. Während propositionales Wissen von Sachverhalten meist mit generalisierten, transsubjektiven Wahrheitsansprüchen verknüpft wird, bewegt sich nicht-propositionales Wissen zwischen besonderen und allgemeinen Geltungsansprüchen, wie etwa Kant für ästhetische Urteile feststellt.[80] Zum einen ist also die Unterscheidung von Reflexivität und Vollzug vielen Wissensbegriffen eingelassen. Zum anderen entfalten Epistemologien des Wissens mittels dieser Unterscheidung verschiedene Gültigkeitssphären und Reichweiten des Könnens, des Rechtfertigens oder der Gewissheit.

Kontrovers beantworten historische Wissensdebatten die Frage, ob auch Literatur im weiteren Sinne Gegenstand von Wissen sein könne. Bekannt ist auch hier das frühe Verdikt Platons: Anstatt Wissensansprüche bewähren zu können, bezeugten Dichtungen bestenfalls einen abwesenden Logos,[81] schlechtestenfalls jedoch den rhapsodischen, sachliche Unwahrheiten poetisch überhöhenden Wahnsinn der Dichter und Sänger.[82] Als Wissensmedium erteilt Platon der Literatur eine klare Absage, die auch jenseits der Philosophie geteilt wird. So favorisiert auch die antike Geschichtsschreibung zunächst Wissensbegriffe der Autopsie, die das eigene, unvermittelte Erfahrenhaben, mindestens aber die Befragung und das verlässliche Zeugnis von Augenzeugen des Geschehens (Testimonium) als notwendige Bedingung von Wissensansprüchen voraussetzen.[83]

---

sens im Platonismus und Aristotelismus". In: *Wissen und Bildung in der antiken Philosophie*. Hg. v. Christof Rapp u. Tim Wagner. Stuttgart, Weimar 2006, S. 287–304; im Hinblick auf die aktuelle Erkenntnistheorie zusammenfassend Baumann: *Erkenntnistheorie*, S. 29–33 und Ernst: *Das Problem des Wissens*, S. 63–68.

80 Nach Kants *Kritik der Urteilskraft* beanspruchen ästhetische Urteile „subjektive Allgemeinheit", die nicht auf den Begriff zu bringen ist: „Die ästhetische Urteilskraft ist also ein besonderes Vermögen, Dinge nach einer Regel, aber nicht nach Begriffen, zu beurteilen". Kant, Immanuel: *Gesammelte Schriften*. Begonnen von der Königlich Preußischen Akademie der Wissenschaften. Hg. v. der Berlin-Brandenburgischen Akademie der Wissenschaften. Berlin 1902–2009, Bd. 5, S. 194 (Einleitung B LII; vgl. dazu auch §6, S. 211f.).

81 Vgl. Platon: „Phaidros". In: *Werke in acht Bänden. Griechisch und Deutsch*. Bd. 5. Hg. v. Gunther Eigler. Übers. v. Friedrich Schleiermacher. 4. Aufl. Darmstadt 2005, S. 1–193.

82 Vgl. Platon: „Ion".

83 Vgl. z. B. Herodot: *Historien*. Hg. u. übers. v. Josef Feix. München 2004, S. 115 (2,29); Thukydides: *Geschichte des Peloponnesischen Krieges*. Hg. v. Georg Peter Landmann. München, Zürich 1976,

Solche Wissensskepsis gegenüber Literatur gründet in der Antike nicht zuletzt in der Medienrevolution der Verschriftlichung:[84] Texte gefährden Wissensansprüche, indem sie einerseits neue Speicherkapazitäten für Differenz und Varianz bereitstellen und damit die Kritisierbarkeit von Wissen erhöhen; andererseits vergrößern sie als mobile Medien die Reichweite von Kommunikation, womit sie sich in zunehmendem Maße von Wissensquellen (z. B. Bewusstsein, Erfahrung) abkoppeln können.

Spätestens unter den Bedingungen christlicher Medienkultur löst sich diese Asymmetrie zugunsten von textualen Wissensmöglichkeiten auf.[85] So gilt beispielsweise für Augustinus nicht nur persönliche empirische Erfahrung als Quelle von Wissen, sondern auch das schriftliche Zeugnis von Anderen.[86] Die Karriere, die Buchwissen gerade in monastischen Kulturen des Mittelalters nimmt, belegt im 12. Jahrhundert pointiert Hugo von St. Viktor: „Duae praecipue res sunt quibus quisque ad scientiam instruitur, videlicet lectio et meditatio" („Zwei Dinge sind es vor allem, durch die jeder Wissen erlangt, nämlich Lesen und Meditation").[87] Mit dem Paradigma der Heiligen Schrift steigen Schrift und Text nicht nur zu autorisierbaren Wissensmedien auf, sondern werden selbst zu vorzüglichen Objekten des Wissens.

(2.) *Erfahrung des Wissens.* Wissen beschränkt sich nicht auf das Auftreten propositionaler Gehalte, sondern setzt außergewöhnliche Effekte bei demjenigen frei, der Wissen hat – darin kommen Erkenntnistheorien quer zu ihrer diskursgeschichtlichen Vielfalt überein. Fraglich zeigt sich hingegen, ob dieser besondere

---

S. 35 f. (1,22) Freilich wird schon in der Antike diskutiert, in welchem Maße Herodots Geschichtsschreibung faktische Wahrheit oder fiktionale Lüge enthalte: vgl. hierzu den Forschungsbericht von Bichler, Reinhold u. Robert Rollinger: *Herodot*. Darmstadt 2000, insbes. S. 130. Systematisch mündet die historiographische Autopsiekonzeption des Wissens schon in der Antike in die Diskussion um Literatur als Wissenszeugnis; vgl. zu dieser Tradition und ihren Fortsetzungen Danneberg u. Spoerhase: „Literatur und Wissen", insbes. S. 35 – 44.

84 Vgl. Rösler: „Fiktionalität".

85 Belege für Positionen, die Literatur die Fähigkeit zuschreiben, Wissen enthalten zu können, verfolgen Danneberg u. Spoerhase: „Literatur und Wissen", S. 35 – 44 indes bis zu Aristoteles zurück.

86 Vgl. Augustinus, Aurelius: *De trinitate libri XV.* In: *Opera.* Bd. 16. Hg. v. William J. Mountain. Turnhout 1968, Teilbd. 1, S. 493 (15,12,21): „Absit [...] ut scire nos negemus quae testimonio didicimus aliorum; alioquin esse nescimus oceanum; nescimus esse terras atque urbes quas celeberrima fama commendat" („Fern sei es, dass wir leugnen, das zu wissen, was wir aus dem Zeugnis anderer gelernt haben; denn andernfalls wüssten wir nicht, dass es den Ozean gibt; wir wüssten nicht, dass es jene Länder und Städte gibt, von denen alle Welt spricht").

87 Hugo von St. Viktor: *Didascalicon de studio legendi. Studienbuch.* Übers. v. Thilo Offergeld. Freiburg i.Br. [u.a.] 1997, S. 106 f. (praefatio).

epistemische Zustand in seiner kognitiven Wirkung lediglich zeitlich begrenzt sei[88] oder ob sich in der Erfahrung des Wissens ein dauerhafter mentaler Habitus aktualisiere. Schon Platon und Aristoteles verstehen unter Wissen (ἐπιστήμη) sowohl den *aktualen* Zustand des Wissenhabens als auch die *habituelle* Fähigkeit, etwas zu begründen oder zu erklären. Auch mittelalterliche Wissenskonzepte kennen beide Pole: Wissen wird als intellektueller Habitus verstanden, der aktuale Erfahrungen und Urteile ermöglicht – nur wer über allgemeine Wissensvoraussetzungen verfügt, kann besonderes Wissen erwerben oder kritisieren.[89] Neuzeitliche Wissenstheorien wie Bernard Bolzanos *Wissenschaftslehre* (1873),[90] die Interpretationstheorie Donald Davidsons[91] oder die Wissenschaftssoziologie Niklas Luhmanns[92] schreiben diese Polarität von Dispositivität und Aktualität des Wissens fort.

Freilich argumentieren Positionen, die Wissen als intellektuellen Habitus verstehen, im Einzelnen durchaus unterschiedlich. Dennoch greifen sie dazu häufig auf Argumentationsfiguren zurück, die Wissenserfahrungen zirkulär beschreiben: Auf welchen Grundlagen Wissen beruht, wird traditionellerweise mit Kontinuitätsvorstellungen von Kreisläufen, Verkettungen oder Rekursionen beantwortet.[93] Die platonische Wissenskonzeption der Wiedererinnerung qua vor-

---

**88** So aus kognitionspsychologischer Perspektive Goldman, Alvin: *Epistemology and cognition*. Cambridge, Mass. 1986, S. 122–141; vgl. auch Hardy, Jörg [u.a.]: „Wissen". In: *Historisches Wörterbuch der Philosophie*. Hg. v. Joachim Ritter. Bd. 12. Basel 2004, Sp. 855–902, insbes. Sp. 855.

**89** So u. a. bei Johannes Scotus, Albertus Magnus und Bonaventura; für Nachweise vgl. Hardy [u.a.]: „Wissen", Sp. 870 mit Anm. 25. Zu Wissen als „epistemische[m] Habitus" vgl. auch Sandkühler: *Kritik der Repräsentation*, S. 76 und passim.

**90** Vgl. Bolzano, Bernard: *Wissenschaftslehre*. §§ *269–306*. In: *Gesamtausgabe. Reihe 1: Schriften*. Bd. 13. Hg. v. Eduard Winter. Stuttgart 1989, S. 46 (§280): „Denn wenn wir Jemand ein Wissen, nämlich das Wissen der Wahrheit A beilegen: so wollen wir damit keinesweges sagen, daß er das Urtheil A in eben dem Augenblicke, wo wir ihm diese Beschaffenheit des Wissens zuschreiben, fälle; sondern es genügt uns, wenn er dieß Urtheil nur schon irgend einmal gefällt hat, und gegenwärtig nichts als eines äußeren Anlasses bedarf, um es zu wiederholen. Somit ist es nicht das wirkliche Fällen des Urtheils A, sondern nur eine gewisse Fähigkeit, dasselbe zu fällen, was wir das Wissen der Wahrheit A nennen."

**91** Nach Davidson bildet Wissen (von Bewusstseinszuständen und Sachverhalten) die Grundvoraussetzung für jegliche soziale Interaktion mit anderen Personen und der Welt; vgl. Davidson, Donald: „Three varieties of knowledge". In: *A. J. Ayer memorial essays*. Hg. v. Allen P. Griffiths. Cambridge 1991, S. 153–166.

**92** Vgl. Luhmann, Niklas: *Die Wissenschaft der Gesellschaft*. Frankfurt a.M. 1992, S. 122: „Wissen muß, wie Sprachstrukturen, als Voraussetzung mitlaufen und kann thematisch nie voll in der Kommunikation expliziert werden."

**93** Vgl. Kutschera: „Der Wissensbegriff bei Platon und heute", S. 91; Baumann: *Erkenntnistheorie*, S. 205–207; Ernst: *Das Problem des Wissens*, S. 182–192.

gängiger Teilhabe an Ideen teilt dieses Muster mit Modellen infiniter Regression von Begründungen, wie sie skeptische bzw. rhetorische Wissenskonzepte der Antike und Renaissance formulieren und als Problem an die jüngere analytische Erkenntnistheorie weiterreichen. Mit anderen Worten: Zur Erfahrung von Wissen gehört, die Anfänge von Wissen theoretisch nicht einholen zu können – fast scheint es so, als habe Wissen keinen eigentlichen Boden, sondern nur Voraussetzungen.

Trotzdem charakterisieren viele Diskurse Wissenserfahrungen, mehr oder weniger anspruchsvoll, als Gewissheit: als Fähigkeit, Gründe auffinden oder neu legen zu können. In der alteuropäischen Tradition verbinden sich damit vor allem Visualitätsmetaphern, die das Wissenskonzept auf Akte des Wahrnehmens beziehen, deren prominentester Fall die Semantik der Evidenz darstellt.[94]

Wissen verweist somit auf Gründungserfahrungen der Sichtbarkeit und Gegenwärtigkeit, in denen sich Aisthesis und Epistemik verflechten. Dies galt bereits für die autoptischen Wissensbegriffe der Antike, denen zufolge man vor allem dasjenige weiß, das man selbst erlebt und gesehen hat.[95] Auch viele mittelalterliche Autoren stellen die Evidenz eines Gegenstandes bzw. die evidente Zustimmung zu einem Urteil in den Mittelpunkt ihrer Wissenskonzepte: In radikaler Konsequenz betrachtet daher Johannes Scotus (1265–1308) evidenzbegründetes Wissen als unverträglich mit dem Glauben, dessen Grund von menschlicher Kognition nicht erfasst werden könne.[96]

Die Erfolgsgeschichte von Evidenz als epistemischem Gründungskonzept löst sich in der Neuzeit schrittweise von klassischen Transzendenzsemantiken (Glauben, Gott), ohne jedoch ihre Rückbindung an vorgängige Begründungsinstanzen gänzlich zu kappen. Ausgehend von der Selbstgewissheit des Bewusstseins erneuert so etwa René Descartes im 17. Jahrhundert das Projekt einer fundamental begründeten Wissensordnung, versichert die Verlässlichkeit kognitiver

---

**94** *Wissen* und *Evidenz* gehen auf die gemeinsame Wurzel idg. *vid–, „sehen", „Licht" zurück. Wissen ist somit etymologisch betrachtet ein Wahrnehmungsbegriff. Zu diesem Zusammenhang vgl. Hardy [u.a.]: „Wissen", Sp. 855 sowie Halbfass, Wilhelm u. Klaus Held: „Evidenz". In: *Historisches Wörterbuch der Philosophie*. Hg. v. Joachim Ritter. Bd. 2. Basel 1972, Sp. 829–834.
**95** Auch die wissensspezifischen griechischen Verben ἰδεῖν („sehen") und εἰδέναι („wissen", „kennen") gehen auf dieselbe Wurzel zurück.
**96** Vgl. Johannes Scotus: „Reportata Parisiensia". In: *Opera omnia*. Bd. 22–23. Hg. v. Luke Wadding. Paris 1894, Bd. 23, S. 457 (reportatio 3, distinctio 24): „Ad scientiam proprie dictam requiritur evidentia objecti; evidentia autem objecti repugnat fidei". Johannes' Abgrenzung ist exemplarisch für ein breites Konfliktfeld von philosophischen und religiösen Wissensbestimmungen der mittelalterlichen Scholastik, das sich in anderen Epistemologien weiterverfolgen ließe – etwa bei Averroes oder Thomas von Aquin.

Evidenz jedoch weiterhin in Gott.[97] Von hier aus geht Evidenz als Kriterium in die allgemeine Methodik von Wissensbegründungen ein. Auf methodische Krisenerfahrungen seit Ende des 19. Jahrhunderts reagiert die Phänomenologie Edmund Husserls, indem sie wissenschaftliche Erkenntnis im Anschluss an Descartes auf Evidenz verpflichtet, d. h. auf Begründung durch „Es-selbst-geistig-zu-Gesicht-Bekommen".[98] Noch in reduzierter Form der phänomenologischen Begründung von Wissen spielen Transzendenzsemantik (im Anklang an das paulinische Sehen „facie ad faciem", 1 Kor 13,12) und absolute Präsenz von Gründen zusammen.

In diskursgeschichtlicher Perspektive bilden uneinholbare Zirkularität (im Extremfall: als Regressionsproblematik analytischer Erkenntnistheorien) und begründende Evidenz von Wissen (Präsenz von Gewissheit) also keinen Widerspruch – so unterschiedlich sich Strukturen der Verkettung und Figuren des Evidenzsprunges ausnehmen mögen. Denn sowohl Zirkularitätsvorstellungen als auch Evidenzmodelle verwandeln Kontingenz von Aussagen in Notwendigkeit: Wissen wird in beiden Fällen zu einer nicht-zufälligen Erfahrung erhoben.

Wissensmodelle transformieren Kontingenz in Notwendigkeit, und sie bedienen sich dazu diskursgeschichtlich veränderlicher Semantiken, die von metaphysischen Verankerungen von Wissen in idealem Vor-Wissen (so die platonische Lösung) bis zu streng logischen Beschreibungen wie derjenigen Husserls reichen, nach der das Gegenteil eines Wissensphänomens schlechterdings unvorstellbar sei. Gemeinsam scheint solchen Semantiken zu sein, dass sie konstruierte Ordnungen in natürliche Ordnungen transformieren, die wiederum Gewissheitserfahrungen ermöglichen.[99]

---

**97** Vgl. Descartes, René: *Meditationes de prima philosophia*. In: *Œuvres de Descartes. Nouvelle présentation*. Bd. 7. Hg. v. Charles Adam u. Paul Tannery. Paris 1996, S. 23–52 (meditatio 2–3), zum Evidenzbegriff insbes. S. 34: „cognosco nihil facilius aut evidentius meâ mente posse a me percipi" („so erkenne ich, dass ich nichts leichter oder evidenter wahrnehmen kann als meinen Geist").

**98** Schon Descartes' *Regulae ad directionem ingenii* suchten die Evidenzbindung von Wissen methodisch zu verallgemeinern: „scientia est cognitio certa & evidens"; Descartes, René: *Regulae ad directionem ingenii*. In: *Œuvres de Descartes. Nouvelle présentation*. Bd. 10. Hg. v. Charles Adam u. Paul Tannery. Paris 1996, S. 362. Hiervon ausgehend bestimmt Husserl, Edmund: *Cartesianische Meditationen. Eine Einleitung in die Phänomenologie*. 3. Aufl. Hamburg 1995, insbes. S. 13–20 (§5–7) Evidenz als absolute Basis zur Neubegründung wissenschaftlicher Erkenntnisbildung (Zitat S. 13).

**99** Entsprechend betonen zahlreiche Erkenntnistheorien, dass Wissen vor allem Referenz auf bzw. Kontakt mit der Welt sei; vgl. hierzu die grundlegenden Beiträge zur naturalisierten Erkenntnistheorie von Willard Quine, Jay Rosenberg und Alvin Goldman in: Bieri, Peter: *Analytische Philosophie der Erkenntnis*. 2. Aufl. Frankfurt a.M. 1992, S. 422–469. Als kognitionsrealistische Variante vgl. die Definition von Zagzebski: „What is knowledge", S. 109: *„Knowledge is cognitive contact with reality arising out of acts of intellectual virtue"*.

Forschungen zur Wissenschaftsgeschichte bestätigen die Stabilisierungsleistungen solcher Konzepte für Erfahrungsräume des Wissens, die sich erfolgreich gegen die Möglichkeit immunisieren, dass solche Transformationen grundlegend verändert, umgekehrt oder übersteuert werden könnten. Revolutionäre Provokationen sind dann erfordert, um naturalisierte Wissensparadigmen zu verändern (so Thomas Kuhn);[100] vielfältige wissenschaftsinterne Erkenntnishindernisse („obstacles epistemologiques", Gaston Bachelard)[101] schirmen normalerweise Beobachtungen ab, die Fundamente der Wissenssicherung betreffen.

Solche Stabilisierung entfaltet sich in durchaus unterschiedlichen Dimensionen. Operativ zielt Wissensproduktion vielfach auf die „Sicherheit" von Prognosen.[102] Aber auch Figuren der Autorität gehören zu den historisch wirkungsmächtigen Stabilisierungsphänomenen von Wissenskulturen: Man reduziert Kontingenz von Wissensbegründungen, indem man sich an Experten wendet (Wissenschaftler, Fachkundige, Personen mit relevanten Erfahrungen etc.).[103] Stabilisierungswünsche leiten noch die jüngsten Vorschläge analytischer Unanfechtbarkeitstheorien, die das Rechtfertigungsproblem von Wissensansprüchen institutionell einzuschränken suchen.[104] Wissensevolutionen sind kein fluider Prozess – vielmehr verweisen ausgeprägte Veränderungsschwellen des Wissens auf eigentümliche Resistenzen gegenüber Optionalität.[105] Als Wissen gilt mit eindrücklicher Kontinuität, worauf man sich verlassen will.

---

**100** Vgl. Kuhn, Thomas S.: *The structure of scientific revolutions*. Chicago 2004. In der philosophischen Erkenntnistheorie gilt als prototypischer Revolutionär der Epistemologie Kant: vgl. Sandkühler: *Kritik der Repräsentation*, S. 36–40.

**101** Vgl. Bachelard, Gaston: *La formation de l'esprit scientifique. Contribution à une psychanalyse de la connaissance objective*. 4. Aufl. Paris 1960.

**102** Dies gilt v.a. im Bereich naturwissenschaftlich-technischer oder sozialwissenschaftlicher Erkenntnisbildung; vgl. dazu Breidbach, Olaf: *Neue Wissensordnungen. Wie aus Informationen und Nachrichten kulturelles Wissen entsteht*. Frankfurt a.M. 2008, S. 27 und 49f.

**103** Dass Autorität in diesem Sinne zu Konstanten der Wissensstabilisierung gehört, belegt z.B. Shapin, Steven: *The scientific life. A moral history of a late modern vocation*. Chicago, London 2008.

**104** Dies ist freilich nur eine Variante, um Rechtfertigung zu stabilisieren. Vgl. zum Diskussionsstand mit weiteren Forschungshinweisen Ernst: *Erkenntnistheorie*, S. 78–83.

**105** Anders Fischer, Stephan M.: *Dynamisches Wissen. Die Einschränkung der Möglichkeit*. Weilerswist 2010, S. 291–300 und 327–330, pointiert auch S. 342, der den Möglichkeitshorizont von Wissen als offener Prozessdynamik betont. Gleichwohl beobachtet auch Fischer, dass Wissensformierungen auf Schließung, d.h. gerade der *Einschränkung* von Möglichkeit beruhen (z.B. S. 292), auch wenn diese Selektion wieder geöffnet werden kann. Auch in der literaturwissenschaftlichen Wissensforschung findet sich die Auffassung, Wissen bleibe auch unter den Bedingungen von Optionalität erhalten – eine Einschätzung, die jedoch eher Kunstverständnissen

(3.) *Form des Wissens.* Wissen ist nicht nur inhaltlich bestimmbar. Auch erschöpft es sich nicht in Evidenzerfahrungen uneinholbarer Anfänge. Häufig werden Wissenskonzepte auch mit besonderen Formen verbunden, die wiederum spezifische Funktionen übernehmen können. Analytisch orientierte Wissenstheorien in der Tradition der aristotelischen Logik konzentrieren sich in der Regel auf die Formen des definitorischen Urteils oder des Syllogismus. Auch die Definition von Wissen als „wahrer, gerechtfertigter Überzeugung" hat hier ihre Wurzeln.

Mit Blick auf historische Wissenskulturen erweist sich der Vorrang des definitorischen Urteils jedoch als zu eng gefasst. Mindestens drei weitere Formaspekte lassen sich angeben, die in weiterem Rahmen abstecken, was und wie etwas als epistemisch erfahren werden kann.

(a) Zum einen gelten häufig solche kognitive Zustände als Wissen, die sich *sicher und dauerhaft* bewähren. So bestimmt etwa die stoische Erkenntnistheorie die Charakteristik von Wissen darin, gegenüber allen Einwänden und Zweifeln unerschütterlich zu sein: Wissen ist die „sichere, durch Argumente nicht zu erschütternde Erkenntnis".[106] Wissen in seiner höchsten Form – so formuliert Robert Grosseteste im Anschluss an Aristoteles – ist unveränderlich.[107] Ebenso betonen mittelalterliche Enzyklopädien wie die *Etymologiae* Isidors von Sevilla, Wissen sei Wahrnehmung „cum certa ratione".[108] Stabilität wird zum zentralen Formmerkmal.[109] In der gegenwärtigen Diskussion betonen vor allem reliabilistische Wissenskonzeptionen die Unerschütterlichkeit: Wahre Überzeugungen sind als Wissen zu akzeptieren, wenn diese zumindest auf verlässliche Weise gewonnen wurden.[110] Ob Wissen auf absoluten Gründen (Evidenzmodelle) beruht oder – wie der kritische Wissenschaftsrationalismus Karl Poppers postulierte – in seiner Tragfähigkeit stets neu zu testen und zu bewähren ist, scheint in dieser Hinsicht zweitrangig. Vorrangig durchzieht ein Stabilitätsmotiv die Diskursgeschichte des

---

der „Possibilität" Rechnung trägt als den Wissenskonzepten selbst; vgl. z. B. Kellner u. Strohschneider: „Erzählen und Episteme", S. 5.

**106** Vgl. *Stoicorum veterum fragmenta.* Hg. v. Hans von Arnim. Leipzig 1905–1924, Bd. 3, S. 112.

**107** Vgl. Robertus Grosseteste: *Commentarius in posteriorum analyticorum libros.* Hg. v. Pietro Rossi. Florenz 1981, S. 99, der Wissen als „comprehensio veritatis eorum que semper [...] uno modo se habent" bestimmt.

**108** Isidor von Sevilla: *Etymologiarum sive Originum libri XX.* Hg. v. Wallace M. Lindsay. Oxford 1911: „Scientia est, cum res aliqua certa ratione percipitur" (2,14,2).

**109** Zu Wissen als „cognitio certa" vgl. auch Scotus: „Reportatio Parisiensis", Bd. 22, S. 7 (Prologus, quaestio 1, articulus 1) im Anschluss an Aristoteles. Dies gilt noch für moderne Wissenstheorien, die allenfalls von temporärer Stabilisierung von Wissensansprüchen ausgehen: vgl. Wehling: „Grenzen der Erkenntnis", S. 109 f.

**110** Vgl. Baumann: *Erkenntnistheorie*, S. 64–77.

Wissens: Wissen ist irritationsfest – ist es dies nicht, so war es, retrospektiv betrachtet, kein Wissen.

(b) Wissen lässt sich nicht auf kontextfreie Propositionen, ideale Objekteigenschaften oder isolierte Bewusstseinszustände reduzieren – eher wird Wissen als komplexe *Kommunikationsform* in der Diskursgeschichte des Wissens entfaltet. Dies demonstrieren dialektische Methoden des Wissensgewinns ebenso wie begründungstheoretische Modelle, die auf Rechtfertigung und Zustimmung abstellen: Wissbar ist nur, was auch bezweifelt werden kann, und beides involviert Kommunikation.[111]

Wissenstheorie und Sprachtheorie sind daher nicht nur in antiken und mittelalterlichen Epistemologien engstens verzahnt. Nicht bloße Fakten, sondern erst die Verknüpfung von Namen, Aussagen, Ableitungen und Abhängigkeiten machen für Thomas Hobbes *science* aus;[112] nicht der bloße Sachverhalt, sondern die „Möglichkeit zum Dartun der Wahrheit"[113] kennzeichnet nach Ludwig Wittgenstein die kommunikative Qualität des Wissens. Je nach Perspektive erhalten dabei „enquiring situations" oder „commenting situations" von Wissen jeweils größeres Gewicht: Auf Fragen nach Informationen oder auf Zweifel an der Wahrheit einer Äußerung reagieren Beweise, Erklärungen, Vorhersagen, Rechtfertigungen, Ableitungen und andere Formen.[114] Wissen ist demnach weniger punktuell als vielmehr sequentiell verfasst, nicht bloß eine zweistellige Relation (Wissender – Gewusstes), sondern viel häufiger mehrstellig realisiert (Wissender – Gewusstes –

---

111 So z. B. William von Ockham: *Scriptum in librum primum sententiarum ordinatio. Prologus et distinctio prima.* In: *Opera philosophica et theologica. Opera theologica.* Bd. 1. St. Bonaventure 1967, S. 76 (Prologus, quaestio 2): „Dico quod propositio scibilis scientia proprie dicta est propositio necessaria, dubitabilis, nata fieri evidens per propositiones necessarias evidentes, per discursum syllogisticum applicatas ad ipsam" („Ich sage, dass ein wissenschaftlicher Satz im strengen Sinne einen notwendigen Sachverhalt wiedergeben muss, bezweifelbar und mithilfe des syllogistischen Verfahrens beweisbar sein muss"). Auch im Kontext der aktuellen Debatte fordert entsprechend Köppe: „Literatur und Wissen", S. 1–5, Modelle des literarischen Wissens im Rahmen eines Kommunikationsmodells zu formulieren.

112 Vgl. Hobbes, Thomas: *Leviathan.* Hg. v. Richard Tuck. 7. Aufl. Cambridge 2004, zusammenfassend S. 35 (1,5).

113 Vgl. Wittgenstein, Ludwig: *Über Gewißheit.* In: *Werkausgabe in acht Bänden.* Bd. 8. Hg. v. Gertrude E. M. Anscombe u. Georg H. von Wright. 11. Aufl. Frankfurt a.M. 2008, S. 168 (§243): „‚Ich weiß ...' sagt man, wenn man bereit ist, zwingende Gründe zu geben. ‚Ich weiß' bezieht sich auf eine Möglichkeit des Dartuns der Wahrheit".

114 Für eine solche perspektivische Darstellung von Wissenskommunikation plädiert Ernst: *Das Problem des Wissens*, S. 114–125; zur Typologie von „enquiring" und „commenting situations" vgl. Hanfling, Oswald: „A situational account of knowledge". In: *The Monist* 68 (1985), S. 40–56, insbes. S. 41f. Zu Wissen als akzeptiertem Ergebnis formulierter, begründeter und beurteilter Ansprüche vgl. auch Walton: „Knowledge and ignorance".

Fragender/Zweifelnder/Prüfender/...) und dabei diastatisch über zeitliche, räumliche, mediale oder personale Differenz gespalten.

(c) Häufig wird solche Wissenskommunikation in *Grenzsituationen des Begründens* angesiedelt. Mag Wissen auch permanent in Kommunikation mitlaufen, so werden Begriffe, Wahrnehmungen und Effekte des Wissens meist erst dann relevant, wenn besondere Stabilisierung gefordert ist.[115] Als solche Grenzen erzeugt Wissen asymmetrische zweiseitige Formen: Antike Epistemologien von den Vorsokratikern bis zur stoischen Urteilstheorie bestimmen den Kern ihrer Wissensbegriffe als Kenntnis von Grundprinzipien (ἀρχαί), die selbst nicht hinterfragt werden können. Zu wissen heißt, den natürlichen, logischen oder historischen Aufbau der Welt von ersten Ursachen her zu entwickeln, von denen ausgehend sich Begründungsnetze über die physische, vernünftige oder geschichtliche Welt spannen lassen. Ihre Ankerpunkte jedoch stehen nicht zur Disposition.

Auf der einen Seite fußt Wissen also auf notwendigen Gründen, die alternativlose Ansatzpunkte für Kommunikation bereitstellen. Auf der anderen Seite besteht Wissen darin, an solche Gründe vielfältige Ableitungen anschließen zu können, kurz: Begründungen bilden zu können. Aristoteles zufolge verfügen wir erst dann über eigentliches Wissen von einem Sachverhalt, „wenn wir von der Ursache glauben Kenntnis zu besitzen, aufgrund derer die Sache besteht [...], und dass sie sich nicht anders verhalten kann."[116] Alles Wissen beruht jedoch für Aristoteles auf unhinterschreitbaren Annahmen, die letztlich unbeweisbar sind.[117]

Wissen formt demnach eine epistemische Grenzsituation aus:[118] Es unterscheidet über die Figur des notwendigen Grundes eine Außenseite, die Kontingenz ausschließt, von einer Innenseite, die Anschlussmöglichkeiten für Kommunikation vervielfältigt (Ableitungen, Konkretisierungen, Anwendungen und andere Antwortmöglichkeiten ermöglicht). Fluchtpunkt solcher fundamentalen Asymmetrisierung ist die Totalitätsidee des Weltwissens – die Annahme eines stabilen epistemischen Horizontes für Kommunikation, der nicht wiederum seinerseits

---

115 Dies begründet selbst die positivistische Entgrenzungsrhetorik von Wissensprogrammen seit dem 17. Jahrhundert, die umgekehrt gerade unendliche Wissbarkeit betonen: Francis Bacon sieht bekanntlich keine prinzipiellen Wissensgrenzen, die Natur ist prinzipiell entzifferbar – eine Position, die noch von Max Weber und dem Wiener Kreis vertreten wird; vgl. dazu Wehling: „Grenzen der Erkenntnis", S. 90 f.

116 Aristoteles: *Zweite Analytik. Analytica Posteriora. Griechisch – Deutsch. Griechischer Text nach W.D. Ross.* Hg. v. Wolfgang Detel. Übers. v. Wolfgang Detel. Hamburg 2011, S. 7 (71b). Aristoteles beschreibt an dieser Stelle die Form des wissenschaftlichen Beweises (ἀπόδειξις).

117 Vgl. Aristoteles: *Zweite Analytik*, S. 13 (72b).

118 Vgl. hierzu die Beiträge in Wengenroth, Ulrich (Hg.): *Grenzen des Wissens – Wissen um Grenzen.* Weilerswist 2012.

hinterschritten werden kann.[119] Radikaler als andere Kommunikationsformen teilt Wissen somit die Welt in Beobachtbarkeit und Unbeobachtbarkeit, für deren Grenze der Wissensdiskurs eine Reihe unterschiedlicher Semantiken etabliert: Kontingenz/Notwendigkeit, Teil/Ganzes oder Ursprünglichkeit/Ableitung sind nur die prominentesten Varianten.

Fassungen dieser Unterscheidungen zeigen sich im Einzelfall beweglich und vielfältig – stets aber paradox.[120] Paradigmatische Wissensänderungen im Sinne Kuhns legen den paradoxen Grenzcharakter von Wissen bisweilen sogar erstaunlich offen. So fördern etwa die cartesischen *Meditationes* die evidentielle Selbstgewissheit des Bewusstseins als sicheres Fundament eines neuen Wissensgebäudes erst zutage, nachdem alle Zweifelsmöglichkeit an sinnlicher Wahrnehmung, kognitiven Zuständen und Verstandesregeln ausgeschöpft sind; die Struktur des Selbstbewusstseins wird dann jedoch zum Quellpunkt, aus dem Descartes weitreichende theologische, ontologische und ethische Ableitungen schöpft. Das Bewusstseinskonzept des *cogito* dient so zur Bezeichnung einer paradoxen Schnittstelle von Intuition und Deduktion.[121] Eine Basis für Wissen eröffnet sich erst dadurch, dass sich diese gegenüber vorgängigen Bedingungen schließt.

In provokanter Zuspitzung markieren auch die Logikvorlesungen Immanuel Kants die Paradoxie der Wissensform, indem sie die menschliche Wissensfähigkeit als „Horizont" bestimmen, der von „unvermeidliche[r] Unwissenheit" als

---

119 Vgl. Detel, Wolfgang: „Wissenskultur bei Platon und Aristoteles". In: *Wissen und Bildung in der antiken Philosophie*. Hg. v. Christof Rapp u. Tim Wagner. Stuttgart, Weimar 2006, S. 305 – 321: „Perfektes Wissen von einer Form ist daher nur erreicht, wenn wir ihre Beziehung zu *jeder* anderen Form erkennen – kurz, wenn wir *alles* wissen" (S. 313). In der Kognitionstheorie bezeichnet der Weltbegriff z. B. den Rahmen der objektiven Realität, auf den sich subjektive Repräsentationen als Weltwissen beziehen können; vgl. Seel, Norbert M.: *Weltwissen und mentale Modelle*. Göttingen, Zürich 1991. Auch die enzyklopädische Inventarisierung von Sachwissen findet in der Semantik der Welt eine Grenze, die Motor und Schranke zugleich ist; vgl. mit anschaulichem Material Schneider, Ulrich Johannes (Hg.): *Seine Welt wissen. Enzyklopädien in der frühen Neuzeit*. Darmstadt 2006; zu Enzyklopädien als Sammlungsformat „absolute[n] Wissens" vgl. auch Breidbach: *Wissensordnungen*, S. 65 – 70.

120 Als „epistemische Paradoxie" bezeichnet diesen Sachverhalt Detel: „Wissen und Kontext", S. 250: „Wenn wir wissen, daß wir etwas wissen, dann wissen wir es natürlich, aber das Umgekehrte gilt nicht. Die meisten Leute denken sogar, daß selbst wenn wir etwas wissen können, wir niemals wirklich wissen können, daß wir es wissen, weil wir niemals imstande sind, sämtliche Möglichkeiten auszuschließen, denen zufolge es nicht der Fall sein könnte."

121 Vgl. Descartes: *Meditationes*. Zu Intuition und Deduktion als Kernprinzipien des Wissens vgl. auch Descartes: *Regulae*, S. 372 (regula 4): „nullam scientiam haberi posse, nisi per mentis intuitum vel deductionem".

„Schrank[e] seiner Erkenntnisskraft" begleitet werde.[122] Mit der *Kritik der reinen Vernunft* entfaltet Kant diese Spannung: Lässt sich von der Vernunft als Grundbedingung von Wissens – von „derjenigen Bedingung, die selbst unbedingt ist"[123] – überhaupt ein Wissen gewinnen? Kant bleibt keineswegs bei dieser Wissensparadoxie stehen, sondern bestimmt die Vernunft am Leitfaden ihrer eigenen Unwissenheit als erkenntnisfähig und als begrenzt zugleich.[124] Wissen als Transformation von Möglichkeit in Notwendigkeit wird damit als Grenzbestimmung der transzendentalen Selbstkritik aktualisiert.

Die Paradoxierungen der Wissensform rufen, wie Reaktionen der Erkenntnistheorie seit dem späten 18. Jahrhundert zeigen, auch neue semantische Lösungen für die Stabilisierung durch Unbeobachtbarkeit hervor. Pointiert ließe sich sagen, dass Unwissenheit und Unverfügbarkeit nun in den Wissensbegriff hineinverlagert werden: Glaubenserfahrungen[125] oder unhintergehbare subjektive Setzungsakte[126] werden als konstitutive Bedingungen von Wissen formuliert, zusätzliche Relais wie etwa die Dimension der kommunikativen Anerkennung hinzugefügt.[127] Wenn moderne Wissenstheorien zunehmend die Verflechtung von

---

**122** Vgl. Kant: *Gesammelte Schriften*, Bd. 16, S. 173,22 und S. 172,32–34.

**123** Vgl. Kant: *Gesammelte Schriften*, Bd. 4, S. 248,3f. (A 397).

**124** Kants Wissensbegriff stabilisiert sich also gerade im Gestus kritischer Destabilisierung. Vgl. z. B. Kant: *Gesammelte Schriften*, Bd. 3, S. 495 (B 786 f.): „Jene durch Kritik der Vernunft selbst allein mögliche Erkenntniß seiner Unwissenheit ist also W i s s e n s c h a f t, diese ist nichts als W a h r n e h m u n g, von der man nicht sagen kann, wie weit der Schluß aus selbiger reichen möge" [Sperrung im Original].

**125** Während Wissen, Glauben und Meinen für Kant verschiedene Gewissheitsgrade darstellten, sieht Herder in Glauben und Wissen gleichrangige „Arten des Fürwahrhaltens"; als Akt der positiven Anerkennung bilde der Glaube „die Basis aller unsrer Urteile, unsres Erkennens, Handelns und Genießens"; vgl. Herder, Johann Gottfried: *Eine Metakritik zur Kritik der reinen Vernunft*. In: *Sämtliche Werke*. Bd. 21. Hg. v. Bernhard Suphan. Hildesheim 1967, S. 285 (2,14,7). Zum Glauben als positiver Vorbedingung von Wissen vgl. auch Jacobi, Friedrich Heinrich: „Über die Lehre des Spinoza in Briefen an den Herrn Moses Mendelssohn". In: *Werke. Gesamtausgabe*. Bd. I/1. Hg. v. Klaus Hammacher. Hamburg 1998, S. 1–146, hier S. 116,1–17.

**126** Grundlage allen Wissens ist nach Johann Gottlieb Fichtes *Wissenschaftslehre* eine „Thathandlung", in der das Ich *„ursprünglich schlechthin sein eignes Seyn"* setzt. – Dieser Grundsatz der Spontaneität „gründet sich auf kein anderes Wissen, sondern er ist der Satz des Wissens schlechthin." – „[Der Grundsatz] begleitet alles Wissen, ist in alle[m] Wissen enthalten, und alles Wissen setzt ihn voraus." Fichte, Johann Gottlieb: *Wissenschaftslehre*. In: *Gesamtausgabe der Bayerischen Akademie der Wissenschaften*. Bd. I/2. Hg. v. Reinhard Lauth u. Hans Jacob. Stuttgart 1965, S. 261,3 bzw. S. 121,4f. und 121,9f. Hegels Antwort auf die Frage nach Wissensvoraussetzungen ist der Selbstbezug des Geistes: vgl. hierzu Sandkühler: *Kritik der Repräsentation*, S. 95–99.

**127** Vgl. z. B. Wittgenstein: *Über Gewißheit*, S. 194 (§378): „Das Wissen gründet sich am Schluß auf der Anerkennung"; vgl. auch Ernst: *Das Problem des Wissens*, S. 185.

Wissen und Nichtwissen betonen, legen sie damit ebenfalls grundlegende Irritationspotentiale von Wissen frei, die paradoxe Form besitzen.[128] Alle diese Fälle umkreisen Wissen als Grenzunterscheidung: als paradoxe Form, die Möglichkeit in Notwendigkeit transformiert.

## 1.5 Anforderungen an ein Analysemodell

Damit lässt sich eine vorläufige Liste von Anforderungen aufstellen, denen eine Modellebene Rechnung zu tragen hat, die auch (aber nicht ausschließlich) literaturwissenschaftliche Wissensforschung erfolgreich leiten könnte.[129] Aus den voranstehenden Teilkapiteln zu aktuellen und historischen Auseinandersetzungen mit dem Wissenskonzept, ihren Prämissen und Problemen, lassen sich Anforderungen gewinnen, die für eine deskriptive (nicht normative) Modellierung des Wissens einschlägig sind. Sie lassen sich hinsichtlich ihrer Relevanz für Aufbau und Verfahrensweise, hinsichtlich struktureller und objektbezogener Aspekte sowie hinsichtlich der Fähigkeit eines übergeordneten Wissensmodells zur Berücksichtigung von Veränderlichkeit und Unterschiedenheit von Wissensformen ordnen:

A. Operationale Anforderungen
1. *Modulares Design*: Erfordert ist eine Metaebene hinreichend abstrakter Begriffe, die sich je nach Untersuchungskontext kontrolliert spezifizieren und für wechselnde Ensembles des Wissens anpassen lässt (variierende Semantiken, Praktiken, Räume, Institutionen, Medien etc. des Wissens). Dies verlangt einen modularen Aufbau von wechselbaren Einzeltheoremen und übergreifender Modellebene.
2. *Präzisierung*: Begriffe der Modellebene, aber ebenso der in sie eingeklinkten Theorien müssen hinreichend präzisiert sein, um Analysen methodisch valide leiten zu können. Regressive Kurzschlüsse (*Wissen vom Wissen*) sind dabei zu vermeiden.

---

128 Vgl. z.B. Fleck, Ludwik: *Entstehung und Entwicklung einer wissenschaftlichen Tatsache. Einführung in die Lehre vom Denkstil und Denkkollektiv.* 2. Aufl. Frankfurt a.M. 1993, S. 44: „Auf diese Weise ist die Entdeckung mit dem sogenannten Irrtum unzertrennlich verflochten; um eine Beziehung zu erkennen, muß man manche andere Beziehung verkennen, verleugnen, übersehen." Vgl. dazu Wehling: „Grenzen der Erkenntnis", insbes. S. 93–99.
129 Vorläufig heißt in diesem Fall, dass die Liste ohne Weiteres erweiterbar ist. Statt Vollständigkeit ist angestrebt, dass sie die maßgeblichen angesprochenen Prämissen, Intuitionen und Probleme aufnimmt.

3. *Konsistenz*: Die dazu verwendeten Begriffe der Modellebene müssen untereinander konsistent sein.

B. Strukturelle Anforderungen

4. *Kommunikation*: Die geforderte Modellebene muss Wissen im Rahmen eines Kommunikationsmodells verorten, das nicht auf Bewusstsein oder mentale Zustände beschränkt ist, sondern mehrstellige, fortlaufende Informationsprozesse einschließt.

5. *Referenz*: Gemäß den Intuitionen der *ordinary language philosophy* und vieler analytischer Ansätze muss eine Modellebene Wissen zudem als Referenzphänomen berücksichtigen (*Wissen von, etwas wissen*).

C. Gegenstandsanforderungen

6. *Manifestationen*: Hinsichtlich möglicher Objekte muss ein allgemeines Wissensmodell nicht nur explizit markierte Gegenstände (z. B. durch Urteile, Begründungsdiskurse oder Wissensbegriffe) aufnehmen können, sondern ebenso implizite Formen des Wissens (*tacit knowledge*[130]),

7. *Distribution*: nicht nur individuale, sondern ebenso kollektive Formen des Wissens,

8. *Bezugsrahmen*: nicht nur propositional bezogene Zustände, sondern ebenso nicht-propositionale Praktiken und Wahrnehmungen berücksichtigen.

D. Varianzanforderungen

9. *Heuristik*: Um veränderliche, d. h. Fremdwerden ebenso wie Evolution einschließende Wissensordnungen beobachten zu können, dürfen Wissensintuitionen höchstens als Objekt behandelt werden, jedoch nicht Entscheidungen auf Modellebene leiten (z. B. beim Identifizieren wahrer Sachverhalte).

10. *Historisierbarkeit*: Ein allgemeines Wissensmodell muss Wissen innerhalb historisch varianter Ordnungen lokalisieren können, d. h. historische Selbstbeschreibungen von Wissensdiskursen mit den Fremdbeschreibungen von Modell- und Theorieebenen seitens der Beobachter koordinieren. Sie muss damit die artikulierten Wissensansprüche historischer Kulturen und ihrer Vertreter einfangen, ohne diese durch die Optik anderer Wissensordnung zu anderen Modi zu verzerren (z. B. zu bloßem Glauben, Für-wahr-Halten, Ideologie oder vermeintlichem Wissen).

---

130 Vgl. Polanyi, Michael: *The tacit dimension*. With a new foreword by Amartya Sen. Chicago 2009.

11. *Paradoxieverhalten*: Ein allgemeines Wissensmodell muss Ansatzpunkte zur Beschreibung liefern, wie diachroner Wandel (Akkumulation, Transformation, Paradigmenwechsel etc.) *und* synchrone Unveränderlichkeitseffekte von Wissen (erfahrbar z. B. als Gewissheit, Evidenz, Paradigmen) möglich sind.

12. *Drei Sonderprobleme der Transformation*: Insbesondere muss ein allgemeines Modell den Rahmen liefern, um drei schwierige, aber häufige Fälle von Wissen unterscheiden zu können: anderes Wissen, veraltetes Wissen und neues Wissen.

E. Differenzanforderungen

13. *Abbrüche*: Viele Wissensdiskurse zeichnet eine besondere Irritationsresistenz aus, die Kontingenz abschirmt. Von einem allgemeinen Modell ist daher zu fordern, Beschreibungsmöglichkeiten für solche Stabilisierung und Verarbeitung von Kontingenz (z. B. in Beobachtungen, Begründungen etc.) anzubieten.

14. *Spezialisierungen*: Da viele Wissenskonzepte nicht nur graduell zwischen unterschiedlich verlässlichen Wissenstypen oder unterschiedlich weiten Geltungsansprüchen unterscheiden, sondern dazu häufig kategorische Grenzen ziehen und normativ bzw. institutionell absichern (z. B. zwischen subjektivem Erfahrungswissen und wissenschaftlich gewonnenem Wissen), muss ein allgemeines Wissensmodell die Operationen erfassen können, aus denen solche Spezialisierungen bzw. Kategorisierungen hervorgehen.

Damit ist freilich keine Wissenstheorie formuliert, sondern sind zunächst nur Eckpunkte eines Theoriebauplans zusammengestellt, der Bedingungen für transdisziplinär akzeptable Wissenstheorien benennt. Eine Wissenstheorie, die diesen Anforderungen genügt, so die Hypothese, entkommt jedoch dem Paradigmenstreit zwischen analytisch-erkenntnistheoretischen Ansätzen und kulturwissenschaftlichen Wissenspoetologien, der Begrenzung von Wissen auf Bewusstsein oder umgekehrt der Entgrenzung auf Diskurse als Wissensträger, die jeweils nur Theorien mit begrenzter Akzeptanz- bzw. Erklärungsreichweite stellen.

## 1.6 Wissen als Invisibilisierung. Vorschlag zu einem Design

Aus diesen unwiderleglichen Prämissen folgerte er, daß die Bibliothek total ist und daß ihre Regale alle irgend möglichen Kombinationen der zwanzig und soviel orthographischen Zeichen [...] verzeichnen, mithin alles, was sich irgend ausdrücken läßt: in sämtlichen Sprachen. Alles: die bis ins einzelne gehende Geschichte der Zukunft, die Autobiographien der Erzengel, den getreuen Katalog der Bibliothek, Tausende und Abertausende falscher Kataloge, den Nachweis ihrer Falschheit, den Nachweis der Falschheit des echten Katalogs, das gnostische Evangelium von Basilides, den Kommentar zu diesem Evangelium, den Kommentar zum Kommentar dieses Evangeliums, die wahrheitsgetreue Darstellung deines Todes, die Übertragung jeden Buches in sämtliche Sprachen, die Interpolationen jeden Buches in allen Büchern. (Jorge Luis Borges, *Die Bibliothek von Babel*[131])

Sie wollen wissen, wieso ich jedes Buch kenne? Das kann ich Ihnen nun allerdings sagen: Weil ich keines lese! (Robert Musil, *Der Mann ohne Eigenschaften*[132])

Der Vorschlag, den die Arbeit zum Aufbau einer solchen Modellebene zur Diskussion stellt, greift auf Begriffe der Systemtheorie zurück, die den Vorzug hoher Abstraktionsfähigkeit und Anschließbarkeit besitzen. In einem 1995 veröffentlichten Aufsatz rekonstruiert Niklas Luhmann das Phänomen des Wissens ausgehend vom Begriff des Beobachtens. Beobachten versteht Luhmann grundsätzlich als Operation, „die eine Unterscheidung macht, um die eine, aber nicht die andere Seite der Unterscheidung zu bezeichnen und sie damit als Ausgangspunkt für weitere Operationen zu wählen."[133] Beobachten gründet danach strenggenommen in einer Paradoxie, indem es eine Differenz konstitutiv zusammenhängender Seiten einführt, trotz dieser strukturellen Einheit jedoch operativ immer nur eine Seite asymmetrisch bevorzugt. Stets zielt Beobachten auf die Innenseite, das Gemeinte der Unterscheidung, dergegenüber das Nichtgemeinte als Außenseite unspezifiziert bleiben muss, soll Beobachtung sich nicht selbst annullieren. Obgleich also jede Unterscheidung Einheit voraussetzt, wird diese Einheit im Beobachten angewendet *und* unterdrückt – man kann nicht beobachten, ohne sich auf die Aktualisierung der Differenz einzulassen und zugleich von allem

---

131 Borges, Jorge Luis: „Die Bibliothek von Babel". In: *Sämtliche Erzählungen*. Übers. v. Karl August Horst, Eva Hessel u. Wolfgang Luchting. München 1970, S. 190–198, hier S. 193.
132 Musil, Robert: *Der Mann ohne Eigenschaften*. In: *Gesammelte Werke in neun Bänden*. Bd. 1–5. Hg. v. Adolf Frisé. Reinbek 1978, hier Bd. 2, S. 462 (Kap. 100: „General Stumm dringt in die Staatsbibliothek ein und sammelt Erfahrungen über Bibliothekare, Bibliotheksdiener und geistige Ordnung").
133 Luhmann, Niklas: „Die Soziologie des Wissens: Probleme ihrer theoretischen Konstruktion". In: *Gesellschaftsstruktur und Semantik. Studien zur Wissenssoziologie der modernen Gesellschaft*. Bd. 4. Frankfurt a.M. 1995, S. 151–180, hier S. 172. Zu Wissen als Beobachtungsform vgl. ausführlich auch Luhmann: *Die Wissenschaft der Gesellschaft*, S. 122–166, dort allerdings im engeren Rahmen des Systems Wissenschaft. Wegweisend ist Luhmanns Aufsatz darin, dass er allgemeinere von spezielleren Fassungen des Wissens zu unterscheiden ermöglicht: Während Wissen allgemein die Form des Beobachtens besitzt, zeichnen sich spezielle Formen wie z.B. wissenschaftliches Wissen durch potenzierte Beobachtung (als Beobachtung zweiter Ordnung) aus. Diese Unterscheidung lässt sich für die Beobachtung nicht-wissenschaftlich gebundenen Wissens fruchtbar verwenden.

Nicht-Beobachtetem abzusehen.[134] „Das Beobachten muß deshalb, um Operation sein zu können, die eigene Einheit invisibilisieren."[135]

Darauf aufbauend schlägt Luhmann vor, Wissen als Form des Beobachtens zu verstehen, die besonders auf solche Invisibilisierung spezialisiert ist, d. h. die operative Paradoxie von Beobachtung unsichtbar zu machen bzw. unsichtbar zu halten:

> Alles Wissen ist also letztlich Paradoxiemanagement, und dies in der Weise, daß man eine Unterscheidung vorschlägt, deren Einheit nicht thematisiert wird, weil dies das Beobachten in die Form einer Paradoxie bringen, also blockieren würde. Im Rückblick sieht man dann rasch, daß Erkenntnistheorien immer schon so gebaut waren.[136]

Wissen besteht demnach in „Paradoxieabsorption": Die Sicherheit des Beobachtens wird erhöht, indem die Kontingenz der Außenseite einer Unterscheidung abgeblendet, ihr Möglichkeitscharakter gleichsam vergessen wird.[137] Luhmanns Argumentation fortsetzend, ließe sich Wissen also als fundamentaler Eingriff in den Umgang mit Unterscheidungen beschreiben: Wissenscodes erhöhen die Bezeichnungskraft von Unterscheidungen dadurch, dass sie in letzter Konsequenz

---

**134** Dies schließt natürlich nicht aus, dass sich die Differenz verschiebt und somit auch das Nicht-Gemeinte bezeichnet werden kann – nur eben im Horizont neuer Aktualisierung und Ausblendung, also im sequentiellen Nacheinander von Kommunikation und neuer Paradoxierung. Beobachten ist daher nach Luhmann grundsätzlich auf Paradoxien angewiesen: vgl. Luhmann, Niklas: „Die Paradoxie der Form". In: *Aufsätze und Reden*. Hg. v. Oliver Jahraus. Stuttgart 2007, S. 243–261.

**135** Luhmann: „Soziologie des Wissens", S. 172f.

**136** Luhmann: „Soziologie des Wissens", S. 173. Zu Wissen als „Kondensierung von Beobachtungen" vgl. auch Luhmann: *Die Wissenschaft der Gesellschaft*, S. 123.

**137** Luhmann, Niklas: *Die Gesellschaft der Gesellschaft*. Frankfurt a.M. 1998, Bd. 1, S. 147. Luhmann spricht in Bezug auf Vergessen als „Sicherheitsquelle" von Wissen; vgl. auch Luhmann: „Soziologie des Wissens", S. 178. Invers dazu versteht Luhmann Nichtwissen als „die andere Seite der Form des Wissens", die konstitutiv für Wissen ist, aber nur durch reflexive Anstrengungen der Beobachtung des Beobachtens in den Blick tritt; vgl. Ders.: „Ökologie des Nichtwissens". In: *Beobachtungen der Moderne*. Opladen 1992, S. 149–220, hier S. 159. Zu „Nichtwissen" als „Voraussetzungsdimension" vgl. auch Sandkühler: *Kritik der Repräsentation*, S. 11 und mit weiterer Literatur Wehling: „Grenzen der Erkenntnis", S. 96–100. Zu Wissen als „Unsicherheitsabsorption" vgl. auch Luhmann: *Gesellschaft der Gesellschaft*, Bd. 2, S. 1106. – Folgt man diesem Verständnis, so schließt man an jenen Strang der Begriffsgeschichte an, der Paradoxien als Irritationsfaktoren beschreibt. Dazu gibt es natürlich Alternativen (z. B. Paradoxien als Rätsel und Pointen in der Rhetorik, als emphatische Bezeichnungsform mystischer Theologie u. a. m.); vgl. hierzu zusammenfassend Probst, Peter, Henning Schröer u. Franz von Kutschera: „Paradox". In: *Historisches Wörterbuch der Philosophie*. Hg. v. Joachim Ritter. Bd. 7. Basel 1989, Sp. 81–97.

den Unterscheidungscharakter löschen, d. h. dem Zugriff entziehen, dass jede Außenseite einer Unterscheidung prinzipiell erreichbar sein könnte.[138] Häufigster Effekt dieses Abblendens von Außenseiten ist die Universalisierung von Wissen.[139]

Solche Invisibilisierung ist weniger eine psychologische als eine kommunikative Operation, die zahlreiche semantische Varianten kennt. Wissen kann beispielsweise als Letztbegründung fungieren, auf die man sich einigt, als Evidenz erscheinen, die man vernünftigerweise nicht befragen kann, ohne gravierende Irritationen auszulösen.[140] Labore und Instrumente von wissenschaftlichen Experimenten sind Apparaturen der Invisibilisierung, indem sie mögliche Beobachtung schon im Akt ihrer Formierung vorfiltern.[141] Institutionen wie Bibliotheken, Archive und Enzyklopädien scheinen prinzipiell in der Lage, bedrohliche Kontingenzen des Wissens zu speichern, wie das Kapitel-Motto aus Borges' *Bibliothek von Babel* nahelegt – und doch erweisen sich Bibliotheken und Enzyklopädien als leistungsfähige Invisibilisatoren, welche die Konstruktionsbedingungen von Wissen verschleiern, verdrängen und vergessen.[142] Natur Semantiken

---

**138** Vgl. hierzu auch Berger u. Luckmann: *Die gesellschaftliche Konstruktion der Wirklichkeit*, S. 45: „Solange mein Wissen befriedigend funktioniert, bin ich im allgemeinen bereit, Zweifel an ihm nicht aufkommen zu lassen." Auch Invisibilisierung wäre in diesem Theorierahmen weiterhin eine Form mit zwei Seiten: potenzierte Beobachtbarkeit wird um den Preis von verschärfter Unbeobachtbarkeit gewonnen.
**139** Vgl. Luhmann: *Die Wissenschaft der Gesellschaft*, S. 145: „[D]ie Anonymisierung der Erlebenden ist Grundlage für die Prätention, Wissen sei *universales* Wissen, das heißt: für *jeden* Beobachter erreichbar." Diese Invisibilisierungsleistung tragen im Bereich wissenschaftlichen Wissens klassischerweise Methoden.
**140** Vgl. Sandkühler: *Kritik der Repräsentation*, S. 79: „Evidenz ist die Voraussetzung einer Erkenntnis, die methodischer Vermittlung [...] weder bedürftig noch fähig ist." Dies verdeutlicht im Englischen der Begriff der *self-evidence* (Selbstbezeugung der Wahrheit).
**141** Vgl. Sandkühler: *Kritik der Repräsentation*, S. 169: „Sie wirken als *Filter* des Wissen-Wollens und Wissen-Könnens, indem sie in der Forschungspraxis die Aufmerksamkeit, das Erkenntnisinteresse und die Intentionalität der Akteure – um mit Galilei zu sprechen – ‚zurichten'." Die häufig geäußerte These, Experimente generierten Überraschungen, verkürzt diesen Doppeleffekt der Invisibilisierung (sichtbar machen / unsichtbar machen); vgl. etwa Rheinberger, Hans-Jörg: *Experimentalsysteme und epistemische Dinge. Eine Geschichte der Proteinsynthese im Reagenzglas*. Göttingen 2001, S. 9. Zur Verschränkung von Wissensstabilisierung und –innovation in Laboratorien vgl. auch Breidbach: *Wissensordnungen*, S. 55–58.
**142** Invisibilisierung als Wissensbedingung von Archiven unterstreicht Dickhaut, Kirsten: „Das Paradox der Bibliothek. Metapher, Gedächtnisort, Heterotopie". In: *Erinnerung, Gedächtnis, Wissen. Studien zur kulturwissenschaftlichen Gedächtnisforschung*. Hg. v. Günter Oesterle. Göttingen 2005, S. 297–331: „Archive und Bibliotheken sind in der Lage, Bücher und Texte zu speichern – *aber* sie verdrängen und vergessen auch, ja sie verschleiern ihre Kanonisierungsprinzipien" (S. 305). Zu Enzyklopädien vgl. z. B. Michel, Paul: „Über das Wissen". In: *Reformatio*

fungieren für Wissensbeschreibungen der klassischen Physik wie für die Neuro-
biologie der Gegenwart als Leitkonzept der Invisibilisierung, der Weltbegriff für
extern-realistische Erkenntnistheorien.[143] Aber auch sinnliche Wahrnehmung,
Institutionen, Autorität, Routinen und Rezepte des Alltagshandelns oder ästhetische Schematisierungen sind traditionelle Formen der Invisibilisierung.[144]

Luhmanns differenztheoretischer Begriffsvorschlag der Invisibilisierung formuliert somit ebenfalls eine Unterscheidung, nach der Wissen bestimmte Wahrnehmungen, Kommunikationen oder Handlungen *möglich* werden lässt, indem
potentielle Wahrnehmungen, Kommunikationen oder Handlungen *unmöglich*
werden.[145] Kontingenzzumutungen von Kommunikation werden durch Invisibilisierung auf gezielte Anschlussmöglichkeiten reduziert, wie sie im Rahmen von
propositionalen Urteilstheorien des Wissens dann beispielsweise in der Form von
Beweisen, Ableitungen, Analogien oder anderen Begründungsformen bevorzugt
werden. Im Rahmen der Systemtheorie lässt sich diese Umstrukturierung von
Anschlussmöglichkeiten als Reorganisation von Sinn beschreiben: der grund-

---

53 (2004), S. 165–173: „Wissensspeicher [verhindern] die Einsicht in den Konstruktcharakter
unseres Wissens" (S. 172).

**143** Zu Naturalisierung als Invisibilisierung von naturwissenschaftlicher Beobachtung vgl.
Sandkühler: *Kritik der Repräsentation*, S. 180–206; zu epistemologischen Realismusauffassun-
gen vgl. ebd., S. 30–35.

**144** Vgl. zu Wahrnehmung z. B. Wingert: „Die eigenen Sinne", S. 222: „Die sinnlichen Erfahrungen verdanken ihre fundamentale Rolle für unser Wissen dem Umstand, daß sie den Status
sich selbst stützender Voraussetzungen in der Begründungskette haben." – Zur Invisibilisierungsleistung von Autoritäten vgl. Shapin: *Scientific life*. – Nach Berger u. Luckmann: *Die gesellschaftliche Konstruktion der Wirklichkeit*, S. 44 „besteht ein großer Teil des gesellschaftlichen
Wissensvorrates aus Rezepten zur Lösung von Routineproblemen", die invisibilisieren: „Solange
ich Probleme mit ihrer Hilfe noch bewältigen kann, habe ich meistens kaum Interesse, über
pragmatisches Wissen hinauszugehen." – In der Wissenschaftsgeschichte finden sich immer
wieder Leitmetaphern, die sich nicht bloß um Visualisierung von Wissen bemühen, sondern mit
ästhetischen Mitteln deren Ordnung abschließen, d. h. invisibilisieren: z. B. Gebäude wie Turm
oder Pyramide; organische Metaphern wie Zwiebel oder Baum; geographische Karten mit
Landschaften, Ozeanen, Inseln des Wissens; Texturmetaphern wie Netzwerke u.v.m. Vgl. hierzu
Yeo, Richard: „Classifying the sciences". In: *Eighteenth-century science*. Hg. v. Roy Porter.
Cambridge 2003, S. 241–266; Klinkert: *Epistemologische Fiktionen*.

**145** Diese Konsequenz ist keinesfalls auf die Systemtheorie beschränkt; sie berührt sich mit
vielen Ansätzen, die Wissen in der Spannung von Kontingenzproduktion und -reduktion beschreiben: vgl. zuletzt etwa Fischer: *Dynamisches Wissen*. An der Modalisierung setzen speziell
auch Theorien an, die „hypothetisches Wissen" der Literatur („Alternativ-Wissen" u. a.) von
„sicherem Wissen" z. B. wissenschaftlicher Aussagen abgrenzen; vgl. Klausnitzer: *Literatur und
Wissen*, S. 27. Übergangen wird diese Differenz aber programmatisch von Sandkühler: *Kritik der
Repräsentation* mit der Forderung, „jedes individuelle ‚Ich weiß' [...] bescheidener als ‚Ich glaube
zu wissen' zu verstehen" (S. 208). Dies übersieht die Transformationsvorgänge von Wissen.

sätzliche „Überschuss von Verweisungen auf weitere Möglichkeiten des Erlebens und Handelns"[146] wird von Wissensformen derart asymmetrisiert und verdeckt, dass Möglichkeiten zur Fremdreferenz auf Irritationen der Umwelt weitgehend absorbiert werden. Invisibilisierte Unterscheidungen besetzen stattdessen verstärkt Semantiken der Selbstreferenz,[147] die fremdreferentielle Möglichkeiten der Überraschung abblenden, kanalisieren, reduzieren: Wissen stabilisiert Erwartbarkeit.[148]

Luhmanns vier Begriffe (Beobachten, Paradoxie, Invisibilisierung, Selbstreferenz/Fremdreferenz) bieten damit Bausteine zu einem Wissensmodell, das weit über den Anspruch des Aufsatzes hinausreicht: Wissen lässt sich mit ihrer Hilfe zusammenfassend als Invisibilisierung von Beobachtungsparadoxien beschreiben, die selbstreferentielle Anschlussmöglichkeiten wahrscheinlich, fremdreferentielle Anschlussmöglichkeiten in der Kommunikation unwahrscheinlich machen und verdecken. Damit ist keine Einzeltheorie, sondern ein Modell des Wissens formuliert, das kraft seiner Abstraktionslage der historischen und systematischen Vielfalt von Wissensbegriffen Rechnung tragen kann. Da es von einem erweiterten Verständnis von Kommunikation ausgeht,[149] statt primär Bewusstsein in den Mittelpunkt zu stellen,[150] löst es insbesondere die Kontroverse um personales Wissen versus Literatur als Wissensträger auf: Kommunikation bedient sich zu ihrer Aktualisierung zwar psychischer Systeme (z.B. konkreter Autoren und Leser im literarischen Kommunikationsprozess), ist selbst aber von Bewusstsein zu unterscheiden. Nicht nur Bewusstsein, sondern auch Kommunikation kann damit wissensförmig sein.

Ob allerdings „Erkenntnistheorien immer schon so gebaut waren", wie Luhmann annimmt, bedürfte kritischer Diskussion. Nichtwissen und Unbeobachtbarkeit werden keineswegs durchgängig als Bedingung der Möglichkeit für Wissen und Beobachten eingeschätzt, sondern oft genug als Zumutung, die es zu be-

---

146 Vgl. Luhmann, Niklas: *Soziale Systeme. Grundriß einer allgemeinen Theorie.* Frankfurt a.M. 1987, S. 93. Zum Begriff des Sinns als Einheit der Differenz von Aktualität und Potentialität vgl. insgesamt S. 92–147.
147 Z.B. klassische Evidenzsemantiken: Selbstgegebenheit oder „Es-selbst-geistig-zu-Gesicht-Bekommen" im Sinne Husserls.
148 Vgl. Luhmann: *Soziale Systeme,* S. 448.
149 Luhmann schlägt vor, Kommunikation als Einheit dreier Selektionen zu verstehen: den Selektionen von Information, Mitteilung und Verstehen. Vgl. zur Rekonstruktion und Kritik grundlegend Schmidt, Siegfried J.: „Kommunikationskonzepte für eine systemtheoretische Literaturwissenschaft". In: *Literaturwissenschaft und Systemtheorie. Positionen, Kontroversen, Perspektiven.* Hg. v. Siegfried J. Schmidt. Opladen 1993, S. 241–268, insbes. S. 243–246 und 249f.
150 Vgl. Luhmann: *Die Wissenschaft der Gesellschaft,* S. 24 und passim.

kämpfen gilt.[151] Zumindest aber erfüllt das systemtheoretische Begriffsinventar die Anforderungen, die sich aus der Diskursgeschichte des Wissens für eine allgemeine Modellebene erheben ließen:

A. Operationale Anforderungen: Als systemtheoretische Begriffe sind Konzepte wie Beobachten, Paradoxie, Invisibilisierung und Selbstreferenz/Fremdreferenz hinreichend abstrakt, um für vielfältige Kontexte konkretisierbar zu sein. Ihre differenztheoretische Anlage begünstigt Präzisierung und Konsistenz, ist aber selbst so voraussetzungsarm wie möglich – sie verlangt lediglich, Unterscheidungen einzusetzen, d. h. zu beobachten.

B. Strukturelle Anforderungen: Invisibilisierung stellt die Organisation von kommunikativer Referenz in den Mittelpunkt.

C. Gegenstandsanforderungen: Formen der Invisibilisierung sind prinzipiell unabhängig von expliziten Wissensbegriffen beobachtbar. Alle kommunikativen Praktiken und artikulierten Wahrnehmungen, die Paradoxiestrukturen von Unterscheidungen löschen, treten damit als Wissenskandidaten in den Blick. Nicht nur individuelle Kommunikationsakte, sondern auch kollektiv geteilte Semantiken lassen sich im Rahmen eines solchen Modells erfassen.

D. Varianzanforderungen: Invisibilisierung löst den Wissensbegriff aus Beschränkungen auf Bewusstsein oder Introspektion. Damit kann sich das Modell besonders leistungsfähig erweisen, um historische oder alteritäre Wissensordnungen zu beobachten, die nur als sedimentierte Kommunikation verfügbar sind. Gegenüber der objektiven Wahrheit von kommunikativen Gehalten verhält sich das Modell neutral, erlaubt dafür jedoch umso genauer, die referentielle Organisation von Kommunikation zu beobachten. Paradoxierungen und Entparadoxierungen, die für viele partikulare Wissenstheorien zum Problem werden, stellt das Modell ins Zentrum und macht Wissenstransformationen als historische Änderungen des „Paradoxiemanagements" (Luhmann) beschreibbar.

---

151 Dies gilt vor allem für Wissensdiskurse in der Tradition der Aufklärung. Vgl. aktuell aber auch z. B. Sandkühler: *Kritik der Repräsentation*, S. 229: „Unsere Urteile sind von problematischer Natur, wenn wir nicht wissen, was wir *nicht* wissen. [...] Nichtwissen generiert Vorurteile und Feindbilder. Es lähmt die gewollte Selbstbestimmung, die das Wissen von *Gründen* voraussetzt." Differenziert belegt dagegen Wehling: „Grenzen der Erkenntnis", dass allein neuzeitliche Wissenstheorie eine Formenvielfalt des Nichtwissens hervorgebracht hat, die Momente des Entzugs und der Verdeckung durchaus unterschiedlich rahmt: als „temporäres Noch-Nicht-Wissen", „selbstverschuldete Unwissenheit" oder konkurrierende Varianten von Unbeobachtbarkeit „[i]n Form von unerkannten Selektivitäten, ‚blinden' Flecken, eingeschränkten Wahrnehmungshorizonten und mehr oder weniger bewussten Ausblendungen" (S. 102 und 111).

E. Differenzanforderungen: Der Begriff der Invisibilisierung antwortet zentral auf den Umgang von Wissensdiskursen mit Irritationen (Absorption, Aufnahme, Strukturänderungen und andere Operationen). Der Begriff der Beobachtung ist hingegen geeignet, um Spezialisierungen einzelner Wissensformen mit einfachen Mitteln zu erfassen (z. B. wissenschaftliches Wissen als Beobachtung von Beobachtung bzw. Invisibilisierung zweiter Ordnung).

Ein systemtheoretischer Vorschlag dieser Art eröffnet auch speziell im Kontext der kulturwissenschaftlichen Wissensdebatte Vorteile. Während viele Studien auf Ebene ihrer Beschreibung normative Wissensbegriffe ansetzen, die nicht eigens reflektiert werden, kommt das Invisibilisierungsmodell erstens auf deskriptiver Ebene gänzlich ohne den Wissensbegriff aus. Speziell für die Erforschung der mittelalterlichen Wissensgeschichte eröffnet dies die Chance, die epistemischen Profile volkssprachlicher Literatur untersuchen zu können, ohne dazu auf implizit leitende oder zirkulär begründete Vorannahmen über vermeintliche Wissenn textsorten, Gegenstande oder Bezeichnungen des Wissens angewiesen zu sein. Hinsichtlich der Spielräume volkssprachlicher Poetik diesseits gelehrter Wissen (schaft)s- oder expliziter Instruktionskonzepte (z. B. *ars*, *scientia*) antwortet das umrissene Modell somit auf ein Forschungsdesiderat, das bislang ausstand.[152]

Zweitens verspricht das Modell neue Einsichten in der – aporetisch blockierten – kulturwissenschaftlichen Debatte um Präsenz- und Sinnkulturen:[153] Invisibilisierung könnte den Blick auf Grenzen der Sinnverweisung lenken, die Wissensstrukturen konstitutiv in sich selbst einbauen, um Sinn produzieren zu können; Sinnkulturen könnten sich an zentralen Stellen auf Präsenzphänomene angewiesen zeigen. Drittens erlaubt das umrissene Modell, anstelle prärogativer Leitunterscheidungen Verschiebungen von Wissensformen, epistemischer Evo-

---

152 Exemplarisch verdeutlicht dieses Forschungsdesiderat Wachinger, Burghart: „Wissen und Wissenschaft als Faszinosum für Laien im Mittelalter". In: *Ars und Scientia im Mittelalter und in der Frühen Neuzeit*. Hg. v. Cora Dietl u. Dörte Helschinger. Basel, Tübingen 2002, S. 13–29, der zwar Wissenstypen unterscheidet (z. B. S. 14: „Glaubenswissen", „Geschichtswissen", „Weltwissen"; S. 16: „gelehrtes Wissen", „Buchwissen" etc.), aber eine konzeptuelle Klärung von Wissen selbst offen lässt. Das Verhältnis von Wissensbildungen in volkssprachlicher Literatur und lateinischem gelehrten Schrifttum lässt sich erst ermessen, wenn intuitive Annahmen über Formen und Arten von Wissen analytisch geklärt sind. Es ist dieser ungelösten Aufgabe geschuldet, dass Forschungen zur Wissensgeschichte der Vormoderne häufig bei gelehrten Wissenssphären ansetzen, die neuzeitlichem institutionellen Wissenschaftsverständnis intuitiv näher zu liegen scheinen; vgl. z. B. Kintzinger: *Wissen wird Macht*; Bulang: *Enzyklopädische Dichtungen*.
153 Vgl. als Ausgangspunkt Gumbrecht, Hans Ulrich: *Diesseits der Hermeneutik. Die Produktion von Präsenz*. Frankfurt a.M. 2004.

lution und wechselnden Semantiken und Medien gerecht zu werden. Zu diesen zählt nicht zuletzt auch das Medium Literatur.

Ein solches Modell ist voraussetzungs*arm*, aber im Hinblick auf seine systemtheoretischen Ressourcen keineswegs voraussetzungs*los*. Soll es die Analyse literarischen Wissens methodisch anleiten und zugleich die historischen Differenzen vormoderner Wissensformen berücksichtigen können, so sind bestimmte Prämissen und Anschlusstheoreme gezielt auszuklammern, die mit den systemtheoretischen Begriffen Luhmanns eng verknüpft sind. Weder werden daher die historischen Perspektiven der Luhmannschen Untersuchungen adaptiert, noch werden Kunst- und Literaturverständnis der (vorwiegend an neuzeitlichen Funktionssystemen und Semantiken geschulten) Systemtheorie übernommen, die gerade den Possibilitätscharakter von Kunst betonen. Aufschlüsse verspricht vielmehr ein reduziertes Leitmodell, das sich auf die genannten Begriffe beschränkt. Zudem gilt es, im Fortgang der Analysen auch diese Leitbegriffe fortlaufend am historischen Objekt gegenzuprüfen und – wo erforderlich – zu modifizieren: Dies betrifft zentrale Begriffe wie Referenz, Paradoxie und Invisibilisierung. Den nachfolgenden Studien geht es somit nicht um eine Applikation von Systemtheorie auf mittelalterliche Wissenstexturen, wohl aber um die methodische Beobachtung von Wissenseffekten literarischer Kommunikation, die sich mithilfe systemtheoretischer Begriffe erschließen lassen.

## 1.7 Leitbegriffe der Studien

Wissen als Invisibilisierung benennt zunächst nur den Vorschlag zu einer abstrakten Modellebene. Für literaturwissenschaftliche Wissensforschung – und speziell die Beobachtung eines mythographischen Romans des Mittelalters – ist dieser Vorschlag zu konkretisieren. Leitfragen zur Untersuchung literarischer Wissensformen könnten bündig lauten:[154]

1. In welchem Maße formen literarische Mittel (z.B. Erzählverfahren, Semantiken, poetische Strukturen usw.) Paradoxien?

---

[154] Die folgenden Fragen konzentrieren sich ausschließlich auf die Wissensförmigkeit von Texten, also nur auf einen Ausschnitt aus dem Gesamtspektrum möglicher Fragen, die z.B. ebenso an die Positionen von Autor und Rezipient sowie Kontexte der Kommunikation und ihre Wissensvoraussetzungen zu richten wären. Sie ließen sich problemlos auf diese Bereiche erweitern – und dies mit dem Vorteil, den Wissensbegriff nicht rekursiv in die Frage selbst einbauen zu müssen. Vgl. dazu etwa Köppe: „Literatur und Wissen", S. 3f. Zum weitergefassten Fragespektrum nach Wissen in Literatur vgl. grundlegend Danneberg u. Spoerhase: „Literatur und Wissen".

2. Auf welche Weise regulieren Verfahren literarischer Texte die Referenzstrukturen möglicher Wahrnehmungen, Kommunikationen und Kognitionen?
3. Inwiefern wird dadurch kommunikative Verweisung (Sinn) derart stabilisiert, dass Kontingenz von Unterscheidungen absorbiert wird?

Die Leitbegriffe der Modellebene verleihen diesen Fragen für die nachfolgenden Studien zum *Trojanerkrieg* Konrads von Würzburg konsequent Struktur. So sind zunächst die Paradoxien zu untersuchen, die Konrads Roman voraussetzt und neu generiert. Trotz konzeptioneller Schriftlichkeit und Entwicklungen von Lektürepraxis richtet sich volkssprachliche Literatur im 13. Jahrhundert weiterhin an den Bedingungen von Nahkommunikation unter Anwesenden aus. Daher lässt sich die Frage nach Paradoxien an der Konstruktion der Erzählerstimme, der Organisation der impliziten Kommunikationsbeziehung sowie der Strukturierung von Sinnangeboten auf Geschehens- und Darstellungsebene konkretisieren (Kap. III: Paradoxien).

Die Frage nach Selbstreferenz und Fremdreferenz des Erzählens führt im Rahmen mittelalterlicher Poetik einerseits zu vielfältigen Verfahren, die Erzähltes im Erzählvorgang präsent werden lassen, wovon der *Trojanerkrieg* intensiv und differenziert Gebrauch macht. Andererseits lenkt die Frage nach Fremdverweisung den Blick nicht nur auf Binnenreferenz innerhalb von Textgrenzen, sondern ebenso auf vielfältige Kontexte des Wissens – auf Diskursbezüge, mit denen sich Konrads *Trojanerkrieg* im Feld literarischer, sozialer und ethischer Kommunikation des Mittelalters einschreibt. Ästhetischen und kognitiven Dimensionen kommen dabei für die Formung von Selbstreferenz und Fremdreferenz wichtige Funktionen zu (Kap. IV: Selbstreferenz/Fremdreferenz). Um diese Organisation beobachten zu können, ist die Leitunterscheidung von Selbstreferenz und Fremdreferenz so anzupassen, dass sie die literarische Kommunikation in den Mittelpunkt stellt. Wie im Hinblick auf den mittelalterlichen Mythosdiskurs zu skizzieren ist (Kap. II.2.4), könnte sich dafür ein semiotisches Verständnis von Selbstreferenz bzw. Fremdreferenz als Selbstbezüglichkeit bzw. Verweischarakter von Zeichenordnungen empfehlen.

Auch die volkssprachliche Erzählliteratur des Mittelalters beschränkt sich nicht auf Kontingenzexklusion, sondern experimentiert mit Möglichkeitsüberschüssen von „abgewiesenen Alternativen"[155] und „symbolischen Überschüsse[n]"

155 Vgl. dazu im Anschluss an Peter Strohschneider die Überlegungen von Schulz, Armin: „Fragile Harmonie. ‚Dietrichs Flucht' und die Poetik der ‚abgewiesenen Alternative'". In: *Zeitschrift für deutsche Philologie* 121 (2002), S. 390–407.

von Possibilität.[156] Umso genauer muss daher gefragt werden, ob bzw. in welchem Maße mit der Organisation von Referenz zugleich Invisibilisierungsleistungen verbunden sind, die Kontingenzzumutungen unsichtbar aufbewahren. Solche Invisibilisierung lässt sich im *Trojanerkrieg* auf Ebene von Verfahren, Semantiken und Effekten studieren (Kap. V: Invisibilisierung).

Damit zeichnet sich schon im Vorgriff ab, dass die abstrakte Begriffsebene des Modellvorschlags jeweils konkretere Analysekategorien und Begriffe als Zwischenglieder benötigt – gleichsam auf einer Theorieebene mittlerer Reichweite, die Modellebene und Mikroanalysen kontrolliert vermittelt. Etabliert das Invisibilisierungsmodell eine Bezugsebene für allgemeine Wissensbeschreibung, so sind ihre Leitbegriffe auf mittlerer Ebene derart zu konkretisieren, dass sie speziell den literarischen Wissensaufbau erfassen. Für die Beobachtung der Wissensförmigkeit des *Trojanerkriegs* werden dazu eine Reihe vermittelnder Analysekategorien herangezogen: Konzepte der Narratologie und Rhetorik (Erzählebenen, Fokalisierung; Ekphrasis, *digressio*, *descriptio* u. a.), der Metapherntheorie (Naturalisierung, *cognitive mapping* u. a.), Konzepte der Diskurstheorie (Diskurs, Interdiskurs), der Semantik (Sprachspiele, *frames* u. a.), Einzelkategorien der Systemtheorie (z. B. Sinn), der Imaginations- und Informationstheorie (Bildproduktion, Evidenz, Rauschen u. a.), aber auch neu entwickelte oder abgewandelte Begriffe unterschiedlicher Provenienz (Dispersion, schwebende Referenz, ostensives Erzählen u. a.). Damit ein solches dreistufiges Vorgehen zwischen Modellebene, mittlerer Theorieebene und Mikroanalyse valide bleibt und zusammenfassende Aussagen zum epistemischen Status des *Trojanerkriegs* liefern kann, ist sicherzustellen, dass solche Begriffe und Kategorien die Modellebene nachvollziehbar konkretisieren. Ohne Frage ist damit ein besonderer theoretischer Aufwand auch im Analyseprozess verlangt, der gerade nicht deduktiv verfahren kann. Im Gegenzug eröffnet dies jedoch besondere Beobachtungsmöglichkeiten für Formen literarischen Wissens, die im *Trojanerkrieg* bemerkenswerte Komplexität aufbauen.

---

156 Bulang: „Epistemische Kontingenzen", S. 389. Bulang bezieht sich an dieser Stelle auf eine Formulierung Luhmanns: „Was die Kunst erstrebt, könnte man [...] als *Reaktivierung ausgeschalteter Possibilitäten* bezeichnen"; Luhmann: *Gesellschaft der Gesellschaft*, Bd. 1, S. 160. Zur Exposition und Verarbeitung von Kontingenz vgl. auch die weiteren Beiträge der Sammelbände von Herberichs u. Reichlin sowie Kellner u. Strohschneider: *Erzählen und Episteme*.

## 1.8 Zusammenfassung: Wissen und literarische Kommunikation

Damit lässt sich ein erstes Zwischenergebnis der theoretischen Vorüberlegungen zur Beziehung von Wissen und Literatur festhalten:

(1.) Forschungsintensiven Konjunkturen zu Wissen und Literatur zum Trotz zeigt sich die aktuelle Theorielage um den Wissensbegriff disparat und kontrovers. Weder ist der Begriff des Wissens zufriedenstellend geklärt, noch stehen operationalisierbare Methodologien für historische Wissensforschung zur Verfügung. Erschwert wird die Theoriebildung in jüngerer Zeit insbesondere durch transdisziplinäre Öffnung eines Forschungsfeldes zu Literatur und Wissen, auf dem naturwissenschaftliche, sozialwissenschaftliche und geisteswissenschaftliche Ansätze miteinander konkurrieren. Klärungen des Wissensbegriffs scheinen im direkten Zugriff auf Einzeltheorien in dieser Debatte nicht durchsetzbar.

(2.) Daher schlägt die Arbeit eine heuristische Alternative vor, die nach der übergeordneten Ebene einer allgemeinen Modellbildung fragt, auf die sich Wissenskonzepte einschließlich ihrer Intuitionen, Prämissen und Probleme beziehen lassen. Anforderungen an ein solches Modell ließen sich zum einen aus der jüngeren Theoriediskussion zum Verhältnis von Wissen und Literatur gewinnen, die vor allem von drei Richtungen dominiert wird: von Ansätzen, die Wissen und Literatur konstitutiv verschränken („Wissen in Literatur"), von Ansätzen, die diese Beziehung als mögliche, aber nicht zwingende Interferenz modellieren („Wissen und Literatur") sowie von Ansätzen, die vor allem auf Basis philosophischer Erkenntnistheorien die Wissensförmigkeit von Literatur bestreiten („Wissen oder Literatur"). Zum anderen ließen sich in der Diskursgeschichte von Wissenskonzeptionen wiederkehrende Irritationspunkte und Annahmen identifizieren, die für ein allgemeines Modell einschlägig sind.

(3.) Auf Basis dieses Anforderungskatalogs und inspiriert von systemtheoretischen Begriffsvorschlägen Niklas Luhmanns wurde ein solches Modell skizziert: Wissen lässt sich demnach als Invisibilisierung von Beobachtungsparadoxien untersuchen, die selbstreferentielle Anschlussmöglichkeiten von Kommunikation wahrscheinlich, fremdreferentielle Anschlussmöglichkeiten unwahrscheinlich machen und verdecken. Wissen ist damit nicht von vornherein an mentale Zustände von Individuen gebunden – so der Kern des Modells –, sondern lässt sich grundsätzlich überall aufweisen, wo Formen und Funktionen der kommunikativen Invisibilisierung verwendet werden. Auch literarische Kommunikation kann diese Formen und Funktionen annehmen.

(4.) Ein solches Modell wird Wissensdiskursen vielfältiger Art gerecht, bedarf jedoch kontextspezifischer Konkretisierung. Im Hinblick auf literarische Wissensformen wie Konrads *Trojanerkrieg* lassen sich die Leitbegriffe des Modells (Paradoxie, Selbstreferenz/Fremdreferenz, Invisibilisierung) entsprechend mit literaturwissenschaftlichen Aspekten und Analysekategorien verbinden, die zusammen Aufschluss über die Wissensförmigkeit von Konrads Roman versprechen.

## 2 Mythos und Wissen

### 2.1 Mythos. Zur Unschärfe einer kulturwissenschaftlichen Analysevokabel

> Wer von Mythos spricht, tut gut daran, den Begriff pragmatisch zu verwenden, also weder die
> ebenso faszinierende wie vage Aura des Archaischen zu beschwören noch vorbehaltlos eine
> der zahlreichen Mythostheorien zu adaptieren, die ihrerseits nicht selten Züge von Mytho-
> logien tragen.[157]

Mit dieser Empfehlung benennt Christian Kiening eine grundsätzliche methodische Spannungslage kulturwissenschaftlicher Forschungen, die sich des Mythosbegriffs bedienen. Denn Mythos und Mythisierungsphänomene unterliegen nicht nur historischer Veränderungen ihrer Wahrnehmung, sondern zeigen sich auch im Lichte einer Vielzahl von Mythoskonzepten und Forschungsdisziplinen jeweils unterschiedlich. Doch lässt sich der Mythosbegriff, aller systematisierenden Bemühung zum Trotz, kaum ordnen, geschweige denn zu einer Minimaldefinition kondensieren.[158] Jenseits emphatisch beschwörender Redeweisen

---

**157** Kiening, Christian: „Arbeit am Absolutismus des Mythos. Mittelalterliche Supplemente zur biblischen Heilsgeschichte". In: *Präsenz des Mythos. Konfigurationen einer Denkform in Mittelalter und Früher Neuzeit.* Hg. v. Udo Friedrich u. Bruno Quast. Berlin, New York 2004, S. 35–57, hier S. 35.

**158** Dies belegen Überblicksartikel, die allenfalls Begriffsfamilien ordnen: vgl. z. B. Assmann, Aleida u. Jan Assmann: „Mythos". In: *Handbuch religionswissenschaftlicher Grundbegriffe.* Hg. v. Hubert Cancik [u.a.]. Bd. 4. Stuttgart 1998, S. 179–200; Burkert, Walter u. Axel Horstmann: „Mythos, Mythologie". In: *Historisches Wörterbuch der Philosophie.* Hg. v. Joachim Ritter. Bd. 6. Basel 1984, Sp. 281–318; Heidmann Vischer: „Mythos"; Diskurstraditionen einiger zentraler Begriffsfamilien dieser Art untersucht Graevenitz: *Mythos.* Die denotative und konnotative Vielfalt von alltäglichen Verwendungsweisen des Mythosbegriffs dokumentiert ausführlich Tepe, Peter: *Mythos & Literatur. Aufbau einer literaturwissenschaftlichen Mythosforschung.* Würzburg 2001, S. 15–68. Konsistente Systematisierung von Mythostheorien scheint allenfalls auf Teilgebieten bzw. durch disziplinäre Eingrenzung zu gelingen: vgl. z. B. Jamme: *Mythos-Theorien,* in Teilen deckungsgleich auch: Jamme, Christoph: *Einführung in die Philosophie des Mythos.* Bd. 2: *Neuzeit und Gegenwart.* Darmstadt 2005; Brisson: *Einführung.* Auch Beschränkung auf spezielle historische Segmente wie z. B. das Verhältnis von Mythos und Wissenschaft seit der zweiten Hälfte des 19. Jhs. erlaubt Systematisierung: vgl. z. B. Segal, Robert: *Mythos. Eine kleine Einführung.* Stuttgart 2007.

vom Mythos[159] stehen Arbeiten der kulturwissenschaftlichen Mythosforschung daher gegenwärtig vor einem Dilemma, das Kiening symptomatisch zum Ausdruck bringt: Riskieren sie Definitionen, droht nur zu häufig die Essentialisierung (zumindest aber die willkürliche Reduktion) *des* Mythos bzw. *des* Mythischen auf jenen Singular, der den Mythosbegriff als Beobachtungsinstrument suspekt werden lässt.[160] Umgehen Studien hingegen gänzlich die Klärung ihres Leitbegriffs, so kassieren sie dafür oft folgenschwere Unschärfen, da Mythosbegriffe in ihren verschiedenen Fassungen stets hoch voraussetzungsreich sind und nur selten pragmatisch kontrollierbar sind.

Dieses Theorieproblem ist keineswegs neu. Seit den frühesten Spuren seiner Begriffsgeschichte erweist sich das Mythoskonzept als „theoretisches Konstrukt" von Distanzbegriffen mit kritischem Brechungspotential, die zur Reflexion unscharfer Redeweisen angesetzt werden, diese aber auch gezielt beschwören können.[161] Wenn aktuelle Forschungsbemühungen solche Unschärfen und dif-

---

159 Einen Wendepunkt emphatischer Theoriearbeit am Mythos markierte 1968 das Kolloquium der Arbeitsgruppe „Poetik und Hermeneutik", dessen Beiträge der Tagungsband dokumentiert: Fuhrmann, Manfred (Hg.): *Terror und Spiel. Probleme der Mythenrezeption.* München 1971. Aber auch danach sind emphatische Theoriebezüge zum Mythos keineswegs abgerissen: vgl. z. B. die aktuelle Neuauflage von Hübner, Kurt: *Die Wahrheit des Mythos.* Studienausgabe. Freiburg i.Br./ München 2011. Auch jüngst entstandene Arbeiten zur Mythosrezeption belegen das (erneuerte) Interesse am „Schrecklichen und Unerklärlichen" von Mythen: vgl. z. B. Emmerich, Wolfgang, Bernd Seidensticker u. Martin Vöhler: „Zum Begriff der Mythenkorrektur". In: *Mythenkorrekturen. Zu einer paradoxalen Form der Mythenrezeption.* Hg. v. Bernd Seidensticker u. Martin Vöhler. Berlin, New York 2005, S. 1–18, die das „Bedürfnis, Mythen zu tradieren" als „Indiz" dafür werten, „daß in ihnen wichtige traumatische Konflikte aus der gewaltreichen Geschichte der menschlichen Gattung zur Sprache kommen" (S. 12).
160 Auswege aus diesem Dilemma sucht Simonis, Annette: „Einleitung: Mythen als kulturelle Repräsentationen in den verschiedenen Künsten und Medien". In: *Mythen in Kunst und Literatur. Tradition und kulturelle Repräsentation.* Hg. v. Annette Simonis u. Linda Simonis. Köln 2004, S. 1–26: Mythologie bilde ein „ebenso weites wie unübersichtliches interdisziplinäres Forschungsgebiet" (S. 3), das einen „erweiterte[n] Mythosbegriff" (S. 6) erfordere, wie ihn die Theorien Cassirers oder Blumenbergs mit ihrer Betonung von Bewegung und Variabilität von Mythen böten. Dynamisch angelegte Mythoskonzeptionen genießen entsprechend in der jüngeren Theoriebildung Vorzug, weil sie das unüberschaubare Forschungsgebiet als Variabilitätseffekt des Mythos erschließen. Dies löst freilich nicht die Frage, wie mit den zahlreichen Definitionsangeboten umzugehen ist, welche die Mythosforschung hervorgebracht hat.
161 Vgl. Jamme: *Mythos-Theorien*, S. 21–36 (Zitat S. 19); zur antiken Wortgeschichte Hofmann, Erich: *QVA RATIONE ΕΠΟΣ, ΜΥΘΟΣ, ΑΙΝΟΣ, ΛΟΓΟΣ ET VOCABVLA AB EISDEM STIRPIBVS DERIVATA IN ANTIQVO GRAECORVM SERMONE (VSQVE AD ANNVM FERE 400) ADHIBITA SINT.* Göttingen 1922. Dass die Diskursgeschichte von Mythosbegriffen auch nach der Antike bevorzugt mit starken Differenzen operiert, illustrieren die Studien zum Sammelband von Matuschek,

ferenziellen Verflechtungen von Mythosbegriffen hingegen zu reduzieren, auszublenden oder schlicht zu umgehen suchen, so könnte damit also ein Theoriephänomen ignoriert werden, das die Diskursgeschichte des Mythosbegriffs seit ihren Anfängen beharrlich begleitet: Mythosbegriffe entspringen nur allzu häufig Theorietraditionen der Unschärfe.[162] Anstatt zur Lösung der bekannten Unschärfen von Mythostheorien beizutragen, tragen Untersuchungen dadurch eher dazu bei, den Mythosbegriff im Spiel wechselnder Assoziationen aufzulösen und mithin als Untersuchungsinstrument unbrauchbar zu machen.[163] Wie aber lässt sich der Mythosbegriff als Analyseinstrument kontrollieren, um einen mythographischen Roman wie Konrads *Trojanerkrieg* zu untersuchen? Noch Grundsätzlicher: *Lässt* er sich als ein wissenschaftlicher Begriff kontrollieren?

Anders als im Falle des Wissensbegriffs scheint es ratsam, diese Frage nicht auf übergeordneter Ebene, sondern stärker kontextualisiert zu diskutieren, stellen sich doch Probleme der Begriffsklärung in den verschiedenen Disziplinen der Mythosforschung mit unterschiedlicher Schärfe und Tragweite. Probleme und Lösungsvorschläge im methodischen Umgang mit dem Mythosbegriff seien daher im Rahmen jener Disziplinengruppe erörtert, der die Untersuchung mittelalterlicher Mythographie dieser Arbeit angehört: der mediävistischen Mythosforschung. Ziel der folgenden Teilkapitel ist, zunächst Theorieangebote zu sichten und ihre

---

Stefan u. Christoph Jamme (Hg.): *Die mythologische Differenz*. Heidelberg 2009; vgl. zur Differenzqualität des Mythosbegriffs auch Nancy, Jean-Luc: *Der unterbrochene Mythos*. Stuttgart 1985.

**162** Damit wird nicht impliziert, Mythosbegriffe wären stets auf Unschärfen bezogen. Im Gegenteil: Einige Verwendungsweisen wie z. B. formalästhetische Ansätze oder strukturalistische Theorien suchen diese gezielt zu eliminieren. Die generelle Theorielage der Mythosforschung klären solche Formalisierungsversuche indes nicht restlos, wie im folgenden Teilkapitel zu zeigen sein wird.

**163** Ich beschränke mich auf ein Einzelbeispiel, das in der Mediävistik klassischen Rang genießt (zu weiteren Beispielen vgl. Kap. II.2.2). So potenziert etwa die grundlegende Untersuchung von Jauß, Hans Robert: „Allegorese, Remythisierung und neuer Mythos". In: *Alterität und Modernität der mittelalterlichen Literatur. Gesammelte Aufsätze 1956–1976*. München 1977, S. 187–209 systematisch Unschärfen des Mythosbegriffs. Während „Mythos" zunächst als rezeptionsästhetische Wahrnehmungskategorie des „Geheimnis" (S. 191) bestimmt wird, lassen sich im Fortgang der Darstellung mindestens neun Alternativbestimmungen unterscheiden, die zwischen formalen, inhaltlichen und semiotischen Kriterien oszillieren: „Mythos" sei eine bestimmte Bedeutungsqualität („Archetyp", S. 188f.; vgl. auch S. 199 und S. 201); ein hoher Grad narrativer Entfaltung (vgl. S. 188f.); eine nicht-allegorische Erzählform (vgl. S. 188); semantische Pluralenz („Vieldeutigkeit" und „Bedeutungsüberschuß", S. 189; vgl. auch S. 195); die Eigenschaft von Texten mit offener, beweglicher Bedeutung (vgl. S. 207); von Texten mit Unmittelbarkeits- und Präsenzeffekten („unmittelbare mythische Präsenz", S. 197; vgl. auch S. 203); ein herausragendes Geltungsphänomen („Mächtigkeit", S. 196; „höhere Realität", S. 201); fundierende Inhalte (z. B. „Ursprungsmythos", S. 200; „neuer Mythos" als Antwort „auf eine elementare Frage", S. 201); ein nicht-rationalisierbares Erzählen („der rationalen Auflösung [...] entzogen", S. 202).

Validität zu prüfen, die für mediävistische Untersuchungen eine maßgebliche Rolle spielen (Kap. II.2.2). Darauf aufbauend sollen in einem zweiten Schritt alternative Zugangsmöglichkeiten umrissen werden – heuristische Zugangsmöglichkeiten, die bei der Historisierbarkeit des Mythosbegriffs und bei mittelalterlichen Mythosdiskursen ansetzen (Kap. II.2.3 und II.2.4).

## 2.2 Mythoskonzepte der Mediävistik[164]

Seit Beginn ihrer Fachgeschichte greift die Mediävistik auf den Mythosbegriff zurück, um die Genese volkssprachlicher Literaturen zu beschreiben.[165] Diese Karriere des Mythosbegriffs befördert insbesondere die Religionsethnologie des 19. Jahrhunderts, wie eine einflussreiche Studie der englischen Mediävistin Jessie Weston von 1920 repräsentativ für ein breites Forschungsinteresse belegt. Inspiriert durch die Ritualforschungen James George Frazers führt Weston die Gralssuche mittelalterlicher Parzivalromane auf ein mythisch-rituelles Szenario zurück, demzufolge die Fruchtbarkeit des Landes nur über die Verjüngung seines Königs zu erlangen sei.[166]

---

**164** Die Überlegungen der folgenden Teilkapitel II.2.2 und II.2.4 wurden bereits im Rahmen zweier Vorträge zur Diskussion gestellt. Die Ausführungen decken sich daher teilweise mit Gebert, Bent: „Beobachtungsparadoxien mediävistischer Mythosforschung". In: *Poetica* 43 (2011), S. 19–61 (dort mit ausführlicherer Forschungsdiskussion) sowie Ders.: „Wissensordnungen, Wissbares und das Unbehagen der literarischen Repräsentation: Gibt es einen mittelalterlichen Mythosdiskurs?". In: *Zwischen Präsenz und Repräsentation. Formen und Funktionen des Mythos in theoretischen und literarischen Diskursen.* Hg. v. Bent Gebert u. Uwe Mayer. Berlin, New York [in Druckvorbereitung].

**165** Zur Verbindung von Sage, Mythos und Geschichte in der Heldenepik vgl. etwa Grimm, Jacob: „Gedanken über Mythos, Epos und Geschichte. Mit altdeutschen Beispielen". In: *Kleinere Schriften.* Bd. IV/1. Berlin 1869, S. 74–85; von mythischen Substraten des Minnesangs und des Aventiureromans spricht auch Grimm, Jacob: *Deutsche Mythologie.* 4. Aufl. Berlin 1875–1878, insbes. S. V–XLI [Vorrede zur 2. Aufl.]. Zur Kontinuität der Assoziation von Heldenepik und Mythosbegriff vgl. u. a. See, Klaus von: *Germanische Heldensage. Stoffe, Probleme, Methoden. Eine Einführung.* Frankfurt a.M. 1971; Teichert, Matthias: *Von der Heldensage zum Heroenmythos. Vergleichende Studien zur Mythisierung der nordischen Nibelungensage im 13. und 19./20. Jahrhundert.* Heidelberg 2008. Speziell zu Grimms Mythoskonzeption vgl. Kellner, Beate: *Grimms Mythen. Studien zum Mythosbegriff und seiner Anwendung in Jacob Grimms „Deutscher Mythologie".* Frankfurt a.M. 1994, insbes. S. 19–91.

**166** Vgl. Weston, Jessie L.: *From ritual to romance.* Princeton 1993; maßgeblicher Bezugspunkt ist Frazer, James George: *The golden bough. A study in magic and religion.* 3. Aufl. London 1905–1915. Das Interesse der Mediävistik an ethnologischen Mythoskonzepten des 19. Jahrhunderts ist auch im 20. Jahrhundert ungebrochen – vgl. im Anschluss an Bronisław Malinowski etwa Fromm, Hans: „‚Aufklärung' und neuer Mythos im Hohen Mittelalter". In: *Arbeiten zur deutschen*

Diese Karriere ist keineswegs beendet. Noch im Spiegel aktueller Publikationen scheint kaum eine andere Epoche die Vokabel *mythisch* so anzuziehen wie das Mittelalter, sichtet man die weit über 1000 Publikationen zum Thema allein des letzten Jahrzehnts, die den Mythosbegriff nicht bloß polemisch anzitieren.[167] Der Mythosbegriff hat demnach mehr denn je Konjunktur – und diese Konjunktur ist zugleich tief verwurzelt in der Fach- und Theoriegeschichte der Mediävistik. Was für ein Instrument aber bietet ein Begriff, der für die Erforschung mittelalterlicher Literatur und Kultur derart begehrt ist – und der sich terminologischer Klärung so beharrlich entzieht?[168]

Trotz dieser produktiven Ausgangslage erweist sich das Verhältnis der Mediävistik zum Mythosbegriff ausgesprochen ambivalent: Was in mittelalterlicher Literatur und Kultur als Mythos oder Mythisches verstanden werden kann, zeigt sich in den Perspektiven konkurrierender Paradigmen jeweils unterschiedlich und kontrovers.[169] Dem ersten Blick zeigt sich diese Spannungslage als ein kaum zu ordnendes Feld von Konzepten und Sachzusammenhängen. Der Mythosbegriff wird gleichermaßen herangezogen, um die Alterität mittelalterlichen Erzählens auratisch zu beschwören – oder aber deren schematische und formularische Erzählweisen als archaisch herabzustufen. Mythos kann als kritisches Konzept verwendet werden, um mittelalterliche Anverwandlungen von paganen Kulturen

---

*Literatur des Mittelalters.* Tübingen 1989, S. 1–23; im Anschluss an Frazer vgl. auch Mertens, Volker: „Recht und Abenteuer – Das Recht auf Abenteuer. Poetik des Rechts im ‚Iwein' Hartmanns von Aue". In: *Juristen werdent herren ûf erden. Recht – Geschichte – Philologie. Kolloquium zum 60. Geburtstag von Friedrich Ebel.* Hg. v. Andreas Fijal, Hans-Jörg Leuchte u. Hans-Jochen Schiewer. Göttingen 2006, S. 189–210, insbes. S. 195. Das Interesse an der Frazerschen Ritualtheorie als Beschreibungsmodell für mythische Gemeinschaftsdarstellungen in hochmittelalterlicher Epik hat unlängst Bruno Quast in einem Vortrag im Rahmen des Deutschen Germanistentags (Universität Freiburg i.Br., 20.09.2010) erneuert: „Der schwache König. Sympathetische Denkmuster in der höfischen Literatur des Mittelalters".

**167** Eine bibliographische Bestandsaufnahme ist unter diesen Bedingungen nicht zu leisten. Die folgenden Kapitel beschränken sich daher auf die einschlägigsten Arbeiten der mediävistischen Mythosforschung.

**168** Auch für die mediävistische Mythosforschung besteht das notorische Definitionsproblem des Mythosbegriffs, das in allgemeiner Perspektive Jamme: *Mythos-Theorien* formuliert: „Schon der Versuch einer Einigung auf eine Minimaldefinition ist mit Risiken behaftet" (S. 21); vgl. mit demselben Tenor auch Friedrich, Udo u. Bruno Quast: „Mediävistische Mythosforschung". In: *Präsenz des Mythos. Konfigurationen einer Denkform in Mittelalter und Früher Neuzeit.* Hg. v. Udo Friedrich u. Bruno Quast. Berlin, New York 2004, S. IX–XXXVII, hier S. X; Köbele, Susanne: „Mythos und Metapher. Die Kunst der Anspielung in Gottfrieds *Tristan*". In: *Präsenz des Mythos. Konfigurationen einer Denkform in Mittelalter und Früher Neuzeit.* Hg. v. Udo Friedrich u. Bruno Quast. Berlin, New York 2004, S. 219–246, insbes. S. 219.

**169** Dies verdeutlichen bereits die Perspektiven, die zuletzt Friedrich u. Quast: „Mediävistische Mythosforschung" vorstellten.

der postkolonialen Relektüre zuzuführen – oder aber als Brückenbegriff zu kuriosen Wissensordnungen des Mittelalters, die vermeintlich an Zwerge, Zauberquellen und Motivationen *von hinten* (Clemens Lugowski) glaubten. Zwischen solchen extremen Positionen sind Studien angesiedelt, die unter Mythen schlichtweg antike Stoffe (z. B. Orpheus-Mythos) oder Narrative mit hoher Wiederholungsaffinität verstehen (z. B. Artus-Mythos).

Schwerlich lassen sich daher die Grenzen eines gemeinsamen Objektbereichs ziehen, der mit dem Mythosbegriff bezeichenbar wäre: Hagens wilde Kindheitsgeschichte im *Kudrun*-Epos wird ebenso als mythisch bezeichnet wie die unbeherrschbare Macht des Geldes im *Fortunatus*, die Logiken von Feen- und Gralsreichen ebenso wie Figuren des Artusromans, mittelalterlicher Werwolf-Glauben ebenso wie Walhalla oder die Wartburg.[170] Sogar das Mittelalter als Epoche kann als Gegenstand von „Mythenkompetenz" betrachtet werden, wie Jan-Dirk Müller argumentiert hat.[171] Die damit verbundene Vielfalt von Konzepten und Gegenständen hat allgemein akzeptierte Begriffsklärungen ebenso erschwert wie Versuche, sich über kontrollierte Verwendungsweisen der unterschiedlichen Mythosbegriffe der Mediävistik zu verständigen.[172]

---

170 Vgl. nur in Auswahl: Ebenbauer, Alfred: „Der Truchseß Keie und der Gott Loki. Zur mythischen Struktur des arthurischen Erzählens". In: *Literarische Leben. Rollenentwürfe in der Literatur des Hoch- und Spätmittelalters. Festschrift für Volker Mertens zum 65. Geburtstag*. Hg. v. Matthias Meyer u. Hans-Jochen Schiewer. Tübingen 2002, S. 105–131, insbes. S. 105–108; Müller, Jan-Dirk: „Verabschiedung des Mythos. Zur Hagen-Episode der *Kudrun*". In: *Präsenz des Mythos. Konfigurationen einer Denkform in Mittelalter und Früher Neuzeit*. Hg. v. Udo Friedrich u. Bruno Quast. Berlin, New York 2004, S. 197–217; Huber, Christoph: „Mythisches erzählen. Narration und Rationalisierung im Schema der ‚gestörten Mahrtenehe' (besonders im *Ritter von Staufenberg* und bei Walter Map)". In: *Präsenz des Mythos. Konfigurationen einer Denkform in Mittelalter und Früher Neuzeit*. Hg. v. Udo Friedrich u. Bruno Quast. Berlin, New York 2004, S. 247–273; Mertens, Volker: *Der Gral. Mythos und Literatur*. Stuttgart 2003; Mertens: „Recht und Abenteuer" zu Laudine als mythischer Fee; Müller, Jan-Dirk: „Rationalisierung und Mythisierung in Erzähltexten der Frühen Neuzeit". In: *Wolfram-Studien* 20 (2008), S. 435–456; Lionarons, Joyce T.: „Walhalla". In: *Burgen, Länder, Orte*. Hg. v. Ulrich Müller u. Werner Wunderlich. Konstanz 2008, S. 943–950; Cieslik, Karin: „Die Wartburg". In: *Burgen, Länder, Orte*. Hg. v. Ulrich Müller u. Werner Wunderlich. Konstanz 2008, S. 951–964; Goya, José M. L.: „La nature mythique du Graal dans ‚Le Conte du Graal' de Chrétien de Troyes". In: *Cahiers de civilisation médiévale* 52 (2009), S. 3–20; Däumer, Mathias, Cora Dietl u. Friedrich Wolfzettel (Hg.): *Artusroman und Mythos*. Berlin 2011.

171 Müller, Jan-Dirk: „Mittelalterliche Literatur im Deutschunterricht". In: *Didaktik Deutsch* 1 (1996), S. 53–62, hier S. 54.

172 Vgl. hierzu ausführlicher meine Überlegungen zur Konjunktur v. a. von formalen Mythos-Modellen, Rationalitätsmodellen und Varianzmodellen in der Mediävistik: Gebert: „Mythosforschung".

Trotz der Vielfalt der Beschreibungsansätze lassen sich jedoch zwei gegen-
läufige Standardannahmen identifizieren, die den Blick der mediävistischen
Mythosforschung prägen.[173] Eine dieser Standardannahmen könnte man als
*Kontinuitätsthese* zusammenfassen: Frühchristliche Apologeten wie Origenes oder
Tertullian übernehmen Muster der antiken Mythoskritik, um konkurrierende
theologische Systeme als leere Erdichtungen zu brandmarken, womit sie wichtige
Weichen für mittelalterliche Autoren stellen.[174] Mittelalterliche Gelehrte von der
Patristik über die sogenannte Schule von Chartres im 12. Jahrhundert bis zu den
Ovid-Mythographen des Spätmittelalters greifen auf antike Grammatiker wie
Macrobius und Servius, aber auch auf Mythographen wie Fulgentius zurück, um
durch Mythenauslegung universalhistorisches, naturphilosophisches und religiöses Wissen zu erzeugen.[175] Anschlüsse an antike Traditionen bleiben keineswegs auf gelehrte Diskurse beschränkt, suchen doch auch mittelalterliche
Adelskulturen ihre genealogische Kontinuität auf Spitzenahnen und Heroen der
antiken Mythologie auszuweiten, um Herrschaftsansprüche und Selbstdeutungen
zu stabilisieren.[176] Aufgrund solcher Beispiele wurde vom „Fortleben" antiker
Mythosdiskurse im Mittelalter gesprochen, wenngleich sich dies für viele Studien
bei genauerer Betrachtung eher als ein produktives Dahinsterben entpuppt.[177]

---

173 Der folgende Befund berührt sich systematisch mit der Beobachtung von Kern: *Anspielungsrezeption*, S. 6–14, der Paradigmen der „Kontinuität" und „Diskontinuität" unterscheidet.
174 Vgl. zusammenfassend Horstmann, Axel: „Der Mythosbegriff vom frühen Christentum bis
zur Gegenwart". In: *Archiv für Begriffsgeschichte* 23 (1979), S. 7–54, 197–245; Stählin, Gustav:
„Mythos". In: *Theologisches Wörterbuch zum Neuen Testament*. Hg. v. Gerhard Kittel u. Gerhard
Friedrich. Bd. 4. Stuttgart 1942, S. 769–803.
175 Vgl. u. a. Stackmann, Karl: „Ovid im deutschen Mittelalter". In: *Arcadia* 1 (1966), S. 231–254;
Stock, Brian: *Myth and science in the twelfth century. A study of Bernard Silvester*. Princeton 1972;
Demats, Paul: *Fabula. Trois études de mythographie antique et médiévale*. Genf 1973; Dronke,
Peter: *Fabula. Explorations into the uses of myth in medieval Platonism*. Leiden [u.a.] 1974;
Blumenfeld-Kosinski, Renate: *Reading myth. Classical mythology and its interpretations in medieval French literature*. Stanford 1997; Chance: *Medieval Mythography 1*; Chance: *Medieval Mythography 2*; Baumgartner, Emmanuèle u. Laurence Harf-Lancner (Hg.): *Lectures et usages
d'Ovide (XIIIè–XVè siècle)*. Paris 2002.
176 Dies hat eindrucksvoll Kellner: *Ursprung und Kontinuität* nachgezeichnet.
177 Ich beziehe mich damit auf die Epochenmetaphorik des Verfalls, die einflussreich Jean
Seznec für die Kontinuitätsthese geprägt hat: die Renaissance-Humanisten hätten nicht immer
„aus den lebendigen und reinen Quellen des Altertums" geschöpft, sondern auf mythologisches
Wissen des Mittelalters zurückgegriffen – „ein Konglomerat aus heterogenen Bestandteilen, in
wechem unter von der Zeit zerfressenen Kupfermünzen einige Goldstücke blinken"; Seznec:
*Fortleben der antiken Götter*, S. 246. Zur Metapher des Fortlebens vgl. auch Bezold, Friedrich von:
*Das Fortleben der antiken Götter im mittelalterlichen Humanismus*. Aalen 1962.

Dieser Kontinuitätsthese wurden vielfache Differenzen und Brüche zwischen antiken Mythosdiskursen und mittelalterlichen Wissenschaften und Künsten entgegengehalten. Antike Mythosdiskurse – so argumentierten etwa Erwin Panofsky, Hans Blumenberg und Hans Robert Jauß – würden von Theologen, Philosophen und Künstlern des Mittelalters im christlichen Bezeichnungssystem der Allegorese gebannt, deren Fesseln erst Remythisierungsprojekte wie die Liebesmythologie Dantes oder die italienische Renaissancemalerei des 15. Jahrhunderts aufsprengten.[178] Folgt man der Leitmetapher der Gefangenschaft antiker Mythen in mittelalterlichen Zeichenordnungen (Blumenberg/Jauß), könnte man dieses Argumentationsmuster als *Okkupationsthese* des Mythos fassen. Auch sie prägt weiterhin den mediävistischen Begriffsgebrauch.[179]

Beide Standardannahmen – die Okkupationsthese wie die Kontinuitätsthese – legen indes nahe, im Mittelalter existiere kein distinkter Raum des Sprechens, Denkens und Wahrnehmens, der mit dem Ausdruck *Mythos* historisch verknüpft (oder durch den modernen Beobachter verknüpfbar) wäre. Zwar lassen sich die ferenzierte Auseinandersetzungen mit dem Konzept der *fabula*, Praktiken der Allegorese und Rezeptionen antiker Stoffe und Texte greifen, aber gibt es im präzisen Sinne einen Mythosdiskurs des Mittelalters? Verstreuen sich die Ge-

---

**178** Zur These der „Gefangenschaft" von Mythen im Mittelalter vgl. v. a. Blumenberg, Hans: „Wirklichkeitsbegriff und Wirklichkeitspotential des Mythos". In: *Terror und Spiel. Probleme der Mythenrezeption.* Hg. v. Manfred Fuhrmann. München 1971, S. 11–66, insbes. S. 66. Dass die Allegorese jedoch selbst schon zu den antiken Verfahren der Mythenauslegung gehört, wird als Kontinuitätsmerkmal zumeist abgeschwächt. – Zu Dante und anti-allegoretischen Tendenzen seit dem 12. Jahrhundert vgl. Jauß: „Allegorese, Remythisierung und neuer Mythus". Destruktionstendenzen der mythenfeindlichen Allegorie bilden auch das Thema der Diskussion zu „Mittelalter und Renaissance", in: Fuhrmann: *Terror und Spiel*, S. 617–637. – Aus kunstgeschichtlicher Sicht einflussreich hat Erwin Panofsky die mittelalterliche Allegorese als Entfremdung des antiken Mythos beschrieben: zur „Versöhnung" der allegoretischen Disjunktion von Form und Inhalt bei Andrea del Castagno und Andrea Mantegna um 1460 vgl. Panofsky: *Renaissancen*, insbes. S. 178–183. Die fortgesetzte Geltung dieses Argumentationsmusters von Okkupation und Befreiung des Mythos im Mittelalter belegen u. a. Quast, Bruno u. Monika Schausten: „Amors Pfeil. Liebe zwischen Medialisierung und Mythisierung in Heinrichs von Veldeke *Eneasroman*". In: *Schrift und Liebe in der Kultur des Mittelalters*. Hg. v. Mireille Schnyder. Berlin, New York 2008, S. 63–82, insbes. S. 73 und 79 f.
**179** So etwa im Hinblick auf den *Tristan* Gottfrieds von Straßburg Mertens, Volker: „Bildersaal – Minnegrotte – Liebestrank. Zu Symbol, Allegorie und Mythos im Tristanroman". In: *Beiträge zur Geschichte der deutschen Sprache und Literatur* 117 (1995), S. 40–64, insbes. S. 48 f.; kritisch diskutieren die Okkupationsthese auch Ebenbauer, Alfred u. Ulrich Wyss: „Der mythologische Entwurf der höfischen Gesellschaft im Artusroman". In: *Höfische Literatur und Hofgesellschaft. Höfische Lebensformen um 1200. Kolloquium am Zentrum für Interdisziplinäre Forschung der Universität Bielefeld (3. bis 5. November 1983)*. Hg. v. Gert Kaiser u. Jan-Dirk Müller. Düsseldorf 1986, S. 513–540.

genstände antiker oder neuzeitlicher Mythosdiskurse in den Wissensordnungen des Mittelalters nicht vielmehr auf anderweitige Diskursfelder wie Naturphilosophie, Grammatik oder autorzentrierte Rezeptionsstränge wie die Vergil- und Ovid-Kommentierung? Verschwinden nicht selbst distinktive Bezeichnungen für Mythos aus den Texten des Mittelalters? Beide Standardannahmen führen angesichts solcher Fragen in Schwierigkeiten: Entweder tritt ein Mittelalter ohne Mythos in den Blick (Okkupationsthese) – oder aber Mythen, die nicht genuin mittelalterlich sind (Kontinuitätsthese).

Dieses Dilemma hat die jüngere Forschung einerseits mit Enthistorisierung des Mythosbegriffs beantwortet: diskursgeschichtliche Rückbindungsbemühungen um den Mythosbegriff werden kaum noch unternommen, bestehende Forschungsergebnisse zu mittelalterlichen Verwendungen des Mythosbegriffs finden in jüngeren Studien immer geringere Resonanz. Andererseits werden nun freigewordene Theoriestellen mit Konzepten besetzt, die an antiken oder neuzeitlichen Gegenstandsbereichen und Methodologien entwickelt wurden. Wird der Mythosbegriff nicht gänzlich als irrlichternder Ausdruck abgelehnt, so werden häufig Mythoskonzepte in die mittelalterliche Literatur zurückgespiegelt, deren Kompatibilität mit mittelalterlichen Diskursbedingungen oft postuliert, selten aber expliziert wird. Als besonders prominentes Beispiel kann das Resümee zur mediävistischen Mythosforschung gelten, mit dem Udo Friedrich und Bruno Quast 2004 einen vielbeachteten Tagungsband eröffneten. Um Auswege aus dem Definitionspluralismus der Mythosforschung zu eröffnen, plädieren die Herausgeber dafür, Mythos als „das Andere der Vernunft" zu verstehen:

> Erklärungen des Mythos gibt es auf der Basis philologischer, strukturalistischer, ethnologischer, neukantianischer, hermeneutischer und semiotischer Theorien. Eine gültige festumrissene Theorie des Mythos wird es nicht geben, ja die Forderung nach einem Mythos-Begriff oder selbst der Terminus Mytho-Logie binden schon zwei heterogene Größen aneinander. Denn der Mythos lässt sich als das Andere der Vernunft verstehen, das sich einer vollständigen rationalen Auflösung entzieht. Mythostheorien konzeptionalisieren dieses Andere der Vernunft auf je eigene Art.[180]

Friedrich und Quast formulieren eine Problemlage, die nicht nur mediävistische Mythosforschung umtreibt: Wie lassen sich interdisziplinär informierte Theorieentscheidungen angesichts einer Pluralität von Mythosbegriffen treffen, die sich keinem einheitlichen Theoriebau fügen? Ebenso paradigmatisch wie die Problemlage ist ihr Lösungsvorschlag: Anstatt ein präferiertes Mythoskonzept als kontingente Option neben anderen zu wählen, erklären Friedrich und Quast die

---

**180** Vgl. Friedrich u. Quast: „Mediävistische Mythosforschung", S. X.

Kontingenz von Systematisierbarkeit selbst zum Wesen „des Mythos". Was als Vielfalt historischer, systematischer und disziplinär bedingter Begriffsbestimmungen die Orientierung gefährden kann, wird so in eine metatheoretische Begriffsdefinition transformiert.

Die Unmöglichkeit, *eine* Mythosdefinition zu privilegieren, gerinnt in dieser Charakteristik von Mythostheorie wiederum zur Definition, wenn Mythos als das „Andere der Vernunft" bestimmt wird, wenngleich zu einer Definition zweiter Stufe: dieses „Andere" könne wiederum unterschiedlich konzeptionalisiert werden. Mittelalterliche Textkulturen werden damit zum Feld von Alteritätsformen erklärt, die mit Unterscheidungen von irrationalem Mythos und rationaler Vernunft sondiert werden, wie sie etwa Wilhelm Nestle im Geiste der philosophischen Ideengeschichte des 19. Jahrhunderts formuliert hatte.[181] Da distinkte Mythoskonzepte mittelalterlichen Textkulturen fremd scheinen, werden somit Beschreibungsmuster der Neuzeit auf sie projiziert, die Mythos vor allem unter dem Gesichtspunkt der Alterität konzipieren. Die historischen Selbstbeschreibungen und Semantiken, mit denen mittelalterliche Autoren auf antike Mythosdiskurse reagieren, diese transformieren und neu kommentieren, kommen dagegen kaum noch zu Wort. Die mediävistische Mythosforschung kennzeichnet dadurch eine auffällige Kontingenz, wie Hans Robert Jauß schon 1968 eingestehen musste:[182] Unklar ist mehr denn je, ob mediävistische Analysen die Vokabel Mythos wirklich benötigen, ja überhaupt gebrauchen können – oder ob nicht andere Begriffsressourcen die betreffenden Komplexe grundsätzlich präziser zu bezeichnen vermögen.[183] Eine mögliche Antwort auf diese Frage möchte ich im Folgenden zur Diskussion stellen, indem ich die Umrisse eines mittelalterlichen Mythosdiskurses rekonstruiere, der durch das beschriebene Projektionsproblem der aktuellen mediävistischen Forschung weitgehend verdeckt ist. Dies verlangt, den Mythosbegriff weniger als analytischen Beobachtungsbegriff einzuführen oder normativ festzuschreiben als vielmehr heuristisch anzusetzen.

---

**181** Vgl. Nestle, Wilhelm: *Vom Mythos zum Logos. Die Selbstentfaltung des griechischen Denkens von Homer bis auf die Sophistik und Sokrates.* Stuttgart 1940.

**182** Im Rahmen des „Terror und Spiel"-Kolloquiums sieht Jauß den Diskussionsleiter Harald Weinrich „weithin im Recht mit dem Zweifel, ob man die [...] betrachtete literarische Tradition [der Minneallegorie, B.G.] nicht auch beschreiben könnte, ohne überhaupt das Wort ‚Mythos' zu verwenden"; Weinrich, Harald: „Fünfte Diskussion: Mittelalter und Renaissance. Zitat und Wiederkehr des Mythischen". In: *Terror und Spiel. Probleme der Mythenrezeption.* Hg. v. Manfred Fuhrmann. München 1971, S. 617–638, hier S. 618 (Redebeitrag Jauß).

**183** Auch in Christian Kienings Empfehlung, „den Begriff [‚Mythos'] pragmatisch zu verwenden", klingt Skepsis gegenüber dessen Triftigkeit nach: lassen sich damit mittelalterliche Textkulturen beschreiben – oder (vorrangig) neuzeitliche Epistemologien reproduzieren? Vgl. Kiening: „Arbeit am Absolutismus des Mythos", S. 35.

## 2.3 Heuristische Zugänge zu Mythosdiskursen

Angesichts des umrissenen methodischen Klärungsbedarfs schlägt die vorliegende Arbeit eine ausschließlich heuristische Begriffsverwendung vor: Nicht *was Mythos ist* oder wie der Begriff *verwendet werden sollte*, gilt es zu klären. Vielmehr ist nach diachron und synchron varianten Formationen zu fragen, die Mythos als spezifische Wahrnehmungsformen, Konzepte, Logiken usw. entstehen lassen und mit spezifischen Bezeichnungen verknüpfen. Eine solche heuristische Perspektive gilt also nicht *dem Mythos selbst* (wie auch immer dies zu fassen wäre), sondern *Mythos als Diskursphänomen*. Eine solche Zugangsweise setzt einerseits das Plädoyer Gerhart von Graevenitz' um, statt der vermeintlichen „Realität des Mythos" die „europäischen Wahrnehmungs- und Denktraditionen" diskursanalytisch in den Blick zu nehmen, die Mythos produzieren.[184] Andererseits baut dies auf methodischen Vorschlägen auf, den Blick auf Mythosdiskurse aus seiner häufig ideengeschichtlichen Zentrierung zu lösen: Nicht nur Theorien und Konzepte, sondern ebenso Praktiken, Effekte und Phänomene sind in die Frage nach den Formationsbedingungen von Mythosdiskursen einzubeziehen.[185]

Vorteile einer solchen heuristischen Zugangsweise liegen angesichts der mediävistischen Theorieschwierigkeiten mit dem Mythosbegriff auf der Hand. Zwar verspricht eine solche Annäherung keine Definition oder Erklärung des Mythos. Dafür reagiert sie jedoch auf die unbefriedigende Kontingenz mediävistischer Mythosforschung, indem sie gezielt nach den diskursiven Verankerungen, Voraussetzungen, aber auch Beschränkungen mittelalterlicher Auseinandersetzungen mit dem Mythosbegriff fragt. Ein heuristischer Zugang gestattet so, den historischen Mythosdiskurs des Mittelalters zu beobachten, der von aktuellen Theorieprojektionen weitgehend verdeckt wird.

---

**184** Vgl. Graevenitz: *Mythos*, S. VII–XXVI.
**185** Vgl. hierzu Gebert, Bent [u.a.]: „Einführung: Zur Heuristik der mythologischen Differenz". In: *Mythologische Differenz. Studien zur Mythostheorie*. Hg. v. Stefan Matuschek u. Christoph Jamme. Jena 2009, S. 9–20; demnächst auch Gebert, Bent u. Uwe Mayer (Hg.): *Zwischen Präsenz und Repräsentation. Formen und Funktionen des Mythos in theoretischen und literarischen Diskursen*. Berlin, New York [in Druckvorbereitung].

## 2.4 Mythos in Wissensordnungen – Mythos als Wissbares. Ein Diskurs in der Spannung von Fremdreferenz und Selbstreferenz[186]

Fruchtbar lässt sich die Beobachtung bei einer Differenz ansetzen, die im Mittelalter gegen erhebliche Widerstände entwickelt und durchgesetzt wird: Redepraktiken, die antike Mythen in mittelalterliche Wissensordnungen transponieren, also auf *andere Wissensformen* beziehen, werden unterscheidbar von Praktiken und Konzepten, die Mythos *selbst* als *Wissbares* auffassen. Voraussetzungen und Konsequenzen, die mit dieser Unterscheidung verbunden sind, seien mit einem kursorischen Überblick zum mythographischen Diskursfeld des Mittelalters und exemplarischen Stichproben erläutert.

Wissensformationen des Mittelalters repräsentieren antike Mythologie zumeist in der Codierungsform des *integumentum* (Verhüllung).[187] Der Bernardus Silvestris (gest. nach 1159) zugeschriebene Kommentar zu Vergils *Aeneis* bezeichnet mit diesem Begriff „eine Weise der Darlegung, die eine wahre Vorstellung unter einer fiktiven Erzählung verbirgt, weshalb sie auch Verhüllung genannt wird".[188] Wahres unter der Hülle des Fiktiven, Seelenlehre verhüllt unter der Erzählung von Orpheus und Eurydike: geradezu prototypisch für Autoren des 12. Jahrhunderts unterscheidet (Pseudo-)Bernardus mit dieser Bestimmung die Redeform des *integumentum* sowohl von historischer Faktizität als auch vom offenbarten oder natürlichen Sinn, den die Auslegungspraxis der Allegorese vor-

---

186 Argumentation und Material dieses Teilkapitels wurden bereits im Rahmen einer Tagung vorgestellt. Sie decken sich daher zu Teilen mit Gebert: „Mythosdiskurs".
187 Vgl. Chenu, Marie-Dominique: „Involucrum. Le mythe selon les théologiens médiévaux". In: *Archives d'histoire doctrinale et littéraire du moyen âge* 22 (1956), S. 75–79; Chance: „Origins"; ausführlich auch Chance: *Medieval Mythography 1* und Chance: *Medieval Mythography 2*. Zur Begriffs- und Diskursgeschichte integumentaler Hermeneutik speziell im Hochmittelalter vgl. Bezner, Frank: *Vela veritatis. Hermeneutik, Wissen und Sprache in der Intellectual History des 12. Jahrhunderts.* Leiden [u.a.] 2005; Bernardus Silvestris: *The commentary on Martianus Capella's De Nuptiis Philologiae et Mercurii attributed to Bernardus Silvestris.* Hg. v. Haijo Jan Westra. Toronto 1986, S. 23–33 [Kommentar Westras].
188 *The commentary on the first six books of the Aeneid of Vergil commonly attributed to Bernardus Silvestris.* Hg. v. Julian Ward Jones u. Elizabeth Frances Jones. Lincoln [u.a.] 1986, S. 3,14f.: „Integumentum est genus demonstrationis sub fabulosa narratione veritatis involvens intellectum, unde etiam dicitur involucrum". Diese Definition setzt die Begriffsbildung des Macrobius fort, der im 5. Jh. die „narratio fabulosa" als Redeform bestimmt hatte, welche sich mittels Erdichtungen auf Wahres beziehe („modus per figmentum vera referendi"); Macrobius, Ambrosius Theodosius: *Commentarii in somnium Scipionis.* Hg. v. James Willis. 2. Aufl. Leipzig 1970, S. 6 (1,2,10).

aussetzt.[189] Beanspruchen allegorische Schriftauslegungen, „auf heilsgeschicht-
lichen Fakten gegründet und daher wahr zu sein", so gehen Verhüllungstheorien
umgekehrt von der freien Setzung der Dichter aus.[190]

So bündig die (pseudo-)bernardinische Verhüllungstheorie des *integumentum*
anmutet, so vielfältig sind die Beschreibungs- und Auslegungspraktiken im Einzelnen, die sich damit im Mittelalter verbinden. Gleichwohl lassen sich verbindende Grundzüge erkennen:

(1.) *Dominanz von Fremdreferenz über Selbstreferenz.* In der Perspektive von
Auslegungsprogrammen des *integumentum* gelten Mythen als Zeichen erster
Ordnung, die auf andere Zeichenordnungen hin überschritten werden müssen.
Mythen sind Erzählungen, deren verzichtbare Schale erst hermeneutisch aufzu-
brechen ist, bevor verlässliche Referenz hergestellt und Wissen gewonnen werden
kann.[191] Schon die für mittelalterliche Mythographen einflussreichen *Mitologiae*

---

189 Anders argumentiert dagegen am Beispiel des (pseudo-)bernardinischen Martianus-Ca-
pella-Kommentars Westra, Haijo Jan: „The allegorical interpretation of myth. Its origins, justification and effect". In: *Medieval antiquity*. Hg. v. Andries Welkenhuysen, Herman Braet u.
Werner Verbeke. Leuven 1995, S. 277–291, der sowohl Bibelallegorese als auch Mythenexegese
einem erweiterten Allegorieverständnis zuordnet.

190 Suntrup, Rudolf: „Allegorese". In: *Reallexikon der deutschen Literaturwissenschaft*. Hg. v.
Georg Braungart [u.a.]. Bd. 1. Berlin, New York 2007, S. 36–40, hier S. 37; vgl. ausführlich
Freytag, Hartmut: *Die Theorie der allegorischen Schriftdeutung und die Allegorie in deutschen
Texten besonders des 11. und 12. Jahrhunderts*. Bern [u.a.] 1982, insbes. S. 15–43.

191 Bereits der spätantike Mythograph Fabius Planciades Fulgentius vergleicht in seiner *The-
bais*-Einleitung das Werk des Statius mit einer Nuss, deren Schale aufzubrechen sei, um an den
Bedeutungskern zu gelangen; vgl. Fulgentius, Fabius Planciades: „Expositio sermonum antiquorum ad grammaticum calcidium / super Thebaiden". In: *Opera. Accedunt Fabii Claudii
Fulgentii de aetatibus mundi et hominis*. Hg. v. Rudolf Helm. Leipzig 1898, S. 180–186, hier
S. 180,14–20: „in nuce enim duo sunt, testa et nucleus, sic in carminibus poeticis duo, sensus
litteralis et misticus; latet nucleus sub testa: latet sub sensu litterali mistica intelligentia; ut
habeas nucleum, fragenda est testa: ut figurae pateant, quatienda est littera; testa insipida est,
nucleus saporem gustandi reddit: similiter non littera, sed figura palato intelligentiae sapit"
(„Denn wie die Nuss aus zwei Dingen besteht, aus Schale und Kern, so bestehen auch Dichtungen aus zweien, aus dem wörtlichen und dem geheimen Sinn [*misticus*]; unter der Schale
liegt der Kern verborgen: So verbirgt sich auch unter dem wörtlichen Sinn eine geheime Erkenntnis. Damit du den Kern erhältst, ist die Schale zu zerbrechen; damit die Ausdrucksformen
offen liegen, ist der buchstäbliche Sinn aufzubrechen. Die Schale ist ungenießbar, der Kern
bietet genussreichen Geschmack – ebenso schmeckt dem Gaumen des Verstandes nicht der
Wortlaut, sondern die Ausdrucksform"). Die Nussmetaphorik von Schale und Kern wird leitend
auch für mythenhermeneutische Modelle des Hochmittelalters: Adam von St. Viktor, Alanus von
Lille und Matthäus von Vendôme kennzeichnen damit den höheren Wert der geheimen Bedeutung gegenüber der verzichtbaren äußeren Erscheinung der Erzählung. Zu dieser Metaphorik
von *cortex*, *testa* und *nucleus* vgl. Brinkmann, Hennig: *Mittelalterliche Hermeneutik*. Tübingen

des Fulgentius versammeln zu Beginn des 6. Jahrhunderts Erzählungen von Saturn, Jupiter oder dem Urteil des Paris mit dem ausdrücklichen Anspruch, ein „unter Lügen begrabenes" Wissen freizulegen: „die wahren wirksamen Kräfte der Dinge" gelte es aufzudecken, „wodurch wir – sind die Erdichtungen der lügnerischen Griechen einmal zerstört – erkennen, welche geheime Bedeutung unser Verstand in ihnen erkennen muss."[192] Nicht an und für sich selbst gelten Mythen somit als Kandidaten möglichen Wissens, sondern allenfalls als problematische, indirekte Vermittlungsinstanzen von Wissen. Obschon auf Wissensordnungen beziehbar, sind sie gleichwohl nicht selbst schon wissbar.

Mythographen vom frühen bis zum späten Mittelalter entfalten dieses Argumentationsmuster zu einer Ursprungsgeschichte von Mythen, die auf Verkettung von metonymischer Verwechslung und irrtümlicher Apotheose beruhe. So stellt beispielsweise um Alberich von London um 1180 zu Beginn seiner Mythographie *De diis gentium* fest:[193]

In Ägypten lebte ein Mensch, ein reicher Mann namens Syrophanes. Dieser hatte einen einzigen Sohn, den er über alle Maße liebte. Es geschah, dass der Sohn starb. Aus übermächtigem Gefühl der Liebe ließ der Vater dessen Bildnis in seinem Haus aufstellen. Während er jedoch ein Heilmittel gegen die Trauer suchte, erfand er eine noch mächtigere Quelle des Schmerzes. Schließlich wurde jenes Bildnis εἴδωλον genannt, wozu wir auf Latein ‚Schmerzensbild' sagen. Alsbald flocht die ganze Hausgenossenschaft des Herrn, um ihm zu schmeicheln, Kränze für das Bildnis, opferte Blumen und entzündete Räucherwerk. Sie erlangten Nachsicht vom Herrn, wenn sie in irgendeiner Sache Zuflucht zum Bildnis nahmen, und sie verehrten es mehr aus dem Gefühl der Furcht als der Liebe. Und daher heißt es auch: ‚Furcht erschuf zuerst die Götter auf der Welt'. Hierauf begann der fest verwurzelte menschliche Irrtum überall im heidnischen Bilderkult verbreitet zu werden.[194]

---

1980, S. 183 f.; Robertson, Durant W.: „Some medieval literary terminology, with special reference to Chretien de Troyes". In: *Studies in philology* 48 (1951), S. 669–692, insbes. S. 669–671.
**192** Fulgentius, Fabius Planciades: „Mitologiarum libri tres". In: *Opera. Accedunt Fabii Claudii Fulgentii De aetatibus mundi et hominis*. Hg. v. Rudolf Helm. Leipzig 1898, S. 1–80, hier S. 11,15–18: „certos itaque nos rerum praestolamur effectus, quo sepulto mendacis Greciae fabuloso commento quid misticum in his sapere debeat cerebrum agnoscamus." Zur Bedeutung der *Mitologiae* für die mythographische Tradition des Mittelalters vgl. Edwards, Robert: „The heritage of Fulgentius". In: *The classics in the Middle Ages. Papers of the twentieth annual conference of the center for medieval and early renaissance studies*. Hg. v. Aldo Bernardo u. Saul Levin. Binghamton 1990, S. 141–151.
**193** Vgl. als weitere Belege z.B. Fulgentius: „Mitologiae", S. 15,20–17,8 (Kap. „Unde idolum"); Isidor von Sevilla: *Etymologiae*, 8,11,4–14; Johannes Ridewall, *Fulgentius metaforalis* (erstmals 1333/1334 erwähnt), zit. nach: Liebeschütz, Hans: *Fulgentius metaforalis. Ein Beitrag zur Geschichte der antiken Mythologie im Mittelalter*. Leipzig, Berlin 1926, S. 65–71 (Kap. „Ydolatria").
**194** Alberich von London: „De diis gentium et illorum allegoriis". In: *Scriptores rerum mythicarum latini tres Romae nuper reperti. Ad fidem codicum Mss. Guelferbytanorum Gottingensis*,

Alberich ruft nun dazu auf, diese medienpsychologisch verstärkte Referenzverschiebung der *simulacra* wieder umzukehren:

> Nun aber wollen wir nacheinander einige dunkle Irrtümer des Altertums wieder überdenken und wenn wir sie nicht erhellen können, wollen wir dennoch einige Nebel des Unwissens mit der Geißel der Erklärungen unserer Vorgänger einigermaßen vertreiben.[195]

Alberichs Geißel treibt mythologischen Erzählungen sodann ihre Irrtümer aus, indem diese auf andere, als eigentlich deklarierte Signifikate bezogen werden. Das Urteil des Paris und der Göttinnenstreit zwischen Venus, Juno und Minerva ist für Alberich – wie schon zuvor für Fulgentius und nach ihm auch für Autoren wie Johannes Ridewall und Petrus Berchorius zu Beginn des 14. Jahrhunderts – eigentlich eine Debatte über kontemplative, aktive und lustorientierte Lebensweisen.[196] Welche Komplexität solche referentiellen Rückstellungen gewinnen, belegt schon ein kurzer Ausschnitt aus Alberichs Eintrag zu Jupiter:

---

*Gothani et Parisiensis.* Bd. 1. Hg. v. Georg Heinrich Bode. Celle 1834, S. 152–256, hier S. 152,4–16: „Fuit in Aegypto vir ditissimus, nomine Syrophanes. Hic habuit filium unigenitum, quem immodice diligebat. Contigit filium mori. Ejus simulacrum pater prae nimio dilectionis affectu in aedibus suis constituit; dumque tristitiae quaesivit remedium, seminarium potius doloris invenit. Denique simulacrum illud ἐίδωλον dictum est, quod nos Latine *speciem doloris* dicimus. Jamque universa domini familia in domini adulationem coronas simulacro plectebant, flores offerebant, odoramenta succendebant. Rei etiam ad simulacrum confugientes, veniam a domino adepti sunt, veneratique sunt illud magis timoris affectu quam amoris; unde et dictum est: *Primus in orbe deos fecit timor.* Exhinc inveteratus error humanus in idolorum cultu ubique gentium coepit diffundi [...]“ [Kursivierungen im Original]. Alberichs Mythographie ist auch bekannt unter dem älteren Verfassertitel *Mythographus tertius vaticanus*; zu Alberich vgl. Sjöström, Henning: „Magister Albericus Lundoniensis, mythographus tertius vaticanus. A XIIIth century student of classical mythology". In: *Classica et mediaevalia* 29 (1968), S. 249–264.

**195** Alberich von London: „De diis gentium", S. 153,13–16: „Nunc autem deinceps inexplicitos aliquot antiquitatis revolvamus errores, iisque si non lucem infundere possumus, aliquas tamen ignorantiae nebulas majorum flagello auctoritatum aliquatenus dimoveamus". Zur Kontinuität der Leitmetaphorik von Nebel und Auflösung im Kontext von Mythenauslegung vgl. z. B. um 1234 Johannes von Garland: *Integumenta Ovidii. Poemetto ined. del secolo XIII.* Hg. v. Fausto Ghisalberti. Mailand, Messina 1933, S. 35 (1,5–8).

**196** Vgl. Alberich von London: „De diis gentium", S. 240–242 (11,21–23); vgl. Fulgentius: „Mitologiae", S. 36,1–37,20 („Fabula de iudicio Paridis"). Zu Ridewall vgl. Liebeschütz: *Fulgentius metaforalis*, S. 56 [Kapitelübersicht nach der Erfurter Handschrift: „Paris iusticia", „Minerva vita contempl.", „Juno vita activa", „Venus vita luxur."]; vgl. Petrus Berchorius: *Reductorium morale, Liber XV: Ovidius moralizatus. Cap. i. De formis figurisque deorum. Textus e codice Brux., Bibl. Reg. 863–9.* Hg. v. Institut voor Laat Latijn der Rijksuniversiteit Utrecht. Utrecht 1966, S. 53,17–54,58 („Nupcie Pelei & Thetidis").

Sie hielten Jupiter und Juno, das heißt Feuer und Luft, für Geschwister, da diese Elemente die gleiche Klarheit zu besitzen scheinen. Da Juno, das heißt die Luft, tatsächlich dem Feuer unterworfen ist, wurde mit Recht dem Übergeordneten der Titel ‚Ehegatte' gegeben. Denn sie sagten, ihr beider Name komme vom ‚Helfen'. Nichts erhält nämlich alles so am Leben wie die Wärme. Auch kann kein Tier ohne Luft überleben. Außerdem wird Jupiter auf Griechisch Ζεὺς genannt, was man auf Latein mit ‚Wärme' oder ‚Leben' übersetzt, da nämlich dies Element glüht und Heraklit zufolge alles durch das Lebensfeuer belebt ist. Daher wird Jupiter gleichsam ‚hilfreicher Vater' genannt.[197]

Der Ausdruck „Juppiter" wird so von der Bezeichnung eines Gottes nacheinander auf andere Wissensformen re-referentialisiert: auf physikalisches Wissen („ignis", „calor"), auf Sprachwissen von Etymologie und Synonymie („a juvando"; „Juppiter"/„Ζεὺς"/„vita") und ethisch-moralisches Wissen („juvans pater").

Alberich steht mit diesem Verfahren der Referentialisierung im zeitgenössischen Feld der Mythographie nicht allein. Arnulf von Orleans erklärt um 1180 Ovids *Metamorphosen* zu verhüllten Repräsentationen physischer und psychischer Veränderungen unter verzichtbarer poetischer Verkleidung.[198] Für die sogenannte Digby-Mythographie aus dem letzten Viertel des 12. Jahrhunderts bezeichnen die Taten des Hercules eigentlich den stufenweisen Aufstieg von gewaltsamer Praxis zum spirituellen Leben der Kontemplation.[199] Exemplarisch belegen solche Auslegungen eine referentielle Umstellungspraxis, die in mittelalterlicher Mythographie allgemein verbreitet ist. Stets werden Mythen als ver-

---

**197** Alberich von London: „De diis gentium", S. 160,23–33: „Jovem et Junonem, id est ignem et aerem quoniam paria tenuitate elementa esse videntur, germanos esse dixerunt. Quia vero Juno, hoc est aer, igni subjecta est, jure superposito mariti nomen datum est. Hos autem ambos a *juvando* dixerunt. Nulla enim res sic fovet omnia, quemadmodum calor. Nec sine aere ullum animal vivere potest. Praeterea Graece Juppiter Ζεὺς dicitur, quod Latine *calor* sive *vita* interpretatur, quod videlicet hoc elementum caleat; et quod igni vitali, ut Heraclitus vult, omnia sint animata. Juppiter ergo quasi *juvans pater* nuncupatur" [Kursivierungen im Original]. Diese Etymologie etabliert sich auch in volkssprachlicher Mythographie – z. B. im 14. Jahrhundert im Rahmen der *Deutschen Sphaera* Konrads von Megenberg; vgl. dazu Wachinger: „Wissen und Wissenschaft", S. 19 f.
**198** Vgl. Arnulph von Orleans: „Allegoriae super Ovidii Metamorphosin". In: *Arnolfo d'Orleans. Un cultore di Ovidio nel seculo XII*. Hg. v. Fausto Ghisalberti. Mailand 1932, S. 157–234. Speziell zu Arnulf im Kontext der Ovidrezeption vgl. Hexter, Ralph: „Medieval articulations of Ovid's *Metamorphoses*. From Lactantian segmentation to Arnulfian allegory". In: *Mediaevalia* 13 (1989), S. 63–82; Chance: *Medieval Mythography 2*, S. 56–81.
**199** Überliefert ist die Digby-Mythographie unter dem Werktitel *Liber de natura deorum* in der Handschrift Oxford, Bodleian Library, Digby 221, fol. 100^r–120^v. Abdruck bei Brown, Virginia: „An edition of an anonymous twelfth-century *liber de natura deorum*". In: *Mediaeval Studies* 34 (1972), S. 1–70. Vgl. dazu Allen, Judson Boyce: „An anonymous twelfth-century ‚De Natura Deorum'". In: *Traditio* 26 (1970), S. 352–364.

krümmte Indizes von physischem, moralischem, psychischem, theologischem, philosophischem, sprachlichem oder ökonomischem Wissen lesbar gemacht, die es umzulenken gilt. Zugeschriebene Fremdreferenz dominiert in diesen Fällen über die zugeschriebene Selbstreferenz von Mythen: Als entscheidend werden ihre Anschlussmöglichkeiten auf Anderes gewertet – „per unum significatur aliud" („durch eines wird ein anderes bezeichnet"), wie Galfried von Vinsauf in seiner Lehrschrift zur Rhetorik programmatisch festhält.[200] Dabei ist der Modus der semiotischen Zuschreibung zu betonen. Wenn mittelalterliche Mythographen mit der Unterscheidung von Selbst- und Fremdreferenz operieren, so geht es dabei nicht (im strengen systemtheoretischen Sinne) um reine Selbstbezüglichkeit von Mythen auf Mythen bzw. Anderes, sondern stets um Auslegungskommunikation: Mythen beziehen sich nicht im strengen Sinne auf sich selbst, sondern Beobachter sprechen über Mythen und wenden dabei die Unterscheidung von Selbst- und Fremdreferenz auf ihre Gegenstände an, die auf vordergründig-wörtliche bzw. anderweitig auffindbare Signifikate beziehbar werden. Selbstreferenz und Fremdreferenz bilden somit die Leitunterscheidung der mythographischen Semiose.

Im Rückgriff auf Gottlob Freges Unterscheidung zwischen Bedeutung und Sinn ließe sich diese charakteristische Reorganisation der Referenz weiter präzisieren:[201] Wenn „Juppiter" nicht einen Gott, sondern den feurigen Äther oder die lebensspendende Wärme meint, so postulieren mittelalterliche Mythographen damit gleichbleibende Bedeutung, während sie einen irreführenden Sinn (im Beispiel Alberichs: „deus") durch Ketten von bezeichnungsfähigen Sinnmöglichkeiten ersetzen (bei Alberich nacheinander: „ignis", „calor", „vita", „juvans pater" u. a. m.). Die semiotische Selbstreferenz von Mythen wird so auf ein Minimalmaß reduziert. Mythos erscheint dadurch zwar als Element innerhalb mittelalterlicher Wissensordnungen, ist jedoch für sich selbst nichts Wissbares. Mythen signifizieren fremdreferentiell, doch wird ihnen eigenständige Selbstreferenz weitestgehend abgesprochen.

(2.) *Umstellungen.* So wenig freilich Selbstreferenz und Fremdreferenz grundsätzlich voneinander entkoppelbar sind, so wenig können primärer Erzählsinn und als eigentlich deklarierter Sinn von Mythen voneinander entkoppelt werden. Mythische Erzählungen werden auch von mittelalterlichen Mythographen

---

200 Vgl. Galfried von Vinsauf: „Summa de coloribus rhetoricis". In: *Les arts poétiques du XIIe et du XIIIe siècle. Recherches et documents sur la technique littéraire du moyen âge.* Hg. v. Edmond Faral. Paris 1958, S. 321–327, hier S. 326. Bezeichnenderweise erläutert Galfried an dieser Stelle die Figur der *significatio* anhand mythologischer Beispiele.
201 Vgl. Frege, Gottlob: „Über Sinn und Bedeutung". In: *Funktion, Begriff, Bedeutung. Fünf logische Studien.* Hg. v. Günter Patzig. Göttingen 2008, S. 23–46.

(in welch fragmentarischer oder reduzierter Form auch immer) zunächst reproduziert, bevor sie hermeneutisch destruiert werden. Zahlreiche Texte entfalten dabei paradoxe Spannungsverhältnisse, wenn sie zugunsten von Fremdreferenz auf aggressive Weise die Selbstreferenz von Mythen auszulöschen suchen. Narrative ‚Hüllen‘ werden nicht nur epistemologisch als prekär eingestuft, sondern immer wieder als verzichtbar, ja geradezu gefährlich deklariert: „Nach physikalischen Begründungen frage ich, nicht nach Geschichten", poltert etwa der Graf von Anjou im *Dragmaticon* Wilhelms von Conches, als ihm von Narcissus und Echo erzählt wird – was zähle, sei allein die nackte Wahrheit („nuda veritas"), nicht das Schicksal einer fiktiven Nymphe.[202] Mythen stünden Wissen geradezu entgegen, lautet die Position, die Alanus von Lille mit der Figur einer klagenden Natur inszeniert, die wahres Wissen über sich dadurch als Mysterium geheimzuhalten sucht, dass sie in figurativer Rede falsche Göttergeschichten kolportiert.[203] Der Signifikation läuft damit bei Wilhelm von Conches wie bei Alanus von Lille stets Narration voraus: bevor Mythen enthüllt werden können, werden diese erzählt. Mythographien gebärden sich somit weder als Assimilation noch als Auslegung, sondern stets als fundamentale Korrekturen. Wenn in Kommentaren des 12. und 13. Jahrhunderts Jupiter *für* das Himmelsfeuer oder Aeneas' Reise von Troja nach Rom *für* die Reise der Seele durch den Kosmos stehen, so basieren solche Aussagen auf der Paradoxie, dass mythische Rede nicht meint, was sie sagt, während sie sagen muss, was sie nicht meint.[204]

Geistliche Allegorese, dies unterstreichen im 12. und 13. Jahrhundert unter anderem Hugo von St.Viktor, Johannes von Salisbury und Thomas von Aquin, setzt dagegen stets das sichere Fundament eines wahrheitsfähigen Literalsinns voraus, der Mythen gerade abgesprochen wird: Jakob unterscheide sich von Orpheus vor allem darin, dass er wirklich existiert habe, wie ein Martian-Kommentar Mitte des

**202** Wilhelm von Conches: *Dragmaticon philosophiae. Summa de philosophia in vulgari.* In: *Opera omnia.* Bd. 1. Hg. v. Italo Ronca u. Lola Badia. Turnhout 1997, S. 255 f.: „Physicam rei rationem, non fabulam quero"; vgl. dazu Bezner: *Vela veritatis*, S. 299–337.
**203** Alanus von Lille: *De planctu Naturae.* Hg. v. Nikolaus M. Häring. Spoleto 1978, S. 828 (Prosa 3, 121–124): „Sed tamen plerisque mee potestatis faciem palliare decreui figuris, defendens a uilitate secretum, ne si eis de me familiarem impartirem scientiam, que apud eos primitus ignota uigerent, postmodum iam nota uilescerent." („Ich habe mich jedoch entschieden, den meisten gegenüber die Art meiner Macht durch Redefiguren zu verhüllen, um mein Geheimnis vor Geringschätzung zu schützen, damit nicht – sofern ich ihnen eine intime Kenntnis von mir gewähren sollte – das, was zuerst bei ihnen in Ansehen stand, weil es ihnen unbekannt war, später an Wert verlöre, da es bereits bekannt ist."). Im Hintergrund steht das von Hilarius von Poitiers entwickelte Argument, naturphilosophische Mysterien seien durch Verhüllung vor Profanierung zu schützen.
**204** Vgl. Bezner: *Vela veritatis*, S. 59.

12. Jahrhunderts lapidar bemerkt.[205] Bibelallegorese und Mythoshermeneutik teilen freilich gemeinsame Metaphern und Leitbegriffe der tropologischen Rede (z. B. Unterscheidungen von *sensus literalis* und *sensus spiritualis*; explizite Übertragungssignale wie *per tropologiam, mystice* u.a.). Doch während der Literalsinn vorchristlicher Erzählungen des Alten Testaments zumeist als historisch wahre und daher zu bewahrende Basis für die aus ihm entwickelbaren Spiritualsinne betrachtet wird, stehen Mythen seit der Patristik unter dem Verdacht, schon in ihrer primären Bildsprache wahres Wissen zu verfehlen, zu verfälschen und zu verzerren.[206]

Wahrheitsfähig wird Mythenreferenz erst, wenn sie auf autorisierte Wissensformate umgestellt wird, und diese Referenzregel entfesselt in mythographischen Texten eine förmliche Transferwut. Nicht ohne Grund illustrieren daher auch Rhetoriken des 12. Jahrhunderts in umgekehrter Richtung das Übertragungskonzept der Metapher anhand von Mythen:

> Eine Übertragung/Metapher [*translatio*] liegt vor, wenn irgend ein Ausdruck von seiner eigentlichen Bedeutung nach gewisser Ähnlichkeit auf eine uneigentliche, die gewisse Ähnlichkeit hat, übertragen wird, wie es in diesen Beispielen offensichtlich ist. [...] Es ist jedoch

---

**205** Vgl. Bernardus Silvestris: *Commentum in Martianum*, S. 45 (2,71–78): „Est autem allegoria oratio sub historica narratione verum et ab exteriori diversum involvens intellectum, ut de lucta Iacob. Integumentum vero est oratio sub fabulosa narratione verum claudens intellectum, ut de Orpheo". („Die Allegorie ist eine Rede, die ein wahres und vom äußeren Wortsinn verschiedenes Verständnis unter einer historischen Geschichte verhüllt wie der Kampf Jakobs. Das *integumentum* aber ist eine Rede, die wahres Verständnis unter einer erdichteten Erzählung verbirgt wie diejenige von Orpheus"). Zur Abgrenzung von allegoretischer Bibelhermeneutik und integumentaler Mythoshermeneutik vgl. auch Knapp, Fritz Peter: „Historische Wahrheit und poetische Lüge. Die Gattungen weltlicher Epik und ihre theoretische Rechtfertigung im Hochmittelalter". In: *Deutsche Vierteljahrsschrift für Literaturwissenschaft und Geistesgeschichte* 54 (1980), S. 581–635; anders im Hinblick auf einen erweiterten Allegoriebegriff argumentieren dagegen Brinkmann: *Mittelalterliche Hermeneutik*, S. 292–317 sowie Kasten, Ingrid: „Heinrich von Veldeke: *Eneasroman*". In: *Mittelhochdeutsche Romane und Heldenepen. Interpretationen.* Hg. v. Horst Brunner. Stuttgart 1993, S. 75–96, S. 75–96, insbes. S. 78 f., die integumentale und allegorische Hermeneutik gleichsetzen.
**206** Vgl. z. B. Plotin, *Enneaden* (3,5,10); Origenes, *Contra Celsum* (4,29); Augustinus, *De civitate dei* (6/praefatio–6,9). Mit weiteren Belegen vgl. dazu Lubac, Henri de: *Exégèse médiévale. Les quatre sens de l'écriture.* Paris 1959–1964, Bd. II/1, S. 305–363 und Bd. II/2, S. 384–396; zum Verhältnis von Bibel- und Mythenallegorese zusammenfassend Bd. II/2, S. 396: „En réalité, sous une même étiquette, l'allégorie chrétienne et la païenne, si elles usent d'un certain nombre de procédés analogues, n'en sont deux choses foncièrement hétérogènes; ce sont deux méthodes opposées, procédant de deux doctrines et de deux esprits opposés." Zur Unverzichtbarkeit literaler *historia* in der Bibelexegese vgl. exemplarisch Hugo von St. Viktor: *Didascalicon*, S. 360 f. (6,3).

festzuhalten, dass bei Adjektiven die *translatio* auftritt, bei Substantiven die *significatio*. Eine *significatio* liegt vor, wenn durch eines ein anderes bezeichnet wird wie durch ‚Jupiter‘ die obere, durch ‚Juno‘ die untere Luftschicht, durch ‚Phoebus‘ die Sonne, durch ‚Eolus‘ der Wind, durch ‚Pluto‘ der Tartarus, durch ‚Neptun‘ das Meer, durch ‚Ceres‘ die Saat, durch ‚Tetis‘ das Wasser, durch ‚Bachus‘ der Wein [...]. Eine *significatio* liegt ebenfalls vor, wenn durch ‚Paris‘ der Schöne, durch ‚Helena‘ die Schöne, durch ‚Ulixes‘ der Listige, durch ‚Achilles‘ der Starke [bezeichnet wird].[207]

Wenn diese Ersetzungen häufig durch Semantiken von Eigenem und Anderem strukturiert werden, so gehört es gleichzeitig zu den Kuriositäten solcher Umstellungsmythologie, die Referenzverhältnisse final umzustülpen, also von hinten nach vorn zu begründen. Phöbus und Diana seien *deshalb* Kinder von Jupiter und Latona, so argumentiert beispielsweise Bernardus Silvestris, *weil* Sonne und Mond aus den Elementen Feuer und Wasser hervorgingen;[208] Vulcanus hinke, *weil* das Feuer niemals gerade aufsteige usw.[209]

Es wird deutlich, wie wenig dies mit bloßer Umdeutung auf Christliches zu tun hat, wie Blumenberg einflussreich für weite Teile der mediävistischen Mythosforschung postuliert hatte.[210] Vielmehr beherrschen Operationen des fremdreferentiellen Umstellens das Feld mittelalterlicher Mythographie, die unablässig zu löschen suchen, wovon sie doch immer wieder ausgehen, und diese unablässige Aktivität von Referenzwechseln kann als ein zweiter Grundzug betrachtet werden.

(3.) *Problematisierung sprachlicher Repräsentation in etablierten Wissensordnungen.* Wie Frank Bezner materialreich dokumentiert hat, berührt diese Umstellungsmythologie auch die Sprachreflexion etablierter Wissenschaften des

---

**207** Galfried von Vinsauf: „Summa", S. 325 f.: „*Translatio* est, quando aliqua dictio transfertur a propria significatione ad impropriam quadam similitudine, ut in his patet exemplis. [...] Notandum autem, quod translatio fit in adjectivis, significatio in subjectis. *Significatio* autem est quando per unum significatur aliud, ut per ‚Jovem‘ ‚aer superior‘, per ‚Junonem‘ ‚aer inferior‘, per ‚Phoebum‘ ‚sol‘, per ‚Eolum‘ ‚ventus‘, per ‚Plutonem‘ ‚Tartarus‘, per ‚Neptunum‘ ‚mare‘, per ‚Cererem‘ ‚seges‘, per ‚Tetidem‘ ‚aqua‘, per ‚Bachum‘ ‚vinum‘ [...]. Fit etiam significatio, quando per ‚Paridem‘ ‚formosus‘, per ‚Helenam‘ ‚formosa‘, per ‚Ulixem‘ ‚dolosus‘, per ‚Achillem‘ ‚fortis‘" [Kursivierungen im Original].

**208** Bernardus Silvestris: *Commentum in Martianum*, S. 139 (6,306 f.): „Phebus et Diana filii sunt Iovis et Latone quia sol et luna effectus sunt ignis et aque". Diese Transformation von irreführender Fremdreferenz in eigentliche, begründungsfähige Referenz pointiert Demats: *Fabula*, S. 23: „L'existence d'une vérité suffit à rendre raison de n'importe quelle fable, et la fable se définit comme *ce qui est dit parce que* (quod dicitur quod)".

**209** So Konrad von Hirsau: „Dialogus super auctores". In: *Accessus ad auctores. Édition critique entièrement revue et augmentée.* Hg. v. Robert B. C. Huygens. Leiden 1970, S. 71–131, hier S. 85 (405 f.).

**210** Vgl. Blumenberg, Hans: *Arbeit am Mythos*. 3. Aufl. Frankfurt a.M. 1984, S. 195 und an anderen Stellen unter dem Begriff der „Umbesetzung".

Hochmittelalters. Integumentale Mythoshermeneutiken eröffnen einen „komplexen, differente Gattungen überschreitenden Diskussionsraum" über das prekäre Verhältnis von uneigentlichem und eigentlichem Sprechen, in den im Laufe des 12. Jahrhunderts selbst der biblische Schöpfungsbericht hineingezogen wird.[211]

(4.) *Deformierter Sinn – prekäre Zeichen.* Texte, die Mythen als Indizes eines entstellten Sinns bearbeiten, entwickeln Redeformen, die in ihrer unablässigen Bewegung von Selbstreferenz zu Fremdreferenz die Zeichen grundsätzlich prekär werden lassen. Ihre unruhigen Bewegungen sind im hohen Mittelalter keineswegs auf die lateinischen Gelehrtenkulturen antikenbegeisterter Magister in Paris oder Oxford beschränkt – Spuren prekärer Zeichenordnungen von Mythen finden sich ebenso in volkssprachlicher Literatur.

Drei prominente Fälle der deutschsprachigen Epik können dies exemplarisch belegen. So wird Mythologie als Zeichenordnung häufig dann prekär, wenn mittelalterliche Erzähler vorchristliche religiöse Ordnungen inszenieren, wie dies etwa Herbort von Fritzlar in seinem *Liet von Troye* (1190/1217) unternimmt. Das Apollon-Orakel in Delphi, so erklärt darin der Erzähler, sei in Wahrheit ein undurchschautes Gaukelspiel des Teufels gewesen, dem die Heiden wie z. B. Achill vor Christi Geburt irrtümlich aufgesessen seien:

> Daz der got were
> Daz ist anders niht mere
> Wen daz der tufel sathanas
> Sin gespenste vnt sin getwas
> Vz eime bilde sprach
> Vnt sagete in swaz in geschach
> Stille vnt vffenbare
> Zv wane vnd zv ware
> Beide in ernste vnt in spot
> Des hetten sie in vur einen got
> Ez was ein heidenische diet
> Sie achten anders gelouben niet
> Diz was lange vor gotes geburt
> (LvT 3497–3510)[212]

---

211 Vgl. Bezner: *Vela veritatis*, S. 559; zur Auffassung des Genesis-Berichts (insbesondere von 1 Gen 6–7) als *integumentum* vgl. auch Dronke: *Fabula*, S. 51.

212 Sämtliche Verweise auf Herborts Trojaroman, die im Folgenden mit der Sigle „LvT" (ohne Versabkürzung) gekennzeichnet sind, folgen der Ausgabe Herbort von Fritzlar: *Liet von Troye.* Hg. v. Georg Carl Frommann. Quedlinburg, Leipzig 1837. Graphemische Besonderheiten des diplomatischen Textabdrucks (diakritische Zeichen, Abkürzungen, Lang-s, z-Schreibung) wurden stillschweigend aufgelöst.

Nach dem Vorbild frühchristlicher Apologeten diffamiert Herborts Erzähler die vermeintlichen Götter der Griechen als dämonische Trugbilder („gespenste [...] / Vz eime bilde"), die es eigentlich auf einen christlichen Referenzrahmen von Teufelsspuk und Gottesgeburt zurückzurechnen gelte. Dies hält Herborts Erzähler jedoch keineswegs davon ab, an anderen Stellen des Romans heidnische Götterkulte kommentarlos passieren zu lassen oder sogar anerkennend zu erwähnen.[213] Vorchristlicher Polytheismus scheint somit nicht konsequent auf christozentrische Fremdreferenz umgelegt, sondern gegen eine Selbstreferenz der Götter- und Kulturdarstellung anzuarbeiten, die narrativ mitgeführt wird.

Ähnlich lässt auch der *Eneasroman* (1170/ca. 1186) Heinrichs von Veldeke seine Götterfiguren zwischen Selbstreferenz und Fremdreferenz oszillieren. Wie seine französische Vorlage greift auch Heinrichs Bearbeitung von Vergils *Aeneis* zu Verfahren und Vokabular der Mythenanalyse, um die Liebesentstehung zwischen der Königstochter Lavinia und dem Exilanten Eneas darzustellen. So enthüllt die Königin ihrer Tochter in einem Aufklärungsgespräch über Wesen und Entstehung der Liebe, dass der Venussohn Amor mit seiner Büchse und seinen Pfeilen eigentlich die Minne, ihre Sehnsüchte, Qualen und Linderungsmittel bezeichne:

> dû hâst dicke wol gesehen,
> wie der hêre Amôr stêt
> in dem templô, dâ man in gêt
> engegen der ture inne,
> daz bezeichent die Minne,
> diu gewaldech is ubr alliu lant.
> ein buhsen hât her an der hant,
> in der ander zwêne gêre:
> dâ mite schûzet er vil sêre,
> als ich dir sagen wolde.
> [...]
> wil dû nû wizzen rehte,
> waz diu buhse bedûte,
> dazn wizzent niht alle lûte,
> merke in allenthalben:
> si bezeichent die salben,
> die diu Minne ie hât gereit.
> diu senftet al die arbeit
> und machet ez allez gût,
> swen diu Minne wunt tût[214]

---

213  Vgl. z. B. LvT 6070–6073 und 6121–6128.
214  Heinrich von Veldeke: *Eneasroman.* Nach dem Text von Ludwig Ettmüller ins Neuhochdeutsche übersetzt, mit einem Stellenkommentar und einem Nachwort. Hg. u. übers. v. Dieter Kartschoke. 2. Aufl. Stuttgart 1997, V. 9910–9919 und 9939–9946.

Geradezu mustergültig vollzieht die Königin das mythographische Umstellungs-
programm: Die Selbstreferenz der Amorfigur und die Betrachtung seines Bildes
mit Büchse und Pfeilen werden zunächst rekapituliert, bevor diese Accessoires
ausdrücklich neu referentialisiert werden („wil dû nû wizzen rehte, / was diu
buhse bedûte", „sie bezeichent die salben"). Wie Hilarius von Poitiers oder Alanus
von Lille betrachtet auch die Königin ihre Umstellung des mythologischen Bildes
als korrektive Enthüllung eines höheren Geheimwissens („dazn wizzent niht alle
lûte").

Aller integumentalen Minnelektion zum Trotz lösen sich mythologische
Götterfiguren jedoch im *Eneasroman* keineswegs fremdreferentiell auf. Anders als
in ihrer französischen Vorlage des *Roman d'Eneas* bleiben Venus und Amor bei
Heinrich von Veldeke an der Liebesentstehung auffällig beteiligt. Als Lavinia
erstmals Eneas vom Fenster aus erblickt, schießt Venus mit einem Pfeil auf sie,
woraufhin der Getroffenen der Schweiß ausbricht. Die Götter treten narrativ in
Aktion:

> Dô der hêre dare quam
> und sîn diu maget lussam
> dâ nidene wart gewar
> und si ir ougen kêrde dar,
> dâ si was ûf deme hûs:
> dô schôz si frouwe Vênûs
> mit einer scharphen strâle.
> daz wart ir al ze quâle
> sint uber ein lange stunden[215]

Während der fremdreferentielle Kommentar an dieser Stelle schweigt, bekräftigt
Lavinia die Darstellung des Erzählers: „Amôr hât mich geschozzen / mit dem
goldînen gêre".[216] Nicht Minne entzündet die Passion, sondern der Pfeil der Venus.[217] Heinrichs Götter werden also weder als Dämonen dekonstruiert, noch als
die übermächtigen Handlungsdeterminanten Vergils beibehalten – vielmehr beginnen Götterfiguren in den Figurenreden zwischen Selbstreferenz und Fremd-

---

215 Heinrich von Veldeke: *Eneasroman*, V. 10031–10039.
216 Heinrich von Veldeke: *Eneasroman*, V. 10110 f.
217 Vgl. Quast u. Schausten: „Amors Pfeil", S. 75: „‚Mythische' Rede – hat auf mich geschossen
– steht neben bereits abstrakter allegorischer Rede – die Liebe zu ihm hat mich verwundet; bei
Heinrich von Veldeke sind beide Redeweisen, die mythische und die allegorische, zumindest der
Tendenz nach weniger aufeinander bezogen, als dies im *RdE* [= *Roman d'Eneas*, B.G.] der Fall
ist."

referenz zu oszillieren, und dieses Schwanken lässt ihren Zeichenstatus unscharf werden.[218]

Das in der deutschsprachigen Epik eindrücklichste Beispiel für solche prekären Akte der mythographischen Referenzumstellung liefert Konrads *Trojanerkrieg*, indem er die Paradoxie irreführend realer Götterfiguren am Offensten ansteuert. Die vermeintlichen Götter der Vorzeit, so unterbricht der Erzähler gleich zu Beginn die Hochzeitsepisode um Peleus und Thetis mit euhemeristischer Stoßrichtung,[219] seien in Wahrheit Menschen gewesen. Herausragende Menschen freilich, denen besondere magische Kompetenz oder Erfindungsleistungen zur Apotheose verholfen hätten (Tr 858 – 885): „si wâren liute, als ir nû sît, / wan daz ir krefteclich gewalt / was michel unde manicvalt" (Tr 860 f.)

Konsequent wäre es nach solcher Enthüllung, Götterfiguren als Mischung von überhöhten Experten (Tr 868: „meisterschefte") und verkappten Scharlatanen (Tr 873: „zouberære") gleich zu Beginn des *Trojanerkriegs* zu verabschieden. Doch Konrad stärkt umgekehrt im weiteren Erzählverlauf Götterfiguren selbstreferentiell, vielfach sogar gegen seine französische Leitvorlage. So motiviert etwa der Götterbote Mercur den Trojanerprinzen Paris direkt per Eilschreiben der Venus zur Raubfahrt nach Griechenland (Tr 18874 – 18935) – der *Roman de Troie* Benoîts de Sainte-Maure hatte dagegen die Motivation in eine Traumvision verlegt und dadurch den irrealen Status der Götter markiert (RdT 3860 – 3928). Anders verfährt der *Trojanerkrieg* auch an vielen weiteren Stellen: Im Wald von Aulis überfällt der übermächtige Meeresgott Neptun die Griechen mit einem Unwetter (Tr 24130 –

---

218 Diese Spannung ist verschiedentlich beobachtet worden: vgl. Dittrich, Marie-Luise: „*gote* und *got* in Heinrichs von Veldeke ‚Eneide'". In: *Zeitschrift für deutsches Altertum und deutsche Literatur* 90 (1960/1961), S. 85–122, 198–240, 274–302; Schnell, Rüdiger: *Causa amoris. Liebeskonzeption und Liebesdarstellung in der mittelalterlichen Literatur*. Bern, München 1985, S. 187–224; Fromm, Hans: „Die Unterwelt des Eneas". In: *Philologie als Kulturwissenschaft. Festschrift für Karl Stackmann*. Hg. v. Ludger Grenzmann. Göttingen 1987, S. 71–89; Kottmann, Carsten: „Gott und die Götter. Antike Tradition und mittelalterliche Gegenwart im ‚Eneasroman' Heinrichs von Veldeke". In: *Studia Neophilologica* 73 (2001), S. 71–85.
219 Zur antiken und mittelalterlichen Diskursgeschichte dieses Argumentationsmusters, das Götterverehrung auf die Überhöhung historischer Personen zurückführt, vgl. die umfassende Studie von Winiarczyk, Marek: *Euhemeros von Messene. Leben, Werk und Nachwirkung*. München 2002, S. 136–181; außerdem Demats: *Fabula*, S. 40–45; Schippers, Jacobus W.: *De ontwickeling der euhemeristische godencritiek in de christelijke lateijnse literatur*. Groningen 1952; Simon, Marcel: „Les dieux antiques dans la pensée chrétienne". In: *Zeitschrift für Religions- und Geistesgeschichte* 6 (1954), S. 97–114; Landfester, Manfred: „Religiöse Wissensordnungen zwischen Kontinuität und Transformation. Die Entwicklung religiöser Wissensordnungen und ihrer Deutung in der paganen griechischen Antike". In: *Erinnerung, Gedächtnis, Wissen. Studien zur kulturwissenschaftlichen Gedächtnisforschung*. Hg. v. Günter Oesterle. Göttingen 2005, S. 333–355, insbes. S. 346–350.

24139); Achills Überlegenheit in den Kämpfen vor Troja führt der Erzähler auf das Bad im Styx zurück (Tr 31170 – 30175), ohne jedoch in diesen und anderen Fällen erneut an die fremdreferentielle Kritik des Erzählauftakts zu erinnern. Wie in späteren Kapiteln der Untersuchung noch eingehender zu zeigen sein wird (Kap. III.1), beginnen Göttermythen dadurch auch bei Konrad in ihrer prekären Referenzstruktur zu schweben.

Eine einflussreiche Forschungstradition der Mediävistik hatte – inspiriert vom Argumentationsmuster der Okkupation – in solchen Unschärfen allenfalls Restbestände des imaginativen Eigenpotentials antiker Mythen im Mittelalter gesehen.[220] Die hier aus unterschiedlichen Textsorten, sprachlichen Situierungen und historischen Kontexten versammelten Beispiele (die sich leicht vermehren ließen) nähren hingegen den Eindruck, dass diese referentielle Spannung als bloßer Rest unterschätzt ist. Stattdessen könnte es sich empfehlen, sie als ein verbreitetes Merkmal einer diskursiven Formation zu untersuchen.

Natürlich ist nicht zu bestreiten, dass Antikenromane durch ihre performativen Darstellungsmittel und perspektivische Erzählverfahren in anderer Weise mythologische Selbstreferenz zur Geltung bringen als stärker analytisch ausgerichtete Texte wie Alberichs Mythographie. Verschiedene Ausprägungen und Akzentuierungen von Selbstreferenz und Fremdreferenz wären hier genauer zu unterscheiden. Gleichwohl bestätigen sowohl literarische Inszenierungen als auch theoretische Reflexionen die Existenz eines gemeinsamen Feldes, auf dem Mythos im 12. und 13. Jahrhundert als prekäre Redeform entfaltet wird, die ganz ausdrücklich auf Fremdreferenz setzt, zugleich aber irritierende Selbstreferenzen mitführt. Mythen werden so zwar als Repräsentationsformen konzipiert und in-

---

**220** Vgl. z. B. Jauß: „Allegorese, Remythisierung und neuer Mythus", S. 189: der „post-allegorische Mythos des Hochmittelalters" entwickle sich aus einem „Erzählrest" des Mythos, der sich semantischen Fixierungen durch allegoretische Auslegung grundsätzlich entzogen habe. Eine grundsätzliche Resistenz eines „unüberwundenen Restes" von Mythen in Prozessen wissenschaftlicher Rationalisierung ist Thema auch der fünften Diskussion des „Terror und Spiel"-Kolloquiums, vgl. Weinrich: „Fünfte Diskussion: Mittelalter und Renaissance. Zitat und Wiederkehr des Mythischen". Vgl. auch Wehrli, Max: „Antike Mythologie im christlichen Mittelalter". In: *Deutsche Vierteljahrsschrift für Literaturwissenschaft und Geistesgeschichte* 57 (1983), S. 18–32, insbes. S. 24 f. sowie Kern, Manfred: „Einführung in Gegenstand und Konzeption". In: *Lexikon der antiken Gestalten in den deutschen Texten des Mittelalters*. Hg. v. Alfred Ebenbauer, Manfred Kern u. Silvia Krämer-Seifert. Berlin, New York 2003, S. IX–XCI, der vom „Unerledigte[n] und Unerledigbare[n] des Mythos" (S. XIX) in mittelalterlichen Deutungssystemen spricht. Diese Restbestandsthese von mythischer Selbstreferenz verdankt sich einer Forschungsoptik, die mittelalterliche Antikenrezeption vornehmlich vom Erneuerungspunkt der Renaissance aus in den Blick nahm; vgl. etwa zum „Auflösungs- oder Dekompositionsprozeß" von Mythen im Mittelalter Seznec: *Fortleben der antiken Götter*, S. 157; Panofsky: *Renaissancen*, S. 103).

szeniert, d. h. als Erzählungen, die mittels fremdreferentieller Umstellungspraktiken in Wissensordnungen eingebunden werden können, doch treten mythologische Figuren zugleich selbstreferentiell als narrative Handlungsträger in Erscheinung.[221] Die zeichentheoretische Unterscheidung von Selbstreferenz und
Fremdreferenz führt auf ein sowohl theoretisch als auch literarisch artikuliertes
Feld von Äußerungen, die den Zeichenstatus von Mythen (als Verhüllung bzw.
*significatio* für andere Sinnmöglichkeiten) produzieren *und* unterlaufen. Zwischen
den Extremen, bloß auf Wissensordnungen beziehbar oder aber selbst wissbar zu
sein, beginnen Mythen und mythologische Figuren zu changieren.

Aber lässt sich angesichts dieser Umstellungspraktiken von einem kohärenten
Mythos*diskurs* des Mittelalters sprechen? Oder sind die betrachteten Phänomene
anderen Diskursen wie der Naturphilosophie, der Grammatik und Rhetorik oder
aber literarischen Gattungen wie dem Antikenroman zuzurechnen? Versteht man
mit Michel Foucaults *Archäologie des Wissens* einen Diskurs als Bündel von
Formationsregeln, die durch spezifische Regularitäten (1.) Modalitäten, (2.) Begriffe, (3.) Gegenstände und (4.) Strategien von Äußerungen aufeinander beziehen, so lässt sich durchaus das Profil eines mittelalterlichen Mythosdiskurses
rekonstruieren.[222]

(1.) *Modalitäten.* Wie die voranstehenden Beispiele zeigen, wird das Sprechen
über Mythos im Mittelalter von spezifischen Logiken der Verkettung organisiert,
die Narrative nicht nur zu Erzählkernen dekomponieren,[223] sondern diese zugleich
auf andere Aussagen beziehen, die als eigentliche Bezeichnung deklariert werden.
Was Ideen- und Begriffsgeschichte als Euhemerismus, Mythenallegorese oder
integumentale Hermeneutik beschreiben, fügt sich zu einem Bündel von An-

---

**221** Besonders deutlich wird diese Spannung in zeitgenössischen Mythographien, die dieselben
Gegenstände zu konträren Zeichenformen ausarbeiten. Während etwa die *Integumenta Ovidii* des
Johannes von Garland (ca. 1180 – 1272) Ovids *Metamorphosen* als *integumenta* inszenieren, deren
verborgene Wahrheiten es freizulegen gelte, verzichtet der *Fabularius* Konrads von Mure (um
1210 – 1281) gänzlich auf integumentale Deutung und bietet seine mythologischen *fabulae*, allen
voran diejenigen Ovids, weitgehend narrativ dar. Vgl. zu Johannes von Garland zusammenfassend Chance: *Medieval Mythography 2*, S. 236 – 252; zu Konrad von Mure vgl. die Einleitung in
Konrad von Mure: *Fabularius*. Hg. v. Tom van de Loo. Turnhout 2006, insbes. S. XLIV–LI.
**222** Vgl. Foucault: *Archäologie des Wissens*, S. 48 – 103. Mit diesen Kategorien greife ich nur
ausgewählte Aspekte des Foucaultschen Diskurskonzeptes auf – Begriffe, die für den hier verfolgten Zugang analytisch aufschlussreich sind. Mit dieser Auswahl folge ich Titzmann: „Kulturelles Wissen", insbes. S. 51– 53.
**223** Gerade die Zerlegung antiker Mythologien im Mittelalter hat die Forschung seit je beschäftigt: Schon Seznec untersucht die „Dekomposition" von Mythen (Seznec: *Fortleben der
antiken Götter*, S. 157), Richard Newald spricht von „Atomisierung" (Newald, Richard: *Nachleben
des antiken Geistes im Abendland bis zum Beginn des Humanismus. Eine Überschau*. Tübingen
1960, S. 192f. und 217, hier vor allem im Hinblick auf die philosophische Rezeption).

dersreden, die zwischen Selbstreferenz und Fremdreferenz unablässig pendeln. Nicht bloße Fremdreferenz, sondern fremdreferentielle Umstellungsvorgänge kennzeichnen demnach den Redemodus mythographischer Texte.

(2.) *Begriffe.* Zur Bezeichnung dieser Praxis werden spezifische Begriffe antiker Mythosdiskurse übernommen, aber auch weitere Lehnbegriffe geprägt. Bekannt sind zum einen Substantive wie μῦθος, μυθολογία, μυθοποιός (Mythenerfinder) oder das Adjektivattribut μυθικός – und dies nicht nur für griechischsprachige Autoren der Spätantike und des byzantinischen Mittelalters.[224] Auch als lateinische Lehnworte begegnen *mythos, mythicon* oder *mitologia* bei mittelalterlichen Mythographen – etwa in Werken, die auf Texte und Mythoskonzepte Varros, Martians oder Fulgentius' zurückgreifen.[225] Die althoch-

---

224 Vgl. nach der Ausgabe Migne, Jacques Paul (Hg.): *Patrologiae cursus completus. Series graeca.* Paris 1857–1866 [im Folgenden: *PG*]: Justinus Martyr: *Apologia pro christianis.* In: *PG* 6, Sp. 363B (1,23) und 369A (1,26); Clemens von Alexandria: *Cohortatio ad gentes.* In: *PG* 8, Sp. 73A–B (2) und 238B (12); *Stromata.* In: *PG* 9, Sp. 89B–92A (5,9) und 244B (6,3). – Origenes: *Contra Celsum libri VIII.* Hg. v. Miroslav Marcovich. Leiden [u.a.] 2001, S. 81,6 (2,5), S. 252,27 und S. 253,5 (4,28), S. 255,6, S. 256,14 f., S. 256,19 f. und S. 257,3 (4,39); S. 264,26, S. 265,12 und S. 265,21 (4,48); S. 268,4 (4,50). – Methodios von Olympos: *Convivium decem virginum.* In: *PG* 18, Sp. 161C–165B (14). – Alexander von Lykopolis: *Tractatus de placitis manichaeorum.* In: *PG* 18, Sp. 425A–B (10) und 445B–C (25). – Synesios: *De providentia.* In: *PG* 66, Sp. 1213B (1,2). – Photios: *Bibliotheca.* In: *PG* 103, Sp. 604C–605D (189).

225 Vgl. z. B. als einflussreiche Quelle die Belege für *mythos* in Martianus Capella: *De nuptiis Philologiae et Mercurii.* Hg. v. James Willis. Leipzig 1983, S. 29,6 (2,100), S. 57,24 (2,220) und S. 59,1 (3,222). Den deutlichsten Übergang von griechischer und lateinischer Terminologie stellt Augustinus in Auseinandersetzung mit Varros *Antiquitatum rerum humanarum et divinarum libri XLI* her: „Deinde illud quale est, quod tria genera theologiae dicit esse, id est rationis quae de diis explicatur, eorumque unum mythicon appellari, alterum physicon, tertium civile? Latine si usus admitteret, genus quod primum posuit, fabulare appellaremus; sed fabulosum dicamus; a fabulis enim mythicon dictum est, quoniam μῦθος Graece fabula dicitur" („Was bedeutet ferner seine Aussage, es gebe drei Arten der Theologie, das heißt der theoretischen Erklärung bezüglich der Götter, und von denen eine die mythische Theologie genannt werde, eine andere die naturphilosophische Theologie und die dritte die Staatstheologie? Wenn es der lateinische Sprachgebrauch erlaubte, sollten wir die erstgenannte Art die fabelartige [*genus fabulare*] nennen. Aber lasst sie uns fabulös [*fabulosum*] nennen; der Ausdruck *mythisch* [*mythicon*] ist nämlich von Fabel abgeleitet, da die Fabel auf Griechisch μῦθος heißt"); Augustinus, Aurelius: *De civitate dei. Libri I–XXII.* Hg. v. Bernhard Dombart u. Alfons Kalb. 4. Aufl. Turnhout 1955, S. 170 f. (6,5,1–6). Vor Augustinus ist *mythicon* u. a. bei Tertullianus: *Ad nationes libri duo.* Hg. v. Jan W. Borleffs. Leiden 1929, S. 37,13 und 15 (2,1), S. 40,16 (2,3) sowie S. 49,3 (2,7) belegt. Auch Johannes Ridewall verwendet die entlehnten Ausdrücke *mithologia* und *mithos:* vgl. Liebeschütz: *Fulgentius metaforalis*, S. 70 (Kap. „Ydolatria"). Für weitere Belege vgl. Horstmann: „Mythosbegriff", S. 7–10. – Das Corpus der *Library of Latin Texts (Series A)* weist für die Texte der Patristik und der erfassten mittelalterlichen Autoren (im Zeitraum 736–1500) insgesamt 43 Belege für *mythos, mythicon/mythicus, mitologia* und Ableitungen (*mythopoeia; mythistoria;*

deutsche Übersetzung von Martians mythographischer Enzyklopädie *De nuptiis Philologiae et Mercurii* durch Notker Labeo zeigt zudem mit einem experimentalen Übersetzungsversuch für *mithos*, dass schon in frühen volkssprachlichen Übertragungen eine mittelalterliche Arbeit am Mythosbegriff nachweisbar ist – eine Begriffsarbeit, die Differenzierungsbemühungen um mehrdeutige Redeweisen belegt.[226] Auch im Mittelalter kursieren also spezifische Bezeichnungen für Mythos, von denen *integumentum* oder *involucrum* (Verdeckung, Verhüllung) nur die bekanntesten sind.

Dies betrifft nicht zuletzt das Wortfeld zu lat. *fabula*, das als Standardausdruck des Mythosbegriffs im Mittelalter gilt.[227] Bei genauerem Hinblick zeigen sich auch hier schon früh Differenzierungen: Für Isidor von Sevilla etwa kann der Ausdruck *fabula* allein den doppelbödigen Irrtum heidnischer Götterkulte und ihrer Glaubenserzählungen nicht erfassen – Isidor akzentuiert sie daher z. B. attributiv als „vanae fabulae".[228] Auch der im gesamten Mittelalter rezipierte Macrobius-Kommentar zum *Somnium Scipionis* unterscheidet programmatisch zwischen Fabeln wie denjenigen Äsops auf der einen Seite, die vollständig aus erdichteten Lügen bestünden, und einer unzutreffenden Äußerungsweise, die hingegen Wahrheit in erdichteter Gestalt vortrage – für diese zweite Erzählform der Mythen prägt Macrobius den Ausdruck „narratio fabulosa", der auch in Mythographien des hohen Mittelalters begegnet.[229]

---

einschl. griechischer Schreibungen im lateinischen Text) aus (Stand der Onlinerecherche unter www.brepolis.net: 21.02.2011).

**226** Nach dem Zeugnis der Handschrift St. Gallen, Stiftsbibliothek, CSg 872 (11. Jahrhundert) übersetzt Notker die martiansche Pluralform „mithos poetice" mit ahd. „diu mêterlichen spél" (dichterische Sagen, gleichnishafte Erzählungen); Notker [Labeo]: *Die Hochzeit der Philologie und des Merkur. Diplomatischer Textabdruck, Konkordanzen und Wortlisten nach dem Codex Sangallensis 872.* Hg. v. Evelyn Scherabon Firchow. Hildesheim 1999, Bd. 1, S. 89 (vgl. Nc08910 und Nc08914). Notker wählt mit ahd. *spel* einen Ausdruck, der nicht einfach *Erzählung* meint, sondern schon jene Doppelung von Selbstreferenz und Fremdreferenz konnotiert, die für mehrdeutiges figuratives Sprechen kennzeichnend ist. Vgl. Seebold, Elmar (Hg.): *Chronologisches Wörterbuch des deutschen Wortschatzes.* Berlin, New York 2001–2008, Bd. 2, S. 785 f., s.v. *spel*.

**227** Vgl. Betz, Werner: „Zur Wortgeschichte von ‚Mythos'". In: *Deutsche Sprache. Geschichte und Gegenwart. Festschrift für Friedrich Maurer zum 80. Geburtstag.* Hg. v. Hugo Moser, Heinz Rupp u. Hugo Steger. Bern, München 1978, S. 21–33, insbes. S. 22.

**228** Vgl. Isidor von Sevilla: *Etymologiae* 8,11. „Vanae fabulae" ist äquivalenter Ausdruck zu μῦθοι κενοί (leere Erzählungen), eine Kampfformel, die zwischen Celsus und Origenes gefallen war; vgl. Origenes: *Contra Celsum*, S. 22,12 (1,20).

**229** Macrobius: *In somnium Scipionis*, S. 5,11–13 (1,2,7): „Fabulae, quarum nomen indicat falsi professionem, aut tantum conciliandae auribus voluptatis, aut adhortationis quoque in bonam frugem gratia repertae sunt" – grundsätzlich treffen *fabulae* „falsche Aussagen, was entweder um des Vergnügens willen oder zur Unterweisung" geschehe. Zur Unterscheidung von äsopi-

Mythos als Erzählform zwischen Wahrheit und Lüge setzt damit in etablierten Begriffsfeldern der doppelten Rede (*fabula, involucrum, integumentum*) eine Unruhe neuer Attributionen, Differenzierungen und Substitutionen frei, in denen sich die referentielle Unruhe dieser Erzählform selbst spiegelt. Diese Begriffsgeschichte wäre eingehend erst noch zu erforschen. Für die hier verfolgte Leitfrage ist jedoch schon die vorläufige Beobachtung aufschlussreich, dass Mythen und Mythenauslegung weder in einem undifferenzierten *fabula*-Diskurs aufgehen (so das Argument der Kontinuitätsthese), noch dem Feld geistlicher Allegorese zugeschlagen werden (so die Okkupationsthese). Mittelalterliche Autoren prägen vielmehr für mythographische Objekte spezifische Bezeichnungen.

(3.) *Gegenstände.* Im Schnittfeld von mythographischen Redeverfahren und Bezeichnungen tritt ein Gegenstandsspektrum in den Blick, das sich durchaus nicht in Götter- und Heroenerzählungen erschöpft. Als *integumenta* gelten auch zu Göttern erhobene Prinzipien oder Menschen der Antike, die wie der Arzt Aeskulap oder die Magierin Medea aufgrund herausragender Fähigkeiten verehrt wurden – darin schließen mittelalterliche Mythographien an antike Diskurse an. Darüber hinaus werden im gesamten Mittelalter – unterstützt nicht zuletzt vom Begriffsgebrauch des Neuen Testaments[230] – mythosspezifische Redepraktiken verwendet, um konkurrierende Glaubenslehren und Kulte als dämonistische Irrtümer zu diffamieren. Als ein solcher theologischer „Kampfbegriff" ist der Mythosbegriff nicht nur im frühen Christentum oder in der Patristik belegt, sondern durchzieht auch lateinische und volkssprachliche Texte des hohen Mittelalters:[231] Für Augustinus wie für Herbort von Fritzlar sind Dämonen und Teufel Urheber bzw. Subjekte von Mythen.[232]

Ein wachsendes Interesse an platonischer Kosmologie und aristotelischer Naturphilosophie zieht ab dem 12. Jahrhundert neue Gegenstände auf das Feld der Mythographie:[233] Veränderungsprozesse in der Natur und Sternkonstellationen,

---

scher Fabel und indirekt wahrheitsfähiger *narratio fabulosa* vgl. ebd., S. 5,22–27 (1,2,9); dazu Stock: *Myth and science*, S. 44 f. Im 12. Jahrhundert begegnet der Ausdruck *narratio fabulosa* z. B. in der oben zitierten *integumentum*-Definition des (pseudo-)bernardinischen *Aeneis*-Kommentars wie auch in Bernardus' Macrobius-Kommentar; zur Kontinuität von Macrobius' Begrifflichkeit vgl. die Einführung von Minnis, Alastair J. u. Alexander B. Scott: „Poetic fiction and truth: William of Conches, Bernard Silvester, Arnulf of Orleans, and Ralph of Longchamps". In: *Medieval literary theory and criticism c. 1100 – c. 1100. The commentary-tradition.* Überarb. Aufl. Oxford 1991, S. 113–126, insbes. S. 118 f.

**230** Vgl. 1 Tim 4,7; 2 Tim 4,4; Tit 1,14; 2 Petr 1,16.

**231** Vgl. die Belege bei Stählin: „Mythos".

**232** Vgl. Augustinus: *De civitate dei*, S. 170–178 (6,5–6,8); Herbort: LvT 3497–3510.

**233** Vgl. Chance: *Medieval Mythography 2*; Stock: *Myth and science*; Dronke: *Fabula*, insbes. S. 79–153.

kosmologische Erklärungsmodelle wie die Erzählung vom Welt-Ei, aber auch Parallelentwürfe zur christlichen Raumordnung wie Unterwelttopographien gehören nun ebenfalls zu den Gegenständen, die Mythographien repräsentieren und diskutieren. Welche Komplexität die Objektbereiche mittelalterlicher Mythographie gewinnen, belegt Ende des 12. Jahrhunderts Alberichs *De diis gentium:* Kulte und Götternamen der griechischen, römischen und ägyptischen Polytheismen werden nicht mehr attackiert, sondern in einen gemeinsamen fremdreferentiellen Diskurs über Kosmologie, Ethik, Physik, Sprach- und Zeichentheorie eingebunden.

Die Grenzen öffnen sich weiter und werden zunehmend unscharf. Gehörte es bis zu Beginn des 12. Jahrhunderts zu den Kriterien mythischer Objekte, einem der vorchristlichen Polytheismen zu entstammen bzw. darauf zu referieren, so wird selbst diese Leitunterscheidung unsicher, wenn Wilhelm von Conches die Aussage des *Genesis*-Berichts als Mythos charakterisiert, dass sich oberhalb des Firmaments Wasser befinden könne.[234] Kaum lässt sich angesichts solcher Veränderung des Gegenstandsbereichs mittelalterlicher Mythoskonzepte von einem diskursgeschichtlich stabilen Spektrum sprechen. Dies gilt nicht zuletzt auch für das zeitgenössische Umfeld des *Trojanerkriegs.* So umrahmt der um 1273 vollendete *Fabularius* Konrads von Mure seinen mythographischen Hauptteil, bestehend aus einer Genealogie der Götter und ihrer Beschreibungen, mit einem historischen Abriss vom Urgroßvater Abrahams bis zur Geburt Christi sowie einer alphabetischen Liste von Edelsteinen, Bäumen und Kräutern. Im Unterschied zu seinen distinkten Redemodalitäten zeigt sich das Feld mittelalterlicher Mythographie hinsichtlich seiner Gegenstände also weniger als trennscharfer Diskurs, sondern allenfalls als diskursähnliche Formation.

(4.) *Strategien.* So komplex sich die Evolution dieser Formation vollzieht, sie lässt doch mindestens drei dominante Strategietypen erkennen. Auf Ebene der Institutionalisierung lassen sich zum einen Autorisierungsstrategien greifen: Uneigentlichkeit mythologischer Verhüllung wird als Geltungssteigerung eines Wissens betont, das sich demonstrativ vor profanem Zugriff schützt. Der prekäre Referenzstatus von Mythen erscheint in dieser Perspektive nicht als Mangel, sondern umgekehrt als Ausweis und Sicherung von epistemischer Dignität. Wenn die volkssprachigen Erzählliteraturen im 12. Jahrhundert vor allem mit Antikenromanen einsetzen, so kann der Geltungsanspruch höfischer Erzählkultur auf diese Diskursstrategie der epistemischen Geltungssteigerung aufbauen.

---

234 Zweifel am Literalsinn der Genesis haben freilich Vorläufer in der christlichen Exegese – bereits Origenes etwa verwirft die Schöpfung Adams und die Verwandlung von Lots Frau als unglaubwürdig; vgl. dazu Westra: „Interpretation of myth", S. 283.

Zweitens kennzeichnet mittelalterliche Mythographie die grundlegende Strategie, epistemische Energie zu erzeugen. Mit ihren unablässigen referentiellen Umstellungsakten zielt sie auf Aktualisierung und Aktivierung von Wissen – die Vergegenwärtigung von mythographischem Wissen bildet damit einen Spezialfall mittelalterlicher Erneuerungskultur, die sich allgemein in der Spannung von Fremdbezug und Selbstbezug entfaltet.[235]

Drittens verfolgen Mythographien von der Patristik bis zum Spätmittelalter Experimente mit erhöhter Irritabilität für Fremdheit. Sie entwickeln Mythos als Redepraxis, die alteritäre Zeichensysteme, Praktiken und Wissensformen nicht restlos in christliche Währung ummünzt (Seznec), sondern sich mit der Andersheit des Anderen fortwährend reizt – mittels Semantiken des Irrtums, des Uneigentlichen, des Fiktiven. Man könnte damit mittelalterliche Mythographie als einen Diskurs im Zustand permanenter Autoimmunreaktion betrachten, die dadurch Kommunikation nicht reduziert, sondern potenziert. Solche Reizbarkeit und dadurch bedingte Tendenzen zur Hyperkommunikation wären Phänomene, bei denen das Forschungsparadigma der Alterität tatsächlich ansetzen könnte, ohne neuzeitliche Annahmen zur Fremdheit mittelalterlicher Rationalität zurückspiegeln zu müssen.

Damit lässt sich die Ausgangsfrage klar beantworten: Es gibt durchaus einen Mythosdiskurs des Mittelalters, für den die Vokabel Mythos nicht nur brauchbar, sondern benötigt ist. Während allerdings Redemodalitäten und Begriffe dieses Diskurses ein deutlicheres Profil bilden, zeigen sich Gegenstände und Strategien weniger stabil. Es empfiehlt sich daher, eher von einer diskursähnlichen Formation statt von einem voll konstituierten Diskurs zu sprechen.

---

**235** Diese mythographische Energie wird vielfach als Erneuerung beschrieben, mit der Erzählungen lebendig blieben bzw. wieder würden – so etwa in Baudris von Bourgueil Relektüre der fulgentianischen *Mitologiae*: „Credo, vivit adhuc nobiscum fabula lecta, / Vivit enim quicquid fabula significat" („Ich glaube, die vorgetragene Erzählung lebt bis jetzt unter uns, / denn was die Erzählung auch immer bezeichnet, lebt"); Baudri von Bourgueil: *Carmina*. Hg. v. Karlheinz Hilbert. Heidelberg 1974, S. 222 (154,653f.). Zur Dimension des Erneuerns in der Spannung von Selbst- und Fremdreferenz vgl. grundsätzlich Hasebrink: „Ambivalenz des Erneuerns".

## 2.5 Der Trojanische Krieg zwischen Historiographie und Mythologisierung

Gehört auch Konrads *Trojanerkrieg* zu dieser diskursähnlichen Formation, wie der euhemeristische Götterexkurs nahelegt – oder ordnet er sich gemäß mittelalterlichem Gattungsverständnis nicht eher der Geschichtsdichtung zu?[236] Obwohl diese Frage grundsätzlich zu bejahen ist, verdient sie besondere Begründung. Denn erstens zeigt sich die Unterscheidung von Mythographie und Historiographie im Mittelalter weit weniger trennscharf: Zwar grenzen auch mittelalterliche Autoren Geschichte und Mythos konzeptionell voneinander ab,[237] doch zeigen sich zwischen historiographischer und mythographischer Praxis vielfältige Verflechtungen. Eine ihrer prominentesten Interferenzzonen sind Trojaerzählungen: Nicht nur Figuren wie Hercules und Achill, Jason und Medea, Paris und Helena, Cassandra oder Polyxena gehören zum gemeinsamen Bestand von mittelalterlicher Geschichtsschreibung und Mythosdiskurs, sondern ebenso Handlungssequenzen wie das Parisurteil, die Argonautenfahrt und nicht zuletzt das Ereignis der Zerstörung Trojas selbst.[238] Stofflich betrachtet ordnet sich der Trojanische

---

**236** Als maßgebliche Antwort galt bislang die Einschätzung von Lienert: *Geschichte und Erzählen*: Zwar verarbeite Konrad mythographisches Quellenmaterial und beziehe sich dabei auf den „Mythos Troja" (S. 373 f.), doch verfolge der *Trojanerkrieg* als Erzählung von Weltgeschichte insgesamt historiographische Ansprüche. Vgl. mit demselben Tenor auch Dies.: „Antikenroman als Geschichtswissen". In: *Die deutsche Trojaliteratur des Mittelalters und der frühen Neuzeit*. Hg. v. Horst Brunner. Wiesbaden 1990, S. 407–456, insbes. S. 448 f. – Grundsätzlich bezweifelt werden muss zunächst, ob sich der Trojastoff tatsächlich trennscharf nach Mythographie und Historiographie scheiden lässt. So legen mehrere Forschungsbeiträge nahe, dass Trojaerzählungen einem Imaginären entspringen, das sowohl in historiographische als auch in mythographische Darstellungen eingeht: vgl. Baumgartner, Emmanuèle u. Laurence Harf-Lancner (Hg.): *Entre fiction et histoire. Troie et Rome au Moyen Âge*. Paris 1997, darin insbes. Sektion 1: „L'imaginaire troyen: entre mythe et histoire", S. 23–109). Zur gattungs- und diskursübergreifenden Streuung von Trojasujets vgl. auch die Übersicht von Alfen, Fochler u. Lienert: „Repertorium" und Lienert: „Troja-Anspielungen". Als Elemente des mittelalterlichen Imaginären können Trojamythen dann entsprechend unterschiedlich kontextualisiert werden – nicht zuletzt in literarischen Selbstbeschreibungen höfischer Kultur: vgl. Kellner: *Ursprung und Kontinuität* sowie Reich, Björn: „Helena und der Gral. Trojamythos und Adelskritik im *Göttweiger Trojanerkrieg*". In: *Mythes à la cour, mythes pour la cour (Courtly mythologies)*. Hg. v. Alain Corbellari [u.a.]. Genf 2010, S. 179–190.
**237** „Historia est narratio rei gestae", definiert bündig etwa Isidor von Sevilla: *Etymologiae*, 1,41,1; „fabulae" hingegen, zu denen Isidor auch mythologische Sujets rechnet, „non sunt res factae, sed tantum loquendo fictae" (1,40,1). Auch spätantike Geschichtswerke zum Trojanischen Krieg vererben ihren mittelalterlichen Lesern diese Unterscheidung von *res gesta* und *ficta*; vgl. z. B. Dares Phrygius: *De excidio Troiae historia*. Hg. v. Ferdinand Meister. Leipzig 1873, S. 12,7–20.
**238** Werden Trojamythen geschichtlich eingeordnet, so werden sie in der Regel im dritten von sieben Zeitaltern der Weltgeschichte zwischen Abraham und David verortet. Exemplarisch zur

Krieg also weder ausschließlich der Historiographie noch bloß der Mythographie zu, sondern ist auf beiden Feldern präsent.[239] Durchlässig sowohl für historiographische als auch für mythographische Funktionen erweist sich darüber hinaus auch die Gattung des Antikenromans, die nicht nur historisch-genealogische Kontinuitäten etabliert, sondern dabei umfängliches mythologisches Material verwendet und auf die Epistemik des Mythosdiskurses zurückgreift.[240]

Dies gilt im Speziellen auch für Konrads *Trojanerkrieg*. Aus dem mythographischen Diskurs übernimmt der Roman nicht nur Götterfiguren, Heroen und einschlägige Handlungssequenzen von Trojamythen. Auch mythographisch diskursivierte Verfahren wie die bereits beobachtete schwebende Referenz, die betonte hermeneutische Programmatik der indirekten Wissensvermittlung (anhand der Erzählung solle der Rezipient „saelic bilde" und „edel bîschaft nemen", Tr 284 f.) oder die ausgeprägte Differenz von vorchristlicher und (nach)christlicher

---

Entstehung von Mythen in diesem Zeitabschnitt und der Ereignisse um Troja kann hierzu wiederum Isidor angeführt werden: „Tertia aetas. [...] Fabulae fictae sunt. [...] Apollo medicinae artem invenit citharam repperit. [...] Priamus regnavit in Troia. [...] Hercules flammis se iniecit. [...] Alexander [= Paris, B.G.] Helenam rapuit. [...] Troia capta est. [...]." Isidor von Sevilla: *Etymologiae*, 5,39,8 – 12. – Zur Mythographisierung derselben Figuren und Ereignisse vgl. z. B. die entsprechenden Einträge bei Alberich von London: „De diis gentium", den anderen vatikanischen Mythographen und vielen weiteren Mythographien.

**239** Zur mehrfachen Funktionalisierung von Trojaerzählungen in historiographischer, literarischer und politischer Rezeption des Mittelalters vgl. den Überblick von Graus, František: „Troja und trojanische Herkunftssage im Mittelalter". In: *Kontinuität und Transformation der Antike im Mittelalter. Veröffentlichung der Kongreßakten zum Freiburger Symposion des Mediävistenverbandes*. Hg. v. Willi Erzgräber. Sigmaringen 1989, S. 25 – 43; speziell für die deutschsprachige Rezeption hat Cornelia Herberichs diese Engführung von historischen und literarischen Ansprüchen dargestellt: vgl. Herberichs, Cornelia: *Poetik und Geschichte. Das „Liet von Troye" Herborts von Fritzlar*. Würzburg 2010.

**240** Zur Mythologie in deutschsprachigen Antikenromanen vgl. zusammenfassend Lienert, Elisabeth: *Deutsche Antikenromane des Mittelalters*. Berlin 2001, S. 13 – 18. Dass auch die Gattungspoetologie des Antikenromans auf fremdreferentieller Epistemik aufbaut, belegt etwa die oft zitierte Typologie von Jean Bodels *Chanson des Saisnes* (um 1200): Während die Erzählungen der *matière de Bretagne* fiktiv, wenngleich unterhaltsam seien („vain et plaisant") und die *matière de France* wirkliche, greifbare Geschichte präsentiere („de voir chascun jor aparant"), zeichne sich die *matière de Rome* durch lehrreiche, Wissen vermittelnde Erzählungen („sage et de san aprenant") aus. Mit dem mythographischen Diskurs teilt der Antikenroman in dieser Einschätzung also den indirekten Bezug auf Wissbarkeit; Bodel, Jean: *La chanson des Saisnes*. Hg. v. Annette Brasseur. Genf 1989, hier Bd. 1, S. 3 (Prolog, V. 9 – 11).

Perspektive[241] beweisen, dass der *Trojanerkrieg* unlöslich mit der diskursähnlichen Formation der Mythographie verbunden ist.

Die Frage nach der Diskurszuordnung von Konrads Roman führt somit mindestens zu einer doppelten Antwort. Im Schnittfeld von Historiographie und Mythographie gehört er beiden Diskursfeldern an – doch erweist sich die Alternative Geschichte *oder* Mythos bei genauerem Blick als falsch gestellte Frage, die dem interdiskursiven Interferenzbereich nicht gerecht wird, in dem sich der *Trojanerkrieg* programmatisch ansiedelt. Während seine historiographischen Züge bereits erschlossen sind, steht eine Erkundung seiner mythographischen Diskursbezüge und ihrer Transformationen noch aus.

Diese Richtung schlagen die nachfolgenden Studien ein. Am Leitfaden der erarbeiteten Wissenskategorien lässt sich rekonstruieren, dass Konrads Text im Rahmen dieser diskursähnlichen Formation neue Wege bahnt, indem er grundlegende Diskursregeln verändert. Mythos erscheint nicht länger als schwierige, nur indirekt auf Wissensordnungen beziehbare Äußerungsform, sondern gewinnt mittels literarischer Verfahren selbst die Form des Wissens.

## 2.6 Zusammenfassung: Mittelalterliche Mythographie zwischen Wissensordnungen und Wissbarkeit

Wie der voranstehende Rekonstruktionsversuch zeigte, durchzieht mittelalterliche Textkulturen ein Mythosdiskurs (genauer: eine diskursähnliche Formation), die in der jüngeren Forschung bislang verdeckt blieb. (1.) Diese diskursähnliche Formation zeigte sich in heuristischer Perspektive, d. h. unter Verzicht auf normative Definitionsbemühungen um den Mythosbegriff. Stattdessen war nach den historischen Äußerungspraktiken zu fragen, die im Mittelalter mit dem Mythosbegriff verbunden sind. (2.) Mythostheorien und Mythographien führten am Leitfaden dieser Frage in lateinischer und volkssprachlicher Literatur des Mittelalters auf spannungsvolle Wechselbeziehungen, die sich zeichentheoretisch als Spannung von Fremdreferenz und Selbstreferenz präzisieren ließ. (3.) Einerseits sprechen mittelalterliche Autoren Mythen die Funktion zu, in verhüllter Form auf anderweitige Gegenstände des Wissens zu verweisen – Mythen lassen sich auf Wissensordnungen beziehen, ohne selbst schon wissensförmig, d. h. wissbar zu sein. (4.) Andererseits kommen Mythen aber auch in ihrer wörtlichen Bedeutung

---

241 Diesen Kontrast kehrt der *Trojanerkrieg* zwar weniger polemisch hervor als Herborts *Liet von Troye*, führt ihn aber permanent mit. Standardformel hierfür ist die adverbiale Abstandsmarkierung „bî den zîten".

und primären Bildsprache zur Geltung. Ihr Diskurs umkreist die Herausforderung, die Selbstreferenz von Mythen nicht überspringen oder beseitigen zu können, sondern diese reproduzieren zu müssen – und damit auch deren Narrativität und Bildlichkeit zuzulassen, wenn nicht sogar zu verstärken. Unablässige Dynamiken der Umstellung und Resignifikation kennzeichnen daher die Praktiken der Mythographie in theoretischen Texten wie in literarischen Inszenierungen. (5.) Mythen werden damit von einem Diskurs verhandelt, der unablässig zwischen Zeichenhaftigkeit und Narrativität pendelt. Seine schwebende Referenz, oszillierend zwischen Fremd- und Selbstreferenz, produziert Aussagetypen, die weder mit Verfahren der Allegorese gleichzusetzen sind (da ihr primärer Zeichenstatus unsicher ist), noch in der *fabula*-Diskussion des Mittelalters aufgehen (da ihr Umstellungsverhalten als Sonderform ausdifferenziert wird, die extreme Fiktivitätsvorwürfe auf maximale epistemische Realitätsreferenz umlegt). (6.) Diskurs*ähnlich* ist diese Formation zu nennen, da sie zwar distinkte Redemodalitäten und Bezeichnungen entwickelt, ihre Gegenstände und Strategien jedoch stark mit anderen Diskursen verflochten bleiben. Wollte man in diesem Sinne von einem mittelalterlichen Mythosdiskurs sprechen, wären also zugleich die relativ dünnen Grenzen zu betonen, die dieser Diskurs gegenüber anderweitigen Wissensordnungen des Mittelalters besitzt. (7.) Auch Konrads *Trojanerkrieg* ist in dieser Formation angesiedelt, wobei er besondere interdiskursive Verbindungen mit der Historiographie unterhält. Zentrale mythographische Diskursbezüge (z. B. Figuren, Deutungsprogrammatik, schwebende Referenz u. a. m.) erweisen sich als Schnittstellen, die Konrads Text einschneidend modifiziert. Der *Trojanerkrieg* ist daher im Folgenden als Teil der Evolution von Wissensordnungen im Mittelalter zu untersuchen, an der sich auch die Mythographie beteiligt.

Zweiter Teil: **Untersuchung des *Trojanerkriegs*
Konrads von Würzburg**

Exemplarisch sind im Folgenden Erzählverfahren zu untersuchen, die Konrads *Trojanerkrieg* in einen Wissenstext verwandeln. Konrads Roman bearbeitet nicht nur die Vorgaben seiner Leitvorlage, des *Roman de Troie* Benoîts de Saint-Maure, sondern knüpft durch Kompilation und Montage zahlreicher weiterer Texte enge Verbindungen auch zum hochmittelalterlichen Mythosdiskurs, transformiert diesen jedoch zugleich. Worin bestehen diese Transformationen und welche Konsequenzen haben sie für die Evolution von Mythos zur Wissensform?

Konrads Experiment, mit poetischen Mitteln mythosspezifische Erzählstrukturen wissensförmig werden zu lassen, ist im Mythosdiskurs des Mittelalters keineswegs vorbildlos. Gleichwohl zeigen sich die epistemischen Formen und Funktionen dieser Evolution in kaum einem anderen literarischen Text mit ähnlicher Deutlichkeit und Reflexivität wie im *Trojanerkrieg*. Am Leitfaden der Vorüberlegungen zu Wissen als Invisibilisierung untersuchen die nachfolgenden Teilkapitel diese Transformationen unter vier übergeordneten Aspekten. Ein erster Analyseabschnitt widmet sich den Paradoxierungen, die Konrads Erzählen verstärkt aufbrechen lässt oder neu zuspitzt: mit ihnen wird Konrads Arbeit an grundlegenden Unterscheidungen greifbar, welche die literarische Beobachtung des Trojanischen Kriegs ermöglichen (Kap. III). Referenz (Kap. III.1), Kommunikationssituation (Kap. III.2) und leitende Sinnmodelle (Kap. III.3) des *Trojanerkriegs* schaffen ein gemeinsames Erzählprofil, das etablierte Unterscheidungen sowohl des Antikenromans als auch des Mythosdiskurses neu ausrichtet und damit Grundlagen zur literarischer Wissensformierung legt.

Diese Paradoxien verwandeln zugleich die Verhältnisse von Selbstreferenz und Fremdreferenz des *Trojanerkriegs* (Kap. IV). Wie in einem zweiten Schritt zu untersuchen ist, werden Sinn und Sinngrenzen mythographischen Erzählens dadurch neu eingerichtet, dass einerseits das Ereignis des Trojanischen Kriegs von Verweisung auf Präsenz gestellt wird (Kap. IV.1), andererseits Verweisungsstrukturen und fremdreferentielle Wissensbezüge diskursiviert werden, d. h. in impliziten Formen ein- bzw. angeschlossen werden (Kap. IV.2). Komplexitäten kommunikativer Verweisungsmöglichkeiten werden dabei asymmetrisiert und kanalisiert, wie es für Wissensformen charakteristisch ist.

Wissenseffekte im engeren Sinne entstehen schließlich dadurch, dass Konrads Trojaroman neue Formen der Invisibilisierung erprobt (Kap. V), die solche Referenzverhältnisse und ihre Paradoxien stabilisieren. So erzeugt der *Trojanerkrieg* nicht nur neue Komplexitäten der Begründung und Darstellung des Weltkriegs vor Troja, sondern entwickelt kunstvolle Strategien, die auflaufenden Komplexitäten gleichsam verschwinden zu lassen – mittels Erzählverfahren (Kap. V.1: Einlagerungen, Dekomposition, Paradigmatisierung, ekphrastisches Erzählen), Semantiken (Kap. V.2: Natur, Liebe) und spezifischen Effekten (Kap. V.3: Glänzen, Beobachtbarkeit und Unbeobachtbarkeit), die auf radikale Weise die

Grenzen der literarischen Wissensform sichern.[1] Die folgenden Studien stellen damit das Wissensmodell auf den Prüfstand. Erst als komplexe Gesamtfunktion eines Bündels von Erzählstrategien – im Hinblick auf Paradoxierungen, Referenzorganisation und Invisibilisierung – bringt der *Trojanerkrieg* den Mythenbestand um Troja in eine Form, die man als literarisches Wissen bezeichnen kann.

Es ist nicht zu bestreiten: Eine solche Untersuchung folgt einer brisanten These. Denn zeichnet sich Wissen nicht gerade dadurch aus, dass es als Ganzes aktualisiert werden kann? Sind Wissensformen entsprechend nicht eher kompakt und einfach, wie sich dies z.B. von Urteilen des propositionalen Wissens sagen lässt, die aktuale Bewusstseinszustände des Überzeugtseins repräsentieren? Das Wissen des *Trojanerkriegs* aber ist weder kompakt noch einfach zu beschreiben, sondern sequentiell und komplex zusammengesetzt. Es erfordert daher eine ungewohnte Optik der historischen Wissensforschung, nicht bloß Wissen *im* Roman, sondern den gesamten Roman *als* Wissensform zu beobachten. Das Faszinationspotential des *Trojanerkriegs*, das eine solche Optik im Gegenzug zu erschließen verspricht, könnte jedoch gerade in der Erkenntnis liegen, dass sich der Literaturbetrieb des späten 13. Jahrhunderts Wissensformen von überraschender Komplexität und Extension leistet.

---

1 Methodisch bedeutet dies, den Begriff der Invisibilisierung sowohl als spezifische Analysekategorie zu verwenden als auch zur Bezeichnung des funktionalen Grundzugs der gesamten Form – systemtheoretisch betrachtet also als ein *re-entry*, bei dem eine Unterscheidung (Wissen als Invisibilisierung) wiederum in das Unterschiedene eintritt (Invisibilisierung als funktionaler Teilaspekt von Wissen).

# III Paradoxien

Wie jedes Beobachten basiert auch Konrads literarische Beobachtung des Trojanischen Kriegs auf Paradoxierungen, der operativen Verwendung von „sich selbst negierenden Unterscheidungen".[1] Unterscheidungen, die Figuren oder der Erzähler einsetzen, um mit ihrer Hilfe Erzählwelt und Handlung des *Trojanerkriegs* sinnhaft zu strukturieren, setzen Einheiten voraus, in denen gegenläufige Optionen zusammenfallen: mythologische Figuren erweisen sich als menschlich und übermenschlich; der Erzähler spricht zu Anderen und doch nur zu sich selbst; den zweiten Krieg vor Troja motiviert ein dichtes Geflecht von Kausalbedingungen – die doch alle bedeutungslos werden, sobald der Krieg heraufzieht. Solche und andere Paradoxierungen strukturieren den *Trojanerkrieg* durchgehend. Provokant erhebt sie der Prolog gleich zu Beginn zum Erzählziel: Angestrebt wird ein Wiedererzählen des historischen Kriegs, das sich seinerseits nicht wiedererzählen lasse, indem es sämtliche Trojaquellen und Erzählmöglichkeiten vollkommen beinhalte.

Im Hinblick auf die epistemische Form des Romans genügt es nicht, solche Paradoxien bloß aufzuweisen. Aufschlussreich ist vielmehr, welche narrativen Strategien diese Paradoxien entfalten und stabilisieren, d. h. in welchem Maße sie die Gefahr entschärfen, dass Kommunikation sich blockiert, Beobachtung zusammenbricht. Solche Entfaltung von Paradoxien am Beispiel mythologischer Figuren (Kap. III.1), der Kommunikationssituation des Erzählers (Kap. III.2) sowie der motivationalen Kohärenzbildung (Kap. III.3) nachzuzeichnen, ist Ziel des folgenden Kapitels.

## 1 Schwebende Referenz. Das Urteil des Paris und das Erzählen mit euhemeristischen Paradoxien

Die Wissensformierung des *Trojanerkriegs* eröffnet eine paradoxe Geste des Erzählens, die sich als Erzeugung *schwebender Referenz* charakterisieren lässt. An zwei exemplarischen Mythensequenzen – der Thetis-Hochzeit und dem Urteil des Paris (Tr 804–2881) einerseits sowie dem Prolog (Tr 1–324) andererseits – ist in diesem sowie dem nachfolgenden Kapitel zu analysieren, wie neue Paradoxien entstehen, wenn Götter repräsentiert werden. Wie im vorangehenden Kapitel deutlich wurde, gehört schwebende Referenz zu den zentralen Verfahren des

---

1 Luhmann: *Die Wissenschaft der Gesellschaft*, S. 94; zur paradoxen Bedingung von Beobachtung vgl. grundlegend auch Luhmann: „Paradoxie der Form".

mythographischen Diskurses. Im *Trojanerkrieg* zeigen sich Verschiebungen dieses Modus: Schwebende Referenz wird hier als Organisationsform greifbar, die nicht nur konkurrierende Wirklichkeitsbezüge aufbaut, sondern diese zugleich gegeneinander führt, ohne sie in der Form von offenen Widersprüchen zu blockieren, zu asymmetrisieren oder als Polysemie auseinanderzulegen.[2] Götterfiguren referieren nicht nur auf Unterschiedliches, sondern heben die Kontingenz dieser Unterschiedlichkeit in einen Schwebezustand. Dieser findet sein Analogon im Kommunikationsprogramm, wie es der Prolog des *Trojanerkriegs* entfaltet.

Nach der Rekapitulation der Jugendgeschichte des Paris zu Beginn des Romans schwenkt der Erzähler zur Hochzeit von Peleus und Thetis,[3] die Jupiter „der hübsche got" (Tr 813), Oberhaupt aller Götter und Könige (vgl. Tr 1721 f.), nach dem Vorbild des arthurischen Festes ausrichtet.[4] Wie das anschließende Parisurteil gehört auch die Hochzeitsepisode zum Kernbestand mythographischer Trojaliteratur des Mittelalters, auf die Konrad zurückgreift. Weitgehende Parallelen lassen vor allem die Erzählung des *Excidium Troie* als Hauptvorlage der Passage plausibel erscheinen, die ein stärker mythographisches als historiographisches Gewicht verleiht. Schon der Romanauftakt spiegelt somit Konrads Interesse, den nahezu götterlosen Trojaroman Benoîts als Hauptvorlage mit ausgeprägt mythosorientierten Elementen und Aspekten anzureichern.[5]

---

2 Susanne Köbele hat im Hinblick auf Konrads *Goldene Schmiede* von „schwebender Komplexität" gesprochen, um parallele Zuordnungen von konkretem und abstraktem Bildgebrauch bzw. parallele Wahrnehmungsarrangements von Klang und Sinn zu beschreiben, die in Konrads Marienlob um die „Aufmerksamkeit" des Rezipienten konkurrieren: Köbele, Susanne: „Zwischen Klang und Sinn. Das Gottfried-Idiom in Konrads von Würzburg *Goldener Schmiede* (mit einer Anmerkung zur paradoxen Dynamik von Alteritätsschüben)". In: *Alterität als Leitkonzept historischen Interpretierens.* Hg. v. Anja Becker u. Jan Mohr. Berlin, New York 2012, S. 303–333, S. 313 mit Anm. 35, S. 315, 321 u. ö. Diese Beobachtung ist für die folgenden Analysen höchst anschlussfähig: Dasselbe Grundverfahren der Parallelisierung wendet Konrad im *Trojanerkrieg* auf referentieller Ebene für seine Götterfiguren an.
3 Zugunsten einheitlicher Zuordnung werden sämtliche Figurennamen im Folgenden in normalisierter Schreibung wiedergegeben, wie sie auch Lienert: *Geschichte und Erzählen* verwendet. Hiervon ausgenommen sind lediglich Namensschreibungen, die innerhalb von Zitaten stehen.
4 Zur gesamten Passage vgl. mit ausführlichen Forschungshinweisen Lienert: *Geschichte und Erzählen*, S. 41–47; Pfennig, Martin: *erniuwen. Zur Erzähltechnik im Trojaroman Konrads von Würzburg.* Bern [u.a.] 1995, S. 162–178; Worstbrock, Franz Josef: „Die Erfindung der wahren Geschichte. Über Ziel und Regie der Wiedererzählung im *Trojanerkrieg* Konrads von Würzburg". In: *Fiktion und Fiktionalität in den Literaturen des Mittelalters.* Hg. v. Ursula Peters u. Rainer Warning. München 2009, S. 155–173, insbes. S. 158–160.
5 Vgl. zusammenfassend Bate, Alan Keith: „Introduction". In: *Excidium Troie.* Hg. v. Alan Keith Bate. Bern [u.a.] 1986, S. 5–9, der das *Excidium* als „mythological pendant to the godless versions of Dares and Dictys" charakterisiert (S. 7), auf die Benoîts *Roman de Troie* und in seiner Nachfolge auch Konrad aufbauen.

Doch verdienen vor allem einige Zusätze und Änderungen Aufmerksamkeit, die den göttlichen Festgästen ein ambivalentes Figurenprofil verleihen. Neu hinzu tritt gleich zu Beginn der Passage der bereits erwähnte Kommentar über heidnische Götter. Nach dem Diskursmuster euhemeristischer Mythenauslegung antwortet darin der Erzähler auf die Irritationen des impliziten Rezipienten und seine Frage, „waz göte wæren bî der zît" (Tr 859):

> si wâren liute, als ir nû sit,
> wan daz ir krefteclich gewalt
> was michel unde manicvalt
> von kriutern und von steinen.
> ir nützen und ir reinen
> art si wol erkanden
> und tâten in den landen
> von ir tugende krefte
> und mit ir meisterschefte
> sô manic wunder wilde,
> daz man dâ von ir bilde
> müeste an beten iemer sît.
> ouch lepten gnuoge bî der zît,
> die zouberære wâren
> und wunder in den jâren
> mit gougelwîse worhten.
> die wurden ouch mit vorhten
> für göte dâ geschrîet an.
> und ob ein sinnerîche man
> schœn unde niuwe liste vant,
> der wart ouch bî der zît erkant
> für einen got der selben kunst,
> und truogen im die liute gunst
> dur daz meisterlîche dinc,
> daz alsô niuwer fünde ursprinc
> von êrst ûz sînem herzen flôz.
> (Tr 860–885)

Sie waren Menschen wie ihr heutzutage, nur dass sie große und vielfältige Macht von Kräutern und Steinen besaßen. Sie kannten ihren jeweiligen Nutzen und ihre Natur genau und wirkten an manchen Orten durch ihre mächtigen Fähigkeiten so viele fremdartige Wunder, dass man daher ihr Bildnis für alle Zeit anbetete. Auch lebten in diesen Zeiten viele Magier, die wundersames Zauberwerk trieben. Diese wurden ebenfalls aus Ehrfurcht als Götter angerufen. Und wenn ein kluger Mann eindrucksvolle, unbekannte Künste erfand, wurde er damals ebenfalls für einen Gott dieser Kunst gehalten und die Menschen ehrten ihn für das Meisterwerk, dass auf diese Weise die Quelle neuer Entdeckungen seinem Herzen frisch entsprungen war.

Der Erzähler knüpft damit ausdrücklich an jenen fremdreferentiellen Diskurs-
vertrag an, der die Redemodalitäten hochmittelalterlicher Mythographie reguliert.[6] Bei den vermeintlichen Göttern der Vorzeit habe es sich in Wahrheit um
Menschen gehandelt, denen besondere magische Ausstattung („von kriutern und
von steinen"), Kompetenz („meisterschefte") oder konkrete Erfindungsleistungen
(„niuwer fünde ursprinc") zu herausragendem Ansehen verholfen hätten. Drei
unterschiedliche Profile werden so hinter den Göttermasken anvisiert: außerge-
wöhnlich Begabte bzw. Naturtechniker, Zauberer und Ingenieure.

Explizit ordnet sich der Erzähler mit dieser Zuordnung zunächst in den Dis-
kursrahmen mittelalterlicher Mythographie und ihrer Apotheosevorstellungen
ein. Deutlich wird somit ein fremdreferentieller Spalt zwischen Bezeichnung und
eigentlich Bezeichnetem getrieben, der den heidnischen Polytheismus als metonymische Verschiebung enthüllt: Ursachen (wie die Potenz magischer Kräuter
und Steine) seien auf ihre Medien (Menschen) übertragen worden, Fähigkeiten
(„stein unde guoter würze kraft", Tr 904) und Kunstverstand („niuwe liste" und
„kunst", Tr 879 / 881) auf ihre „sinnerichen" Kunnui und Fühler hre. Nicht *de facto*
hätten also Götter existiert – lediglich „*für göte*" seien Menschen angerufen
worden, so vermerkt Konrad (Tr 877, Herv. B.G.; vgl. auch Tr 891, 897). Dass damit
weniger eine theologische als vielmehr mythographische Begründung aufgerufen
ist, beweisen auch über die Erzählsequenz hinaus Figuren aus dem Kreis der
Mythographie, die ebenfalls als Naturkundige, Zauberer und Erfinder porträtiert
werden: Der erste Schiffbauer Argus steht ebenso wie die sternkundige Magierin
Medea explizit mit „meisterschefte", „zouber" und „kunst" in Verbindung (vgl.
z. B. Tr. 7420 – 7453, 8348 – 8350).

Ausdrücklich betont Konrads Erzähler, dass derlei Übertragungen auf komplexen Wirkungszusammenhängen von befremdlichen Phänomenen, gezielter
Täuschung und irrtumsanfälliger Leichtgläubigkeit beruhten. Mittels „gou-
gelwîse" hätten Zauberer und Erfinder ihre „wunder wilde" (vgl. auch Tr 907:
„wunderlîchiu werc") betrieben, sich ansonsten aber von den Menschen fernge-
halten,

> dur daz si vor den liuten
> einvaltic unde kiusche

---

6 Vgl. z. B. in wörtlicher Entsprechung das Prooemium des sogenannten zweiten vatikanischen
Mythographen: „Ii, quos pagani deos asserendo venerantur, homines olim fuisse produntur, et
pro uniuscujusque vita vel meritis colere eos sui post mortem coeperunt"; „Mythographus
[vaticanus] secundus". In: *Scriptores rerum mythicarum latini tres Romae nuper reperti. Ad fidem
codicum Mss. Guelferbytanorum Gottingensis, Gothani et Parisiensis*. Bd. 1. Hg. v. Georg Heinrich
Bode. Celle 1834, S. 74–151, hier S. 74,3–5. Zu den euhemeristischen Grundlagen auch in der
Fulgentius-Mythographie vgl. oben Kap. II.2.4.

verhælen ir getiusche,
dâ mite si die welt betrügen
und an sich tumbe tôren zügen,
die sie für gote erkanden
und in ir opfer sanden
mit vorhten und ir prîsant.
(Tr 892–899)

Nicht nur werden die mächtigen Götter damit als kunstfertige Betrüger herabge-
stuft, auch das Urteilsvermögen ihrer Zeitgenossen wird in ein kritisches Licht
gerückt. Affektiv leicht beeinflussbar, seien die „tumbe[n] tôren" leicht zu verführen gewesen. Mehrfach akzentuiert der Erzähler zudem den zeitlichen Abstand, was ebenfalls mythographischer Praxis entspricht: irrtümliche Vergötte-
rungen von Menschen sei „bî der zît" (Tr 859, 872, 880) und „in den jâren" (Tr 874)
geschehen.[7]

Wie im vorigen Kapitel erörtert, gehören euhemeristische Deutungspro-
gramme und deren Erzählformen mit dominanter Fremdreferenz bereits vor
Konrad zum Mythosdiskurs und zu Trojaromanen des Mittelalters. Benoîts *Roman
de Troie* charakterisiert Homers Erzählung vom Trojanischen Krieg als „merveil-
lose folie", deren Götterfiguren bereits in der Antike als unglaubwürdig gegolten
hätten (RdT 64; 45–70).[8] Mehrfach demaskiert auch Benoîts erster deutschsprachiger Bearbeiter Herbort von Fritzlar den Götterglauben von Trojanern und
Griechen mit euhemeristischen Argumenten. In ihrem heilsfernen Zustand vor
Christi Geburt habe die „heidenische diet" auf Einwirken des Teufels zu Götzen-
bildern wie dem delphischen Orakel gebetet, aus denen ihnen Dämonen und
Teufel geantwortet hätten (LvT 3497–3510): „Die Götter als Götter, d. h. als selb-
ständige unabhängige Wesen, sind für Herbort gar nicht existent".[9] Hinter Teu-
felszauber und überhöhender Idolatrie erscheinen die konkreten Götterfiguren

---

7 Weitere Belege für besondere Markierung des zeitlichen Abstandes: Tr 6686 (Erzählung vom
goldenen Vlies in Kolchis: „in alter zît"), 7540, 7568, 9098, 9976, 13829, 15345. Als Mythosmar-
kierung sind entsprechende Formulierungen auch in anderen deutschsprachigen Trojatexten
präsent, so z. B. bei Herbort: LvT 3484, 6071f., 6128.
8 Diese Kritik geht bereits auf Dares zurück, demzufolge Homers Götterdarstellung in Athen als
wahnsinnig verurteilt worden sei; vgl. Dares Phrygius: *De excidio Troiae*, S. 12,13–16. Diese
Einschätzung wird im Mittelalter zur Standardposition: vgl. Kullmann, Wolfgang: „Einige Bemerkungen zum Homerbild des Mittelalters". In: *Litterae medii aevi. Festschrift für Johanne
Autenrieth zu ihrem 65. Geburtstag.* Hg. v. Michael Borgolte u. Herrad Spilling. Sigmaringen 1988,
S. 1–15.
9 Schnell, Stefan: *Mittelhochdeutsche Trojanerkriege. Studien zur Rezeption der Antike bei
Herbort von Fritzlar und Konrad von Würzburg.* Diss. Freiburg 1953, S. 109; zu Herborts Götter-
darstellung insges. S. 94–109.

dagegen als Menschen, die besondere Verehrung genießen (wie z. B. Juno, LvT 6124–6128) oder als Gründerväter bestimmter Kunstfertigkeit gelten (wie z. B. Vulkan „der getruwe smit", LvT 2987). Euhemeristische Figurenzeichnung, Idolatriekritik und Fremdreferenz bilden damit eine Trias auch für volkssprachliche Texte des mythographischen Trojadiskurses. Im 13. Jahrhundert gehören sie längst zum etablierten „Bildungsgut" des Antikenwissens.[10]

Aber entlarvt Konrad die Götter tatsächlich schonungslos als „Naturkundige, Taschenspieler, Erfinder"?[11] Konrads *Trojanerkrieg* wandelt die euhemeristisch angelegten Referenzbeziehungen zu einer paradoxen, in ihrer Ambivalenz schwebenden Konfiguration. Im Vergleich mit euhemeristischen Programmen wie der Idolatrieerzählung der Fulgentius-Tradition[12] treten bereits in der Passage der Götterkritik Spannungen hervor. So werden die deifizierten Menschen der Vorzeit auf die Schwelle zwischen Begabung und Betrug, zwischen begnadeter Rezeptivität und aktiver Täuschung gerückt. Ihr Status wird dabei prekär. Betreiben sie ihre „kunst" und „list" einerseits auf Grundlage eigener Kompetenz („sinnerîche", Tı 878), so sind sie andererseite vor allem passive Empfänger („und viel cio wunder guotes an", Tr 911) von Naturkräften. Götter sind demnach Orte der Epiphanie und Medien der Innovation: Menschen, aus denen „niuwer fünde ursprinc" im wahrsten Sinne des Wortes hervorsprudelt (Tr 884).

Ausdrücklich führt der Erzähler dies mit dem Begriff der „meisterschefte" (Tr 868, 893, 903) eng, die dadurch in die Ambivalenz[13] göttlich-menschlicher Kompetenz mit hineingenommen wird:

---

10 Worstbrock: „Erfindung der wahren Geschichte", S. 159.
11 So pointiert Monecke: *Studien*, S. 125 – an anderen Stellen konzediert Monecke allerdings Ambivalenzen dieses Programms und verweist auf das „vexatorische Spiel, das Konrad mit allem Götterwesen treibt" (S. 154).
12 Vgl. Tr 870 f.: Durch „meisterschefte" und „wunder" bewirkten Menschen der Vorzeit, „daz man dâ von ir bilde / müeste an beten iemer sît". Während die „bilde" als Ursprungsort von mythologischer Fremdreferenz bei Konrad und Herbort auf Fulgentius rückführbar sind, weicht Konrad vom Modell der Verlustgeschichte ab – nicht memoriale Trauer, sondern Verehrung vermeintlich übermenschlicher Fähigkeiten begründen den mythischen Bildkult; vgl. Fulgentius: „Mitologiae", S. 15,20–17,8 (Kap. 1,1: „Unde idolum").
13 Zutreffend konstatiert daher Pfennig: *erniuwen*, dass der Erzählerkommentar zu den Götterfiguren „seltsam ambivalent" bleibe (S. 163): abfälliger Kritik an der Überhöhung durch „tumbe tôren" (Tr 896) steht Anerkennung der „hôhen meisterschaft" (Tr 903) der Götter-Menschen gegenüber. Einzelne Spuren dieser Ambivalenz wurden auch in Benoîts *Roman de Troie* festgestellt, wo sich „die Übergänge zwischen Zauberer, Künstler und Ingenieur fließend" zeigen – so Grosse, Max: „Die Ekphrasis im altfranzösischen Antikenroman. Magie und Darstellung statt Kunst und Beschreibung". In: *Die poetische Ekphrasis von Kunstwerken. Eine literarische Tradition der Großdichtung in Antike, Mittelalter und früher Neuzeit*. Hg. v. Christine Ratkowitsch. Wien 2006, S. 97–132, hier S. 128.

in diente guot, liut unde lant,
daz kunden si gemachen
mit künstebæren sachen
und mit ir hôhen meisterschaft.
stein unde guoter würze kraft,
dies' in der wilde funden,
die schuofen z'allen stunden
an in sô wunderlîchiu werc,
daz manic walt und manic berc
nâch ir helfe ersuochet wart.
(Tr 900 – 909)

Höchstes Können und höchste Ohnmacht, Originalität und Dissimulation prallen so im Begriff der „meisterschaft"[14] und der Ursprungsfigur „niuwe[r] liste"[15] (Tr 879) paradox aufeinander. Als Kippfigur des Erfindens bezieht „meisterschaft" im

---

**14** In poetologischer Perspektive hat diese Paradoxie von *meisterschaft* in jüngerer Zeit neues Interesse gefunden. So betont etwa Bürkle, Susanne: „‚Kunst'-Reflexion aus dem Geiste der *descriptio*. Enites Pferd und der Diskurs artistischer *meisterschaft*". In: *Das fremde Schöne. Dimensionen des Ästhetischen in der Literatur des Mittelalters*. Hg. v. Manuel Braun u. Christopher Young. Berlin, New York 2007, S. 143 – 170 den relationalen Charakter der Meistertitulatur in der höfischen Epik: Der Meisterschaftsdiskurs verhandle „immer schon eine unabgeschlossene Traditionsreihe ganzer ‚Künstler-Generationen' [...] von autoritativen Vorbildern und Nachfolgern" (S. 152); *Meisterschaft* bündelt entsprechend die Spannung von Empfangen und Überbieten unter personalem Aspekt. Wenzel, Franziska: *„Meisterschaft* und Transgression. Studie zur Spruchdichtung am Beispiel des Langen Tons der Frauenlob-Überlieferung". In: *Das fremde Schöne. Dimensionen des Ästhetischen in der Literatur des Mittelalters*. Hg. v. Manuel Braun u. Christopher Young. Berlin, New York 2007, S. 309 – 334 verweist dagegen auf Verbindungen der Meisterschaftsparadoxie zur Inspirationstopik: „Literarische *meisterschaft* ist göttlich rückgebunden" (S. 328); zur literaturgeschichtlichen Entwicklung der Meisterschaftsparadoxie zwischen Erwerb und Selbstermächtigung vgl. auch Grubmüller, Klaus: „Autorität und *meisterschaft*. Zur Fundierung geistlicher Rede in der deutschen Spruchdichtung des 13. Jahrhunderts". In: *Literarische und religiöse Kommunikation in Mittelalter und Früher Neuzeit*. Hg. v. Peter Strohschneider. Berlin, New York 2009, S. 689 – 711; speziell zu Konrad auch Kellner, Beate: „Meisterschaft. Konrad von Würzburg – Heinrich von Mügeln". In: *Interartifizialität. Die Diskussion der Künste in mittelalterlicher Literatur*. Hg. v. Susanne Bürkle u. Ursula Peters. Berlin 2009, S. 137 – 162. Für Ansätze und Material zur Paradoxie der Meisterschaft in der älteren Forschung vgl. Schwietering, Julius: „Die Demutsformel mittelhochdeutscher Dichter". In: *Philologische Schriften*. Hg. v. Friedrich Ohly u. Max Wehrli. München 1969, S. 140 – 215, insbes. S. 183 – 199; Stackmann, Karl: *Der Spruchdichter Heinrich von Mügeln. Vorstudien zur Erkenntnis seiner Individualität*. Heidelberg 1958.

**15** Mhd. *list* gehört ebenfalls zu den prominenten Risikocodierungen von Wissenserfindungen, die mittelalterliche Autoren besonders häufig der vorchristlichen Antike zuschreiben; vgl. Semmler, Hartmut: *Listmotive in der mittelhochdeutschen Epik. Zum Wandel ethischer Normen im Spiegel der Literatur*. Berlin 1991, S. 182 und 185 f.

*Trojanerkrieg* somit Kunst und Magie in einem Spannungsfeld von Empfangen und Verwandeln aufeinander. Folgerichtig prägt solche Meisterschaft im weiteren Romanfortgang die Figurenzeichnung Medeas, die hochgebildete Zauberin und Medium dämonischen Wirkens zugleich ist (vgl. Tr 10582–10585).[16]

Schon im Prolog begegnet diese Ambivalenz. Selbstbewusst reklamiert der Erzähler für sich eine „meisterschaft", die absolute göttliche Inspiration und absolutes Autonomiepostulat der eigenen Poetik, maximale Rezeption sämtlicher Trojadichtungen und maximale Ansprüche an die Eigenleistung vereint.[17] Leitbegriff dieses paradoxen Dichtungsverständnisses wie auch der zugehörigen Kritik an Lern- und Lehrbarkeit literarischer Kunst, mit denen der *Trojanerkrieg* einsetzt, ist auch hier die Figur des „meister":

> man siht der meister wênic leben,
> die singen oder sprechen wol
> (Tr 6 f.)

> der man krûm einen vinden
> mac in der lande creizen,
> der müge ein meister heizen
> red unde guoter dœne
> (Tr 50 – 53)

> geruochet helfe senden
> ein meister aller künste mir,
> sô kêre ich mînes herzen gir
> mit flîze ûf einen prologum
> (Tr 258 – 261; „meister" hier als Bezeichnung Gottes)

Die Ambivalenz der *meisterschaft* führt somit Prolog und Götterkritik strukturell wie auch begrifflich zusammen. Kunstfertige Vollkommenheit (der mythisch vergöttlichten Menschen einerseits, des Erzählers andererseits) und Unverfügbarkeit ihrer eigentlichen Quellen (der Natur einerseits, göttlicher Inspiration andererseits), eigene Exzellenz und heteronomes Empfangen bezeichnen somit eine gemeinsame Matrix, in die analoge Kontrastbeziehungen von Selbstreferenz und Fremdreferenz von Mythographie und Poetik eingetragen werden. *Meister-*

---

**16** Vgl. grundlegend Hasebrink, Burkhard: „Rache als Geste. Medea im ,Trojanerkrieg' Konrads von Würzburg". In: *Literarische Leben. Rollenentwürfe in der Literatur des Hoch- und Spätmittelalters. Festschrift für Volker Mertens zum 65. Geburtstag.* Hg. v. Matthias Meyer u. Hans-Jochen Schiewer. Tübingen 2002, S. 209–230, insbes. S. 226. Zur Figurenzeichnung Medeas vgl. ausführlich auch Kap. IV.2.1.4 der vorliegenden Arbeit.
**17** Diese Paradoxie der Prologpoetik haben eingehend Beate Kellner und Burkhard Hasebrink herausgearbeitet; vgl. Kellner: *„erniuwen"*; Hasebrink: „Ambivalenz des Erneuerns".

*schaft* spiegelt als gemeinsames Leitwort diese Paradoxie aus der Dichtungsreflexion in die mythologische Konstruktion hinein.[18] Deutlich wird damit, dass weder Konrads Götterexkurs noch die poetologische Reflexion des Prologs isoliert stehen. Mythoskonstruktion und Erzählen verhandeln dieselbe Paradoxierung von Selbstreferenz und Fremdreferenz.

Die Paradoxie strahlt über den Auftakt des *Trojanerkriegs* weit hinaus. Sie geht in komplexe Kausalketten der Kriegsbegründung ein, wenn beispielsweise das von Argus, dem „listic meister" (Tr 6840), erbaute erste Schiff (vgl. Tr 6850 f.) an den Gestaden Trojas einen folgenreichen Konflikt entzündet, weil man dort noch nie zuvor ein Schiff hat landen sehen (vgl. Tr 6944–6951; 7048–7051; 7064–7067). Technische Innovation befördert – wenngleich unbeabsichtigt – militärische Provokation, verkörpert von den Argonauten um Jason. Aus Furcht vor einer möglichen Invasion verweist der Trojanerkönig Lamedon die Argonauten seines Landes – und setzt damit eine Rachemechanik geschichtlichen Ausmaßes in Gang. Im Motivationszentrum des *Trojanerkriegs* platziert der Erzähler somit Innovationsgeschichten der *meisterschaft*, die Poetologie, Mythos und trojanische Katastrophe miteinander koppeln.

Welche Bedeutung haben euhemeristische Paradoxien für das weitere Erzählen? Sind mit der Götterkritik der Thetis-Hochzeit die mythologischen Rezeptionsbedingungen gesetzt? Zielt der *Trojanerkrieg* darauf, konsequent Götter, Halbgötter, Seher und Magier als verkappte Menschen zu decodieren? Keineswegs folgt Konrads Erzählen diesen programmatischen Vorgaben, wie die Erzählsequenz von Thetis-Hochzeit und Parisurteil beweisen.

Auffällig erscheint zunächst, dass der Erzähler trotz seines aufklärerischen Idolatriereferats weiterhin an der Bezeichnung „got" für Jupiter, Cupido, Merkur und andere Festgäste festhält, doch deckt sich dies durchaus mit der Erzählkonvention anderer Antikenromane.[19] Spezifischer weicht Konrads Liste der göttlichen Festteilnehmer (Tr 917–1183) vom kritischen Erwartungshorizont ab, indem sie ein Spektrum von Figuren und Zuordnungen entfaltet, das von „humoristischen Zügen"[20] bis zum unverhüllten Bruch mit den Exkursvorgaben reicht:[21]

**18** Auch in späteren Passagen werden im *Trojanerkrieg* Götterfiguren mit dem Begriff belegt: vgl. z. B. Tr 22736.
**19** Vgl. z. B. Schnell: *Mittelhochdeutsche Trojanerkriege*, S. 96–98; Kottmann: „Gott und die Götter"; Keilberth, Thomas: *Die Rezeption der antiken Götter in Heinrichs von Veldeke „Eneide" und Herborts von Fritzlar „Liet von Troye"*. Diss. Berlin 1975; Quast u. Schausten: „Amors Pfeil".
**20** Lienert: *Geschichte und Erzählen*, S. 42.

| | |
|---|---|
| Jupiter | got; ein ursprinc / aller stolzen hübescheit (Tr 917; 934 f.; vgl. auch 1575) |
| | got bescheiden unde wîs (Tr 1583) |
| | hoves wirt (Tr 1702) |
| Apoll | der aller arzenîe list / von êrst in sînem herzen vant (Tr 944; 946 f.) |
| Mars | der aller strîte / mit sîner meisterschefte pflac (Tr 954 f.) |
| | der hôchgelopte man; strîtes got (Tr 8154 f.; 8256; 9627) |
| Cupido | ein got; der minne schütze; [...] er manigen sêrte, / als in diu minne lêrte (Tr 964 f.; 969 f.) |
| Merkur | der werde got, / der alle zungen wol vernam; aller göte bote (Tr 972 f.; 977) |
| Bacchus | des wînes got, / der von êrst erdâhte most (Tr 986 f.) |
| | gote [...], / der wîn begunde mêren (Tr 16177 f.) |
| | z'eime gote / ûf erden was enpfangen (Tr 16184 f.) |
| | des wînes got (Tr 16326) |
| | der luoders unde wînes pflac (Tr 16403) |
| Hymenäus | ein got [...], / der aller briuteloufte wielt (Tr 994 f.) |
| Neptun | ein got; erkande wol die lûne / der wazzer (Tr 1001–1003) |
| | ein got gewaltic in dem mer; weters got (Tr 24064; 24078) |
| | gewalt / [ ] daz heide fliezen unde sweben / diu wazzer müesten alle (Tr 24070– 24073) |
| Oreaden | götinn aller berge hôch; suochten unde gruoben / gesunde würze reine (Tr 1012; 1016–1018) |
| Juno | des wirtes wîp [...] / diu schatzes unde guotes wielt / und allen rîchen hort behielt (Tr 1022–1024) |
| | diu rîcheit unde guotes pflac (Tr 1195) |
| Dryaden | der boume küniginne (Tr 1030) |
| Pallas | künsterîche [...] / götinn aller wîsheit (Tr 1038 f.; 1199) |
| | meisterinne / [...] aller hôhen wîsheit (Tr 1550 f.) |
| | der künste meisterîn (Tr 1977) |
| | diu götinne (Tr 14556) |
| Ceres | ein frouwe vil gemeit, / der tugent aller sæte pflac (Tr 1046 f.) |
| Venus | die minne kêret, war si wil (Tr 1050 f.) |
| | der minne künigîn (Tr 1202) |
| | der minne wielt (Tr 1559) |
| Najaden | die frouwen [...] / die der fontânen wielten (Tr 1056 f.) |
| Amadryaden | der bluomen küniginne (Tr 1064) |
| Thetis | ein frouwe von dem sê, / diu der wazzer hete gewalt (Tr 1070 f.) |
| | ein mergötinne / [...] / si kunde biuwen âne kiel / diu wazzer mit gewalte. / ir kunst mit zouber stalte / dar inne wunderlîchiu dinc (Tr 14013–14019) |
| | ein götinne von dem mer (Tr 15273) |
| Diana | ein götîn [...] / und pflac der jegerîe (Tr 1078 f.) |
| | der tiere künigin (Tr 24092) |
| | götinne hôchgeborn (Tr 24121) |

---

**21** Aufgeführt werden die Götterfiguren der Sequenz in der Reihenfolge ihrer Nennung zusammen mit den Attribuierungen des Erzählers. Später vom Erzähler hinzugefügte Prädikate sind ergänzt, ausgeklammert bleiben dagegen Selbstbezeichnungen in direkter Figurenrede.

| Discordia | ein frouwe stolz; daz wol getâne wîp (Tr 1251; 1255) |

Discordia    ein frouwe stolz; daz wol getâne wîp (Tr 1251; 1255)
ze tiute / ein missehellung ist genant (Tr 1262 f.)
truoc [...] ein vingerlîn, / daz kunde ir antlitz und ir schîn / verdecken wol mit sîner maht; diz wunder hete an ir getân /der edel und der fremde stein (Tr 1303 – 1305; 1310 f.)
übel wîp (Tr 1302)
si füeget, daz man unde wîp / vil ofte kriegent umbe niht (Tr 1496 f.)

Konrads Götterfiguren verteilen sich im Lichte des euhemeristischen Kommentars auf drei unterschiedliche Gruppen. (1.) Zum einen entsprechen zahlreiche Figuren der Dekonstruktion von Göttern zu begabten oder betrügerischen Menschen, naturkundigen Meistern und Erfindern: Jupiter, Apoll und Bacchus werden mittels Ursprungsmetaphern als (Er-)Finder porträtiert, die Oreaden zusätzlich mit Kräuterkunde assoziiert; Mars' Kriegskunst und Merkurs Allsprachigkeit folgen explizit dem Modell von „meisterschefte", Cupido ist als Liebesschütze ausdrücklich dem Fremdgebot der „minne" zugeordnet. Besonders ausführlich entwickelt der Erzähler das fremdreferentielle Deutungsprogramm für die Figur der Discordia: ihr Name bedeute Misshelligkeit („missehellung", Tr 1263; vgl. Tr 1499), woran der Erzähler eine moralische Auslegung („ze tiute"[22]) über Streitsucht anschließt (vgl. Tr 1496 – 1501). Indem Discordias Unsichtbarkeit auf die Macht eines Edelsteins an ihrem Ring zurückgeführt wird, repräsentiert die Göttin prototypisch die fremdreferentielle Figurenzeichnung des Mythosdiskurses und ihrer „Herabstufung der mächtigen Götter zu Stein- und Kräuterkundigen".[23] Schlüssig ersetzt daher der Erzähler die Götterbezeichnung durch menschliche Weiblichkeitsbezeichnungen (z. B. „wîp": Tr 1255, 1302; „frouwe": Tr 1251, 1315; „menschlich bilde": Tr 1307).

(2.) Den euhemeristisch dekonstruierten Götter-Menschen steht jedoch ein Kreis von Figuren gegenüber, die solchen fremdreferentiellen Bezeichnungsbewegungen zuwiderlaufen. Hymenäus, Juno, Venus, Thetis und Diana werden den Sachbereichen von Heirat, Reichtum, dem Wasser und dem Tierreich weder nach dem Kompetenzmodell der *meisterschaft* zugeordnet, noch auf eine durch sie wirkende Naturkraft perspektiviert. Stattdessen erscheinen sie als mächtige Sachwalter, die Naturprozesse und Güter im Sinne universaler Zuständigkeit dirigieren und beherrschen (Leitmetaphern: „walten" und „phlegen"), wobei gele-

---

**22** Etymologische Umstellungen, wie sie ähnlich auch zum Repertoire vor allem lexikographisch orientierter Mythographien des Mittelalters gehören, sind mehrfach bei der Einführung von Paris zu finden: er „hieze dâ von Paris, / daz an im gelîche / der arme und ouch der rîche / fünden starc gerihte grôz" (Tr 1624 – 1627); „er heizet dâ von Pârîs, / daz er gelîche rihtet / und allez dinc verslihtet / nâch rehte, des man frâget in" (Tr 1746 – 1749).
**23** Pfennig: *erniuwen*, S. 167.

gentliche Überschneidungen nicht ausdifferenziert werden (so z. B. im Falle von Neptun und Thetis, die beide Einfluss auf Flüsse und Wasser ausüben).

(3.) Hinzu treten drittens Figuren, die im Lichte der Götterkritik hybride Figurenkonstruktionen darstellen, insofern sie Elemente der fremdreferentiellen Perspektive sowohl aufnehmen als auch abstoßen.[24] So werden etwa Neptun, Pallas oder Ceres einerseits mit Metaphern von Kenner- und Meisterschaft belegt, andererseits jedoch nach dem Beispiel des Hochzeitsgottes Hymenäus mit universaler Geltung in ihren jeweiligen Sachbereichen ausgestattet. Neptun besitzt nicht allein Kenntnis von den „lûnen" des Wassers, sondern vermag der Witterung auch zu befehlen (z. B. Tr 24070 – 24073). Wenn Thetis später ihren Sohn Achill unter magischer Beihilfe zweier Delphine in einer Schwimmblase durch den Ozean transportiert, schreibt der Erzähler der „mergötinne" Thetis unumschränkte Verfügungsgewalt zu, die den natürlichen Wirkungsbereich menschlicher Kunst übersteigen:

> wan ez iu wart mit rede schin,
> daz Thêtis diu muoter sîn
> was ein mergöttinne
> und daz si tet dar inne,
> swaz ir herzen wol geviel.
> (Tr 14011 – 14015)

Auch den Nachwuchshelden Achill hebt der Erzähler keineswegs aus seinem Rang als Halbgott, sondern führt dessen Unverwundbarkeit in den späteren Kämpfen vor Troja affirmativ auf das Bad im Styx zurück (Tr 31168 – 31181).[25] Ausdrücklich insistiert der Erzähler damit auf einer mythologischen Perspektive, die sich euhemeristischer Umstellung widersetzt. In ihrem Status diffus bleiben schließlich die Nebengötter der Dryaden, Najaden und Amadryaden, die weder näher spezifiziert werden noch im Roman weiter in Erscheinung treten.

Das Götterpanorama im Vorfeld des Trojanischen Kriegs weist somit keine scharfen Konturen auf. Gerade im Vergleich zur fremdreferentiellen Bezeichnungspraxis der lateinischen Mythographie wird somit deutlich, dass Konrads

---

**24** Schon Kurt Ruh hatte die Vorliebe des Erzählers bemerkt, „mit Behagen Götter und Menschen [zu] mischen"; Ruh, Kurt: „Epische Literatur des deutschen Spätmittelalters". In: *Europäisches Spätmittelalter*. Hg. v. Willi Erzgräber. Wiesbaden 1978, S. 117–188, hier S. 142.
**25** Als Paris im Verlauf der zweiten Schlacht Achills Kniescheibe mit dem Schwert zu zertrümmern versucht, zerspringt dieses (Tr 34914–34929); auch im Zweikampf mit Hector streicht der Erzähler Achills mythologische Unverwundbarkeit heraus: „nû was er ûf des herzen grunt / gehertet, als ir hânt vernomen, / daz im kein wâfen kunde komen / ze verhe durch die ganzen hût" (Tr 36418–36421).

Götterfiguren nicht einheitlich als „allegorisierend gedeutete Göttinnen" eingeführt werden.[26] Vielmehr bewirken auch Konrads Erweiterungen von Figuren- und
Erzählerrede in der Erzählsequenz zum Parisurteil, dass Referenz zwischen verschiedenen Signifikationsrichtungen zu schweben beginnt. Schwebend wird der
Ausdruck *got* nicht zuletzt dadurch, dass ihn der Erzähler sowohl der irrtümlichen
polytheistischen Perspektive als auch der christlichen Perspektive zur Verfügung
stellt.[27]

Hatten kreuzzugsepische Texte wie das *Rolandslied* oder Antikenromane wie
Heinrichs von Veldeke *Eneasroman* und Herborts *Liet von Troye* durch pejorative
Bezeichnungen (z.B. „tufel", „gespenste", „apgöte"[28]) deutlich Distanz markiert
und somit jeglichen nicht-christlichen Götterglauben als irrtümliche Teufelsan-
betung identifiziert, so verzichtet Konrad weitestgehend auf scharfe Abgrenzung.

---

**26** So Lienert: *Geschichte und Erzählen*, S. 44, speziell zu Juno, Pallas und Venus. Dies ist
bislang *communis opinio* der Forschung. Schnell: *Mittelhochdeutsche Trojanerkriege* versteht die
drei Göttinnen „durchaus als allegorische Figuren" (S. 45); Kokott, Hartmut: *Konrad von Würzburg. Ein Autor zwischen Auftrag und Autonomie*. Stuttgart 1989 sieht resümierend nur Götter,
„die Konrad euhemeristisch als extravagante zauberkundige Menschen anthropomorphisiert"
(S. 262); Basler, Karl: *Konrads von Würzburg ,Trojanischer Krieg' und Benoîts de Ste Maure
,Roman de Troie'*. Berlin 1910 zufolge habe Konrad jeglichen Götterglauben pauschal abgelehnt
(S. 116). Abwertende Tendenzen des Euhemerismus überwiegen auch für Cormeau: „Quellenkompendium", S. 310; eine „christlich-euhemeristische Aufhebung der antiken Götterwelt"
konstatiert ebenso Worstbrock: „Tod des Hercules", S. 276; Worstbrock: „Erfindung der wahren
Geschichte", S. 158–160 liest Konrads Montage der Stofftraditionen als Kompatibilisierungs-
versuch; vgl. auch Friedrich, Udo: „Diskurs und Narration. Zur Kontextualisierung des Erzählens
in Konrads von Würzburg ,Trojanerkrieg'". In: *Text und Kontext. Fallstudien und theoretische
Begründungen einer kulturwissenschaftlich angeleiteten Mediävistik*. Hg. v. Jan-Dirk Müller.
München 2007, S. 99–120, hier S. 107. Sensibler registriert dagegen Monecke: *Studien* die referentiellen Spannungen: „Die euhemeristische Erklärung der Götter wird zwar so gründlich gegeben, wie man es nur verlangen kann, aber sie dient keineswegs dazu, die mythologischen
Vorstellungen ein für allemal zu regeln" (S. 137).
**27** Dass der christliche Gott auch im *Trojanerkrieg* an entscheidenden Gelenkstellen der
Handlung (z.B. Errettung des Paris: Tr 473, 530–535; Abwendung der Niederlage der Griechen in
der zweiten Schlacht: Tr 37078–37081) providentiell eingreift, ist verschiedentlich hervorgehoben worden; vgl. zusammenfassend Pfennig: *erniuwen*, S. 154–161. Auch den Figuren legt
Konrad Phraseologismen wie „wizze Krist" (Tr 426) in den Mund, was insbesondere bei Göttern
wie Jupiter (Tr 3391: „'Nu enwelle got,' sprach Jûpiter") oder Pallas (vgl. Tr 2084) paradox
anmutet.
**28** Vgl. z.B. LvT 3497–3510. Dazu zusammenfassend Schnell: *Mittelhochdeutsche Trojanerkriege*, S. 99f.; zum *Rolandslied* vgl. Backes, Herbert: „Teufel, Götter und Heiden in geistlicher
Ritterdichtung. Corpus Antichristi und Märtyrerliturgie". In: *Die Mächte des Guten und Bösen.
Vorstellungen im XII. und XIII. Jahrhundert über ihr Wirken in der Heilsgeschichte*. Hg. v. Albert
Zimmermann. Berlin, New York 1977, S. 417–441. Im *Trojanerkrieg* begegnen solche pejorativen
Götterbezeichnungen nur in der Ausnahme von Tr 27273.

Im Gegenteil: Ungeachtet der Götterkritik und in krassem Gegensatz zu Herborts scharfer Polemik gegen den heidnischen Tempeldienst beschreibt Konrads Erzähler die prächtige Ausstattung des Marstempels, den Jason zu Ehren „des strîtes got" aufsucht (Tr 9617–9631), mit ehrenvoller Anerkennung. Opferrituale halten sich somit im Schwebezustand zwischen seriöser religiöser Praxis und „starker zouberîe kunst" (Tr 9652): Auch Helena verrichtet den Tempeldienst auf Citarêa zu Ehren der Götter „als ez in wol gezam" (Tr 20457), ohne dass Götter- und Kultdarstellung kritisch gebrochen würden.

Wenn Trojatexte in der Tradition des Kriegsberichts des Dares auch insgesamt die Rolle der Götter im Trojanischen Krieg zusammenkürzen, so nutzt Konrad als Wiedererzähler dieser Tradition dennoch wiederholt Opfer-, Beschwörungs- und Bestattungsszenen, um „Hochschätzung und Verehrung" der Romanfiguren zu ihren Göttern affirmativ darzustellen.[29] Möglichen Zweifeln am Verjüngungszauber Medeas baut der Erzähler durch rühmende Hinweise auf Medeas „meisterschaft" in Heil- und Naturkunde vor (Tr 10847–10870). Ungeschmälert durch die heidnische „site" des Menschenopfers (Tr 24555–24563) berichtet der Erzähler ebenso vom Zorn der machtvollen Jagd- und Wettergottheiten Diana und Neptun (Tr 24005–24661). Als Agamemnon und die griechischen Fürsten im Wald von Aulis eine Hindin der Diana erjagen, erbittet die erzürnte „götinne, / diu der jegerîe wielt" (Tr 24044 f.), vom Meeresgott Neptun,

> daz er geruochte den gewalt
> ir hende lîhen unde geben,
> daz beide fliezen unde sweben
> diu wazzer müesten alle
> vil gar nâch ir gevalle
> [...]
> der bete wart diu frouwe sît
> von im gewert ân allen spot.
> (Tr 24070–24077)

Der Erzähler enthält sich jeder Skepsis oder rationalen Auflösung, ja bekräftigt sogar die übermenschliche Sphäre der Götter, wenn Diana von „des weters got" (Tr 24078) Herrschaft über „wint, regen, nebel und rouch" (Tr 24086) erhält, um die frevelnden Griechen zu strafen. Figuren, die derart über Naturkräfte gebieten, scheinen das euhemeristische Erzählprogramm des *Trojanerkriegs* zu dementieren, zumindest aber den Rahmen der Dekonstruktion von Göttern zu Menschen zu übersteigen.

---

**29** Pfennig: *erniuwen*, S. 176.

In diesen Fällen wird deutlich: Konrads Inszenierung von Götterfiguren ist mehr als nur Duldung und keineswegs auf den Romanauftakt begrenzt.[30] Ihre Paradoxie schreibt sich vielmehr in zentrale Gelenkstellen des weiteren Plots ein, wie zwei Bearbeitungen der französischen Romanvorlage exemplarisch vorführen. Hatte Benoît das Parisurteil als Traumbericht repräsentiert, um den Raub der Helena zu motivieren (RdT 3860–3928),[31] so überbringt im *Trojanerkrieg* der Götterbote Merkur ein Eilschreiben der Venus (Tr 18893: „eine bühsen cluoc" mit Brief), das Paris nachdrücklich zur Raubfahrt auffordert. Indem der Rückverweis auf die Urteilserzählung somit von der metadiegetischen Ebene des Traumberichts (Benoît) zur intradiegetischen Ebene aufsteigt (Konrad), wird die Göttin Venus zur Mitschuldigen am Raub der Helena gestärkt. Götter gewinnen dadurch jene narrative Realität, die Benoîts Traumvision gerade depotenziert hatte.

Auch die Protektion der Götter im Konflikt zwischen Trojanern und Griechen, die in der mittelalterlichen Trojaüberlieferung im Ausgang der Dares- und Dictys-Berichte eliminiert worden war, kehrt im *Trojanerkrieg* zurück. So halten die Griechen den Meeresgott Neptun für den Urheber des über Aulis hereingebrochenen Unwetters, da dieser – wie Konrads Erzähler im Rückgriff auf Ovid und gegen Benoît unterstreicht – den Trojanern beim Wiederaufbau ihrer Stadt geholfen habe und dem griechischen Heer infolgedessen feindlich gesonnen sei (Tr 24130–24139).[32] Figuren- und Erzählerperspektive greifen ineinander und setzen so der euhemeristischen Götterkritik des Erzählbeginns ein affirmatives Götterbild entgegen. Auch menschliche Figuren, die sich an die Götterwelt des *Trojanerkriegs* wenden, spiegeln solche mehrfache Referenz: Während Medeas Verjüngungszauber an Eson einerseits auf naturaler Energie von Steinen und Kräutern beruht (so beteuert der Erzähler ausführlich in Tr 10847–10873), muss sie andererseits dennoch zur Vorbereitung des Schutzzaubers für Jason die Götter beschwichtigen. Dekonstruktion *und* Affirmation des Erzählers treten Entmächtigung *und* Verehrung der Figuren zur Seite – Konrads Figuren beginnen planvoll zu oszillieren.[33]

---

**30** Vgl. Schnell: *Mittelhochdeutsche Trojanerkriege*, S. 110–124.
**31** So bereits Dares Phrygius: *De excidio Troiae*, S. 9,5–11 (Kap. 7).
**32** Vgl. zu diesem Motiv Ovid: *Metamorphosen. Lateinisch / Deutsch*. Hg. u. übers. v. Michael von Albrecht. Stuttgart 1997, S. 618 (12,25 f.). Zu weiteren Bezügen von Konrads Aulis-Episode zur mythographischen Kommentar- und Handbuchliteratur vgl. Lienert: *Geschichte und Erzählen*, S. 119 mit Anm. 334 und 336.
**33** Der *Trojanerkrieg* bildet damit eine deutliche Ausnahme zu der von Herbert Backes postulierten Regel, die „euhemeristische Darstellung der Götter" gehe „konstant durch die ganze mittelhochdeutsche Literatur"; vgl. Backes: „Teufel, Götter und Heiden", S. 425.

Solchen punktuellen Paradoxien der Figurenreferenz entsprechen Interferenzen auch in der sequentiellen Entfaltung von Erzählepisoden. Am Wettstreit der drei Göttinnen Juno, Pallas und Venus um den Apfel der Discordia konnte Wiebke Freytag zeigen, dass die Reden, mit denen die Göttinnen den Preisrichter Paris für sich einzunehmen suchen, „eine logisch aufgebaute Argumentation über den Rang der Güter *minne, wîsheit unde hort*" (Tr 2707) entfalten und dafür der Redeordnung hochmittelalterlicher Gerichtsrhetorik folgen.[34] Doch treten zugleich mit logischer Syllogistik und rhetorischer Topik spezifische Züge einer schwebenden Referentialisierung hervor, welche diese Diskursmuster gerade durchkreuzt. Da sich am Parisurteil studieren lässt, wie Konrad euhemeristische Paradoxien narrativ entfaltet, verdient es nähere Betrachtung.

Im Unterschied sowohl zur lateinischen und volkssprachigen Mythenexegese[35] als auch zum *Excidium Troie*[36] verleiht der Erzähler den Rivalinnen selbst das Wort. Juno, Pallas und Venus stellen jedoch weder bloß Geschenke in Aussicht, noch werden sie vom Erzähler als poetische Einkleidungen der Lebensformen der *vita activa, vita contemplativa* und *vita voluptaria* enthüllt, was der Standardposition lateinischer Mythographie entspräche.[37] Vielmehr repräsentieren die Göttinnen weitaus ausführlicher sich selbst, ihre Ansprüche und Offerten. Dabei beginnen sie zwischen Fremdreferenz und Selbstreferenz zu schweben, wie schon die Verwendung der Personaldeixis im folgenden Textbeispiel zeigt. Hatte das *Excidium* ausschließlich die versprochenen Gaben Minervas (unbesiegbare Waffen), Junos (Verdoppelung der Viehherde) und Venus' (wunderschöne Frau zur Ehe) in den Vordergrund gestellt, so fokussiert Konrads Erzähler in besonderer

---

**34** Freytag, Wiebke: „Zur Logik *wilder âventiure* in Konrads von Würzburg Paris-Urteil". In: *Jahrbuch der Oswald von Wolkenstein Gesellschaft* 5 (1988/89), S. 373–395, hier S. 284. Vgl. zur Anbindung des Parisurteils an den Rechtsdiskurs auch Friedrich: „Diskurs und Narration", insbes. S. 107–110.

**35** Zum Parisurteil vgl. z.B. Fulgentius: „Mitologiae", S. 36–40 (Kap. 2,1: „Fabula de iudicio Paridis"); „Mythographus [vaticanus] primus". In: *Scriptores rerum mythicarum latini tres Romae nuper reperti. Ad fidem codicum Mss. Guelferbytanorum Gottingensis, Gothani et Parisiensis.* Bd. 1. Hg. v. Georg Heinrich Bode. Celle 1834, S. 1–73, S. 65,31–66,5 (Kap. 3,208: „Nuptiae Pelei et Thetidis"); „Myth. vat. II", S. 240,21–242,3 (Kap. 11,20–23: „Venus"); weitere Hinweise bei Freytag: „Paris-Urteil" sowie Kern, Manfred: „Paris". In: *Lexikon der antiken Gestalten in den deutschen Texten des Mittelalters.* Hg. v. Alfred Ebenbauer, Manfred Kern u. Silvia Krämer-Seifert. Berlin, New York 2003, S. 466–475.

**36** Vgl. *Excidium Troie.* Hg. v. Alan Keith Bate. Bern [u.a.] 1986, S. 28,4–30,6 (Kap. 4). Simon Aurea Capras *Ilias* erwähnt das Parisurteil nur summarisch: vgl. den Textabdruck bei Boutemy, André: „La version Parisienne du poème de Simon Chèvre d'Or sur la Guerre de Troie (Ms. lat. 8430)". In: *Scriptorium* 1 (1946/1947), S. 267–288, hier S. 270 (V. 37–39).

**37** Vgl. z.B. Alberich von London: „De diis gentium", S. 241,5–31 (Kap. 11,22f.: „Venus").

Weise die Selbstbezeichnungen der Göttinnen, so etwa gleich im ersten Plädoyer
Junos:

> *ich* bin gewaltic unde rîch,
> junc, edel unde tugenthaft.
> an guote hân *ich* wol die kraft
> und alsô ganzer wirde ruom,
> daz über allen rîchtuom
> stêt *mîn* krefteclich gebot.
> ouch ist der aller hœhster got
> *mîn* bruoder und *mîn* âmîs.
> dar zuo trag *ich* sô werden prîs,
> daz wîplich crêatiure
> nie wart alsô gehiure,
> noch sô rehte schœne als *ich.*
> kein vrouwe kriege wider *mich*,
> daz si wunneclicher sî.
> *mir* wont sô rîche sælde bî,
> daz *mir* dienet manic lant.
> *ich* hân in *mîner* werden hant
> grôzlichen hort und allen schaz.
> dâ von wirt âne widersaz
> der apfel endelichen *mîn.*
> er sol *mîn* eigen iemer sîn,
> sît *ich* an rîchtuom und an lobe
> sweim allen werden frouwen obe.
> (Tr 1924–1946; Herv. B.G.)

Geht es Juno einzig darum, sich als Garantin von „grôzliche[m] hort" zu positio-
nieren? Entsprechen ihre Hinweise auf würdevolle Lebensweise, einflussreiche
Verwandtschaft, schöne Erscheinung und reichen Besitz den Argumenten zu
*virtus*, *natura*, *habitus* und *fortuna*, wie sie etwa Vinzenz von Beauvais in der
zeitgenössischen Rhetorik der Personenbeschreibung empfiehlt?[38] Greift Konrad
also lediglich zur rhetorischen Topik *a persona*?[39] So folgsam Junos Rede schul-
rhetorischen Mustern gehorcht, so entschieden widersetzt sie sich Redemodalitäten des Mythosdiskurses. Statt als Signifikantin einer metonymischen Verhüllung zu fungieren oder sich der Reflexion über Herrschaft und Besitz zu
unterwerfen, ist Juno mehr als nur Stichwortgeberin eines güterethischen Dis-

---

38  Vgl. Vinzenz von Beauvais: *Speculum doctrinale*. In: *Speculum quadruplex sive Speculum
maius*. Bd. 2. Graz 1965, Sp. 286AC (III,106).
39  Vgl. Freytag: „Paris-Urteil", S. 386–389.

kurses, wie ihn die Mythographie präferiert.[40] Wie ihre Konkurrentinnen bezeichnet sich Konrads Juno unaufhörlich selbst, während sie zugleich einen Streitdiskurs über den Vorrang von *hort*, *witz* und *minne* führt. Fremdreferenz wird somit personaldeiktisch durch verstärkte Selbstreferenz ausbalanciert: kein anderer Text der mittelalterlichen Trojaliteratur lässt seine Götterfiguren so ostinat *ich* sagen wie Konrads *Trojanerkrieg*.

Gleichzeitig erweitert Konrad aber auch Aussagen, deren allgemeine Geltungsansprüche den Reden der Göttinnen sentenziösen Charakter verleihen. Auf paradoxe Weise stärkt der Erzähler also fremdreferentielles, von der Sprecherinstanz der Einzelfigur sich ablösendes Sprechen, während er zugleich die Selbstreferenz der Sprecherinnen forciert. Figuren und attributive Bezüge, Juno und *rîchtuom* werden dadurch tendenziell reversibel, ohne doch identisch zu sein. Worauf mythologische Rede referiert, wird damit betont unscharf.

Bisweilen erzeugen die Plädoyers der streitenden Göttinnen geradezu Kippbewegungen, die verschiedene Referenzmöglichkeiten durchlaufen. Ein solches Beispiel bieten die ausführlichen Repliken der Venus, die permanent zwischen Selbst- und Fremdreferenz oszillieren. Wie ihre Konkurrentinnen sucht auch Venus den eigenen Vorrang zunächst mit dem Hinweis zu begründen, die Gaben der anderen Göttinnen übermächtig beherrschen zu können:

> an lîbe und an geslehte
> kan mir kein vrouwe sîn gelîch.
> wîstuom und alle gülte rîch
> mac überwinden mîn gewalt.
> (Tr 2102–2105)

Von Anfang an rückt auch Venus sich selbst in den Vordergrund: ihre „gewalt" ist nicht nur Macht über Anderes, sondern pronominal verstärkte Selbstreferenz (Tr 2106: „mich"; 2107: „mînen"; 2110: „mich"; 2113: „mîn"; 2114: „ich").[41] Andererseits stellt Venus nur wenige Verse später die „minne" in diese Vorrangposition – verstärkte Selbstreferenz schlägt unvermittelt in sentenzenartige Fremdreferenz um:

> ir wizzent wol, daz minne
> brechen muoz für elliu dinc.

---

**40** Vgl. z. B. Fulgentius: „Mitologiae", S. 36,1–37,20 (Kap. 2,1 „Fabula de iudicio Paridis"); „Myth. vat. II", S. 142,39–144,41 (Kap. 205 f.: „Peleus et Thetis", „Explanatio ejusdem fabulae"); Alberich von London: „De diis gentium", S. 240,21–242,3 (Kap. 11,20–23: „Venus").
**41** Vgl. auch Tr 2152–2155: „Gelücke het ûf mich gewant / sô vollleclîche sælikeit, / daz rîchtuom unde wîsheit / erfüllent beidiu mînen muot."

> minn ist der fröuden ursprinc
> und ir mittel und ir ort.
> si drücket aller künste hort
> und alles guotes houbetschatz.
> (Tr 2116–2121)

Ich-Rede stülpt sich damit unvermittelt in jenen fremdreferentiellen Diskurs um, den Mythographie produziert. Hinzu tritt mit der *conclusio* der ersten Venus-Rede ein dritter Aussagetyp, der Selbst- und Fremdreferenz koppelt: „der apfel der sol werden mir: / sît daz ich aller minne pflige" (Tr 2128 f.; vgl. zur Kopplung der Venusfigur auch 2333: „der minne meisterîn"). Wer also spricht – Venus oder „minne"?[42] Konrads Figurenreden im Parisurteil spannen ein Feld feiner Unterschiede auf, das zum Ort unablässiger Verschiebungen und Umbesetzungen zwischen Referenzrichtungen wird.

Solche Verschiebungen sind auf unterschiedlichen Ebenen greifbar und bedienen sich unterschiedlicher sprachlicher Mittel. Wiederholt lässt Venus etwa Referenz schweben, indem sie deiktische Selbstbezeichnungen und Referenz auf „minne" semantisch miteinander kurzschließt (Kursivierung von Selbstreferenzen und Fettdruck von Fremdreferenzen B.G.):

1. Replik der Venus:

> Sampsônes kraft, diu starke,
> wart von *mir* überwunden.
> **diu minne** hât gebunden
> alliu dinc mit **ir** gewalt.
> (Tr 2182–2185)

> von rehte muoz *ich* sîn gezalt (Tr 2186)
> [...]
> *mir* sol der apfel werden (Tr 2188)
> [...]
> der herzen und der ougen
> spiegel sol *ich* heizen;
> *ich* kan beidiu reizen
> (Tr 2190–2192)
> [...]
> nû schouwent, wie vil manger sich
> nâch *mîner* hôhen helfe sene.

---

42 Diese Spannung bleibt auch im Erzählfortgang erhalten, wenn Venus und Minne parallel laufen: Dass Paris seinen Treueschwur gegenüber Oenone brach und sich Helena zuwandte, „daz schuof der süezen minne bant / und diu götinne Vênus" (Tr 4392 f.). Der Status der Konjunktion bleibt auch hier unscharf.

> den sun *ich* von dem vater wene
> ûf *mîner* süezekeite spil.
> mâc unde friunt man lâzen wil
> durch *mînes* râtes lêre.
> (Tr 2200 – 2205)
> [...]
> dur daz man vrô gesitze
> von *mîner* helfe stiure.
> (Tr 2208 f.)
> [...]
> sô **diu minne** ist und ir art,
> swâ man **ir** herzeclîche pfligt.
> **minn** allen sorgen an gesigt
> und ist der vröuden überfluz;
> **minn** ist der güete ein mandelnuz
> und alles heiles wünschelrîs.
> man sol *mir* lâzen hie den prîs
> und den apfel ûz erwelt,
> wan *ich* zer schœnsten bin gezelt
> (Tr 2212 – 2220)

2. Replik der Venus:

> hie wirt **diu minne** mit gewalt
> unschuldic zweiger dinge,
> diu *mir* z'eim ungelinge
> von iu sint gezogen für.
> mit eigenlicher willekür
> swachent *ir mich* âne reht.
> der **minne** dinc ist alsô sleht
> (Tr 2410 – 2416)

Auch der Erzähler stimmt in dieses schwebende Spiel der Referenzen mit ein, wenn er den Sieg der Venus proklamiert:

> Mit disen worten und alsus
> bestuont diu vrouwe Vênus
> ir zwô gespilen krieges dô.
> [...]
> doch was in [= Pallas und Juno] leit, ob minne
> den sic dâ solte füeren hin.
> (Tr 2551 – 2561)

Stärker noch als im mythographischen Diskurs wird die Unterscheidungsleistung von Zeichen und Bezeichnetem unscharf: Venus figuriert nicht als „Allegorie der

Minne",[43] sondern wird deren Repräsentantin und eigenständige Präsenzfigur zugleich. Und wiederum bezeichnet diese paradoxe Engführung von Fremd- und Selbstreferenz der ambivalente Begriff der „meisterîn" (Tr 2333).

Zu einer zweiten Strategie schwebender Referentialisierung greifen Juno und Pallas, indem sie in umfangreichen Erwiderungen Referenzbezüge durch lange Ketten pronominaler Ersetzungen auflösen. Sie streichen die Treulosigkeit der Minne heraus und disqualifizieren Venus (vgl. Tr 2248 f.), um sodann ihre Kritik über 53 Verse hinweg nur an pronominale Ersetzungsformen zu richten (v. a. „si" und „ir", vgl. Tr 2249 – 2302). Auf wen oder was solche Rede referiert, wird gezielt unklar, wenn sogar Aussageformen der *figura etymologica* eingeflochten werden: „ein dinc daz wirt ir morne leit, / daz *si* [= diu minne] dâ *minnet* hiute" (Tr 2260 f., Herv. B.G.). Nach demselben Verfahren ersetzt auch Venus den Bezugspunkt ihrer Verteidigungsrede mehrfach (vgl. z. B. Tr 2420 – 2438). Klare Unterscheidungen von Venus und „minne" werden dadurch suspendiert: Die Evidenz der Gerichtsrhetorik wird trübe.

Eine dritte Ebene der schwebenden Referenz etablieren intertextuelle Bezüge und Sentenzwissen. Die Reden der Göttinnen durchziehen Verweise auf Figuren der Bibel, aus Ovids *Heroides* und *Metamorphosen* sowie Argumente und offene Zitate aus Gottfrieds *Tristan*. Rhetorischer Pragmatik entsprechend dienen sie als Exempel der Liebe, die sentenziös zugespitzt werden. Entscheidend ist, dass diese Referenzen nicht nur aufgerufen, sondern zugleich in kontroversen Deutungen von Rede und Gegenrede unterschiedlich ausgelegt werden:

| Bezüge | Sprecherin (Rede) | Argument / Auslegung |
|---|---|---|
| „Salomônes wort / und allen sînen houbetlist" (Tr 1990 f.) | Juno (1. Replik auf Pallas) | Reichtum ist wichtiger als Weisheit: „ob er dâ bî verarmet ist, / er dunket ein unwerder man" (Tr 1992 f.) |
| „Salomôn" (Tr 2048) | Pallas (1. Replik auf Juno) | Weisheit ist wichtiger als Reichtum: „wîsheit sî bezzer denne golt" (Tr 2049)[44] „witz ist ein hort, der niht enkan / geroubet werden, noch verstoln" (Tr 2052 f.)[45] |

---

43 Lienert: *Geschichte und Erzählen*, S. 289.
44 Vgl. zu dieser Sentenz und ihrer biblischen Grundlage Singer, Samuel (Hg.): *Thesaurus proverbiorum medii aevi. Lexikon der Sprichwörter des romanisch-germanischen Mittelalters*. Berlin, New York 1995 – 2002, Bd. 13, S. 12f. (Nr. 5.2: „Weisheit ist besser [vermag mehr] als Reichtum").
45 Vgl. zu dieser Sentenz Singer: *Thesaurus proverbiorum*, Bd. 13, S. 138 (Nr. 2.5: „Wissen kann einem nicht genommen werden"); angeführt werden ausschließlich romanische Belege der Sentenz, der *Trojanerkrieg*-Beleg bleibt ausgespart.

| Bezüge | Sprecherin (Rede) | Argument / Auslegung |
|---|---|---|
| „Salomônes list" (Tr 2164) | Venus (1. Replik auf Juno und Pallas) | Minne/Venus dominiert Weisheit: „mîn lêre diu wart sigehaft / an sîner hôhen künste grôz" (Tr 2166 f.) |
| „Dâvît" (Tr 2168) | Venus (1. Replik auf Juno und Pallas) | Minne/Venus dominiert Reichtum: „sîn rîcheit muoste werden / geneiget mîner hôhen art" (Tr. 2170 f.) |
| „Âdâm" (Tr 2172) | Venus (1. Replik auf Juno und Pallas) | Minne/Venus zwingt den Menschen, gegen Gott zu handeln: „[...] in ouch geswachet / diu minne schiere und ir gebot, / daz er begunde wider got / sô vrevelichen werben" (Tr 2174 – 2177) |
| „Sampsônes kraft" (Tr 2182) | Venus (1. Replik auf Juno und Pallas) | Minne/Venus dominiert körperliche Stärke: „wart von mir überwunden" (Tr 2183) |
| Blanscheflur und Riwalin (Tr 2310 f.) | Juno und Pallas (2. Replik auf Venus) | Minne/Venus führt oftmals zu einem bitteren Ende (vgl. Tr 2308 f.)[46] |
| Tristan und Isolde (Tr 2312 f.) | s.o. | s.o. |
| Pyramus und Thisbe (Tr 2315 – 2317) | s.o. | s.o. |
| *Tristan*, V. 204 f.:[47] | Venus | Liebe ist ohne Leid nicht möglich:[48] „swem nie von minne wê geschach, / dem wart nie von ir rehte wol" (Tr 2392 f.) |

---

**46** Vgl. zur Verwendungstradition dieser Sentenz Singer: *Thesaurus proverbiorum*, Bd. 7, S. 443 (Nr. 1.6.9.3: „Liebe lässt auf den süssen Anfang ein bitteres Ende folgen"); die Sentenz steht grundsätzlich auch in der Nähe anderer liebespessimistischer Sentenzen: vgl. ebd., S. 442 (Nr. 1.6.8: „Liebe bringt Gefahr und Verderben, Krankheit und Tod").

**47** Vgl. Gottfried von Straßburg: *Tristan*. Hg. u. übers. v. Rüdiger Krohn. 8.–12. Aufl. Stuttgart 2007–2008.

**48** Zur Formulierungstradition dieser Sentenz nach Gottfried vgl. Tomasek, Tomas (Hg.): *Handbuch der Sentenzen und Sprichwörter im höfischen Roman des 12. und 13. Jahrhunderts*. Bd. 2: *Artusromane nach 1230, Gralromane, Tristanromane*. Berlin, New York 2009, S. 424–427 (Nr. 204).

| Bezüge | Sprecherin (Rede) | Argument / Auslegung |
|---|---|---|
| „swem nie von liebe leit geschach, / dem geschach ouch liep von liebe nie" | (2. Replik auf Juno und Pallas) | |
| „diu schœne Elêne" (Tr 2667) – vgl. Isolde, *Tristan*, V. 8085–8111 | Venus (Angebot an Paris) | Helenas Schönheit ist so attraktiv wie der Gesang der Sirene (Tr 2668–2673) |

Salomo wird so im Streitgespräch der Göttinnen nacheinander als Exempel brotloser Weisheit (Juno), unverlierbarer Weisheit (Pallas) oder ohnmächtiger Weisheit (Venus) herangezogen, die der Liebe unterliegt – als Exempel aber wird die Salamoreferenz mit einem solchen Aussagehorizont instabil.[49] Ovids und Gottfrieds Liebespaare werden einmal herangezogen, um die zerstörerische Verkehrung von Liebe in Leid zu exemplifizieren (in den Reden der Juno und Pallas), ein anderes Mal fungiert der *Tristan* als maßgeblicher Referenztext einer Leiderfahrung, die erotische Intensität erst ermöglicht und intensiviert (so in der Rede der Venus).

Indem sich die Göttinnen intertextuell auf etablierte literarische und religiöse Wissensbestände des Liebesdiskurses beziehen, wiederholen sie die Geste, welche die fremdreferentielle Umstellungspraxis des Mythosdiskurses beherrscht: Mythen sind vor allem Redeformen des Verweisens. Juno, Pallas und Venus reproduzieren jedoch nicht einfach Fremdreferenz – ihre Auslegungen führen zugleich die Instabilität des Exemplarischen vor, die Fremdreferenz geradezu zersetzt. Besonders sinnfällig macht dies die Offerte Helenas. Während Venus in Benoîts *Roman de Troie* nur eine namenlose „Femme de Grece" (RdT 3915) und das *Excidium* eine „pulchriorem me [i.e. Venerem] uxorem"[50] in Aussicht stellen, verspricht Konrads Venus hingegen Schönheit in ihrer ganzen Ambivalenz: Helena sei ähnlich der musizierenden Isolde am Hof Markes verführerisch wie eine Sirene, die mit ihrem Gesang sämtliche Schiffe anziehe. Helena wird somit nicht nur als

---

49 Instabil erscheint die Referenz des Beispiels gerade auch vor dem Hintergrund des höfischen Liebesdiskurses, der Salomo als exemplarischen Minnesklaven kennt: vgl. Maurer, Friedrich: „Der Topos von den ‚Minnesklaven'". In: *Deutsche Vierteljahrsschrift für Literaturwissenschaft und Geistesgeschichte* 27 (1953), S. 182–206. Dass Konrads Beispielreihe etablierte Diskursbezüge abruft (vgl. z.B. Tr 7249: Paris als „eigenlicher kneht" der Liebe), belegt für die Topik von Minne- und Frauensklaven ausführlich auch Schnell: *Causa amoris*, S. 475–505.
50 *Excidium Troie*, S. 29,7 (Kap. 4).

Fremdreferenz auf Isolde eingeführt – im Sirenenvergleich erhält Fremdreferenz auch inhaltlich den Charakter des Unsicheren, Täuschenden, Gefährdenden.[51]

Für diese schwebende, prekäre Referentialisierung bietet auch die Mikroebene des Textes ein zentrales Symbol: den Apfel der Discordia (Tr 1390–1481), der das Parisurteil erst heraufbeschworen hatte. Aus einer silbernen und einer goldenen Hälfte geschmiedet, umläuft ein smaragdgrünes Mittelband deren Nahtstelle; seine je nach Betrachter sich wandelnde Inschrift verheißt, der schönsten Frau des Festes zuzugehören. Doch nur wer das Schmiedekunstwerk aus der Nähe betrachte, könne das kaleidoskopische Schillern seiner „wunderlich mixtûre" (Tr 1402) und ihre „manic wandelunge" (Tr 1420) wahrnehmen. Der Apfel der Discordia wird so als Minimalfigur einer wandelbaren, dynamischen Unterscheidung lesbar, die gerade deshalb zum Anstoß von Dissens werden kann, weil sie ein trügerisches Vexierspiel von Referenz und Materialität entfaltet. Aus dem Abstand bleibt das Kunstwerk unauffällig – wer jedoch das umlaufende Schriftband in mikroskopischer Nahperspektive zu entziffern versucht, wird Opfer seiner referentiellen Verführungskraft. Jeder Betrachter kann nur deshalb den Apfel exklusiv auf *sich selbst* beziehen, weil sich dieser gerade auf *jede(n) andere(n)* hin zu wandeln vermag:

> von hôher künste diz geschach,
> daz sich diu schrift verkêrte
> und iegelichen lêrte
> dâ vinden sîne sprâche.
> (Tr 1478–1481)

Der katastrophale Reiz des Apfels liegt somit im freien Spiel von Referenzen begründet, die nie zur Deckung zu bringen sind. Bedingung der Möglichkeit für höchste Selbstreferenz – für die „Sprache des Eigenanspruchs"[52] jeder Betrach-

---

51 Der Sirenenvergleich vertieft damit die „Ambivalenzen", die Lienert: *Geschichte und Erzählen*, S. 289–291 für die Minnekonzeption der Venus-Reden beobachtet. Zum Sirenenmythos im Mittelalter vgl. Krohn, Rüdiger: „,daz si totfuorgiu tier sint'. Sirenen in der mittelalterlichen Literatur". In: *Dämonen, Monster, Fabelwesen*. Hg. v. Ulrich Müller u. Werner Wunderlich. St. Gallen 1999, S. 545–563; Gebert, Bent: „Die Fremde von Nebenan. Sirenen in der mittelalterlichen Literatur zwischen Allegorese und Mythos". In: *Umarmung und Wellenspiel. Variationen über die Wasserfrau*. Hg. v. Jost Eickmeyer u. Sebastian Soppa. Overrath 2006, S. 60–94; speziell zu Gottfrieds Sirenenvergleich auch Kern, Manfred: „Isolde, Helena und die Sirenen. Gottfried von Straßburg als Mythograph". In: *Oxford German Studies* 29 (2000), S. 1–30. Lienert: *Geschichte und Erzählen*, S. 46 verweist zudem als Parallele auf den Sirenenvergleich in Konrads Marienleich.

52 Treffend formuliert Scheuer, Hans Jürgen: „Wahrnehmen – Blasonieren – Dichten. Das Heraldisch-Imaginäre als poetische Denkform in der Literatur des Mittelalters". In: *Das Mittelalter*

terin (vgl. Tr 1524–1529) – ist gerade die höchstmögliche Öffnung für Fremdreferenz. Das Verhältnis von Fremd- und Selbstreferenz, auf unterschiedliche Perspektiven gestreut, verdichtet sich im Kunstobjekt zur paradoxen Einheit. Fast scheint es daher, als verwandele der *Trojanerkrieg* ein konventionales Zubehör der Erzähltradition vom Parisurteil zur *mise en abyme* einer mythographischen Poetik, die ihre Referentialisierungsmöglichkeiten schillernd mischt.[53] Wie die euhemeristischen Paradoxien der Götterfiguren kann dieses Schweben von Referenz im Abstand völlig unauffällig bleiben – oder aber in der Mikroperspektive paradoxe Bedingungen der Sichtbarkeit offen legen.

Der schwebende Charakter der Referentialisierung bleibt bis zum Schluss der Erzählsequenz des Parisurteils erhalten. Anstatt die Urteilssituation – und mit ihr die euhemeristischen Paradoxien – im Sinne des Mythosdiskurses fremdreferentiell aufzulösen und auf den Vorrang von Lebensformen oder Gütern zu beziehen, leitet der Erzähler Paris' Entscheidung mit einem gleichfalls ambivalenten Motiv ein: „In twanc dar zuo diu blüende jugent / und sîn angeborniu tugent, / daz sîn gemüete ûf minne stuont" (Tr 2715–2717). Die Macht der Liebe nötigt Paris „von natûre" (Tr 2719)[54] aufgrund seiner Jugend – ein Zwangsmotiv, das zwar bereits in Simon Aurea Capras *Ilias* sowie dem *Excidium* angelegt ist, doch im *Trojanerkrieg* erheblich verstärkt wird.[55] Einerseits scheinen damit die paradoxen Referenzen

---

11 (2006), S. 53–70, S. 61f.: „Jede Leserin kann mithin dem Schriftband entnehmen, was sie darin sehen möchte. Denn der Apfel spricht immer nur die Sprache des Eigenanspruchs, nicht aber die des konsensuellen Ausgleichs. Er produziert Idiome des Übermuts, statt den Diskurs der Gleichheit aller Hofmitglieder wiederherzustellen."

53 Der Apfel tritt damit in die Reihe poetologischer Symbole, welche die Verbindung von Kunst, Magie und Erneuern im *Trojanerkrieg* durch Paradoxierung von Referenz darstellen: entsprechend will Discordia mit dem Apfel „ir art erniuwen / und ir alten werresite" (Tr 1490f.), greift also mit dem Erneuern jenes Leitwort auf, das die Prologpoetik programmatisch entfaltet. Vgl. Hasebrink: „Rache als Geste", S. 226f.; zur Prologpoetik Kellner: *erniuwen*"; Hasebrink: „Ambivalenz des Erneuerns" und Lienert: *Geschichte und Erzählen*, S. 17–29 sowie das folgende Kapitel. Auf die „Ambivalenzstruktur" des Apfels der Discordia als „Schlüssel" zur Poetik des *Trojanerkriegs* verweisen auch Müller: „Ästhetisierung", insbes. S. 300f. sowie Laufer, Esther: „Die Materialität der Sprache und die Sprachlichkeit des Materials in Konrads von Würzburg *Trojanerkrieg*". In: *variations* 17 (2009), S. 101–111.

54 Vgl. als weitere Gründe Tr 2750f.: „ouch twanc in daz gemeine reht / und sîn spilende kintheit".

55 Vgl. Boutemy: „Ilias [Simon Aurea Capra]", S. 270 (V. 55–59) zu den Beweggründen des Paris: „Te Veneris promissa mouent Heleneque uenustas, / Que, puto, nec gratis nec tua semper erit. / Te mouet et species, et apex, et sanguis, et etas / [...] / Hanc cupis, hanc speras, hanc prorsus queris habere". Simons *Ilias* betont demnach stärker den Einfluss Helenas als die jugendliche Disposition des Paris. Auch das *Excidium* beschränkt sich auf einen knapperen Hinweis auf Paris' Jugend – *Excidium Troie*, S. 29,8 (Kap. 4): „ut habet etas iuuenilis". Fulgentius schreibt die Entscheidung Paris' lustorientierten Hirtensitten zu – Fulgentius: „Mitologiae",

der Göttinnen durch die Entscheidungsinstanz der *natûre* absorbiert: die Komplexität der Plädoyers wird auf diese Weise jäh reduziert.[56] Andererseits werden Paradoxien nur entfaltet, nicht aber gelöscht, denn noch unter dem Begründungsschleier der Naturalisierung bleiben Zauber und „meisterschaft" erkennbar: „Vênus geschuof und ir geheiz / daz wunder an im tougen" (Tr 2740 f.). Euhemeristische Paradoxien und ihre schwebende Referentialisierung durchziehen somit die Erzählung des Parisurteils bis zum Schluss. Von ihr ausgehend entfaltet sich ein Mythoserzählen, dessen Semantiken auch in anderen Passagen des *Trojanerkriegs* wiederkehren – in der Liebeserzählung von Medea und Jason nicht anders als in der Jugendgeschichte Achills.[57]

Als Ergebnis der ersten Annäherung an Konrads mythographische Poetik lassen sich somit Referenzverhältnisse feststellen, die mit Diskursvorgaben der Mythographie oder anderer Antikenromane brechen. Anstatt Fremdreferenz gegenüber Selbstreferenz durchzusetzen, entfaltet der *Trojanerkrieg* gleich zu Erzählbeginn eine schwebende Strategie, welche die Sinnrichtungen der mythologischen Figuren und Objekte oszillieren lässt. Diese Änderung der Referentialisierung verschiebt die erzählten Mythen und Figuren in Richtung neuer Selbstreferenzen.

## 2 Dispersion. Paradoxien mythographischer Kommunikation

Die Frage nach dem Wissensprofil des Erzählens führt zurück zum Prolog des *Trojanerkriegs*. Verschiedentlich hat die Forschung Paradoxierungen bemerkt, die

---

S. 37,17 (Kap. 2,1: „Fabula de iudicio Paridis"): „ut ferarum ac pecudum mos est" („nach Art wilder Tiere oder Viehs"); im selben Wortlaut auch „Myth. vat. II", S. 144,33 f. (Kap. 206: „Explanatio ejusdem fabulae [= Peleus et Thetis]") und Alberich von London: „De diis gentium", S. 241,37 (Kap. 11,20: „Venus"). Gänzlich übergangen wird die Motivation dagegen von „Myth. vat. I", S. 65,31–66,5 (Kap. 208: „Nuptiae Pelei et Thetidis").

56 Mit den Worten von Friedrich: „Diskurs und Narration", S. 109: „Natur triumphiert über Kultur." Zum *natûre*-Argument im *Trojanerkrieg* vgl. auch Worstbrock: „Erfindung der wahren Geschichte", S. 167–171. Auch an anderen Stellen des *Trojanerkriegs* tragen Natursemantiken zentrale Handlungsbegründungen, so in der Liebesentstehung zwischen Jason und Medea: vgl. Tr 7700 f. und 7805–7817; dazu Sieber, Andrea: *Medeas Rache. Liebesverrat und Geschlechterkonflikte in Romanen des Mittelalters.* Köln 2008, S. 26 f. sowie ausführlich Kap. IV.2.1.4 dieser Arbeit.

57 Vergleichbar absorbiert eine Natursemantik auch die paradoxen Innenperspektiven Medeas und Jasons im Widerstreit von Meisterschaft und Bemeistertwerden: „diu minne und der natûre strît / ir zweiger wille überwant" (Tr 7700 f.). Der Funktion von Naturalisierung für Wissenskonstruktionen nachzufragen, ist Ziel von Kapitel V.2.1.

Konrads Erzählprogramm in der „Spannung zwischen Autonomie und Heteronomie" entfalten.[58] Einerseits erhebt Konrads Erzähler den selbstbewussten Anspruch, sämtliche frühere Trojaberichte durch die eigene Meisterschaft „wol gebluomter rede" (Tr 12) zu überbieten; andererseits aber stellt er sein ambitioniertes
Projekt, „daz alte buoch von Troye" (Tr 269) neu zum Blühen zu bringen, ausschließlich der Begabung durch Gott anheim. Entspinnt der Erzähler ein sol-
cherart „komplexes Geflecht von Bescheidenheit und Ermächtigung, von Ver-
fügbarkeit und Unverfügbarkeit", so hatte die biographisch orientierte
Konradforschung darin das spezifische „Profil der Autorrolle" Konrads vermutet,[59] das geradezu genieästhetische Züge trage.[60] Erst in jüngerer Zeit traten
stärker die systematischen Paradoxien ins Blickfeld, die mit diesem Kunstanspruch verbunden sind und innerhalb mittelalterlicher Poetologie auf grundsätzliche Ambivalenzen verweisen.[61] Doch nicht nur im Kontext mittelalterlicher
Begründungssysteme von Literatur kann Konrads Anspruch irritieren. Bislang
unbeleuchtet blieb, dass er bereits innerhalb der Erzählgrenzen des *Trojanerkriegs*
paradox anmutet: Wie lässt sich plausibilisieren, dass ein derart ambitioniert

---

**58** Kellner: *„erniuwen"*, S. 259. Die Überlegungen des Kapitels stützen sich zudem auf folgende
Studien speziell zum Prolog: Lienert: *Geschichte und Erzählen*, S. 17–29; Kokott: *Konrad von
Würzburg*, S. 258–260; Schröder, Werner: *Zur Kunstanschauung Gottfrieds von Straßburg und
Konrads von Würzburg nach dem Zeugnis ihrer Prologe*. Wiesbaden 1990, S. 164–177; Schmitt,
Stefanie: „Autorisierung des Erzählens in Romanen mit historischen Stoffen? Überlegungen zu
Rudolfs von Ems *Alexander* und Konrads von Würzburg *Trojanerkrieg"*. In: *Geltung der Literatur.
Formen ihrer Autorisierung und Legitimierung im Mittelalter.* Hg. v. Beate Kellner, Peter Stroh-
schneider u. Franziska Wenzel. Berlin 2005, S. 187–201; Freytag: „Paris-Urteil", S. 377f.; Ehlert,
Trude: „Zu Konrads von Würzburg Auffassung vom Wert der Kunst und von der Rolle des
Künstlers". In: *Jahrbuch der Oswald von Wolkenstein Gesellschaft* 5 (1988/89), S. 79–94; Lienert:
„Der Trojanische Krieg in Basel", insbes. S. 266–268; Hasebrink: „Ambivalenz des Erneuerns".
**59** Kellner: *„erniuwen"*, S. 260. Die „Selbststilisierung Konrads als Autor" (S. 253) und damit die
Identifizierung von Autor- und Erzählerfunktion legt der Text mit seinem Kolophon selbst nahe:
„von Wirzeburc ich Cuonrât / von welsche in tiutsch getihte / mit rîmen gerne rihte / daz alte
buoch von Troye" (Tr 266–269).
**60** Vgl. als Begründer dieser These Burdach, Konrad: Reinmar der Alte und Walther von der
Vogelweide. Zweite berichtigte Auflage mit ergänzenden Aufsätzen über die altdeutsche Lyrik.
Halle 1928, S. 30f., der Konrad als Vorbote der „Geniezeit" anführt, „wo das Genie aus sich
heraus eine neue Welt, eine neue Literatur gebären will" (S. 31). Ganz in diesem Geiste übersetzt
Basler: *Trojanischer Krieg*, S. 8 den Vers Tr 135: „Für diese heilige Kunst ist nur Genie und
Sprache nötig". Für weitere Einschätzungen in dieser Forschungsperspektive vgl. Ehlert: „Wert
der Kunst", S. 79f. mit Anm. 1 und 2.
**61** Vgl. Hasebrink: „Ambivalenz des Erneuerns".

profilierter Erzähler im weiteren Erzählgang nahezu vollständig verschwindet?[62] Welche Funktion kann es haben, dass eine in höchstem Grade selbstreferentielle Erzählerstimme nach dem Prolog im Erzählten komplett untertaucht?

Zu den innovativen Experimenten des höfischen Romans gehört die Möglichkeit, Erzähler nicht nur an Peripheriestellen wie Prologen und Epilogen hervortreten zu lassen, sondern auch im Innenfeld der Erzählung, bisweilen sogar in fiktionaler Interaktion mit Figuren und in direkter Reaktion auf Handlungssituationen der erzählten Welt. Die Reflexivität und das abrupte Verschwinden des Erzählers im *Trojanerkrieg* machte Konrads Roman in dieser Perspektive zu einem schwierigen Sonderfall, in dem Walter Haug die „problematische Rückseite der Autonomie des Fiktionalen" gesehen hatte.[63] Das folgende Kapitel eröffnet einen alternativen Zugang, der Konrads Paradoxierungen weniger als Problem sondern vielmehr als Lösungsstrategie begreift – als Lösung einer Erzählstrategie, welche ihre Kommunikationsbedingungen zu generalisieren und damit auf Wissen umzustellen sucht.

Ansetzen lässt sich dazu bei Paradoxien der erzählerischen Selbstreflexion, die Effekte der Dispersion erzeugen: bei Operationen von Verteilung und Zerstreuung, die maximale Ausbreitung mit maximalem Verschwinden verbinden.[64] Strategien der Dispersion – so ist zu zeigen – strukturieren nicht nur den Prolog und seine Erzählerstimme, sondern können in funktionalem Zusammenhang mit wissensförmiger Kommunikation gesehen werden. Statt nach einem spezifischen Autorprofil Konrads zu fahnden oder autonomieästhetische Kunstkonzepte zurückzuspiegeln, ist dazu nach den epistemischen Funktionen solcher Paradoxien zu fragen: Wie verhält sich die Reflexion des Erzählens zum mythographischen Erzählen des *Trojanerkriegs* – und welche Rolle spielen dafür Paradoxien?

Die Frage kann sich an drei Metaphernkomplexen orientieren, welche die Erzählreflexion als paradoxe Leitunterscheidungen strukturieren: (1.) der Metapher der göttlich begabten Zunge, (2.) der Nachtigall und (3.) des Meeres. Alle drei

---

**62** Dies nimmt Pfennig: *erniuwen* mit Verwunderung zur Kenntnis: „Versucht man, aus den zusammengetragenen Beobachtungen ein Resümee zu ziehen, so ergibt sich als auffallendster Zug des Erzählers im Trojaroman seine Unauffälligkeit" (S. 31).

**63** Haug, Walter: „Konrad von Würzburg: Artistische Faszination und isolierte Moral". In: *Literaturtheorie im deutschen Mittelalter. Von den Anfängen bis zum Ende des 13. Jahrhunderts*. 2. Aufl. Darmstadt 1992, S. 344–363, hier S. 362.

**64** Der Begriff der Dispersion ist spätestens seit Foucault: *Archäologie des Wissens*, S. 82 (und passim) als Konzept geprägt, das auf die modale Organisation von Äußerungen zielt: die bündelnde Funktion eines Subjekts kann durch Streuungen unterlaufen, aufgelöst, ersetzt werden. Anders als Foucault möchte ich Dispersion im Folgenden nicht als allgemeine Dimension von Äußerungsmodalitäten verstehen, sondern spezieller fassen: Im Vordergrund steht die Formierung der Erzählinstanz und ihre Auflösung, Verteilung, Zerstreuung.

Leitmetaphern antworten auf eine Gegenwartsdiagnose zur Erosion literarischer Kunst, mit der Konrads *Trojanerkrieg* einsetzt (Tr 1– 67). Auch Konrads Klage über den Verfall anspruchsvoller Kunst und ihrer Wertschätzung bildet dabei nicht literatursoziologische Wirklichkeit des 13. Jahrhunderts ab,[65] sondern dient als textinterne Strategie, die Erzählhaltung des *Trojanerkriegs* zu modellieren. Sie gründet in einem ökonomischem Kalkül von Angebot und Nachfrage:[66] Wenngleich wahre literarische „meister [...] / die singen oder sprechen wol" (Tr 6f.) selten geworden seien an den Höfen (Tr 139, 162), so habe dies keineswegs das Ansehen der wenigen „wîsen" gesteigert, die sich auf den anspruchsvollen Stil „gebluomter rede" verstünden (Tr 11–13). Seltenes Angebot erhöhe keineswegs die Nachfrage nach exklusiver Kunst. Ganz im Gegenteil habe sich die Misere der mangelnden Wertschätzung verschärft:

> Waz sol nû sprechen unde sanc?
> man seit ir beider cleinen danc,
> und ist ir zwâre doch unvil,
> die mit getihte fröuden spil
> den liuten bringen unde geben.
> (Tr 1–5)

Wie der kostbare Waise in der Kaiserkrone alle anderen Edelsteine im Wert übertreffe (Tr 20 – 27) und der Phönix aufgrund absoluter Seltenheit alle anderen Vögel (Tr 32– 45), hält der Erzähler entgegen, so müsse auch meisterliche Dichtkunst im Rang steigen. Auf Händen seien Dichter zu tragen, „die mit ir sange wæren cluoc / und mit ir sprechen hövelich" (Tr 58f.). Tatsächlich aber bleibe ihnen gebührende Anerkennung versagt: an den Höfen regiere stattdessen das Mittelmaß einer jungen Generation („wilden junges muotes", Tr 142), deren verirrter Kunstverstand anspruchslosem Gaukelspiel nacheifere, wie die Fledermaus irrtümlich dem Lichtschein phosphoreszierenden faulen Holzes nachjage (Tr 140 – 175). Es bedarf keines besonderen Nachweises, um in solcher wertkonservativen Diagnose eine topische Klage zu erkennen: Junge Nichtskönner verdrängen die alten Meister literarischer Kunst.

---

65 Vgl. hierzu ausführlich Kap. IV.2.1.1.
66 Dieses Kalkül verbindet den *Trojanerkrieg* mit anderen Werken Konrads, so z.B. mit der *Klage der Kunst* (Konrad von Würzburg: „Die Klage der Kunst". In: *Die Klage der Kunst. Leiche, Lieder und Sprüche.* Hg. v. Edward Schröder. 2. Aufl. Berlin 1959, S. 1–8, Str. 16–18) oder *Partonopier und Meliur* (Konrad von Würzburg: *Partonopier und Meliur.* Aus dem Nachlasse von Franz Pfeiffer und Franz Roth. Hg. v. Karl Bartsch. Wien 1871, V. 97–103): wahre Kunst verfalle in Armut, während kunstlose Darbietungen belohnt würden.

(1.) Dem versagenden Mechanismus ökonomischer Wertbildung auf dem literarischen Feld stellt der Erzähler mit selbstbewusstem Trotz das Modell eigentlicher literarischer Meisterschaft gegenüber. Den Wert wahrer Kunst begründe nicht nur ihre Seltenheit, sondern vor allem die Auszeichnung durch „gotes gunst" (Tr 77) – „wort unde wîse tihten" (Tr 81) sei unlernbar, da sie sich letztlich der Begabung durch Gott verdanke (vgl. Tr 82–87). Göttliche Inspiration, so fährt Konrad fort, hebe den Dichter sogar spezifisch von allen anderweitigen Kunsttreibenden ab:

> im gab sîn götelich gebot
> als edellîche zuoversiht,
> daz er bedürfe râtes niht,
> noch helfe zuo der künste sîn,
> wan daz im unser trehtîn
> sinn unde mundes günne,
> dâ mite er schône künne
> ꜵꜷꞇꞔꞑꞓꞎꞁ ꞏꞖꞇꞎ ꞏꞇꞌꞇꞎꞇ ꞏꞇꞎ
> (Tr 94–101)

Alle mechanischen Künste und Handwerke seien auf Ausrüstung und Werkzeug (Tr 129: „gerüste", 104/127: „geziuges") angewiesen: der Schütze auf Bogen und Geschosse zur Ausübung seiner Militärtechnik, der Schneider auf Schere und Tuch, der Schuster auf Ahle und Borsten, der Holzfäller auf seine Axt, aber auch Turnierritter auf Pferde und Rüstungen oder Musiker auf ihre jeweiligen Instrumente (Tr 108–127). Einzig „sprechen unde singen" (Tr 132) setzten nichts anderes voraus „wan zungen unde sinnes", die Gott dem Dichter verleihe (Tr 135). Mit diesem ersten Metaphernkomplex über Dichtung als göttlich inspirierter Zunge knüpft Konrad an einen Diskurs über Dichtung an, der poetisches Sprechen über die Unterscheidung von erlernbarer Technik und unverfügbarer Begabung charakterisiert und nicht zuletzt im Mythosdiskurs des Mittelalters transportiert wird.

Anstatt jedoch den Prozess der Inspiration oder den Akt der Begnadung näher zu beschreiben, wie es dieser Tradition entsprochen hätte,[67] fokussiert Konrad vor allem die Medialität von Dichtkunst, um Unterscheidungen zu produzieren. Betonte Medienbindung der Handwerke und Künste auf der einen Seite (beschrieben

---

[67] Was Dichtung als „list" (Tr 85) charakterisiert, wird abgesehen von der relativ allgemeinen Unterscheidung von Bedeutung (Tr 99: „sinn unde mundes") und Sinnträger (Tr 81: „wort unde wîse") hinaus nicht entfaltet. Der enorme Ranganspruch des Dichtens wird somit vom eigentümlichen Verzicht auf explizite Konzeptualisierung begleitet. Vgl. zur Inspirationstopik Boesch, Bruno: *Die Kunstanschauung in der mittelhochdeutschen Dichtung von der Blütezeit bis zum Meistergesang.* Bern, Leipzig 1936, S. 113–116; Curtius: *Europäische Literatur und lateinisches Mittelalter,* S. 467 f.

als Materialien, Produkte oder Bedingungen ihrer Verwirklichung und ihres Erscheinens) steht erklärte Unabhängigkeit von Medialität auf der anderen Seite gegenüber. Gerade die scharfe Abgrenzung von Konrads Inspirationskonzept lässt jedoch hervortreten, dass Medien auch für Dichtkunst relevant bleiben, insofern diese lediglich einem Medienwechsel unterliegt: Die Unterscheidung der Künste verbindet wahre Dichtkunst an das Medium der Stimme. So weichen schriftorientierte Bezeichnungen für Dichten und Dichtung nach Entfaltung der Inspirationsmetapher (Tr 68–135) und Abgrenzung der Künste solchen Bezeichnungen, die auf mündliche Produktion und Rezeption bezogen sind:

| Bezeichnung für Dichtung | Belege bis Tr 68 | Belege nach Tr 68 |
|---|---|---|
| *schriftorientiert:* | | |
| breiten | – | Tr 303 |
| buoch | – | Tr 256, 269 |
| gelîmen | – | Tr 277 |
| schrift | – | Tr 300 |
| tihten, tihter, getihte | Tr 4, 29, 47, 54, 61 | Tr 71, 81, 86, 91, 152, 170, 183, 209, 234, 239, 267, 304, 323 |
| *mündlichkeitsorientiert:* | | |
| dôn, dœne | Tr 53 | Tr 200 |
| klingen | – | Tr 190 |
| mund | – | Tr 99, 242 |
| rede | Tr 12, 53 | Tr 101, 145, 191, 225, 232, 240, 257 |
| rîmen, rîme rihten | – | Tr 268, 278 |
| sagen | – | Tr 189, 312 |
| schal, erschallen | – | Tr 191, 199 |
| singen, sanc | Tr 1, 7, 58 | Tr 132, 145, 173, 177, 189, 193 |
| sprechen, spruch | Tr 1, 7, 59 | Tr 132, 151, 169, 173, 177 |
| stimme | – | Tr 191 |
| wîse | – | Tr 81 |
| wort, worte | – | Tr 81, 148, 227, 275, 306 |
| zunge | – | Tr 135, 180, 229 |
| *sonstige Bereiche:* | | |
| aventiure | – | Tr 310 |
| blüejen | – | Tr 271 |
| gedenken | – | Tr 101 |
| mære | – | Tr 234, 235 |
| sinn | – | Tr 99, 135 |

Wie die Aufstellung belegt, verschwindet das Vokabular handwerklicher Schrift-praxis keineswegs vollständig; umgekehrt wird Dichten schon im ersten Vers mündlichkeitsorientiert als „sprechen unde sanc" charakterisiert (Tr 1). Als Mündlichkeit und Schriftlichkeit verbindender Begriff wird *tihten* insgesamt am häufigsten zur Bezeichnung literarischer Produktion verwendet. Tendenziell entfaltet sich jedoch nach dem Metaphernkomplex der Inspiration ein reicher differenziertes Vokabular der Mündlichkeit, das auch in seinem quantitativen Übergewicht den Eindruck betonter Mündlichkeit enstehen lässt – einer Münd-lichkeit, die in wiederkehrenden Doppelformeln wie „sprechen unde singen" (Tr 173, vgl. 177) oder „zung[e] unde sin[n]" (Tr 135; vgl. 99) geradezu leitwortartige Form annimmt.[68]

Der programmatische Versuch, Dichtkunst unabhängig von äußeren, d. h. technischen Medien zu konzipieren, führt also umso tiefer in Paradoxien. Wäh-rend die Unabhängigkeitserklärung der Dichtung erstens das Konzept der Stimme emphatisch aufwertet, koppelt sie Dichtkunst nur umso fester an ein Medium;[69] während sie Dichtung als technisch autark von allen Medien der Vermittlung behauptet, vertieft ihre Inspirationstopik die Medialisierung gegenüber Gott.[70] Medienlosigkeit und Hypermedialität fallen somit im Vokabular der Stimme zu-sammen.

(2.) Diese Paradoxierung von Fremdbezug und Selbstgenügsamkeit verar-beitet auch die Metapher der Nachtigall (Tr 188–211), die im Mittelalter als In-begriff natürlich-instinktiver Musikalität gilt.[71] Im Minnesang allgemein und im Literaturexkurs von Gottfrieds *Tristan*[72] speziell als Leitsymbol der Lyrik etabliert,

---

**68** Vgl. Müller: „Ästhetisierung", S. 296; Kokott: *Konrad von Würzburg*, S. 285 f. liest diese Betonung des Singens „als kleine hommage" an den Domkantor Dietrich an dem Orte. Münd-lichkeitseffekte zeigen sich im weiteren Erzählfortgang als Teil einer umfassenderen Simulation von Oralität – vgl. hierzu auch Kap. IV.1.1.15.

**69** Diese Paradoxie spitzt sich vor allem im Prolog zu. Im weiteren Erzählfortgang dominieren hingegen bei expliziten Quellenberufungen stets Ausdrücke von Schriftpraxis: Von den insge-samt 45 Quellenberufungen des *Trojanerkriegs* basieren 34 auf der Formulierung „als ich las", nur 8 greifen dagegen auf das Verb *sagen* und 3 auf Formen von *jehen* zurück. Während der Prolog also auf Mündlichkeit abstellt, akzentuieren Konrads spätere Quellberufungen deutlich schriftliche Rezeption, selten aber in paradoxer Doppelung (wie z. B. Tr 37858: „uns seit der wâren buoche schrift").

**70** Vgl. Hasebrink: „Ambivalenz des Erneuerns", S. 213–216.

**71** So beschreibt etwa Augustinus den Gesang der Nachtigall als Kunst, die statt auf „Fach-kenntnis" („in artem") „bloß auf Natur" („solam naturam") basiere: Augustinus, Aurelius: *De musica. Bücher I und VI. Vom ästhetischen Urteil zur metaphysischen Erkenntnis.* Hg. u. übers. v. Frank Hentschel. Hamburg 2002, S. 16 f. (1,4,6).

**72** Vgl. Gottfried von Straßburg: *Tristan*, V. 4751–4820. Die mittelalterliche Kunstreflexion setzt mit der Nachtigall eine Symbolik fort, die bereits in der Antike prominent ist; zur Rezeption etwa

liefert die Nachtigall ein zweites Bild, das den eingangs beklagten Verfall von Kennerschaft und Wertschätzung der Kunst kontert. Auch diesen Vergleich erweitert der Erzähler zur ausführlichen Reflexion des eigenen Kunstanspruchs, wobei er unmittelbar bei der Publikumskritik anknüpft. Radikal erklärt er jegliches Publikum für irrelevant; selbst wenn kein Mensch außer ihm lebte, wolle er wie die Nachtigall keineswegs vom Singen ablassen, so streicht der Erzähler heraus:

> ich tæte alsam diu nahtegal,
> diu mit ir sanges dône
> ir selben dicke schône
> die langen stunde kürzet.
> swenn über si gestürzet
> wirt ein gezelt von loube,
> sô wirt von ir daz toube
> gevilde lûte erschellet.
> ir dôn ir wol gevellet,
> dur daz er trûren stœret.
> ob si dâ nieman hœret,
> daz ist ir alsô mære,
> als ob ieman dâ wære,
> der si vernemen künde wol.
> (Tr 192–205)

Das Bild der einsam singenden Nachtigall unter dem Blättersturz („gezelt von loube"), ein poetologisches Selbstzitat Konrads,[73] verfolgt weniger den „Zweck der captatio benevolentiae",[74] der werbenden Sympathiebildung mit einem impliziten Publikum, als vielmehr einen problematischen Adressatenbezug.[75] Denn wieder entfaltet die metaphorische Unabhängigkeitserklärung Paradoxien. Bildfeld und Leitworte erzeugen erstens eine Gattungsparadoxie: Zählt einerseits das *kürzen* langer Stunden (vgl. Tr 195) zu den Wirkungszielen epischer Exordialtopik, so

im Rahmen der Ovidüberlieferung vgl. ausführlich Behmenburg, Lena: *Philomela. Metamorphosen eines Mythos in der deutschen und französischen Literatur des Mittelalters.* Berlin, New York 2009.
**73** Vgl. Konrad von Würzburg: *Partonopier und Meliur*, V. 122–134. Der Prolog des *Trojanerkriegs* variiert jedoch den Nachtigallenvergleich an entscheidender Stelle: Während sich die Nachtigall in *Partonopier und Meliur* zu Tode singt, stellt sie der *Trojanerkrieg* unter die Bedingung des isolierten Überlebens. Vgl. zu diesem Vergleich Kellner: *„erniuwen"*, S. 253 f.; Haug: „Konrad von Würzburg", S. 359 f.
**74** So Ehlert: „Wert der Kunst", S. 92.
**75** Haug: „Konrad von Würzburg" S. 360 und 362 f. liest die Passage entsprechend als Ausdruck einer Konfliktbeziehung zwischen Dichter und Publikum.

greift andererseits das Argument ‚Gesang hilft gegen einsames *trûren'* (Tr 201) explizit auf das Leitvokabular der Minnelyrik zurück.[76] Als Emblem des *Trojanerkriegs* trägt die Nachtigall somit sowohl epische als auch lyrische Züge, wird gleichermaßen auf die Suspensionswirkungen fiktionalen Erzählens wie auf die Minneparadoxie des öffentlichen Singens von intimem Leiden rückbezogen. Konrads Nachtigall paradoxiert so betrachtet klassische Gattungssymbolik.

Zweitens wird die Nachtigallenmetapher in paradoxe Spannung des hypothetischen Gedankenexperiments versetzt. Sein irrealer Konjunktiv markiert, dass ein Publikum für die präferierte Art des Dichtens nicht bloß überflüssig ist, sondern ausgeschlossen wird:

> ob nieman lepte mêr, denn ich,
> doch seite ich unde sünge
> (Tr 188 f.)

> ob si [= diu nahtegal] dâ nieman hœret,
> *ñaz ls! lr alsô un̄er̄,*
> als ob ieman dâ wære,
> der si vernemen künde wol.
> (Tr 202–205)

Mit anderen Worten: Konrad inszeniert die Nachtigall nicht einfach als Metapher reiner *Autologie ohne Publikum*,[77] sondern inszeniert eine paradoxe *Quasi-Einsamkeit:* Singen, *als ob* niemand zuhörte.

Als inkonsistent hat daher die Forschung gewertet, dass das Autonomiepostulat der Nachtigallenmetapher Konrads expliziten Hinweisen auf historische Gönner und Rezipienten zuwiderlaufe:[78] Als kunstverständiger Auftraggeber des

---

**76** Vgl. Müller, Jan-Dirk: „Performativer Selbstwiderspruch. Zu einer Redefigur bei Reinmar". In: *Beiträge zur Geschichte der deutschen Sprache und Literatur* 121 (1999), S. 379–405. Wie Susanne Köbele kürzlich hervorgehoben hat, verwendet Konrad dieses Argument explizit auch in seiner Legendendichtung: vgl. am Beispiel des *Pantaleon* Köbele, Susanne: „Die Illusion der ‚einfachen Form'. Über das ästhetische und religiöse Risiko der Legende". In: *Beiträge zur Geschichte der deutschen Sprache und Literatur* 134 (2012), S. 365–404.
**77** Vgl. Kellner: *„erniuwen"*, S. 254; auch Haug: „Konrad von Würzburg" übersieht die besondere Modalisierung von Konrads Gedankenexperiment: Nicht „Singen, auch wenn niemand zuhört" (S. 361), sondern ‚Singen, *als ob* niemand zuhörte' hieße die Kurzformel für Konrads Paradoxie. Treffender charakterisiert Lienert: *Geschichte und Erzählen* die Nachtigallenmetapher als Beispiel einer „Poetik nur scheinbarer Autonomie" (S. 20).
**78** Vgl. vor allem Kokott: *Konrad von Würzburg*; vgl. aber auch Lienert: „Der Trojanische Krieg in Basel"; rhetorische Verbindungen von Autonomiepostulat und Gönnerreferenz diskutiert Ehlert: „Wert der Kunst".

*Trojanerkriegs* wird der Basler Domkantor Dietrich von dem Orte[79] gerühmt (Tr 245–257) und auch textintern wendet sich der Erzähler direkt an einen erlesenen Zuhörerkreis: „swer zuht und êre triute, / der biete herze und ôren her [...]" (Tr 288–295). Wie ist die Einsamkeit der Nachtigall vereinbar mit Adressaten und Kommunikationspartnern? So aufschlussreich diese Spannung zwischen autonomer Selbstbezüglichkeit und Fremdbezug auf Adressaten und Gönner für eine sozialgeschichtliche Kontextualisierung des *Trojanerkriegs* sein mag, so verkürzend wäre es, ihre Paradoxierung als Widerspruch einer nur „relativen Selbständigkeit [...] eines mittelalterlichen Berufsdichters auf dem Wege zu künstlerischer Autonomie" zu verbuchen.[80] Eher dürfte es der diffizilen Bildkonstruktion der Nachtigallenmetapher gerecht werden, wenn man sie zunächst als poetische Strategie untersucht, die demonstrativ Fremdreferenz abblendet. Statt reiner Selbstreferenz (Autonomie) vollzieht das auserzählte Bild der unermüdlich singenden Nachtigall den performativen Prozess einer Selbstreferentialisierung, die gerade in der Operation des Abblendens ihre Fremdreferenz weiterhin hypothetisch mitführt.[81] Die schließt die Möglichkeit von Zuhörern auch für Einsamkeit ein.

Die Exklusivitätssemantik der Nachtigall paradoxiert das Verhältnis von Selbstreferenz und Fremdreferenz somit eher, als Fremdreferenz durch Selbstreferenz zu ersetzen. Noch in der Mikroperspektive der Metapher nämlich kommuniziert die Nachtigall: Ihr Gesang verwandele das über sie gestülpte Laubdach in ein Resonanzmedium, das eigentlich „toube gevilde" (Tr 198 f.) wird, den Klang

---

[79] Historische Anhaltspunkte zu Dietrich liefern Leipold, Inge: *Die Auftraggeber und Gönner Konrads von Würzburg. Versuch einer Theorie der „Literatur als soziales Handeln".* Göppingen 1976, S. 120–127 sowie ergänzend Kokott: *Konrad von Würzburg,* S. 258 und 283–286 und Peters, Ursula: *Literatur in der Stadt. Studien zu den sozialen Voraussetzungen und kulturellen Organisationsformen städtischer Literatur im 13. und 14. Jahrhundert.* Tübingen 1983, S. 122 f. und 126. Als Angehöriger der seit 1236 belegten Basler Ritterfamilie de Fine wird Dietrich erstmals 1255 urkundlich erwähnt; vor seiner Amtszeit als Kantor des Domstifts Basel (ab Mai 1281) ist er als Archidiakon des Kloster Leimental tätig. Zusammen mit den Domherren Werner Schaler und Lütold von Röteln, die führende politische Rollen in Basel innehatten, ist Dietrich als Auftraggeber belegt. Aus diesen gesicherten Daten ergibt sich für Dietrich ein sozialhistorisches Profil im Schnittfeld von Adelstradition, Stadtkultur, geistlichen Wirkungskontexten und Literaturförderung. Vgl. zu Dietrichs mäzenatischem Interesse auch Lienert: „Der Trojanische Krieg in Basel".

[80] Kokott: *Konrad von Würzburg,* S. 286.

[81] Dass noch die betonteste Selbstreferentialisierung von Autonomiesemantiken Fremdreferenz mitführt, arbeitet grundlegend Luhmann: *Soziale Systeme* heraus: „Faktisch kommt daher Selbstreferenz nur als ein Verweisungsmoment unter anderen vor. Das Selbstreferieren ist ein Moment am operativen Verhalten der Elemente, Prozesse, Systeme; es macht nie ihre Totalität aus" (S. 605).

zurückwerfend, selbst zur Echokammer, in der die Nachtigall ihren eigenen Gesang genießen kann (Tr 200). Echos machen Selbstbezüge als Fremdbezüge vernehmbar, darin liegt ihre Paradoxie: Noch die Minimalform der singend-hörenden Nachtigall ist somit auf die Unterscheidung von Selbstreferenz und Fremdreferenz angewiesen, Selbstbezug erweist sich als Vermittlung *von* sich *auf* sich: „sô wirt *von ir* daz toube / gevilde lûte erschellet. / *ir* dôn *ir* wol gevellet (Tr 198 – 200, Herv. B.G.).

Nicht *Auftrag* oder *Autonomie* stellen sich somit als Alternative.[82] Eher verweist die Nachtigallenmetapher (wie auch die Metapher der inspirierten Zunge) auf Paradoxien der Referenz, die narrativ entfaltet und – wie die Nachtigall unter dem Blätterdach – *abgedeckt* werden, aber dennoch erhalten bleiben. Wollte man sie auf literatursoziologische Entwicklungen beziehen, so könnte man darin evolutionäre Reflexe von Lesepraktiken des 13. Jahrhunderts sehen, die zwar neue Formen der einsamen Rezeption erproben, jedoch weiterhin am Modell des hörbaren Vortrags festhalten.[83]

Aber auch für die poetologische Selbstverortung des *Trojanerkriegs* in der deutschsprachigen Epik ist die abgedeckte Paradoxie von Selbst- und Fremdreferenz relevant. Zu Recht ist die Nähe des Prologs, insbesondere aber der Nachtigallenmetapher, zu Gottfrieds *Tristan* betont worden.[84] Ihre intertextuellen Bezüge gegenüber Gottfrieds Prätext kennzeichnet jedoch ebenfalls eine Strategie

---

[82] Vgl. Kokott: *Konrad von Würzburg*. Zur Kontinuität dieser Unabhängigkeitsthese des Autonomiekonzepts vgl. auch Braun, Manuel: „Kristallworte, Würfelworte. Probleme und Perspektiven eines Projekts ‚Ästhetik mittelalterlicher Literatur'". In: *Das fremde Schöne. Dimensionen des Ästhetischen in der Literatur des Mittelalters*. Hg. v. Manuel Braun u. Christopher Young. Berlin, New York 2007, S. 1–40, insbes. S. 17.

[83] Dieser Aspekt bedürfte ausführlicher Diskussion, die an dieser Stelle nicht zu leisten ist. Als Aperçue sei dazu lediglich eine Formulierung Fernando Pessoas angeführt, die gut 600 Jahre nach Konrad das Paradox des einsamen Lautlesers pointiert: Die Nachtigall des *Trojanerkriegs* klingt „wie das laute Vorsichhinsprechen eines Lesenden [...], das dazu beiträgt, dem subjektiven Genuß der Lektüre volle Objektivität zu verschaffen"; Pessoa, Fernando: *Das Buch der Unruhe des Hilfsbuchhalters Bernardo Soares*. Hg. v. Richard Zenith. Übers. v. Inés Koebel. Zürich 2003, S. 14.

[84] Vor allem die Ausdrücke „edel" (Tr 95, 145, 151, 169, 285) und „herz" (Tr 72, 242, 251, 260, 273, 289) verknüpfen die Dichtungsreflexion des *Trojanerkriegs* mit Programmbegriffen Gottfrieds. Lienert: *Geschichte und Erzählen*, S. 19 f. und 22 f. mit Anm. 130 weist außerdem das explizite Gottfried-Zitat der Publikumsadresse nach: „swer zuht und êre triute, / der biete herze und ôren her" (Tr 288 f.) – „der biete herze und oren her" (Gottfried von Straßburg: *Tristan*, V. 243). Auch diese Bezüge bleiben nicht auf den Prolog beschränkt: vgl. grundlegend Green, Dennis Howard: *Konrads ‚Trojanerkrieg' und Gottfrieds ‚Tristan'. Vorstudien zum Gotischen Stil in der Dichtung*. Basel 1949 sowie speziell zum Prolog Jackson, Timothy R.: *The legends of Konrad von Würzburg. Form, content, function*. Erlangen 1983, S. 352–354.

des Abblendens: Konrads Konzept elitärer Dichtkunst und exklusiver Rezeptionsgemeinschaft zitiert zwar direkt *Tristan*-Vorgaben, doch Gottfrieds Name bleibt im Gegensatz zu anderen Dichtungen Konrads konsequent verborgen.[85]

(3.) Noch eine dritte Leitmetapher prägt die Reflexion des Erzählens. Keine Mühe scheuend, wolle der Erzähler durch Quellenbearbeitung „ob einem tiefen buoche" (Tr 219) eine Erzählung verfertigen, die unausschöpflich wie ein Meer sei:

> ich wil ein mære tihten,
> daz allen mæren ist ein her.
> als in daz wilde tobende mer
> vil manic wazzer diuzet,
> sus rinnet unde fliuzet
> vil mære in diz getihte grôz.
> ez hât von rede sô wîten vlôz,
> daz man ez kûme ergründen
> mit herzen und mit münden
> biz ûf des endes boden kan.
> (Tr 234–243)

Ein Doppelvergleich der Superlative: Herr aller Geschichten zu werden und einen grundlosen Ozean auszuheben, zielt nicht nur auf Wiedererzählen, „erniuwen" (Tr 274) oder Kompilation, sondern auf Zusammenfassung sämtlicher Überlieferung zum Trojanischen Krieg in unüberbietbarer Vollständigkeit.[86] Erklärte Absicht ist, die Trojatradition „z'eim ende" zu führen (Tr 233). Zwei Aspekte werden dabei besonders hervorgehoben: die Bodenlosigkeit des Meeres sowie die Aufnahmebeziehung zwischen Meer und Zuflüssen. Schon der einleitende Hinweis auf das

---

**85** Es gehört zur üblichen poetologischen Praxis von Prologen und Epilogen insbesondere in der Gattung des Antikenromans, genealogische Traditionen des Erzählens und konkrete Erzählvorbilder zu bennen: vgl. z. B. Herbort zu Dares (LvT 53), Cornelius Nepos (LvT 57–5) und Heinrich von Veldeke (LvT 17381–17385). Offenere Bezüge wären also auch in Konrads Prolog zu erwarten gewesen, der sich auf die Nennung von Dares als Begründer der Erzähltradition zum Trojanischen Krieg beschränkt (vgl. Tr 296). Ähnlich wie im *Partonopier*-Prolog sind Referenzen auf Dichtervorbilder vom allgemeinen Begriff „meister" abgedeckt (vgl. Konrad von Würzburg: *Partonopier und Meliur*, V. 39). Konrad invisibilisiert Diskursvorgaben der Antikenrezeption (zu Invisibilisierung als Wissenseffekt vgl. grundsätzlich Kap. V der Arbeit); vgl. Schmitt, Stefanie: *Inszenierungen von Glaubwürdigkeit. Studien zur Beglaubigung im späthöfischen und frühneuzeitlichen Roman.* Tübingen 2005, S. 132. Die explizite Nennung Gottfrieds in der *Goldenen Schmiede* unterstreicht darüber hinaus, dass Konrad die Option offener Referenz durchaus offen stand.
**86** Vgl. Worstbrock: „Erfindung der wahren Geschichte", S. 172. Wie Lienert: *Geschichte und Erzählen*, S. 21 insbes. Anm. 122 (mit weiteren Literaturhinweisen) rekonstruiert, greift die Meermetapher auf das in der Weltchronistik geläufige Konzept des *mare historiarum* zurück.

„tiefe buoch" seiner Quelle (vgl. Tr 219) regt den Vergleich mit einem riesigen Strom an: Die angestrebte Erzählung sei einem „endelôsen pflûme" (Tr 222) zu vergleichen und so tief, dass darin ein Berg versinken könne. Das ausgeführte Bild des Meeres vertieft dies bis zur völligen Unauslotbarkeit.

Zweitens modelliert die Metapher der zahlreichen Quellen, die sich „in daz wilde tobende mer" der Erzählung ergießen (Tr 236; vgl. 236–239),[87] das Erzählprojekt als finales Sammelbecken. Auch in diesem Fall bündelt die poetologische Metaphorik also eine Paradoxie: Höchster Einfluss und absolute Vollendung, maximale Angewiesenheit auf einfließende Quellen und maximaler Ausschluss, selbst wiederum zur Quelle für andere Bearbeitungen zu werden, laufen im Bild des Meeres zusammen. Treffend beschreibt Beate Kellner daher die Beziehung von Zuflüssen und Meer als Konzept einer „*compilatio* in dem Sinne, dass die frühere Überlieferung im Meer des eigenen Textes zum Verschwinden gebracht wird."[88] Kompilation löscht ihren Kompilationscharakter.

Konrads maritime Dichtungsreflexion lässt mithin zentrale Instanzen verschwinden, welche die Knochbouchiuollnung zum Prologauftakt bestimmten – Wertschätzung eines Publikums spielt für die Speichervorstellung des Meeres ebenso wenig eine Rolle wie die Qualitätsunterschiede literarischer Konkurrenz. Ein Trojaroman als Ozean schluckt unterschiedslos.

Bei genauerem Blick zeigen sich jedoch noch spezifischere Leistungen der Meeresmetapher. So öffnet das Bild des bodenlosen Meeres einerseits einen unendlichen Imaginationsraum. Hebt der Erzähler auch wenige Verse später Kampf und Liebe als Zentralthemen hervor (vgl. Tr 312–321), an denen der Zuhörer „edel bîschaft" (Tr 285) finden könne, so entzieht die Metapher des unendlichen, wilden Meeres hermeneutischen Auslotungsversuchen von vornherein den Boden.[89] Andererseits schreibt die metaphorische Organisation die Referenzrichtung unumkehrbar fest: Quellen münden notwendigerweise ins Meer. Diesem natürlichen Verhältnis von Flussrichtung und Einmündung entsprechend wird analogisierend auch das Dichtungskonzept einer Richtung unterworfen, die nur einseitig prozessiert werden kann und Alternativen verdeckt: Konrads Metapher des unend-

---

87 Die Wildheit des tosenden Meeres und seiner rauschenden Zuflüsse verbildlicht das rhetorische Prinzip des *stilus alienus*, das ausführlich Monecke: *Studien* analysiert hat.
88 Kellner: „*erniuwen*", S. 250.
89 Susanne Köbele hat dieses Verfahren in anderem Zusammenhang im Anschluss an Hans Blumenberg als *Sprengmetaphorik* beschrieben: Bilder wie ‚bodenlos tiefe Wasser' können Elemente metaphorischer Textstrategien darstellen, die hermeneutische Reflexion auf unendliche Prozessierung hin öffnen; vgl. Köbele, Susanne: *Bilder der unbegriffenen Wahrheit. Zur Struktur mystischer Rede im Spannungsfeld von Latein und Volkssprache.* Tübingen 1993, insbes. S. 58–63. Keineswegs ist der Prolog jedenfalls auf moralische Sinnvermittlung zentriert, wie es die Themen Schönheit und Untergang, Liebe und Krieg vermuten lassen können.

lichen Meeres richtet die Erzähltradition teleologisch auf den *Trojanerkrieg* aus und schluckt gleichsam die Möglichkeiten eigenwertiger Alternativen. Frühere Trojaerzählungen erscheinen lediglich in der Gestalt von Quellen, künftige Bearbeitungen werden pauschal unterdrückt. Dass die „höchst disparaten Quellengruppen" des Romans die „vollständig[e] und fugenlose[e] Geschichte" von Troja bildeten,[90] wird somit nicht bloß programmatisch behauptet, sondern performativ im metaphorischen Arrangement durchgesetzt. Konrads Metaphernwahl naturalisiert damit grundsätzliche Kontingenzen literarischer Kommunikation.[91]

Alle Leitmetaphern bearbeiten somit paradoxe Unterscheidungen. Aber tun sie dies koordiniert oder überhaupt mit Bezug aufeinander? Die Bildbereiche und diskursiven Kontexte, welche die poetologischen Leitmetaphern des Prologs aufrufen, sind durchaus unterschiedlich. Dennoch verketten sie sich zu einer gemeinsamen Strategie, die sich als Dispersion beschreiben lässt:

(a) Die Inspirationsmetapher prägt die Selbstbeschreibung literarischer Meisterschaft produktionsseitig. Als von Gott begnadeter Sänger benötigt der Dichter zu seiner Kunst weder Pergament noch Tinte; Zunge und Verstand werden hingegen zum paradoxen Medium Gottes, das keiner anderen Medien bedarf. In auffälliger Weise entkonkretisiert Konrad mit diesem Metaphernkomplex das Konzept literarischer Produktion, wie sich besonders im Kontrast zu vereinzelten Metaphern der handwerklichen Bearbeitung zeigt.[92] Dichten wird dadurch an einen Prozess der Medialisierung gebunden, der sich nicht nur vom Schreibprozess und seinen technisch-materialen Bedingungen absetzt. Auch die Medialität der Kommunikation selbst wird differenziert, indem auf traditionelle Unterscheidungen von Mündlichkeit (*singen*) und Schriftlichkeit (*tihten*) zusätzlich die

---

**90** Köbele: „Klang und Sinn", hier S. 312 im Hinblick auf die ähnlich gelagerte Integrationsstrategie (und analoge Metaphernwahl) von Konrads *Goldener Schmiede*.

**91** Dies ist nur eine, wenngleich freilich prominente Naturalisierung – der Prolog liefert andere Metaphern mehr: so erklärt etwa der Erzähler, die Trojaüberlieferung wie eine frische Gladiole neu zum Blühen zu bringen (Tr 269–271). Als Naturalisierungsmodell reiht sich also auch die Meermetaper in einen größeren Bestand prominenter Leitmetaphern ein – allen voran der Metapher des Baumes, mit der Gottfried im *Tristan* und Konrad im *Partonopier*-Prolog das Literatursystem ordnen: die organologischen Bilder von Wurzeln, Trieben, Pfropfen und Früchten bieten analoge Möglichkeiten, Optionen der Verweisung auf notwendige *Entwicklung* umzustellen. Die Meermetaper leistet dies ebenfalls. Vgl. dazu im Hinblick auf Konrads *Partonopier* und die Poetik des Blümens z.B. Haug: „Konrad von Würzburg", S. 345–348.

**92** So kündigt der Erzähler später an, „daz alte buoch von Troye" restaurieren, die Risse gleichsam kitten zu wollen: „ich büeze im sîner brüche schranz: / den kan ich wol gelimen / z'ein ander hie mit rîmen / daz er niht fürbaz spaltet" (Tr 276–279). Metaphern des Ausbesserns und Leimens von Brüchen stehen der Handwerkssphäre näher als die übrigen Prologbeschreibungen des Dichtens.

Unterscheidung von Autarkie und Abhängigkeit angewandt wird. Die Spannung, die solche Komplexifizierung aufwirft, ist nicht zu übersehen: Göttliche Inspiriertheit und Autarkieerklärung, Fremdreferenz und Selbstreferenz verschlingen sich ineinander, ohne feste Form zu gewinnen. Aussagen über Dichtung als reale Praxis und als ideales Konzept stehen somit eigentümlich gegeneinander.

Wie verarbeitet der Prolog ihre Paradoxie? Wie lässt sich harmonisieren, dass Konrads Erzähler als Wiedererzähler nicht nur auf Quellenmaterial zur Bearbeitung angewiesen ist (und damit den abgewiesenen Handwerkern verdächtig nahe rückt), sondern auch in einem externen Kommunikationssystem eingebettet ist (auf das der Prolog mit Nennung von Auffttraggeber und Rezipienten zumindest rudimentär hindeutet)? Hier setzen die beiden anderen Metaphernkomplexe mit Bildern an, die solche Paradoxie von Selbstreferenz und Fremdreferenz prozessierbar machen.

(b) Rezeptionsseitig formt die Nachtigallenmetapher Möglichkeiten der Adressierung unter zwei Aspekten. Erstens gestaltet sie die Referenz des Singens als Selbstverhältnis: Der Echoraum des Blätterdachs, der die eigene Stimme zurückwirft, wird zur reversiblen Schnittstelle von Selbst- und Fremdreferenz. Auch die Nachtigallenmetapher reproduziert also die Unterscheidung von Autonomie und Heteronomie, führt sie jedoch im Singen zusammen. Dies gelingt, wie gesehen, nur unter dem Preis einer neuen Paradoxierung, die aber natürlicher und daher schwächer ausfällt: das Performanzmodell des Singens setzt voraus, dass die Nachtigall singen *und* sich gleichzeitig selbst hören kann, wie ein Außenstehender sie hören würde.

Deutlich tritt damit zweitens die besondere Modalisierung hervor. Wie die *Quasi*-Einsamkeit der Nachtigall (deren Wohlgefallen an sich selbst fremdreferentielles Hören voraussetzt, vgl. Tr 200 f.) erscheint analog auch die Selbstreferenz des Erzählers als *Quasi*-Selbstreferenz entworfen. Das Erzählmodell des *Trojanerkrieg*-Prologs stellt sich dadurch durchaus auf Außenhorizonte der Beobachtbarkeit aus – auf Beobachtung und Beobachter freilich, die nicht offen adressiert werden. Lässt das Blätterdach der Nachtigall eine Selbstbezüglichkeit des Singens entstehen, deren Außenseiten latent mitlaufen, so entspricht dem eine Erzählhaltung, die sich intentional nur auf sich selbst richtet und ihre Außenbeobachtbarkeit latent werden lässt.

Genau dies erfasst der Begriff der Dispersion: Der *Trojanerkrieg*-Prolog experimentiert mit einer Selbstreferentialisierung des Erzählens, die ihre aisthetische Intensität maximal streut und zugänglich macht, gerade indem sie mitgeführte Fremdreferenz in extremer Weise unsichtbar werden lässt. Der Elitarismus, der für den blümenden Dichter Konrad traditionell in Anspruch genommen wurde, verfolgt demnach im *Trojanerkrieg* nicht den maximalen Ausschluss, sondern interessanterweise die maximale Öffnung von Kommunikation. Trotz seines enormen Umfangs zeigt sich Konrads *Trojanerkrieg* syntaktisch und semantisch vergleichsweise simpel – misst man den Roman etwa an exzentrischen Texturen wie der *Goldenen Schmiede*.[93] Die unsichtbare Außenzugänglichkeit, welche die Nachtigallenmetapher modelliert, könnte somit konkret auch die Erzählpoetik vorbereiten, die auf den Exklusivitätsanspruch des Prologs gerade *keine* exklusivistische Sprachform folgen lässt. In seiner Sprachgestalt verfolgt der *Trojanerkrieg* ebenfalls eine eher breite Streuung.

Gibt es einen Modus narrativer Referenz, der für Wissenskommunikation spezifisch ist? Wissenskommunikation lässt sich als dispersiv bezeichnen, insofern sie innerhalb konkreter Kommunikationsakte immer schon überschießende Anschließbarkeit in Aussicht stellt: Als Adressat ist man nie nur selbst gemeint – und Wissen kennzeichnet Kommunikationsformen, die diese Paradoxie gespaltener Adressierung bewältigen. Maximale Streuung der Kommunikation bei gleichzeitiger Unsichtbarkeit ihres Ursprungs wären als Züge einer solchen Wissenskommunikation zu betrachten, die sich in extremer Weise verbreitet.

Obwohl der *Trojanerkrieg* über seine mäzenatischen Produktionsbedingungen in ein konkretes soziales Milieu in Basel eingebunden ist, sind Referenzen an dieses Milieu für das Romanerzählen nahezu unerheblich; obwohl sich der Erzähler selbstbewusst von literarischer Massenproduktion absetzt, verschwindet die Erzählinstanz weitgehend im Ereignismeer der anschließenden Erzählung, ohne ähnlich markant in Exkursen oder Erzählreflexionen aufzutauchen. Teilhabe und Ausschluss werden gleichzeitig möglich. Inwiefern ein solcher Modus in dieser Hinsicht Kommunikationsbedingungen urbanisierter Öffentlichkeit reflektiert, die ihre Paradoxien in der Spannung von Durchlässigkeit und Eingrenzung neu regulieren, wäre als Anschlussüberlegung zu verfolgen.[94] Mit der komplizierten Modellierung seiner Erzählhaltung könnte der *Trojanerkrieg* hierzu ein aufschlussreiches Exempel der Literarisierung urbaner Kommunikation beisteuern, die schon Ende des 13. Jahrhunderts greifbar ist. Während der höfische

---

93 Vgl. hierzu Köbele: „Klang und Sinn".

94 Ausgehen ließe sich dabei einerseits von Hypothesen der Konradforschung: „Seine Adressaten sind schlichtweg und unbestimmt alle, d. h. jeder einzelne, jeder Kenner, der sein Werk schätzt und sich von ihm einnehmen läßt. Das entspricht insbesondere der neuen, der städtischen Situation mit ihren vielfältigen gesellschaftlichen Gruppierungen" (Haug: „Konrad von Würzburg", S. 362 f.). Andererseits ließe sich auf Vorstudien aufbauen, die Streuung und Begrenzung von literarischer Kommunikation in der städtischen Sozialstruktur untersuchen. Die sozialgeschichtliche Forschung hatte beobachtet, dass sich im 13. und 14. Jahrhundert „weder auf der thematisch-ideologischen Ebene noch im organisatorisch-institutionellen Bereich [...] signifikante Merkmale einer sogenannten städtischen Literatur feststellen lassen"; Peters: *Literatur in der Stadt*, S. 292. Der *Trojanerkrieg* legt indes nahe, dass sich solche Merkmale auf Ebene von Kommunikationsstruktur und ihrer textinternen Modelle finden lassen könnten.

Roman um 1200 das Modell gerichteter Adressierung bevorzugt, setzt der *Trojanerkrieg* auf Dispersion.

(c) Mit den neuen Zugänglichkeitsmöglichkeiten von dispersiver Kommunikation sind neue Ausschlüsse verbunden, wie sich im Blick auf die Metapher des Erzählmeers zeigte. Ihre Funktion besteht darin, Rezeption und Produktion miteinander zu koppeln – insofern fasst die Metapher des umfassenden Meers und seiner Quellflüsse die Stränge der poetologischen Reflexion zusammen. Darüber hinaus vermag die Metapher die in sie eingegangenen Paradoxien unsichtbar zu machen. So nimmt das Bild der Quellflüsse die Paradoxie von Selbstreferenz und Fremdreferenz auf und generalisiert sie mittels Natursemantik: Die Paradoxie mittelalterlichen Wiedererzählens, auf bestehende *materia* angewiesen zu sein und gleichwohl Neues zu schaffen, wird im natürlichen Bild von Flussrichtung und Sammelbecken zum Verschwinden gebracht.[95] Unmöglich wird damit, nach der Eigengeltung der Quellen zu fragen – die in der Trojaliteratur der Antike und des Mittelalters bis zu Konrad ausgiebig betriebene Quellenkritik wird auf diesem Wege im höchsten Grade unwahrscheinlich.[96] Ebenso trägt auch der offene Imaginationsraum des bodenlosen Meers dazu bei, Begründungsstellen und Fremdreferenz zu verdecken, ähnlich wie dies bereits die Inspirationsmetapher leistete.[97]

Insgesamt gewinnt damit die Prologpoetik ein wissensfunktionales Profil, in dem sich maximale Fremdreferenz zusammengeflossener Geschichten mit mini-

---

**95** Der *Trojanerkrieg* zielt, wie kürzlich Worstbrock: „Erfindung der wahren Geschichte" unterstrichen hat, in diesem Sinne auf „konsistente Wiederherstellung der Trojageschichte aus der Summe ihrer Überlieferungen" (S. 172). Sowohl das Problem der Neuerfindung als auch die Möglichkeit der Überbietung muss ein solcher Erzählanspruch allerdings entschärfen (entparadoxieren), um anschlussfähig zu werden.

**96** Zutreffend hebt Schmitt: *Glaubwürdigkeit* hervor, dass Konrad keine Rechenschaft über die verarbeiteten Quellen ablegt (S. 132). Noch Benoît nutzt seinen Prolog zur ausführlichen Verlässlichkeitskritik seiner Vorlagen, wobei er den vermeintlich Spätgeborenen Homer zugunsten des vermeintlichen Augenzeugen Dares ausspielt und auch Stationen des Übersetzungsprozesses des griechischen Textes erwähnt: vgl. RdT 45–128. Multiple Autorschaft von Überlieferern und Bearbeitern, wie sie etwa auch die Illustrationen zu Benoît-Handschriften eindrücklich darstellen, werden so gelöscht; vgl. z.B. Nitsche, Barbara: „Konzeptionen mehrfacher Autorschaft in altfranzösischen und mittelhochdeutschen illuminierten *Trojaroman*-Handschriften". In: *Autorbilder. Zur Medialität literarischer Kommunikation in Mittelalter und Früher Neuzeit*. Hg. v. Gerald Kapfhammer, Wolf-Dietrich Löhr u. Barbara Nitsche. Münster 2007, S. 93–113, insbes. S. 105.

**97** Diese Offenheit der Meermetapher beschreibt Lienert: *Geschichte und Erzählen* als „Unbestimmtheitsstelle" im Sinne Wolfgang Isers (S. 27). Wie die Analyseskizze zu zeigen versuchte, verdankt sich diese Unbestimmtheit jedoch eines poetologischen Paradoxiemanagements, das diese verdeckt, ohne sie im Sinne Ingardens/Isers *konkret besetzbar* zu machen.

maler Sichtbarkeit dieser Geschichten als eigenständiger Erzählungen verbinden. Provoziert gerade der Antikenroman genealogische Paradoxien von Kontinuitätsbildung und Neuansätzen,[98] so antwortet der *Trojanerkrieg* darauf mit einer metaphorischen Naturalisierungsstrategie, welche die gesamte Erzähltradition ins Sammelbecken des eigenen Erzählens leitet und verbirgt.

Von hier lassen sich die Ausgangsfragen wieder aufnehmen, die den Prolog mit dem gesamten *Trojanerkrieg* verbinden: Was haben Konrads komplexe Metaphernstaffelungen mit dem Krisenszenario der Kunst zu tun? Und wie ist das Verschwinden des Erzählers nach seinem prononcierten Hervortreten zu erklären?

Neuzeitliche Mythostheorien beschreiben als Kennzeichen mythischer Figurenzeichnung häufig „eine Art von Verwischung ihrer Präzision":[99] Figuren mythologischer Erzählungen schwankten unscharf zwischen Individualisierung und Typisierung. Könnte es sein, dass bereits der *Trojanerkrieg* das Profil seiner mythographischen Erzählerfigur – ihre Referenz, ihre Kommunikationsbeziehung, ihre Adressierung – in dieser Weise verwischt? Die hier skizzierte Analyse führt zu einem anderen Ergebnis. Der Prolog betreibt nicht einfach Verwischung seiner Sprecherposition, sondern bedient sich einer Bildsprache mit hohem Konkretisierungsgrad; die Erzählposition wird weder undeutlich noch kollektivierend zurückgenommen, sondern anspruchsvoll artikuliert und selbstzentriert; das Kommunikationsmodell ist nicht von Beginn an konfiguriert, sondern wandelt sich mit der Staffelung seiner paradoxen Leitmetaphern. Präziser kann somit die Strategie des *Trojanerkrieg*-Prologs darin gesehen werden, Fremdreferenzen in Selbstreferentialisierung umzustülpen: Gott, das Blätterdach der Nachtigall und die Quellflüsse des Erzählmeers bieten Semantiken und Bilder, die diese Funktion leisten. Zusammen lassen sie Außenhorizonte des Erzählens als unbeobachtbar (Gott), reflexiv (Nachtigall) oder natürlich (Meer) erscheinen – drei Varianten, um Fremdreferenz maximal zu ermöglichen und in das Erzählmodell einzubauen, zugleich aber dem gesonderten Zugriff zu entziehen. Kommunikation wird dadurch breiter gestreut, ohne die Kontingenzbeträge von Fremdreferenz zu erhöhen, was sich als Dispersion fassen ließ.

Dass sich der Erzähler im Romanfortgang in sein Erzählen hinein auflöst, muss demnach nicht länger als Widerspruch verstanden werden. Ein solcher Ef-

---

**98** Vgl. Kellner: *Ursprung und Kontinuität*, insbes. S. 13–46 und 104–258; speziell zu Trojagenealogien S. 291–294.
**99** So z.B. Blumenberg: „Wirklichkeitsbegriff und Wirklichkeitspotential", S. 52; dazu demnächst auch Matuschek, Stefan: „Mythologisieren. Der doppelte Bezug zum Mythos als literarisches Darstellungsmuster". In: *Zwischen Präsenz und Repräsentation. Formen und Funktionen des Mythos in theoretischen und literarischen Diskursen*. Hg. v. Bent Gebert u. Uwe Mayer. Berlin, New York [in Druckvorbereitung].

fekt liegt vielmehr in der Konsequenz des rekonstruierten Verfahrens der Dispersion: Indem die Selbstreferenz des Erzählens nicht durch Vertiefung der Unterscheidung von Selbst und Anderem gewonnen wird, sondern diese in den Metaphernmodellen von Inspiration, Nachtigall und Meer kurzschließt, wird die Unterscheidung selbst zum Verschwinden gebracht. Der *Trojanerkrieg* bahnt mit dieser Dispersionsstrategie der entparadoxierenden Streuung nicht nur neue Wege im Mythosdiskurs, sondern auch im Gattungskontext des höfischen Romans. Denn im Unterschied zu den Erzählerfiguren Hartmanns tritt Konrads Erzähler weder *vor* ein implizites Publikum, noch schließt er wie der Erzähler von Gottfrieds *Tristan* die hermeneutische Tür hinter der Rezeptionsgemeinschaft *edler Herzen* ab – der höfische Roman hatte in diesen Modellen kommunikative Selbst- und Fremdreferenz scharf kontrastiert. Der *Trojanerkrieg* inszeniert hingegen die Selbstreferentialisierung eines Erzählers, der sich selbst lediglich für Instanzen beobachtbar ausstellt, die unbeoachtbar sind (wie Gott; wie der Fänger der Nachtigall; wie eine Quelle unabhängig vom Meer). Das Verschwinden des Erzählers verdankt sich somit einer eher weicheren, aber raffinierteren Strategie, die auf Unbeobachtbarkeit angelegt ist.

Aus diesen Beobachtungen ergeben sich zwei Folgerungen. Erstens macht das Metaphernarrangement deutlich, dass der *Trojanerkrieg*-Prolog ein wissensförmiges Kommunikationsmodell organisiert, dabei aber im Gattungskontext neue Wege sucht. Zwar hatte sich schon Benoîts *Roman de Troie* im Prolog zur Weitergabe von Wissen verpflichtet[100] und das Erzählen ausdrücklich auf Wissenstransfer bezogen:

> Salemon nos enseigne e dit,
> E sil list om en son escrit,
> Que nus ne deit son sen celer,
> Ainz le deit om si demostrer
> Que l'om i ait pro e honor,
> Qu'ensi firent li ancessor.
> Se cil qui troverent les parz
> E les granz livres des set arz,
> Des philosophes les traitiez,
> Dont toz li monz est enseigniez,
> Se fussent teü, veirement

---

**100** Zu diesem Topos vgl. Lausberg, Heinrich: *Handbuch der literarischen Rhetorik. Eine Grundlegung der Literaturwissenschaft.* 4. Aufl. Stuttgart 2008, S. 157 (§275α); Brinkmann, Hennig: „Der Prolog im Mittelalter als literarische Erscheinung. Bau und Aussage". In: *Wirkendes Wort* 14 (1964), S. 1–21, hier S. 19; Curtius: *Europäische Literatur und lateinisches Mittelalter*, S. 97 f.

Vesquist li siegles folement:
[...]
Qui set e n'enseigne o ne dit
Ne puet muër ne s'entroblit;
E sciënce qu'est bien oïe
Germe e florist e frutefie.
[...]
E por ço me vueil travaillier
En une estoire comencier
Que de latin, ou jo la truis,
Se j'ai le sen e se jo puis,
La voudrai si en romanz metre
Que cil qui n'entendent la letre
Se puissent deduire el romanz:
[...]
(RdT 1–12; 21–14; 33 f.)

Salomo lehrt und sagt uns – man kann dies in seinem Buch lesen –, dass niemand sein Wissen verbergen soll. Ganz im Gegenteil muss man es bekannt machen, um davon Gewinn und Ehre zu empfangen; so taten es die Alten. Hätten diejenigen geschwiegen, die die Ordnung des Wissens erfanden und die kostbaren Bücher verfassten, in denen die sieben Künste beschrieben sind, und die philosophischen Werke, die allen Menschen ihre Lehre vermitteln, so lebte die Welt wahrhaftig in Unwissenheit. [...] Wer Wissen besitzt und es weder lehrt noch vermittelt, kann nicht verhindern, dass er in Vergessenheit gerät, wohingegen ein empfangenes Wissen keimt, blüht und Frucht trägt. [...] Darum wende ich all meine Bemühung auf, eine Geschichte zu beginnen; meine Absicht ist – sofern ich dazu befähigt bin und die Kraft dazu habe –, sie aus dem Lateinischen, wo ich sie finde, ins Französische zu übertragen, damit diejenigen, die kein Latein verstehen, einiges Gefallen daran in der französischen Sprache finden.

Konrad ersetzt diese Argumentation funktionsäquivalent, wechselt aber Strategie und Mittel. An die Stelle des *erklärten* Wissensanspruchs tritt im *Trojanerkrieg* ein Wissenserzählen, dessen metaphorische Modellierung das *vollzieht*, was Benoîts Prolog deklariert.

Zweitens verarbeitet Konrads Kommunikationsmodell der *Quasi-Autarkie* eine neue Paradoxie von Öffentlichkeit und Isolation, die sich als *sozial kommunizierte Einsamkeit* ausstellt.[101] Die Unterscheidung von einsamer und öffentlicher Re-

---

101 Diese Möglichkeit der Selbstdarstellung führt Luhmann: *Soziale Systeme*, S. 583 auf die Evolution von demonstrativer Natürlichkeit als Semantik moderner Gesellschaften zurück, die Kommunikation und Interaktion trennen können. Einsamkeit innerhalb von Gemeinschaft betrachtet die Soziologie vielfach als Modernesignatur: vgl. etwa Bauman, Zygmunt: „Out of touch together". In: *Liquid times. Living in an age of uncertainty*. Cambridge 2007, S. 71–93. Sowohl die Naturalisierungssemantiken (Nachtigall, Meer) als auch die verschränkte Unterscheidung von Einsamkeit und Sozialität sind Spuren solcher Modernität im Prolog des *Trojanerkriegs*. Aller-

zeption, die in der Nachtigallenmetapher Gestalt annimmt, ist kommunikationsgeschichtliches Ergebnis eines Differenzierungsprozesses, der die Aufführungsgebundenheit höfischer Literatur durch Lesekulturen mit neuen Entkoppelungs- bzw. Kombinationsmöglichkeiten von Sehen und Hören, Einsamkeit und Gemeinschaft ersetzt.[102] Wesentliche Marken dieses Prozesses schreitet Konrads Prolog ab: er beschwört die Krise des Sozialsystems Hof als Kulturbetrieb, inszeniert Vereinsamung und Selbstreferenz und produziert durch archaisierende Aufwertung von Mündlichkeit neue Kommunikationsformen der Streuung. Es wäre ein Fehlschluss, darin melancholische Töne oder modernisierungsfeindliche Tendenzen zu hören: Konrads Nachtigall singt nicht vereinsamt in der spätmittelalterlichen Großstadt Basel.[103] Das Krisenszenario, mit dem der Prolog einsetzt, führt alles andere als Verfall vor Augen. Es inszeniert vielmehr den neuen Typus eines dispersiven Erzählens, das Intimität selbstbewusst öffentlich kommuniziert: repräsentative Weltgeschichte vom Trojanischen Krieg als Selbstgesang einer Nachtigall. Solche Paradoxie scheint unreduzierbar.

Der Prolog setzt dazu nicht einfach ein Erzählmodell, sondern involviert den Rezipienten in seine metaphorische Reorganisationsarbeit. So beginnt dieser nicht etwa mit einer programmatischen Sentenz, wie es die rhetorische Exordi-

---

dings wäre gegenüber den soziologisch-historischen Thesen Luhmanns oder Baumans stärker zu berücksichtigen, dass bereits seit dem 12. Jahrhundert „sozial kommunizierte Einsamkeit" in der Literatur Einzug hält: in der Minnelyrik, die Kommunikation und Interaktion unter Anwesenden voraussetzt. Nicht ohne Grund knüpft Konrads Nachtigallenmetapher an dieses Gattungsfeld an.
**102** Diese Vermutung äußert Haug: „Konrad von Würzburg" im Hinblick auf Konrads *Partonopier*: das Nachtigallengleichnis zeige hier Spuren „einer Veränderung des Rezeptionsprozesses" und „verschärfte[r] Kluft zwischen Dichter und Publikum" (S. 360).
**103** Dieser Kurzschluss vom Dichtungsmodell auf die Kritik aufsteigender Stadtkultur ist in der Konradforschung tief verwurzelt und noch kaum aufgearbeitet. Er liegt zahlreichen Arbeiten zugrunde, die Konrads Poetik unter Gesichtspunkten des Zerfalls, der Auflösung oder Entfremdung analysieren: vgl. z. B. Haug: „Konrad von Würzburg", S. 351 und S. 358 (dort zur „Melancholie" des *Partonopier*); Worstbrock: „Tod des Hercules". Es schiene mir dringend erfordert, die Prämissen dieser Argumentationen neu zu untersuchen, denn sie betreffen grundsätzlich die Einschätzung der sog. blümenden, d. h. rhetorisch besonders komplex, artifiziell und selbstreferentiell schreibenden Autoren des 13./14. Jahrhunderts. Ein Revisionsversuch ihrer (nach wie vor) problematischen Stellung in der Literaturgeschichte müsste dabei die verkappten lebensphilosophischen Argumente der Mediävistik freilegen, die der Debatte forschungsgeschichtlich zugrundliegen und immer noch nachwirken: Als der „Zusammenhang zwischen Dichter und Publikum" im „Nachmeistertum" zu „sinken beginnt", schreibt in diesem Geiste etwa Burdach: *Reinmar der Alte*, „kommt man darauf, die Dichtkunst als etwas ganz Besonderes, vom übrigen menschlichen Leben Losgelöstes, ihm wohl gar Entgegengesetztes zu betrachten und über ihr Wesen zu sinnen" (S. 30). Als Ausdruck dieser Loslösung der Kunst vom Leben führt Burdach auch den *Trojanerkrieg* an (S. 31).

altopik der mittelalterlichen Epik nahegelegt hätte.[104] Stattdessen eröffnet den *Trojanerkrieg* die grundsätzliche Frage nach Funktion und Legitimität von Dichtung: „Waz sol nû sprechen unde sanc?" (Tr 1). Offen wird damit die Frage nach der Möglichkeit literarischer Kommunikation und – daran anschließend – nach den Bedingungen ihrer Rezeption und Wertung gestellt, ihre Antwort aber folgt mehrschrittig, hoch imaginativ und komplex. In einer weitreichenden Untersuchung zu Konrads *wildem* Erzählstil hatte Wolfgang Monecke beobachtet, dass die Argumentation des Prologs dadurch eigentümlich disparat erscheint: „die Frage, wie man die Argumente zusammenreimen soll, ist vielmehr selbst die Lehre. Indem sie nicht aufgehen, weisen sie auf Neues."[105] Zuzustimmen ist Monecke in der Beobachtung, dass die Dichtungsreflexion des Prologs sich Diskursvorgaben spannungsvoll widersetzt: Die Selbstreferentialisierung des Erzählens bricht sowohl weitgehend mit den Erwartungen an didaktische Wirkungsziele als auch mit den fremdreferentiellen Normen des Mythosdiskurses. Schwerlich lässt sich jedoch Moneckes Eindruck bestätigen, dass der Prolog Inkohärenzen bestehen ließe. Wie die Analyse zeigte, führen seine Leitmetaphern die Paradoxien literarischer Kommunikation vielmehr in einem gemeinsamen Modell der Dispersion der Erzählerstimme zusammen. Zielt das Erzählverfahren der schwebenden Referenz darauf, Paradoxien der mythologischen Figurenkonstruktion selbstreferentiell zu verändern, zu entfalten und schließlich zu verdecken, so zielt die Prologmetaphorik der Dispersion darauf, Paradoxien der Erzählerstimme selbstreferentiell zu verändern, zu entfalten und schließlich im Erzählen zu verdecken. Wollte man also das Neue des *Trojanerkriegs* bestimmen, so wäre dieses weniger in seiner vermeintlichen Lehre oder Thematik zu suchen, als vielmehr in seinen neuen Experimenten mit Referenz.

## 3 *bîschaft*. Von der Erfüllung der Zeichen zum Erzählen mit erfüllten Zeichen

Erzählungen vom Trojanischen Krieg sind traditionell ausgestattet mit impliziten Deutungsmodellen. Trojaerzählungen genießen nicht zuletzt deshalb einen pro-

104 Vgl. z. B. Galfried von Vinsauf: „Poetria Nova". In: *Les arts poétiques du XIIe et du XIIIe siècle. Recherches et documents sur la technique littéraire du moyen âge.* Hg. v. Edmond Faral. Paris 1958, S. 194–262, hier S. 201 (2,126–133); Matthäus von Vendôme: „Ars versificatoria". In: *Les arts poétiques du XIIe et du XIIIe siècle. Recherches et documents sur la technique littéraire du moyen âge.* Hg. v. Edmond Faral. Paris 1958, S. 106–193, hier S. 113 (1,16). Zur Sentenz in mittelalterlicher Prologpoetik vgl. grundsätzlich Brinkmann: „Der Prolog", S. 6f.
105 Monecke: *Studien*, S. 26.

minenten Rang in den imaginären Ordnungen der Antike und des Mittelalters, weil sie Sinnmodelle für soziale Gewalt und katastrophale Zäsuren bereitstellen und verhandeln. Schon seit Homers *Ilias* zählen dazu der Göttinnenstreit und das Urteil des Paris, die den Trojanischen Krieg in Deutungsrahmen von Konkurrenz, Macht und Begehren stellen. Weitere kommen hinzu: Die Kurzfassung Simon Aurea Capras, das *Excidium Troie* und auch Konrads *Trojanerkrieg* legen den Keim der Katastrophe bereits vor der Geburt des Paris an: Während ihrer Schwangerschaft träumt die trojanische Königin Hecuba, ihrem Leib entwachse eine Fackel, die Troja vollständig in Schutt und Asche lege.[106] Von der Parisfigur her entrollt Hecubas Fackeltraum damit die Sinnstruktur einer Katastrophe, die zwar vorherzusehen, doch letztlich nicht abwendbar ist: als fatale Geburt.

Dass insbesondere der *Trojanerkrieg* den Akten des Deutens und Vorausdeutens der Katastrophe besonderes Gewicht verleiht, hat die Forschung mehrheitlich dazu bewogen, dem Roman ein schicksalhaftes Geschichts- bzw. Wirklichkeitsverständnis zuzusprechen.[107] Im Folgenden soll nicht geprüft werden, inwiefern Konzepte wie Schicksal oder Tragik die Sinnstrukturen des *Trojanerkriegs* angemessen erfassen. Grundlegender ist in diesem Kapitel zu fragen, unter welchen narrativen Bedingungen Sinnstrukturen der Deutung entstehen: Wie generiert und organisiert der *Trojanerkrieg* seine impliziten und expliziten Deutungsmodelle?

Auch diese Frage wird von Paradoxien aufgeworfen, die schon die Handlungsebene des *Trojanerkriegs* auffällig prägen: Figuren, die am entschiedensten Unheil zu verhindern suchen, werden zu entscheidenden Akteuren, dieses gerade ins Werk zu setzen. Obgleich beispielsweise Priamus durch Traum und Traumdeutung vor Paris gewarnt wurde, führt er den gefährlichen verlorenen Sohn ins Herz der trojanischen Gesellschaft zurück. Indem Thetis ihren Sohn Achill vor der griechischen Kriegswerbung bei den Töchtern des Lycomedes zu verbergen sucht, führt sie ihn gerade in jene erotische Sphäre ein, deren Versuchungen gemäß der Erzähltradition zum Untergang des Heros führen. Zwar sieht die Trojanerprinzessin Cassandra hellsichtig den Untergang Trojas heraufziehen, doch verstören

---

106 Während die Episode bei Simon (Boutemy: „Ilias [Simon Aurea Capra]", S. 269 [V. 19 f.]) und im *Trojanerkrieg* (Tr 350 – 363) chronologisch an den Anfang gestellt ist, präsentieren sie Dictys und das *Excidium* im Rückblick; vgl. Dictys Cretensis: *Ephemeridos belli Troiani libri a Lucio Septimio ex Graeco in Latinum sermonem translati.* Hg. v. Werner Eisenhut. 2. Aufl. Leipzig 1973, S. 79,22 – 27 (3,26); *Excidium Troie*, S. 26,4 – 28,3 (Kap. 3; Rekapitulation der gesamten Jugendgeschichte des Paris zum Zeitpunkt der Thetis-Hochzeit). Bei Dares und Benoît fehlt dieses Deutungsmodell; vgl. dazu Lienert: *Geschichte und Erzählen*, S. 34 f.
107 Für Überblicke zum älteren Forschungsstand vgl. Lienert: *Geschichte und Erzählen*, S. 310 – 314; Pfennig: *erniuwen*, S. 135 – 141.

ihre apokalyptisch ausgemalten Visionen die Hofgesellschaft so sehr, dass man sie kurzerhand in einen Turm sperrt und sich gegen Unheilserwartung immunisiert. Verkehrungen von Vorausschau und Warnungen dieser Art durchziehen die Teilhandlungen so konsequent, dass der *Trojanerkrieg* geradezu als „strukturgewordene Fatalität" betrachtet wird.[108]

Um so auffälliger erscheint daher, dass Angebote zur Gesamtdeutung des Kriegs und seiner Ursachen *keine* einheitliche Perspektive bilden. So ist der *Trojanerkrieg* zwar einerseits mit vielfältigen punktuellen Deutungen des Erzählers durchsetzt: die Argonautenfahrt zum goldenen Vlies und Lamedons feindliche Zurückweisung der Reisenden vom Strand vor Troja habe eine folgenreiche Ursachenkette in Gang gesetzt (Tr 13017–13063) – in den Augen des Erzählers ein Lehrstück, wie „ein mæzlîche sache / ze grôzem ungemache" (Tr 13039f.) eskaliere; ein winziger Funke genüge, um ein gewaltiges Feuer zu entzünden (Tr 13042f.).[109] Hätten die Trojaner den Warnungen Cassandras, Helenus' und Panthus' hingegen Gehör geschenkt, so hätten die Raubfahrt des Paris und letztlich der zweite Trojanische Krieg abgewendet werden können (Tr 19198–19201, 19396– 19399). Ansätze des Deutens dieser Art begegnen sowohl in Figuren- als auch Erzählerreden. Andererseits schließen sich die einzelnen Geschehensmotivationen nicht zu kohärenten Deutungsperspektiven zusammen: Kommentare zur Sinnkonstruktion des Kriegs bleiben punktuell begrenzt, verschieben sich gegeneinander oder wechseln in alternativen Modellen. Göttliche Providenz, Fortuna, Rachepolitik, Bestrafung von Ehebruch durch die antiken Götter, zerstörerische Frauenschönheit, Minne oder männlicher Untreue überlagern sich auf diese Weise zu Schichten der Katastrophendeutung, deren Tektonik den *Trojanerkrieg* zu sprengen droht.[110] Dieser Befund stellt die Interpretation von Deutungsprozessen vor erhebliche Schwierigkeiten. Wie lässt sich mit der Paradoxie umgehen, dass der *Trojanerkrieg* einerseits vielfältige Deutungsangebote aufbietet, andererseits aber Deutungskohärenz immer wieder unterläuft?[111] Diese paradoxe

---

**108** Lienert: *Geschichte und Erzählen*, S. 270.

**109** Leitmotivisch verbindet diese Feuermetaphorik den Erzählerkommentar auch mit Hecubas Fackeltraum.

**110** Vgl. Lienert: *Geschichte und Erzählen*, S. 269: „Grundsätzlich treffen diese Kommentare zwar zu; für die Deutung des komplexen Geschehens aber greifen sie zu kurz. Deutungsanspruch für das Erzählte und Lehranspruch für die Lebenswelt klaffen auseinander." Auch wenn der Erzähler die Eingriffe Gottes an entscheidenden Handlungsstellen reflektiert (z. B. schon Tr 530; 37078–37083), etabliert dies kein umfassendes christlich-religiöses Deutungsprogramm, wie auch Pfennig: *erniuwen*, S. 154–161 zeigt; Ähnliches gilt für Bezüge auf Personifikationen des Glücks, vgl. ebd., S. 179–184.

**111** Diese Spannung hat die Forschung seit je herausgefordert. Schon Basler: *Trojanischer Krieg*, der Konrads *Trojanerkrieg* tendenziös gegen Benoîts *Roman de Troie* als „einheitliches, abge-

Spannung der Sinnkonstruktion lässt sich zentral von einer Szene am Scheitelpunkt des *Trojanerkrieg*-Torsos her erschließen, in der sämtliche Deutungsfäden zusammenlaufen (Tr 23640 – 23721).[112] Sie bietet nicht nur die umfänglichste Erzählerreflexion des Romans, sondern resümiert rückblickend das gesamte Ursachengeflecht des Trojanischen Kriegs. In ihrem Zentrum steht die Frage der Sinnförmigkeit (*bîschaft*) des Erzählens.

Als sich die griechischen Kriegsschiffe der Küste Trojas nähern, unterbricht der Erzähler unmittelbar vor Beginn der zweiten Belagerung Trojas seine Berichterstattung für eine Bilanz:

> hie wart der troum bewæret
> und sîn bezeichenlicher schîn,
> der Ekubam die künegîn
> mit sîme glanze erlûhte.
> ich meine, dô si dûhte
> bescheidenlîche z'einer stunt
> ein bluotic vackel wære enzunt,
> diu von ir herzen brande
> Troiæren unde ir lande
> ze kumber und ze nœten
> [...]
> der troum von sînem [= Paris'] bilde
> wart êrst z'eim ende vollebrâht,
> dô dirre verte was erdâht,
> diu von den Kriechen wart erhaben.
> (Tr 23640 – 23661)

---

schlossenes Ganze[s]" (S. 9) in „durchsichtige[r] Klarheit" (S. 127) zu loben bemüht war, musste „blendende Bilder" (S. 133) und Ausweitungen eingestehen, welche die Einheitlichkeit des Sinns gefährden; nach Monecke: *Studien* bleibt das Deutungsprinzip „Kleine Ursache – große Wirkung" in der Gesamtkomposition „eigentümlich schwebend": „Wie es alles und jedes umfaßt, ohne Träger eines Sinns zu sein, so stiftet es auch keinen logischen Zusammenhang" (S. 76) – die Verkettung von Episoden „sehen wir bei Konrad auf befremdliche Weise zugleich bewirkt und nicht bewirkt" (S. 81). Ob der *Trojanerkrieg* überhaupt narrativ integriert ist, beschäftigte die Forschung mit unterschiedlicher Akzentuierung: Cormeau: „Quellenkompendium" unter dem Aspekt von Komposition und Fatalität, Worstbrock: „Tod des Hercules" im Hinblick auf die Integration von Handlung und Reflexion, Müller: „Ästhetisierung" im Spannungsfeld von Ethik und Ästhetik.

**112** Die Tragweite dieser Szene ist noch kaum ausgemessen. Zwar ist sie quellengeschichtlich als umfangreicher Zusatz Konrads identifiziert (vgl. Lienert: *Geschichte und Erzählen*, S. 118), doch in ihrer Bedeutung für die Sinnreflexion des *Trojanerkriegs* bislang nicht erschlossen. Vgl. das zusammenfassende Urteil von Monecke: *Studien*, S. 75: „der Zusammenhang ist vage und keineswegs sinnträchtig; um so greifbarer seine technische Absicht".

Das Unheil, das Hecubas Fackeltraum bei der Geburt von Paris angekündigt hatte (Tr 350 – 379), scheint nun einzutreffen, womit die Bezeichnungskraft des Traumes „z'eim ende" gelangt. Noch einen zweiten Komplex der Verweisung sieht der Erzähler eintreffen, welcher auf die Jugendgeschichte des Paris gefolgt war – den Göttinnenstreit um den Apfel der Discordia:

> der apfel guldîn unde ergraben,
> den Discordiâ dur strît
> brâht ûf der göte hôchgezît
> unde in warf drîn feinen vür,
> ich wæne, daz der nû verlür
> ouch alle sîne bîschaft.
> swaz sît bezeichenlicher craft
> Troiæren von im künftic wart,
> daz wart erfüllet von der vart,
> der sich die Kriechen flizzen.
> (Tr 23662 – 23671)

Erneut greift der Erzähler also ein Modell früherer Vorausdeutung auf, das Paris mit Helena verbunden hatte. Und wieder wird mit dem goldenen Apfel das Ende eines Sinnpotentials („bezeichenlicher craft", vgl. auch Tr 23641: „bezeichenlicher schîn") betont: mit der Ankunft der Griechen verliere der Apfel seine „bîschaft", seinen Charakter als Vorzeichen. Geradezu leitwortartig bündelt der Erzähler mit diesem Ausdruck das Konzept der fremdreferentiellen Verweisung: mhd. *bîschaft* bezeichnet erstens Erzählungen und Beispiele, aus denen lehrreiche Deutungen gezogen werden können, zweitens aber die Deutung selbst.[113] Versteht man unter *Sinn* grundsätzlich die Verweisungsstruktur von Kommunikation auf Kommunikation,[114] könnte man also das proklamierte Ende von *bîschaft* als Erfüllung von Sinn verstehen. Das Ereignis der Ankunft erfüllt Vorzeichen wie Hecubas Zerstörungsvision oder den Apfel der Discordia in dem Sinne, dass diese als Zeichen geradezu funktionslos werden: ihre Vorverweiskraft ist beendet.

Auf die erneute Zerstörung Trojas vorverwiesen hatten jedoch nicht nur Frauentraum und mythologischer Zankapfel, wie Konrads Erzähler fortfährt:

---

113 Vgl. Lexer, Matthias: *Mittelhochdeutsches Handwörterbuch*. Leipzig 1872–1878, hier Bd. 1, Sp. 283, s.v. *bîschaft*. Auch das Göttinger Mittelhochdeutsche Wörterbuch belegt diesen doppelten Aspekt und setzt für *bîschaft* vier Grundbedeutungen an: „belehrendes Beispiel", „belehrende Geschichte", „Lehre" und „Zeichen"; Gärtner, Kurt, Klaus Grubmüller u. Karl Stackmann: *Mittelhochdeutsches Wörterbuch*. www.mhdwb-online.de (Stand: 14.11.2010), s.v. bîschaft.
114 Zu dieser Fassung des Sinnbegriffs vgl. Luhmann: *Soziale Systeme*, S. 92–147 und Luhmann: *Gesellschaft der Gesellschaft*, Bd. 1, S. 44–59.

> ouch sult ir alle wizzen,
> swaz Prôtheus der wîssage
> geseite bî dem selben tage,
> dô man sêr umb den apfel streit,
> daz sich dâ mit bezeichenheit
> nâch dirre vart bewârte.
> (Tr 23672–23677)

Auf der Hochzeit von Peleus und Thetis hatte der Wahrsager Proteus nicht nur Achills Geburt angekündigt, sondern auch dessen drohende Gefährdung im Trojanischen Krieg (vgl. insgesamt Tr 4496–4667): Würde man verhindern, dass Achill in den zukünftigen Krieg ziehe, „sô möhte er sînen lebetagen / behalten und gefristen" (Tr 4610 f.) – werde er aber in die Kämpfe hineingezogen, sei er dem Untergang geweiht. Nun aber, knapp 20000 Verse später, antizipiert der Erzähler bereits den künftigen Tod Achills:

> von dannen [= ûʑ der Lühhu̍l Schÿronս, ϷϞ] wart der junc lԱc
> brâht ûf der megde palas,
> in dem er noch beliben was
> und sît vor Troie ein ende kôs.
> (Tr 23690–23693)

Handlungsoptionen, die zumindest auf Figurenebene für Achill offen gehalten werden, werden nicht nur resümiert (Tr 23678–23689), sondern dadurch jäh zusammengekürzt.[115] Auch die „bezeichenunge" durch Proteus (Tr 4507; Tr 23676: „bezeichenheit") gelangt somit an ihr Ende.

Konsequent fährt der Erzähler fort, auch die übrigen prominenten Sinnmodelle des Kriegs zu löschen. Die Warnprophezeiung von Helenus und Cassandra „sâ zehant / bewæret wart mit vollen" (Tr 23732f.). Nochmals wird Jasons Fahrt zum goldenen Vlies nach Kolchis als Ursache der ersten Zerstörung Trojas ge-

---

115 Diese Reduktion erscheint besonders auffällig, weil Konrads Achill noch lange nicht dem griechischen Heereszug angehört. Benoîts *Roman de Troie* hatte Achill dagegen von Anfang an ins griechische Heer eingereiht, ebenso die *Achilleis* des Statius, der Konrad für die Figurenzeichnung Achills ansonsten weitgehend folgt: auch bei Statius wird Achill vor Kriegsbeginn nach der Sammlung der Griechen in Aulis herbeigeholt; vgl. Statius: „Achilleid". In: *Thebaid, books 8–12. Achilleid*. Hg. u. übers. v. David R. Shackleton Bailey. Cambridge, London 2003, S. 311–397, hier S. 348 (1,473–476). Bei Konrad folgen die Griechen erst nach der Landungsschlacht und erfolglosen Verhandlungsversuchen – also knapp 4000 Verse nach dem Erzählereinschub – dem Plan des Ulixes, Achill aufzuspüren. Vgl. hierzu zusammenfassend Lienert: *Geschichte und Erzählen*, S. 134 f. und Knapp, Gerhard P.: *Hector und Achill. Die Rezeption des Trojastoffes im deutschen Mittelalter. Personenbild und struktureller Wandel.* Bern [u.a.] 1974, S. 60 f.

nannt, die ebenfalls eingetroffen sei (Tr 23696 – 23709). Mit der nahenden griechischen Flotte erfülle sich nun auch die zweite Zerstörung als Folge des Helenaraubes:

> daz Pâris durch Helênen bleich
> von herzeliebe dicke wart
> und er die veigen übervart
> nâch ir zuo den Kriechen tete,
> daz wart ze Troie vor der stete
> von dirre vart gerochen ouch.
> sus nam diu vackel unde ir rouch
> mit grôzer missewende
> bezeichenlîche ein ende.
> Swaz von ir schînes crefte
> lac hôher bîschefte,
> daz wart erfüllet schiere
> (Tr 23710 – 23721)

Auch der Raub der Helena wird somit bis zu seinem Ende der kriegerischen Vergeltung ausgezogen. Kein Wort aber erinnert mehr daran, dass Parisurteil und Argonautenfahrt, Prophetien und Helenaraub komplexe Begründungsdynamiken boten, die sich eher kontingent überlappen, als lückenlos ineinanderzugreifen. Wie nirgends sonst im *Trojanerkrieg* lässt der Erzähler die damit verbundenen Teilerzählungen um Machtkonkurrenz, Politik und Treuebeziehungen zur bloßen Grundsteinlegung eines Kriegs zusammenschnurren, der nun zu sich selbst kommt. Und verdichtet wie nirgends sonst reihen sich dabei Leitvokabeln des Deutens und Verweisens aneinander, die der *Trojanerkrieg* zu bieten hat: mit großem Unglück vollende sich die Zeichenkraft der Fackel (Tr 23718: „bezeichenlîche", 23641: „bezeichenlicher schîn", 23668: „bezeichenlicher craft", 23676: „bezeichenheit"); zur Deckung gelangt seien Erscheinung (Tr 23719: „schînes crefte", 23641: „schîn") und Sinn (Tr 23720: „hôher bîschefte", 23667: „bîschaft").

Wie der *Trojanerkrieg* auf der Handlungsebene sämtliche bekannte Weltteile aufeinandertreffen lässt – vor Troja sammeln sich Krieger aus Europa, Afrika und Asien (Tr 23772 – 24004) –, so treffen in der Erzählerreflexion nochmals sämtliche Deutungs- und Begründungsmodelle aufeinander. Noch vor der ersten Kriegshandlung aber wird das Ende ihres Verweisungspotentials ausgerufen. Die Erfüllung von *bîschaft* steuert somit geradewegs in eine Paradoxie: Welchen Status haben Vorzeichen, die sich erfüllt haben? Welche Funktion hat Sinn, der präsent ist, anstatt weitere Verweisung vorzustrukturieren? Und weshalb betont der Erzähler noch vor dem Auftakt des Kriegs das Ende von *bîschaft*, wo doch der Prolog zu Beginn für den gesamten Roman in Aussicht gestellt hatte, „edel bîschaft" zu vermitteln (Tr 285)?

Die Erzählerreflexion bietet mindestens vier Parameter für eine Antwort. (1.) Sie regt erstens eine *Zeichenreflexion des Erzählens* an, die in einem Vokabular der Sinnverweisung kondensiert. Leitbegriffe wie *bezeichenheit, bezeichenlich* und *bîschaft* reihen die bislang disparaten Motivations- und Deutungsmodelle des *Trojanerkriegs* „wie Perlen auf der Schnur".[116]

(2.) Zweitens markiert der Erzähler *Sinngrenzen*. Die gesamte Passage dominiert das Motiv des ans-Ende-Kommens, wobei die Erfüllung der Zeichen nicht nur als Bewährung von Voraussagen kommentiert wird, sondern geradezu als Abbruch, ja Verlust von Verweisung. So betont der Erzähler etwa im Hinblick auf den Apfel der Discordia: „ich wæne, daz der nû *verlür* / ouch alle sîne bîschaft" (Tr 23666 f., Herv. B.G.). Auch die Bezeichnungskraft der Fackel komme an ihr „ende" (Tr 23718).[117]

(3.) Diese Sinngrenzen werden drittens innerhalb der erzählten Welt durch eine Ästhetik des *Erscheinens* markiert:[118] Die Bedeutungsfähigkeit der Zeichen erlischt, indem Hecubas Traum, der Apfel der Discordia und die Kriegsschiffe mit phänomenaler Sichtbarkeit hereinbrechen. Solches Erscheinen von Sinn prägt selbst die Mikroebene der Erzählerreflexion: So werfe Hecubas Fackeltraum einen „bezeichenliche[n] *schîn*", der die Königin „*mit sîme glanze*" erleuchtet habe (Tr 23641–23643; Herv. B.G.). Die griechische Kriegsfahrt vergegenwärtigt Sinn, indem sie Vorzeichen und Erscheinung sichtbar zur Deckung bringt; sie setzt damit den Auftakt zu einer Kriegsdarstellung nicht-hermeneutischer Sichtbarkeit.[119]

(4.) Doch die Szene markiert viertens auch *Transformationen*, die das Erzählen auf Neues öffnen, ohne freilich neue Sinnspannung vorzuproduzieren. Auf der Handlungsebene leitet die Überfahrt zum zweiten Trojanischen Krieg, auf Ebene der Darstellung aber zu Erzählverfahren, für die *bîschaft* erklärtermaßen aufgehoben ist, Sinnverweisung dysfunktional ausfällt. Welche Formen eine solche Kriegsdarstellung *jenseits des Sinns* annimmt, ist in den nachfolgenden Kapiteln eingehend zu untersuchen (Kap. IV.1).

---

116 Vgl. Monecke: *Studien*, S. 141 und Lienert: *Geschichte und Erzählen*, S. 239 f.

117 Zu solchen Sinngrenzen vgl. auch die grundsätzliche Beobachtung von Lienert: *Geschichte und Erzählen*: deutende Erzählerkommentare träfen zwar zu, „[greifen] für die Deutung des komplexen Geschehens aber [...] zu kurz" (S. 269). Vgl. auch Monecke: *Studien*: „Mögen seine Helden auch mit allen Tugenden verschwenderisch ausstaffiert sein, sie geben nicht wirklich *sælic bilde und edel bîschaft*" (S. 178).

118 Vgl. Seel, Martin: *Ästhetik des Erscheinens*. Frankfurt a.M. 2003.

119 Der Trojanische Krieg steigert diese Ästhetik des Glänzens ins Extrem, entzieht diese jedoch ebenso extrem der Sinnzuschreibung; vgl. Bleumer: „Narrativität und Visualität" und Müller: „Ästhetisierung" sowie ausführlich die nachfolgenden Analysen von Kap. IV.1.1.2 (Rüstungsbeschreibungen), IV.1.1.11. (Helena) und V.3 (Erscheinen).

*Zeichenreflexion, Sinngrenzen, Erscheinen* und *Transformationen* verschränken sich in Konrads Erzählereinschub zu einer epistemischen Konfiguration, die zentrale Aspekte der Erzählverfahren des *Trojanerkriegs* bündelt. Der Umgang mit Sinnstrukturen kehrt sich dabei um: Werden Sinnmodelle im Vorderfeld bis zum zweiten Trojanischen Krieg vervielfältigt (Tr 1–23636), fallen sie mit Kriegsbeginn weitgehend aus. Für die Wissensförmigkeit des *Trojanerkriegs* sind diese Organisation und ihre Transformationsprozesse entscheidend, verändern sie doch grundlegend die Möglichkeiten von kommunikativer Verweisung. Aufgabe der folgenden Kapitel ist daher, systematisch nach der Organisation und Stabilität der einzelnen Sinnmodelle im Hinblick auf literarische Wissensproduktion zu fragen.

## 3.1 Sinnstrukturen vor Ausbruch des zweiten Trojanischen Kriegs

Fünf maßgebliche Modelle lassen sich unterscheiden, mit deren Hilfe Erzähler und Figuren sich selbst und die Handlungsereignisse in der ersten Hälfte des *Trojanerkriegs* deuten: Träume und Traumdeutung (Kap. III.3.1.1), die Verheißung des Apfels der Discordia (Kap. III.3.1.2), Prophezeiungen (Kap. III.3.1.3), Racheketten (Kap. III.3.1.4) und die Attraktivität Helenas (Kap. III.3.1.5). Wenngleich alle fünf Modelle die Katastrophe des Trojanischen Kriegs motivieren, entwickeln sie dazu unterschiedliche Formen des Verweisens. Ihre epistemischen Implikationen gilt es in den folgenden Kapiteln zu untersuchen.

### 3.1.1 Träumen und Traumdeutung

Das erste Deutungsmodell führt Hecubas Traum in den *Trojanerkrieg* ein (Tr 350 – 434).[120] Es gehört seit der Antike zum Repertoire der Biographik, den Geburten exorbitanter Persönlichkeiten Signalträume vorausgehen zu lassen: Der Perserkönig Cyrus, Alexander der Große, Kaiser Augustus oder Friedrich II. kündigen ihre herausragende Lebensläufe in pränatalen Träumen an;[121] auch die höfische Epik des Mittelalters bedient sich schwieriger Traumrationalität, um schwierige Heldenkarrieren vorzubereiten.[122] Träumen im *Trojanerkrieg* bedient also ein geläufiges Sinnmodell.

---

120 Zu seinen Quellen vgl. Lienert: *Geschichte und Erzählen*, S. 34 f.: Dares/Benoît und Statius bieten den Fackeltraum nicht, das *Excidium* und Dictys in deutlich kürzerer Form.
121 Vgl. hierzu mit zahlreichen Belegen Lanzoni, Francesco: „Il sogno presago della madre incinta nella letteratura medievale e antica". In: *Analecta Bollandiana* 45 (1927), S. 225–261.
122 Paradigmatisch sei etwa auf den Drachentraum Herzeloydes in Wolframs *Parzival* verwiesen: vgl. dazu Lieb, Ludger: „Erzählen am Hof. Was man aus einigen Metadiegesen in Wolframs

Der Unheilstraum der schwangeren Hecuba und seine Auslegung durch Priamus beschränken sich jedoch nicht darauf, die Geburt eines Heros anzukündigen. Vielmehr wird die Sinnkonstruktion durch Träume nicht nur vollzogen, sondern reflektiert. Dazu etabliert die Episode eine erste Sinnrichtung auf der Ebene der *histoire*, die den Traum zum Vorzeichen des gesamten Trojanischen Kriegs werden lässt; darüber hinaus führt sie die Produktion von Sinn als Aspekt des erzählerischen *discours* reflexiv vor.

Dass der Fackeltraum auf Handlungsebene die Zerstörung Trojas bezeichnet und damit globale Relevanz für die erzählweltinterne Deutung gewinnt, legen seine Metaphorik ebenso wie seine rahmende Stellung nahe. Unmittelbar auf den Prolog folgend, eröffnet Hecubas Traumbericht den gesamten *Trojanerkrieg*:

> und dô si swanger worden was,
> dô viel ûf si der sorgen soum,
> wande ir kom ein leider troum
> in ir slâfe nahtes fïir
> daz schœne wîp von hôher kür
> bescheidenlîche dûhte,
> daz von ir herzen lûhte
> ein vackel, des geloubent mir,
> diu gewahsen wære ûz ir
> und alsô vaste wære enzunt,
> daz si Troye unz an den grunt
> mit ir fiure brande,
> noch in des rîches lande
> liez eine stütze niht bestân.
> (Tr 350 – 363)

Obgleich das Traumbild der totalen Vernichtung für Hecuba unter eindeutig leidvollem Vorzeichen erscheint (Tr 352: „ein leider troum", 364 f.: „der küniginne [...] / was dirre troum vil swære") und auch im Rahmen mittelalterlicher Traum-Topik unmissverständlich die zukünftige Katastrophe indiziert,[123] schließt sich an

———

von Eschenbach *Parzival* lernen kann". In: *Literatur und Macht im mittelalterlichen Thüringen.* Hg. v. Ernst Hellgardt, Stephan Müller u. Peter Strohschneider. Köln 2002, S. 109 – 125, S. 117 f. und Philipowski, Katharina: „Wer hat Herzeloydes Drachentraum geträumt? Trûren, zorn, haz, scham und nît zwischen Emotionspsychologie und Narratologie". In: *Beiträge zur Geschichte der deutschen Sprache und Literatur* 128 (2006), S. 251 – 274.

**123** Träume mit Feuersymbolik werden in mittelalterlichen Traumbüchern nahezu ausschließlich als Vorausdeutungen von Gefahr, Zerstörung und Untergang verzeichnet, so z. B. in den Traumbüchern der *Somnia Danielis*-Gruppe, die antike Traumdeutungstopik transportieren; vgl. dazu die Synopse bei Fischer, Steven R.: *The complete medieval dreambook. A multilingual, alphabetical Somnia Danielis collation.* Bern [u.a.] 1982, S. 70, s.v. *fire.* Dass vorgeburtliche Fa-

ihren Traumbericht eine überraschend komplexe und eigentümlich verschobene Deutungssequenz an. Als Priamus von dem Traum erfährt, überkommen ihn Sorge und böse Vorahnung:

> sîn herze leides niht vergaz
> und inneclicher sorgen;
> sîn fröude wart verborgen
> und al sîn wunne diu verswant,
> wan er gedâhte sâ zehant,
> daz sich der selbe troum gezüge
> ûf daz kint ân alle trüge,
> daz diu küniginne truoc.
> (Tr 370 – 377)

Priamus stellt so zwar die konventionelle Verbindung zwischen Schwangerschaft und Unheilsbild her, doch bleibt dessen gravierender Eindruck auf den Vater (Tr 378 f.: „dâ von sîn riuwic herze gnuoc / beswæret wart von grunde") bis zur Geburt des Paris folgenlos. Es ist erst der Anblick des wohlgestalten Knaben (Tr 386: „liutsælic gar und ûz erkorn"),[124] der Priamus an seine aufgeschobene Deutungsarbeit erinnert:

> und dô der künic alsô clâr
> daz selbe knebelîn ersach,
> dô wart er leidic unde sprach:
> 'Diz ist ein schedelîchiu fruht.
> mîn lant möht allez mit genuht
> von im zerstœret werden.
> ob dirre knabe ûf erden
> gewüehse z'einem manne,
> sô würde Troye danne
> von sîner schulde wüeste.[']
> (Tr 388 – 397)

---

ckelträume in Sonderfällen jedoch auch positiv gewendet werden können, belegt Walter, Ingeborg: „Der Traum der Schwangeren vor der Geburt. Zur Vita Sixtus' IV. auf den Fresken in Santo Spirito in Rom". In: *Träume im Mittelalter. Ikonologische Studien*. Hg. v. Agostino Paravicini Bagliani u. Giorgio Stabile. Stuttgart, Zürich 1989, S. 125 – 136, hier S. 131 f. am Beispiel der Dominikuslegende der *Legenda aurea:* der Mutter des Dominikus erscheint im Traum ein kleiner Hund mit brennender Fackel im Maul, was von Jacobus als Vorzeichen der flammenden Rede des Heiligen gedeutet wird.

**124** Vgl. auch Tr 381– 387: „diu frouwe ein knebelîn gebar, / daz schein sô rehte minnevar / und alsô liehter wunne rîch, / daz niender lepte sîn gelîch, / noch niemer lîhte wirt geborn. / liutsælic gar und ûz erkorn / was sîn lîp und sîn gebâr." Auch vor der Geburt werden – gegen alle Quellen – die besonders positiven Eigenschaften von Paris betont (vgl. Tr 348 f.).

Stärker als in antiken und mittelalterlichen Vorlagen der Traumszene werden durch diesen verzögernden Einschub Darstellung (Tr 354–363) und Deutung (Tr 391–434) des Traums voneinander abgehoben.[125] Solchermaßen zerdehnt, treten grundlegende Funktionen des hochmittelalterlichen Traumdiskurses auffällig in den Vordergrund: die fremdreferentielle Umstellung von Sinn*möglichkeiten* auf Notwendigkeit sowie die Stabilisierungsmechanismen der Bedeutungsproduktion.

Zieht man weitverbreitete Traumbücher wie das *Somniale Danielis* und Darstellungen des Hecubatraums in anderen Trojaerzählungen bzw. Mythographien des Mittelalters vergleichend heran, so zeichnet sich vor dieser Folie im *Trojanerkrieg* ein besonderes Verfahren ab, mit dem Priamus den Sinn des Traumes prozessiert. Traumdeutung vollzieht sich traditionell als Vorgang der fremdreferentiellen Umstellung: Bedeutung wird produziert und gesichert, indem potentiell mehrdeutige Szenarien und Bilder des Traums auf andere Sachverhalte der Wirklichkeit überführt und reduziert werden. Schematisch beziehen Traumbücher die *visio* von Träumen auf deren *significatio*;[126] „per somnium vidit co poperisse flammam", berichtet etwa das *Excidium* von der träumenden Hecuba.[127] Bereits Ovid hatte festgehalten, dass es Hecuba „sub imagine somni" erscheine, als gebäre sie eine Fackel.[128] Insgesamt dominiert somit den Traumdiskurs ein fremd-

---

**125** Der Erzählerrückblick im *Excidium* fasst etwa Darstellung und Deutung kompakt zusammen: vgl. *Excidium Troie*, S. 26,6–10 (Kap. 3). Ovid schiebt zwar einen Zwischenschritt ein – Priamus legt das Traumbild zunächst den Sehern des Tempels zur Deutung vor –, beschränkt den gesamten Hecubatraum jedoch ebenfalls relativ kompakt auf 7 Verse: vgl. Ovid: *Heroides. Briefe der Heroinen. Lateinisch/Deutsch*. Hg. u. übers. v. Detlev Hoffmann, Christoph Schliebitz u. Hermann Stocker. Stuttgart 2006, S. 174 (16,43–49). Gleiches gilt für die kurze Darstellung bei Dictys Cretensis: *Ephemeris belli Troiani*, S. 79,22–29 (3,26). In verkürzter Form wird die Deutung auch in der mittelalterlichen Mythographie zusammengefasst: vgl. z. B. „Myth. vat. II", S. 139,18–21 (Kap. 197: „Hecuba").

**126** Vgl. etwa exemplarisch den Eintrag 146 des *Somniale Danielis*: „Incendia in quocumque loco viderit: aliquod periculum significat"; *Somniale Danielis. An edition of a medieval Latin dream interpretation handbook*. Hg. v. Lawrence T. Martin. Bern [u.a.] 1981, S. 136. Auch Paravicini Bagliani, Agostino u. Giorgio Stabile: „Einleitung". In: *Träume im Mittelalter. Ikonologische Studien*. Hg. v. Agostino Paravicini Bagliani u. Giorgio Stabile. Stuttgart, Zürich 1989, S. 7–8 konstatieren hinsichtlich mittelalterlicher Deutungspraxis, der Traum bedürfe „immer der Auslegung, denn er hat zeichenhaften Charakter; er verweist auf eine andere Wirklichkeit." (S. 8).

**127** *Excidium Troie*, S. 26, 7 (Kap. 3), Herv. B.G.; vgl. in ähnlich fremdreferentieller Formulierung auch Boutemy: „Ilias [Simon Aurea Capra]", S. 269 (V. 19 f.): „Hunc Paridem paritura parens per sompnia uidit, / Vidit pro puero se peperisse facem."

**128** Ovid: *Heroides*, S. 174 (16,45), Herv. B.G.

referentielles Vokabular, das Traumsinn als Sinn *in*, *unter* oder *durch* verhüllende/n Bilder/n bezeichnet.

Anstatt derartige Umstellungsschlüsse rasch zu ziehen, beginnt Priamus im *Trojanerkrieg* dagegen hypothetische Möglichkeiten im Potentialis abzuschreiten. Was bedeutet der Traum? Sein Land könnte durch Paris zerstört werden (Tr 392 f.); reifte der Knabe zum Mann heran, würde Troja durch ihn verwüstet (Tr 394–397); bevor aber sein Leben zum Schaden führte, würde er Paris lieber töten (Tr 398–400). Wie unter dem Vergrößerungsglas ziehen an Priamus mögliche Optionen vorbei. Anstatt das Traumbild einfach auf Bedeutung umzustellen, dehnt sich die Differenz der Übertragung zu einem Reflexionsprozess auf Optionen, wie ihn Traumdeutungen in der Regel überspringen. Deutung wird zur Reflexion von Möglichkeiten.

Ebenfalls von etablierten Diskursmustern weicht Priamus' Versuch ab, diese Möglichkeiten sinnförmig auszutarieren und somit zu Vorwissen zu stabilisieren. Auch diese Abweichung profiliert sich vor der Folie hochmittelalterlicher Traumdeutung. Vor allem zwei Themen beherrschen ihre Diskussion.[129] Zum einen erschöpft sich Traumdeutung keineswegs darin, Traumbildern Bedeutungen zuzuordnen – Traumdiskurse kreisen vor allem um die Ursachen von Träumen, die maßgeblich über unterschiedliche Sinnrichtungen entscheiden und somit regulieren, ob Träume *überhaupt* als verlässlich und sinnträchtig betrachtet werden können. Seit dem Frühmittelalter beschäftigen Traumtraktate so zum Beispiel die Fragen, aus welchen Quellen sich Träume speisen, wie viele Typen daraus abzuleiten und welche von diesen verlässliche Aussagen über Zukünftiges gestatten. Schon Augustinus und Gregor der Große hatten am Leitfaden dieses Fragenbündels teuflische Bildeingebungen von nächtlichen Engelserscheinungen und Traumwahrnehmungen unterschieden, welche durch Tagesgedanken, Emotionen oder Körperreize hervorgerufen werden. Nach dem weitgehenden Traumdeutungsverbot der Karolingerzeit entwickeln sich Theorien der Traumdeutung erst ab dem 12. Jahrhundert differenziert weiter. Johannes von Salisbury legt nun auf das Unterscheidungsproblem von wahren und falschen Träumen ein fünfteiliges Schema an, das von unverlässlichen Traumarten wie Rauschbildern und Halluzinationen über wahrheitsverhüllende Träume und Orakel bis zu Wahrträumen

---

129 Vgl. zum Folgenden Wittmer-Butsch, Maria Elisabeth: *Zur Bedeutung von Schlaf und Traum im Mittelalter.* Krems 1990, insbes. S. 90–371; Ricklin, Thomas: *Der Traum der Philosophie im 12. Jahrhundert. Traumtheorien zwischen Constantinus Africanus und Aristoteles.* Leiden 1998; Gregory, Tullio: „I sogni e gli astri". In: *I sogni nel medioevo. Seminario internazionale Roma, 2–4 ottobre 1983.* Hg. v. Tullio Gregory. Rom 1985, S. 111–148.

der göttlichen Offenbarung reicht.[130] Als Kommentator der aristotelischen Traumtheorie entwickelt auch Albertus Magnus in seinem Traktat *De somno et vigilia* eine mehrstufige Skala, die von verworrenen Traumszenen über nur zufällige Übereinstimmung zwischen Traum und zukünftiger Wirklichkeit bis zur Prophetie aufsteigt, um den Täuschungsgrad von Traumbildern näher zu untersuchen.[131] Neben inneren Einflüssen (Körperreize, psychische Dispositionen) regulieren Albertus zufolge auch äußere Faktoren wie Wetter oder Gestirnkonstellationen die Deutbarkeit von Träumen. Die Systematik von Traumursachen weitet sich bis zum Spätmittelalter zu einem komplexen Feld, auf dem sich Humoralpathologie, Meteorologie, Astrologie und Spiritualität überkreuzen. Körperliche und seelische Dispositionen, Bewegungen der Himmelskörper, Luft und Wetterlage, der Einfluss Gottes, aber auch Dämonen und Erinnerungsspuren können Traumwahrnehmungen erzeugen, wie Traumtheoretiker von Vinzenz von Beauvais[132] über Thomas von Aquin[133] bis zu Augustinus von Ancona[134] diskutieren. Zukunftsvorhersagen – oder allgemeiner: stabile Sinnkonstruktionen – auf der Grundlage von Traumbildern werden somit zwar fur möglich gehalten, aber kritischer Erörterung im Hinblick auf ihre Quellen unterzogen: „Quis nescit somniorum uarias esse significationes"[135] – „[j]edes Traumbild ist also grundsätzlich mehrdeutig".[136]

Dies verleiht solchen Instanzen bei der Herstellung von Traumsinn besonderen Einfluss, welche diese komplexe Bedingungssysteme kontrollieren und institutionalisieren: Traumdeuter mit medizinischer, astrologischer und theologischer Expertise auf der einen Seite, Traumlexika, Lunare und Symbolhandbücher auf der anderen Seite. Beispielhaft für diese Institutionalisierung charakte-

---

**130** Vgl. zu dieser Unterscheidung von *insomnium, phantasma, somnium, oraculum* und *visio* Johannes von Salisbury: *Policratici sive De nugis curialium et vestigiis philosophorum libri VIII.* Hg. v. Clement C. J. Webb. London 1909, hier Bd. 1, S. 88,13–94,3 (2,15: „De speciebus somniorum, et causis, figuris, et significationibus").
**131** Vgl. Albertus Magnus: „De somno et vigilia". In: *Opera omnia.* Bd. 9. Hg. v. Auguste Borgnet. Paris 1891, S. 121–212, hier S. 206 f. (3,2,9).
**132** Vgl. Vinzenz von Beauvais: *Speculum naturale.* In: *Speculum quadruplex sive Speculum maius.* Bd. 1. Graz 1964, Sp. 1841–1916 (Buch 26).
**133** Vgl. Thomas von Aquin: *Summa theologiae.* In: *Sancti Thomae Aquinatis Opera omnia iussu impensaque Leonis XIII. P. M. edita.* Bd. 4–12. Rom 1888–1906, hier Bd. 9, S. 323 f. (Teil 2,2, Frage 95, Artikel 6).
**134** Vgl. zum uneditierten *Tractatus contra divinatores et somniatores* des Augustinus (um 1310) die Zusammenfassung von Wittmer-Butsch: *Schlaf und Traum,* S. 157 f.
**135** „Wer kennt nicht die Vielfalt der Bedeutungen von Träumen?"; Johannes von Salisbury: *Policraticus,* Bd. 1, S. 87,26 f. (2,14: „Quid signum, et de sompno").
**136** Wittmer-Butsch: *Schlaf und Traum,* S. 160.

risiert etwa Albertus Magnus die Traumdeutung als Kunst eines sachverständigen „iudex", der die Bedeutung von Träumen aus ihrer potentiellen Mehrdeutigkeit herausschält:

> Der sachverständigste Traumdeuter ist derjenige, der die Ähnlichkeiten sowohl aufgrund natürlicher Begabung als auch aufgrund seiner Kunstfertigkeit erkennen kann, und zwar so, dass er die Ähnlichkeiten, die er erkannt hat, nach den Himmelskörpern sowie nach Position, Affektlage und Disposition des Träumenden vergleichend beurteilt und auf dieser Grundlage seine Prophezeiung trifft.[137]

Mit anderen Worten: Vor die Frage nach der Bedeutung von Träumen schiebt sich die Frage, welchen Quellen ein Traum entspringt und wer diese Quellen aufgrund welchen Wissens beurteilen kann. Auch Erzählungen vom Hecubatraum führen traditionell Traumdeuter als Garanten des Traumwissens ein.[138] In Hygins *Fabulae* wird das Traumbild verschiedenen Deutern („coniectoribus"[139]) zur Begutachtung vorlegt; Dictys zufolge können erst die herbeigezogenen Seher („aruspices")[140] Hecubas Feuertraum erklären; und auch das *Excidium* verweist auf professionelle Traumdeuter des Tempels, die das Flammenbild als Untergangsfanal für Troja auslegen und somit Traumsinn autorisieren.[141]

---

**137** Vgl. Albertus Magnus: „De somno", S. 206 f. (3,2,9): „Artificiosissimus autem iudex est somniorum, qui bene similitudines potest ex facultate naturae et artis inspicere, hoc modo quod etiam similitudines visae et ad coelestia et ad locum et passionem somniantis et complexionem comparet, et tunc secundum hoc vaticinetur."
**138** Für antike Beispiele des Hecubatraums mit Sehern und Traumdeutern vgl. Ovid: *Heroides*, S. 174 (16,48 f.); Hyginus: *Fabulae*. Hg. v. Peter K. Marshall. 2. Aufl. Leipzig 2002, S. 85,1–7 (Nr. 91: „Alexander Paris"); Apollodorus: *Bibliotheke*, S. 208 f. (3,148 f.). Ohne Seherfiguren dagegen bei „Myth. vat. II", S. 139,20 f. (Kap. 197: „Hecuba"). Auch in zeitgenössischen und späteren Bearbeitungen gehören Traumdeuter zum Bestandteil von Hecubaerzählungen, so etwa im *Göttweiger Trojanerkrieg*: Nachdem der „maister" Calcidius zunächst (vergeblich) die Sterne befragt hat, wendet er sich an den Traumdeuter Samlon aus Baldach; vgl. *Der Göttweiger Trojanerkrieg*. Hg. v. Alfred Koppitz. Berlin 1926, V. 1–85. In der *Weltchronik* Jans' des Enikel übernimmt „ein altez wîp" die Rolle der Traumdeuterin: Jans der Enikel: „Weltchronik". In: *Jansen Enikels Werke*. Hg. v. Philipp Strauch. Hannover [u.a.] 1972, S. 1–596, hier V. 13513–13550.
**139** Vgl. Hyginus: *Fabulae*, S. 85,6 (Nr. 91: „Alexander Paris").
**140** Vgl. Dictys Cretensis: *Ephemeris belli Troiani*, S. 79,27–29 (3,26): „quae denuntiata cum ad perniciem publicam expectare aruspices praecinerent, inter necandum editum partum placuisse" („Die Seher hatten gedeutet, dass dieser Traum den allgemeinen Untergang anzeige, und daher beschlossen, das Kind bei der Geburt zu töten").
**141** Vgl. *Excidium Troie*, S. 26,8–10 (Kap. 3): „que dum templa consuleret, quenam visio talis esset, responsum est ei quia si quid de ea nasceretur, per ipsum Troia periret" („Und als sie Rat in den Tempeln einholte, was denn ein solches Traumbild bedeute, antwortete man ihr, dass wenn ein Kind von ihr geboren würde, Troia durch dieses zugrunde ginge").

Im *Trojanerkrieg* übernimmt Priamus diese Deutungsarbeit selbst. Doch nimmt auch er Zuflucht zu autoritativen Redeformen, um den Traumdiskurs zu regulieren. Unvermittelt ergießt sich aus seinen Überlegungen eine Kaskade von Sprichwörtern und Sentenzen:

> der wîse man sol sînen schaden
> vor betrahten und besehen.
>
> verlüste möhte vil geschehen,
> der si niht wolte wenden.
> man sol die sorge swenden,
> die wîle si gefüege sî,
> dur daz man grôzer swære vrî
> belîbe und man ir werde erlôst.
>
> ûz einer gneisten wirt ein rôst,
> der niht ir zünden understât:
> reht alsô dringet unde gât
> ûz kranker swære stumme
> vil starker sorgen flamme,
> der si lât frühten unde beren.
> (Tr 402–415; Absetzung der Verse B.G.)

Priamus ruft mit diesen vier semantisch selbständigen Ein-Satz-Mikrotexten geläufiges sententiöses Wissen auf. Das erste Glied der Kette – ‚wer weise ist, wird seinen Schaden voraussehen‘ – knüpft an den weit verbreiteten Gedanken an, dass man das Ende schon am Anfang im Blick haben sollte, um sich vor Schaden zu schützen.[142] Auch der semantische Kern des zweiten sentenzartigen Gliedes – ‚wer ihn nicht abwenden will, erleidet großen Verlust‘ – bezieht sich auf diesen Bedeutungskomplex, ohne jedoch als Sentenz oder Sprichwort fest geprägt zu sein. Ähnlich verhält es sich auch mit dem dritten Glied: seine Proposition ‚man soll die Sorge frühzeitig vernichten, um größere Belastungen zu vermeiden‘ steht in engem Zusammenhang mit der geläufigen Vorstellung, dass zu viel Sorge den Menschen krank macht und sogar töten kann,[143] doch wird dieses Argument zu kluger Vorausschau eher impliziert. Die drei ersten Glieder der Passage weisen somit sentenzspezifische Syntax und Aussageform auf, schließen aber nicht konkret an etablierte Formulierungen an.

---

142 Vgl. Singer: *Thesaurus proverbiorum*, Bd. 1, S. 141, s.v. Anfang (Nr. 2.5: „Den Anfängen ist entgegenzutreten“).
143 Vgl. Singer: *Thesaurus proverbiorum*, Bd. 11, S. 23–25, s.v. Sorge (Nr. 7: „Negative Eigenschaften und Wirkungen von Sorge“).

Anders verhält es sich hingegen mit dem letzten Glied, das die geläufige Sentenz ‚der kleine Funke verursacht großen Schaden' mittels ungewöhnlicher Bildkopplung elaboriert („aus dem Unheilsstamm erblüht die Flamme der Sorge').[144] Priamus umgibt damit eine prominente geprägte Sentenz mit weiteren Formulierungen, die zwar thematisch sentenzennah, doch ungeprägt sind – auf autoritatives Sprachwissen folgt neu produziertes Sprachwissen. Solcher Umgang mit sententiösem Sprechen hat seine Vorbilder in der Sentenzenpoetik der höfischen Literatur: Vielfach begegnen im höfischen Roman Ketten von Sentenzen, Sprichwörtern und sentenzartigen Formulierungen, die entweder von einem besonders prominenten Beleg ihren Ausgang nehmen oder in einen solchen münden – prominente Sprichwörter und Sentenzen bilden sozusagen Keimzellen, deren Autorität auch begleitende Neuprägungen anregen kann.[145] Traumwissen stabilisiert sich demnach zunächst als Sprachwissen, und dies mittels zweier Strategien. Zum einen reagiert Priamus auf Hecubas Traumbericht mit der Häufung von Sentenzen, die einen Cluster von innovativen Formulierungen mit einer etablierten Sentenz verbinden. Stabilisierend wirkt zweitens nicht nur ihre Ballung, sondern auch ihre Staffelung: Von zwei Doppelversen in sprichwortartiger Kürze weitet sich Priamus' Rede zu zwei komplexeren Satzgefügen mit konsekutivem Sinn und Gleichnischarakter.[146]

Welche Funktion hat dies für die Konstruktion von Sinn? Priamus' Griff zu Sprichwort und Sentenz hat zuallererst epistemische Implikationen. Grundlegend gilt auch für seine Rede, „daß ein Sprichwort inhaltlich stets allgemein zugängliches, dem Anspruch nach autoritativ verbindliches Erfahrungs- und Orientie-

---

144 Vgl. Singer: *Thesaurus proverbiorum*, Bd. 3, S. 231, s.v. Feuer (Nr. 1.4.1: „Kleiner Funke richtet grossen Schaden an"). Diese Sentenz nimmt nicht nur sprachlich, sondern auch inhaltlich eine besondere Stellung ein: Ihr Bildfeld des Feuers korrespondiert mit Feuermetaphern der Schlacht und der Zerstörung Trojas, als Konzept der Potenzierung korrespondiert dem Prinzip „kleine Ursache – große Wirkung", das als Erzählmaxime zahlreiche Episoden des *Trojanerkriegs* durchzieht; vgl. Monecke: *Studien*, S. 76.

145 Einschlägige Beispiele dieser Art liefert z.B. die *Crône* Heinrichs von dem Türlin. Zur Unterscheidung des sprachlich fest geprägten, kürzeren Sprichworts von der syntaktisch komplexeren Sentenz sowie mit zahlreichen Belegen im höfischen Roman vgl. Reuvekamp, Silvia: *Sprichwort und Sentenz im narrativen Kontext. Ein Beitrag zur Poetik des höfischen Romans.* Berlin, New York 2007, S. 14–17.

146 Vergleichbare Staffelungen von sententiöser Komplexität lassen sich im *Trojanerkrieg* auch an anderen Stellen beobachten, in denen Figuren Zukunftsdeutungen stabilisieren: so z.B. in der Gegenrede des Helenus (vgl. speziell Tr 19068–19075), die ebenfalls auf Paris gerichtet ist und überdies mit Traumwissen (Tr 19003) verbunden ist.

rungswissen aussagt, das auf die menschliche Lebenswelt beziehbar sein muß."[147] Die Aussagen ‚wer weise ist, sieht seinen Schaden voraus' und ‚wer Schaden nicht abwenden will, erleidet großen Verlust' verdichten in einfacher Sprachgestalt alltägliches Handlungswissen.

Vervielfältigt Priamus zunächst die Sinnmöglichkeiten des Traumes, so reduziert das normative Sprachwissen des Sprichworts diese Möglichkeiten. Als „Mittel der Autoritätsstiftung" ist dieses Verfahren von Kontingenzreduktion durch sententiöses Sprechen in mittelalterlicher Rhetorik weit verbreitet.[148] Sprichwörter können somit analog zu Traumdeutern und Symbolschlüsseln dazu dienen, die *visiones* von Träumen mit potentiell vielfältigen Auslegungsmöglichkeiten durch Selektion zu reduzieren, kurz: Sinnrichtungen zuzuschneiden. Entsprechend reduziert Priamus die Bedeutungsoptionen des Traumes zur simplen Grundformel ‚Schaden abwenden, bevor es zu spät ist'. Erst jetzt entsteht handlungsleitendes Wissen:

> des wil ich müoten unde geren,
> daz mîn geburt verderbe,
> ê daz ich selbe ersterbe
> und al mîn rîche werde swach.
> (Tr 416–419)

Sprichwörter und Sentenzen folgen somit keineswegs unvermittelt, sondern reagieren selektiv auf die Möglichkeiten, die Hecubas Traumbilder aufgeworfen hatten. Und erst jetzt, unter den Bedingungen gerichteten Sinns, können Fackel, Kind und Troja für Priamus zu einer Verweisungskette im zukunftsgewissen Indikativ zusammentreten, die erstmals im *Trojanerkrieg* mit dem hermeneutischen Leitbegriff „bezeichenlich" (Tr 422) belegt wird.

Damit wird eine zweite Funktion der Traumszene greifbar: Nicht nur wird aus Hecubas Fackeltraum Sinn gleichsam herauspräpariert, sondern die *Produktion* von Sinn im Nacheinander von Möglichkeiten, Selektion und Stabilisierung herausgestellt. Insofern fungiert der Traum nicht von Anfang an als „Keim der Katastrophe",[149] sondern wird durch Verschränkung von Poetik und Epistemik, Sprache und Wissen zu diesem erst *gemacht*.

---

147 Eikelmann, Manfred: *Studien zum deutschen Sprichwort im Mittelalter. Gattungsbegriff, Überlieferungsformen und Funktionstypen.* Unveröff. Habilitationsschrift. Göttingen 1994, S. 100, zitiert nach dem Hinweis bei Reuvekamp: *Sprichwort und Sentenz*, S. 15.
148 Reuvekamp: *Sprichwort und Sentenz*, S. 62. Zur mittelalterlichen Rhetorik der *sententia* vgl. z. B. Galfried von Vinsauf: „Poetria Nova", S. 201 (2,126–133); Matthäus von Vendôme: „Ars versificatoria", S. 113 (1,16).
149 Lienert: *Geschichte und Erzählen*, S. 34.

Dieser Sinn steht dann auch im weiteren Fortgang der Erzählung an entscheidenden Wendepunkten bzw. Bruchstellen der Quellenkompilation zur Verfügung – etwa wenn der Erzähler den Übergang von der ersten zur zweiten Zerstörung Trojas im Rückgriff auf das Sprichwort vom Funken deutet (Tr 13042 – 13045). Als Sinnmodell wird Träumen somit generalisiert, indem sein Wissen selbst für Figuren und Kontexte abrufbar wird, die dieses in der erzählten Welt nur unwahrscheinlich selbst erworben haben können: Um Paris' Avancen zurückzuweisen, hält so beispielsweise Helena dem Werbenden ausdrücklich den Fackeltraum als bedrohliches Vorzeichen entgegen, obgleich nichts darauf hindeutet, dass die Griechin an derlei trojanisches Sonderwissen gelangt sein kann (Tr 22291 – 22301).[150] Der Fackeltraum kann auf diese Weise die gesamte Erzählsequenz zwischen Prolog und Helenaraub kompositionell rahmen, bis der Erzähler schließlich (ab Tr 23640) das Ende seiner Verweiskraft ausruft: Erst durch die Ankunft der Griechen werde der „bezeichenliche schîn" des Traums „bewaeret" (Tr 23640 f.) und „z'eim ende vollebrâht" (Tr 23659). Im Modell des Traumes vollzieht und reflektiert der *Trojanerkrieg* somit eine Sinnproduktion, die für Kohärenzbildung und Erzählstruktur des gesamten Romans relevant wird.

Immer wieder wird die Sinnfähigkeit von Träumen jedoch kontrovers gebrochen. Während auf der einen Seite Seherfiguren wie Calchas,[151] Panthus[152] oder Helenus[153] wahre Voraussagen treffen, die auf das Sinnmodell des Traumes

---

**150** Es liegt nahe, hier einen analogen Fall „mythischen Wissens" zu sehen, wie es im *Nibelungenlied* für Hagens Kenntnisse über die heroische Vergangenheit Siegfrieds diskutiert wurde. Verdankt sich auch Helenas Traumwissen im *Trojanerkrieg* einem Verfahren der narrativen Informationsvergabe, das die Figurenebene übersteigt? Hagens und Helenas verblüffendes Wissen unterscheidet sich jedoch darin, dass jenes auf paradigmatischer Achse unterschiedlicher Möglichkeiten der Stofftradition, dieses hingegen auf syntagmatischer Achse des Erzählverlaufs konstituiert wird.

**151** Calchas enthüllt den wahren Aufenthaltsort Achills in einem tranceartigen Zustand, den der Erzähler mit dem unmittelbaren Erwachen nach dem Träumen vergleicht (Tr 27306 f.). Träumen und Wahrheitsfindung werden somit aneinander gekoppelt.

**152** Panthus plädiert gegen die Racheexpedition des Paris nach Griechenland, indem er auf eine unheilvolle Prophezeiung seines Lehrers Eusebius verweist; dieser habe auf der Grundlage astrologischen Wissens und „grôzer wîsheit" (Tr 19251) verworrene Träume sinnhaft ausdeuten können: „er kunde wol erkennen / daz niuwe und ouch daz virne / und kôs an dem gestirne, / swaz künftic was den liuten. / entsliezen und betiuten / hôrt ich in wilder trôume vil. / swaz er gesprach, daz nam ein zil / schier unde vil gereite" (Tr 19256 – 19263). Auch hier gelten Träume als legitimes Objekt autoritativen Wissens.

**153** Helenus sieht in seinen Träumen die Bedrängnis der Trojaner voraus: „ich hân daz stille und offenbâr / in mînen trôumen wol vernomen, / daz wir ze nœten müezen komen" (Tr 19003 – 19005). Wie Panthus beruft sich auch Helenus auf die Wahrheit dieser Voraussicht (Tr 19001).

rückbezogen sind, heißt zu träumen auf der anderen Seite für den Erzähler[154] oder Figuren wie Proteus[155] und Achill,[156] sich einem höchst unverlässlichen, unwirklichen und trügerischen epistemischen Zustand auszusetzen. Scharf attackiert Troilus die Warnprophezeiung des Helenus, indem er Träume als „valsche mæren" bezichtigt (Tr 19137 f.), die statt Wahrheit bloß „trüge" und „gougel" (Tr 19140 f.) hervorbrächten und statt für „ritters muot" allenfalls für alte Frauen oder „phaffen" taugten (Tr 19180 f., 19184). Träume werden damit im *Trojanerkrieg* als paradoxes Sinnmodell generalisiert, das zwar global einsetzbar ist, aber unfest bleibt. Für die Frage nach der Wissensförmigkeit des *Trojanerkriegs* sind diese Paradoxien der Konsistenz entscheidend: Wie stabil ist Traumsinn, der global hergestellt und pauschal abgelehnt werden kann, autoritativ und doch zweifelhaft erscheint?

An exemplarischen Fällen des höfischen Romans hat Silvia Reuvekamp rekonstruiert, dass sententiöses Sprechen, wie es Priamus betreibt, nicht nur diskursives Wissen importiert, sondern dies durchaus spannungsvoll verhandelt. Sprichwörter fungieren demnach häufig als ethische Reflexionskerne, die narrativ entfaltet und problematisiert werden; Sentenzen steigern – gerade in Fällen dissonanter Perspektiven und divergierender Handlungsverläufe – auf diesem Wege die „poetische Selbstreflexivität des höfischen Romans".[157]

Dieser allgemeine Befund wirft auch auf die Traumdeutungsszene des *Trojanerkriegs* ein kritisches Licht. Zwar zeigt sich Priamus bemüht, die Bedeutungsmöglichkeiten des Traums in Sentenzenform zu kanalisieren. Letztlich aber dementiert die literarische Inszenierung solches Bemühen: Priamus' massive Wiederholungsschleifen (alle Sentenzen umkreisen die schwierige Entscheidung,

---

154 In der Erzählerrede dominieren negative Bezüge auf Traum und Träumen, zumeist in der Bedeutung von ‚nichtiger, illusorischer Wahrnehmung' oder ‚unwirklicher Erscheinung'. Vgl. z. B. den topischen Glaubwürdigkeitsanspruch des Erzählers bei der Beschreibung des prachtvollen Troja: „daz habent niht für einen troum!" (Tr 17561); die griechischen Belagerungswaffen verwandeln die Freude der Trojaner dagegen in einen bloßen „troum" (Tr 24167).

155 Proteus authentifiziert seine Prophezeiung in Abgrenzung zu nichtigen Träumen: „niht wegent ringe disiu wort / als einen üppeclichen troum" (Tr 4563 f.). Mit derselben festen Fügung versucht sich auch Priamus später von der Unheilsdrohung des Traumes zu distanzieren, nachdem Paris an den Hof zurückgekehrt ist: „waz möhte ein üppeclicher troum / mir gewerren danne?" (Tr 5688 f.) – Bevor Medea auf Jason trifft, sei auch die Minne für sie „ein troum gewesen" (Tr 7745).

156 Als Achill während seiner Tauchfahrt erwacht, wähnt er angesichts des abrupten Ortswechsels und der „manic wunder" (Tr 14067) des Meeres zu träumen: „mich dunket, daz mir troume / daz fremde unbilde, daz ich spür" (Tr 14074 f.; so nochmals Tr 14184 f.). Die „wunder spæhe" (Tr 14157) werden so für Achill als Effekte von „gougelfuore" (Tr 14087), die ihn um die Selbstbesinnung zu bringen drohen (vgl. Tr 14094–14148).

157 Reuvekamp: *Sprichwort und Sentenz*, S. 168.

zu handeln, bevor es zu spät ist) und sein nochmaliger Rückfall in hypothetisches Sprechen über Möglichkeiten (Tr 426 – 429) erweisen die Sinnkonstruktion des Traumwissens als fragil.

Verstärkt wird dieser Effekt nicht zuletzt durch die deutliche Unterscheidung von Erzähler- und Figurenrede. Werden Traumbericht und unmittelbare Wirkung des Traumes auf Priamus zunächst vom Erzähler repräsentiert (Tr 350 – 390), so verlagert sich die Sinnarbeit ihrer Deutung konsequent in die Figurenrede (Tr 391 – 434). Traumdeutung erscheint damit weder ausschließlich als Erzählfunktion der epischen Vorausdeutung, noch bloß als Konstruktionsakt auf Figurenebene, sondern pendelt zwischen beiden Ebenen.[158] In den Blick kommt dadurch eine Deutungsarbeit, die gleichzeitig umfassend – und doch perspektivisch bleibt.

Zentrale Veränderungen, die den *Trojanerkrieg* von der Erzähltradition des Hecubatraums absetzen, vertiefen diese Spannung von Totalisierung und Perspektivität zusätzlich. Gehen Konrads Quellentexte gemäß antiker und mittelalterlicher Geburtstraumtopik davon aus, dass Hecuba Feuer oder eine Fackel *gebäre*, so erscheint es Konrads Hecuba, als leuchte die Fackel *aus ihrem Herzen* (Tr 356) – das Herz aber ist zugleich jener Ort, an dem sich Priamus' Sorgen einnisten, zur dauerhaften Ahnung verfestigen und schließlich Deutungsarbeit in Gang setzen (Tr 370, 378; vgl. später auch Tr 5310). Leitmotivisch siedelt der *Trojanerkrieg* das prekäre Traumwissen also in einem perspektivischen Innenraum par excellence an.

Züge zur Totalisierung beweist dagegen das Katastrophenbild des Traums. Setzt die Fackel in der Traumszene des *Excidium* nur die Stadt in Brand („totam Troiam"[159]), so träumt Konrads Hecuba,

> daz si Troye unz an den grunt
> mit ir fiure brande,
> noch in des rîches lande
> liez eine stütze niht bestân
> (Tr 360 – 363)

---

**158** Einen berühmten Parallelfall für diese Differenz von Erzählerrede und Figurenverarbeitung bietet Kriemhilds Falkentraum im *Nibelungenlied*. Vgl. dazu Bachorski, Hans-Jürgen: „*Träume, die überhaupt niemals geträumt*. Zur Deutung von Träumen in mittelalterlicher Literatur". In: *Weltbilder des mittelalterlichen Menschen*. Hg. v. Heinz-Dieter Heimann [u.a.]. Berlin 2007, S. 15 – 51, insbes. S. 49 – 51.
**159** *Excidium Troie*, S. 26,8 (Kap. 3); Dictys Cretensis: *Ephemeris belli Troiani*, S. 79,23 – 27 (3,26) hatte vom gewaltigen Brand die Häuser des Antenor und Anchises von der Zerstörung ausgenommen.

Folgerichtig deutet Priamus das Bild als Zerstörung des ganzen trojanischen Großreichs.

Drittens stellt auch der Erzähler die Ambivalenz des Knaben Paris heraus. Im Unterschied zur Erzähltradition werden nicht nur leidträchtige, sondern ebenso positive Eigenschaften des Kindes betont, „daz ûf der Êren anger / sît der tugent bluomen las" (Tr 348 f; vgl. auch zu Paris' Schönheit Tr 381–387). Der Erzähler beteiligt sich somit an der potenziellen Mehrdeutigkeit des Traumbildes und seines Anlasses, anstatt ihren Sinn zu reduzieren. Schon im Mutterleib ist Paris somit Unglücksbringer und strahlender Heros zugleich.

Insgesamt entwerfen Traum und Traumdeutung damit ein Sinnmodell, das einerseits umfassender, andererseits offener angelegt ist, als es in der Erzähltradition vor Konrad greifbar wird. Besonderes Gewicht verlagert der *Trojanerkrieg* auf die Entfaltung von Möglichkeiten und Wahrscheinlichkeiten, die sinnförmig reduziert werden und im gesamten Roman doch niemals das Träumen zu verlässlichem Wissen stabilisieren – eine offene Deutungsarbeit, die gerade durch dissonante Mehrdeutigkeit und den spannungsvollen Versuch ihrer diskursiven Zähmung reflexiv wird. Die Geburt des Paris inszeniert damit die Geburt von Sinn überhaupt.

### 3.1.2 Der Apfel der Discordia. Zur Evidenz und Polysemie des Schriftmodells

Neben Hecubas Fackeltraum beruft sich der Erzähler vor allem auf den Apfel der Discordia, wenn er unmittelbar vor Zusammentreffen der trojanischen und griechischen Heere das Ende des Sinns ausruft. Damit ist ein Modell des Deutens im *Trojanerkrieg* aufgerufen, das vor allem auf das Sinnmedium der Schrift abstellt.

Auch dieses Modell ist in einer vielschichtigen Erzähltradition als Konfliktanlass des Trojanischen Kriegs etabliert, schon die Antike kennt den goldenen Apfel der Discordia/Eris als Ursache der Konkurrenz zwischen Hera/Juno, Athene/Pallas und Aphrodite/Venus um den Vorzug, als schönste Göttin zu gelten.[160] Mittelalterliche Trojaerzählungen übernehmen ebenfalls die Episode der uneingeladenen Unruhestifterin Discordia, um den Götterkonflikt als Sinnrahmen des Trojanischen Kriegs aufzubauen.[161]

---

**160** Vgl. z. B. Hyginus: *Fabulae*, S. 85 f. (Nr. 92: „Paridis ivdicivm"); *Excidium Troie*, S. 25,4–11 (Kap. 2); Fulgentius: „Mitologiae", S. 70,11–22 (Kap. 3,7: „Fabula Pelei et Thetidis"); Anspielung auch bei Statius: „Achilleis", S. 390 (2,55–57).
**161** Vgl. z. B. „Myth. vat. I", S. 65,31–37 (Kap. 208: „Nuptiae Pelei et Thetidis"); „Myth. vat. II", S. 143,3–6 und 144,11–15 (Kap. 205: „Peleus et Thetis" und 206: „Explanatio ejusdem fabulae"); zur volkssprachlichen Rezeption vgl. z. B. *Le Roman d'Eneas*. Hg. u. übers. v. Monica Schöler-Beinhauer. München 1972, V. 37–39 und Heinrich von Veldeke: *Eneasroman*, V. 21,16–23 [redu-

Auch im *Trojanerkrieg* schließt der Erzähler den Eklat um Discordia auf der Thetis-Hochzeit mit der späteren Katastrophe kurz: „si wolte kriege briuwen / und alsô bitterlîche nôt, / daz manger sît gelæge tôt" (Tr 1294–1296).[162] Doch enthüllt Discordias Apfel als Sinnmodell bei genauerem Blick zwei Paradoxien, die seine Verweiskraft brisant werden lassen. Einerseits führt Discordia in rekursive Schleifen der mythographischen Figurenreferenz, andererseits lenkt die schillernde Materialität des Apfels den Blick auf die Medialität der Schrift – und damit auf nicht-wissensförmige Bedingungen von literarischer Wissenserzeugung allgemein. Der *Trojanerkrieg* macht den Apfel damit nicht nur für die Göttinnen, sondern auch für den Rezipienten zur doppelten Provokation.

Die Paradoxie der Figurenkonstruktion ist zwar in vielen (doch keineswegs allen) Trojatexten angelegt, aber selten auserzählt. Discordia repräsentiert das allgemeine Prinzip des Streites, löst aber erst als Gekränkte ganz handfest Streit aus. Der *Trojanerkrieg* leuchtet diese Spannung genau aus, indem er Discordias Racheabsichten fokussiert. Konkreter Anlass ihrer Kränkung ist das Versäumnis Jupiters, sie in die Gesellschaft der Thetis-Hochzeit einzuladen:

> dâ von leit si den smerzen,
> daz trûren in ir herzen
> lac unde zornes galle.
> er luot die götinn alle
> und hete si versmâhet gar.
> (Tr 1287–1291)

Zurücksetzung durch Jupiter wird so zunächst zur primären Quelle von Discordias Hass auf den „fröudenrîchen hoveschal" (1320; vgl. auch Tr 1379 f.): die Festfreude des Hofes wolle sie stören, „biz ich geriche an im den schaden, / daz ich dâ her niht wart geladen" (Tr 1379 f.). Wie in der lateinischen Tradition steht so am Anfang des Göttinnenstreits ein folgenreiches Versäumnis, welches das „Märchenmotiv von der beleidigten Fee"[163] aktualisiert.[164]

---

ziert auf den goldenen Apfel]; für weitere Belege der Discordia in der deutschsprachigen Trojaliteratur vgl. Kern, Manfred: „Discordia". In: *Lexikon der antiken Gestalten in den deutschen Texten des Mittelalters*. Hg. v. Alfred Ebenbauer, Manfred Kern u. Silvia Krämer-Seifert. Berlin, New York 2003, S. 227–229.

**162** Laufer: „Materialität der Sprache" sieht daher im Apfel der Discordia „den Kern des Konflikts repräsentiert" (S. 101).

**163** Monecke: *Studien*, S. 137.

**164** Diesen Ausgangspunkt wählt z. B. das *Excidium*: „Discordia vero, dea litis, ad ipsas nuptias vocata non est; hoc dolore ducta malum aureum subornavit [...]"; *Excidium Troie*, S. 25,4 f.; vgl. ebenso „Myth. vat. II", S. 143,3–5: „Sola Discordia minime introducta est. Quae ob hoc irata aureum pomum jactavit in convivium inter Venerem et Minervam et Junonem [...]".

Jupiters Ausschluss reagiert damit jedoch nur auf die notorische „art" der Übeltäterin, die schon oft zuvor Schaden und Betrug gestiftet habe (vgl. auch Tr 1258–1283):

> si wolte ir art erniuwen
> und ir alten werresite,
> dâ si noch leider ofte mite
> verwirret gnuoge liute.
> ir sâme wirt noch hiute
> geworfen under manigen lîp.
> si füeget, daz man unde wîp
> vil ofte kriegent umbe niht.
> owê, daz des sô vil geschiht,
> daz missehelle machet
> und fröude und êre swachet
> ze höven und ouch anderswâ!
> (Tr 1490–1501)

Discordia, so bekräftigt der Erzähler in zwei fremdreferentiellen Kommentaren,[165] bezeichne das allgemeine Prinzip des Streits, das den singulären Anlass der Götterhochzeit übersteige – schon früher habe sie entsprechend in Festgesellschaften für „missehellung" gesorgt (Tr 1263) und noch heute wirke die Unruhestifterin fort. Kurz: Grund des Göttinnenstreits ist nicht das konkrete Versäumnis Jupiters, sondern die strukturelle Notwendigkeit des Streits.[166] Discordia wird demnach auf Handlungsebene zu derjenigen gemacht, die sie auf Diskursebene schon vorgängig ist – die Äquivalenzbeziehung, welche die Einheit der mythologischen Figur stiftet, basiert also genau besehen auf paradoxem Zusammenschluss von Voraussetzung und Folge, von teleologischer und kausaler Perspektive. Auch Discordia oszilliert damit zwischen jenen beiden Referenzrichtungen, die sich in den euhemeristischen Paradoxien des *Trojanerkriegs* gezeigt hatten. Allerdings wird diese Paradoxie von Fremd- und Selbstreferenz weniger schwebend gehalten, als vielmehr offen markiert. Während der Erzählerkommentar Discordia der etymologischen (Tr 1262–1267) und moralischen Umstellung (Tr

---

165 Vgl. neben der oben zitierten Passage schon zuvor Tr 1262–1273: „'discordiâ' ze tiute / ein missehellung ist genant, / dâ von der name wol bewant / was an ir lîbe schœne, / der nîdic unde hœne / bî wunneclichem bilde was. / swer an sich hôhe wirde las, / dem wart gevære si zehant. / ir haz den hete si gewant / vil dicke ûf werde hoveschar, / die si mit kriege sô verwar, / daz si ze strîte kâmen."

166 Konrad unterstreicht dies durch Anleihen beim Vokabular der Determination: Discordia besucht die Hochzeit, „dur daz si kriec, haz unde nît / mit im [= dem Apfel] dâ *muoste* briuwen. / si wolte ir *art* erniuwen / und ir *alten werresite*" (Tr 1488–1491, Herv. B.G.).

1494 – 1501) unterwirft, wird sie als Figur zugleich tiefer in die Handlungslogik von Hoffest und Störung eingelassen, die den *Trojanerkrieg* mit dem Muster des Artusromans verbindet.[167] Auch äußerlich erscheint Discordia als Figur der Diskrepanz: Reich gekleidet und von anziehender Gestalt, kontrastiert zu dieser äußerlichen Schönheit ihre böswillige innere Absicht, den „scheidelsâmen" (Tr 1274) der Missgunst zu sähen. „Wol getâne[s] wîp" (Tr 1255) und „übel wîp" (Tr 1302) in einer Person, bricht an ihr die höfische Isotopie von schöner Erscheinung und ethischer Perfektion auf:[168] sie ist „nîdic unde hœne / bî wunneclîchem bilde" (Tr 1266 f.).

Statt auf Harmonisierung setzt der *Trojanerkrieg* auf Einschachtelung dieser Differenz. Was sich als zyklische Aktualisierung oder habitusspezifische Verbindung von „art", „site" und „erniuwen" entfalten ließe, verschlingt sich stattdessen paradox ineinander.[169] Denn einerseits bringt Discordia als *Figur* erst die Ausladung Jupiters auf den Plan, andererseits ist sie als *Figuration* immer schon auf Konflikt gestellt. Discordia und ihr Apfel werden somit über eine Motivation eingeführt, die gleichzeitig (auf Figurenebene) plausibel und (auf Erzählerebene) überflüssig erscheint. Die Provokation des *Trojanerkriegs* liegt darin, diese Ebenen nicht zu trennen, sondern rekursiv aufeinander zu beziehen: Streit schafft Streit.

Auch Discordias Apfel lässt das Sinnmodell paradox werden, doch wird das Spiel von Selbst- und Fremdreferenz in diesem Fall von einer weiteren Differenz überlagert. Der traditionelle Schönheitspreis wird im *Trojanerkrieg* zu einem Medium, das Spannungen zwischen Sichtbarkeit und Sinn, Ästhetik und Semantik entfaltet. Einheit dieser Paradoxie bildet die Schrift.

Der *Trojanerkrieg* widmet dem Apfel eine ausführliche *descriptio* (Tr 1390 – 1481). Aus einer rotgoldenen und einer durchbrochenen silbernen Hälfte gefertigt, ruft seine „wunderlich mixtûre" (Tr 1402) im Auge des Betrachters ein eigenartiges Farbenspiel hervor:

> wîz, brûn, rôt, gel, grüen unde blâ
> diu wurden alliu dâ geborn.
> und heten alliu doch verlorn
> dâ ganzen unde vollen glanz,
> sô daz ir keines was dô ganz
> noch in volleclîcher kür.
> ir schîn was wider unde für

---

167 Vgl. Lienert: *Geschichte und Erzählen*, S. 42.
168 Vgl. Tr 1256 – 1259: „mit rîcher wæte was ir lîp / gezieret und bevangen; / doch hete si begangen / vil dicke wandel unde mein."
169 Wiederum verweist die Semantik des Erneuerns (vgl. Tr 1490) auf eine Paradoxierung von Bedingung und Aktualisierung, wie sie bereits der Prolog zugespitzt hatte (vgl. Kap. III.2).

> zerdræjet und zersprenget
> und alsô gar vermenget
> mit wilder temperunge,
> daz manic wandelunge
> dâ fremdeclichen lûhte
> (Tr 1410–1421)

Die Farbenpracht des Apfels reizt, ja überreizt die besprochene Sinneswahrneh-mung: das Kunstwerk erzeugt Farben, die, kaum dass man sie feststellt („wîz, brûn, rôt, gel, grüen unde blâ"), sich rauschend vermischen („mit wilder tem-perunge") und jeden eindeutigen Farbwert sogleich in changierende Übergänge auflösen.[170] Aus dem einfachen „malum aureum"[171] der Erzähltradition wird so ein anspruchsvolles Exempel der Wahrnehmung, das sich von Basisoperationen des Unterscheidens (Tr 1394: „und was er von zwein stücken") über additive Kom-plexitätssteigerung (Farbreihe in Tr 1410), Dekomposition und Zerlegung („zer-dræjet und zersprenget") und Mischen („vermenget / mit wilder temperunge") bis zu Wechseln („manic wandelunge / dâ fremdeclichen lûhte") erstreckt. Wahr-nehmung wird angeregt und komplex gesteigert, so dass sie förmlich kollabiert und nichts mehr zu erkennen gibt („sô daz ir keines was dô ganz / noch in vol-leclîcher kür"). Vor das Objekt der Wahrnehmung schiebt sich hier wie auch in anderen Schönheitsbeschreibungen des *Trojanerkriegs* der Akt der Wahrnehmung und dessen auffällig experimentelle Modalisierung.[172]

Die Wahrnehmung des Apfels wird durch perspektivische Wechsel zusätzlich potenziert. Je nach Nah- bzw. Ferneinstellung des Apfels zeigen sich unter-schiedliche Effekte:

> sô man den apfel ûz erlesen
> hielt nâhe zuo den ougen,

---

170 Auf das Zauberhündchen Petitcrü aus Gottfrieds *Tristan* als Vorbild des Farbspektrums verweist Monecke: *Studien*, S. 176 f., der außerdem Ovids Darstellung vom schillernden Gewebe der Arachne als weiteren kunsttheoretischen Bezugspunkt erwägt. Mit Huber, Christoph: „Merkmale des Schönen und volkssprachliche Literarästhetik. Zu Hartmann von Aue und Gottfried von Straßburg". In: *Das fremde Schöne. Dimensionen des Ästhetischen in der Literatur des Mittelalters*. Hg. v. Manuel Braun u. Christopher Young. Berlin, New York 2007, S. 111–141 wäre insbesondere die „destruierende Verwirrung der Wahrnehmung" (S. 140) als Vergleichs-punkt zwischen Petitcrü und der Farbirritation des Apfels anzusetzen. Stärker noch als bei Gottfried dominiert bei Konrads Apfelbeschreibung die Wahrnehmung des Seltsamen und Fremden („wilde temperunge"). Zum Phänomen des Rauschens vgl. eingehend Bleumer: „Narrativität und Visualität", S. 114 und S. 119–123.

171 *Excidium Troie*, S. 25,5 (Kap. 2).

172 Vgl. als Parallelfall z. B. das Gewand des Paris, dessen Applikationen aus Fischhaut jede Farbwahrnehmung übersteigen: Tr 2982–2997.

> sô wart dâ sunder lougen
> diu mixtûre an im erkant;
> und so der apfel wart gewant
> iht verre hin von der gesiht,
> so enkôs dâ nieman anders niht
> wan silbers unde goldes.
> (Tr 1426–1433)

Nur dem Nahbetrachter zeigt sich das Vexierspiel seiner Farben, nur die Mikroperspektive eröffnet komplexe Mischungen – wer dagegen den Apfel aus dem
Abstand betrachtet, bleibt in der Welt einfacher Unterscheidungen. Die mehrfach
betonte „meisterschefte" des Apfels (Tr 1401, 1522) verdankt sich dem Wechselspiel
von Nähe und Abstand, von Erscheinen und Verbergen.

Dies verbindet ihn mit seiner Besitzerin. Auch Discordia ist (für den Nahblick
der Erzählerbeschreibung) zugleich sichtbar und (für die Festgesellschaft) unsichtbar: der „fremde stein" (Tr 1311) ihres magischen Rings verbirgt ihre Erscheinung nicht nur, sondern lässt diese zu einer buchstäblich *wilden*, zwischen
Präsenz und Absenz, Sichtbarkeit und Unsichtbarkeit schillernden Figur werden.[173] Auch im Beschreibungsvokabular spiegeln sich Discordia und ihr Apfel
wechselseitig: Hatte der euhemeristische Erzählerexkurs die Geltung der Götter
unter anderem auf die Meisterschaft magischer Naturkunde zurückgeführt (Tr
858–916) und Discordias Unsichtbarkeitszauber mit einem magischen Steinzau-
ber begründet, so erneuern die wiederholten Hinweise auf Zauber und *meisterschefte* des changierenden Apfels diesen Kontext und seine Paradoxien. Wie die
Götter des *Trojanerkriegs* beginnt auch der Apfel zwischen Künstlichkeit und
Naturprodukt, Wahrnehmungstechnologie und natürlichen Wahrnehmungsope-
rationen zu schweben.[174]

---

**173** Vgl. Tr 1306–1309: „von sîner krefte alsô verdaht / wart ir menschlich bilde, / daz ir figûre
wilde / wart in allen ûf dem plân." Statt jedoch Sichtbarkeit und Unsichtbarkeit voneinander zu
trennen, lenkt der Erzähler das Interesse auf den Modus dieser Verborgenheit: „für die götinne
wandels vrî / verborgenlichen si dô schreit / und in sô lîser tougenheit, / daz man ir bildes niht
enphant" (Tr 1386–1389).

**174** Dies ist nur eine Potenzierungsrelation, die der Apfel ermöglicht. Als *mise en abyme* der
ästhetischen und inhaltlichen Ambivalenzen des gesamten Romans versteht ihn Müller: „Äs-
thetisierung", S. 301. Laufer: „Materialität der Sprache" hat demgegenüber Bedenken geäußert,
Apfel und Romanpoetik mit „eher weiträumigen Analogien" zu begründen (S. 102); im Hinblick
auf seine künstlerische Verfertigung stelle der Apfel jedoch erkennbar die „Spannung zwischen
Sprache und Materialität" aus, die den *Trojanerkrieg* vielfach kennzeichne (S. 103; vgl. auch
S. 110). Auch Laufer sucht somit den Apfel als „Repräsentation" der „poetischen Eigenart des
*Trojanerkriegs*" zu erschließen (S. 111).

Doch nicht nur Anwesenheit/Abwesenheit von Wahrnehmungsirritationen oder Sichtbarkeit/Unsichtbarkeit seiner Strukturen prägen den Apfel als Sinnmodell. Das eigentlich verstörende Wunder bildet seine umlaufende Smaragdleiste, deren „unrealistisch lang[e]"[175] Perleninschrift „diu schœnste ûf disem veste" zur Empfängerin des Apfels erklärt (Tr 1442–1481). Diese Inschrift und ihre Bedeutung – so hebt der Erzähler hervor – könnten jedoch nur „ze tiute" wiedergegeben werden (Tr 1453), durch Paraphrase und Übertragung, da sich die Schrift stets mit jedem Betrachter wandele:

> in swelher zungen man daz lesen
> wolte bî der selben zît,
> diu wart ân allen widerstrît
> und in vil kurzen stunden
> an buochstaben funden,
> die man dâ stân gelîmet sach.
> von hôher künste diz geschach,
> ⸜⸜ ⸜⸜⸜ ⸜⸜⸜ ⸜⸜⸜⸜⸜ ⸜⸜⸜⸜⸜⸜
> und iegelichen lêrte
> dâ vinden sîne sprâche.
> (Tr 1472–1481)

Fundamental verändert diese Übersetzungsautomatik das Sinnmodell, das die Erzähltradition mit dem Göttinnenstreit und Parisurteil bereitstellte. Streitanlass war in lateinischer und volkssprachlicher Mythographie stets eine Beschriftung gewesen, deren *Sinn* als Schönheitspreis eindeutig, deren Zuordnung hingegen strittig war:

> Discordia vero, dea litis, ad ipsas nuptias vocata non est; hoc dolore ducta malum aureum subornavit, in quo malo scripsit: ‚pulcriori donum'. et dum malum tres dee superius memorate volventem viderent, simul omnes tenuerunt, et de tollendo malo contentio inter eas facta est. et dum titulum scriptum in eodem malo viderent, ubi scriptum fuit ‚pulcriori donum', de pulchritudine sua contendere ceperunt, et Iovem petierunt ut inter eas iudicaret, que earum pulcrior esset.[176]

> Discordia, die Göttin des Streits, wurde jedoch zu dieser Hochzeit nicht eingeladen; von dieser Kränkung ließ sie sich hinreißen, einen goldenen Apfel anzufertigen, auf den sie schrieb: ‚der Schöneren zum Geschenk'. Und als die drei zuvor erwähnten Göttinnen den Apfel herbeirollen sahen, beanspruchten sie ihn alle zugleich, so dass unter ihnen ein Streit darüber entstand, wer den Apfel aufheben dürfe. Als sie nun die Inschrift auf dem Apfel erblickten, auf dem ‚der Schöneren zum Geschenk' geschrieben stand, begannen sie, über

---

175 Lienert: *Geschichte und Erzählen*, S. 43.
176 *Excidium Troie*, S. 25,4–11 (Kap. 2).

ihre Schönheit zu streiten, und baten Jupiter, über sie zu richten, welche von ihnen die
Schönere sei.

Nicht worauf der Apfel zielt, steht im *Excidium* zur Debatte, sondern einzig, wer die
Bedingung der Schönheit am Vorzüglichsten erfüllt. Auch der sogenannte zweite
vatikanische Mythograph schildert in knapper Form das Problem der Göttinnen,
festzustellen, auf wen die Schrift referiert:

> Sola Discordia minime introducta est. Quae ob hoc irata aureum pomum jactavit in convi-
> vium inter Venerem et Minervam et Junonem, in quo erat scriptum: Pulcherrimum donum
> pulcherrimae deae. Illis inter se jactantibus, quae esset pulcherrima, et cui pomum dari
> deberet, Paris, filius Priami, judex intromissus [...].[177]

> Nur Discordia wurde nicht hinzugelassen. Dadurch erzürnt, warf sie einen goldenen Apfel in
> die Festgesellschaft unter Venus, Minerva und Juno, auf dem geschrieben stand: Das
> schönste Geschenk für die schönste Göttin. Vor die Göttinnen, die untereinander stritten, wer
> die schönste sei und wem der Apfel gegeben werden müsse, wurde Paris, Sohn des Priamus,
> als Richter geführt.

In der *Weltchronik* Jans des Enikels (1284/1290) verlängert sich die Schrift zu einem
Tugendpreis, doch auch hier steht nicht ihr Sinn, sondern nur ihre Zuordnung in
Frage:

> si machte mit ir kündicheit
> einen apfel, der was liste rîch.
> [...]
> der apfel der was guldîn;
> dar an sô muost geschriben sîn:
> swer disen apfel nemen sol,
> diu ist immer freuden vol
> und ist diu schœnst under in;
> des hab nieman dheinen sin,
> daz ieman in der werlt sî
> grœzer tugent und schœn bî.
> Den apfel warf si an der stat,
> als si dâ ir will bat.
> [...]
> dô diu geschrift gelesen wart,
> dô wart niht lenger gespart,
> ieslîchiu wolt den apfel hân –
> alsô maht ez niht ergân –
> und wolt den andern sagen mat.

---

177 „Myth. vat. II", S. 143,3 – 8 (Kap. 205: „Peleus et Thetis").

> ze jungst wurden si ze rât,
> swem Paris gæb den apfel guot,
> daz diu wær schœn und wol gemuot.[178]

Auch der Alexanderroman Ulrichs von Etzenbach (um 1300) legt den Sinn des Apfels unzweideutig fest:

> Jûnô unde Pallas,
> die drite gotinne Vênus was.
> Discordia was dâ heime bliben.
> von der ein apfel wart geschriben.
> dô sie in der ouwe sâzen,
> die gotinne, unde âzen,
> Discordia des gedâhte
> den apfel sie dar brâhte
> unsehende sie den ûf den tisch warf.
> [...]
> guldîn der apfel was,
> dar an man geschriben las,
> daz daz wunneclîche golt
> under in die schœnste haben solt.
> an Paris die urteil wurden lân,
> der sich unreht dar an versan.[179]

Einig sind sich lateinische und volkssprachliche Versionen der Discordiaepisode vor und nach Konrad darin, dass im Disput der Göttinnen lediglich die Figurenzurechnung des Schönheitstitels strittig ist. Die Inschrift des Apfels im *Trojanerkrieg* ist diffiziler angelegt, wie zwei Differenzen gegenüber der Erzähltradition zeigen.

Erstens verwandelt der hinzugefügte Schriftzauber den traditionellen Referenzstreit in ein perspektivisches Verführungsspiel der Schrift. Im Gegensatz zu sämtlichen antiken und mittelalterlichen Fassungen ist die Quelle des Streits nicht die Unterdeterminiertheit schriftlicher Referenz. Anlass ist nun umgekehrt die Hyperreferentialisierung von Schrift: Zuordnung misslingt nicht etwa aufgrund mangelnder Bezeichnungskraft – sondern weil der Apfel zuviel bezeichnet. Bis in einzelne Motivparallelen hinein ruft der *Trojanerkrieg* dazu das Pfingstwunder auf:[180] ganz gleich, „in swelher zungen" (Tr 1472) der Betrachter zu lesen gewohnt

---

178 Jans der Enikel: „Weltchronik", V. 13810 f., 13827–13836, 13843–13850.
179 Ulrich von Etzenbach: *Alexander.* Hg. v. Wendelin Toischer. Tübingen 1888, V. 4889–4897, 4901–4906.
180 Zum Pfingstwunder vgl. Apg 2,3 f.: „et apparuerunt illis dispertitae linguae tamquam ignis [...] et coeperunt loqui aliis linguis".

ist – stets bewirkt der Schriftzauber, dass jeder Betrachter den Sinn des Spruch-
bandes in seiner eigenen Sprache auf sich zuweisen sieht und so sich selbst „ân
allen widerstrît" (Tr 1474) für den einzig ausersehenen Empfänger halten muss. Die
Vervielfältigung von *unstrittigem* Selbstbezug muss jedoch umso mehr bei einem
Objekt überraschen, das in der mythographischen Erzähltradition gerade Inbegriff
des *strît* ist.

Auch die Folie des Pfingstwunders potenziert die paradoxen Züge der Schrift,
führt doch das umstandslose Verstehen des Apfels in der je-eigenen Sprache (Tr
1479 – 1481) die Göttinnen nicht zur sprachübergreifenden Verständigung, sondern um so tiefer in Missverständnis und Zerwürfnis hinein. Genau besehen basiert die Provokation des Apfels also nicht auf einer „Übersetzungs-Automatik"[181]:
nicht eine für alle Figuren nachvollziehbare regelhafte Zuordnung oder offen
zutage tretende Zuordnungsproblematik werden zum Problem, sondern das
stillschweigende Gleiten von Referenz. Das hermeneutische Zauberwerk der Ap-
felschrift ermöglicht, Sinn und Referenz so zu vervielfältigen, dass sie gar nicht als
vielfältig erscheinen. Der Apfel gilt nicht der Suche nach der einen Schönsten; der
*Trojanerkrieg* hat viele Schönste „ân allen widerstrît". Dass sich zwischen Juno,
Pallas und Venus dennoch Streit erhebt, liegt so gesehen nicht – wie in der Erzähltradition – an Unsicherheiten im Umgang mit Schrift, sondern an Überschüssen von Gewissheit, die Schrift verspricht.

Zweitens akzentuiert Konrad die Schrift nicht nur als Sinnträger, sondern vor
allem als ästhetisches Phänomen, wird sie doch von schillernden Perlen gebildet:

> vil ûz erwelter schrifte vol
> schein der selbe grüene strich,
> wan die buochstaben kostbærlich
> beschouwen sich dâ liezen.
> von glanzen mergriezen,
> die niht reiner mohten sîn,
> wâren si gevelzet drîn
> und lûhten wunneclichen dâ;
> si glizzen rôt, gel unde blâ
> verr ûz der lîsten grasevar.
> (Tr 1442–1451)

Schrift erscheint als Objekt einer ästhetischen Wahrnehmung, die zwischen ver-
weisender Signifikanz und vergegenwärtigender Evidenz oszilliert.[182] Konse-

---

181 Lienert: *Geschichte und Erzählen*, S. 43.
182 Laufer: „Materialität der Sprache" sieht in dieser „Materialisierung" der Schrift (S. 107) eine
grundsätzliche „Eigenart des Erzählens im *Trojanerkrieg*": in der „Spannung zwischen Sprache
und Materialität" (S. 103) demonstriere der Apfel den „paradoxalen Status der Dichtung"

quenterweise besetzt sie den Apfel auf einer umlaufenden Mittelnaht seiner zwei Hälften – noch in der logischen Figur der Grenze bündelt das Schriftband eine Paradoxierung, die Semantik und Ästhetik verknüpft.

Für das Sinnmodell der Schrift hat dies im *Trojanerkrieg* weitreichende Implikationen, die sich unter sechs Aspekten bündeln lassen. (1.) *Aisthetische Dimension: Fokussierung und Dynamisierung von Wahrnehmung.* Der *Trojanerkrieg* erzeugt mit dem Apfel der Discordia ein Vexierspiel der Sichtbarkeit, das den impliziten Beobachter je nach Abstand oder Nähe mit unterschiedlichen Wahrnehmungsaufgaben konfrontiert – von einfachen Unterscheidungen (Ferneinstellung) bis zum verwirrenden polychromen Farbspiel (Naheinstellung). Vor die Objektwahrnehmung (*wahrnehmen-was, quid*) tritt mit solchen Einstellungswechseln die Aisthesis an sich (*wahrnehmen-dass, quod*), die erzählerisch in unterschiedliche Teilakte des Wahrnehmens zerlegt werden kann, aber auch bis zum weißen Rauschen einer überkomplexen Wahrnehmung getrieben wird.[183]

(2.) *Mediale Dimension: Paradoxierung von Erscheinen und Verstehen.* Fokussiert wird dabei am Paradigma der Schrift eine grundwilliwilliche Paradoxie der sinnförmigen Strukturierung von Kommunikation. Insofern Sinn stets auf Medien angewiesen ist, steht Kommunikation in der (entweder latent gehaltenen oder manifesten) Spannung, dass Medien hervortreten und die kommunikative Verweisungspotenz von Sinn im Erscheinen aussetzen. Die schöne Medialität von Discordias Apfel lässt diese Differenz von aisthetischen und hermeneutischen Effekten paradox werden, indem seine Perlenschrift Verstehen wechselweise ermöglicht und unterläuft.[184] Der Referenzstreit der Erzähltradition vom Parisurteil wandelt sich mit dem wandelbaren Schriftmedium des Apfels im *Trojanerkrieg* zum Evidenzstreit, zum Streit aufgrund wechselnder Erscheinung.

(3.) *Sinndimension: Ambivalenz der Schrift zwischen Zeichen und Evidenz.* Für die Sinndimension heißt dies wiederum, dass Schrift sowohl als Zeichen fungieren und Kommunikation anstoßen kann, als auch in aisthetischen Wahrnehmungen Kommunikation gerade unterbindet – sie oszilliert zwischen Zeichenstatus und Evidenzeffekten. Neu verschärft sich daher im *Trojanerkrieg* eine Kommunikationsgrenze von Schrift: Während einerseits der Sinn der Apfelinschrift für den

---

(S. 110). Als „Chiasmus zwischen Narration und Imagination" beschreibt diese Spannung Bleumer: „Narrativität und Visualität", S. 112.

**183** Zur „Entdifferenzierung" des Apfels als wahrnehmungsspezifischer Codierung des Streitanlasses vgl. Scheuer: „Das Heraldisch-Imaginäre", S. 61. Zum Effekt des Rauschens vgl. Bleumer: „Narrativität und Visualität" sowie am Beispiel Helenas auch Kap. IV.1.1.11 der vorliegenden Arbeit.

**184** Die dadurch freigesetzte Dynamik charakterisiert treffend Laufer: „Materialität der Sprache", S. 110 f.: „Sprache wird zu Material wird zu Sprache wird zu Material".

Erzähler „ze tiute" (Tr 1453, 1454–1464) auslegbar ist, d. h. ausführlich kommuniziert werden kann, ist die Inschrift für alle intradiegetischen Betrachter „âne allen widerstrît" (Tr 1474) immer schon zugerechnet – ihr Sinn ist also tendenziell der Kommunikation unbedürftig. Der *Trojanerkrieg* greift somit in das traditionelle Schriftmotiv des Discordiamythos gravierend ein: Zwischen Auslegbarkeit und Selbstverständlichkeit changierend, wird Sinn sowohl stimuliert als auch ausgesetzt.

Eine solche prekäre Einschätzung von Schrift schreibt nicht mehr die archaische Schriftkritik des Parisurteils fort, das im Apfel der Discordia das Problem entautorisierter, unkontrollierbarer Polysemie bündelte.[185] Im *Trojanerkrieg* markiert der Apfel der Discordia vielmehr einen medialitätsgeschichtlich neuen Ort, an dem – umgekehrt – das *Gelingen* von Schrifthermeneutik zum Problem geworden ist. Galt der Apfel in der Erzähltradition als Streitobjekt um das richtige Urteil (Wer ist die Schönste?), so wuchern im *Trojanerkrieg* viele richtige Urteile nebeneinander. Nicht die Wiederbelebung des toten Buchstaben durch Referentialisierung bildet somit die Herausforderung der Schrift, sondern ihre Lebendigkeit und Potenz, sich zu wandeln und parallel verstanden werden zu können. Zusammen mit ihrer Medienreflexion setzt diese Kritik des Hermeneutischen die Ausdifferenzierung des Sinnmediums Schrift in einer voll entwickelten Schriftkultur voraus.

(4.) *Narrative Dimension: Konsonanz der Figurenperspektive – Dissonanz der Erzählerperspektive.* Der *Trojanerkrieg* inszeniert diese Paradoxie im Rahmen des Göttinnenstreits nicht nur als aisthetische oder semantische Irritation, sondern treibt handfeste Differenz heraus – auch im *Trojanerkrieg*, dies sollte nicht verschleiert werden, dient der Apfel der Discordia dazu, eine Kette von Zwisthandlungen anzustoßen (es streiten die Göttinnen; Hector und Peleus kämpfen sodann um Paris; Paris sorgt sowohl in Troja als auch später in Sparta für Konflikte). Dieser Konflikt hält sich jedoch nicht einsträngig auf der Handlungsebene, sondern trennt Figuren- und Erzählerperspektive. Die Figurenperspektive bestimmt grundsätzlich Konsonanz: ‚Der Apfel verweist speziell auf mich, auch wenn andere Anderes behaupten'. Die Erzählebene hält hingegen Dissonanzbewusstsein offen: ‚Dies erging auch jedem anderen Betrachter ebenso.' Unterschiedliche narrative Ebenen werden somit genutzt, um eine neue Differenz von konsonanten und dissonanten Perspektiven zu erzeugen.

---

185 Es bliebe zu untersuchen, inwiefern das Parisurteil eine Schriftfeindlichkeit speichert, wie sie zunächst die griechische Kultur prägt. Einschlägig ist, dass auch mittelalterliche Bearbeitungen die Figur der Discordia zwischen Sichtbarkeit und Unsichtbarkeit, Anwesenheit und Abwesenheit entwerfen – auch unter den Bedingungen semi-oraler Erzählkultur des Mittelalters setzt der Discordiamythos also Momente klassischer Schriftkritik fort.

(5.) *Affektive Dimension: Gefahr und Begehren.* Affektiv wiederholt sich diese Differenz als Unterscheidung von Gefährdung und Begehren, die der Apfel für den Erzähler bzw. für Figuren stimuliert. Der Apfel setzt eine intertextuelle Reihe von Objekten fort, deren schillernde Polychromie ebenfalls gefährlich und begehrenswert wirkt – allen voran das Zauberhündchen Petitcrü in Gottfrieds *Tristan* und die Brackenseil-Inschrift im *Titurel* Wolframs von Eschenbach.[186] In allen Fällen erzeugt Schrift eine unendlich fortlaufende Begehrensdynamik zwischen Bedeutungsentzifferung und Genuss von Materialität, die letztendlich in Katastrophen führt. Wieder bündelt die Meisterschaftsmetapher leitmotivisch diese Paradoxie (Tr 1401, 1522). Im *Trojanerkrieg* prägt dieser Doppelzug von Gefahr und Begehren nicht zuletzt auch die Besitzerin des Apfels: Einerseits wird Discordias schöne Erscheinung gepriesen, andererseits aber ihre gefährlichen Intentionen betont (z. B. Tr 1266 f.).

(6.) *Discours-Ebene: Vervielfältigung von Referenzarten.* In der Mikroszene des Göttinnenstreits wird schließlich ein literarisches Kohärenzverfahren greifbar, welches die betrachteten Spannungen mit fremdreferentiellen Diskurselementen flankiert. Patchworkartig schaltet der *Trojanerkrieg* kleinere Passagen ein, um Sinn scheinbar zu fixieren: Discordia als Prinzip des Streits, den es auch heute noch gebe (Tr 1262–1273, 1490–1501), ein farbiges Schriftband, das eine Kette von Begehren und Tod heraufführt. Anstatt die betrachteten ästhetischen, semantischen, hermeneutischen und narrativen Vexierspiele zurückzunehmen, lässt dieses Kontrastverfahren die Spannung von stabilisierenden und destabilisierenden Effekten indes nur umso stärker hervortreten.

Die Szene um den Apfel der Discordia ist in den Anfangspartien des *Trojanerkriegs* verortet, doch bleibt sie keineswegs isoliert. Sie etabliert vielmehr eine Perspektive auf schriftgebundene Sinnerzeugung, die für den Roman Modellcharakter besitzt. In den unterschiedlichen Facetten ihrer Paradoxierung zeigte sich eine durchgehende Doppelseitigkeit dieses Sinnmodells: Schrift fungiert als Medium der narrativen Sinnerzeugung wie auch der Unterbrechung von Sinn.

Stimmig fügt sich dazu, dass auch spätere Bezüge auf Schrift im *Trojanerkrieg* diese Polarität fortsetzen. So stützt sich der Erzähler wiederholt auf Schriftbezüge, um einzelne Figuren als Wissensautoritäten zu charakterisieren oder die Wahrheit des historisch überlieferten Erzählstoffes, insbesondere des Kriegsberichts, zu authentifizieren – Schrift wird in diesen Fällen als epistemisch verlässliches, durch Tradierung stabilisierbares Sinnmedium aufgerufen.[187] Ebenso häufig be-

---

186 Vgl. die Hinweise bei Monecke: *Studien*, S. 176 und Lienert: *Geschichte und Erzählen*, S. 43.
187 Vgl. hierzu – mehrfach gekoppelt mit der Metapher des wahren Buchs – die Wahrheitsbeteuerungen des Erzählers: Tr 32: *Physiologus*-Bezug; Tr 1442: Verschriftlichung des Augenzeugenberichts; weitere Belege: Tr 7232, 7652, 11488, 17330, 17426, 17456, 17512, 17994, 20143, 23772,

zeichnet Schrift aber auch die Dimension heimlichen, zweifelhaften oder in seiner Verführungskraft gefährdenden Sinns.[188] Das paradoxe Schriftgeschenk der Discordia strahlt somit seine Ambivalenz selbst in ferner entlegene Erzählpartien aus. Für die Frage nach Wissen bedeutet dies, dass der Apfel der Discordia in ästhetisch eindrücklicher Weise nicht-wissensförmige Bedingungen von Wissen zutage fördert, die für den gesamten Roman relevant sind.

### 3.1.3 Voraussagen, Prophezeiungen, Kryptoskopie

Unter den sinnerzeugenden Erzählmodellen kommen Szenen der zeitlichen Vorausdeutung und räumlichen Aufdeckung das größte Gewicht zu. An wichtigen Gelenkstellen des Romans leisten die fünf Seherfiguren Proteus, Helenus, Panthus, Cassandra (auf trojanischer Seite) und Calchas (auf griechischer Seite) Verknüpfung und Verweisung innerhalb der riesigen Quellenmontage, von der Thetis-Hochzeit über den trojanischen Expeditionsrat bis hin zu herausragenden Schlachtereignissen wie dem Tod des Patroclus. Redesituationen der Vorausdeutung erstrecken sich so über den gesamten *Trojanerkrieg*.

Trotz ihrer offenkundigen Unterschiede prägen Konrads Seherfiguren ein gemeinsames Sinnmodell, dessen Erzähltendenz bereits im ersten Großabschnitt der Handlung aufgebaut und sodann mit den Figuren Cassandra und Calchas auch über den Kriegsauftakt hinaus fortgeführt wird: Alle Seherfiguren werden ausdrücklich als Repräsentanten problematischer oder latenter Wissensformen eingeführt, die ungewisse Deutungssituationen professionalisieren. Die Umrisse dieses Sinnmodells der Professionalisierung von schwierigem Wissen gilt es in diesem Teilkapitel abzustecken. Die fünf Seherfiguren des *Trojanerkriegs* verwenden dabei dieses Sinnmodell auf unterschiedliche Weise.

(1.) Als erste Figur dieser Gruppe begegnet im Rahmen der Thetis-Hochzeit der gestaltwandlerische Greis Proteus (Tr 4496 – 4667). Proteus erweist sich als prominentester Repräsentant des Sinnmodells, wenn der Erzähler später die Erfüllung der Zeichen auf dessen Prophezeiung rückbezieht (Tr 23673). Anders als die

---

37858. Ähnlich beruft sich der Erzähler auch zur Charakterisierung einzelner Figuren als Wissensexperten auf Schrift: so z.B. Tr 17975 zur juristischen Bildung Antenors; Tr 19058: enzyklopädische Bildung des Sehers Helenus. Auch die Figuren selbst berufen sich auf wahre Schrift: so z.B. der Seher Proteus (Tr 4608: schriftliches Orakel).

**188** Vgl. neben den Schriftbezügen der Discordiaszene (Tr 1442, 1479, 1524) v.a. die schriftgestützten Beschwörungspraktiken Jasons (Tr 9299, 9304, 9309, 9318, 9646, 9653) und Medeas (Tr 10522), die ausdrücklich mit Zauber (Tr 9646: „zouberschrift"; Tr 9653f.: „von starker zouberîe kunst / was diu geschrift getihtet"; Tr 10522: „von swarzer buoche schriften") in Verbindung gebracht werden. Auch das ‚Wunder Helena' und Paris' heimliche Verführungskommunikation sind an Schrift gebunden (Tr 19746, 20768).

übrigen Seherfiguren frei zwischen den späteren Kriegsparteien beweglich, tritt Proteus auf der Hochzeit als allseits respektierter „prophête" (Tr 4505) in Erscheinung, der Geburt und Tod des Achill voraussagt:

> daz übele und daz guote
> kund er wol den liuten
> bescheiden und betiuten.
> Er was alt unde virne.
> den louf an dem gestirne
> bekande der prophête.
> waz iegelich planête
> bezeichenunge brâhte,
> wîslîche er daz bedâhte
> und was ûf ez versunnen.
> er hete kunst gewunnen
> mit rîcher sinne lône;
> dar umb er dicke schône
> von herren wart gehandôlt.
> (Tr 4500 – 4513)

Proteus erhält nicht nur als einzige Seherfigur mehrfach den Ehrentitel des Propheten (neben „wîssage": Tr 4505; vgl. auch Tr 4537, 4619, 4634, 4640), sondern wird ausführlich wie keine andere Figur mit dem Wissensdiskurs der Astrologie in Verbindung gebracht. Proteus' astrologische Deutungskompetenz wird dabei gleich zu Beginn mit dem Leitvokabular der Sinnkonstruktion verknüpft, das die spätere Erzählerreflexion verhandelt: Als Experte des *betiutens* zukünftiger Ereignisse (Tr 4549; 4559) kennt er die *bezeichenunge* der Sterne. Gebrechlich „nâch eines alten mannes site" (Tr 4524; vgl. 4538 – 4541) auf Krücken gebeugt, verschaffen ihm Erfahrung und gelehrte Bildung (Tr 4499, 4503, 4510, 4554) allseitigen Respekt unter der Hochzeitsgesellschaft – „dar umb er dicke schône / von herren wart gehandelt" (Tr 4512 f.). Dies beruht auf Gegenseitigkeit: „den hôhen und den werden / wont er ze hove gerne mite" (Tr 4522 f.). Der prototypische weise Greis ist in der höfischen Erzählwelt des *Trojanerkriegs* voll integriert.

Dass Proteus' Fähigkeiten – ähnlich denjenigen Medeas oder der Figuren des euhemerisierenden Götterexkurses – auf „zouber" (Tr 4521) beruhen, tut seiner Autorität auffälligerweise keinen Abbruch, wenn er Peleus und Thetis die Geburt und den Lebensweg ihres künftigen Sohns Achill eröffnet (Tr 4555 – 4616). Denn während den Zauberpraktiken Medeas und anderer Seherfiguren performative Beschwörungen oder Inspirationsszenen vorausgehen, bleibt Proteus' Rede durchgehend deklarativ: Noch heute werde Thetis mit einem Sohn schwanger, der größte Schönheit und Tapferkeit in sich vereinen werde. In allen Dingen sei ihm deshalb Erfolg gewiss, ausgenommen im Krieg vor Troja, der aus den Zwistigkeiten des gegenwärtigen Festes erwachsen werde und letztlich zu seinem Tod führen werde.[189] Wenn es Achill jedoch gelänge, dem Krieg fernzubleiben, „sô möhte er sînen lebetagen / behalten und gefristen" (Tr 4610 f.). Eine überraschende Wendung: Von antiken und mittelalterlichen Erzählvorgaben weicht der *Trojanerkrieg* ab, indem Proteus' Vorausschau auch die Möglichkeit zur Abwendung des tödlichen Schicksals enthält. Das Vorauswissen des Sehers birgt eine Optionalität, die unmittelbar handlungsrelevant wird: Planvoll sucht sie Thetis zu nutzen, indem sie Achill im Exil bei Lycomedes verbirgt.[190]

Trotz der Spannung seiner Voraussage löst Proteus kaum Irritationen aus – weniger zumindest als andere Seherfiguren im *Trojanerkrieg* –, obwohl auch seine Person befremdliche Züge trägt (Tr 4533: „fremder schouwe"): Neben seiner Expertise in „wunderlichen sachen" (Tr 4519) sind dies vor allem die Fähigkeit zur Verwandlung seiner Gestalt (Tr 4514–4517), aber auch seine weibliche Frisur (Tr 4534 f.). Deutlich wird damit die hohe soziale Akzeptanz seiner Person und Rede. Vergleichbare Seherfiguren, so zeigt sich später etwa auf trojanischer Seite an Helenus und Panthus, scheitern hingegen darin, Sinn sozial zu autorisieren. Wodurch erhält Proteus diesen Expertenstatus?

Auf mehreren Ebenen lassen sich Strategien beobachten, die Proteus als Garanten von Sinn stärken. Dies geschieht erstens durch Parallelisierung von intra- und extradiegetischen Wahrheitsansprüchen. Proteus reklamiert Deutungskompetenz für sich (Tr 4558 f.), deren Gültigkeit der Erzähler mehrfach unterstreicht:

> und wart diu prophêtîe wâr,
> die Prôtheus der wîssage
> entslozzen hete bîme tage
> den liuten algemeine
> (Tr 4640–4643; vgl. auch Tr 4549)

---

**189** Diese Sinnkonstruktion, die von der Thetis-Hochzeit zum Trojanischen Krieg verweist (Tr 4594–4597), fehlt Benoît ebenso wie Simons *Ilias*. Mit ihr bezieht der *Trojanerkrieg* die (ansonsten zurückgewiesene) götterorientierte Motivationsstruktur ein, die eher der *Ilias latina* als der von Dares ausgehenden Tradition zuzurechnen ist. Zur Quellenverarbeitung von Proteus' Voraussage vgl. insgesamt Lienert: *Geschichte und Erzählen*, S. 48 mit Anm. 82.
**190** Ist Thetis' Hoffnung illusorisch (vgl. Lienert: *Geschichte und Erzählen*, S. 48)? Dem Spiel des *Trojanerkriegs* mit Möglichkeit und Notwendigkeit an dieser Stelle wird eine solche Einschätzung kaum gerecht. Denn in auffälligem Kontrast stehen in Proteus' Rede vier zukunfts*gewisse* Voraussagen (Geburt, Stärke und Tugend, Trojanischer Krieg und Tod) einer zukunfts*möglichen* Voraussage (Achills Tod) gegenüber. Die Voraussagen selbst, nicht erst die illusorischen Schlüsse der fürsorglichen Mutter, oszillieren also zwischen Notwendigkeit und Optionalität!

Die Autorität der Figurenrede zehrt so gesehen von der Autorität der Erzählerrede, die zugleich öffentliche Überprüfbarkeit innerhalb der erzählten Welt suggeriert („entslozzen [...] den liuten algemeine"). Zweitens entwickelt der *Trojanerkrieg* die Proteusfigur im Schnittfeld mehrerer Diskurse, die ebenfalls hohe Autorisierungseffekte freisetzen. Gelehrte Kenntnisse in Astrologie (Tr 4506–4509) und Naturkunde ermöglichen ihm, sich in Vögel und andere Tiere zu verwandeln. Geradezu akademisch erteilt er ethische Lehre (Tr 4500–4503: „daz übele und daz guote / kund er wol den liuten / bescheiden und betiuten"). Indem er Merkmale beider Geschlechter in seiner Erscheinung vereint, verbindet er deren Differenz. Sozial füllt Proteus das normative Ideal des alten Weisen aus:

> ein wîssage ûz dem lande,
> der hete maniger hande
> witze in sînem muote
> (Tr 4497–4499)

> ẅr ẅẅ ẅll ẅndr ẅirṅẅ,
> (Tr 4503)

> nâch eines alten mannes site
> gestellet was sîn bilde.
> (Tr 4524f.)

Proteus verkörpert damit den Typus einer vorchristlichen *scientia*, deren Wissenstechnik Natur und Kultur überbrückt.[191]

Drittens agiert Proteus nicht nur als Träger eines Diskurses über Gestirnkonstellationen, Vorzeichen der Natur und deren Deutung, sondern kann diesen Diskurs selbst rahmen. So eröffnet er seine Deutung mit dem antizipierten Einwand, man möge seine Worte nicht wie einen nichtigen Traum geringschätzen (Tr 4562f.). Proteus bewegt sich damit sowohl innerhalb als auch außerhalb eines Diskurses, der Astrologie und Traumdeutung miteinander verbindet.[192]

Viertens formuliert Proteus seine Prophezeiung nicht bloß vorsichtiger z. B. als Cassandra, sondern hält sich außerhalb logischer Unterscheidung. Hatte er zunächst den Tod des Achill vor Trojas als unausweichlich ausgemalt (Tr 4588–

---

**191** Diesen Typus repräsentiert im *Trojanerkrieg* neben Proteus auch die Zauberin Medea. Beide sind Vertreter eines gelehrten Naturwissens, das der Antikenroman unter positivem Vorzeichen anerkennt; vgl. als Vergleichsfigur etwa auch die astrologisch gebildete Zauberin, nach der Dido im *Eneasroman* schickt: Heinrich von Veldeke: *Eneasroman*, 73,38–74,19.
**192** Astrologie und Traumdeutung kombinieren Wissen über den Makrokosmos der Weltordnung mit dem Mikrokosmos der Seelenordnung – und bilden seit dem 12./13. Jahrhundert eine „signifikative Allianz"; vgl. Gregory: „Sogni" (zum Zitat vgl. S. 112); Wittmer-Butsch: *Schlaf und Traum*, insbes. Kap. 3.5.

4593; vgl. auch Tr 4604: „und muoz ouch denne tôt geligen"), so wiederholt Proteus genau dies wenig später im Modus der abwendbaren Möglichkeit (Tr 4606 – 4616). Die Prophezeiung des Gestaltwandlers ist somit nicht falsifizierbar und doch umfassend – Achill wird ganz sicher sterben oder könnte mit dem Leben davon kommen.

Im Unterschied zu anderen Seherfiguren exponiert Proteus dadurch Zukunftswissen, das paradox anmutet: apodiktisch formuliert, wandelt es sogleich den Modus. Die Akzeptanz des Sehers Proteus beruht so gesehen auf der Fähigkeit zu Verweisen, die final gespannt und offen zugleich sind. Für die narrative Konstruktion ermöglicht eine Figur wie Proteus, die disparaten Quellen der Achillhandlung[193] so früh wie möglich durch eine Sinnrichtung zu verbinden, ohne aber die Offenheit von Erzählmöglichkeiten (z. B. die eskapistischen Verführungsepisoden von Achills Jugendgeschichte) von vornherein einzuschränken. Proteus etabliert ein Figurenwissen, das auf dem Weg zum unausweichlichen Ende Alternativen birgt.[194]

(2.) Nach einer Erzähldistanz von mehr als 14000 Versen führt eine Beratungsszene im trojanischen Königsrat das Sehermodell fort, in der die Raubexpedition des Paris nach Griechenland diskutiert wird. Um seinen Bruder Paris von der fatalen Vergeltungsreise nach Griechenland abzuhalten, beruft sich der junge „wîssage" (Tr 18990) Helenus in seiner Gegenrede auf enzyklopädische Kenntnisse der Naturkunde und Astrologie. Im Unterschied zu Proteus streicht Helenus außerdem seine Traumdeutungskompetenz hervor:

> swaz ich geseite dinges ie,
> daz ist beliben allez wâr.
> ich hân daz stille und offenbâr
> in mînen tröumen wol vernomen,
> daz wir ze nœten müezen komen,
> swie nû mîn bruoder hinnen vert.
> ob im ze Kriechen wirt beschert
> ein frouwe, als er uns hât geseit,
> sô wizzent vür die wârheit,
> daz wir komen ze grimmer nôt
> und wir geligen alle tôt
> an êren unde an lîbe.
> (Tr 19000 – 19011)

---

193 Dies sind vor allem Achills Jugendgeschichte nach Statius und die Kriegsdarstellungen der Dares-Benoît-Tradition. Auch Diskurserwartungen der Mythographie spielen hinein.
194 Für die Achillfigur eröffnet das Sehermodell somit erzählerische Kontingenz, die gleichwohl vorselegiert ist – und sich rückblickend als „abgewiesene Alternative" erweist; vgl. zum Begriff Schulz: „Fragile Harmonie".

In flammenden Bildern beschwört Helenus ein Untergangsszenario, das mit dem Namen Helenas verbunden sei (Tr 19013, 19016–19039). Seinem jugendlichen Altersprofil entsprechend gestaltet der Trojaner seine Darstellung dabei nicht nur affektiv und imaginativ stärker aus, als es die summarischen Vorblicke des Proteus geboten hatten, sondern intensiviert auch die Strategien, um seiner Prophezeiung Geltung zu verschaffen. Orakelpraktiken und Götter-Auditionen sind für ihn Instanzen dieser Autorisierung:

> swaz ich noch lôzes ie gewarf,
> daz ist dar ûf gevallen,
> daz wê geschiht uns allen,
> swie Pârîs vert in Kriechen lant.
> ich hân die göte vil gemant,
> daz ich an ir antwürte
> gar endelichen spürte,
> daz Troye würde wüeste,
> ob daz geschuluvu müeste
> daz Pârîs hinnen kæme
> ze Kriechen und dâ næme
> die wunneclichen Helenam.
> (Tr 19042–19053)

In dichter, rekursiver Folge staffeln sich Zeichen und Zeichendeutung hintereinander – insgesamt siebenmal wiederholt Helenus sein Plädoyer zum Abbruch des Reisevorhabens (Tr 19005, 19036 f., 19045, 19051–19053, 19056 f., 19079–19081, 19087; vgl. bei Benoît nur dreimal: RdT 3955, 3965, 3978). Die rhetorische Folge von Argumenten und Schlüssen entlädt sich schließlich in einer Kaskade sentenzenartiger Bekräftigungen (Tr 19054 f., 19068 f., 19070 f., 19072–19075), die allesamt den Grundgedanken ‚der Kluge hütet sich vor Schaden' vertiefen.[195] Auffällig ist somit nicht nur die Wiederholung, sondern auch die Vielfalt von Autorisierungsformen, die Helenus' Intervention begleiten: Neben die Figurencharakteristik des Erzählers treten in der Figurenrede Bezüge auf professionalisierte Wissensdiskurse (Traumdeutung, Astrologie und Naturkunde), Verweise auf erfolgreiche mantische Praktiken (Orakel), transzendente Inspiration (Götter) und sprachliche Wissensformen (sententiöses Sprechen). Sie verdanken sich im *Trojanerkrieg* weitgehend neuen Zusätzen.[196]

---

[195] Helenus' Sentenzengebrauch ähnelt den Stabilisierungsversuchen, mit denen Priamus seine Deutung des Hecuba-Traums festigt: in beiden Fällen werden sentenzartige Aussagen verkettet.

[196] Benoîts Darstellung der Beglaubigungen fällt geordneter und knapper aus: Nach einem Einleitungspassus fordert Helenus Anerkennung für bisherige korrekte Vorausdeutungen (RdT

Als Reaktion auf diese Rede folgt in Benoîts *Roman de Troie* allgemeine Stille unter der Hofgesellschaft: „Onc n'i parla petit ne grant, / N'i aveit un sol mot tenti" (RdT 3986 f.). Der *Trojanerkrieg* steigert dies zu tiefster Niedergeschlagenheit:

> Nâch disen worten allez daz
> gesweic, daz vor dem künege saz,
> und was erzaget von der rede.
> die ritter dûhte ein überlede
> und ein gar swære bürde,
> ob an Troyæren würde
> diu prophêtîe erfüllet sus
> [...]
> Prîant sîn vater selbe saz
> verdâht in sorgen bî der zît.
> si swigen alle enwiderstrît
> und sprâchen niht ein wörtelîn.
> ir herze leit vorht unde pîn
> von dirre wîssagunge.
> (Tr 19091–19097; 19104–19109)

Helenus' Warnrede lässt ihre Zuhörer handlungsunfähig erstarren. Priamus und die trojanischen Fürsten realisieren somit nicht, dass auch diese Seherrede konditional formuliert ist, also Optionen bereithält. Rache löst die Prophezeiung ein, friedfertiger Verzicht auf eine Vergeltungstat könnte diese womöglich verhindern:

> ich hân den glanzen himelwagen
> und daz gestirne alsô besehen,
> daz uns vil schaden sol geschehen
> an liuten und an landen.
> *wirt es niht understanden,*
> *wir müezen kumber lîden.*
> man sol die râche mîden,
> diu schaden ûf den rücke ladet.
> (Tr 19062–19069; Herv. B.G.)

Beeindruckt von den Zerstörungsbildern und den Autorisierungsstrategien fassen die Trojaner diesen Entscheidungsspielraum bereits als blockiert, die Katastrophe als vollendete Tatsache auf.

---

3946–3954), verweist kurz auf göttliche Orakel (RdT 3962: „devins respons") und schließt mit einer allgemeinen Aussage (RdT 3981 f.). Der *Trojanerkrieg* vervielfältigt demgegenüber die Mittel, mit denen Helenus seine Rede autorisiert.

Genau hier setzt nun die Gegenrede des Troilus an, welche die Worte des Sehers zugunsten der Expedition wendet. Scharf greift Troilus die Autorisierungsstrategien des Helenus an:

> er hât von tröumen hie geseit
> und wil mit valschen mæren
> beziugen und bewæren,
> daz uns niht wol gelingen müge.
> niht kêrent iuch an sîne trüge
> und an sîn gougel, daz er kan.
> sîn kunst enhœret uns niht an
> und al sîn zouberîe grôz.
> swer sich an eines phaffen lôz
> wil hân, der ist ein tôre.
> [...]
> wer solte an ritters muote
> sîn durch phaffen tröume laz?
> manlich sin werdun ▨▨▨▨n hng
> danne ein gar verzagter lîp.
> an tröume sol ein altez wîp
> gelouben unde ein ritter niht.
> (Tr 19136–19145; 19180–19185)

Träume und Traumdeutung gehörten zum Metier alter Frauen und Kleriker, deren Lebensweise Troilus karikiert: „phaffen" zieme Chorgesang und bequemes Leben im Genuss, Rittern hingegen Risikobereitschaft im Kampf für Frauen und für „êre" (Tr 19146–19153). Beide Lebensweisen seien unvergleichbar und füreinander inkompatibel, so streicht Troilus heraus (Tr 19154 f.: „sîn leben und daz unser ist / in manige wîs besundert"; vgl. ebenso Tr 19158 f.), und ordnet entlang dieser Oppositionslinie zwei Reihen von Leitbegriffen: Der „zageheit" der Zuhörer (Tr 19111; vgl. 19183) stellt er die „manheit" (Tr 19182) ritterlichen Kampfgeistes gegenüber, „ritters muote" sei „phaffen tröume" (Tr 19180 f.) überlegen. Auch das Vokabular der Mythoskritik zieht Troilus heran, soweit es seiner Gegenrede zuspielt: Helenus' Deutungen werden zu „valschen mæren" (Tr 19137 – einem volkssprachlichen Synonym für *mythos*) erklärt, seine Orakelpraxis zu „lâchenîe"[197] (Tr 19169) und dubiosem „gougel" (Tr 19141) abgewertet.

---

[197] Stärker noch als *zouber* bewahrt *lâchenîe* im Mittelhochdeutschen einen medizinischen Aspekt: Wenn Troilus seinen Bruder als *lâchenaere* karikiert, stuft er dessen Autoritätsanspruch auf den Rang eines arzneikundigen Medizinmannes zurück; vgl. Benecke, Georg Friedrich, Wilhelm Müller u. Friedrich Zarncke: *Mittelhochdeutsches Wörterbuch*. Leipzig 1854–1861, hier Bd. 1, Sp. 925a–b, s.v. *lâchen* (Heilmittel) mit zugehörigen Ableitungsformen.

Mit Troilus' Gegenrede modifiziert der *Trojanerkrieg* die Sinnvorgaben der Seherrede also in doppelter Hinsicht. Zum einen wird sie als habituelle Wissensform ausdifferenziert und asymmetrisiert: „waz kan er uns gewîssagen / von sturmes und von strîtes kraft" (Tr 19158 f.)? Was kann das Wissen eines *phaffen* über die Entscheidungsbedingungen eines Ritterkriegers aussagen? – „sîn kunst enhoeret uns niht an" (Tr 19142). Zum anderen wird Helenus' Götterreferenz zum illusorischen *gougel* reduziert, womit sie jene fremdreferentielle Dekonstruktion erfasst, welche die euhemeristische Götterkritik zu Beginn des *Trojanerkriegs* eröffnet hatte.

Das Rittertum, das Troilus im Gegenzug entwirft, verweist jedoch weniger auf ein zivilisiertes Gegenmodell, als seine Verweise auf Frauendienst und Ehrerwerb vermuten lassen. Eher trägt es Züge einer anti-disziplinatorischen Heroisierung:[198] Troilus' Gegenentwurf dominiert vor allem das Lob des Kampfes (vgl. Tr 19134, 19153, 19159, 19164 f., 19176 – 19179, 19188 – 19190), den keine andere Motivation antreibt und begrenzt außer der Rache. Schon eingangs hatte ihn der Erzähler als zürnenden „helt" (Tr 19121) eingeführt: „rôt under sînen ougen / wart er von zorne bitter" (Tr 19128 f.). Offen stimmt auch der Erzähler in das Lob des Heros ein, als Troilus' Reizrede schließlich die Niedergeschlagenheit der Ratsversammlung wieder aufrichtet:

> hie wart bewæret bî der zît,
> daz ein frecher man ze wer
> mit worten bringet wol ein her
> und ez ûf strît kan reizen
> mit rede und mit geheizen,
> die werlich unde vrevel sint.
> (Tr 19208 – 19213)

Erst diese heroische Gegenrede – so fügt der Erzähler hinzu – habe den Weg für Paris' Ausfahrt geebnet (Tr 19198 – 19201), erst Troilus habe die öffentliche Meinung „gemeinlîch ûf den einen sin" (Tr 19205) von Rachefahrt und Kriegsbereitschaft kanalisiert. Der *sin* des Propheten wird durch ein heroisches Modell ersetzt, dessen Anthropologie auf Kampf und Rache gestellt ist. Das Sehermodell fungiert

---

**198** Friedrich, Udo: „Die Zähmung des Heros. Der Diskurs der Gewalt und Gewaltregulierung im 12. Jahrhundert". In: *Mittelalter – Neue Wege durch einen alten Kontinent*. Hg. v. Jan-Dirk Müller u. Horst Wenzel. Stuttgart 1999, S. 149 – 179 konnte zeigen, dass heroische Gewalt im Hochmittelalter in der Spannung zweier Codierungen verhandelt wird, die Kontrolle von Gewalt (*disciplina*-Codierung) oder aber deren unkontrollierte Verstärkung (*fortitudo*-Codierung) in den Mittelpunkt stellen. Troilus' Plädoyer lässt Absicherungsmaßnahmen und Gefahren außer Acht – ruft also zu nicht-strategischer Risikobereitschaft auf.

dabei als Folie dieser Substitution. Die Paradoxie des Sehermodells wird damit aus dem Optionsraum der Traumdeutung in heroische Semantik überführt.

(3.) Zentrale Redeform dieses Differenzwechsels ist im *Trojanerkrieg* vor allem die deliberative Rhetorik, wie ein unmittelbar anschließender Interventionsversuch durch Panthus bekräftigt (Tr 19226–19345). Auch Panthus schließt an das *scientia*-Modell der Astrologie an, allerdings nur indirekt: Den Expeditionsabsichten hält er die Prophezeiung seines Vaters[199] Eusebius entgegen, Paris werde durch seine Raubfahrt den Untergang Trojas heraufführen. Mit dem hundertjährigen Greis Eusebius, der sich erfolgreich auf das Deuten von Gestirnkonstellationen und „wilder tröume" (Tr 19261) verstehe (Tr 19254–19283), bezieht sich Panthus auf eine Autoritätsfigur, wie sie teilweise bereits Proteus verkörpert hatte. Noch umfangreicher als Helenus sucht auch Panthus seinen Einspruch durch eine lange Kette von Sentenzen zu festigen (Tr 19285–19291, 19312–19315, 19316–19319, 19320–19327, 19328–19330) und beruft sich auf die allgemeine Wertschätzung, die seinem Lehrer entgegengebracht worden sei (Tr 19250 f.). Zusätzlich unterstreicht Panthus gegenüber Priamus seine eigene politische Loyalität als verlässlicher Ratgeber: „herr, ich bin iuwer dienestman, / der iuch vor schaden behüeten sol" (Tr 19234 f.).

Doch was die Autorität der Rede unterstützen sollte, erscheint mehrfach gebrochen oder grell überzeichnet. Die Wahrsagekünste des Eusebius – obschon im *Trojanerkrieg* zurückhaltender gestaltet als im *Roman de Troie* –[200] werden nur aus großem Abstand indirekt zitiert; anstatt den riskanten Sinn der Griechenlandexpedition auszumalen, tritt der Sentenzengebrauch repetitiv auf der Stelle (Tr 19312–19330 – alle vier Sentenzen warnen davor, Unheil nicht aus eigenem Antrieb zu befördern). Hatte Benoît Panthus als Mann feiner Bildung eingeführt,[201] wird er im *Trojanerkrieg* zum bloß redegewandten Vermittler, „der vil schöne reden kan" (Tr 19233). Das Sinnmodell der Prophezeiung wird nicht länger erzählerisch verankert, sondern auf Figurenebene – ohne erneute Gegenrede –

---

**199** Meint Konrad tatsächlich den leiblichen Vater? Dagegen sprächen zumindest der unbestimmte Artikel, mit dem Panthus auf Eusebius verweist (Tr 19247: „jô het ich einen vater balt"), sowie die Informationen vom Hörensagen (Tr 19250 f.: „man seit mir, daz er phlæge / witz unde grôzer wîsheit"). Ist hier an einen geistigen bzw. geistlichen (*pater*) Ziehvater gedacht?

**200** Benoît führt Eüforbius als weisen Greis von über 360 Jahren ein (RdT 4089 f.), der über gelehrte und göttliche Kenntnisse verfügt (RdT 4093: „Des arz e del conseil devin"). Der *Trojanerkrieg* nimmt diese Autoritätsmarkierungen leicht zurück – Eusebius kann zwar „daz niuwe und ouch daz virne" (Tr 19257) mit „voller wârheit" (Tr 19265) verkünden, schöpft dieses Wissen aber nicht aus göttlichen Quellen. Die biblische Altersangabe Benoîts wird auf „hundert jâre" verkürzt (Tr 19248).

**201** Vgl. RdT 4077 f.: „Panthus, uns vassaus mout senez, / De letres sages e fondez". Im *Trojanerkrieg* bleibt von diesem Akzent nur das zweimalige Adjektiv „wîse" übrig (Tr 19331, 19334).

abserviert (Tr 19331–19345). Die allgemeine Entrüstung, die sich gegen Panthus' Rede erhebt (Tr 19340 f.: „si riefen alle enwiderstrît, / sîn lêre endiuhte si niht guot"), spaltet das Sehermodell endgültig in Rhetorisierung und Heroisierung. Seher drohen fortan heldenepische Sinnrichtungen (Erzählebene) bzw. heroisches Handeln (Figurenebene) zu gefährden. Im Medium des Sehermodells hat sich höfisches Erzählen (Proteus auf der Thetis-Hochzeit) unversehens heldenepisch gewandelt: Zornig drängen die Trojaner auf Kampf und Rache.

(4.) Das Sehermodell übernimmt damit narrative Transformationsleistungen. Diese Tendenz setzt auch die trojanische Königstochter Cassandra fort, die in drei Episoden (also auch über die Erzählerreflexion anlässlich der Ankunft vor Troja hinaus) die epistemische und soziale Desintegration des Sehermodells inszeniert (Tr 19358–19389, 23230–23393, 38968–39025). Antike wie auch mittelalterliche Mythographien verorten Cassandra ausdrücklich auf dem Feld des Wissens. Ihre „scienti[a] divinandi"[202] erscheint dabei zumeist als tragische Gabe, zwar Trojas Untergang voraussagen zu können, doch mit ihrer Unglücksprophetie weder Anerkennung noch überhaupt Gehör zu finden: „Unde etiam Trojani, quum jam adventu Helenae Trojam destruendam praediceret, minime ei Apollinis jussu credebant."[203]

Deutlich sparsamer als Benoît und sein erster deutschsprachiger Übersetzer Herbort erwähnt der *Trojanerkrieg* dagegen Cassandras Autorität nur mit kurzen Seitenblicken,[204] um stattdessen das soziale und epistemische Konfliktpotential in den Vordergrund zu rücken, das Cassandras Prophezeiungen entfesseln. Insbesondere der Gestus ihrer Klage und die Imaginationen des Untergangs verleihen diesen ein besonders Profil: Sie verbinden sich zu einer gefährlichen, geradezu ansteckenden Wissensform der Latenz.

Dreimal prophezeit Cassandra im *Trojanerkrieg* den Untergang Trojas. Und dreimal wiederholt, ja verschärft sich der soziale Mechanismus ihrer Ausgrenzung:

Diu rede was ir aller spot
(Tr 19389)

---

**202** „Myth. vat. I", S. 55,13 (Kap. 180: „Apollo et Cassandra").
**203** „Obwohl sie schon bei der Ankunft Helenas den Untergang Trojas vorausgesagt hatte, schenkten ihr die Trojaner auf Fügung Apollos hin nicht den geringsten Glauben"; „Myth. vat. II", S. 139,14–16 (Kap. 196: „Cassandra").
**204** Tr 19358, 19397, 23235 f.; vgl. bei Benoît: RdT 2953 f., 4143–4145 (Orakelpraktiken), 5529–5536; vgl. Herbort: LvT 1694–1708 (Cassandra besitzt ein Vorwissen der Geburt Christi!), 2315, 3261–3276 (Buchgelehrsamkeit). Im *Trojanerkrieg* wird Cassandra geringer in autoritativen Wissensdiskursen verankert als alle übrigen Seherfiguren.

> ir jâmer unde ir ungehabe
> die wurden alsô bitter,
> daz vrouwen unde ritter
> mit ir beswæret wâren,
> dâ von Prîant die clâren
> hin ab dem wege füeren hiez
> (Tr 23374–23379)

> ûf eime turme [man] si beslôz
> (Tr 39023)

Was führt diese Ausgrenzungsakte herbei? Und welche Folgen hat Cassandras Wissen für das Sehermodell und seine Sinnerzeugung im *Trojanerkrieg?* Cassandras Prophezeiungen und ihre Ausgrenzungen werden unter vier Aspekten konturiert. Erstens betrifft dies die Präsenz der Bilder, die Cassandra beschwört. Warnt Cassandra bei Benoît und Herbort eher summarisch vor dem drohenden Unheil und hebt lediglich das Leid der Königsfamilie gesondert hervor, so malt Cassandra im *Trojanerkrieg* großflächigere und zugleich detailschärfere Bilder der Verstümmelung, Zerstörung und Auslöschung. Insbesondere Cassandras zweite Prophezeiung anlässlich des Hochzeitsfestes von Paris und Helena zeigt diese Bearbeitungstendenz. Ohne Vorbild bei Benoît[205] führt Cassandras Warnrede eindrückliche Visionen des Blutvergießens vor Augen, die bereits auf zentrale Bildbereiche der späteren Kriegspassagen verweisen:

> man hœret noch erliuten
> vil jæmerlîche stimme
> dur die beswærde grimme,
> die manic herze lîdet.
> sô man ze tode snîdet
> mit swerten unser liute,
> sô müezen wir der briute
> engelten alsô sêre.
> (Tr 23258–23265)

> hie wirt ir edelez tiurez bluot
> erbermeclîche fliezende
> und allenthalp begiezende
> die strâze und ouch die gazzen.
> ich wil die fröude hazzen,
> die man vor mir hie stiftet.
> betrüebet und vergiftet

---

205 Vgl. zur zitierten Passage die vergleichsweise kompakte Rede der französischen Vorlage, RdT 4897–4929, die sich auf die Schleifung der Stadt und den Tod der trojanischen Fürsten beschränkt.

wirt si mit herzeleide.
(Tr 23282–23289)

hie wirt vil manic fuoder
von bluote noch verrêret
und manic lîp versêret
dur disen veigen briutelouft.
(Tr 23300–23303)

zervüeret und verswendet
wirt hie ze Troie manic sal
dur disen hovelichen schal,
der sich nû leider hât erhaben.
vil manic herze wirt begraben
in grundelôser nœte gar,
vil manic wange rôsenvar
wirt betrüebet unde bleich
dur den vertânen hîleich,
den Pârîs hât gestellet.
sîn fröude wirt vergellet
mit bitterlicher siure.
(Tr 23312–23323)

sîn lebelichez wunnespil
mit sorgen wirt getœtet,
sô Troie wirt gerœtet
vil gar mit bluotes touwe.
(Tr 23330–23333)

wê, daz nieman sô guoter
wirt funden hie ze lande,
der mir diz manger hande
jâmer helfe schrîen,
daz noch in dirre vrîen
stat sol werden offen.
(Tr 23346–23351)

Cassandras gegenüber dem *Roman de Troie* beträchtlich erweiterte Rede richtet sich nicht allein an die visuelle Wahrnehmung, sondern fächert sich multisensorisch auf: Hören und Sehen, gustatorische wie haptische Wahrnehmung werden in das Unglücksszenario involviert. Interjektionen des Klagens („[o]wê", „ach", „hei" ) und die Betonung von Raumdeiktika („hie") tragen dazu bei, die Zukunftsvision als Wahrnehmungsraum präsent zu machen und zu dynamisieren. Cassandra *repräsentiert* somit nicht nur zukunftsorientierten Sinn, sondern *präsentifiziert* diesen im Modus einer Klage, die Künftiges auf paradoxe Weise zu vergegenwärtigen trachtet.[206] Indem sie rhetorisch herstellt, was sie beklagt, *indem* sie klagt, eignet ihrer Rede ein performatives Moment. Ihre performative Energie generiert sich aus zyklischem Kreisen – Cassandra bewegt sich permanent in Wiederholungsschleifen von Untergangsbildern, die ihr im Gegensatz zu den anderen Seherfiguren ein gleichsam hysterisches Profil verleihen.[207] Referenzen auf das Hochzeitsfest bzw. die Brautwerbung des Paris, Imaginationen der Zerstörung und Klage(auf)rufe stellen die drei Elemente, die Cassandras Rede beharrlich kombiniert, variiert und wiederholt.

Mit diesem performativ-kreisenden Grundzug ist zweitens affektive Kraft verbunden. Weniger ihr argumentativer Gehalt als vielmehr die rhetorisch-emotive Durchschlagskraft wird für die trojanische Gesellschaft zur unerträglichen Provokation. Benoîts *Roman de Troie* hatte Cassandra wiederholt auf Rettungsmöglichkeiten verweisen lassen; auch im Trojaroman Herborts von Fritzlar ruft die Seherin Alternativen in Erinnerung, mit denen sich die Gefahr vor ihrer Vollendung doch noch abwenden ließe.[208] Der *Trojanerkrieg* lässt Cassandra dagegen „hämischer, fast schadenfroh, und desillusioniorter" erscheinen; „ihre Rede steht [...] unter dem Zeichen des blinden Ins-Verderben-Rennens der Trojaner", wie

---

**206** Zur Überbrückung von Abwesenheit und Anwesenheit im Akt der Klage vgl. grundlegend Hasebrink, Burkhard: „‚Ich kann nicht ruhen, ich brenne'. Überlegungen zur Ästhetik der Klage im *Fließenden Licht der Gottheit*". In: *Das fremde Schöne. Dimensionen des Ästhetischen in der Literatur des Mittelalters.* Hg. v. Manuel Braun u. Christopher Young. Berlin, New York 2007, S. 91–107: „in ihrer Bekundung einer Abwesenheit" ziele die Klage „mit ihrer ganzen Intensität auf Vergegenwärtigung" (S. 105).

**207** Physiologische Theorien im Ausgang von Hippokrates führen das psychische Krankheitsbild der Hysterie auf ein Umherwandern der Gebärmutter zurück. Die Bedeutung dieses Hysteriekonzepts für die Pathologie des weiblichen Körpers im Mittelalter wäre erst noch genau zu erschließen, vorliegende Studien setzen erst ab dem 15. Jahrhundert an; vgl. Nolte, Karen: *Gelebte Hysterie. Erfahrung, Eigensinn und psychiatrische Diskurse im Anstaltsalltag um 1900.* Frankfurt a.M. 2003, S. 113; u.a. zu Hildegard von Bingen vgl. jetzt die Arbeit von Greene, Logan D.: *The discourse of hysteria. The topoi of humility, physicality, and authority in women's rhetoric.* Lewiston 2009. Wenn die mediävistische Forschung auch Cassandra mit dem Begriff der Hysterie in Verbindung gebracht hat, beruht dies meist auf Anwendung moderner psychosozialer Kategorien: vgl. so z.B. Kern, Manfred u. Silvia Krämer-Seifert: „Cassandra". In: *Lexikon der antiken Gestalten in den deutschen Texten des Mittelalters.* Hg. v. Alfred Ebenbauer, Manfred Kern u. Silvia Krämer-Seifert. Berlin, New York 2003, S. 155–158, hier S. 157 zur Cassandrafigur Herborts von Fritzlar.

**208** Vgl. RdT 4150–4252: „Nel vos penseiz, fait el, por rien; / Quar, s'en Grece vait li navies, / Poi porrons puis preisier nos vies"; RdT 10427f.: „Quar faites pais, o se ço non, / Abatuz sera Ylion" – vor Ausbruch wie auch während des Kriegs fordert Cassandra somit zur Deeskalation auf. Auch im *Liet von Troye* hält Cassandra die umfassende Katastrophe für abwendbar, sofern Paris auf seine Reise verzichtete: „Blibe noch min bruder hie / So wer min gedinge / Daz ez vns baz ergienge" (LvT 2328–2330).

Elisabeth Lienert resümiert.[209] Sarkastisch fordert sie Paris auf, den Untergang durch seine Ausfahrt zu besiegeln: „Pârîs, nû var von hinnen! / dîn vart sol uns gewinnen / sêr unde bitterlîche nôt" (Tr 19373 – 19375). Mit höhnischem Zorn kostet Cassandra später die Klagen der Trojaner über die eingetroffene Katastrophe aus:

> des küniges tohter schœne,
> wart alsô rehte hœne,
> dur daz si clageten alle,
> daz si mit zornes schalle
> Troiære begunde strâfen.
> (Tr 38969 – 38973; vgl. insgesamt Tr 38968 – 39025)

Kaum haben Griechen und Trojaner die Leichen der zweiten Schlacht geborgen, beschwört Cassandra nochmals blutreich die Präsenz der Bilder: „ich lâze iu schouwen unde sehen, / daz iuwer lützel hie geniset" (Tr 38904 f.). Hatte Panthus die Rhetorizität des Sehermodells hervorgetrieben, das im Gegenzug heroische Gewalt stimulierte, so konfrontiert Cassandra ihre Umwelt mit der affektiven Gewalt der Rede selbst – der Gewalt sprachlich induzierter Bilder.

Diese Gewalt steigert sich drittens bis zur Krise des gesamten Hofes. Schon mit Cassandras zweiter Prophezeiung greift die Dynamik ihrer Klage unter Rittern und Damen derart verstörend um sich, dass Priamus die für wahnsinnig Gehaltene schließlich internieren lässt. Die Klageworte der Königstochter wirken auf ihre Zuhörer „alsô bitter" (Tr 23375),

> dâ von Prîant die clâren
> hin ab dem wege füeren hiez.
> in ein gaden er si stiez
> und bat si drîn besliezen,
> wan in begunde erdriezen
> ir clegelîche swære.
> man wânde, daz si wære
> unsinnic worden bî der stunt
> (Tr 23388 – 23395)

Cassandras höhnischer Triumph über verspätete Einsicht aber lässt sich nicht zähmen. Wie sich die Macht ihrer visionären Rede in der Schlachtpause erneut Bahn bricht, verdoppelt auch der Erzähler die Ausschlussoperation an späterer Stelle ein zweites Mal:

---

**209** Lienert: *Geschichte und Erzählen*, S. 171.

> Cassander dise rede tete.
> wan daz man schiere aldâ ze stete
> ûf eime turne si beslôz,
> sô wære in zageheit vil grôz
> diu ritterschaft von ir bekomen.
> (Tr 39021–39025)

Cassandra artikuliert keinen pazifistischen Einspruch gegen den heroischen Krieg wie Panthus – ihre Rede ruft in beunruhigender Präsenz eine Gewalt hervor, die scheinbar heroischer Aktion vorbehalten war. Mit Cassandra erscheint somit ein Diskurs in der Welt des *Trojanerkriegs*, der Kampfenergie im Medium der Rede verbreitet.

Ein solcher Machtanspruch bleibt nicht unbeantwortet. Priamus' wiederholte Internierungsbefehle zielen nicht auf den undisziplinierten weiblichen Körper, er gilt nicht dem Medium der Seherin, sondern einer mit heroischen Mitteln nicht zu bezwingenden Gewaltrede. Priamus konstituiert Cassandra dazu als Subjekt eines manischen Wahnsinns, der nicht außerhalb aller Ordnung verwiesen wird, sondern an Sonderorten reguliert wird:[210] in Form von Nebenordnung (Cassandra in der abseits gelegenen Kammer) oder in der Form von Inklusion (Cassandra im Turm), die weiterhin auf die Ordnung des trojanischen Hofes bezogen und überwachbar bleiben, aber gerade durch ihre Nähe erneute Ansteckung ermöglichen.

Auch der Erzähler befördert diese Disziplinierung des Wahnsinns, indem er den Konflikt sogleich der vertrauten Opposition von Heroismus und „zageheit" unterwirft (Tr 39024 f.): Cassandras energische Visionen drohen die Kampfenergie der Trojaner zu lähmen. Damit steht die Existenz des gesamten trojanischen Systems auf dem Spiel, wenn Cassandra am Ende der verabredeten Waffenruhe (Tr 39026–39029) die Handlungsfähigkeit im Aktionsraum des Kriegs zu blockieren droht. Inmitten des Kriegserzählens taucht ein transgressiver Diskurs jenseits der Beratungsrhetorik auf, der geradezu tödlich ist.

Seine Gefahr lässt sich – viertens und bereits mehrfach angeklungen – als Infektionspotential charakterisieren. Infiziös ist schon der Gestus der Klage.

---

210 Im Anschluss an Foucault weist Matejovski, Dirk: *Das Motiv des Wahnsinns in der mittelalterlichen Dichtung*. Frankfurt a.M. 1996, S. 9–95, insbes. S. 74–77 darauf hin, „daß Geistesgestörte, im Gegensatz zu anderen Randgruppen, im Mittelalter offenbar nicht pauschal als soziale Bedrohung gesehen wurden" (S. 75): Vormundschaften, Familienaufsicht, Hospitale in und neben Wohnhäusern, institutionalisiertes Narrentum und Wallfahrtstätten zählen zu den Formen, die Wahnsinn innerhalb mittelalterlicher Sozialordnungen beherbergen. Priamus' Reaktion auf Cassandra erscheint in dieser Perspektive weniger als Ausgrenzungsakt, sondern vielmehr als regulierender Einbindungsversuch gefährlicher Rede.

Cassandras gesamter Körper wird von der Gewalt ihrer Rede eingenommen,[211] jegliche Argumentation wird von Klagegebärden überströmt,[212] die auch ihre Zuhörer erfassen:

> ich wil, daz manic frouwe
> ir blanken hende linde
> dur sîne [= Paris'] fröude winde
> und umbe in weinen müeze
> (Tr 23334–23337)

Cassandras Klagezyklen drohen also einerseits, auf Figurenebene eine *Klagemeute* hervorzurufen und damit die Begrenzungen zu übersteigen, die höfische Interaktion der Klage vorzeichnen.[213] Andererseits stecken die zyklischen Wiederholungen von Cassandras Prophezeiungen auch die Sozialstruktur an: Die kreisende Struktur des Klagens beantwortet Priamus, indem er Cassandra wiederholt deportiert. Auffällig entstehen damit Wiederholungsschleifen von Klage, Verspottung, Internierung und Transgression.

Schon Benoît hatte ähnliche Gegenreaktionen angelegt: Auch im *Roman de Troie* wird Cassandra mehrfach weggeschlossen (RdT 4934–4936, 10450–10452). Doch während der Eklat in der französischen Vorlage offene Zweifel unter den Trojanern sät,[214] wandert die Infektionsfigur Cassandra im *Trojanerkrieg* in verdeckte Räume, die wie die geschlossene Kammer oder der Turm der öffentlichen Sichtbarkeit entzogen sind. Resultat dieser Neugestaltung ist eine Latenz, die Cassandras Wissen untergründig präsent hält:

---

**211** Vgl. z. B. die begleitende Selbstverstümmelung: Tr 23238–23245.
**212** Vgl. gleich zu Beginn: Tr 23247 f.; repetitiv vertieft: Tr 23267, 23276, 23290, 23296, 23298, 23310, 23340, 23344, 23346, 23360 u. ö.; mit Fluch beschlossen: Tr 23366–23370.
**213** Mit diesem Begriff beziehe ich mich auf Canetti, Elias: *Masse und Macht.* Frankfurt a.M. 1983, S. 114–118; wie die Autoaggression von *Klagemeuten* suchen auch Cassandras Visionen unter den Trojanern jene Gewalt freizusetzen, die eigentlich abgewendet werden soll: „Es ist wie ein Krieg; aber was der Feind einem tun könnte, das tut man selbst" (S. 117). Zum Begriff der Meute im Anschluss an Deleuze vgl. auch Müller, Jan-Dirk: *Spielregeln für den Untergang. Die Welt des Nibelungenliedes.* Tübingen 1998, S. 443–447 und Friedrich, Udo: *Menschentier und Tiermensch. Diskurse der Grenzziehung und Grenzüberschreitung im Mittelalter.* Göttingen 2009, S. 352–358. Speziell zur höfischen Konditionierung der Klage vgl. Küsters, Urban: „Klagefiguren. Vom höfischen Umgang mit der Trauer". In: *An den Grenzen höfischer Kultur. Anfechtungen der Lebensordnung in der deutschen Erzähldichtung des hohen Mittelalters.* Hg. v. Gert Kaiser. München 1991, S. 9–75, hier S. 31–38.
**214** Vgl. RdT 10453 f.: „Par cez diz furent en errance / E en paor e en dotance" – ein Effekt, der bei Konrad ausdrücklich abgewiesen wird: vgl. Tr 39022–39025.

> wan ir rede sich began
> bewæren in vil kurzen tagen.
> ir lôzen unde ir wîssagen
> erfüllet wurden ûf ein ort.
> man spurte schiere, daz ir wort
> belîben muosten ungelogen.
> (Tr 23388–23393)

Cassandra wird durch solche Verschiebung doppelt paradox: Ausgegrenzt, wird sie dennoch beibehalten oder eingeschlossen – in der Hoföffentlichkeit dementiert, werden ihre Bilder subartikuliert gleichwohl anerkannt („man spurte schiere [...]").

Schon nach Cassandras erstem Auftritt hatte der *Roman de Troie* auf das Schicksal verwiesen, um diese Spannung von Anhören und Überhören zu entparadoxieren: „Mais Fortune ne voleit mie / Que trop lor esteit enemie" (RdT 4165 f.). Im *Trojanerkrieg* fehlt eine vergleichbare Einheitsinstanz. Die Paradoxie von Cassandras wahnsinniger Klage bleibt damit erhalten. Sie produziert ein latentes Wissen, das nicht nur „pessimistischer" ausfällt,[215] sondern Spannung auf die Katastrophe lenkt.

(5.) Mit Calchas (Tr 24157–24377, 27221–27415), dem Orakeldeuter und „prophête" (Tr 27221), setzt Konrad auf griechischer Seite die Verschiebungen des Sinnmodells fort, die sich in der Staffelung der Seherfiguren abzeichnen. Als Kryptoskop auf den verborgenen Schlupfwinkel Achills angesetzt, eröffnet auch Calchas einen spezifisch gegenwärtigen Sinn, der paradox anmutet, insofern er Entzogenes verfügbar macht. Stärker als andere Seherfiguren erscheint dies als Leistung eines medizinisch-divinatorischen Typus – die Paradoxien des Modells werden sozusagen durch normierte Wissensdiskurse der Medizin und Theologie abgefedert.

Bereits unmittelbar nach der Landung der Griechen in Aulis war Calchas hinzugezogen worden, um das Schlangenorakel auf Weisung Apolls hin zu „betiuten" (Tr 24201). Ausdrücklich wird der griechische Seher als Auslegungsexperte der „bîschaft" (Tr 24205) eingeführt.[216] Als die Griechen in der Landungsschlacht von der Kampfenergie des rasenden Hector förmlich zusammenschmelzen (Tr 26102–26107), sendet man in der Schlachtpause erneut nach Calchas. Wo verbirgt sich Achill, der als adäquater Gegner Hectors das Griechenheer verstärken könnte? Calchas soll dessen geheimes Versteck „nâch wildeclicher art" einer Weissagung (Tr 27287) aufdecken.

---

215 Lienert: *Geschichte und Erzählen*, S. 171.
216 Vgl. zum Schlangenorakel insgesamt Lienert: *Geschichte und Erzählen*, S. 118–120.

Eindrücklich schildert der *Trojanerkrieg* die Vorbereitung zu dieser Krypto-skopie. Calchas' Körper färbt sich abwechselnd feuerrot und erbleicht, seine Augen erscheinen wächsern und unter Einwirkung der „lâchenîe tobeheit" (Tr 27260) verwandelt er sich wechselweise vom Greis zum Kind, bevor er schließlich die entfernte Thetis in einer Simultanvision aufspürt und direkt anspricht:

> 'wâ nû?' sprach er, 'vrô Thêtis,
> waz welt ir wunders ane gân?
> Achillen heten ir getân
> zuo Schŷrône in sînen stein
> und sît nû komen über ein,
> daz ir in dannen füerent.
> ir gâhent unde rüerent
> mit im an den wilden sê.
> wes lânt ir in niht langer mê
> bî sîme lieben meister sîn?
> (Tr 27328 – 27337)

> der künec Licomêdes
> der wil enphâhen sînen lîp
> und in behalten für ein wîp
> in sîner schœnen tohter sal,
> ûf dem si lebent über al
> mit hôhen vröuden âne strît.
> (Tr 27346 – 27351)

> wie stêt daz vremedem manne
> und einem knaben unverzaget,
> daz er sol leben als ein maget
> und als ein wîp gebâren?[']
> (Tr 27366 – 27369)

Wie Cassandra repräsentiert auch Calchas den Sinn seiner Vision nicht mittels deliberativer Rhetorik oder Bericht, sondern verwandelt seinen Körper und seine Rede in Medien, in denen sich dieser Sinn performativ ereignet. Nach zahlreichen Mutationen (Tr 27232 – 27325) verfällt der Seher in direkte Kommunikation mit der Göttin, stellt sie wütend über die unheroische Maskerade ihres Sohnes zur Rede und macht so neben der räumlichen Überbrückung auch zeitlich gegenwärtig, was zu diesem Zeitpunkt der Erzählsequenz bereits zur Handlungsvergangenheit des *Trojanerkriegs* gehört: Auf Betreiben seiner Mutter Thetis war Achill bei Lycomedes untergetaucht, um sich in der Verkleidung als Mädchen Jocundille den prophe-zeiten Kriegswerbern zu entziehen. Indem Calchas diese Vorgeschichte stich-wortartig resümiert, welche die Weissagung des Proteus motiviert hatte, schließt sich nun auch die Verweisungskraft des Sehermodells zyklisch zusammen.

In der konkreten Situation des Waffenstillstands nach der Landungsschlacht gelingt diese Schließung nur als perspektivische Paradoxie: Handlungssinn, der aus Erzähler- und Rezipientensicht auf Vorzeitiges rückverweist, aus Figurensicht hingegen auf Zukünftiges gerichtet ist, wird so in die paradoxe Simultaneität einer *face-to-face*-Kommunikation von Calchas und Thetis zusammengekrümmt. Die Einheit dieser Paradoxie wird transzendent verbürgt: Calchas „leit dâ vremeder nœte pîn, / den schuofen im sîn appetgöte" (Tr 27272 f.) – das Sehermodell produziert somit ein Wissen, das sich absoluter Medialisierung verdankt.

Andererseits nimmt der *Trojanerkrieg* mit Calchas manche provokanten Züge zurück und entschärft so gesehen auch Paradoxien des Sehermodells. Denn stärker noch als alle übrigen Seherfiguren ist Calchas nach einem medizinalischen Typus gezeichnet, der sich als mittelalterliches Bild der Epilepsie identifizieren lässt: Calchas zeigt nicht nur physiologische Störungen wie Stimmverlust (Tr 27265: „âmehtic und unspræche"), Gliederkrämpfe (Tr 27266 f.: „daz er sich brœche / dar unde dan"), verdrehte Augen (Tr 27276 f.: „daz wîze an beiden ougen / begunde er ûz dâ litzen") und Schaumbildung am Munt (Tr 27277 f.: „von munde muoste er [...] / als ein eber schûmen"), die Isidor und andere Autoren aus der hippokratisch-galenischen Symptombeschreibung der *epilepsia* übernehmen.[217] Neben medizinalischen Aspekten ergänzen dämonistische Assoziationen die Darstellung, wenn der Erzähler „appetgöte" (Tr 27273) oder einen „wilde[n] alp" (Tr 27401) als Quellen des Wahnsinns erwägt. Mit der Astrologie (mantische Planetenkunde: Tr 24253–24256) und euhemeristischen Anklängen der *wilden* „meisterschaft"[218] seiner Aufdeckungskunst (Tr 27281) treten vergleichsweise gelehrte Diskurse des Wissens hinzu. In diesem Licht erscheint Calchas' Verbindung von Dämonie und Wissen vielleicht weniger ridikülisiert.[219] Vielmehr entsteht sie im Schnittfeld vielfältiger etablierter Wissensdiskurse, die anzitiert werden.

Damit lässt sich an Calchas zweierlei feststellen. Zum einen wird das Sehermodell radikal auf Gegenwärtigkeit umgestellt – Calchas spricht direkt mit Apoll über die Ursachen des Unwetters wie mit Thetis über den Aufenthaltsort Achills.

---

217 Einen Überblick zum mittelalterlichen Epilepsiediskurs und seinen Bezügen zur antiken Medizin bietet Matejovski: *Motiv des Wahnsinns*, S. 55–60.

218 Ausführlich hatte den euhemeristischen Diskurs schon das Schlangenorakel aufgerufen: Calchas beschwört den „got Apollen" (Tr 24267) zur Auskunft über den Urheber des Unwetters, das die Griechen hindert – Apoll bringt daraufhin Neptun und Diana nach dem Modell der schwebenden Referenz ins Spiel.

219 Vgl. Lienert: *Geschichte und Erzählen*, S. 135: „Die Szene der Befragung des Orakels wendet Konrad ins Krasse, Abstoßende [...]; die Ekstase dessen, aus dem eine Gottheit spricht, wird zum ins Grotesk-Lächerliche verzerrten, fast epileptischen Krampfanfall." Lienerts Zweifel an Konrads seriöser Darstellungsintention übergeht jedoch, dass der mittelalterliche Epilepsiediskurs gerade Verbindungen von physischen Symptomen und spirituell-astrologischer Aitiologie kennt.

Zum anderen werden problematische und paradoxe Züge dieser Konfigurationen entschärft, indem Konrad die Seherfigur auf ein Ensemble von Wissensdiskursen zurückbezieht, die von theologischer Dämonologie bis zur Astrologie reichen. Beides wird getragen von Erzählformen der Medialisierung: Wie Calchas sich einerseits zum Medium von Dämonen verwandelt, so wird er andererseits zum Sammelbecken unterschiedlicher Diskurse des arkanen Wissens. Jenseits der Marke, welche die Reflexion des Erzählers mit der Landung der griechischen Schiffe gesetzt hatte, wird Calchas damit zur Figur der Medialisierung schlechthin, die den Sinn des Sehermodells auf Präsenz und Erscheinen verpflichtet.

Was heißt dies zusammenfassend für die Erzeugung von Sinn, der über das Sehermodell generiert wird? Auf den ersten Blick fächern sich die betrachteten Figurenprofile verschiedenartig auf. Die fünf Seherfiguren unterscheiden sich nach den Autorisierungsformen ihrer Rede, ihrer sozialen Einbettung und Anschlussmuster in der erzählten Welt, dem Modus ihrer Prophetie (von zeitlicher Voraus-Sicht bis zu räumlich-zeitlicher Durch-Sicht) wie auch hinsichtlich der Unterscheidungen von Aktivität und Passivität, Formung und Medialisierung.

Diese Differenzierungen durchziehen jedoch zugleich deutliche Konstanten. Mit dem *scientia*-Typus der Astrologie, Affinitäten zu Traum und Traumdeutung oder Paradoxierung der Rede sind Momente greifbar, welche zahlreiche Seherfiguren verbinden. Dieses Sinnmodell ist im *Trojanerkrieg* in Bewegung. Sein Konfliktpotential vergrößert sich (vom *scientia*-Typus des Proteus mit hoher Akzeptabilität bis zur Krisenreaktion auf Cassandra), Paradoxien werden zunächst offen ausgestellt (Proteus), dann als krisenhaft erlebt (Helenus und Panthus, bewältigt durch eine neue Spaltung von Heroisierung und Rhetorisierung), in Latenz verwandelt (Cassandra) und schließlich durch autoritative Wissensformen entfaltet und insofern entschärft (Calchas). Dabei wird das Sehermodell zunehmend desintegriert: die Seherfiguren bilden so gesehen nicht nur eine Reihe von *scientia* über rhetorische Artistik und Klageterror bis zu medizinisch-mantischer *performance*, sondern spiegeln eine Pluralisierung von Diskursen, die immer weiter anwächst (extrem gesteigert in Calchas).[220] Eine erste Transformations-

---

220 Kommunikationsgeschichtlich verweist ein solcher Lösungsversuch des Sehermodells, neue Paradoxien des Erzählens mit diskursiver Komplexitätssteigerung zu beantworten, auf Modernisierung: der *Trojanerkrieg* nähert sich in diesem sinnerzeugenden Modell einer *„episteme* der Pluralität", die als Signum der Renaissance gilt; vgl. Hempfer, Klaus W.: „Zur Enthierarchisierung von ‚religiösem' und ‚literarischem' Diskurs in der italienischen Renaissance". In: *Literarische und religiöse Kommunikation in Mittelalter und Früher Neuzeit*. Hg. v. Peter Strohschneider. Berlin, New York 2009, S. 183–221, hier S. 186; grundlegend auch Kellner u. Strohschneider: *Erzählen und Episteme*.

achse führt damit von paradoxer Optionalität (Proteus) zu entparadoxierter Präsenz (Calchas).

Die Ankunft der griechischen Schiffe vor Troja stellt hierfür keine exakte Zäsur dar. Wohl aber markiert sie eine Wendemarke für Sinn als Form der Verweisung. Denn erstens wird das Sehermodell geschlossen: Zwischen Proteus und Calchas spannt sich eine Verweisungsstruktur zur Jugendgeschichte und Herbeiholung Achills, die an ihr Ende kommt. Zweitens präsentieren Calchas und Cassandra nach der Erzählerreflexion statt vorausweisendem Sinn performativen Sinn. Repräsentationale Akte des Vorverweisens werden tendenziell auf präsentifizierende Modi umgestellt.


### 3.1.4 Genealogien der Rache

Neben Traum, Schrift und Prophezeiung strukturiert ein weiteres Sinnmodell den *Trojanerkrieg*: Verweisungskraft stiften Konflikte, die sich zu Genealogien von Gewalt und Rache verketten. Als der aufstrebende Ritter Jason dem Ruhm Achills streitig zu machen droht, verlockt ihn dessen Vater Peleus aus Missgunst (Tr 6515: „gehaz"), in Kolchis das goldene Vlies zu erkämpfen – in der Hoffnung, der verhasste Neffe werde bei diesem Wagnis sterben. Bevor Jason und die Argonauten Kolchis erreichen, machen sie vor Troja Zwischenstation (Tr 6908 – 7183), wo es zum zweiten Konflikt kommt. Irritiert vom kriegerischen Aufzug der fremden Gäste, verweist sie der trojanische König Lamedon „mit zorne" des Landes (Tr 6935). Auf die demonstrative Zurückweisung reagieren die Argonauten ihrerseits mit „zorn" (Tr 7077, 7182 u. ö.) und schwören, „daz ungerochen niht belibe, / daz man si von dem lande tribe / und man si dâ niht wolte lân" (Tr 7193 – 7195). Die angekündigte „râche" (Tr 7203) üben Hercules und ein gesamtgriechisches Heer sehr viel später nach dem Erfolg der Vliesexpedition und dem Tod Jasons (Tr 11378 – 13397). Listig und brutal fallen die Griechen über Troja her, zerstören und plündern die Stadt und schaffen mit der Entführung der Königstochter Hesione neuen Anlass zur Rache. Nach erfolglosen Vermittlungsversuchen durch Antenor entschließt sich die jüngere Trojanergeneration unter ihrem neuen König Priamus dann auch zur Vergeltung. Paris reist nach Griechenland, um Helena zu entführen:

> ob mir Gelücke bî gestât,
> daz ich Helênen füere dan,
> sô wirt daz lop uns vallend an,
> daz denne wirt gesprochen,
> wir hân uns wol gerochen.
> (Tr 18960 – 18964)

Längst aber haben Gewalt und Gegengewalt kollektive Dimensionen angenommen, potenzieren sich doch Rache und Vergeltung über mehrere Generationen und gesamte Gesellschaftsverbände: Von einem innerfamiliären Dreieckskonflikt (Peleus, Jason, Achill) hat sich die Rachehandlung zur Opposition von Trojanern und Griechen erweitert. Sie wächst weiter mit dem zweiten Trojanischen Krieg, zu dem die Griechen als Gegenschlag auf den Helenaraub rüsten: Krieger aus Europa, Asien und Afrika kommen vor Troja zusammen – nach mittelalterlichem Verständnis wird also die ganze Welt in den Sog der Gewalt gezogen.

Wie schon im kursorischen Überblick deutlich wird, stellen Genealogien der Rache ein zentrales Sinnmodell bereit, um sämtliche Quellen der Dares-Benoît-Tradition (z. B. Argonautenepisode), der mythographischen Tradition (z. B. Parisurteil) und anderer antiker Quellen (z. B. Achillhandlung) zusammenzuschließen. Das Sinnmodell der Rache entfaltet eine Dynamik, die letztlich alle Figuren erfasst und auf den zweiten Trojanischen Krieg zurichtet. Die erste Erzählhälfte des *Trojanerkrieg*-Torsos lässt sich somit als Verkettung und Potenzierung von Rachehandlungen rekonstruieren; sie verbinden sich zu einer möglichen Antwort, wie Familienfehde zum Weltkrieg wird.

In ihrer Konfliktstruktur spiegelt diese Dynamik, wie *innerhalb der erzählten Welt* die Unterscheidung von Selbstreferenz und Fremdreferenz immer globaleres Format gewinnt: Konkurrenz zwischen Individuen steigt rasch zur Gewalt von Familien, Stämmen, Verbänden, Kontinenten auf. Auf Ebene des *Erzählens* steht jedoch eine andere Unterscheidung im Vordergrund: Rache wird im genealogischen System auserzählt, womit nicht nur Kontinuität und Steigerung der Rache, sondern auch ihre Ursprünge relevant werden.[221] Auch dem genealogischen Racheerzählen des *Trojanerkriegs* ist eine Paradoxie eingeschrieben: Die Genealogie der Rache zwischen Trojanern und Griechen ist umso *mächtiger* und konfliktgeladener, je weiter ihr Ursprung zurückliegt, indem sich öfter Rache und Vergeltung aufeinander schichten – aber die Genealogie der Rache zwischen Trojanern und Griechen ist gleichzeitig umso *gefährdeter*, je weiter ihr Ursprung zurückliegt, indem dieser letztlich auf bloß individuelle Fehler (Lamedon) oder auf Konkurrenzprobleme einer einzelnen griechischen Familie (Peleus, Jason, Achill) zurückführt. Sinn kann Racheerzählen nur gewährleisten, wenn es diese genealogische Paradoxie bewältigt. Welche Lösung entwickelt der *Trojanerkrieg* hierzu?

Eine zentrale Strategie lässt sich erkennen, wenn man das Ineinandergreifen von Rachehandlungen nicht nur auf Ebene der Erzählstruktur analysiert, sondern zugleich fragt, in welchem Maße die genealogische Kette der Rache für die Figuren

---

**221** Mit der Systematik dieser Unterscheidung folge ich den Überlegungen von Kellner: *Ursprung und Kontinuität*, insbes. S. 104–127.

selbst verfügbar ist. Ihre Struktur lässt sich auf fünf Glieder reduzieren: (1.) Jasons Konkurrenz um Geltung, (2.) Lamedons Schmähung am Strand vor Troja, (3.) die Kriegshandlungen der Argonauten, (4.) der Raub der Hesione und schließlich (5.) der Raub Helenas führen zum Krieg. Zwischen diesen Gliedern fügt der *Trojanerkrieg* kleinere Transformationsstellen ein, die Rückgriffe auf frühere Glieder einseitig unterbrechen, d. h. irreversibel machen. Dies verändert auch den Status der Ursprungsgewalt.

Schon die erste Transformationsstelle – der Übergang von der Jasonhandlung zum Konflikt der Argonauten mit Lamedon – führt vor, wie Erzähler und Figuren wortreich Ursprünge ersetzen. Lamedons undiplomatischer Affront habe verschiedene Ursachen, setzt gleich zu Beginn der Erzähler ein: Die große Zahl von 600 bewaffneten Argonauten habe in Lamedon den Verdacht eines Überfalls geweckt (Tr 6936–6943); noch nie sei ein Schiff angelandet, so dass Lamedon allein diese Innovation überfordert hätte (Tr 6944–6951); außerdem sei Lamedon im Alter leicht reizbar geworden, was seinen Ausbruch zusätzlich erkläre (Tr 6956– 6968), kurz: Lamedon habe gehandelt „als ein man, der angest hat" (Tr 6977). Die anschließende Ansprache Lamedons an die Trojaner (Tr 6981–7004) und der Botenbericht an die Argonauten (Tr 7020–7076, 7138–7170) wiederholen und vertiefen diese Begründungen. Doch weniger durch das, was sie herausstellen, sind diese Begründungskaskaden entscheidend, als vielmehr umgekehrt durch das, was sie verbergen. Das erste Kettenglied der Rachegenealogie, der Konflikt in Griechenland, wird nun vollständig überdeckt. An seine Stelle tritt eine verschobene Ursprungsfiktion: Lamedons „haz unde nît" (Tr 7112) – so formuliert es bezeichnenderweise Jason selbst – liefern den vermeintlich ersten Stein des Anstoßes. Hätte er Griechenland besucht, so hätte man Lamedon dort mit jener Gastfreundschaft empfangen, die den Argonauten vorenthalten würde (Tr 7114– 7117). Der latente *haz* der griechischen Feudalgesellschaft wird damit verhüllt, aber nicht getilgt – der Ursprung wandert.

Auch die zweite Transformation setzt dies fort, als Hercules nach dem Tod Jasons die erlittene Schmähung der Argonauten an den Trojanern rächt. Wieder kommentiert zunächst der Erzähler die Quellenmontage:

> daz mære, daz ich liez hie vor,
> daz wil ich aber grîfen an,
> wie Jâson der küene man
> und Hercules gehiezen,
> daz si des niht enliezen
> ungerochen under in,
> daz si von Troye wurden hin
> getriben, als ir hânt vernomen.
> si wâren über ein des komen

> mit riuwen und mit ræten,
> daz si noch widertæten
> die smâheit, die vor sîner stete
> in Lâmedon der künic tete.
> (Tr 11378–11390)

Zwar stellt der Kommentar einen Rückgriff auf die Abweisungsszene vor Troja her, reduziert die komplexe Ursachenlage nun jedoch auf einseitige Kränkung: Irritationen, welche die Argonauten bei Lamedon auslösten und bei früherer Gelegenheit vom Erzähler hervorgehoben wurden, werden ebenso wenig erwähnt wie das diplomatische Versagen beider Parteien.[222] Stattdessen schiebt sich für Hercules, der ein griechisches Heer zur Rachefahrt sammelt, eine neue Ursache über die Begründungsstelle:

> Jâsônes tôt begunde in queln,
> wan er im an sîn herze gienc.
> durch in gewan er und enpfienc
> swær unde bitter ungehabe.
> im was an im gegangen abe
> helf unde stiure bî den tagen.
> (Tr 11428–11433)

Jasons Tod geht Hercules buchstäblich zu Herzen, doch belastet ihn nicht bloß der Verlust eines Mitstreiters („helf unde stiure"), sondern mehr noch sein dadurch empfangenes Leid. Die „swær", die Hercules „an sîn herze" geht, ist dieselbe Last, die Hercules zu rächen trachtet: Castor und Pollux versprechen sogleich Beistand, „durch daz er möhte bî den tagen / gerechen *sîne swære*" (Tr 11476 f.; Herv. B.G.); auch gegenüber Nestor klagt Hercules „*sîns herzen* ungewinne" (Tr 11530; Herv. B.G.). Jasons Tod vergrößert damit das Zornkapital der Argonauten und geht in die Semantik der Rache ein.[223] Nach dem Affront durch Lamedon sind nun Jasons Tod und die Kränkung des Hercules zu rächen. Wieder ist der Ursprung gewandert.

Mit dieser Verschiebung des Ursprungs geht eine bemerkenswerte Finalisierung einher. Schon Hercules spornt die griechischen Fürsten vor dem ersten Sturm

---

**222** Diese Ausblendung bleibt auch in der folgenden direkten Schlachtbegegnung von Hercules und Lamedon erhalten: Zwar erinnert Hercules nochmals ausführlich an die kränkende Zurückweisung (Tr 12645–12875), zwar verwickeln sich beide in einen Disput über die fehderechtliche Legitimität des Angriffs (Tr 12686–12698, Tr 12701–12733) – doch bleibt das Ursachengeflecht der Vorgeschichte weiterhin ausgeschlossen.
**223** Mit dem Kapitalbegriff beziehe ich mich auf den Essay von Sloterdijk, Peter: *Zorn und Zeit. Politisch-psychologischer Versuch.* Frankfurt a.M. 2008, insbes. S. 80–169, der Kulturformen der Akkumulation, Depotbildung und Kapitalisierung von Zorn diskutiert.

auf Troja mit dem Ziel an, „daz iemer unser nâchkomen / gewinnen sîn êr unde fromen" (Tr 11713 f.) – in dem Maße, wie sich die Genealogie der Rache rückläufig schließt, öffnet sie sich auf die genealogische Zukunft. Ausführlich entfaltet dies der Erzähler nach Ende der Schlacht: Lamedons und der Trojaner Untergang zeige, wie sich geringe Ursachen oft zu schrecklichen Folgen auswüchsen (Tr 13038 – 13045); dass Jason und Hercules einst von Troja vertrieben wurden, sei mit der Zerstörung Trojas keineswegs beendet – neue Vergeltungstaten der Trojaner führten einen weiteren, unfassbar größeren Krieg herauf (Tr 13046 – 13071). Schon jetzt ist das Sinnmodell der Rache tragfähig genug, um auf kommende Rachezyklen vorauszuweisen und – in weitgehend verdeckter Form – noch die langen Racheketten mitzuführen (von der Vliesexpedition bis zum Trojanischen Krieg: Tr 13020 f., 13070 f.).

Die Transformationen der Ursachen bleiben damit jedoch nicht stehen. Als die junge Generation der überlebenden Trojaner Vergeltung für den Anschlag des Hercules plant, wandert die Rachegenealogie weiter zu den Entführungshandlungen. Priamus schmerzt zwar die Erinnerung an den Tod Lamedons und die grausame Hinrichtung so vieler Trojaner, doch lagert sich darüber der Raub Hesiones durch die plündernden Griechen:

> daz man im sîne stat zerbrach
> und im sîn vater wart erslagen,
> daz wolte er niht sô tiure clagen,
> sô daz der künic Telamon
> mit sîner swester was gewon
> friuntschefte bî den jâren
> und daz man im die clâren
> gezücket hete in roubes wîs.
> (Tr 17724 – 17731)

Bei der Einnahme Trojas hatte Thelamon die Königstochter vergewaltigt und als Geliebte mit sich nach Griechenland entführt (Tr 12960 – 12979). Obwohl die kurze, vergleichsweise zurückhaltende Schilderung der Entführung hinter dem Umfang und der Brutalität der vorausgehenden Schlachtdarstellung zurückstand (ganz Troja wird niedergemetzelt, Kinder und Frauen schonungslos verbrannt: Tr 11896 – 12985),[224] schiebt Priamus den Hesioneraub in der Rachegenealogie nach vorn. Dass diese erneute Verschiebung des Ursprungs in der Beratung der Trojaner sich sogleich durchsetzt, demonstriert Paris' Angebot, den Götterbefehl zur Suche nach Helena zur Vergeltung zu nutzen:

---

224 Für eine eingehende Analyse der Schlachtdarstellung vgl. Kap. IV.1.1.1.

uns wirt noch aller swære buoz,
wan ich von dannen füeren muoz
der künige besten prîsant.
[...]
wirt Helenâ diu schœne mir,
sô daz ich kêre dan mit ir,
sô wirt daz laster widertân,
daz wir hie mangel müezen hân
der wunneclichen basen mîn.
Esŷonâ diu künegîn
wart uns gezücket und genomen.
[...]
daz ich Helênen füere dan,
sô wirt daz lop uns vallend an,
daz denne wirt gesprochen,
wir hân uns wol gerochen.
(Tr 18943–18964)

Die Rachemechanik des politischen Eklats um verweigerte Gastfreundschaft wird durch den Frauenraub als neuem Ursprung ersetzt – und verdoppelt: Indem der Helenaraub als symmetrische Vergeltungstat auf die Entführung Hesiones bezogen wird, tritt auch die mythographische Motivation des Venusversprechens augenblicklich in den Hintergrund.[225]

Diese und weitere Verschiebungen der Rachegenealogie ließen sich weiter beleuchten; auch ihre Fortsetzungen im zweiten Trojanischen Krieg verdienten nähere Untersuchung, in denen insbesondere die ältere Forschung bereitwillig eine Letztbegründung des Kriegs sah.[226] Grundsätzlich verdeutlichen jedoch schon die betrachteten Transformationsstellen das systematische Gleiten von Ursprüngen, das laufend Kausalität produziert und verkürzt.

Die zentrale Strategie des *Trojanerkriegs* im Umgang mit der genealogischen Paradoxie der Rache kann somit darin gesehen werden, Ursprungskommunikation zu verschieben. Während die Erzählstruktur des *Trojanerkriegs* lange Racheketten produziert, sind diese auf Figurenebene nicht vollständig verfügbar bzw. werden durch neue Ursprünge ersetzt und überdeckt. Signifikant vervielfältigen sich dadurch die Ursprünge des Konflikts, doch beziehen sich Figuren und Erzähler höchstens auf eine Stufe zurückliegende Begründungsglieder. Die Pa-

---

225 Dies ist umso bemerkenswerter, als Paris kurz zuvor ausführlich vom Versprechen der Venus und der Götterbotschaft Mercurs berichtet hatte: vgl. Tr 18758–18926.
226 Vgl. z.B. Basler: *Trojanischer Krieg*, S. 12: „Paris und der Raub der Helena war die Ursache des ganzen Krieges." Die Wirkung solcher Kausalität verdankt sich, wie gesehen, erst mehrstufigen Ursachenverschiebungen.

radoxie der Genealogie nimmt dabei die Form eines wandernden Ursprungs an, der Aggressionen anschwellen lässt und sammelt, ihre Grundlagen aber laufend reduziert und dem Blick entzieht. Dass der *Trojanerkrieg* Genealogien der Rache im Plural produziert und ineinander fügt, erscheint ihren Akteuren immer nur im Singular, indem der Ursprung der Rache wechselt und wandert.

Was bedeutet ein solches Paradoxiemanagement der Rache für die wissensförmige Strukturierung literarischer Kommunikation? Die außergewöhnliche Bedeutung, die vormoderne Kulturen der Rache einräumen, wird seitens der Forschung häufig thematisch begründet – sei es als anthropologischer Problemvorrat oder soziales Interaktionsmodell vorinstitutioneller Gesellschaften. Die vorliegende Analyse eröffnet eine komplementäre Perspektive, indem sie Rache als Sinnmedium vormoderner Erzählkulturen beschreibt. Es ist bekannt, dass Antikenromane und heldenepische Texte nicht nur thematisch besonders ausgeprägt auf Rache setzen, sondern diese in Erzählstrukturen eingeht: Im *Eneasroman* stößt die vergleichsweise geringfügige Übertretung einer Hirschjagd eine desaströse Kette genealogischer Gewalt an;[227] im *Trojanerkrieg* wird wie im *Nibelungenlied* eine Frau zur Kristallisationsfigur von Rache, die ein Erzählsystem der Verweisung stiftet und dynamisch die komplexen Figurenbeziehungen zu einfachen Kampfkollektiven umformt.[228]

Rache, so das Ergebnis der Analyseskizze, durchzieht den *Trojanerkrieg* nicht bloß thematisch, sondern als Sinnmedium, das unwahrscheinliche Erzählanschlüsse wahrscheinlich macht. So gelingen erstens selbst schwierige Quellenmontagen wie z. B. der Jason-Medea-Handlung, die der *Trojanerkrieg* in der mythographischen Tradition nach Ovid erzählt, mit dem Bericht der ersten Zerstörung Trojas, der in der entmythologisierten Dares-Benoît-Tradition steht; das Medium der Rache verbindet Medea und Jason mit dem Vergeltungskrieg des Hercules. Rache ist so gesehen nicht nur Thema, sondern kohärenzstiftendes Medium des Erzählens.

Zweitens zeigte sich in der kollektivierenden Tendenz des Racheerzählens eine weitere sinnfunktionale Leistung: Rache zieht nicht nur immer weitere Aktanten in sich hinein, sondern häuft Ursachen in Ketten von Vergeltung und Wiedervergeltung, die umfangreiche Textsegmente anschließbar machen. Nicht ohne Grund neigt Rache daher im *Nibelungenlied* wie im *Trojanerkrieg* zur

---

227 Auf diese Parallele zur Verkettung von Gewaltakten im *Trojanerkrieg* verweist Lienert, Elisabeth: „Zwischen Detailverliebtheit und Distanzierung. Zur Wahrnehmung des Krieges in den deutschen Antikenromanen des Mittelalters". In: *Die Wahrnehmung und Darstellung von Kriegen im Mittelalter und in der Frühen Neuzeit*. Hg. v. Horst Brunner. Wiesbaden 2000, S. 31–48, hier S. 43.

228 Vgl. Müller: *Spielregeln*, S. 443–447.

Sammlung von Figuren und zur Schatzbildung, die neue Gewalt motiviert (auch die Griechen beladen nach der Plünderung Trojas ihre Schiffe mit einem gewaltigen „hort": Tr 12986–13005; für den gesamten Roman kündigt der Erzähler einen ‚überströmenden Schatz' „von strîte" an: Tr 291 f.).

In psychosozialer Hinsicht hat Peter Sloterdijk die Rache als „Projektform" beschrieben, die zeitlichen und interaktionalen „Entladungsaufschub" ermögliche: „Wer einen festen Rachevorsatz unerledigt in sich trägt, ist vor Sinnproblemen bis auf weiteres sicher."[229] Diesseits jeglichen psychologischen Intentionalismus könnte man das Experiment vormodernen Erzählens mit solchen Aufschüben der Rache darin sehen, Sinnverweisung freizusetzen und deren Regulationsmöglichkeiten mit unterschiedlichen Lösungen durchzuspielen: als unregulierbare Racheketten (*Nibelungenlied*) oder mittels semantischer Codierungen, die wie z. B. die religiöse Unterscheidung von Heiden und Gläubigen prinzipielle Begrenzbarkeit der Rache sicherstellen (*Rolandslied, Willehalm*). Rache dient auch in diesen Fällen primär der narrativen Organisation. Erzählungen vom Trojanischen Krieg verfügen traditionell sowohl über klassische Abbruchssemantiken der Rache (z. B. Götter, *fortuna* und andere Providenzsemantiken), erzählen aber auch von unendlicher Potenzierbarkeit.[230] Der *Trojanerkrieg* nutzt prinzipiell die Potenzierbarkeit der Rache zur narrativen Sinnerzeugung, reguliert ihren Sinn jedoch durch fortlaufend wandernde Ursprünge.

### 3.1.5 Helena (I):[231] Erotik, Politik und Ästhetik einer Anziehungsform

Trotz früher Nennung (Tr 313–315) spielt Helena als Sinnmodell des Trojanischen Kriegs zunächst eine neben-, ja untergeordnete Rolle. Dies überrascht um so mehr, als sich Helena selbst während der Schlacht als zentraler Kriegsgrund beklagt:

---

**229** Sloterdijk: *Zorn und Zeit*, S. 96–99 (Zitat S. 97 f.).

**230** Ihr klassisches Objekt ist das trojanische Pferd, das auf paradoxe Weise „Rache durch ‚Gabe'" verwirklicht; Bauschke, Ricarda: „Räume der Liebe – Orte des Krieges. Zur Topographie von Innen und Außen in Herborts von Fritzlar ‚Liet von Troye'". In: *Innenräume in der Literatur des deutschen Mittelalters. XIX. Anglo-German Colloquium Oxford 2005*. Hg. v. Burkhard Hasebrink [u.a.]. Tübingen 2008, S. 1–22, hier S. 2; vgl. auch Oswald, Marion: *Gabe und Gewalt. Studien zur Logik und Poetik der Gabe in der frühhöfischen Erzählliteratur*. Göttingen 2004, S. 145–155.

**231** Der *Trojanerkrieg* rückt Helena im Vergleich zu Benoîts *Roman de Troie* deutlich in den Vordergrund, macht ihre Funktion jedoch auch komplexer. Die vorliegenden Studien verteilen daher unterschiedliche Analysezugänge auf mehrere Kapitel. Das folgende Teilkapitel nähert sich der Helenafigur ausschließlich unter dem Aspekt sinnförmiger Organisation; zu Helena als Wahrnehmungsfigur vgl. vertiefend Kap. IV.1.1.11, zum Beobachtungsproblem des Glänzens, das Helena produziert, vgl. die Analyse von Kap. V.3.

> [...] ouwê mir, armez wîp,
> daz alsô manic hôher lîp
> von mîner schulde wirt verlorn!
> (Tr 33959 – 33961)
>
> daz Pârîs ie den Kriechen
> gezuhte mich vil armez wîp,
> daz garnet hiute manic lîp,
> der sîn vil hôchgebornez leben
> muoz eime grimmen tôde geben.
> (Tr 33990 – 33994)

Auf der Stadtmauer über dem Schlachtgetümmel thronend, flößt Helenas leuchtende Schönheit (Tr 34004 – 34140) den Griechen frische Kampfkraft ein: „des wurden si vil harte / von ir gereizet ûf den strît" (Tr 34020 f.). Gleichzeitig aber verkörpert Helena schmerzvoll Leid und Schmach der Überlistung. Auf paradoxe Weise treibt Helena die Griechen somit „ze sorgen und ze wünne" (Tr 34115); wie ein Drache, dem man seine Brut geraubt habe, erfasst die Griechen „diu wilde tobesuht" (Tr 34134, insges. Tr 34127 – 34140). Wie in späteren Kapiteln zu zeigen ist, verwandelt sich Helena so in der Schlacht zu einem paradoxen Attraktionszentrum, das befeuert und lähmt, Vitalität einflößt und tödliche Folgen hat für alle, die ihr Wunderbild im Kampfgetümmel zu lange betrachten.[232] Entsprechend wurde Helena auch in der Forschung als „Verkörperung und Inbegriff der Dialektik von Schönheit und Verderben, Glück und Leid, Positivität und Negativität" und als „kompositorische[s] Zentrum" einer Thematik verstanden, „die das ganze Werk durchzieht und die [...] seinen Sinn ausmacht".[233]

Auch in der ersten Erzählhälfte hatte der *Trojanerkrieg* diesen Sinn, eingelagert in andere Rahmen der Sinnproduktion, durch kleinere Vorverweise angelegt. Bei der Ankunft von Paris und Helena in Troja verflucht so etwa Cassandra deren Hochzeit als Grundstein des Trojanischen Kriegs:

> diu hôchgezît uns allen
> muoz komen gar ze sûre.
> die porten und die mûre
> zerstœret man dur die geschiht,
> daz man Pârîsen hiute siht

---

232 Vgl. Kap. IV.1.1.11. Zur „fundamentale[n] Ambivalenz" der Helenadarstellung vgl. zusammenfassend auch Lienert: *Geschichte und Erzählen*, S. 219 f.
233 Lienert, Elisabeth: „Helena – thematisches Zentrum von Konrads von Würzburg ,Trojanerkrieg'". In: *Jahrbuch der Oswald von Wolkenstein Gesellschaft* 5 (1988/89), S. 409 – 420, hier S. 410 bzw. S. 415.

hie mit Helênen briuten.
(Tr 23252–23257)

Hatte nicht auch der Erzähler gleich zu Beginn des *Trojanerkriegs* mit der klassischen Trojaformel diesen Sinnrahmen eröffnet?[234]

ich sag iu von den dingen
wie daz vil keiserlîche wîp
Helêne manigen werden lîp
biz ûf den tôt versêrte,
und waz man bluotes rêrte,
daz durch si wart vergozzen.
ir clârheit was geflozzen
für alle frouwen ûz erkorn.
des wart vil manic lîp verlorn,
der von ir minne tôt gelac:
daz man vil wol gehœren mac
(Tr 312–322)

Der Prolog etabliert somit von Anfang an eine Isotopie von Erzähltem und Erzählen, die den gesamten *Trojanerkrieg* zu rahmen scheint: Helenas Schönheit („ir clârheit") und die Attraktivität des Erzählens („daz man vil wol gehœren mac") bilden eine funktionale Einheit. Sie gehört ebenfalls zum Ensemble von Sinnmodellen, das die Erzählerreflexion in der Mitte des *Trojanerkriegs* aufbietet (Tr 23710–23715).

Trotzdem musste die Forschung feststellen, dass Helena im Erzählvollzug hinter solchen programmatischen Behauptungen zurückfällt: „Helena ist zweifellos nicht Heldin der Geschichte, wie Erec, Iwein oder Parzival Helden der ihren sind", bemerkt Wolfgang Monecke. „Dennoch sahen wir sie – und sie allein – im Prolog genannt."[235] Auch Elisabeth Lienert konzediert: „In der Tat ist Helena nicht als Heldin eines Helena-Romans die Zentralgestalt des *Trojanerkriegs*".[236] So erscheint Helena nicht nur thematisch und semantisch, sondern auch kompositorisch paradox: Sie figuriert als zentrale Anziehungsform, die nicht durchgehend

**234** Zum Begriff der Trojaformel als Strukturierungsmittel epischer Vorverweisung vgl. aus mediävistischer Sicht Heinzle, Joachim: „Gnade für Hagen? Die epische Struktur des Nibelungenliedes und das Dilemma des Interpreten". In: *Nibelungenlied und Klage. Sage und Geschichte, Struktur und Gattung. Passauer Nibelungengespräche 1985.* Hg. v. Fritz Peter Knapp. Heidelberg 1987, S. 257–276.
**235** Monecke: *Studien*, S. 79.
**236** Lienert: „Helena", S. 415.; zum „Widerspruch" von Prologvorgaben und erzählerischer Realisierung vgl. auch S. 409f.

zentral ist – sondern erst im Erzählverlauf zentral *wird*, dann aber jegliche Spuren dieser Transformationsarbeit löscht. Drei Stationen dieser Transformationen seien im Folgenden beleuchtet: (1.) erotische (Parisurteil), (2.) politische (Rachehandlungen) und (3.) ästhetische Transformationen (Kriegspartien) lassen Helena im *Trojanerkrieg* nacheinander erst zu derjenigen werden, die sie ist. Ein genauerer Hinblick auf diese Verschiebungen kann sinnfunktionale Dimensionen der Paradoxierung von Zentralisierung und Marginalisierung erschließen, mit der Helena die Forschung so nachhaltig irritiert.

(1.) Anders als der Prolog verheißt, erscheint Helena in der Erzählung zunächst unselbständig eingebettet – gemäß mythographischer Vorgaben als erotischer Preis der Venus (Tr 2745: „ze lône") im Göttinnenstreit um den Apfel der Discordia:

> ich gibe dir unde biute
> die minne z'einem solde,
> [...]
> Helêne von der Kriechen lant,
> diu schœner ist denn elliu wîp,
> diu muoz ir leben und ir lîp
> an dich mit vlîze kêren,
> ist, daz ich hier mit êren
> di sigenuft gewinne.
> (Tr 2642 f., 2654 – 2659)

Helena konkretisiert für Paris also zunächst die „minne", die Venus in Aussicht stellt. Mehrfach streicht der Erzähler sogar heraus, dass Helena für den Jüngling erst sekundär attraktiv wird. Seine affizierbare jugendliche Disposition „von natûre" und die Macht der Venus zwingen ihn zur Liebe (Tr 2715 – 2742), Helena wird lediglich ihr allernächstes Objekt. Primäre Voraussetzung schaffen dafür Anthropologie und Entwicklungskasuistik der *minne*. Ihnen bleibt Paris anfangs gänzlich unterworfen. Mit seinen Falkenaugen (Tr 3029), seinen rubinroten Lippen (Tr 3036 f.) und blendendweißen Zähnen (Tr 3038 f.) zerstreut Paris alle Trauer in Troja und weckt bei Frauen wie Männern erotisches Begehren im Zeichen der „minne" (Tr 3068 – 3071): „die vrouwen und diu ritterschaft / die kapften in ze wunder an" (Tr 3072 f.). Wenn Helena auf Paris überwältigenden Eindruck ausübt, so setzt der Erzähler dahinter wirkmächtig die Göttin Venus und die Liebe an:

> daz Helenâ von Kriechen
> geheizen im ze wîbe was,
> weizgot, des nam er unde las
> gedenke vil ze herzen.
> [...]

> wan er vergaz dô sâ zehant,
> daz im diu clâre Oenônê
> was liep vor allen wîben ê.
> [...]
> si wart ûz sînem sinne
> gestôzen bî der stunde
> und Helenâ ze grunde
> dar în versigelt alzehant;
> daz schuof der süezen minne bant
> und diu götinne Vênus,
> von der sîn herze wart alsus
> gebunden und gevangen.
> (Tr 4368–4371; 4378–4380; 4388–4395)

Auch wenn Paris' Begehren nach Helena schon jetzt die Kriegsmetaphorik der Verwundung aufnimmt (vgl. z. B. Tr 3424–3429), die Helena später zum fatalen Zentrum des Trojanischen Kriegs erhebt, fungiert sie an dieser Stelle relativ unselbständig eher als Objekt statt als Grund des Handelns. Nichts deutet an dieser Stelle auf die Anziehungskraft, die Helena später im Schauraum des Kriegs ausübt. Strukturell bleibt sie der Minnehandlung untergeordnet.

(2.) Diese Position transformiert die Rachedynamik des *Trojanerkriegs* zum politischen Kalkül (Tr 18755–18985). Im Thronrat der Trojaner zitiert Paris aus einem Einschreiben der Venus (Tr 18893–18895: Mercur überbringt eine „bühsen cluoc" mit „brieve"), das ihn zu konkreten Schritten ermutigt habe:

> dû solt bald in der Kriechen lant
> nû strîchen unde kêren.
> dâ maht dû wol gemêren
> dîn lop und dîne wirde.
> [...]
> Helêne diu wirt dir gegeben
> ze wîbe und z'einer frouwen.
> [...]
> der fürsten und der künige ruom
> den füerest dû mit dir von dan.
> dâ von belîp ein frœlich man
> und île ûf dîne strâze.
> (Tr 18906–18909; 18912 f.; 18920–18923)

Hatte Paris rückblickend auf den Göttinnenstreit noch kurz zuvor in erotischer Passion nach Helena geschwelgt (Tr 18793–18811), so verwandelt die Direktive der Venus das Ziel des Begehrens augenblicklich in ein politisches Objekt. Die Griechenlandreise zu Helena, so Venus, könne Paris vor allem dazu dienen, „lop" und „wirde" zu steigern, indem er durch Entführung Helenas den gesamten griechischen Adel düpiere („fürsten" und „künige"). Wie Venus als Repräsentation der Passion sich zur sozialpolitischen Beraterin wandelt, durchsetzt sich auch der Liebesdiskurs des *Trojanerkriegs* mit dem Vokabular der Ehre („ruom"), das sich mit Helena symbolisieren, akkumulieren und in Konkurrenz ausstellen lässt.[237] Paris macht sich diese politische Recodierung unmittelbar zu eigen, wenn er den Helenaraub im Thronrat als Vorschlag einbringt, mit dem man den Raub Hesiones an den Griechen rächen könne:

> ob ich dâ hin alsus gevar,
> uns wirt noch aller swære buoz,
> wan ich von dannen füeren muoz
> der künige besten prîsant.
> [...]
> daz ich Helênen füere dan,
> sô wirt daz lop uns vallend an,
> daz denne wirt gesprochen,
> wir hân uns wol gerochen
> (Tr 18942–18945; 18961–18964)

Die Ökonomie der Ehre transformiert Helena damit zu politischem Kapital, das Defizite im trojanischen Rachedepot ausgleichen soll. Ehre der Rache und Ehre des Schatzraubs (Helena wird als „prîsant" der griechischen Fürsten gehandelt) werden somit miteinander gekoppelt. Strukturell betrachtet wechselt Helena damit von untergeordneter Position als Liebesobjekt in die horizontale Nebenordnung von politischer Konkurrenz und Rache.

(3.) Wenn Helena im zweiten Trojanischen Krieg zum Attraktionszentrum der Kämpfenden wird und sich als exklusiven Grund reflektiert, steigt sie schließlich in übergeordnete Position auf. Erst jetzt beherrscht ihre Klage unwidersprochen die Sinnkonstruktion des Kriegs, wie sie der Prolog angekündigt hatte: „daz alsô manic hôher lîp / von mîner schulde wirt verlorn!" (Tr 33960 f.); für Helena sind die Griechen bereit, die Belagerung Trojas sofort abzubrechen (Tr 26278 f.). Erst jetzt richten sich Raumordnung, Figurenreden, Erzählerkommentare und Schlachtbeschreibungen konzentrisch auf Helena aus. Und erst jetzt setzt Helena jene

---

**237** Zu Ehre als symbolischem Kapital vgl. Bourdieu, Pierre: *Sozialer Sinn. Kritik der theoretischen Vernunft.* Frankfurt a.M. 2005, S. 205–221; zur Akkumulation von Ehre als symbolischem Kapital in mittelalterlicher Epik vgl. mit weiteren Hinweisen zur mediävistischen Forschung auch Friedrich, Udo: „Die ‚symbolische Ordnung' des Zweikampfs im Mittelalter". In: *Gewalt im Mittelalter. Realitäten – Imaginationen.* Hg. v. Manuel Braun u. Cornelia Herberichs. München 2005, S. 123–158, insbes. S. 128–135.

ästhetischen Paradoxien frei, die Griechen und Trojaner zugleich anziehen und blenden.

Strukturelle Transformationen (Unterordnung, Nebenordnung, Überordnung) und Codierungswechsel (Erotik, Politik, Ästhetik) machen somit deutlich: Die Frage der Forschung, ob der Trojanische Krieg im Kern ein „Politikum" darstelle oder um Helena als „kompositorisches Zentrum" kreise, ist falsch gestellt, wenn ihr diese Transformationen entgehen.[238] Auch die traditionelle Frage nach der Schuld[239] an der Kriegsentstehung läuft im *Trojanerkrieg* leer, wenn sie nicht als Frage nach Schuld*zurechnungen* und ihren Transformationen im Erzählverlauf gestellt wird. Gerade Helenas Transformationen aber führen in den Kern einer Entparadoxierungsstrategie, die für die epistemische Organisation des *Trojanerkriegs* entscheidend ist. Offen demonstriert der Roman, dass Helena erst im Laufe der Erzählung zu jener Anziehungsform wird, die der Prolog ankündigt; nicht nur die betrachteten Transformationsepisoden, sondern auch Erzählerkommentare zur Ursachenstruktur des Trojanischen Kriegs unterstreichen, dass zeitweilig Sinnrichtungen erzählt werden, in denen Helena für die Eskalation zum Weltkrieg nicht die geringste Rolle spielt (z.B. Tr 13020–13063). Während die Forschung bislang entweder Helena auf das „Porträt der verführerischen und fatalen Schönheit" verkürzte, die „der tragische Grund eines entsetzlichen Kriegs" sei,[240] oder aber offenen „Widerspruch" von Sinnzuschreibungen und erzählerischer Umsetzung feststellen musste,[241] belegt die hier skizzierte Analyse ein drittes Phänomen: Sie verweist auf Transformationen des Erzählens, die das Anziehungspotential Helenas im *Trojanerkrieg* erst allmählich aufbauen und verschärfen.

Zweitens fungiert Helena als Anziehungsform schlechthin – das heißt nicht nur auf thematischer oder semantischer Ebene, sondern grundsätzlich auf Ebene sinnförmiger Verweisung im *Trojanerkrieg*. Indem sie aus funktional untergeordneter Position über mehrere Transformationsschritte übergeordnete Stellung ge-

---

**238** Vgl. Lienert: *Geschichte und Erzählen*, S. 219 f.; Lienert: „Helena", S. 415 f.
**239** Vgl. Siebel-Achenbach, Margot: „Die ‚französische' und die ‚deutsche' Helena im 12. Jahrhundert". In: *Germanisch-romanische Monatsschrift N.F.* 51 (2001), S. 267–283.
**240** Pastré, Jean-Marc: „Typologie und Ästhetik: Das Porträt der Helena im ‚Trojanerkrieg' Konrads von Würzburg". In: *Jahrbuch der Oswald von Wolkenstein Gesellschaft* 5 (1988/89), S. 397–408, hier S. 408.
**241** Lienert: „Helena", S. 409. Symptomatisch für die jüngere Forschung lässt Classen, Albrecht: „Helena von Troja – verführte Verführerin, Freudenbringerin und Untergangsfigur. Ein antiker Mythos im Nachleben des Mittelalters und der Neuzeit". In: *Verführer, Schurken, Magier.* Hg. v. Ulrich Müller u. Werner Wunderlich. St. Gallen 2001, S. 375–393, insbes. S. 383–385 unbestimmt, in welchem Verhältnis Helena zur Kriegsursache steht, und referiert divergierende Aussagen des Romans.

winnt, absorbiert sie zunehmend Sinn. Obwohl der Trojanische Krieg auf einem breit gefächerten Ursachen- und Verweisungsgeflecht beruht (Träume, Parisurteil, Rachemechanik usw.), in denen Helena zunächst allenfalls schöne Mitspielerin war,[242] zieht sie alle Sinnverweisung auf sich – und löscht diese schließlich zu totaler Selbstreferenz.[243] Als Anziehungsform absorbiert Helena zunehmend Sinnverweisung und reduziert die Kontingenz ihrer Vielfalt. Die funktionale Transformation Helenas erweist sich in dieser Perspektive weder als kompositionelle Suchbewegung noch als Inkohärenz der Quellenkompilation. Sie erzeugt vielmehr eine Anziehungsform, die den Sinn des Erzählens kanalisiert und schließlich löscht. Das *Ende des Sinns*, das der Erzähler zu Kriegsbeginn ausruft, ist somit zu nicht geringem Maße auch der Verdienst Helenas.

## 4 Zusammenfassung: Paradoxien des *Trojanerkriegs*

Wissen setzt die Invisibilisierung von Paradoxien voraus – dies gilt auch für literarische Kommunikation. Für die Frage nach der Wissensförmigkeit des *Trojanerkriegs* war daher zu untersuchen, welche Paradoxien den Roman leiten und mittels welcher Verfahren diese entfaltet werden. Gleichzeitig galt es zu prüfen, inwiefern Paradoxien narrativ davor gesichert werden, Kommunikation entweder aufzulösen oder zu blockieren. Denn nur insofern der *Trojanerkrieg* diese Herausforderung löst, lässt sich dem Roman die Form des Wissens zusprechen. Da vielfältige Paradoxien den Text strukturieren, war der Zugriff exemplarisch zu beschränken. Besonders aufschlussreich erwiesen sich dazu die Referentialisierung mythologischer Figuren, die Modellierung der Kommunikationsbeziehung sowie die Kohärenzbildung durch sinnförmige Verweisung.

*Kap. III.1: Schwebende Referenz.* Im Gegensatz zu seiner Leitquelle, dem *Roman de Troie* Benoîts de Sainte-Maure, bevölkern den *Trojanerkrieg* die Götter des mythographischen Diskurses. Damit gelangen zugleich Paradoxien der Referenz in den Roman, die gemäß den Diskursvorgaben des Mittelalters prekäre Selbstreferenzen mythologischer Figuren (Selbstbezug von Götterfiguren) durch

---

242 Dies gilt bereits für Benoîts *Roman de Troie*, in dem der Krieg „Ergebnis einer Summe vieler politischer Fehlentscheidungen, nicht einer persönlichen Schuld der H[elena]" ist; so Schneider, Steffen: „Helena". In: *Mythenrezeption. Die antike Mythologie in Literatur, Musik und Kunst von den Anfängen bis zur Gegenwart*. Hg. v. Maria Moog-Grünewald. Darmstadt 2008, S. 308–317, hier S. 311; zur insgesamt positiveren Figurenzeichnung und Entschuldung Helenas bei Benoît vgl. ausführlicher auch Siebel-Achenbach: „Helena", S. 270–275.
243 Im Zusammenhang von Helenas glänzender Erscheinung von *Löschung* zu sprechen, bedarf freilich gesonderter Begründung: vgl. Kap. V.2.2.

Fremdreferenzen zu ersetzen suchen (durch Verweis auf anderweitige Signifikate: Enthüllung von Göttern als Menschen, Repräsentation von Prinzipien, Idolatriekritik usw.), ohne dass Selbstreferenz gänzlich aufgehoben werden könnte. Auch der *Trojanerkrieg* ruft dieses fremdreferentielle Diskursmuster in einem euhemeristischen Exkurs zum Wesen der Götter auf. Im Erzählfortgang entfaltet der Roman jedoch Strategien, die Göttern erhöhte Selbstreferenz zubilligen: Göttinnen wie Venus figurieren einerseits als Repräsentanten allgemeiner Prinzipien, erhalten andererseits als Figuren eigenständiges Handlungsgewicht in der Erzählwelt; Götter wie Neptun werden sowohl vermenschlicht, als auch mit übermenschlichen Kräften ausgestattet; Helden wie Achill besitzen neben heroischen Erziehungsgeschichten auch mythische Jugendgeschichten, die ihre Exorbitanz begründen. Der *Trojanerkrieg* importiert solche unterschiedlichen Referenzmöglichkeiten mythologischer Figuren nicht nur, sondern fügt diese konsequent zusammen. Mythologische Figuren beginnen dadurch referentiell zu schweben. Das Referenzparadox des Mythosdiskurses und seine extremen Umstellungspraktiken werden dadurch zurückgenommen und zu Figuren geformt, die nicht nur auf Anderes verweisen, sondern stärker als in zeitgenössischen Mythographien selbst zu wissbaren Größen werden.

*Kap. III.2: Dispersion.* Eine zweite Analyse widmete sich dem Kommunikationsmodell, das der Prolog des *Trojanerkriegs* entwickelt. Drei Metaphernkomplexe erwiesen sich dafür besonders signifikant: Metaphern der göttlichen Inspiration, das Bild der ihrem eigenen Gesang lauschenden Nachtigall sowie die Selbstbeschreibung des *Trojanerkriegs* als Meer der Erzählquellen. Alle Metaphernkomplexe nutzt der Erzähler, um traditionelle Paradoxien abzublenden (u. a. der Spannung des Erneuerns; des Adressatenbezugs absoluter Kunst; des Quellenbezugs in Erzählsystemen des Wiedererzählens). Zusammen entwickeln alle Metaphernkomplexe aber ebenso ein Kommunikationsmodell, das neue Wege in der Romankommunikation beschreitet: An die Stelle von Interaktionsfiktionen zwischen Erzähler und Rezipient tritt eine Erzählerstimme, die sich zerstreut und im Erzählen auflöst (Dispersion). Indem ein solches Erzählmodell paradoxe Voraussetzungen der Kommunikation filtert und metaphorisch unbeobachtbar macht, richtet es sich für Wissenskommunikation ein.

*Kap. III.3: Zeichen und Sinnstrukturen.* Auch Deutungsangebote und Verweisungsstrukturen, mit denen der *Trojanerkrieg* seine Quellenmontagen organisiert, zeigen sich paradox: „diese Verkettung [von Episoden] sehen wir bei Konrad auf befremdliche Weise zugleich bewirkt und nicht bewirkt", stellte schon Monecke fest, ohne jedoch dieses Phänomen näher zu untersuchen.[244] Ausgehend von einer

---

[244] Monecke: *Studien*, S. 81.

umfangreichen Erzählerreflexion, die der *Trojanerkrieg* neu hinzufügt, ließ sich eine zentrale Zweiteiligkeit erschließen, die der Roman für seine Sinnstruktur in Anspruch nimmt. Während das Vorderfeld des *Trojanerkriegs* bis zum zweiten Krieg vielfältige Formen der kommunikativen Verweisung dominieren, so gelangen diese Sinnstrukturen im Kriegsteil an ihr Ende – und werden von Helena als Fluchtpunkt narrativ absorbiert.

Sinnmodelle verarbeiten im *Trojanerkrieg* gravierende Paradoxien von Einheit und Differenz, die mit der Kompilation vielfältiger Quellen und Teilepisoden einhergehen. Nicht ohne Grund strukturiert daher mehr als nur ein Sinnmodell den Roman, wobei diese durchaus unterschiedliche Leistungen übernehmen: *Kap. III.3.1.1: Träumen und Traumdeutung.* Mit Hecubas Fackeltraum und der Geburt des Paris wurde ein erstes Sinnmodell greifbar, das gleich zu Beginn Verweisungsbeziehungen zum Trojanischen Krieg aufbaut – und dies nahezu unabhängig von anderen Sinnmodellen, die den Krieg motivieren. Der *Trojanerkrieg* führt reflexiv die Konstruktionsarbeit von Traumwissen vor, das Möglichkeiten erst allmählich reduziert. Dennoch bleibt diese Deutungsarbeit offen. Entsprechend führt auch die Sinnverweisung des Hecubatraumes letztlich Kontingenz mit sich.

*Kap. III.3.1.2: Schrift (Apfel der Discordia).* Das Parisurteil führt ein zweites Sinnmodell ein, das mit dem Apfel der Discordia als Preis des Göttinnenstreits auf das Medium der Schrift zentriert ist. Als Gegengabe für den Schönheitspreis stellt Venus die Heirat mit Helena in Aussicht – und verweist damit mittelbar auf eine weitere Motivationslinie des Trojanischen Kriegs. Im Vergleich mit der mythographischen Erzähltradition vom Parisurteil wurde darüber hinaus eine Reihe von Veränderungen greifbar, mit denen der schillernde Apfel der Discordia und seine wandelbare Beschriftung zentrale Paradoxien schriftgestützen Erzählens bündeln: Fokussierung und Dynamisierung von Wahrnehmung (Aisthetik), Erscheinung und Verstehen (Medialität), Zeichenhaftigkeit und Selbstevidenz (Sinn), Figuren- und Erzählerperspektivik (Narrativität), Gefährdung und Stimulation von Begehren (Affektivität) und Pluralisierung von Referenz (Diskursivierung) fasst der Apfel zur Einheit. Damit kondensiert das umstrittene Schmuckstück nicht nur fundamentale Paradoxien fiktionaler Literatur. Mit ihm sucht der *Trojanerkrieg* darüber hinaus Ambivalenzen der Schrift zu sammeln, die als instabile, unendlich sich vervielfältigende Verweiskraft thematisiert werden.

*Kap. III.3.1.3: Prophezeiungen.* Mit verschiedenen Seherfiguren etabliert der Roman Modelle der zeitlich-räumlichen Vorausdeutung und Rückverweisung. Nacheinander führen Proteus, Helenus, Panthus/Eusebius, Cassandra und Calchas unterschiedliche Typen des Deutens vor: von autorisierten Wissensbezügen auf Astrologie über deliberative Rhetorik und performative Klage bis zur dämonischen Inspiration. Zwei Verschiebungen durchziehen dabei die Konstruktionsakte ihres arkanen Wissens. Zum einen werden Optionen der Vorausdeutung reduziert und auf die Unausweichlichkeit von Untergangsszenarien (Cassandra) oder auf die Wirklichkeit kopräsenter Ereignisse umgestellt (Calchas); zum anderen werden repräsentationale Akte des Vorverweisens (Proteus prophezeit Leben und Sterben Achills) durch präsentifizierende Modi ersetzt, die vergegenwärtigen. Das Sehermodell realisiert damit deutlich jene zyklische Schließung der Verweisungsfunktion, die der Erzählerkommentar bei Kriegsbeginn benennt.

*Kap. III.3.1.4: Genealogien der Rache.* Rache wird im *Trojanerkrieg* nicht nur thematisch, sondern dient als Sinnmedium des Erzählens, das disparate Textsegmente zu Ketten von Vergeltung und Wiedervergeltung zusammenschließt. Genealogische Racheketten tragen damit entscheidend zur Integration des Erzählens bei. Zugleich stellt sich der *Trojanerkrieg* aber auch der Paradoxie, die grundsätzlich mit genealogischer Ordnung verbunden ist: Kontinuitäten der Rache schließen zwar immer weitere Erzählglieder an (Peleus-Jason-Konflikt; Argonautenreise und diplomatischer Eklat vor Troja; erste Zerstörung Trojas und Entführung Hesiones; Paris und der Helenaraub; zweite Kriegsfahrt der Griechen), drohen ihre kollektive Bindungskraft jedoch an letztlich individuellen Ursprüngen der Aggression aufzulösen. Der *Trojanerkrieg* löst diese Paradoxie auf, indem Ursprünge fortlaufend mit den Akteuren wandern. Wenn schließlich die Rachemechanik bis zum Helenaraub gelangt ist, sind vorausliegende Ursprünge der Rache für Figuren unverfügbar – allen Kämpfenden scheint Helena vielmehr als alleiniger Kriegsgrund. Das Narrativ der Rache stellt damit eine ebenso effektive wie raffinierte Strategie der Entparadoxierung von Sinnstrukturen bereit. Ausführliche Figurenreden wie etwa Helenas performative Selbstanklagen ziehen auch den Rezipienten rhetorisch in diesen Prozess hinein.

*Kap. III.3.1.5: Helena.* Helena wird damit erst im Laufe der Erzählung zu jener universalen Anziehungsform, die der Prolog ankündigt und das Kriegserzählen in späteren Passagen inszeniert. Im Erzählverlauf steigern erst mehrere Transformationsschritte diese Anziehung: Helena erscheint zunächst in erotischer Codierung als untergeordnetes Objekt im Parisurteil, tritt danach als nebengeordnetes Herrschaftssymbol in die trojanisch-griechische Rachegenealogie ein, um schließlich zum übergeordneten Fluchtpunkt der Kriegsästhetik aufzusteigen. Sie fungiert somit als Anziehungsform, die Sinnverweisung kanalisiert und schließlich absorbiert.

Das *Ende des Sinns*, das mit den anlandenden Schiffen vor Troja erreicht scheint, zeigt sich damit differenzierter, als die Erzählerrede erahnen lässt. Während einige der aufgerufenen Verweisungsmodelle vergleichsweise instabilen Sinn produzieren (Traumdeutung) und offen Paradoxien häufen (Apfel der Discordia), beweisen andere Modelle leistungsfähige Stabilität und absorbieren Paradoxien (Rachegenealogien, Helena). Zudem behalten einige Sinnmodelle auch im Trojanischen Krieg weiterhin Geltung (Rache, Helena, Cassandras letzte Vision)

– die Erzählerreflexion in der Mitte des Romantorsos markiert somit keine trennscharfe Zäsur, die ein vollständiges Ende von sinnförmiger Verweisung setzte.

Dennoch bezeichnet sie eine grundsätzliche Transformation des Erzählens. Repräsentationsmodelle weichen Präsenzmodellen des Sinns (Prophezeiungen); Pluralität von Verweisung wird zunehmend gelöscht und unsichtbar (Rache, Helena). Damit lässt sich durchaus von einem Ende der Sinnverweisung sprechen – sofern man zugesteht, dass sich dieses Ende komplexer poetischer Konstruktionsarbeit verdankt, die paradoxe Unterscheidungen entfaltet und kondensiert, ohne sie grundsätzlich aufzuheben. Mythen erhalten im *Trojanerkrieg* also nicht nur neuen Erzählraum, sondern erscheinen in neuen Formen. Paradoxien, die ihre Referenz, ihre narrative Kommunikation und Integration aufwerfen, entschärft der *Trojanerkrieg* mit Lösungen, die ebenfalls neue Wege des mythographischen Erzählens erproben (schwebende Referenz, Dispersion, Präsentifizierung, Absorption).

# IV Selbstreferenz / Fremdreferenz

Sinn ist eine nicht-negierbare Kategorie. Jeder Versuch von Kommunikation, die Verweisungsstruktur von Sinn auf Sinn zu sprengen, führt nur tiefer in Kommunikation hinein; noch die radikalste Form der Negation muss wiederum sinnförmige Strukturierung voraussetzen, um als Kommunikation anschließbar zu bleiben.[1] Der Erzählerkommentar unmittelbar vor der Landungsschlacht der Griechen, so zeigte sich im vorigen Kapitel, steuert jedoch einen solchen Versuch der Negation von Sinn erklärtermaßen an: Leitende Sinnmodelle der ersten Erzählhälfte werden noch einmal katalogartig resümiert, bevor der Erzähler programmatisch das Ende ihrer Verweisungsfähigkeit (*bîschaft*) ausruft. Fast scheint es also, als distanziere sich der *Trojanerkrieg* von der Erwartung eines kompositorischen Gesamtplans, wie ihn die Forschung für den *Trojanerkrieg* zu rekonstruieren versucht hat.[2] Welche Bedeutung hat eine solche Reflexion für den weiteren Erzählgang? Unter welchen Bedingungen operiert das Kriegserzählen nach dieser Erzählerzäsur?

Sowohl die erklärte Krise des Sinns als auch die kommunikative Unmöglichkeit nicht-sinnförmigen Erzählens sind unmittelbar relevant für das Wissensprofil des *Trojanerkriegs*. Schon das vorangegangene Kapitel gelangte zu dem Ergebnis, dass Paradoxien und Verweisungsstrukturen in der ersten Erzählhälfte entfaltet, gebündelt und absorbiert werden, nach der Erzählerreflexion jedoch keineswegs verschwinden. Wie in diesem Teilkapitel zu untersuchen ist, führt der *Trojanerkrieg* diese Tendenz weiter, indem narrativer Sinn auf sich selbst angewendet wird. Verweisungsstrukturen werden dadurch reorganisiert, ohne freilich außer Kraft gesetzt zu werden: Verweisungen auf Anderes werden weitgehend durch Formen der Verweisung abgelöst, in denen sich Erzählen und Erzähltes auf sich selbst beziehen. Solche Praktiken der Selbstreferentialisierung treten in der zweiten Erzählhälfte des *Trojanerkriegs* auf vielfältige Weise und auf unterschiedlichen Ebenen in Erscheinung: Sie prägen Beschreibungen und Metaphernverwendungen, Wahrnehmungslenkung und Erzählregie des Kriegs.

Um als literaturwissenschaftliche Unterscheidung einsetzbar zu werden, bedarf der Begriff der Referenz zweier Erläuterungen. Die ältere sozialwissenschaftliche Theoriebildung verwendete die Differenz von Selbstreferenz und Fremdreferenz, um den Bezug von Bewusstseinssubjekten auf sich selbst bzw. andere Objekte bzw. Subjekte zu bezeichnen. Dass Erzählen und Erzähltes

---

1 Vgl. Luhmann: *Soziale Systeme*, S. 96.
2 Vgl. u. a. Lienert: *Geschichte und Erzählen*, S. 288–322; Cormeau: „Quellenkompendium"; Worstbrock: „Erfindung der wahren Geschichte".

Selbstreferenz produzieren könnten, wäre nach diesem Verständnis unzutreffend bzw. im eigentlichen Sinne auf das Bewusstsein des Rezipienten beschränkt. Daher empfiehlt sich eine weitere Fassung des Referenzbegriffs, die für textbasierte Kommunikation adäquat ist. Nach dem Vorschlag Luhmanns verstehen die folgenden Analysen unter „Referenz" die operative Einheit von „Unterscheidung" und „Bezeichnung": „Es handelt sich also um die Bezeichnung von etwas im Kontext einer [...] Unterscheidung von anderem".[3] Diese Operationen – bezeichnen, etwas von anderem unterscheiden – sind auch in Texten formal angelegt.

Eine zweite Präzisierung gilt dem Wissensmodell. Um die Transformationen von Referenz im *Trojanerkrieg* in ihrem Zusammenspiel zu erfassen, ist der Referenzbegriff des Wissensmodells zu modifizieren. Luhmann reserviert den Begriff der Selbstreferenz bekanntlich für die autopoietische Bezugnahme von Systemen auf sich selbst:

> Der Begriff Selbstreferenz bezeichnet die Einheit, die ein Element, ein Prozeß, ein System für sich selbst ist. ,Für sich selbst' – das heißt: unabhängig vom Zuschnitt der Beobachtung durch andere.[4]

Schon im Hinblick auf den mittelalterlichen Mythosdiskurs wurde dieses Begriffspaar zeichentheoretisch reformuliert, um Unterscheidungen der Bezeichnungsfunktion zu charakterisieren. Für die folgenden Analysen sind weitere Anpassungen erforderlich, soll der Referenzbegriff so unterschiedliche Phänomene wie interne Sinnverweisungen des Textes, Bezugnahmen auf Diskurse oder Wahrnehmungsaktivitäten des Rezipienten aufeinander beziehbar machen. Ist es dann aber noch legitim, die folgenden Untersuchungen als Anwendung eines Wissensmodells zu verstehen, das sich auf Leitbegriffe der Systemtheorie beruft? Modifikationen dieser Art entspringen nicht allein literaturwissenschaftlichen Bedürfnissen, sondern können sich durchaus auf Grundlagen der Systemtheorie stützen. Zwar entwickelt Luhmann den Begriff der Selbstreferenz vor allem im Hinblick auf die Ausdifferenzierung sozialer Systeme und ihrer Autopoiesis, doch liegt diesem Theoriekontext eine wesentlich basalere Begriffsverwendung zugrunde, als sie Luhmann verwendet. Strenggenommen ist jede Operation selbstreferentiell, die etwas unterscheidet, weil jedes System nur eigene Elemente und Operationen verwenden kann: Bewusstsein bezieht sich auf Gegenstände durch Denken, Kommunikation grundsätzlich durch Kommunikation – auch wenn solche Einheit nicht notwendig thematisiert werden muss. Ebenso kann Bewusstsein aber auch durch Kommunikation veranlasst werden, sich auf sich selbst

---

3 Luhmann: *Soziale Systeme*, S. 596.
4 Luhmann: *Soziale Systeme*, S. 58.

zu beziehen und Selbstreferenz zu entdecken. Konrads Roman stellt eine Textpartitur, die beides verstärkt ermöglicht, Selbstbezüglichkeit von Kommunikation ebenso wie mentale Selbstbezüglichkeit. Und beides lässt sich erfassen, wenn man Selbstreferenz und Fremdreferenz in analytischem Sinne als Selbst- bzw. Fremdbezüglichkeit untersucht, die Textstrukturen und ihre spezifischen zeichentheoretischen, imaginativen und diskursiven Aspekte charakterisieren. Auf dieser Basis wird sichtbar, dass der *Trojanerkrieg* in seinen großräumigen Textpartien unterschiedliche Profile der Bezugnahme ausbildet und transformiert.

Gemeinsam ist diesen Transformationen, dass sie Textstrukturen und Wahrnehmungsmöglichkeiten von Fremdreferenz zugunsten aktualer Wahrnehmung erhöhen. Konrads *Trojanerkrieg* setzt damit verstärkt auf Formen und Praktiken der Präsentifikation – Krieg wird zur Gewalterfahrung „durch unmittelbare Gegenwärtigkeit".[5] Effekte der Selbstreferentialisierung, so das Ergebnis der theoretischen Vorüberlegungen zur Struktur von Wissen, stellen eine notwendige Bedingung für die Entstehung von Wissen:[6] Wenn Kommunikation weniger als Anzeige für Anderes im Modus der Repräsentation fungiert, sondern vielmehr selbstbezügliche Präsenzeffekte stiftet, die fremdreferentielle Funktionen gleichsam verdecken, gewinnt sie den Status von Wissen. Solche Erzählverfahren und ihre Effekte bilden den Gegenstand der ersten der beiden folgenden Analysen (Kap. IV.1: Erzählformen der Selbstreferenz). Einige dieser Präsenzeffekte blitzen schon vorher auf – Objekte wie der Apfel der Discordia, Medea und ihre Zauberpraktiken, der Zweikampf zwischen Hector und Peleus oder auch die Schlachtbeschreibung der erstmaligen Zerstörung Trojas werden mittels Verfahren dargestellt, die das Erzählte kognitiv, performativ und aisthetisch präsent machen. Statt radikaler Neuansätze sind daher eher Verdichtungen und Intensivierungen solcher Verfahren in der zweiten Erzählhälfte zu beobachten, denen entsprechende „Vorspiele" vorausgehen (Kap. IV.1.1.1).

Freilich gilt auch für den *Trojanerkrieg*: Selbstreferenz ist nie ohne Fremdreferenz möglich. Eine zweite Analyse widmet sich daher den Organisationsformen, die Fremdreferenz mitführen, aber gleichsam implizit verarbeiten – in Erzählformen, die unter dem Stichwort der *Diskursivierung* zusammengefasst werden

---

5 Braun, Manuel u. Cornelia Herberichs: „Gewalt im Mittelalter: Überlegungen zu ihrer Erforschung". In: *Gewalt im Mittelalter. Realitäten – Imaginationen*. Hg. v. Manuel Braun u. Cornelia Herberichs. München 2005, S. 7–37, hier S. 30. Braun und Herberichs verweisen hier einerseits auf grundsätzliche Kontingenzmomente von Kriegsgewalt, die Zeitordnungen stören können, andererseits auf Kriegsdarstellungen in mittelalterlicher Historiographie, die Kriege als regelmäßig wiederkehrende Ereignisse beschreibt. Beides lasse die „Zeitstruktur" von Kriegsgewalt „kollabieren" (ebd.).
6 Vgl. insbes. Kap. II.1.6.

(Kap. IV.2). Gegenstand des folgenden Doppelkapitels sind also zwei Dimensionen der narrativen Transformation, die komplementär ineinandergreifen: Erst durch eingehende Analysen zur Verbindung von selbstreferentiellen und fremdreferentiellen Organisationsformen literarischer Kommunikation kann nachvollziehbar werden, inwiefern ein mythographischer Roman wie der *Trojanerkrieg* die Form und die Funktionalität von Wissen annimmt. Und erst im Hinblick auf die Referenzverfahren kann plausibel werden, wie mit der Landung der Griechen vor Troja ein Erzählen heraufzieht, das nicht primär auf Sinn abstellt.[7] Die Paradoxie eines solchen nicht-sinnorientierten Kriegserzählens wird so zwar keineswegs aufgehoben, aber mittels präsentifizierender Verfahren *als* Paradoxie unsichtbar gemacht.

# 1 Der Trojanische Krieg als multisensorisches Wahrnehmungsereignis. Erzählformen der Selbstreferenz

## 1.1 Präsentifikationen

Selbstreferenz wird nicht nur durch Unterbrechung von Verweisungsstrukturen erhöht, sondern auch durch Stimulation von Imagination. Das Kriegserzählen des *Trojanerkriegs* entwickelt dazu eine Reihe von Erzählverfahren, die das Erzählte lebendig erscheinen lassen, vor die Sinne führen, im Vollzug des Erzählens vergegenwärtigen.[8] Einschlägige Verfahren dieser Art sollen im Folgenden als Erzähltechniken der *Präsentifikation* untersucht werden.

---

7 Dass der *Trojanerkrieg* unterschiedliche erzählfunktionale Felder besitzt, ist bislang kaum in den Blick der Forschung getreten. Grund hierfür scheint weniger das beträchtliche Textvolumen zu sein, das narratologisch noch nicht vollständig erschlossen ist. Hinderlicher für eine solche Untersuchung hat sich eher die Forschungspraxis erwiesen, Interpretationsansätze zu ästhetischen Verfahren des *Trojanerkriegs* auf Grundlage ungeordneter Belegserien zu formulieren, Belege aus unterschiedlichen Textpartien zusammenzuziehen oder aber nur punktuell auf Konrads Text zuzugreifen, ohne mögliche Transformationen des Erzählens zu prüfen. Diesen Unterschieden widmet die vorliegende Studie ihre Aufmerksamkeit.
8 Die folgenden Analysen können auf Beobachtungen von Lienert: *Geschichte und Erzählen* aufbauen. Eine eingehende Rekonstruktion der Erzählverfahren im Kriegsteil des *Trojanerkriegs* steht allerdings noch aus; sie werden ausgespart in den Arbeiten von Bode, Friedrich: *Die Kamphesschilderungen in den mittelhochdeutschen Epen*. Diss. Greifswald 1909 und Czerwinski, Peter: *Die Schlacht- und Turnierdarstellungen in den deutschen höfischen Romanen des 12. und 13. Jahrhunderts. Zur literarischen Verarbeitung militärischer Formen des adligen Gewaltmonopols*. Diss. Berlin 1975.

Dabei empfiehlt es sich, unter Präsenz und Präsenzerzeugung nicht allein die Fokussierung von räumlich-körperlich erfüllter, realer Gegenwart zu verstehen, wie Hans Ulrich Gumbrecht zum Auftakt der Debatte um *presence cultures* vorgeschlagen hatte.[9] Auch literarische Texte vergegenwärtigen, so Martin Seel:

> Um eine Gegenwart in einem räumlichen Sinn kann es sich nicht handeln. [...] Was hier anschaulich wird, ist eine ansonsten unscheinbare Gegenwart der *Sprache*. [...] Literarische Texte zeigen dies [...], indem sie vor den Augen und Ohren der Lesenden *Versionen* eines sprachlichen Weltzugangs konstruieren.[10]

„Gegenwart der Sprache" meint für Seel vor allem die Selbstreferenz des kommunikativen Aktes. Doch ließe sich in der vorgeschlagenen Perspektive ebenso das Kommunizierte der Vergegenwärtigung untersuchen – im Falle des Erzählens als Versionen eines „Weltzugangs", der „als eine *vorstellende* Vergegenwärtigung der vom Text imaginierten Welt" vor „Augen und Ohren" der Imagination tritt.[11] Auch deiktische Akte *am Phantasma* können bisweilen Imaginationen von überwältigender Gegenwärtigkeit und alternativloser Nähe erzeugen, auf die ein

---

**9** Vgl. Gumbrecht: *Diesseits der Hermeneutik*, S. 33: „Was uns ,präsent' ist, befindet sich (ganz im Sinne der lateinischen Form *prae-esse*) vor uns, in Reichweite unseres Körpers und für diesen greifbar." Solche Präsenz sucht Gumbrecht vor allem jenseits literarischer Imagination, u. a. in gesteigerten Erlebnismomenten des Sports; vgl. Ders.: „Epiphanien". In: *Dimensionen ästhetischer Erfahrung*. Hg. v. Joachim Küpper u. Christoph Menke. Frankfurt a.M. 2003, S. 203–222; Ders.: *Lob des Sports*. Frankfurt a.M. 2005. Zum räumlichen Verständnis von Präsenz vgl. auch Nancy, Jean-Luc: *The birth to presence*. Stanford 1993. Für Gumbrecht legitimiert sich diese Präferenz für reale Raumkörper in erster Linie als kritische Wendung gegen die Paradigmen von Phänomenologie und Hermeneutik, die vor allem auf die Zeitdimension von Sinnprozessierung und Verstehen abstellen. Die Theaterwissenschaft mit ihrem Interesse an materiell präsenten Körpern auf der Bühne hat ähnliche Stoßrichtungen verfolgt; vgl. z.B. Fischer-Lichte, Erika: *Ästhetik des Performativen*. Frankfurt a.M. 2004. Dass die Raumdimension jedoch keineswegs als Ansatzpunkt von Präsenzeffekten privilegiert werden muss, sondern sich ein weitaus vielfältigeres Spektrum an medial gebundenen Vermittlungs- und Vergegenwärtigungsprozessen rekonstruieren lässt, belegen hingegen Kiening, Christian: „Mediale Gegenwärtigkeit. Paradigmen – Semantiken – Effekte". In: *Mediale Gegenwärtigkeit*. Hg. v. Christian Kiening. Zürich 2007, S. 9–70 und Lee, Kwan Min: „Presence, explicated". In: *Communication Theory* 14 (2004), S. 27–50. Auch in direkter Auseinandersetzung mit Gumbrechts Projekt sind Einwände an dem Versuch formuliert worden, präsenzorientierte Körperwahrnehmung und Bewusstsein kategorisch zu trennen; vgl. u.a. Antonello, Pierpaolo: „The materiality of presence. Notes on Hans Ulrich Gumbrecht's theoretical project". In: *Producing Presences. Branching out from Gumbrecht's Work*. Hg. v. Victor K. Mendes u. João Cezar de Castro Rocha. Dartmouth 2007, S. 15–27, insbes. S. 19–21.
**10** Seel: *Ästhetik des Erscheinens*, S. 210.
**11** Seel: *Ästhetik des Erscheinens*, S. 210.

starker Begriff von Präsenz in der kulturwissenschaftlichen Diskussion zielt.[12] Dass imaginierte Bilder ebenso präsent sind wie Bilder der äußeren Wahrnehmung, gehört in historischer Perspektive zumindest zu den Grundannahmen mittelalterlicher Wahrnehmungstheorien.[13] Angeregt von Übersetzungen psychologischer Werke wie Aristoteles' *De anima* oder Avicennas *Liber de anima* setzt sich seit dem 12. Jahrhundert zunehmend ein Kognitionsmodell durch, das mentale Imaginationsprozesse auf konkrete Präsenzen von Bildformen in der menschlichen Seele zurückführt:

> Ihre materielle Grundlage, das Pneuma, das in der Leber gebildet und im Herzen verfeinert wird, erfüllt die Ventrikel des Gehirns ebenso wie die Sinnesorgane. [...] Das Pneuma, das somit die materielle Grundlage der Imaginatio bildet, leistet die Übertragung, die Transformation und auch die Speicherung von Daten.[14]

Auch wenn mittelalterliche Theoretiker den Prozess der Bilderzeugung unterschiedlich präzisieren und etwa äußere Bilder nach ihren unterschiedlichen Quellen, Stabilitätsbedingungen und Verarbeitungsmöglichkeiten differenzieren, ändert dies nichts am grundsätzlichen Befund: Das hochmittelalterliche Standardmodell der Kognition spricht Kommunikation die Fähigkeit zur Bilderzeugung zu, die im Adressaten mental präsent wird. Ein für historische Textanalysen und deren epistemologische Voraussetzungen adäquater Begriff der Präsenz muss

---

12 Zum Zeigefeld von Vorstellungsbildern vgl. grundlegend Bühler, Karl: *Sprachtheorie. Die Darstellungsfunktion der Sprache*. Ungekürzter Neudruck der Ausgabe Jena 1934. Mit einem Geleitwort von Friedrich Kainz. 3. Aufl. Stuttgart 1999, insbes. S. 121–140.

13 Wahrnehmungstheorien der Pneumatologie sprechen Vorstellungsbildern denselben Realitätsstatus zu wie äußerer Wahrnehmung: Stets geht es um die Erzeugung mentaler Bilder. Die emphatische Unterscheidung zwischen authentischer und imaginierter Wahrnehmung, welche die moderne Präsenzdebatte nährt, stellt sich somit im Rahmen der historischen Epistemologie nicht in dieser Schärfe. Vgl. hierzu u. a. Wandhoff, Haiko: *Ekphrasis. Kunstbeschreibungen und virtuelle Räume in der Literatur des Mittelalters*. Berlin, New York 2003, insbes. S. 24–30; Carruthers, Mary J.: *The craft of thought. Meditation, rhetoric, and the making of images, 400–1200*. Cambridge 1998; Reich, Björn: *Name und maere. Eigennamen als narrative Zentren mittelalterlicher Epik. Mit exemplarischen Einzeluntersuchungen zum Meleranz des Pleier, Göttweiger Trojanerkrieg und Wolfdietrich D*. Heidelberg 2011, insbes. S. 36–56; Scheuer, Hans Jürgen: „Die Wahrnehmung innerer Bilder im ,Carmen Buranum' 62. Überlegungen zur Vermittlung zwischen mediävistischer Medientheorie und mittelalterlicher Poetik". In: *Das Mittelalter* 8 (2003), S. 121–136; Ders.: „*Numquam sine phantasmate*. Antike in mittelalterlicher Imagination". In: *Germanistik in und für Europa. Faszination – Wissen. Texte des Münchener Germanistentages 2004*. Hg. v. Konrad Ehlich. Bielefeld 2006, S. 381–390.

14 Lechtermann, Christina: *Berührt werden. Narrative Strategien der Präsenz in der höfischen Literatur um 1200*. Berlin 2005, S. 68 f.

demnach mehr als nur Körper im Außenraum umfassen und auch die Präsenzqualität innerer Bilder berücksichtigen, die mittelalterliche Autoren diskutieren.

Wie die Forschung verschiedentlich beobachtet hat, entwirft Konrads Schilderung des zweiten Trojanischen Kriegs eindrückliche Bilder des Glänzens und Schillerns.[15] Es gleißen edelsteinverzierte Rüstungen und Waffenröcke; Banner und Zeltlager der Griechen erhellen die Nacht, als wäre es Tag (Tr 26220 – 26249); Funken stieben von den Rüstungen, in den Schilden der Kämpfenden spiegelt sich die Sonne (Tr 36892 – 36895); unter Posaunenschall krepieren Rosse und Reiter und tauchen das trojanische Vorland in dampfende Blutseen von Rot und Weiß. Im Zentrum der tobenden Schlacht und dieser zugleich entzogen, thront Helena auf den Mauern Trojas und blendet alle, die zu ihr heraufblicken, wie die Sonne.[16] Dass der *Trojanerkrieg* in dieser Weise „Pracht und Vernichtung [...] im Krieg" in extremer Weise „[zusammen]laufen" lässt, ist ebenfalls wiederholt betont worden.[17]

Kontrovers wird hingegen das erzählfunktionale Profil dieses Kontrastes beurteilt. Hauptsächlich drei Positionen beschäftigen die bisherige Diskussion. (1.) *Kontrastästhetik als Verfall:* So wurden „Prunk und Scheußlichkeit des Kriegs" in ihren „sinnlosen Dimensionen" zum einen als Verfall des epischen Stilideals der maßvollen Organisation gewertet;[18] indem das Erzählen eine bedeutungsgefährdende Ästhetisierung „ohne jede Beziehung zum Inhalt" betreibe,[19] löse es sich ebenso von rhetorischen Normvorgaben wie vom Anspruch, kohärent Geschehensdarstellung und Lehre zu vermitteln.[20]

---

**15** Vgl. Lienert: *Geschichte und Erzählen*, S. 277–281; Green: *Konrads ‚Trojanerkrieg'*, S. 14, 63, 79–84; Müller: „Ästhetisierung"; Kellner: „*erniuwen*". Schon Basler: *Trojanischer Krieg*, S. 65 verweist doppelsinnig auf Konrads „blendende Darstellung".
**16** Vgl. Tr 33959–33994; 34004–34081; 34555–34557 u.ö.; vgl. auch Tr 34226–34231 (Helena inmitten der Massenschlacht); Tr 39242–39285.
**17** Lienert: *Geschichte und Erzählen*, S. 281 mit weiteren Forschungshinweisen; vgl. auch Lienert: „Wahrnehmung des Krieges", insbes. S. 47; Müller: „Ästhetisierung".
**18** Monecke: *Studien*, S. 161: „Konrads beängstigendes Talent geht hier ins Manische und erreicht durch bloßes Ineinanderschieben der Grundelemente, Ritterballett und Gemetzel, Kleiderpracht und Wundengraus, Prunk und Scheußlichkeit des Kriegs, immer neue kaleidoskopische Variationen. [...] Und doch ist dies nur der Leerlauf einer epischen Technik, die andernorts Glanzvolles und Subtiles leistet."
**19** Green: *Konrads ‚Trojanerkrieg'*, S. 14.
**20** In diesem Sinne liest Worstbrock: „Tod des Hercules" die Herculesepisode des *Trojanerkriegs* als Symptom einer „tiefer gründenden Dissoziation [...] von Handeln und moralischer Erkenntnis", die den Roman von der „Tradition des höfischen Romans" trenne (S. 278). „[N]ahezu alle Figuren des *Trojanerkriegs*" umhülle trotz rücksichtsloser Zerstörung ein „Schein idealer Attribute", „ohne daß ihre Widersprüchlichkeit zu bewußter Geltung käme" (S. 282). In dieser

(2.) *Kontrastästhetik als artistischer Reiz:* Ästhetische Überschüsse des prachtvollen Kriegs wurden wiederum in jüngerer Zeit als eigentlicher Reiz von Konrads Erzählexperiment bestimmt, das sich von den ethischen und epistemologischen Vorgaben der Romanästhetik um 1200 gezielt entkoppelt. Wie in anderen Werken Konrads zeige sich in der „manierierte[n] Künstlichkeit" extravaganter Metaphorik auch im *Trojanerkrieg* eine „verschärft[e] Autonomie des Poetischen", die ethische Lehre allenfalls sekundär „mitvermittel[t]".[21]

(3.) *Kontrastästhetik als Vermittlung von Thema und Darstellung:* Zwischen beiden Auffassungen steht die These, Pracht und Vernichtung liefen in der Kriegsästhetik so zusammen, wie Reiz und Destruktion in der fatalen Schönheit Helenas enggeführt würden. „Konrads ‚Ästhetisierung'", so Jan-Dirk Müller, „treibt die vollendete Schönheit in ein Maximum, um am Untergang des Vollendeten die Defizite der Vollendung zu zeigen" – mit ambivalenten Effekten auch für die Wahrnehmung des Rezipienten, die zwischen Glanz und Blendung, Beobachtbarkeit und Unbeobachtbarkeit pendele.[22] Indem Attraktion und Destruktion sowohl Handlungs- als auch Darstellungsebene des *Trojanerkriegs* bestimmten, werde der schöne Verfall Trojas bedeutungshaft vermittelt.[23]

---

„zerbrochene[n] Einheit" (S. 278) sieht Worstbrock „Züge eines interpretatorischen Programms für Konrads Roman-Torso insgesamt" (S. 284).

**21** So Haug: „Konrad von Würzburg", S. 357 im Hinblick auf *Partonopier und Meliur*; da Haug sich an dieser Stelle auf Moneckes Gesamtstudie zu Konrads *wildem* Erzählstil stützt und die Poetologie des *Trojanerkriegs* als „parallel" betrachtet (S. 358), kann dies als Gesamturteil zur Autonomisierung von Künstlichkeit bei Konrad verstanden werden.

**22** Vgl. Müller: „Ästhetisierung", S. 302; vgl. auch Müller, Jan-Dirk: „Blinding sight. Some observations on German epics of the thirteenth century". In: *Rethinking the medieval senses. Heritage, fascination, frames*. Hg. v. Stephen G. Nichols, Andreas Kablitz u. Alison Calhoun. Baltimore 2008, S. 206–217. Gegen die ältere Forschung, die solche Ästhetisierung als Manierismus des sog. blümenden Stils untersuchte, wendet Müller ein, dass Konrads rhetorische Virtuosität „nie als ein bloß elokutionelles Phänomen" zu erfassen sei (Müller: „Ästhetisierung", S. 293). Wie für Worstbrock steht hinter der Ambiguität von Ästhetik und Ethik für Müller letztlich ebenfalls eine literaturgeschichtliche These: „Damit steht Konrad mindestens typologisch am Ende der höfischen Epik (auch wenn einige Werke der Gattung noch nachklappern), nämlich indem er die Aporien von deren Ansprüchen aufzeigt, des Anspruchs einer Ethik, die auf Gewalt gegründet ist" (S. 303). In entgegengesetzte Richtung hatte Hasebrink: „Rache als Geste" am Beispiel der Medeaepisode gefragt: „Wirkt möglicherweise diese Ästhetisierung nicht als Sinnstiftung, sondern als entscheidendes Moment der Überdeckung von Sinndefiziten?" (S. 210).

**23** Lienert: *Geschichte und Erzählen*, S. 281; als schöne Wortkunst biete Konrad geradezu eine „Form der Bewältigung" von Leid und Tod, ebd. S. 307–309; zur „Ästhetisierung des Leides" vgl. auch Dies.: „Ein mittelalterlicher Mythos. Deutsche Troiadichtungen des 12. bis 14. Jahrhunderts". In: *Troia. Traum und Wirklichkeit*. Hg. v. archäologischen Landesmuseum Baden-Württemberg. Stuttgart 2001, S. 204–211, hier S. 209. Diese Argumentation wird auch für Gewaltdarstellungen in anderen Codierungsformen geltend gemacht: zu visueller Ästhetisierung als

Die Positionen dieser Debatte verbindet, dass sie das Phänomen der Ästhetisierung eher punktuell beleuchten – anhand isolierter Beschreibungen, Metaphern und Vergleiche. Narrative Einbettungen oder Positionierungen innerhalb größerer Erzählsequenzen blieben dagegen unberücksichtigt. Auch ist noch kaum erforscht, welche Phänomene der Ästhetisierung speziell im literarischen Diskurs verortet sind – und welche hingegen auch in antiker und mittelalterlicher Kriegsgeschichtsschreibung anzutreffen sind, die Schlachten nicht nur repräsentiert, sondern ebenfalls durch Verfahren der sinnlichen Intensivierung gegenwärtig werden lässt.[24]

Doch gerade mit der großräumigen Verwendung von Präsenzverfahren setzt der *Trojanerkrieg* neue Akzente. So lässt sich zeigen, dass Intensivierung sinnlicher Wahrnehmung besonders ausgeprägt den zweiten Erzählteil bestimmt, wie im Kontrast zum vorderen Erzählfeld deutlich wird. Exemplarisch lässt sich diese Verlagerung mit vergleichenden Analysen zur ersten Zerstörung Trojas unter der Führung des Hercules (Tr 11378–13097) sowie zur zweiten Schlacht vor Troja (Tr 29650–37584) greifen. Aufschlussreich ist ein solcher Vergleich der Erzählverfahren nicht nur aufgrund der thematischen Nähe beider Kriegspassagen. Einblicke in Konrads Organisationsarbeit an der Referenz des Erzählens verspricht vor allem die Tatsache, dass fast 3000 Verse der insgesamt 3438 Verse umfassenden zweiten Schlachtschilderung ohne erkennbare Vorlage gestaltet sind – eine Ausnahme im gesamten Bearbeitungsprofil des *Trojanerkriegs*.[25]

### 1.1.1 Vorspiele der Präsenz. Zur ersten Zerstörung Trojas (Tr 11378–13397)

Nach dem Tod Jasons sammelt Hercules unter den griechischen Fürsten einen Kriegszug, um für die frühere feindselige Abweisung der Argonauten vor Troja Rache zu üben.[26] Nicht nur Troja und ihre Einwohner, sondern auch die Bewohner

---

„Rahmung und Begrenzung" von Gewalt am Beispiel mittelalterlicher Passionsikonographie vgl. etwa Tammen, Silke: „Gewalt im Bilde. Ikonographien, Wahrnehmungen, Ästhetisierungen". In: *Gewalt im Mittelalter. Realitäten – Imaginationen*. Hg. v. Manuel Braun u. Cornelia Herberichs. München 2005, S. 307–349, hier S. 338 f. Korrelationen von Kriegsthematik und Ästhetik werden auch mit der Codierungspraxis von Gewalt im Mittelalter begründet, die *sinnlose* Gewalt kaum zuzulassen scheint; vgl. hierzu den Überblick von Braun u. Herberichs: „Gewalt im Mittelalter", insbes. S. 30–35.

**24** Vgl. z. B. Prietzel, Malte: *Kriegführung im Mittelalter. Handlungen, Erinnerungen, Bedeutungen*. Paderborn 2006; Clauss, Martin: *Kriegsniederlagen im Mittelalter. Darstellung, Deutung, Bewältigung*. Paderborn 2010.

**25** Zu Handlungsabschnitten und bislang identifizierten Leitquellen des Romans vgl. die Handlungs- und Quellenübersicht zum *Trojanerkrieg* im Anhang der Arbeit.

**26** Zu dieser Vorgeschichte vgl. Tr 6498–7215.

der umliegenden Dörfer werden Ziel des ebenso überraschenden wie brutalen Vergeltungsschlages: Hercules und seine Mitstreiter vergewaltigen, töten, plündern und zerstören wahllos. Erst nachdem König Lamedon, der den Argonauten den Aufenthalt verweigert hatte, persönlich von Hercules im Zweikampf zur Rechenschaft gezogen ist (Tr 12624 – 12870) und Thelamon die Königstochter Hesione vergewaltigt und verschleppt (Tr 12960 – 12979), betrachten die Griechen ihr Zerstörungswerk als abgeschlossen.

Wie grundsätzlich in Schlachtschilderungen des *Trojanerkriegs* begleiten auch die erste Zerstörung Trojas besondere Akzente ästhetischer Intensität. Zum einen lassen Zweikampfbeschreibungen die visuelle Erscheinung der Kämpfenden in ihren Rüstungen aufleuchten: Castor führt einen mit pechschwarzem Zobel bespannten Schild, der wie sein Waffenrock einen weißen Schwan auf braunem Feld zeigt (Tr 11992 – 11999), der Schild seines Gegners Cêdar trägt einen rotgoldenen Eber auf lindgrünem Grund (Tr 12012 – 12016). Prachtvoll wird auch die Rüstung des Pollux ausgestellt, der sich dem tödlichen Angriff des Pollux stellt: Von Gold, Edelsteinen und grünen Schleierhorten vergiert und mit silbernen Löwen besetzt, leuchtet sein Waffenrock wie rotgoldenes Wachs (Tr 12084 – 12091). Wie Manfred Stuckmanns Analysen der Wappenschilderungen im *Trojanerkrieg* zeigen konnten, intendiert Konrad in solchen Visualisierungen weniger faktuale Referenz auf heraldische Sinnsysteme als vielmehr eine „Ästhetik der Anschauung": Geschilderte Wappen „bilden keine Kongruenz mit der faktischen Heraldik",[27] sondern reizen durch visuelle Kontrasteffekte die mentale Aufmerksamkeit für die literarische Inszenierung herausragender Helden.

Glanzpunkte dieser Art setzt der *Trojanerkrieg* vor allem mit Einzelfiguren. Als Hercules auf das rückkehrende Heer Lamedons zustürmt, umgeben die Duellanten synästhetische Reize, die über Visualität hinaus auch akustische, haptische und olfaktorische Wahrnehmung stimulieren: Hercules' Pferdedecke, mit vielfältigen Tierdarstellungen bestickt, leuchtet „von golde rœter denne ein gluot" (Tr 12549; 12548 – 12557); der Hufschlag seines Pferdes lässt die Erde erbeben und Funken aus dem Gestein fliegen (Tr 12558 – 12566); unter Funkenregen mäht auch sein Schwert blutige Schneisen durch die Trojanermassen, die sich zu hohen

---

27 Stuckmann, Manfred: *Wappenschilderungen und historisch-heraldische Anspielungen in Konrads von Würzburg Trojanerkrieg.* Diss. Wuppertal 2003, S. 450 f. Zu Konrads „Gleichgültigkeit gegenüber historischen Wappen" und „Inkorrektheit bei wiederholten Angaben" zugunsten von „Formphantasie" und „Farbenspiel" vgl. auch Monecke: *Studien*, S. 162 im Anschluss an Galle, Arnold: „Wappenwesen und Heraldik bei Konrad von Würzburg". In: *Zeitschrift für deutsches Altertum und deutsche Literatur* 53 (1912), S. 209 – 259; zur mentalen Aktivierung von innerer Bildproduktion durch Wappen (anstelle semantischer Signifikation) vgl. grundegend auch Scheuer: „Das Heraldisch-Imaginäre".

Mauern kostbar ausgestatteter Körper und Rüstungen aufschichten (Tr 12579; 12585 f.; 12594 – 12616).

Der daraufhin ausführlich geschilderte Zweikampf mit Lamedon betont neben optischen und akustischen Akzenten von Blutströmen,[28] edelsteinverzierten Kleidern,[29] stiebenden Funken[30] oder Widerhall[31] der Schläge besonders deren haptische Wucht. Nicht nur Rüstungen und Schilde zerspringen (Tr 12746 – 12749), sondern auch die Körper selbst werden durch Gewaltbilder fühlbar hervorgetrieben:

> mit sîner ellentrîchen hant
> sluoc er [= Hercules] ûf sînen kampfgenoz
> reht als ûf einen anebôz
> mit einem hamere wirt gesmidet.
> (Tr 12802 – 12805)

> [der slac] lie sich nider unde wac
> dur daz nasebant zetal,
> sô daz des küniges hirneschal
> muost eines bruches sich dâ wenen
> und im daz swert zuo sînen zenen
> begunde erwinden und gestân.
> (Tr 12858 – 12863)

Auch Gerüche des Schlachtfeldes werden nicht unterschlagen: „der luft der wart betrüebet / von der tôten âse" (Tr 12900 f.). Und sogar Temperaturen werden mitgeteilt, wenn etwa aufsteigende Blutdämpfe (Tr 12906 f.) oder die Hitze der rasenden Kämpfer (Tr 12223: „in allen wart heiz unde warm") erwähnt werden.

---

**28** Vgl. Tr 12636 f.: „daz rôte bluot, den wîzen schûm / begunde er [= Hector] ûz im [= Lamedon] houwen"; Tr 12822 f.: „sîn [= Lamedons] hant sluoc eine wunden / mit bluote wol gerœtet"; Tr 12834 f.: „daz bluot alsam ein rôse rôt / wiel drâte im [= Hercules] ûz der wunden"; Tr 12864 f.: „gemâlet wart der grüene plân / mit sînem [= Lamedons] rôten bluote naz"; Tr 12884 f.: diu heide mit ir bluote rôt / wart allenthalp begozzen"; Tr 12906 f.: „man sach die heide riechen / von des bluotes tampfe".

**29** Hercules' und Lamedons Schilde zerbersten und verstreuen sich auf die Wiese, die „bedecket schône was / mit golde und mit gesteine", mit Schwertern fahren sich beide sogleich in ihre purpurnen Seidengewänder (Tr 12750 – 12755).

**30** Vgl. Tr 12814 f.: „die flammen heiter unde grôz / von ir gesmîde sprungen"; Tr 12852 – 12855: „den alten künic reine / sluoc er [= Hercules] ûf den gekrœnten helm / sô vaste, daz des fiures melm / dar ûz begunde stieben".

**31** Vgl. Tr 12816 f.: „ûf in die lüfte clungen / ir slege, der si pflâgen"; vgl. auch die implizite Akustik des Amboss-Vergleichs (Tr 12802 – 12805) sowie zuvor auch den totenerweckenden Hornstoß Lamedons (Tr 12198 – 12211).

Solche Synästhesien bleiben nicht auf Einzelaktionen oder Zweikämpfe beschränkt. Auch Beschreibungen der Massenschlacht werden intensiviert: Klänge splitternder Waffen und Kriegsschreie,[32] Sichteindrücke[33] von glänzenden Rüstungen, Bannern und der blutigen Landschaft oder verwundete Körper und durchschnittene Stoffe[34] machen den Krieg sinnlich präsent. Einzelne Vergleiche verdichten sich zu Miniaturen der Gewalt, die das Sterben in multisensorische Wahrnehmungsbilder der natürlichen Umwälzung fassen:[35]

> die tôten von den orsen risen
> als ab den boumen gelwez loup,
> daz dürre ist worden unde toup
> von der kalten windesbrût.
> bluomen, clê, gras unde krût
> von bluote wurden fiuhtic.
> (Tr 12524–12529)

Die gesamte Kampfschilderung durchziehen subtil indirekte Wahrnehmungsimpulse von Erzähler- und Figurenreden, die mittels fester Formeln wie „man sach",[36] „man hôrte"[37] oder Betonungen des „schouwen"[38] die sinnliche Rezeption innerhalb der erzählten Welt aktivieren und lenken. Auch sie tragen

---

**32** So ist das Erregen von „jâmerlich geschrei" (Tr 11918; vgl. auch Tr 11926) in den umliegenden Dörfern vor Troja zentraler Teil in der Angriffsstrategie der Griechen; vgl. im späteren Kampfverlauf auch Tr 12240–12245: „dô man zerspielt vil manic sper, / dô wart ein brasten und ein clac, / als ob der wilde donreslac / dâ klübe tûsent boume enzwei. / sich huop dâ wüefen und geschrei, / grisgrammen unde grînen"; Tr 12272–12275: „berg unde lüfte wurden ouch / gefüllet von der stimme, / die manger ûz mit grimme / lie schellen über sich enbor"; Tr 12332f.: „man hôrte wâfen und owê / dâ schrîen unde ruofen"; vgl. auch den Hornstoß, Tr 12198–12211.
**33** Vgl. Tr 11856f.: „[die Kriechen] wurfen und leiten / ir liehten wâpencleider an"; Tr 12232: „diu rôten und diu wîzen / banier sach man dâ snurren"; Tr 12246–12249: „man sach dâ verre schînen / gesteine, sîden unde golt, / daz dar gefüeret und geholt / was an den wâpencleiden"; Tr 12316f.: „der grien alsam ein lösche rôt / von bluote wart geverwet".
**34** Vgl. Tr 12538–12543: „man sach des wilden fiures glast / ûz dem gesmîde glenzen. / verschrôten und zerschrenzen / begunde man diu wâpencleit. / bein unde verch man dâ versneit / ze tôde gar biz ûf daz marc".
**35** Der *Trojanerkrieg* setzt somit Beschreibungsverfahren fort, die bereits Antikenromane wie der *Eneasroman* verwenden: Narrative Imaginationssteuerung beschränkt sich nicht auf Visualität, sondern erweitert sich zu einer „multisensorischen Wahrnehmungsdisposition" – so Wandhoff: *Ekphrasis*, S. 63 (dort zur Rüstung des Eneas).
**36** Tr 11868; 11912; 12068; 12233; 12246; 12279; 12362; 12538; 12614; 12808; 12906.
**37** Tr 12078; 12332.
**38** Tr 11597; 12166; 12253; 12325; 12329; 12406; 12426; 12442; 12638; 12681; 12983; vgl. auch den Zweikampf zwischen Hercules und Lamedon, der förmlich zum Publikumsmagneten wird: „si schuofen, daz ir beider her / begunde ir strîtes kapfen" (Tr 12774f.).

dazu bei, Kriegserzählen als sensorischem Ereignis Präsenz zu verleihen – eine Präsenz, die sich insofern paradoxen Bedingungen verdankt, als Bilder, Klänge oder Gerüche nur mittels narrativer Distanz vergegenwärtigt werden, wie sie selbst noch die Präteritalformen der Wahrnehmungssteuerung anzeigen.[39]

Auch in anderen Hinsichten sind solchen Präsenzeffekten in der Erzählepisode zur ersten Zerstörung Trojas Grenzen gesetzt. Während der *Trojanerkrieg* sinnliche Intensitätspunkte vor allem mit herausragenden Einzelfiguren setzt (etwa in den Aristien von Hercules und Lamedon, Castor und Elîachim), werden Sinneseindrücke der Gesamtheere weitaus seltener spezifiziert und bleiben deutlich formelhafter.[40] So scharf der Erzähler das griechische Massaker verurteilt, so summarisch rafft er dessen Schilderung.[41]

Einen ausgeprägt diskursiven Charakter erhält die Erzählsequenz zudem durch ihre vielen ausführlichen, sinnlich jedoch kaum konkretisierten Redepartien, welche die gesamte Episode rahmen.[42] Sogar an Handlungshöhepunkten wie dem Zweikampf zwischen Hercules und Lamedon unterbrechen Redeeinschübe die imaginative Energie und leiten diese in einen argumentativen Redeagon um.[43] Die Präsenz des Schlachtgeschehens wird so wieder und wieder ausgesetzt, wenn Handlungen und metaphorische Stimulationsnetze jäh unterbrochen werden.

Dem Anlass der Rachefahrt entsprechend ist die gesamte Kriegsfahrt von Innenwelten der List und Überlistung her perspektiviert. Seine Mitstreiter wirbt Hercules mit Aufrufen zur *compassio*[44] für einen anti-trojanischen Kreuzzug –

---

**39** Zu dieser Paradoxie vgl. ausführlich Bleumer: „Narrativität und Visualität".
**40** So sammelt Hercules bei seiner Werbungsfahrt durch Griechenland „von ritterschefte ein michel her" (Tr 11549) – eine visualisierende Beschreibung unterbleibt.
**41** Vgl. Tr 11896–11917; 12916–12931 und 12981–12985 (mit ausdrücklichem Kürzungsanspruch); auch Plünderungen werden – anders als im späteren Kriegserzählen – marginalisiert, vgl. Tr 11696–11701; 12986–12991.
**42** Vgl. z.B. die Werbungsreden des Hercules bei Castor und Pollux (Tr 11450–11481), Thelamon (Tr 11482–11521) und Nestor (Tr 11522–11540); die Heeresansprachen Thelamons (Tr 11611–11714) und die ausführliche Strategiebesprechung des Hercules (Tr 11715–11848); die Spottrede Cêdars (Tr 12038–12051); die Klagerede Lamedons um Elîachim (Tr 12103–12133) und seine Reizrede (Tr 12134–12195); ausgedehnter, doch unanschaulicher wird der Notstandsbericht des Trojaners Dares präsentiert (Tr 12409–12480); auf dem Höhepunkt der Episode entspinnt sich zwischen Hercules und Lamedon ein Disput über die Legitimität der Kampfhandlungen (Tr 12645–12733).
**43** Vgl. hierzu etwa die Zweifel Lamedons (Tr 12481–12493), welche die Szene abrupt aus dem Kriegsschauplatz in eine politische Beratungsszene verwandeln.
**44** Wiederholt versichern die Mitstreiter des Hercules, sie litten mit ihm den Schmerz der Beleidigung: Castor und Pollux „sprächen z'im dâ beide, / daz si von sînem leide / betrüebet wæren sêre" (Tr 11471–11473); mit verstärktem religiösem Vokabular auch Tr 11514–11517: Thelamon „lobte im helfe unde sprach, / er wolte mit im ligen tôt / ald aber in ûz sîner nôt /

geschickt verschränkt er somit politische Racheansprüche mit religiösem Vokabular zu einer Verbindung, die sich nicht ablehnen lässt.[45] Leitwortartig strukturiert die gesamte Erzählsequenz der Begriff des Herzens als absoluter Wahrnehmungs-, Gewissens- und Entscheidungsinstanz der Rachepläne.[46] Mentale Innenräume werden auch auf trojanischer Seite zum eigentlichen Schauplatz des Erzählens, wenn Lamedon nach Enthüllung des hinterhältigen Anschlags auf Troja nicht als entscheidungsaktiver König, sondern als „zwîvelære" (Tr 12487) auftritt. Ästhetische Intensitäten werden so wiederholt von Innenwelten des Listgewissens flankiert oder sogar in dieses zurückgenommen, das „still unde tougenlichen" (Tr 11739) agiert und seine Erscheinung regulieren und verbergen kann. Als Listepisode hat die erste Zerstörung Trojas so gesehen gerade nicht rückhaltlose Präsenz, sondern verborgene Differenz zum Thema. Programmatisch verbergen Hercules und Thelamon vor dem Angriff ihre glänzenden Rüstungen:

> ir liehten wâpencleider schîn
> vordecket wart mit rîse,
> in tougenlicher wîse
> lâgen si verborgen,
> biz in der liehte morgen
> begunde ûf dringen unde komen.
> (Tr 11876–11881)

Nicht heroische Oberflächenpräsenz[47] führt der *Trojanerkrieg* hier und in anderen Episoden der Argonautenhandlung in der ersten Erzählhälfte ins Feld – ausgefaltet werden vielmehr Innenwelten, die im Glanz der Schlacht hervortreten, aber nicht ausgeleuchtet werden.

Dass fremdreferentielle Verweisungssysteme in Kriegshandlungen des listigen Verbergens und Entbergens aktiv bleiben, legt schon ihr Erzählrahmen nahe: Die erste Zerstörung Trojas ist eine Rachehandlung, die weitere Rachehandlungen motiviert; die erste Kriegsepisode ist lediglich verweisendes Glied einer Kette. Beruhen Durchkreuzungen von Präsenzeffekten zugunsten von diskursiven Re-

---

erlœsen und enbinden"; „swaz Hercules ir aller voget / und ir houbetman gebôt, / si wolten angest unde nôt / mit im lîden unde tragen" (Tr 11560–11563).

**45** Kreuzzugsmuster und -metaphern klingen z. B. an, wenn Hercules vor Troja die persönliche Fehde zur Tilgung universaler Schuld in der Fremde stilisiert: „daz ander ist, daz wir bereit / ze kampfe müezen werden. / uns twinget ûf der erden / diu wâre schult ze strîte, / sît wir bî dirre zîte / sint komen her in fremdiu lant" (Tr 11658–11663).

**46** Vgl. Tr 11398, 11429, 11448, 11481, 11504, 11530, 11544, 11776, 11927, 12101, 12106, 12147, 12195, 12364, 12504, 12626, 12645, 12771, 12810, 12831, 12838, 12936.

**47** Vgl. Müller: *Spielregeln*, S. 243–248 zur Bindung von personaler Identität an körperliche Erscheinung.

departien, Innenperspektiven und Enthüllungen dann nicht auf einfachen Erfordernissen des Racheerzählens?

Betonte Auslassungen zeigen indes, dass ästhetisierende Beschreibungen bewusst zurückgestuft werden. Unruhig schreitet der Erzähler zur Kürzung: Es stünden noch so viele weitere Kampfbeschreibungen aus, dass nicht genug „wîle" vorhanden sei, um jeden einzelnen Gefallenen aufzuzählen (Tr 12908 – 12921; vgl. auch Tr 12980 und einleitend Tr 11543). Nicht nur List und Rache brechen Präsenz – sondern auch die transitorische Atemlosigkeit des Erzählers, der zeitliche Ekstasen und Zeitlosigkeit von Präsenzeffekten einer durchgetakteten Erzählzeit unterwirft.

Rückhaltloses Zeigen entfaltet erst die umfangreiche Kriegsdarstellung im zweiten Erzählteil des *Trojanerkriegs* (Landungsschlacht: Tr 25110 – 26211; zweite Schlacht: Tr 29650 – 37584). Wie in den nachfolgenden Kapiteln eingehend zu untersuchen ist, eröffnen ihre Schilderungen konsequenter als im ersten Erzählteil multisensorisch intensivierte Wahrnehmungsräume. Dabei treten spezifische Verfahren hervor, die den *Trojanerkrieg* sowohl von militärhistoriographischen wie auch literarischen Schlachtdarstellungen früherer mittelhochdeutscher Epik unterscheiden:[48] Präsentifizierende Erzähltechniken, die in der Schlachtdarstellung des ersten Teils allenfalls begrenzte Teilverfahren neben anderen bilden, werden nun systematisch ausdifferenziert und ausgeweitet. Die zweite Zerstörung Trojas wird damit zum eigentlichen Ereignis der Vergegenwärtigung.

### 1.1.2 Rüstungsbeschreibungen
Zu den Verfahren der Präsentifikation gehören in erster Linie ausführliche Beschreibungen von Rüstungen und Schilden.[49] Rüstungsbeschreibungen nehmen in der zweiten Schlacht nicht nur erheblich größeren Raum ein und werden häufiger eingeschaltet,[50] sondern sind oft exotisch akzentuiert. Stereotypisierung

**48** Als Vergleichsfolie vgl. z. B. Czerwinski: *Schlacht- und Turnierdarstellungen.*
**49** Zu Konrads Rüstungsbeschreibungen in der Perspektive der Heraldik vgl. Stuckmann: *Wappenschilderungen*, insbes. S. 294 – 396 (zur 2. Schlacht sowie zur älteren Forschung).
**50** Bei der ersten Zerstörung Trojas überschreitet keine Rüstungsbeschreibung (Schilde, Kovertüren, Fahnen, Waffenröcke) die Länge von 10 Versen (Rüstung des Pollux: Tr 12082–12091; Rüstung des Hercules: Tr 12548–12557); insgesamt vier Rüstungsbeschreibungen von insgesamt 33 Versen verteilen sich auf 2019 Verse der gesamten Episode (= Gesamtanteil von 1,6 %). In der zweiten Schlacht umfassen dagegen 30 % der Rüstungsbeschreibungen 10 oder mehr Verse (z. B. Rüstung des Patroclus: Tr 30888–30916 = 29 Verse); die 39 Rüstungsbeschreibungen nehmen hier zusammen 301 von insgesamt 7934 Versen ein (= Gesamtanteil von 3,8 %). Ausgenommen wurden in beiden Teilen die unspezifischen, aber häufigen Verweise auf leuchtende Waffen (kleider).

und Konventionalisierung der Wahrnehmung werden auf diese Weise unterlaufen: Den Schild des Patroclus ziert ein mit Drachenblut gemalter Greif auf arabischem Goldgrund, der unter seiner hauchdünn geschliffenen Beryllbeschichtung so intensiv hervorleuchtet, dass er den Kampfplatz erhellt und das Auge des Betrachters schmerzt (Tr 30888 – 30916).[51] Wahrnehmungsverhältnisse und Beleuchtung kehren sich hier und in anderen Fällen geradezu um, wenn Waffen zu den eigentlichen Leuchtquellen werden: „dar ûz [= Schild des Agamemnon] erlûhte ein adelar, / der gap der heide rôten schîn" (Tr 33820 f.).

Tiere auf den Waffenröcken fungieren weniger als heraldische Abbildungen, sondern treten dem Betrachter vielmehr als lebendige Kunstwerke entgegen und gewinnen als „Formen einer heraldisch geprägten Phantasie" eigene Präsenz:[52] Der Schwan auf Achills Fahne „lûhte silberwîz her dan, / als ob er lebende wære" (Tr 30864 f.).[53] Das gesamte Schlachtszenario beherrschen visuale Kontrasteffekte, im Bereich von Wappen und Rüstungen insbesondere die Kontraste von Schwarz, Weiß und Rot sowie – als Generalkonstrast des blutigen Schlachtfeldes schlechthin – die Differenz von Grün und Rot (sämtliche Horv. B.G.):

> den schilt den fuorte er [= Troilus] unde truoc
> *von zobele swerzer denne ein brant,*
> dar în *ein blanker helfant*
> von hermîne was geleit.
> (Tr 31524 – 31527)

> [Farben auf dem Schild des Ascalafus:]
> sîn ober teil was *rôt von kelen,*
> daz under *swarz von zobele* schein
> und lac enmitten bî den zwein
> ein strich, der was gar *wîz hermîn.*
> (Tr 31666 – 31669)

---

**51** Vgl. Tr 30896 f.: „der kunde ein ouge pînen, / swenn er im sînen glast gebôt"; Tr 30902 – 30904: „der grîfe in einem velde lac, / daz was von golde ûz Arâbîn / und gap der heide glanzen schîn". Stuckmann: *Wappenschilderungen*, S. 308 erwägt hier einen Vergrößerungseffekt durch den Beryll; optische Wahrnehmung als solche könnte damit besonders betont sein.
**52** Scheuer: „Das Heraldisch-Imaginäre", S. 70.
**53** Vgl. auch den lebensechten Löwen auf dem trojanischen Streitwagen (Tr 30042 – 30044) oder den Waffenrock Tankreds von Agrippa, der mit Fischen bestreut erscheint (Tr 32737 – 32741); vgl. auch Tr 33093 – 33095. Besonders ausführlich ausgestellt werden u. a. die Rüstungen des Patroclus (Tr 30888 – 30916) und des Paris (Tr 33089 – 33109). Zu den Exotismen gehören aber auch Patroclus' in Krokodilfett gehärtete Goldrüstung (Tr 30942 – 30951) oder Schilde und Rüstungsaufsätze mit Drachen (z. B. Tr 32720 – 32726). Insgesamt lässt sich also beobachten, dass die „Lebendigkeit und Beweglichkeit der Bilder", die punktuelle Troja-Ekphrasen im Mittelalter auszeichnet (Wandhoff: *Ekphrasis*, S. 187), im *Trojanerkrieg* zu einem allgemeinen Verfahren ausgeweitet und über die gesamte Schlachtdarstellung gestreut wird.

[Cardes] fuorte in eime *schilte wîz*
gemâlet einen *swarzen môr.*
(Tr 32718 f.)[54]

Âlîn fuort einen *rôten* schilt
*mit rubînen* überspreit,
dar în enmitten was geleit
*von smâragden* wol getân
ein *grasegrüener papigân.*[55]
(Tr 31678–31682)

bedecket was sîn [= Agamemnons] *grüener* schilt
mit *smaragden grasevar,*
dar ûz erlûhte ein adelar,
der gap der heide *rôten schîn.*
(Tr 33818–33821)

von gimmen einen adelarn
geverwet *grasegrüene*
truoc Menelaus der küene
in eime schilte *rôt guldîn.*
(Tr 34594–34597)[56]

Wappen- und Rüstungsschilderungen werden dabei weniger als Sinnformen präsentiert – vielmehr lösen ästhetische Präsenzeffekte erscheinender Formen, Farben und Lichtintensitäten zunehmend die heraldischen Referenzen ab.[57] So

---

**54** Weitere Rüstungsbeschreibungen mit Schwarz-Weiß-Kontrast: Tr 31338–31341, 31792–31795, 32738–32743, 33068–33071, 36120–36127; Schwarz-Weiß-Kontraste spiegeln sich auch in den Leichen auf dem Schlachtfeld wider. Einen besonderen Schwerpunkt von Schwarz-Weiß-Kontrasten erkennt Stuckmann: *Wappenschilderungen*, S. 438 f. bei der griechischen Partei.
**55** Der grasgrüne Papagei auf Alîns Schild ist vor dem Entstehungshintergrund des *Trojanerkriegs* natürlich sinnträchtig: Könnte das literarische Wappentier auf den Sittich im Wappen des Basler Bischofs Heinrich von Neuenburg referieren? Wie Stuckmann: *Wappenschilderungen*, S. 409 aufweist, ist dieser jedoch mit rotem (statt heraldisch korrekt: weißen) Grund unterlegt. Selbst eines der naheliegendsten heraldischen Wappentiere des *Trojanerkriegs* wird somit ästhetisch umbesetzt.
**56** Weitere Rüstungsbeschreibungen mit Grün-Rot-Kontrast: Tr 32626–32629, 35530–35533, 37280–37285. Grün und Rot dominieren als Farbwerte der Landschaft und der Blutströme, die formelartig wiederkehren (vgl. dazu Kap. IV.1.1.3).
**57** Ein weitverzweigtes Sinnnetz aus heraldischen Anspielungen der Rüstungsschilderungen versucht Stuckmann: *Wappenschilderungen* zu rekonstruieren. Für die hier verfolgte Frage ist die Untersuchung allerdings nur begrenzt aussagekräftig. Zwar zeichnet Stuckmann zutreffend textinterne Korrespondenzen der Wappenbeschreibungen nach, doch bleibt gerade der Nachweis von heraldischer Realreferenz unverbindlich und assoziativ. Da zudem die konkrete Erzählgestalt des *Trojanerkriegs* nicht ausgewertet, sondern zum Steinbruch für isolierte Farb- und Symbolanalysen wird, sind die Ergebnisse der Studie zwar anregend, aber nur begrenzt be-

werden eindrückliche Wappenkombinationen mehrfach vergeben, umgekehrt aber auch einzelne Figuren im Kriegsverlauf mit wechselnden Wappen ausgestattet; statt Zugehörigkeit und heraldischer Differenzierung werden dadurch Erscheinungswechsel fokussiert.[58] Noch deutlicher tritt die Erscheinungsdimension in den Vordergrund, wenn Schilde ohne identifizierbare Träger beschrieben werden,[59] Farbmixturen[60] der Waffenröcke ohne unterscheidbare Zuordnung er-

---

lastbar. Dass für Konrads Rüstungsschilderungen eine grundsätzlich imaginäre Dimension (vgl. Scheuer: „Das Heraldisch-Imaginäre") zu berücksichtigen, wenn nicht sogar in den Mittelpunkt zu stellen ist, belegt schon die Verwendung von so wichtigen Farbwerten wie „brûn" (z.B. in Achills Wappen, vgl. Tr 30862), das als heraldische Tinktur im Spätmittelalter nicht belegt ist; vgl. Zips, Manfred: *Das Wappenwesen in der mittelhochdeutschen Epik bis 1250.* Diss. Wien 1966, S. 491f. mit Anm. 1556. Selbst bei heraldisch einschlägigen Wappen werden Sinnfunktionen von ästhetischen Funktionen überlagert. Nur beiläufig kommt Stuckmann: *Wappenschilderungen* auf diesen „Leuchteffekt" (S. 299) zu sprechen, den der *Trojanerkrieg* bei vielen Wappen intensiviert. Ein „prinzipielles ästhetisches Interesse" um den Preis von heraldisch-historischen Inkorrektheiten bemerken dagegen Monecke: *Studien*, S. 162f. und die ältere Studie von Galle: „Wappenwesen". Lapidar charakterisiert Lienert: *Geschichte und Erzählen*, S. 280 die Wappenschilderungen als „zweckfrei, ästhetisch".

**58** Mehrfachzuordnungen an verschiedene Figuren bei minimalen Umakzentuierungen der Wahrnehmung: z.B. schwarzer Widder (König Hupolt von Larîse, Tr 31789–31795; Plurimanz, Tr 33670–33673); heller Eber auf dunklem Grund (Gold/Rot bei Graf Bedevart, Tr 31591–31595; Weiß/Braun bei Baron Panfigâl, Tr 31806–31808); genealogisch-politische Zugehörigkeiten übergreifend: z.B. Löwe (Blau auf Gold: Margariton, Tr 31704–31707 / Theseus: 36120–36125; Blau auf Grün: Schlachtwagen der Griechen, Tr 30040–30043; Grün auf Rot: Pollidamas, Tr 35530–35533 / Rot auf Grün: Hector, Tr 39304–39309; Rot auf Gold: Paris, Tr 33089–33095). Vgl. hierzu Stuckmann: *Wappenschilderungen*, S. 138–141, 275–287, 318–322, 327–331, 365–368, 373f., 380–386, 422, 424 und 426; zu Wiederholungen generell S. 229f. Solche Farbkombinatorik verwebt Figurenrelationen zu einem engen ästhetischen Netz. – Mehrere Wappenzuweisungen zur selben Figur: Menelaus führt bei der Landungsschlacht zunächst wie sein Bruder Agamemnon ein Hirschwappen (Tr 25740–25747), in der 2. Schlacht jedoch ein Adlerwappen (Tr 33818–33825; 34594–34597). Vgl. dazu Stuckmann: *Wappenschilderungen*, S. 266–271.

**59** Vgl. Tr 31338–31341: „grüen als ein burnekresse / fuorte ein ritter einen schilt, / dar inne stuont ein rôtez wilt / alsam ein hirz gestellet"; wer dieser Ritter ist, gegen den sich Hector zur Wehr setzt, bleibt offen. Vgl. hierzu Stuckmann: *Wappenschilderungen*, S. 310–313.

**60** Vgl. z.B. Tr 31760f.: „die schilte rôt, grüen unde blâ / dô wurden sêre engenzet"; Tr 34244–34247: „diu wâfenkleit grüen unde blâ, / brûn unde blanc, graw unde rôt / von kamphes und von strîtes nôt / sich zarten unde rizzen"; Tr 35690–35693: „diu wâfencleit grüen unde blâ, wîz unde brûn, gel unde rôt / die liten aber grôze nôt / des mâles in der enge"; Tr 36874–36877: „die vanen brûn, gel unde rôt, / wîz, grüene und als ein lâsûr blâ, / die sach man unde hôrte dâ / snurren sam daz segeltuoch". Heraldische Sinnkonstruktion wird durch solche Überblendungen wiederholt durchkreuzt, wie auch Stuckmann: *Wappenschilderungen*, S. 438 zusammenfassend festhält: „Ein Farbvergleich wird zudem durch die Vielfalt der Wappenzeichen, noch vermehrt durch unterschiedliche Substrate, die Farben von Schwertern, Lanzen, Rüstungen und Pferden sowie durch den Dekor von Edelsteinen und Stoffproprietäten erschwert."

scheinen oder aber Rüstungselemente ausführlich vor Augen gestellt werden, noch nachdem bereits der Tod ihres Besitzers erzählt wurde:[61]

> Tanchrête von Agrippe
> viel ouch verhouwen ûf daz gras,
> den sluoc der helt Ênêas
> mit ellentrîcher degenheit.
> der fuorte ein blankez wâfenkleit
> gesniten von hermîne vrisch,
> dar ûf geströuwet manic visch
> von schînâte lûhte,
> der swarz geverwet dûhte
> reht als ein zîtic brâmber.
> (Tr 32734 – 32743)[62]

Kombinationen wie die reifen Brombeeren ähnelnden Fische auf dem hermelin-weißen Waffenrock Tanchrêts lassen sich zwar prinzipiell mit anderen Figuren und Objekten des *Trojanerkriegs* assoziieren, doch stellt das Erzählverfahren weniger auf heraldische Verweisung als auf kontrastive Intensitäten des Erscheinens und exotische Koppelungen ab. Als soziales Differenzierungssystem tritt Heraldik gänzlich in den Hintergrund, wenn prachtvolle Rüstungen, entleerten Muschelgehäusen gleich, unabhängig vom Leben ihres Trägers präsentiert werden.[63] Auf die Spitze treibt dies der Erzähler, indem er Schilde für ihre ästhetische Erscheinung an sich selbst rühmt:

> sîn [= Parcilôts] schilt der was mit kelen rôt
> bedecket und bevangen.
> drî zobelswarze spangen,
> die man leite ûf eine tür,
> dar ûz erlûhten und dâ für,

---

61 Vgl. als weitere Beispiele auch Tr 33394–33407, 33678–33683. Gelegentlich werden auch Tötungsschilderungen wiederholt, wodurch auch Rüstungsbeschreibungen rahmend betont werden: vgl. Tr 32538–32581, 32718–32733, 33670–33675, 35260–35271.
62 Auch in diesem Fall ließen sich assoziative Bezüge zwischen den Fischen auf Tanchrêts Wappen und anderen Griechen herstellen (Helenas Kleid, Achills Transport in der Fischblase u.v.m.) – so Stuckmann: *Wappenschilderungen*, S. 362f. Der Kontrast der brombeerfarbenen dunklen Fische auf dem hermelinweißen Waffenrock erregt jedoch primär ästhetische Aufmerksamkeit – nicht zuletzt dadurch, dass er dem Erzähler wichtiger scheint als ihr Träger.
63 Vgl. zutreffend Kokott: *Konrad von Würzburg*, S. 282: Es sind „diese Wappenbilder [...] das, was von ihnen bleibt"; auch Green: *Konrads ,Trojanerkrieg'*, S. 63 beobachtet im *Trojanerkrieg* die grundsätzliche Tendenz von Beschreibungen, „das Ganze in seine Teile aufzulösen"; zu Konrads Beschreibungen von Einzelteilen der Bekleidung „ohne Beziehung zum Träger" vgl. ebd., S. 64.

> *als ez dem schilte wol gezam.*
> (Tr 32902–32907; Herv. B.G.)

Rüstungen und Wappen gewinnen damit im zweiten Erzählteil eine selbstreferentielle Qualität, die Sinnverweisung in den Hintergrund und visuell-materielle Bildpräsenzen in den Vordergrund treten lässt – so ausführlich, dass glänzende Rüstungen den Kampfplatz restlos bedecken und kein Grund zu sehen ist:

> man kunde niht der heide
> beschouwen noch des grienes breit
> vor der manicfaltekeit
> der glanzen kovertiure
> (Tr 30776–30779)

Nicht ohne Grund kommt die vielfarbige, zwischen Details und Überblicken changierende Schlachtschilderung darin mit dem Apfel der Discordia und dessen präsentifizierenden Farbmixturen überein. Beide führen je nach Abstand zur Differenzierung oder zur Auflösung der Unterschiede; und beide lenken diskriminatorische Wahrnehmungsaktivitäten auf sich selbst zurück.[64]

Nicht nur Elemente der erzählten Welt werden somit vergegenwärtigt, sondern auch der Akt des Erzählens und die Wahrnehmungsaktivität, die dieser anstößt. Betrachtet man Beschreibungen mit der strukturalistischen Narratologie als Verfahren, welche die Diegese zeitweilig suspendieren,[65] so müsste man sagen, dass der *Trojanerkrieg* mit seinen Rüstungsbeschreibungen von diesem Effekt geradezu erschöpfenden Gebrauch macht. Diegetische Verweisung kommt damit in ihrer fremdreferentiellen Dynamik – trotz eines so bewegungsreichen Sujets wie der Massenschlacht – zum Stillstand. Nicht Handlungsverläufe der Schlacht, sondern Erscheinungen ihrer Kämpfer treten dadurch in den Vordergrund. Indem sie den Krieg sinnlich vergegenwärtigen, könnte sich die Beschreibungstechnik des *Trojanerkriegs* damit rhetorischen Praktiken der Evidenzerzeugung näher verwandt erweisen als Erzählformen der Perspektivierung: Figuren und Gegenstände

---

**64** Nach Scheuer: „Das Heraldisch-Imaginäre", S. 60–62 geht die funktionale Äquivalenz von Wappenschilderungen wie Apfelbeschreibung auf ein gemeinsames Imaginäres der Heraldik zurück. Zum Apfel als Wahrnehmungsstimulans vgl. Kap. III.3.1.2.

**65** Vgl. etwa Genette, Gérard: *Die Erzählung.* 3. Aufl. München 2010, S. 58 f., der die „deskriptive Pause" als Ruhezustand der Geschichte versteht. Zur kritischen Auseinandersetzung mit dieser Position vgl. Ronen, Ruth: „Description, Narrative and Representation". In: *Narrative* 5 (1997), S. 274–286. Auch Wandhoff: *Ekphrasis,* S. 22 u. ö. charakterisiert Beschreibungen als „Zonen des Verweilens und der Meditation".

*erscheinen*, anstatt ästhetisch repräsentiert zu werden.[66] Doch auch die Rhetorik der *evidentia* erfasst die Selbstreferentialisierung des *Trojanerkriegs* nur unzureichend. Wie bereits die Prologpoetik andeutet und anhand weiterer Verfahren der Präsentifikation zu zeigen ist, tendiert die Schlachtbeschreibung dazu, sich selbst aus Vorgaben der rhetorischen Kommunikationsbeziehung auszukoppeln.

### 1.1.3 Semantik des Blutes

Ebenso auffällige Präsenzeffekte stiftet die hyperbolische Verwendung von Blutmetaphern. Auf Ebene der semantischen Organisation tragen auch sie im *Trojanerkrieg* dazu bei, Verweisung stillzustellen und Präsenz zu erzeugen.

Der Bildbereich ist in der zweiten Schlacht unausgesetzt gegenwärtig: Wiesen werden vom Blut durchtränkt,[67] vor den rotgefärbten Mauern Trojas schwellen Ströme und ganze Seen an,[68] in denen Ross und Reiter in ihrem eigenen Blut ertrinken.[69] Über das Schlachtfeld wallen Aasgeruch und heißer Blutnebel, die den Kämpfenden Sicht und Atem nehmen.[70] Auf den ersten Blick mag die beeindruckende Rekurrenz solcher Bilder und Metaphern als Effekt eines topischen Produktionsprinzips erscheinen: Ein gigantisches Erzählprojekt wie der *Trojanerkriegs* wäre kaum zu bewerkstelligen gewesen, ohne auf kohärenzbildende sprachliche Strukturelemente wie Metaphern zurückzugreifen. Zweitens könnte man darin zudem gattungsspezifische Anleihen bei den blutgetränkten Tableaus heldenepischer Massenschlachten sehen.[71] Doch im genaueren Hinblick auf die Blutmetaphern des *Trojanerkriegs* greifen solche Antworten möglicherweise zu kurz.

---

**66** Zur Kommunikationspraxis der rhetorischen Evidenzerzeugung und ihrer kategorischen Differenz zum ästhetischen Konzept der Wahrnehmung vgl. Hübner, Gert: „*evidentia*. Erzählformen und ihre Funktionen". In: *Historische Narratologie. Mediävistische Perspektiven*. Hg. v. Harald Haferland u. Matthias Meyer. Berlin, New York 2010, S. 119–147, insbes. S. 133.
**67** Vgl. Tr 30096f., 31236–31241, 32030f., 33028f., 32172f., 32694f., 32932f., 33198f., 33428f., 33724–33726, 33870f., 33902–33909, 34224f., 35270f., 35616f., 36086f., 36502f.; vgl. auch Tr 31884f., 32076f., 34306f., 37164f.
**68** Vgl. Tr 32014f., 36434f., 37024f.; vgl. auch Tr 32228f., 33870–33873, 33982f., 35712, 36357f.
**69** Vgl. Tr 31264f., 32498–32505, 32588–32591, 33230f., 35628f., 36300f., 36946–36949.
**70** Vgl. Tr 31312f., 33656f., 33354f., 35712–35715, 36020f., 36086f.
**71** Vgl. Lienert: *Geschichte und Erzählen*, S. 280 mit Anm. 195, S. 284, 286 u.ö. Wie Bode: *Kamphesschilderungen*, S. 219–253 materialreich dokumentiert, sind viele der provokanten Blutmetaphern des *Trojanerkriegs* auch in Kämpfen der Heldenepik zu finden. Im vorliegenden Kapitel werden daher vornehmlich Funktionen dieser Metaphern beleuchtet, von denen der *Trojanerkrieg speziellen* Gebrauch macht.

Planvoll werden diese mit anderen Bildbereichen arrangiert. Vor allem Koppelungen von Blutmetaphorik und artifizialen Wortfeldern fallen ins Auge: Die Kämpfenden und ihre scharfen Sporen *bemalen* die Pferde mit Blut, auch Wiese und Kampfplatz werden blutig *bemalt*.[72] Artifizial markiert sind solche Metaphernverbindungen, da das Malen grundsätzlich zu den häufigsten Bezeichnungen der heraldischen Verfertigung und damit der kunsthandwerklichen Sphäre des Romans gehört.[73] Wie die Schlachtschilderung im Allgemeinen so wird auch die Blutmetaphorik im Besonderen als künstliche Konstruktion ausgewiesen. Das Blut der griechischen und trojanischen Krieger wird so zum Medium, in dem gezeichnete Körper und der Körper als Zeichnung gleichermaßen zur Erscheinung gelangen.[74] Was ist die Funktion solcher Verbindung?

Blutmetaphern übernehmen in der zweiten Schlachtbeschreibung sowohl thematische als auch kognitive Funktionen. Thematisch, d. h. im Hinblick auf den besprochenen Gegenstand, knüpfen sie an einen gattungsübergreifenden Diskurs des hohen Mittelalters an, der Blut als epistemologisches Leitmedium entwirft: als „ultimate proof of superior power and knowledge, of guilt, of violation, but above all of the notion of a body as a distinct, integral entity".[75] Nicht nur transzendentes, sondern ebenso latentes Wissen über Identität und Integrität des Körpers fördert Blut innerhalb dieses Diskurses zutage. Blut wird zum Medium generalisiert, das präsent macht – das gilt nicht zuletzt auch für Genealogien, die der Antikenroman (re)produziert.[76] Auch im *Trojanerkrieg* stiften Metaphern des Blutes eine herausragende epistemologische Präsenz, indem sie Gewissheiten vergegenwärtigen, die aller Kommunikation vorausgehen. Blutmetaphern erscheinen dabei nicht einfach naturalisiert, sondern werden erst durch literarische Inszenierung zum ausgezeichneten Präsenzmedium. Exemplarisch führt dies der Blutrausch vor Augen, in dem Hector seinen Gegner Ajax intuitiv als Träger des eigenen „sippebluot" (Tr 37145) erkennt: Blut verbirgt zu Beginn des Zweikampfs das genealogische Zeichen auf der Rüstung des Ajax (Tr 37196–37199), bestimmt aber zugleich als Leitfarbe seines Waffenrocks auch dessen eigentliche Erscheinung (Tr 37270–37275). Verbirgt Blut also einerseits vor Hector die Identität seines Gegners, so enthüllt sich dieser in der gesteigerten Nahwahrnehmung der Körper intuitiv als eigenes Blut:

---

72 Vgl. z. B. Tr 32139; 31744 f.
73 Vgl. z. B. Tr 30888 f. (mit Drachenblut bemalter Schild des Patroclus), 32968, 33453.
74 Zum artifiziellen Charakter der Blutästhetik vgl. auch Lienert: *Geschichte und Erzählen*, S. 283–285.
75 Bildhauer, Bettina: *Medieval Blood*. Cardiff 2006, insbes. S. 16–50 (Zitat S. 49).
76 Vgl. Kellner: *Ursprung und Kontinuität*, S. 223 f. und passim am Beispiel des *Eneasromans*.

benamen, ich enpfinde,
daz mîn geslehte wider mich
vil starke slege und manigen stich
mit vrevellicher hende tuot.
mich strîtet an *mîn sippebluot*
und mînes nâhen künnes verch.
(Tr 37330 – 37335; Herv. B.G.)

Die Begegnung von Hector und Ajax ist so als eine Begegnung des Blutes entworfen, deren Evidenz anderen Sinnmedien wie Heraldik oder verbaler Kommunikation vorausliegt. Allenfalls nachträglich kann die Aufklärungskommunikation zwischen beiden schließlich noch bestätigen, was zuvor als latentes Wissen in bzw. an den Körpern der Kämpfenden zur Erscheinung gelangt.[77] Blut konstituiert somit das Thema von Enthüllung, die nicht erst kommunikativ hergestellt wird, sondern umgekehrt Kommunikation auf sich ausrichtet. Reden durchziehen die Schlachthandlungen, mit denen sich die Kämpfenden regelmäßig zum Blutvergießen anspornen.[78] Verbindend wirkt Blut, indem es visuelle Erscheinungen von blutigen Waffen, Rüstungen[79] und Körpern[80] im wahrsten Sinne des Wortes zusammenfließen lässt.

Die Begegnung zwischen Hector und Ajax besitzt in dieser Hinsicht metonymischen Charakter, bündelt sie doch jenes Modell der Blutsbegegnung, welches auch die übrigen Kämpfenden vor Troja verbindet und zugleich antagonistisch unterscheidet. Obgleich in der Rolle von Gegnern, stehen sich Griechen und Trojaner in mehrfachen genealogischen Wechselbezügen gegenüber, die Figuren wie Hesione und Helena, Paris und Ajax verkörpern. Entführungshandlungen (Hesione/Thelamon, Helena/Paris) und Rückholungsversuche (Hesione/Paris, Helena/Ajax), welche die Opposition der Kriegsparteien kreuzen, werden nicht zuletzt als solche des Blutes verhandelt. Innere und äußerlich erkennbare Zugehörigkeit, zurückliegendes und gegenwärtiges Geschehen finden in Blutmetaphern zusammen und werden auf extreme Weise sichtbar.

Blut wird auf diese Weise zum Kollektivsymbol für Gegnerschaft und Zusammengehörigkeit, Kampf und Sieg, Vitalität und Tod in einem – etwa wenn Hector den Tod seines Bruders Casilian „an manges bluote" rächt (Tr 36488).[81]

---

**77** Vgl. die ausführlichen Rüstungs- und Kampfbeschreibungen (Tr 37268 – 37329), in denen mehrfach blutrote Farbwerte betont werden.
**78** Vgl. z. B. Tr 31869, 31884 f., 32076 f., 32996 f., 35674 f.
**79** Vgl. z. B. Tr 32304 f., 32953 („bluotevarwen sporn" des Paris), 32996 f., 34268 f. („von sweize wart ir harnasch vêch / und von dem bluote moderîn"), 34508 f., 36293 f.
**80** Zur Verbindung von Blut und Körperlichkeit vgl. z. B. Tr 31839, 32526 – 32529, 34322 f.
**81** Vgl. ähnlich auch Tr 36602 f., 36614, 37145.

Thematisch bindet die Blutmetaphorik damit genealogische Erzählkomplexe der Vorgeschichte zusammen und reduziert deren Komplexität in einem sinnfälligen Medium. Die komplexe Vorgeschichte des Trojanischen Kriegs wird zu einer einfachen Geschichte des Blutes transformiert.

Zweitens – und prinzipiell unabhängig von ihrer thematischen Ausrichtung – befördert auch die formale Organisation der Metaphernstrukur diese Präsentifikationseffekte in kognitiver Hinsicht. Verknüpfen sich konzeptverwandte Metaphern in der Regel zu semantischen Netzen mit hohem Verweisungspotential,[82] so schrumpfen solche binnenreferentiellen Sinneffekte von Metaphern umgekehrt, je höher der Standardisierungsgrad ihres Wiederauftretens ist.[83] Heldenepische Kampfdarstellungen, so könnte man diese Überlegungen fortführen, setzen deshalb verstärkt auf Wiederholung von Blutmetaphern, um auf erzählte Ereignisse nicht nur zu verweisen, sondern diese symbolisch präsent zu machen.

Auch der *Trojanerkrieg* nutzt die kognitive Organisationsleistung von Metaphernrekurrenz. Blutvergießen und Blutströme werden zu festen Bildern und Vorgangsbeschreibungen wie etwa dem Benetzen der Wiese mit Blut verdichtet,[84] Farbkontraste von Blutrot und Grün bilden enge Kollokationen.[85] Semantische Verweisungspotentiale, die Metaphern in besonderer Weise stimulieren, werden somit in einem gemeinsamen Konzept stillgestellt. Wie sich das Erzählen eingangs

---

**82** Vgl. zusammenfassend Kohl, Katrin: *Poetologische Metaphern. Formen und Funktionen in der deutschen Literatur.* Berlin, New York 2007, S. 181 unter dem Begriff der Projektion.

**83** Extremfälle dieser Technik hat Susanne Köbele im Bereich mystischer Redeverfahren beobachtet, die Sinneffekte durch ostentative Wiederholung auszuschalten suchen; vgl. Köbele, Susanne: „Vom ‚Schrumpfen' der Rede auf dem Weg zu Gott. Aporien christlicher Ästhetik (Meister Eckhart und das *Granum sinapis* – Michel Beheim – Sebastian Franck)“. In: *Poetica* 36 (2004), S. 119–147. Auch die Wiederholungstendenz von Konrads Metaphernverwendung könnte so betrachtet nicht nur auf Stilzitate des „Gottfried-Idioms“ verweisen (Köbele: „Klang und Sinn“, insbes. S. 320 mit Anm. 59 zu Wiederholungsfiguren), sondern auf Redestrategien aufbauen, die den *Trojanerkrieg* in überraschende Nähe zu transzendenzorientierten Diskurstechniken rücken. Solche Nähe zeigt sich nicht nur im Prolog (vgl. Kap. III.2), sondern auch bei Semantiken des Glänzens und Erscheinens (vgl. Kap. V.3).

**84** Vgl. hierzu die oben angeführten Stellenbelege. Das Niederfließen des Blutes auf die Wiese wird besonders häufig wiederholt, womit auch der implizite Farbkontrast Rot-Grün stabilisiert wird.

**85** Im selben Vers: Der Adler-Schild des Agamemnon „gap der heide rôten schîn“ (Tr 33821); Verbindungen in unmittelbarer Versfolge: „si wolten in den grüenen klê / daz rôte bluot dâ mischen“ (Tr 32172f.); „einhalp si gâben rôten schîn / und anderhalben grüenen glanz“ (Tr 32628f., Waffenröcke der Admirale; vgl. auch Tr 32631f.); „und er daz grüene velt getwuoc / mit sînem bluote rôtgevar“ (Tr 33198f.); „ir gnuoge vielen ûf daz gras, / daz schiere dâ geverwet was / in rôten schîn […]“ (Tr 33597–33599); ein grüner Löwe auf rotem Feld ziert den Schild des Pollidamas (Tr 35530–35533).

als Geschichtenmeer stabilisiert, sammelt sich nun das Erzählte in der Metapher des Blutsees.

Auch die kognitive Strukturierungsleistung der Blutmetaphorik wird so auf Selbstreferenz ausgerichtet. Die Funktion der Metapher, auf Anderes zu verweisen und dieses durch syntagmatische Sprünge anschließen zu können, wird so gleichsam in Schleifen der paradigmatischen Selbstwiederholung gelenkt. Dass Blut nicht nur thematische und semantische Funktionen besitzen, sondern zugleich als ein Verdichtungsmedium der textuellen Selbstbezüglichkeit fungieren kann, stellt in mittelalterlicher Literatur freilich keinen Einzelfall dar: Mystische Texte verwenden Blut in ähnlicher Weise nicht nur als semantisches Objekt, sondern ebenso zur Selbstbeschreibung der eigenen Rede.[86] Im Kontext profangeschichtlichen Erzählens bildet solche Selbstreferentialisierung des *Trojaner-kriegs* über Blutmetaphern einen besonderen Extremfall.

### 1.1.4 Synästhesien

Hatte bereits die erste Schlachtbeschreibung den Wahrnehmungsraum des Kriegs multisensorisch verlebendigt, so weitet die Darstellung der abermaligen Zerstörung Trojas synästhetisierende Verfahren erheblich aus. Sinnlich präsent wird die Schlacht nicht nur in der Visualität von Farben und Formen. Akustisch vergegenwärtigt werden ebenso die Schreie von Kämpfenden und das Ächzen der Verwundeten,[87] Schwerterklang steigt zusammen mit dem Knirschen von Rüstungen in den Himmel und mischt sich mit Totenklagen.[88] Aas- und Leichengeruch schwebt über dem Kampfplatz;[89] innere und äußere Hitze bestimmen durchgehend die heroische Grundtemperatur bei Griechen und Trojanern.[90] Auch haptisch

---

**86** Besonders eindrückliche Beispiele für solche blutige Selbstreferenz liefern z.B. das *Fließende Licht* Mechthilds von Magdeburg oder die *Offenbarungen* Elsbeths von Oye; vgl. hierzu Bildhauer: *Medieval Blood*, S. 38 f.

**87** Vgl. Tr 34215, 34272 f.: „man hôrte schrîen gnuoge / vil mangen jæmerlichen spruch".

**88** Vgl. Tr 33434 – 33437: „von glanzer schilte bôze / wart dâ gehœret lûter klac, / als ob der wilde dunreslac / dâ spielte dürre buochen"; vgl. auch Tr 33895 – 33899, 34232 – 34235, 36472; vgl. insbes. die ausführliche Totenklage Achills um Patroclus Tr 30996 – 31035 oder die ausführliche Selbstanklage Helenas (Tr 33959 – 33995); vgl. auch Tr 30996, 31620, 31809, 32196 – 32201, 37002, 37022 f. – auch den nächtlichen Waffenstillstand nach der zweiten Schlacht durchtönen „weinen unde klagen" (Tr 37592).

**89** Vgl. Tr 33654 f.: „von smacke wart betrüebet / der luft des selben mâles ouch"; vgl. dazu die olfaktorische Reinigung des Schlachtplatzes von den Toten, Tr 37828 f. Hinweise auf den mit Aas bestreuten Kampfplatz auch in Tr 32928 f., 36441 f., 37028 f.

**90** Vgl. – häufig auch in der Kombination mit Blutmetaphern – Tr 31488, 31945 f., 32014, 32154, 32528, 33354, 33905, 34101 f. („sîn herze wirt erheizet / und deste mê gereizet"), 34576, 35578,

werden Körper und kostbare Materialien präsent: Fühlbar werden ihre Konsistenzen und Widerstände nicht nur durch wiederholte Beschreibung zersplitternder Lanzen und Schilde oder funkenstiebender Metallrüstungen,[91] die durchaus zum traditionellen Darstellungsrepertoire höfischer Zweikampfsequenzen gehören, sondern stärker noch durch detaillierte Kampfbeschreibungen, in denen kostbare Rüstungen zerschnitten werden und Körper in geradezu anatomischer Präzision versehrt werden. Variantenreich vermisst der Erzähler etwa die Orte, an denen Schwerter und Lanzen eindringen: durch den Helm in das Auge,[92] durch Brustwarzen[93] in schimmernde Haut und Fleisch,[94] Wange und Ohr,[95] Rippen,[96] Schultermuskulatur[97] und Schenkel,[98] Waffen durchtrennen den Halsschutz,[99] gleiten durch das Nasenband hindurch bis zu den Zähnen und trennen Köpfe vom Rumpf oder Einzelteile wie die Hirnschale ab, die ins Gras rollt.[100] Innerhalb der erzählten Welt sind solche Objekte, Handlungen und Wahrnehmungsvorgänge als Elemente der repräsentierten Wahrnehmung aufzufassen. Doch entspricht ihnen auch auf Ebene des Erzählens ein Darstellungsverfahren, das sich an die synästhetische Aktivierung des Rezipienten richtet. Gesamtschauen auf das Schlacht geschehen werden so systematisch nach unterschiedlichen Sinnen strukturiert:

> [Optik:]
> die schilte lûhten als der tac
> den ougen und dem muote engegen.
> dô man die schar begunde wegen
> ûf die vil strîteclichen vart,
> ahî, waz dâ gesehen wart
> rîlicher wâfencleide!
> (Tr 30770 – 30775)
>
> als ob der plân mit fiure
> wær angestôzen unde enzunt,

---

35649, 35712, 35724, 36020, 36087, 37324; Pferde und Kämpfer schwitzen gleichermaßen: vgl. Tr 30443, 31210, 31432f., 31945–31947, 32715–32717, 33473, 34268, 34574f., 35720–35724, 37196f.

**91** Vgl. Tr 31064–31067, 31192–31197, 32684f., 32760f., 33124–33127, 33440f., 33924–33927, 34216–34219, 34579–34581, 35094f., 36462f., 37316f.

**92** Vgl. Tr 32424–32431.

**93** Vgl. Tr 32312f.

**94** Vgl. Tr 33330f., 33622–33624, 33698f.

**95** Vgl. Tr 33706–33710.

**96** Vgl. Tr 32733f.

**97** Vgl. Tr 32526–32534.

**98** Vgl. Tr 33803f.

**99** Vgl. Tr 33185–33191.

**100** Vgl. Tr 36016–36019, 36572–36579.

sus bran von golde bî der stunt
daz velt und daz gevilde.
vil manic wunder wilde
von vogeln und von tieren
sach man die decke zieren
und diu rîlichen kursît.
(Tr 30780–30787)

[Akustik:]
die Kriechen pusûnierten
und die von Troie mangen dôn.
swaz Dâvit unde Salomôn
erdâhten ie von seiten spil,
des wart gehœret alze vil,
dô si zesamene kêrten.
(Tr 30804–30809)

[Akustik/Haptik:]
diu ros man hôrte grâzen
und mangen vremeden krîe
dâ ruofen die storîe,
die sich z'ein ander wurren.
man hôrte banier snurren
alsam die segel ûf dem mer.
man sach die vîentlichen her
z'ein ander balde gâhen
und schaden vil enphâhen,
dô si zesamene kêrten
und mangen lîp versêrten
(Tr 30812–30822)

Auf konzentriertem Erzählraum adressiert der Erzähler auf diese Weise zentrale Wahrnehmungssinne. Präsent wird das Kriegsgeschehen damit als Aktivität von Wahrnehmungswechseln, die auch kleinere Erzählsegmente wie beispielsweise Zweikampfbegegnungen prägen. Häufig folgen Zweikämpfe dabei einer dreistufigen Gliederung, die ausgehend von (1.) visuell intensivierten Beschreibungen der gerüsteten Kontrahenten über (2.) kurze Kampfhandlungen zur (3.) konkretisierten Verletzung der Körper gleiten. In besonders konzentrierter Form führt dieses Erzählmuster etwa der Zweikampf zwischen Deiphobus und Pliader vor:

[1. Rüstungsbeschreibung und Rühmung:]
ein kürlich ritter ûz erwelt
der wart von im verhouwen,
den heten werde vrouwen
nâch hôhem prîse dar gesant
unde ûz sîden mit ir hant

al sîniu wâpenkleit geweben.
von wilden tieren und von reben
mit golde wâren wol zernât.
er fuorte ritterlîche wât
und was ein phallenzgrâve hêr,
geheizen was er Plîadêr
und vaht nâch hôher werdekeit.

[2. Kampfhandlung:]
Dêîfebus ze tôde sneit
sîn edel verch von frîer art,
alsô daz er gevellet wart
von sîner frechen hende zier.

[3. Verletzungsbeschreibung:]
er sluoc in dur daz miusenier
sô tiefe in sînen linken arm,
daz im daz bluot heiz unde warm
dar ûz begunde wallen
und er dâ muoste vallen
zuo der plânîe grasevar.
der slac im die beswærde bar,
daz er dem tôde kam ze hûs:
wan im verschrôten wart diu mûs,
sô werte unlange sîn genist.
(Tr 32510 – 32535)

Erregen synästhetische Darstellungsakzente der Massenschlacht die sinnliche Wahrnehmung durch Komplexitätssteigerung, so sorgt die Schematisierung von Zweikampfschilderungen im Gegenzug dafür, diese wieder zu binden. Der Körper kann damit zum Knotenpunkt werden, an dem komplexe Wahrnehmungen in einfachen Formen zusammenlaufen können. Keineswegs malt der Erzähler also Vanitasgemälde zum Thema ‚Glanz und Elend des Kriegs‘, wie es die Forschung mehrheitlich gesehen hat; noch wird der Trojanische Krieg in dem Sinne ästhetisiert, dass Grauen und Hässlichkeit in preziosen Schönheitsschilderungen aufgehoben würden.[101] Denn paradoxerweise sind es gerade die Momente der erzählten Destruktion, in denen die erscheinenden Körper synästhetische Präsenz gewinnen.

---

101 Lienert: *Geschichte und Erzählen*, S. 284 f.: „Häßlichkeit und Grauen sind ästhetisiert. [...] Umgekehrt wird deutlich, daß aller Glanz der Vernichtung anheimfällt".

## 1.1.5 Intradiegetische Wahrnehmungslenkung

Wie bei der ersten Zerstörung Trojas tragen auch in der zweiten Schlachtbeschreibung entpersonalisierte Wahrnehmungsbeschreibungen innerhalb der erzählten Welt dazu bei, sinnliche Rezeptivität zu stimulieren und auf erscheinende Körper, Dinge und Handlungen zu lenken. Häufig wiederkehrende formelhafte Prägungen wie „man hôrte",[102] „man sach"[103] oder „beschouwet wart [...]"[104] werden dabei nicht ausschließlich den primär zugehörigen Sinnesformen des Hörens bzw. Sehens zugeordnet, sondern können auch mit Objekten jeweils anderer Sinneswahrnehmung verbunden werden – akustische Phänomene mit visuellen, visuelle mit haptischen (sämtliche Herv. B.G.):

> halsperge *sach man zerren*
> (Tr 32758)

> *stich unde slac, stôz unde bruch*
> die viere *sach man* trîben.
> (Tr 34274 f.)

> *zerhouwen und zerhacken*
> *sach man* den helt Pârîsen
> des mâle holz und îsen
> (Tr 34738 – 34740)

> gelîch der *windesbriute*
> *sach man* si bêde *riuschen* her.
> (Tr 31434 f.)

> diu schoz snel unde wilde
> *sach man* dâ *snurrend umbevarn*
> (Tr 33852 f.)

> *man sach* die wunden ûf dem plân
> sich *rimphen und grisgrammen.*
> (Tr 34214 f.)

Erzählte Wahrnehmung des Schlachtgetümmels zielt so bald unmerklich, bald auffälliger auf Verflechtung der Wahrnehmungskanäle. Auch dies ist als Teil von Erzählverfahren zu sehen, die auf Präsentifikation abstellen: Nicht Wahrneh-

---

**102** Vgl. z. B. Tr 30812, 30816, 31572, 32196, 32754, 34272, 35166, 35347, 35672, 36876, 36930, 37022.
**103** Vgl. z. B. Tr 30049, 30132, 30687, 30759, 30786, 30796, 30818, 30894, 30926 f., 31214, 31435, 31684, 31689, 31728, 31748, 31752, 31859, 31907, 31984, 32310, 32556, 32609, 32758, 32760, 32802, 32844, 33083, 33094, 33142, 33275, 33355, 33424, 33604, 33853, 33952, 34214, 34275, 34589, 34739, 34748, 35156, 35164, 35196, 35530, 35630, 35888, 35906, 35928, 35938, 35986, 36022, 36028, 36090, 36464, 36632, 36637, 36725, 36865 f., 36876, 37288.
**104** Vgl. z. B. Tr 30000 f., 33427, 33660 f., 35094 f., 36473, 37243; vgl. auch Tr 30776 f.

mungsrelationen unter der Differenzbedingung von Beobachter und Beobachtetem werden erzählt, sondern was sich zeigt, hörbar wird, erscheint. Die Frage, auf welche Wahrnehmungsinstanz solche erzählte Wahrnehmung referiert, weisen die vielen unpersönlichen und passivischen Formulierungen des *Trojanerkriegs* konsequent ab. Umso intensiver können im Gegenzug dafür die Objekte der Wahrnehmung und die Akte der Wahrnehmung selbst hervortreten.

### 1.1.6 Intensivierung innerer und äußerer Dynamik

Konrads Krieger reiten nicht, sie kommen „geriuschet",[105] „gesûset"[106] und „gerant".[107] Nicht strategische Kriegsmechanik oder zähes Ringen von Kriegermassen bestimmen die Darstellung, sondern vor allem Dynamiken von Einzel- und Gruppenbewegungen, in denen die Kämpfenden, ihren Lanzen und Pfeilen gleich, „geschozzen",[108] „gesnurret"[109] oder „geflogen"[110] kommen. Solcher Dynamisierung äußerer Bewegung entsprechen die stets betonten inneren Energien, die Kriegern und Pferden den Schweiß aus den Poren treiben.[111] Einerseits werden so Bewegungen als besonders energetisch inszeniert, andererseits Krieger, Waffen und Pferde aufs Engste miteinander verbunden.

Doch ist dies nicht allein ausschlaggebend, dem Kriegsgeschehen imaginative Präsenz zu verleihen. Ebenso tragen Bewegungsdarstellungen zu einem Wahrnehmungseffekt bei, den James J. Gibson und Elaine Scarry als *kinetic occlusion* (bewegte Verdeckung) beschrieben haben: Bewegen sich Objekte (im *Trojanerkrieg* v. a. Geschosse, Krieger, Rüstungs- und Waffenstücke, Körperteile etc.) besonders auffallend vor dem Raumhintergrund der erzählten Welt (im *Trojanerkrieg*: durch die Luft, auf die Wiese, in Blutflüsse etc.), so legt dies für den Rezipienten nahe, die erzählte Welt weniger als fingierten denn als beständig existenten Raumhintergrund zu unterstellen.[112] Die Anregung der Sinneswahr-

---

**105** Vgl. Tr 31049, 31435, 31910, 33570, 33632 f., 35654 f., 35660 f.

**106** Vgl. Tr 31089, 31220 f.

**107** Vgl. Tr 31081, 31453, 31495, 31975 f., 32136, 32774 f., 33377, 33521, 34788 f., 35490 f., 36046 f., 36068, 36186 f., 36230 f., 36496 f.

**108** Vgl. Tr 32873.

**109** Vgl. Tr 32643, 33552, 34520 f., 35063, 35886 – 35889, 35959, 36239.

**110** Vgl. Tr 30960 f., 31422 f., 31686 f., 33505 – 33507, 35568 f., 35879; vgl. auch Tr 30969, 31412.

**111** Vgl. Tr 31210, 31432 f., 31945 – 31947, 32716 f., 33472 f., 34263, 34574 f., 35720 – 35724, 36950 f., 37196 f.

**112** Gibson, James J.: *Die Sinne und der Prozeß der Wahrnehmung*. 2. Aufl. Bern, Stuttgart, Wien 1982, S. 253 – 257 analysiert die Verdeckung als Spezialfall sinnlicher Außenweltwahrnehmung; Scarry, Elaine: *Dreaming by the book*. New York 1999, S. 10 – 30 überträgt das Modell auf imaginierte Wahrnehmung.

nehmung durch Dynamisierung lässt somit die Hintergrundwelt des Kriegs tendenziell als nicht-konstruierten Raum miterscheinen.

### 1.1.7 *dilatatio* und *abbreviatio*

Die bisher betrachteten Darstellungsverfahren werden mit der zweiten Schlachtdarstellung zwar systematisch vertieft, finden aber bereits in der Schlachtsequenz der ersten Erzählhälfte Verwendung. Darüber hinaus führt der *Trojanerkrieg* im zweiten Erzählteil eine Reihe zusätzlicher Verfahren ein, um sensorische Präsenzen zu erzeugen. Einige dieser Techniken variieren allgemein geläufige Produktionsverfahren, andere Verfahren treten neu hinzu.

Zu den geläufigen Bearbeitungsroutinen gehören unter anderem Ausweitung (*dilatatio*) und Kürzung (*abbreviatio*).[113] Im Vergleich mit Konrads Hauptvorlage, dem *Roman de Troie*, werden zum einen beträchtliche Ausweitungen der zweiten Schlachtbeschreibung greifbar, welche die Textvorgabe Benoîts um das Vierfache erweitern.[114] Während der Erzähler die erste Schlachtdarstellung des *Trojanerkriegs* jäh abbricht, als diese auszuufern beginnt (Tr 12908 – 12921), steigert sich im zweiten Trojanischen Krieg eben diese Tendenz zur Ausweitung ins Extrem.

Dabei lassen sich spezifische Schwerpunkte erkennen. Prächtige Ausstattungen von Griechen und Trojanern werden neu hinzugefügt, Passagen von Schlachtgeschehen, Rüstungsbeschreibungen und Aristien wie etwa die Einzelkämpfe des Paris ausgedehnt.[115] Der Heldenkatalog, der Benoîts Kriegsdarstellung eröffnet (RdT 5093 – 5582), beschränkt sich dagegen auf ethische Figurencharakterisierung. Angaben zur sinnlichen Erscheinung der griechischen und trojani-

---

113 Zu diesen Bearbeitungstechniken vgl. Worstbrock: „Dilatatio materiae" und Ders.: „Wiedererzählen und Übersetzen". In: *Mittelalter und frühe Neuzeit. Übergänge, Umbrüche und Neuansätze*. Hg. v. Walter Haug. Tübingen 1999, S. 128 – 142.

114 1935 Versen des *Roman de Troie* (RdT 8329 – 10264) stehen im *Trojanerkrieg* 7934 Verse (Tr 29650 – 37584) der zweiten Schlachtbeschreibung gegenüber. Zu berücksichtigen ist allerdings, dass Konrad dabei auch Textmaterial aus anderen Abschnitten des *Roman* in die zweite Schlachtbeschreibung inseriert. Zu Kürzungen entschließt sich Konrad allenfalls bei Extrembeschreibungen von Verwundungen – und dies durchgehend implizit. Ein ausdrückliches Bekenntnis zur Kürzung findet sich nur an einer Stelle der zweiten Schlachtbeschreibung, zudem an relativ später Stelle (vgl. Tr 36262 – 36269).

115 Vgl. z. B. Tr 32810 – 32813, 32824 – 32829, 32830 – 32878, 33356 – 33729; zu den Heldentaten des Paris vgl. Tr 32888 – 33223. Auch den kostbar ausgestatteten trojanischen Schlachtwagen, den bereits Benoît erwähnt (RdT 7885 – 7906), erweitert Konrad in seiner visuellen und materiellen Pracht (Tr 30010 – 30047). Vgl. zu Kürzungen und eigenständigen Erweiterungen die Nachweise von Lienert: *Geschichte und Erzählen*, zusammenfassend S. 154 und 157.

schen Kämpfer bleiben wie zuvor auch in der Darstellung der zweiten Schlacht des *Roman de Troie* selten und sparsam dosiert.

Die gänzlich ohne Vorbild bei Benoît eingefügten glanzvollen Aufritte der 8. bis 10. trojanischen und 12. bis 15. griechischen Schar (Tr 33356 – 33761; 33556 f.: „ir wâfencleider bâren / den ougen liehteberenden solt") führen hingegen vor Augen, dass Zusätze im *Trojanerkrieg* auf sinnliche Intensivierung und Verdichtung angelegt sind. Der Kriegsraum des *Roman de Troie* wird in einen Erscheinungsraum von schönen, wohlgeordneten Schlachtrotten transformiert, wie ausdrücklich bei jedem Aufritt hervorgehoben wird:[116]

> Hector und al die sînen
> ze velde *schône* kâmen.
> si zogeten ûf den sâmen
> mit einer *rotte wunnevar.*
> ouch hete sich diu êrste schar
> der Kriechen dâ bereitet,
> ~~diu si lihte wart gulvilet~~
> ze velde von Achille.
> (Tr 30846 – 30853; Herv. B.G.)

> Si [= die Griechen] brâhten mit ein ander dô
> der *aller schœnsten* rotte zwô,
> die man mit ougen ie gesach,
> dar inne *wunneclîchiu dach*
> die liute fuorten und diu ros.
> (Tr 32607 – 32611; Herv. B.G.)

Entgegen dem Prologanspruch, ein Sammelbecken für sämtliche Trojaquellen zu eröffnen, zeigen sich Amplifikationen des Kriegserzählens im zweiten Teil des *Trojanerkriegs* somit vor allem als produktive Selbstverstärkung. Die rhetorischen Bearbeitungsroutinen der Ausweitung und Kürzung rücken dabei die Erscheinungsdimension von Aufritten, Heroen und Massenschlachten ins Zentrum und steigern deren narrative Dauer.

Solche enorme Ausweitung fordert zugleich neue Lösungen der Komplexitätsbewältigung. In dieser Hinsicht lassen sich Erzähltechniken der Formularisierung und Modularisierung (Kap. IV.1.1.15) als Strategien verstehen, ausgedehntes Erzählen neu zu strukturieren.

---

**116** *Schône/schœn* wird geradezu zur ästhetischen Leitvokabel zur Ankündigung von Gruppenaufritten und ihren Kommandeuren – vgl. als Parallelstellen z. B. Tr 29926, 29978 – 29981, 30356 f., 31687 – 31689, 31698 f., 31844 – 31847, 32564 f., 32636 – 32639, 32669 – 32671, 32846 f., 33258 f., 35984 – 35987.

### 1.1.8 Artifiziale und naturale Metaphern

Über Vergegenwärtigungsverfahren der ersten Erzählhälfte gehen auch die Metaphern und Vergleiche hinaus.[117] Vor allem drei Sachbereiche und Organisationsformen werden dabei besonders relevant. Auffällig oft verwendet der *Trojanerkrieg* für das tödliche Kampfgeschehen sowohl artifiziale als auch naturale Konzepte. Auf der einen Seite stehen Metaphern des Künstlerischen: Die Wiese wird mit Toten garniert („beströuwet")[118] und mit Blut „gemâlet" (Tr 31745), Menelaus und sein Gegner Rêmus *malen* „diu ros mit bluote" (Tr 32139).[119] Ihr Zweikampf scheint geradezu auf ein ästhetisches Produkt zu zielen: „si wolten in den grüenen klê / daz rôte bluot dâ mischen" (Tr 32172f.). Wiederholt schlagen Griechen und Trojaner aufeinander ein, wie ein Schmied auf Amboss und Metallwerk schlägt.[120] Beide Gruppen *verweben* sich ineinander wie Garn (Tr 33860 – 33863).[121]

Solchen betont artifizialen Metaphern steht auf der anderen Seite ein breit ausgebautes, häufig aufgerufenes Metaphernfeld des Natürlichen gegenüber. Schwerthiebe hallen von den Schilden wider wie Blitz und Donner,[122] wie Ha-

---

**117** Im Folgenden werden Metaphern im weiteren Sinne berücksichtigt, d. h. neben identifizierenden Ausdrücken (Metaphern im engeren Sinn) auch explizite Vergleiche mit Vergleichspartikeln, da für die Frage nach präsentischen bzw. repräsentationalen Formen weniger die Abstufung zwischen Identifizierung und Ähnlichkeit entscheidend ist als vielmehr die referentielle Kopplung zweier oder mehrerer Konzepte. Diese Entscheidung stützt sich auf die kognitive Metapherntheorie, die zwischen Metapher und Vergleich lediglich graduelle Differenz der Wirklichkeitsbehauptung feststellt: „A simile simply makes a weaker claim" (Lakoff, George u. Mark Turner: *More than cool reason. A field guide to poetic metaphor.* Chicago, London 1989, S. 133). Ähnlich auch Goodman, Nelson: *Languages of art. An approach to a theory of symbols.* Indianapolis 1997, S. 77 f. Zur Nähe von Metapher und Vergleich auch im rhetorischen System vgl. zusammenfassend Kohl, Katrin: *Metapher.* Stuttgart 2007, S. 73 f.
**118** Tr 31755; vgl. u. a. auch Tr 32041, 32928 f., 33665, 33844 f., 36442 f., 37018 f., 37028 f. Die Metapher des Streuens verbindet Leichen, Edelsteine, Schmuck und Waffen, verknüpft also naturale und artifiziale Sphäre.
**119** Die Metapher aktiviert unterschiedliche semantische Aspekte: sie bezeichnet sowohl Verletzung als auch den künstlerischen Prozess. Vgl. Lexer: *Mhd. HWb.*, Bd. 1, Sp. 2017, s.v. *mâlen*: „*ein mâl, zeichen machen*". Weitere Belege für *mâlen* mit diesen semantischen Aspekten finden sich vor allem in den Rüstungsbeschreibungen: Tr 30899, 31135, 31238 f. („[daz velt] wart mit bluotes mâle / genetzet unde erfiuhtet"), 31808, 32709, 32836, 32869, 32968, 33453.
**120** Vgl. etwa zu Hector und Ajax: „geloubent, daz ein kupfersmit / ûf einen kezzel herte / sô balde nie geberte / als ûf ir helme wart geslagen" (Tr 37250 – 37253); vgl. auch zuvor schon Tr 32940 – 32944.
**121** Zur Metapher des Webens in der Schlachtbeschreibung vgl. z. B. auch Tr 31537 – 31539, 31564 f., 31984 f., 32746 f., 34184 f., 34240 f.
**122** Vgl. Tr 33434 – 33437: „von glanzer schilte bôze / wart dâ gehœret lûter klac, / als ob der wilde dunreslac / dâ spielte dürre buochen"; vgl. auch Tr 31194 – 31197, 33896 – 33899.

gelschauer fällt Hector über die Griechen her.[123] Diese können sich der sturm-
flutartig heranrauschenden Übermacht der Trojaner nur mühsam erwehren wie
der Schiffer mit energischen Ruderschlägen gegen die stürmische See.[124] Kriegsgeschehen als Sturmwind und Unwetter, als Blitz und Donner, als tobendes Meer
und Welle – Wiederholung und Vielfalt solcher Metaphern evozieren Szenarien,
deren Bewegungsenergie und Zerstörung die Imagination verlebendigen und auf
naturale Schemata beziehen.

Aber auch weniger energetische Naturmetaphern gehören zum reichen Be-
schreibungsrepertoire des *Trojanerkriegs*. Die Griechen verfolgen Pollidamas
hartnäckiger als Vögel einen Uhu (Tr 35522–35525), die Pfeile der Bogenschützen
erzeugen dichtes Schneegestöber[125] oder summen durch die Luft wie Bienen um
den Bienenkorb (Tr 33852–33855); wie Bienen den Honigtopf umkreisen die
Griechen Paris (Tr 34654–34657). Blut fällt wie Regen oder Tau auf die gesamte
Wiese,[126] Leichenblässe überzieht die getöteten Gegner Hectors wie Raureif die
Blumen (Tr 36608–36613); Hector häuft Tote auf wie der Winter Schneewehen.[127]
Wie die Wiese erscheinen auch herausragende Einzelkämpfer (z. B. Troilus Tr
31622) und ganze Schlachtgruppen von Griechen und Trojanern durch innere und
äußere Ausstattung „geblüemet";[128] Ringe lösen sich aus den Kettenpanzern und
fallen wie Samen zu Boden (Tr 32132f.), Leichenteile bestreuen das Kampffeld.
Nicht nur Artifizialität bildet somit das semantische Substrat der Zerstörungs-
schilderung, sondern ebenso eine metaphorische Strategie der Naturalisierung.
Beide Strategien zusammen – Metaphorisierungsakte des Natürlichen und des
Künstlichen – sorgen dafür, dass Naturraum und Kulturraum unablässig inein-
andergearbeitet werden. Der *Trojanerkrieg* stellt nicht Ritterkämpfe in einem
Landschaftsraum aus, vielmehr werden Kultur und Natur chiastisch überkreuzt
und im Kampf zur metaphorischen Identität gebracht.

Drei Relationen lassen sich dabei ausmachen. Erstens werden dieselben
Objekte sowohl mit naturalen als auch mit artifizialen Metaphern belegt (die Hiebe
der Kämpfenden sind z. B. *Schläge auf den Amboss* und *Blitzschläge*). Umgekehrt
werden zweitens identische Metaphern auch polysem verwendet, d. h. mit naturalen ebenso wie mit artifizialen Objektbereichen verknüpft (Ritter und Kampf-

---

**123** Vgl. Tr 32934–32937; vgl. ähnlich auch für Paris: Tr 34664f.; Menelaus, Thelamon und
Epistros versuchen Paris niederzuwerfen wie ein Hagelschauer den Obstbaum (Tr 35496–35501).
**124** Vgl. Tr 32488–32493; vgl. auch 34478–34483, 35758–35762, 35882–35885; zu Wellenmeta-
phern vgl. Tr 32872–32877, 35958–35963; zur Sturmwindmetapher vgl. auch Tr. 36878–36880.
**125** Vgl. Tr 33846–33849, 36943.
**126** Vgl. Tr 33428f., 35270f., 36614f.
**127** Vgl. Tr 36478–36483; vgl. auch Tr 31584f., 33846–33849.
**128** Vgl. Tr 33274 („zwô geblüemten schar"), 35912f., 36880–36885.

platz erscheinen *geblümt*, die Kämpfenden fügen sich *Male* zu oder *malen* mit Blut). Drittens fügen sich naturalisierende und artifizialisierende Metaphern wiederholt so dicht aneinander, dass ihr rascher Wechsel die Bilderfolge ineinander blendet und gleichsam zu natürlicher Künstlichkeit verbindet.[129] Ihre komplexe sprachliche Organisation bildet eines jener Phänomene, die Konrad in der älteren Forschung das Stiletikett des Blümens eingetragen hatte – einer Redeweise, welche die künstliche Stilisierung ihres rhetorischen *ornatus* bewusst ausstellt, gleichzeitig aber Semantiken des Natürlichen heranzieht.[130] Die Metaphorisierung des *Trojanerkriegs* erschöpft sich jedoch nicht in selbstbezüglicher Oberflächenkunst.

Punktuell ließ sich in der ersten Erzählhälfte beobachten, dass Metaphern der künstlerischen Herstellung auf Objekte der erzählten Welt angewandt werden, die eigentlich dem artifizialen Prozess der Erzählinstanz zugehören – und umgekehrt dem Erzähler Metaphern beigelegt werden, die eigentlich den Dingen der erzählten Welt angehören. Einzelne Objekte wie zum Beispiel der Apfel der Discordia oder Hectors Schild (Tr 3768 – 3770) erzeugen damit eine *mise en abyme*, die ihre Objekte zwischen den Erzählebenen oszillieren lässt. Solche Verfahren erhöhen die Reflexivität des Erzählens, indem das literarische Produktionsverfahren und seine Bedingungen – im Falle des Apfels z.B. die Medialität der Schrift – in einzelnen Objekten der Erzählung gespiegelt werden.[131]

Die zweite Erzählhälfte des *Trojanerkriegs* neigt zum entgegengesetzten Effekt. Reflexivität des Erzählens wird nicht erhöht, sondern reduziert, wenn artifiziale und naturale Metaphern nicht nur punktuell überkreuzt, sondern unablässig verbunden werden. Kommunikative Intentionalität, auf die artifizielle Metaphern prinzipiell die Aufmerksamkeit lenken, wird so geradezu abgeschirmt

---

**129** Exemplarisch verdeutlicht dieses Verfahren z.B. Konrads Beschreibung der Gesamtschlacht, Tr 33838 – 33931: Kämpfende, Kampfgeschehen und Waffen werden auf engem Erzählraum als *Streuen* (Tr 33844 f.), *Schneefall* (Tr 33846 – 33849), *Bienenschwarm* (Tr 33850 – 33855), *Gewebe* (Tr 33860 – 33863), *Höllensee und Nebel* (Tr 33856 – 33859, 33870 – 33881), *Donner* (Tr 33896 – 33901) und *See* (Tr 33902 – 33909) metaphorisiert.
**130** Schon der Prolog spiegelt diese natürlich-artifizielle Koppelung in seinem Anspruch, „daz alte buoch von Troye" wie eine Gladiole zum „blüejen" zu bringen (Tr 269 – 271). Zum Konzept des Blümens und seinen negativen Implikationen vgl. den Forschungsbericht bei Hübner, Gert: *Lobblumen. Studien zur Genese und Funktion der „Geblümten Rede".* Basel, Tübingen 2000, S. 7 – 32 sowie kritisch bilanzierend auch Müller: „Ästhetisierung", S. 287 – 292.
**131** Vgl. hierzu Laufer: „Materialität der Sprache", insbes. S. 109 f.; Müller: „Ästhetisierung"; zur Reflexivität der *mise en abyme* vgl. auch Fricke, Harald: „Potenzierung". In: *Reallexikon der deutschen Literaturwissenschaft.* Hg. v. Georg Braungart [u.a.]. Bd. 3. Berlin, New York 2007, S. 144 – 147, insbes. S. 145.

und naturalisiert.[132] Artifiziale und naturale Metaphern tragen auf Ebene der Semantik somit dazu bei, die Differenz von Erzählen und Erzähltem zu überspielen, ohne den besonderen Fokus einer *mise en abyme* zu erzeugen. Krieg wird auf diese Weise weniger als narratives Selektionsergebnis, sondern geradezu als erzähltes Naturphänomen präsent.

### 1.1.9 Zirkulations- und Austauschprozesse

Präsent machen solche Metaphern die Kommunikation nicht nur, indem sie mentale Bilder induzieren, sondern auch indem sie das kognitive Organisationspotential von Metaphern nutzen, um Rückgriffsmöglichkeiten auf die Erzählinstanz und somit kommunikativen Sinn zu unterbinden:[133] Sprachliche Bilder können ihr Arrangement förmlich überstrahlen. Auf diesen Abblendungs- bzw. Überdeckungseffekt zielt auch eine zweite Gruppe von Metaphern, die Zirkulations- und Austauschprozessen gelten.

Der Trojanische Krieg zeigt sich bei genauerem Blick als Kombination von Bewegungs- und Transformationsströmen. Es fließen Schweiß- und Blutströme aus Menschen und Tieren, in denen wiederum Menschen und Tiere versinken und zugrunde gehen;[134] Edelsteine[135] werden aus kostbaren Rüstungen geschlagen und rieseln mit Waffensplittern,[136] abgetrennten Gliedmaßen[137] oder bisweilen sogar mitsamt ihrem Besitzer zu Boden, wo sie wiederum von Beutejägern aufgelesen werden.[138] Griechische und trojanische Scharen zerreiben sich gegenseitig wie Mehl, das die Winde zerstreuen (Tr 33512–33517). Schießen Blutströme der Getöteten einmal die Berge hinauf (Tr 34306 f.), so regnet das Blut später wieder an Hectors Schwert herab (Tr 36614 f.).

---

132 Metaphorische Naturalisierung ist freilich nicht auf die Schlachtschilderung begrenzt, sondern erzeugt auch in anderen Partien des *Trojanerkriegs* Invisibilisierungseffekte; vgl. dazu speziell Kap. V.2.1.
133 Zur Interaktion von Sprache und Kognition mittels Metaphern vgl. die Forschungsdiskussion bei Kohl: *Poetologische Metaphern*, S. 120–146.
134 Vgl. Tr 30096 f., 31236–31241, 31264 f., 31884 f., 32014 f., 32030 f., 32076 f., 32228 f., 33028 f., 32172 f., 32498–32505, 32588–32591, 32694 f., 32932 f., 33198 f., 33230 f., 33428 f., 33724–33726, 33870–33873, 33902–33909, 33982 f., 34224 f., 34306 f., 35270 f., 35616 f., 35628 f., 35712, 36434 f., 36086 f., 36300 f., 36357 f., 36502 f., 36946–36949, 37024 f., 37164 f.
135 Vgl. z. B. Tr 33142–33149, 34602 f., 36914–36917.
136 Vgl. aus der Vielzahl von Stellen nur Tr 31158 f., 32152 f., 33900 f., 34536 f., 34588 f., 34920–34927, 34935–34938, 36924–36927, 37266 f.
137 Vgl. z. B. Tr 33664 f., 36572–36579.
138 Vgl. unmittelbar nach dem Waffenstillstand Tr 37834–37839.

Zusammengehalten und aufeinander bezogen werden solche metaphorischen Zirkulationen durch eine überschaubare Zahl hochfrequenter Bewegungsverben wie *rîsen*,[139] *rêren*,[140] *sæjen*,[141] *giezen*,[142] *vellen*[143]/*vallen*,[144] *beströuwen/geströuwen*[145] oder *mischen*.[146] Aber auch viele der erwähnten naturalen Metaphern konzipieren Zirkulationsprozesse – von Jahreszeiten (z. B. Frühling,[147] Winter[148]) über Wetterphänomene (z. B. Wind,[149] Regen,[150] Schnee,[151] Hagel[152]) bis zu Mikroprozessen des Sammelns und Umsetzens wie die mehrfach aufgerufenen Bilder des Bienenschwarms und der Heuernte (Tr 33662–33665). Gemeinsam ist diesen Metaphern, dass sie die erzählte Kriegswelt als geschlossene Bewegungsordnung konzipieren – als Kreislauf, der keiner erzählerischen Lenkung bedarf.

### 1.1.10 Wilde Metaphern

Eine dritte Gruppe von Metaphern, die Fremdreferenz zurücknehmen und selbstreferentielle Präsenzeffekte stimulieren, lässt sich im Anschluss an Wolfgang Monecke als *wilde* Metaphern charakterisieren, insofern sie „ein faszinie-

---

**139** Vgl. z. B. Tr 31906 f., 32160 f., 32472–32475, 33346 f., 35512 f.
**140** Vgl. z. B. Tr 30442 f., 33142 f., 34588 f., 34652 f., 34758 f., 35238 f., 36292 f., 37164 f., 37488 f.
**141** Vgl. z. B. Tr 31158 f., 32152 f., 33850 f., 37266 f.
**142** Vgl. z. B. Tr 31260 f., 32228 f., 33472 f., 33870 f., 35674 f., 36300 f., 36346 f., 37516 f.
**143** Vgl. z. B. Tr 31342 f., 31512 f., 31590 f., 31596 f., 31603 f., 31616 f., 31721 f., 31772 f., 31786 f., 31796, 31830, 32008 f., 32027, 32040 f., 32524, 32674 f., 32770 f., 32850 f., 32915, 33144–33146, 33220 f., 33324–33327, 33456, 33542–33544, 33550 f., 33674 f., 33686 f., 33706 f., 33836 f., 34204, 34282 f., 34617–34619, 34652 f., 34818 f., 35236 f., 35392 f., 35628 f., 35964 f., 35979–35982, 35996 f., 36138, 36218 f., 36242, 36258, 36320 f., 36440, 36498 f., 36592 f., 36624 f., 36640–36642, 36648–36650, 36668–36670, 36766–36769, 36826 f., 36832 f., 36843–36845, 36966–36969, 37034–37037.
**144** Vgl. z. B. Tr 31298 f., 31450, 32162 f., 32302 f., 32486 f., 32698 f., 32734 f., 33186–33189, 33344 f., 33388 f., 33546, 33597, 33728 f., 33846 f., 34278 f., 35254 f., 35542, 36250, 36316 f., 36352, 36444 f., 36454 f., 36578 f., 36955, 36958 f., 37215, 37570.
**145** Vgl. z. B. Tr 31754 f., 32040 f., 32928 f., 33664 f., 33844 f., 34602 f., 36442 f., 37018 f., 37028 f.
**146** Vgl. z. B. Tr 30548 f., 30676 f., 31736 f., 31984 f., 32172 f., 35314 f.
**147** Vgl. z. B. Tr 32640–32643, 36883–36885.
**148** Vgl. Tr 31584 f., 33846–33849, 36444 f., 36479 f., 36943.
**149** Vgl. Tr 31426 f., 32006 f., 32710 f., 32756 f., 32874–32877, 34478–34481, 34652 f., 36480, 36878 f.
**150** Vgl. Tr 36614 f.
**151** Vgl. Tr 31584 f., 33846–33849, 36444 f., 36479 f., 36943.
**152** Vgl. Tr 32934 f., 34664 f.

rendes, die Aufmerksamkeit, die Neugier erregendes Element" in den Mittelpunkt stellen.[153]

So verwendet der *Trojanerkrieg* anstelle von Benoîts häufigen Zahlangaben für das Zerstörungspotential der zweiten Schlacht eine Vielzahl von Metaphern, die (im Schlachtkontext) entkonventionalisiert bis exzentrisch anmuten: Hector glüht wie ein Salamander (Tr 31332f.) oder wie Kohle (Tr 32948, 35730f.),[154] er vertilgt seine Gegner wie die Sonne das Eis (Tr 31584f.; 35364f.) oder fällt über sie her wie ein Krokodil über Schafe (Tr 34150 – 34157); massenweise mäht Hector die Griechen wie Klee um (Tr 36388f.), ihre Leichen häuft er wie Schneewehen zusammen (Tr 36478 – 36483). Umgekehrt kommen die Griechen herangerauscht wie Alpensturzbäche, die Felsbrocken mit sich führen (Tr 35654 – 35659), und verfolgen Hector wie ein summender Bienenschwarm (Tr 32776f.). Auf beiden Seiten fallen die Toten schneller, als man Nüsse vom Baum schütteln könnte (Tr 32472 – 32475); Kämpfer baden und ertrinken in ihrem eigenen Blut (Tr 31264f.).[155] Nicht *für sich* genommen wirken derartige Bilder extravagant, wohl aber in ihren Koppelungen, raschen Wechseln und Überblendungen.

Auch einzelne Details der Kämpfe stechen eindrücklich hervor. So drischt etwa Hector so energisch auf Achill ein, dass diesem seine Rüstung förmlich „in daz fleisch gestempfet wart" (Tr 31184f.). Verwundete verfärben sich weiß und schwarz (Tr 32310f., 33780f.) wie auch Menelaus beim Anblick Helenas grün wie Lauchzwiebeln und wachsgelb anläuft (Tr 34315 – 34317). Bisweilen zieht sich der kochende Blutnebel so dicht zusammen, dass nur noch die Edelsteine der Rüstungen die Blutschwaden wie schwache Positionsleuchten durchdringen (Tr 35932 – 35939);[156] in der Schlacht werden die Pferde unterdessen zu Sülze verarbeitet, *doch ohne Dill*, wie der Erzähler kommentiert (Tr 31250f.). Selbst transzendente Instanzen werden in diesen Tanz der Metaphern und Vergleiche

---

153 Monecke: *Studien*, S. 8.
154 Schwitzen und Hitze gehören zum konventionellen Darstellungsrepertoire literarischer Kampfszenen – der Kohlenvergleich nicht. Als einzige mögliche Vorläuferstelle identifiziert Bode: *Kamphesschilderungen*, S. 214 einen Beleg aus *Biterolf und Dietleib*. Im naturkundlichen Diskurs ist freilich die Zuordnung des Salamanders zum Feuer konventionalisiert (z. B. im *Physiologus*).
155 Vgl. auch Tr 32498 – 32500, 33220f., 35628, 36300f. sowie die oben genannten Stellen.
156 Mehrfach werden extreme Aggregatzustände des Bluts genannt: Das Blut steigt in übelriechenden Schwaden in die Luft (Tr 31312f., 33654 – 33657, 35712 – 35715), dampft heiß (Tr 32014f., 33354f., 35094f., 36020f., 36087) oder beginnt schon im Leib zu kochen (Tr 33155, 37324f.) und nimmt den Kämpfenden den Atem (Tr 33859); vgl. zu Blutmetaphern auch oben Kap. IV.1.1.3; Bode: *Kamphesschilderungen*, S. 216f. verweist auf Vorläufer für Nebel und Rauch infolge von Kampfeshitze in der Dietrichepik (z. B. *Dietrichs Flucht*). Wolframs *Willehalm* (50,18f.) bietet einen seltenen Vorgängerbeleg für die Metapher des Kochens im eigenen Blut.

hineingezogen: Der trojanische Fürst Panfimeiz, Menelaus und Paris glänzen in ihren prächtigen Rüstungen wie Engel (Tr 33488 f.; 34592 f.). Könnte man den Himmel anzünden, so hebt der Erzähler im Überblick über die Gesamtschlacht hervor, so hätte dieser vom Funkenflug der Waffen sogleich Feuer gefangen; der Himmel hätte dadurch sogar ein neues Flammengestirn erhalten können, seien an ihm nicht bereits so viele Gestirne (Tr 36902–36913).[157]

Entkonventionalisierung und wilde Metaphernverwendung haben die Forschung zum *Trojanerkrieg* seit jeher beeindruckt.[158] Um so schwieriger scheint es jedoch, ihre Funktion zu bestimmen. Demonstrieren sie elokutionelle Meisterschaft, wie sie das Prologprogramm reklamiert hatte? Erbringen sie den performativen Beweis, dass Sprachkunst sich durch kreative Verwendung ihrer *eigenen* Mittel als unabhängig auszeichnet, während andere Künste und Handwerke auf *fremde* Mittel angewiesen sind (Tr 92–119)? Oder dienen gezielte Bildsprünge (Katachresen) und hyperbolische Überzeichnungen dazu, das Grauen der Kriegsdarstellung gezielt zu übersteuern und somit in die Undarstellbarkeit zu treiben?

Keine dieser Perspektiven ist zwingend. Denn einerseits ändern auch die eingestreuten wilden Metaphern wenig am insgesamt einfachen Erzählstil, der weder syntaktisch noch lexikalisch exklusiv auftritt – als Paradigma der blümenden Meisterschaft taugt der *Trojanerkrieg* nur bedingt. Ebenso wenig sind die in ihren Komponenten geläufigen Bildkombinationen einer subversiven Unsagbarkeitsstrategie zuzurechnen. Wild sind die angeführten Metaphern vielmehr, weil sie kohärente Konzepterwartungen im Fortgang der Narration unterlaufen, doch sind sie nicht schon an sich „Sprengmetaphern".[159] So drastisch sie im Einzelfall ausfallen, stets bleiben Bildlichkeit, Klanglichkeit oder anderweitige Sensorik im Bereich des Vorstellbaren. Beide Hypothesen – die Unterstellung von rhetorischer Extravaganz oder von programmatischer Subversivität – werden also dem provokanten Metapherngebrauch des *Trojanerkriegs* kaum gerecht.

---

157 Feuer- und Brandmetaphern sind in heldenepischen und höfischen Schlachtschilderungen konventionell; vgl. Bode: *Kamphesschilderungen*, S. 197–213. Der in Brand gesetzte Himmel des *Trojanerkriegs* indes ist kreative Extremprägung, der allenfalls die apokalyptische Formulierung des *Rolandsliedes* voraus geht: „si hiewen sich mit den swerten, / daz si selben wolten wæne / daz daz himilfiur wære / komen über alle di erde"; Konrad der Pfaffe: *Das Rolandslied. Mittelhochdeutsch/Neuhochdeutsch*. Hg. u. übers. v. Dieter Kartschoke. Stuttgart 1993, V. 5948–5951.
158 Vgl. Monecke: *Studien*, insbes. S. 1–12; vgl. Lienert: *Geschichte und Erzählen*, S. 272 zur Prolog-Poetik: „Die *worte lûter unde glanz* gehören zum dichterischen Programm, mit eigenem Wert, um nicht zu sagen zum Selbstzweck." Vgl. auch Müller: „Ästhetisierung" und Bleumer: „Narrativität und Visualität".
159 Zu diesem Begriff im Anschluss an die Metaphorologie Hans Blumenbergs vgl. Köbele: *Bilder der unbegriffenen Wahrheit*, S. 52–68.

Fragt man stattdessen nach der kognitiven Funktion solcher Metaphern innerhalb der zweiten Schlachtdarstellung, liegt eine andere Vermutung näher. Sie kann sich auf vier Beobachtungen stützen. Erstens steigern Metaphorisierungen wie *Hector fällt als Krokodil über die griechischen Schafe her* die dargestellten Prozesse; Einzelaspekte des Kampfgeschehens (wie etwa die Aggressivität oder Instinktivität Hectors) werden somit potenziert. Zweitens produzieren solche Metaphern häufig Brüche in der konzeptuellen Kohärenz der semantischen Felder, die das Schlachtszenario aufruft. Mag das Bild des jagenden Krokodils auch an etabliertes zoologisches Wissen des Mittelalters anschließen – als Schafsjäger akzentuiert Hector jedenfalls die Tierallegorie neu.[160] Die Wildheit solcher und anderer Metaphern wird somit allein durch binnendiskursive Kohärenzverstöße begründet, nicht schon durch Ungewöhnlichkeit der Bildfelder an sich.

Durch solche leichten Brüche gewinnen wilde Metaphern drittens eine ikonische Qualität: Sie schießen in eindrücklichen, syntaktisch wie semantisch *dichten* Bildern zusammen,[161] die sich mit Figuren, Situationen oder sogar der gesamten Schlacht auf kompakte Weise verbinden.[162] Aufschlussreich ist schließlich viertens, dass solche wilden Metaphern im *Trojanerkrieg* nicht etwa für Figurenzeichnungen reserviert werden, sondern über alle Konkretisierungsebenen und nahezu die gesamte Schlachtsequenz verteilt werden – über Einzelkämpfe wie Massenschlachten, detailscharfe Figurenbeschreibungen wie situative Resümees. Gerade die breite Streuung der Metaphern verlangt also eine Erklärung, die auf der Ebene eines allgemeinen poetischen Verfahren zu suchen

---

**160** Die mittelalterliche Enzyklopädistik kennt das Krokodil vor allem als Menschenjäger: vgl. z. B. Pseudo-Hugo von St. Victor, *De bestiis*, 2,8 [Migne, Jacques Paul (Hg.): *Patrologiae cursus completus. Series latina.* Paris 1844–1855, Bd. 177, 60C–61 A]. Nach Plinius (*Historia naturalis* 8,36) lässt sich außerdem die Wasserschlange Hydrus vom Krokodil verschlingen, um diesem die Eingeweide zu zerreißen – ein Vorgang, den mittelalterliche Autoren auf die Höllenfahrt Christi und Auferstehung beziehen: vgl. Pseudo-Hugo von St. Victor, *De bestiis* 2,7 (Migne: *PL*, Bd. 177, 60B–C); für weitere Belege vgl. Schmidtke, Dietrich: *Geistliche Tierinterpretation in der deutschsprachigen Literatur des Mittelalters. 1100–1500.* Berlin 1968, Bd. 1, S. 320. Setzt der *Trojanerkrieg* diese Allegorie voraus, indem er ein Christussymbol (Hydrus) durch ein anderes (Schaf) substituiert? In enzyklopädischen Naturkunden ist die Koppelung von Schaf und Krokodil jedenfalls nicht standardisiert.

**161** Nach Nelson Goodman sind Symbolsysteme *syntaktisch dicht*, wenn ihre Elemente nicht vollständig disjunkt sind; *semantisch dicht* sind diese, wenn sie sich nicht eindeutig auf einen diskreten Gegenstand beziehen – beides ist bei Konrads wilden Bildern der Fall; vgl. Goodman: *Languages of art*, S. 130–141, 148–154 und 194–198; hierzu Blanke, Börries: *Vom Bild zum Sinn. Das ikonische Zeichen zwischen Semiotik und analytischer Philosophie.* Wiesbaden 2003, S. 21–26.

**162** Zur relativen Kompaktheit von ikonischen Zeichen vgl. Scholz, Oliver R.: *Bild, Darstellung, Zeichen. Philosophische Theorien bildlicher Darstellung. 3.* Aufl. Frankfurt a.M. 2009, S. 128–131 und Seel: *Ästhetik des Erscheinens*, S. 262–267.

ist. Im Rahmen historischer Poetik können hierfür mittelalterliche Imaginationstheorien aufschlussreich sein: „Sprache ist ein bildgebendes Medium", und die Variationskraft von Metaphern wirkt möglichen Intensitätsverlusten solcher Bilder entgegen.[163] Poetische Darstellungsverfahren stehen demnach stets vor der Aufgabe, die Realität der imaginierten Bilder vor Konventionalisierung (und dies heißt zugleich: vor Präsenzverlust) zu schützen. Für alle erzählten Bilder gilt demnach: Was erwartbar ist, wird weniger präsent. Metaphern tragen zentral dazu bei, die Präsenz sprachlich generierter Bilder zu erneuern und lebendig zu halten. Mittelalterliche Erzählkulturen des Wiedererzählens (Worstbrock) erzeugen so einen wahrnehmungstechnischen Innovationsdruck, der sich oft in konzentrierten, über die Erzählung verstreuten Energetisierungspunkten entlädt: den ästhetisch oft überkodierten *descriptiones* bzw. Erzählexkursen, die in der mittelhochdeutschen Literatur des 12. und 13. Jahrhunderts zu zentralen Trägern von imaginativen Aktualisierungsstrategien aufsteigen.[164]

Diese Strategie der Wahrnehmungsstimulation, so darf man schließen, leitet auch die wilden Metaphern des *Trojanerkriegs*, die vor allem im zweiten Erzählteil den Trojanischen Krieg präsent machen. Weniger ist in dieser Hinsicht entscheidend, wie das jeweilige Bild auf seinen Erzählzusammenhang bezogen wird – entscheidender wirken Metaphern hier als kognitive Erregungspunkte, die der Wahrnehmung der Schlachtdarstellung im wörtlichen Sinn neue Energie einspeisen und so die kognitive Realität der Bilder erneuern. Schon im Prolog kündigt der Erzähler diesen Effekt an, wenn er den Rezipienten *überfließenden* Reichtum von Kämpfen in Aussicht stellt (Tr 291f.: „überflüzzeclichen hort / von strîte").

Indem der *Trojanerkrieg* die Präsenzeffekte solcher metaphorischen Erregung über die gesamte Kriegsdarstellung streut, wird die kognitive Rezeptionsenergie auf das gesamte Kriegserzählen ausgebreitet. Dominieren die erste Erzählhälfte des *Trojanerkriegs* seine Geschichten, so dominieren die Kriegspartien nun sinnliche Erregungsketten. Der Trojanische Krieg wird dadurch als ganzes Wahrnehmungsfeld gegenwärtig, wie Perlen[165] als einzelne Erregungspunkte selbst weiträumige Stoffbahnen präsent machen.

---

**163** Vgl. mit ausführlichen Forschungshinweisen Reich: *Name und maere*, S. 47–56 (Zitat S. 49); vgl. speziell zum Antikenroman auch Ders.: „Die Präsenz des Mythos und die Zahl. Herborts von Fritzlar Trojaroman und die Evidenz des Erzählens". In: *Zwischen Präsenz und Repräsentation. Formen und Funktionen des Mythos in theoretischen und literarischen Diskursen*. Hg. v. Bent Gebert u. Uwe Mayer. Berlin, New York [in Druckvorbereitung].

**164** Vgl. Reich: *Name und maere*; Wandhoff: *Ekphrasis*; Braun: „Kristallworte", insbes. S. 14; Bürkle: „‚Kunst'-Reflexion".

**165** Diese Metapher besitzt in der Konradforschung eine eigene Tradition: vgl. Monecke: *Studien*, S. 141 und Lienert: *Geschichte und Erzählen*, S. 239 f.

### 1.1.11 Helena (II) und das Rauschen der Wahrnehmung

Einen herausragenden Akzent dieser Art setzt Helena.[166] Ohne Vorbild bei Benoît erscheint Helena, mit anderen Trojanerinnen von den Schreien der Sterbenden auf die Mauern gelockt, als Sonne über dem Schlachtfeld (Tr 33954–34140, insbes. Tr 34004–34081):

> doch lûhte Elêne mit gewalt
> diu schœnste vor in allen.
> diu clârheit was gevallen
> ûf ir antlitze reine,
> daz si den plân gemeine
> dâ zierte mit ir glaste,
> als ob diu sunne vaste
> dar ûf durliuhteclichen schine.
> si lûhte zuo dem anger hine
> den Kriechen alsô clâr engegen,
> daz si ze stichen und ze slegen
> sich deste vaster vlizzen
> (Tr 34004–34015)

> des wurden si vil harte
> von ir gereizet ûf den strît.
> si vâhten alle bî der zît
> vil herter, dan si tâten vor.
> dô si daz liehte wîp enbor
> gesâhen an der zinnen,
> dô wurdens' in ir sinnen
> ermant ir alten riuwe.
> ir smerze wart sô niuwe
> und alsô vrisch gemachet,
> daz von in wart geswachet
> Troiære starkiu ritterschaft
> (Tr 34020–34031)

Mit Helena bildet der *Trojanerkrieg* sein sinnliches Intensitätsmaximum, und dies in doppelter Hinsicht. Intradiegetisch wird Helena einerseits zum absoluten Attraktionszentrum für die Griechen: Wer zu ihr heraufschaut, dem flößt ihr Anblick

---

[166] Vgl. zu Helena als Sinnfigur auch Kap. III.3.1.5 bzw. in semantischer Hinsicht auch Kap. V.2.2. Der folgende Abschnitt gilt ausschließlich der sensorischen Präsentifikation, die Helena bewirkt.

frische Kampfenergie ein („des wurden si vil harte / gereizet ûf den strît").[167] Elisabeth Lienert hatte vorgeschlagen, diesen Auftritt Helenas als Erinnerung an das Unrecht des Helenaraubes zu lesen und damit als sinnförmigen Rückverweis der Textwelt.[168] Bei genauerem Blick auf die Textur zeigt sich Helena jedoch weniger als Ausgangspunkt sinnförmiger Verweisung – vielmehr steht sie im Mittelpunkt eines völlig präsenten Wirkungszusammenhangs. Ihre Erscheinung strahlt förmlich entgegen („si lûhte zuo dem anger hine"), stimuliert die Betrachter affektiv (sie werden „gereizet ûf den strît") und löst bei diesen heftige Empfindungen aus („smerze"), die neue Kriegshandlungen anstoßen. Helena erscheint so vor allem als visuales Reizphänomen:

> dô man die lûterbæren
> Helênen an geblicte,
> dô schuof man unde schicte
> mit strîte marterlîche nôt
> (Tr 34036 – 34039)

Dementsprechend sind Helenas Wirkungen auf die Kämpfenden in erster Linie visuell-ästhetischer Art: Prompt verfärbt sich Menelaus bei ihrem Anblick grün und gelb (Tr 34315 – 34317).[169] Die Besonderheit solcher Darstellung liegt darin, semantische Dimensionen (z. B. Verfärbung des Ehemanns als Unrechtsaffekt) zwar nicht gänzlich auszuschließen, doch zumeist nur als unartikulierte, latente, sekundäre Schicht mitzuführen.

Diskursive Rationalität wird hingegen in performativer Rede (so z. B. Helenas Klagerede über ihre Schönheit: Tr 33959 – 33994) oder ikonischen Bildern verdichtet – etwa wenn der Erzähler die Kampfwut der Griechen angesichts Helenas mit dem Zorn eines Drachen vergleicht, dem seine Eier geraubt wurden (Tr 34127 – 34132). Rationalität wird durch Helena geradezu betäubt und durch Affekt ersetzt:

> in [= den Griechen] wart diu wilde tobesuht
> in daz hirne sô geslagen,
> daz si mit craft begunden jagen
> Troiære von dem velde,
> dô si mit liehter melde

---

167 Diesen grundsätzlichen Wirkungsmechanismus betonen auch andere Kampfepisoden: Im Kampf gegen Peleus *erhitzt* der Anblick der Zuschauerinnen Hectors Herz und verleiht ihm entscheidende Kampfkraft (Tr 4184 – 4188).
168 Vgl. Lienert: „Helena", S. 416 f.
169 Mehrfarbige Wirkung übt Helena zuvor bereits auf Paris aus: Bei ihrem ersten Anblick verfärbt sich Paris „als ein regenboge" (Tr 19790); dazu Bleumer: „Narrativität und Visualität", S. 137.

> vor in begunden schouwen
> ir glanzen landesvrouwen.
> (Tr 34134–34140)

Eine komplexe Begründungsrationalität wird so in nur einem einzigen Ausdruck („landesvrouwe") bis zur Unkenntlichkeit komprimiert und von Emotionsschilderung der „tobesuht" überdeckt. Auch im weiteren Verlauf fühlen sich die Griechen weniger von Begründungen als vielmehr durch aktuale Wahrnehmung angespornt: „daz schuof Helênen bilde, / daz vor in daz gevilde / mit sîme glanze erlûhte" (Tr 34555–34557; so auch später in der dritten Schlacht: Tr 39578–39585). Helena fungiert innerhalb der Schlacht demnach nicht als Sinnfigur, sondern vorrangig als sinnliche Figur: Sie verweist nicht, sondern erscheint; repräsentiert nicht, sondern macht präsent.

Wenn dem Erzähler zufolge solche Stimulation den Schmerz „niuwe" (Tr 34028) werden lassen, so ruft dies nicht nur eine Leitvokabel der Mythographie auf,[170] sondern bringt auch die poetologische Strategie der Energetisierung mittels sinnlicher Wahrnehmung auf den Begriff. So wie Schmerz und Kampfkraft der Griechen durch den sinnlichen Eindruck Helenas „vrisch gemachet" (Tr 34028 f.) werden und für ritterliche Höchstleistungen sorgen (Tr 34086 f.), bewirkt Helena auch beim Rezipienten maximale ästhetische Reize.

Reizung schlägt um in *Über*reizung des Wahrnehmungssystems. Sämtliche sinnliche Pracht des Kriegs, aller Glanz von kostbaren Rüstungen und Edelsteinen (nochmals synästhetisch aufgerufen in Tr 34050–34062), erscheinen gegenüber Helena „gar ze tôde blint" (Tr 34064):

> daz silber und daz edel golt,
> daz ûf die heide was geholt,
> daz wart an sîme schîne
> erlöschet, dô diu fîne
> Helêne dran begunde sehen.
> si kunde liuhten unde enbrehen
> für alle die gezierde rîch.
> (Tr 34073–34079)

Vom Rezipienten verlangt eine solche Imaginationsanweisung, Helena nicht einfach noch schöner und eindrücklicher als alles vorzustellen, was die bisherige Kriegsdarstellung aufgeboten hatte – durch Helena wird Wahrnehmung vielmehr

---

170 Vgl. zum *erniuwen* im Kontext des Prologs ausführlich oben Kap. III.2 sowie Kellner: *„erniuwen"* und Reich: *Name und maere*, S. 51–56. Die Inszenierung Helenas als Schmerzensbild knüpft eng an mythographische Ursprungsfiguren an: vgl. z.B. Alberich von London: „De diis gentium", S. 152,8–10 („Prooemium").

„erlöschet". Statt Überbietung setzt Konrad auf eine Metapher der *Unter*bietung: Wie ein blendender Blick in die Sonne, in dem sinnliche Wahrnehmung und Erkennen radikal übersteuern, produziert die Metaphorisierung Helenas maximale Sichtbarkeit, die maximale Unsichtbarkeit mitproduziert – das Erlöschen der Zeichen durch sinnliche Präsenzeffekte findet hierin seinen Höhepunkt.[171] Der Erzähler nutzt die rhetorische Technik der hyperbolischen Überbietung (*superlatio*), um Wahrnehmung nicht nur zu stimulieren, sondern durch extreme Inversion kurzzeitig zu überlasten.[172] So betrachtet fungiert Helena als ein extremes Wahrnehmungsexperiment, das für Momente sämtliche Wahrnehmung löscht. Als *weißes Rauschen* der Narration absorbiert Helena sämtliche ästhetische Impulse, um diese mit gesteigerter, geradezu schmerzhafter Intensität für den weiteren Erzählfortgang wieder freizusetzen.[173]

Solche Reizungseffekte durch übersteuerte Wahrnehmung organisiert Konrads *Trojanerkrieg* mit einem Begriffsnetz, das Gewalt und Wahrnehmung in der Figur Helenas zusammenlaufen lässt: „mit gewalt" (Tr 34004) leuchtet sie aus dem „wunncliche[n] her" (Tr 34000) der Trojanerinnen hervor, wobei ihre Erscheinung wie eine Wunderwaffe gleichsam transitiv wirkt (Tr 34012: „si lûhte zuo dem anger hine"). In ihrem Anblick verbinden sich „liep unde leit" – mit fatalen Folgen für alle Kämpfenden, die bei ihrem Anblick zu lange verweilen (Tr 34099; 34105; vgl. später auch Tr 39268 – 39285).[174] Die Dauer der Beobachtung, die sich in der zweiten Schlacht deskriptiv ausdehnt, wird zum intradiegetischen Risiko.

Solche Wahrnehmungsstimulation ist kaum thematisch zu erfassen – etwa als Isotopie von Schönheit und Gefahr des Kriegs.[175] Unmissverständlich unterstreicht Konrad, dass „liep unde leit" der Griechen beim Anblick Helenas nicht hermeneutischer Reflexion, sondern dem puren Gleißen entspringen (Tr 34105 f.). Der *Trojanerkrieg* inszeniert Helenas Mauerschau für den Rezipienten als Energeti-

---

171 Unsichtbarkeitseffekte dieser Art lassen sich als Invisibilisierungseffekte begreifen, die Helena in extremer Weise erzeugt: vgl. dazu ausführlicher Kap. V.3. Zur Paradoxie dieser Wahrnehmungssteigerung vgl. Müller: „Ästhetisierung", S. 299 f. und Sieber: *Medeas Rache*, S. 92.

172 Die Steigerung von *evidentia*, welche die Rhetorik allgemein der Hyperbel zuschreibt, wird somit noch einmal überboten; vgl. zur Reflexion dieser Technik u. a. in der *Rhetorica ad Herennium* Lausberg: *Handbuch der literarischen Rhetorik*, § 579 und § 909 f.

173 Vgl. Bleumer: „Narrativität und Visualität", S. 120.

174 Zu den destruktiven Effekten von Helenas Erscheinung vgl. auch Müller: „Ästhetisierung", S. 302 sowie Lienert, Elisabeth: *„daz beweinten sît diu wîp. Der Krieg und die Frauen in mittelhochdeutscher Literatur"*. In: *Vom Mittelalter zur Neuzeit. Festschrift für Horst Brunner*. Hg. v. Dorothea Klein, Elisabeth Lienert u. Johannes Rettelbach. Wiesbaden 2000, S. 129 – 146, insbes. S. 136.

175 Vgl. Lienert: *Geschichte und Erzählen*, S. 220; Lienert: „Helena", S. 410.

sierung von Wahrnehmung überhaupt, ihre Erscheinung wird ausdrücklich zur Wahrnehmungsübung: „den ougen wuohs grôz überlast" (Tr 34051). Und ähnlich wie schon beim Apfel der Discordia, dem Gewand des Paris und anderen schillernden Objekten beginnt die Wahrnehmbarkeit Helenas zu oszillieren: „kein varwe ir schîne was gelîch" (Tr 34080). Solches optisches Rauschen führt selbstreferentiell die Wahrnehmung selbst vor Augen.[176]

Helena figuriert jedoch nicht nur als Wahrnehmungsexperiment des Rezipienten – sie konfiguriert auch einen Wahrnehmungsraum für die Figuren. Spätestens mit der zweiten Schlacht krümmt sich der erzählte Raum zu einem konzentrischen Schauraum, den Helena von seinem Mittelpunkt aus organisiert. Nicht nur thematisch *dreht* sich also das Geschehen um sie. Um ihren Ort auf der Mauer drängen sich auch konkret die Kämpfe besonders dicht zu (Tr 34226 – 34229); „vor Helênen angesiht" (Tr 35399) vollziehen sich zentrale Konfrontationen wie zwischen Paris und Hector mit Castor, Pollux, Thelamon und Achill. Enge proxemische Relationen zwischen Helena und den Kämpfenden machen das Schlachtfeld vor Troja zum delkûschen Nahraum einer hießamen Landschaft",[177] der eher für Gegenwärtigkeit und Erzähleffekte der Präsenz eingerichtet ist als für sinnhafte Verweisung.

So wie sich Helenas Glanz in den Waffen spiegelt und der Waffenglanz wiederum in ihr (Tr 34068 f.), wandelt sie sich von der herausgehobenen Wahrnehmungsfigur zum Wahrnehmungsfaktor für andere Figuren. Bald tritt sie bis auf minimale Erzählspuren völlig in den Hintergrund, bald leuchtet ihr „bilde [...] / mit sîme glanze" den Handlungsraum komplett aus (Tr 34555 – 34557). Auffällig changiert Helena damit zwischen maximaler Sichtbarkeit und maximaler Unsichtbarkeit. Helena ist damit sowohl Figur der Handlungswelt als auch Synekdoche eines Wahrnehmungsraums, der so intensiv aufgeladen ist, dass er im wahrsten Sinne des Wortes schmerzt – Figuren wie Rezipienten. Das Konzept der *literarischen Figur* ist damit denkbar weit überschritten: in Richtung einer funktionalen Wechselbeziehung, in der Einzelfigur und Wahrnehmungsform konvertierbar geworden sind.

---

176 Zu Rauschen als „Gestaltung eines gestaltlosen Erscheinens" vgl. Seel: *Ästhetik des Erscheinens*, S. 223–237 (Zitat S. 237).

177 Vgl. Störmer-Caysa, Uta: *Grundstrukturen mittelalterlicher Erzählungen. Raum und Zeit im höfischen Roman.* Berlin, New York 2007, S. 70–75. Erzählte Topographien biegen sich in mittelalterlicher Epik nicht nur um *bewegte* Subjekte, wie Störmer-Caysa nachweist, sondern mit Helena auch um ein ruhendes Subjekt. Auch in ihrem Fall gilt: „In der Zuweisung von raumschaffenden Potenzen liegt offenbar ein Urteil des Textes über die Wichtigkeit seiner Protagonisten" (S. 71).

## 1.1.12 Kompositionsverfahren: Aufritte – *entrelacements* – Gesamtschauen

Wurden bislang vor allem detailorientierte Präsenzeffekte untersucht, so sind im Folgenden Kompositionsverfahren zu betrachten, die den multisensorischen Wahrnehmungsraum des *Trojanerkriegs* auch auf höherstufigen Niveaus organisieren. Im Vergleich zu Benoîts *Roman de Troie* zeichnen sich vor allem drei Verfahren ab: (1.) Darstellungen von Aufritten, (2.) Verflechtung von Zweikämpfen und Gruppenkämpfen sowie (3.) intensivierte Gesamtschauen. Alle Verfahren tragen dazu bei, Massenkampf als ästhetisches Zusammenspiel präsent werden zu lassen.

(1.) Der *Trojanerkrieg* fügt Aufritte von griechischen und trojanischen Heeresgruppen symmetrisch ineinander – ein Bearbeitungsprinzip, das trotz der ungleichen Kräfteverhältnisse der Kontrahenten erkennbar wird (10 trojanischen Kampfgruppen stehen 15 griechische gegenüber). Nach dem Vorbild des *Roman de Troie* führt der Erzähler in alternierendem Rhythmus zunächst je eine griechische und eine trojanische Schar auf den Kampfplatz.[178] Doch auch über seine altfranzösische Vorlage hinaus verleiht der *Trojanerkrieg* den Aufritten der Scharen eine alternierende Struktur: Zusammengefasst werden nun jeweils zwei griechische Scharen, die im regelhaften Wechsel mit einer weiteren trojanischen Schar das Feld betreten,[179] womit das Figurenarrangement durchaus choreographische Züge gewinnt.[180] Wenn der Erzähler mehrfach herausstreicht, dass die Gruppen „schône"[181] auf den Kampfplatz geführt würden, so gilt dies nicht nur der schönen Erscheinung Einzelner, sondern vor allem dem wohlgeordneten Erscheinen der gesamten Formationen: „Hector und al die sînen / ze velde schône kâmen" (Tr 30846 f.). Wohlgeordnet und insofern schön ist schon zuvor, wie Hector die ungeordnete Masse der trojanischen Kämpfer zu Verbänden und Heerführern gruppiert. Wie ein Kriegskünstler formiert er sein Material nach bester Maßgabe:

---

178 Vgl. Tr 30825–31035 (1. griech. / 1. troj. Schar), 31036–31623 (2. griech. / 2. troj. Schar), 31624–31841 (3. griech. / 3. troj. Schar), 31842–32035 (4. griech. / 4. troj. Schar), 32036–32593 (5. griech. / 5. troj. Schar).

179 Vgl. Tr 32594–32803 (6. u. 7. griech. / 6. troj. Schar), 32804–33240 (8. u. 9. griech. / 7. troj. Schar), 33241–33551 (10. u. 11. griech. / 8. troj. Schar), 33552–33729 (12. u. 13. griech. / 9. troj. Schar), 33730–33837 (14. u. 15. griech. / 10. troj. Schar, die jedoch in der Stadt verbleibt).

180 Entsprechend hatte Monecke: *Studien*, S. 161 im *Trojanerkrieg* ein „Ritterballett" gesehen – eine Formulierung, die den Kern glücklich trifft. Vgl. zu Konrads Arrangement der Aufritte auch Lienert: *Geschichte und Erzählen*, S. 147–155; zur „Choreographie der Schlachtreihen" im Antikenroman allgemein vgl. Lienert: „Wahrnehmung des Krieges", S. 42.

181 Vgl. z. B. Tr 29926, 29980 f., 30846 f., 30850–30853, 31844–31847, 32608, 32636–32639, 32846 f.

Hector mit sneller île
formieren si begunde,
wan er si bilden kunde
vil schône, als ir gemæze was.
(Tr 29978–29981)

Die betont geordneten Aufritte werden sodann ebenso betont aufgelöst: Die gegnerischen Kampfgruppen verflechten sich ineinander,[182] mischen sich,[183] verwirren sich,[184] bis sie schließlich „ungescheiden" ineinandergefügt sind (Tr 31577).[185] Kämpfe zerfallen somit nicht in den Antagonismus von Siegen und Besiegtwerden, sondern erzeugen ein Gesamtensemble mit geradezu spielerischen Zügen: „ein schar gap in der andern / enwiderstrît als einen bal" (Tr 31334 f.; vgl. auch 31748: „die sach man sament strîten"). Wiederum zielt das Erzählarrangement auf ein Wahrnehmungsexempel: Auf betonte Formgebung (symmetrisch alternierende Aufritte) folgt betonte Auflösung (Durchmischen). Es legt so dem Rezipienten nahe, die Konfigurationen der Kämpfer innerhalb der erzählten Welt als Zusammenspiel, auf der Ebene der Darstellung aber als Wahrnehmungsspiel zu erleben.

(2.) Verdichtet wird der multisensorische Wahrnehmungsraum zweitens durch ein Verfahren, das man im Anschluss an Ferdinand Lot als Verflechtung (*entrelacement*) bezeichnen könnte:[186] Gruppenaufritte auf der einen Seite sowie Einzel- und Massenkämpfe auf der anderen überlappen einander, so dass Ensembles wechselseitig verflochtener Handlungssituationen entstehen. Ein eindrückliches Beispiel für diese Technik liefert gleich zu Beginn der Schlachtexposition der Zweikampf von Hector und Patroclus (Tr 30870–31035), der in den Gruppenkampf der ersten griechischen mit der ersten trojanischen Schar eingebettet wird. Während Benoîts *Roman de Troie* die Gegner unvermittelt aufeinanderprallen lässt und somit eine deutliche Zäsur zwischen Gruppen- und Einzel-

---

**182** Vgl. Tr 31537–31539: „Hie wart alrêrst gevohten / und rotte in schar geflohten / als in daz warf des garnes wevel"; vgl. zur Flechtmetapher auch Tr 31758 f., 31984 f., 32746 f., 33410–33413, 33744 f., 33859–33863.
**183** Vgl. Tr 31736 f., 31985.
**184** Vgl. Tr 31746 f., 31799–31801, 33630, 33891, 36334 f.
**185** Verflechtungen der gegnerischen Reiterscharen gehören schon vor Konrad zum Repertoire literarischer Schlachtdarstellung; vgl. Czerwinski: *Schlacht- und Turnierdarstellungen*, S. 120–123 und S. 145. Der *Trojanerkrieg* verwendet dieses Verfahren nicht nur ungleich häufiger als einschlägige Schlachtszenen der mittelhochdeutschen Epik – Verflechtungen bestimmen darüber hinaus auch unterschiedliche Ebenen: Sie betreffen das Arrangement von Figuren innerhalb der erzählten Welt ebenso wie das Arrangement von Erzählabschnitten, wie zu zeigen ist.
**186** Vgl. Lot, Ferdinand: *Étude sur le Lancelot en prose*. Paris 1918, S. 17–28 (Kap. II: „Du principe de l'entrelacement").

kampf setzt,[187] lassen im *Trojanerkrieg* zusätzliche Gelenkverse die Gruppen- und Zweikampfszenen ineinander gleiten:

> [Auftakt, von der Gruppen- zur Individualperspektive:]
> nû daz Hector der küene degen
> die Kriechen sach ze velde komen,
> dô wart ein just von im genomen
> und ein geswinder puneiz.
> (Tr 30870–30873)

> [Schluss, von der Individual- zur Gruppenperspektive:]
> seht, alsô wart der milte [= Patroclus]
> von Achille dâ geklaget.
> und dô der ritter unverzaget
> was ze tôde alsus versniten,
> dô kam diu ander schar geriten,
> die Meriôn dâ fuorte
> (Tr 31034–31039)

Zusätze dieser Art sind geringfügig, aber folgenreich, indem sie die Sequenzialität von Handlungsabschnitten in Fokussierungswechsel verwandeln. Gruppen-kämpfe und Zweikämpfe wechseln einander nun ab wie gleitende Einstellungs-wechsel zwischen Vorder- und Hintergrund, Mikro- und Makroeinstellung.

Besonders deutlich wird dieses Verbindungsverfahren auch im Zweikampf zwischen Menelaus und Paris greifbar, der weitestgehend vorlagenlos hinzugefügt ist.[188] Erzählt wird die Sequenz zunächst als Zweikampf der konkurrierenden Ehemänner unter den Augen Helenas (Tr 34310–34605), bevor sich dann jedoch die konzentrierte Zweierkonstellation noch vor Kampfende ausweitet und auf den Gruppenkampf öffnet:

> nû daz die künge beide
> sus phlâgen starker biusche,
> dô kam ein grôz geriusche
> von liuten ûf si zwêne dar.
> fuozgengel wart ein michel schar
> ûf si gedrücket alzehant,
> dar ûz ein sneller sarjant
> mit eime scharphen spieze trat,

---

187 Vgl. ab RdT 8329.
188 Der *Roman de Troie* bietet zwar in der vierten Schlacht ebenfalls einen Zweikampf zwischen Menelaus und Paris (vgl. RdT 11357–11368), doch findet dieser Kampf mit dem Sieg des Me-nelaus ein klares Ende. Im *Trojanerkrieg* hingegen bleibt der Kampfausgang offen.

> der tet sîn ors Pârîse mat.
> (Tr 34606–34614)

Nicht nur namenlose „fuozgengel" und „sarjanden" mischen sich hinzu, auch Pollux, Castor und Achill stürmen auf Menelaus' Hilferuf herbei (Tr 34670 – 34673: „swer des geruoche, daz ich tuo / den willen sîn [...] / der helfe mir an dem gesigen") und fallen über Paris her (ab Tr 34782). Während der *Roman de Troie* die Passage als Gruppenkampf zwischen Troilus, Menelaus und Paris mit ihren jeweiligen Scharen gestaltet (RdT 10793 – 10805), führt der *Trojanerkrieg* stärker das Gleiten der Konfigurationen vor Augen. Unversehens weitet sich der betrachtete Zweikampf zum Fünfkampf inmitten flottierender Fußsoldaten und vergrößert sich weiter, als Hector (ab Tr 35058), Thelamon (ab Tr 35182) und die Admirale Pollixenon, Dorion, Amfileus und Theseus hinzustoßen (ab Tr 35200). Schließlich franst die Kampfzone maximal aus – Paris und Hector suchen jetzt Schutz in der Masse der Trojaner (Tr 35302f.), tauchen wortwörtlich im Kampfkollektiv unter:

> iedoch sô wurdens' in daz her
> vertüschet und vermischet,
> daz si von den gewischet
> dâ wâren, die si triben dar.
> (Tr 35314–35317)

Wenn der Erzählfokus nun wieder zum Kampf der Brüder gegen die feindlichen griechischen „rotten" (Tr 35332) blendet, hat sich der Kreis geschlossen: Ohne dass Anfang und Ende einer einzigen Kampfkonstellation scharf markiert worden wären, haben sich Zweikämpfe, Gruppenkämpfe und Massenschlacht „mit fließendem Übergang" ineinandergeschoben.[189] Wenn Ajax im Zweikampf mit Hector konstatiert, beide seien „verstricket under ein" (Tr 37398), so pointiert er über die gemeinsame Familiengenealogie der Brüder hinaus ein Prinzip der Verflechtung („vermische[n]", Tr 35315), das auf eine allgemeine Erzähltechnik verweist.

In seiner klassischen Studie zum *Prosa-Lancelot* beobachtete Lot verwandte Verfahren der Verflechtung.[190] Auch im *Trojanerkrieg* entsteht der Eindruck eines

---

**189** Lienert: *Geschichte und Erzählen*, S. 141; Lienerts Beobachtung zur Schlachtexposition lässt sich für die Schlachtsequenzen insgesamt verallgemeinern: Konrad „bindet [...] die einzelnen Schlachtteile stärker ineinander" (S. 176).

**190** Lot stützt sich auf die Gewebemetaphorik, um Erzähltechnik (*Verflechten*) und Kunstwerkcharakter (*Flechtwerk*) aufeinander zu beziehen: „Autrement dit, le *Lancelot* n'est pas une mosaïque d'où l'on pourrait avec adresse enlever des cubes pour les remplacer par d'autres, c'est une sparterie ou une tapisserie: si l'on tente d'y pratiquer une coupure; tout part en morceaux" (Lot: *Étude*, S. 28).

unauflösbaren Gesamtgewebes, doch wird dieses weniger durch weiträumige *Vor- und Rückverweisungen* erzeugt, wie sie Lot mit diesem Begriff am *Prosa-Lancelot* untersuchte, als vielmehr durch das *Ineinanderschieben* von Handlungssequenzen, deren Zäsurmarken aufgelöst werden. Statt gegliederter Sequentialität der literarischen Kommunikation entsteht bei Konrad dadurch ein Effekt von Quasi-Simultaneität: Narration und Rezeption bleiben zwar an die grundsätzliche Sukzessivität der Informationsvergabe gebunden, doch hält der Text verstärkt auch unabgeschlossene Handlungseinheiten im Hintergrund, die mit neuen Vordergrundhandlungen überblendet werden. Kopräsenz von Figuren und Geschehen ist ihr Resultat: Trotz ihres beeindruckenden Textumfangs nähert sich die Schlachtbeschreibung des *Trojanerkriegs* so der Form eines riesigen Simultanbildes an.

(3.) Konzentriert und intensiviert Helena als *Einzelfigur* dieses Simultanbild, so werden aber auch panoramatische *Gesamtschauen* über das Schlachtgeschehen zu Höhepunkten, die der multisensorischen Wahrnehmung neue Energie verleihen. Besonders auffällig treten solche Gesamteindrücke an Stellen der Narration hervor, die besondere Intensivierungsschübe verlangen. Ein erstes Kraftfeld dieser Art folgt so nach der ausgedehnten Vorbereitung und dem Aufmarsch beider Heere, bevor sich die ersten griechischen und trojanischen Teilgruppen herauslösen (Tr 30758 – 30824). Fast ließe sich von einem synästhetischen Akkord sprechen, werden doch auf höchst konzentriertem Erzählraum viele der Wahrnehmungssinne aktiviert, an die sich die Schlachtdarstellung richtet (Tr 30770 – 30822). Auch nach dem Auftritt der ersten trojanischen und griechischen Scharen erhebt sich der Erzähler zu einem konzentrierten synästhetischen Gesamteindruck (Tr 31758 – 31765).

Man könnte versucht sein, in solchem Wechsel von Narration und Imagination, von Einzeleinstellungen und Übersichten ein Ordnungsverfahren zu sehen. Dass solche Gesamtschauen die jeweils entfaltete Szene jedoch keineswegs *präzisieren*, zeigen im *Trojanerkrieg* charakteristische Farbreihen, die diskrete Wahrnehmungen von Rüstungen und heraldischen Zeichen zu einem Farbspektrum zusammenziehen: „die schilte rôt, grüen unde blâ / dô wurden sêre engenzet" (Tr 31760 f.). Farben und Formen mischen sich, und dies nicht nur im Falle zersplitternder Schilde oder zerfetzter Kleidung. Was aus heraldischer Sinnperspektive unsinnig erschiene, wird zur Panoramamethode des Erscheinens, wenn der Erzähler auch in anderen Gesamtschauen Farbeindrücke reiht (Tr 36874 f.: „die vanen brûn, gel unde rôt, / wîz, grüene und als ein lâsûr blâ") und Materialien summiert: „man schriet dâ leder unde horn, / golt, silber, îsen unde bein" (Tr 36914 f.; zur gesamten Passage vgl. Tr 36850 – 36957). Häufung und Reihung der Wahrnehmung überspielen in solchen Fällen integrativ die exakte Zuordnung.

Größte Komplexität erzeugt der Erzähler im Blick auf die Gesamtschlacht unmittelbar vor Helenas Mauerschau vor dem Zweikampf von Paris und Menelaus (Tr 33808 – 33931). Das Wahrnehmungsensemble wird dabei einerseits sinnlich konkretisiert. Hierfür sorgen u. a. wilde Metaphern wie der Schnee von Pfeilen (Tr 33846 – 33849) oder der Bienenschwarm der Waffen (Tr 33854 f.), aber auch Metaphern wie die notorischen Blutseen (Tr 33870 – 33873). Andererseits wird die Perspektive dabei eigentümlich entpersonalisiert:

> von lûter stimme gelmen
> wart dâ gehœret michel dôz,
> wan daz getemer was sô grôz
> von grimmen slegen ûf dem wal,
> daz in die stat ze Troie schal
> der swerte griuwelicher klanc.
> (Tr 33916 – 33921)

Wer schlägt, wer schreit, wer beobachtet in solchen Passagen? Schwerlich lassen sich Präsenzeffekte dieser Art noch auf singuläre Urheber zurückrechnen. Es sind dies Effekte, deren Präsenz referentielle Verweisung überdeckt, unterbricht oder aber extrem ineinanderschiebt. Betonte Selbstreferenz und zurückgenommene Fremdreferenz nähern sich somit der Grundstruktur von Wissen an. Wissbar wird das exorbitante Leid des Kriegs, während die Leidenden und ihre kontingenten Gründe aus dem Bild verschwinden.

### 1.1.13 Fokalisierungsverfahren: Zooming und panoramatisches Erzählen

Ein weiteres großräumig angelegtes Präsenzverfahren erschließt sich im Blick auf die Fokalisierung des Erzählens, die seit Gérard Genette als Antwort auf die Frage „qui voit?"/„qui perçoit?" konzipiert wird.[191] Der *Trojanerkrieg* nutzt besonders das Sichtfeld der Narration, um den erzählten Raum und sein Geschehen ima-

---

[191] Vgl. Genette: *Die Erzählung*, S. 119 und S. 121–124. Genette erweitert die Frage später, indem er die optische Metapher des Sehens durch den allgemeineren Wahrnehmungsbegriff ersetzt; Fokalisierung wird damit zu einer Beschreibungskategorie für Informativitätsrelationen überhaupt; vgl. Ders.: „Neuer Diskurs der Erzählung". In: *Die Erzählung*. 3. Aufl. München 2010, S. 175–272, hier S. 218 („Selektion der Information"). Zur narratologischen Diskussion um Fokalisierung sowie zum weitergefassten Begriff der Perspektive vgl. Schmid, Wolf: *Elemente der Narratologie*. Berlin, New York 2008, 115–153; Hübner, Gert: *Erzählform im höfischen Roman. Studien zur Fokalisierung im „Eneas", im „Iwein" und im „Tristan"*. Basel, Tübingen 2003, S. 10–76.

ginativ zu verlebendigen und so die Selbstreferenz des Erzählten im Akt des Erzählens zu erhöhen.[192]

Hierzu tragen in der zweiten Erzählhälfte unter anderem Verfahren der externen Fokalisierung bei, die man in Anlehnung an die frühe Erzähltheorie zunächst als *camera eye*-Technik charakterisieren könnte:[193] der Trojanische Krieg wird mithilfe von Zoom-Verfahren des Naheholens und Entfernens vergegenwärtigt, die zunächst die Aufritte einzelner Heerführer und ihrer Rotten fokussieren, bevor sich die Erzählinstanz auf Übersichten zurückzieht und schließlich von dort wieder zurück schwingt. Das Erzählen beginnt zwischen der Nahsicht von Kampfdetails und abstrahierenden Übersichten zu oszillieren, in welchen das Schlachtgeschehen unter rasch verschwimmender Raum- und Zeitdeixis panoramatische Form annimmt. Effekt solcher Mobilisierungen und Fokussierungswechsel sind Wahrnehmungsformen, die für die Referenzsituation von Wissen relevant sind.

Die zweite Kampfbegegnung zwischen Hector und Achill bietet hierfür ein aufschlussreiches Beispiel, das exemplarisch für eine Vielzahl ähnlicher Passagen des Kriegserzählens im zweiten Erzählteil herangezogen werden kann. Den Schlagabtausch der Heroen verfolgt der Erzähler zunächst in Naheinstellung, wenn sich Achill dem rachsüchtigen Toben Hectors entgegen wirft:

> dô treip Achillen Hector
> gewalteclichen hinder sich;
> er tet ûf in sô manigen stich
> und alsô grimmer slege vil,
> daz er niht eines louches kil
> noch eine bônen umb sîn leben
> des mâles dorfte dô gegeben,
> ob man in möhte hân verwunt.
> (Tr 36410 – 36417)

---

192 Mit dem Begriff des Sichtfeldes greife ich für den *Trojanerkrieg* also nur einen Aspekt des komplexen Phänomens der Fokalisierung auf: ästhetisches Zeigen und die Eröffnung von Visualität als Bedingung der Möglichkeit von narrativem Wissen, wie sie zahlreiche Erzähltheorien in Metaphernfeldern des Sehens festhalten (v. a. im Anschluss an Jean Pouillons Terminologie zur *vision*). Obgleich auch Genette zur Beschreibung von Fokalisierung die Sichfeldmetapher verwendet (z. B. Genette: „Neuer Diskurs", S. 218), geht es mir nicht um die seit Genette zentrale Relation von Erzählperspektive und Figuren*bewusstsein*.

193 Vgl. Pouillon, Jean: *Temps et roman*. 3. Aufl. Paris 1946, der diese Erzählsituation als „vision du dehors" fasst: als Perspektive, die auf Innenweltdarstellung konsequent verzichtet und die Figuren nur von außen sieht. Vgl. zum Kameramodell der Perspektive auch Genette: *Die Erzählung*, S. 120 sowie zu seiner Historisierbarkeit insbesondere Hübner: *Erzählform*, S. 30 f., 42 – 44 und 402. Speziell im Kontext von Kriegsdarstellungen vgl. auch Lienert: „Wahrnehmung des Krieges", insbes. S. 35 – 37.

Auch die analeptisch angespielte Unverwundbarkeit Achills („nû was er ûf des herzen grunt / gehertet, als ir hânt vernomen [...]“, Tr 36418 f.) hält den Fokus der Erzählperspektive bei einzelnen Körpern und Rüstungsdetails. Auch beim folgenden Gegenschlag Hectors, der die Aktionsrichtung umkehrt (Tr 36426 – 36432), dominiert weiterhin Naheinstellung der Körper: „Hector der hete im [= Achill] sîniu lider / zequeschet und zerbliuwen“ (Tr 36426 f.). Dies unterbricht eine Interjektion mit einem Fokuswechsel. Der Blick weitet sich nun von der Zweikampf-Nahsicht zur Gesamtaufnahme des Schlachtgeschehens:

> Hey, waz verlüste dô geschach!
> dô vlôz von bluote manic bach
> erbermeclichen ûf daz grien.
> der eine schôz, der ander spien,
> der dritte stach, der vierde sluoc.
> (Tr 36433 – 36437)

Wie in den Erzählregistern von Heldenepik und Antikenroman üblich, beschränkt sich die Schlachtdarstellung auch hier auf eine Außensicht des Geschehens (*vision du dehors*), doch wird diese auf paradoxe Weise intensiviert. Einerseits werden Handlungen nämlich von ihren individuellen Trägern abstrahiert, welche syntaktisch nur noch als Leerstellen oder Formeln mitgeführt werden: „der eine“/„der ander“; „man“; „si“ usw. Auf wen solche leeren Subjekte referieren, welche Rotte oder Partei dadurch in Vorteil oder Nachteil gerät, wird durch solche Fokalisierung unmöglich zu fragen. Andererseits bleiben Handlungen und Dinge jedoch als konkrete Imaginationspunkte bewahrt: Schießen und Spannen der Bögen, Lanzenstechen und Schwertschläge, kostbare Rüstungsteile und Wahrnehmungsakte treten so als absolute Eindrücke hervor und werden von individualen Kampfsubjekten und Handlungskontexten gelöst. Handlungen werden so zu reinem Geschehen, Gegenstände zu bloßen Erscheinungsdingen, Wahrnehmungen zu absoluter Wahrnehmung transformiert.

Effekt solcher paradoxen Ablösung ist eine eigentümlich *abstrakte Präsenz* von Handlungen, Gegenständen und Sinnesphänomenen, die sich über individuale Figurenreferenz erhebt:

> [Aufmarsch beider Heere:]
> dâ gleiz daz liehte stahelwerc
> nâch wunsche und daz gesmîde.
> (Tr 30790 f.)

> man sach dâ glenzen unde enprehen
> vil mangen schilt gesteinet.
> (Tr 30796 f.)

[Eingreifen der 6. und 7. griechischen Schar:]
des wurden fiures blicke
ûz helmen dâ gedroschen.
(Tr 32684 f.)

man schriet dâ stehelîn gewant
mit swerten und mit spiezen.
si drungen unde stiezen,
si zarten unde brâchen,
si sluogen unde stâchen,
si wurfen unde schuzzen.
(Tr 32688 – 32693)

[Eingreifen der 8. trojanischen Schar:]
diu swert dâ klungen in den luft
mit vîentlichem dôze.
von glanzer schilte bôze
wart dâ gehœret lûter klac,
als ob der wilde dunreslac
dâ spielte dürre buochen.
(Tr 33432 – 33437)

[Kämpfe vor Helena:]
diu wâfenkleit grüen unde blâ,
brûn unde blanc, graw unde rôt
von kamphes und von strîtes nôt
sich zarten unde rizzen.
(Tr 34244 – 34247)

Krieg erscheint so als phänomenaler Widerstreit von Konkretion und Abstraktion; das Größte wird zum Erscheinungsraum des Kleinsten:[194] „gesteine lûhte enwiderstrît / über tal und über berc" (Tr 30788 f.).

Erzähltechnisch erzeugen solche Konkretionen/Abstraktionen Pendelbewegungen, die Naheinstellungen in absolute Übersichten überführen und wiederum auf figurennahe Perspektiven zurücklenken.[195] Anstelle statischer Kameraperspektivik oszilliert das Sichtfeld zwischen Annäherung und Entfernung. Von der Makroperspektive, zu der sich der Erzählerblick aus dem Zweikampf zwischen Achill und Hector erhoben hatte, zoomt dieser zurück auf Priamus und die tro-

---

**194** Entsprechend wird der Kampfraum gelegentlich als ästhetischer Resonanzraum bezeichnet, z. B. Tr 35916 f.: „der plân der wart erschellet / von ir [= der Trojaner] kunft reht als ein büne." Zum Pendeln zwischen „Vogelschau" und „Nähe" vgl. auch Müller: „Ästhetisierung", S. 301 f.
**195** Vgl. analog mit mehrfachen Wechseln auch die Aufritte und Kämpfe der 6. und 7. griechischen bzw. 6. trojanischen Schar (Tr 32594 – 32803); im vergrößerten Maßstab bestimmt diese Technik auch den Übergang von individualisierenden Namenskatalogen zu Übersichten über die Massenschlacht, vgl. z. B. Tr 36616 – 37029.

janischen Fußknechte, welche die fliehenden Griechen zu den Schiffen verfolgen. Dann jedoch steigt der Blick wiederum zu absoluten Gesamteindrücken mit Phänomenen der abstrakten Präsenz:

> die blicke von dem fiure
> dâ sprungen ûz dem îsen.
> man sach vil ringe rîsen
> ûz halspergen unde ûz hosen.
> wer dâ geschreies wolte losen,
> der mohte sîn vil hoeren.
> got in den himelkoeren
> den möhte hân erbarmet
> die nôt [...].
> (Tr 36462–36470)

Immer wieder gleitet der Beobachtungspunkt zwischen Nah und Fern, Unten und Oben,[196] hinauf bis zu solchen Höhen, dass sogar Gott der Weltschlacht aus Superglobalperspektive zusehen kann:[197]

> ob got von himele solte sehen
> von zwein kemphen einen strît,
> er möhte ir vehten bî der zît
> beschouwet hân mit êren
> (Tr 34584–34587)

Unablässig wird das narrative Sichtfeld durchquert: Das Blut „[wart] in die lüfte enbor / den orsen ûz gesprützet" (Tr 34510 f.); die Griechen rauschen herab, „als abe den hôhen alben / die wilde beche rüerent" (Tr 35656 f.).[198] Der *Trojanerkrieg* aktiviert dadurch den Wahrnehmungsraum als mehrdimensionalen sinnlichen Erscheinungsraum.

Wahrnehmung wird dabei wiederum unter die paradoxen Bedingungen von abstrakter (abgelöster) Präsenz gestellt: Was sich der globalen Beobachtung bietet, sind konkreteste Details (z. B. Tr 36464 f.: „ringe [...] / ûz halspergen unde ûz

---

196 Vgl. Tr 31156 f.
197 Nicht nur visuelle Wahrnehmung, sondern auch akustische Eindrücke lenken den Beobachtungspunkt vielfach in die Vertikale, vgl. z. B. Tr 35632–35635: „er [= Hector] sluoc, daz in die lüfte enbor / die slege sîn erhullen. / ze berge si dâ schullen / und gâben vîentlichen dôn"; Tr 36408 f.: „ir slege ûf in die lüfte / erklungen über sich enbor."
198 Diese verstärkte vertikale Mobilität wird gerade im Vergleich mit Kriegsdarstellungen in Heldenepik und höfischem Roman greifbar: Nur selten erweitern diese etwa das Motiv des Funkenfluges von Waffen und Rüstungen in die Vertikaldimension (vgl. Belege bei Bode: *Kamphesschilderungen*, S. 204, 208, 211 f.), die im *Trojanerkrieg* häufig erwähnt werden.

hosen"), die von ihren individuellen Trägern abstrahiert sind. Dem potentiellen Blick Gottes zeigt sich ein Geschehen, das auf paradoxe Weise die Unterscheidung von Konkretion und Abstraktion, von Erscheinungsdingen und Trägern des Erscheinens unterläuft. *Absolute Wahrnehmung* und *Krise der Wahrnehmung* schlagen wie in den Beschreibungen Helenas oder des Patroclus-Schildes ineinander um.[199]

Die Beschreibungsleistung des Kameramodells der Narratologie stößt hier offenkundig an ihre Grenzen, verbindet der *Trojanerkrieg* doch gerade Eigenschaften von Makro- und Mikroeinstellung, die sich mit analoger Kameratechnik nicht realisieren lassen: Panoramen mit absoluter Detailschärfe.[200] Die ältere Erzähltheorie verstand die Kamera als Modell für eine Beobachtungsinstanz, die zwar selbst nicht sichtbar hervortritt, aber in der Welt lokalisierbar ist – prinzipiell also als beobachtbarer Beobachter. Diese Lokalisierbarkeit unterbricht der *Trojanerkrieg* durch paradoxe Einstellungen – die Beobachtung wird damit selbst zu einer unbeobachtbaren Instanz, für die der *Trojanerkrieg* nicht zufällig mehrfach den Namen Gottes ins Spiel bringt.

Aber auch andere klassische Konzepte der Erzähltheorie und Rhetorik können die perspektivischen Paradoxien des Kriegserzählens kaum erfassen. So lässt sich angesichts des unablässigen Gleitens zwischen „Vogelschau" und „Nähe"[201] von Figurensichten schwerlich von einem auktorialen Erzähler sprechen; auch das Konzept der Fokalisierung kann letztlich keine befriedigende Antwort auf die Frage geben, *wer* in solchen Fällen *sieht* – zu rasch, zu paradox wechseln die Informationsfilter. Wollte man die Präsenzeffekte der Wahrnehmung schließlich dem rhetorischen Verfahren der Evidenzerzeugung zurechnen, so wäre damit zwar die technische Seite der Sprachgestaltung gut zu erfassen – nicht jedoch die antikommunikativen Tendenzen des Erzählens, welche die kohärente Wahrnehmungsinstanz auflösen.[202]

---

199 Vgl. hierzu ausführlicher Kap. V.1.3.

200 Lienert: „Wahrnehmung des Krieges" erprobt das Kameramodell (z. B. mit dem Begriff des *Zoomens*) für den *Trojanerkrieg* und beobachtet entsprechend eine „merkwürdige Mischung von Annäherung und Entfernung" (S. 42). Die narrative Paradoxie, die solche Fokalisierung für das Kameramodell aufwirft, verlagert Lienerts Lektüre sodann auf die Ebene divergierender Kulturmuster: Im Antikenroman kreuzten sich „christlich-historische Distanz" und „Mediaevalisierung des Kriegs zur Ritterschaft". Will man das spezielle Narrationsproblem nicht ausblenden, wird man jedoch nach den epistemischen Funktionen solcher „merkwürdige[n] Mischung" der Erzählperspektive fragen müssen.

201 Müller: „Ästhetisierung", S. 301f.

202 Theorie und Praxis der *evidentia* basieren hingegen auf der grundlegenden Auffassung von Rhetorik als Kommunikation, wie Hübner: *„evidentia"* unterstreicht: Rhetorische Erzählkonzepte

Wäre es daher konsequenter, solches Kriegserzählen nach einem Vorschlag Ann Banfields als Extremfall eines *empty centre*[203] zu beschreiben, das Wahrnehmungen produziert, „für die es in der Geschichte kein spezifisches Subjekt gibt"?[204] Viele der Panoramaformeln im *Trojanerkrieg* („dô huop sich [...]"; *verba sentiendi* wie z. B. „man sach", „man hôrte" usw.) scheinen dieser externen Darstellungstechnik ohne Wahrnehmungszentrum zu entsprechen, wie etwa der abschließende Blick auf die Massenschlacht nach dem bereits erwähnten Zweikampf von Achill und Hector belegt:

> dô wart von vîentlichen slegen
> der plân erschellet über al.
> dâ bibent anger unde wal
> dur daz getemer engeslich,
> daz in diu wolken über sich
> gie von den swerten stehelîn.
> (Tr 36896 – 36901)

Das Wahrnehmungszentrum solcher Passagen lässt sich weder als Bewusstsein identifizieren, noch als Erzählerstandpunkt lokalisieren. Stattdessen rufen Schlachtdarstellungen über längere Strecken hinweg jene „perceptual illusion of nonmediation" hervor, die Theorien zur virtuellen Realität als *Immersionseffekte* beschreiben: als weitgehendes Abblenden von Wahrnehmungsinstanzen, das virtuelle Objekte als wirkliche Objekte präsent werden lässt,[205] selbst wenn sich dies artifizieller sprachlicher Mittel verdankt. Gerade im Vergleich mit Benoîts Schlachtdarstellung werden solche entpersonalisierten Wahrnehmungsbeschreibungen als besondere Zusätze des *Trojanerkriegs* erkennbar.[206] Weder ist die

---

haben ihren „ursprünglichen pragmatischen Ort in der Gerichtsrede" (S. 122) und sind daher „in erster Linie von kommunikativen Wirkungskalkülen bestimmt" (S. 133).

**203** Vgl. Banfield, Ann: „Describing the unobserved. Events grouped around an empty centre". In: *The linguistics of writing. Arguments between language and literature.* Hg. v. Nigel Fabb [u.a.]. Manchester 1987, S. 265 – 285.

**204** So die zusammenfassende Formulierung von Hübner: *Erzählform*, S. 43.

**205** Vgl. Lombard, Matthew u. Theresa Ditton: „At the heart of it all. The concept of presence", 1997. http://jcmc.indiana.edu/vol3/issue2/lombard.html (Stand: 12.05.2011). Vgl. grundlegend Ryan, Marie-Laure: *Narrative as virtual reality. Immersion and interactivity in literature and electronic media.* Baltimore 2001, insbes. S. 89 – 114. Zum Forschungsstand und zur Kritik vgl. Lee: „Presence".

**206** Entpersonalisierte Erzähleffekte dieser Art haben die Einschätzung befördert, Konrad halte seine dichterische „Persönlichkeit" im Hintergrund: „Der Erzähler, der Dichter, tritt nicht aus seinen Dichtungen hervor wie Wolfram und Gottfried, die immer wieder Stellung zum Geschehen, zum Erzählten nehmen in knappen, zum Teil humorvoll-ironischen Einsprengseln wie in

Wahrnehmungsinstanz der Schlachtdarstellung an einem festen Punkt lokalisierbar – sie gleitet fortwährend, und dies bis zu unbeobachtbaren Punkten –, noch bleibt deren Wahrnehmungseinstellung statisch – vielmehr durchmisst sie den Wahrnehmungsraum fortwährend. Beide Strategien tragen wesentlich dazu bei, den Zugriff auf die Wahrnehmungsinstanz zu unterbrechen. Nach der Erzählinstanz und den Selektionsbedingungen ihres Standpunktes zu fragen, wird durch die ununterbrochene Mobilität unwahrscheinlich; sie zu beobachten wird – in krassem Gegensatz zum greifbaren, kommentierfreudigen Erzählerprofil im ersten Teil des *Trojanerkriegs* – durch paradoxe Wahrnehmungsleistungen geradezu unmöglich.

Zielen Fokalisierungstechniken grundsätzlich darauf, „die Differenz zwischen Erzähler und Figur zu überspielen, zu verdecken, zum Verschwinden zu bringen",[207] so führen die Fokalisierungstechniken des *Trojanerkriegs* diese Differenz weiterhin mit sich. Die Beobachtungssituation wird im Wechsel der Einstellungen keineswegs vollständig annulliert, sondern oftmals ausdrücklich markiert, etwa durch Interjektionen an Nahtstellen von Einstellungswechseln („Hey"; Tr 30774 f.: „ahî, waz dâ gesehen wart / rîlicher wâfencleide!"; Tr 33416: „ahî, wie dâ gestriten wart") oder durch gehäufte Deiktika in Panoramablicken (Tr 36896 – 36898: „dô wart [...] / erschellet"; „dâ bibent [...]"). Wahrnehmung und Wahrgenommenes treten dabei jedoch enger zusammen, während die Instanz des Wahrnehmenden zurückgehalten wird. Indem Zooms des *Trojanerkriegs* den Erscheinungsraum ein ums andere Mal durchqueren, bringen sie den Raum selbst zur Erscheinung, der normalerweise als Horizont des Geschehens im Hintergrund bleibt; indem sie Erscheinungen von ihren Subjekten abstrahieren, treten jene selbstreferentiell hervor. Mobilisierung und Fokussierung sind somit erzähltechnische Mittel, um den Trojanischen Krieg als selbstferentielle Erscheinung zu vergegenwärtigen. Die Fremdreferenzen des Geschehens – sei es in Form der ordnenden Erzählinstanz, sei es in Form einzelner Figuren als Verweisungsträger der Erzählung – werden keineswegs aufgehoben, aber systematisch unterbrochen und abgeblendet. Aktivierung des Wahrnehmungsraums und seiner Erscheinungen einerseits und die Abblendung von Wahrnehmungssubjekten und Verweisung andererseits gehen somit Hand in Hand.

Die Frage nach *point of view*, Perspektive oder Fokalisierung des Erzählens gilt traditionell dem Verhältnis von Wissen und Wahrnehmung: Ist narratives Wissen nichts anderes als das stärker oder geringer gefilterte Sehen einer Erzählinstanz?

---

breiten Exkursen. Das fehlt bei Konrad." Rupp, Heinz: „Konrad von Würzburg". In: *Das ritterliche Basel. Zum 700. Todestag Konrads von Würzburg.* Hg. v. Christian Schmid-Cadalbert. Basel 1987, S. 32 – 35, hier S. 33.
**207** Hübner: *Erzählform*, S. 55.

Oder stehen aisthetische und epistemische Dimensionen einander asymmetrisch gegenüber, z. B. als mediale Bedingungen und auf deren Grundlage erkennbare Formen? Wie die voranstehende Analyseskizze zu zeigen versuchte, verankern Erzähltheorien ihre Ansätze zumeist in Personenmodellen und Bewusstseinshorizonten (kanonisch gefasst z. B. als Erzähler- und Figurenwissen), die der Tradition der Rhetorik oder aber der ästhetisch orientierten Romananalyse seit dem 18. Jahrhundert entstammen und noch aktuelle Diskussionen zur Fokalisierung prägen.[208] Selbst das ältere Kameramodell basierte ungeachtet seiner programmatischen Reduktionen auf der Vorstellung personaler Wahrnehmung.

Für die Leitfrage nach dem Verhältnis von Selbstreferenz und Fremdreferenz und der Wissensfunktionalität der beschriebenen Erzähltechnik ist dagegen entscheidend, dass auch Erzählformen ohne fixierbare, beobachtbare Zentren imaginative Präsenzeffekte ermöglichen. Sie entstehen, indem Nähen distanziert, Fernen immer wieder angenähert, Wahrnehmungsformen von Nähe und Ferne mithin ineinander verschränkt werden. In ihrer oszillierenden Bewegung öffnen und schließen sich Erscheinungsräume, die sich weder auf die Perspektiven von Erzähler noch auf Figurenbewusstsein als Referenzpunkte zurückrechnen lassen. Für Wissen ist diese Unterbrechung von rückläufiger Referenz insofern einschlägig, als sie die Kontingenz des sinnlich Erscheinenden reduziert: Der Trojanische Krieg tritt so weder als bloß perspektivisch erzeugtes Ereignis entgegen (Erzählebene), noch scheint er ausschließlich an Figuren gebunden zu sein (erzählte Welt).

Die Forschung zum *Trojanerkrieg* hat die verstärkte „Sinnlichkeit des Eindrucks" bei gleichzeitig gesteigerter „Abstraktheit" von Konrads Schlachtdarstellung bislang nur konstatiert, ohne diesen Befund erhellen zu können.[209] Berücksichtigt man die oszillierenden Bewegungen, die dieser Paradoxien von konkreten Panoramen und abstrakter Sinnlichkeit zugrundeliegen, so lässt sich darin ein wissensfunktionaler Zug sehen, der das Erzählte als Produkt von Narration unsichtbar werden lässt. Das Erzählte tritt aus seinem Erzeugungsrahmen der Narration heraus und macht diesen unbeobachtbar – nichts anderes meint die narrative Stärkung von Selbstreferenz gegenüber Fremdreferenz, die der Wissensbegriff bezeichnet.

---

**208** Vgl. Hübner: „*evidentia*", S. 132f.
**209** Lienert: *Geschichte und Erzählen*, S. 151.

**1.1.14 Performativität der erzählten Rede: Redeformen und Redesituationen**

Wie die Darstellung der ersten Kriegsfahrt umfasst auch die zweite Schlachtbeschreibung zahlreiche Redesituationen. Während jedoch der Rechtsdisput zwischen Hercules und Lamedon als einzige Redesituation der ersten Kriegsfahrt konsequent in das Kausalgefüge der Narration eingebettet ist und dadurch sinnförmige Rückgriffe und Vorgriffe ermöglicht, prägt die Reden der zweiten Schlacht vor Troja eine entgegengesetzte Darstellungstendenz: Figurenkommunikation wird vornehmlich performativ. Auch die Performativität der Rede kann als Teil einer umfassenden Strategie verstanden werden, die Selbstreferenz des Erzählten zu erhöhen und Verweisung zu unterdrücken.

Ausführlich wendet sich Hector vor Beginn der Schlacht in meist direkten Ansprachen an die trojanischen Rottenführer Troilus (Tr 29759–29780), Margariton (Tr 29815–29850), Pollidamas (Tr 29882–29910), Deiphobus (Tr 29947–29966), Pyctagoras (Tr 30078–30106), Eneas (Tr 30138–30149), Paris (Tr 30180–30210), Anthenor (nur indirekt: Tr 30244–30254) und Priamus (Tr 30273–30312). Weniger dienen diese Reden der strategischen Informationsvergabe als der gezielten Stimulation: Es sind Reizreden in Vorbereitung auf die Schlacht, die vor allem performative Energie freisetzen. Während der *Roman de Troie* nur in wenigen Fällen Ermunterungsreden einschaltet,[210] staffelt der *Trojanerkrieg* diese Reden zu Kaskaden von anspornenden Heische- und Imperativsätzen, die ihren affektiven Charakter durch Interjektionen herausstreichen:

> [Rede an Margariton:]
> nû dar, getriuwer bruoder mîn!
> lâ dîne manheit werden schîn
> und leite alsô diz ander teil,
> daz wir der sigenüfte geil
> von dir belîben hiute!
> (Tr 29815–29819)

> [Rede an Pyctagoras:]
> nû, sælic bruoder, sîst gemant,
> daz dû die rotte lêrest
> und si ze strîte kêrest
> mit ordenlichen witzen!
> (Tr 30078–30081)

---

210 Benoît bietet von den zehn Ansprachen nur vier: Hectors Reden an Troilus (RdT 7759–7772), an Polidamas (RdT 7841–7849), an Eneas (RdT 7924–7932, 7945–7955) und Priamus (RdT 8036–8052). Vgl. zur trojanischen Schlachtvorbereitung zusammenfassend Lienert: *Geschichte und Erzählen*, S. 142–144.

Besonders an denjenigen Reden, die gegenüber dem *Roman de Troie* beträchtlich erweitert sind oder sogar neu hinzutreten, lassen sich weitere Elemente identifizieren, die diesen performativen Gestus verstärken. Auffällig häufig greift der *Trojanerkrieg* zum einen auf sententiöse Formulierungen und Sprichwörter zurück, mit denen Hector die Heerführer anspornt. Ihr Aufforderungscharakter verdankt sich nicht der diskursiven Argumentation, sondern in erster Linie der Verdichtung und engen Reihung (sämtliche Herv. B.G.):

[Rede an Troilus:]
*wol an gerant halp vohten ist*,
dar an soltû gedenken.
[...]
*jô gît ein guot beginne*
*vil dicke süezen ûzganc,*
*sô bringet swacher anevanc*
*vil oft ein ende bitter.*
[...]
*swer sich der êrsten juste kann*
*reht unde wol enthalten,*
*den siht man dicke walten*
*mit ellenthafter hende*
*des siges an dem ende.*
(Tr 29766 f.; 29770 – 29773; 29776 – 29780)[211]

[Rede an Margariton:]
lâ sich dîn herze pînen
ze schaden allen Kriechen!
wan *swâ daz houbet siechen*
*beginnet an der parte,*
*dâ mac der widerwarte*
*wol sigehaft belîben.*
[...]

*durliuhtic lop erwerben mac*
*an strîte nieman alsô wol,*
*sô der ein houbet heizen sol*

---

Wörtlich wiedergegeben bzw. variiert werden die seit der Antike belegten, im Lateinischen wie in den Volkssprachen des Mittelalters häufigen Sprichwörter ‚Gut angegriffen ist halb gefochten' (Singer: *Thesaurus proverbiorum*, Bd. 1, S. 151 f., s.v. *angreifen*, Nr. 1.2), ‚Guter Anfang hat gutes Ende' (Singer: *Thesaurus proverbiorum*, Bd. 1, S. 137 f., s.v. *Anfang*, Nr. 2.3.2) und ‚Schlechter Anfang hat schlechtes Ende' (Singer: *Thesaurus proverbiorum*, Bd. 1, S. 138 f., s.v. *Anfang*, Nr. 2.3.3). Hectors Formulierung zur ersten Tjost (Tr 29776 – 29780) variiert ebenfalls das Sprichwort ‚Guter Anfang hat gutes Ende'.

*und einer rotte waltet.*
(Tr 29826 – 29831; 29836 – 29839)[212]

[Rede an Deiphobus:]
lâ zuo der flühte kêren
dekeinen, der dar under sî!

*jô wirt ein her des siges frî*
*dur einen herzelôsen man.*
*ein zage vil mangen ritter kann*
*erwenden sîner degenheit*
(Tr 29954 – 29959)[213]

[Abschlussansprache:]
*jâ sol man umb daz vaterlant*
*sweiz unde bluot verrêren.*
*ê man sich lâze kêren*
*mit keiner slahte crefte*
*von rehter eigenschefte,*
*ê sol man drumbe lîgen tôt.*
(Tr 30442 – 30447)[214]

Solche Redeakte wollen nicht begründen, was in Rede stünde, sie wollen affirmieren – Hectors Rolle des Anführers als Haupt in der Schlachtchoreographie wie die Bereitschaft der Trojaner zur Selbstaufopferung. Statt auf Information und Diskussion zielen Sprichwörter hier durch schiere Häufung auf Instruktion im wörtlichen Sinne: auf Ausrüstung und Einrichtung der trojanischen Heerführer.

Zum anderen stellen Hectors Reizreden heroische Vorbildlichkeit her, indem sie ostentativ das Wortfeld der Ehre (*êre, lop, prîs* u. a. m.) umkreisen (sämtliche Herv. B.G.):

[Rede an Margariton:]
dû solt ze kamphe trîben
[...]

---

212 Hectors Ermunterungsrede nimmt hier implizit Bezug auf das Körperkonzept von Sprichwörtern zum Thema ‚Krankes, schwaches und schmerzendes Haupt beeinträchtig Leib und Glieder‘ (Singer: *Thesaurus proverbiorum*, Bd. 5, S. 431 – 434, s.v. *Haupt*, Nr. 1.3) bzw. ‚Versagt oder stirbt das Haupt, versagen oder sterben Leib und Glieder‘ (Singer: *Thesaurus proverbiorum*, Bd. 5, S. 434 f., s.v. *Haupt*, Nr. 1.4).
213 Zwei geläufige Sprichwortthemen werden hier verschränkt: ‚Einer schadet vielen‘ (Singer: *Thesaurus proverbiorum*, Bd. 2, S. 424, s.v. *ein*, Nr. 4.1.3) und ‚Furcht bringt das Gefürchtete oder Schlimmeres herbei‘ (Singer: *Thesaurus proverbiorum*, Bd. 4, S. 121, s.v. *Furcht*, Nr. 2.2.2).
214 Doppelt variiert wird hier das nach Horaz geprägte Sprichwort ‚Man sterbe (stirbt) gerne für sein Vaterland‘ (Singer: *Thesaurus proverbiorum*, Bd. 7, S. 262, s.v. *Land*, Nr. 2.1.2.3).

die schar in allen orten,
daz wirt *an êren dîn bejac.*
*durchliuhtic lop* erwerben mac
an strîte nieman alsô wol [...]
*man prîset in* für mangen man,
wan *er dâ wirt gekaphet an*
mit flîze vor den allen,
*der lop dâ muoz gevallen*
*den ougen und dem herzen.*
[...]
*der wirde und êre kan bejagen*
für manigen helt besunder,
der was ze strîte munder.
(Tr 29832/29834 – 29837; 29841 – 29845; 29848 – 29850)

[Rede an Deiphobus:]
dâ von die schar ze velde brinc,
*als ez gezæme ir êren!*
[...]
dû selbe tuo daz beste,
*durch daz si bî dir bilde nehmen*
und sich der zageheite schemen!
(Tr 29952 f.; 29964 – 29965)

[Rede an Pyctagoras:]
si [= die Rotte des Pyctagoras] mac daz wal besitzen
*mit êren manger hande.*
[...]
geloube, daz si *prîs bejagent,*
ob si niht werden underriten!
(Tr 30082 f.; 30090 f.)

[Abschlussansprache:]
der edele hôchgeborne man
*mit êren sol daz velt behaben*
old aber tôt dar în begraben
werden sunder alle fluht.
[...]
wir sülen deste vaster
*nâch hôhem prîse werben,*
daz wir niht alle ersterben
*an ritterlicher wirde.*
mit freches herzen girde
*sol man durch êre tragen pîn.*
(Tr 30478 – 30481; 30490 – 30495)

Hector ruft seine Brüder und Priamus zu ritterlicher Bewährung auf – die Vorgeschichte des Trojanischen Kriegs aber scheint vergessen: Rechtmäßigkeit von

Angriff und Gegenangriffen werden marginalisiert,[215] die Entführungen Hesiones und Helenas mit keinem Wort erwähnt.[216] Bemüht werden also weder die Kausal- und Rachelogiken von Herrschaftsverbänden, wie sie die erste Erzählhälfte dominierten, noch schwört Hector die trojanischen Kämpfer auf ein planvolles Handeln ein. Vielmehr gelten seine Reden der performativen Herstellung eines heroischen Habitus, der im Kampfgeschehen in Erscheinung tritt. Deiphobus und die trojanischen Fürsten sollen im konkreten Sinn zum „bilde" der Kampfkraft (Tr 29965) werden und durch gesteigerte Sichtbarkeit Ruhm sammeln – als Anreize zum *an kaphen* (vgl. Tr 29842) der Krieger, wie Konrad lapidar formuliert.

Solcher Produktion von Vorbildlichkeit entspricht auf Seiten der performativen Rede das Verfahren, hierzu Bilder mit hoher Stimulationskraft zu entwerfen, die Blutvergießen, Angriffe und Schlachtterror unmittelbar vor Augen stellen.[217] Auch Hectors Reizreden eignet somit eine Qualität des Erscheinens, welche die disziplinatorische[218] Einbindung von kriegerischer Kommunikation mittels Sinnformen wie z. B. Vorbildlichkeit oder militärischer Taktik[219] prinzipiell unterläuft. Dies zeichnet sich auch im Vergleich zum *Roman de Troie* ab: Trotz bemerkenswerter Ausdehnung der Vorlage und ganz im Gegensatz zur Heeresansprache des

---

**215** Hinweise beschränken sich einerseits auf kryptische Anspielungen (Tr 30472f.; 30726f.), andererseits auf ein Erinnerungsbild der ersten Niederlage (Tr 30280–30295), das aber die Niederlage keineswegs rekapituliert, sondern als ein stillgestelltes, isoliertes Zerstörungsbild aufruft. Die Differenz zum diskursiv entfalteten Rechtsdisput in der ersten Erzählhälfte ist offensichtlich.

**216** Gilt dies auch für den weiteren Erzählfortgang? Immerhin referiert der Erzähler an späterer Stelle das Leid des betrogenen Menelaus: „im was sîn wîp gezücket hin / von ir [= der Trojaner] gewalte bî den tagen, / die möhte er wol von schulde klagen, / wan schœner wîp wart nie geborn" (Tr 32102–32105). Solche Begründung greift indes nicht auf den Rechtskonflikt zurück, sondern knüpft Gewinn und Verlust einzig an die präsente Schönheit Helenas. Das scheinbar anaphorische Motiv greift also nicht auf die Genealogie politischer Rache zurück, sondern verkürzt das Sinnfeld des *Trojanerkriegs* ebenfalls. Gleiches gilt für die Reizrede des griechischen Pfalzgrafen Anthilion gegenüber Paris (Tr 33026–33031): Der Helenaraub wird nur als Ausweis für die Feigheit des Gegners – und somit zur performativen Schmähung – herangezogen, nicht jedoch als Rechtsgrund.

**217** Vgl. hierzu etwa das Bild des Blutvergießens Tr 30096–30106, das bereits ästhetische Leitwerte aufruft („grüene heide / gerœtet mit bluote"); vgl. auch das hochaffektive Bild der griechischen Bogenschützen Tr 30188–30210. Beide Bilder stellen antizipierend vor Augen, was sich erst ereignen wird: sie vergegenwärtigen. Auch Hercules verfährt in seiner strategischen Ansprache vor der ersten Zerstörung Trojas an einer Stelle ähnlich (vgl. insbes. Tr 11718–11848).

**218** Zu heroischer Gewaltcodierung zwischen Entfesselung und Disziplinierung vgl. grundlegend Friedrich: „Zähmung des Heros".

**219** Die geplanten dreiundzwanzig Schlachten des *Trojanerkriegs* hätten ausführlich Gelegenheit für taktische Kalküle geboten. Von dieser Option machen zumindest die Heeresansprachen Hectors keinen Gebrauch.

Hercules vor der ersten Zerstörung Trojas (Tr 11718–11848) bieten Hectors Reden kaum strategische Details.[220] Stattdessen heben sie die Kämpfer förmlich in den heroischen Habitus von *manheit* und *jugende craft* hinein:

> [Rede an Margariton:]
> nû dar, getriuwer bruoder mîn!
> lâ dîne manheit werden schîn
> (Tr 29815 f.)

> [Rede an Deiphobus:]
> der vierden rotte, bruoder, phlic!
> hilf uns bejagen hie den sic
> und üebe dîner jugende craft!
> (Tr 29947–29949)

Mehrfach unterstreicht auch der Erzähler, dass Hectors Reden die Krieger *ausstatten* (mhd. *bereiten*) und performativ hervortreten lassen:

> Mit disen worten unde alsô
> wart diu dritte rotte dô
> ze strîte wol bereitet
> und ûf daz velt geleitet
> rîlichen mit gezierde.
> (Tr 29911–29915)

> [über Hectors Rede an Antenor:]
> er [= Antenor] wart gereizet ûf den strît
> vil sêre bî der stunde
> von sîme wîsen munde.
> (Tr 30252–30254)

Nicht die Helden werden so auf ein Schlachtziel hingeordnet – die Schlacht gibt umgekehrt den trojanischen Heerführern Gelegenheit, in Erscheinung zu treten, Tapferkeit *schîn* werden zu lassen und zu *üeben*, um ihrerseits kriegerisch *bilde* zu geben. Hectors Reden stellen diese Möglichkeit her.

Kennzeichnet Kommunikation die Differenz von wechselnden Seiten, so verlassen Hectors Reden diese Form. Der *Roman de Troie* hatte die angesprochenen Heerführer vergleichsweise ausführlich antworten lassen und somit auf

---

220 Hectors Ansprache an Pollidamas bildet hier die einzige Ausnahme: Mit dem Aufruf, das Schlachtfeld vor den Griechen zu besetzen und so deren Angriff zuvorzukommen (Tr 29892–29910), enthält sie rudimentäre strategische Planung. Mit fast 20 Versen wird diese Information jedoch auffällig redundant präsentiert; von einem Schlachtplan kann daher auch in diesem Fall kaum die Rede sein.

Kommunikation gesetzt – Antwortreden nehmen im *Roman de Troie* etwa ein Drittel der gesamten Redesequenzen zur Schlachtvorbereitung ein. Der *Trojanerkrieg* streicht diese Repliken und Wechselreden nahezu vollständig.[221]

Deutlich wird damit an der Redesituation des Kriegsauftakts zweierlei. Nicht bidirektionale Kommunikation, sondern monodirektionale Stimulation wird als Wirkungsziel der Rede inszeniert. Mit seinen Reizreden zum Auftakt der zweiten Schlacht vollzieht Hector zudem performative Akte. Insofern sie mit Bildern des Kriegs, gehäuften Imperativen und Maximen der Tapferkeit einen heroischen Habitus induzieren und vollziehen, wovon sie sprechen, zielen sie auf selbstreferentielle Übereinstimmung von Rede und Redegegenstand. Kurz: sie produzieren diskursive Präsenz.

Dieser Befund lässt sich nicht ohne Weiteres für die gesamte Schlachtdarstellung verallgemeinern. Spätere Redesituationen scheinen stärker auf sinnförmige, d. h. von Differenz und Verweisung geprägte Kommunikation abzustellen. Fünf Redesituationen veranschaulichen dies:

(1.) Als Menelaus und Paris aufeinandertreffen, entspinnt sich ein ethisch-juristischer Disput über *triuwe* und Gastrecht, der den Dialog zwischen Hercules und Lamedon (Tr 34333 – 34475) während des ersten Kriegs um Troja zu spiegeln scheint. Dem Duell zwischen Menelaus und Paris verleiht der *Trojanerkrieg* dadurch den Handlungssinn eines gerichtlichen Zweikampfs[222] und den narrativen Sinn einer Spiegelszene.

(2.) Eingeschaltet ist in dieselbe Sequenz zudem ein Wortwechsel mit Castor, Pollux und Achill, in dem Menelaus zur Ergreifung des Paris aufruft; kurzfristig wird auf diese Weise strategische Kommunikation aktiviert (Tr 34791 – 34822).

(3.) Zwei Soliloquien lenken die Wahrnehmung vom äußeren multisensorischen Erscheinungsraum auf den mentalen Innenraum des Figurenbewusstseins. Zum einen beklagt Helena, von der Mauer auf das Schlachtgeschehen herabblickend, „in herzen unde in muote" (Tr 33996) ihre verderbenbringende Schönheit (Tr 33959 – 33994). Zum anderen reflektiert Ajax inmitten der fliehenden Griechen das Ungleichgewicht der Kräfteverhältnisse und besinnt sich zur Gegenwehr gegenüber Hector (Tr 37153 – 37178). Beide Monologe fokussieren damit punktuell Innenwelten, die sinnhaft strukturiert sind und Sinnverweisung begünstigen,

---

221 Vgl. RdT 7773 – 7778, 7831 – 7840, 7850, 7933 – 7944, 7956, 8053 – 8058. Die einzige Ausnahme, die auch der *Trojanerkrieg* beibehält, ist die Antwort des Eneas, der Hector seine Folgebereitschaft versichert (Tr 30149 – 30151).

222 Befördert wird dieser Eindruck unter anderem durch ausführliche Abwägung des vorangegangenen beiderseitigen Unrechts (Brüche des Gastrechts und Raubhandlungen), Bezüge auf sententiöses Rechtswissen (z. B. Tr 34396 f., 34418 f.; 34430 – 34433), Anrufung der Götter als Urteilsinstanzen (Tr 34374 f.) und eidliche Schwüre (Tr 34456 f.).

indem sie das Geschehen kausal bzw. teleologisch ordnen. Beide Monologe liefern damit Beispiele von Innenweltreflexionen, die seit der grundlegenden Untersuchung Aimé Petits als spezifische Gattungsleistung des Antikenromans auf dem Weg zu interner Fokalisierung und intradiegetischen Sinndeutungen gelten.[223]

(4.) Gänzlich neu eingefügt (im Vergleich zu Benoît) ist die Begegnung des waffenlosen Paris mit dem verwundeten Griechen Panfilôt, der dem Trojaner sein Schwert leiht (Tr 35106–35149; 35400–35473). Die Doppelszene wird über Dialoge vermittelt, die Gabe und Gegengabe als Nutzenfreundschaft inszenieren, die trennende Feindschaft von Griechen und Trojanern überbrückt.[224] Freundschaftskonzepte flechten ebenfalls Sinnverweisungen in das Kriegserzählen ein, insofern sie Kontigenzen heroischer Kriegsopposition entblößen: als eine Differenz, zu der an mehreren Stellen des Romans Alternativen und Überbrückungsmöglichkeiten existieren.[225]

(5.) Schließlich mündet auch die bereits angesprochene Konfrontation von Ajax und Hector in sinnförmige Kommunikation – in einen Diskurs über Verwandtschaft und Erkennen von „sippeschefte" des Blutes (Tr 37326–37471). Auch diese Redeszene erzeugt also sinnförmige Verweisungen, die unter anderem die genealogischen Systeme und Konflikte der Vorgeschichte des Trojanischen Kriegs reaktualisieren.

Verweisen solche Redesituationen demnach auf Ordnungsmöglichkeiten, die der Kriegsdarstellung nicht doch *Sinn* verleihen – sei es in Schemagestalt von überkreuztem Brautraub und Gerichtskampf, sei es als militärische Strategik? Entfaltet der *Trojanerkrieg* in solchen Figurenreden nicht sinnförmige Exempel von verderbenbringender Frauenschönheit und männlichem Heroismus, Gabebeziehungen und Freundschaft?

Die Forschung zum *Trojanerkrieg* hat solche und andere Sinnmöglichkeiten an einzelnen Stellen erwogen, ohne jedoch die Kriegsdarstellung in ihrem Gesamtzusammenhang erschließen zu können. Denn Sinnverweisungen von Redesituationen werden durch vielfältige Gegengewichte begrenzt, welche die Auf-

---

223 Nach Petit, Aimé: *Naissances du roman. Les techniques littéraires dans les romans antiques du XIIe siècle*. Paris 1985, S. 833 bildet das Selbstgespräch, insbesondere der weibliche deliberative Monolog wie im Beispiel Helenas, ein zentrales Medium der „naissance de l'introspection et le développement de l'analyse psychologique".

224 Vgl. für eine eingehendere Analyse der Szene Kap. IV.2.1.6.

225 Auch diese Möglichkeit ist bereits vor dem *Trojanerkrieg* diskursiviert. Die Kontingenz von heroischen Unterscheidungen im Medium von Freundschaft zu exponieren, bestimmt als Erzählkalkül unter anderem das *Nibelungenlied*: vgl. Hasebrink, Burkhard: „Aporie, Dialog, Destruktion. Eine textanalytische Studie zur 37. Aventiure des ‚Nibelungenliedes'". In: *Dialoge. Sprachliche Kommunikation in und zwischen Texten im deutschen Mittelalter. Hamburger Colloquium 1999*. Hg. v. Nikolaus Henkel, Martin H. Jones u. Nigel Palmer. Tübingen 2003, S. 7–20.

merksamkeit des Rezipienten präsentisch binden und somit Verweisungspotentiale der Rede abschirmen:

(1.) So schließt sich an den Rechtsdialog zwischen Menelaus und Paris eine Zweikampfbeschreibung der Kontrahenten an, die sämtliche Verfahren visueller, akustischer und haptischer Intensitätssteigerung aufbietet, die der *Trojanerkrieg* auch im übrigen Kriegserzählen für Präsenzeffekte nutzt (Tr 34478–34667). Diskursive Verweisung wird sogleich durch Kriegsästhetik des Erscheinens ausbalanciert. Ergänzt wird der Schlagabtausch der Kontrahenten außerdem durch eine Folge von Reizreden, die wiederum performative Energie freisetzen (Tr 34668–34727). Die Kommunikationsdyade wird rasch wieder entdifferenziert und löst sich in das Schlachtkollektiv hinein auf.[226]

(2.) Auch in anderen Dialogsituationen wird diese Tendenz greifbar, Sinngewichte wieder gegenzubalancieren. So wirkt Theseus' Rat an Hector, mit einem Schlachtruf die Nachhut in Troja zu alarmieren, vor allem als performativer Stimulus: „Hector wart *von der lêre* sâ / dar ûf *gereizet*" (Tr 35843 f.; Herv. B.G.), augenblicklich findet der bedrängte Hector „sîner hellen stimme kraft" (Tr 35872) wieder. Spätere Reizreden, etwa zwischen Hector und Merion (Tr 36513–36555), die zuvor eingefügte Zornesrede des Menelaus über den Tod des Merein (Tr 32218–32229), die zusätzliche Reizrede Agamemnons (Tr 30716–30737) oder die Ermunterungsreden des Polidamas (Tr 32329–32352), dienen Figuren und Rezipienten entsprechend als Motoren, um Kampfenergien wiederherzustellen: Kommunikation fungiert auch hier weniger als Verweisungspotential denn als Quelle für heroischen Zorn.[227]

---

226 Entsprechend richtet Menelaus die Rede nun an einen geöffneten Kreis von intradiegetischen Rezipienten: „der künic, Menelaus genant, / der rief den sarjanden zuo [...]" (Tr 34668 f.).
227 Hector verlangt ausdrücklich nach Wahrnehmbarkeit des Gegners: „lânt sehen, ob ir nû gemuot / sît, als ir wârent wider mich, / dô mir gestochen wart ein stich von iu mit eime scharpfen sper?" (Tr 36518–36521). Merions Gegenrede hat ihren Zweck für Hector erfüllt, sobald sie seinen Zorn entzündet hat: „'hie mite sî mir gnuoc geseit!' / sprach aber Hector wider in / und îlte ûf in mit zorne hin / alsam ein tobesühtic man" (Tr 36552–36555). – Auch der Herausforderungsdialog des Menelaus wird von Zorn getragen und vollendet sich im Sprachrausch von Blutmetaphern: [Erzähler:] „sîn sterben tet im alsô wê, / daz er von zorne wart enbrant. / [...] / [Menelaus:] ich sol iu bluotes z'einem bade / ûf schüten unde giezen" (Tr 32215 f. / 32228 f.). – Agamemnons Reizrede wird nur indirekt wiedergegeben, macht dabei aber den performativen Akt explizit: „er wolte si dâ reizen / mit worten ûf des kampfes spor" (Tr 30721 f.). – Die Ermunterungsrede des Pallidamas konzentriert ihre performative Energie in den Mitteln von Ausrufen, rhetorischen Fragen, Interjektionen und Imperativen. Vgl. zu diesen Änderungen des *Trojanerkriegs* im Vergleich zum *Roman de Troie* Lienert: *Geschichte und Erzählen*, S. 146 und 152 f.

(3.) Selbst wenn Soliloquien mit Verweisungsspuren angereichert werden, hebt dies ihre selbstreferentiellen Gewichte keineswegs auf. So verfährt etwa Ajax' Selbstbesinnung gegenüber Hector nicht diskursiv, sondern performativ, wenn sich Ajax ermahnt, dem Fluchtimpuls der Griechen gerade nicht nachzugeben; wie Hectors Reden zu Schlachtbeginn die trojanischen Fürsten zu Kriegern habitualisierte, so re-habitualisiert sich nun auch Ajax in der allgemeinen Fluchtsituation zum Heros.[228] Auch Helenas Rede vollzieht als Klagemonolog performativ, wovon sie spricht: sie ist Ausdruck und Darstellung, nicht Kommentar oder Analyse der Schlacht.[229] Eine große Zahl von Interjektionen des Klagens und konstative Sätze gehören zu den sprachlichen Gestaltungsmitteln, die den Fokus beim Geschehensablauf halten, statt auf seine Gründe oder Folgen zu verweisen.[230]

(4.) In Helenas Mauerschau wie auch in der Begegnung von Paris und Panfilôt zeigt sich besonders ausgeprägt, dass der *Trojanerkrieg* im Kriegserzählen weiterhin Präsenzeffekte gegenüber Sinneffekten bevorzugt. Wird die Begegnung von Paris und Panfilôt zunächst als Sinnkonstruktion der Freundschaft durch wechselseitige Rettung vom Tod erzählt, so schwenkt der Erzähler unmittelbar nach ihrem Ende zu einem konträren Modell, das demonstrativ den Heldentod preist:

> hie sult ir aber merken
> von kampfe marter unde pîn,
> wie manic helt daz leben sîn
> verlôr durch ritterlichen prîs.
> (Tr 35476–35479)

Sinnkonstruktionen von Figurenreden im Zeichen des Freundschaftsdiskurses und ihre dynamische Wechsellogik der Gabe bleiben somit auf den insularen Rahmen einer Binnenepisode begrenzt, die von heroischer Semantik und Performanz umgeben wird.

---

228 Entsprechend reiht Ajax' Selbstermahnung in dichter Folge heroische Leitvokabeln, mit denen schon Hector die Trojaner eingeschworen hatte: *êre*, *prîs* und *lop* (vgl. insbes. Tr 37160–37175).

229 Vgl. ähnlich auch Helenas Zweifelsrede über Paris (Tr 34978–35046), die weniger die Vorgeschichte rekapituliert, als vielmehr ihren aktuellen Zwiespalt zwischen zwei Ehemännern durch performative Klagerufe, Interjektionen und rhetorische Fragen demonstriert. Auch diese Rede ist ein Neuzusatz des *Trojanerkriegs* gegenüber seiner französischen Vorlage; vgl. hierzu Lienert: *Geschichte und Erzählen*, S. 156.

230 Vgl. etwa die Klageformeln in Tr 33959, 33968 und 33972. Konstative Funktion übernehmen in Helenas Monolog vor allem Objektsätze mit *daz*-Einleitung: Gegen die Sinnkonstruktion von Helenas Schönheitsklage (Tr 33968/33970: „ach got, daz ich ie schœne wart / [...] / des muoz engelten manic man") vergegenwärtigen sie das Geschehen faktisch.

Zweierlei wird also an einer solchen Rededarstellung deutlich. Zum einen erlaubt die Begrenzung der Binnenszene, Wissensbestände des Freundschaftsdiskurses einbinden zu können, ohne die Kriegshandlung suspendieren zu müssen – sie tritt lediglich für Momente in den Hintergrund. Zum anderen steigert die Binnenszene den Kontrasteffekt, mit dem die Intensität der Schlacht nach derlei diskursiven Zwischenspielen wieder hereinbrechen kann: „hie sult ir *aber* merken / von kampfe marter [...]" (Herv. B.G.) – die adverbiale Formulierung des Erzählers fasst solche Rückkehr zur Schlacht als Wiederholung, die sich unterdessen mit neuem Leiden aufgeladen hat. Auch diese Lösung ist exemplarisch für ein generelles Verfahren der Schlachtdarstellung: Produziert der *Trojanerkrieg* auch im Kriegsteil bisweilen episodischen Sinn, so wird dieser nicht narrativ weitergegeben, sondern regelmäßig durch ästhetische Intensivierung abgeblockt. Der zweite Krieg schafft damit nicht einfach durchgehende ästhetische Präsenz – vielmehr wechseln multisensorische Erscheinungen mit kleineren narrativen Zwischenstücken. Es sind Brüche und Zwischenstücke der Verweisung, die Präsenzeffekte ermöglichen; Präsenzeffekte setzen somit Brüche voraus, um nicht ihrerseits zu Sinn verstetigt zu werden. Gerade dies demonstriert die Panfilôt-Episode: Ihr folgt mit schockartiger Intensität ein Erzählmodus, der die Schlacht wieder in aller sinnlichen Präsenz vergegenwärtigt: „seht, [...] / dô wart gevohten alsô sêre" (ab Tr 35480). Paradigmatisch kommt dieses Kontrastverfahren auch in Helenas Klagemonolog zum Tragen. Auch an Helenas Soliloquium bricht sich die Kriegsdarstellung zweimal zu gesteigerter Sichtbarkeit, indem ihrer Rede ein multisensorisches Panorama der Gesamtschlacht (Tr 33838–33953) vorausgeht, unmittelbar anschließend aber das Leuchtbild Helenas auf der Mauer folgt, das als ästhetische Energiequelle mit „durliuhtecliche[m] schine" (Tr 34011) das Zornniveau der Trojaner zu neuen Exzessen treibt. Wieder wird Rede kontrastiv von Präsenzeffekten gerahmt.

Insgesamt prägt damit Konrads Gestaltung von Redeformen und Redesituationen im Kriegsteil ein Kontrastverfahren von Sinn und Erscheinen, das sich als Bedingung der Möglichkeit von Präsenzeffekten erweist. Der performative Gestus von Hectors Auftaktreden zeigt dabei ebenso wie die Einbettung sinnförmiger Figurenkommunikationen, dass diese Kontraste in der zweiten Erzählhälfte des *Trojanerkriegs* systematisch zugunsten von sensorischer Präsenz verlagert werden, sinnförmige Kommunikation regelmäßig zurücktritt. Dieses Zurücktreten zu inszenieren, bildet eine zentrale Erzählstrategie des *Trojanerkriegs*.

**1.1.15 Performativität der Erzählerrede: Formularisierungen und Erzählmodule**

Präsentifizierende Verfahren begegnen jedoch nicht nur bei erzählten Reden, sondern ebenso bei der Erzählerrede selbst. Auch sie lässt Strukturen performativer Selbstbezüge erkennen: zum einen in Gestalt von wiederkehrenden Formeln, zum anderen in Gestalt von wiederkehrenden Erzählmustern, die der *Trojanerkrieg* modulartig kombiniert.

Schon Wolfgang Monecke hatte die Vermutung geäußert, dass Konrad seine Schlachtschilderungen „durch bloßes Ineinanderschieben" von „Grundelemente[n]" aufbaue, und die Forschung hat diese Beobachtung mit Beispielen von „zirkuläre[n] Strukturen" im *Trojanerkrieg* gestützt.[231] Doch während Monecke darunter relativ komplexe Gegenstandsdarstellungen verstand – „Ritterballett und Gemetzel, Kleiderpracht und Wundengraus, Prunk und Scheußlichkeit des Krieges"[232] –, zeigt sich bei genauer Analyse, dass elementare Wiederholungsformen schon bei der sprachlichen Mikroebene ansetzen.

Den gesamten *Trojanerkrieg* durchziehen Formeln, die sich in den Partien der Schlachtdarstellungen stereotyp verdichten. Werden beispielsweise Kriegshandlungen im Darstellungsmodus des *panoramatischen Erzählens* präsentiert, so gliedert die feste Formulierung „der eine" / „der ander" den Kontrast von Subjekten:

> der eine sluoc, der ander stach
> (Tr 12254, 32166, 33150; vgl. auch 32480 f., 39712 f.)

> der eine vaht, der ander streit
> (Tr 39560)

> der eine her, der ander hin /
> der eine hin, der ander her
> (Tr 9880, 12740, 25850, 34496, 39634, 39712)

> der eine hier, der ander dort /
> der eine dort, der ander hie
> (12522, 32480, 33344, 40122)

Nicht nur zweiwertige Kontraste, sondern auch mehrgliedrige Reihen entspinnt der Erzähler aus dieser Formel, so schon in der Darstellung der erstmaligen Zerstörung Trojas:

---

231 Monecke: *Studien*, S. 161; Lienert: *Geschichte und Erzählen*, S. 239 f. (Zitat S. 240); vgl. aus der älteren Forschung z. B. Basler: *Trojanischer Krieg*, S. 94 und Green: *Konrads ‚Trojanerkrieg'*, S. 8 f.

232 Monecke: *Studien*, S. 161.

der eine sluoc, der ander stach,
der dritte warf, der vierde schôz.
hey, waz man bluotes dâ vergôz
mit lanzen und mit pfîlen!
(Tr 12254–12257)

Auch das spektrale Farbenspiel wird zur festen Reihe formularisiert, die häufig im *Trojanerkrieg* wiederkehrt: „wîz, brûn, gel, rôt, grüen unde blâ" (Tr 16222, 17586, 20188, 27711, 40155; vgl. auch 1410, 17401, 31631, 35690 f., 36874 f.). Trotz geringfügiger Änderungen wie etwa Umstellungen einzelner Farben in ihrer Reihenfolge oder durch Enjambement bedingte Verschiebungen über Versgrenzen hinweg kehren solche Reihen konstant wieder – ob sie nun die Visualität des Apfels der Discordia oder die Panoramaerscheinung der Kriegsbanner evozieren.

Stilistisch orientierte Forschungen zum *Trojanerkrieg* haben sich vornehmlich der Artifizialität des *blümenden Stils* und dessen entkonventionalisierender Sprachverwendung gewidmet. Kaum beachtet wurde daher bislang, dass der *Trojanerkrieg* in signifikanter Weise formularisch erzählt, und dies in der zweiten Erzählhälfte sogar verstärkt. Aufweisen lässt sich dies durch Analyse von Mehrwortformeln und ihrer Frequenz: Wie häufig, mit welcher Länge und in welcher Verteilung greift der *Trojanerkrieg* auf feste Formeln zurück? Und welches Profil zeigt diese Formularisierung des Erzählens im Vergleich zu höfischen Romanen und heldenepischen Texten? Analysemethode und detaillierter Befund sind im Anhang dokumentiert. Für die Frage nach Präsentifikationen genügt es, an dieser Stelle nur die wichtigsten Ergebnisse zusammenzufassen:

(1.) Den gesamten *Trojanerkrieg* strukturieren Formeln von bis zu sechs Wortgliedern, die beharrlich als feste Fügungen wiederkehren und syntaktisch sowie lexikalisch variabel ergänzt werden können. Besonders häufig begegnen Doppelformeln („mit herzen und mit [handen/sinne/munde/…]"; „an lîbe und an [gebâre/…]" u. a. m.), aber auch lokal- bzw. temporaladverbiale Formeln („zuo des plânes habe"; „ûf der geblüemten heide"; „den âbent und den morgen"; „bî den stunden"; „des mâles unde bî der zît" u. a. m.).

(2.) Auch wenn solche Formeln mit festem Wortlaut nur die Spitze des Phänomens der Formularisierung darstellen,[233] erlaubt die Stichprobe approximative

---

233 In semi-oralen Erzähltraditionen stellen Formularisierungen keine starren Textmuster dar, sondern können kontextuell in ihrer Flexion variieren und Einzelglieder von Formeln substituieren, sofern die „essential idea" unverändert bleibt; Schwarz, Werner: „Notes on formulaic expressions in middle high German poetry". In: *Beiträge zur mittelalterlichen Literatur*. Hg. v. Peter Ganz u. Timothy McFarland. Amsterdam 1984, S. 14–24, hier S. 14. Im Unterschied zu diesem weiten Begriff der Formularisierung beschränkt sich das vorliegende Kapitel auf eine Stichprobe zur exakten Formularisierung.

Rückschlüsse auf das Erzählverfahren des *Trojanerkriegs*. Grundsätzlich dosiert die volkssprachliche Romanliteratur ihre Formularisierungen erheblich sparsamer als heldenepische Texte – so der allgemeine Befund zu Romanen wie Hartmanns *Erec*, Gottfrieds *Tristan*, dem *Lanzelet* Ulrichs von Zatzikhoven und Wolframs *Parzival* auf der einen Seite und dem *Nibelungenlied* auf der anderen Seite. Von den paradigmatischen Romanen Hartmanns und Gottfrieds, die der *Trojanerkrieg* vielfach intertextuell ansteuert, hebt sich dieser mit einem höheren Grad formularisierter Rede ab: Allein die zweite Erzählhälfte des *Trojanerkriegs* bietet bei vergleichbarem Textumfang knapp doppelt so häufig Formularisierungen wie Gottfrieds *Tristan*; im Vergleich zu Hartmanns *Erec* greift der *Trojanerkrieg* insgesamt fünfmal häufiger zu Formularisierungen.

Solche Wiederholungen werfen Fragen auf. Lassen sie sich vereinen mit dem Anspruch an höchste Kunstfertigkeit, den der *Trojanerkrieg*-Prolog reklamiert (Tr 176 – 211)? Laufen sie dem Stilideal des *Blümens* nicht ebenso wie der abweichungspoetischen Erzählstrategie der *Wildheit* zuwider?[234] Imitieren Konrads wiederholte Formeln in deutlich vergrößertem Maßstab die Wiederholungspraktik Gottfrieds[235] – oder zeigen sich darin umgekehrt die Nebenwirkungen von rhetorischer Massenproduktion, wie Monecke argwöhnte?[236]

Drei Antwortmöglichkeiten lassen sich auf Grundlage des Analysebefunds formulieren. Erstens bildet der formularisierte Stil ein Gegengewicht zu *wilden* Bildern und Semantiken. Rhetorischer Artifizialität tritt (vor allem im Kriegserzählen des *Trojanerkriegs*) eine schematische Komposition zur Seite: Unerhörtes und Seltsames begegnet im Darstellungsmodus von (wieder)erwartbaren Mikrostrukturen der Rede. Der *Trojanerkrieg* stellt sich damit in diskursgeschichtliche Traditionen: Schon Cornelius Nepos hatte den Aufzeichnungen des Dares Phrygius als maßgeblichem Prätext von Benoîts Trojaroman die Bemerkung vorausgeschickt, die Darstellung „wahrheitsgemäß und in einfachem Stil" niederzuschreiben, „damit die Leser erkennen können, auf welche Weise sich die Ereignisse zugetragen haben."[237] „Vere et simpliciter" zu erzählen und somit die Transparenz des stiftenden Augenzeugenberichts zu sichern, bildet in Trojaberichten seit der Antike also eine literarische Authentifizierungsstrategie: Histo-

---

**234** Vgl. Müller: „Ästhetisierung"; Monecke: *Studien*.
**235** Vgl. Köbele: „Klang und Sinn".
**236** Vgl. Monecke: *Studien*, der Konrads „Riesenmasse der Schlachtschilderungen" und „ihre sinnlosen Dimensionen" als „Privatvergnügen eines unermüdlichen Mechanikers" charakterisiert (S. 161).
**237** Vgl. Dares Phrygius: *De excidio Troiae*, S. 1,7–10: „ergo duxi ita ut fuit vere et simpliciter perscripta, sic eam ad verbum in latinitatem transvertere, ut legentes cognoscere possent, quomodo res gestae essent".

riographisches Wissen ist *einfach* zu erzählen.[238] Auch der *Trojanerkrieg* verfolgt so gesehen wiederholt (wenngleich nicht durchgängig) einen auffällig einfachen Stil – nicht nur auf Ebene von Syntax und Lexik, sondern ebenso durch Formularisierung. Sie lässt sich insofern als Signal historiographisch-literarischer Wissensansprüche verstehen, als sie die Ebene der narrativen Vermittlung gezielt durchsichtig hält und *wilden* Erzählelementen entgegensteuert.

Doch verlängert der *Trojanerkrieg* nicht einfach die historiographische Dares-Tradition. Denn im volkssprachlichen Kontext stehen Formularisierungen oralen Erzähltraditionen mindestens ebenso nahe wie dem Stilideal lateinischer Geschichtsschreibung. Pointiert gesagt: Zumindest auf seiner Mikroebene könnte der *Trojanerkrieg* ebenso ein orales Produktionsverfahren (dis-)simulieren. Dies bestätigt ein Vergleich beispielsweise mit dem *Nibelungenlied*, das ebenfalls literarische Konzeption und oralistische Erzählelemente verbindet.[239] Die vergleichende Analyse zeigt: (3.) Beleghäufigkeit und Frequenzverteilung von formularisierten Redeelementen im *Nibelungenlied* stehen dem *Trojanerkrieg* deutlich näher als die (seltenere) Formularisierung im höfischen Roman. Die formularisierte Textur des *Trojanerkriegs* imitiert so gesehen ein semi-orales Stilmerkmal.

Könnte es somit sein, dass Konrad also nicht nur historiographische Authentifizierungssignale für literarisches Wissen setzt, sondern ebenso an die Mündlichkeitsspuren von „Gedächtnistexten" anschließt,[240] die in volkssprachiger Epik im 12. und 13. Jahrhundert Heldenkulturen mit schriftliterarischen For-

---

**238** Die Quellenberufungen des *Trojanerkriegs* knüpfen explizit an diesen autoptisch-historiographischen Wahrheitsanspruch an, vgl. z. B. Tr 37129: „als uns diu wære istôrje swuor". Gerade im Hinblick auf die Trojageschichtsschreibung gilt Autopsie im Mittelalter als Wahrheitsgarant – vgl. z. B. Isidor von Sevilla: *Etymologiae* (1,41,1). Zu historiographischen Verifikationsstrategien und den Quellenberufungen des *Trojanerkriegs* im Kontext der Dares-Tradition vgl. Schmitt: *Glaubwürdigkeit*, S. 35 – 38 und 126 – 133; zur Markierung des *einfachen Stils* als historiographischem Berichtsmodus vgl. auch Opitz, Karen: *Geschichte im höfischen Roman. Historiographisches Erzählen im ‚Eneas' Heinrichs von Veldeke*. Heidelberg 1998, S. 23, 28 f. und 79 f. Zu weiteren Elementen einer historiographischen Bearbeitungstendenz des *Trojanerkriegs* vgl. Lienert: „Der Trojanische Krieg in Basel"; zum Autopsiekonzept speziell in mittelalterlicher Trojaikonographie vgl. Nitsche, Barbara: „Augenzeugenschaft als Authentisierungsstrategie in mittelalterlichen illuminierten *Roman de Troie*-Handschriften". In: *Die Listen der Evidenz*. Hg. v. Michael Cuntz [u.a.]. Köln 2006, S. 106 – 122.

**239** Zur buchepischen Mündlichkeitsfiktion des *Nibelungenliedes* vgl. z. B. Haferland, Harald: „Der auswendige Vortrag. Überlegungen zur Mündlichkeit des ‚Nibelungenliedes'". In: *Situationen des Erzählens. Aspekte narrativer Praxis im Mittelalter*. Hg. v. Ludger Lieb u. Stephan Müller. Berlin, New York 2002, S. 245 – 282 sowie ausführlich Haferland, Harald: *Mündlichkeit, Gedächtnis und Medialität. Heldendichtung im deutschen Mittelalter*. Göttingen 2004, S. 73 – 133 mit eingehender Diskussion der älteren Forschung zur *oral-formulaic theory*.

**240** Vgl. Haferland: *Heldendichtung*, S. 463.

maten verbinden? Schon am Prolog zeichnete sich Konrads Strategie ab, schrift-literarisches Wiedererzählen mit Mündlichkeitsfiktionen zu überformen.

Doch die Grenzen dieser Affinitäten sind ebenfalls erkennbar und verlangen Vorsicht: Konrads narrative Lösung ist kompliziert, denn sie verarbeitet gleich-zeitig enorme Künstlichkeitsansprüche. In semi-oralen Erzählungen bewahren *formulaic expressions* zumeist Spuren funktionaler Mündlichkeit, die narrative Komplexität auf schematische, nicht-dekomponierbare Grundmuster reduziert; häufig organisieren Formeln daher die Raum- und Zeitstrukturierung, gliedern Redewechsel oder rahmen Anfänge und Abschlüsse von Handlungen.[241] Der Formelgebrauch des *Trojanerkriegs* hingegen zeigt diese Schematik gerade *nicht*. Übersichten der häufigsten Formeln belegen vielmehr eine hohe Auffächerung der wiederkehrenden Formeln, die umgekehrt auf Möglichkeiten der Komplexi-täts*steigerung* von schriftliterarischen Aufzeichnungssystemen verweisen (siehe Tabellen im Anhang). Simuliert Formularisierung im *Trojanerkrieg* Mündlichkeit, so geschieht dies also unter den Bedingungen ausdifferenzierter Schriftlichkeit.

(4.) Ein viertes Analyseergebnis unterstreicht die Hypothese, dass solche Formularisierungen der Erzählerrede auf Wissenseffekte zielen. Trotz ihrer Dif-ferenzierung verlieren sich Konrads Formelwiederholungen keineswegs im Text-meer von über 40000 Versen – sie lassen vielmehr unterschiedliche Verteilung erkennen. So begegnet Formularisierung im Kriegserzählen (ab Tr 23573) häufiger als in der ersten Erzählhälfte (Tr 1–23572) – der zweite Trojanische Krieg wird damit zum besonderen Vollzugsraum der beobachteten Oralisierungseffekte. Sie verleihen dem *discours* des Kriegs den Charakter einer Wissensrede, die gleich mehrere Selbstreferenzstrategien koppelt: die partizipative Schmucklosigkeit historiographischer Wahrheitsproduktion mit der Performativität mündlich-keitsfiktionaler Erzählsysteme und der (Selbst-)Erregungsstrategie wilder Bild-poetik. Bevorzugter Überkreuzungsort dieser Selbstreferentialisierung ist der zweite Trojanische Krieg.

Doch der *Trojanerkrieg* arrangiert wiederkehrende „Grundelemente" (Mone-cke) auch auf komplexeren Organisationsniveaus als Versformeln, wie in der

---

241 Solche Schematisierung zeigen etwa die häufigsten Formularisierungen im *Nibelungenlied:* Fast die Hälfte sind als Redeformeln um den Kern „sprach" gebildet, z.B. „dô sprach von Tronege [Hagene]" (insges. 52 Belege); „dô sprach der herre" (21 Belege); ähnlich im *Rolandslied*, dessen häufigste Formeln „sprach der helt Ruolant" (9 Belege) und „do sprach der helt" (8 Belege) lauten. Vgl. zur Erzählfunktion von *formulaic expressions* am Beispiel des *Nibelungen-lieds* Müller, Jan-Dirk: *Das Nibelungenlied.* 3. Aufl. Berlin 2009, S. 57–59: Formeln sind „weniger identische Formulierungen als flexible Bausätze, die erlauben den jeweiligen Inhalt dem be-kannten Modell einzupassen"; „solche Bausätze sind durch gemeinsame Strukturen bestimmt, die aber von Fall zu Fall unterschiedlich besetzt werden" (S. 58). Formularisierung erlaubt in diesem Sinne informationelle Reduktion.

zweiten Erzählhälfte insbesondere die umfangreiche Schlachtexposition zeigt. Während Benoîts *Roman de Troie* die Aufstellung der trojanischen Heere variantenreich entwickelt,[242] strukturiert der *Trojanerkrieg* die Heeresformation durch Kombination von fünf syntaktisch-semantischen Elementen: (1.) Nach Erwähnung Hectors als organisierendem Heerführer der Trojaner sowie der Zahl der jeweils eingeteilten Rotte und der *Einteilung* selbst folgen (2.) die Nennung von *Anführern* und herausragenden *Helden* der jeweiligen Rotte und deren formelhafte Rühmung, (3.) ein Kommentar zu Umfang, Ausstattung und *Gesamt*charakteristik der Rotte mit abschließender Wiederholung ihres Anführers sowie (4.) eine *Reizrede* Hectors, eingeleitet durch *inquit*-Formel und (5.) beschlossen durch ein *Resümee*, das einige Elemente nochmals kopiert (häufig: anaphorische *inquit*-Formel, Aufbruch der Rotte, nochmalige Nennung ihres Rottenführers). Sämtliche trojanische Heeresgruppen werden konsequent nach diesem Muster eingeführt (Tr 29696–30507), das trotz kleinerer Binnenumstellungen ausschließlich aus den genannten Elementen erzeugt wird (vgl. Tabelle auf S. 306).

Solche Strukturierung wäre durchaus mechanisch zu nennen, hielten nicht gelegentliche Verdopplungen (z. B. von Aufbruchsschilderungen), Dehnungen/Kürzungen sowie die Konkretisierung der Elemente grundsätzliche Variationsmöglichkeiten des Erzählens bewusst. Gleichwohl: Der *Trojanerkrieg* schränkt den Möglichkeitsspielraum seines *discours* im Vergleich zum *Roman de Troie* deutlich ein; zum Auftakt der zweiten Schlacht gewinnt das Erzählen schematische Züge.

Diese Züge bleiben nicht auf die Aufstellung der Heere beschränkt – sie prägen auch die Schlachtdarstellung selbst. Denn auch die Kämpfe folgen einem wiederkehrenden Darstellungsmuster: (1.) Den *Eintritt* einer Rotte ins Kampfgeschehen und deren Erscheinung präsentiert der Erzähler zunächst *summarisch*, um sodann (2.) deren *Anführer* und herausragende Krieger zu fokussieren; Verfahren des *präsentifizierenden Nahblicks* auf Rüstungen und Wappen haben hier ihren Platz. (3.) *Beschreibungen* werden sodann in *Zweikämpfe* bzw. Kampfbegegnungen Einzelner überführt, bevor (4.) die Erzählperspektive auf *Gesamtschauen* im Modus des *panoramatischen Erzählens* zurück gleitet. In modularischer Form kehren diese festen Koppelungen von Erzähltem und Erzählen im *Trojanerkrieg* regelmäßig wieder.

Wie Kampfdarstellungen dieses Grundmuster entfalten, illustriert eindrücklich etwa der Eintritt der 8. trojanischen Schar (Tr 33356–33551) – eine Passage, die nicht zuletzt deshalb aufschlussreich für das modularisierende Erzählverfahren

**242** Vgl. RdT 7641–8164; Benoît variiert für die einzelnen Heeresgruppen u. a. Redewechsel zwischen Hector und den jeweiligen Heerführern (manchmal Dialoge, manchmal gänzlich ohne Ermunterungsreden), Zahlenangaben und Beschreibungen der Heeresgruppen.

| Rotte Nr. | 1. Einteilung | 2. Anführer und Helden | 3. Gesamtschau | 4. Reizrede | 5. Resümee und Aufbruch |
|---|---|---|---|---|---|
| I | Tr 29705–29729 | Tr 29730–29747 | Tr 29748–29757 | Tr 29758–29780 | Tr 29781–29783 |
| II | Tr 29784–29789 | Tr 29790–29805 | Tr 29806–29809 | Tr 29814–29850 | (a) vorgezogen: Tr 29810–29813; (b) verdoppelt: Tr 29851–29853 |
| III | Tr 29854–29857 | Tr 29858–29871 | Tr 29872–29879 | Tr 29880–29910 | Tr 29911–29915 |
| IV | Tr 29916–29919 | Tr 29920–29937 | Tr 29938–29945 | Tr 29946–29966 | Tr 29967–29975 |
| V | Tr 29976–29981 | Tr 29982–30009 | Tr 30010–30069 | Tr 30076–30106 | (a) vorgezogen: Tr 30070–30075; (b) verdoppelt: Tr 30107 |
| VI | Tr 30108–30113 | Tr 30114–30129 | Tr 30130–30135 | Tr 30136–30151 | Tr 30152f. |
| VII | Tr 30154–30158 | Tr 30159–30169 | Tr 30170–30173 | Tr 30178–30210 | (a) vorgezogen: Tr 30174–30177; (b) verdoppelt: Tr 30211–30213 |
| VIII | Tr 30214–30219 | Tr 30220–30233 | Tr 30234–30243 | Tr 30244–30251 | Tr 30252–30254 |
| IX | Tr 30255–30261 | Tr 30262–30267 | Tr 30268–30271 | Tr 30272–30312 | Tr 30313–30325 |
| X | Tr 30326 | Tr 30327–30331; fortgesetzt: Tr 30358–30387 | Tr 30332–30357; fortgesetzt: Tr 30388–30392 | Tr 30393–30504 | Tr 30505–30507 |

ist, weil sie ohne Vorbild im *Roman de Troie* hinzugefügt ist. In einem ersten Schritt – gemäß dem ersten Erzählmodul (*Eintritt*) – kommt die Rotte unter Antenor der trojanischen Unterzahl zur Hilfe:

> [(1.) *Eintritt* ins Kampfgeschehen:][243]
> alrêrst dô kam diu ahte schar
> von Troie zuo gesprenget.
> si hete die kunft gelenget
> ze sêre bî der zîte.
> si fuorte zuo dem strîte
> der werde grâve Anthênor.
> ouch îlte mit ir ûf ir spor
> ein herre, der sich wirde fleiz,
> der was genennet Panfimeiz
> und hete ervohten liehten prîs.
> ein hôchgeborner markîs,
> der was geheizen Agrimanz,
> und fuor ouch mit der rotte glanz,
> diu zuo der ahten was gezelt.
> (Tr 33356–33369)

Ungeachtet der prekären Handlungssituation – Hector, Eneas, Paris und Perseus können sich unterdessen der griechischen Übermacht kaum erwehren (Tr 33332–33341) – gönnt sich der Erzähler eine Ellipse, die ein Fürstenkatalog füllt (gesamte Passage bis Tr 33389). Narrativ ausgeblendet bleibt die Handlung auch während der anschließenden Naheinstellung auf die Erscheinung Antenors, die dessen kriegerische Präsenz sinnlich herausstellt:

---

243 Weitere Parallelstellen zum Erzählmodul *Eintritt:* Tr 30825–30839 (1. troj. Schar unter Hector), 30850–30859 (1. griech. Schar unter Achill), 31036–31047 (2. griech. Schar unter Merion), 31352–31360 (2. troj. Schar unter Troilus), 31624–31635 (3. troj. Schar unter Margariton), 31644–31659 (3. griech. Schar unter Ascalafus und Âlîn), 31842–31847 (4. troj. Schar unter Pollidamas), 31908–31933 (4. griech. Schar unter Protenor und Archelaus), 32036–32045 (5. griech. Schar unter Menelaus), 32378–32401 (5. troj. Schar unter Deiphobus), 32594–32621 (6. und 7. griech. Schar unter Epistros, Stelophîs und Thelamon), 32636–32665 (6. troj. Schar unter Eneas), 32804–32887 (8. und 9. griech. Schar unter Ajax und Doâs, Ipomenes und Filithoas / 7. troj. Schar unter Paris), 33241–33282 (10. und 11. griech. Schar unter Nestor, Diomedes und Ulixes), 33552–33575 (12. und 13. griech. Schar unter Palomides, Uriolus und Delonis), 33576–33599 (9. troj. Schar unter Casilian), 33730–33739 (14. und 15. griech. Schar unter Cappadon und Agamemnon), 33762–33770 (10. troj. Schar unter Priamus verbleibt in Troja).

[(2a) *multisensorische Naheinstellung:*][244]
ze strîte wart vil munder
ir houbetherre Anthênor.
sîn ors zuo den von Kriechen vor
begunde springen mangen sprunc.
reht als ein ar ûf gense junc
in hungernœte stôzen kan,
alsô kam er die Kriechen an
[...]
ûz pheller swarz reht als ein bech
fuort er deck unde wâpenroc,
dar ûz vil manic rêchboc
erlûhte von samîte blanc.
(Tr 33380–33386; 33390–33393)

Es entspricht dem Erzählmuster, nun jedoch nicht die trojanische Hilfstruppe dem griechischen Gesamtheer entgegenzustellen, was der unmittelbare Handlungs-kontext durchaus naheleg̲e̲n̲ könnte. Stattdessen richtet der mitlaufende Erzählmodul des *Zweikampfs* Einzelne gegen Einzelne,[245] wenn Antenor auf den Griechen Ekubert trifft:

[(3.) *Zweikampf:*][246]

sîn [= Antenors] sper daz rêch er unde dranc
durch einen ritter ûf dem plân,

---

**244** Weitere Belege zum Erzählmodul *multisensorische Naheinstellung:* Tr 30840–30849 (Hectors Banner), 30860–30869 (Achills Banner), 30888–30951 (Ausstattung des Patroclus), 31338–31341, 31524–31527 (Schild des Menesteus), 31552–31569 (Hector), 31592–31595 (Bedevart von Cluris), 31596–31601 (Pamphilomîs von Alitrieht), 31636–31643 (Margariton, Hûpolt, Cupesus), 31660–31683 (Ascalafus und Âlîn), 31700–31707 (Margariton), 31776–31798 (Cupesus und Hûpolt), 31848–31857 (Pollidamas), 32160–32173 (Menelaus und Remus), 32122–32203 (Merein von Biez), 32288–32293 und 32310–32317(Remus), 32412–32419 (Pelimatreis), 32436–32447 (Lifronis), 32512–32521 (Plîadêr), 32546–32569 (Gurdimalander von Manziflôr), 32622–32635 (griechische Admirale), 32706–32717 (Cardes), 32718–32727 (Cacudeiz von Geinte), 32738–32743 (Tankret von Agrippe), 32900–32909 (Parcilôt), 33068–33087 (Anthilion), 33088–33109 (Paris), 33140–33149 (Paris und Anthilion), 33670–33673 (Plurimanz), 33680–33683 (Cursilabrê von Clarion), 33808–33837 (Agamemnon), 33998–34021 und 34060–34085 (Helena), 34594–34597 (Menelaus), 35260–35269 (griechische Admirale), 35530–35533 (Pollidamas), 36120–36127 (Rodomalus), 36616–36855 (Katalog griechischer und trojanischer Kämpfer), 36956–37003 (Katalog der Gefallenen auf griechischer Seite), 37268–37291 (Ajax).
**245** Das Erzählmodul *Zweikampf* steht in engem Zusammenhang mit der etablierten Darstellungstechnik des *Vorstreits*; vgl. dazu Czerwinski: *Schlacht- und Turnierdarstellungen*, S. 137–142.
**246** Weitere Belege zum Erzählmodul *Zweikampf:* Tr 30870–30887 und 30952–30995 (Hector gegen Patroclus), 31048–31333 (Hector gegen Merion, Achill und weitere Griechen), 31390–

der was ein werder schatelân
und was geheizen Ekubert,
der hete jost an im gegert.
daz wart im gar ze siure,
er stach dem schateliure
die lanzen în zer wüeste
daz er dâ vallen müeste,
des twanc er in mit strîtes nôt.
(Tr 33394–33403)

Der Gesamtschau auf den Kampf der griechischen und trojanischen Rotten stellt Konrad nun eine nochmalige Rüstungsbeschreibung voran. Obgleich sein Träger bereits zu Boden gegangen ist, erscheint der Schild Ekuberts in unversehrter visueller Präsenz – Konrad redupliziert damit das Element der *multisensorischen Naheinstellung* auf Einzelkämpfer:

---

31469 (Troilus gegen Menesteus), 31470–31519 (Menesteus gegen Misereiz, Santippe und Alchamîs), 31582–31604 (Hector gegen Bedevart und Pamphilomîs), 31610–31623 (Menesteus gegen Misereiz), 31684–31699 und 31708–31735 (Ascalafus und Âlîn gegen Margariton), 31804–31841 (Hûpolt gegen verschiedene Trojaner), 31892–31907 (Pollidamas gegen Ascalafus und Âlîn), 31934–31972 (Archelaus und Protenor gegen Pollidamas, Hector und Troilus), 32106–32157, 32204–32215, 32254–32287 und 32294–32309 (Menelaus gegen Remus), 32174–32191 (Pollidamas gegen Merein von Biez), 32209–32317(Menelaus gegen Remus), 32402–32411 (Deiphobus, Prethemesus und Estreus gegen Menelaus), 32420–32431 (Prethemesus gegen Pelimatreis), 32432–32435 und 32448–32459 (Estreus gegen Lifronis), 32506–32537 (Deiphobus gegen Plîadêr), 32538–32545 und 32578–32583 (Achill gegen Gurdimalander), 32728–32733 (Cardes gegen Cacudeiz), 32734–32737 (Tankret von Agrippe gegen Eneas), 32888–32899 und 32910–32915 (Paris gegen Parcilôt), 33052–33067 und 33110–33139 und 33150–33196 (Paris gegen Anthilion), 33600–33629 (Palomides gegen Casilian), 33674–33679 (Casilian gegen Plurimanz und Cursilabrê von Clarion), 33684–33701 (Casilian gegen Ascalinor von Cloramîr), 33764–33713 (Paris gegen Ascalinor), 33790–33807 (Agamemnon gegen Perfigal), 34278–34293 (Priamus gegen Urgenius von Trâse, Emargalûn und weitere Griechen), 34310–34329, 34475–34591, 34598–34605 und 34730–34775 (Menelaus gegen Paris), 34877–34971 (Castor, Pollux und Achill gegen Paris), 35056–35097 und 35150–35178 (Hector und Paris gegen Castor und Pollux), 35179–35259 und 35270–35319 (Paris und Hector gegen Thelamon und die Admirale), 35558–35641 (Epistros, Thelamon und Menelaus gegen Pollidamas und Hector), 35770–35789 und 35843–35857 (Teseus gegen Hector), 35966–35980 (Anthonius gegen Epistros), 35981–35997 (Êdron gegen Thelamon), 35998–36025 (Donosdaron gegen Pollixenon), 36026–36037 (Dolunt gegen Âlîn), 36038–36045 (Agalôn gegen Casilian), 36046–36075 (Quintiliens gegen Ulixes), 36076–36083 (Dolostalus gegen Diomedes), 36084–36119 und 36128–36169 (Rodomalus gegen Theseus), 36184–36207 (Simpfiliens gegen Castor), 36208–36229 (Pollux gegen Margariton), 36230–36253 (Casilian gegen Nestor), 36396–36432 (Achill gegen Hector), 36484–36510 und 36554–36597 (Hector gegen Merion), 37200–37267 und 37292–37325 (Ajax gegen Hector).

[(2b) *multisensorische Naheinstellung:*]

sîn [= Ekuberts] schilt der was geverwet rôt
alsam ein niuwez rôsenblat,
dar ûf sô was von golde ein rat
erhaben ein vil kleine enbor.
(Tr 33404 – 33407)

Ein ausgedehntes Erzählmodul der *Gesamtschau* schließt sich an und verschiebt die Erzählperspektive zum Panorama. Vielfältige Techniken der Präsentifikation finden dabei Verwendung, denen die bisherige Untersuchung begegnete – von Metaphern des Verflechtens, des Bluts und anderer Naturalisierung über multisensorische Akzente und Mobilisierungen des Wahrnehmungsraums bis zu jenen panoramatischen Darstellungsparadoxien, die sinnliche Details von ihren Handlungssubjekten abgelöst erscheinen lassen:

[(4.) *panoramatische Gesamtschau:*][247]

nû daz der grâve Anthênor
den schatelân gevalte,
dô flaht er mit gewalte
mit der ahten rotte sich
in die patelle ritterlich
und war sich balde drunder.
sich spielt vil manic punder
von sîner hürteclicher art.
ahî, wie dâ gestriten wart
von sîner frechen hende starc!
[...]
hurtieren unde dringen
wart aber dô beschouwet.
genetzet und betouwet
mit bluote warte des plânes melm.
[...]
diu swert dâ klungen in den luft
mit vîentlichem dôze.
von glanzer schilte bôze
wart dâ gehœret lûter klac,
als ob der wilde dunreslac

---

247 Weitere Belege zum Erzählmodul *Gesamtschau:* Tr 31334 – 31337, 31520 – 31539, 31736 – 31775, 31799 – 31803, 31973 – 32035, 32460 – 32505, 32584 – 32593, 32666 – 32705, 32744 – 32803, 32916 – 32975, 33197 – 33240, 33305 – 33355, 33630 – 33669, 33714 – 33729, 33740 – 33761, 33771 – 33789, 33838 – 33953, 34022 – 34059, 34086 – 34157, 34172 – 34277, 34306 – 34309, 34606 – 34667, 35320 – 35347, 35390 – 35399, 35476 – 35557, 35642 – 35769, 35858 – 35965, 36254 – 36395, 36433 – 36483, 36598 – 36615, 36856 – 36955, 37004 – 37064.

dâ spielte dürre buochen.
dâ wart von rîchen tuochen
engenzet manic kovertiur.
die gneisten flugen und daz fiur
ûz dem gewæfen hôhe enbor.
(Tr 33408 – 33417; 33426 – 33429; 33432 – 33441)

Von hier verengt sich der Erzählfokus wiederum zu Einzelkämpfern in Nahperspektive, nacheinander werfen sich Ulixes und Diomedes den Trojanern Antenor,
Ilatrun, Pristalun und Panfimeiz entgegen, Perseus eilt den Bedrängten zu Hilfe
und tötet im Gegenzug die Griechen Lippatreiz und Agulant (Tr 33442 – 33551).
Noch in der Fortführung des Grundmusters zeigt sich die modularische Erzähl-
weise: Alternierend wechseln Zweikampfschilderungen (zweites Erzählmodul)
mit multisensorischen Naheinstellungen (drittes Erzählmodul), die das Kampfgeschehen sinnlich vergegenwärtigen und intensivieren.[248] Das Muster schließt
sich, das Muster öffnet sich neu, als daraufhin die 12. und 13. griechische Schar in
den Kampf eintreten (ab Tr 33552). Modularisches Erzählen, so lässt sich festhalten, fungiert als generatives Prinzip.

Zweierlei wird an dieser exemplarischen Analyse deutlich. Zum einen entwickelt der *Trojanerkrieg* seine Kampfdarstellungen mit bemerkenswerter Rekurrenz nach einem Grundmuster, das aus unterschiedlichen Erzählmodulen
gebildet wird, d. h. aus festen Kopplungen von semantischen Kernen (wie z. B.
Eintritt, Zweikampf, Massenschlacht) mit jeweils spezifischen Erzählmodi (wie
z. B. multisensorische Nahbeschreibung oder panoramatisches Erzählen). Im
Vergleich mit dem Prätext Benoîts kann diese *Modularisierung des Erzählens* als
spezifische Gestaltung des *Trojanerkriegs* betrachtet werden.[249]

Zum anderen zeigt die gewählte Szene exemplarisch, dass Grundmuster und
Teilmodule zwar systematisch, aber nicht mechanisch umgesetzt werden. Variationen sind durchaus möglich – einzelne Module werden mitunter rekombiniert,
Reizreden[250] treten zwischen Module, diese können unmittelbar seriell wiederholt
werden und mehrere Serien des Gesamtmusters sogar ineinander verschränkt
werden. Nicht nur Einzelmodule, sondern auch Kopplungen zweier Module
werden gelegentlich als Doppelmodul wiederholt: Das Rasen Hectors, Achills oder
Paris' inmitten von Feindesmassen gestaltet Konrad, indem er Darstellungstech-

---

**248** Vgl. Tr 33453, 33488 f., 33500 – 33504, 33512 – 33517, 33524 – 33527.
**249** Vgl. zur zweiten Schlacht RdT 8329 – 10264.
**250** Zur Einlagerung von Reden zwischen Eintritt und Zweikampf vgl. z. B. Tr 32046 – 32090,
zwischen Zweikämpfen vgl. z. B. Tr 32216 – 32253 und 32324 – 32352.

niken von Zweikampf und panoramatischer Massenschlacht verbindet und iterativ verfestigt.[251] Einfache Module ermöglichen durchaus komplexe Formen. Wenn all dies narrative Komplexität erzeugt, so ist diese jedoch weiterhin einfach strukturiert. Die Kämpfe Hectors erscheinen somit nicht als Komplexität mit hohem Kontingenzbetrag, sondern als Verkettung von Zweikampfbegegnungen, also als einfaches Erzählmodul, das mehrfach kopiert wird. Modularisiertes Erzählen lässt sich im *Trojanerkrieg* damit in zwei Richtungen prozessieren: Es erlaubt einerseits, die ästhetische Komplexität des Kriegserzählens zu reduzieren, indem die Vielfalt von Kampfsituationen und Bildern durch eine begrenzte Zahl von Darstellungsmodulen gefiltert wird. Andererseits besitzt die Modularisierung eine hohe generative Potenz, erlauben doch die einzelnen Erzählmodule vielfältige kreative Abwandlungen. Komplexität kann somit nicht bloß einfach reduziert, sondern ebenso einfach aufgebaut werden: Verkettung und Reihung, Verschränkung und Binnenserialisierung sind ihre häufigsten Formen.

Reduktion und Steigerung von narrativer Komplexität werden somit als kognitive Kippverfahren durch Erzählmodule vermittelt. Sie machen gleichermaßen möglich, den zweiten Trojanischen Krieg als Kette von Komplexitätseffekten zu rezipieren,[252] als auch sein rekurrentes Erzeugungsprinzip wahrzunehmen und somit diese Komplexität über vergleichsweise einfache Formen laufen zu lassen.[253]

Die Nähe dieses Narrationstyps zum Komplexitätsmanagement von prozeduralen Wissensformen ist evident. Modularisches Erzählen gestattet wie Handlungswissen die Erzeugung von Komplexität über relativ einfache Erzeugungs-

---

**251** Vgl. etwa Tr 32916–32975 und Tr 33714–33729. Belege für dieses hybride Erzählmodul wurden oben den Nachweisen zum Erzählmodul *Gesamtschau* zugeordnet.

**252** Diese Komplexität unterstützen auch Einzelelemente der Darstellung: *wilde* Metaphern und Vergleiche (vgl. Kap. IV.1.1.10) ebenso wie spezifische Figurenprofile. Diese sind jedoch funktional rückgebunden an Erzählmodule, erscheinen mithin als eingelassene Komplexitätspotentiale.

**253** Solche Kippeffekte von Komplexierung und Komplexitätsreduktion lassen sich in mittelhochdeutscher Epik verschiedentlich beobachten. So hat etwa Peter Strohschneider gezeigt, dass sich die Katastrophe des *Nibelungenliedes* als Komplexierung vergleichsweise einfacher Basisregeln im Aktantenschema der Brautwerbung reduzieren lässt; vgl. Strohschneider, Peter: „Einfache Regeln – komplexe Strukturen. Ein strukturanalytisches Experiment zum ‚Nibelungenlied'". In: *Mediävistische Komparatistik. Festschrift für Franz Josef Worstbrock zum 60. Geburtstag*. Hg. v. Wolfgang Harms u. Jan-Dirk Müller. Stuttgart 1997, S. 43–75. Setzen Strohschneiders Argumentation und die hier skizzierte Analyse auch auf unterschiedlichen Ebenen der Narration an, so wäre grundsätzlich nach gemeinsamen epistemischen Funktionen solcher Kippfiguren im Komplexitätsmanagement mittelalterlicher Literatur zu fragen.

regeln und Schemata.[254] Aber gehört dieses Verfahren auch zu den Formen von selbstreferentieller Präsenzerzeugung, denen die Untersuchung in diesem Kapitel gilt?

Wie bei anderen Aspekten des präsentifizierenden Erzählens im *Trojanerkrieg* wird man auch für die Modularisierungstechnik keineswegs pauschal behaupten dürfen, dass mit ihr Fremdreferenz als Kontingenzquelle des Erzählens gänzlich gelöscht würde. Wenn der Erzähler anlässlich des Todes von Patroclus etwa eine Erzählvariante zu Hectors Rüstungsraub referiert und explizit als „lüge" abweist (Tr 31010 – 31015; gegen RdT 8363 f. und 8437 – 8443), so halten solche Stellen prinzipiell Vorgängertexte und Erzählalternativen bewusst. Dies steht durchaus im Gegensatz zum selbstreferentiellen Erzählanspruch des Prologs, demzufolge der *Trojanerkrieg* alle bisherigen Erzählalternativen und Vorgängertexte zu absorbieren sucht (Tr 234 – 243), um dadurch den Rückgriff auf das Außen der eigenen Erzählung unmöglich zu machen.[255]

Dennoch tritt die Kontingenz der Darstellung durch modularisches Erzählen tendenziell in den Hintergrund: Dass sich vom Krieg auch anders erzählen ließe, wird durch Serialisierung von Erzählmustern und ihrer Module performativ negiert. Zugleich tragen Wiederholungsstrukturen der Modularisierung dazu bei, die horizontale Achse der narrativen Sequentialität auf die vertikale Achse des (Wieder-)Vergegenwärtigens umzulegen: Syntagmatisches Erzählen wird zum paradigmatischen Vorzeigen.[256] Unvorhersehbare Handlungssituationen und individualisierte Figuren erscheinen unter den Bedingungen wiedererkennbarer Gleichförmigkeiten des *discours*. Eine solche Transformation zielt in der Tat auf Präsenzeffekte, indem sie Narrativität zugunsten einer Poetik der Wiederholung zurücknimmt, die statt auf Entwicklung auf Wiedererscheinen abstellt. Eine Erzählinstanz, die so deutlich dem Mustererzählen verpflichtet ist, tritt zugleich als steuernder Selektionsfaktor in den Hintergrund. Die Darstellung des zweiten Trojanischen Kriegs löst also tatsächlich jene paradoxe Erzählhaltung ein, die der Prolog im Bild der Nachtigall als *dispersives* Erzählen gefasst hatte. Sie lässt das Erzählen als Selbstvollzug einer Geschichte sinnlich erscheinen, für die der Er-

---

**254** Auf solchem Handlungswissen basieren grundsätzlich auch orale Erzählpraktiken, die Epen je nach Aufführungssituation *ad hoc* erweitern oder verkürzen können; vgl. Jensen, Minna Skafte: „The oral-formulaic theory revisited". In: *Oral art forms and their passage into writing.* Hg. v. Else Mundal u. Jonas Wellendorf. Kopenhagen 2008, S. 43 – 52, hier S. 49.

**255** Vgl. hierzu die Analysen von Kap. III.2.

**256** Mit dieser Unterscheidung von syntagmatischem Erzählen und paradigmatischem Zeigen variiere ich die Überlegungen von Jakobson, Roman: „Linguistik und Poetik". In: *Literaturwissenschaft und Linguistik. Ergebnisse und Perspektiven.* Hg. v. Jens Ihwe. Bd. II/1. Frankfurt a.M. 1971, S. 142 – 178 und Warning, Rainer: „Erzählen im Paradigma. Kontingenzbewältigung und Kontingenzexposition". In: *Romanistisches Jahrbuch* 52 (2001), S. 176 – 209.

zähler zum reinen Medium, als Selektionsinstanz unbeobachtbar wird.[257] Auch
das modularische Erzählen gehört somit zu den Selbstreferentialisierungspro-
zessen des *Trojanerkriegs*.

## 1.2 Zusammenfassung: Selbstreferentialisierung

Auch nach der markanten Erzählerreflexion in der Mitte des *Trojanerkrieg*-Torsos
bleiben Paradoxien erhalten. Sie prägen die Wahrnehmungsexempel des Kriegs
(Helena stimuliert Sichtbarkeit bis zur Unsichtbarkeit), die Fokalisierung des Erzählens (Dinge und Handlungen erscheinen in abstrakter Präsenz) bis hin zur
komplexen Organisation von Erzählsequenzen (das singuläre Ereignis des Trojanischen Kriegs erscheint in modularisierenden Wiederholungsstrukturen). Allerdings stehen Erzählen und Erzähltes in der zweiten Erzählhälfte unter besonderen Referenzbedingungen: Während die erste Erzählhälfte vielfältige Formen
des Verweisens produziert,[258] dominieren in der zweiten Erzählhälfte präsentifizierende Erzählverfahren, die Selbstreferenz erhöhen. Kriegserzählen wird dadurch im zweiten Teil des *Trojanerkriegs* zum Erscheinenlassen des Kriegs.

Selbstreferenz bezeichnet im Unterschied zu Fremdreferenz stets die Dimension der Aktualität: Bezeichnet wird etwas im Unterschied zu Anderem, was
nur mitbezeichnet, nur potentiell erreichbar ist. Daher richtete sich die Untersuchung vor allem auf Erzähltechniken der Präsentifikation, die solche Aktuali-
täten in besonderer Weise herstellen. Der *Trojanerkrieg* etabliert einen multisensorischen Wahrnehmungsraum, der gegenüber vergleichbaren Ansätzen des
ersten Erzählteils durch eine Reihe von Erzählverfahren verdichtet wird.[259] Dies
bewirken zum einen elementare Techniken wie Metaphorisierung (Blutmeta-

---

257 Ist auch dies ein spezifisch oralisierender Erzähleffekt? Bekannt sind orale Performances, in
denen gesteigertes Geltungsbewusstsein der Sänger hinsichtlich ihrer Erzähltechnik mit absoluter Selbstauflösung einhergehen: „The ideal is to sing of the events exactly as they happened,
with both singers and audiences believing that what moves them is the truth of the story";
Jensen: „Oral-formulaic theory", S. 50. Solche Paradoxie prägt wie gesehen auch die Erzählinstanz des *Trojanerkriegs*.
258 Vgl. zu den Sinnmodellen des *Trojanerkriegs* Kap. III.3; zu impliziten Formen der Fremdreferenz vgl. auch die nachfolgenden Analysen in Kap. IV.2.
259 Eine weitergehende Aufgabe bestünde darin, die untersuchten Verfahren mit Erzählent-
würfen abzugleichen, die auffallend ähnlich operieren – so etwa der „Schauraum" der Tur-
nierdarstellung in Konrads *Partonopier und Meliur*; vgl. dazu Bleumer, Hartmut: „Entzauberung
des Wissens. Ästhetik und Kritik in Konrads von Würzburg *Partonopier und Meliur*". In: *Neugier
und Tabu. Regeln und Mythen des Wissens*. Hg. v. Martin Baisch u. Elke Koch. Freiburg i.Br. 2010,
S. 207–233, hier S. 228.

phern, Kap. IV.1.1.3; Kopplungen von artifizialen und naturalen Metaphern, Kap. IV.1.1.8; Zirkulationsmetaphern, Kap. IV.1.1.9; *wilde* Metaphern, Kap. IV.1.1.10), Beschreibung (von Rüstungen, Waffen und Bannern, Kap. IV.1.1.2), performative Gestaltung von Figurenreden (insbesondere von Reiz- und Klagereden, Kap. IV.1.1.14) und aisthetisierende Figurenzeichnungen (Helena, Kap. IV.1.1.11). Zum anderen befördern die imaginative Aktualisierung auch intradiegetische Darstellungstechniken wie explizite Wahrnehmungslenkung oder Intensivierungen von Bewegungsvorgängen (Kap. IV.1.1.5 und IV.1.1.6).

Sinnlich präsent werden zwar Ereignisse, Dinge und Figuren der erzählten Welt, doch speist sich ihre imaginative Energie häufig aus Prozessen des Erzählens selbst – dies zeigte sich im Hinblick auf Verfahren wie synästhetisierende Kopplungen (Kap. IV.1.1.4) sowie Kompositionen von Aufritten, Handlungsverflechtungen und Gesamtschauen (Kap. IV.1.1.12), aber auch im Hinblick auf Formularisierungen bzw. Modularisierungen der Erzählerrede (Kap. IV.1.1.15).

Wie mit der detaillierten Untersuchung der zweiten Schlachtdarstellung ersichtlich wurde, sind diese Erzählverfahren einschlägig für die literarische Formierung von Wissen: Einerseits dadurch, dass sie Fremdreferenz und Verweisungsstrukturen unterbrechen, ausschalten oder abblenden; andererseits dadurch, dass sie Wahrnehmung und Wahrnemungsobjekte aktualisieren und intensivieren. Selbstreferentialisierung ist damit ein komplexer Erzähleffekt der Abblendung von Fremdreferenz, der sich unterschiedlicher Dimensionen bedient:

(1.) *Narrative Selbstreferentialisierung.* Der *Trojanerkrieg* setzt seine narrative Verweisungsstruktur durch eine große Zahl umfangreicher Beschreibungen aus (Rüstungen und Wappen; Massenschlachten: Kap. IV.1.1.2 und IV.1.1.7). Heraldische Sinnformen werden dabei aufgegriffen, um deren sozialhistorische Fremdreferenzen jedoch gezielt zu unterbrechen: Schilde und Rüstungen werden auf diese Weise zu Medien ästhetischer Präsenzeffekte, die Formen, Farben und Materialitäten in wechselnden Konfigurationen erscheinen lassen. Solches Kriegserzählen löst Narrativität in dem Maße auf, in dem es weder Handlung verkettet noch umfangreichere Bedeutungsstrukturen produziert.

(2.) *Kognitive Selbstreferentialisierung.* Auf der Mikroebene sprachlicher Verfahren tragen zweitens verschiedene Metaphernkomplexe dazu bei, kognitive Dynamik zu erregen und gleichzeitig zu binden. Blutmetaphern organisieren dazu ein dichtes Netzwerk von Sprachbildern, das durch Wiederholung und Stereotypisierung ikonische Qualität gewinnt; Blut fungiert im *Trojanerkrieg* somit nicht nur als ein semantisches Evidenzmedium, das Verweisungsgeflechte kondensiert (Hector/Ajax; Genealogie und Helenaraub), sondern auch als kognitives Präsenzmedium (Kap. IV.1.1.3). Als *wilde Metaphern* wurden zweitens Sprachbilder untersucht, die konzeptuelle Konventionalisierung punktuell aufbrechen. Mit Metaphern wie der ‚blendenden Sonne Helena' auf den Mauern Trojas setzt der

*Trojanerkrieg* Erregungspunkte, die kognitive Energien stimulieren; als liminale Wahrnehmungsexempel irritieren solche Metaphern zugleich den Aufbau von konventionalen kognitiven Rahmen – Wahrnehmung setzt aus und wird immer wieder zu Neuansätzen gezwungen (Kap. IV.1.1.10). Ein solches Textverfahren erhöht kognitive Selbstreferenz, indem es die Aufmerksamkeit auf den Imaginationsakt lenkt und die Präsenz des Erzählten als mentale Bilder erneuert.

(3.) *Semantische Selbstreferentialisierung.* Andere Metaphernfelder unterbrechen die Verweisung auf Anderes auf semantischer Ebene. So verbindet die Darstellung des Kampfgeschehens unter anderem artifiziale und naturale Metaphern miteinander; anders als in der ersten Erzählhälfte wird dadurch die Differenz zwischen der Reflexivität des Erzählakts und der Objektivität des Erzählten nicht punktuell betont (wie etwa mit dem Apfel der Discordia oder Medeas Kleid), sondern vielmehr im Erzählen selbst vermittelt (Kap. IV.1.1.8). Auch die metaphorische Organisation von Zirkulation und Austauschprozessen in der Kriegswelt erzeugt eine geschlossene Ordnung, die scheinbar keiner externen Lenkung bedarf (Kap. IV.1.1.9). Solche Metaphorisierungsprozesse weisen die Differenz von Fremdreferenz (in dieser Hinsicht: das Erzählte als Konstruktion eines Erzählprozesses) und Selbstreferenz (das Erzählte als quasi-naturalisierte Gegenstände) zwar nicht ab, schließen ihre Unterscheidungskraft jedoch kurz. Gemeinsamer Effekt ist, dass Erzähltes nun erscheinen kann, ohne markant vom Erzählen unterschieden zu werden. Die Außenreferenz des Erzählers verschwindet, indem sie etwa metaphorisch in die erzählte Welt eingeht und sich in dieser verstreut.

(4.) *Modale Selbstreferentialisierung.* Auch der Modus des Kriegserzählens befördert Selbstreferenz, indem Rückgriffsmöglichkeiten auf die Erzähl- bzw. Wahrnehmungsinstanz unterbunden werden. Greifbar wurde diese Strategie zum einen an entpersonalisierten und passivischen Wahrnehmungslenkungen (Kap. IV.1.1.5). Zum anderen tragen spezielle Formen der Fokalisierung dazu bei, unbeobachtbare, mobile Wahrnehmungszentren zu erzeugen, die sich auf keine singuläre, kohärente Wahrnehmungsinstanz zurückbeziehen lassen (Kap. IV.1.1.13). Insbesondere der paradoxe Modus des *panoramatischen Erzählens* löst Handlungen und Objekte von ihren Trägern, lässt Details selbst in größter Wahrnehmungsdistanz noch intensiv erscheinen. Fremdreferenzen auf eine ordnende Wahrnehmungsinstanz werden dadurch systematisch unterlaufen – die Selbstreferenz der Gegenstände kann dafür um so stärker hervortreten.

(5.) *Pragmatische Selbstreferentialisierung.* Erzählte Reden weisen im zweiten Erzählteil des *Trojanerkriegs* ausgeprägt performative Züge auf. Figurenreden werden vor allem als Reizreden und Klagereden vorgetragen, die stimulieren, statt zu argumentieren, und vollziehen, wovon sie reden, statt (nur) zu benennen (Kap. IV.1.1.14). Selbstreferenz stärken solche Reden nicht nur durch Übereinstimmung von Rede und Redegegenstand, sondern auch dadurch, dass sie semantische und argumentative Verweisungspotentiale absorbieren. Werden auch in der Schlacht einzelne argumentative Soliloquien und Dialoge geführt (z. B. Helena; Paris/Menelaus), so lassen sich häufig Rahmenstrategien beobachten, die durch ästhetisch intensivierende Darstellungsimpulse die Verweisungsdynamik solcher Reden abschirmen.

(6.) *Selbstreferentialisierung der Erzählerrede.* Schließlich wurden Formen der Selbstreferentialisierung auch im Hinblick auf die Selektion und Kombination der Erzählerrede greifbar (Kap. IV.1.1.15). Signifikant häufig begegnen formularisierte Redeelemente, die als feste Syntagmen wiederkehren und besonders im Kriegserzählen mit hoher Dichte verwendet werden. Unter den Bedingungen von komplexer Schriftlichkeit simuliert der *Trojanerkrieg* dadurch einen quasi-oralen Erzählstil, der zugleich historiographische Diskurserwartungen des einfachen Stils bedient. Indem solche Formeln die Kontigenz der narrativen Selektion ausblenden, befördern sie das Profil einer Wissensrede, die zum transparenten Medium ihres Gegenstandes wird. Dieser Transparenzeffekt stellt sich besonders ausgeprägt auch auf komplexeren Ebenen der Kombination ein. An der zweiten Schlachtdarstellung ließ sich studieren, dass häufigen Sujets wie Aufritten, Zweikämpfen und Gesamtschauen jeweils ein fester Erzählmodus zugeordnet wird; als kombinierbare Erzählmodule strukturieren solche festen Kopplungen das Kriegserzählen. Der Transparenzeffekt solcher Modularisierung besteht ebenfalls darin, die fremdreferentielle Differenz zur Erzählinstanz zu überbrücken: Die Erzählerstimme hebt sich gegenüber dem Erzählten nicht als Anderes ab, sondern folgt mit konsequent gekoppelten Darstellungsverfahren den Sujets, womit sie zum transparenten Medium des Kriegs wird.[260] Die Vielfalt narrativer Kombination, welche die komplexen Vorderpartien des *Trojanerkriegs* auszeichnet, weicht so einem paradigmatischen Vorzeigen, das seinen Selektionscharakter und seine Kontigenz in Wiederholungen verbirgt. Selbstreferenz entsteht dadurch nicht nur als Wiederholungsstruktur. Sie wird auch als Gegenständlichkeit greifbar, die von den Modi ihrer Vermittlung weniger unterschieden wird, als vielmehr mit diesen verbunden erscheint.

Zusammen lassen diese Erzählverfahren eine mehrschichtige Form von Selbstbezüglichkeit entstehen, die zwar auf der Vorgeschichte des Trojanischen Kriegs aufbaut, den Krieg aber nicht mehr vor dem Horizont der Vorgeschichte

---

260 Transparenz und Unauffälligkeit von Medien beruhen auf fester Kopplung mit dem Bezeichneten: „Um auf etwas Anderes hinweisen zu können, muß das Zeichen diesem Anderen [...] enge zugeordnet sein", so Heider, Fritz: *Ding und Medium.* Mit einem Vorwort von Dirk Baecker. Berlin 2005, S. 46. Solche festen Zuordnungen verstärken die Modularisierungen im Kriegsteil des *Trojanerkriegs.*

erscheinen lässt.[261] Der „Möglichkeitssinn" des lange vorbereiteten Kriegs wird auf „Wirklichkeitssinn" umgestellt, die Differenz von Fiktionalisierung und wahrer Geschichte gelöscht:[262] Der Trojanische Krieg kommt zu sich selbst, kompilierte Geschichten erscheinen als Geschichte.

Das Kriegsereignis vor Troja gewinnt damit eine Evidenz, die über rhetorische Verfahren des Vor-Augen-Führens hinausgeht, indem selbst noch der Kommunikationsakt dem Blick entzogen wird.[263] Nicht kommunizierte Gewissheit, sondern außenhorizontlose Selbstreferentialisierung führt im *Trojanerkrieg* zur Emergenz von Wissen.[264] Epistemischer Effekt solcher poetischen Verfahren ist mithin, dass Erzähltes absolut erscheint: Hinweisen und Vorzeigen, Grundoperation von Sprache überhaupt,[265] werden zum Sichzeigen und Erscheinen. Während mittelalterliche Mythographie allgemein fremdreferentielle Umstellungspraktiken beherrschen, stellt sich Konrads Trojanischer Krieg entschieden auf Selbstreferenz.

Dieser Befund könnte Bewegung in die grundlegende Aporie bringen, die sich mit dem Problemtitel der Ästhetisierung verbindet. Schwierigkeiten bereitet der Forschung, die Spannung des *Trojanerkriegs* zwischen Deskription des schönen Kriegs und Narration der Katastrophe zu beschreiben. Schwierig scheint dabei insbesondere, die Funktion solcher Spannung zu bestimmen, wie die maßgebliche Einschätzung Elisabeth Lienerts zur „Ästhetik des *Trojanerkriegs*" belegt:

---

261 Der dadurch erzeugte Präsenzcharakter von Erzählen und Erzähltem im *Trojanerkrieg* unterscheidet sich damit signifikant vom Repräsentationsmodell der Präsenz, wie es genealogische Antikenromane oft aufspannen: statt Vergangenes, Gegenwärtiges und Zukünftiges zu vergegenwärtigen, lassen die Präsenzeffekte des Krieges das genealogische Verweisungssystem schrumpfen. Zum genealogischen Präsenzkonzept der Zeit vgl. Kellner: *Ursprung und Kontinuität*, insbes. S. 125–127.

262 So ließe sich der Befund mit der berühmten Unterscheidung Musils pointieren; vgl. Musil: *Mann ohne Eigenschaften*, Bd. 1, S. 16–18. Zu dieser Unterscheidung speziell in der Diskussion zum *Trojanerkrieg* vgl. Hasebrink: „Ambivalenz des Erneuerns", S. 205–207 und S. 213–217 im Anschluss an Kablitz: „Kunst des Möglichen". Von den Paris- und Achillgeschichten der ersten Erzählhälfte her beobachtet auch Worstbrock: „Erfindung der wahren Geschichte", dass der *Trojanerkrieg* den „Widerspruch" von „hochgradig fiktionale[r]" und „wahre[r]‘ Geschichte" aufzulösen bemüht ist (S. 160). Einige der großräumigen Verfahren dieser Differenzverarbeitung zeigen die vorliegenden Kapitel.

263 Vgl. Hübner: *Erzählform*, S. 80f.; zu den Grenzen des rhetorischen *evidentia*-Konzepts vgl. ausführlich Hübner: „*evidentia*", zur „persönlichen Zurechenbarkeit" als Axiom rhetorischer Kommunikation speziell S. 142.

264 Dass die analytisch unverzichtbare Unterscheidung zwischen Redegegenstand und Darstellungsebene im *Trojanerkrieg* kollabiert, ist mehrfach beobachtet worden; vgl. Müller: „Ästhetisierung" und Hasebrink: „Ambivalenz des Erneuerns", S. 217.

265 Vgl. Krämer, Sybille: „Sagen und Zeigen. Sechs Perspektiven, in denen das Diskursive und das Ikonische in der Sprache konvergieren". In: *Zeitschrift für Germanistik N.F.* 3 (2003), S. 509–519.

Grundsätzlich stellen diese Beschreibungen der linearen, finalen Struktur des Ganzen ein strukturelles Gegengewicht in Form zirkulärer Mikrostrukturen entgegen. Gleichzeitig stehen damit der Katastrophe wenigstens im kleinen Bilder von Schönheit und Vollkommenheit entgegen. Daß diese letztlich künstlich sind, nur im Wort existent, und daß Reibungen auftreten zwischen Schönheit und Fatalität, vor allem bei Helena und den zugleich schönen und bedrohlichen Eindrücken des Krieges, deutet darauf hin, daß es nicht um Inhaltliches geht, sondern um die Schilderung als solche, um die Kunst.[266]

So verdienstvoll die quellengeschichtlichen Analysen sind, mit denen Lienerts Studie Konrads Quellenarbeit erhellen konnte, Konrads konkrete Erzählformen, ihre Dispositionen und Transformationen im Erzählverlauf, lassen sie unberücksichtigt. Gerade hier eröffnen sich jedoch neue Perspektiven. Denn erstens stehen „zirkulär[e] Strukturen" und „Bilder von Schönheit" den „finalen Strukturen des Ganzen" nicht einfach als „Gegengewicht" zur Seite, sondern verlagern sich schwerpunktmäßig auf unterschiedliche Erzählteile – der Trojanische Krieg zeigt und reflektiert diese Verlagerung ausdrücklich. Zweitens wurde mit den voranstehenden Analysen deutlich, dass sich diese Verlagerung der „linearen, finalen Struktur" zu selbstreferentiellem Erscheinen keineswegs auf „Bilder von Schönheit" beschränkt. Vielmehr wurde greifbar, wie vielfältig die Präsentifikationsverfahren ausfallen, die Konrad entwickelt bzw. aufgreift – von der Mikrostruktur einzelner Metaphern bis zur Makroorganisation des modularisierenden Erzählens. Einfache Unterscheidungen wie „Schönheit und Fatalität" werden diesem Befund kaum gerecht. Nicht ohne weiteres lassen sich daher auch die „Reibungen" zwischen Verweisungsstrukturen und Erscheinungsqualitäten des *Trojanerkriegs* als Selbstthematisierung von Kunst „als solche[r]" verstehen. Wie die Analysen zeigen, stehen ausgeprägten Künstlichkeitseffekten im zweiten Erzählteil ebenso unkünstliche Erzähleffekte entgegen (z. B. Modularisierung). Und schon die Relektüre des Prologs verdeutlichte, dass eine Autonomieerklärung der Kunst auf die Frage von „Spannungen" im *Trojanerkrieg* keine einfache, sondern hoch paradoxe Antwort bereithält.

Die Schwierigkeit der Forschung, das Phänomen der Ästhetisierung zu beschreiben, könnte so zum einen auf ungeklärte ästhetikgeschichtliche Prämissen zur literarischen Bildproduktion verweisen, die sich keineswegs auf die Erzeugung von Schönheit oder Hässlichkeit beläuft. Sie setzt im *Trojanerkrieg* bereits auf wesentlich basalerer Ebene bei kognitiven Aktualisierungsvorgängen, Intensivierungen von imaginären Objekten oder Verlagerungen von Erzählen zu Erscheinen an. Entscheidend könnte zum anderen die Beobachtung sein, dass der *Trojanerkrieg* seine Erzählpraktiken und Referenzformen global verschiebt. Auch

---

266 Lienert: *Geschichte und Erzählen*, S. 274 f.

diese Transformationen bleiben ungreifbar, solange entweder nur punktuell auf den *Trojanerkrieg* zugegriffen oder aber im Hinblick auf eine scheinbar kohärente Ästhetik unterschiedslos Belege aus sämtlichen Teilen des Romans zusammengetragen werden. Die vorliegenden Analysen zur referentiellen Organisation und ihrer Verschiebung dokumentieren, dass der *Trojanerkrieg* weit weniger aporetisch, aber auch weniger gleichförmig verfährt. Was bislang unter dem stilgeschichtlich belasteten Stichwort der Ästhetisierung in Aporien führte, lässt sich diesseits des Kunstsystems als Wissenseffekt rekonstruieren.

## 2 Diskursivierung. Implizite Verarbeitungsformen von Fremdreferenz

In der zweiten Erzählhälfte des *Trojanerkriegs* ließ sich beobachten, dass Fremdreferenz zunehmend abgeblendet, ausgesetzt oder durch präsentifizierende Erzählstrategien überlagert wird. Dies spiegeln neben den bisher untersuchten Erzählverfahren auch die Quellenberufungen des *Trojanerkriegs*, die im ersten Erzählteil häufiger auf die „hystôrje" (Tr 13081, 13261, 17644) von Vorgängertexten verweisen, ab der Landungsschlacht vor Troja jedoch signifikant zurückgenommen werden.[267]

Dennoch bleiben fremdreferentielle Bezüge weiterhin erhalten. Mehr noch: Der *Trojanerkrieg* sucht und erweitert Anschlüsse, die den Roman mit zeitgenössischen Redeordnungen, Wahrnehmungsmustern und Wissensbeständen verbinden.[268] Indes werden solche Bezüge selten als explizite Fremdbezüge thematisch – häufiger werden sie als implizite Einlagerungen, Anbindungen oder Streuungen greifbar. Nur selten werden Wissen und Poetik so explizit verhandelt und problematisiert wie in den Episoden um den Apfel der Discordia, Medea oder Hercules[269] – viel häufiger generiert der *Trojanerkrieg* Anschlüsse, die ihn un-

---

267 Von insgesamt 45 expliziten Quellenberufungen sind 36 in den Erzählabschnitten vor der Landungsschlacht platziert, nur 9 fallen im Zuge des Kriegserzählens. Belege mit der Wendung „als ich las": Tr 913, 1398, 4049, 7202, 9578, 10627, 10759, 11885, 13081, 13097, 13261, 13279, 13500, 13771, 15301, 15340, 17620, 18007, 19119, 20797, 23868, 23954, 23967, 24171, 24634, 24810, 29802, 29863, 30379, 32185, 37123, 37206, 37862, 39027; Quellenberufungen mit Formen von *sagen* oder *jehen:* Tr 5934, 7232, 7652, 11488, 13102, 13910, 14389, 17456, 20143, 23772, 37858.

268 Seit der Studie von Basler: *Trojanischer Krieg* hat die Konradforschung in diesem Anschlussbemühen die treibende Kraft gesehen, mit der Konrad seine Erzählvorlagen ausweite und sich das Profil des „gründliche[n], fleißige[n] Gelehrte[n]" erschreibe (S. 133).

269 Zur Erzählung vom Tod des Hercules als poteologischer und epistemologischer Reflexion des Romanerzählens vgl. Worstbrock: „Tod des Hercules" sowie den neuen Analyseansatz in Kap. V.1.1.4; zum Apfel der Discordia vgl. Laufer: „Materialität der Sprache" sowie Kap. III.3.1.2;

auffällig mit zeitgenössischen Wissensordnungen verbinden. Implizite Fremdreferenz trägt damit ebenfalls zur wissensfunktionalen Ausrichtung des *Trojanerkriegs* bei. Der Text öffnet sich in diesen Fällen fremdreferentiell, ohne dass diese Fremdreferenz als Anderes markiert würde. Die geheimen Spuren dieser Fremdreferenz sind Gegenstand des folgenden Kapitels.

In den Gesamtkomplex des *Trojanerkriegs* gehen nicht nur Wissensbestände der mittelalterlichen Mythographie ein, sondern vielfältige weitere Bestände. Wenn etwa Hector in der Schlacht wie ein Salamander im Feuer glüht (Tr 31332 f.), wird schon auf der Mikroebene der Sprachgestaltung historisches naturkundliches Wissen importiert. Auch Figurenzeichnungen beziehen sich mitunter auf spezifische Wissenspraktiken: Um Jason für seine Vlies-Aventiure magisch auszurüsten, vertraut ihm Medea einen schriftlichen Schutzzauber an, den sie aus „swarzen buochen / [...] gesundert" habe (Tr 9308 f.); auch zur Vorbereitung des Verjüngungszaubers für Jasons Vater Eson beschwört Medea wilde Geister mithilfe schwarzer Bücher, deren „glôsen" (T 10524) sie aufgearbeitet habe. Das Wissen der mythologischen Zauberin beruht somit im *Trojanerkrieg* ausdrücklich auf „‚philologischer' Kleinarbeit",[270] die magische Kraft der Verjüngung entspringt den „powers of philology".[271] Über die Zeichnung einzelner Figuren hinaus transportieren ganze Erzählepisoden Wissen – so beispielsweise die Jugendgeschichten um Achill und Paris Diskurswissen um Naturanlage und Erziehung[272] oder die Argonautenfahrt Wissensformen der Genealogie. Eine Untersuchung, die systematisch nach der Organisation von Referenz und deren Konsequenzen für das Wissensprofil eines literarischen Textes fragt, muss daher auch dessen diskursive Verflechtung einbeziehen.

Dies verlangt eine methodische Entscheidung: Welche diskursiven Elemente und Strukturen sind für die „Wissensreferenz" des *Trojanerkriegs* maßgeblich?[273] Einerseits haben sich mediävistische Diskursanalysen, einem frühen Trend der Foucault-Rezeption folgend, auf *spezielle* Formen des Diskursiven konzentriert: auf Verhandlungen, Problematisierungen oder Gegenentwürfe von *spezifischen* Diskursen.[274] In der Regel stehen dabei besondere Diskurszustände und Praktiken

---

zu Medea als Wissensfigur vgl. Hasebrink: „Rache als Geste" sowie in der Perspektive des Listdiskurses das folgende Kap. IV.2.1.4.

**270** Hasebrink: „Rache als Geste", S. 223.

**271** Zur philologischen Wissenstechnik des Entzifferns vgl. Gumbrecht, Hans Ulrich: *The powers of philology. Dynamics of textual scholarship.* Urbana 2003, S. 9–23.

**272** Vgl. Friedrich: „Diskurs und Narration".

**273** Titzmann: „Kulturelles Wissen", S. 54.

**274** Vgl. aus der Vielzahl von mediävistischen Untersuchungen nur exemplarisch Lienert, Elisabeth: „Zur Diskursivität der Gewalt in Wolframs ‚Parzival'". In: *Wolfram-Studien* 17 (2002),

im Mittelpunkt, die Regularitäten auffällig werden lassen oder gar aussetzen, zumindest aber reflexiv sichtbar machen. Die funktionale Normalität des Diskursiven tritt dagegen zurück: Dass Diskurse gerade dadurch ihre Wirksamkeit sichern, dass sie „Quasi-Unsichtbarkeit" produzieren,[275] steht für solche Ansätze nicht im Vordergrund des Interesses.

Andererseits haben verschiedene mediävistische Studien unterstrichen, dass Diskursivität und Diskursmontagen im hohen und späten Mittelalter eine Normaldimension bilden.[276] Den späthöfischen Roman kennzeichnet die zunehmende Tendenz, vielfältige Wissensbestände gleichsam diskussionslos zusammenzuführen und mit diskursiver Unauffälligkeit zu verwenden. In diese Richtung weist auch Udo Friedrichs Studie zum Erziehungsdiskurs des *Trojanerkriegs*. Exemplarisch zeigt Friedrich, dass der *Trojanerkrieg* „immer schon im Horizont vorgängiger Diskurse [erzählt]"; Konrad nutze immer wieder Gelegenheiten, „seinen Stoff auch auf übergeordnete Diskursformationen" hin zu öffnen.[277] Wegweisend zeigt Friedrichs Studie auf, dass damit Referenzen entstehen, die nicht im Modus der Problematisierung auffällig werden. Eher zeigt sich die Er-

---

S. 223–245 zu Interferenzen und Problematisierungen von Gewalt- und Eherechtsdiskurs im *Parzival*; zum „diskursiven Spiel" des Minnediskurses vgl. Schnell, Rüdiger: „Text und Kontext. Erzählschemata, Diskurse und das Imaginäre um 1200". In: *Poetica* 40 (2008), S. 97–138, hier S. 114; auch Kellner: „Melusinengeschichten" untersucht die Möglichkeit literarischer Rede, diskursive Muster freizulegen und so „vom Geheimsten, Unaussprechlichsten zu erzählen" (S. 295) – etwa von der Paradoxie genealogischer Ursprungskonstruktionen. Alle erwähnten Arbeiten richten sich damit auf Textmuster, die spezielle Diskurse offen legen.
**275** Foucault: *Archäologie des Wissens*, S. 161. Wenngleich Foucault mehrfach die Perspektive des Diskursbegriffs wechselt, richtet sich dieser beharrlich auf Formen solcher Unsichtbarkeit: in Gestalt einer globalen Episteme, in Gestalt von Verknappungsprozeduren oder Formen der Macht, deren Kontingenzpunkte unsichtbar bleiben müssen, um sich zu erhalten. Drei Aspekte begründen diese *Unsichtbarkeit* nach Foucaults *Archäologie:* die Vielförmigkeit der Aussage als Basiselement von Diskursen, die Verweisungsstruktur der Sprache sowie der radikale Oberflächenstatus der Aussageebene (S. 161–165).
**276** Vgl. insbes. Müller, Jan-Dirk: *Höfische Kompromisse. Acht Kapitel zur höfischen Epik.* Tübingen 2007; Schulz, Armin: *Poetik des Hybriden. Schema, Variation und intertextuelle Kombinatorik in der Minne- und Aventiureepik.* Berlin 2000; Schneider, Almut: *Chiffren des Selbst. Narrative Spiegelungen der Identitätsproblematik in Johanns von Würzburg „Wilhelm von Österreich" und in Heinrichs von Neustadt „Apollonius von Tyrland".* Göttingen 2004. Die umfangreiche ältere Forschung zu *enzyklopädischen* Tendenzen und Summenbildung im Spätmittelalter wäre gesondert aufzuarbeiten: vgl. dazu jetzt Bulang: *Enzyklopädische Dichtungen.*
**277** Friedrich: „Diskurs und Narration", S. 107. Neben dem Erziehungsdiskurs um Natur und Kultur verweist Friedrich auf weitere „übergeordnete Diskursformationen – Rhetorik, Politik, Moral, Wissen" (ebd.), die im *Trojanerkrieg* zu untersuchen wären.

zählerrede – um eine treffende Formulierung Friedrichs aufzugreifen – „als das Einfallstor der Diskurse".[278]

Für den *Trojanerkrieg* weist eine solche Stichprobe erst die Spitze eines Eisbergs auf. Grundsätzlich ist daher zu fragen: Welche Formen und Funktion besitzen diskursive Muster im *Trojanerkrieg*, denen nicht die spezialisierte Eigenständigkeit eines Themendiskurses zugesprochen werden kann, sondern die an diskursive Normalitäten anschließen?[279] Wie sind die Bezüge des Romans zu Diskursen einzuschätzen, die trotz hoher Rekurrenz auf vielfältigen Ebenen des Erzählens dennoch fast nie den Status eines offenen Themas erlangen? Und welche Relevanz haben sie für den literarischen Wissensaufbau?

Angesichts der Spannungslage mediävistischer Diskursforschung ist es hilfreich, die Analyse des *Trojanerkriegs* durch drei Abgrenzungen methodisch zu fokussieren. Das folgende Kapitel verwendet den Begriff der Diskursivität *nicht* als Synonym für Begriffsförmigkeit. Als Diskursivität bzw. diskursiv werden hingegen Regularitäten von Gegenständen, Bezeichnungen, Modalitäten und Strategien der Rede untersucht, die der *Trojanerkrieg* mit allgemeineren Aussagesystemen teilt. Zweitens gelten die nachfolgenden Studien *nicht speziellen* Themendiskursen und ihrer Problematisierung. Untersucht werden vielmehr Regularitäten, die spezielle Aussagesysteme gemeinsam durchziehen und somit einen höheren Grad an *interdiskursiver* Verbreitung besitzen.[280] Für die Frage nach fremdreferentiellen Anschlussstrategien des *Trojanerkriegs* an zeitgenössische Wissensordnungen besitzen solche interdiskursiven Muster größeres Gewicht als punktuelle, offene Fremdreferenz. Drittens wird damit *keine umfassende Diskursanalyse* angestrebt.

---

278 Friedrich: „Diskurs und Narration", S. 106.
279 Diese Frage verweist über den *Trojanerkrieg* hinaus auf die Beobachtung mediävistischer Diskursanalysen, dass mittelalterliche Diskursordnungen weniger von scharf abgegrenzten Spezialdiskursen gebildet werden, sondern sich vielmehr grenzunscharf bzw. familienähnlich verflochten zeigen: vgl. Friedrich: „Diskurs und Narration", S. 120; zusammenfassend Friedrich, Udo: „Ordnungen des Wissens". In: *Germanistik als Kulturwissenschaft. Eine Einführung in neue Theoriekonzepte*. Hg. v. Claudia Benthien u. Hans Rudolf Velten. Reinbek 2002, S. 83–102, insbes. S. 98. Damit wirft die Einbindung von diskursorientierten Perspektiven gegenüber dem systemtheoretischen Wissensmodell weniger Spannungen auf als in anderen Sachzusammenhängen. Während systemtheoretische Analysen neuzeitlicher Wissensordnungen sich etwa der Universalitätsannahme des Diskursbegriffs stärker widersetzen und Unterscheidungen von Systemen und ihren Codierungen einfordern, stellt sich dieses Extensionsproblem in geringerem Maße für die Vormoderne, deren Kommunikationssysteme *und* Diskurse weniger ausdifferenziert sind.
280 Vgl. hierzu Link, Jürgen u. Ursula Link-Heer: „Diskurs/Interdiskurs und Literaturanalyse". In: *Zeitschrift für Literaturwissenschaft und Linguistik* 77 (1990), S. 88–99, insbes. S. 92: „,Interdiskursiv' wären dann z.B. alle Elemente, Relationen, Verfahren, die gleichzeitig mehrere Spezialdiskurse charakterisieren."

Zwar sind interdiskursive Muster im *Trojanerkrieg* exemplarisch zu rekonstruieren, doch nur im Hinblick auf ihre epistemischen Implikationen. Nicht die exakte Verortung des *Trojanerkriegs* in der Wissensordnung des 13. Jahrhunderts nämlich ist das Erkenntnisziel des folgenden Kapitels, sondern die grundsätzlichen Verfahren, die eine solche Positionierung bewirken.

Die Studien des folgenden Kapitels loten solche implizite Fremdreferenz im Hinblick auf einen Interdiskurs aus, der den genealogischen Katastrophenroman in allen seinen Sequenzen durchzieht: den Interdiskurs um personale Nahbeziehungen. Denn nicht nur als Thema prägen Nahbeziehungen den *Trojanerkrieg*, wie im Hinblick auf Figurenbeziehungen im Zeichen von Erotik, Konkurrenz oder sozialem Begehren zu untersuchen sein wird (Kap. IV.2.1.2: Jugendgeschichte des Paris; Kap. IV.2.1.3: erotische Nahbeziehungen; Kap. IV.2.1.6: Freundschaft als Passion). Auch die Kommunikationsbeziehung des Erzählers erweist sich bei genauerem Blick als Intimisierungsstrategie der Nähe (Kap. IV.2.1.1). Nahbeziehungsformen wie Freundschaftskämpfe wirken zudem im *Trojanerkrieg* aktiv auf die Rezipientensteuerung ein (Kap. IV.2.1.5), wobei sie sich eng mit kognitiven Aktivierungsstrategien verflechten. Da der Interdiskurs der Nahbeziehung auf diese Weise den gesamten *Trojanerkrieg* prägt, lassen sich an ihm implizite Organisationsformen von Fremdreferenz untersuchen, die nicht auf punktuelle Verhandlungen eines Spezialdiskurses beschränkt sind.

## 2.1 *vriuntschaft*. Zum Interdiskurs personaler Nahbeziehung im *Trojanerkrieg*

Nahbeziehungen sind im *Trojanerkrieg* omnipräsent. Mit dem *Roman de Troie* teilt Konrads Roman nicht nur die Liebeshandlungen um Jason und Medea, Paris und Helena, sondern fügt weitere hinzu. Gleich zu Beginn rücken die Minnereden des Parisurteils (Tr 2095–2133; 2150–2550) diese Beziehungen in den Kreis einer Reflexion, die dem Kriegsgeschehen als weitere Leitthemen die Freuden und Katastrophen der Liebe zur Seite stellt. So hat denn auch die Forschung den *Trojanerkrieg* vor allem als „Aneinanderreihung von Geschichten über untreue Männer" gelesen:[281] „Untreue und das leidvolle Ende der Minne sind [...] Konstanten im ,Trojanerkrieg'."[282]

---

[281] Pfennig: *erniuwen*, S. 119; zur „bestraften Minneverfehlung" als Grundmuster des Romans vgl. Kokott: *Konrad von Würzburg*, S. 278–280; zur Gesamtdeutung im Anschluss an Kokott auch Worstbrock: „Tod des Hercules": „Die Figuren der ‚bestraften Liebhaber' tragen indes, da sie niemals mehr Minneritter sind, ein weitergreifendes problematisches Potential: Minne schafft kein Ethos mehr [...], die alte Integration von Minne und Ritterschaft [ist] aufgelöst" (S. 283).
[282] Lienert: *Geschichte und Erzählen*, S. 290; vgl. ausführlich S. 288–300.

Kaum beleuchtet wurde bislang, dass Minnebeziehungen lediglich ein Teil-phänomen einer allgemeineren sozialen Wissensreferenz bilden. Liebesepisoden sind ihrerseits eingebettet in ein weit gestrecktes Feld von Nahbeziehungen, d. h. von kommunikativ, affektiv oder pragmatisch eng aufeinander bezogener sozialer Proxemität. Diese kann unterschiedliche Konstellationen annehmen und unter-schiedliche Erzählebenen besetzen: vom Kommunikationsmodell des Prologs und seiner Diskussion zu göttlicher Begnadung und literarischer Kennerschaft über vielfältige Konfigurationen weiblicher und männlicher Intimbeziehungen bis zu den Nahbegegnungen von Verwandten- und anderen Zweikämpfen. Zusammen beziehen sich alle diese Formen auf das Kommunikationsmedium *vriuntschaft* und schließen den *Trojanerkrieg* damit an literarische, theologische und politische Wissensbestände des 12. und 13. Jahrhunderts an.[283] Für den *Trojanerkrieg* heißt dies, die vieldiskutierte Forschungsfrage nach der Darstellungsfunktion von Nahbeziehungen auf abstrakterer Ebene neu aufzurollen: Ob diese kritisch oder affirmativ, ob als Liebeskatastrophen oder als glückliche Verwandtschaftsbegeg-nungen entfaltet werden, ist für ihre Wissensreferenz nachrangig – entscheidend ist in erster Linie, in welchem Maße und mittels welcher Strategien solche Epi-soden Diskursvorgaben um Nahbeziehungen aufnehmen und damit die inter-diskursive Anschlussfähigkeit des Romans steigern.

Dazu empfiehlt es sich, den Blick nicht ausschließlich auf erotische Bezie-hungen oder Freundschaft im engeren Sinne einzuschränken. Die historische Forschung hat wiederholt den hohen Grad funktionaler Verflechtung von Formen sozialer Beziehung in mittelalterlichen Adels- und Stadtkulturen herausgestellt, die sich in geringerer Ausdifferenzierung von Verwandtschaftssemantik spiegelt. Beziehungstypen wie Freundschaft und Verwandtschaft lassen sich in Einzelas-pekten zwar unterscheiden, bleiben aber flexibel aufeinander bezogen, durch-dringen und kopieren sich oder lösen einander wechselseitig in der Evolution ihrer

---

283 Im Anschluss an Luhmann, Niklas: *Liebe als Passion. Zur Codierung von Intimität*. Frankfurt a.M. 2007 untersucht das folgende Kapitel somit *vriuntschaft* nicht als Gefühl oder Konzept, sondern als Codierung, die Kommunikation über Nahbeziehung symbolisch generalisiert, d. h. ihre Annahme wahrscheinlich macht. Zur Generalisierung von Nahbeziehungssemantiken vgl. Schmidt, Johannes F. K.: „Soziologie der Verwandtschaft. Forschung und Begriff". In: *Freund-schaft und Verwandtschaft. Zur Unterscheidung und Verflechtung zweier Beziehungssysteme*. Hg. v. Johannes F. K. Schmidt [u.a.]. Konstanz 2007, S. 15–43, insbes. S. 34–37; speziell zu mittel-alterlichen Freundschaftssemantiken als Generalisierungsformen von Kommunikation vgl. auch Kraß, Andreas: „Freundschaft als Passion. Zur Codierung von Intimität in mittelalterlichen Erzählungen". In: *Freundschaft. Motive und Bedeutungen*. Hg. v. Sibylle Appuhn-Radtke u. Esther P. Wipfler. München 2006, S. 97–116, insbes. S. 97–99.

Semantik ab.[284] Eine solche „Gemengelage in den Semantiken von Verwandtschaft und Freundschaft",[285] verschränkt mit anderen Typen der Nahbeziehung, begegnet auch im *Trojanerkrieg*. Am Leitfaden der historischen Semantik von mhd. *vriunt* (Freund, Verwandter, Geliebter, im weiteren Sinne: Partner)[286] kann somit ein ganzes Bündel von Nahbeziehungsformen sichtbar werden: *vriuntschaft* umfasst Verwandte wie Nichtverwandte, Männer und Frauen,[287] gewaltsam erzwungene, rechtlich-vertragliche wie auch freiwillig geschlossene Nahbeziehungen, solidarische Kooperation wie agonale Interaktion.[288] Damit wird ein breiteres

---

**284** Vgl. zusammenfassend Rexroth, Frank u. Johannes F. K. Schmidt: „Freundschaft und Verwandtschaft. Zur Theorie zweier Beziehungssysteme". In: *Freundschaft und Verwandtschaft. Zur Unterscheidung und Verflechtung zweier Beziehungssysteme.* Hg. v. Johannes F. K. Schmidt [u.a.]. Konstanz 2007, S. 7–13; Eickels, Klaus van: „Verwandtschaftliche Bindungen, Liebe zwischen Mann und Frau, Lehenstreue und Kriegerfreundschaft. Unterschiedliche Erscheinungsformen ein und desselben Begriffs?". In: *Freundschaft und Verwandtschaft. Zur Unterscheidung und Verflechtung zweier Beziehungssysteme.* Hg. v. Johannes F. K. Schmidt [u.a.]. Konstanz 2007, S. 157–164; einen Forschungsüberblick bietet Krüger, Caroline: *Freundschaft in der höfischen Epik um 1200. Diskurse von Nahbeziehungen.* Berlin, New York 2011, S. 23–33; zur Interferenz und funktionalen Verschiebung von Nahbeziehungssemantiken vgl. zusammenfassend Braun, Manuel: *Ehe, Liebe, Freundschaft. Semantik der Vergesellschaftung im frühneuhochdeutschen Prosaroman.* Tübingen 2001, S. 346–355.
**285** Rexroth u. Schmidt: „Freundschaft und Verwandtschaft", S. 9f.
**286** Vgl. Benecke, Müller u. Zarncke: *Mhd. Wörterbuch*, Bd. 3, S. 411f.; Lexer: *Mhd. HWb.*, Bd. 3, Sp. 526.
**287** Ich möchte mich daher vorerst nicht dem Vorschlag von Kraß: „Freundschaft als Passion" anschließen, Liebes- und Freundschaftscode entlang der Unterscheidung von *heterosexueller* Beziehung (Liebe) und *homosozialer* Beziehung (Freundschaft) voneinander abzugrenzen; so implizit auch Ertzdorff, Xenja von: „Höfische Freundschaft". In: *Spiel der Interpretation. Gesammelte Aufsätze zur Literatur des Mittelalters und der Frühen Neuzeit.* Göppingen 1996, S. 185–203. Die Bezeichnungspraxis von mhd. *vriuntschaft* verfährt anders und umfasst ebenso heterowie homosoziale Beziehungen.
**288** Die Semantik von Nahbeziehungen (*amicitia*, *vriuntschaft* etc.) durchdringt also ein umfangreiches Bündel von personalen, feudalpolitischen und, nicht zuletzt, religiösen Kommunikationstypen: vgl. schon Brunner, Otto: *Land und Herrschaft. Grundfragen der territorialen Verfassungsgeschichte Österreichs im Mittelalter.* 5. Aufl. Darmstadt 1973, S. 20; Althoff, Gerd: „Freundschaft". In: *Handwörterbuch zur deutschen Rechtsgeschichte.* Hg. v. Albrecht Cordes, Heiner Lück u. Dieter Werkmüller. 2. Aufl. Bd. 1. Berlin 2008, Sp. 1798–1801; dazu kritisch der Forschungsbericht von Seidel, Kerstin u. Peter Schuster: „Freundschaft und Verwandtschaft in historischer Perspektive". In: *Freundschaft und Verwandtschaft. Zur Unterscheidung und Verflechtung zweier Beziehungssysteme.* Hg. v. Johannes F. K. Schmidt [u.a.]. Konstanz 2007, S. 145–156, insbes. S. 150–153; Epp, Verena: *Amicitia. Zur Geschichte personaler, sozialer, politischer und geistlicher Beziehungen im frühen Mittelalter.* Stuttgart 1999; Garnier, Claudia: *Amicus amicis – inimicus inimicis. Politische Freundschaft und fürstliche Netzwerke im 13. Jahrhundert.* Stuttgart 2000; zur begrifflichen Isotopie von Ehe, Liebe und Freundschaft speziell in lateinischen Texten vgl. Eickels: „Verwandtschaftliche Bindungen"; zur Semantik von mhd. *vriunt* und ihrem Bezug

Spektrum greifbar, als neuzeitliche Verständnisse von Freundschaft als sekundärer, freiwilliger Sozialform moderner Gesellschaften erfassen können.[289] Um ahistorischen Projektionen vorzubeugen, soll im Folgenden für dieses weitergefasste Spektrum von Nahbeziehungen im *Trojanerkrieg* ausschließlich von *vriuntschaft* die Rede sein.

Trotz aller Unterschiede teilen ihre Beziehungstypen im *Trojanerkrieg* mindestens vier Merkmale. Erstens ordnen sich alle um Grenzen von sozialer Exklusion bzw. Inklusion: Inmitten der wogenden Schlacht überbrückt eine Freundschaftsgabe zwischen dem Trojaner Paris und dem Griechen Panfilôt die Konfliktlinie der streitenden Kollektive. Unter der strengen Aufsicht des Lycomedes und seiner Mädchengesellschaft verbirgt sich die Intimbeziehung zwischen Achill und Deidamia in inklusiver Heimlichkeit, die noch ihr geheimgehaltenes Begehren unter Frauenkleidern bedeckt. Inklusion und Exklusion bilden die zentrale Form der *vriuntschaft*. (2.) Zweitens folgen Nahbeziehungen zumeist zweistelligen, reziproken Beziehungslogiken, die unterschiedlich besetzbar sind. So entfaltet Konrad nicht nur weiblich-männliche Minnebeziehungen, sondern auch Beziehungen zwischen Frauen bzw. Männern untereinander; Nahbeziehungen umfassen nicht nur Relationen zwischen Figuren, sondern auch zwischen Erzähler und Gott, Autor und Experten-Mäzen oder Sänger und Gesang. Dies schließt nicht aus, dass solche dyadischen Konstellationen teilweise mit größeren Gruppen rückgekoppelt werden: Hinter Duellen, Freundschafts- und Verwandtenkämpfen (Menelaus/Paris, Hector/Ajax u. a.) stehen jeweils komplexe Sozialverbände. Umgekehrt kann die Dyade auch als Selbstverhältnis realisiert werden, wenn die Nachtigall des Prologs zur Zuhörerin ihres selbstreferentialisierten Ge-

---

auf Verwandtschaft vgl. Braun, Manuel: „Versuch über ein verworrenes Verhältnis. Freundschaft und Verwandtschaft in mittelalterlichen und frühneuzeitlichen Erzähltexten". In: *Freundschaft. Motive und Bedeutungen.* Hg. v. Sibylle Appuhn-Radtke u. Esther P. Wipfler. München 2006, S. 67–96, insbes. S. 69–73 (S. 72: „Grundbedeutung ‚nahestehende Person'"); Harms, Wolfgang: *Der Kampf mit dem Freund oder Verwandten in der deutschen Literatur bis um 1300.* München 1963, insbes. S. 14–17: „*friuntschaft* kann neben ‚Freundschaft' auch ‚Verwandtschaft' bedeuten" (S. 14).

**289** Zu dieser Kontrastierung von Freundschaft und Verwandtschaft vgl. Tenbruck, Friedrich: „Freundschaft. Ein Beitrag zu einer Soziologie der persönlichen Beziehungen". In: *Die kulturellen Grundlagen der Gesellschaft. Der Fall der Moderne.* Opladen 1989, S. 227–250. Es muss ergänzt werden, dass nicht erst moderne Semantiken zwischen Freundschaft und Verwandtschaft differenzieren: Das Kriterium der Freiwilligkeit führt bereits in antiken Freundschaftslehren zur Spaltung von naturverfügter Zwangsbeziehung (Kernfamilie) und freigewählter Beziehung (Freundschaft); so z. B. die im Mittelalter einflussreiche Freundschaftsphilosophie Ciceros: vgl. Cicero, Marcus Tullius: „Laelius". In: *Cato der Ältere. Über das Alter. Laelius. Über die Freundschaft.* Hg. v. Max Faltner. 4. Aufl. Düsseldorf, Zürich 2004, S. 109–223, hier S. 130–133 (5,19–20).

sangs wird. (3.) Drittens etablieren solche exklusiven, dyadischen Nahbeziehungen nach Innen einen „sozialen Raum" mit spezifischer Optionalität:[290] Bestimmte Handlungen und Erzählmöglichkeiten werden dadurch abgewiesen, während andere geradezu erzwungen werden. (4.) Ihre Bedingungsschwellen reguliert eine Reihe von Semantiken: Patronage und Kennerschaft, Gott und Transzendenzbezug, Liebe, Familie und Verwandtschaft, Freundschaft und Feindschaft sind die prominentesten Codierungen im *Trojanerkrieg*, die Grenzen von Nahbeziehungen generalisieren und stabilisieren, d. h. die Annahme ihrer jeweiligen Sinnangebote wahrscheinlich und anschließbar machen für zeitgenössische Kommunikationskontexte. Die folgenden sieben Teilstudien beleuchten Funktionen solcher Codierungen im *Trojanerkrieg*, die auf den Interdiskurs der *vriuntschaft* referieren und damit den Roman mit zeitgenössischen Wissensordnungen von Sozialität verbinden.

### 2.1.1 Intimisierung der Rede. Das Prologprogramm als Kommunikationsmodell der Nähe

Wie schon die erste Annäherung an den Prolog zeigte, beklagt Konrads Erzähler den umfassenden Verfall des höfischen Literaturbetriebs.[291] Der *Trojanerkrieg* setzt so mit einer sozioökonomischen Krise der Kunst ein: Während „ze hove" (Tr 162) das Massenangebot „von künstelôsen tôren" (Tr 149) mit der literarischen Qualität zugleich auch das Qualitätsempfinden herabsetze (Tr 140–175), verschreibe sich der Erzähler der kostbaren Art anspruchsvollen Dichtens, die, selten wie der Phönix, im Verschwinden begriffe sei (Tr 32–46),

> daz man kûm einen vinden
> mac in der lande creizen,
> der müge ein meister heizen
> red unde guoter dœne
> (Tr 50–53)

Das Bild der literarischen Inflation legt nahe: „[D]ie Nichtskönner verdrängen den wahren Künstler"[292] derart hoffnungslos, dass die nachfolgenden Erzählerrekurse auf göttliche Inspiration und Nachtigall geradezu eskapistisch anmuten – künstlerische Wertbildung versagt kläglich, wo selbst ökonomische Verknappung (unter Hinweis auf „tiur[e] fremdekeit": Tr 3–67) nicht mehr zu greifen scheint.

---

**290** Eickels: „Verwandtschaftliche Bindungen", S. 161.
**291** Vgl. zum Prolog Kap. III.2.
**292** Haug: „Konrad von Würzburg", S. 358 (hier zu *Partonopier und Meliur*, „wo Konrad parallel argumentiert").

Referiert der *Trojanerkrieg* hier auf reale literarhistorische Krisenerfahrungen? Die Studien Joachim Bumkes haben materialreich belegt, dass ein solches Bild keineswegs den literatursoziologischen Entwicklungen im 13. Jahrhundert gerecht wird – nicht einmal für die begrenzten Rahmen der Literaturbetriebe, in die Konrad in Straßburg und Basel unmittelbar eingebunden war.[293] Trotz regionaler Gewichtsverlagerungen, Erweiterungen des Gattungsspektrums und mäzenatischer Trägerwechsel lässt sich allenfalls eine ausgeweitete Literaturproduktion, keineswegs aber der Verfall traditioneller Formen nachweisen, wie sie Konrads Prolog beklagt. Worauf aber bezieht sich das kritische Bild, wenn nicht auf Konrads Erfahrungen mit gewandelten Bedingungen der Literaturproduktion? Was könnte der Prolog mit seinen Eingangsversen anderes leisten, als den *Trojanerkrieg* ganz konkret dem „Literatenzirkel" um Dietrich an dem Orte („der werde singer [...] / von Basel", Tr 246 f.) und dessen Interessen zuzuschreiben?[294]

Befragt man Diskurse nicht als Abbildungen historischer Wirklichkeit sondern als Erzeugungsformen von Realität, so wird im Romanauftakt eine Strategie greifbar, die zwei geläufige Diskursmuster kreativ rekombiniert: ein verschärftes Diskursmuster der Hofkritik und ein neues Profil der Gönnerreferenz. Wenn höfische Kultur im 13. Jahrhundert zunehmend im Spiegel von Hofkritik erscheint, so besteht deren Funktion weniger darin, zunehmenden Verfall eines sozialen Systems oder Versäumnisse konkreter Herrschaftspraxis zu markieren, als vielmehr kritische Stimmen und ihr Konfliktpotential einzubinden.[295] Kritik leistet Stabilisierung: Hofkritik im Medium der Literatur repräsentiert daher nicht Auflösungserscheinungen der sozialen Formation Hof,[296] sondern trägt umgekehrt dazu bei, höfische Kommunikation zu (re-)integrieren. Entsprechend begegnen ähnliche Wendungen wie im *Trojanerkrieg*-Prolog gerade in Texten, die höfische Kultur und Literatur normativ umkreisen: Schon Walther von der Vogelweide und Tho-

**293** Vgl. Bumke, Joachim: *Mäzene im Mittelalter. Die Gönner und Auftraggeber der höfischen Literatur in Deutschland 1150–1300*. München 1979, S. 248–293, insbes. S. 259–264 und 284–290 zum Straßburger Kreis um Konrad von Lichtenberg und Bertholt von Tiersberg sowie zu Konrads Gönnernetzwerk in Basel; zur Situation in Basel vgl. auch Lienert: „Der Trojanische Krieg in Basel".

**294** Lienert: „Der Trojanische Krieg in Basel", S. 269.

**295** Vgl. Jaeger, C. Stephen: *Die Entstehung höfischer Kultur. Vom höfischen Bischof zum höfischen Ritter*. Berlin 2001, S. 155 und passim; Schnell, Rüdiger: „Hofliteratur und Hofkritik in Deutschland. Zur funktionalen Differenz von Latein und Volkssprache". In: *Deutscher Königshof, Hoftag und Reichstag im späteren Mittelalter*. Hg. v. Peter Moraw. Stuttgart 2002, S. 323–355.

**296** Diesen sozialhistorischen Rückschluss hat ebenfalls Jaeger: *Entstehung höfischer Kultur* gezogen: „[D]ies ist kein leerer *topos*, sondern Ausdruck einer konkreten Wahrnehmung der damaligen Wirklichkeit" und ihrer wirtschaftlichen und politischen Veränderungen im 13. Jahrhundert (S. 342).

330 —— Zweiter Teil: Untersuchung des *Trojanerkriegs* Konrads von Würzburg

masin von Zerclaere schelten, die Höfe würden nur noch von unhöfischen Ba-
nausen bewohnt;[297] im Literaturexkurs seines *Alexander* beklagt Rudolf von Ems,
dass zwar die Literaturproduktion nie zuvor umfangreicher gewesen sei, jedoch
hinter das unerreichbare Niveau der alten Meister zurückfalle;[298] Ende des 13.
Jahrhunderts scheinen für Hugo von Trimberg die anspruchsvollen Lyriker von
Heinrich von Morungen bis zu Konrad von Würzburg nahezu vergessen – statt mit
den Künsten beschäftigten sich die Fürsten vor allem mit Hausstand und Wirt-
schaftsangelegenheiten.[299] Das Verfallsbild um Hofkultur und literarischen
Qualitätsverlust erweist sich somit als produktiver Topos: als konstantes Diskursmuster, mit dem sich normative Geltungsansprüche erheben, literaturgeschichtliche Genealogien konstruieren oder neue Wege der Poetologie bahnen
lassen. Die Klage über den Niedergang zählt damit paradoxerweise gerade zu den
produktiven Beobachtungsmustern (nicht nur) der nachklassischen Epik.[300]

Der *Trojanerkrieg* greift also ein verbreitetes Muster auf, wählt dafür jedoch ein
ungewöhnliches Bild: In ihrem unerfahrenen Kunstverstand fielen die Gönner an
den Höfen auf kunstlose Blendwerke herein, wie die Fledermaus sich in der Nacht
vom phosphoreszierenden Schein faulenden Holzes verleiten lasse (Tr 142–151;
152–175). Nicht das (mindestens für neuzeitliche Augen) kuriose naturkundliche
Wissen über den Sehsinn der Fledermaus ist dabei entscheidend, sondern die
strategische Ausrichtung des Vergleichs. In der Gestalt der täuschungsanfälligen
Fledermaus wird das topische Verfallsbild als Orientierungs- und Urteilsverlust
neu gefasst.

Diesem Konzept korrespondiert – in einem anderen Bildbereich und unter
umgekehrtem Vorzeichen – das Gönnerlob auf Dietrich an dem Orte. In das „wilde

297 Vgl. Walther von der Vogelweide: *Leich, Lieder, Sangsprüche.* 14., völlig neubearb. Auflage
der Ausgabe Karl Lachmanns mit Beiträgen von Thomas Bein und Horst Brunner. Hg. v. Christoph Cormeau. Berlin, New York 1996, S. 62 (12,3,7).
298 Rudolf von Ems: *Alexander. Ein höfischer Versroman des 13. Jahrhunderts.* Hg. v. Victor Junk.
Leipzig 1928–1929, V. 3063–3298; zur Erhöhung der vorangegangenen Epikergenerationen als
unerreichbare Meister vgl. auch Ders.: *Willehalm von Orlens.* Aus dem Wasserburger Codex der
Fürstlich Fürstenbergischen Hofbibliothek in Donaueschingen. Hg. v. Victor Junk. Berlin 1905, V.
2143–2270.
299 Hugo von Trimberg: *Der Renner.* Hg. v. Gustav Ehrismann. Berlin 1970, V. 1179–1308.
300 Dies verkennt Walde, Ingrid: *Untersuchungen zur Literaturkritik und poetischen Kunstanschauung im deutschen Mittelalter.* Diss. Innsbruck 1961, S. 236 f.; zahlreiche Belege für dieses
Prologargument dagegen bei Kobbe, Peter: „Funktion und Gestalt des Prologs in der mittelhochdeutschen nachklassischen Epik des 13. Jahrhunderts". In: *Deutsche Vierteljahrsschrift für
Literaturwissenschaft und Geistesgeschichte* 43 (1969), S. 405–457, hier S. 448 f.; vgl. auch Haug:
„‚Alexander'", S. 312.

tobende mer" der geplanten Erzählung flössen so viele Quellen ein, dass Orientierungsverlust drohte – gäbe es nicht den Steuermann Dietrich:[301]

> daz ich ez hebe mit willen an,
> dar ûf hât wol gestiuret mich
> der werde singer Dietrich
> von Basel an dem Orte,
> der als ein êren borte
> mit zühten ist gesteinet;
> vor schanden ist gereinet
> sîn herze alsam ein lûter golt.
> dur sîner miltekeite solt,
> den ich hân dicke enpfangen,
> ist von mir an gevangen
> vil snelleclîche ein ursuoch,
> der zieren künne wol diz buoch
> mit rede in allen enden.
>
> (Tr 244–257)

Wie die Klage des Kunstverfalls bildet auch das Gönnerlob keine primär literatursoziologische, sondern eine diskursive Größe. Referenzen auf Mäzene fungieren als Elemente von Kommunikationsstrategien, mit denen sich Texte in das literarische System einschreiben, dessen Regeln ändern und ihre Rezeption steuern können. Weder rein außerliterarische Sozialreferenz noch bloß „fiktive Rolle",[302] ermöglichen literarische Gönnerbezüge, Fremd- und Selbstbezüge der Rede zu verbinden, und diese Bezugsmöglichkeiten sind in der mittelhochdeutschen Epik des 12. und 13. Jahrhunderts weitgehend formalisiert.

Viele Eigenschaften, die der *Trojanerkrieg* an Dietrich hervorhebt, gehören zu diesem diskursiven Formelbestand:[303] der Verweis auf Dietrichs Ansehen („ein êren borte") ebenso wie die ethische Rühmung („mit zühten [...] gesteinet") oder der zentrale Dank für materielle Zuwendungen („sîner miltekeite solt"). Auch der

---

**301** Für eine ausführliche Analyse der Leitmetapher vom Erzählmeer vgl. oben Kap. III.2.

**302** Diese Alternativen haben die literaturwissenschaftliche Mäzenatenforschung vor allem beschäftigt; vgl. zum sozialgeschichtlichen Ansatz Bumke: *Mäzene im Mittelalter* und Fried, Johannes: „Mäzenatentum und Kultur im Mittelalter". In: *Die Kunst der Mächtigen und die Macht der Kunst. Untersuchungen zu Mäzenatentum und Kulturpatronage.* Hg. v. Ulrich Oevermann, Johannes Süßmann u. Christine Tauber. Berlin 2007, S. 47–72; vgl. dagegen Mertens, Volker: „,Was ist ein Mäzen?' Poetologische Überlegungen an Hand des ,Wilhelm von Österreich'". In: *Le heros dans la réalité, dans la légende et dans la littérature médiévale.* Hg. v. Danielle Buschinger u. Wolfgang Spiewok. Greifswald 1996, S. 81–95, Zitat S. 93.

**303** Als Vergleichsbasis dienen die Gönnerreferenzen des 12. und 13. Jahrhunderts, die Bumke: *Mäzene im Mittelalter*, S. 461–668 zusammengestellt hat.

Mäzenatendiskurs vor Konrad entwirft Gönner als erste Impulsgeber eines literarischen Projekts, doch richtet der *Trojanerkrieg* dieses Argument neu aus. Indem der Domkantor im Kontext des Meer-Vergleichs mit einer Steuermetapher belegt wird („wol gestiuret mich"), wird dem Mäzen Richtungskompetenz zugesprochen und zum Gegenbild der Orientierungslosigkeit eines höfischen Kunstbetriebes erhoben, wie ihn der Fledermaus-Vergleich entworfen hatte. Zwei etablierte Diskursmuster verschränken sich somit zu einem neuen Profil: Die konventionale Metapher des Steuerns wird zum Ausweis von literarischer Urteilskompetenz. Ausführlicher entfaltet bekanntlich ein Parallelprojekt Konrads das Bild des sachverständigen, urteilskompetenten Mäzens – der Prolog zu *Partonopier und Meliur*, der dazu ebenfalls die Kontrastfolie eines allgemeinen Kunstverfalls aufbaut.[304] Doch auch im *Trojanerkrieg*-Prolog profilieren die raffinierten Metaphernbezüge einen Mäzen, der nicht nur Entlohnung (Tr 252) sondern auch literarische Orientierung verspricht. Spuren eines vergleichbaren Kompetenzprofils sind im volkssprachlichen Mäzenatendiskurs vor Konrad selten zu greifen.[305]

Wenn Diskursmuster von Hofkritik und Gönnerlob in der Person Dietrichs zusammenlaufen, werden sie im *Trojanerkrieg* zum Programm. Auffällig heben sich dabei eine unspezifizierte höfische Öffentlichkeit („ze hove", Tr 139, 162 – schlechte Künstler und Mäzene bleiben hingegen unbenannt) und die personalisierte Beziehung zum kunstverständigen Mäzen Dietrich voneinander ab. Nach dem Prinzip von Zug und Gegenzug inszeniert der Erzähler somit den Verfall von literarischer Öffentlichkeit, um einen Intimraum der Kennerschaft zu eröffnen. Nicht um den Verfall von literarischer Hofkultur oder einen „esoterischen Zirke[l]" im Basler Literaturbetrieb der 1280er Jahre geht es damit,[306] sondern um diskursive Erzeugung von Konzepten des Elitären, die mit der Mäzenatenreferenz auch den impliziten Rezipienten verallgemeinernd in sich hineinnehmen (vgl. Tr 288: „swer"). Die Kommunikationsbeziehung als solche wird exklusiv, auch wenn diese Position prinzipiell von jedem Rezipienten eingenommen werden kann.[307]

---

**304** Vgl. Konrad von Würzburg: *Partonopier und Meliur*, V. 97–225: Peter Schaler wird als Initiator und Financier, Heinrich Marschant als Übersetzungshelfer im Umgang mit dem Französischen und Arnold Fuchs als hilfreicher Begleiter des Arbeitsprozesses gerühmt.

**305** Vgl. in der Dokumentation von Bumke: *Mäzene im Mittelalter* allenfalls Rudolf von Ems über Johannes von Ravensburg (*Willehalm*, Nr. 45b) und Meister Hesse (*Willehalm*, Nr. 48); der Marner über den Herrn von Heinberg (Nr. 118); nach Konrad auch Johannes Hadloub über Mitglieder des Zürcher Minnelyrik-Kreises (Nr. 90 und 92); zum Lob des sachverständigen Mäzens später bei Johann von Würzburg vgl. auch Mertens: „Mäzen", S. 88.

**306** Lienert: „Der Trojanische Krieg in Basel", S. 267.

**307** Diese paradoxe Verbindung von Einschluss und maximaler Streuung (Dispersion) ließ sich bereits früher beobachten: vgl. Kap. III.2. Zu den verallgemeinernden *swer*-Formulierungen der

Der *Trojanerkrieg* transformiert literarische Kommunikation dadurch zur Praxis der Nahbeziehung.

Solche Intimisierung wird prologintern auch durch die Nachtigallenmetapher symbolisch unterstützt. Doch schreibt Konrad den *Trojanerkrieg* auch fremdreferentiell in das literarische System und seinen Diskurs über elitäre Nahbeziehungen ein. Eines der prominentesten Leitmodelle hatte Gottfrieds *Tristan* mit seiner exklusiven Rezeptionsgemeinschaft der *edelen herzen* vorgegeben; nicht ohne Grund wählt auch der *Trojanerkrieg* für das Gönnerportrait Dietrichs die Metapher des *reinen Herzens* (Tr 250 f.) und wendet sich an das *Herz* des Rezipienten (Tr 289).[308] Zudem wird wie bei Gottfried für diesen gleichzeitig öffentlichen *und* intimen Zuhörerkreis vorausgesetzt, bereits in engster Beziehung zu jenen Werten zu stehen (wörtlich: diese zu *lieben*), wie sie Konrads Erzählung über Kampf und Tapferkeit zu demonstrieren verspricht:

> swer zuht und êre triute,
> der biete herze und ôren her:
> sô merket und erkennet er
> überflüzzeclichen hort
> von strîte, daz er hie noch dort
> bevant nie grœzer slahte,
> so die vor Troye mahte
> vil manic ellentrîcher helt.
> (Tr 288–295)

Die Leistung der metaphorischen Intimisierungsstrategie erweist sich also darin, nicht nur eine singuläre Fremdreferenz (Dietrich) in die Nahkommunikation hineinzuziehen, sondern hierfür eine neue Rezipientenposition überhaupt zu schaffen: Dietrichs exklusive Attribute werden nun generell dem Rezipienten des *Trojanerkriegs* übertragen („zuht und êre"; so bei Dietrich: Tr 248 f.), das Rezeptionsorgan inklusivistischer Kunst ist wie bei Dietrich nun auch generell das „herz" (bei Dietrich: Tr 251). Und wie bei Dietrich wird nun auch dem Rezipienten überhaupt als entscheidende Leistung zugerechnet, in einem transgressiven Erzählmeer („überflüzzeclichen hort") Orientierung zu finden („sô merket und erkennet er"). Wenn sich der *Trojanerkrieg* gegen Ende seines Prologs somit von

---

Publikumsanreden bei Konrad vgl. auch Jackson: *The legends*, S. 352–354 und Lienert: „Der Trojanische Krieg in Basel", S. 267.

**308** Vgl. Gottfried von Straßburg: *Tristan*, V. 45–100; deutschsprachige Gönnerreferenzen beziehen sich ansonsten nur selten auf das Herz des Mäzens: vgl. Bumke: *Mäzene im Mittelalter*, S. 540: Ulrich von Etzenbach über Raimund von Lichtenburg (*Wilhelm von Wenden*, Nr. 66c); S. 635: Hermann Damen über den Herrn von Rabensberg (Nr. 169); nach Konrad vgl. auch ebd. den Goldener über Otto V. von Brandenburg (Nr. 170).

Dietrich an „herze und ôren" (Tr 289) seiner Rezipienten wendet, wird eine kreative Diskursmontage der Nahbeziehung nacheinander von der Mäzenatenrolle auf das Kommunikationsmodell überhaupt übertragen: Literarische Kommunikation wird intimisiert.

Es wäre zugleich übergeneralisiert und verkürzend, wollte man diesen Entwurf symptomatisch auf einen Privatisierungsprozess der Mäzenatenrolle im späten Mittelalter beziehen.[309] Weder bildet der *Trojanerkrieg*-Prolog Sozialwechsel der Literaturförderung ab, noch beschränkt er die Intimisierung des Kommunikationsmodells auf seine Mäzenatenfigur. Die Arbeit des *Trojanerkrieg*-Prologs mündet vielmehr in eine neue Position des impliziten Rezipienten. Ohne schon ein kopierbares Vorbild zu bieten, stellt der Diskurs um Nahbeziehungen für eine solche neue Konfiguration alle argumentativen Elemente bereit.

Wie verbindet sich diese Intimisierung mit der zuvor beobachteten Tendenz des Prologs, ein Erzählmodell der Quasi-Autarkie zu erzeugen (Kap. III.2)? Wenn fremdreferentielle Bezüge den externen Rezeptionskontext des Erzählens als Krise diskursivieren, so stärkt dies im Gegenzug nicht nur das intime Modell exklusiver Kennerschaft, sondern ebenso die interne Selbstbezüglichkeit der Romankommunikation, wie sie das Bild der intim zu sich selbst singenden Nachtigall modelliert. Fremdreferenz auf Nahbeziehungsdiskurse erweist sich damit als komplementäre Strategie, die Selbstreferentialisierung des Erzählens zu verstärken und zu sichern. Zentrales Mittel für beide Seiten dieses Prozesses ist die metaphorische Organisation der Prologrede.

### 2.1.2 Gefährliche Rückläufe. Die Jugendgeschichte des Paris oder die Rekursivität der *vriuntschaft*

Auch auf Figurenebene werden Nahbeziehungen zum Leitmodell, um den *Trojanerkrieg* an literarische und theoretische Diskurse anzuschließen. Die Jugendgeschichte des Paris setzt mit ihren zahlreichen tristanischen Einschlägen einerseits die Referenz auf Gottfrieds Intimitätsentwurf fort, reichert Diskursbezüge aber um eine Vielzahl weiterer Elemente mittelalterlicher Freundschaftsentwürfe an. Nicht entgegen, sondern gerade aufgrund dieser Motive und Muster wird die Parisgeschichte zum Auftakt einer Katastrophe, die auf rekursiver Verstärkung von Nahbeziehung beruht. Da sie eine Reihe ähnlich gelagerter katastrophaler Nahbeziehungen im *Trojanerkrieg* eröffnet, verdient sie eingehende Analyse.

---

**309** Vgl. Fried: „Mäzenatentum", S. 70 f.

In dieser Perspektive kann sich zeigen, dass die Parishandlung weniger die fatale „Vorherbestimmtheit des Unheils" über Troja symbolisiert,[310] als vielmehr ihre Gemachtheit vorführt; als eine Konstruktion in mehreren Schritten, wie sie schon die Auftaktepisode von Hecubas Fackeltraum vorbereitet.[311] Wie für den Fackeltraum greift Konrad auch für Priamus' Auftrag, das Kind zu töten (Tr 435 – 541), auf die *Ilias* des Simon Aurea Capra zurück. Vom Lächeln des Kindes beim Anblick des glänzenden Schwertes gerührt, lassen es die zwei Auftragsmörder am Leben. Als Beweisstück legen die Knechte Priamus stattdessen eine Hundezunge vor, während das im Wald ausgesetzte Kind durch göttliche Fügung von einer Hirschkuh gesäugt wird. Konrads Darstellung geht dabei weit über Simons Kurzfassung der Szene hinaus, und dies nicht nur durch situative und emotionale Ausgestaltung oder das Motiv der göttlichen Rettung – der erste entscheidende Eingriff Gottes in der Heidenwelt des *Trojanerkriegs*.[312] Auch Elemente des Interdiskurses um *vriuntschaft* treten hinzu. Deutlich spielt die Szene zum einen auf die Brangaene-Episode des *Tristan* an:[313] Sowohl die Hundezunge als auch die (gegenüber Simon präzisierte) Zahl von zwei Mördern verweisen auf den versuchten Anschlag Isoldes auf ihre vertraute Dienerin, die Gottfried auf dem Höhepunkt einer weiblichen Freundschaftsbeziehung der Komplizenschaft erzählt.[314] Aber auch weniger spezifische Modelle der Nahbeziehung werden aufgerufen, so schon bei der Entfernung des Kindes vom Hof, die anders als im *Tristan* nicht als heimlicher Anschlag, sondern als öffentlicher Abschied gestaltet ist, den der gesamte trojanische Hof betrauert:

> des wart an hôchgemüete wunt
> sîn muoter und diu hovediet.
> ûz vröuden sich ir herze schiet
> dur die küniclichen fruht.
> dâ wart vil jâmers mit genuht
> begangen unde güebet.
> der hof der wart betrüebet
> und al sîn massenîe.
> (Tr 454 – 461)

---

310 Lienert: *Geschichte und Erzählen*, S. 312; zur Fatalität im *Trojanerkrieg* vgl. insgesamt S. 310 – 314; speziell zur Jugendgeschichte des Paris S. 34 – 50. Zur „Schicksalhaftigkeit vielfachen Scheiterns" im Roman vgl. auch Cormeau: „Quellenkompendium", S. 311.

311 Vgl. zur mehrschrittigen Traumdeutung Kap. III.3.1.1.

312 Vgl. die knappe Aussetzungsszene bei Boutemy: „Ilias [Simon Aurea Capra]", V. 23 – 30.

313 Vgl. Gottfried von Straßburg: *Tristan*, V. 12713 – 12877; zu den Bezügen Lienert: *Geschichte und Erzählen*, S. 36 f.

314 Zur Verortung dieser Beziehung im hochmittelalterlichen Freundschaftsdiskurs vgl. Krüger: *Diskurse von Nahbeziehungen*, S. 243 – 254.

Vielfach inszeniert der höfische Roman solche Umschläge von Freude in Trauer des Hofes, in denen sich sympathetische Nahbeziehungen zwischen Herrscher und Herrschaftsverband symbolisch zur Geltung bringen.[315] Wenn Konrad die Aussetzung des Kindes als Trauer der trojanischen „massenîe" über ihre „küneclich[e] fruht" stilisiert, tritt auch das Schicksal des Paris in dieses politische Muster ein:[316] Das Königskind muss gehen und der Hof trauert.

Doch es kommt anders und eine Vielzahl von Diskursreferenzen der *vriuntschaft* ebnen Paris den Rücklauf nach Troja. Im Kontrast zu Priamus' unheilsschwangerer Deutung des Fackeltraums verweist schon Paris' leitmotivisch betonte Schönheit (Tr 382–387, 526 f., 539, 556 f.) auf die Ethik von Freundschaftsdiskursen im engeren Sinn, die um das Verhältnis von attraktiver äußerer Erscheinung und innerem Wesen kreisen.[317] Auch die Tötungsszene führt mit einem Motiv der Selbstreflexion sogleich in den philosophisch-theologischen Freundschaftsdiskurs. Als die Knechte ihr Schwert zücken, lächelt sie das Kind an, doch gilt seine Freude nicht ihnen, sondern dem eigenen Spiegelbild, das vom Schwert zurückgeworfen wird. „und es dar inne wart gewar / des bildes und des schaten sîn" (Tr 476 f.). Am Schwert der Mörder bricht sich nun im wahrsten Sinne des Wortes auch der Freundschaftsdiskurs, indem sich unterschiedliche Referenzen aufspalten. Für Paris wird die Selbstwahrnehmung des eigenen Bildes zur Quelle der Freude – Konrad übernimmt damit ein Schlüsselmotiv von Freundschaftsphilosophien, die wie Ciceros *Laelius* die Selbstliebe als zentrale Grundlage von Freundschaft betonen.[318] In den Mördern hingegen weckt die Schönheit des lächelnden Kindes eine *caritas* umgekehrter Art:

> die minnecliche sache
> die knehte gerne sâhen.
> si sprâchen unde jâhen:
> 'uns solte niht diu erde tragen,
> ob ein sô klârez kint erslagen

---

315 Vgl. an den Beispielen von Hartmanns *Erec* und Wolframs *Parzival* Quast, Bruno: „Der schwache König. Sympathetische Denkmuster in der höfischen Literatur des Mittelalters?" (Vortrag gehalten im Rahmen des Deutschen Germanistentages 2010).

316 Dieser Beziehungstyp prägt auch das Verhalten der Knechte: Fürsorglich richten sie für Paris ein Blätterbett und verbergen ihn zum Schutz vor Tieren im Gebüsch (Tr 498–501).

317 Vgl. z. B. Aelred von Rieval: *Über die geistliche Freundschaft. Lateinisch – deutsch.* Übers. v. Rhaban Haacke. Trier 1978, S. 16–18 (1,39–49).

318 Vollkommene Freundschaft basiert für Cicero auf Selbstliebe („per se sibi quisque carus est"), die Selbst- und Fremdwahrnehmung verschränkt: „est enim is, qui est tamquam alter idem" („Denn der wahre Freund ist gleichsam ein zweites Ich"); Cicero: „Laelius", S. 196 f. (21,80). Zur Cicero-Rezeption in der höfischen Literatur vgl. Ertzdorff: „Höfische Freundschaft", insbes. S. 186 f. und Kraß: „Freundschaft als Passion", S. 100 f.

würde von uns beiden;
wir sulen von im scheiden
und ez genesen lâzen.'
(Tr 488–495)

Auch hier indiziert die Semantik der „minncliche[n]" Schönheit eine klassische Freundschaftssituation. Der Spiegeleffekt des Mordinstruments sichert Paris auf diese Weise das Leben; anstatt zu töten, spaltet das Schwert eine Konstellation der *caritas* in Selbstbezug (Paris) und Fremdfürsorge (Mörder).[319] Vom Diskurs der politischen Nahbeziehung tritt Paris in einen Freundschaftsdiskurs über.

Doch nicht nur die subtilen Sinnbezüge solcher Einzelmotive, sondern vor allem ihre generelle diskursive Häufung wird im weiteren Erzählgang entscheidend: In der Jugendgeschichte des Paris akkumuliert und verstärkt sich *vriuntschaft* zunehmend. Als Pflegekind wächst Paris zunächst bei einem Hirten und seiner Frau auf; schon der Jüngling lässt ein außergewöhnliches Talent als Schiedsrichter bei Stierkämpfen erkennen (Tr 580–697). Auch dies ist mit Motivparallelen zum *Tristan* erzählt, weitet mit der Figur des gerechten Schlichters aber vor allem ein tugendethisches Motiv des Freundschaftsdiskurses aus, das in Vorlagentexten der Episode eher rudimentär angelegt war.[320]

Nach der Vorlage von Ovids *Heroides* schließt sich daran die Liebesbeziehung von Paris mit der Nymphe Oenone an (Tr 698–803), die ebenfalls neue Akzente im Zeichen von Freundschaft erhält. An die Stelle von Ovids vorwurfsvollem retrospektiven Briefwechsel mit der betrogenen Ehefrau tritt im *Trojanerkrieg* eine glückliche Minnebeziehung, in der Oenone trotz Paris' aufrichtiger Liebesbeweise eifersüchtige Gedanken plagen (Tr 742–803); an die Stelle der Ehebeziehung

---

319 Am Motiv der Selbstreflexion hatte Ertzdorff: „Höfische Freundschaft" eine markante Differenz zwischen lateinisch-theologischer Freundschaftstheorie und Freundschaftsdarstellungen höfischer Literatur festgemacht: „Von der christlichen Freundschaft [...] unterscheidet sich die höfische durch das Fehlen der Reflexion über das Wesen der gegenseitigen Bindung und durch das Fehlen diskutierender Selbstmitteilung und Spiegelung im anderen. Die höfische Freundschaft ist auf eine praktische Lebensgemeinschaft ausgerichtet" (S. 202). Die Schwertszene zwischen Paris und seinen Mördern führt hingegen vor Augen, dass Reflexionen von Selbst- und Fremdbezug durchaus zur Literarisierung des Freundschaftsdiskurses gehören.

320 Vgl. Lienert: *Geschichte und Erzählen*, S. 38 f. mit Hinweis auf Tristans Pflegeeltern und Gottfrieds Namensetymologie, an die sich der *Trojanerkrieg* mit seiner Ableitung des Namens *Paris* von lat. *par*, ‚gleich, gerecht' anlehnt. Das *Excidium*, dem Konrads Jugendgeschichte an dieser Stelle folgt, deutet Paris' Richterrolle nur an: vgl. *Excidium Troie*, S. 27,11–28,1 (1,3); vgl. auch Boutemy: „Ilias [Simon Aurea Capra]", V. 31–34. Zu Gerechtigkeit als Kardinaltugend der geistlichen Freundschaft vgl. z. B. Aelred von Rieval: *De spirituali amicitia*, S. 18: „Hanc nempe amicitiam [...] iustitia regit" [„Über dieser Freundschaft [...] thront die Gerechtigkeit" (1,49)].

zwischen ungleichen Partnern bei Ovid setzt der *Trojanerkrieg* eine Liebesbeziehung in betont symmetrischer Einheit der „gelîchen minne":[321]

> si twanc gemeine güete
> ûf der gelîchen minne solt:
> si wurden beide ein ander holt
> vil schiere ân allen valschen mein,
> wan si begunden under ein
> ir muot verstricken und ir lîp.
> (Tr 722–727)

Wechselseitige Zuneigung („beide ein ander holt"), gemeinsames Wohlwollen („gemeine güete"), Aufrichtigkeit („ân allen valschen mein"), physisch-mentale Einheit („under ein / ir muot verstricken und ir lîp") – geradezu lehrbuchartig zitiert der *Trojanerkrieg* Elemente prominenter Freundschaftsformeln, wie sie Cicero oder Aelred von Rieval bieten.[322] Doch wiederum geht es nicht um theoretische Erörterung: Montage und Bearbeitung der Vorlagen zielen stattdessen darauf, Paris zum Inbegriff von *vriuntschaft* zu erheben, indem sie ihn mit Diskursreferenzen förmlich überschütten.

Ihren Abschluss findet diese Tendenz schließlich in der Rückkehr und Wiedereingliederung des Paris in den trojanischen Hof, die sich in mehreren Stationen über die lange Sequenz der Thetis-Hochzeit verteilen (Tr 1611–5763). Diskursreferenzen der *vriuntschaft* gliedern auch hier zentrale Teilepisoden. Als Richter für den Göttinnenstreit herbeigeholt, spricht Paris unter Minne-Zwang den Apfel der Göttin Venus zu (Tr 2715–2721).[323] Ähnlich wie Tristan am irischen Königshof erregt auch die erotisierende Erscheinung des Paris (Tr 3028f.: „wangen rôsenvar / und eines valken ougen") allgemeine Neugier,[324] die das Hofleben augenblicklich stillstellt: „die vrouwen und diu ritterschaft / die kapften in ze wunder an" (Tr 3072f.). Unter Jupiter und Priamus aber steigert sich das Begehren bis zum politischen Streit um das Vorrecht, den schönen Jüngling an die Nähe des eigenen Hofes zu binden, den schließlich nur ein Stellvertreterkampf zwischen Hector und

---

321 Vgl. Ovid: *Heroides*, S. 48 (5,9–12): „Nondum tantus eras, cum te contenta marito / edita de magno flumine nympha fui. / qui nunc Priamides [...] / servus eras; servo nubere nympha tuli!" („Du warst damals noch nicht so bedeutend, als ich, eine Nymphe, die von einem großen Fluss stammt, mit dir als Gatte zufrieden war. Du, der du nun Sohn des Priamus bist [...], warst damals Sklave. Ich, die Nymphe, habe mir nichts daraus gemacht, einen Sklaven zu heiraten").
322 Vgl. dazu Lienert: *Geschichte und Erzählen*, S. 40; zur Freundschaftsformel ‚eine Seele und ein Körper' vgl. Kraß: „Freundschaft als Passion", S. 103f.
323 Vgl. hierzu ausführlich Kap. III.3.1.2 und V.2.2.
324 Vgl. zur Parallele Green: *Konrads ‚Trojanerkrieg'*, S. 10f.

Peleus zugunsten der Trojaner entscheiden kann (Tr 2890–4495). Unerkannt in die Hofgesellschaft (wieder) aufgenommen, zeichnet sich Paris alsbald in einem Schaukampf gegen Hector aus, den der zufällig in Troja eingetroffene Ziehvater des Paris in letztem Moment als Verwandtenkampf enthüllen kann, bevor Schlimmeres geschieht (Tr 5006–5254).

Immer rascher greifen also unterschiedliche Semantiken der *vriuntschaft* ineinander und überlagern sich. Liebes- und Freundschaftssemantik wechseln einander im Parisurteil ab. Der Zweikampf um Paris sowie der Bruderkampf von Paris und Hector variieren dagegen zwei geläufige Diskursmuster des höfischen Romans, die *vriuntschaft* als soziales Begehren inszenieren: als trianguläre Konkurrenz um Nahbeziehung (Zweikampf um Paris) und als Kampfbegegnung zwischen (unerkannten) Verwandten.[325] Der *Trojanerkrieg* bemüht sich somit, problematische Züge seiner Vorlagen (v. a. Ovids und des *Excidium*) zurückzunehmen und die Parisfigur stattdessen aus vielfältigen Freundschaftsdiskursen aufzubauen. Politische und soziale, ethische und epistemologische, affektive und emotionale Aspekte von *vriuntschaft* schichten sich dabei übereinander.

Nicht Treulosigkeit oder Krisen, sondern potenzierte *vriuntschaft* und Aspekte der vollkommenen Nahbeziehung sind es, die Paris in die trojanische Gesellschaft zurückführen und in sie einbinden. Dies realisiert die gesamte Jugendgeschichte des Paris über mehrere Rekursionen, die als Rückbezüge von Ausgangsbedingungen mit potenzierendem Effekt zurückschlagen. (1.) Räumlich führt Paris' Weg vom Hof in die außerzivilisatorische Zone der „wilde" (Tr 560), aus der er unter gesteigerter Wertschätzung wieder am Hof aufgenommen wird; (2.) sozial wird er zunächst aus der Adelsgesellschaft verstoßen, entfaltet aber gerade in der Obhut des Hirten höfische Anlagen (Tr 638 f., 686–687) und übt unter den Bauern Herrscherpflichten der Rechtsprechung aus:[326]

> dô wart er Pârîs dô genant
> und alsô rehte wîte erkant,
> daz er ûf allen velden
> und in den wilden welden
> wart der jungen hirten voget:
> die kâmen alle z'im gezoget,
> sô si krieges heten iht,

---

**325** Zur Triangularisierung des Begehrens im Zweikampf vgl. Hasebrink, Burkhard: „Erecs Wunde. Zur Performativität der Freundschaft im höfischen Roman". In: *Oxford German Studies* 38 (2009), S. 1–11; zum Muster des Verwandtenkampfs vgl. grundlegend auch Harms: *Kampf mit dem Freund*, zum Verwandtenkampf zwischen Paris und Hector im *Trojanerkrieg* insbes. S. 82f.
**326** Zum Diskursmuster der sozialen Naturanlage vgl. Müller: *Höfische Kompromisse*, S. 59–65 (Kap. „Herkommen" / „*art* und *nutritia*").

> dur daz vor si er angesiht
> ir strît würd aller hin geleit.
> (Tr 673–681)

Es ist gerade diese politische Kompetenz, *vriuntschaft* zu stiften und Konflikte auszugleichen, die Paris wiederum im Rechtsstreit der Adelsgesellschaft begehrt macht. (3.) Epistemisch sinkt das zukunftsoffene Vorwissen um Paris' verhängnisvolle Identität zunächst in die Latenz, bevor es Priamus schließlich in einem schmerzvollen Erkenntnisprozess bewusst wird (Tr 5446–5714). Auch das Diskursmuster des Verwandtenkampfes und sein Erkennen auf Messers Schneide verstärken diesen Kreislauf des Erkennens. Damit führt der *Trojanerkrieg* einen beeindruckenden Potenzierungsvorgang vor Augen: Fremdreferenzen zum Interdiskurs der *vriuntschaft* verstärken sich in der Parisgeschichte zu einer Nahbeziehung, der sich am Ende nicht mehr entkommen lässt. Was schließlich als Fatalität erscheint, verdankt sich jedoch der planvollen Aufschichtung von Diskursreferenzen.

Im Herzen der trojanischen Gesellschaft entsteht damit Latenz besonderer Art. Nicht nur auf Ebene der Erzählung wird Paris als verlorener Sohn reintegriert und als Katastrophenkind vergessen,[327] auch die Praktiken des Erzählens verwandeln sich und lassen fremdreferentielle Diskursbezüge vergessen. Wenn Konrad den Wiedereinzug des Paris in Troja mit einer ausführlichen *descriptio* seiner begehrenswerten Erscheinung einleitet (Tr 2912–3059), wird die Parisfigur zum Träger von fremdreferentieller Verweisung und deskriptiver Präsentifikation zugleich. Es sind solche Verflechtungen von Fremdreferenz und Selbstreferenz, die Paris auch im späteren Kriegserzählen sowohl mit Nahbeziehungsdiskursen verbinden (etwa in den Freundschaftsbegegnungen mit dem Griechen Panfilôt, Kap. IV.2.1.6) als auch nahe ans Präsenzzentrum des Krieges rücken (v. a. in den intensivierten Kampfbegegnungen mit Menelaus vor den Augen Helenas). Wie kaum eine andere Figur des *Trojanerkriegs* neben Helena bündelt Paris damit auf diese Weise implizite Diskursivität und sinnliche Präsenz.

### 2.1.3 Untreue Männer, zerstörerische Frauen. Nahbeziehungen als Fusionskerne

Katastrophen erwachsen aus solcher Potenzierung von Nahbeziehung erst an späteren Stellen. Wie Kettenglieder greifen im *Trojanerkrieg* heterosoziale Paar-

---

327 Diesem Prozess des Vergessens und seinen epistemischen Implikationen widmet sich eingehend das Kap. V, speziell zu Paris vgl. Kap. V.2.1.

beziehungen ineinander,[328] die gefährliche Dynamiken der Entdifferenzierung freisetzen. Diese Prozesse erfassen katastrophische Liebesbeziehungen von untreuen Männern und zerstörerischen Frauen im engeren Sinne (Paris und Helena, Jason und Medea, Hercules und Deianira),[329] bleiben aber nicht auf diese begrenzt. Wenngleich solche Konstellationen auf der Oberfläche des Erzählens episodisch anmuten – die meisten Paarbeziehungen des *Trojanerkriegs* lösen sich wieder auf, Frauenfiguren wie Medea oder Deidamia werden im Fortgang fallengelassen –, so wachsen sie dennoch über die Grenzen von Liebesepisoden hinaus: Erotische Nahbeziehungen werden zu Fusionskernen, die grundlegende soziale Unterscheidungsleistungen der erzählten Welt einschmelzen. Über den heterosozialen Code von erotischer *vriuntschaft* und Semantiken des Begehrens ausgehend steuert der *Trojanerkrieg* Unterscheidungskrisen an, die als grundlegende Auflösungserscheinungen das Thema der Liebe übersteigen und erst ansatzweise in den Blick der Forschung getreten sind.[330]

Auch hierfür erweisen sich Fremdreferenzen auf den Interdiskurs der *vriuntschaft* als zentrales erzählstrategisches Mittel. Zwei Voraussetzungen des Diskurses begünstigen dieses Arrangement, das im Folgenden an der Liebeserzählung von Jason und Medea näher beleuchtet werden soll. Zum einen treten Codes der Freundschaft und Liebe seit dem 12. Jahrhundert verschärft in Konkurrenz zu Familienbeziehungen und Herkommen – Nahbeziehungen und Sozialreferenz müssen nicht mehr deckungsgleich sein, sondern treten auseinander, was neue Spielräume des Erzählens, aber auch Sicherungsbedarf eröffnet.[331] Zum anderen entwickelt die höfische Literatur verschiedene narrative Schemata, um diese neuen Konflikte zu prozessieren: das sozioerotische Initiationsschema des Erec-Romans oder die Paradoxierungen von Intim- und Sozialbeziehung, wie sie im

---

328 Diese Terminologie ist invers zum Begriff des Homosozialen gebildet; vgl. Sedgwick, Eve Kosofsky: *Between men. English literature and male homosocial desire.* New York 1985, S. 1–5; Kraß: „Freundschaft als Passion", S. 102. Denn auch die Paarbeziehungen des *Trojanerkriegs* erschöpfen sich nicht in hetero*sexuellen* Relationen.

329 Vgl. Lienert: *Geschichte und Erzählen,* S. 291–300.

330 Vgl. am Beispiel der Herculesepisode z. B. Worstbrock: „Tod des Hercules".

331 Vgl. Braun: „Freundschaft und Verwandtschaft", S. 74–84, der unterschiedliche Differenzkonstellationen von Freundschafts- und Verwandtschaftssemantik in der mittelhochdeutschen Epik beobachtet: Verhältnisse der Ergänzung (*Nibelungenlied*), der wechselseitigen Zerstörung (*Prosa-Lancelot*), der Konkurrenz (*Engelhardt*) oder der Ersetzung (*Loher und Maller*). Zur „Rivalität zwischen Freundschaft (Mann/Mann) und Liebe (Mann/Frau)" in der höfischen Epik vgl. auch Kraß, Andreas: „Achill und Patroclus. Freundschaft und Tod in den Trojaromanen Benoîts de Sainte-Maure, Herborts von Fritzlar und Konrads von Würzburg". In: *Traurige Helden.* Hg. v. Wolfgang Haubrichs. Stuttgart 1999, S. 66–98, hier S. 68 sowie insges. Kraß: „Freundschaft als Passion".

*Tristan* paradigmatisch werden, markieren nur die Extrempole ihres Spektrums.[332] Beides ruft der *Trojanerkrieg* auf, Spannungen zwischen Intimität und Sozialreferenz wie auch literarische Modelle ihrer Entfaltung und Integration, doch werden diese Modelle zugleich destabilisiert – Differenzen, die der Liebesdiskurs bearbeitet, brechen wiederholt zusammen.

Man hat darin ein Erzählprogramm jenseits der Grenzen höfischer Liebe vermutet, das den Liebespessimismus antiker Trojamythen und ihrer katastrophischen Beziehungen ins Extrem treibe. Doch kann das Sujet vom Krieg um Helena die destruktiven Züge der erotischen Nahbeziehungen im *Trojanerkrieg* kaum plausibilisieren. Denn nicht schon die Rachehandlungen der Personenverbände um Paris und Helena begründen die Auflösung der Unterschiede. Im Gegenteil: Wie in der Antike fungiert Verwandtenrache auch im Mittelalter als vorinstitutionelles Prinzip der Gewaltregulierung, das Gemeinschaften auf paradoxe Weise integriert, indem es die Abgrenzungsleistung von sozialer Ordnung gerade über Gewaltandrohung und Gewalteinsatz steigert.[333] Auch im *Trojanerkrieg* integriert Rache die Kollektive – und doch werden Nahbeziehungen vielfach zu Orten sozialer Desintegration.

Sucht man nach Ansatzpunkten, um diese schwierigen Nahbeziehungen zu beschreiben, könnten sich Befunde und Metaphern als aufschlussreich erweisen, die eher am Rande der Forschungsdiskussion geäußert wurden. Am Beispiel von Jason und Medea hat so beispielsweise Andrea Sieber beobachtet, dass die Begehrensdynamik der Liebesbeziehung eine „Energie" freisetze, die vom heterosexuellen Geschlechterdiskurs nicht gebändigt werde.[334] Die Analyse des folgenden Kapitels setzt bei dieser Beobachtung an, versucht jedoch ihre

---

**332** Vgl. Kraß: „Freundschaft als Passion", S. 101 zu Hartmanns *Erec* und Gottfrieds *Tristan* als paradigmatischen Lösungen zum neuen Integrationsproblem von Liebe und Sexualität; für Jaeger, C. Stephen: *Ennobling love. In search of a lost sensibility.* Philadelphia 1999 sind die Leitmodelle zur Integration von Intimität und Sozialität die ehebrecherische Liebe im *Tristan* und die Verbindung von Liebe und Ehe in Wolframs *Parzival*.
**333** Zur Orientierungsleistung von Rache vgl. z. B. Weber, Max: *Wirtschaft und Gesellschaft. Grundriss der verstehenden Soziologie.* Studienausgabe. Hg. v. Johannes Winckelmann. 5. Aufl. Tübingen 1985, S. 11; zur sozialen Stabilisierung von Rachekalkülen speziell in der mittelalterlichen Rechtskultur vgl. Holzhauer, Antje: *Rache und Fehde in der mittelhochdeutschen Literatur des 12. und 13. Jahrhunderts.* Göppingen 1997, S. 20: „Die Blutrache als Institution hat auch rechtserhaltenden Charakter, da die Unvermeidlichkeit des Rachemechanismus dem potentiellen Täter bewußt ist." Vgl. auch Zacharias, Rainer: „Die Blutrache im deutschen Mittelalter". In: *Zeitschrift für deutsches Altertum und deutsche Literatur* 91 (1962), S. 167–201, insbes. S. 168 f.
**334** Sieber: *Medeas Rache*, S. 147 im Anschluss an Bausch, Constanze [u.a.]: „Begehrende Körper und verkörpertes Begehren. Interdisziplinäre Studien zu Performativität und gender". In: *Praktiken des Performativen.* Hg. v. Erika Fischer-Lichte u. Christoph Wulf. Berlin 2004, S. 251–309.

gendertheoretische Perspektive für epistemologische Fragestellungen fruchtbar zu machen. Wollte man die Energiemetapher auf die Entdifferenzierungsdynamik der Paarbeziehungen anwenden, ließe sich von Fusionsprozessen sprechen: diskursive Montagen erzeugen in diesen Episoden kognitive Irritationen, die sich kompositionell verketten und schließlich in den beiden großen Schlachtenszenarien aufgipfeln. *Fusion* kennzeichnet ihre Darstellung in dem Sinne, dass die Episoden um Jason und Medea, Paris und Oenone, Achill und Deidamia zunächst Leitunterscheidungen mittelalterlicher Diskurse um *vriuntschaft* aufrufen, ihre Unterscheidungsleistung aber im Verlauf der Episoden instabil werden. Fremdreferentielle Diskursbezüge auf unterschiedliche Formen der *vriuntschaft* und selbstreferentielle Vergegenwärtigung des Kriegs greifen schließlich funktional ineinander. Nach den Erzählprofilen solcher fusionierender Unterscheidungen zu fragen, ist damit Aufgabe des folgenden Kapitels.

### 2.1.4 Intimräume der *list:* Jason und Medea

Ein ausführliches Beispiel bietet die Liebesgeschichte um Jason und Medea, die unter den dyadischen Nahbeziehungen den größten Erzählumfang einnimmt. Auch sie ist mit dem Begriff der „friuntschaft" (Tr 8387) unmittelbar verknüpft. In der Perspektive von Ordnungen und Unordnungen des Unterscheidens gliedert sich die gesamte Episode in fünf Erzählphasen, die jeweils durch Überschreitungen von raumsemantischen Grenzen markiert werden.[335] (1.) Den Raum der sozialen Konkurrenz in Griechenland verlassen Jason und die Argonauten (2.) über Troja nach (3.) Kolchis, das sich als höfischer Herrschaftsraum mit höfischen Repräsentations- und Heimlichkeitsregeln öffnet. (4.) Von hier bricht Jason zu einer vorgelagerten Insel auf, um das goldene Vlies mit Medeas magischer Unterstützung zu erringen, die sie ihm im Gegenzug für das Eheversprechen gewährt. (5.) Gemeinsam kehren Jason und Medea nach Griechenland zurück, wo sich Jasons Sozialisierung zum Herrscher vollendet – wiederum befördert von Medeas Zauberkünsten. Auch die katastrophale Wendung zu Ehebruch und Rachemord leitet eine Raumbewegung ein: Während ausgedehnter Bildungsreisen seiner Ehefrau wendet sich Jason der „friuntschaft" (Tr 11209) Creusas zu, an der sich die entrechtete Medea schließlich mittels eines verzauberten Brautkleides rächt, bevor sie selbst dem Darstellungsvermögen des Erzählers entschwindet (Tr 11354–11369).

---

**335** Vgl. hierzu Lotman, Jurij M.: *Die Struktur des künstlerischen Textes.* Frankfurt a.M. 1973, insbes. S. 344–357.

Mit den Figurenbewegungen wechseln nicht nur nacheinander prominente Leitunterscheidungen des Nahbeziehungsdiskurses, die diese Räume semantisch organisieren – je mehr Räume sich öffnen, desto schwieriger erweist sich ihre Unterscheidungskraft. Immer weiter schrumpft die Reichweite von Leitunterscheidungen, die sich von der Makroebene von Sozialverbänden auf dyadische Figurenbeziehungen zurückziehen und sich schließlich in Einzelfiguren auflösen. Nimmt die Jason-Medea-Geschichte ihren Ausgang von einer Konkurrenzbeziehung der sozialen Anerkennung in Griechenland, so treten an ihrem Ende zunehmend Spaltungen einzelner Figuren und selbst der diegetischen Relation von Erzähler und Figur in den Blick.

Kohärenz stiftet für diese Prozesse ein Konzept, das sich als Handlungsmodell und Leitbegriff der gesamten Episode greifen lässt: das Konzept der *list* (Klugheit, Kunst, List), das seinerseits in Kontexten politischen Handelns im Mittelalter diskursiviert ist.[336] Es begegnet in unterschiedlichen Varianten, erscheint zunächst als soziale Intrige und Falle, dann als höfische Dissimulation von Begehren, schließlich als magische Technologie und subversives Kunsthandeln.[337] Die Jason-Medea-Geschichte entfaltet somit insgesamt Unterscheidungen der strategischen Kontingenzbeherrschung, die um so größere Kontingenzen aufbrechen lassen, je kleiner ihr Operationskreis wird. Diese Verschiebungen gilt es zu verfolgen, um das kognitive Irritationspotential der Episode auszuloten.

(1.) *Verworrene Genealogie, trügerische Ehre: Jason im griechischen Sozialraum.* Jasons Reisen gehen vom Peleus-Hof aus und sie kehren schließlich an diesen zurück, doch entwirft dieser Erzählzyklus kein geschlossenes System. Vielmehr

---

336 An zahlreichen Stellen der Erzählsequenz tritt der Leitbegriff *list* hervor (neben verwandten Ausdrücken wie *kunst*): vgl. z. B. Tr 6806, 8153 (Sicherung des goldenen Vlieses), 6840 (Argus als Schiffbaumeister), 7451, 7845, 8349, 8363, 8467, 10389, 10953, 10995 (Medeas Gelehrsamkeit und Verstand), 7474 (Medeas Kleid), 7805 (Liebesentstehung zwischen Jason und Medea), 8018 (Medeas höfische Unterhaltungskunst), 8341, 8782, 8835, 9358, 9754, 9899 (Medeas Zaubergaben und Magie), 8593 (Medeas Selbstkontrolle), 9795 (Jasons Kampftaktik), 10066 (Beschaffenheit des goldenen Vlieses), 10397, 10455, 10592, 10730 (Medeas Arzneikunst), 11107 (Medeas Verleitung der Peleus-Töchter), 11297 (das vergiftete Zauberkleid). – Zu List als politischer Handlungsform im Mittelalter vgl. Zotz, Thomas: „Odysseus im Mittelalter? Zum Stellenwert von List und Listigkeit in der Kultur des Adels". In: *Die List*. Hg. v. Harro von Senger. Frankfurt a.M. 1999, S. 212–240, insbes. S. 212–234; zur literarischen Produktivität von Listerzählen vgl. Hasebrink, Burkhard: *Prudentiales Wissen. Eine Studie zur ethischen Reflexion und narrativen Konstruktion politischer Klugheit im 12. Jahrhundert.* Unveröff. Habilitationsschrift. Göttingen 2000, insbes. S. 84–260. Ich danke Burkhard Hasebrink herzlich für die Möglichkeit zur Lektüre der unveröffentlichten Studie.
337 Zum Spektrum kultureller Listpraktiken vgl. auch die Essays von Matt, Peter von: *Die Intrige. Theorie und Praxis der Hinterlist.* München 2006.

entwickelt sich der Ruhm des adoleszenten Jason in einem offenen Sozialraum, der sich über ganz Griechenland ausbreitet:[338]

> an keiner stat nie misselanc
> dem selben ritter ûz erwelt.
> [...]
> ob allen sînen mâgen
> vlouc sîn name hôhe enbor.
> er truoc der wirde banier vor
> den herren und den künigen rîch.
> kein fürste was im dô gelîch
> an manheit und an krefte.
> er gie mit ritterschefte
> daz unbild und daz wunder an,
> daz man dâ lobte keinen man
> sô gar durchliuhteclîche als in.
> [...]
> Jâsôn was ob den werden,
> die ritter worden wâren,
> der tiurste bî den jâren.
> [...]
> er was der schœnste jungelinc,
> der iender dâ ze Kriechen was.
> (Tr 6534 f.; 6542–6551; 6558–6560; 6564 f.)

So topisch Jasons Vorzüge an dieser Stelle verallgemeinert bleiben, so deutlich wird ihre Reichweite akzentuiert. Sie erscheinen von Anfang an als Produkte sozialer Inszenierung und generalisierter Sichtbarkeit unter den Griechen: „gar ellentrîches muotes / beschouwen sich der werde liez" (Tr 6504 f.).

Diesen Sozialraum durchläuft ein genealogischer Riss. Denn in Jason sieht sein Onkel Peleus den gefährlichsten Konkurrenten für seinen eigenen Sohn Achill heranwachsen, was der Erzähler mit sententiösen Formulierungen als zeitlosen Sozialneid stilisiert: Wann immer jemand nach „êre" strebe, rufe dies Neider auf den Plan (Tr 6584–6603). Stoffgeschichtlich bzw. kompositorisch wird diese Konkurrenz von Jason und Achill durch die Überblendung zweier Figurenprofile der antiken Mythographie ermöglicht, welche die Figur des Jason-Onkels (Pelias) und Achills Vater (Peleus) ineinander fallen lässt.[339] Keineswegs wird diese

---

338 Der genaue Rahmen bleibt auffällig vage, wenn von einem Jüngling „dâ ze Kriechen" (Tr 6499, 6565) die Rede ist.

339 Lienert: *Geschichte und Erzählen*, S. 54 erwägt als Anstoß zur Kontamination die falsche Namensform „Peleüs", die im *Roman de Troie* beide Namen mischt, und verweist auf Verwechslungen von Peleus und Pelias auch in der lateinischen Mythographie; vgl. z. B. „Myth. vat.

Überblendung verschleiert – mit den Verwandtschaftsverhältnissen betont Konrad umgekehrt die Kontamination von „veter" und „vater" (Tr 6508 f., 6573, 6606, 6832), der entsprechend auch eine gefährliche Nähe von Achill als „sun" und Jason als „bruoder sun" (Tr 6519, 6532, 6575) entspringt. Namentlich wie genealogisch durchkreuzt Peleus also die Differenzierung von Verwandtschaftsbeziehungen und lässt deren Unterscheidungsleistung prekär werden, indem er zwei Figurenrelationen kurzschließt. Wenn Jason seinen Onkel als „herr unde vetter" (Tr 6680) und dieser den Neffen als „friunt" (Tr 6682) adressiert, sind Nahbeziehungen einer verworrenen Ordnung bezeichnet. Die doppelte Figur des Onkel-Vaters Peleus potenziert nicht nur für den Rezipienten Zurechnungsschwierigkeiten, sondern verwandelt auch Achill und Jason sogleich in Konkurrenten. Familienloyalität und unmittelbare Nahbeziehung sind von Anfang an auf Konflikt gestellt: Keiner der Cousins kann in den Augen von Peleus soziale Anerkennung genießen, ohne den Rang des anderen zu verdunkeln;[340] Ehre als symbolisches Kapital mittelalterlicher Gesellschaftsstruktur zwingt entweder zu Akkumulation oder Verlust.[341] Ihren Auftakt nimmt die Episode somit in einem Rahmen von Genealogie, die von sozialer Konkurrenz gespalten ist.

Diese Doppelung entfaltet sich narrativ als List. Um seinem Sohn die Vorzugsposition zu sichern, lockt Peleus den Neffen in die „wilde âventiure" (vgl. Tr 6687) nach Kolchis, wo das goldene Vlies höchste Ehrsteigerung verspricht. Mit dem erläuternden Hinweis, diese Insel läge unweit von Troja (Tr 6684 f.), werden schon an dieser Stelle Aventiureraum und späterer Kriegsraum miteinander gekoppelt; schon zu Beginn der Sequenz setzt somit die im Fortgang immer weiter vertiefte Erzählstrategie an, die Minnebeziehung von Jason und Medea auf das Kriegserzählen hinzuordnen. Kolchis und Troja interferieren.

---

I", S. 8,41: „Pelias, vel Peleus" (Kap. 24: „Pelias et Iason"). Zur „Verwechslung" schon bei Benoît vgl. auch Cormeau: „Quellenkompendium", S. 307 f. Indem der *Trojanerkrieg* der Jason-Handlung allerdings die Thetis-Hochzeit und Jugendgeschichte Achills voranstellt, interferieren nicht nur Namensformen, sondern auch die damit verbundenen Figurenkonzepte.

**340** Vgl. Tr 6514–6519: „daz er [= Jason] nâch hôher wirde streit, / dar umbe wart er [= Peleus] im gehaz; / wan den künic muote daz, ob ieman ûf der erden / gerüemet solte werden / mit sînem sune Achille." Tr 6554–6557: „und wære Achilles niht gewesen / sô gar ein ûz erwelter knabe, / sô hæte im [= Jason] niht gegangen abe / des besten lobes ûf der erden." Tr 6568–6571: „doch brach sîn neve Achille / an hôher werdekeit vür in; / wan er der êren spiegel hin / ob im gewalteclîche truoc."

**341** Vgl. Vogt, Ludgera: „Ehre in traditionalen und modernen Gesellschaften. Eine soziologische Analyse des ‚Imaginären' am Beispiel zweier literarischer Texte". In: *Ehre. Archaische Momente in der Moderne*. Hg. v. Ludgera Vogt u. Arnold Zingerle. Frankfurt a.M. 1994, S. 291–314, insbes. S. 293 f., 299 f. und S. 303 f.; vgl. auch Friedrich: „Zweikampf", S. 129.

Peleus' List verschärft diese Interferenz von Gewinn (Kolchis) und Gefährdung (Troja), indem sie eine weitere prekäre Unterscheidung einführt, die eine Innenlogik des Soliloquiums (Tr 6620 – 6629) und eine Außenlogik des Dialogs (Tr 6634 – 6730) auseinandertreten lässt. Stellt Peleus seinem Neffen Jason offen in Aussicht, durch die Fahrt nach Kolchis seine Ehre aufgrund des verschärften Todesrisikos steigern zu können (vgl. Tr 6700, 6768 – 6772, 6780 – 6805), so verführt Peleus gerade durch Aussicht auf Ehre den Neffen dazu, sich in Todesgefahr zu bringen und schließlich um alle Ehre zu bringen (Tr 6624 f.).[342] Peleus' mit „valsche[m] munde" (Tr 6634) formulierte List besteht genau genommen darin, Gewinn und Verlust reversibel zu machen. Wenn sie den sozialen Raum zur Konkurrenz von Achill und Jason spaltet, so greift sie dafür nicht auf offene Dichotomien der Feindschaft zurück, sondern auf die Ambivalenz von Verausgabung und Gewinn, die der feudalen Ökonomie der „wirde" (Tr 6514, 6659, 6698, 6739) bereits innewohnt. Für den Rezipienten, der Peleus' Empfehlung an den Neffen als bloße Umkehrung der inneren Feindschaft identifizieren kann, werden Steigerung und Gefährdung als komplementäre Seiten einer reversiblen, das heißt paradox umkehrbaren Unterscheidung lesbar: Jasons Gewinn wird Jasons Verlust, so Peleus' Kalkül. Wie Peleus zwei Figurenprofile kontaminiert, so verwandelt seine Rede auch die Vliesepisode in ein Wagnis mit doppelter Perspektive. *Vriuntschaft* wird zur Kippfigur von Nahverhältnissen.

(2.) *Argonautenfahrt: Brückenfiguren zum Trojanischen Krieg.* Jason bricht nicht allein auf und auch die Erzählepisode steht im *Trojanerkrieg* nicht isoliert. Peleus' räumlicher Verklammerung von Kolchis und Troja folgt auch die Erzählung: Nach Sammlung und Ausfahrt des Argonautenheeres um Jason (Tr 6840 – 6907) landet man vor Troja, wo der Zwischenaufenthalt jedoch zum diplomatischen Desaster gerät. Der unbekannte Grund der griechischen Kriegsfahrt und das unerhörte Ereignis der Schiffslandung lösen auf trojanischer Seite Irritationen aus, die schließlich (nach Unterbrechung und Wiederaufnahme des Erzählstrangs) zum ersten Krieg um Troja eskalieren (Tr 11378 – 13397).[343] Nach der Erzähltechnik des *entrelacement* fügen sich Vliesepisode und Kriegserzählen ineinander: Vertreibt König Lamedon zunächst die Argonauten von der Küste Trojas (Tr 6908 – 7215), so kehren diese – lange nach der Rückkehr Jasons aus Kolchis und nach dessen Tod – unter der Führung des Hercules nach Troja zurück, um die Stadt zu schleifen. Erzählstränge der List und der Rache werden somit abwechselnd ineinander verwoben und leiten direkt über zum Kriegserzählen, das insbesondere

---

**342** Ehre wird erst im *Trojanerkrieg* zum zentralen (List-)Motiv: bei Benoît stellt Peleüs seinem Neffen in Aussicht, ihn nach erfolgreicher Fahrt als Erben einzusetzen; dazu vgl. Lienert: *Geschichte und Erzählen*, S. 54 f.

**343** Vgl. für eine eingehende Analyse oben Kap. III.3.1.4.

in seinen präsentifizierenden Erzählverfahren den zweiten Trojanischen Krieg präludiert.[344]

Im *Trojanerkrieg* stellt dieses Zusammenspiel ein häufig verwendetes Mittel dar, das die Jason-Medea-Handlung mit anderen Nahbeziehungen verbindet. Auch andere Erzählepisoden wie etwa die von Statius aufgenommene Jugendgeschichte Achills ist in Einzelpartien auseinandergelegt, die wiederum andere Episoden um erotische Nahbeziehungen sowie die Kriegsdarstellung umschlingen bzw. in diese eingeflochten werden.[345] Verkettungen und Verflechtungen leiten damit Erzählepisoden um erotische Nahbeziehungen unmittelbar zum Kriegsgeschehen über – und mit ihnen auch die prekären Unterscheidungen, die in ihrer Entwicklung um sich greifen.

(3.) *In der Kemenate: Subversionen höfischer Öffentlichkeit – Auflösungen des passionierten Liebescodes* (Tr 7216 – 9371). Statt feindseliger Fremde begegnet Jason in Kolchis zunächst höfischer Zivilisation in höchster Vollkommenheit. Aggressionen des Königs als Hüter des goldenen Vlieses gegenüber den Argonauten, wie sie vor allem Ovid angelegt hatte, sind im *Trojanerkrieg* weitestgehend getilgt:[346] Oêtas empfängt Jason nicht als Eindringling und potentiellen Räuber, sondern als weithin berühmten Gast, der sogleich in die symbolische Fest- und Repräsentationskultur des Hofes in Jaconite eingebunden wird. Neugierde und Prachtentfaltung spiegeln sich ineinander, als die Argonauten unter den Blicken der Stadtbewohner prunkvoll einziehen, Jason im Mittelpunkt der begehrlichen Aufmerksamkeit (Tr 7229 – 7321). Ganz im Sinne ritueller Herrschaftsökonomie eröffnet die Begegnung ein wechselseitiger Gabentausch:[347] Wie Oêtas die Ankunft

---

344 So das Ergebnis von Kap. IV.1.1.1.
345 Die Erziehungsgeschichte Achills (ab Tr 5764) unterbrechen zunächst die Jason-Medea-Episode (Tr 6498–11377) und die erste Zerstörung Trojas (Tr 11378–13397), bevor unmittelbar anschließend die Achillhandlung als Liebesepisode mit Deidamia fortgeführt wird (Tr 13398–17329). Gegen die Vorlage des *Roman de Troie* suspendiert Konrad die Achillhandlung dann jedoch bis zum Waffenstillstand der Landungsschlacht, nach der erst Achill von einer griechischen Gesandtschaft herbeigeholt wird (Tr 26936–29649). Narrativer Effekt solcher Aufspaltungen, Aufschübe und Einlagerungen ist auch hier die strategische Verflechtung von Nahbeziehungsepisoden mit dem Kriegserzählen.
346 Dass Konrad diese Folie geläufig war, belegen zahlreiche Ovidzitate und -anspielungen der Passage, die über die Vorlage Benoîts hinausgehen; vgl. hierzu sowie zur gesamten Passage Lienert: *Geschichte und Erzählen*, S. 56–66; zu den Umakzentuierung der ovidschen Vorgaben im *Trojanerkrieg* vgl. auch Sieber: *Medeas Rache*, S. 51f.
347 Zur Logik des Gabentauschs als konstitutivem Element höfischer Literatur vgl. Oswald: *Gabe und Gewalt*; vgl. auch den Forschungsüberblick von Egidi, Margreth: *Tausch/Gaben. Ökonomische und anökonomische Logik in „Flore und Blanscheflur" und „Apollonius von Tyrland".* Unveröff. Habilitationsschrift. Konstanz 2008, insbes. Kap. 1.2. Für die Einsicht in Teile der Arbeit vor ihrer Drucklegung bin ich Margreth Egidi zu besonderem Dank verpflichtet.

des ruhmreichen Gasts als Göttergeschenk „hôher êren" empfängt (Tr 7388 – 7397),
so erwidert der König die soziale Gabe seinerseits mit einem „rîch cleinœte" (Tr
7405; vgl. auch Tr 7573 – 7583), das „êre" symbolisiert (vgl. Tr 7422). Den Gästen
führt er seine Tochter Medea als exotisches Schau- und Wissensobjekt vor, das der
Erzähler in geradezu exzessiver Beschreibung ausstellt:

> mit êren und mit reiner zuht
> geblüemet was ir werdiu jugent.
> an ir lac witze und edel tugent
> nâch volleclichem prîse.
> der swarzen buoche wîse
> diu rîlîche maget was.
> swaz man beswerung ie gelas,
> der kunde si den überhort,
> sô daz ir meisterschefte wort
> gebôt der helle geisten
> [...]
> ir kunst vremd unde wilde
> mit rede ich niht erkirne.
> si zalte daz gestirne
> und erkande sîne vart.
> si was ein meisterîn von art
> der siben houbetliste
> (Tr 7422–7431; 7446–7451)

Nach ausführlicher Betrachtung ihres changierenden Sternenkleides wendet sich
der Erzähler Medeas Wirkung auf die Anwesenden zu:

> Mêdêâ diu vil clâre
> lancseime kam geslichen în,
> gestreichet als ein velkelîn,
> dem sîn gevider ebene lît.
> si bar den gesten bî der zît
> mit antlitz und mit cleide
> vil glanzer ougenweide.
> Ir bilde lûter unde guot,
> daz gap in allen hôhen muot
> und jâmers vil dar under;
> [...]
> si tet vil mangem herze wê,
> daz in trûren wart gejagt.
> (Tr 7536–7545; 7560 f.)

Medea ist nicht nur schön und gelehrt, ihren Reiz erhöhen vor allem ambivalente
Isotopien: sie demonstriert einen vollendeten höfischen Habitus und verfügt

gleichzeitig über dämonische „meisterschaft", mit der sie Geistern der Hölle und Naturkräften gebietet; wie ihre Kenntnisse neben magischem Arkanwissen („der swarzen buoche wîse") auch den Schulkanon der *septem artes* umfassen („siben houbetliste"), so schillert auch ihr Mantel zwischen Bezügen kostbarer Fremdheit und der Vertrautheit von Marienikonographie.[348] Ähnlich ambivalent sind auch die Referenzen auf den höfischen Liebesdiskurs, die in diese Beschreibung eingehen. Erscheint Medea einerseits als Attribut männlich-männlicher Herrschaftspraxis von Gabe und Verfügung,[349] so verweisen andererseits intertextuelle Bezüge zum Liebeskonzept von Gottfrieds *Tristan*,[350] speziell zur Figur Isoldes,[351] auf ein riskantes, letztlich unverfügbares Begehren, das die mehrfachen Unsagbarkeitstopoi des Erzählers umkreisend markieren (z. B. Tr 7446 f., 7526 f.). Schon Medeas erster Auftritt kündigt Ambivalenzen an, die sich nicht auf Einheit bringen lassen, Medea ist Königstochter, Verführerin, Magierin, Wissenschaftlerin, Künstlerin, Beschützerin: „Im Oszillieren verhindern diese vielfältigen Referenzen jede Vereindeutigung".[352] Umgekehrt wachsen ambivalente Unterscheidungen während Jasons Aufenthalt in Kolchis zu fundamentalen Störungen an.

Denn auf narrative Prachtentfaltung und Harmonie des höfischen Empfangs folgen sogleich vielfältige Dissimulationen im Innenraum der Gesellschaft, die höfische Repräsentationskultur und höfische Liebescodes unterhöhlen. Zentraler Ort dieser Heimlichkeit ist die Kemenate, in der Jason und Medea zusammenfinden und sie mit katastrophalen Folgen verlassen. Auch diese Krise bahnen interdiskursive Referenzen an. Schon die erste Begegnung Jasons und Medeas unter den Augen der Hofgesellschaft steht im Zeichen von „Liebe als kulturelle[m]

---

**348** Zur Beschreibung von Medeas Kleid vgl. v. a. Hasebrink: „Rache als Geste", S. 215–217; zur gesamten Beschreibung auch Lienert: *Geschichte und Erzählen*, S. 58 f.

**349** Wie Oêtas betrachtet auch Jason die Königstochter zunächst als dekoratives Schmuckstück (Tr 7573–7583). Auch für die Argonauten und den Erzähler erscheint Medea als Objekt männlicher Beobachtung.

**350** Vgl. etwa die gemischten Empfindungen von „hôhe[m] muot" und „jâme[r]" (Tr 7544 f.), „vröud[e]" und „trûren" (Tr 7549 / 7561), die Medea bewirkt.

**351** Und dies bis in Details: Wie Isolde in Weiseford (Gottfried von Straßburg: *Tristan*, V. 10977–10985) trägt auch Medea einen Kopfschmuck, der von ihrem Goldhaar kaum zu unterscheiden ist (Tr 7492–7501); Medeas falkenartiges Auftreten hat ebenfalls in Gottfrieds Isoldedarstellung ihr Vorbild (vgl. Gottfried von Straßburg: *Tristan*, V. 10897, 10992–10997); schon in Irland löst die singende Isolde bei ihren Zuhörern ähnlich widerstreitende Affekte aus wie Medeas Anblick (vgl. Gottfried von Straßburg: *Tristan*, V. 8085–8131). Zu Medeas Isolde-Bezügen an dieser Stelle vgl. Green: *Konrads ‚Trojanerkrieg'*, S. 21–29; Lienert: *Geschichte und Erzählen*, S. 58; Sieber: *Medeas Rache*, S. 18 und 87.

**352** Hasebrink: „Rache als Geste", S. 216.

Wissen" und ihren diskursiven Mustern.[353] Noch vor seiner Ankunft hatte Jasons vorauseilender Ruf (*êre*) bei Medea jenes intersoziale Begehren geweckt (vgl. Tr 7622–7641, 7734 f.), das der höfische Liebesdiskurs als *Fernliebe* typisiert.[354] Nicht erotische Anziehung, sondern soziale Auszeichnung schafft den ersten Liebesanreiz, wie der Erzähler gleich zum Auftakt herausstreicht (Tr 7642–7656). Auch an späteren Stellen verleihen Erzählerkommentare über *nâture* und *êre* als Liebesfaktoren solchen Anklängen an den höfischen Liebesdiskurs explizit lehrhaften Charakter (vgl. insbesondere Tr 7790–7811).

Gleichzeitig eröffnet der Fernkontakt nur den Auftakt eines mehrschrittigen Entwicklungsprozesses, der nach diskursiviertem Schema über mehrere Liebesstufen führt (*quinque gradus amoris* bzw. *linea amoris*: Anblick, Gespräch, Berührung, Kuss, Liebesvereinigung).[355] Jason und Medea kommen einander über abgestufte Wahrnehmungsmedien und Intimitätszonen näher: Süß klingt Medea der Name Jasons in den Ohren und weckt ihr Begehren, seine Schönheit mit eigenen Augen zu genießen (Tr 7659–7665). Ausführlich folgt der Erzähler Medeas Blicken, die über Jasons höfischen Körper gleiten (Tr 7708–7733) und sich in seinem Gegenblick verfangen (Tr 7706 f., 7766 f.; zur Flechtmetaphorik auch Tr 7868 f.); leitmotivisch betont der Erzähler, wie Ehre und Anerkennung in ihre Ohren (Tr 7641, 7661–7665) und Augen (Tr 7668–7670, 7674–7676, 7686–7693, 7764 f.) eindringen, um im heimlichen Innenraum des Herzens (Tr 7662, 7676, 7704 f., 7759) Begehren zu entzünden. Die Öffentlichkeitsregel des höfischen Festes beschränkt die Liebenden zunächst nur auf das Gespräch – erst nach quälender Wartezeit und rituellem Eheversprechen erreichen beide die intimste Stufe des Liebeskursus.

Doch eröffnen gerade höfische Praktiken von Simulation und Dissimulation Auswege, das aufgeschobene Begehren schon zuvor in mehrdeutiger Kommunikation zu artikulieren. Bei der Abendeinladung bietet Medea dem Gast „mit hübschen worten" an (Tr 7882), die Zeit mit Konversation zu verkürzen, gibt zu-

---

**353** Vgl. Sieber: *Medeas Rache*, S. 44–48; zu den folgenden Diskursmustern höfischer Liebe vgl. grundlegend Schnell: *Causa amoris*.

**354** Vgl. Schnell: *Causa amoris*, S. 275–286. Zum sozialen Kommunikationsmuster der Fernliebe in höfischer Epik bzw. lateinischer Briefrhetorik vgl. auch Wenzel, Horst: „Fernliebe und Hohe Minne. Zur räumlichen und zur sozialen Distanz in der Minnethematik". In: *Liebe als Literatur. Aufsätze zur erotischen Dichtung in Deutschland*. Hg. v. Rüdiger Krohn. München 1983, S. 187–208 und Worstbrock, Franz Josef: „Fernliebe. Allgemeines und Besonderes zur Geschichte einer literarischen Konstruktion". In: *Projektion – Reflexion – Ferne. Räumliche Vorstellungen und Denkfiguren im Mittelalter*. Hg. v. Sonja Glauch, Susanne Köbele u. Uta Störmer-Caysa. Berlin, New York 2011, S. 137–159.

**355** Vgl. hierzu grundlegend Schnell: *Causa amoris*, S. 26–28 und passim; Friedmann, Lionel J.: „Gradus Amoris". In: *Romance Philology* 19 (1965), S. 167–177.

gleich jedoch mit gezielten Schlüsselwörtern der Intimität ihre passionierte Zuneigung zu erkennen:

> 'trût here, tugentrîcher helt,
> lânt mir niht werden hie gezelt
> vür ein dörperîe daz,
> ob ich mit iu red etewaz,
> dâ von iu kurz diu stunde wirt.
> [...]
> ez gît dem vremden manne
> trôst unde rât, daz man im sich
> mit worten machet *heimelich*.'
> (Tr 8039–8043; 8054–8056; Herv. B.G.)

Höfische Öffentlichkeit wird so mit höfischen Mitteln kunstvoller Kommunikation unterlaufen: *heimelich* (vertraut, verborgen, geheim)[356] bringt eine Ambivalenz auf den Begriff, die zwischen öffentlich sichtbarer und exklusiv intimisierter Nahbeziehung changiert. Jason erkennt das Codewort und weiß solche holhocho Doppelrede ebenso äquivok zu beantworten:

> 'Vrouwe, ir habent wâr geseit,'
> sprach der ritter ungemeit,
> 'ez kan ellendem gaste
> sîn *trûren* ringen vaste,
> daz man sich *heimlich* machet im.
> (Tr 8057–8061; Herv. B.G.)

Schon das Gespräch der Liebenden wird somit getragen von höfischer Kompetenz (*list*), die Nahbeziehungen mehrfach codieren zu können und dadurch unverfügbare Intimität inmitten von Öffentlichkeit zu kommunizieren. Hatte schon Peleus die Vliesreise perspektivisch ambiguisiert, so potenziert der erste Kontakt von Jason und Medea die Perspektiven und Räume der Wahrnehmung weiter.[357]

Nach diesem Auftakt verschränkt der Erzähler das Stufenmodell der Liebesentstehung mit dem physiologischen Konzept der Liebe als Krankheit, das seit Ovids *Remedia amoris* eng mit mythologischen Liebespaaren assoziiert wird.[358]

---

356 Vgl. Lexer: *Mhd. HWb.*, Bd. 1, Sp. 1217, s.v. *heimelich*.

357 Medeas Außenwahrnehmung verdoppelt sich dabei nochmals meditativ in der Imagination: „si lie dâ sîner [= Jasons] varwe schîn / durch ir gedenke loufen" (Tr 7712 f.); „sîn arme und sîner hende schîn / [...] lie si durch ir gemüete gân" (Tr 7724–7726).

358 Zur antiken Motivik und Symptomatik der Liebeskrankheit vgl. Giedke, Adelheid: *Die Liebeskrankheit in der Geschichte der Medizin*. Düsseldorf 1983; speziell zum mittelalterlichen

Schon ihr erster Blickwechsel setzt Jason und Medea wechselseitig in Brand[359] und raubt beiden die Sinne:

> ir beider *sin ertôren*
> begunde von der minne.
> *krank unde tumbe sinne*
> von liebe si gewunnen.
> si *quâlen unde brunnen*
> *tac unde naht in sender clage.*
> der *heizen* minne *siechtage*
> ûf Jâsônen balde viel,
> wan er sô vaste in leide wiel
> dur die keiserlichen fruht,
> daz im der sorgen *jâmersuht*
> *craft unde varwe swachete*
> und in sô bleichen machete,
> daz man sîn *trûren grundelôs*
> an sîme erwelten bilde kôs.
> (Tr 7892–7906; Herv. B.G.)

Fixierung auf den Geliebten bis zur Besinnungslosigkeit und Traurigkeit, Fieber, Schlaflosigkeit, Erröten und Erbleichen (vgl. auch Tr 7768–7771) gehören wie auch grundsätzliche körperliche Schwächung zu den zentralen Symptomen, die der medizinische Diskurs des Mittelalters als Folgen unerfüllten Liebesbegehrens diagnostiziert.[360] Entsprechend nimmt Oêtas auch die Symptome seines Gasts als Krankheit wahr und „verordnet ihm aus medizinischen Gründen das Gespräch mit der heilkundigen Tochter",[361] ohne zu wissen, dass das vermeintliche *remedium amoris* die eigentliche *causa amoris* ist und noch verstärkt. Intensität des Verlangens, dauerhaft verwehrte Erfüllung und eine zu Melancholie und Wahnsinn gesteigerte Pathologie sind Konstanten der Diskursivierung von Liebe als

---

Diskurs vgl. die Beiträge in Stemmler, Theo (Hg.): *Liebe als Krankheit. Vorträge eines interdisziplinären Kolloquiums.* Tübingen 1990; vgl. auch Krüger, Caroline: „Dido – Herrscherin im Liebeswahn". In: *Freiburger Universitätsblätter* 48 (2009), S. 57–74.

**359** Feuermetaphern greifen förmlich um sich: vgl. z. B. Tr 7702–7705, 7734f., 7754–7759, 7778f., 7788., 8508 u.ö.

**360** Auch dies auf antiken Grundlagen: vgl. z.B. Galenus, Claudius: „De praenotione ad posthumum liber". In: *Opera omnia.* Bd. 14. Hg. v. Karl G. Kühn. Hildesheim 1965, S. 599–673, hier S. 630–635; Ders.: *In Hippocratis Epidemiarum librum sextum commentaria I–VIII.* Hg. v. Ernst Wenkebach u. Franz Pfaff. Berlin 1940, S. 494,10–12; Ders.: „Hippocratis Prognosticon et Galeni in eum librum commentarius I". In: *Opera omnia.* Bd. 18. Hg. v. Karl G. Kühn. Hildesheim 1965, S. 1–109, hier S. 18 und 40.

**361** Lienert: *Geschichte und Erzählen*, S. 61.

Krankheit, die neben dem Stufenmodell ebenfalls die höfische Literatur durch-ziehen.[362] Spannungsvoll dehnt auch der *Trojanerkrieg* den Aufschub der Lie-beserfüllung, die Medea während eines schier endlos sich hinziehenden Fest-abends herbeisehnt (Tr 8528–8936).

Im Unterschied zu vielen liebeskranken Paaren der höfischen Literatur stei-gert sich die Begegnung von Jason und Medea zur Passion:[363] Ihre Affinität erleben die Liebenden als absolute, unbedingte Zuordnung, ihr sexuelles Begehren wird zwar vom Attraktionsmotiv der Ehre angestoßen, entfaltet sich beim ersten Zu-sammentreffen jedoch vorerst unabhängig von Ehe und Ehre, sozialem Ansehen oder (macht)ökonomischen Kalkülen.[364] Dies unterstreichen wiederum intertex-tuelle Bezüge zum *Tristan:* Jasons Vorzüge wirken auf Medea stärker als jeder Kräutertrank (Tr 7666: „vür aller würze saf"), Medeas Schönheit trägt die Züge Isoldes; und wie für die *senedaere* des Tristanromans bedeutet die Minne auch für Medea die Initiation zu gleichzeitiger „liebe" und „sorge" (Tr 7747, 7750), wie chiastische Einheitsformeln (nicht zuletzt nach dem rhetorischen Vorbild Gott-frieds) unterstreichen.[365]

In dieses komplexe Szenario der Liebesentstehung mischen sich schließlich auch mythographische Elemente. Pfeilartig wechseln Medeas und Jasons Blicke (Tr 7688–7693; 7764–7767) und treffen die Liebenden wie die Pfeile der Venus bzw. Cupidos. Ähnlich wie im *Eneasroman* Heinrichs von Veldeke – und ganz im Einklang mit den euhemeristischen Paradoxien des *Trojanerkriegs* – bleiben solche Hinweise jedoch im Status von schwebenden Anspielungsmotiven:[366] Weder tritt das Mythologem explizit hervor, noch erhält es den Rang einer dis-

---

**362** Vgl. für literarische Belege z.B. Okken, Lambertus: *Kommentar zum Tristan-Roman Gott-frieds von Strassburg.* 2. Aufl. Amsterdam 1996, Bd. 2, S. 1077–1080.

**363** Vgl. zum Begriff Luhmann: *Liebe als Passion*; zu diskursgeschichtlichen Ergänzungen und Korrekturen vgl. Kraß: „Freundschaft als Passion".

**364** Ehewünsche treten erst sehr viel später (und selbst dann nur verkürzt) hinzu, wenn Medea Beischlaf und Hilfszusage für die Vliesaventiure an das Eheversprechen koppelt: vgl. Tr 9075–9079; ebenso kurz fällt Jasons Antwort aus: „daz lobe ich bî dem eide / [...] / ich wil vollenden iuwer gir / mit lîbe und mit dem guote" (Tr 9080–9083).

**365** Vgl. z.B. Tr 7772–7775: „ir muot was ungescheiden, / wan ir sin gelîche wac. / ir wille an sîme lîbe lac / und lac an ir daz herze sîn." Diese Chiasmen sind bekanntlich nicht erst Erfin-dungen des Tristanromans, sondern breiter diskursiviert: vgl. Ohly, Friedrich: „Du bist mein, ich bin dein. Du in mir, ich in dir. Ich du, du ich". In: *Kritische Bewahrung. Beiträge zur deutschen Philologie. Festschrift für Werner Schröder zum 60. Geburtstag.* Hg. v. Ernst-Joachim Schmidt. Berlin 1974, S. 371–415 und Hasebrink, Burkhard: „ein einic ein. Zur Darstellbarkeit der Lie-beseinheit in mittelhochdeutscher Literatur". In: *Beiträge zur Geschichte der deutschen Sprache und Literatur* 124 (2002), S. 442–465.

**366** Zur Anspielungstechnik als Referenztyp der höfischen Mythologie vgl. grundlegend Kern: *Anspielungsrezeption*, S. 21–27.

tinkten Liebesursache; Medeas und Jasons Liebespfeile lassen sich stattdessen ebenso dem Metaphernbestand des Liebeskrieges zurechnen wie auch als poetische Figuration einer Psychodynamik der „natûre" (Tr 7700) verstehen.[367]

Die Kolchisepisode bindet den *Trojanerkrieg* somit eng an den Interdiskurs der *vriuntschaft* – weniger an ein Einzelmodell der Intimität als an eine Vielzahl typischer Varianten der Liebesentstehung (Fernminne, Minne als sozialer Lernprozess, Stufenentwicklung, Liebeskrankheit, Passion, mythologische Motive). So vielfältig diese Referenzen sind, sie bleiben gleichwohl auffällig partikular; keine verstetigt sich zu einem Erzählmodell für die Paarbeziehung. Trotz passionierter Liebesblicke gilt Jasons Interesse bei der ersten Unterredung wieder ausschließlich dem Vlies und dem eigenen sozialen Prestigegewinn. Und selbst nachdem sich Jason schließlich in der Rolle des Liebesritters in den Dienst Medeas stellt und der Vliesraub somit kurzzeitig die Semantik einer Minneaventiure erhält (ausdrücklich in Jasons Treueeid: Tr 8381–8430), läuft das Dienstmodell letztlich leer: Medea ergreift für die Planung und Durchführung der magischen Listen gänzlich die Initiative – wann immer sich Jason dagegen auf eigene Faust ritterlich zu bewähren versucht, bringt ihn dies wiederholt an den Abgrund der Lebensgefahr (so zunächst bei der Überwältigung der Rinder: Tr 9694–9717; ebenso im Drachenkampf: Tr 9832–9839, 9896–9930; erfolgreich ist Jason einzig „von sîner frouwen stiure", Tr 9985).

Diskursreferenzen folgen stattdessen einer Logik, die sich als Subversion höfischer Liebescodes charakterisieren ließe. Nach dem Muster tristanischer Listen unterwandern die Liebenden die Zeichenökonomie des Hofes und öffnen innerhalb der Gesellschaft Sonderräume der Kommunikation und Aktion:[368] Sie senden sich körperlich und verbal mehrdeutige Botschaften, welche die Hofgesellschaft nur als Krankheit und Konversation auffassen kann, für die Liebenden selbst aber Intimität kommuniziert und den Erwerb des Vlieses vorbereitet, unbemerkt im Herzen der Gesellschaft (Tr 8082–8505). Dieser erotische Kontakt nimmt seinen Ausgang von Kontexten sozialer Repräsentation (Fernliebe aufgrund des vorauseilenden Rufes; Begrüßungsfest zur Manifestation höfischen Ehranspruchs in Kolchis), doch führt die Verdopplung „heimelichen" Handelns insbesondere Medea rasch in den „Zustand sozialer Isolation":[369] Die Hofgesellschaft, die das geheime Rendezvous der Liebenden am nächsten Abend durch ihr

---

367 Zum ähnlich ambivalenten Status der Liebespfeile im *Eneasroman* vgl. Schnell: *Causa amoris*, S. 187–224 sowie Quast u. Schausten: „Amors Pfeil".

368 Zu List als Erzählprinzip des *Tristan* vgl. Warning, Rainer: „Die narrative Lust an der List. Norm und Transgression im *Tristan*". In: *Transgressionen. Literatur als Ethnographie*. Hg. v. Gerhard Neumann u. Rainer Warning. Freiburg i.Br. 2003, S. 175–212.

369 Sieber: *Medeas Rache*, S. 36–38 (Zitat S. 36).

ausdauerndes Fest verzögert, wünscht Medea zum Teufel (Tr 8916). Innerhalb des höfischen Normgefüges und diesem gleichwohl verborgen, schließen sich beide im Intimraum der Kemenate ein, in der Medea – wie zuvor schon im kommunikativen Innenraum des Liebesgesprächs – die Initiative übernimmt. Bleibt die Königstochter im Sozialraum also als Objekt der patrozentrischen Verfügung untergeordnet, so changiert Medea als Liebende in hybridem Status, indem sie sowohl als List*subjekt* agiert (Medea fädelt über ihre Dienerin das Zusammentreffen mit Jason ein, organisiert die Listen der Vliesaventiure usw.), als auch zum erotischen *Objekt* wird: als Jason die Kemenate betritt, stellt sich Medea schlafend und provoziert so erotisches Begehren und Handlungen, die wiederum Jason die Initiative überlassen (Tr 9042–9053).

Der höfische Liebesdiskurs hatte das Kommunikationsmedium Liebe und seine sozialen Rahmen stets zu verklammern gesucht – selbst und gerade unter den Bedingungen verschärfter Paradoxierungen oder schwieriger Engführungen von Intimität und Sozialreferenz.[370] In der Liebeskonstellation des *Trojanerkriegs* bricht dagegen ein „Riss zwischen den betroffenen Figuren und der sozialen Gemeinschaft" auf.[371] Er manifestiert sich im Text als Serie von Widersprüchen, in denen Sozialreferenz und Selbstreferenz der Liebenden füreinander inkohärent werden. Neben Medeas changierendem Status zwischen Herrschaftsobjekt und magischer Initiatorin betonen dies vor allem überraschende Konfliktmotive, die trotz der insgesamt harmonisierenden Bearbeitung der Kolchisepisode fortgesetzt und sogar erheblich verschärft werden. So hatten etwa Ovids *Metamorphosen* die Episode schrittweise von der Feindschaft zwischen Hüter und Räuber des Vlieses über Vaterlandsverrat bis zum Brudermord eskalieren lassen – der *Roman de Troie* und der *Trojanerkrieg* tilgen sämtliche dieser Konfliktstationen an der Oberfläche.[372] Doch obwohl Jason in Kolchis mit vollendeter Gastfreundschaft empfangen wird, obwohl der Konfliktkern des Vlieserwerbs als isolierte „âventiure" (Tr 8087) aus dem höfischen Raum, ja sogar ausdrücklich aus dem persönlichen Verfü-

---

370 Zur Paradoxierung von intimer und öffentlicher Kommunikation etwa im Minnesang vgl. Müller: „Performativer Selbstwiderspruch"; Strohschneider, Peter: „‚nu sehent, wie der singet!' Vom Hervortreten des Sängers im Minnesang". In: *‚Aufführung' und ‚Schrift' in Mittelalter und Früher Neuzeit*. Hg. v. Jan-Dirk Müller. Stuttgart, Weimar 1996, S. 7–30. Parallelläufe von Intimität und Öffentlichkeit inszeniert ebenso Gottfrieds Tristanroman – auch hier bleiben die Listen der Liebenden eng rückgekoppelt an ihren sozialen Außenhorizont; noch die radikalste Intimisierung der Liebe in Gottfrieds Minnegrotte bleibt dem sozialen Rahmen des Hoflebens eingeschrieben; vgl. dazu u. a. Müller, Jan-Dirk: „Mythos und mittelalterliche Literatur". In: *Mythos – Sage – Erzählung. Gedenkschrift für Alfred Ebenbauer*. Hg. v. Johannes Keller u. Florian Kragl. Göttingen 2009, S. 331–349.
371 Sieber: *Medeas Rache*, S. 41.
372 Vgl. dazu den Quellenvergleich von Lienert: *Geschichte und Erzählen*, S. 57 und 62f.

gungsbereich des Oêtas ausgelagert wird, kehrt Ovids Konfliktstufe zurück. Heimlich verborgen vor Oêtas planen Jason und Medea den Vliesraub (vgl. Tr 8472–8475); zudem fürchtet Medea, durch ihr Eintreten für den noch kaum bekannten „vremden man" (Tr 8631 f. – in offenem Widerspruch zu Medeas Bewunderung für Jasons weitbekanntem Ruf!) ihren Vater „erzürnen" zu müssen und dadurch dessen „prîs unde ganze wirdikeit" zu untergraben (Tr 8633 bzw. 8648 f.; später nochmals: Tr 8852–8854 und 10422–10431). All dies ist gegenläufig zur Figurenzeichnung des Oêtas im *Trojanerkrieg* erzählt: So fürsorglich Jason vom kolchischen König aufgenommen und auf das Risiko der Vliesaventiure vorbereitet worden war (Tr 9389–9435), so einmütig – „âne alle riuwe" (Tr 10190), wie der Erzähler vermerkt – erhält dieser nach dem glücklich überstandenen Unternehmen seine Tochter zur Frau; unter offiziellen Ehrbezeugungen reist Jason mit Medea und dem Vlies nach Griechenland zurück (Tr 10188–10205).[373] Konfliktsujets, wie sie Medeas Soliloquien umtreiben, sind also in der Rahmenhandlung ausdrücklich ausgeschaltet. Ebenso widersprüchlich stehen Medeas Furcht vor sozialer Ächtung und das Motiv der Ehre gegeneinander, das die gesamte Jason-Medea-Handlung eröffnete: Bilden Griechenland und Kolchis zunächst ein soziales Kontinuum, in dem Jasons herausragende Qualitäten allgemein kommuniziert werden und geteiltes soziales Kapital bilden (nichts anderes symbolisiert das Kommunikationsmedium Fernminne), so durchläuft Medeas Selbstzweifel nun erstmals eine Differenz der Fremdheit, die Jason und Medea, Kolchis und Griechenland trennt.

Konfliktmotive dieser Art wurden bisher in der Forschung als inkohärente Atavismen des *Trojanerkriegs* eher marginalisiert.[374] Vor der Folie des integrierten Sozialraums, den der Oêtas-Hof repräsentiert, lösen solche gegenläufigen Motive jedoch Irritationen aus, die über die Ebenen von (vermeintlichen) Bearbeitungsfehlern oder gestörtem Figurenbewusstsein hinausgehen. Vielmehr verweisen sie auf eine Erzählstrategie der grundsätzlichen Störung von Unterscheidungen. Insbesondere im Heimlichkeitsraum der Kemenate verbinden direkte Ovidzitate

---

373 Hatte schon der *Roman de Troie* die Konflikte der antiken Überlieferung gedämpft, so geht der *Trojanerkrieg* darüber also noch hinaus, indem die Heirat positiv sanktioniert wird – vgl. hingegen die zurückhaltendere Formulierung bei Benoît: RdT 2028–2044.

374 Nach Lienert: *Geschichte und Erzählen*, S. 62 f. „bleibt weit mehr von Ovids Konstellation erhalten als es zu Konrads Ausgangssituation paßt": „Die daraus entstehenden Widersprüche nimmt er in Kauf". Von einem „blinde[n] Motiv" spricht im Hinblick auf Medeas Selbstbezichtigungen auch Sieber: *Medeas Rache*, S. 55. Dies wird den Selektionen der Passage nur schwer gerecht: Widersprüche entstehen nicht nur auf Ebene des Figurenbewusstseins (etwa: als „Medeas innere[r] Konflikt", so Lienert: *Geschichte und Erzählen*, S. 63), sondern erscheinen ebenso in der Erzählerrede. Außerdem stehen nicht nur marginale Widersprüche gegeneinander, sondern betonte Differenzen (z. B. im Motiv von Vertrautheit / Fremdheit).

einzelne Facetten der Figurenzeichnung Medeas (wie etwa ihre Selbstvorwürfe: Tr 8618 – 8792) mit dem Konfliktmodell Ovids, während andere Facetten zugleich das Harmonisierungsmodell des *Roman de Troie* fortführen. Öffentlichkeit und Heimlichkeit, Sozialität und Intimität bezeichnen somit im *Trojanerkrieg* nicht länger Unterscheidungen für (spannungserzeugende) Inklusions-/Exklusions-verhältnisse des Liebesdiskurses, sondern werden füreinander inkompatibel. Das Repräsentationsparadox der Liebeskommunikation bricht als Unterscheidung zusammen und wird im wahrsten Sinne des Wortes unzurechenbar.

Solche Inkommensurabilität nistet sich selbst noch in jene architekturalen und personalen Innenräume der Liebeskommunikation ein, die sich in der höfi-schen Literatur des 12. und 13. Jahrhunderts oft als geheimer „Schutzraum" der Intimität einkapseln.[375] Auch die Liebenden in Kolchis kapseln sich zunächst in wörtlichem Sinne ein, wenn Medea den begehrten Gast unter Leitformeln des passionierten Liebescodes für den nächsten Abend in ihr Schlafgemach lädt:

> und îlont, *trût geselle* mîn
> zuo mîner kemenâten,
> swenn ez beginne spâten
> und sich mîn vater habe geleit,
> sô wirt iu sâ von mir bereit
> *mîn trôst* und mîner helfe rât.
> ich lêre iuch dâ des widers wât
> erwerben mit dem golde,
> dar zuo gib ich *ze solde*
> *mich selben iu, vil saelic man.*
> (Tr 8470 – 8479; Herv. B.G.)

Nicht nur Heimlichkeitsvokabular (Tr 8443 f.: „sô slîchent, herre, lîse / und in verholner wîse") und Mehrfachcodierung der Kommunikation, sondern auch ihre

---

375 Sieber: *Medeas Rache*, S. 51 und 105. Vgl. mit Belegen und Analyseskizzen zur Heimlichkeit von weiblich codierten Innenräumen in der höfischen Literatur grundlegend Strohschneider, Peter: „Kemenate. Geheimnisse höfischer Frauenräume bei Ulrich von dem Türlin und Konrad von Würzburg". In: *Das Frauenzimmer. Die Frau bei Hofe in Spätmittelalter und früher Neuzeit. 6. Symposium der Residenzen-Kommission der Akademie der Wissenschaften in Göttingen.* Hg. v. Jan Hirschbiegel u. Werner Paravicini. Stuttgart 2000, S. 29 – 45; vgl. auch Melville, Gert u. Peter von Moos (Hg.): *Das Öffentliche und Private in der Vormoderne.* Köln 1998, darin insbes. die Beiträge von Jan-Dirk Müller, Ludger Lieb/Peter Strohschneider und Horst Wenzel. Innenräume als Verschränkungen von topologischen, medialen, anthropologischen und poetischen Unter-scheidungen erkunden die Beiträge in Hasebrink, Burkhard [u.a.] (Hg.): *Innenräume in der Literatur des deutschen Mittelalters. XIX. Anglo-German Colloquium Oxford 2005.* Tübingen 2008; vgl. darin speziell zu Schutz und Gewalt in den Innenräumen von Benoîts und Herborts Tro-jaromanen den Beitrag von Ricarda Bauschke.

konkrete architekturale Einfassung separiert die Liebenden von der höfischen Gesellschaft: Innerhalb der Hofanlage bewohnt Medea einen eigenen Trakt („ir palast" – Tr 8505; 8529), in dessen Schlafgemach („ir kemenâten" – Tr 8471; 8445, 8555) sie Jason mithilfe einer Dienerin führen lässt. Das Geschehen wandert damit in mehrfach eingelagerte weibliche Innenräume der „minne" (Tr 8549) und der erotischen Strategik, für die das Hofgeschehen zur lästigen, zunehmend irritierenden Umwelt wird (Tr 8551 f.). Als räumliches Äquivalent zum heimlichen erotischen Wahrnehmungsprozess markiert Medeas Kemenate somit eine heimliche Zone im Innern des Höfischen, die öffentlich-zeremonieller Repräsentation gleichwohl entzogen ist.

Doch das Schlafgemach, aller erzählstrategischen Potenzierung von Heimlichkeit zum Trotz, wird nicht wie in vergleichbaren Raumarrangements der höfischen Epik zum potenzierten Innenraum der Liebeseinheit.[376] Zwar schlafen Medea und Jason miteinander, Rat und Eheversprechen verbinden beide. Doch anstelle von Einheit bzw. Symmetrisierung der Kommunikation, auf die passionierte Liebe zielt, zerfällt das Figurenpaar auf dem Höhepunkt der Liebeshandlung mehrfach asymmetrisch.

Erstens in kommunikative Asymmetrie: Flechten sich Jasons und Medeas konspirative Wechselreden bei ihrer ersten öffentlichen Begegnung noch symmetrisch und rückhaltlos ineinander (Tr 8039 – 8503),[377] so richtet sich Medeas Kommunikation im Zuge ausgedehnter Wartemonologe zunehmend nach innen (Tr 8566 – 8928). Als Jason schließlich erscheint, lösen sich weder die Inkohärenzen und Differenzen von Medeas „zwîvelliche[m] sin" (Tr 8799), noch kommen ihre sozialnormativen Zweifel – abgesehen von knappen Bitten um ein förmliches Treueversprechen (Tr 9074 – 9079, 9108 – 9111) – überhaupt zur Sprache. Kommunikationshorizonte treten in ungleiche Informationsstände und Intentionen auseinander: Überschüsse der dissimulierten Selbstkommunikation[378] auf Seiten Medeas stehen Jasons Verknappung von Kommunikation gegenüber, der sich im wesentlichen auf reflexartige Repliken und Aufforderungen beschränkt (Tr 9059 – 9071, 9080 – 9083, 9118, 9173 – 9189). Der zuvor so beredte Minneritter hält sich nun gänzlich auf der Oberfläche einer heroischen Figurenzeichnung auf, die zu

---

376 Vgl. als Kontrastfall etwa erotische Innenraumszenen des *Erec* (Karnant), *Tristan* (u. a. Baumgartenszene und Minnegrotte), *Partonopier* (Meliurs Kemenate) oder – als unmittelbare Vorlage des *Trojanerkriegs* – selbstverständlich auch Helenas *Chambre de Beautés* im *Roman de Troie* (RdT 14631–14958).

377 Vgl. hierzu insbes. den stichomythischen Dialog in Tr 8090 – 8118, bei dem das formale Mittel des Paarreims die raschen Sprecherwechsel kunstvoll verflicht.

378 Diesen Überschusscharakter beschreibt der Erzähler als Dissoziation Medeas: „mit zwîger hande muote / begriffen was ir herze" (Tr 8794 f.).

keiner Selbstreflexion gelangt.[379] Medeas potenzierte Selbstreflexionen sind hingegen Effekt eines Listhandelns, das selbst Liebeskommunikation im Intimraum der Kemenate nicht mehr einzuholen vermag.[380] Entsprechend kippt die erhoffte Liebeseinheit schon bei ihrem ersten Vollzug: Während einerseits Diskurszitate des Minnesangs die Vereinigung zur Einheit stilisieren,[381] wird die Passion andererseits als einseitiges Arrangement enthüllt, wenn Medea planvoll Jasons Voyeurismus reizt (vgl. Tr 9042–9053), ihr eigenes sexuelles Begehren kaschiert und sich nur scheinbar dem männlichen Dominanzanspruch der Penetration unterwirft.[382] *Vriuntschaft* wird damit für den Rezipienten als diskursgestützte Einheits*simulation* entlarvt.

Zweitens spalten auch Asymmetrien des Wahrnehmens und Handelns die Heimlichkeit der Kemenate. Denn Medea und Jason erleben die Liebe konträr: Medea als innere Gefangenschaft und Dissimulation,[383] Jason als äußerlich sichtbare Krankheit; Medea als selbstreflexive, risikobewusst vorangetriebene

---

379 Zum Begriff der figuralen Oberfläche vgl. Müller: *Spielregeln*, S. 243–248.

380 Als Gegenentwurf zu dieser Kommunikationskrise der List ließe sich unter anderem *Partonopier und Meliur* lesen, wo Konrad vergleichbare Asymmetrien im Zuge des Konflikts jedoch austariert – als Enthüllung und Erläuterung auf Seiten Meliurs (Listhandelnder) sowie über den Aventiureweg Partonopiers (Minneritter). Bei Medea und Jason verhindern neue Listen der Verdeckung solche Ausgleichsmöglichkeiten – nicht zuletzt die „Camouflage" von Medeas Minne; vgl. Hasebrink: „Rache als Geste", S. 222f.

381 Im Rahmen des Begrüßungsfestes ruft die Minne bei Medea wie bei Jason dieselben Zeichen der *gradus amoris* hervor; wie die Liebenden voreinander (vgl. Tr 8124) rechnet dies auch der Erzähler der „herzeliebe" zu (Tr 9129, 9150). Im Bett verflechten sich beide ineins und treiben das Liebespiel in enger Umarmung bis zum Morgengrauen, als Jason rasch zum Vlies aufbricht (Tr 9144–9171). Dies alles sind Elemente eines einheitsorientierten Liebesdiskurses, der auf fragile Symmetrien zielt: vgl. etwa im Hinblick auf die Gattung des Tageliedes Kiening, Christian: „Poetik des Dritten". In: *Zwischen Körper und Schrift. Texte vor dem Zeitalter der Literatur*. Frankfurt a.M. 2003, S. 157–175, insbes. S. 165.

382 Wie Dido im *Eneasroman* wird auch Medea zur heimlichen Akteurin eines aktiven Begehrens, das sich im Rahmen androzentrischer Dominanzansprüche als Überwältigung der Frau durch den Mann geben muss: „diu werde küniginne / schiet von ir magetuome. / ir kiuscheite bluome / wart *nâch ir willen* ab genomen" (Tr 9246–9149; Herv. B.G.). Das seit Ovid etablierte, in mittelalterlicher Literatur diskursivierte Problem der aktiven Beteiligung von Frauen an der Liebesvereinigung zitiert der *Trojanerkrieg* an anderer Stelle explizit (vgl. etwa zu Deidamias Defloration Tr 16976–16989); vgl. dazu Sieber: *Medeas Rache*, S. 40 und 131. In Medeas und Jasons Liebesvereinigung verschränken sich indes männliches Dominanzmuster und weibliches Begehren.

383 Ruhelos wandert Medea im eingeschlossenen Innenraum ihrer Kemenate hin und her (Tr 8554f., 8860f.: „nû dar, nû dan, nû sus, nû sô / tet si vil mangen umbekreiz") und meint zu brennen (Tr 8656–8659); nachts springt sie vom Bett „mit clegelicher arebeit" auf und eilt zum Fenster, „wan si dekeine ruowe vant" (Tr 8894–8901).

Verstetigungsarbeit, Jason als strategischen Rollenwechsel vom Minnediener zum Herrschaftsanwärter, der weder reflektiert noch kommentiert wird.[384] Während Medea nur „harte unsanfte" das Verlangen verbergen kann, Jason nach erfolgreicher Widderaventiure in aller Öffentlichkeit zu küssen (Tr 10127–10129), äußert dieser ohne soziale Bedenken oder Rückhalt seine erotischen Wünsche (Tr 10144–10151).

Drittens spaltet die Liebenden auch die Asymmetrie ihrer Gaben: Jason erhält mehr, als er gibt, während Medea sich doppelt für eine Gegenleistung verausgabt, die nur unter institutionellem Druck zu erzwingen ist – und letztlich wieder entzogen wird. Über magische Unterstützung und Rat hinaus bietet Medea sich selbst „ze solde" (Tr 8478), sofern Jason sie rechtmäßig zu heiraten und als Ehemann treu zu bleiben verspreche. Auch in der Kemenate erneuert Medea ihr doppeltes Angebot von symbolischer Selbst(auf)gabe und umfassender Hilfe gegenüber Jason, das dieser jedoch wenig entgegenkommend, erstaunlich einseitig beantwortet:

> ['] ich lêre iuch schæper unde golt
> erwerben und gewinnen,
> dar zuo gib ich ze minnen
> mich selber iu, die wîle ich lebe.'
> 'daz dunket mich ein hôhiu gebe,'
> sprach der ritter aber sâ.
> (Tr 9114–9119)

Gerade die Differenz von Medeas Insistieren auf förmlicher „sicherheit" der Treuezusage einerseits (Tr 8436, vgl. auch Tr 8448) – eilfertig bringt sie ein Jupiterbildnis herbei, auf das sie Jason schwören lässt (Tr 9094–9126) – und Jasons unvermitteltem Wechsel von Dienst zu Dominanz, von Passion zu Ehrorientierung

---

**384** Kaum dass Medea ihm erstmals ihre Hilfe anbietet, inszeniert sich Jason im Sinne des erotischen Dienstmodells der höfischen Lyrik: er stilisiert sich als Diener, Gefangener und Abhängiger von Medeas Gnade; selbst wenn sie ihm nicht zum Vlies verhelfe, wolle er sie „mit triuwen" lieben (8390–8401; 9066–9071) – „swaz ir wellent, daz tuon ich" (Tr 8381). Vgl. zum Dienstmodell allgemein Kasten, Ingrid: *Frauendienst bei Trobadors und Minnesängern im 12. Jahrhundert. Zur Entwicklung und Adaption eines literarischen Konzepts.* Heidelberg 1986; speziell zu Jasons Minnedienst Sieber: *Medeas Rache,* S. 47. – Unter dem Gewand dieses Dienstmodells fordert Jason nach der Liebesnacht von Medea jedoch gebieterisch Unterstützung ein: „vrouw unde herzeliebiu fruht, / sît iuwer minneclîchiu zuht / an mir sî begangen / und ir mich hânt enphangen / ze friunde in iuwer herze guot, / sô trœstent volle mînen muot / und helfent mir ze prîse." (Tr 9173–9179) Was Jason zuvor im Liebescode programmatisch entkoppelt hatte, wird somit wieder zur instrumentellen Verpflichtungsgemeinschaft zusammengeschlossen.

andererseits erweist die Gefährdung der Gabenökonomie. Erotische Passion wird von Kontingenz eingeholt, die gerade den am eindringlichsten beteuerten Treuebindungen im *Trojanerkrieg* eignet.[385]

Aus unterschiedlichen Perspektiven haben Burkhard Hasebrink und Andrea Sieber nachgezeichnet, wie im Verlauf der Erzählsequenz von Jason und Medea soziales Kapital und Liebe in einen politischen Handel mit den Einsätzen ,Ehe für Ehre' transformiert werden.[386] Entscheidend ist, dass diese Transaktion nicht nur ihren Einsätzen nach asymmetrisch ausfällt, sondern auch in ihrer Institutionalisierung. Während andere Götter wie etwa der Kriegsgott Mars als Beschützer des Widders in den Augen Jasons wie Medeas gleichermaßen Geltung besitzt (Tr 8154 f. und 8256), muss ihm Medea die Darstellung Jupiters als göttlichem Garanten des Treueschwurs erst erläutern – offenkundig gibt Jason sein Eheversprechen also auf das Kultbild eines ihm zuvor unbestimmten Gottes.[387] Während außerdem Medeas Eidformel ausführlich und direkt wiedergegeben wird, bietet der Erzähler die Einwilligung Jasons nur wie beiläufig in geraffter Form (Tr 9120 – 9126). Dass die institutionale Einbindung damit für Jason geringer ausfällt, zeigt sich schon bald nach der gemeinsamen Rückkehr nach Griechenland. Als Gegenleistung für weitere magische Hilfsleistungen bietet Jason nun ein weiteres Mal das Treueversprechen an, das doch bereits seit der früheren Zusage zu gelten hätte (Tr 10413 f.: „sô wil ich iemer, sælic wîp, / iuch minnen für mîn selbes lîp"). Treue wird schon an dieser Stelle durch doppelte Verausgabung entwertet, die Ökonomie der Gabe von Beginn an gestört.[388] *Sicherheit*, wie sie Medea erwartete, vermag sie gerade nicht zu geben.

---

385 Vgl. Lienert: *Geschichte und Erzählen*, S. 75 und 289 – 291.

386 Vgl. Hasebrink: „Rache als Geste", S. 221: „Das wechselseitige Begehren wird in dieser Beratung ersetzt durch ein Abkommen, in dem weniger Minne und Gegenminne aufgewogen werden als der symbolische Wert der Ehre gegen die rechtliche Absicherung durch das Eheversprechen"; Sieber: *Medeas Rache*, S. 133: „Medeas symbolische Selbstaufgabe und ihre magische Hilfeleistung [stehen] in keinem Verhältnis zur eingeforderten Wertschätzung und Treue. Sie stellen inadäquate Äquivalente dar".

387 Natürlich ist Jupiter weder für den mythographischen Diskurs des Mittelalters allgemein noch für die Erzählwelt des *Trojanerkriegs* im Speziellen unbestimmt. Dennoch muss ihn Medea erst einführen (Tr 9100 – 9105). Hatte Jason zunächst nur pauschal angeboten, „bî den göten" zu schwören (Tr 8402), so folgt er in der Schwurszene selbst den ausdrücklichen Vorgaben Medeas: „sus leite er ûf daz bilde dâ / die vinger sîn nâch ir gebote / und swuor vil tiure bî dem gote, / der Jûpier dâ hieze" (Tr 9120 – 9123).

388 Die gestörte Ökonomie von emotionalen und sozialen Gewinnen bzw. Verlusten indiziert in der Episode ein Ausdruck, der auch in vielen anderen Situationen des *Trojanerkriegs* inkommensurable Beziehungen bezeichnet: „daz was ir [= Medea] worden *wilde*" (Tr 9093; Herv. B.G.).

All diese Asymmetrien durchlaufen die Kemenate, keineswegs wird sie zum Ort der „Gegenseitigkeit" der Liebesbeziehung.[389] Statt an den geheimen Einheitsort der Liebenden führen derartige Differenzen den Rezipienten nur in immer weitere Innenräume, die für Medea und Jason wechselseitig nur weitere Umwelten entlassen. List potenziert die Unterscheidungen selbst dann noch für ihre Akteure, wenn Ununterschiedenheit Ziel des Liebescodes ist. Noch in der Liebeseinheit verfolgen Jason und Medea getrennte Kalküle.

Innenräume – von der weiblichen Kemenate bis zur topischen Wohnung der Dame im Herzen – zeichnen in den höfischen Liebesdiskurs zwar Grenzen der Kommunizierbarkeit und unverfügbare Bereiche ein, doch bleiben diese in ihrer topologisch-architekturalen Anordnung insofern noch der höfischen Kommunikation eingliederbar, als sie Innengrenzen bezeichnen. Geheimräume, Unzugänglichkeiten oder Sichtgrenzen des Innen fügen sich somit weiterhin dem Anspruch höfischer Repräsentation auf „Totalintegration", ja stabilisieren diesen Anspruch geradezu, sofern sie deren Kontingenzen in Form alternativer oder widersprüchlicher Optionen als Unbeobachtbarkeit im Herzen der höfischen Ordnung ansiedeln.[390] Innenräume symbolisieren so gesehen nicht nur soziale Ordnungen, sondern sichern diese in basalem Sinne, indem sie die Kontingenz ihrer Leitunterscheidungen nicht ausweisen, sondern in sich selbst einlagern.

Der Hof des Oêtas ruft diese Disposition höfischer Kontingenzbewältigung geradezu modellhaft auf, gibt mit Medeas Kemenate jedoch den Blick in einen Innenraum der Heimlichkeit frei, der diskursive Integrationsansprüche sprengt. Statt Intimität und Einheit treten Inkohärenzen der Kommunikation und verschärfte Asymmetrieprobleme zutage. Welche Funktionen haben diese im Kontext der Erzählsequenz?

Schon im Lichte der Diskursvorgaben antiker und mittelalterlicher Trojaüberlieferung erscheinen Innenräume vielfach als prekäre Orte, die Rückzug und Intimität versprechen, aber tatsächlich von Gewalt usurpiert werden.[391] Auch der

---

**389** Lienert: *Geschichte und Erzählen*, S. 61.

**390** Strohschneider: „Kemenate", S. 38; vgl. als Beispiel für solche symbolische Kontingenzbewältigung durch Innenraumszenarien insbes. Strohschneiders Lektüreskizze zur *Arabel* Ulrichs von dem Türlin. Zu Gottfrieds *Tristan* vgl. in dieser Perspektive auch Baier, Sebastian: „Heimliche Bettgeschichten. Intime Räume in Gottfrieds *Tristan*". In: *Virtuelle Räume. Raumwahrnehmung und Raumvorstellung im Mittelalter. Akten des 10. Symposiums des Mediävistenverbandes, Krems, 24.–26. März 2003.* Hg. v. Elisabeth Vavra. Berlin 2005, S. 189–202.

**391** Vgl. Bauschke: „Räume der Liebe", insbes. S. 1–3 und 22, die auf zentrale Umkehrungen der Raumfunktion in Trojaerzählungen verweist: Aggressoren dringen von außen ein und zerstören, wenn beispielsweise Jason das goldene Vlies sowie Medea aus Kolchis raubt oder Hesiona und Helena aus Tempeln entführt werden; auch die List des trojanischen Pferdes verkehrt (äußere) Schutzfunktion und (inneres) Gewaltpotential im Medium eines Innenraums.

*Trojanerkrieg* folgt diesen Vorgaben, steigert jedoch ihre Irritationspotentiale, indem öffentlicher Raum und subjektiver Gefühlsraum als organisierende Unterscheidung zusammenbrechen:[392] List und strategische Verstellung durchkreuzen ihre Abgrenzung und dringen noch in den engsten Kreis der Intimkommunikation ein. Grenzen vervielfältigen sich, werden gekreuzt und dadurch als Grenzen irritierend: Die Kemenate produziert damit Heimlichkeiten noch unter den Liebenden selbst. „Liebe muss kommuniziert und ausgelebt werden oder sie wirkt sich zerstörerisch auf die Betroffenen aus"[393] – dies beschreibt nicht nur das Programm des mittelalterlichen Diskurses über Liebe als Krankheit, sondern verweist auf grundlegende Schwierigkeiten der Jason-Medea-Episode. Zerstörerisch wirkt sich für die Liebenden aus, dass sie über keine stabilen Unterscheidungen verfügen, mit denen sie kommunizieren oder handeln könnten.

In dieser Perspektive wären die vielfältigen Bezüge[394] der Episode auf Gottfrieds *Tristan* nicht bloß als Ehrerbietung gegenüber dem stilistischen Vorbild zu lesen, sondern vielmehr als punktuell markierte Umkehrungen des Tristanmodells. Wie Tristan und Isolde finden auch Jason und Medea über Akte der Dissimulation und magische Unterstützung zusammen. Aber die Einheit der Liebesdyade, die der Tristanroman in fragiler Balance gegenüber der höfischen Gesellschaft hält,[395] ist im *Trojanerkrieg* gespalten und mehrfach asymmetrisch. Medea sucht diese Kluft zu schließen, indem sie Passion an Sozialreferenz rückzukoppeln versucht und das Eheverhältnis zur Bedingung ihrer Hingabe macht. Jason aber beantwortet Medeas Skrupel mit bloßer Verfügung. Schon früh bleibt Medea einseitig auf Selbstreflexion zurückgeworfen, die sich auf der Erzähloberfläche als scheinbare Relikte einer früheren Bearbeitungsstufe zeigen, in erster Linie aber auf soziale und kommunikative Kontingenzen der Liebesdyade aufmerksam machen. So programmatisch also die Erzählung von Jason und Medea den passionierten Liebescode aufruft, so grundlegend wird dieser außer Kraft gesetzt. Was normalerweise durch passionierte Unterscheidungen in den Innenraum der Kemenate eingelagert wird, tritt als Unbestimmtheit über die Intimität hinaus.

---

392 Unterscheidung nach Sieber: *Medeas Rache*, S. 107.

393 Sieber: *Medeas Rache*, S. 38.

394 Vgl. neben den erwähnten Analogien zwischen Medeas und Isoldes Schönheitsbeschreibungen auch Minnetrank-Anspielungen (Tr 7666 f.) oder die Ambivalenz von Medeas erotischem *trûren*; wie das Zauberhündchen Petitcreiu lässt später auch der Widder „manic süeziu schelle" erklingen, wenn er sein Fell schüttelt (Tr 10052–10055).

395 Auch Tristan und Isolde bedürfen des Hoflebens, auch die passionierte Liebe von Gottfrieds *Tristan* ist in soziale Räume eingebettet. Dennoch erzählt Gottfried diese Relation als Inklusion, in die sich die Liebenden vor der Gesellschaft zurückziehen (in die Kemenaten auf dem Schiff bzw. in Cornwall, in den Baumgarten, in die Minnegrotte).

In funktionaler Hinsicht bietet die Episode damit einen Kontrapunkt zum Kriegserzählen. Bestimmen die Kriegsdarstellung vielfältige Techniken, die semantische und narrative Kontingenz reduzieren, so zielt die Jason-Medea-Minne in entgegengesetzte Richtung, indem sie Kontingenz und Irritationen potenziert. Beide Strategien, so lässt sich schließen, spielen zusammen.

(4.) *Jasons Sozialisierung zum Herrscher – Medeas Alienisierung als Zauberin.* Diese Hypothese bestätigt die weitere Figurenzeichnung, die Jason und Medea fortschreitend dissoziiert. Nach dem Schema des Übergangsritus durchläuft Jason drei Stadien, die ihn zum Herrscher sozialisieren.[396] Der Weg aus Medeas Kemenate in Kolchis auf die Insel des goldenen Vlieses führt ihn zunächst in größtmögliche räumliche und soziale Isolation; mit einer bewegenden Abschiedsszene und dem Motiv der gefährlichen Meerfahrt ist diese erste Ablösungsphase als symbolische Jenseitsreise inszeniert.[397] Hierauf folgt als liminale Phase eine Aventiurekette, in der Jason feurige Stiere, einen Drachen und ein Kriegerheer nur um den Preis vorübergehenden Identitätsverlustes überwältigen kann: Um seine Haut mit Medeas Feuerschutzsalbe bestreichen zu können, muss Jason kurzzeitig seine Rüstung ablegen (Tr 9540 – 9553); die erniedrigende Gewalterfahrung der Widderaventiure als symbolischem Tod kann Jason somit nur unter der verdoppelten Haut von weiblichem Schutzzauber und heroischem Habitus bestehen – sein eigener Status als Ritter aber wird zwischen Handlungsaktivität und Abhängigkeit, Gefährdung und Sicherheit kurzzeitig hybride. Nach anfänglicher Selbstüberschätzung lernt Jason, die Ambivalenz dieses Übergangszustands erfolgreich zu nutzen: Wenn Jason schließlich das Widderfell in einem Paradiesgarten nach gewaltloser Selbsthäutung des Tieres aufliest (Tr 9990 – 10079), gewinnt er mit dieser dritten, goldenen Haut symbolisch einen Habitus höherer Stufe, der ihm nach Duldung und Einsatz von Gewalt nun quasi gewaltlos zufällt. Entsprechend führt seine Rückkehr nicht nur zur Reintegration in die kolchische Gesellschaft, bestätigt durch Heirat und offizielle Begründung einer eigenen *familia* (Tr 10188 – 10205); mit der Rückkehr nach Griechenland unmittelbar verbunden ist auch Jasons Aufstieg zur Königsherrschaft. Verlust und Hybridisierung

---

396 Ich stütze mich im Folgenden auf die Argumentation von Sieber: *Medeas Rache*, S. 62 – 69 auf Basis der Ritualtheorien Arnold van Genneps und Victor Turners.

397 Vgl. v. a. die allgemeine Anteilnahme bei Jasons Aufbruch (Tr 9440 – 9483): „si heten angest under in, / daz er niemer kæme wider. / [...] / dâ weinten lûter ougen, / dô der helt kêrt ûf den wac, / wan Hercules sîn lieber mâc / der schiet von im sô kûme sich / und wart sîn clage sô jæmerlich, / daz al die werden ritter / sorg unde trûren bitter / mit im ze herzen sluzzen" (Tr 9446 f., 9450 – 9457). Jasons Überfahrt schildert der Erzähler als Kontingenzrisiko der Vereinsamung: „hin ûf daz mer tief unde breit / fuor Jâson aleine / in einem schiffe cleine" (9464 – 9466).

der Identität münden in die soziale Identität höherer Stufe: „dô wart enphangen er sô wol, / daz man enphâhen niemer sol / baz dekeinen künic doch" (Tr 10247– 10249). Das Konkurrenzproblem der Ehre, das Jasons Reise anstieß, scheint durch diesen symbolischen Dreischritt bewältigt.

Während sich Jason somit zum männlichen Herrschaftsnachfolger entwickelt, bleibt Medea ein vergleichbarer sozialer Übergangsritus zur Königin verwehrt.[398] Stattdessen verschärfen sich ihre ambivalenten Züge als fremder Zauberin, die in Kolchis zunächst als schillerndes Mischwesen von Schwarzkunst und Gelehrsamkeit präsentiert worden war, nun jedoch ins Zwielicht misogyner Wissenskritik gerät.[399] Eindrücklich spiegelt dies die magische Szene um den Verjüngungszauber an Jasons Vater Eson, für die der *Trojanerkrieg* über die Vorlage des *Roman de Troie* hinaus wieder auf Ovid zurückgreift.[400] Im Mondlicht schleicht sich Medea unbemerkt in den Wald, um ihren Zauber (Tr 10519: „lâchenîe") vorzubereiten:

> si wolte zouberîe
> dâ briuwen unde stiften.
> von swarzer buoche schriften
> begunde si dâ kôsen.
> si kunde ir aller glôsen
> ergründen und ir volleist;
> des wart vil manic wilder geist
> von ir gemüniget und gemant.
> ein göttîn Eckaten genant,
> diu mit ir meisterschefte pflac
> der zouberîe manigen tac,
> seht, die beswuor si tiure
> [...]
> si sprach sô vrevelîchiu wort
> von zouberlichen sachen,
> daz der walt erkrachen
> begunde von ir sprüchen
> und sich ze wîten brüchen
> vil herter vlinse dô zercloup.
> loup unde bluot, gras unde krût
> ir stengel dâ begunden wegen.

---

398 Darüber täuscht auch die Tatsache nicht hinweg, dass der Erzähler Medea fortan als „küniginne" tituliert: z. B. Tr 10440, 10696, 10778, 10868.

399 Dieses misogyne Wissensprofil teilt Medea etwa mit der Gralsbotin Cundrie in Wolframs *Parzival*; vgl. dazu Wachinger: „Wissen und Wissenschaft", S. 16 f.

400 Benoîts Darstellung bricht dagegen mit der Rückkehr nach Griechenland ab; vgl. RdT 2042–2044.

sich muoste manic tolde regen,
dô si lac an ir gebete
(Tr 10520 – 10531; 10536 – 10547)

Als sich das beschworene Unwetter legt, erscheint ein Drachenwagen, um Medea ins „wilde lant" Thessalien zu tragen (Tr 10604), wo sie magische Ingredienzien für die verjüngende Infusion sammelt. Mit realistischem Detailreichtum bemüht sich der Erzähler um sinnlich-affektive Vergegenwärtigung der Beschwörungsszene, die deiktische Imperative („seht") zusätzlich verstärken. Leitet die Beschwörung inhaltlich zu einer Szene des Mischens über, so fließen dazu nicht nur heterogene Ingredienzien, sondern auch unterschiedliche Wissensquellen zusammen: über einem Feuer von Aloenholz (Tr 10648) legt Medea einen Sud aus den Wassern des Paradiesflusses (Tr 10658 – 10667), Balsam und anderen thessalischen Heilkräutern an (Tr 10596 – 10607), in dem sie ein hundertjähriges Krähenhirn (Tr 10670 – 10678), das Herz einer frisch gehäuteten Schlange (Tr 10679 – 10695) und Hirschhorn (Tr 10696 – 10699) einkocht. Theologisch imprägnierte Wissensbestände (Paradiesfluss; häutende Schlange)[401] stehen neben volksmedizinischen Zutaten (Krähenhirn und Hirschhorn).

Weitere Mischungen bestimmen die Szene, wird doch Medeas Magie einerseits als akkurates Handwerk geschildert, andererseits als dämonistische Performance auratisiert: Medea putzt und lüftet sorgsam die gesammelten Kräuter (Tr 10632 – 10641), transportiert das Paradiesflusswasser in goldenen Fässern herbei (Tr 10664 f.), zerbricht den Krähenschädel, um an das Hirn zu gelangen (Tr 10672 – 10676) und fängt die Schlange eben in dem Moment, da diese sich häutet (Tr 10679 – 10691); dagegen werden Medeas aktivierende Formeln und Schriftzeichen vom Erzähler als Arkanwissen verhüllt und (wie ihr Narkosezauber an Eson) nur indirekt angedeutet.[402] Auf der einen Seite sind Medeas Verrichtungen in aufklärerischer Perspektive als kräuterkundige Naturbeschwörung und pharmazeutische „meisterschaft" lesbar (Tr 10383, 10449, 10472, 10529), wie auch der Erzähler in einer seltenen Publikumsanrede zum Verjüngungswunder betont:

---

401 Zum Paradiesfluss vgl. Grimm, Reinhold R.: *Paradisus coelestis, paradisus terrestris. Zur Auslegungsgeschichte des Paradieses im Abendland bis um 1200*. München 1977, S. 121 – 128; zur Verjüngung der Schlange vgl. z. B. *Der Millstätter Physiologus*. Text, Übersetzung, Kommentar. Hg. u. übers. v. Christian Schröder. Würzburg 2005, S. 98 f. (Nr. 82, „Die Viper"); zu weiteren Belegen vgl. Schmidtke: *Tierinterpretation*, Bd. 1, S. 396 – 398 und 401.

402 Vgl. Tr 10522: „swarzer buoche schriften"; Tr 10524: „glôsen"; Tr 10536 f.: „vrevelîchiu wort / von zouberlichen sachen"; Tr 10552 f.: „vigûren […] / in fremder forme bilde"; Tr 10555: „wunneclich[e] buochstaben"; Tr 10558: „karactêr[e]". Zum Narkosezauber vgl. Tr 10746 – 10749: „si rûnte im einer slahte wort / dar in sîn ôren beide, / dâ von er zuo der heide / viel in marmels und entslief."

> Diz wunder daz endunke iuch niht
> ein gar unmügelich geschiht,
> wan ez möhte wol geschehen.
> man hât der würzen vil gesehen,
> die tugent heten unde maht.
> (Tr 10847–10870)

Auch dies ist lupenrein euhemeristisch argumentiert: Wenn sie Hekate als „götîn" (Tr 10528) anruft, so stützt sich Medea dazu auf schriftgebundenes Wissen („glôsen", Tr 10524), das ihre Magie als „meisterschaft" in Naturkunde (Tr 10861), die „list" ihres Verjüngungszaubers als avancierte Arzneimittelkunde enthüllt.[403]

Dies vermischt sich auf der anderen Seite mit der mythischen Perspektive: Medea beschwört „vil manic wilde[n] geist" (Tr 10526) und „die göte" (Tr 10582) für ihre „zouberîe" (10464, 10520, 10537, 10565),[404] deren performative Elemente von der Schrift der Erzählung nicht im Einzelnen abgebildet werden (vgl. z.B. Tr 10746–10749). Beeindruckt schildert der Erzähler das „fremde wunder" (Tr 10732) der Erneuerung, als der Erdboden unter dem Kessel vom herabrinnenden Schaum des Zaubersudes neu zu grünen beginnt:

> der schûm, der ab den würzen trouf,
> der schuof, daz er zehant gebar
> krût unde bluomen lihtgevar
> und er sich muoste erniuwen.
> dis arzenîe briuwen
> Mêdêâ sus begunde.
> wan si mê liste kunde,
> denn alliu wîp besunder.
> (Tr 10724–10731)

Heidnische Kultpraktiken werden somit sowohl affirmiert als auch naturmagisch dekonstruiert,[405] dämonische Götterbeschwörung und pharmazeutische Kunst stehen sich nicht disjunktiv gegenüber, sondern verschränken sich in Medeas „künste lâchenie" (Tr 10519).[406] Das Wissen der *list* beginnt zwischen Naturtechnik

---

**403** Zu Medeas „arzenîe" bzw. „(arzenîe) list" vgl. Tr 10465, 10455, 10592; vgl. auch 10713, 10728, 10730, 10781, 10798, 10803; andere Stellen bezeichnen dies schlicht als „kunst": vgl. Tr 10473, 10481.
**404** Vgl. auch Tr 10519: „lâchenîe".
**405** Zur Struktur dieser euhemeristischen Paradoxie vgl. ausführlich Kap. III.1.
**406** Anders Lienert: *Geschichte und Erzählen* im Hinblick auf die Kontrastfolie Ovids: „Konrad schildert ausschließlich (ausführlicher als Ovid) die Zubereitung des Verjüngungsmittels [...], nicht magisch-dämonische Götterbeschwörung [...], sondern medizinisch-pharmazeutische Kunst" (S. 71).

(„arzenîe" von „würzen") und unverfügbarem Schöpfungswunder („gebar", „erniuwen") zu schillern.[407]

Wie grundsätzlich im *Trojanerkrieg* verweisen Situationen und Semantiken des Mischens auch in Medeas Magiepraxis auf fundamentale epistemische Irritationen. Indem Medea auf diese Weise konkurrierenden Ordnungen zugerechnet wird, entzieht sie sich letztlich der Zuordnungskapazität des mythographischen Diskurses und dessen um wahre Bezeichnung ringenden Kalkül. Sie wird, endgültig besiegelt durch den Rachemord an Peleus (Tr 10886 – 11183), zur „Außer-Ordentliche[n]" und Fremden der Ordnung,[408] die in ihren magisch beförderten Reisen im Drachenwagen auch für die höfische Raumordnung ungreifbar wird. Ambivalenzen der Identität, wie sie Jason transitorisch in der Widderaventiure erlebte und hinter sich ließ, vertiefen sich für Medea.

(5.) *Destruktionen des Wissens.* Diese Verschärfung von Ambivalenz ist als Wissenskrise, speziell als Krise weiblicher Wissbegierde inszeniert, die Medea aus ihren sozialen Bindungen in Griechenland reißt (vgl. Tr 10876 – 10885). Kaum hat sich der Kreislauf der Ehrkonkurrenz mit dem Mord an Peleus geschlossen, überkommt sie ein autobiographischer Drang:

> diu schœne diu kam über ein
> und wart ze râte des zehant,
> daz si wolte fremdiu lant
> beschouwen und der stete vil,
> dâ man si lêrte zouberspil
> dâ vor in blüender kintheit.
> (Tr 11188 – 11193)

Zum Zeitvertreib (Tr 11195: „durch kurzewîle") begibt sich Medea auf ausgedehnte Bildungsreise zu den Wurzeln ihrer Ausbildung. Räumliche Entfernung, zeitliche Absenz und die Aktivität ihres Begehrens entfremden sie entscheidend von Jason:

> dar under wart Jâson gepfant
> an triuwen und an êren.
> dô si niht widerkêren
> wolt in vil kurzen stunden,
> dô wart sîn muot gebunden
> mit niuwer liebe minne,

---

**407** Diese Ambivalenz der Magie liest Hasebrink: „Ambivalenz des Erneuerns", S. 216 als grundsätzliche Ambivalenz des Erneuerungsanspruchs im *Trojanerkrieg*; vgl. ausführlicher auch Hasebrink: „Rache als Geste", S. 211 f. und 223 – 227.
**408** Waldenfels, Bernhard: *Grundmotive einer Phänomenologie des Fremden.* Frankfurt a.M. 2006, S. 31; zur Ordnungsstörung von Fremdheit vgl. auch S. 19 – 21.

> wan er dô sîne sinne
> leit ûf ein ander wîp zehant.
> (Tr 11198–11205)

Gibt Medeas Ausbleiben demnach auch den Anstoß zur Untreue, so führt erst die Verflechtung von drei weiteren Ursachen die Katastrophe herbei. Mit „valsche[m] muote" (Tr 11221) vergisst Jason die Verdienste Medeas ebenso rasch, wie er seine Augen auf andere Frauen wirft; seinen Wankelmut verführt die „friuntschaft" (Tr 11209) der attraktiven Thebanerin Creusa; schließlich erklärt der Erzähler auch eine allgemeine pessimistische Minneanthropologie der „unstætekeit" (Tr 11228, 11243) verantwortlich: Neugier und Neuerungssucht der Liebe provoziere viele Herzen zum Fehlschluss, „bewærtiu friuntschaft" durch frische Liebhaber ersetzen zu wollen (Tr 11228–11261). Weibliche Wissbegierde und erotische Neugier – „vürwitz" (Tr 11235) – erhebt der Erzähler zu analogen Gefahrenquellen, die sich in der tödlichen „list" (vgl. Tr 11297) des vergifteten Kleides vollenden.

Doch weder Minnerede noch exempelhafter Erzählerkommentar zu Jasons fataler Unbeständigkeit vermögen das volle Ausmaß der Katastrophe zu steuern. Zu zahlreich sind ihre Aporien: Schuldzuweisungen stehen widersprüchlich gegeneinander (einseitige Untreuevorwürfe an Jason [Tr 10206–10221] gegen einen Ursachenkomplex, in den Medea maßgeblich verstrickt ist); *vriuntschaft* wird als grundsätzlich labile Nahbeziehungsform gescholten (Tr 11209) und wenig später gepriesen (Tr 11253); so wie Medea zuerst für Jason entschwindet, entgleitet sie schließlich auch dem Sichtkreis der Erzählung: „und war Mêdêâ kæme sît, / daz wirt ouch von mir hie verswigen" (Tr 11354 f.).[409] Die Destruktionen, die im *Roman de Troie* ausgespart blieben, erfassen im *Trojanerkrieg* sämtliche Erzählebenen.

Die gesamte Jason-Medea-Handlung lässt sich damit als planvolle Kette der *liste* ordnen, die von erotischer Dissimulation über magische Erneuerungstechnologien bis zum tödlichen Kunsthandwerk reicht. Doch stiften ihre Episoden keine Ordnung – im Gegenteil: Soziale, kommunikative, personale, mythographische, ethische und narrative Unterscheidungen vervielfältigen und destabilisieren zunehmend die Erzählordnung. Grundlegend erschwert wird damit, die Irritationspotentiale, die der Binnenroman von Jason und Medea im Zeichen von

---

409 Auch in anderen Liebesdyaden verschwinden Frauenfiguren jäh in den „‚Abgründen' des Erzählten" (Sieber: *Medeas Rache*, S. 5): Zusammen mit Paris verlässt der Erzähler abrupt die Nymphe Oenone, nachdem Paris seinen Liebesschwur in einer Baumrinde verewigt hat (Tr 778–803); schwören sich Achill und Deidamie auch bei ihrem Abschied unverbrüchliche Treue und Angedenken, so lenkt Ulixes gleich zu Beginn der Überfahrt nach Troja die Gedanken Achills von Frauenliebe restlos auf den Krieg in Männergesellschaft (Tr 29445–29457); während der Untergang des Hercules bis zum Ende auserzählt wird, verschwindet seine Geliebte Deianira ebenfalls abrupt aus der Narration (Tr 38537).

*vriuntschaft* entfaltet, überhaupt einer geordneten Beobachtung zu unterwerfen. Denn weder ist sein „destruktive[s] Potenzial unreglementierten Begehrens" auf den Sündenfall des männlichen Geschlechts begrenzt, noch lässt sich die Erzählsequenz auf ein pessimistisches Minneprogramm reduzieren.[410] Vielmehr werden grundlegende Entdifferenzierungsprobleme von Nahbeziehungen erkennbar, die durch Ambiguisierung von Listlogiken und Wissen zentrale Aporien höfischer Kultur und ihrer literarischen Entwürfe offenlegen: der Akkumulation von Ehre, der Mehrfachcodierung und Manipulierbarkeit von Zeichen, aber auch grundsätzlich des Wucherns von Nahbeziehungscodes, die kaum ausdifferenziert sind. Wenn sich solche Irritationspotentiale als Geschichten des erotischen Begehrens manifestieren, so übersteuert der *Trojanerkrieg* mit ihnen zugleich konstitutive Ambivalenzen höfischer Ordnung.

Versteht man den höfischen Roman als Versuchsserie, die in verschiedenen Entwürfen Intimität und Sozialreferenz zu ordnen versucht und dabei mit neuen Kontingenzbeträgen experimentiert, so wäre das Medium Liebe grundsätzlich als Experiment kommunikativer Ordnung aufzufassen. Der *Trojanerkrieg* schreibt diesen Versuch fort, insofern er den Minneroman des *Roman de Troie* um Jason und Medea aufnimmt, erweitert und auch an anderen Stellen weitere Minnehandlungen nach antiken Quellen hinzufügt (z.B. Paris/Oenone, Achill/Deidamia). Doch zielt die Liebesgeschichte von Jason und Medea nicht auf Ordnung, sondern auf Unordnung der Unterschiede: Liebesdyaden funktionieren dabei als narrative Kerne, die, anstatt sich durch Unterscheidung zu stabilisieren, gerade ihre Unterscheidungen fusionieren – ein Prozess, für den der Erzähler mehrfach das eindrückliche Katastrophenbild des Einschmelzens von Liebesbeziehungen verwendet.[411] Jason und Medea vervielfältigen, überlagern und asymmetrisieren Unterscheidungen, bis diese als Unterscheidungen zusammenbrechen. Ihr Ergebnis sind unbestimmte Komplexitäten mit hohen Kontingenzbeträgen. Sie erscheinen als Inkohärenzen der Figurenzeichnung und Widersprüche des Plots, die nur allzu leicht für Kompositionsfehler oder Auflösungserscheinungen höfischer Erzählmodelle gehalten werden müssten, wenn nicht verbindende Semantiken (wie etwa *vriuntschaft*) und ähnliche Unterscheidungslogiken (wie etwa *list*) ihr planvolles Arrangement erwiesen.

Wie mit der exemplarischen Analyse deutlich wurde, ziehen Fusionen dieser Art verschiedene Formen des Interdiskurses der *vriuntschaft* in sich hinein: Jason und Medea durchlaufen politische, soziale, erotische, personale und ethische

---

**410** Sieber: *Medeas Rache*, S. 130 und 128; vgl. auch Lienert: *Geschichte und Erzählen*, S. 289 f. und Pfennig: *erniuwen*, S. 119.

**411** Vgl. neben dem Ende Jasons und Creusas (Tr 11300 – 11302) vor allem den Tod des Hercules (Tr 38432– 38435).

Nahbeziehungen und verunsichern die Unterscheidungsleistung der mit ihnen aufgerufenen diskursiven Muster. Kompositionell werden solche impliziten Fremdreferenzen und ihre Fusionen eng auf das Kriegserzählen des *Trojanerkriegs* bezogen: Von Medeas Rache wendet sich der Erzähler unmittelbar der ersten Zerstörung Trojas zu; die transitorische Phase von Achills *cross-dressing* und seiner Liebesbeziehung zu Deidamia sind unmittelbar in das Kriegserzählen der zweiten Zerstörung eingelagert; die Minneerzählung von Hercules und Deianira, die ebenfalls Krisen der Unterschiede durchläuft, wird in einer Schlachtpause des Trojanischen Kriegs erzählt. Erzählfunktional erzeugen die Liebesdyaden des *Trojanerkriegs* somit epistemische Irritationspotentiale, die direkt mit dem Kriegserzählen verbunden werden. Damit erweist sich im Falle von Jason und Medea wie in anderen fusionierenden Liebesepisoden: Fremdreferenz als Diskursreferenz und Selbstreferenz der Massenschlachten vor Troja sind engstens aufeinander bezogen. In der ausführlichen Rekonstruktion zeigt sich das Bezugsverfahren als Serie ineinandergreifender Verschiebungen, die vielfältige Diskursreferenzen der *vriuntschaft* mit Figuren verbinden, deren Konstellation aber zunehmend destabilisieren.

Dieses Verfahren korreliert mit einem Verschiebungsprinzip auf übergeordneter Stufe, dem die Jason/Medea-Episode eingefügt ist. Konrad erzählt das Ursachengeflecht des Trojanischen Kriegs als transformative Kette, die nacheinander Erzähl- bzw. Begründungsstufen verschiebt und auflöst (Kap. III.3.1.5: u. a. Parisurteil, politisch-soziale Rachehandlungen, Konkurrenz um Helena). Auf Ebene der Einzelepisode wie auf globaler Ebene des Erzählens werden somit Unterscheidungen gehäuft, verschoben und fusioniert – ein gemeinsames Erzählprinzip zeichnet sich ab, das in das Kriegserzählen einmündet und seinen ästhetisch-rhetorischen Abschluss in der Figur Helenas als absoluter Selbstreferenz des Krieges findet, deren epistemischer Status näher zu beleuchten sein wird (Kap. V.2.2). Es ist somit gerade diskursivierte Fremdreferenz, die den Weg zu umfassender Selbstreferentialisierung bereitet.

### 2.1.5 Kampfbegegnungen der *vriuntschaft*

Epistemisch relevant werden im *Trojanerkrieg* auch eine Reihe von Kampfbegegnungen, die man als Kämpfe mit dem Freund oder Verwandten charakterisieren könnte – auch dies umfasst die Semantik von *vriuntschaft*. Peleus und Hector kämpfen stellvertretend für den Jupiterhof bzw. die trojanischen Gäste des Hochzeitsfestes um Paris, dieser trifft wiederum in einem Schaukampf auf seinen (unerkannten) Bruder Hector; den Ausgang der zweiten Schlacht vor Troja bestimmt – entgegen der antiken Trojaüberlieferung der *Ilias* – maßgeblich der Verwandtenkampf zwischen Hector und Ajax, die sich als Onkel und Neffe erkennen; auch im Zweikampf von Menelaus und Paris treffen Kontrahenten aufeinander, deren Sippen durch Helena miteinander verklammert sind.

Freundschaftskämpfe in diesem erweiterten Verständnis, so hatte Wolfgang Harms in einer grundlegenden Studie aufgewiesen, verhandeln im Rahmen mittelalterlicher Diskurse über Nahbeziehungen soziale Zugehörigkeit und Agonalität, indem sie epistemologische Krisen entfalten:

> Wenn es in den Verwandten- und Freundeskämpfen neben vereinzelten typischen Zügen eine über alle Gattungsgrenzen hinweg dominierende Eigenart des Verwandten- und Freundeskampfes gibt, so ist es das Thema des Widerstreits von Wissen und scheinbarem Wissen und des Wandels vom Verkennen zum Erkennen.[412]

Verkennen und Erkennen des Freundes oder Verwandten sind – um den Ausdruck von Harms aufzugreifen – durchaus „Thema" von Freundschaftskämpfen, insofern sie Möglichkeiten und Aporien der Identitätskonstruktion über Freundschaft und Verwandtschaft ausloten. Wenn Verwandte oder Freunde in mittelalterlicher Literatur aufeinanderprallen, stehen jedoch nicht nur Themen der Identitätsfindung, „Erkennungsprozeß[e]" oder soziale Formen zur Debatte.[413] Wie Burkhard Hasebrink am Beispiel der Freundschaftskämpfe in Hartmanns *Erec* aufgewiesen hat, eignen Kampfbegegnungen der Nahbeziehung auch nicht-reflexive, performative Dimensionen:[414] Heldenepik und höfischer Roman erzählen kriegerische Nahbegegnungen, um in ihnen heroische bzw. höfische Habitus herzustellen, ohne dass dabei stets Erkenntnisprozesse offen verhandelt werden müssten.

Angesichts der erheblichen Varianz von Freundschaftskämpfen nach Themen, Rahmenbedingungen, Gegnerprofilen und Gattungen hatte Harms nur zögerlich vom „Erkennungsprozeß" als funktionaler Konstante gesprochen.[415] Auf welchen Ebenen Erkennen und Verkennen anzusetzen sind, wenn Verwandtschaft nicht durchgängig als Thema exponiert oder Erkennen problematisiert wird, blieb allerdings offen. Für den *Trojanerkrieg* und seine Kampfbegegnungen der *vriuntschaft* ist diese Frage unmittelbar relevant. Wie im Folgenden zu untersuchen ist, werfen Zweikampfkonstellationen der Nahbeziehung für den Rezipienten kognitive Zumutungen auf, die vielfältige Paradoxierungen von Einheit und Dif-

---

**412** Harms: *Kampf mit dem Freund*, S. 220.

**413** Harms: *Kampf mit dem Freund*, S. 221; vgl. auch Brall, Helmut: „Geschlechtlichkeit, Homosexualität, Freundesliebe. Über mann-männliche Liebe in mittelalterlicher Literatur". In: *Forum Homosexualität und Literatur* 13 (1991), S. 5–27, hier S. 26 f.

**414** Vgl. Hasebrink: „Erecs Wunde"; nur am Rande hatte Harms: *Kampf mit dem Freund*, S. 205 vermerkt, dass Erkennensszenen von Freundschaftskämpfen „meist als Handlung [...], selten als Denkprozeß" dargestellt seien.

**415** Vgl. Harms: *Kampf mit dem Freund*, S. 207–222, insbes. S. 221 f.

ferenz betreffen.[416] Freundschaftskämpfe stimulieren demnach Unterscheidungsleistungen, die nicht nur Themen mit sozialer Dramatik konstituieren, sondern grundsätzliche Zurechnungsleistungen der literarischen Kommunikation betreffen. Das schwierige Zugleich von Affinität und Agonalität, das Freundschaftskämpfen ihre spezifische Spannung verleiht, erfordert gesteigerte Verarbeitungsleistungen hinsichtlich

- der Informationsvergabe (Einheit *und* Differenz des Wissens auf Figuren-, Erzähler- und/oder Rezipientenebene);
- der Handlungsrollen (Einheit *und* Differenz zwischen Aggression und Verteidigung, zwischen Opfer- und Täterschaft);
- der Modalisierungen des Wissens (Einheit *und* Differenz z.B. hinsichtlich Wissen/Nichtwissen, Erkennen/Verkennen, Ahnen/Verdrängen usw.);
- der Prozessierungsformen bzw. Schemata (Einheit *und* Differenz z.B. von Reflexivität und Performativität);
- der Evaluation (Einheit *und* Differenz von Anteilnahme und Distanzierung auf Seiten von Beobachtern und Erzählinstanzen);
- der Dynamik (Einheit *und* Differenz von Eskalation und Depotenzierung, z.B. von heroischen, juristischen, sozialen und anderweitigen Bindungen);
- der Extension (Einheit *und* Differenz von Kontinuität und Kontingenz, z.B. von universalen und partikularen genealogischen Konzepten, aber ebenso hinsichtlich umfassender oder eher episodischer narrativer Einbindung).

Nicht nur genealogisches Wissen oder soziale Muster, sondern die Bedingungen ihrer Erkennbarkeit bringen literarische Freundschaftskämpfe auf die Bühne des Erzählens. Die Herstellung von Identität und Differenz erscheint auf ihr nicht nur als „handlungsimmanente[s]" Thema, so die These der nachfolgenden Analysen, sondern primär als Experimentalanordnungen für ihren Rezipienten.[417] Ihre

---

**416** Die mediävistische Forschung hat diese Konfigurationen vornehmlich als Einheitskonstrukte verstanden: vgl. z.B. Ertzdorff: „Höfische Freundschaft", S. 202 zum „Einssein in der höfischen Freundschaft", „die auch [...] Verschiedenheit trägt". Diese Einheitskonstruktionen können ihre Differenzen jedoch bei genauerer Hinsicht kaum stabilisieren. Angemessener wäre daher, nach dem Zusammenspiel von Einheit und Differenz in Freundschaftsentwürfen und ihrer narrativen Repräsentation zu fragen. Pointiert spricht z.B. Winst, Silke: *Amicus und Amelius. Kriegerfreundschaft und Gewalt in mittelalterlicher Erzähltradition.* Berlin, New York 2009 vom „Kampf gegen die Differenz" (Kap. 1) und arbeitet am Beispiel von Amicus-und-Amelius-Erzählungen die Gewaltpotentiale auf, die solche Einheitskonstrukte allenfalls überspielen, nie aber verabschieden.
**417** Auf diese Doppelung war Harms: *Kampf mit dem Freund*, S. 61 am Beispiel von Rüedegers *triuwe*-Konflikt im *Nibelungenlied* gestoßen, hatte jedoch Erkennensmomente („Gnorismata")

epistemischen Implikationen für die Wissensförmigkeit des *Trojanerkriegs* und ihre interdiskursiven Grundlagen gilt es an vier prominenten Fällen zu erschließen.[418]

(1.) *Hector, Ajax und die Latenz genealogischen Wissens.* Hector und Ajax treffen in der zweiten Schlacht als Blutsverwandte mit antagonistischer Gefolgschaftstreue aufeinander, als Gott das Schlachtgeschehen zugunsten der Griechen wendet (Tr 37054–37584). Hatte Benoîts *Roman de Troie* den Zweikampf zwischen Hector und Ajax in einer knappen Erkennensszene vergleichsweise abrupt enden lassen (RdT 10121–10186),[419] so entfaltet der *Trojanerkrieg* eine deutlich komplexere Szene, die gerade durch ihre Paradoxierungen erhebliche Differenzierungsleistung erfordert.

Paradox werden zum einen genealogische *Informationen* für Figuren, Erzähler und Rezipienten vergeben. Während der Erzähler des *Roman de Troie* gleich zu Beginn der Begegnung Ajax' trojanische Abstammung herausstellt (RdT 10126–10132), lüftet sich dessen Identität im *Trojanerkrieg* erst allmählich – und widersprüchlich. Hector tritt zunächst nur ein namenloser „ritter" entgegen (Tr 37124 – erst in 37138 für den Rezipienten als Ajax benannt). Tapferkeit und Stärke des unbekannten Gegners scheinen dem Trojaner jedoch instinktiv verwandt: „sîn rehter mâc vil nâhe schein" (Tr 37127). Semantiken des Scheinens (vgl. auch Tr 37136 f.) bezeichnen eine Schwebesituation, die für Figuren und Rezipienten unterschiedlich auflösbar ist: zweimal weist der Erzähler genealogische Informationen für den Rezipienten vor (zu Ajax' Abstammung: Tr 37128–37135, 37186–37193); und zweimal wird betont, dass sich die Kämpfer, besudelt von Schweiß und Blut der Schlacht, nicht erkennen (Tr 37144–37147, 37194–37199). Beide Ebenen der Informationsvergabe, Kennen und Verkennen laufen nicht konsequent parallel, sondern verschränken sich bisweilen unscharf, wenn auch der Erzähler im Verlauf des Kampfes gesteht, nur im Konjunktiv des Hörensagens berichten zu können:[420]

---

zusammen mit der „beginnenden Intellektualisierung des Erkennensprozesses" nur der Geschichte, nicht der Darstellungs- oder Rezeptionsebene zugeschlagen.

**418** Die folgenden Analysen konzentrieren sich ausschließlich auf Hauptlinien, Belege und Kontextbezüge sind bewusst knapp gehalten. Eine ausführlichere Darstellung der Zweikampfepisoden ist gesondert in Vorbereitung.

**419** Vgl. Lienert: *Geschichte und Erzählen*, S. 159–162.

**420** Wechselnde Verbindlichkeitsgrade korrelieren an dieser Stelle mit Quellenwechseln: Der Steinwurf des Ajax ist aus Baebius Italicus: *Ilias Latina*. Hg. v. Marco Scaffai. Bologna 1982, V. 609–613 importiert.

> *man seit*, daz er [= Ajax] *begriffe*
> gar einen ungefüegen stein,
> der alsô rehte grôz erschein,
> daz er wol fuodermæzic was.
> (Tr 37202–37205; Herv. B.G.)

Informationskreisläufe werden somit kurzgeschlossen. Ihr Effekt sind Interferenz- und Latenzformen des Wissens, die der Erzähler mehrfach im Vokabular des Scheinens,[421] Dünkens[422] oder des Empfindens[423] bündelt. Rüstung und Wappen des Ajax sind in diesem Zusammenhang der trüben Epistemologie besonders signifikant ausgestellt: So wie die gleißende Erscheinung des Schildes heraldische Identitätsmerkmale zugleich zeigt und ästhetisch verbirgt – „sîn wâpen sach man brinnen / den ougen z'einem wunder" (Tr 37288 f.) – so bleibt auch Ajax' Herz unter der Rüstung verborgen und scheint doch hervorzuleuchten (Tr 37290 f.; gesamte Rüstungsbeschreibung: Tr 37268 – 37291).[424] Ihre Blutsverwandtschaft, so vermerkt der Erzähler einleitend, sei den Kämpfenden trotz größter Nähe „vil unrekennet" gewesen (Tr 37147). Dennoch tritt bemerkenswertes genealogisches Vorwissen zutage, als Ajax auf Bitte Hectors Namen und Abstammung enthüllt (Tr 37370 – 37410):

> Ajax bin ich geheizen
> und ist Prîant mîn œhein.
> wir sîn verstricket under ein
> mit nâher sippeschefte
> und gar mit nîdes krefte
> gesundert und gescheiden,
> ein wille solte uns beiden
> und ein triuwe sîn gegeben:
> nû zweiet sich vast unser leben
> an willen unde an triuwen.
> (Tr 37396 – 37405)

Viele Verwandtenkämpfe der höfischen Literatur inszenieren ihre genealogische Informationsvergabe als „Wechsel von Unwissenheit zu Wissen" auf Figurenebene, der in allen seinen Varianten vom Rezipienten kontrolliert beobachtet

---

**421** Vgl. z. B. Tr 37290 f: „und schein sîn [= Ajax'] herze drunder / küen unde rîcher tugende vol"; vgl. auch Tr 37126 f., 37136, 37139, 37271, 37290, 37330.
**422** Vgl. z. B. Tr 37296, 37439.
**423** Vgl. z. B. Tr 37330.
**424** Auch hier zielt die Darstellung auf extreme Wahrnehmungsreizung: Waffenrock und Schild brennen und gleißen „den ougen z'einem wunder" (Tr 37271, 37288 f.). Speziell zum Schild des Ajax vgl. auch Stuckmann: *Wappenschilderungen*, S. 386–389.

werden kann.[425] Der *Trojanerkrieg* spitzt diese Spannung offen zu: Ajax' Analyse kann als präziser Metakommentar einer Informationsvergabe gelesen werden, in der Wissen und Unwissen zwischen Erzählerinstanz und Figuren oszillieren. Ajax weiß vom Zugleich von genealogischer Verbindung und politischer Trennung und vermag diese Einheit von Verstrickung und Unterschiedenheit geradezu dialektisch zuzuspitzen – trotzdem schreibt der Erzähler den Kämpfern Unwissenheit zu, die beide zornig gegeneinander treibt.

Auch im Hinblick auf die *Handlungsrollen* der Szene begegnen verschränkte Unterscheidungen. Das äußere Geschehen vollzieht mit der Begegnung von Ajax und Hector eine Rollenumkehr: Hector, der Verfolger, wird selbst zum Unterlegenen (Tr 37356–37361) und der Wechsel von griechischer und trojanischer Übermacht in der Schlacht stabilisiert sich zum Gleichgewicht eines Interimfriedens. Hector und Ajax beweisen (an)einander gleichermaßen Zusammenhörigkeit und Opposition, so dass auch der Erzähler sie als „kampfgesellen" (Tr 37266), als Freunde im Kampf tituliert – eine Bezeichnung, die Aggression und Zuneigung, Distanz und Nahbeziehung ineinander blendet. Auch die Kämpfenden selbst adressieren sich in dieser Weise als „ûz erwelter kampfgenôz" (Tr 37455; vgl. auch Tr 37421: „friunt geselle"). Anders als in zahlreichen Freundschafts- und Verwandtenkämpfen der höfischen Literatur werden somit Freundschaft und Feindschaft nicht einander gegenübergestellt oder in linearer Abfolge auseinandergelegt,[426] sondern überkreuzt. Noch nach seiner Enthüllung bleibt Ajax für Hector sowohl in politischer Perspektive fremd (Tr 37560: „gast") als auch in genealogischer Perspektive verbunden (Tr 37578: „mâge"). Obwohl beide „ir haz [...] unde ir vîentschaft" (Tr 37464f.) begraben,[427] beharrt Hector in einer unmittelbar anschließenden Racherede auf politischer Gegnerschaft und Griechenhass (Tr 37486–37530). Auf irritierende Weise bleiben Hector und Ajax somit auf Verwandtschaft und Feindschaft zugleich rückbezogen.

Der *Trojanerkrieg* verdichtet solche Zurechnungsschwierigkeiten zum Wissensmodus der Latenz. Weder verkennen sich Hector und Ajax blind, noch erkennen sie einander klar über ein Gnorisma, wie es viele Freundschafts- und

---

**425** Harms: *Kampf mit dem Freund*, S. 219.
**426** Vgl. exemplarisch Hartmann von Aue: „Iwein". In: *Gregorius. Der Arme Heinrich. Iwein.* Hg. u. übers. v. Volker Mertens. Frankfurt a.M. 2008, S. 317–767, hier V. 7491–7494: Mit dem Erkennen räumen Leid und Feindschaft umgehend den Herzensraum für Freude und Liebe. Ähnlich liest Brall: „Freundesliebe", S. 24–26 auch Erecs Kämpfe mit Guivreiz als Überwindung von Aggression durch Freundesliebe; zur simultanen Verbindung von Agonalität und Freundschaft vgl. dagegen Hasebrink: „Erecs Wunde".
**427** Vgl. Hartmann von Aue: „Iwein", V. 7503f.; in wörtlicher Übereinstimmung z.B. Tr 37466–37469; zu dieser Parallele vgl. Harms: *Kampf mit dem Freund*, S. 81.

Verwandtenkämpfe bestimmt.[428] Stattdessen schreibt der Erzähler beiden Akteuren gemischte Zustände von Wissen und Unwissen zu. Hector *empfindet* in den Schlägen seines Gegners die Präsenz eines Verwandten (Tr 37330), der adlige Körper als Erkenntnismedium erscheint in Berührung und Versehrung nur trübe. Denn einerseits verdeckt das Blut der Schlacht die Erscheinung des Cousins und verhindert somit das Erkennen:

> mit sweize was sîn [= Hectors] wâpenkleit
> geverwet und mit bluote
> sô vaste, daz der guote [= Ajax]
> erkante niht des küenen.
> (Tr 37196–37199)

Blutvergießen ist in diesem Sinne für Ajax wie für Hector handgreiflichster Akt der Gegnerschaft:

> [Ajax:]
> sô wil ich eine rêren
> mîn bluot mit willen ûf dem plân
> (Tr 37164 f.)

> [Hector:]
> ich hân mîn swert gerœtet
> in maniges heldes bluote
> (Tr 37346 f.)

Andererseits betonen wiederholt Metaphern des Blutes die genealogische Kopräsenz der Kämpfenden:

> sô nahe was sîn sippebluot,
> daz was dem herren wol gemuot
> dennoch vil unrekennet.
> (Tr 37145–37147; vgl. auch Tr 37334 f., 37440 f.)

Blut wird damit zu einem Medium epistemologischer Latenz, das zugleich verhüllt und offenbart, Gegnerschaft und engste Zusammengehörigkeit konvergieren lässt.[429] Wie in einigen Verwandtenkämpfen der Heldenepik schweben Hector und

---

**428** Vgl. zu diesem Begriff des Erkennungszeichens grundlegend Hähnle, Alfred: *Gnorismata*. Tübingen 1929; im Kontext von Freundschafts- und Verwandtenkämpfe vgl. Harms: *Kampf mit dem Freund*, S. 214–218.
**429** Dieser doppelte Zeichenstatus durchzieht mittelalterliche Texte ebenfalls interdiskursiv; vgl. Bildhauer: *Medieval Blood*; Müller: *Höfische Kompromisse*, S. 50, 52. Im *Trojanerkrieg* re-

Ajax damit in einem Ahnungszustand der Einheit von Wissen und Nichtwissen – einem Zustand, der für Figuren wie für Rezipienten Unsicherheit erhöht.[430] Und wie für Hartmanns Iwein wird auch für Hector das Herz zum Ort solchen unsicheren, verborgen-sichtbaren Wissens (Tr 37414 f.). Mit der Blutsbegegnung von Hector und Ajax schließen sich genealogisches Wissen, Krieg und Nahbeziehung kurz.

Die gesamte Sequenz durchläuft unterschiedliche *Schemata*, mit denen sich diese Kurzschlüsse prozessieren lassen. Heroischer Zorn (Tr 37148 – 37151) treibt die Kämpfenden „gelîch zwein wilden bêren" (Tr 37247) gegeneinander und reguliert ihr Wissen. Einschlägige Erzähltechniken wie metaphorische Stimulation, panoramatisches Erzählen oder Rüstungsbeschreibung stellen den Zweikampf auf imaginative Präsenz (Tr 37242 – 37325). In der Perspektive des höfischen Freundschaftsdiskurses ist die Passage schließlich auch als Produktion von Intimität im Medium der Kampfbegegnung lesbar, wie zahlreiche einschlägige Formeln und Praktiken der Freundschaft herausstreichen: Ajax und Hector beteuern ihre „ganziu liebe" (Tr 37453), küssen und umarmen sich (Tr 37466 – 37469) und besiegeln ihre wechselseitige Verbundenheit durch Freundschaftsgaben (Tr 37532 – 37539: Schwert und Gürtel). Im Vergleich zu den Versionen der Kampfsequenz in Benoîts *Roman de Troie* oder in Herborts *Liet von Troye* (LvT 5913 – 5962) zeichnet sich damit im *Trojanerkrieg* ein erheblicher Komplexitätsschub ab. Denn während die Vorgängerromane unmittelbare Aufklärung der Verwandtschaftsverhältnisse herbeiführen, noch bevor es zum Kampf kommen kann, lässt Konrad unterschiedliche Formen übereinander laufen (heroische Profilierung der Ehre, narrative Präsenzeffekte, Semantik der Latenz, Intimität und Freundschaft). Ähnlich dem Apfel der Discordia werden somit zwar einzelne Auflösungsmöglichkeiten angeboten, doch bleiben jeweils Überschüsse bestehen.

Werten viele Verwandtenkämpfe deutlich ihre Handlungssituationen, so eröffnet die Sequenz verschiedene *Wertungsperspektiven*. Als handlungswendende Instanz hatte der *Roman de Troie* das Schicksal (*Destinee*) eingeführt – im *Trojanerkrieg* wird diese Instanz nicht nur vervielfältigt, sondern symmetrisch für Trojaner wie für Griechen eingesetzt. Hectors „heil" stellen sich „ungelücke" und „unsaelde" in den Weg, als er auf Ajax trifft und somit den Kriegsvorteil der Trojaner riskiert (Tr 37054 – 37059); diese Wendung „von geschiht" (Tr 37065) erweist sich umgekehrt für die Griechen jedoch als „heiles âventiur" (Tr 37110), da sie

---

flektiert vor allem die Begegnung von Paris und Priamus dieses latente Wissen des Blutes: „swie tiefe ez [= „sippebluot"] dâ verborgen sî, / ez wirt ze liehte schiere brâht" (Tr 3218 f.; gesamte Passage Tr 3208 – 3221).

**430** Vgl. dazu am Beispiel des Vater-Sohn-Kampfes in *Biterolf und Dietleip* Harms: *Kampf mit dem Freund*, S. 58.

die allgemeine Fluchtbewegung bremst. Statt globaler Wertung präsentiert Konrad somit eine Kippfigur der Evaluation.[431]

Auch die *Dynamik* des Geschehens entfaltet sich polyvalent. Bestimmte Benoîts Darstellung die Unterscheidung ‚Kampf versus Erkennen' – der Zweikampf wird sofort abgebrochen, als Hector die Familienbeziehung erkennt –, so treibt erst der Kampf im *Trojanerkrieg* die genealogische Latenz hervor. Statt einer disjunktiven Logik folgt der Kampf damit dem Prinzip der Konjunktion: Eskalation und Entschärfung fallen zusammen. Statt Verwandtschaft zu gefährden, schärft die Kampfsequenz geradezu Genealogie, wie Hector selbst bemerkt: „mich hât gelêret iuwer strît / mîn verch ze rehte schouwen" (Tr 37418 f.). Das Konjunktionsprinzip greift schließlich von der Zweikampfkonstellation auch auf die Rahmenhandlung aus: Ajax sieht sich mit Hector „verstricket" (Tr 37398) und Hector schlägt vor, Frieden zwischen ihnen zu flechten (Tr 37428 f.). Krieg und Frieden nähern sich als Verflechtungszustände einander an, Hector und Ajax übersetzen somit ihre partikulare genealogische Konstellation auf die hinter ihnen stehenden sozialen Kollektive.

Auf allen betrachteten Ebenen zeichnet sich somit eine ähnliche epistemische Strategie ab. Der Zweikampf von Hector und Ajax spielt nicht nur Unterscheidungen durch, die das interdiskursive Muster des Verwandtenkampfes bereitstellt. Vielmehr konfrontiert er den Rezipienten mit der Aufgabe, schwierige Unterscheidungen zu entfalten, die auf Mischung, Latenz und Transgression zielen.

(2.) *Mimetisches Begehren oder das Wuchern der Unterscheidungen: Der Festkampf um Paris.* Auch die übrigen Freundes- und Verwandtenkämpfen des *Trojanerkriegs* werfen schwierige Differenzierungslagen auf. Dies lässt sich bereits am ersten Freundschaftskampf des *Trojanerkriegs* um Paris (Tr 2892–4335) beobachten. Den Konflikt begründet symbolische Herrscherkonkurrenz: Sowohl Priamus und die Trojaner als auch Jupiter und sein Hof beanspruchen den schönen Hirtenknaben Paris für sich. Wenn Peleus und Hector daraufhin stellvertretend miteinander kämpfen, so vertieft ihre Konkurrenz jedoch weniger eine binäre Spaltung der Festgesellschaft der Thetis-Hochzeit; entfesselt wird vielmehr eine unscharfe Ordnung des Begehrens.

Der Konflikt der Festfreunde entzündet sich an der bezaubernden Erscheinung des schönen Hirtenknaben Paris (Tr 2912–3059). In seinem Gewand aus Feenseide und irisierenden Applikationen, mit seinen Falkenaugen (Tr 3029), roten Lippen und blendendweißer Haut, die jedes „trûren" und „herze leit" ver-

---

431 Dies deckt sich mit dem allgemeinen Befund von Pfennig: *erniuwen*, S. 179–184, der für Instanzen wie *gelücke* oder *sælde* im *Trojanerkrieg* keine „konsequente Schicksalsauffassung" (S. 182) ausmachen kann.

fliegen lassen (Tr 3045), erscheint Paris als ein verlockendes Wunsch- und Kunstprodukt[432] der Venus mit ebenso männlichen wie femininen Zügen. Entsprechend erregt sein „bild" (vgl. Tr 3103) das Begehren beider Geschlechter: „die vrouwen und diu ritterschaft / die kapften in ze wunder an" (Tr 3072f.). Begehren tritt damit als dominanter Modus an die Stelle von Erkennen und wird synonym mit *vriuntschaft* (Tr 3211).

Als Venus seine adlige Abstammung rühmt, erscheint Paris für Priamus sogleich „mit herzeclichen triuwen holt" (Tr 3198f.; so auch Tr 3232–3245). Doch auch Jupiter erhebt den Anspruch, das Wundersubjekt des adligen Hirtenknaben dem eigenen „ingesinde" (Tr 3339) einzugliedern. Begehren gewinnt damit eine charakteristisch trianguläre Form, die sich im Anschluss an Eve Kosofsky Sedgwick als Verschränkung von sexuellem und homosozialem Begehren beschreiben lässt: Ein junger Mann mit femininen Zügen wird zum Medium der Rivalität von Männern, die über diesen ihre eigenen Nahbeziehungen konstruieren, differenzieren und ausagieren.[433] Dass „durch in [= Paris] zwêne künige striten / und umb in ze kampfe riten" (Tr 4347f.), wertet Konrad entsprechend weniger als Krise denn als Steigerung der „êre" des Umworbenen (Tr 4346), den solche Konkurrenz „hôchgemuot" stimmt (Tr 4361).

In Paris konvergieren soziales und sexuelles Begehren und ihre Interferenz involviert den Rezipienten um so stärker, als sie eine Kette von Übertragungs- und Ansteckungsvorgängen in Gang setzt. Zunächst greift das Begehren des Parisurteils auf die unmittelbare Szene über. Hatte Priamus vor allem das Lob der Venus auf ihren Schützling erregt, so stacheln im Gegenzug Pallas und Juno den Fest-

---

**432** Vgl. Tr 3008–3013: die schöne Gewandung und ihr Träger sind reversibel. Treffend charakterisiert Bleumer: „Narrativität und Visualität" die Parisfigur daher als „Schauwunde[r]" (S. 126).

**433** Vgl. Sedgwick: *Between men*, insbes. S. 1–5 und 21–27. Während Kosofsky Sedgwick vor allem Dreieckskonfigurationen zwischen einer Frau und zwei Männern im Roman der bürgerlichen Neuzeit beleuchtet, ist die Dynamik sexuell-sozialer Dreiecke grundsätzlich auch für vormoderne Imaginationen von Konkurrenzbeziehungen erhellend – und dies nicht nur für männlich-männliche Konkurrenz um Frauen (vgl. dazu etwa die Modelllektüre von Hasebrink: „Erecs Wunde"), sondern ebenfalls um Knaben und junge Männer, die wie Paris androgyne Geschlechtsidentität aufweisen. Zur Verschränkung von homosozialem und homosexuellem Begehren im Mittelalter vgl. u. a. Jaeger: *Ennobling love*; Clark, David: *Between medieval men. Male friendship and desire in early medieval English literature.* Oxford 2009; Michaelis, Beatrice: „Die ‚Sorge um sich' und die Sorge um den Freund. Zur Inszenierung von Freundschaft im ‚Prosalancelot'". In: *Verwandtschaft, Freundschaft, Bruderschaft. Soziale Lebens- und Kommunikationsformen im Mittelalter.* Hg. v. Gerhard Krieger. Berlin 2009, S. 363–384; zusammenfassend Krüger: *Diskurse von Nahbeziehungen*, S. 146–150 und 217–220. Zum Dreieck als Begehrensfigur grundlegend auch Schneider, Manfred: *Liebe und Betrug. Die Sprachen des Verlangens.* München 1992, S. 33–39.

herrn Jupiter an, seinerseits Ansprüche zu erheben, um so die Macht der Rivalin zu brechen:

> dâ von sô rieten si dem gote,
> der Jûpiter dô was genant,
> daz er den knappen alzehant
> niht von im scheiden lieze
> und er in selbe hieze
> sîn stætez ingesinde sîn.
> [...]
>
> 'herr unde got, her Jûpiter,
> lânt ir geschehen disiu dinc,
> daz dirre stolze jungelinc
> mit Prîamô von hinnen vert,
> ir sint an êren gar verhert[.']
> (Tr 3334–3339; 3356–3360)

Was König Priamus begehrt, begehrt Gott Jupiter allemal, und dies aus keinem anderen Grund als dem Begehren des anderen und dessen Anspruch auf *êre*. Das Begehren nach Paris erzeugt und vervielfältigt sich somit mimetisch:[434] seinen Wert erzeugt das Begehren des Anderen. Wettstreit um Einflussnahme (Pallas und Juno gegen Venus), Wettstreit um Herrschaftsprestige (Jupiter gegen Priamus) und Wettstreit um rhetorische Macht (greifbar im Rededuell von Jupiter und Priamus, Tr 3414–3470) greifen ineinander und erfassen schließlich die gesamte Festgesellschaft, die augenblicklich in Lager zerfällt. Vom Neid der Göttinnen (Tr 3320–3339) infiziert, schlägt die Freude des Hofes augenblicklich in den Kriegszustand um (Tr 3476–3481). Auch ihren Rezipienten zieht solche mimetische Begehrensdynamik in sich hinein, wenn die schöne Erscheinung des Paris als exorbitantes „wunder" ausgestellt wird (Tr 2987), das die Vorstellung gezielt herausfordert.[435]

Hectors Vorschlag eines gerichtlichen Stellvertreterkampfes um Paris wirft sich dieser Dynamik entgegen, indem er die Gewalt des Begehrens einzudämmen versucht:

---

**434** Ich beziehe mich damit auf die Überlegungen René Girards zum mimetischen Begehren, ohne freilich deren anthropologische Universalisierung zu unterschreiben: vgl. Girard, René: *Figuren des Begehrens. Das Selbst und der Andere in der fiktionalen Realität.* Hamburg 1999; Ders.: *Das Heilige und die Gewalt.* 3. Aufl. Frankfurt a.M. 1999.

**435** Den Stoff von Paris' Gewand habe „ein wildiu feine" gesponnen (Tr 2897), es sei mit Edelsteinen besetzt, „die kein gebirge nie getruoc, / noch diu erde brâhte für" (Tr 2956 f.); sie sind „erwünschet" und „vîn erdâht" (Tr 2960 f.). Die Imagination des Rezipienten stimulieren ebenfalls Applikationen aus Fischhaut „von wilder art", deren Schuppen in so vielen verschiedenen Farben leuchteten, dass niemand diese zuordnen könne (Tr 2986–2997).

> ê daz den bitterlichen tôt
> hie manic ritter kiese
> und âne schult verliese
> daz leben, er enwizze wie,
> sô wil ich ê selb ander hie
> für beide parte strîten.
> ob ich bî disen zîten
> vind einen kampfgeverten,
> sô muoz man hie beherten,
> wer Pârîsen füere hin.
> (Tr 3524 – 5533)

Doch markiert die doppelsinnige Formel des Gegner-Freundes („kampfgeverte";
vgl. auch Tr 3886: „kampfgesell[e]") schon an dieser Stelle, dass längst ein Begehren um sich greift, dem mit den Rechtsmitteln der Repräsentation nicht bei-
zukommen ist. Begehren potenziert weiteres Begehren.

Setzt diese mimetische Dynamik bereits bei ihren Protagonisten schwierige
Unterscheidungen frei – Priamus' und Jupiters Begehren sind untrennbar miteinander verflochten –, so potenzieren sich die Irritationen im kollektiven Rahmen
weiter. Wenn sich die Festgesellschaft in Jupiterhof und Trojaner spaltet, wird so
zum Beispiel unscharf, wer diesem Hof zuzurechnen ist. Sind „der göte ritterschaft" (Tr 3541) ausschließlich die Götterfiguren des *Trojanerkriegs* – oder
scharen sich hinter Jupiter als Schwiegervater des Peleus auch Griechen, wie der
Erzähler nur wenige Verse später mit der Unterscheidung von „den göten" und „ir
ritterschefte" (Tr 3612 f.) nahelegt? Konfrontieren sich hier erstmals die Kollektive
von Trojanern und Griechen? Die euhemeristischen Paradoxien des Götterkon-
zeptes ausnutzend, lässt der *Trojanerkrieg* diese Unterscheidung unbestimmt.[436]
Wer den Trojanern gegenüber tritt, wird schon ab dieser Stelle unscharf – eine
Unbestimmtheitsstelle, die daher umso leichter mit neuen Kriegsteilnehmern
gefüllt werden kann.[437] Der Kampf um Paris potenziert damit Begehren nicht nur
innerhalb der höfischen Ordnung des Hochzeitsfestes, sondern ebenso für die
globale Unterscheidung der Kriegsgesellschaft des Romans. Beide werden unscharf.

(3.) *Der Schein des verlorenen Sohnes: Erkennen und Verkennen im Bruderkampf
zwischen Hector und Paris.* Mit übermütiger Freude wird Paris am trojanischen Hof
aufgenommen. Lamedon, Priamus und die Einwohner von Troja bewundern seine
Urteilsfähigkeit im Göttinnenstreit und seine schöne Erscheinung so sehr, dass

---

436 Vgl. hierzu Kap. III.1.
437 Die Kriegsseite der Griechen wird später neu besetzt: Ganz Europa und Afrika ziehen gegen
Troja und Asien in den Krieg (vgl. Tr 23962 – 23987).

selbst die rustikalen Kampftechniken des jungen Hirten in ihren Augen noch als höfische Kompetenzen erscheinen.[438] Doch nach dem Vorbild des *Excidium Troie* lässt auch der *Trojanerkrieg* die Wiedereingliederung des Paris rasch in einen zweiten Kampf der Nahbeziehung münden:[439] Zu Ehren von Priamus' Geburtstag und zur Unterhaltung des Hofes (Tr 5028: „durch hübsche kurzewîle") veranstalten Hector und Paris einen Schaukampf, der unversehens von Scherz und Spiel (Tr 5033: „schimpf") in „zorne" (Tr 5033) und „grimmeclichen ernest" (Tr 5045) umschlägt, als die Schläge allzu heftig fallen (Tr 5004 – 5050).[440] Der disziplinierte Paradekampf entfesselt augenblicklich Gewalt und legt inmitten der höfischen Festfreuden latente Spannungen offen, die höfischer Kultur innewohnen.[441]

Schicksalhafte Fügung (Tr 5050 bzw. 5052: „von geschiht" und „gelücke") verhindert im letzten Moment den tödlichen Ausgang, als ein weiterer Hirte – der Ziehvater des Paris – am Hof eintrifft und den eskalierten Schaukampf als Bruderkampf enthüllt. Aber zielt die Szene tatsächlich auf Aufklärung? Ebenso deutlich zeigen sich nämlich gegenläufige Momente des Diskursschemas, die statt zum Erkennen nur in gründlicheres Verkennen führen. Zwar bezeugt der Hirte zusammen mit dem Wirt, dass Paris dem „sippebluot" (Tr 5062) des Königshauses angehört, doch wird dieser als Unheilbringer doppelt verkannt. Die sinistre Vorgeschichte um Fackeltraum und Tötungsbefehl verdrängend, hebt Priamus nur positive Aspekte heraus, „daz der vil wunnebære / Pârîs mîn sun von adele sî" (Tr 5150 f.; vgl. auch 5124 – 5131) – umso tiefer geht der Schock, als Priamus im herbeigerufenen Zeugen seinen ehemaligen Diener wiedererkennt (Tr 5160 – 5169). So zerstörerisch diese Enthüllung auf den König auch wirkt, er übersetzt sich nicht in öffentliche Kommunikation. Während die Kunde von Paris' Abstammung allgemeine Freude am Hof und unter der Königsfamilie auslöst, verschließt Priamus seinen Konflikt „inneclichen / [...] / in sînem herzen" (Tr 5305 / 5310):

**438** Vgl. Tr 4730–4745: Paris brilliert im Steinweitwurf, im Wettlauf, Weitsprung sowie in Selbstverteidigung – für den Erzähler sind dies Ausweise von Paris' „hübescheit" (Tr 4731, 4743).
**439** Vgl. *Excidium Troie*, S. 30,7–33,5 (Kap. 5). Lienert: *Geschichte und Erzählen*, S. 48–50 verweist auf wesentliche Änderungen gegenüber der Vorlage: Während Paris' Herkunft im *Excidium* bereits geklärt ist, bevor er in Troja aufgenommen wird, entspinnt der *Trojanerkrieg* erst einen allmählichen Erkennensprozess. Das Motiv des Verwandtenkampfes erzählt das *Excidium* hingegen als Serie mehrerer Wettkämpfe, bei denen Paris' Erfolge den Neid der Brüder erregen. Anregungen für Konrad könnten daher nicht nur das *Excidium* sondern auch mythographische Darstellungen des Hector-Paris-Kampfes geboten haben; vgl. z.B. „Myth. vat. II", S. 139,23–28 (Kap. 197: „Hecuba").
**440** Vgl. hierzu knapp Harms: *Kampf mit dem Freund*, S. 78, 82 und 210.
**441** Vgl. Friedrich: „Zweikampf", S. 132–134.

nû was im vröude wilde
von sîme antlitze wunneclich.
dur den juncherren fröute sich
diu hovediet gemeine;
wan daz von im aleine
Prîamus beswæret was.
er nam ze herzen unde las
trüeb unde clegelîche sene.
(Tr 5318–5325)

Priamus bewältigt die Diskrepanz von fatalem Vorzeichen und schöner Erscheinung, von Katastrophenschutz (in der Figur des Mörders) und Rettung (in der Figur des Hirten) nicht durch öffentliche Kommunikation, sondern durch Interiorisierung, die für ihre Umwelt unzugänglich wird: Der König wird „trûric" und einsam (Tr 5447).

Die genealogische Problematik der Parisfigur pflanzt sich mithin fort, indem sie intransigente Innenräume des Figurenbewusstseins abspaltet und von Außenräumen der Kommunikation isoliert. Statt Erkennen produziert der Verwandtenkampf damit nur neue Asymmetrien des Wissens. Für den Hof – einschließlich Hecuba – verdankt sich Paris' königliche Identität so auf der einen Seite der glücklichen Aufklärung von *vriuntschaft:*[442]

ouch fröute sich diu muoter sîn
und sîne bruoder über al.
sich huop dâ vrœlich hoveschal,
dô man die wârheit hete ervarn,
daz Pârîs, der tugende barn,
was von Prîamô geborn.
(Tr 5332–5337)

Solche Gewissheit ist richtig – und falsch zugleich, weil sie katastrophale Sinnmöglichkeiten der genealogischen Bedrohung herauskürzt. Qualvoll prozessiert Priamus diese Möglichkeiten, doch nur mittels inkommunikabler Formen.

Neben die unrepräsentierbare Klage des Königs im Herzen tritt zu diesem Zweck das Mythologem des Damoklesschwertes (Tr 5450–5621).[443] Als ein

---

442 Verwandtschaft wird in der Entdeckungsszene zusätzlich mit Intimitätszeichen angereichert: Hector bedeckt Paris mit Küssen (Tr 5346), nennt ihn liebevoll „geselle" (Tr 5348) und schwelgt in „brüederlicher sælikeit" (Tr 5357).
443 Diese Passage führt Wissensdiskussion und Mythosdiskurs in besonderer Weise zusammen. Lienert: *Geschichte und Erzählen*, S. 50 mit Anm. 88 erwägt als Quellengrundlage der Passage die

Spielmann die Trauer des Königs durch Harfenspiel zu zerstreuen und mittels Fürstenlob aufzuheitern sucht, setzt ihn Priamus an seiner Stelle auf den Thron. Über seinen Kopf hängt er an dünnem Faden ein Schwert: „friunt, waz ist nû dîn ungemach? / war umbe vröuwest dû dich niht?" (Tr 5578 f.) Zitternd gesteht der Spielmann ein, die Qual nachvollziehen zu können – doch der Grund von Priamus' „herzen[s] pîne" (Tr 5604) bleibt ihm dennoch so unzugänglich wie jedem anderem am Hof, einschließlich des Rezipienten. Denn die Szene entfaltet das königliche *trûren* paradox: Wortreich veranschaulicht die Szene eine Sorge, die Priamus nicht repräsentieren, sondern nur performativ arrangieren kann, ohne diese propositional zu fassen. Was Priamus am Rand solcher Unkommunizierbarkeit verbleibt, sind Klagen und aporetische Fragen (Tr 5612–5621). Dieser uneinholbaren Differenz erliegt Priamus schließlich selbst, wenn ihn Paris' schöne Erscheinung einnimmt:

> sîn varwe lûter unde guot
> und alle die gezierde sîn
> die gâben sô rîlichen schîn,
> daz er des zornes sîn vergaz
> und allen vîentlichen haz
> lie durch sîne clâren jugent.
> (Tr 5646–5651)

Schon zuvor hatte Paris' zugleich einnehmender und verbergender *schîn* die Königsfamilie beeindruckt; Lamedons *trûren* etwa verflüchtigt sich angesichts des „wunnebæren schîn" seines Enkels (z. B. Tr 5330 f.). Nun blendet diese Erscheinung auch Priamus' Zweifel ab: Qualen des Risikoerkennens wandeln sich in Vergessen und Verkennen. Nichts wird geklärt.[444]

Damit kehrt der *Trojanerkrieg* zentrale Züge der Diskursmuster von Verwandtenkampf und Brudersuche um. Erkennensprozesse enthüllen sich als Verkennen, der faszinierende Schein des verlorenen und wiedergefundenen Sohnes verbirgt eine Unheilsoption, die fortan in Troja nicht mehr zur Diskussion gestellt wird. Das Diskursmuster des Bruderkampfes oder das Evaluationsschema des verlorenen Sohnes werden damit trügerisch doppelseitig, attraktiv und irreführend zugleich.

---

mythographische Überlieferung, die das Schwertmotiv ebenfalls kennt – z. B. „Myth. vat. I",
S. 68,14–28 (Kap. 218: „Dionysius tyrannus").

**444** Im Vergleich zum *Excidium* wendet sich die Szene damit diametral. Schreitet die Erzählung dort von der Enthüllung der Identität des Paris zu ihrer öffentlichen Annahme fort, so lässt der *Trojanerkrieg* auf die öffentliche Wiederaufnahme die schrittweise Verhüllung von Wissensdifferenzen folgen.

(4.) *Der verdoppelte Ehemann: Menelaus, Paris und die Differenzierungsprobleme der Gastfreundschaft.* Dass solches Vergessen dennoch das Figurenwissen über Paris dauerhaft bestimmt, beweist an späterer Stelle ein *vriuntschafts*-Kampf der besonderen Art. In der zweiten Schlacht treffen unter den Augen Helenas beide Ehemänner, Menelaus und Paris, *von âventiure* aufeinander (Tr 34310 – 34605). Die Begegnung wird durch Menelaus' Schmähung eröffnet, Paris' Bruch der Gastfreundschaft in Sparta sei eines Hirtensohnes, nicht eines Prinzen würdig (Tr 34333 – 34353). Der Zweikampf der Ehemänner fügt sich insofern in die bisher betrachtete Reihe schwieriger Nahbeziehungen ein, als er nicht einfach die Differenz von gehörntem und betrügerischem Ehemann gegeneinander ins Feld führt. Vielmehr zeigt die Konfrontation von Menelaus und Paris, dass die Beziehung der Gastfreundschaft noch nicht vollständig zum Konflikt ausdifferenziert und durch Gegnerschaft ersetzt ist. So erinnert Menelaus, seinem rasenden „zorn" zum Trotz (Tr 34320), zunächst dreimal vorwurfsvoll an die verletzten Pflichten der Gastfreundschaft:

> Er sprach: 'entriuwen, her Pârîs,
> ir hânt niht wol in gastes wîs
> behalten iuwer stæte an mir.
> nû sprechent an, wie möhtent ir
> getuon sô lasterlichen ie,
> dô sich ûf iuwer tugent lie
> mîn herze wider alle fluht,
> daz ir dâ brâchent iuwer zuht
> und iuwer adel wider mich?
> wer hæte des versehen sich,
> daz edel gast sîn êre
> sô gar unmâzen sêre
> zerbræche an sîme wirte?
> (Tr 34333 – 34345)

Neben aller ironischen Provokation schwingt in diesen Worten noch der Rest von Anerkennung des höfischen Partners („adel", „edel gast", „tugent"; Vertrauen im „herze[n]" usw.) mit, denn erst zu diesem Zeitpunkt kündigt Menelaus die *vriuntschaft* mittels Zweikampf: „diu friuntschaft muoz geschieden / noch hiute werden ûf dem plân" (Tr 34388 f.). Selbst die Agonalität der beiden Ehemänner zehrt noch von jener Reziprozität, die Freundes- und Verwandtenkämpfe als „Figurationen gegenseitiger Anerkennung" charakterisiert.[445]

---

445 Niederhäuser, Andreas: „'si underkusten tûsentstunt / ougen wange unde munt'. Freun-

Erst jetzt, erst in der zweiten Schlacht sucht Menelaus diese Nahbeziehung aufzulösen, doch bleibt selbst noch der Zweikampf in eigentümlicher Weise auf Einheitsformeln gestellt:

> *nieman uns zwêne scheiden sol,*
> *ê daz ir mir den zins gegebent,*
> *daz ir mit mîme wîbe lebent*
> *nû lange, als iu gevellet.*
> (Tr 34382–34385; Herv. B.G.)

Die ökonomische Metapher der Zinszahlung konnotiert eine Wechselbeziehung der Rivalen, die durch Dauer nur gesteigert wird:[446] Helena bindet wortwörtlich ihre Ehemänner aneinander. Damit zeigt auch der Zweikampf von Menelaus und Paris eine trianguläre Konfiguration, in der die erotische Konkurrenz um Helena das Medium homosozialer Nahbeziehung stellt. Diese *vriuntschaft* endet nicht in Sparta, sondern verschiebt sich von Gastfreundschaft zur Nahbeziehung von Kampfgenossen und juristischen Prätendenten, die sich ihre Nähe in eindässlichen Wechselreden beweisen, während um sie die Schlacht tobt (Tr 34333–34474).

Auffällig wird diese trianguläre Relation über ein zweiteiliges Verfahren erzählt. Während zunächst ein Sinnfeld des Erzählens die Rechtslage der Kontrahenten, ihre Vorgeschichte und Neudeutungsversuche der Vergangenheit dialogisch entfaltet (Tr 34333–34474), schließt sich daran ein Zeigefeld, das den Zweikampf mittels vielfältiger Präsentifikationstechniken vor die Sinne bringt und aktualisiert. Anders als in der Erzähltradition der *Ilias* werden die aufgeworfenen Differenzierungsprobleme somit gerade nicht gelöst,[447] sondern fortgeführt – nicht nur im Zweikampfgeschehen von Paris und Menelaus, sondern auch durch die Massenschlacht, in die der Kampf durch narrative Verflechtung nahtlos eingeht.[448]

Die Bearbeitung des Zweikampfmotivs der Ehemänner hat damit weitreichende Konsequenzen. Indem sie einerseits schwierige trianguläre Differenzen

---

desliebe im höfischen Epos". In: *Invertito. Jahrbuch für die Geschichte der Homosexualitäten* 3 (2001), S. 38–67, hier S. 67.

**446** Vgl. als Parallelstelle zur diskursiven Koppelung von Freundschaft und Kampf im Medium von ökonomischer Metaphorik den Freundschaftskampf von Iwein und Gawein: Hartmann von Aue: „Iwein", V. 7143–7170.

**447** Sowohl in der homerischen *Ilias* als auch in der Bearbeitung der *Ilias latina* löst sich die Dreieckskonstellation in eindeutig asymmetrisierte Differenz auf: Paris unterliegt Menelaus im Duell; vgl. dazu Lienert: *Geschichte und Erzählen*, S. 156. Die Umgestaltung der Szene im *Trojanerkrieg* wertet nicht nur die Heldentaten des Paris auf, sondern symmetrisiert die Gegner konsequent im Dialogwechsel, in präsentifizierenden Beschreibungen und im Kampfhergang.

**448** Zu diesem Verfahren vgl. ausführlicher Kap. IV.1.1.12.

reproduziert, andererseits deren Verweisungspotential auf Präsenz stellt, hebt sie den kognitiven Anspruch der Erzählung auf irritierendes Niveau – eine Reizung, die nicht ohne Grund mit der ästhetischen Reizfigur Helena verbunden wird. Die Figur des verdoppelten Ehemanns inszeniert dabei die doppelte Funktion von Wissen, sowohl Sinn zu produzieren (Gastfreundschaft, Rechtsverstoß, Gerichtskampf), als auch Sinnverweisung durch Präsentifikation zu begrenzen und zu unterbinden. Auf eigentümliche Weise changiert der Zweikampf von Menelaus und Paris zwischen fremdreferentiellen Verweisungsbeziehungen der *vriuntschaft* und einer weiteren Kampfbegegnung, die in der Schlachtdarstellung aufgeht.

Aus diesen Analysen zu Kämpfen im Zeichen von *vriuntschaft* lassen sich vier zusammenfassende Beobachtungen gewinnen. (1.) Anstatt Konfliktlösungs- oder Symbolisierungsmodelle des adligen Gewaltmonopols zu bieten, lassen alle Begegnungen schwierige Differenzen aufbrechen, die auf der Textoberfläche des *Trojanerkriegs* häufig als Einbrüche von Kontingenz bzw. Providenz markiert werden (*âventiure*, *geschiht* etc.). Sie beteiligen den Rezipienten an Zurechungsproblemen verschiedenster Art: von Zuständen des gleichzeitigen Wissens und Nichtwissens, die für Blutsverwandte zugleich glückliche und unglückliche Folgen haben (Hector/Ajax); von Begehren, das sich am Begehren des anderen entzündet und Konfliktparteien ebenso scharf trennt wie verschwimmen lässt (Hector/Peleus); von Prozessen des Erkennens, die in Verkennen führen (Hector/Paris); von Todfeinden, die einander engstens verbunden sind (Menelaus/Paris). Damit involviert Konrads Roman den Rezipienten sowohl zur Verarbeitung von Fremdreferenz als auch zur Realisierung von Selbstreferenz. Kampfbegegnungen in und vor Troja fordern so einerseits die Unterscheidbarkeit von Akteuren, Motiven, Handlungsschemata usw. heraus, andererseits führen sie Kampf und Krieg unmittelbar vor die Sinne. Diskursivierung einzelner Zweikämpfe und Präsentifikation zielen somit in umfassender Weise auf die Aktivierung des Rezipienten, seiner rationalen wie imaginativen Operationen.

(2.) Diese Differenzen erzeugen narrative Formen von epistemischer Relevanz – Erzählformen der Latenz, der triangulären Verflechtungen von Rollen, Dynamiken des Begehrens oder kommunizierte Unkommunizierbarkeit bilden die markantesten Fälle. Auf Sonderwegen gegenüber früheren Erzählungen des Trojastoffs entwickelt der *Trojanerkrieg* damit in seinen Verwandten- und Freundschaftskämpfen Formen, die paradoxe Unterscheidungen aufnehmen, ohne deren Spannungen zu löschen. Für ihren Rezipienten machen sie damit auch das Irritationspotential dieser Paradoxien zugänglich.

(3.) Verwandten- und Freundschaftskämpfe werden als Schnittstellen zum Interdiskurs der *vriuntschaft* greifbar, an denen Unterscheidungsprobleme und Erzählformen aus anderen Texten, Gattungen oder Themenfeldern einwandern. Wenn nacheinander Festfreunde, Cousins, Brüder und Gastfreunde aufeinandertreffen, verflechten deren Kämpfe auch den *Trojanerkrieg* mit Kontexten höfischer Kultur, Verwandtschaft oder Recht – Kontexten, welche die Semantik von *vriuntschaft* verbindet. Freundschafts- und Verwandtschaftskämpfe fungieren damit als implizit fremdreferentielle Formen des Erzählens.

(4.) Zuletzt erweist sich auch die Positionierung der Kämpfe aufschlussreich für das epistemische Profil des *Trojanerkriegs*. Sind die Kämpfe um und mit Paris deutlich in den Eingangspartien des Romans platziert, so bilden die Begegnungen von Menelaus und Paris das Zentrum sowie der Kampf von Hector und Ajax das Ende der zweiten Massenschlacht. Freundschafts– und Verwandtenkämpfe verteilen sich damit nicht nur über den Gesamttext des Romanfragments, sondern besetzen funktionale Schlüsselstellen, die Handlungsräume begründen (so die Paris-Kämpfe in Troja), Intensitätsmaxima der Massenschlacht akzentuieren (Menelaus/Paris) oder eine Schlachtsequenz begrenzen (Hector/Ajax). Kämpfe der *vriuntschaft* lassen sich damit als Episoden lesen, deren kognitive Irritationspotentiale und fremdreferentielle Bezüge das Wissensprofil des *Trojanerkriegs* an konstitutiven Stellen prägen.

### 2.1.6 Freundschaft als Passion. Entgrenzte und begrenzte Formen der *vriuntschaft* (Achill und Patroclus, Paris und Panfilôt)

Während der *Trojanerkrieg* Nahbeziehungen in den Kriegspassagen zumeist in impliziten, performativen Formen inszeniert, tritt *vriuntschaft* an mindestens zwei Stellen auch offen und reflexiv in den Vordergrund: in Achills Totenklage um Patroclus sowie den Rüstungsgaben zwischen Paris und dem verwundeten Griechen Panfilôt. Trotz ihrer unterschiedlichen Position im Schlachtverlauf verbindet beide Episoden, dass sie *vriuntschaft* nicht in das Gefüge von Nahbeziehungen einordnen, sondern charakteristisch gegen einschränkende Rahmenbedingungen durchsetzen und gleichsam verabsolutieren. Sie entfalten *vriuntschaft* als Nahbeziehungen, die spezifische Grenzziehungen überspringen – etwa Maßgaben des Kriegerethos (Achill/Patroclus) oder Differenzen der Kriegsparteien (Paris/Panfilôt).

Auch diese Episoden verbinden sich mit dem hochmittelalterlichen Interdiskurs um Nahbeziehungen, reichern dessen Freundschaftsentwürfe jedoch zusätzlich mit dem Sexualdiskurs und religiöser Anthropologie an und loten dadurch neue Formen der Generalisierung aus.[449] Wenn der *Trojanerkrieg* dazu auf höfische Entwürfe absoluter Liebe, antike Freundschaftslehren, geistliche Konzepte und Diskussionen über Sodomie zurückgreift, so sind das Ergebnis solcher

---

449 Vgl. Kraß: „Freundschaft als Passion".

Bezüge wiederum nicht isolierte Übernahmen, sondern komplexe Formen der diskursiven Interferenz, die es nachzuzeichnen gilt.

(1.) *Maßlose Passion: Achills Totenklage.* Die Pause nach der zweiten Schlacht füllen die Suche nach Toten und Verwundeten, Erinnerungen an verstorbene Helden und Bestattungszeremonien. Unter den Erschlagenen findet man auch Achills Freund Patroclus, den Hector gleich zu Beginn der Schlacht getötet hatte (Tr 30870 – 31035). Vor der aufgebahrten Leiche des Freundes bricht Achill vor Schmerz zusammen, er rauft sich das Haar und kratzt sich die zarte Haut von den Wangen; „vil gar unmæzeclîchen" (Tr 38781) fließen Achills Tränen auf die Leiche des Freundes, so dass sie deren Wunden vollständig auswaschen (Tr 38772 – 38787). Der Exorbitanz des Helden entspricht somit exorbitante Trauer: „sô vaste nie geweinte / kein ritter, als Achilles tete" (Tr 38788 f.).

So übermäßig Achills trauert, so konventionalisiert erscheinen die Darstellungsmuster seiner Trauer im Kontext mittelalterlicher Klagekultur. Nicht den Schock des ersten Anblicks führt sie vor Augen,[450] sondern ritualisierte Trauerpraktiken, zu denen neben öffentlichen Tränen und Selbstverstümmelung auch der performative Gestus des Klagens selbst mit seinen energischen Interjektionen[451] und Repetitionen zählt.[452] Gleichwohl überraschen einzelne Züge der Klage. Wenn Achill angesichts des toten Freundes begehrt, sich selbst zu Tode weinen zu können (Tr 38816 f.), und wiederholt in Ohnmacht fällt (Tr 38772, 38911), so überschreitet dies nicht nur die (hyperbolische) Heldentrauer sondern auch standardisierte Gendercodierungen, die exzessive Verausgabung und Ohnmachten in der Regel der weiblichen Trauer vorbehalten.[453] Erzähler- und Figuren-

---

**450** Dieser folgte bereits unmittelbar auf die Tötung: vgl. Tr 31024 – 31035.

**451** Z.B. „ouwê" (Tr 38802, 38816, 38840, 38902); „ahŷ" (Tr 38844); „jô" (Tr 38800, 38868).

**452** Zu Ritualisierung und Performativität von Trauerpraktiken vgl. u. a. die Forschungsüberblicke von Koch, Elke: *Trauer und Identität. Inszenierungen von Emotionen in der deutschen Literatur des Mittelalters.* Berlin, New York 2006, S. 63 – 68 und Kasten, Ingrid: „Einleitung". In: *Codierungen von Emotionen im Mittelalter.* Hg. v. C. Stephen Jaeger u. Ingrid Kasten. Berlin, New York 2003, S. XIII–XXVIII; zur Performativität der Klage vgl. auch Hasebrink: „Ästhetik der Klage"; speziell zur Öffentlichkeit der Klage sowie Achills Klagegebärden vgl. Küsters: „Klagefiguren", S. 15 und S. 31–38.

**453** An Trauerinszenierungen in Wolframs *Parzival* beobachtet etwa Koch, Elke: „Inszenierungen von Trauer, Körper und Geschlecht im *Parzival* Wolframs von Eschenbach". In: *Codierungen von Emotionen im Mittelalter.* Hg. v. C. Stephen Jaeger u. Ingrid Kasten. Berlin, New York 2003, S. 143–158: „Der männliche Körper scheint mit der Trauer zu ringen, doch wird dieses Betroffensein durch die Emotion nicht visualisiert, der Körper ist Akteur, aber nicht ,Schauplatz' der Trauer. Strategien der Visualisierung sind dagegen bei der Darstellung weiblicher Trauer ausgeprägt" (S. 157). Stellen Texte männliches Klagen exzessiv aus wie in der Heldenepik, wird emotionale Energie häufig sogleich in neue Handlungsimpulse übersetzt (Rache, Kampf); vgl. Küsters: „Klagefiguren", S. 14–20. In der höfischen Epik sind Klagegebärden, wie sie Achill im

perspektive bekennen unisono, dass sowohl Achills Trauer als auch seine Rachephantasien jedes Maß überschreiten.[454]

Maßlos strömt nicht nur die Klage, sondern gleichfalls die epideiktische Rede über den toten Freund. In Achills Lob auf die Würde und den „wunnebæren lîp" (Tr 38811) des Freundes mischen sich zärtliche Anreden (Tr 38792: „Patrokel, trûtgeselle mîn"; Tr 38872: „geselle trûter" – zurückhaltender tituliert sie der Erzähler dagegen als „friunde", Tr 38917) und chiastische Einheitsformeln, die in geistlichen wie säkularen Liebesdiskursen gleichermaßen beheimatet sind:[455] „dû wære mîn, sô was ich dîn / vür al diu welt besunder" (Tr 38822f.).[456] Demselben Interdiskurs der Nahbeziehung entstammt auch die mehrfache Betonung des Herzens als Einheitsort dieser Freundschaft, die Achills Klage geradezu überflutet (Tr 38750, 38769, 38773, 38794, 38813, 38821, 38828, 38915).[457]

Maßlos scheinen zuletzt auch die Konsequenzen, die Achill aus dem Tod seines Freundes zieht. In „unmaezecliche[m] zorn" (Tr 38857) trachtet er nach Rache an Hector und den Trojanern, doch statt einer Ökonomie der Vergeltung motiviert das Trauma des Todes für Achill nur unmögliche Phantasien des Wiederholens:

> ich wil noch tûsent houbet
> von starken liden schrôten,
> dar umbe daz ich tôten
> dich alters eine vinde.
> (Tr 38860–38863)

Der Tod des Freundes reißt eine Lücke, die Achill durch Angleichung zu schließen sucht. Sein Wunsch, den Freund entweder im Leben auf dem Schlachtfeld wiederzufinden (Tr 38863) oder aber sich dem „tôde" des Freundes durch den eigenen Tod anzuverwandeln (Tr 38876f.), lässt dabei in extremer Tonlage die Gleichheit der Freunde (*aequalitas amicorum*) anklingen, die antike und mittelalterliche

---

*Trojanerkrieg* vollführt (Händeringen, Haareraufen, Zerkratzen des Gesichts), weitgehend Frauenfiguren vorbehalten; vgl. Kraß: „Achill und Patroclus", S. 86.

**454** Vgl. z. B. Tr 38781f.: „vil gar unmæzeclichen"; Tr 38857: „mîn unmæzeclicher zorn".

**455** Vgl. Hasebrink: „*ein einic ein*"; Ohly: „Du bist mein, ich bin dein".

**456** Auch im *Roman de Troie* klagt Achill mit dieser chiastischen Zueignungsformel um Patroclus: „jo ere vostre, e vos mien (RdT 10356), ähnlich auch Herbort: „Ich was du du wer ich" (LvT 6081). Der Antikenroman scheint für die Verschränkung von Freundschafts- und Liebesdiskurs besonders prominent; auf Parallelbeispiele der Zueignungsformel auch im *Roman d'Éneas*‹ und dem *Eneasroman* verweist Kraß: „Freundschaft als Passion", S. 103f.

**457** Angelegt, wenngleich nicht ausgespielt, ist dieses Motiv bereits bei Benoît: Achill bezeichnet Freundschaft als Liebe (RdT 10345: „amor"), bei der der eine dem anderen sein Herz schenke (RdT 10347: „En vos esteit mis cuers trestoz").

Freundschaftslehren formulieren.[458] Achill und Patroclus, Leben und Tod sind in diesem absoluten Freundschaftscode symmetrisch zugeordnet.

Die Sozialwelt des *Trojanerkriegs* konfrontiert Achills Totenklage dadurch mit einem Risiko, das sich nicht über Freundschaftsbeziehungen ausräumen lässt. Achill will keinen weiteren Freund, sondern Patroclus finden – andernfalls aber auf jegliche Nahbeziehung und Lust verzichten:[459]

> nû sol mîn herze niemer vrô
> nâch dîme tôde werden.
> ine wil für dich ûf erden
> dekeinen friunt gewinnen,
> noch niemer niht geminnen,
> daz werdem manne vröude gît.
> jô muoz ich alle mîne zît
> erkennen marterlîchiu sêr.
> (Tr 38794–38801)

Vokabeln der Buße und der Askese („marterlîchiu sêr") signalisieren die Radikalität einer Trauer, die mit grundlegenden Prinzipien der Vergesellschaftung bricht: Substitutionsfähigkeit von sozialen Beziehungen weicht der Verabsolutierung des singulären Freundes, in die Ersetzbarkeit[460] von Gleichheitsbeziehung schiebt sich die unwiederholbare Unersetzlichkeit des Anderen. So gedrängt sich Achills Klage im Erzählzusammenhang auch ausnimmt, so offen treibt sie damit in Aporien absoluter Codierung von Nahbeziehung, wie sie bereits Gottfrieds *Tristan*

---

**458** Vgl. z. B. Aelred von Rieval: *De spirituali amicitia*, S. 86–89 (3,91): „Itaque in amicitia quae naturae simul et gratiae optimum donum est, sublimis descendat; humilis ascendat; diues egeat, pauper ditescat; et ita unusquisque alteri suam conditionem communicet ut fiat aequalitas [...]." („In der wahren Freundschaft, der schönsten Gabe, der die Natur und Gnade schenkten, steigt der Höhergestellte herab, der Geringere empor; wird der Reiche arm, der Arme reich; jeder gibt dem anderen ab, so daß sie völlig gleichgestellt sind [...]."). Vgl. auch Cicero: „Laelius", S. 188–190 (71 f.).
**459** Diese Absage findet sich bereits im *Roman de Troie* vorgezeichnet (RdT 10335–10369), wird aber von der kürzenden Bearbeitung Herborts wieder zurückgenommen (LvT 6078–6095). Der *Trojanerkrieg* stellt dagegen nicht nur die Absage in den Mittelpunkt, sondern verschärft sie zusätzlich zur Wiederholungsphantasie des einzigartigen Freundes.
**460** Auch hierfür bieten geistliche Texte des Freundschaftsdiskurses wie Aelreds Dialog *De amicitia* einschlägige Vergleichsfolien: Während geistliche Freundschaftslehren die Individualität des Freundes im Rahmen von christozentrischen Anthropologien auf die Beziehung von Mensch und Gott schlechthin übersteigen (Ersetzbarkeit), so hält Achill ausdrücklich an der Individualität des Freundes fest (Unersetzbarkeit).

in der Figur des passionierten Königs inszeniert hatte.[461] Wie Marke will auch Achill zugunsten des einzigartigen Partners auf anderweitige Freundschaft und Liebe als Formen sozialer Verstetigung verzichten. Die Gefährdung, die Achills Freundschaftsklage freisetzt, beläuft sich also nicht allein darauf, spirituelle, erotische und homosoziale Beziehungsmuster zu vermischen, sondern diese Interferenz aus dem „sozialen Raum" öffentlicher Freundschaft abzuspalten.[462] Nicht ohne Grund verlegt Achill diesen Beziehungstyp so nachdrücklich in den Innenraum des Herzens.

Welcher Erzählstrategie aber folgen diese Interferenzen? Auf welche Diskurse oder Diskurselemente greift die Freundschaftsdarstellung im *Trojanerkrieg* zurück? Wie in antiken Quellen figurieren Achill und Patroclus auch in der lateinischen Mythographie und in volkssprachlichen Texten des Mittelalters als vorbildliches Freundschaftspaar.[463] Doch legt schon der *Roman de Troie* eine skeptische Folie über die Figurenbeziehung. So bringt Hectors Reizrede an Achill dessen Zuneigung zu Patroclus mit der mittelalterlichen Homosexualitäts- bzw. Sodomiediskussion in Verbindung:[464]

---

461 Vgl. zur homoerotischen Figurenzeichnung Markes zusammenfassend Diem, Albrecht: „,nu suln ouch wir gesellen sîn'. Über Schönheit, Freundschaft und mann-männliche Liebe im Tristanroman Gottfrieds von Straßburg". In: *Die sünde, der sich der tiuvel schamet in der helle". Homosexualität in der Kultur des Mittelalters und der frühen Neuzeit.* Hg. v. Lev Mordechai Thoma u. Sven Limbeck. Ostfildern 2009, S. 91–121. Die Homosexualitätsthese geht zurück auf Krohn, Rüdiger: „Erotik und Tabu in Gottfrieds ,Tristan': König Marke". In: *Stauferzeit. Geschichte, Literatur, Kunst.* Hg. v. Rüdiger Krohn, Bernd Thum u. Peter Wapnewski. Stuttgart 1979, S. 362–376. In kritischer Wendung gegen den normativen Ansatz von Krohns Studie hat die jüngere Forschung Alternativen erprobt, um Markes Affinitäten zu Tristan zu beschreiben: Jaeger, C. Stephen: „Mark and Tristan. The love of medieval kings and their courts". In: *in hôhem prîse. A Festschrift in honor of Ernst S. Dick.* Hg. v. Winder McConnell. Göppingen 1989, S. 183–197 liest sie als höfische Freundschaftsbeziehung.
462 Eickels: „Verwandtschaftliche Bindungen", S. 161. Dies spiegelt auch Konrads Wiederholung der Klageszene: Während zunächst die gesamte Kampfgemeinschaft der Griechen um Patroclus weint (Tr 30996–31009), verschiebt sich der Fokus ganz zu den Klagen Achills (Tr 31024–31035; 38745–38935). Dieser antisoziale Aspekt der Trauer ist bereits bei Benoît angelegt, vgl. RdT 10344–10346: „Quant jo de vos depart a tant, / N'avrai amor ne compaignie / A rien que seit mais en ma vie."
463 Vom Schmerz Achills um den getöteten Freund berichten etwa „Myth. vat. I", S. 66,18–25 (Kap. 209: „Achilles") und „Myth. vat. II", S. 143,21–27 (Kap. 205: „Peleus et Thetis"). Ein Jahrzehnt nach Konrad reiht unter anderem Hugo von Trimberg Achill und Patroclus unter die herausragenden Freundespaare der Antike; vgl. Hugo von Trimberg: *Renner*, V. 6363.
464 Das Konzept der Homosexualität als gleichgeschlechtlicher sexueller Disposition verdankt sich bekanntlich juristischen und medizinalischen Diskursformationen des 19. Jahrhunderts und ist nur um den Preis von Verzerrungen auf den mittelalterlichen Sexualitätsdiskurs anwendbar. Statt dauerhafter Disposition sprechen mittelalterliche Autoren eher von einzelnen Akten und

[Hector:]
[...]
L'ire grant que vostre cuers a
Porreiz vengier e les mesfaiz
Que tant dites que vos ai faiz.
E la dolor del compaignon
Dont j'ai fait la desevreison,
Que tantes feiz avez sentu
Entre voz braz tot nu a nu,
Et autres gieus vis e hontos,
Dont li plusor sont hainos
As deus, quin prenent la venjance
Par a lor devine poissance.
(RdT 13178–13188)

Ihr könnt euren Zorn auslassen und alle Untaten rächen, die ich euch angetan habe, auch für den Schmerz, den ich euch zufügte, als ich euch von dem Freund trennte, den ihr so oft nackt in euren Armen hieltet. Schimpf und Schande über einen Verkehr, der gegen diejenigen, die ihn treiben, den Zorn der Götter reizt, die in ihrer Allmacht dafür Rache nehmen.

---

Praktiken, statt ausschließlich gleichgeschlechtlichem Verkehr diskutieren sie eher ein weiterreichendes Feld non-prokreativen Sexualverhaltens; auch für den neuzeitlichen Terminus der Homosexualität selbst stehen im Mittelalter keine Äquivalente zur Verfügung. Im Hinblick auf diesen historischen Diskurs über non-prokreative Sexualität beschränkt sich daher die Analyse auf den Begriff der Sodomie. Vgl. hierzu und für die folgenden Ausführungen grundlegend: Foucault, Michel: *Der Wille zum Wissen. Sexualität und Wahrheit 1.* 14. Aufl. Frankfurt a.M. 1983, insbes. S. 41–53; Boswell, John: *Christianity, social tolerance, and homosexuality. Gay people in Western Europe from the beginning of the Christian era to the 14th century.* Chicago 1980; Ders.: „The history of same-sex unions in medieval Europe". In: *Same-sex unions in premodern Europe.* New York 1995, S. 218–261; Kuefler, Mathew (Hg.): *The Boswell thesis. Essays on christianity, social tolerance, and homosexuality.* Chicago 2006, darin insbes. die Beiträge von Mathew Kuefler und Ruth Mazo Karras. Speziell zum mittelalterlichen Sodomiebegriff vgl. Jordan, Mark D.: *The invention of sodomy in Christian theology.* Chicago 1997, Clark: *Between medieval men*, insbes. S. 3–21 und 68–84 sowie Spreitzer, Brigitte: *Die stumme Sünde. Homosexualität im Mittelalter. Mit einem Textanhang.* Göppingen 1988. Zur hoch- und spätmittelalterlichen Verhandlung in der Literatur vgl. u.a. Brall: „Freundesliebe"; Brall, Helmut: „Homosexualität als Thema mittelalterlicher Dichtung und Chronistik". In: *Zeitschrift für deutsche Philologie* 118 (1999), S. 354–371; Burgwinkle, William E.: *Sodomy, masculinity, and law in medieval literature. France and England, 1050–1230.* Cambridge 2004; Kraß: „Achill und Patroclus"; Niederhäuser: „Freundesliebe"; Thoma, Lev Mordechai u. Sven Limbeck (Hg.): *„Die sünde, der sich der tiuvel schamet in der helle". Homosexualität in der Kultur des Mittelalters und der frühen Neuzeit.* Ostfildern 2009, darin insbes. die Beiträge von Wolfram Schneider-Lastin/Helmut Puff, Albrecht Diem und Andreas Kraß. Zu sodomitischen Diffamierungsstrategien speziell im Antikenroman vgl. Volfing, Annette: „Sodomy and ‚rehtiu minne' in Heinrich von Veldeke's ‚Eneit'". In: *Oxford German Studies* 30 (2001), S. 1–25.

Hector reizt seine Gegner, indem er ihre Freundschaft als sodomitische Sexualbeziehung verspottet.[465] Wenngleich der *Trojanerkrieg* den offenen Sodomievorwurf auch durch die – für den männlichen Heros kaum weniger schmähliche – Erinnerung an Achills Mädchenzeit ersetzt (Tr 31106 – 31109), so führt auch Konrads Darstellung ihren sodomitischen Prätext fort, indem sie Sodomiemotive auf die Totenklage Achills überträgt und verstärkt. Einige dieser Referenzen auf mittelalterliche Diskussionen über Sodomie, die sich ab dem Ende des 12. Jahrhunderts zu einem Diskurs zu verfestigen beginnen, seien näher beleuchtet.

So sind Achills Trauer und Klage um den verlorenen Freund nicht nur als Ursituation des Sprechens über Freundschaft lesbar, das Abwesenheit des Anderen als Bedingung seiner Möglichkeit voraussetzt.[466] Ihre performative Dynamik, die sich in mehrfachen Wiederholungen, Ausweitungen und Intensivierungen steigert und Achill mehrfach ohnmächtig werden lässt, bricht sich als unstillbare Rede Bahn, die geradezu ansteckend um sich greift. Dass Sexualität „contra naturam",[467] insbesondere gleichgeschlechtliche Liebe, als Gegenstand der Rede auf die Rede selbst ausgreift und somit ihren Rezipienten zu infizieren droht, wenn nicht Schweigetabus die Rede begrenzen, dokumentiert ein kaum abreißender Strom der mittelalterlichen Diskussion über Sodomie. Er erstreckt sich aus der Antike bis zu mittelalterlichen Predigten und zeitgenössischer Literaturproduktion im Umfeld des *Trojanerkriegs* und zeichnet sich noch in spätmittelalterlichen Gerichtsprotokollen ab.[468] Sodomitische Rede ist ansteckend

---

465 Dieses Argument führt Benoît neu in den Dares-Bericht ein; vgl. dazu Kraß: „Achill und Patroclus", S. 74 f.

466 Zu Abstand als Bedingung der Möglichkeit von Freundschaft vgl. Derrida, Jacques: *Politik der Freundschaft*. Frankfurt a.M. 2002, S. 17–51. So argumentiert auch Kraß: „Achill und Patroclus" für Totenklagen im mittelalterlichen Antikenroman: „Nie, so scheint es, ist der verlorene Freund präsenter als in der Trauer um seinen Tod, nie ist die Intimität und Intensität der Freundesliebe größer als in der Situation des Verlusts" (S. 89).

467 Vgl. exemplarisch für viele Stimmen Augustinus, Aurelius: *Confessionum libri XIII*. In: *Opera*. Bd. 1. Hg. v. Lucas Verheijen. Turnhout 1981, S. 35 (3,8,15): „Itaque flagitia, quae sunt contra naturam, ubique ac semper detestanda atque punienda sunt, qualia Sodomitarum fuerunt"; Albertus Magnus: *Summae theologiae pars secunda (Quaest. LXVIII–CXLI)*. In: *Opera omnia*. Bd. 33. Hg. v. Auguste Borgnet. Paris 1895, S. 400: „Sodomia est peccatum contra naturam, masculi cum masculo, vel foeminae cum foemina"; für weitere Belege vgl. Spreitzer: *Homosexualität im Mittelalter*, S. 21, 24 und 33–43.

468 Zum Motiv der Ansteckung durch sodomitische Rede vgl. zusammenfassend Puff, Helmut: „Die Sünde und ihre Metaphern. Zum Liber Gomorrhianus des Petrus Damiani". In: *Forum Homosexualität und Literatur* 21 (1994), S. 45–77; Kraß, Andreas: „Sprechen von der stummen Sünde. Das Dispositiv der Sodomie in der deutschen Literatur des 13. Jahrhunderts (Berthold von Regensburg / Der Stricker)". In: *„Die sünde, der sich der tiuvel schamet in der helle". Homosexualität in der Kultur des Mittelalters und der frühen Neuzeit*. Hg. v. Lev Mordechai Thoma u. Sven

und unkontrollierbar, wie Texten wie der Gerichtsrede des Strickers *Gegen Gleichgeschlechtlichkeit* abzulesen ist.[469] Auch wenn der *Trojanerkrieg* explizite Bezeichnungen der Sodomie vermeidet, so greift gleichwohl in Achills Klagerede auf den absoluten Freund ein Begehren um sich, das sich in ähnlicher Weise rhetorisch vervielfältigt und destruktiv wird. Gipfel ihrer Dynamik ist Achills neu hinzugefügter Todeswunsch, der über die Vorgaben des *Roman de Troie* hinausgeht.

---

Limbeck. Ostfildern 2009, S. 123–136. Einige Beispiele seien zur Illustration dieser diskursiven Kontinuität benannt: Schon Philo von Alexandrien, der als erster die Verfehlungen der Einwohner des biblischen Sodom als gleichgeschlechtliche Orgien geißelt, charakterisiert diese als ansteckende Krankheit für Körper und Seele. – Ansteckend wirken auch Verleumdungen, wie sie Heinrichs von Veldeke *Eneasroman* inszeniert. Um ihrer Tochter den Landesfremden Eneas abspenstig zu machen, bezichtigt ihn die Königin der Sodomie und verweist ausdrücklich auf das Redetabu: „ezn is ze sagenne niht gût, / waz her mit den mannen tût" – dennoch habe sich dieses Gerücht „wîten after lande" verbreitet; Heinrich von Veldeke: *Eneasroman*, 282,39 f. / 282,33. – Für Verleumdung durch Sodomievorwurf sieht die Rechtsordnung des *Schwabenspiegels* um 1275 die schwere Strafe des Räderns vor; *Schwabenspiegel. Langform Z. Fassung Zü.* Hg. v. Karl August Eckhardt. Aalen 1974, S. 112 (Art. 171: „Radebrechen"). – Albertus Magnus verurteilt Sodomie als ansteckende Krankheit („morbus contagiosus"): „de uno inficere alium"; Albertus Magnus: *Enarrationes in secundam partem Evangelii Lucae (X–XXIV)*. In: *Opera omnia*. Bd. 23. Hg. v. Auguste Borgnet. Paris 1895, S. 488. – Cäsarius von Heisterbach berichtet vom gleichgeschlechtlichen Verkehr zwischen einem Priester und einem Jüngling, der zu Folgeverletzungen des religiösen Lebens führt, indem die beiden Sünder einander gegenseitig die Beichte abnehmen und somit auch die Bußkommunikation regelwidrig infizieren; Caesarius Heisterbacensis: *Dialogus miraculorum. Dialog über die Wunder.* Hg. u. übers. v. Nikolaus Nösges. Turnhout 2009, Bd. 2, S. 582–589 (3,24). – Im *Frauenbuch* Ulrichs von Liechtenstein (1257) kommen eine Frau und ein Mann in ihrem Streitgespräch überein, dass Sexualverkehr zweier Männer nicht direkt genannt werden dürfe („ez ist sô gar unreine, / daz ich sîn niht genennen getar"; „âwê, daz man si nennen / vor deheiner vrouwen sol!"), da schon viele, die dieses Verbrechen hatten verurteilen wollen, diesem selbst verfallen seien: „diu rede ist bœse: der sol wir dagen"; Ulrich von Liechtenstein: *Das Frauenbuch.* Hg. u. übers. v. Christopher Young. Stuttgart 2003, V. 656 f.; 714 f.; 737. – Wie soll man sich gegen die Sünde der Sodomie schützen, für die selbst der Teufel keinen Namen hat? Auf diese Frage empfiehlt Berthold von Regensburg, „daz dû niemer dar nâch gefrâgest!", weder Priester in der Beichte noch überhaupt jemand anderen. Auch diese Tabuisierung reagiert auf das kommunikative Ansteckungsproblem der Sodomie; Berthold von Regensburg: *Vollständige Ausgabe seiner Predigten*. Mit Anmerkungen von Franz Pfeiffer. Mit einer Bibliographie und einem überlieferungsgeschichtlichen Beitrag von Kurt Ruh. Berlin 1965, Bd. 1, S. 79–93 (Predigt „von ruofenden sünden", 92,31–34).
**469** Vgl. Der Stricker: *Die Kleindichtung.* Gesamtausgabe in fünf Bänden. Hg. v. Wolfgang W. Moelleken. Göppingen 1973–1978, Bd. 3/1, S. 180–184. Vgl. dazu Kraß: „Dispositiv der Sodomie", S. 130–134. Performativ führt der Stricker vor, wie Rede über Sodomie den Kläger vom Prozess der Rechtsfindung abbringt und in Hass verstrickt.

Deutlicher noch als der Redemodus spiegeln indes Achills Klagegesten solche Bezüge zum Dispositiv der Sodomie. Selbstverständlich gehören Tränen auch im Mittelalter zum Repertoire des männlichen Trauerverhaltens.[470] Doch so wie Eneas' Tränen um Pallas in der höfischen Öffentlichkeit des *Eneasromans* vor allem durch ihre Maßlosigkeit Anstoß erregen,[471] übersteigt auch Achills Tränenstrom die höfische Konvention der Affektregulation. Achills Tränen fließen maßlos, wie der Erzähler betont:

> er twuoc im sîne wunden
> mit wazzer âne lougen,
> daz im ûz sînen ougen
> vil gar unmæzeclichen vlôz
> und alsô vaste dâ begôz
> den ritter edel unde guot,
> daz im sîn rôsevarwez bluot
> vil manigen bitterlichen trahen
> hrwunde als sîne verhe twahen
> und sîne wunde reinte.
> (Tr 38778–38787)

Achills Tränen überströmen Patroclus' schönen Körper, vermischen sich mit dessen Blut und reinigen seine Wunden. Das Bild des Wundenwaschens ruft nicht nur religiöse Imagination auf.[472] Im Kontext männlich-männlicher Nahbeziehung, deren Körperlichkeit die Rosenmetapher erotisch färbt, stiftet die Mischung von Körpersekreten und Körpersäften gleichfalls sexuelle Assoziationen, die Reizpunkte des Sodomiediskurses sind. Wie etwa die seit dem 6. Jahrhundert entstandenen Bußbücher des Mittelalters belegen, kreisen Klassifizierungsversuche von Homosexualität und deren Strafzumessungen unablässig um Sperma, um die Orte, das Maß und die Häufigkeit seiner Verschwendung.[473] Zwar verlieren Pä-

---

470 Vgl. zusammenfassend Weinand, Heinz Gerd: *Tränen. Untersuchungen über das Weinen in der deutschen Sprache und Literatur des Mittelalters.* Bonn 1958, S. 69–76 („Männertränen"); vgl. auch Küsters: „Klagefiguren", S. 15.

471 Vgl. Heinrich von Veldeke: *Eneasroman*, 210,37–219,40; dazu Niederhäuser: „Freundesliebe", S. 53–56.

472 Kraß: „Achill und Patroclus" liest die Vereinigung der Körperflüssigkeiten als rituelle Waschung, in der sich die Einheit der Freunde „fast sakramental" herstelle (S. 87).

473 Vgl. dazu zusammenfassend Spreitzer: *Homosexualität im Mittelalter*, S. 25–31 mit den zugehörigen Textauszügen Nr. 10–12, S. 121–129; zu den Bußbüchern vgl. Lutterbach, Hubertus: *Sexualität im Mittelalter. Eine Kulturstudie anhand von Bußbüchern des 6. bis 12. Jahrhunderts.* Köln 1999.

nentialhandbücher im hohen Mittelalter an Geltung,[474] doch bleibt das Thema des maßlos verschwendeten Samens auch im 12. und 13. Jahrhundert in theologischen, literarischen und juristischen Texten präsent.[475] Weder Benoît noch sein erster deutschsprachiger Bearbeiter Herbort lassen Achill weinen – der *Trojanerkrieg* inszeniert dagegen ein Übermaß von Tränen, dessen erotisch-sexuelle Konnotationen die Szene eng mit dem Sodomiediskurs verbinden. Wenn Achill durch weiteres Blutvergießen den geliebten Freund wiederzuholen sucht, infiziert sich Zornesrede mit dem Wiederholungswunsch – der zentralen Gefahr der Sodomiediskussion. Wie noch näher zu betrachten ist, greift ihr Infektionspotential schließlich auch auf Achills Kontakte zu seinen Gegnern über, allen voran auf Hector.

Achills Ohnmachten entstammen bereits der Vorlage des *Roman de Troie*, doch gewinnt auch dieses Motiv in seiner kontextuellen Neueinstellung sexualisierte Akzente. Konrads Klageszene stellt Patroclus' schöner Leiche den schönen Körper Achills zur Seite,[476] erweitert zärtliche Anreden[477] und fügt den Wunsch Achills hinzu, sich dem toten Freund durch den eigenen Tod anzugleichen.[478] Verkörpert Achill zunächst als „ritter unverzaget" den heroischen Kriegertypus (Tr 38748), so zeigt ihn die Trauerszene somit anfechtbar durch eine passionierte Freundesliebe, in der sich Verlust und Destruktion gegenseitig potenzieren.

Stärker noch als seine französische Vorlage distanziert der *Trojanerkrieg* die als heidnisch markierte Trauerszene (vgl. Tr 38920: „ez was dâ site zwâre") von christlichen Freundschaftsentwürfen. Erklären geistliche Freundschaftskonzepte

---

**474** Vgl. die Überlieferungsliste bei Kottje, Raymund: „Bussbücher in mittelalterlichen Bücherverzeichnissen". In: *Sacris erudiri* 45 (2006), S. 305–326; die Bedeutung von Bußbüchern „endete im allgemeinen mit dem 12. Jahrhundert, neue Abschriften wurden nicht mehr benötigt. An ihre Stelle traten vom Wandel in Theologie und Kirchenrecht geprägte Buss-Summen" (S. 307).

**475** Belege bei Jordan: *Invention of sodomy*, u.a. S. 90, 97 und 128–130. In der mittelhochdeutschen Literatur findet sich dieser Vorwurf sexueller Verschwendung besonders zugespitzt beim Stricker: „si verwrfen ir samen, / da mit si, herre, benamen / der natur ir reht und ir gebot." Der Stricker: *Kleindichtung*, darin Nr. 66 „Gegen Gleichgeschlechtlichkeit", S. 182, V. 49–51.

**476** Vgl. Tr 38811 und 38818f. mit 38775–38777 (Achills rosige Wangen und goldene Locken), 38791 (Achills schöne Hände); zum Vergleich mit Benoît vgl. Lienert: *Geschichte und Erzählen*, S. 169f.

**477** Die beiden Freundschaftsanreden des *Roman de Troie* (RdT 10335: „beaus douz amis"; 10353: „Amis") verdoppelt der *Trojanerkrieg*: „trûtgeselle mîn" (Tr 38792), „geselle trûter" (Tr 38872), „friunt" (indirekt: Tr 38797; 38820), „dîn geselleschaft" (Tr 38868).

**478** Vgl. Tr 38816f.: „owê, daz ich ze tôde mac / mich selber niht geweinen"; Tr 38844f.: „ahŷ, wie gerne ich wollte / vür dich ze tôde sîn erslagen!"; Tr 38876f.: „wan ich wil dem tôde mich / ze pfande bieten unde geben". Lienert: *Geschichte und Erzählen*, S. 170, Anm. 476 sieht darin einen „(rhetorische[n]) Todeswunsch".

den schönen Körper des Freundes und die Tugendpraxis der Freundschaft zu transitorischen Momenten der aufsteigenden Gottesliebe,[479] so leiten körperliche Schönheit und Tugenden des Freundes (Tr 38890 f.) Achills Schmerz umgekehrt hinab zu Tötungswünschen und Todesphantasien. Nur schwer lassen sich damit Achills Uniophantasien der Freundschaft auf eine geistliche Anthropologie beziehen. Eher könnten ihre erotischen Konnotation auf Unterscheidungskrisen des Sodomiediskurses verweisen.

Homosexuelle Praktiken irritieren die von Gott geschaffene Geschlechterdifferenz und ihr Fortpflanzungsgebot,[480] doch entkommen sie nicht dem Sog ihres Differenzschemas: Auch männlich-männliche Sexualpraktiken stehen unter Verdacht, noch in wider-natürlicher, pervertierter Form die natürliche Geschlechterdifferenz reproduzieren zu müssen.[481] In der Perspektive dieses

---

**479** Aelred charakterisiert Freundschaft in diesem Sinne als „Stufenleiter zur Liebe und Erkenntnis Gottes", „ad Dei dilectionem et cognitionem gradus quidam sit amicitia"; Aelred von Rieval: *De spirituali amicitia*, S. 34 (2,18). Das Leben fur den Freund in Gott zu lassen, wird daher für Aelred anders als für Achill nicht zur größten Herausforderung der Freundschaft, sondern zu ihrer Vollendung; ebd., S. 40 (2,33 f.). Kraß: „Achill und Patroclus" sieht dagegen den gemeinsamen Lebensweg von Achill und Patroclus durchaus „von der mystischen Freundschaftsidee eines Aelred von Rievaulx inspiriert" (S. 77).

**480** Vgl. z. B. Albertus Magnus: *Commentarii in IV sententiarum (Dist. XXIII–L)*. In: *Opera omnia*. Bd. 30. Hg. v. Auguste Borgnet. Paris 1894, S. 265 (Art. 27): „finis naturalis concubitus est procreatio prolis: quia ad hoc invenit eum natura, et ad hoc taliter formavit organa" („Natürliches Ziel des Beischlafs ist die Erzeugung von Nachkommen; denn zu diesem Zweck erfand ihn die Natur und zu diesem Zweck formte sie die Organe auf diese Weise."). Auch für Thomas von Aquin verletzt das „sodomiticum vitium" die göttliche Ordnung der Geschlechterkomplementarität: „Et ideo in peccatis contra naturam, in quibus ipse ordo naturae violatur, fit iniuria ipsi Deo, Ordinatori naturae" („Und deshalb wird in den Sünden gegen die Natur, die die Ordnung der Natur verletzen, Gott selbst Unrecht angetan, dem Ordner der Natur"); Thomas von Aquin: *Summa theologiae*, Bd. 10, S. 247 (2/2,154,12).

**481** So schon ausdrücklich die Auslegung des biblischen Sodomberichts bei Philo von Alexandria: „Ueber Abraham". In: *Philo von Alexandrien. Die Werke in deutscher Übersetzung*. Bd. 1. Hg. v. Maximilian Adler [u.a.]. 2. Aufl. Berlin 1962, S. 92–152, hier S. 125 (136): „Indem sie nun allmählich Männer daran gewöhnten, das zu dulden, was dem weiblichen Geschlechte zukommt, riefen sie bei ihnen die Weiberkrankheit hervor, ein schwer zu bekämpfendes Uebel: nicht nur erzeugten sie in den Körpern weibliche Schwäche und Weichlichkeit, sondern auch in den Seelen brachten sie eine niedrige Gesinnung zustande [...]." – Die antike Normvorstellung homosexueller Reproduktion von Geschlechterbinarität prägt noch die volkssprachliche Literatur des 13. Jahrhunderts. Vgl. Ulrich von Liechtenstein: *Frauenbuch*, 614,29–31: „sprechet ob daz sî missetât, / daz man mit manne daz begât, / dâ got ouch zuo geschuof diu wîp?"; so auch Der Stricker: *Kleindichtung*, Nr. 66, V. 422f. Auch das Motiv der männlichen Schwangerschaft infolge von Sodomie setzt diese Linie (komisierend) fort, so z. B. im *Moriz von Craûn* oder im *Märe vom schwangeren Mönch*; zu diesen Beispielen vgl. Spreitzer: *Homosexualität im Mittelalter*, S. 98–103. Die Sünde der Sodomie dient daher auch zur Stigmatisierung des „effemi-

Inkriminalisierungsmusters heben sich auch in Achills Klage homosoziale Nahbeziehung und heterosexueller Liebescode voneinander ab, wie es für den Sodomiediskurs charakteristisch ist.

Lautet der Hauptvorwurf gegen Sodomiter, durch Akte der non-prokreativen Sexualität sich dem göttlichen Fortpflanzungsgebot zu widersetzen, so mag auch die doppelte Irritation von Achills Schwur ersichtlich werden, „niemer niht geminnen" zu wollen (Tr 38798). Im Horizont des Sodomiediskurses schwingt darin neben der sozialen auch die anthropologische Provokation gestörter Liebesbindung mit – eine Störung, die überdies stoffgeschichtlich getragen wird von der traditionellen Rolle Achills als Opfer falscher, verräterischer Liebe.[482]

Ebenfalls mit der antiken Figurenzeichnung grundgelegt (schon die homerische *Ilias* betont den Zorn Achills), gewinnt schließlich auch die Maßlosigkeit von Achills Passion ein besonderes Profil.[483] Achills Rede infiziert sich mit Zorn und Begehren, die sich gegenseitig zu Todesfiguren steigern. Maßlosigkeit verabsolutierten Begehrens gilt auch spätantiken und mittelalterlichen Theologen als Kern der Sodomie: Philo von Alexandrien,[484] Hieronymus[485] und Augustinus[486]

---

nierten' Höflings": vgl. Reinle, Christine: „Das mittelalterliche Sodomiedelikt im Spannungsfeld von rechtlicher Norm, theologischer Deutung und gesellschaftlicher Praxis". In: *Die sünde, der sich der tiuvel schamet in der helle"*. *Homosexualität in der Kultur des Mittelalters und der frühen Neuzeit*. Hg. v. Lev Mordechai Thoma u. Sven Limbeck. Ostfildern 2009, S. 13–42, hier S. 42.

**482** Dies v. a. im Hinblick auf Polyxena: vgl. z. B. „Myth. vat. II", S. 144,38 (Kap. 206: „Explanatio ejusdem fabulae" [zu „Peleus et Thetis"]): „amore Polyxenae periit". Auch die mittelalterlichen Trojaromane im Ausgang von Dares und Dictys (einschließlich der *Trojanerkrieg*-Fortsetzung) erzählen von Achills Liebe zu Polyxena als Todesanlass.

**483** Über die Achillfigur hinaus beziehen viele mittelalterliche Trojaromane auch die Kriegsgenese selbst engstens auf maßlose Reaktionen; so rückt bereits Herbort „die Maßlosigkeit des Geschehens vor Troia immer wieder in das Bewußtsein seiner Zuhörer"; Bauschke, Ricarda: „Geschichtsmodellierung als literarisches Spiel. Zum Verhältnis von gelehrtem Diskurs und Geschichtswahrheit in Herborts ‚Liet von Troye'". In: *Eine Epoche im Umbruch. Volkssprachliche Literalität 1200–1300. Cambridger Symposium 2001*. Hg. v. Christa Bertelsmeier-Kierst u. Christopher Young. Tübingen 2003, S. 155–174, hier S. 172. Knapp: *Hector und Achill*, S. 74–79 relativiert dagegen in textgenetischer Perspektive den Zorn als dominanten Charakterzug Achills im *Trojanerkrieg*.

**484** Vgl. Philo von Alexandria: „Ueber Abraham", S. 124 (134): Sodomiter sind Männer, die „beständige Fülle von Vorräten" zum „übermässig zuchtlosen Leben" verleitet; gegen die Natur treibt sie unstillbares Begehren (135).

**485** Für Hieronymus: *Commentariorum in Hiezechielem libri XIV*. Hg. v. Franciscus Glorie. Turnhout 1964, S. 204,624–207,707 (5,16,48–51) gründet die Sünde der Sodomie in Stolz, Überfluss, Genuss und Delikatessen.

**486** Nach Augustinus: *Confessiones*, S. 35f. (3,8,15f.) entspringt die Sünde der Sodomiter der verkehrten Begierde („libidinis peruersitate"), ihr Vergehen besteht in Zügellosigkeit und

führen gleichgeschlechtliches Begehren auf Überfluss und exzessives Begehren zurück, das weder göttliche, natürliche noch soziale Grenzen anerkenne. 1233 beschuldigt Gregor IX. in seiner Bulle *Vox in Rama* deutsche Häretikerbewegungen der homosexuellen Praktiken infolge übermäßiger Lüsternheit („in passiones [...] exardentes);[487] Albertus Magnus macht eine „die Natur untergrabende brennende Begierde" für Sodomie verantwortlich.[488] Maßlosigkeit (*incontinentia*), so resümiert Brigitte Spreitzer, wird zum festen Begründungstopos sodomitischer Sexualität,

> die der göttlichen Weisung der einzig erlaubten Sexualfunktion der Zeugung nicht gehorcht, die einer vom Teufel verursachten übermäßigen Leidenschaft entspringt, als ansteckende Krankheit eine Gefahr für die Mitmenschen darstellt und die Natur selbst beleidigt.[489]

Maßlos wuchert Achills Schmerz noch lange nach dem Begräbnis des Freundes. So zumindest sah es der Fortsetzer des *Trojanerkrieg*-Torso, der die Freundschaftsbeziehung in unendlichen Memorialpraktiken verlängert: Achill trägt die Asche seines Freundes stets in einer Urne bei sich, lässt die trojanischen Gefangenen dort hinrichten, wo Patroclus eingeäschert worden war (Tr 40534–40580), und übt noch an Hectors Leiche Rache für den Tod des Freundes (Tr 40666–40694; vgl. auch Tr 41303–41388); stets bleibt ihm Patroclus in Gedanken und treibt Achill zu neuen Klagen (z. B. Tr 41372–41380), bis dieser schließlich selbst verbrannt und mit der Asche des Freundes beigesetzt wird (Tr 44110–44118). Auch wenn der Fortsetzer dafür offenkundige Inkonsistenzen in Kauf nimmt (im *Trojanerkrieg* wird Patroclus in einem Marmorgrab beigesetzt, der Fortsetzungsteil wählt hingegen Einäscherung und mobile Urne),[490] setzt dies transgressive Tendenzen der Freundschaftsbeziehung nur konsequent fort. Im Rückgriff auf Statius' *Achilleis* hatte Konrad der gemeinsamen Kriegsfahrt der Freunde eine gemeinsame Jugendgeschichte vorangestellt (Tr 6472–6483; 13498–13511; 13732–13739) und

---

brennender Begierde nach Unerlaubtem („uel immoderate utendo concessis rebus uel in non concessa flagrando in eum usum").
**487** Vgl. Gregor IX.: „Epistola Gregorii Papae IX. Ad Henricum Friderici imperatoris filium. De quibusdam haereticis Germaniae". In: *Sacrorum conciliorum nova et amplissima collectio*. Bd. 23. Hg. v. Giovanni Domenico Mansi. Graz 1961, S. 323–324, hier S. 324: „Quod si forte virilius sexus, supersunt aliqui ultra numerum mulierum, in passiones ignominiae in desideriis suis invicem exardentes masculi in masculos turpitudinem operantur" („Wenn aber vom männlichen Geschlecht einmal einige über die Zahl der Frauen hinaus übrig sind, so vollziehen die Männer, gegenseitig in ihren Begierden brennend nach den schändlichen Leidenschaften, bei den Männern diese Schändlichkeit").
**488** Albertus Magnus: *Enarrationes*, S. 488 (27,29): „ardor, ordinem naturae subruens".
**489** Spreitzer: *Homosexualität im Mittelalter*, S. 105 f.
**490** Vgl. Kraß: „Achill und Patroclus", S. 81.

damit sämtliche Darstellungen des Freundespaares in antiken und mittelalterlichen Trojaerzählungen überboten;[491] der Fortsetzer verlängert diese Tendenz weiter, indem die Freundschaft nun auch die Zäsur des Todes übersteigt. Im Lebensvollzug des Kriegers heißt passionierte Freundschaft fortan, den Freund stets und überall als „pulver" (Tr 40548) bei sich zu haben. Die Maßlosigkeit des Begehrens erfüllt sich erst mit Achills eigenem Tod, der ihn gleichfalls pulverisiert (Tr 44112) und damit in die Form des Freundes bringt.

Gleichwohl: Solche und andere Bezüge von Achills Totenklage zur Sodomie werden nur als Interferenzmuster bedeutsam; kein Einzelaspekt bringt für sich genommen – wie noch Hectors Reizrede im *Roman de Troie* – eine homosexuelle Beziehung explizit zur Sprache. Man kann darin einen Reflex der Sodomiediskussion selbst sehen, die bis auf wenige Ausnahmen (z. B. die Bußbücher des Frühmittelalters) unterhalb einer Diskursivierungsschwelle verläuft. Trotz beharrlich wiederkehrender Themen (Maßlosigkeit, Ansteckung, Gefährdung natürlicher Geschlechterordnung, unkontrolliertes Begehren) bildet Sodomie weder ein kohärentes Sexualprofil,[492] noch erscheinen sodomitische Akte in klassifizierenden Rastern, die ihre Praktiken in juristischer, medizinischer oder ästhetischer Sicht klar unterscheidbar machten. Unsicherheiten in der „Spannung zwischen Tabuisierung und Diskursivierung",[493] zwischen Nichtredendürfen und Nichtschweigenkönnen, begleiten daher die Sodomie in ihren mittelalterlichen Darstellungen, zu denen auch die Achillfigur im *Trojanerkrieg* zu zählen ist.

Während der *Roman de Troie* den Sodomievorwurf isoliert, entgrenzt der *Trojanerkrieg* die passionierte Nahbeziehung. Achills Begehren setzt sich maßlos fort, indem es noch die Beziehung zu seinem schärfsten Gegner infiziert. Weder Griechen noch Trojanern, sondern einzig Hector gilt seine Aufmerksamkeit, wie erotische Jagdmetaphern hervorheben. Vor der Klageszene waren beide Krieger brachial „sam zwên ebere" aneinandergeprallt (Tr 31130); in der dritten Schlacht, nach dem Tod des Patroclus, fliegen Achill und Hector nun wie Falken aufeinander:

> kein valke nie gegerte
> sô vaste keines wildes,
> alsam dô sines bildes
> Achilles kunde vâren.
> (Tr 39416 – 39419)

---

**491** Zu dieser Jugendfreundschaft und ihren verstärkten Freundschaftssignalen vgl. Kraß: „Achill und Patroclus", S. 76 – 78.
**492** So bereits der Befund von Boswell: *Homosexuality*.
**493** Kraß: „Dispositiv der Sodomie", S. 125 f. (hier zu Berthold von Regensburg).

er [= Hector] fuorte schenkel unde bein
bî sînem rosse ûf unde nider,
als ob si wæren wol gevider
und als ein valke flücke.
(Tr 39478–39481)

Falkenmetaphern des Begehrens verbinden nun beide Helden symmetrisch in einem Kampfgeschehen, das Achill tatsächlich dem begehrten Ziel des Tötens und Getötetwerdens näherbringt, bewahrte ihn nicht seine magische Schutzhaut vor dem tödlichen Stich ins Herz (Tr 39626–39631). Hatte Hector bereits bei ihrem ersten Aufeinandertreffen Achill ironisch als „friunt" tituliert (Tr 31098, 31112), so gewinnt die Figurenpaarung Hector-Achill im zweiten Kampf die Züge einer maßlosen, infiziösen Passion, die Erotik und Kampf, Begehren und Destruktion des einzigen Gegners kurzschließt. Das fremdreferentielle Darstellungsprinzip der interdiskursiven Bezugnahme produziert somit Begehren, das fortgesetzte Verflechtung erzeugt.

(2.) *Freunde auf Zeit: Paris, Panfilôt und die Grenzen der Passion.* Im Kontrast zu solchem transgressiven Begehren hebt sich die Begegnung von Paris und Panfilôt ab (Tr 35106–35149 und 35400–35473), die keine Entsprechung im *Roman de Troie* besitzt. Auch diese Figurenpaarung folgt zunächst einem absoluten Code von *vriuntschaft*, insofern sie fundamentale soziale Grenzziehungen überspringt. Über die Kriegsopposition von Griechen und Trojanern hinweg schützen die *vriunde* (vgl. Tr 35130 / Tr 35421) einander und retten sich das Leben.[494] Doch weder homosoziales Begehren noch sodomitische Differenzierungsprobleme setzt die Doppelepisode frei. Demonstrativ unterbindet der *Trojanerkrieg* vielmehr jegliche Dynamik der Entgrenzung.

Von der Übermacht der griechischen Kämpfer bedrängt – zusammen mit Menelaus werfen sich auch Achill, Castor und Pollux dem Trojanerprinzen entgegen –, trifft Paris inmitten des Schlachtgetümmels auf einen unkenntlichen Schwerverwundeten. Als Ersatz für sein eigenes zersprungenes Schwert bittet er den Fremden, ihm dessen kostbare Waffe zu leihen, um seinen Bruder verteidigen zu können (Tr 35121–35123). Nicht nur an die ritterliche Ehre des Anderen appelliert Paris dabei, sondern sichert diesem bei seiner eigenen „triuwe" (Tr 35142) den Gegendienst zu, dessen Wunden versorgen zu lassen (Tr 35126–35143).

---

494 Passioniert ist die Anlage der Szene insofern, als Sozialdifferenz zunächst konsequent ausgeschaltet wird. Die „Grundproblematik vormoderner Freundschaftskonzepte", personale Gleichheitsansprüche und soziale Differenzierung zu vermitteln, umgeht der *Trojanerkrieg* zunächst vollständig; Braun: „Freundschaft und Verwandtschaft", S. 79 (hier am Beispiel von Konrads *Engelhard*).

Schon Paris' Anrede des Fremden als „edel ritter" (Tr 35119; ähnlich der Erzähler: Tr 35107) und das Leitvokabular höfischer Verhaltensregulierung (Tr 35115: „öugent an mir iuwer zuht"; Tr 35427: „zuht"; Tr 35142: „diz tuon ich ûf die triuwe mîn") rahmen die Szene und ihre wenig später folgende Reprise als höfische Tauschbeziehung. Gleichzeitig legt sich ein Netz von korrespondierenden Freundschaftsmotiven über die Doppelszene, das ihren zwei Erzählteilen eine ausgeprägte Spiegelstruktur verleiht.

Beide Szenen stellen mit dem Wundenverbinden (spiegelsymmetrisch zweimal genannt: Tr 35107 f., 35138 f. / 35401, 35416 f.) eine Praxis in den Vordergrund, die für Freundschaftstheorien wie für literarische Freundschaftsszenen gleichermaßen paradigmatisch ist: Wenn Freunde einander die Wunden verbinden, bringen sie reziproke Sorge um den Anderen zum Ausdruck, die auf Dauer, Wiederholung und Schließung von Differenz zielt.[495] Versehrt der Krieg einerseits den „wunden man" (Tr 35113), so stiftet die Verletzung andererseits eine Nahbeziehung, die beide Partner in ihrer Hilfsbedürftigkeit verbindet.

Reziprozität – die freundschaftstypische Verschränkung wechselseitiger Handlungen im Ausgriff auf die Zeitdimension –[496] kommt auch in der Leihgabe zum Ausdruck, die Paris erbittet:

> und *lîhent* mirz bî dirre zît
> [...]
> ist, daz ir mir daz selbe swert
> geruochent *lîhen* [...]
> (Tr 35120; 35124 f.; Herv. B.G.)

> [Wiederbegegnung – Paris erinnert an die Gabe:]
> daz ir mir *lîhent* iuwer swert,
> daz wird *verdienet*, sol ich leben.
> (Tr 35430 f.; Herv. B.G.)

Symmetrisch verklammert die Erinnerung beide Szenen. Die Gabe des Schwertes erfüllt Paris mit innerer Freude (Tr 35146: „inneclichen vrô") und bewirkt, dass er

---

**495** Vgl. Hasebrink: „Erecs Wunde", S. 7. Entsprechend weit erstreckt sich auch Paris' Hilfsangebot im Gegenzug für die Schwertgabe: „ich diene iu stille und über lût / mit willen bis an mînen tôt" (Tr 35126 f.). Man kann darin mehr als nur adäquate Gegengabe sehen: eine Offerte, die sich traditioneller Freundschaftsmerkmale (öffentlich und intim, Freiwilligkeit, unendliche Dauer) bedient.

**496** Reziprozität steht im Zentrum gerade auch der theologischen Freundschaftsdiskussion des Mittelalters: „cuius totum studium est amari et amare" („Sein ganzes Sinnen und Trachten geht nur darauf: Lieben und geliebt werden") – so Aelreds Freundschaftsdialog; Aelred von Rieval: *De spirituali amicitia*, S. 32 f. (2,16).

ungeachtet der wogenden Schlacht auf seine Verpflichtung zurückkommt: „Pârîs vergezzen hete niht / des wunden ûf dem plâne" (Tr 35400 f.). *Vriuntschaft* folgt an dieser Stelle der Logik von Gabe und Gegengabe.

Nicht zuletzt tragen korrespondierende Anredeformen dazu bei, diese Wechselbeziehung mit dem Freundschaftsdiskurs zu verknüpfen:

> [Paris:]
> geruochent lîhen, *herre trût*
> (Tr 35125)

> [Panfilôt:]
> *friunt* herre, sît daz ich ze swach
> (Tr 35430)

> [Paris bei der zweiten Begegnung:]
> *friunt guoter*, wie stât iuwer dinc?
> [...]
> [...] von iu, *trût geselle* wert.
> (Tr 35421; 35425, sämtliche Herv. B.C.)

Akzente auf semantischer Ebene verstärken diesen Eindruck zusätzlich. So bezeichnet Panfilôt sein Leiden nicht als bloß äußerlich-körperliche Qual, sondern spiegelbildlich zu Paris' innerer Freude als innere Verletzung (als Herzensqual, Tr 35458: „herzesêre").[497] Auch namentlich verwandelt die Stammsilbe der Freundschaft (mhd. *fil-* / gr. *phil-*) die neu hinzugefügte Figur des verwundeten Griechen in eine Figuration der Freundschaft.

Im interdiskursiven Rückgriff auf die triadische Freundschaftstypologie, wie sie die hochmittelalterliche Theologie (z.B. Aelred) aus Freundschaftsphilosophien der Antike (v.a. Aristoteles, Cicero) aufgreift,[498] variiert die Szene das Modell

---

[497] Dieser Ausdruck findet schon vor dem *Trojanerkrieg* Verwendung für symmetrisch intensivierte Nahbeziehungen – so etwa für das geteilte Leid, das Gyburc und Willehalm bei Wolfram verbindet; vgl. dazu Koch: *Trauer und Identität*, S. 149.

[498] Zur Unterscheidung von Freundschaftsverhältnissen, die sich an Lustgewinn (Lustfreundschaft), dem Nutzenvorteil (Nutzenfreundschaft) oder dem Guten (Charakterfreundschaft) orientieren, vgl. grundlegend Aristoteles: *Die Nikomachische Ethik. Griechisch – deutsch.* Hg. v. Rainer Nickel. Übers. v. Olof Gigon. Düsseldorf, Zürich 2001, S. 324–349 (1155b–1159b); zur Aufnahme in die lateinische Tradition Cicero: „Laelius", S. 132 f. (4,20), S. 134 f. (6,22) und S. 142–149 (9,29–33). Im 12. Jh. transformiert Aelred diese Trias unter christlichen Vorzeichen zur Unterscheidung von körperlicher Liebe (*amicitia carnalis*), weltlicher Freundschaft (*amicitia mundialis*) und Seelenfreundschaft (*amicitia spiritualis*), legt diesen Typen aber ebenfalls die traditionellen Objekte (sinnliche Lust, Nutzen bzw. Wohlwollen für den Charakter des Anderen) zugrunde: vgl. Aelred von Rieval: *De spirituali amicitia*, S. 16–18 (1,38–49). – Zur Überlieferung der antiken Freundschaftsdiskussion über Ciceros *Laelius* in monastischen und universitären

der Nutzenfreundschaft: Paris und Panfilôt sind einander verbunden, weil beide Vorteile daraus ziehen. In diesem Sinne gehört Nutzenfreundschaft zu den grundlegenden Semantiken politischer Nahbeziehung: „Freundschaft ist in der vormodernen Gesellschaft [...] an die Erwartung von Hilfe und Unterstützung gekoppelt."[499] Wie sich gerade im Blick auf den gelehrten Freundschaftsdiskurs zeigt, ist damit aber auch ein Problematisierungsmodell von Vergesellschaftung aufgerufen.

Wie Typologien der Freundschaft allgemein gehört auch die Spezialoption der Nutzenfreundschaft zu einer Differenzierungsschematik, mit der Freundschaftsdiskurse Kontingenzmomente von Nahbeziehungen abfedern. Dass etwa die Dauer der Beziehung, die Erwartbarkeit von Handlungen, ihre Evaluation oder die gemeinsame Kommunikation mit Unsicherheiten belastet sind, wird mittels Unterscheidungen kanalisiert, die unterschiedliche Spielräume der Kontingenz einrichten: Lustfreundschaften vergehen rasch, Nutzenfreundschaften laufen nach der Erfüllung aus, vollkommene Freundschaften halten sich bedingungslos durch – so die klassische Antwort der triadischen Typologie, mit der Sozialbeziehungen weniger überraschend weil kategorisierbar werden. Treten dennoch Irritationen auf, lassen sich diese neu zurechnen. Allgemein klassifizieren und steigern Freundschaftstypologien auf diese Weise Erwartbarkeit, auch wenn antike und mittelalterliche Theorien diese Differenzierung über unterschiedliche Kommunikationsmedien lösen (z. B. Konzepte des Guten, der Tugend, Gott).

Diesem Schema entsprechend gelten Nutzenfreundschaften grundsätzlich als temporäre, aktional und personal begrenzte Kontrakte. Schon Aristoteles beschreibt sie daher als Nahbeziehungsformen, die große Kontingenz zulassen:

> Wer also um des Nutzens willen liebt, tut es um seines eigenen Gewinns willen [...] und nicht sofern der Geliebte ist, was er ist, sondern nur soweit er nützlich [...] ist. Dies sind zufällige Freundschaften. Denn der Freund wird da nicht geliebt in dem, was er ist, sondern nur soweit der eine einen Gewinn [...] verschafft. Dergleichen Freundschaften lösen sich bald auf, da die Partner nicht dieselben bleiben. Wenn sie nämlich nicht mehr [...] nützlich sind, hört die Freundschaft zu ihnen auf.[500]

---

Wissenskontexten seit dem 12. Jahrhundert vgl. Köpf, Ulrich: „Das Thema der Freundschaft im abendländischen Mönchtum bis zum 12. Jahrhundert". In: *Freundschaft. Motive und Bedeutungen*. Hg. v. Sibylle Appuhn-Radtke u. Esther P. Wipfler. München 2006, S. 25 – 44; Ziolkowski, Jan M.: „Twelfth-century understandings and adaptations of ancient friendship". In: *Mediaeval Antiquity*. Hg. v. Andries Welkenhuysen, Herman Braet u. Werner Verbeke. Leuven 1995, S. 59 – 81.
**499** Seidel u. Schuster: „Freundschaft und Verwandtschaft", S. 152.
**500** Aristoteles: *Nikomachische Ethik*, S. 329 (1156a).

In der für mittelalterliche Autoren einflussreichen Freundschaftslehre Ciceros ist zu beobachten, wie diese Kontingenzbeträge weiter anwachsen – so weit, dass die Nutzenbeziehung sogar kritisch aus dem Exklusivbereich der Freundschaft abgespalten wird:

> Würde nämlich das Nützlichkeitsstreben Freundschaften knüpfen, dann würde es sie auch wieder auflösen, sobald sich eben darin eine Änderung ergeben hätte [...]. Aber die meisten kennen im irdischen Bereich nur das als ein Gut, was Gewinn einbringt; dementsprechend taxieren sie wie beim Viehhandel in erster Linie solche als Freunde, von denen sie sich einen recht großen Gewinn erhoffen.[501]

Wie die mittelalterliche Diskussion beweist, bleiben Nutzenbeziehungen jedoch weiterhin auf das Freundschaftsmodell bezogen. Mit demselben Argument der begrenzten, instrumentellen Reichweite fügt so zum Beispiel Aelred im 12. Jahrhundert die Nutzenbeziehung als sündige Mittelstufe der *amicitia mundialis* in sein mystisches Aufstiegsmodell der Gottesfreundschaft ein:

> Die weltliche Freundschaft, Kind der Gier nach den vergänglichen Gütern dieser Welt, ist immer voller Trug und Tücke, nie aber zuverlässig, nie beständig, nie ausgeglichen. Sie kommt und geht mit dem Glück, fragt stets nach dem Geldbeutel. Von ihr steht geschrieben: „Manch einer ist nur Freund auf Zeit und bleibt es nicht am Tag der Not". Nimm ihm die Aussicht auf Gewinn, und sofort hört seine Freundschaft auf.[502]

Auch Paris und Panfilôt sind „Freunde auf Zeit" (Sir 6,8). Doch der *Trojanerkrieg* lotet diese Grenze der Nutzenfreundschaft und ihre Kontingenzbeträge sorgfältiger aus als das theologische Verdikt. Einerseits setzt ihre Darstellung auf Überschüsse. So kurz – erzählzeitlich transitorisch – beide Erzählpassagen ausfallen, so demonstrativ überhäufen sich Paris und Panfilôt mit symmetrischen Freundschaftsanreden. So punktuell und beiläufig die Schwertgabe in den Erzählzusammenhang eingeordnet wird, so sehr übersteigen ihre Bedeutung und Reichweite diese Begrenzung auf Figurenebene: für die Rettung seines Lebens verspricht Paris lebenslangen Gegendienst. Nutzenfreundschaft weist in solcher

---

**501** Cicero: „Laelius", S. 148 (32): „nam si utilitas amicitias conglutinaret, eadem commutata dissolveret"; S. 196 (79): „sed plerique neque in rebus humanis quicquam bonum norunt nisi quod fructuosum sit, et amicos tamquam pecudes eos potissimum diligunt, ex quibus sperant se maximum fructum esse capturos."
**502** Aelred von Rieval: *De spirituali amicitia*, S. 16 (1,42f.): „At amicitia mundialis, quae rerum uel bonorum temporalium cupidine partitur, semper est plena fraudis atque fallaciae; nihil in ea certum, nihil constans, nihil securum; quippe quae semper cum fortuna mutatur, et sequitur marsupium. Vnde scriptum est: *Est amicus secundum tempus, et non permanebit in die tribulationis.* Tolle spem quaestus, et statim desinet esse amicus" (Kursivierung im Original).

Darstellung über die Grenzen der instrumentellen Beziehung hinaus, die Freundschaftstheorien diesem Typ zuweisen.

Andererseits treten aber auch ihre Bruchstellen hervor. Als Panfilôt sich bei ihrer zweiten Begegnung als Grieche zu erkennen gibt (Tr 35436–35449) und sich damit ausdrücklich Paris' Schutz und Fürsorge überantwortet,[503] bricht die Freundschaftssemantik abrupt ab. Dies muss um so mehr überraschen, als gerade das Risiko des Griechen in Trojanerhänden eine Standardsituation eröffnet, um Freundschaft und Bewährung auszuerzählen.[504] Der *Trojanerkrieg* schlägt einen anderen Weg ein. Ist Panfilôt für Paris als helfender Hilfsbedürftiger ein „friunt" (Tr 35421), so ist er kurz darauf als Grieche nur noch ein „herre" (Tr 35462). Kurz aber deutlich zeichnet der Erzähler der Nutzenfreundschaft und ihren passionierten Zügen somit die Grenze vor.

Bricht damit nicht doch nur jene politische Grenzziehung hervor, die den gesamten Figurenbestand des *Trojanerkriegs* polarisiert? Panfilôt bringt diese Differenz der Sozialreferenz selbst zur Sprache:

> ich bin *von Kriechenlant* geborn,
> diu rede sunder lougen ist.
> [...]
> vernement ez, *Troiære*,
> daz ich in schadebære
> gewesen gerne wolte sîn.
> (Tr 35436 f.; 35441–35443; Herv. B.G.)

Während Panfilôt aufgrund dieser Kriegsopposition mit „zorn" (Tr 35435) rechnet, lässt Paris jedoch die politische Differenz unberührt. Was bleibt, ist für ihn nur noch die begrenzte Pflicht zur Gegengabe: „des twinget mich diu rehte schult" (Tr

---

503 Tr 35438–35440: „dâ von ist harte mîn genist / in iuwer hende nû gegeben, / wan ich verlieren muoz mîn leben."
504 Nach Hahn, Alois: „Zur Soziologie der Freundschaft". In: *Institution und Charisma. Festschrift für Gert Melville*. Hg. v. Franz Joseph Felten, Annette Kehnel u. Stefan Weinfurter. Köln 2009, S. 617–627 dient gerade in vormodernen Gesellschaftsformen das Risiko nicht als Einschränkung, sondern als konstitutiver Testlauf für Freundschaftsbeziehungen, der soziales Vertrauen erzeugt. Dieser Zusammenhang prägt auch den literarischen Diskurs des höfischen Romans, der in Freundschaftskämpfen Risikosituationen durchspielt und dadurch soziale Bindung symbolisch verstärkt. Nach Ertzdorff: „Höfische Freundschaft", S. 187–189 folgen auch heldenepische Freundschaftspaare einem Vertrauensmodell, das sich über gemeinsam bestandene Risikoreihen konstituiert. Die Reihe lässt sich gattungsübergreifend fortsetzen: vgl. Winst: *Amicus und Amelius* und Virchow, Corinna: „Der Freund, ,der rehte erkennet wer ich bin'. Zu Konrads von Würzburg *Engelhard* und einer Freundschaft in gespiegelter Vorbildlichkeit". In: *Oxford German Studies* 36 (2007), S. 284–305, insbes. S. 302.

35461). Das Übermaß der Selbstverpflichtung auf Lebenszeit scheint mit dem Verzicht auf politische Gewalt abgegolten, das Freundschaftsmodell abgesetzt. Jäh reduziert der *Trojanerkrieg* die Begegnung auf das, was ihrer Nutzenfreundschaft zugrunde lag: auf eine Ökonomie von Gabe und Gegengabe, die keine neuerliche Asymmetrie, kein neuerliches Begehren der Nahbeziehung öffnet, sondern begrenzt wird.[505] In dieser Perspektive erweist sich die narrative Doppelung der Szene als epistemische Strategie: Öffnet die erste Episode die Nutzenbeziehung für Überschreitungen im Namen von Freundschaft, so absorbiert die zweite Begegnung solche Überschüsse. Panfilôts Wunde und die irritierenden Differenzen der *vriuntschaft* schließen sich.

Fremdreferenzielle Diskursbezüge und Selbstreferenz des Krieges sind auch im Falle der passionierten bzw. begrenzten Freundschaftskämpfe syntagmatisch eng aufeinander bezogen. Das Schlachtgeschehen und seine präsentifizierenden Darstellungsverfahren bilden entweder den Horizont, vor dem sich die Begegnungen von Paris und Panfilôt als kurze Binnenszenen der Freundschaft abheben, oder werden kurzzeitig sistiert, wenn Achill in der Schlachtpause um Patroclus trauert, um sodann im nächsten Schlachtgang zwischen Achill und Hector neue Intensitätsmaxima zu erreichen. Narration und Imagination, Diskursivierung und Präsentifizierung schließen dabei unmittelbar aneinander an.

## 2.2 Zusammenfassung: Diskursivierung

Obwohl Konrad in den Kriegspassagen vor allem auf Erzählverfahren mit selbstreferentiellen Effekten setzt, zeigt sich der *Trojanerkrieg* zugleich engstens verbunden mit hochmittelalterlichen Wissensordnungen, ihren Wahrnehmungsformen und Praktiken. Wie mit den Analysen des voranstehenden Kapitels greifbar wurde, organisiert der Roman seine fremdreferentiellen Bezüge auf diese Ordnungen häufig implizit: Anstatt Wissensbezüge offen zu deklarieren, gehen diese in Semantik und Inszenierungsformen ein, prägen Darstellungsverfahren und Dargestelltes, Leitunterscheidungen und Effekte. Solche impliziten Fremdreferenzen verleihen dem *Trojanerkrieg* ein ausgeprägt diskursives Profil, das bisher nur in Stichproben erkundet ist und als Signum spätmittelalterlicher Poetik gilt.[506]

---

**505** Diese Ökonomie bleibt weiterhin beziehbar auf literarische Entwürfe der höfischen Freundschaft, die auf wechselseitiger Dienstbereitschaft basieren; vgl. Ertzdorff: „Höfische Freundschaft", S. 189–194. Doch eben nur in Grenzen: Gegenseitige Liebe und Fortsetzbarkeit der Beziehung scheidet die zweite Episode gerade aus.

**506** Vgl. Friedrich: „Diskurs und Narration".

Diese Diskursivierung in einem breiter angelegten Querschnitt von Inszenierungsformen und epistemischen Funktionen zu erfassen, war Aufgabe der Analyse. Exemplarisch wurden dazu Verflechtungen des *Trojanerkriegs* mit dem Interdiskurs um Nahbeziehungen (*vriuntschaft*) untersucht. Auch dies erfasst nur einen Ausschnitt der Diskursbezüge – es gibt wichtige andere mehr, zu denen insbesondere religiöse Diskursivierung zu rechnen wäre. Dennoch kann schon der Blick auf *vriuntschafts*-Szenen ein Diskursivierungsverfahren erschließen, das für die Referenzorganisation des *Trojanerkriegs* insgesamt aussagekräftig ist: zum einen, weil Nahbeziehungssemantiken zu den leitenden Codierungen höfischer Kultur gehören, zum anderen, weil *vriuntschaft* auf sämtlichen Ebenen die Darstellung und Handlung des *Trojanerkrieg* prägt. Nahbeziehungen verweisen so gesehen auf einen Schlüsseldiskurs, mit dem der Roman Kommunikationsstruktur, erzählte Ereignisse und Figuren sowie seine Rezeption steuert.

*Kap. IV.2.1.1: Intimisierung der Rede.* Eine Relektüre des Prologs erwies die Eingangsklage über den scheinbaren Verfall des höfischen Literaturbetriebs als raffinierte Kontraststrategie, um ein Kommunikationsmodell der Nahbeziehung aufzubauen. Innovativ verfährt der *Trojanerkrieg* darin, Elemente des Interdiskurses um Nahbeziehungen der Literaturproduktion (Publikum, Mäzenatentum, Kennerschaft) zu importieren und zu einer Rezipientenposition zu formen, die intim und allgemein verfügbar zugleich ist.

*Kap. IV.2.1.2: Die Jugendgeschichte des Paris.* Die Jugendgeschichte und Wiederaufnahme des Paris in Troja zeigte exemplarisch, dass sich vermeintlich einfache Sinnmodelle wie Fatalität im *Trojanerkrieg* genau genommen komplexer Staffelung von Diskursreferenzen verdanken. Paris' Karriere und Rückkehr nach Troja basieren nicht auf misslingender, sondern auf übermäßiger *vriuntschaft*, die sich in mehreren Schritten potenziert: von Reflexion und Fürsorge (Rettung und Aussetzung im Wald) über Liebeseinheit (Oenone) bis zur Sozialfunktion des gerechten Richters (Richteramt bei den Hirten und auf der Thetis-Hochzeit). Diskursreferenzen auf verschiedene Modelle und Semantiken der *vriuntschaft* werden somit rekursiv verstärkt und zur Katastrophe verdichtet.

*Kap. IV.2.1.3 – 4: Liebesdyaden – Intimräume der list.* Eine ausführliche Analyse widmete sich der Erzählsequenz um Jason und Medea, die grundsätzliche Entdifferenzierungstendenzen von Liebesbeziehungen im *Trojanerkrieg* vorführt. Sämtliche Teilepisoden strukturieren Konzepte und Semantiken der *list* (Klugheit, Kunst, Wissen, List), doch legen diese fundamentale Ambivalenzen höfischer Kultur und ihrer Unterscheidungen offen: Konkurrenz um Ehre (Jason/Achill, Peleus), mehrfache Codierbarkeit von Zeichen (Jasons und Medeas heimliche Kommunikation), aber auch die Pluralisierung von Nahbeziehungscodes (Sozialisierungsmuster, Minnekrisen, Anthropologie der *staete* usw.). Die Erzählung von Jason und Medea verspricht scheinbar eine Geschichte von erstrebter und verratener Liebeseinheit, vervielfältigt jedoch Differenzen der *vriuntschaft* zu einer Komplexität, die Unterscheidungen kollabieren lässt. Fremdreferenzen auf den Interdiskurs von Nahbeziehungen münden in Fusion: in die Auflösung von Unterscheidungen, die unmittelbar in die Selbstreferentialisierung des Kriegserzählens von der ersten Zerstörung Trojas übergeht.

*Kap. IV.2.1.5: Kampfbegegnungen der vriuntschaft.* Involvieren solche Komplexierungen den Rezipienten bereits in der Jason-Medea-Erzählung, so fordern die Freundschafts- und Verwandtenkämpfe des *Trojanerkriegs* in noch stärkerem Maße kognitive Zurechnungsleistungen heraus. Untersuchte die Forschung solche Inszenierungsformen von agonalen Nahbeziehungen bisher vornehmlich als Thematik der Identitätserkenntnis oder als Symbolisierung von Sozialreferenz, so treten Nahbeziehungskämpfe im *Trojanerkrieg* als kognitive Erzählexperimente hervor, die schwierige Unterscheidungen erfordern: hinsichtlich Handlungsrollen, Wissensmodi, Schemata, Evaluation, Dynamik und Reichweite. Verwandtenkämpfe zeigen sich weniger als Thema, dafür um so stärker als Arrangements von Differenz relevant – und dies oft in paradoxer Form: Blutsverwandte treffen wissend-unwissend aufeinander (Hector/Ajax), Begehren entzündet sich am Begehren des Anderen und droht die Grenzen der Konfliktparteien aufzulösen (Hector/Peleus); Erkennen führt in Verkennen (Hector/Paris); Todfeinde beweisen sich im Kampf letzte Spuren von *vriuntschaft* (Menelaus/Paris). All dies erzählt der *Trojanerkrieg* nicht aus purer Lust an Paradoxien, sondern mit epistemischem Kalkül: Erzählformen der Latenz, trianguläre Verflechtungen von Figuren, Dynamiken des Begehrens oder auch kommunizierte Unkommunizierbarkeit sind poetische Formen und Funktionen, die Kampfbegegnungen der *vriuntschaft* erzeugen.

*Kap. IV.2.1.6: Freundschaft als Passion.* Auch im engeren Sinne von Freundschaft verarbeitet der *Trojanerkrieg* Diskursreferenzen der Nahbeziehung. Mit Achill und Patroclus auf der einen Seite sowie Paris und Panfilôt auf der anderen Seite stehen sich zwei Figurenkonstellationen kontrastiv gegenüber, die in unterschiedlicher Weise die Generalisierung von Freundschaft als Passion inszenieren. Achills Totenklage um Patroclus entgrenzt die homosoziale Nahbeziehung zu einem Begehren, das Züge des Sodomiediskurses aufnimmt (Maßlosigkeit, Ansteckung, Gefährdung der Geschlechtsdifferenz, unkontrollierbares Begehren). Auch die Nutzenfreundschaft zwischen Paris und Panfilôt und ihre wechselseitigen Hilfsleistungen folgen zunächst einem absoluten Freundschaftscode, der jedoch jäh abbricht, als sich die beiden Freunde als Kriegsgegner identifizieren. Absoluter Entgrenzungsdynamik, wie sie Achills Begehren prägt, tritt ein Begrenzungsmodell zur Seite.

## 3 Zusammenfassung: Referenzstrukturen des *Trojanerkriegs*

Der Trojanische Krieg kommt in der zweiten Erzählhälfte zu sich selbst – und doch ist der *Trojanerkrieg* vielfältig verwoben mit Bezügen auf andere Texte, andere Äußerungen, andere Konzepte. Diese Spannung zu entparadoxieren, ist Bedingung für wissensförmige Kommunikation. Wie das voranstehende Doppelkapitel herauszuarbeiten suchte, wählt der *Trojanerkrieg* dafür zwei unterschiedliche Strategien. Selbstreferentialität der literarischen Kommunikation und des Dargestellten erhöht ein Bündel von Erzählverfahren, die als Techniken der Präsentifikation rekonstruiert wurden: Schlachtdarstellungen blenden sinnförmige Verweisungen der Vorgeschichte ab, um im Gegenzug den Krieg sensorisch und kognitiv zu aktualisieren, d. h. präsent werden zu lassen. Fremdreferentielle Anschlüsse werden dagegen implizit hergestellt: als Diskursbezüge, die den gesamten Text durchdringen und strukturieren, ohne jedoch zumeist als Fremdbezüge auffällig zu werden. Der Mythos des Trojanischen Kriegs wird in dem Maße zur Wissensform, in dem diese beiden Strategien komplementär zusammenspielen.

Freilich liefert diese Organisation keine trennscharfe Lösung. Präsentifikationsverfahren lassen bereits in der ersten Erzählhälfte einzelne Zentren der Selbstreferenz entstehen (erste Zerstörung Trojas und gelegentliche Kampfdarstellungen, Beschreibungen z. B. des Apfels der Discordia oder von Helenas Mantel) – auch fremdreferentielle Diskursivierung ist keinesfalls auf bestimmte Textpartien begrenzt, sondern lässt sich über den gesamten Roman verfolgen. Statt schematischer Organisation bietet der *Trojanerkrieg* eher ein komplexes Wissensprofil. Es lässt sich trotzdem in zwei Zwischenergebnissen bündeln:

(1.) Im Hinblick auf seine *internen Referenzstrukturen* zeigt der Roman eine zweiteilige Anlage, die auf ein verweisungsdichtes Sinnfeld ein verweisungsarmes Zeigefeld folgen lässt – auch dies nicht mit schematischer Trennung, wohl aber mit unverkennbarer Gewichtsverlagerung von der ersten zur zweiten Erzählhälfte.

(2.) Im Hinblick auf die *externen Referenzstrukturen* des *Trojanerkriegs* zeigen sich diskursive Verflechtungen über den gesamten Text und alle Narrationsebenen gestreut. Nur selten konzentrieren sich Diskursreferenzen dieser Art als zitathafte Fremdverweisungen, wie dies im Rekurs auf Gottfrieds *Tristan* der Fall ist. Eher überwiegen Aufnahmen von Diskursbezügen, die weitgehend unmarkiert bleiben, obwohl sie den *Trojanerkrieg* maßgeblich strukturieren.

Damit lassen sich spezifische Leistungen literarischer Verfahren zum Wissensaufbau bestimmen. Die Unterscheidung von (reduzierter) Fremdreferenz und (verstärkter) Selbstreferenz wurde auf Modellebene zunächst so abstrakt angesetzt, dass sie die Wissensförmigkeit von Kommunikation allgemein erfassen kann: literarische wie nicht-literarische Wissensformen sind damit prinzipiell untersuchbar. Die Analysen der voranstehenden Kapitel liefern für dieses Zusammenspiel von Fremdreferenz und Selbstreferenz ein schärferes Bild, das sich aus unterschiedlichen Ebenen und Positionen der literarischen Kommunikation zusammensetzt.

(a) Auf der Mikroebene *sprachlicher Organisation* sorgen etwa Konrads Metaphern dafür, den *Trojanerkrieg* zugleich im Bezugsfeld des Literaturbetriebs zu intimisieren (Kap. IV.2.1.1) und als quasi-autarken Zielpunkt des Trojaerzählens zu stilisieren (Kap. III.2); fremdreferentielle Diskursivierung eines Krisenkontextes und selbstreferentielle Geltungssteigerung spielen dabei im Prolog systematisch ineinander.

(b) Auf Ebene der *Narration* wurde in der Jason/Medea-Episode ein Bezugsverfahren greifbar, das Fremdreferenzen kettenförmig verschiebt: Fremdreferenzen auf Nahbeziehungsdiskurse werden importiert und in einer Serie wachsender Katastrophen destabilisiert. Die Fusion von Unterscheidungen, die damit einhergeht, ist Teil eines narrativen Verkettungsprinzips, das auch an anderen Stellen den *Trojanerkrieg* strukturiert: fremdreferentielle Bezüge werden einem Ursachengeflecht des Trojanischen Kriegs eingefügt, das schließlich in der Selbstreferentialisierung Helenas als Grund und Erscheinung gipfelt (Kap. III.3.1.5).

(c) Potenzierung und Rekursion führen auf Ebene wiederkehrender *Erzählmuster* zu Formen, die Fremdreferenzen auf Nahbeziehungsdiskurse latent werden lassen. Paradoxien wie der gefährliche verlorene Sohn Paris werden auf diese Weise nicht nur eingelagert, sondern zum Zentrum der trojanischen Gesellschaft, deren ästhetische Selbstreferenz der *Trojanerkrieg* verstärkt, sinnfällig in Paris' exorbitanter Schönheit als umfassendem Attraktionszentrum (Kap. IV.2.1.2). Eingelagert werden ebenso fremdreferentielle Bezüge von passionierten bzw. begrenzten Freundschaftsszenen, die in den Kriegspassagen unmittelbar mit präsentifizierenden Verfahren der Selbstreferenz des Kriegserzählens umgeben werden (Kap. IV.2.1.5 und Kap. IV.1).

(d) Auch die *Rezipientenposition* wird schließlich zum Ort, an dem Fremdreferenz und Selbstreferenz zusammenspielen. Exemplarisch zeigte sich an Freundschafts- und Verwandtenkämpfen, dass kognitive Aktivierung durch schwierige Zurechnungsaufgaben im Rekurs auf fremdreferentielle Diskursvorgaben des Zweikampfmusters Hand in Hand mit den Präsentifikationsimpulsen der Kriegsdarstellung geht. Kampfbegegnungen im Horizont des *vriuntschafts*-Diskurses werden so von Selbstreferentialisierungsstrategien flankiert.

Deutlich wird damit: Die Organisation von Fremdferenz und Selbstreferenz zur literarischen Wissensform ist kaum als propositionale Ordnung zu fassen – sie verdankt sich einem prozessualen Arrangement. Dieses bleibt nicht punktuell begrenzt, sondern entfaltet erst im Zusammenspiel sämtlicher Textpartien und Ebenen der literarischen Kommunikation seine Komplexität – dies nicht als offene Montage, sondern als strukturierte Komplexität.

# V Invisibilisierung

Selten zeigen sich Paradoxien des *Trojanerkriegs* offen als Paradoxien; selten machen sich Wechsel von Sinnverweisungen zu selbstreferentiellen Formen des Erzählens als spannungsvolle Übergänge bemerkbar – es sei denn für einen Beobachter, der wie die vorliegende Untersuchung auf ihrer Analyse insistiert. Wie ist dieser Umstand zu erklären?

Zum einen verzichtet der *Trojanerkrieg* weitgehend auf explizite Markierung von intertextuellen Dialogen und knüpft stattdessen implizite Diskursbezüge. Zum anderen entwickelt der Roman Funktionen, die Paradoxien und Verweisungen gezielt verdecken. Ihnen widmet sich das folgende Kapitel unter dem Stichwort der Invisibilisierung. Auch dieser Begriff ist – wie die bisherigen Leitbegriffe des Wissensmodells – der Systemtheorie Niklas Luhmanns entlehnt.[1] Invisibilisierung leisten Luhmann zufolge Operationen, die „zwei Blindheiten" erzeugen.[2] Zum einen verdecken sie im Prozess der Beobachtung die Einheit der jeweils verwendeten Unterscheidung:

> Jede Beobachtung benutzt eine Unterscheidung, um etwas (aber nicht: die Unterscheidung selbst) zu bezeichnen. Jede Beobachtung benutzt, mit anderen Worten, die operativ verwendete Unterscheidung als blinden Fleck, denn anders wäre sie nicht in der Lage, etwas herauszugreifen, um es zu bezeichnen.[3]

Unterscheidungen wie Selbstreferenz/Fremdreferenz oder die im dritten Analyseabschnitt der vorliegenden Arbeit untersuchten Paradoxien werden somit in ihrer Verwendung gleichsam unsichtbar, obwohl sie potentiell als Unterscheidungen rekonstruierbar sind. Auch ihre Einheit bleibt für Beobachtung uneinholbar, die stets nur eine Seite (und nicht zugleich die andere) verwenden kann. In welchem Maße allerdings Unterscheidungen vollzogen werden können oder

---

1 Luhmann konturiert den Begriff der Invisibilisierung eher zurückhaltend und lässt ihn dadurch erstaunlich subterminologisch. Wichtige Überlegungen, auf die sich der folgende Rekonstruktionsversuch stützt, finden sich an unterschiedlichen Stellen und stets im Verbund mit konkreten Analysen: Luhmann: *Gesellschaft der Gesellschaft*, Bd. 2, S. 1109–1128; *Die Wissenschaft der Gesellschaft*, S. 173–175 und 189f.; Ders.: „Erkenntnis als Konstruktion". In: *Aufsätze und Reden*. Hg. v. Oliver Jahraus. Stuttgart 2007, S. 218–242, insbes. S. 224 und 231f.; Ders.: *Die Kunst der Gesellschaft*. Frankfurt a.M. 1997, S. 92–105. Begrifflich stützt sich Luhmann seinerseits auf Barel, Yves: „De la fermeture à l'ouverture, en passant par l'autonomie?". In: *L'Auto-organisation. De la physique au politique*. Hg. v. Paul Dumouchel u. Jean-Pierre Dupuy. Paris 1983, S. 466–475, der die Auflösung von Paradoxien als „processus d'invisibilisation" beschreibt (S. 468).

2 Luhmann: *Gesellschaft der Gesellschaft*, Bd. 2, S. 1110 und 1113 („doppelt[e] Invisibilisierung").

3 Luhmann: *Gesellschaft der Gesellschaft*, Bd. 2, S. 1121.

umgekehrt in ihrer Kontingenz auffällig werden und irritieren, kann von der kommunikativen Organisation beeinflusst werden, die Anwendbarkeit ermöglichen, verändern oder auch stören und damit reflexiv machen kann. Invisibilisiert werden also zum einen gegenstandsbezogene Unterscheidungen.

Zum anderen erfordert die Verwendung von Unterscheidungen die „Selbstinvisibilisierung" des Beobachters:[4]

> Das Beobachten erster Ordnung ist das Bezeichnen – im unerläßlichen Unterschied von allem, was nicht bezeichnet wird. Dabei wird die Unterscheidung von Bezeichnung und Unterscheidung nicht zum Thema gemacht. Der Blick bleibt an der Sache haften. Der Beobachter selbst und sein Beobachten bleiben unbeobachtet [...].[5]

Im Akt des Beobachtens tritt der Beobachter damit selbst in einen blinden Fleck, der sich nur verschieben, nicht aber grundsätzlich aufheben lässt. Auch die Unsichtbarkeit des Beobachtens in der Beobachtung ist damit nicht bloß „unvermeidliche Invisibilität",[6] sondern konstitutiv für jegliches Wahrnehmen, Imaginieren oder Handeln: „Die Unbeobachtbarkeit der Operation des Beobachtens ist die transzendentale Bedingung seiner Möglichkeit."[7]

Für literaturwissenschaftliche Wissensforschung wird ein solcher Begriff erst mit einer Akzentuierung fruchtbar, die sich systemtheoretisch schlüssig ergibt, aber von Luhmann nicht gesucht wurde. Luhmann selbst bezieht den Begriff der Invisibilisierung vornehmlich auf Vorgänge der Verdeckung.[8] Theoretisch konsequenter und methodisch vorteilhafter scheint mir hingegen, damit die operative Doppelung von *Sehen und Nichtsehen* zu bezeichnen: Invisibilisierungsprozesse blenden für die Beobachtung nicht nur das Beobachten selbst und die Einheit seiner Unterscheidung ab, sondern sichern dadurch zugleich auch die Sichtbarkeit, d.h. die Verwendungsstabilität von Unterscheidungen. Epistemologisch gewendet bedeutet dies, Erkennen und Nicht-Erkennen über denselben Begriff

---

**4** Luhmann: *Gesellschaft der Gesellschaft*, Bd. 2, S. 1113.
**5** Luhmann: *Kunst der Gesellschaft*, S. 102.
**6** Luhmann: *Gesellschaft der Gesellschaft*, Bd. 2, S. 1113.
**7** Luhmann: *Kunst der Gesellschaft*, S. 96.
**8** Vgl. z.B. Luhmann: *Die Wissenschaft der Gesellschaft*, S. 189: „Mystifikationen sind Invisibilisierungen. Invisibilisierungen verschleiern Paradoxien"; vgl. auch ebd., S. 397; auch Luhmann: *Gesellschaft der Gesellschaft*, Bd. 2, S. 1110 spricht von „Blindheiten" und „Mystifikationen". Nichtsehen, Abblendung, Verschleierung aber bezeichnen nur eine Seite der Unterscheidung, die der Begriff der Invisibilisierung einführt.

laufen zu lassen: Invisibilisierung bezeichnet Vorgänge, die dafür sorgen, *dass man nicht sieht, dass man nicht sieht, wenn man etwas sieht.*[9]

Gerade im Hinblick auf literarische Wissenserzeugung empfiehlt es sich also, Luhmanns Begriffsvorschlag umzukehren bzw. zweiseitig zu verwenden. Um Wissensansprüche aufbauen zu können, müssen Texte nicht nur Unterscheidungen einsetzen, sondern gleichzeitig verdecken, dass auch die Außenseite der jeweiligen Unterscheidung potentiell erreichbar, thematisierbar, kommunizierbar ist. Die europäische Tradition hat dafür unterschiedliche Semantiken entwickelt: Erinnerungskreisläufe von Ideen, Gott oder Evidenz gehören zu den prominentesten Modellen, die Wissen vor regressiver Kommunikation schützen, indem sie Außenseiten von Unterscheidungen verdecken. Erst auf diese Weise können Innenseiten der Kommunikation alternativlos werden. Wissen, das sich als kontingent, d. h. als auch anders möglich beschreiben ließe, löst sich hingegen auf. Auch Mythosdiskurse verarbeiten seit der Antike dieses Problem in der paradoxen Frage nach der Greifbarkeit oder Entzogenheit von mythischen Ursprüngen.[10]

Für den Wissensaufbau durch literarische Kommunikation kann dies etwa bedeuten, die Fragen zu blockieren, zu wem eine Erzählinstanz spricht oder von wem das Erzählte beobachtet werden kann. Der *Trojanerkrieg* löst diese Aufgabe wiederholt über religiöse Semantik: Gott besetzt den Außenhorizont des Erzählers (als Inspirationsquelle und Bezugspunkt des Prologs)[11] und limitiert als höchster Zuschauer die Beobachtbarkeit des Trojanischen Kriegs.[12] Im Rahmen christlicher Weltdarstellung kann Konrads Trojaroman somit auf Gott als kulturell generalisierte Invisibilisierungsfigur zurückgreifen, die Sichtbarkeit und Unsichtbarkeit von Kommunikation und erzählter Welt zugleich sicherstellt.[13]

---

**9** Luhmann: *Gesellschaft der Gesellschaft*, Bd. 2, S. 1110 beschreibt Invisibilisierung hingegen als „Mystifikationen […], damit man nicht sieht, daß man nicht sieht, was man nicht sieht." Gelegentlich hat die Forschung bemerkt, dass diese Paradoxie von gesteigerter Sichtbarkeit bei gleichzeitiger Unsichtbarkeit für den *Trojanerkrieg* besonders einschlägig ist – so am Beispiel der Beschreibung Helenas v. a. Müller: „Blinding sight", S. 215: „sight does not lead to insight, but to blindness".

**10** Vgl. – um nur an die bekanntesten Beispiele zu erinnern – z. B. die unendliche Vervielfältigung der mythologischen Quelle in Platons *Timaios*, die Irrtumstheorien in der Ursprungsdiskussion spätantiker und mittelalterlicher Mythographen oder Verdikte gegen die Ursprünglichkeit von Mythen (Blumenberg: *Arbeit am Mythos*) bzw. gegen die Greifbarkeit ihrer Ursprungsformen (Jamme: *Mythos-Theorien*).

**11** Vgl. Tr 70 f., 90 – 101; zur Invisibilisierung der Außenseite des Erzählens trägt auch die Nachtigallenmetapher bei, die indirekt an der religiösen Semantik partizipiert. Vgl. dazu insgesamt die Analyse von Kap. III.2.

**12** Vgl. z. B. Tr 36468 – 36471 und Tr 34584 – 34587.

**13** Zu Gott als Limitationsinstanz von Unterscheidung vgl. Luhmann: „Erkenntnis", S. 227 – 229.

Invisibilisierung benennt also eine zentrale Lösung für das Problem von Wissenskommunikation, als Kommunikation unsichtbar und als Wissen sichtbar zu werden. Man kann darin nicht nur Entzug oder Mangel von Optionen, sondern geradezu eine Erfolgsstrategie von wissensförmiger Kommunikation sehen, sich operativ anschlussfähig und verwendbar zu machen. Nicht bloß um Verdeckung geht es dabei, sondern im gleichen Zug um die Sicherung von Sichtbarkeit.

Mit dieser Begriffsbestimmung wird ebenfalls deutlich, dass Invisibilisierung keinen Sonder-, sondern den Normalfall von Beobachten charakterisiert. Sie ist nicht einmal Sonderfall bestimmter Kommunikation, sondern Normalfall jeglicher Kommunikation, die auf Sinn angewiesen ist, d.h. selektiv verfährt. Gleichwohl lässt sich Wissen als Beobachtungstyp verstehen, der besonders irritationssensibel auf Kontingenz reagiert; um sich als Wissen reproduzieren zu können, muss Kommunikation daher in besonderem Maße Invisibilisierungsleistungen verstärken. Die folgenden Unterkapitel beleuchten zentrale Aspekte dieser Funktion, die von literarischer Kommunikation getragen werden kann:[14] sie wird von Erzählverfahren erzeugt (Kap. V.1), die sich unterschiedlicher generalisierter Semantiken bedienen (Kap. V.2) und Effekte hervorbringen, die Kontingenz unterdrücken (Kap. V.3). An jeden dieser Aspekte sind gemäß der Vorüberlegungen zweiseitige Leitfragen zu stellen: Was wird unsichtbar, was sichtbar? Und welche literarischen Operationen regulieren dieses Verhältnis von Sichtbarkeit und Unsichtbarkeit?

# 1 Erzählverfahren

## 1.1 Einlagerungen. Metadiegesen und Erzählsituationen mehrfacher Ordnung

Invisibilisierungen von Paradoxien verdanken sich zum einen Prozessen des rekursiven Kopierens und Einlagerns, die Luhmann im Anschluss an den Formenkalkül George Spencer-Browns als *re-entry* bezeichnet, als Wiedereintritt einer

---

[14] Invisibilisiert literarische Kommunikation grundsätzlich ihre Gegenstände und ihre Beobachtung? Dem scheint die markante literaturtheoretische Position zu widersprechen, nach der Literatur gerade Kontingenzen öffnet und Beobachtungsordnungen vervielfältigt: vgl. z.B. Alt: „Beobachtung dritter Ordnung"; zum vormodernen Erzählen v.a. Schulz: „Fragile Harmonie". Doch auch potenzierte Erzählsituationen kommen nicht umhin zu beobachten, d.h. Unterscheidungen zu verwenden. Auch ein kontingenzfreudiges Erzählen invisibilisiert, wenngleich mit deutlich komplexeren, mehrstufigen Unterscheidungen.

Form in die Form.[15] Auf der Mikroebene des Textes werden solche *re-entries* häufig als symbolische Einlagerungen gestaltet: Der Apfel der Discordia oder die Kleider Helenas und Medeas sind nur die bekanntesten Symbole, die im *Trojanerkrieg* die Einlagerung von Leitunterscheidungen des Erzählens im Erzählten leisten.[16] Aber auch Raumkonstruktionen können der Invisibilisierung dienen, indem etwa Innenräume Kontingenz in Form von eingelagerten Dingen oder geheimer Kommunikation absorbieren, die zwar auch außerhalb jener Innengrenzen vorhanden sein kann, aber unsichtbar wird: Helenas mit verführerischen Simulationsautomaten eingerichtete *Chambre de Beautés* im *Roman de Troie* (RdT 14601–14958) oder Medeas Kemenate im *Trojanerkrieg* sind solche Beispiele für Kontingenzeinlagerung in erzählte Innenräume.[17] Drittens leisten solche Einlagerungen – auf Makroebene der Textorganisation – auch Erzählungen in Erzählungen.[18]

Seit den frühesten schriftgestützten Formen des Erzählens dienen Metadiegesen dazu, Paradoxien des Erzählens zu invisibilisieren – dies ist der Erzähltheorie seit jeher bekannt.[19] Schon Gérard Genette bemerkte, dass Metadiegesen ein weites Spektrum entfalten, deren Extrempole die betonte Explikation und die implizite Suspension einer Rahmenerzählung bilden. Homers *Odyssee* erzählt, wie Odysseus seine Lebensgeschichte erzählt, aber auch sich dem Erzählen verweigert und damit die Dissonanz seines Erzählens sichtbar macht (Visibilisierung paradoxer Erzählsituation); Scheherazades Binnenerzählungen machen dagegen die Rahmenhandlung und den drohenden Tod Nacht für Nacht vergessen (Invisibilisierung von Paradoxien).[20] Auch der *Trojanerkrieg* bedient sich solcher Verfah-

---

**15** Vgl. Spencer-Brown, George: *Laws of form*. London 1969, Kap. 12; zur Aufnahme vgl. unter vielen Arbeiten nur Luhmann: „Paradoxie der Form".

**16** Die *Trojanerkrieg*-Forschung hat für diese Beispiele bisher das Konzept der *mise en abyme* bevorzugt; vgl. zum Apfel der Discordia z. B. Laufer: „Materialität der Sprache", zu Medeas Kleid vgl. Hasebrink: „Rache als Geste".

**17** Zur Kontingenzabsorption von Innenräumen vgl. auch Strohschneider: „Kemenate", S. 39.

**18** Diese Möglichkeit scheint geradezu eine Standardlösung mittelalterlicher Erzählkultur für *re-entries* zu sein, wie die Beiträge des Tagungsbandes von Haferland, Harald u. Michael Mecklenburg (Hg.): *Erzählungen in Erzählungen. Phänomene der Narration in Mittelalter und Früher Neuzeit*. München 1996 nahelegen.

**19** Erzählen und Erzähltheorie haben dafür unterschiedliche Semantiken des Aufschiebens und Verdeckens geprägt: Metadiegesen machen Not vergessen (*Decamerone*), suspendieren Langeweile oder schieben den Tod hinaus (*1001 Nacht*); vgl. dazu Mielke, Christine: *Zyklisch-serielle Narration. Erzähltes Erzählen von 1001 Nacht bis zur TV-Serie*. Berlin, New York 2006, S. 26–37; zum „Verzögerungsmotiv" vgl. auch Kanzog, Klaus: „Rahmenerzählung". In: *Reallexikon der deutschen Literaturgeschichte*. Hg. v. Werner Kohlschmidt u. Wolfgang Mohr. Bd. 3. Berlin, New York 1977, S. 321–343, hier S. 325.

**20** Vgl. Genette: *Die Erzählung*, S. 150–152; als dritten Funktionstyp zwischen den Extremen der Explikation und der Suspension setzt Genette die „thematische Beziehung" von Rahmen- und

ren, wie im Folgenden an vier metadiegetischen Erzählsituationen zu untersuchen ist: Achills Liedvorträgen vor Deidamia über sich selbst (Kap. V.1.1.1), Peleus' und Helenas Darstellungen früherer oder künftiger mythologischer Episoden (Kap. V.1.1.2), Konrads Einführung eines personifizierten Verbreitungsmediums von Information, dem *liumet* (Kap. V.1.1.3), sowie Philoctets Erzählung vom Tod des Hercules (Kap. V.1.1.4). Exemplarisch lässt sich an diesen Erzählsituationen ein Spektrum von narrativer Invisibilisierung durch *re-entry* rekonstruieren, das von relativ dissonanten Kurzformen mit geringer Invisibilisierungsleistung (Achills Lieder) bis zu umfangreichen Metadiegesen mit maximalen Invisibilisierungseffekten reicht (Tod des Hercules).

Wie und in welchem Maß nehmen narrative Einlagerungen in diesen Fällen auf ihre Rahmen Bezug – und in welchem Maß werden dadurch Paradoxien invisibilisiert? Anders gefragt: Was wird mit den Erzählsituationen mehrfacher Ordnung im *Trojanerkrieg* sichtbar – und was unsichtbar?

### 1.1.1 Verkleidete Selbstreferenz. Achill singt von Achill

Im Herzen des „Minneromans"[21] um Achill und Deidamia (Tr 13398–17329) liegt eine Szene lyrischer Selbstreferenz. Unter weiblicher Camouflage als Jocundille verkleidet unterrichtet Achill die Freundin in Harfespiel und Gesang – in Künsten, welche die vorgebliche Schwester von ihrem Bruder Achill übernommen habe:

> er [= Achill] sprach, 'mîn liebe trûtgespil,
> ich wil dich underwîsen des,
> *daz mich dâ lêrte Achilles,*
> *dô wir ein ander wâren bî.*
> waz lîren unde harpfen sî,
> daz solt dû künnen, werdiu fruht.
> (Tr 15812–15817; Herv. B.G.)

Jocundille/Achill führt Deidamia in eine Kunstpraxis ein, die sie in unmittelbarer Nähe von Achill erlernt habe. Solcher Kulturimport wiederholt einerseits auf der

---

Binnenerzählung an (S. 151). Vgl. dazu zusammenfassend Coste, Didier u. John Pier: „Narrative levels". In: *Handbook of narratology.* Hg. v. Peter Hühn. Berlin, New York 2009, S. 295–308, hier S. 296, die statt von Suspension von ‚narrational relation' sprechen. Dass Genettes Unterscheidung nicht auf eine triadische Typologie, sondern auf ein Spektrum von Einbindungsformen zielt, zeigt ihre spätere Ausdifferenzierung zu „explikativer", „vorausdeutender", „rein thematischer", „persuasiver", „distraktiver" und „obstruktiver" Funktion; vgl. Genette: „Neuer Diskurs", S. 229–231.

**21** Cormeau: „Quellenkompendium", S. 312.

Mädcheninsel des Lycomedes jene Urszene kultureller Erfindung ("waz lîren unde harpfen sî"), die der *Trojanerkrieg* generell mit mythologischen Figuren als Erfindern, Magiern und Kulturbringern verbindet.[22] Andererseits ist schon die Lehrer-Schülerinnen-Beziehung diskursive Wiederholung eines berühmten Vorbilds. Denn wie in Gottfrieds *Tristan* manifestiert auch Achills und Deidamias Kunstpraxis erotisches Begehren. Musik ist Medium der Verführung:[23]

> swenn er [= Achill] si lêren solte
> die seiten mit den henden
> berüeren unde wenden,
> sô leite er dar ûf sînen vlîz,
> daz im ir cleinen vinger wîz
> ze râme kæmen eteswie
> und er gedrücken möhte die
> nâch sînes herzen luste.
> güetlichen er si kuste
> ze miete und z'einem lône,
> sô si geharpfet schône
> und lobelîchen hæte.
> als er ez drumbe tæte,
> daz si gelernet hete wol,
> sus wart ir munt heiz als ein kol
> von im geküsset denne.
> (Tr 15826–15841)

Achills erotisches Begehren beherrscht nahezu vollständig die Szene. Überdeutlich markiert der Erzähler dabei das Differenzmuster der Verkleidung. Deidamias "clein[e] vinger wîz" (Tr 15830) und Achills feurige Küsse (vgl. Tr 15851 f.) enthüllen unter dem Gewand einer simulierten homosozialen Freundschaft die heterosexuelle Liebestopik und die Stereotypie binärer Geschlechtsordnung: Während der Mann ein doppeltes Spiel des Begehrens inszeniert, reagiert die Frau nach naivem Muster.

Doch geht es nicht nur um Achill und Deidamia. Die Szene handelt ebenso von Achill und Achill:

---

**22** Vgl. dazu ausführlicher Kap. III.1.
**23** Zum erotisch grundierten Musikunterricht Isoldes vgl. Gottfried von Straßburg: *Tristan*, V. 7962–8134. Lienert: *Geschichte und Erzählen*, S. 89 verweist zudem auf das Parallelmotiv des Identitätswechsels, das Tristan in Irland und Achill auf der Insel des Lycomedes verbindet. Zu den musikalischen Lehrszenen vgl. auch Sziráky, Anna: *Éros – Lógos – Musiké. Gottfrieds Tristan oder eine utopische renovatio der Dichtersprache und der Welt aus dem Geiste der Minne und Musik?* Bern [u.a.] 2003, S. 498–505.

> er lêrte singen einen leich
> die clâren küniginne.
> dâ war Achilles inne
> gerüemet bî der stunde.
> er selbe von ir munde
> mit sange wart geprîset.
> (Tr 15844–15849)

Auch dies ist, in indirekter, minimaler Form von sechs Versen, eine Metadiegese.[24] Achill bringt Deidamia dazu, ihn unerkannt im Medium eines Leichs zu rühmen: er ist, wie der Erzähler festhält, *im* Lied („inne"), das *in* der Erzählung gesungen wird. Mit der Gattungsreferenz des *leich* bezieht sich die Szene auf Formen des epischen Gesangs, die im Mittelalter von Tanzliedern erotischen Inhalts bis hin zu komplizierten Großformen der epideiktischen Rede reichen.[25] Achills Musikunterricht reiht sich insofern den erotischen Verführungslisten ein, mit denen sich Achill mentalen und physischen Zugang bei Deidamia verschafft: „er selbe *von ir munde* / mit sange wart *geprîset*" (Tr 15848 f.; Herv. B.G.). Weitere Liebeslisten dieser Art wie das Würfelspiel mit erotischen Pfändern schließen sich an.

Aufgegriffen und erweitert werden damit Vorgaben, die bereits in Statius' *Achilleis* zu finden sind. Doch enthüllt gerade ein direkter Vergleich, dass der *Trojanerkrieg* noch radikaler als sein antiker Prätext die Liedszene auf Achills Selbstreferenz ausrichtet:

> [...] modo dulcia notae
> fila lyrae tenuesque modos et carmina monstrat
> Chironis ducitque manum digitosque sonanti
> infringit citharae, nunc occupat ora canentis
> et ligat amplexus et mille per oscula laudat.
> illa libens discit, quo vertice Pelion, et quis
> Aeacides, puerique auditum nomen et actus
> assidue stupet et praesentem cantat Achillem.[26]

---

24 Achills Leich erfüllt die Minimalanforderung einer Metadiegese: die raumzeitliche Differenz von Rahmenerzählung (in diesem Fall: dem Geschehen zwischen Jocundille und Deidamia) und Binnenerzählung (in diesem Fall: den im Leich berichteten Taten Achills). Diese Differenz kann in der indirekten, vermittelnden Darstellung des *Trojanerkriegs* jedoch nur erschlossen werden – der Leich Achills ist insofern nicht als Erzähleinheit aus der Rahmenerzählung isolierbar, wie engere Definitionen der Binnenerzählung postulieren; vgl. etwa Lieb: „Erzählen am Hof", S. 111 im Anschluss an Wolf-Dieter Stempel.

25 Vgl. Haustein, Jens: „Leich". In: *Reallexikon der deutschen Literaturwissenschaft*. Hg. v. Georg Braungart [u.a.]. Bd. 2. Berlin, New York 2007, S. 397–399.

26 Statius: „Achilleis", S. 356 (1,572–579).

Eben führt er ihr die süßen Saiten der bekannten Lyra vor, die zarten Melodien und Lieder Chirons, er führt ihre Hand und lässt ihre Finger das klingende Instrument zupfen. Nun erobert er die Lippen der Singenden, umschlingt sie innigst und erhebt sie mit tausend Küssen. Willig lernt sie, welcher Gipfel der Pelion und wer der Aeacide ist, sie wundert sich fortwährend über den vernommenen Namen und die Taten des Jünglings und singt von Achill, der unmittelbar vor ihr ist.

Auch Statius lässt also Deidamia nach Anleitung durch Achill in der Gegenwart Achills von Achill singen, doch kryptisch verschoben: für sie sind es die Lieder Chirons („carmina monstrat / Chironis"), die von zunächst unbekannten Orten („Pelion") und mehrdeutigen Patronymen („Aeacides") handeln und sich an- spielungsreich um einen Jüngling winden.[27] Die Paradoxie des abwesenden An- wesenden, die sich mit der metadiegetischen Gesangsstunde zuspitzt („auditum nomen et actus" – „praesentem Achillem"), bringt Statius somit nur indirekt, verhüllt über den Umweg von Fremdreferenzen zur Sprache. Der *Trojanerkrieg* verzichtet auf solche Fremdreferenz. Stärker als bei Statius droht damit eine un- scheinbare Gesangsszene die Paradoxie des Erzählens überhaupt ans Licht zu ziehen, sowohl außerhalb als auch innerhalb der erzählten Welt vorkommen zu können.[28] Achills Leich und seine paradoxe Selbstreferenz, die zugleich außerhalb und innerhalb des Liedes stehen, scheinen solches *re-entry* im Vergleich zu Statius zu verschärfen.

Doch sorgen drei neue Erzählverfahren im *Trojanerkrieg* dafür, solche Para- doxie zu invisibilisieren. Ein erstes Verfahren lässt sich im Hinblick auf die ver- schiedenen Relationen Achills zum Liedvortrag erfassen, die Genette im Hinblick

---

**27** Die Polysemie der Verse weist sowohl von Achill fort als auch auf ihn zu: Pelion ist der Berg, in dessen Höhle Chiron mehrere griechische Fürstensöhne aufzieht – darunter auch Achill. Die patronyme Bezeichnung „Aeacides" verweist auf die Nachkommen des Aeacus, zu denen Pe- leus, Thelamon und Phocus gehören – aber auch Achill, für den Statius die Bezeichnung an- tonomastisch verwendet. Deidamia bleibt dies vorerst ein Rätsel.
**28** Metadiegesen führen diese Paradoxie performativ aus, indem erzählte Figuren zugleich als Erzähler fungieren. Als Subjekte des Erzählens *und* der erzählten Welt zugleich kreuzen sie jene Unterscheidung, die Genette als „heilige Grenze zwischen zwei Welten" bezeichnet; Genette: *Die Erzählung*, S. 153. Gleichwohl bemerkt auch Genette am Sonderfall der Metalepse, dass diese Grenze nicht erst mit potenzierten oder anomalen Erzählsituationen (Metalepse) überschritten wird, sondern grundsätzlich überschreitbar ist. Jedes Erzählen kann prinzipiell wieder gerahmt werden: „Das Verwirrendste an der Metalepse liegt sicherlich in dieser inakzeptablen und doch so schwer abweisbaren Hypothese, wonach das Extradiegetische vielleicht immer schon die- getisch ist und der Erzähler und seine narrativen Adressaten, d.h. Sie und ich, vielleicht auch noch zu irgendeiner Erzählung gehören"; Genette: *Die Erzählung*, S. 153. Die stärkere These der jüngeren Erzähltheorie geht dahin, solche Überschreitung umgekehrt als Bedingung der Mög- lichkeit für die Unterscheidung von Erzählen und erzählter Welt anzusetzen: „narrative levels come into play only with a shift of voice"; Coste u. Pier: „Narrative levels", S. 297.

auf die Person der Narration unterscheidet. Demnach ist (oder war) ein Erzähler entweder in der erzählten Welt präsent (homodiegetische Erzählung), in der erzählten Welt abwesend (heterodiegetische Erzählung) oder identisch mit dem Protagonisten (autodiegetische Erzählung).[29] Die mehrwertige Identitätslogik von Achills *cross-dressing* ermöglicht, nacheinander sämtliche dieser Möglichkeiten zu durchlaufen: Grundsätzlich autodiegetisch angelegt (Achill erzählt und lehrt von sich selbst), verschiebt sich die Relation im Verlauf der Episode zunächst zur Homodiegese (Tr 15813–15815: Jocundille berichtet und demonstriert, was sie einst im Beisein Achills gelernt habe), um schließlich in eine heterodiegetische Vortragssituation zu münden (Jocundille und Deidamia singen von Achill). Zwar bleiben Achill und die Paradoxie der Selbstreferenz weiterhin präsent (Tr 15848), doch nur verkleidet in heterodiegetischer List. *Sichtbar* wird damit für den Rezipienten eine erotische Camouflage;[30] *unsichtbar* wird die paradoxe Selbsteinlagerung des Erzählens.

Zweitens tragen auch *Tristan*-Parallelen der Episode dazu bei, Paradoxien zu verkleiden. Entscheidend ist hierfür das Verfahren der intertextuellen Potenzierung.[31] Achills Musikunterricht in Frauenkleidern wiederholt den Identitätswechsel Tristans, der in der Maske des Spielmanns Tantris die musikalischen Talente Isoldes erotisch entfesselt. Auch der räumlich-pragmatische Rahmen, in den der *Trojanerkrieg* die Szene neu einbettet, zitiert Raum- und Handlungsordnung aus erotischen Metadiegesen des *Tristan*: Achill und Deidamia vergnügen sich zunächst an der schönen Natur der „plânîe" (Tr 15805) und dem Vogelgesang als klassischen Elementen des *locus amoenus*, bevor sie anschließend zum Gesangsunterricht übergehen. Auch Tristan und Isolde begeben sich täglich auf die „plaine" vor der Minnegrotte, lauschen den Vögeln und erzählen sich danach Liebesgeschichten, die ihr Begehren stimulieren, bevor sie dann miteinander musizieren.[32] Achills Selbstreferenz des Erzählens wird somit als intertextuelle Fremdreferenz neu eingekleidet.

---

**29** Vgl. Genette: *Die Erzählung*, S. 158–164; dazu Coste u. Pier: „Narrative levels", S. 296. Schmid: *Elemente der Narratologie*, S. 86–95 schlägt vor, die Genettesche Terminologie durch die Unterscheidung von diegetischem (Erzähler erzählt über sich selbst) und exegetischem Erzählen (Erzähler erzählt über andere Personen) zu ersetzen. Da der *Trojanerkrieg* die Unterscheidung zwischen Selbst und Anderem in der Achillszene gerade unterläuft, ist diese binäre Unterscheidung für diesen Fall weniger leistungsfähig als Genettes Abstufung der Involviertheit.
**30** Die Camouflage markiert gleich zu Beginn der Episode der Gedankenbericht der Thetis, ihr Sohn möge „in einer megde bilde / [...] / getüschet und verborgen" werden (Tr 13963–13965).
**31** Zur mehrfachen Schichtung intertextueller Bezugnahme vgl. Broich, Ulrich u. Manfred Pfister (Hg.): *Intertextualität. Formen, Funktionen, anglistische Fallstudien*. Tübingen 1985, S. 52–58.
**32** Vgl. Gottfried von Straßburg: *Tristan*, V. 17139–17199.

Doch schon die Metadiegesen des *Tristan* bedienen sich intertextueller Doppelungen, in denen Erzählen und Erzähltes paradox ineinander umschlagen. Zum Stimulans der Liebeseinheit werden die Erzählungen in der Minnegrotte für Tristan und Isolde erst dadurch, dass sie berühmte unglückliche Liebespaare der Antike und literarische Prätexte zitieren. Und auch verkleidet als irischer Spielmann vermag Tristan den Entführer Gandin nur dadurch hinzuhalten und die Rettung Isoldes vorzubereiten, dass er einen betörenden Leich über Dido vorträgt.[33] Erst in einem zweiten Schritt wäre zu fragen, inwiefern der *Trojanerkrieg* belastbare Sinnbezüge zu solchen metadiegetischen *Tristan*-Szenen herstellt. Entscheidend ist in einem ersten Schritt, dass potenzierte Bezugsmöglichkeiten die Rekursivität der Metadiegese im *Trojanerkrieg* verdecken. Sichtbar wird dadurch ein Spiel mit intertextueller Referenz (Achill und Deidamia erzählen wie Tristan und Isolde, die u. a. Vergil wiedererzählen, der von Dido erzählt). Unsichtbar wird die paradoxe Rekursivität von Erzählen und Erleben, die der *Trojanerkrieg* nicht anders als Gottfrieds *Tristan* produziert.[34]

Drittens invisibilisiert auch das Erzählschema der Initiation die Paradoxien, welche die Gesangsszene und die gesamte Verkleidungsepisode aufwerfen. Eingehend haben Andrea Sieber[35] und Lydia Miklautsch[36] das soziale Drama nachgezeichnet, das Achill auf der Insel des Lycomedes auf dem Weg zum männlichen Heros durchläuft:

Achills Crossdressing gleicht einem Mannbarkeitsritus, aus dem er als sozial neu situierter Held hervorgeht: Nach der symbolischen Verkehrung sozialer Eigenschaften (Geschlechtsrolle) in der Trennungsphase (Crossdressing) wird der Initiant (Achill) in der liminalen Phase durch Verwischen und Verschmelzen von Unterschieden erniedrigt (sozial deplazierter Status als Frau), bevor ihm für immer ein höherer sozialer Status (Ehe, Kriegsdienst) zugewiesen wird.[37]

**33** Vgl. Gottfried von Straßburg: *Tristan*, V. 13346–13349.
**34** Zur rekursiven Verbindung von Lesen und Erleben im *Tristan* vgl. Lutz, Eckart Conrad: „lesen – unmüezec wesen. Überlegungen zu lese- und erkenntnistheoretischen Implikationen von Gottfrieds Schreiben". In: *Der „Tristan" Gottfrieds von Straßburg. Symposion Santiago de Compostela, 5. bis 8. April 2000*. Hg. v. Christoph Huber u. Victor Millet. Tübingen 2002, S. 295–315.
**35** Vgl. Sieber, Andrea: *„daz frouwen cleit nie baz gestount*. Achills Crossdressing im ‚Trojanerkrieg' Konrads von Würzburg und in der ‚Weltchronik' des Jans Enikel". In: *Genderdiskurse und Körperbilder im Mittelalter. Eine Bilanzierung nach Butler und Laqueur*. Hg. v. Ingrid Bennewitz u. Ingrid Kasten. Münster 2002, S. 49–76.
**36** Vgl. Miklautsch, Lydia: „Das Mädchen Achill. Männliches Crossdressing und weibliche Homosexualität in der mittelalterlichen Literatur". In: *Literarische Leben. Rollenentwürfe in der Literatur des Hoch- und Spätmittelalters. Festschrift für Volker Mertens zum 65. Geburtstag*. Hg. v. Matthias Meyer u. Hans-Jochen Schiewer. Tübingen 2002, S. 575–596.
**37** Sieber: „Achills Crossdressing", S. 65.

Achills Dreischritt von sozialer Isolation und Destabilisierung der Identität[38] über die liminale Phase[39] einer hybriden Geschlechtsidentität hin zur abschließenden Reintegration in die männliche Kriegergesellschaft der Griechen dient dazu, die aggressive Natur des Heros über ein biographisches Schema herzustellen.[40] Man kann darin nicht nur einen Sozialisierungsprozess nach dem Muster eines Übergangsritus sehen – der Sozialisierungsprozess bietet umgekehrt auch eine kulturell etablierte Form an, um Paradoxien zu verdecken, d. h. zu invisibilisieren. Strukturelle Gleichzeitigkeiten von Paradoxien werden in das Nacheinander eines Prozesses überführt: Doppelte Codierung von Geschlechtsidentität (Achill ist zugleich beste Frau und bester Mann),[41] Paradoxien der Kriegerkultur (Achill durchläuft sowohl die männliche Sozialisierung bei Schŷron als auch die weibliche Kultur von Scyros)[42] wie auch die Paradoxien der Gesangsszene werden als Entwicklungsschema entfaltet. Als Paradoxien der Identitätsbildung werden sie

---

**38** Vgl. hierzu v. a. Achills Identitätszweifel, während ihn Thetis durch den Ozean zur Insel des Lycomedes transportiert: „bin ich Achilles oder niht, / wer kan mich underwîsen des? / jâ, zwâre ich bin Achilles. / waz möhte ich anders sîn, denn er?" (Tr 14094–14097; zur gesamten Selbstreflexion Tr 14070–14148).

**39** Vgl. zu diesem Begriff grundlegend Turner, Victor: „Das Liminale und das Liminoide in Spiel, ,Fluß' und Ritual. Ein Essay zur vergleichenden Symbologie". In: *Vom Ritual zum Theater. Der Ernst des menschlichen Spiels*. Frankfurt a.M., New York 1995, S. 28–94.

**40** Das hybridisierende Spiel von Achills Crossdressing dient also nicht der Relativierung von natürlicher Geschlechtsidentität (im Sinne des biologischen *sex*), sondern umgekehrt gerade deren letztgültiger Fixierung. Das Erzählschema der Verkleidung eines Mannes als Frau dient in diesem Fall „letztlich der Etablierung und Verfestigung der vom Mann dominierten binären Geschlechterordnung", so Miklautsch: „Das Mädchen Achill", S. 578; ähnlich auch Sieber: „Achills Crossdressing", S. 67. Zu diesem Naturalisierungseffekt des Geschlechts vgl. ausführlicher Kap. V.2.1. Knapp: *Hector und Achill*, S. 76–78 sieht in diesem Inititiationsschema einen biographischen Lernprozess höfischer Erziehung.

**41** Achills weibliche Erscheinung als Jocundille ist so vollkommen, „daz frouwen cleit nie baz gestuont" (Tr 14935) – seine weibliche Erscheinung übertrifft sogar alle anderen Frauen (Tr 16465–16471)! Andererseits bleiben Achills Handlungen für weibliches Verhalten zu wild (14960 f.), was die Mutter als prägenden Einfluss durch den Bruder Achill zu entschuldigen sucht (Tr 15180 f.). Immer wieder dringt Achills Wildheit hervor und produziert eine doppelte Gendercodierung – so etwa wenn Achill beim „wîplich werc" (Tr 15856) des Spinnens kurzerhand den Rocken an die Wand schleudert, „wan in began wîplicher kunst / zehant verdriezen und beviln" (Tr 15880 f.). Zur doppelten Codierung von Achills Geschlechtsidentität vgl. Miklautsch: „Das Mädchen Achill", S. 587 und Sieber: „Achills Crossdressing", S. 55–59 und 66 f.

**42** Diese Paradoxierung manifestiert sich nicht zuletzt physisch: Achills breiter Brustkorb – Resultat von körperlicher Abhärtung und Extremtraining unter dem Kommando Schyrons – gilt unter den Töchtern des Lycomedes als Vollendung weiblicher Schönheit: Tr 15316–15330; Deidamia sieht darin hingegen Anlagen ritterlich-männlicher Stärke (Tr 16154–16157).

unsichtbar, um im Gegenzug die schrittweise, phasenartige Herstellung des Heros sichtbar zu machen.[43]

Schwellenüberschreitungen wie z. B. Achills Meerfahrt nach Scyros als symbolischem Todesdurchgang (Tr 14016–14161) oder Transgressionen wie z. B. Achills Vergewaltigung Deidamias während des Bacchusfestes (Tr 16712–17009) kommen bei dieser Prozessualisierung eine wichtige Rolle zu, denn sie gliedern diesen Prozess mit Intensitätsmomenten und Handlungszäsuren, die unumkehrbar sind. Paradoxien werden damit über narrative Relais geführt – Achills biographischer Minneroman rollt gleichsam irreversibel ab – und durch Achills „komödiantische Auftritte" zusätzlich invisibilisiert.[44] Achills und Deidamias Gesangsunterricht, so unscheinbar und kurz er sich ausnimmt, führt damit auf grundlegende Strategien des Erzählens, unumgehbare Paradoxien als Paradoxien zu entschärfen.

Personalitätswechsel des Erzählens, mehrschichtige Intertextualisierung oder das Erzählschema der Initiation erweisen sich somit als drei narrative Verfahren, um Paradoxien des Beobachtens zu invisibilisieren, wie sie in metadiegetischen Erzählsituationen aufbrechen können. Das Motiv der Verkleidung gewinnt damit im *Trojanerkrieg* mehr als nur schwankhafte Züge: Es korreliert mit Erzählverfahren, die Paradoxien des Erzählens geradezu verkleiden. Verkleiden und Einkleiden gehören also nicht nur zur Praxis höfischer Festkultur,[45] sondern auch zu den Verfahren ihrer narrativen Wissenskonstruktion. Nicht zufällig laufen daher auch zentrale Transformationen der Episode über vestimentäre Codes:[46] von Frauenkleidern zur Rüstung (Achill), von der Einhüllung in die Fischblase (Achills Meerfahrt) bis zur Einhüllung in die Metadiegese (Achills Leich).

---

**43** Vereinfachend könnte man die Paradoxien der Achillepisode als Erzählen von Rekursivität verstehen, die Identität erst erzeugt. Sieber: „Achills Crossdressing", S. 51 f. identifiziert diesen Umstellungsvorgang von Paradoxien auf lineare Prozessualität im Bereich der Geschlechtsidentität: Die „paradoxe Handlungsstruktur des Crossdressings" lasse sich mit dem „prozessualisierten Geschlechtsbegriff des ‚doing gender'" besonders gut erfassen; mit anderen Worten: Paradoxierungen sind in Prozessierungen des Geschlechts auflösbar. Vgl. dazu auch Miklautsch: „Das Mädchen Achill", S. 579.

**44** Sieber: „Achills Crossdressing", S. 57; zu komischen Zügen der Episode vgl. auch Miklautsch: „Das Mädchen Achill", S. 587. Wenn die anderen Mädchen Zweige brechen, reißt Achill ganze Bäume aus der Erde (Tr 16352–16357); die komische Diskrepanz an solchen Stellen verdeckt, dass Achill mit derselben „überkraft" (Tr 16967) Deidamia vergewaltigt.

**45** Vgl. Kraß, Andreas: *Geschriebene Kleider. Höfische Identität als literarisches Spiel*. Basel, Tübingen 2006 sowie Burns, E. Jane: *Courtly love undressed. Reading through clothes in medieval French culture*. Philadelphia 2002, insbes. S. 121–148.

**46** Das Wortfeld der Kleidung und des Einkleidens tritt in der Episode immer wieder explizit hervor: vgl. u. a. Tr 14919, 14935.

Doch es bleibt nur bei Verkleidung, bei Akten des *tüschens* und *verbergens*, wie Thetis für den Rezipienten überdeutlich ankündigt (vgl. Tr 13965). Anstatt deren Irritationen auszublenden, stellt sie der *Trojanerkrieg* förmlich aus – sozusagen als gezeigte Invisibilisierung. Funktionalere, das heißt wirksamere und weniger kenntliche Strategien der Entparadoxierung entwickeln andere Verfahren.

### 1.1.2 Vom Wissensparadox zum Exempel. Das Argumentieren mit Mythen und das Verschwinden der Figuren im Erzählen

Zu den eher punktuellen, aber um so wirkungsvolleren Invisibilisierungsverfahren gehört im *Trojanerkrieg* die argumentative Verwendung von Mythen als Exempel – als mythologische Metadiegesen, die in ihrer explikativen Funktion eng an die Sinnstruktur der Rahmenerzählung rückgebunden sind.[47] Um ihren Sohn dazu zu bewegen, seine Scham zu überwinden und Frauenkleider anzulegen, erinnert Thetis an berühmte Vorbilder:

> vil manges werden mannes lîp
> truoc wîlent frouwen cleider an:
> her Jûpiter der hôhe man,
> ein got ob allen göten starc,
> in frouwen bilde sich verbarc
> vor schedelichen sorgen.
> in wîbes cleit verborgen
> wart er von sîner muoter.
> sun, lieber unde guoter,
> man seit uns ouch, daz Hercules
> sich niht schamen wolte des,
> daz er trüege frouwen cleit.
> er het ez ouch an sich geleit
> und wart gebildet als ein maget.
> der selbe ritter unverzaget
> hât vrecheit mê begangen
> an risen und an slangen,
> denn ieman ûf der erden.
> [...]
> er gât sô vremdez wunder an
> mit kampfe und ouch mit strîte grôz,
> daz niendert lebte sîn genôz
> noch lîhte niemer wirt geborn.
> (Tr 14380–14397; 14400–14403)

---

47 Vgl. Genette: *Die Erzählung*, S. 150 f.; Kanzog: „Rahmenerzählung", S. 325.

Gegenüber der knappen Beispielreihe der *Achilleis* weitet der *Trojanerkrieg* die Rede nicht nur aus,[48] sondern gliedert sie klar nach rhetorischem Prinzip. An die allgemein formulierte These („vil manges werden mannes lîp / truoc wîlent frouwen cleider an") schließt Thetis beispielhafte Kurzerzählungen mit normativer Geltung an (Jupiter: „ein got ob allen göten starc"; Hercules: „niendert lebte sîn genôz"), die mit der Rahmenkonstellation analogisiert werden (als Mutter-Kind-Beziehung der Fürsorge) und mit Allgemeinheitsanspruch formuliert sind („man seit"). Die Konklusion führt die Metadiegese daher konsequent auf die Rahmensituation zurück: Angesichts solch illustrer Vorgänger nun Aufhebens um Frauenkleider zu machen, sei völlig unangemessen (Tr 14420–14424). Anders als Statius lässt Konrad daraufhin Achill ausführlich kontern (Tr 14425–14536):

> durch waz die [= Jupiter, Hercules] truogen wîbes wât
> daz weiz ich und erkenne wol.
> gelîchen man ir leben sol
> niht zuo mînem lebetagen.
> (Tr 14440–14443)

Achill wendet die Paradebeispiele seiner Mutter um: Schließlich habe man Jupiter aus bloßer Not verkleiden müssen, um ihn vor den Nachstellungen seines Vaters Saturn zu retten; Hercules wäre dem Hass der Juno zum Opfer gefallen, hätte ihn seine Mutter Alcmene nicht in Frauenkleidern verborgen – in solcher Bedrängnis befinde er, Achill, sich jedoch ganz und gar nicht. Achills Replik greift somit die Exempelstrategie seiner Mutter durchaus auf. Doch gewinnt sie darüber hinaus sogar disputative Züge, wenn Achill selbst Argumentationstechnik und Prämissen angreift. Die erwähnten Beispiele seien im Grunde inkommensurable Fälle, so lautet sein Fazit, denn so unterschiedlich die Namen Jupiter, Hercules und Achill seien, so ungleich seien die Lebensumstände ihrer Träger (Tr 14516–14527). Anstatt die Götter als Autorität anzuerkennen, weist sie Achill mit nominalistisch gefärbter Skepsis zurück. Gezielt leuchtet er daraufhin Stellen der Beispielerzählungen aus, die Thetis ausgelassen hatte.

Doch nicht der Konflikt zwischen mythologischen Exempla und scholastisch anmutender Argumentationstechnik begründet die paradoxe Spannung der Redeszene. Paradox ist ihre Wissensreferenz: Thetis und Achill verfügen über Wissen, das nicht aus der erzählten Welt stammt. Der Konflikt zwischen Saturn und Jupiter, die heroischen Taten des Hercules „an risen und an slangen" (Tr 14396)

---

**48** Vgl. Statius: „Achilleis", S. 332 (1,260–264). Die mythologische Beispielreihe wird nicht nur ausgeweitet, sondern zugleich um einige Elemente gekürzt: Verweise auf Jupiter und Hercules werden übernommen, die Verkleidungen des Bacchus und Caeneus dagegen nicht.

oder die feindselige Verfolgung durch Juno gehören zwar zum mythographischen Diskurs- und Erzählerwissen, nicht jedoch zum möglichen Figurenwissen der erzählten Welt. Zwar hatte der Erzähler zu Beginn der Argonautenepisoden daran erinnert, dass Hercules an „starken risen" (Tr 6874) und „slangen" (Tr 6878) „wunders vil getân" habe (Tr 6871), doch bleibt solches Wissen abseitig wie Hagens Sonderwissen über den Drachentöter Siegfried im *Nibelungenlied:* Ein paradigmatisch anderer Wissensbestand des Diskurses wird eingespielt, ohne dass dieses Wissen auf syntagmatischer Ebene der Handlung repräsentiert ist.[49] Gleiches gilt für Achills Wissen von Jupiter. Mit der Kindheitsgeschichte des Gottes erinnert Achill nicht an die Herrscherfigur des Götterhofes (Thetis-Hochzeit) oder an das euhemeristische Konzept der vergötterten Experten, sondern an genealogische Wissensordnungen des Mythos, deren Konflikte der mythographische Diskurs z. B. als Widerstreit natürlicher Prinzipien referentialisiert – Saturn und Jupiter werden so unter anderem auf den Gegensatz von Kälte und Wärme bezogen. Thetis und Achill verfügen über Wissensbestände, über die sie nicht (oder nur unwahrscheinlich) verfügen könnten – Zwischeninstanzen, die wie der Erzähler Diskurswissen und Figurenwissen vermitteln und dadurch entparadoxieren können, werden übersprungen. Um Evidenz zu erzeugen, reproduzieren Thetis und Achill somit mythologische Wissensbestände, die in der Welt des *Trojanerkriegs* als paradigmatische Überschüsse erscheinen und nur mit schwebender Referenz des Hörensagens einholbar sind („man seit"). Konsequent rühmt daher Thetis die Taten des Hercules als „vremdez wunder" (Tr 14400) – ein wörtliches Echo des Diskurswissens, das der Erzähler präsentiert hatte (Tr 6871).

Der *Trojanerkrieg* bildet mit solcher Informationsvergabe keinen Sonderfall. Im Gegenteil: Freies *crossing* von Wissensbeständen zwischen Diskurs-, Erzähler- und Figurenebene gehört zu den typischen Merkmalen mittelalterlichen Erzählens, das nur ansatzweise durch Fokalisierung verschiedene Informationshorizonte und Wissensgrenzen ausdifferenziert, wie sie die strukturalistische Narratologie seit dem Roman des 18. Jahrhunderts beobachtet.[50] Verdankt sich damit auch die Paradoxie von Thetis' und Achills paradigmatischem Mehrwissen letztlich nur einer historisch inadäquaten Optik der strukturalistischen Narratologie, welcher schließlich auch der Begriff der Metadiegese entstammt?

---

49 Der *Trojanerkrieg* setzt so das mythographische Wissen um Hercules voraus, ohne es zu erzählen: Bis auf den erheblich später formulierten unspezifischen Hinweis, Hercules habe seine Pfeile „in eines slangen eitersaf" getaucht (Tr 38100 f.), inszeniert der *Trojanerkrieg* die Herculesfigur ansonsten nur als heroischen Ritter. Zu solcher paradigmatischen Informationsvergabe vgl. am Beispiel des *Nibelungenliedes* zusammenfassend Müller: *Spielregeln*, S. 87–93.
50 Vgl. Hübner: *Erzählform*; vgl. auch Hübner: *„evidentia"*, S. 132–134.

Man kann die Frage nach den Quellen solchen mythologischen Mehrwissens getrost ausklammern – und dennoch beobachten, wie die Szene an der Invisibilisierung von Paradoxien arbeitet. Sie wird weniger durch bloße Wissensreferenz geleistet als vielmehr durch narrative Inszenierung solchen Wissens. Der *Trojanerkrieg* gestaltet den Dialog von Thetis und Achill als Streit mit und um Exempel: Mutter und Sohn streiten darum, wie die mythologischen Beispiele zu deuten sind, wie sie alternativ erzählt, ja verkehrt werden können und auf welchen Prämissen Erzählungen und Gegenerzählungen beruhen. Selbst die grundsätzliche Beziehbarkeit von Exempel und Bezugsrahmen stellt Achill zur Diskussion. Auf raffinierte Weise erzeugt dies jenen Effekt, den Ansgar Nünning als „Erzählillusion" von Rahmenerzählsituationen charakterisiert:[51] Mit den Exempla und ihrer Diskussion wandert der Fokus des Fingierens von der intradiegetischen auf die metadiegetische Ebene, wodurch die erzählenden Figuren gleichsam den Realitätsstatus von Erzählern übernehmen. Metadiegesen vollziehen damit raffinierte Beglaubigungsverfahren von Figuren durch den Akt des Erzählens. Sie erzeugen eine „illusion of authenticity [...] in the act of narration", die nach dem Modell mündlicher Erzählsituationen eine „illusion of a personified voice" auf intradiegetische Textfiguren überträgt und naturalisiert.[52] Gegenüber der primären Erzählinstanz bleiben Metadiegesen somit zwar eine „secondary illusion" des Erzählens,[53] doch erhalten sie mit dem Status des Rahmenerzählens eine Glaubwürdigkeit, die sie über prinzipielle Zweifel am narrativen Gehalt erhebt: „authentification by the primary narrator consists in principle in affirming *that* the second-level narrator related such-and-such, not in asserting *what* s/he related".[54]

---

51 Nünning, Ansgar: „,Great Wits Jump'. Die literarische Inszenierung von Erzählillusion als vernachlässigte Entwicklungslinie des englischen Romans von Laurence Sterne bis Stevie Smith". In: *Lineages of the novel. Essays in honour of Raimund Borgmeier.* Hg. v. Bernhard Reitz u. Eckart Voigts-Virchow. Trier 2000, S. 67–91; vgl. auch Ders.: „Towards a definition, a typology and an outline of the functions of metanarrative commentary". In: *The dynamics of narrative form. Studies in Anglo-American narratology.* Hg. v. John Pier. Berlin, New York 2006, S. 11–57, hier S. 17. Im Anschluss daran auch Wolf, Werner: „Framing borders in frame stories". In: *Framing borders in literature and other media.* Hg. v. Werner Wolf u. Walter Bernhart. Amsterdam, New York 2006, S. 179–206.
52 Nünning: „Metanarrative commentary", S. 17. Für Wolf: „Framing borders", S. 189–191 gehört die Authentizitätsillusion von potenzierten Erzählsituationen zu den Kompensationsstrategien schriftlichen Erzählens gegenüber mündlichem Erzählen: „Framings of frame stories thus can furnish all the constituents of a communicative situation" (S. 189). Ebenso bereits Kanzog: „Rahmenerzählung", S. 322. Im Anschluss an Monika Fludernik beschreibt Nünning daher metanarrative Verfahren als „strategy of naturalization" für verschriftlichtes Erzählen (Nünning: „Metanarrative commentary", S. 17).
53 Wolf: „Framing borders", S. 190.
54 Coste u. Pier: „Narrative levels", S. 305 (Herv. im Original).

Man kann einen Schritt weiter gehen und die Graduierbarkeit dieses Effekts feststellen: Je stärker um das Erzählte einer Metadiegese gestritten wird, desto weniger steht die Wirklichkeit ihres Erzählens zur Diskussion. Gerade das scheinbare Hervortreten von Figuren im Akt des potenzierten Erzählens wird so zum Prozess ihres Verschwindens als fiktiven Instanzen, wenn der Inhalt der potenzierten Erzählungen zum eigentlichen Thema wird.[55]

Dies wirft ein neues Licht auf mythologische Metadiegesen im *Trojanerkrieg*, wie sie Achill und Thetis präsentieren. Denn gerade Streit und Verhandlung um die richtige Variante und ihre Deutung sind neue Elemente, die gegenüber den Quellen der Passage hinzutreten. Ähnliche Veränderungen und Zusätze lassen sich auch an anderen Stellen beobachten. Um Jason ins Verderben zu locken, reizt so beispielsweise Peleus den Neffen mit einer mythologischen Metadiegese zur Aventiurefahrt nach Kolchis:

> Cholkos ein insel ist genant,
> diu niht von Troye verre lit,
> dar în lie sich in alter zît
> von wilder âventiure nider
> ein alsô wunneclicher wider,
> daz nie sô glanzer wart gesehen.
> ich hœre sprechen unde jehen
> an im sî rîcher volle.
> [...]
> und swer dâ hin getörste komen,
> dâ der schœne wider gât,
> sô daz im sîner hiute wât
> ze teile möhte werden,
> der würde ûf al der erden
> vür alle man getiuret
> (Tr 6684–6691; 6700–6705)

Diskursspezifische Akzente machen Peleus' Bericht unverkennbar zum mythologischen Narrativ („in alter zît"; „von wilder âventiure"; „sprechen unde jehen" als Überlieferungsquellen). Für den Rezipienten signalisieren sie jedoch zugleich

---

[55] Nicht das Erzählte zweiter Stufe wird durch solche Rahmenkonstruktionen authentifiziert, sondern der Akt des Erzählens zweiter Stufe und ihres Trägers, d. h. der erzählten Figuren erster Stufe. Die Beglaubigung schlägt somit von der Binnen- auf die Rahmenerzählung, d. h. vom Erzählten auf das Erzählen zurück – nicht umgekehrt, wie gelegentlich argumentiert wird; vgl. z. B. Haferland, Harald: „Erzählen als Beglaubigung. Eine paratextuelle Strategie, aufgezeigt u. a. am Beispiel des ‚Livre des figures hiéroglyphiques' von Nicolas Flamel". In: *Erzählungen in Erzählungen. Phänomene der Narration in Mittelalter und Früher Neuzeit*. Hg. v. Harald Haferland u. Michael Mecklenburg. München 1996, S. 425–444.

inhaltliche Diskrepanzen zum Diskurswissen und markieren Auslassungen der Metadiegese, die erst später im Verlauf der Episode aktualisiert werden: Das eigentliche Gefahrenpotential des Vliesraubes (Überwindung feuerspeiender Stiere, eines Drachen sowie aus den Drachenzähnen hervorgehender Ritter) spielt Peleus elliptisch herunter („swer dâ hin getörste komen") – berichtet wird nur vom Prestige des Widderfells. Ausführlich erzählt diese Auslassungen wenig später Medea (Tr 8128 – 8234).

Mythos steht damit gegen Mythosvariante, Metadiegese gegen Konter-Metadiegese. Es fiele nicht schwer, solche und andere Erzählvarianten auf Figurenbeziehungen und besondere Kalküle ihrer Erzähler zurückzubeziehen. So erzählt Peleus aus maliziöser Absicht eine andere Mythosvariante als Medea, die Jason hingegen aus liebevoller Fürsorge mit dem vollständigen mythologischen Gefahrenpotential vertraut macht. Doch über solche Figurenzurechnung hinaus erfüllen mythologische Metadiegesen auch hier den Zweck, das Figurenpersonal des Romans als literarische Figuren zu verhüllen und ihnen jene quasi-Faktizität zu verleihen, die jeder Erzählerstimme supponiert wird. Mythologische Figuren im *Trojanerkrieg* hören auf, bloß Figuren zu sein, sobald sie selbst Mythen erzählen – und ihre Erzählerstimmen erscheinen um so realer, je stärker sie ihre mythologischen Erzählungen variieren, ergänzen, korrigieren.

Mythologische Metadiegesen, die paradoxes Mehrwissen zu argumentativen Exempeln ummünzen, bleiben im *Trojanerkrieg* keineswegs punktuell. Um seine Liebe zu erklären und seine Ansprüche auf Helena zu untermauern, reiht so beispielsweise Paris in Sparta eine ganze Kette von mythologischen Metadiegesen aneinander. Anders als Theseus wolle er Helena nicht ohne Liebeslohn wieder freilassen (Tr 21109 – 21143), denn schließlich habe Venus, Siegerin im Göttinnenstreit, sie ihm versprochen (Tr 21158 – 21181); wolle Helena dagegen mit ihm nach Troja fliehen, so brauche sie nichts zu befürchten, denn schließlich habe auch Hercules Deianira rauben (Tr 21430 – 21437) und Jason Medea fortführen können (Tr 21456 – 21461), ohne dass der Zorn ihrer Verfolger die Paare eingeholt hätte. Helena weist diese Exempelreihe zurück, indem sie Konter-Metadiegesen entgegenstellt: Nicht aus Schwäche, sondern aus Tugend habe Theseus sie einst unbehelligt gelassen (Tr 21534 – 21573); dass sich drei hohe Göttinnen vor Paris als Richter unterworfen und erniedrigt hätten, sei schlechterdings eine „trügeheit" (Tr 21855): „des mac ich für die wârheit / vil kûme nû gelouben" (Tr 21850 f.); Jason habe Medea bekanntlich schändlich betrogen und verlassen (Tr 22262 – 22279).

Wie Achill zieht Helena also Voraussetzungen der Metadiegese infrage und kehrt diese um. Mythen erscheinen in metadiegetischer Form von Exempeln, um die gerungen wird – ein narratives Ringen, das die Liebeshandlung zwischen Paris und Helena wesentlich befördert, gehört doch das erotische *colloquium* zu den klassischen Stufen der Liebesentwicklung. Entscheidend ist dabei, dass Paris und

Helena dazu Wissensbestände aufrufen bzw. zurückweisen, die als Figurenwissen hoch unwahrscheinlich oder geradezu unmöglich sind. Sie greifen auf mythologisches Wissen zurück, das in der erzählten Welt nicht entfaltet wird (Theseus-Mythos),[56] wesentlich früher erzählt wurde (das Gespräch von Helena und Paris trennen mehr als 18000 Verse vom Göttinnenstreit und über 10000 Verse von der Jason/Medea-Handlung) oder erst beträchtlich später erzählt werden wird (wie der Tod des Hercules nach annähernd 16500 weiteren Versen).

Rezeptionsseitig sind solche Bezüge allenfalls für schriftbasierte Lektüre herstellbar, schwerlich jedoch in der Rezeption des mündlichen Vortrags. Dienen Metadiegesen häufig dazu, Erzählungen horizontal/syntagmatisch (durch Wiederholung) und vertikal/paradigmatisch (durch Wechsel der narrativen Ebene) zu verflechten und somit Komplexitätssteigerungen des Erzählens zu sichern,[57] so werden umgekehrt die mythologischen Exempla in der Spartaepisode isoliert eingebracht. Narrative Kohärenz droht aufzubrechen.

Dass dabei Diskurswissen eingespeist wird, das selbst mit größter Verweisreichweite innerhalb der erzählten Welt des *Trojanerkriegs* nicht zu erlangen ist, zeigen Exempla wie Paris' Verweis auf Jason und Medea. Das Liebespaar sei vor „strîteclicher arebeit / und von ir vater zorne" (Tr 21460 f.) geflohen – damit zitiert der Trojaner Paris nicht nur griechisches Wissen (woher?), sondern überdies eine Mythosfassung, die der primäre Erzähler des *Trojanerkriegs* gerade umgangen hatte – statt Flucht, Verfolgung und Konflikt schließt die Kolchisepisode bekanntlich mit Heirat in sozialer Harmonie.[58] Mit dem mythologischen Vorwissen von Hecubas Fackeltraum (Tr 22291–22301) oder Paris' Treuebruch an der Nymphe Oenone (Tr 22148–22157) verfügt auch Helena über Wissensbestände, das die beteiligten Figuren – im Unterschied zu anderen Trojaberichten und Mythographien – im *Trojanerkrieg* gerade geheimgehalten hatten.

In allen diesen Fällen steigen Figuren zu Erzählern auf, indem sie über Wissen verfügen und dieses präsentieren, wie es nur Erzählern, nicht aber Figuren zukommt. Im selben Maße, in dem das Ringen um exemplarisches Wissen diskursive und konstruktive Züge von Mythen als Erzählungen zweiter Stufe hervortreten lässt, werden seine Erzähler als literarische Figuren verdeckt. Freilich gilt in allen diesen Fällen: Paradoxien der Realitätsunterstellung von Erzähler-Figuren bleiben in Form des *re-entry* erhalten – das Erzählen tritt in das Erzählte nochmals ein,

---

**56** Theseus tritt im *Trojanerkrieg* nur als Krieger im Griechenheer in Erscheinung und bleibt in dieser Rolle marginal (Tr 35208, 36093, 36128–36147, 36759) – der Mythos von Theseus' Helenaraub wird im gesamten Roman an keiner anderen Stelle aufgerufen als im Gespräch zwischen Paris und Helena.

**57** Vgl. dazu zusammenfassend Coste u. Pier: „Narrative levels", S. 302–304.

**58** Vgl. dazu Kap. IV.2.1.4.

Achill und Thetis, Paris und Helena sind Erzähler *und* Erzählte zugleich. Doch werden sie invisibilisiert: Unsichtbar werden Figuren als Figuren, sichtbar als Erzähler von quasi-realen Erzähllakten. Das Exempel-Erzählen von Mythen dient somit als Verfahren, um zentrale Figuren wie Achill, Paris oder Helena als erzählte Figuren zu invisibilisieren und dadurch Realität zu verleihen.

### 1.1.3 Hörensagen (*liumet*). Zur Invisibilisierung mit Flügeln

Eine Möglichkeit, scheinbar gänzlich ohne Erzähler metadiegetisch zu erzählen, entwickelt der *Trojanerkrieg* mit seiner Personifikation des geflügelten *liumet* (zu mhd. *liumunt*: Ruf, Gerücht). Als poetische Figuration eines allgegenwärtigen Beobachtungs- und Verbreitungsmediums des Hörensagens wirft dies Licht auf den Beitrag, den Verfahren wie die Personifikation zur Invisibilisierung von narrativer Informationsvergabe im *Trojanerkrieg* leisten.

Erstmals führt der Erzähler die Informationsinstanz des *liumet* in der Paris-Helena-Handlung ein, wo das Hörensagen im Dienst von Minne/Venus und Ehre steht. Paris beruft sich vor Helena auf das Hörensagen als Quelle seiner Leidenschaft:

> der liumet und daz mære,
> daz mir wart von iu geseit,
> hât mich in dise nôt geleit,
> daz mîn gemüete brennet.
> (Tr 21072–21075)

Wie das Lob Jasons, das diesem zu Medea vorauseilt, induziert auch der *liumet* bei Paris Fernminne. Schon hier beruhen personifizierende Züge auf einer Flugmetapher, die an späterer Stelle ausgebreitet wird: „der liumet und daz mære [...] / [...] von iu dicke sint geflogen" (Tr 21086 f.).

Zunächst erscheint der Ausdruck jedoch unselbständig. Die Doppelformel präsentiert das Hörensagen als nebengeordnetes Synonym zu *mære*, in Bezug auf die Liebesentstehung bleibt der *liumet* zunächst der Liebe/Venus untergeordnet, deren schwebende Referenz er teilt: Helena gegenüber gesteht Paris, dass nicht nur die Nachrichten über sie, sondern die Liebe selbst sein Verlangen geweckt habe – „daz schuof diu minne und ir geheiz" (Tr 21068).[59] Auch Helena greift Flugmetapher und Doppelformel exakt auf, wenn sie jeglichen anzüglichen Ruf als Verleumdung zurückweist: „mîn liumet und daz mære, / daz von mir fliuget über lant, / sînt lûter unde reine erkant" (Tr 21526–21528).

---

59 Vgl. zum Phänomen und Konzept der schwebenden Referenz ausführlich Kap. III.1.

Selbständig und ausführlich tritt der *liumet* erst hervor, als sich die Griechen zur Kriegsfahrt rüsten und sich die Nachricht der Mobilmachung bis nach Troja verbreitet (Tr 24662–24759). Nach dem Vorbild von Personifikationen der *fama* bei Ovid und Vergil erscheint das Hörensagen als mächtiges Informationsmedium,[60] das mit grammatischen, metaphorisch-imaginativen und narrativen Mitteln personifiziert wird. Pronominalreihen und Aktionsverben verleihen dem *liumet* eine markante syntaktische Handlungsrolle, die im Rahmen volkssprachlicher Semantik neue Schritte wagt:[61]

> *er* kan *ervorschen* unde *ervaren*,
> swaz ieman schicket unde tuot.
> *er* wil beid übel unde guot
> den liuten in daz ôre *tragen*.
> von himele kan *er* mære *sagen*
> und ûz der helle krüften.
> *er wont* hôh in den lüften,
> dar in hât er sîn hûs gemuht.
> (Tr 24680–24687; Herv. B.G.)

Inspiriert von Architekturmetaphern der ovidschen *Metamorphosen* und mittelalterlicher Feudalsymbolik entwirft der *Trojanerkrieg* einen kompletten Herrscherhof: Wohnsitz des *liumet* in den Wolken ist ein Ort totaler Öffentlichkeit (Tr 24688–24691: tausend Fenster stehen immer offen, der „hof" besitzt keine Türen); er verfügt über zahlreiche Untertanen und Bedienstete (Tr 24700, 24735, 24740) und erlässt eigene Interaktionsregeln – ähnlich dem Aventiuregebot am Artushof muss „vil harte grôz unmuoze sîn" (Tr 24705), damit neue Gerüchte und Nachrichten aufgebracht und weiterverbreitet werden können. Narrativ wird dies vertieft,[62] indem das „ingesinde" (Tr 24732) des Hörensagens die Regeln seines Hofes in sentenziöser Form selbst vorträgt: „'nû rûne mir, sô rûne ich dir,' / daz sprichet al sîn hoveschar" (Tr 24734 f.); *rûnen* aber kennzeichnet die Kommunikationsatmosphäre höfischer Öffentlichkeit schlechthin.

---

60 Vgl. zu den Vorlagen Ovid: *Metamorphosen*, S. 620–622 (12,39–63) und Vergil: *Aeneis. Lateinisch/Deutsch.* Hg. u. übers. v. Edith Binder u. Gerhard Binder. Stuttgart 1998–2005, Bd. 2, S. 86 (4,173–188). Zum Motivvergleich mit der Bearbeitung im *Trojanerkrieg* vgl. zusammenfassend Lienert: *Geschichte und Erzählen*, S. 120 f.

61 In den 97 Versen der Beschreibung fallen insgesamt 39 Pronominalformen für den *liumet* – abgesehen vom *Trojanerkrieg* sind Pronominalisierung und aktive Handlungsrolle des Ausdrucks in der mittelhochdeutschen Epik nicht nachzuweisen.

62 Narrativität des *liumet* unterstreichen auch *inquit*-Formeln, die syntaktisch direkt zugeordnet werden, so z. B. Tr 24664–24666: „ze Troie het er [= der wilde liumet] sich gezogen / und seite, daz der Kriechen her / begunde kêren ûf daz mer".

Über das Hofmodell schichtet sich ein zweiter Metaphernkomplex, der den *liumet* als umherschweifenden Vogel in einem Wolkenhorst entwirft (sämtliche Herv. B.G.):[63]

> nû was ouch bî der selben zît
> der wilde liumet *vür geflogen.*
> (Tr 24662 f.)

> verr *in der lüfte kôre*
> der liumet het gehûset,
> *dar ûz kam er gesûset*
> und seite disiu maere
> (Tr 24672–24675; vgl. auch 24749)

> wan er ist wol *gevideret,*
> er *riuschet mit dem winde*
> (Tr 24698 f.; vgl. auch 24756)

> dur sîner wende vensterlîn
> vil manic maere *fliuget.*
> (Tr 24706 f.)

> er *fliuget* ie dar zwischen
> und wont den strîten allen bî.
> (Tr 24722 f.)

Nichts bleibt dem geflügelten *liumet* verschlossen, weder Himmel noch Hölle (Tr 24684 f.), weder Gutes noch Schlechtes (Tr 24682), weder Wahres noch Erlogenes (Tr 24708) – alles erreicht er, alles kann ihn erreichen. Welche Funktion hat solche Personifikation zum geflügelten Herrscher, zum omnipräsenten Vogel des Erzählens?

Drei Aspekte des *liumet* bezeugen seine Invisibilisierungsleistung: Die literarische Inszenierung nimmt Paradoxien des Erzählens auf, absorbiert und verdeckt sie imaginativ. Als fliegender Kriegsberichterstatter produziert der *liumet* bevorzugt Differenz: „zerteilen kan er manic dinc / und machet zwei von eime" (Tr 24726 f.). Selbst kommt das Hörensagen jedoch aller Differenz immer schon zuvor: „ê daz ein kriec erhaben sî, / sô kündet er den ursprinc" (Tr 24724 f.).[64] Mit dem Bild

---

63 Liegt der Sitz der *fama* bei Ovid „medio [...] inter terrasque fretumque / caelestesque" (Ovid: *Metamorphosen*, S. 620 [12,39 f.]), so verlegt ihn der *Trojanerkrieg* in die Wolken – dem entspricht im Vertikalschema der Vogelmetapher der Horst. Konzeptuelle Anregungen für das Höhen- bzw. Flugmotiv bot nicht nur Vergils *Aeneis* (vgl. Lienert: *Geschichte und Erzählen*, S. 121): Auch die lateinische Bibelsprache kennt die Flugmetapher des Rufs (z. B. Est 9,4: „fama [...] volitabat").
64 Treffend spricht daher Monecke: *Studien*, S. 49 von der „Neutralität" des *liumet* – ohne jedoch daraus interpretative Schlüsse zu ziehen.

des allmächtigen, aus den Wolken herabstürzenden Vogels ruft der *Trojanerkrieg* eine Semantik auf, die nicht nur in religiöser Literatur das Verhältnis von Einheit und Differenz gestaltet.[65] Abstrakter betrachtet modelliert der *liumet* die Struktur von Information überhaupt: „a difference that *makes a difference*".[66] Die enge synonyme Kopplung von *liumet* und *mære* verweist in dieser Perspektive auf eine systematische Koppelung von Differenzproduktion und Erzählen,[67] die ein Modell der narrativen Informationsvergabe im *Trojanerkrieg* überhaupt liefert. Dieses Erzählmodell nimmt erstens Differenz auf und produziert Differenz – es ist sensibel für Irritationen, die Konrads Roman an zahlreichen Stellen mit Semantiken der Wildheit ausweist.[68] Irritabel und irritierend sind *liumet* und Erzählen, weil sie Kommunikation erzeugen und transportieren, welche die zweiwertige Opposition von referentieller Wahrheit und Falschheit unterläuft – die Paradoxie des Hörensagens und des Erzählens liegt darin, erfunden und real zugleich zu sein: „man seit wâr unde liuget" (Tr 24708) – „und wirt ein lüge von im geseit / vür ein gewislich mære" (Tr 24744 f.). Der *liumet* personifiziert damit im *Trojanerkrieg* den „Fiktionsoperator" des Erzählens.[69]

Die Paradoxie, zweifelhafte Wirklichkeitsreferenz „vür ein gewislich mære" erscheinen zu lassen und mithin annehmbar zu machen, wird nicht nur aufgenommen, sondern zugleich absorbiert, wie sich im Vergleich mit den Prätexten des

---

65 Vgl. Wehrhahn-Stauch, Liselotte: „Adler". In: *Lexikon der christlichen Ikonographie*. Hg. v. Engelbert Kirschbaum. Bd. 1. Freiburg i.Br. [u.a.] 2004, Sp. 7076. Auch in volkssprachlicher Poetik begegnen markante Vogelmetaphern im Kontext von Einheits- bzw. Differenzdarstellungen – im Minnesang z. B. in einem berühmten Tagelied Wolframs, dessen Wächter den Tagesanbruch als herabstürzenden Vogel besingt, der die Liebeseinheit gefährdet: vgl. *Des Minnesangs Frühling*. Unter Benutzung der Ausgaben von Karl Lachmann und Moriz Haupt, Friedrich Vogt und Carl von Kraus. Hg. v. Hugo Moser u. Helmut Tervooren. 38. Aufl. Stuttgart 1988, S. 437 (MF 4,8).

66 Bateson, Gregory: *Steps to an ecology of mind. With a new foreword by Mary Catherine Bateson*. Chicago, London 2000, S. 315 (Herv. B.G.); vgl. daran anschließend Luhmann: *Soziale Systeme*, S. 68, 112 und öfter.

67 Vgl. z.B. die Doppelformel „liumet und [...] mære" (Tr 21072, 21526); vgl. zu „mære" und „rede" auch Tr 24707, 24745, 24710, 24746; Kopplungen des *liumet* mit *verba dicendi*: Tr 24665, 24708, 24725, 24734 f. und 24744.

68 So ist auch das Hörensagen ein „wilde[r] liumet" (Tr 24663): „wan er ist irrebære / und alsô rehte wilde" (Tr 24676).

69 Klinkert: *Epistemologische Fiktionen*, S. 3, zum Begriff auch S. 35 f. Fiktion und Wahrheit fasst Klinkert als „kommunikative Operatoren [...], mit denen Kommunikationsteilnehmer an Texte herangehen und nach denen sie Texte kategorisieren und prozessieren" (S. 36). Fiktionalität als Operation vertextet im *Trojanerkrieg* der *liumet*, der Kommunikation aufgreift, Wirklichkeitsreferenz („man seit wâr unde liuget") suspendiert und in Erzählen transformiert („vür ein gewislich mære").

Modells zeigt. Ovids Haus der *fama* suchte einen Ort ohne Ausschluss zu konstruieren, an dem alle Informationen zusammenlaufen (Aufnahmemodell);[70] die Flügelmetaphorik des Gerüchts in Vergils *Aeneis* fokussierte hingegen die uneingeschränkte Weitergabe (Verbreitungsmodell) – beide Modelle lassen dadurch jedoch jeweils eine Seite der kommunikativen Differenz offen. Der *Trojanerkrieg* schließt beide Seiten zusammen: Der *liumet* ist rezeptiver Informationshof und produktives Verbreitungsmedium zugleich, lässt erzählen und erzählt selbst. Die neue – hybride – Metaphernverbindung ist somit Ergebnis einer Strategie, die den gesamten Kommunikationsakt im Hörensagen absorbiert.

Das Risiko der Paradoxierung des *liumet* wird dadurch freilich verschärft (Tr 24676 f.: „wan er ist irrebære / und alsô rehte wilde"). Die besondere Leistung poetischer Verfahren besteht entsprechend darin, diese Paradoxierung im Gegenzug imaginativ zu verdecken. Die figurative Rede der Personifikation erlaubt, Quasi-Subjekte zu erzeugen, die kommunizieren können, ohne selbst adressierbar sein zu müssen – so die Präsupposition rhetorisch geprägter Poetik. Das Potential der fortgesetzten Metapher, das die Bildfelder des Hofs und des Vogels ausschöpfen, sichert diese Unterbrechung, indem es einerseits die Erzählinstanz imaginativ besetzt, d. h. zu einer Stimme verdichtet. Andererseits führt jedoch der Sprungcharakter von Metaphern, zusätzlich verstärkt durch den Sprung *zwischen* zwei Metaphernfeldern (Hof, Vogel), die Differenz von figurativer Rede weiter mit, die kommunikative Bezugnahme verhindert. Die komplexe Operation hat einen wirkungsvollen Effekt: Den *liumet* kann man nicht befragen oder mit ihm kommunizieren – aber man kann ihn erzählen hören.

Diese Erzählreflexion füllt eine Position im Kommunikationsmodell des *Trojanerkriegs*, die bisher offen geblieben war. Bietet das Kriegserzählen in weiten Passagen ein Erzählen ohne profilierten Erzähler,[71] so wird mit dem *liumet* eine adäquate poetische Instanz greifbar, welche die Kommunikationsposition des Erzählers ausfüllt und zugleich leer belässt. Das geflügelte Hörensagen konkretisiert eine Stimme, deren Autorität sich dem Invisibilisierungseffekt der Personifikation verdankt. Der Krieg kann selbst in Erscheinung treten – konsequent inszeniert der *Trojanerkrieg* daher den *liumet* bloß als Berichterstatter von „strîten" und „kriec" (Tr 24723 f.) und platziert seine Personifikation exakt auf jener globalen Transformationsstelle des Romans, die sinnförmiges auf präsentifikatorisches Erzählen umstellt. Das Hörensagen liefert damit ein Erzählmodell, das

---

70 Vgl. Ovid: *Metamorphosen*, S. 620 f. (12,41 f.): „unde, quod est usquam, quamvis regionibus absit, / inspicitur, penetratque cavas vox omnis ad aures" („von dort kann man alles, was irgendwo geschieht, sehen, sei es auch noch so weit entfernt, und jede Stimme dringt an das lauschende Ohr").
71 Vgl. insbes. Kap. IV.1.1.13.

seinen Erzähler mit literarisch-rhetorischen Verfahren als kommunikable Person unsichtbar werden lässt. An ihrer Stelle wird eine mediale Stimme hörbar, welche die Paradoxie des Erzählens – Kommunikation zwar anzubieten, aber für Kommunikation selbst nicht zur Verfügung zu stehen – im Überlieferungskontinuum des Hörensagens („man seit") verschwinden lässt.[72] Gehört die *geflügelte Rede* spätestens seit Gottfrieds Literaturexkurs zum Selbstbeschreibungsrepertoire des volkssprachlichen Erzählens,[73] so nutzt der *Trojanerkrieg* das imaginative und figurative Potential von literarischer Rede, um der Vergegenwärtigung des Weltkriegs von Troja Flügel zu verleihen.

### 1.1.4 *Heros – philosophus – confessor.* Das Fortleben des Hercules und die Differenz des Erzählens

Dem folgenden Kapitel ist eine Vorüberlegung vorauszuschicken, die Stabilisierungsproblemen von textuellem Wissen allgemein gilt, für mittelalterliches Wiedererzählen – zumal im Kontext von Antikenroman und Mythographie – jedoch besondere Brisanz besitzt. Identität erzeugt sich über Rekursion.[74] Medien wie Schrift und Text begünstigen Identitätsbildung in besonderer Weise, indem sie die zeitliche Sequenzierung von Kommunikation auf sich selbst anwendbar machen. Sie ermöglichen Kommunikation, auf die man sich immer wieder und auch nach längeren Unterbrechungen erneut beziehen kann, und sie begünstigen rekursive Schließung, die den Aufbau von stabiler Komplexität gewährleistet.[75] Das aber heißt gleichzeitig: Texte potenzieren die Möglichkeit, Differenz von Identität festzustellen, die rekursive Operationen stets voraussetzen. Nicht nur die Beobachtungsreichweite von Kommunikation wächst also mittels Schrift, sondern ebenso ihr Paradoxierungspotential.[76] Wissen, das sich zur Rekursionserzeugung

---

72 Erzählerspuren des Hörensagens durchziehen den gesamten Roman: vgl. Tr 2, 2338, 3256, 3924, 6402, 14389 14428, 19250, 19544, 24164, 24708, 25048, 25386, 25934, 26024, 27266, 27282, 27508, 29608, 29608, 29626, 29860, 30047, 30238, 31010, 31641, 31832, 32846, 32932, 33011, 33498, 37202.
73 Gottfried von Straßburg: *Tristan*, V. 4730–4732 erhebt die Pegasusquelle zum Ursprung narrativer Kunstfertigkeit.
74 Vgl. Luhmann: *Gesellschaft der Gesellschaft*, S. 44–59.
75 Vgl. Luhmann: *Gesellschaft der Gesellschaft*, S. 205–213.
76 Vgl. Luhmann: *Soziale Systeme*, S. 224: „Schrift und Buchdruck erzwingen also die Erfahrung der Differenz, die Kommunikation konstituiert: Sie sind in diesem genauen Sinne kommunikativere Formen der Kommunikation, und sie veranlassen damit Reaktion von Kommunikation auf Kommunikation in einem sehr viel spezifischeren Sinne, als dies in der Form mündlicher Wechselrede möglich ist." Texte müssen damit die – triviale – Paradoxierung von Kommunikation abfangen, die sich auf sich selbst anwendet.

schriftlicher Texte bedient, ist demnach verschärften Problemen der Stabilisierung und Identitätssicherung ausgesetzt.

Metadiegesen, Erzählungen in Erzählungen und *mises en abyme* sind daher nicht nur bevorzugte Mittel von Erzähltexten, um narrative Kohärenz durch Selbsteinlagerung herzustellen,[77] sondern ebenso häufig Bruchstellen des Erzählkontinuums, an denen interne Differenz des Erzählten produziert und reflektiert wird.[78] Identitätsarbeit und Kohärenzprobleme brechen auf, sobald Figuren zu erzählen beginnen und das Erzählen auf sich selbst zurückkommt.[79]

Strebt der *Trojanerkrieg* die Form von Wissenskommunikation an, so muss er Lösungen für dieses Problem entwickeln. Dieses stellt sich für einen Roman verschärft, der in seinem Prolog beansprucht, Sammelbecken divergenter Trojaüberlieferung zu sein (Tr 234–243) und dennoch die Kohärenz des „alte[n] buoch von Troye" (Tr 269) wiederherstellen zu wollen: Differenz und Einheit der Trojaüberlieferung sind damit von Anfang an in ein Spannungsverhältnis gesetzt. Auch im weiteren Erzählverlauf werden in die Rahmenhandlung der Kriegsentwicklung immer wieder Binnenromane von großer narrativer Selbstständigkeit eingelagert (z. B. von Jason und Medea, Achill und Deidamia). Gelegentlich werden zitathafte Rückbezüge greifbar, die binnenreferentielle Kohärenz herzustellen suchen, doch angesichts des enormen Umfangs des *Trojanerkriegs* greifen solche Selbstverflechtungstechniken nur begrenzt. Vielmehr bleiben Paradoxien der rekursiven Organisation bestehen, wenn der Roman weitere Romane enthält und Erzählelemente (z. B. Figuren, Handlungen) in unterschiedlichen Erzählpartien wieder aufgegriffen werden.

In verschärfter Form begegnet diese Paradoxie in der Erzählepisode vom Tod des Hercules, die Konrad im Rückgriff auf Ovid, den mythographischen Diskurs

---

77 Vgl. Coste u. Pier: „Narrative levels", S. 304–306; Genette: *Die Erzählung*, S. 150 f. zur Kausalverknüpfung.

78 Narrative Rekursionen, die die erzählte Handlung auf eine andere erzählte Welt hin verlassen oder den zeitlichen Rahmen suspendieren, neigen zur Selbständigkeit von „Metaerzählungen"; Haferland, Harald u. Michael Mecklenburg: „Einleitung". In: *Erzählungen in Erzählungen. Phänomene der Narration in Mittelalter und Früher Neuzeit*. Hg. v. Harald Haferland u. Michael Mecklenburg. München 1996, S. 11–26, hier S. 16 f. (zum Begriff S. 17). Grenzen zwischen kohärenzstiftenden und kohärenzbrechenden Funktionen von „Metanarrativen" sind dabei fließend; vgl. Nünning: „Metanarrative commentary", insbes. S. 17–20; zusammenfassend auch Fricke: „Potenzierung".

79 Dies belegt für die mittelalterliche Literatur besonders instruktiv der Sammelband von Haferland u. Mecklenburg: *Erzählungen in Erzählungen*, darin insbes. die Beiträge von Walter Haug, Volker Mertens, Edith und Horst Wenzel sowie Franz Josef Worstbrock. Aufschlussreich ist zudem der Gesamtbefund des Bandes, dass Kohärenzprobleme der Selbsteinlagerung kein Problem von Einzeldichtungen, sondern ein generelles Phänomen darstellen.

und andere Quellen neu in den Kriegsbericht einmontiert.[80] Hercules, brutaler Raufbold der ersten Belagerungsepisode (Tr 11378–13397), scheint in der Gedächtnisrede des Philoctet nun überraschend ausgewechselt gegen das Bild eines reuigen Büßers, der die Gewalt seines Handelns moralisch reflektiert und zu überwinden sucht. Gerade die extremen Umbesetzungen des Hercules-Nekrologs bieten sich daher an, um exemplarisch nach den Lösungsstrategien zu fragen, mit denen der *Trojanerkrieg* die Kohärenzprobleme der Identitätsbildung von Figuren invisibilisiert. Die Metadiegese über Tod und Differenz der Figur – so die Leitthese – sichert dabei nicht nur das Fortleben des Hercules, sondern mit der Identität der Figur zugleich auch die Anschließbarkeit des Erzählens.

Worin besteht die Paradoxie der Herculesfigur und wie wird sie entfaltet? Der Waffenstillstand nach der zweiten Schlacht verschafft Trojanern und Griechen eine überraschend unbeschwerte Friedensphase. Nachdem die Leichen vom Schlachtfeld geborgen sind, öffnen sich die Tore Trojas und das Zeltlager der Griechen. Griechen und Trojaner mischen sich untereinander, um „gemach", „ruow" und „fröude" miteinander zu teilen (Tr 37840–37859). Der Interimsfrieden schafft mit der gemeinsam verbrachten „kurzewîle" (Tr 37850) auch Raum für Erzählungen:

> nû kam ez eines mâles sô,
> daz die Kriechen sâzen
> und leides gar vergâzen
> von hovelichen mæren.
> si wurden ûz ir swæren
> mit worten und mit rede brâht.
> vil maniges wart von in gedâht,
> der bî den alten zîten
> nâch wirde kunde strîten.
> (Tr 37866–37874)

Freude und Unterhaltung überdecken das Leid, das 10000 Verse der Schlachtbeschreibungen präsent gemacht hatten. Insbesondere dem Erzählen von Geschichten kommt die Aufgabe zu, die Präsenz des Schlachtfeldes zu suspendieren („die Kriechen [...] / [...] leides gar vergâzen") und das Kriegstrauma zu kompensieren („ûz ir swæren / mit worten und mit rede brâht").[81] Um die Gegenwart zu

---

80 Zum Quellenvergleich vgl. Lienert: *Geschichte und Erzählen*, S. 164–169; Worstbrock: „Tod des Hercules"; Monecke: *Studien*, S. 157–159; Pfennig: *erniuwen*, S. 94–97; Stackmann: „Ovid im deutschen Mittelalter", S. 246–248.
81 Die Erzählsituation basiert damit auf einer pragmatischen Verflechtung von Rahmen- und Binnenerzählung, die ein historisch übergreifendes Standardmodell darstellt: der Absorption

brechen, flüchten sich die griechischen Erzähler daher konsequent ins narrative Gedächtnis der Vorzeit („bî den alten zîten").

Mit den wechselnden Erzählern wechselt auch die Herrschaft über *memoria* und *damnatio memoriae*. Während Nestor zuerst die Erinnerung an Hercules aus familiärem Ressentiment übergeht – er wolle ihn nicht „vermære[n]", „wan er sluoc mir mînen mâc" (Tr 37910, 37905) –, füllt Philoctet, dem allgemeinen Drängen der griechischen Fürsten und des Herculessohns Isolaus nachgebend, diese Leerstelle auf. Doch die Geschichte, die der einstige Gefährte als Augenzeuge vom Tod des Hercules erzählt, bricht scheinbar mit allen Erwartungen seiner Zuhörer an erbauliche, geordnete Geschichten (Tr 37869: „hovelich[e] mæren") über vorbildlichen Heldentod. Desaströs endet das Leben des Hercules in Verrat und Vernichtung, grässlich sind seine ausgebreiteten Details (Tr 37928 – 38722): Um Hercules der Nebenbuhlerin Iole abspenstig zu machen und wieder an sich zu binden, sendet Deianira dem untreu Gewordenen das Hemd des Nessus, das ihr der sterbende Kentaur als liebesmagisches Zauberobjekt empfohlen hatte. Doch das Geschenk ist vergiftet, in das Blut des Kentaurn, mit dem das Hemd durchtränkt ist, mischt sich das Gift der Hydra, das Hercules verwendet hatte, um seine Pfeile zu imprägnieren – zu einer biologischen Waffe, die Hercules mit tödlichen Folgen auch gegen Nessus richtet. Doch das Gift findet mit dem falschen Geschenk zum Schützen zurück und das Hemd zerfrisst Hercules daraufhin das Fleisch bis auf die Knochen: Wie Speck in der Bratpfanne – so der makabre Vergleich (Tr 38432 – 38439) – zerbrutzelt Hercules unter der ätzenden Wirkung des Gifts, bis er sich schließlich selbst verbrennt, um den Qualen ein Ende zu bereiten.

Statt Ablenkung scheint Philoctets Erzählung vom Ende des Hercules also nur umso tiefer in Leid und Tod hineinzuführen, reiht sie doch nacheinander Gewalt und Kontrollverluste (Hercules erschießt Nessus, vertreibt gewaltsam Ioles Vater aus seinem Königreich und ertränkt in seinem Rasen den unschuldigen Boten Lichas), Unaufrichtigkeit und Untreue (zwischen Hercules und Deianira), unsteuerbare Listen[82] und endlose Qual aneinander. Höfische *fröude* mündet in bloße Erniedrigung und Verkehrung höfischer Erwartungen (Tr 38534 f.: „vröud

---

bzw. Suspension von Leiderfahrung und Bedrohung mittels Narrationen zweiter Stufe; vgl. dazu Mielke: *Erzähltes Erzählen*, S. 26 – 87 und S. 205 – 289; vgl. am Beispiel des *Parzival* auch Lieb: „Erzählen am Hof", S. 115: „Erzählen [...] enthebt Erzähler wie Zuhörer für eine bestimmte Zeit jeder anderen Form der gesellschaftlichen Interaktion. [...] [Die] Kampfpause ist die erste Möglichkeitsbedingung einer Begegnung überhaupt und damit auch des Erzählens".

**82** Mit dem vergifteten Hemd initiiert Nessus eine List, die sich nach seinem Tod verselbständigt, indem sie für alle Akteure geheim bleibt: „daz hemde gar mit bluote rôt / daz nam er [= der Bote Lichas] unde kêrte dan. / diu gift *verholne* klepte dran, / *daz was in beiden fremde*" (Tr 38326 – 38329; Herv. B.G.). Die Dimension des (*ver*)*heln* bezeichnet schon seit der Jason-Medea-Episode die grundsätzliche Problematik von uneinholbarer Differenz und Entzug.

unde hôchgemüete / wart im tiur unde fremde"), in der die Einheit von Handeln und moralischer Erkenntnis endgültig zu zerbrechen scheint.[83] Hercules' moralische Selbstanklage (Tr 38470 – 38486) kann nur noch den Schlusspunkt zu einer Heldenkarriere setzen, die sich unaufhaltsam auflöst und nichts als ein bisschen „pulver" (Tr 38708) zurücklässt.

Solche Katastrophe stürzt nicht nur die intradiegetischen Zuhörer in „swære" und „clagebær[e] siten" (Tr 38726 – 38735). Auch die Forschung bewegte das Ende des Hercules zu einer düsteren Diagnose, die besonders eindringlich Franz Josef Worstbrock formuliert hat:

> In Konrads Erzählung [...] sind Hercules' Sterben und Tod nichts als *ein ende bitterlich* (V. 38699), einsame qualvolle Vernichtung ohne irgendein Licht des Trostes oder ehrenden Ruhms. [...] Gemessen an der integrierten Einheit des Ritters im höfischen Roman liest man an Konrads Hercules eine zerbrochene Einheit ab; die Figur zerfällt in ihre Komponenten.[84]

Nicht nur die Auflösung einer singulären Figur, sondern grundsätzliche Kohärenzprobleme des höfischen Erzählens und seiner Figurenkonstruktion stehen damit zur Debatte. Doch Worstbrocks pointiertes Urteil belegt eher die Durchschlagskraft von Philoctets Zerstörungsbildern. Denn sie übergeht planvoll vorbereitete Verschiebungen und Diskursbezüge, die eine andere Einschätzung der Herculesepisode nahelegen. Anstelle von Destruktion im Tod zeigt sich Philoctets Erzählung als religiöse Überformung eines mythographischen Exempels, das gerade die Überwindung von Tod und Körper zum Thema hat. Der Kohärenzverlust zwischen Erkenntnis und Handeln, den Worstbrock als „Dissoziation" höfischer Kultur konstatiert, erweist sich in der Perspektive dieser aufgerufenen Diskursmuster nicht als Defizienz, sondern geradezu als positives Programm.[85]

Greifbar werden solche Bezüge in der zweiteiligen Anlage der Metadiegese, die Hercules zunächst in Auseinandersetzung mit leiblichen Affekten verstrickt, um ihn anschließend als Figuration von Kontemplation und *conversio* zu entwerfen. Nacheinander durchläuft Hercules somit verschiedene Figurenzeichnungen: vom Heros über den *philosophus* zum *confessor*. Dieser Transformation entsprechen zwei Diskursreferenzen, die sich vereinfachend (1.) als mythographisches und (2.) als religiöses Muster beschreiben lassen. Ihr Raffinement kann darin gesehen werden, dass sie Einheitsschemata für extreme Differenz bereitstellen.

---

83 So Worstbrock: „Tod des Hercules", insbes. S. 278 – 280.
84 Worstbrock: „Tod des Hercules", S. 275 / S. 278.
85 Worstbrock: „Tod des Hercules", S. 278 und S. 280. Über die Vorgaben Ovids hinaus erwägt Worstbrock mythographische Bezüge nur am Rande (Anm. 20), der religiöse Diskurs der Episode bleibt gänzlich ausgeklammert.

(1.) Mythographische Bezüge kondensieren in der Episode am Verhältnis von Körperlichkeit und Transzendenz, das den ersten Erzählteil um Hercules, Deianira und Nessus strukturiert. Einerseits wird Hercules von Anfang an auffällig mit dem Vokabular der Tugend verbunden. Mit „tugent", „reinem willen" und „mit triuwen" erringt und liebt er Deianira (Tr 37962–37969); wenn Philoctet ihn als „helt geblüemet wol mit zuht, / der allen wandel ie verswuor", entwirft (Tr 37978 f.), so verschiebt er damit das frühere Bild des Hercules als brutalem Kriegsfürsten deutlich in Richtung von Selbstkontrolle.

Andererseits wird diese Kontrolle beim Übertritt über den „tobenden" Fluss (Tr 37990) von einem gefährlichen Grenzmedium herausgefordert:[86] dem affektiven Körper. Angesichts des reißenden Flusses erfasst Hercules „angest umbe ir [= Deianiras] lîp" (Tr 37993), eine Sorge, die ihn mit dem verschlagenen Nessus involviert. Irritierend erscheint der Kentaur in seiner monströsen Leiblichkeit, wie Philoctets wiederholte Hinweise spiegeln:

> ros unde man sîn bilde schein
> und vleiz sich maniger âkust.
> enphangen hete er in der brust
> des mâles einen argen list,
> den lieze er schouwen bî der vrist.
> wan dô sîn ungetriuwer lîp
> daz junge minneclîche wîp
> und Herculem ir friunt ersach,
> mit valsche er wider in dô sprach [...]
> (Tr 37998–38006)

> [nach der Flussüberquerung:]
> den bach, der tobelichen ran,
> wuot er dô vrœlich unde geil,
> wan sînes lîbes under teil
> schein als ein ros gebildet:
> des wart im sorge entwildet
> und angest ûf der verte.
> ân allez trûren herte
> brâht er die frouwen zuo dem stade
> (Tr 38044–38051)

---

86 Die Wildheit des Flusses wird mehrfach herausgestrichen: Tr 37990, 38008 f., 38022–38025.

Die Polysemie von mhd. *lîp* (Leib, Leben) ist hier wie in der gesamten Episode zur Körpersemantik verengt:[87] Nessus verkörpert wortwörtlich die erotisch affizierbare, widerständige Leiblichkeit, die sich normativer Ordnung (physische Differenz des Monsterkörpers) und kommunikativer Kontrolle entzieht (er hält seinen Anschlag „in der brust" verborgen; „âkust", „list").[88] Gerade der Körper aber wird zum Medium, das Nessus ethisch disqualifiziert und ihn Hercules antithetisch gegenüberstellt (Tr 38003: „ungetriuwer lîp"; 38072f.: „valsch [...] / in sîner tugentlôser brust"). Subtil nutzt die Passage auch poetische Mittel wie die Reimbindung, um erotisches Begehren an die Dimension des Körpers zu binden.[89] Insgesamt verfestigen sich dadurch semantische Oppositionspaare, die Hercules und Nessus, Fürsorge und List, Kontrolle und Begehren, *triuwe* und *untriuwe* kontrastieren.

Doch Philoctets Erzählung handelt vor allem davon, wie sich Hercules in dieser Leitopposition verfängt. Mit fatalen Folgen vertraut er dem Code der Intimität (wirtschaft), mit dem ihn Nessus lockt, Deianira über den Fluss tragen zu dürfen.[90] Als der Kentaur die Geraubte zu vergewaltigen sucht, „wart Hercules der helt / begriffen dâ mit zorne" (Tr 38080f.) und erschießt diesen mit giftgetränkten Pfeilen (Tr 38082–38104). Als habe die Überschreitung des tobenden Flusses körperliches Begehren und Gewalt erst vollends entfesselt, steigern sich Transgressionen der Affektivität und Aggressivität danach bis zur totalen Zerstörung. Hercules bricht jäh seine Treue an Deianira, indem er für die Königstochter Iole entbrennt (Tr 38186–38191), deren Hand er unter maßlosen Mühen erringt (*toben*).[91] Als König Euritus, höfische Normen verletzend, die Heirat dennoch verweigert – „[er] brach an im [= Hercules] dô sîne zuht / und sîner stætekeite pfliht" (Tr 38208f.) –, entzündet dies Hercules' maßlose Tobsucht:

> ze herzen slôz er unde las
> vil zornes dur die schande

---

**87** Das Bedeutungsspektrum schränken Iolaus und Philoctet gleich zu Beginn ein: Die Erzählung handle davon, wie Hercules' „lîp erstürbe" (Tr 37932), sie werde von Philoctet als Augenzeuge wiedergegeben, der „sînen lîp" bestatten geholfen habe (Tr 37941).

**88** Nur stichwortartig ruft dies ein anthropologisches Irritationsmuster auf, das einem breiteren Diskurs entstammt: zu Kentaurn als dämonischen Mischwesen von Natur und Kultur vgl. Friedrich: *Menschentier und Tiermensch*, S. 240f.

**89** Das im Mittelhochdeutschen notwendige Reimpaar *wîp/lîp* fällt in der gesamten Szene gehäuft: Tr 37941f., 27969f., 38003f., 38027f., 38075f., 38119f., 38145f., 38243f., 38251f., 38281f., 38337f., 38653f.

**90** Vgl. Tr 38006f.: „mit valsche er [= Nessus] wider in [= Hercules] dô sprach: / ‚friunt lieber, trûtgeselle guot [...]".

**91** Vgl. Tr 38204f.: „und hete lange stunde / nâch ir gerungen und *getobet*" (Herv. B.G.).

und kêrte zuo dem lande,
des Euritus der künic wielt.
[...]

liut unde guot wart im geleit
von sîner hende wüeste.
er selbe entrinnen müeste
ûz sîner lantriviere
(Tr 38220 – 38223; 38228 – 38231)

Nur kurz währt dieser Triumph, denn Körper und Affekt, „lîp" (Tr 38315) und „angest" (Tr 38526) holen Hercules rasch ein, als er von Deianira das giftgetränkte Hemd des Nessus erhält. Unablöslich legt sich das tödliche Gewand auf seinen Körper und peinigt Hercules eben in jenem Medium, in das er sich verstrickt hatte:

dô der verworhten gifte saf
an sîner hiute erwarmete,
zehant er dô verarmete
an lîbe und an dem herzen,
wan er gewan den smerzen,
der im biz ûf die sêle dranc
und in sô grimmeclichen twanc
an vleische und an der hiute,
daz ich iu niht ze tiute
sîn angest mac entsliezen.
(Tr 38404 – 38413)

Unaufhaltsam frisst sich das Gift in seinen Körper (Tr 38512 – 38515) und bringt die Körpersäfte zum Kochen, dass es Hercules die Besinnung raubt (Tr 38501: „als ob er tobic wære"); kein anderer Ausweg bleibt aus dieser Bedrängnis, als sich das Fleisch herunterzureißen (Tr 38516 – 38523) und den Körper zu Asche zu verbrennen. Noch in der Nacherzählung markiert der körperliche Affekt somit für den Metaerzähler Philoctet eine Grenze, die sich der Kontrolle entzieht und diskursiv nicht einzuholen ist (Tr 38412f.). Fast scheint es also, als werde damit der jähzornige Heros der Selbstbestrafung zugeführt, der in der ersten Erzählhälfte Troja durch eigene Hand erstmals in Schutt und Asche gelegt hatte.

Doch die auffälligen Stichworte des *verarmens* und der *sêle* weisen als spirituelle Akzente in andere Richtung.[92] Hercules' Aggressionen und Transgressionen des Körpers werden in einem Rahmen auserzählt, dessen Doppelstruktur

---

92 Vgl. Sieber, Andrea: „Die *angest* des Hercules. Zum Wandel emotionaler Verhaltensmuster in Trojaromanen". In: *Codierungen von Emotionen im Mittelalter*. Hg. v. C. Stephen Jaeger u. Ingrid Kasten. Berlin, New York 2003, S. 222–234, hier S. 228f.

der metaphysischen Leitunterscheidung von Tod und Leben verpflichtet ist. Zweimal konfrontiert die Erzählung mit dem Tod, zweimal führt sie Sterbende in ausgedehnten Reden zu folgenreichen Entscheidungen: Während Nessus' Rache zunächst den Tod potenziert, sucht Hercules schließlich den Tod zu überwinden, indem er Philoctet aufträgt, die Pfeile der Hydra zu vergraben und somit den Kreislauf von Gewalt und Gegengewalt für alle Zeiten, für Griechen wie Trojaner, zu unterbrechen (Tr 38670 – 38684). Leben und Tod durchziehen nicht nur die Diegese so explizit wie kaum eine andere Passage des *Trojanerkriegs*,[93] sondern bestimmen selbst die Ebene der Narration, auf der Auslöschung bzw. Fortleben des Hercules im narrativen Gedächtnis der Griechen zur Debatte stehen. Noch in die unscheinbarsten Formulierungen der Episode schreibt sich diese metaphysische Unterscheidung ein – wenn etwa Deianira das tödlich imprägnierte Hemd an Hercules mit dem verlockenden Hinweis begleitet, es bewahre seinen Träger vor allem Leid „ûf erden" (Tr 38313). Nur Hercules gilt diese Erzählung und ihre Leitdifferenz; exorbitante Stärke und verlutallidhu Schurahdürftigkeit des Königs (Tr 38123), Leben und Tod rahmen Aufstieg und Ende allein seines Heldenlebens.[94] Auf der Handlungsebene erscheint solche Selbstreflexion als Rekursion: Das Gift der Hydra, das seinen Körper zerfrisst, stammt aus dem eigenen Köcher. Philoctets Erzählung narrativiert somit eine Selbstreflexion der Herculesfigur, die sich am Körper als einer Grenze bricht, die Reflexion nicht einholen, sondern nur überwinden kann. Nicht der schmachvolle „Tod des Hercules" steht damit im Mittelpunkt,[95] sondern die Überwindung des Körpers, die Fortleben sichert.

Dieses Erzählmuster und seine zentralen Koordinaten sind im mythographischen Diskurs des hohen Mittelalters beheimatet, wie eine beachtliche Reihe von Texten belegt.[96] Schon Ovids *Metamorphosen* hatten die Herculesgeschichte in einen metaphysischen Deutungsrahmen gestellt: Hercules' Qualen im Nessushemd und die anschließende Selbstverbrennung bilden bei Ovid die letzte Etappe einer Heldenkarriere, in der Hercules' unsterbliche Seele zuletzt über die irdische

---

[93] Vgl. Tr 37946, 37957, 38104, 38149, 38153, 38157, 38165, 38174, 38403, 38451, 38615, 38698, 38729.

[94] Noch Hercules' letzte Gewalttat ist körperlicher Exzess: „von sîner [= Hercules'] starken hende" wird der unschuldige Bote Lichas weit durch die Luft und ins Meer geschleudert, wo er ertrinkt (Tr 38563 – 38569).

[95] Vgl. Worstbrock: „Tod des Hercules".

[96] Die Forschung hat diese Bezüge bislang nur marginal gestreift – so z. B. Pfennig: *erniuwen*, S. 95 – 97, Lienert: *Geschichte und Erzählen*, S. 168 mit Anm. 468 und 469 sowie Worstbrock: „Tod des Hercules", S. 280 mit Anm. 20 zum Auftrag des Hercules an Philoctet, die Pfeile der Hydra zu verbergen.

Existenz seines Körpers triumphiert.[97] Doch was Ovid nur als letzte Schluss-
wendung erzählt, wird für mittelalterliche Mythographen seit dem 12. Jahrhundert
zum beherrschenden Thema des Mythos: Hercules repräsentiert einen philosophischen Habitus, der sich im wörtlichen Sinne aus der Welt der Körper zur
Transzendenz durcharbeitet. Auf Grundlage von Ovid und Boethius[98] stellt so
beispielsweise die anonyme Digby-Mythographie (nach 1179) Hercules in dieser
Rolle Juno gegenüber: „Hercules accipitur pro vita contemplativa, idest theorica;
Iuno pro activa" – auch die Kentaurn verkörperten monströse Taten der *vita activa*,
die der Weise („sapiens") überwinde.[99] Ausführlich schildern Mythographien die
Arbeiten des Hercules als Überwindungsprozess: Die Harpyien vertreibe Hercules
der Weise – „idest sapiens vel virtuosus" – durch Nachahmung des Guten, eine
Tat, die mehr himmlisch und geistig sei als irdisch.[100] Der Raub der Äpfel aus dem
Garten der Hesperiden sei gleichfalls als Lernprozess zu verstehen, den Hercules
auf der Suche nach goldener Weisheit durchlaufe; die Atlastöchter repräsentierten
die dazu nötigen Seelenvermögen der „vis intelligendi".[101] Auch Hercules' Kämpfe
bezieht die Digby-Mythographie auf Aspekte des kontemplativen philosophischen
Lebens und seiner Herausforderungen – etwa durch irdische Veränderlichkeit,
Sinnlichkeit und Verlangen des Menschen nach Unsterblichkeit (Cerberus), die
durch Tugend und gute Werke (Hercules) zu zähmen seien;[102] die Hydra und den
erdverwurzelten Riesen Anteus besiege Hercules, wie der Weise die Törichten mit
geistiger Arbeit („animoso labore")[103] oder den körperlich Mächtigen mit geistigen

---

**97** Vgl. Ovid: *Metamorphosen*, S. 458–471 (9,98–272), insbesondere die Rede Jupiters (S. 470f.
[9,252–255]): „[...] aeternum est, a me quod traxit, et expers / atque inmune necis nullaque
domabile flamma, / idque ego defunctum terra caelestibus oris / accipiam [...]" („Ewig ist, was er
von mir erhalten hat, frei vom Tode, diesem nicht verfallen und durch keine Flamme zu be-
zwingen. Dieses will ich, nachdem er sein Erdendasein vollendet hat, an den Gestaden des
Himmels empfangen").
**98** Vgl. Boethius: *Consolatio philosophiae. Trost der Philosophie. Lateinisch – deutsch.* Übers. v.
Ernst Gegenschatz u. Olof Gigon. Düsseldorf, Zürich 2004, S. 222–227 (Buch 4, Prosa 7 und
Metrum 7).
**99** Brown: „De natura deorum", S. 50 (Kap. 133,2: „De Ixione"): „Per Centauros monstruosa
habemus facta, quae devicit sapiens; quae fiunt in activa vita." Vgl. zu den folgenden Belegen
die Analyse von Chance: *Medieval Mythography 2*, S. 115–137.
**100** Brown: „De natura deorum", S. 50 (Kap. 135,4: „De Phineo"): „quia aemulatio non terrena
sed caelestis est et spiritualis."
**101** Brown: „De natura deorum", S. 51 (Kap. 136,5: „De Atlante et Eius Filiabus"): „Filiae Atlantis
dicuntur tres vel quattuor esse propter tres vel quattuor animae vires, quae sunt naturalis vis
intelligendi. Sunt enim tres capitis cellulae: fantastica, logistica, memorialis."
**102** Brown: „De natura deorum", S. 51 (Kap. 137: „De Cerbero").
**103** Brown: „De natura deorum", S. 52 (Kap. 139,1: „De Hydra"): „Unde Hercules stupidus eam
animoso labore devicit."

Waffen („animosus [animo sui] armis")[104] überwinde. Erst der Tod vollende jedoch Hercules' kontemplative Lebensweise, da er den Philosophen von Mühsal und Schweiß des diesseitigen Lebens erlöse.[105] Diesem philosophischen Aufstiegsweg stellt die Digby-Mythographie auch die Erzählung um Deianira und Nessus voran, die noch deutlicher als der Prätext Ovids ihre Nähe zur Fassung des *Trojanerkriegs* beweist.[106]

Dieses Herculesbild des philosophischen Lebens im Zeichen von *virtus* zeichnet auch Alberich von London in seiner Mythographie *De diis gentium*. Auch Alberich sieht Hercules als Vorkämpfer der philosophischen Lebensform:

> Sed Hercules, id est virtus, et malos interficit et sua vindicat. [...] Constat enim, Herculem fuisse philosophum; et haec ratio est, cur omnia monstra illa vicisse dicatur. Nam quod traxisse ab inferis Cerberum dicitur, haec ratio est, quod omnes cupiditates et cuncta vitia terrena contemsit et domuit.[107]

> Aber Hercules, d. h. die Tugend, tötet die Schlechten und behauptet sich. [...] Denn es ist gewiss, dass Hercules ein Philosoph war, also ist auch der Grund, weshalb er alle Monster bezwungen haben soll. Denn dass er den Cerberus aus der Hölle fortgebracht habe, hat zum Grund, dass er allen Begierden und allen irdischen Lastern trotzte und diese bändigte.

Auch die übrigen Arbeiten des Hercules, die Alberich erwähnt, sind mit kontemplativen Unterscheidungen von Geist und Körper, Tugend und Begehren gefiltert: Hercules erwürge den Riesen Cacus, der sich „wie ein falscher Freund" in Nebel hülle,[108] und überwinde Antaeus als Figuration des körperlichen Begehrens

---

**104** Brown: „De natura deorum", S. 52 (Kap. 141,3: „De Antaeo"): „Hercules vero vir sapiens Antaeum, idest contrarietatem vitiorum, animosus [animo sui] armis debellat, dum illum a regno suo, idest a carnis potentis domicilio, castigando corpus et carnalitati non consentiendo segregat."

**105** Brown: „De natura deorum", S. 53 f. (Kap. 145,3: „De Hercule et Atlante"): „Illo vero respirante Hercules caelum sustinuit, quia post mortem eius, quae est respiratio et requies philosophis a laboribus et sudoribus vitae praesentis, Hercules contemplationi caelestium vacavit" („Während jener [= Atlas] sich ausruhte, hielt Hercules das Himmelsgewölbe, denn nach seinem Tod – dem Tod, der für die Philosophen Aufatmen und Ruhe von den Mühen und Anstrengungen des diesseitigen Lebens ist – hatte Hercules Zeit für die kontemplative Lebensweise").

**106** Vgl. Brown: „De natura deorum", S. 48 f. (Kap. 131: „De Nesso et Deianira"). Die Digby-Mythographie prägt mehrere Motivverbindungen des *Trojanerkriegs* vor, die weder Ovid noch andere Mythographien des Mittelalters bieten: In die Nessusepisode wird so z. B. die Erzählung von König Eurytus inseriert, der Hercules seine Tochter Iole verspricht, jedoch sein Versprechen bricht (vgl. Tr 38186 – 38256); Ovid hatte an dieser Stelle nur ein eifersüchtiges Verdachtsmoment eingesetzt (vgl. Ovid: *Metamorphosen*, S. 462 [9,136 – 140]), die Erzählung aber ausgespart.

**107** Alberich von London: „De diis gentium", S. 246,36 f.; 248,13 – 17 (Kap. 13: „Hercules"). Vgl. zu Alberichs Herculesmythos Chance: *Medieval Mythography 2*, S. 183.

**108** Alberich von London: „De diis gentium", S. 246,41 (Kap. 13: „Hercules"): „ut falsus amicus".

(„figura libidinis", „libido de carne"), wie derjenige als Sieger hervorgehe, der sich körperlichen Affekten verweigere und seinen Geist emporhebe.[109] Wie der Digby-Mythograph bezieht auch Alberich die goldenen Äpfel der Hesperiden auf Habitus und Seelenvermögen, durch die Hercules zur Philosophie gelange.[110]

Nicht nur Mythographen des 12. Jahrhunderts entwickeln dieses Leitbild, sondern – mit Variationen im Einzelnen – auch Zeitgenossen Konrads. So entwirft etwa Johannes von Garland in seinen *Integumenta Ovidii* (ca. 1234) die Herculesfigur als Modell des Philosophen, der zwischen aktiver und kontemplativer Lebensweise vermittele;[111] der Boethius-Kommentar des Nicholas Trivet (ca. 1258 – 1334) sieht in Hercules' Weg vom Kampf mit Monstern zur Stützung des Himmelsgewölbes den Aufstieg von Praxis zu Theorie.[112] Selbst der *Fabularius* Konrads von Mure (1273), ansonsten um strengen Verzicht auf integumentale Deutung bemüht, lässt den Lebensweg des Hercules mit der Erhebung unter die Götter gipfeln.[113]

Freilich geht es nicht um die Frage, welche dieser oder anderer Texte Konrad bei der Arbeit an der Herculesepisode des *Trojanerkriegs* vorlagen – selbst wenn sich spezifische Motivparallelen identifizieren lassen.[114] Vielmehr gehören Leit-

---

**109** Alberich von London: „De diis gentium", S. 247,8 – 25 (Kap. 13: „Hercules").
**110** Vgl. Alberich von London: „De diis gentium", S. 248,33 – 249,2 (Nr. 13: „Hercules").
**111** Vgl. Johannes von Garland: *Integumenta Ovidii*, S. 7 (V. 307–310): „Tartara Pyrithous poscens activa vocatur / Vita, sed est Theseus celica vita decens. / Dum speculativa descendit preside tuta / Hercule gratatur palmaque fertur ei" („Peirithoos, der die Unterwelt aufsuchte, wird die aktive Lebensweise genannt, Theseus in seinem Streben nach dem Himmel die ruhmvolle Lebensweise; die spekulative Lebensweise hingegen steigt, von Hercules sicher geführt, hinab und erhält den Palmzweig"). Dazu Chance: *Medieval Mythography 2*, S. 240.
**112** Trivets Kommentar liegt bislang in keiner leicht zugänglichen Edition vor; ich zitiere daher nach Chance: *Medieval Mythography 2*, S. 276: „Et hoc fuit ultimus labor quia theorica, etsi dignitate precedat practicam tempore tamen est posterior, quia prius domanda sunt monstra viciorum per practicam quam quieti theorice possit homo vacare" („Und dies [= die Stützung der Welt, B.G.] war die letzte Arbeit, denn wenngleich sie der Praxis im Wert vorausliegt, erfolgt Theorie zeitlich später, denn die Monster der Laster müssen zuerst durch Praxis gezähmt werden, bevor der Mensch Zeit und Ruhe für Theorie findet").
**113** Vgl. Konrad von Mure: *Fabularius*, S. 86,950 – 952: „Alcides [= Hercules] uero uidens se moriturum, incendio ueneni affectus in Ethna monte se in rogum spontum proiecit et sic inter deos transfertur." Diese Apotheose hat unter mittelalterlichen Mythographien Tradition: vgl. z. B. schon „Myth. vat. I", S. 21,10 f. (Kap. 58: „Hercules, Deïanira, Oenus et Centaurus"): „Se ipsum in Aetnae montis incendium misit, et sic inter deos translatus est"; so auch bei „Myth. vat. II", S. 132,10 f. (Kap. 165: „Oeneus").
**114** Pfennig: *erniuwen*, S. 96 mit Anm. 58 verweist für das Motiv der Schuldzurechnung des Hercules an der ersten Zerstörung Trojas sowie für das Motiv der Übergabe der Pfeile auf „Myth. vat. I", S. 21,13 – 18 (Kap. 59: „Philoctetes et Hercules") und „Myth. vat. II", S. 132,11 – 17 (Kap. 165: „Oeneus"). Worstbrock: „Tod des Hercules", S. 280 mit Anm. 20 hat Konrads von Mure *Fabu-*

unterscheidungen und Semantiken der *vita contemplativa* zum Wissen mittelalterlicher Mythographie, das allgemein diskursiviert ist. Mittelalterliche Herculesmythen dominieren Erzählmuster, die Begehren durch Tugend ersetzen und die Welt der Körper durch Überschüsse der Reflexion zu transzendieren suchen.[115]

Der *Trojanerkrieg* bezieht sich auf diesen Diskurs so umfangreich und zugleich so spezifisch, dass nicht nur von Ovidrezeption, sondern von direktem Dialog mit dem mythographischen Diskurs auszugehen ist. Zwar konzentriert sich die Episode auf die Hercules-Deianira-Handlung, doch die Arbeiten des Hercules werden von seiner Stärke, symbolischen Attributen wie Löwenfell und Keule oder dem Gift der Hydra als Erzählkontexte kopräsent gehalten. Entsprechend umkreist auch der *Trojanerkrieg* die Affektwelt des Körpers und den Tod, die Hercules als Repräsentant der „tugent" (Tr 37962) überwindet.[116]

Die von Worstbrock im *Trojanerkrieg* beobachtete „Dissoziation von Handeln und Erkenntnis" spiegelt in der Perspektive des mittelalterlichen Mythosdiskurses

---

*larius* in die Debatte gebracht; vgl. Konrad von Mure: *Fabularius*, S. 77,726 – 87,983 („Alcevs"), den Konrad schon aus unmittelbar räumlicher Nähe gekannt haben könnte. Diese Mythographien verfahren jedoch äußerst zurückhaltend mit Motiven der Kontemplation und Reflexion. Hier liegen dem *Trojanerkrieg* andere Mythographien näher, etwa die Herculesvita Alberichs oder die Digby-Mythographie mit ihren ausgeprägten Oppositionen von Körper und Kontemplation, Leidenschaften und Tugend oder Erzählparellelen zur Verweigerung Ioles durch Eurythus: vgl. Brown: „De natura deorum", S. 52 (Kap. 141,3: „De Antaeo") oder S. 48f. (Kap. 131: „De Nesso et Deianira").

**115** Vgl. über die bisher genannten Texte hinaus z. B. Baudri von Bourgueil: „Fragment sur la mythologie". In: *Œuvres poétiques*. Edition critique publiée d'après le manuscrit du Vatican. Hg. v. Phyllis Abraham. Genf 1974, S. 273 – 316, hier S. 285f. (V. 447 – 516); „De deorum imaginibus libellus im cod. reginensis 1290". In: *Fulgentius metaforalis. Ein Beitrag zur Geschichte der antiken Mythologie im Mittelalter*. Hg. v. Hans Liebeschütz. Leipzig, Berlin 1926, S. 117 – 128, hier S. 124 – 128 (Kap. 22: „Herculis victoriae"). Dieses Diskurswissen begründet auch Hercules' Stellung am Scheideweg zwischen Lust und Tugend; vgl. Harms, Wolfgang: *Homo viator in bivio. Studien zur Bildlichkeit des Weges*. München 1970, S. 314 (Register s.v. „Herakles"); zu den antiken Grundlagen dieser „Intellektualisierung" sowie weiteren mittelalterlichen Belegen vgl. Bezner, Frank: „Herakles". In: *Mythenrezeption. Die antike Mythologie in Literatur, Musik und Kunst von den Anfängen bis zur Gegenwart*. Hg. v. Maria Moog-Grünewald. Darmstadt 2008, S. 326 – 343, insbes. S. 330 und 333 – 335. Selbst Autoren des Spätmittelalters, die Hercules der *vita activa* zurechnen, sehen in ihm ein Modell der menschlichen Seele – so z. B. Marsilio Ficino (1433 – 1499); dazu Allen, Michael J. B.: „Homo ad zodiacum. Marsilio Ficino and the Boethian Hercules". In: *Plato's Third Eye. Studies in Marsilio Ficino's Metaphysics and its Sources*. Aldershot 1995, S. 206 – 221.

**116** Im Vergleich mit der Darstellungstradition seit der Antike beobachtet auch Sieber: „*angest* des Hercules", S. 222f. im *Trojanerkrieg* eine „Zurücknahme der Antriebskraft Zorn", die durch eine Innenwahrnehmung des Körpers (*angest*) ersetzt werde.

gerade keine „zerbrochene Einheit",[117] sondern umgekehrt die programmatische Differenz von *vita activa* und *vita contemplativa*, von „lîp" und „sêle" (Tr 38407, 38409), welche die Mythographie breit entfaltet. Von Anfang an stellt der *Trojanerkrieg* die Herculesepisode auf mythographisches Erzählen ein – man erinnert an Ereignisse „bî den alten zîten" (Tr 37873). In diesem Rahmen ersetzt Philoctets Erzählung den Heros des Kriegsberichts durch den *philosophus* des mythographischen Diskurses. Was von den Gattungserwartungen des höfischen Romans her betrachtet als „zerbrochene Einheit" der Figurenzeichnung erscheinen mag, hat in der Mythographie bereits traditionell ein ausgeprägtes Differenzmuster.

(2.) Dieses Diskursmuster der *vita contemplativa* interferiert mit religiösen Diskursen des Mittelalters. Auch im *Trojanerkrieg* wird entsprechend ein zweites Erzählmuster greifbar, wie sich vor allem in Hinblick auf Hercules' Selbstanklage und Sterbeszene zeigt. Unter den Qualen des brennenden Hemdes verflucht Hercules nicht nur Deianiras List als Bruch weiblicher Treue (Tr 38448–38469), sondern auch als gerechte Bestrafung des eigenen Fehlverhaltens:

> ouch hât si rehte mir getân,
> sît daz ich triuwe an ir zerbrach
> und ich die clâren übersach
> dur vremder wîbe minne.
> ich pflac unstæter sinne,
> daz hât si mir vergolten.
> die valschen alle solten
> den lôn enphâhen, den ich nime!
> wan brichet keine triuwe an ime,
> der stæte und êre schiuhet
> und sîne âmîen fliuhet,
> als ich die minne hân geflohen.
> (Tr 38470–38481)

Hercules' Selbstverurteilung ähnelt nicht bloß einer gerichtlichen Abrechnung (in Tr 38487 durch den Fachterminus „tegedinc" ausgewiesen) mit *unstaeter minne* und Verstößen gegen feudale Verhaltensmaximen („triuwe", „stæte", „êre"), sondern trägt noch deutlicher die Züge eines Sündenbekenntnisses. Gerahmt von Klagerufen (Tr 38448, 38482) artikuliert Hercules seine Schuld, die er als abschreckendes Exempel für „die valschen alle" sententiös verallgemeinert. Die Augenzeugenfiktion von Philoctets Erzählung unterstreicht den Öffentlichkeitscharakter solcher Warnrede zusätzlich.

---

117 Worstbrock: „Tod des Hercules", S. 280 / S. 278; diesem Urteil folgt auch Bezner: „Herakles", S. 333.

Doch Hercules bleibt dabei nicht stehen, sondern lastet sich selbst vor Philoctet die erste Zerstörung als „mein" (Missetat, Sünde) an,[118] für die ihn nun die Götter zur Rechenschaft zögen:

> ich hân dur mînen übermuot
> in [= den Trojanern] schaden vil erzeiget,
> dâ von wird ich geveiget
> dur mîne schulde manicvalt.
> der göte kraft und ir gewalt
> hânt mînen mein gerochen.
> daz Troie wart gebrochen
> des êrsten mâles, daz tet ich,
> und riuwet nû daz sêre mich,
> wan ich ir hân gewalt getân.
> (Tr 38660–38669)

Zurecht hat diese Generalbeichte die Forschung befremdet, bricht sie doch eklatant mit der Motivationsstruktur des Romans.[119] Zwar wütete Hercules tatsächlich brutal unter den Trojanern, doch hatte zuvor der Bruch des Gastrechts durch Lamedon den ersten Anstoß zum Konflikt geschaffen.[120] Diese Motivation blendet Hercules nun jedoch gänzlich aus, um an ihre Stelle umfassende *superbia*-Vorwürfe („übermuot") und radikalen Gewaltverzicht zu setzen:[121] Da ihn die „gewalt" überhaupt „riuwet", trägt er Philoctet auf, seine Waffen zu vergraben und diese dadurch für immer dem Kreislauf der Aggression zu entziehen. Der *Trojanerkrieg* bricht also nicht nur mit dem Konzept des Heros, sondern verschiebt auch das mythographische Konzept des *Hercules philosophus*, das Gewalt positiv codiert hatte, ein weiteres Mal.[122]

---

118 Der Begriff fällt in der gesamten Episode mehrfach: Tr 37997, 38096, 38665.

119 Worstbrock: „Tod des Hercules", S. 277: „Die beiden Erklärungen konkurrieren. Sie lassen sich sowenig miteinander verbinden, wie Hercules' Rachefeldzug gegen Troja und die Deianira-Episode in einem Handlungszusammenhang stehen"; vgl. auch Lienert: *Geschichte und Erzählen*, S. 169; Pfennig: *erniuwen*, S. 95: „Diese Gewissensbisse sind aus dem Handlungsverlauf [...] schwer zu erklären"; Monecke: *Studien*, S. 50: „die Motivierung befremdet".

120 Vgl. zur Genealogie der Rache und ihrer narrativen Verschiebung ausführlicher Kap. III.3.1.4.

121 Vgl. zum *superbia*-Vorwurf Lienert: *Geschichte und Erzählen*, S. 169; Sieber: „*angest* des Hercules", S. 229–231; Stackmann: „Ovid im deutschen Mittelalter", S. 248; anders dagegen Monecke: *Studien*, S. 50, der Hercules' zweite Sterberede als Trojaklage liest.

122 Während mittelalterliche Mythographien die Gewalttaten des Hercules als Überwindungs-werk legitimieren (z. B. Alberich von London, Johannes von Garland, Nicholas Trivet), fehlt ein Motiv des Gewaltverzichts beim Tod des Hercules – erst im *Trojanerkrieg* sucht Hercules die Spirale der Gewalt mit der Bitte an Philoctet zu unterbrechen, er möge die Pfeile verbergen (Tr

Doch Hercules' überschießende, kohärenzsprengende Reue ruft ebenfalls diskursive Muster auf. Sie realisiert präzise das mentale und kommunikative Schema der *conversio*, der abrupten religiösen Umkehr, gestaffelt in die Akte von öffentlichem Bekennen (*confessio*), innerer Reue (*contritio cordis*) und Buße (*poenitentia*), das Wolfgang Haubrichs exemplarisch in der Historiographie und Literatur des 12. Jahrhunderts rekonstruiert hat.[123] Hercules artikuliert sein öffentliches Schuldbekenntnis „mit riuwe" (Tr 38455, 38668), „mit herzen und mit zungen" (Tr 38489), was festen Formeln der historischen Semantik von *confessio* entspricht.[124] Im vorchristlichen Fiktionsrahmen sind Hercules' Anrufung der Götter und sein Wunsch nach Erlösung (Tr 38582–38585) als Äquivalente zum Vaterunser lesbar, das ebenfalls zum Konversionsschema gehört. Hercules' abrupte und alles erfassende Umdeutung der Vorgeschichte vollzieht eine *conversio*, die sein gesamtes Vorleben unter neue Vorzeichen stellt.

Wie das mythographische Konzept wird auch das Konversionsschema von Philoctet nicht explizit deklariert, sondern performativ erzählt. Besonders eindrücklich veranschaulichen dies Hercules' Qualen, die den abschließenden Schritt der Buße besiegeln. Zwar ist die Strafe des Nessushemdes auf Handlungsebene wie auf mythographischer Diskursebene keineswegs frei gewählt, doch rechnet sich Konrads Hercules die Schmerzen reflexiv als „lôn" zu (Tr 38477). Auch Philoctet folgt dieser Umdeutung, wenn er sie als „strenge marter" mit religiösem Vokabular belegt (Tr 38508, vgl. auch Tr 38593). Ebenso wäre es natürlich als reflexhafte Abwehrreaktion erklärlich, dass sich Hercules das Hemd herunterzureißen versucht, das wie brennendes Pech an ihm klebt. Doch wird die Szene im *Trojanerkrieg* zusätzlich mit (hyperbolisch gesteigerten) Elementen der Bußpraxis angereichert, wenn Hercules auch seinen schönen Körper kasteit und verstümmelt:

---

38681). Vgl. dagegen „Myth. vat. I", S. 21,13–18 (Kap. 59: „Philoctetes et Hercules") [Pfeile als Geschenk] und „Myth. vat. II", S. 132,11–19; auch bei Konrad von Mure: *Fabularius*, S. 86, 954–957 ist diese pazifistische Wendung des Hercules nicht zu finden.

**123** Vgl. Haubrichs, Wolfgang: „Bekennen und Bekehren (*confessio* und *conversio*). Probleme einer historischen Begriffs- und Verhaltenssemantik im zwölften Jahrhundert". In: *Wolfram-Studien* 16 (2000), S. 121–156, insbes. S. 130 f. und 134. Vgl. auch den Hinweis bei Sieber: „*angest des Hercules*", S. 231. Dieses Schema der *confessio* wird im 12. Jahrhundert institutionell verankert: Buße wird endgültig unter die Sakramente aufgenommen und seit dem vierten Laterankonzil (1215) verpflichtend. Enge Verbindungen von Bekennen und Büßen spiegelt entsprechend auch die historische Semantik; vgl. Jussen, Bernhard: „*Confessio*. Semantische Beobachtungen in der lateinischen christlichen Traktatliteratur der Patristik und des 12. Jahrhunderts". In: *Zeitschrift für Literaturwissenschaft und Linguistik* 126 (2002), S. 27–47.

**124** Vgl. zur häufigen Kopplung von Bekennen und mündlicher Äußerung in der lateinischen Semantik des 12. Jahrhunderts Jussen: „*Confessio*", S. 33 und 43.

> brât unde vleisch brach er dermite
> ab sîme *vleische linde*
> und zarte sô geswinde
> die veigen engeslichen wât,
> daz im daz verch biz ûf den grât
> wart schiere endecket unde enbart
> und im daz bein enblœzet wart,
> daz ê mit vleische was bekleit.
> [...]
> sîn angest wart sô bitter,
> daz er sîn *reidez valwez hâr*
> mit sîner *blanken hende clâr*
> brach ûz sîner swarten.
> er quelte sînen *zarten*
> *und sînen werden lîp* mit nôt.
>
> sîn bluot von starker hitze sôt
> reht als ein blî von glüete,
> *vröud unde hôchgemüete*
> wart im tiur unde fremde.
> (Tr 38516 – 38523; 38526 – 38535; Herv. B.G.)

Das Kleid des Nessushemdes und das Fleisch als Kleid des Körpers („mit fleische bekleit") werden somit enggeführt: Während ihn jenes in tödliche Bedrängnis bringt, versucht Hercules dieses seinerseits abzutöten. Auch dies entspricht geistlicher Bußpraxis der *mortificatio*, der Überwindung des Körpers als Medium von Schmerz (Tr 38484 f.) und Lust (Tr 38534: „vröud"), aber auch von selbstbezogenen, vermessenen Ambitionen (ebd.: „hôchgemüete"; vgl. auch Hercules' Selbstvorwurf des *übermuot*). Wie in einem Schmelztiegel verbrennt und reinigt Hercules den Körper:

> dâ wâren alliu sîniu lider
> versmolzen schiere und alzehant.
> sîn lîp ze pulver wart gebrant
> und z'einer eschen reine
> (Tr 38706 – 38709)

Wenn schließlich von Hercules nur noch Asche übrig bleibt, ist die Figur des einstigen Heros und Philosophen gänzlich auf ein ritualisiertes Bußzeichen reduziert.[125]

---

125 Zur Asche als öffentlichem Bußsymbol vgl. Haubrichs: „Bekennen und Bekehren", S. 128 – 130.

Weit davon entfernt, bloße „Häßlichkeit" vor Augen zu führen,[126] führt die Szene das Konversionsschema noch weiter aus. Vergleiche, die zunächst irritieren mögen – Hercules brutzelt beispielsweise wie Speck in der Pfanne (Tr 38432–38435)[127] –, enthüllen sich bei vergleichender Betrachtung als hagiographisch stilisierte Foltern. Wie der heilige Georg in einen Kessel siedenden Bleis gesetzt wird,[128] glüht auch Hercules' Körper „reht als ein blî" (Tr 38533). Wenn Hercules sich selbst enthäutet und gleichsam in der Pfanne zu braten scheint, sind nicht nur die Martyrien aufgerufen, die zahlreiche Heilige im Ölkessel oder auf dem Rost erleiden (z. B. Vitus/Veit, Johannes Evangelista, Laurentius),[129] sondern auch ein biblischer Prätext. So berichtet das zweite Makkabäerbuch von der grausamen Folter durch Antiochus, der einem jüdischen Jüngling vor den Augen seiner Brüder und Mutter die Haut abziehen und bei lebendigem Leib in der Pfanne braten lässt (2 Makk 7,3–6). Hercules' Qualen in der Bratpfanne sind nicht zuletzt in der mittelalterlichen Visionsliteratur als Strafe für Mörder bekannt. Die *Vision des Tnugdalus* berichtet von einem Tal voll glühender Kohlen, auf dessen enormem Deckel die Seelen von Mördern gebraten werden und „wie Speck in der Bratpfanne" hochspringen:[130] „donec ad modum cremii in sartagine [...] liquescerent"

---

126 So das Verdikt von Monecke: *Studien*, S. 158 f.

127 Die Forschung beurteilt gerade diesen Vergleich auffällig kontrovers. Für Müller: „Ästhetisierung", S. 294 erzeugt er „Suspension in der Darstellung des Schreckens", für Worstbrock: „Tod des Hercules", S. 275 hingegen „monströs[e]" Qual. Lienert: *Geschichte und Erzählen*, S. 166 f. leitet die „grausam-ekelhaften Details" auf Ovid: *Metamorphosen*, S. 464 f. (9,170 f.) zurück: „ipse cruor, gelido ceu quondam lammina candens / tincta lacu, stridit coquiturque ardente veneno" („Das Blut aber zischt wie eine weißglühende Klinge, wenn sie ins eisige Wasser des Löschtrogs getaucht wird"). Der *Trojanerkrieg* wechselt jedoch erkennbar den Bildbereich – nach Sieber: „*angest* des Hercules", S. 229 f. in den Vorstellungsbereich von Höllenstrafen und der „Praxis öffentlicher Folterungen".

128 Vgl. z. B. Jacobus de Voragine: *Legenda aurea*. Hg. v. Giovanni Paolo Maggioni. 2. Aufl. Florenz 1999, S. 395,98 („De Sancto Georgio").

129 Die *Legenda aurea* bezieht die Veitsvita zudem ausdrücklich auf die Einheit von *vita activa* und *vita contemplativa*; vgl. Jacobus de Voragine: *Legenda aurea*, S. 529,1 f. („De Sanctis Vito et Modesto"); zum Martyrium des Johannes im siedenden Ölkessel vgl. S. 88,15 („De Sancto Iohanne Evangelista"); zu Laurentius vgl. S. 760,125–127 („De Sancto Lavrentio Martyre"); ausführlich reflektiert Jacobus am Ende der Laurentiuslegende das Feuermartyrium als Überwindung irdischer Begierden und Herausforderungen (S. 770,260–773,312).

130 Die Foltern der *Visio Tnugdali* gehören zu den einflussreichsten Jenseitsvisionen des hohen und späten Mittelalters; es ist daher wahrscheinlich, dass auch Konrad ihre Kenntnis voraussetzen konnte. Zur Verbreitung und zur volkssprachlichen Rezeption vgl. grundlegend Palmer, Nigel: ,*Visio Tnugdali'. The German and Dutch translations and their circulation in the later Middle Ages*. München, Zürich 1982.

(„bis sie wie in der Pfanne schmolzen"; lat. Fassung, um 1149);[131] „comme le creton en la paielle" (Tundalus-Vision nach Jean de Vignay, *Miroir historial*, 1320/1330).[132] Im Purgatorium des heiligen Patrick sieht der Ritter Owein Menschen in Schmelzöfen und Pfannen braten, andere werden mit flüssigem Metall beträufelt (*Tractatus de purgatorio Sancti Patricii*, um 1179/1190).[133] Es braucht nicht eigens betont zu werden, dass auch Autoaggressionen gegen den schönen Körper in lateinischer wie in volkssprachlicher Hagiographie grundsätzlich zur Topik religiöser *conversio* gehören.[134]

Obgleich also Merkmale mittelalterlicher Bußpraxis und Martyrologie in der Figurenzeichnung wirksam werden, ist Hercules jedoch kein Proto-Heiliger, sondern beweist in seiner „angest" (Tr 38516), wie tief er weiterhin in der Welt des Körpers verstrickt ist.[135] Dennoch überlagern die Episode im *Trojanerkrieg* nicht nur das mythographische Muster, sondern auch religiöse Referenzmuster, die Elemente der *conversio* und der Hagiographie aufnehmen. Sie gipfeln in Passionsbezügen, die den Tod des Hercules einem Erlösungsgeschehen einschreiben: Indem er sich selbst verbrennt, will Hercules „ûz der gifte siure / sich lôsen unde gar entladen" (Tr 38584f.; auch Tr 38582f.: „wolte er sich erlôst / dâ machen"). Indem er selbst sein Blut vergießt (Tr 38419, vgl. auch 38532), sucht Hercules den Kreislauf von Sterben und Töten zu unterbrechen und Feindesliebe durchzuset-

---

**131** *Visio Tnugdali. Lateinisch und altdeutsch.* Hg. v. Albrecht Wagner. Hildesheim, New York, Zürich 1989, S. 13,7 f. („De prima pena homicidarum"). In der mittelhochdeutschen Fassung Albers (Ende 12. Jh.) zerschmelzen die Mörder wie Wachs; ebd., S. 138, V. 575 f.
**132** *La vision de Tondale. Les versions françaises de Jean de Vignay, David Aubert, Regnaud le Queux.* Hg. v. Mattia Cavagna. Paris 2008, S. 71,153 (Kap. 3: „De la valee horrible et du pont estroit").
**133** Vgl. *St. Patrick's purgatory. Two versions of Owayne Miles and The vision of William of Stranton together with the long text of the Tractatus de purgatorio sancti Patricii.* Hg. v. Robert Easting. Oxford 1991, S. 132,435 – 439: „Alii fornacibus sulphureis cremabantur; alii quasi super sartagines urebantur. Alii uerubus igneis transfixi ad ignem assabantur, quos demonum alii uertunt, alii diuersis metallis liquescentibus deguttauerunt [...]".
**134** Vgl. als ein Beispiel unter vielen nur Hartmann von Aue: „Gregorius". In: *Gregorius. Der Arme Heinrich. Iwein.* Hg. u. übers. v. Volker Mertens. Frankfurt a.M. 2008, S. 9 – 227, hier V. 2708 – 2727 und 3379 – 3465.
**135** Vgl. dazu ausführlicher Sieber: *„angest des Hercules"*, S. 227–232. Angst ist für vorbildliches Sterben in der Literatur des hohen Mittelalters nur hinderlich – dies gilt für heroische Sterbeszenen wie für christliche Interpretationsmuster wie das Martyrium: „Feinde und Abgefallene haben diese Gefühle, der Christ empfindet sie, wenn er nicht genügend vorbereitet war"; Haubrichs, Wolfgang: „Emotionen vor dem Tode und ihre Ritualisierung". In: *Codierungen von Emotionen im Mittelalter.* Hg. v. C. Stephen Jaeger u. Ingrid Kasten. Berlin, New York 2003, S. 70 – 97, hier S. 96. Damit ist für den Herculestod eher eine Interferenz mit christlich-martyrologischen Mustern festzustellen als eine völlige Überformung durch das Schema.

zen: „daz den von Troie iht mê geschehe / ze leide von der schulde mîn, / daz sol erwert noch hiute sîn" (Tr 38656–38658; insges. Tr 38620–38659). Sehen spiritualisierende Mythographien von der Karolingerzeit bis zu Petrus Berchorius im 14. Jahrhundert in Hercules eine *figura christi*,[136] so setzt der *Trojanerkrieg* diese Koppelung von Mythographie und Theologie fort. Hercules nimmt die gesamte Schuld des ersten Trojanischen Kriegs auf sich (Tr 38657: „schulde mîn") und sucht sie von der Welt der Körper zu erlösen. Philoctets Erzählung von der Passion des Hercules verwandelt sich damit in einen eucharistischen Erinnerungsakt.

Die Forschung hat die Herculesepisode mehrheitlich als Exempel des Scheiterns gelesen: als „Demonstration [...] der Vergeblichkeit menschlicher Heldentaten",[137] als „bestrafte Minneverfehlung"[138] oder als Dissoziation „heterogene[r] Phasen" des Erzählens, „die sich einander nicht vermitteln."[139] Die hier skizzierte Analyse führt zu einem gegenteiligen Zwischenergebnis: Philoctets Metadiegese präsentiert Erzählformen, die enorme Differenzen einer Figur entfalten und über eng verbundene diskursive Schemata der mittelalterlichen Kultur prozessieren. Die Verschiebung des Heros zu Kontemplation und Konversion duldet Differenz nicht nur, sondern bietet diskursive Formen an, die solche Differenz ausdrücklich als Einheit auffassen: der Überwindung als Einheit von *vita activa* und *vita contemplativa* (mythographischer Diskurs), der Konversion als Einheit von Bekennen, Reue und Buße (religiöser Diskurs).

Nicht nur das Erzählproblem, auf das der *Trojanerkrieg* mit dieser Strategie antwortet, lässt sich nun genauer fassen, sondern ebenso seine narrativen Lösungen. Konfrontiert die Herculesepisode ihre Interpreten mit Kohärenzproblemen von Figuren und Sinnkonstruktionen, so liegt darin das grundsätzliche Problem, wie Erzähltexte mit ausgeprägten Kohärenzansprüchen wie Konrads *Trojanerkrieg* mit der Produktion von Kontingenz verfahren, die sie im Zuge von

---

[136] Petrus Berchorius: *Ovidius moralizatus*, S. 54 f. (Nr. 5, „Admetus", V. 11–14 und 63 f.) verbindet dies mit der Höllenfahrt des Hercules, der den Cerberus aus *pietas* befreie; vgl. schon „Myth. vat. II", S. 129,9 f.: „Quam praesumtionem, in morte deficientem, virtus ab inferis revocat, ut Hercules facit." Zur typologischen Beziehung zwischen Hercules und Christus im Kommentar *In librum prophetas* des Dominikaners Robert Holkot (gest. 1349) vgl. Chance: *Medieval Mythography 2*, S. 314. Zu Fortsetzungen dieser Deutung in Spätmittelalter und Früher Neuzeit vgl. Simon, Marcel: *Hercule et le christianisme*. Paris 1955; Sparn, Walter: „Hercules Christianus. Mythographie und Theologie in der frühen Neuzeit". In: *Mythographie der frühen Neuzeit. Ihre Anwendung in den Künsten*. Hg. v. Walther Killy. Wiesbaden 1984, S. 73–107.
[137] Lienert: *Geschichte und Erzählen*, S. 169.
[138] Kokott: *Konrad von Würzburg*, S. 280; zu diesem Schema als maßgeblicher Motivationsstruktur des *Trojanerkriegs* vgl. insges. S. 278–280; vgl. schon Stackmann: „Ovid im deutschen Mittelalter", S. 248.
[139] Worstbrock: „Tod des Hercules", S. 284.

rekursiven Operationen ebenso wenig umgehen wie auflösen können. Es sei nochmals betont, dass dies kein Sonderproblem ist, weder des *Trojanerkriegs* noch des späthöfischen Romans – wohl aber nimmt es in Konrads Herculesfigur eine spezielle Form an, die auf die Invisibilisierungsleistung von Metadiegesen verweist.

Die höfische Literatur kennt unterschiedliche Lösungen, um Kontingenz in sich aufzuheben und dadurch dauerhaft unsichtbar zu halten. Zu den häufigsten Varianten gehören räumliche Arrangements, die Unbestimmtheit und Irritationsstellen in Innenräume einlegen (z. B. in Kemenaten,[140] im Herzen,[141] in Höhlen und Grotten[142] oder irdischen Paradiesen[143]) oder auf Sonderzonen begrenzen (wie etwa den Aventiureraum[144]). Sicherung von Kontingenz wird in diesen Fällen von Formen übernommen, die durch symbolischen Einschluss verhindern, dass Paradoxien durch *re-entry* offen irritieren. Sie entschärfen anders gesagt die Möglichkeit, dass Unbestimmtheit im Außen höfischer Kultur zugleich konstitutiv im Innern höfischer Kultur um sich greift, und stabilisieren somit die scheinbare Alternativlosigkeit höfischer Ordnung.

Metadiegesen lagern Kontingenz dagegen mit Mitteln der Narration ein. An Philoctets Herculeserzählung lassen sich drei Aspekte des Verfahrens unterscheiden, Kontingenz des Erzählens zu invisibilisieren. Ein erster Aspekt wurde mit der *Diskursivierung* von Differenz greifbar: Philoctets Binnenerzählung spaltet die Herculesfigur in inkohärente Handlungssituationen, Kommunikationsrollen und Figurenkonzepte auf, deren Differenz mittels mythographischer und religiöser Schemata prozessierbar gemacht wird.[145] Kontingenzen der Figurenzeichnung werden somit nicht einfach gelöscht, sondern in Formen eingefügt, die wie

**140** Vgl. Strohschneider: „Kemenate", insbes. S. 39.
**141** Vgl. Palmer, Nigel: „„Herzeliebe', weltlich und geistlich. Zur Metaphorik vom ‚Einwohnen im Herzen' bei Wolfram von Eschenbach, Juliana von Cornillon, Hugo von Langenstein und Gertrud von Helfta". In: *Innenräume in der Literatur des deutschen Mittelalters. XIX. Anglo-German Colloquium Oxford 2005*. Hg. v. Burkhard Hasebrink [u.a.]. Tübingen 2008, S. 197–224. Solche Einschlüsse von Kontingenz im Herzinnenraum können dann umgekehrt zu neuen Paradoxierungsquellen werden, wie Susanne Köbele am Beispiel Frauenlobs aufgewiesen hat: vgl. Köbele, Susanne: *Frauenlobs Lieder. Parameter einer literarhistorischen Standortbestimmung*. Bern, Tübingen 2003, S. 166–179.
**142** Vgl. am Beispiel von Gottfrieds Minnegrotte Müller: „Mythos und mittelalterliche Literatur".
**143** Vgl. Schnyder, Mireille: „„Daz ander paradise'. Künstliche Paradiese in der Literatur des Mittelalters". In: *Paradies. Topographien der Sehnsucht*. Hg. v. Claudia Benthien. Köln 2010, S. 63–76.
**144** Vgl. Störmer-Caysa: *Grundstrukturen mittelalterlicher Erzählungen*, S. 162–179.
**145** Potenzierte Redesituationen zeigen sich dafür im *Trojanerkrieg* grundsätzlich offen: „Die Form der Rede erweist sich immer wieder als das Einfallstor der Diskurse", wie Friedrich: „Diskurs und Narration", S. 106 beobachtet.

Kontemplation oder Konversion gerade für die Einheitsbildung von starker Differenz spezialisiert sind. Die Inkonsistenz der Herculesfigur wird unsichtbar, indem sie als kontemplative Wende sichtbar gemacht wird.

Diesen Invisibilisierungseffekt befördern zweitens auch die *digressiven* und *potenzierenden Tendenzen* von Philoctets Erzählung. Die bewirkte Erzählillusion[146] vervielfältigt sich weiter in der Binnenerzählung, wenn etwa Gedankenreden wiedergegeben (z.B. von Nessus: Tr 38064–38073) oder längere Figurenreden direkt zitiert werden, die Ereignisse auf meta-metadiegetischer Ebene in Erinnerung rufen, antizipieren oder kommentieren (z.B. Deianira und Lichas: Tr 38290 – 38324 und 38358–38390; Hercules: Tr 38440–38484 und 38603–38684). Die Rahmenerzählung Philoctets gerät durch den dramatischen Modus solcher potenzierten Passagen aus dem Blick. Zudem entkoppelt sich Philoctets Erzählung aus ihrem Rahmen, indem sie eigene Motivationsstrukturen einsetzt:[147] Kaum dass Nessus erschlagen ist, vertraut Deianira sogleich dem Rat ihres Peinigers, das blutgetränkte Hemd als Aphrodisiakum für Hercules anzunehmen – kausale Handlungsmotivation wird durch finale Erzählmotivation ersetzt. Entkoppelt wird die Episode nicht zuletzt auch dadurch, dass sie Erzählmuster wie die ‚bestrafte Minneverfehlung' (Kokott) als in sich abgeschlossene Erzählung präsentiert, die der *Trojanerkrieg* auf der Rahmenebene in breitem Format entwickelt. Gerade die Digression, das Verlassen von narrativer Kohärenz, stabilisiert somit Kontingenz durch Einlagerung: Sie befördert Potenzierungseffekte, in denen Binnenerzählungen sich verselbständigen, und reduziert dadurch die Möglichkeit, dass diese auf ihre Rahmenerzählungen zurückschlagen (z.B. als Konsistenzprüfung von Identität).

Damit entstehen drittens aber auch besondere Anforderungen an die *Verflechtung von Rahmen- und Binnenerzählung*. Abweichungen von Rahmen- und Binnenerzählung treten besonders hervor, weil einerseits auf Rahmenebene auffällige Kohärenzsignale gesetzt werden – Philoctet wird als homodiegetischer Erzähler eingeführt, dessen Augenzeugenwissen die Herculesvita mit der Rahmenebene vermittelt (Tr 37936–37941), Hercules' vermeintlicher Sohn Isolaus ist währenddessen ebenfalls anwesend. Andererseits werden Abweichungen bewusst gehalten, weil aller Potenzierung und Digression zum Trotz die primäre Erzählerstimme Philoctets im Verlauf der Erzählung überraschend hervorspringt und dadurch zeitlich-räumliche Differenz von Diegese und Metadiegese markiert:

---

**146** Vgl. Nünning: „Inszenierung von Erzählillusion" sowie die Analyseskizze von Kap. V.1.1.2.
**147** Zur „makrostrukturellen Geschlossenheit" von Binnenerzählungen vgl. Lieb: „Erzählen am Hof", S. 112; speziell zum *Trojanerkrieg* Friedrich: „Diskurs und Narration", S. 104.

> dô was ich Filothêtes
> bî dem erwelten ritter [= Hercules]
> und sach die swære bitter,
> die der getriuwe degen truoc.
> (Tr 38588–38591)

Der *Trojanerkrieg* überspielt diese Differenzen der Erzählebenen und Figuren-entwürfe zu Beginn und Ende der Episode pragmatisch. Ihren Auftakt bildet ein Disput unter den Griechen, welcher Heros im narrativen Gedächtnis fortleben darf – was Nestor ausdrücklich gegenüber Hercules verweigert, da seine Familie unter dessen Gewalt gelitten habe. Trotz allgemeiner Zustimmung der übrigen Fürsten steht Philoctets Erinnerung an Hercules damit von Anfang an unter kritischem Vorzeichen: Welche Rolle spielt die Gewalt im Heldenleben des Hercules? Wie der Erzähler hegen auch die Zuhörer gemischte Erwartungen an das Erzählte: Sie erhoffen einerseits „kontra-präsentische" Mythen,[148] die sie von Gewalt und Leid der Rahmensituation gerade ablenken (Tr 37870 f.); andererseits verlangen sie von Philoctet ausdrücklich, von Bedrängnis und Tod des Hercules zu erzählen (Tr 37935 f., 37957). Rahmenerwartung und Binnenerzählung sollen sich also im schwierigen, bedrückenden Thema von Gewalt und Tod sowohl verbinden, als auch alternative Perspektiven eröffnen, die von ihrem Leid ablenken. Leiderzählen wird gegen Leiderfahrung aufgeboten.

Philoctets Erzählung entparadoxiert diese Spannung mit den beobachteten Wendungen der Herculesfigur. Statt eines leuchtenden Heldenlebens der Vergangenheit führt sie grausames Martyrium vor Augen; statt eines fundierenden Mythos der Gewalt erzählt sie von der Überwindung körperlicher Gewalt durch Kontemplation und Konversion. Sowohl Distanz- als auch Kohärenzerwartungen, so könnte man vermuten, werden damit eigentlich enttäuscht.[149] Doch Philoctets Erzählung wirkt anders auf ihre intradiegetischen Zuhörer:

> er [= Hercules] wart *nâch clagebæren siten*
> *beweinet* von ir [= Griechen] gnuogen,
> wan si von im gewuogen
> vil maniger hôher frümekeit.
> si jâhen, daz an in geleit
> wær *aller êren übercraft*
> und daz er sîne *ritterschaft*
> mit *ellentrîcher staete*
> so wol geblüemet hæte,

---

148 Zu diesem Begriff vgl. Assmann, Jan: *Das kulturelle Gedächtnis. Schrift, Erinnerung und politische Identität in frühen Hochkulturen.* 5. Aufl. München 2005, S. 79.
149 Vgl. Sieber: „*angest des Hercules*", S. 226.

daz michel schade wære
und ein gar übel mære,
daz er sô jæmerlichen ie
solt âne *strît* verderben hie.
(Tr 38732–38744; Herv. B.G.)

Keineswegs bleibt Philoctets Bericht also „folgenlos für das Handeln ihrer griechischen Hörer",[150] keineswegs mündet er in abschreckenden „*horror*".[151] Vielmehr lebt Hercules in der tränenreichen *compassio* der Griechen fort. Statt Destruktion und Auflösung liefert er für die Griechen ein fundierendes Exempel von „ritterschaft" und „êre", das Strahlkraft besitzt – auch wenn dies den metadiegetischen Gewaltverzicht des Hercules radikal übergeht. Doch die Anteilnahme läuft noch weiter. Sie überspringt die Differenzen von Narration und Figurenkonstruktion und generiert neue Gewalt: Unerträglich erscheint es allen, wenn der Tod des Hercules folgenlos, d. h. „âne strît" bliebe. Die Suspension der Gewalt durch potenziertes Erzählen führt somit zu Gewalt auf potenzierter Stufe.

Strategien der Gewalt*stimulation* durch Vorbilder der Gewalt*überwindung* haben im religiösen Diskurs des hohen Mittelalters Tradition – prominent etwa in Aufrufen zum Kreuzzug, die im radikalen Wechsel von Freundschaft zu neu entfesselter Feindschaft zwischen Griechen und Trojanern anklingen. Doch selbst bei genauerem Blick auf Philoctets Herculesvita zeigt sich, wie wirkungsvoll die neu eingeführten Schemata diese Rückübersetzung der Gewalt vorbereiten. Zum einen erhält Gewaltausübung über die moralphilosophische Codierung des mythographischen Schemas einen neuen Wert: Aggression und Leiden sind als kontemplativ vertiefte Überwindung neu legitimiert. Zum anderen befördert das Konversionsschema eine Hagiographisierung des Hercules, die folgerichtig neues Imitationspotential stiftet.[152] Noch im Rahmenbericht spiegeln die Reaktionen der Zuhörer diese Doppelstrategie: Gemäß dem mythographischen Schema rühmen die Griechen Hercules' „ellentrîch[e] staete" (Tr 38739) und steigern seine Verehrungswürdigkeit quasi hagiographisch zu „aller êren übercraft" (38737). Es ist daher nur konsequent, dass die Griechen, angespornt von solchen neuen Konzepten der Legitimierung und Heiligung der Gewalt, daraufhin unmittelbar zu einem Krieg drängen, der sich metaphysisch auflädt.

---

150 Worstbrock: „Tod des Hercules", S. 282.
151 Sieber: *„angest des Hercules"*, S. 232 und 234.
152 Der *Trojanerkrieg* variiert damit religiös, was Herculesmythen seit der Antike signifikant auszeichnet: Offenheit für identifikatorische Konstruktion und Modifikation. Vgl. zu Hercules als mythologischem „Partizipationstypus" Sieber: *„angest des Hercules"*, S. 223–225 und Boehncke, Heiner: „Herkules – vom Mythos zum Markenzeichen". In: *Herakles/Herkules*. Hg. v. Ralph Kray u. Stephan Oettermann. Bd. 1. Basel, Frankfurt a.M. 1994, S. 297–304.

Die Erzählung vom Tod des Hercules entwickelt für das Identitätsproblem des Erzählens somit eine komplexe Lösung. Diskursivierung, digressive Potenzierung und imitative Verflechtung von Rahmen- und Binnenerzählung verbinden sich zu einer Metadiegese, die das Fortleben des Hercules sichert. Mehr noch: Wenn die Griechen nach der Binnenerzählung neu zu den Waffen drängen, ist auch die Kontinuität des Kriegs erneuert. Stellt man in Rechnung, dass Rekursionsprobleme von narrativer Identität und Differenz nicht nur die Figurenkonstruktion betreffen, sondern ebenso das Sujet des Kriegs, so könnte sich die scheinbar isolierte Episode als paradigmatischer Fall einer generellen Invisibilisierungsleistung des *Trojanerkriegs* erweisen. Wie im Hinblick auf die Präsenzästhetik deutlich wurde, neigt die Kriegsdarstellung dazu, die Differenz von Trojanern und Griechen, ja von Figuren überhaupt zu unterlaufen.[153] Mit ihren (von Benoît) angelegten 23 Schlachten erfordert die Kriegserzählung, solche Differenz immer wieder neu aufzubauen – andernfalls bliebe die Narration in einem einzigen Präsenzbild verflochtener Massen stehen. Die Herculesepisode führt ein Verfahren vor, solche Kriegsdifferenz von Griechen und Trojanern neu aufzubauen, gleichzeitig aber auch die Einheit zu entparadoxieren, die während der Kriegspause bestand. Beides leistet die metadiegetische Erzählung eines Mythos, der über verschiedene Differenzschemata neue Einheit (die griechische Gedächtnisgemeinschaft) und neue Differenz (Gegnerschaft im „strît") produziert.

Nicht nur fängt Philoctets Erzählung also das Problem der Figurenzeichnung auf, dass Figuren wie Hercules (aber ähnlich auch Achill, Helena oder Paris) nur über Differenz identisch gehalten werden können. Darüber hinaus stellt sie die Paradoxie der befreundeten Todfeinde der Zwischenkriegszeit (Tr 37848 – 37865) unmerklich auf Differenz um. Vergessen ist die Festharmonie der sich mischenden Trojaner und Griechen – Zeltlager und Burg, Griechen und Trojaner, Klagen um Patroclus und Klagen um Casilian stehen sich wieder feindlich gegenüber. Mögliche Irritationen der neugewonnenen Differenz werden invisibilisiert, indem sie demonstrativ eingeschlossen werden: Priamus lässt Cassandra in einen Turm werfen, um die Kampfkraft der Trojaner nicht zu zersetzen (Tr 39021–39025); Führungsstreitigkeiten im griechischen Lager werden beigelegt, indem Agamemnon abgesetzt und ins Heer eingefügt wird, um für den kriegsfreudigeren Palomides Platz zu machen (Tr 39044–39047). Metadiegesen wie die Herculesoder Patroclusklage invisibilisieren damit grundlegende Paradoxien des Erzählens, indem sie Differenz auf Orientierungsmodelle beziehen und nach diskursiv geläufigen Mustern Rückkoppelungseffekte zwischen Erzählungen unterschied-

---

153 Vgl. zu diesem Effekt u. a. Kap. IV.1.1.12–13.

licher Stufen freisetzen. In der Potenzierungsform der Metadiegese stimuliert der Tod des Hercules damit gerade das Fortleben des Kriegserzählens.

## 1.2 Dekomposition und Paradigmatisierung

Insofern Metadiegesen die Erzählinstanz vervielfältigen, bilden sie ein vertikales Invisibilisierungsverfahren. Daneben verwendet der *Trojanerkrieg* aber auch horizontale Verfahren, um Paradoxien zu invisibilisieren. Nur zusammenfassend sei eines der einschlägigsten Verfahren dieser Art genannt: die Dekomposition von Handlungssträngen und Figuren. Obgleich sie die syntagmatische Organisation der Erzählung betrifft, sind ihre Effekte gerade paradigmatischer Art: Paradoxien der Erzählsequenz werden gelöscht, indem sie als Variationen erscheinen.

In großem Format demonstriert diese Kompositionstechnik die Achillhandlung.[154] Auf den Spuren des Dares-Berichts hatte Benoîts *Roman de Troie* Achill unter die Kämpfer eingereiht, die gleich zu Beginn des Trojanischen Kriegs dem Heeresaufruf Agamemnons folgen (RdT 5011).[155] Der *Trojanerkrieg* verlängert die Achillfigur um eine Vorgeschichte, die sich aus Statius' *Achilleis* speist, spaltet diese jedoch in drei weit voneinander getrennte Segmente auf: die Jugendgeschichte Achills (Tr 5764–6497), die Liebesgeschichte um Deidamia (Tr 13398–17329) und die Enttarnung und Herbeiholung Achills durch eine Delegation der Griechen nach Scyros (Tr 26936–29649). Auch danach erscheint Achill eher punktuell als kontinuierlich im Fokus des Kriegserzählens. Welche Funktion besitzt diese Organisation in der Perspektive von Invisibilisierung?

Konrads Entscheidung, Achill erst nach der Landungsschlacht herbeiholen zu lassen und eine ausführliche Jugendgeschichte voranzustellen, eröffnet prinzipiell die Möglichkeit zu mehrsträngigem Erzählen, d. h. von Ereignissequenzen, die zeitlich und räumlich kopräsent gehalten werden. Erstaunlicherweise wird dieser Effekt im *Trojanerkrieg* unterbunden. Die drei Stationen der Achillhandlung treten vielmehr als isolierte Episoden hervor, werden dafür in den Zwischensequenzen jedoch gänzlich ausgeblendet; die charakteristische Vordergrund-Horizont-Struktur von mehrsträngigem Erzählen stellt sich dadurch gerade nicht ein.

---

154 Die folgende Skizze beschränkt sich exemplarisch auf ein Erzählverfahren, das an anderen Beispielen weiterzuverfolgen wäre – z. B. an der Paris-Handlung. Zu Achill im *Trojanerkrieg* vgl. Knapp: *Hector und Achill*; Friedrich: „Diskurs und Narration", S. 117–119; Lienert: *Geschichte und Erzählen*, S. 50–54, 81–92 und 134–141; Sieber: „Achills Crossdressing", S. 49–70; Miklautsch: „Das Mädchen Achill", S. 586–590.

155 Vgl. Dares Phrygius: *De excidio Troiae*, S. 13,20 (Kap. 11).

Wie Udo Friedrich gezeigt hat, entfaltet die erste Achillepisode einen Ausbildungsgang in der Spannung von Heroisierung und Zivilisierung.[156] Auf der
einen Seite wird der kleine Achill der rauen Bergwelt um Schyrons „clûs[e] wilde"
(Tr 5916, 5898) ausgesetzt, wo ihn eine Löwin säugt (Tr 5026 – 6051). So „wilde" die
Physiognomie und der Habitus seines Erziehers erscheinen (Tr 5851 f.), so brutal
fällt auch das Abhärtungsprogramm aus, das dieser seinem Schützling auferlegt:[157] Achill muss auf harten Steinen und im Schnee liegen (Tr 6086 – 6088,
6098 f.); er hat Mutproben zu absolvieren, indem er sich über dünnste Eisdecken
wagen muss, Bären und Greifen die Jungtiere raubt oder mit Tigern, Krokodilen
und Schlangen ringt (Tr 6104 – 6113, 6126 – 6161); sein Schmerzempfinden wird
systematisch abtrainiert, wenn sich Achill in reißende Flüsse stellen muss, deren
rollende Steine gegen seine Füße schlagen (Tr 6178 – 6185). Keine körperliche und
mentale Belastungsprobe lässt Schyron aus, um Achill an eine tierisch-natürliche
Lebensweise zu gewöhnen. Achills Unterricht ist für höfische Erwartungen eine
Summe der Schrecklichkeit:

> Schŷron lêrt in die summen
> von griuwelichen dingen:
> er hiez in dicke springen
> über manic tobel tief;
> lêhparten spranc er unde lief
> drât unde snelleclîche vor
> ûf aller vrechen tiere spor
> hiez in sîn meister gâhen.
> (Tr 6192 – 6199)

Wenn Schyron beim nächsten Besuch der Mutter herausstreicht, keinen wilderen
Jungen als Achill zu kennen (Tr 13538 f.), steckt hinter dem Lob des Lehrers in
Wahrheit ein schmerzlicher Erziehungsprozess der sekundären Naturierung.[158]
   Auf der anderen Seite trägt Achills gezielte Verwilderung Spuren eines
planvollen Kulturierungsprozesses. Schyron lehrt ihn nicht nur „griuwelich[e]
ding[e]", sondern auch Schachspiel, Militärtechnik, Gesang und Saiteninstru-
mente (Tr 6164 f.); bei seinen Jagdausflügen muss Achill genauestens den Maßgaben der Försterei folgen und darf keine Jungtiere töten;[159] auch das pädagogisch

---

**156** Vgl. Friedrich: „Diskurs und Narration", S. 117 – 119.
**157** Schyrons Maßnahmen richten sich ausdrücklich gegen Bequemlichkeit und suchen die
Angstschwelle Achills zu erhöhen (Tr 6089 – 6097).
**158** Zu dieser „Reanimalisierung" vgl. Friedrich: *Menschentier und Tiermensch*, S. 264 – 269.
**159** Vgl. Tr 6200 – 6215: Nur kräftige ausgewachsene Tiere darf Achill erlegen – „diu kleinen
cranken tierlîn, / diu liez er ungetœtet" (Tr 6202 f.).

dosierte Lob seines Lehrers hält seine Wildheit in kontrollierten Bahnen. Schon seine physische Stärke und Widerstandsfähigkeit verdanken sich weniger natürlicher Begabung als konditionierender Übung: „Achill bedarf der Ausbildung", seine Wildheit ist Effekt einer kontrollierten Balance „zwischen Natur und Kultur".[160] Die erste Achillepisode entwirft damit das Idealbild eines feudaladeligen Kriegers, der aus der kontrollierten Spannung von Wildheit und Disziplinierung hervorgeht.[161]

Die zweite Episode, die der *Trojanerkrieg* aus Statius' Liebesgeschichte von Achill und Deidamia entspinnt, folgt wie bereits gesehen einem anderen Differenzmuster.[162] Sie überführt die Spannung zwischen Natur und Kultur in eine Krise der sozialen Geschlechtsidentität, die Achill zum Akteur eines Übergangsritus werden lässt. Dieses Schema zeigt den idealen Krieger nicht nur durch Deidamias „minne stricke / gebunden und gevangen" (Tr 14664 f.), sondern verstrickt ihn auch erstmals in ein soziales System, in dem Genderrollen, Familienstruktur und Begehren interferieren – Konkurrenzen, in denen sich Achill/Jocundille in wörtlichem Sinne verfängt (Tr 15868 – 15879). Achills Wandlung zielt also auf mehr als nur die Verkleidungslist, denn sie transformiert den Habitus des Heros grundlegend, wie der Erzähler mehrfach herausstreicht:

> er hete manigen freissamen
> löuwen ê betwungen
> und wart von einer jungen
> megde nû gar übersiget.
> (Tr 14736 – 14739; so nochmals Tr 14778 – 14781)

> Er het ê die getürstekeit,
> daz er mit grimmen löuwen streit,
> und was nû worden von der scham
> sô blûc und alsô vorhtesam,
> daz er niht einer megde guot
> getorste künden sînen muot
> und sînes herzen ungemach.
> (Tr 15557 – 15563)

---

**160** Friedrich: „Diskurs und Narration", S. 117 f. Dazu ausführlicher auch Friedrich: *Menschentier und Tiermensch*, 264 – 269.
**161** Solche Kompatibilisierungsversuche von höfischer und heroischer Perspektive gehören auch zum Repertoire der Heldenepik; vgl. am Beispiel von Hagens Kindheitserzählung in der *Kudrun* Müller: „Verabschiedung des Mythos", insbes. S. 206 – 210.
**162** Vgl. Kap. V.1.1.1.

Emotionen überwältigen Achill, die Schyrons Training und das Erzählmuster der Heldenerziehung unterdrückt hatten: „sin herze in angest wart gejaget / ûz einem frîen muote gar" (Tr 14830 f.). Achills Schamreaktion verweisen nun auf eine Serie neu erworbener Differenzen: Sozial- und Selbstreferenz klaffen auseinander, Körperoberflächen und latente Innenräume des Erlebens („sînes herzen ungemach"; vgl. auch Tr 15526 – 15556) sind nicht länger deckungsgleich wie in der heroischen Wildnis. Komplexität und Diskrepanz dieser Situation überfordern Achill letztlich, worauf der Erzähler mit Metakommentaren hinweist. Unübersehbar ist auch der syntagmatische Bruch gegenüber der Jugendgeschichte: An die Stelle des kriegerischen Habitualisierungsmodells treten Deckungsprobleme eines mehrfach codierten Minnekörpers, die zunächst weder die tertiären Sozialisationsanstrengungen in der Mädchengesellschaft des Lycomedes noch das Listmotiv vom Mann in Frauenkleidern schließen können.[163] Wollte man nach Zerfallsphänomenen des Kriegerkonzepts im *Trojanerkrieg* suchen,[164] wären sie hier zu finden.

Die Differenz wird ein drittes Mal ersetzt, als die griechische Gesandtschaft unter Führung von Ulixes auf Scyros eintrifft. Denn man sucht nicht den polymorphen Minneritter, sondern den exorbitanten Heros,[165]

> der wol mit frechen handen
> künd Ectorem getwingen
> und im an allen dingen
> gar übercreftic wære.
> (Tr 27070 – 27073)

Alle Irritationen von Geschlecht und Identität scheinen nun vergessen – Calchas' kryptoskopische Rede sieht in Achills Verkleidung einzig die Camouflage einer besorgten Mutter, die ihrem Sohn den Heldenruhm verwehre (Tr 27328 – 27394). Minne- und Kriegerhabitus treten wieder in einfache Opposition auseinander und rücken Achill schlagartig in die Position des Undercover-Heros.

---

**163** Die Heldenepik kennt ähnliche Konstellationen – Hugdietrich etwa legt Frauenkleider an und übt sich in Handarbeiten, um sich unerkannt am Hof seiner Geliebten aufhalten zu können; vgl. „Hugdietrich". In: *Heldenbuch. Altdeutsche Heldenlieder aus dem Sagenkreise Dietrichs von Bern und der Nibelungen*. Bd. 1. Hg. v. Friedrich Heinrich von der Hagen. Leipzig 1855, S. 169 – 198, hier Str. 26,57 – 65. Die List gelingt – die Achillepisode des *Trojanerkriegs* markiert dagegen fortwährend Reibungen zwischen strategischer Verstellung und Natur, Verkleidung und Körper. Vgl. hierzu Sieber: „Achills Crossdressing", S. 57 mit Anm. 33 und 34.
**164** Vgl. Worstbrock: „Tod des Hercules".
**165** Vgl. zu diesem Heldenkonzept See: *Germanische Heldensage*, S. 166 – 172.

Heroische Affekt- und Interaktionsmuster treten hinzu, die Achills Mädchenkleider weitgehend verdeckt hatten. Als die Griechen vor Achills Augen glänzenden Schmuck und Waffen ausbreiten, die ihm sein Bild entgegenspiegeln, bricht der *furor heroicus* in Achills Gedanken (Tr 28395: „von zorne"):

> bin ich der küene Achilles,
> den Schŷron erzogen hât,
> wes trage ich denne wîbes wât
> und einer megede kleider?
> [...]
> swer löuwen unde wilde bern
> betwingen mac mit sîner hant,
> dem ist ein vröuwelich gewant
> gemæze noch gebære niht.
> (Tr 28376–28379; 28382–28385)

Die paradoxe Figur des von Liebe bezwungenen Löwenbezwingers drängt Achills Selbstreflexion zu heroischer Identität: „sît ich trag einen frechen lîp, / dur was entuon ich danne / gelîch niht einem manne?" (Tr 28390–28393). Alle früheren Irritationen werden somit kommentarlos ersetzt durch die metonymische Differenz von Schmuck/Kleidung versus Waffen/Körper, an der sich die Töchter des Lycomedes und „der helt Achilles" (Tr 28342) nun trennscharf scheiden.

Ulixes macht sich diese neue Differenz zu Nutze, als er Achills quasi-natürliche Zornreaktion wahrnimmt (Tr 28394–28405). Achills Soliloquium nahezu wiederholend, provoziert er diesen mit dem heroischen Code:

> wê, daz man dich sol vinden
> in wîbes cleide tougen.
> [...]
> dû bist doch der, den Thêtis
> truoc âne missewende
> und der mit sîner hende
> begangen hât vil starkiu dinc.
> dû bist der freche jungelinc,
> den Schŷron der wîse zoch.
> dur waz hâst dû dîn künne hôch
> geleit in schemelichen spot?
> (Tr 28420 f.; 28436–28443)

Achills Selbstvorwürfe und Ulixes' Reizrede rufen ausschließlich Eckpunkte einer Heldenvita auf (begnadete Geburt, frühe Krafttaten und harte Ausbildung, Ehre im Sozialverband) – seine erotische Identität und deren Hybridisierung blenden beide als bloß transitorische Phase gänzlich aus.

Ein drittes Mal, so unterstreichen Ulixes' pronominale Wiederholungen und Achills Selbstansprache, steht die Identität einer Figur zur Disposition. Und ein drittes Mal wird sie substituiert, als sich durch „wîbes zuht" (Tr 28485) schließlich Achills Wildheit Bahn bricht:

> alsam ein löuwe freissam,
> den ûz eime tiere zam
> sîn schate machet wilde.
> swenn er sîn selbes bilde
> in eime spiegel hât ersehen
> und er die craft beginnet spehen,
> der wunder ist an in gewant,
> weizgot, sô brichet er diu bant,
> dâ mite er ist gebunden,
> und schrenzet bî den stunden
> den meister sîn ze stücken.
> (Tr 28487–28497)

Wie zuvor die Identitätsfrage nur rhetorisch stimulierte („bin ich der küene Achilles"?), entfaltet auch dieser Spiegelszenenvergleich nur scheinbar Reflexion auf Achills Zähmung und Befreiung. Vielmehr führt er eine Codierung von Wildheit in die Szene ein, die keine Optionen zulässt, sondern nur hervorbrechen kann. Scheinbar als retrospektives Deutungsmuster angelegt, leitet das Bild des Löwen so eine neue Verschiebung Achills ein: Natur, die über uneigentliche Umwege von defizienten Schattenbildern zu sich selbst kommt, zerreißt kulturelle Bindungen und zuallererst diejenigen „meister", die sie zu binden suchen – ein solches Konzept ist genau besehen weder mit Achills Kriegerhabitus vereinbar, den ihm sein „meister" Schyron (Tr 5858, 6090) anzuerziehen suchte, noch berücksichtigt es die Identitätskrisen Achills, die seinen Aufenthalt auf Scyros prägten. Anders als die Natur des Löwen zeigte sich Achills Natur formbar und mehrfach umbesetzbar. Leitmotivisch führt der Löwenvergleich somit zu einem heroischen Figurenprofil, das dem Eintritt in die Sozialwelt voraus lag (vgl. Tr 14435 f.). Als Teil des heroischen Codes naturalisiert er Achill zur aggressiven Kampfmaschine, die Ulixes erfolgreich gegen Hector programmieren wird.[166]

Deutlich wird damit, dass den drei Stationen der Achillhandlung drei unterschiedliche Figurenprofile entsprechen: Kontrollierter Feudalkrieger, irritabler Minneritter, heroische Kampfmaschine sind drei Varianten der Achillfigur. Der *Trojanerkrieg* dekomponiert nicht nur die Erzähleinheit von Statius' *Achilleis*,

---

166 Vgl. zur Stärkung dieser Rolle Achills im *Trojanerkrieg* v. a. Lienert: *Geschichte und Erzählen*, S. 134 und Knapp: *Hector und Achill*, S. 60.

sondern ersetzt in jedem Segment die narrativen Bedingungen der Figurenzeichnung neu – „in sich abgeschlossene Erzähleinheiten" entstehen,[167] deren Selbständigkeit die Forschung zwar konstatieren, aber kaum zu plausibilisieren vermochte.[168] Diesen Eindruck verstärken ausgedehnte Handlungssequenzen, die zwischen diese Segmente eingelegt sind und ihre Einheit weiter separieren. Mehrfache Dekompositionen, wie sie die Achillfigur prägen, ließen sich vergleichbar auch an anderen zentralen Figuren wie Hector, Paris oder Helena beobachten. Fast scheint es also, als zerlege der *Trojanerkrieg* die Handlungssequenzen seiner Protagonisten, wie der Löwenvergleich im Hinblick auf Achill formuliert, gezielt „ze stücken" (Tr 28497).

Obgleich sich die Narration syntagmatisch verkettet, werden Figuren wie Achill dadurch eigentümlich paradigmatisch gehalten, wie man im Anschluss an Rainer Warning zusammenfassen könnte:[169] Der *Trojanerkrieg* exponiert variante Figureninformationen, die sich nicht durch „syntagmatische Progression" der Rezeption zusammenschließen lassen (etwa als Entwicklungen, Krisen oder Figurenbeziehungen), sondern vielmehr ein „ana- und kataphorisches Relationsgefüge" offen halten.[170] Achill und andere Figuren provozieren den Erzähler wie auch den Rezipienten zu Wiederholungen, die sich nicht zur Deckung bringen lassen. Stattdessen spielen sie Optionen der Figurengestaltung in vertikaler Variation des Erzählsyntagmas durch, die sich zueinander kontingent verhalten.

Doch während Warning paradigmatisches Erzählen vornehmlich als Strategie der Kontingenzexposition betrachtet,[171] trifft gerade dies auf den *Trojanerkrieg* nicht zu. Schon in der Episode zum Fortleben des Hercules wurden Erzählstrategien greifbar, die zwar Differenz von Figureninformationen über paradigmatische Variation produzieren, solcher Differenz jedoch Formen zuweisen, die sie nicht löschen, aber als Einheiten annehmbar machen (invisibilisieren). Die *conversio* des Hercules markiert zweifellos radikale Einschnitte der Figurenzeichnung; ebenso wenig lassen sich Achills Erscheinungen als Krieger, Minneritter und Heros zur Figureneinheit kondensieren. Dennoch verwendet der *Trojanerkrieg*

---

**167** Friedrich: „Diskurs und Narration", S. 104 (hier bezogen auf die gesamten Jugendgeschichten von Paris und Achill).
**168** Monecke: *Studien* rechnet sie einem grundsätzlichen „Kompositionsproblem" des *Trojanerkriegs* zu: „[E]s stellt sich die Frage, was eigentlich epische Gültigkeit hat: die Gesamtheit des Werkes, in die man sich lesend versenken muß, oder das einzelne Stück, das man hörend genießen kann" (S. 35). Im Anschluss an Monecke bezeichnet Lienert: *Geschichte und Erzählen*, S. 239 die ausgeprägte Segmentierungstechnik des *Trojanerkriegs* als „Perlen an der Schnur": „Reden, Beschreibungen, Teilepisoden weisen häufig zirkuläre Mikrostrukturen auf."
**169** Vgl. Warning: „Erzählen im Paradigma".
**170** Warning: „Erzählen im Paradigma", S. 197.
**171** Vgl. Warning: „Erzählen im Paradigma"; vgl. auch Warning: „Lust an der List", S. 184.

in allen Episoden Erzählverfahren und Darstellungselemente, die diese Konzepte aufeinander beziehbar machen – Leitmetaphern (Wildheit, Löwe, Natur, Verkleidung u. a.), Soliloquien (z. B. Achills mehrfache Selbstreflexionen), Affektdarstellungen (Angst, Zorn). Als dekomponierte paradigmatische Episoden bleiben die Segmente syntagmatisch weiterhin eng verflochten – Kontingenz wird mithin nicht (oder nicht vorrangig) exponiert, sondern invisibilisiert.

Paradigmatisierung erweist sich damit als ein weiteres Verfahren, das Paradoxien des Erzählens verhüllt. Wenn gerade typusartige[172] Figuren wie Achill im Wiedererzählen mittelalterlicher Romane instabil zu werden drohen, so suspendiert (zumindest aber entschärft) paradigmatisches Erzählen die dringliche Identitätsfrage nach Figuren. Unsichtbar wird tendenziell, dass mythologische Figuren wie Achill im Verlauf der Narration gravierenden Veränderungen unterworfen sind; sichtbar werden im Gegenzug drei relativ isolierte Bilder:[173] Achill als Krieger, seine Minnespiele und sein Heldenprofil müssen nicht länger auf Einheit getrimmt werden.

### 1.3 Entfesselte Evidenz. Ekphrastisches Erzählen und das Verlöschen des Deskriptors

Mehrfach wagt sich der *Trojanerkrieg* in Extremsituationen des Beschreibens. Als Paris nach Griechenland reist, wirft der Erzähler einen langen Blick auf Helena, der mit konventioneller Beschreibungstopik bricht. Wie alle „tôt gemælde" gegenüber lebendigen Wesen verblassten, so beteuert er vorab, so erschienen alle Farben „tôt unde erloschen" angesichts Helenas lebendiger Erscheinung. Durch Betrachtung sei ihre Schönheit unmöglich einzuholen: „ir schœne was sô bodenlôs, daz man niht grundes drinne sach" (Tr 19720 f.). Was immer sich an weiblichen Schönheitsbeschreibungen „an buochen unde an lieden" finden lasse (Tr 19723), werde von Helena noch übertroffen. Dennoch – oder gerade deshalb – wagt der Erzähler, in geradezu exzessiver Länge Helenas Erscheinung zu beschreiben (Tr 19902–20296). Die Schwierigkeiten lassen nicht auf sich warten: Schon Helenas Mantel entzieht sich dem beschreibenden Zugriff, da er durch magische Kunst seine Erscheinung siebenmal am Tag wandele (Tr 20072–

---

172 Dies gilt für mythographisch verankerte Figuren verschärft, die hoher Standardisierung unterliegen. Die Paradoxie von Stabilität und Variation wächst jedoch prinzipiell auch für Figuren, die durch häufiges Wiedererzählen identifiziert werden.

173 Diese Bündelung zu „kompakten Bildern" ist ein häufiger Effekt von Paradigmatisierung, der auch in anderen Wissenskontexten mittelalterlicher Literatur begegnet; vgl. z. B. Bulang: *Enzyklopädische Dichtungen*, S. 48.

20091).[174] Offenkundig verwickelt sich der Erzähler also in Paradoxien. Übersteigt Helena die Möglichkeiten künstlerischer Repräsentation in Bild (die als „tôt gemælde" zurückfallen) und Schrift („an buochen"), so verfertigt der Erzähler gerade ein Bild Helenas im Medium eines „tiefen buoche".[175] So diszipliniert sich die folgende Beschreibung anfangs um ein wohlorganisiertes Bild bemüht (die physiognomische Darstellung Helenas folgt zunächst mustergültig dem Beschreibungsschema *de capite ad calcem:* Tr 19902–20054), so deutlich entzieht sich das Objekt dem deskriptiven Zugriff durch Wahrnehmungsirritationen. Weshalb führt der *Trojanerkrieg* Repräsentationsbemühen und Entzug, Beschreibungstechnik und transgressive Wahrnehmung so eng zusammen? Welche Funktionen haben Beschreibungen, in denen die Spannung von Wirklichkeitserzeugung und Wirklichkeitsillusion so offen zur Sprache kommt?

Die Helenabeschreibung des *Trojanerkriegs* bildet keinen isolierten Fall, sondern ist repräsentativ für grundsätzliche Spannungen des literarischen Beschreibens;[176] dennoch ist sie bislang noch nicht eingehend erschlossen worden.[177] Präsent wird auch der Trojanische Krieg grundsätzlich über Verfahren der Beschreibung. Auch damit sind Paradoxien involviert, wie die Erzählregie von Massenschlachtbeschreibungen bereits zeigte.[178] Wissensansprüche sind gerade in deskriptiven Passagen der Spannung ausgesetzt, dass Effekte des absoluten Erscheinens sich dennoch der *Produktion* von Präsenz verdanken:[179] Was *im* Er-

---

**174** Vgl. zu diesem Verwandlungseffekt Müller: „Ästhetisierung", S. 298–300.
**175** So bezeichnet der *Trojanerkrieg* seine Vorlage (Tr 219), die mit der Erzählung erneuert werden soll (Tr 269). Wie in Kap. III.2 ersichtlich wurde, sind aber schon diesen Selbstbezeichnungen des *Trojanerkriegs* Paradoxien eingeschrieben: Die Trojaüberlieferung ist für den Erzähler ein tiefes Buch, „dar inne ich boden suoche, / den ich doch vinde kûme" (Tr 220f.).
**176** Vgl. Müller: „Ästhetisierung", S. 300: „In Konrads Beschreibungen steckt eine Ambivalenzstruktur, die den Roman insgesamt bestimmt."
**177** Weiterhin gilt die Bemerkung Moneckes: „[D]ie über sechshundert Verse kostende Beschreibung der Helena [...] würde mit ihrem komplizierten rhetorischen Beiwerk eine eigene Studie verlangen"; Monecke: *Studien*, S. 172. Bezug genommen hat die Forschung zum *Trojanerkrieg* freilich häufig auf Helena – entweder in primär kompositorischer Hinsicht (v. a. Lienert: „Helena" sowie speziell zur *descriptio* auch Lienert: *Geschichte und Erzählen*, S. 100) oder mit Stichproben zu ihrer Ästhetisierung; vgl. v. a. Lechtermann, Christina: „Figuren der Abhebung. Schillerndes Erzählen im ‚Trojanischen Krieg'". In: *Deixis und Evidenz*. Hg. v. Ludwig Jäger u. Horst Wenzel. Freiburg i.Br. 2008, S. 43–64; Müller: „Ästhetisierung"; Müller: „Blinding sight", S. 210–212; Monecke: *Studien*, S. 143–152 und 172–175; Bleumer: „Narrativität und Visualität", S. 118f. und 132f.; kursorisch auch Pfennig: *erniuwen*, S. 33–35 mit Hinweisen zur älteren Forschung.
**178** Vgl. Kap. IV.1.1.13; zur Paradoxie des Beschreibens vgl. grundlegend Bleumer: „Narrativität und Visualität".
**179** Vgl. zu dieser Paradoxie Gumbrecht: *Diesseits der Hermeneutik*, S. 11.

zählen *präsent wird*, ist *durch* Erzählen präsent *gemacht*. Was narrativ aufgezogen wird, erscheint phänomenal als Entzogenes. An herausgehobenen Beschreibungspassagen gilt es daher zu überprüfen, wie der *Trojanerkrieg* mit dieser Spannung verfährt und inwiefern diese invisibilisiert wird.

Dies setzt terminologische Entscheidungen voraus. Denn sowohl die Begriffsgeschichte der Rhetorik als auch die Erzähltheorie und Intermedialitätsforschung haben unterschiedlich enge bzw. weite Verständnisse formuliert, was es heißt, zu beschreiben. Aus der griechischen Rhetorik speist sich ein für die mittelalterliche Poetik folgenreiches engeres Verständnis, das unter dem Begriff der Ekphrasis solche Redeformen fasst, die „das Mitgeteilte anschaulich [...] vor Augen führ[en]", „mithin ein ‚völlig und restlos deutlich Machen'".[180] Vor dem Hintergrund der rhetorischen Tradition von Imaginationsübungen empfehlen Cicero[181] und Quintilian,[182] zur Verlebendigung und Wirkungssteigerung der Rede allgemein auf bildhafte Evidenz (*evidentia*) zu zielen:[183]

> Denn es macht großen Eindruck, bei einer Sache zu verweilen, die Dinge anschaulich auszumalen und fast so vor Augen zu führen, als trügen sie sich wirklich zu. Das ist von großem Wert bei der Darlegung einer Sache, für die Erhellung dessen, was man auseinandersetzt, und für die Steigerung der Wirkung, um das, was man hervorhebt, in den Augen der Zuhörer so bedeutend darzustellen, wie die Rede es ermöglicht.[184]

Grundlage für die Ausweitung der Ekphrasis zu einer allgemeinen Strategie der Anschaulichkeitssteigerung ist eine enargetische Sprachkonzeption, die der Rede die Fähigkeit zuschreibt, „nicht Gegenwärtiges [...] innerlich präsent zu machen

---

**180** So die Definition Theons von Alexandrien (1. Jh.) in der Formulierung von Graf, Fritz: „Ekphrasis: Die Entstehung der Gattung in der Antike". In: *Beschreibungskunst – Kunstbeschreibung. Ekphrasis von der Antike bis zur Gegenwart.* Hg. v. Gottfried Boehm u. Helmut Pfotenhauer. München 1995, S. 143–155, hier S. 144 / 143.
**181** Vgl. Cicero, Marcus Tullius: *Akademische Abhandlungen. Lucullus.* Hg. u. übers. v. Christoph Schäublin. Hamburg 1995, S. 26,1f. (2,17).
**182** Vgl. Quintilianus, Marcus Fabius: *Institutionis oratoriae libri XII. Ausbildung des Redners. Zwölf Bücher.* Hg. u. übers. v. Helmut Rahn. 2. Aufl. Darmstadt 1988, Bd. 1, S. 710 f. (6,2,32)
**183** Vgl. zusammenfassend Graf: „Ekphrasis", S. 145; Halsall, Albert W. : „Descriptio". In: *Historisches Wörterbuch der Rhetorik.* Hg. v. Gert Ueding. Bd. 2. Darmstadt 1994, Sp. 549–553, hier Sp. 550; Halsall, Albert W.: „Beschreibung". In: *Historisches Wörterbuch der Rhetorik.* Hg. v. Gert Ueding. Bd. 1. Darmstadt 1992, Sp. 1495–1510, hier Sp. 1496.
**184** Cicero, Marcus Tullius: *De oratore. Über den Redner. Lateinisch/Deutsch.* Hg. u. übers. v. Harald Merklin. Stuttgart 2006, S. 572–575 (3,202): „Nam et commoratio una in re premultum movet et inlustris explanatio rerumque quasi gerantur, sub aspectum paene subiectio; quae et in exponenda re plurimum valent et ad inlustrandum id, quod exponitur, et ad amplificandum; ut eis, qui audient, illud, quod augebimus, quantum efficere oratio poterit, tantum esse videatur".

und dabei scheinbar den Wortcharakter des Textes aufzuheben".[185] Hörer werden gleichsam zu Zuschauern – diese Auffassung wird für die mittelalterliche Poetik entscheidend. Wie verschiedene Studien gezeigt haben, verflechten sich seit dem 12. Jahrhundert die antike Rhetorik der *evidentia*,[186] des lebendigen Unmittelbar-vor-Augen-Stellens („sub oculos subiectio"),[187] mit galenschen und aristotelischen Kognitionsmodellen – etwa den Imaginationstheorien der Pneuma- und Ventrikellehre.[188] Speziell im Kontext mittelalterlicher Poetik kennzeichnet der Begriff der Ekphrasis damit die systematische Koppelung von rhetorischer Redetechnik, physiologischen Prämissen und kulturellen Wissensschemata, die über Kommunikation die mentale Präsenz von Bildern zu erzeugen suchen.

Ekphrastisches Erzählen macht demnach mental anwesend, was es beschreibt. Im Mittelalter gehört es zu den bevorzugten Verfahren von Texten, die Genealogien zur Antike und kulturelles Gedächtnis zu aktualisieren suchen; entsprechend treten umfangreiche ekphrastische Beschreibungen im 12. Jahrhundert erstmals in französischen und deutschsprachigen Antikenromanen wie dem *Roman d'Eneas/Eneasroman* oder dem *Roman de Troie* in Erscheinung, die im Medium von Architekturen, prunkvoller Kleidung, Kunstwerken und Artefakten die Repräsentationsansprüche der Adelskultur zur Evidenz bringen.[189] Auch la-

---

**185** Graf: „Ekphrasis", S. 145.

**186** Vgl. grundlegend Hübner: „*evidentia*" sowie Ratkowitsch, Christine: *Descriptio picturae. Die literarische Funktion der Beschreibung von Kunstwerken in der lateinischen Großdichtung des 12. Jahrhunderts.* Wien 1991. Prägend sind für die mittelalterliche Ekphrasisrhetorik seit dem 8./9. Jh. vor allem die Schriften Ciceros, hinter die Quintilians *Institutio* bis zum späten Mittelalter als „Werk für Spezialisten" zurücktritt; Knape, Joachim: „Rhetorik und Stilistik des Mittelalters". In: *Rhetorik und Stilistik.* Hg. v. Ulla Fix, Andreas Gardt u. Joachim Knape. Berlin, New York 2008, S. 55–73, hier S. 56.

**187** So die Formulierung Quintilians im Hinblick auf Cicero: Quintilianus: *Institutio oratoria,* Bd. 2, S. 286 (9,2,40). Quintilian thematisiert an dieser Stelle die *evidentia* als Figur.

**188** Vgl. mit ausführlichen Hinweisen zur Forschung Reich: *Name und maere,* S. 34–56; Wandhoff: *Ekphrasis,* S. 13–30; Wandhoff, Haiko: „Zur Bildlichkeit mittelalterlicher Texte. Einführung". In: *Das Mittelalter* 13 (2008), S. 3–18; zur Ventrikellehre vgl. auch Scheuer: „Antike in mittelalterlicher Imagination"; Scheuer: „Wahrnehmung innerer Bilder"; Klarer, Mario: „Die mentale *imago* im Mittelalter: Geoffrey Chaucers Ekphrasen". In: *Die poetische Ekphrasis von Kunstwerken. Eine literarische Tradition der Großdichtung in Antike, Mittelalter und früher Neuzeit.* Hg. v. Christine Ratkowitsch. Wien 2006, S. 77–96, insbes. S. 78–84.

**189** Vgl. Grosse: „Ekphrasis im altfranzösischen Antikenroman"; Wandhoff: *Ekphrasis,* S. 37–115 und S. 181–269; Wandhoff, Haiko: „Bilder der Liebe – Bilder des Todes. Konrad Flecks Flore-Roman und die Kunstbeschreibungen in der höfischen Epik des deutschen Mittelalters". In: *Die poetische Ekphrasis von Kunstwerken. Eine literarische Tradition der Großdichtung in Antike, Mittelalter und früher Neuzeit.* Hg. v. Christine Ratkowitsch. Wien 2006, S. 55–76, insbes. S. 55f.; Ernst, Ulrich: „,Nouveau Roman' im Mittelalter? Generistische Betrachtungen zum ,ekphrastischen Ro-

teinische Dichtungen und Traktate des 12. Jahrhunderts wählen die Ekphrasis als Verfahren, um den Abstand zwischen ihren antiken Referenz- und mittelalterlichen Aufnahmekulturen zu vermitteln.[190]

Konzentrieren sich *descriptiones* im höfischen Roman auch häufig auf bestimmte Erzählsituationen und Objekte, so beschränkt sich das Phänomen der Ekphrasis keineswegs auf isolierte en-bloc-Beschreibungen. Es begleitet nahezu jede Figurenzeichnung, organisiert die memorative Raumgestaltung des Erzählens und weist fließende Grenzen zu Darstellungsverfahren auf, die Beschreibung als durchgängiges Produktionsprinzip verwenden (z. B. die Allegorie). Verschiedene Untersuchungen belegen zudem, dass sich mittelalterliche Ekphrasispraxis weder auf Gegenstands- oder Kunstbeschreibungen beschränkt,[191] noch überhaupt terminologisch isoliert wird: „Eine einheitliche Verwendung des Begriffes fehlt freilich schon im Mittelalter"[192] – statt des griechischen Fachterminus präferieren mittelalterliche Rhetoropoetiken den Begriff der *descriptio*. Vorgeschlagen wurde daher, Beschreibung im erweiterten Sinne als Grundoperation einer mittelalterlichen „Präsenzpoetik" zu verstehen, die auch in narrativen Passagen lebendige Bilder zu erzeugen sucht.[193]

Der rhetorische Ekphrasisbegriff der Mediävistik unterläuft damit eine Leitunterscheidung, die narratologische Definitionen von Beschreibung in der Regel zugrunde legen – die Unterscheidung von Narration und Deskription:[194]

---

man'". In: *Das Mittelalter* 13 (2008), S. 107–130; grundsätzlich auch Scheuer: „Antike in mittelalterlicher Imagination", speziell zum Antikenroman S. 384.

**190** Vgl. Ratkowitsch: *Descriptio picturae*; Ratkowitsch, Christine: „Die Gewebe in Claudians Epos De raptu Proserpinae – ein Bindeglied zwischen Antike und Mittelalter". In: *Die poetische Ekphrasis von Kunstwerken. Eine literarische Tradition der Großdichtung in Antike, Mittelalter und früher Neuzeit*. Hg. v. Christine Ratkowitsch. Wien 2006, S. 17–42.

**191** Vgl. Webb, Ruth: „Ekphrasis ancient and modern: the invention of a genre". In: *Word & Image* 15 (1999), S. 7–18.

**192** Reich: *Name und maere*, S. 34 im Anschluss an den Überblick von Halsall: „Descriptio".

**193** Vgl. Reich: „Präsenz des Mythos und die Zahl".

**194** Vgl. grundlegend Genette: *Die Erzählung*, S. 62–66 und Genette, Gérard: „Frontières du récit". In: *Communications* 8 (1966), S. 152–163, hier S. 156–159; zusammenfassend Pflugmacher, Torsten: „Description". In: *Routledge encyclopedia of narrative theory*. Hg. v. David Herman, Manfred Jahn u. Marie-Laure Ryan. London, New York 2005, S. 101–102, hier S. 101. Aber auch die mediävistische Studie von Reich: *Name und maere* verwendet „‚deskriptiv' als Gegensatz zu ‚narrativ'" (S. 34). – Neben der Kategorie der Zeit spielt für den narratologischen Beschreibungsbegriff auch die Kategorie der Erzählebene eine zentrale Rolle. Beschreibung (und Ekphrasis im Besonderen) wird in dieser Perspektive als metadiegetische bzw. metanarrative Form diskutiert; vgl. mit weiteren Hinweisen zur Forschung Wandhoff: *Ekphrasis*, S. 7–10.

Deskriptive Texte repräsentieren statische Situationen, beschreiben Zustände, zeichnen Bilder oder Porträts, stellen soziale Milieus dar oder typologisieren natürliche wie soziale Phänomene. [...] Narrativ im engeren Sinne, so mein Vorschlag, sollen Texte genannt werden, die eine Geschichte denotieren und eine die Geschichte vermittelnde Instanz (einen ‚Erzähler') entweder explizit oder implizit mit darstellen.[195]

[Description.] The representation of objects, beings, situations, or [...] happenings in their spatial rather than temporal existence, their topological rather than chronological functioning, their simultaneity rather than succession. It is traditionally distinguished from NARRATION and from COMMENTARY.[196]

Grundlegend für narratologische Klärungsversuche zum Modus der Beschreibung erweist sich damit die Kategorie der Zeit, die Repräsentation von statischen Zuständen (Deskription) und von dynamischen Zustandsveränderungen (Narration) unterscheidbar macht. Abgrenzungsschwierigkeiten – etwa zwischen Erzählzeit und erzählter Zeit – werden dadurch nur oberflächlich verdeckt.[197] Jüngere Ansätze haben sich daher darum bemüht, auch hybride Funktionalität[198] von Textsegmenten mit deskriptiven *und* narrativen Facetten zu berücksichtigen sowie skalierbare Typologien des Beschreibens zu erarbeiten, die höhere Auflösungen der Analyse gestatten.[199]

Ihr Potential zu „intermedialen Bezugnahmen" macht die ekphrastische Beschreibung zum Kandidaten einer dritten Forschungsperspektive.[200] Schon antike

---

**195** Schmid: *Elemente der Narratologie*, S. 7 / 9.

**196** Prince, Gerald: *A dictionary of narratology*. London 1987, S. 19.

**197** Für Genette konstituiert Beschreiben grundsätzlich eine narrative Pause, eine „Unterbrechung der Geschichte" (Genette: *Die Erzählung*, S. 62). Die Beschreibungspassagen Prousts liest Genette dagegen nicht als deskriptiven Bruch mit der Zeitlichkeit der Geschichte, sondern als „Erzählung und Analyse der Wahrnehmungstätigkeit des Betrachters" (S. 64). Prousts kontemplative Beschreibungen sind keine Beschreibungen – dieser Befund spiegelt nicht nur Genettes Bemühen, die Unterscheidung von Narration und Deskription aufrechtzuerhalten, sondern auch die Schwierigkeiten, sie über Kriterien wie Zeit oder Handlung herzustellen. – Radikal weist daher Ronen: „Description, Narrative and Representation", S. 284 die strikte Unterscheidung zwischen Narration und Deskription zurück.

**198** Vgl. Schmid: *Elemente der Narratologie*, S. 8: „Ausschlaggebend für den deskriptiven oder narrativen Charakter des Textes ist nicht die Menge statischer oder dynamischer Segmente, sondern ihre Gesamtfunktion im Zusammenhang des Werks. Und diese Funktionalität kann durchaus hybrid sein."

**199** Vgl. z.B. Nünning, Ansgar: „Towards a typology, poetics and history of description in fiction". In: *Description in literature and other media*. Hg. v. Werner Wolf. Amsterdam 2007, S. 91–128, insbes. S. 101–116.

**200** Rajewsky, Irina O.: *Intermedialität*. Basel, Tübingen 2002, S. 16 f.; vgl. auch Heffernan, James A. W.: „Ekphrasis and representation". In: *New Literary History* 22 (1991), S. 297–316; Clüver, Claus: „Ekphrasis reconsidered. On verbal representations of non-verbal texts". In: *In-*

Rhetoriken verstehen Ekphrasis als Versuch, mittels Rede andere Zeichensysteme ansprechen zu können (v. a. Visualität, aber auch Akustik oder Haptik).[201] Insofern dabei in grundlegendem Sinne unterschiedene Medien involviert sind und Übersetzungen angeregt werden – antike und mittelalterliche Pneumatheorien sprechen von der Übertragung feinstofflicher Partikel von Körper zu Körper im Kommunikationsakt –, überspielt die Ekphrasis auf besonders eindrückliche Weise Differenzen von Kommunikation und erzeugt lebendige Unmittelbarkeits-illusion.

Im Hinblick auf die Beschreibungen des *Trojanerkriegs* empfiehlt es sich, Elemente aller drei Ansätze zu kombinieren. (1.) Zum einen hebt der Erzähler alle Beispiele, die es zu analysieren gilt, aus ihrem narrativen Handlungskontext heraus: In rhetorischer Perspektive sind die Figuren- und Kleiderbeschreibungen zu Helena und Medea oder die Artefaktbeschreibung des Apfels der Discordia also einem eher enggefassten Begriff der Ekphrasis verpflichtet. (2.) Narratologisch betrachtet handelt es sich in allen drei Fällen um ausammenhängende, lange und metaphorisch komplexe, explizite Beschreibungen des extradiegetischen Erzäh-lers, die an zentralen Handlungsstellen (Einführung von Figuren) platziert sind. Indem diese sowohl intertextuell markiert sind als auch offen auf den *discours* des *Trojanerkriegs* Bezug nehmen, kennzeichnet alle drei Fälle eine stark metade-skriptive Tendenz.[202] (3.) Eine intermediale Perspektive kann drittens den Blick dafür schärfen, dass alle Beschreibungen Differenzen überspielen: formseitig zwischen Schrift und Visualität, aber auch medienseitig zwischen Text und Imagination.[203]

Gewinn einer solchen Annäherung ist, die Analyse schon vorab für unter-schiedliche Dimensionen von Paradoxierung bzw. Entparadoxierung zu sensibi-

---

*terart poetics. Essays on the interrelations of the arts and media.* Hg. v. Ulla-Britta Lagerroth, Hans Lund u. Erik Hedling. Amsterdam 1997, S. 19–33; vgl. auch die Forschungsübersichten bei Wandhoff: *Ekphrasis*, S. 4–7 und Klarer, Mario: „Introduction". In: *Word & Image* 15 (1999), S. 1–4.

**201** Vgl. Graf: „Ekphrasis", S. 143–149; daher definiert Clüver: „Ekphrasis reconsidered" all-gemein: *„Ekphrasis is the verbal representation of a real or fictitious text composed in a non-verbal sign system"* (S. 26). Prominentestes Beispiel der Antike ist Achills Schild, den Homer am Ende des 18. Gesangs der *Ilias* beschreibt; spätestens mit der horazischen Vorschrift *ut pictura poesis* werden diese intermedialen Bezugnahmen normativ formuliert.

**202** Dieser vorläufigen Bestimmung liegen die Kategorien von Nünning: „Description", S. 114–116 zugrunde. Da sich nicht alle Kategorien aus Nünnings Typologie eindeutig auf die Ek-phraseis des *Trojanerkriegs* anwenden lassen, werden nicht-markierte Kategorien vorerst aus-gelassen (z. B. Fokalisierung und Transparenz). Vielmehr wird sich erweisen, dass gerade Zu-ordnungsprobleme dieser Kategorien auf spezifische Gestaltungsstrategien verweisen.

**203** Vgl. dazu besonders Bleumer: „Narrativität und Visualität".

lisieren, die ekphrastisches Erzählen im *Trojanerkrieg* entfaltet. (1.) Rhetorisch
steht es in der Spannung von Transparenz und Trübung. So klar und lebendig eine
Ekphrasis ihren Gegenstand werden lässt (Ciceros Stichworte hierfür sind gr.
ἐνάργεια und lat. *perspicuitas*[204]), so effektvoll verdunkelt sie diskursive Erkenntnis durch Erregung der Affekte; indem sie sinnlich vor Augen führt, droht sie
als rhetorische Steuerung grundsätzlich von der „Betrachtung der Wahrheit weg
[zu lenken]".[205] In rhetorischer Perspektive können Ekphraseis daher ebenso mit
dem Verdikt belegt werden, Abschweifung oder bloße Exkurse zu liefern,[206] wie es
sie umgekehrt auszeichnet, eindrückliche Evidenz zu liefern. (2.) Unter narratologischen Gesichtspunkten zeigen sich Ekphraseis vor allem in der Spannung von
Zeitlichkeit und Zeitlosigkeit. Die Unterscheidung von dynamischer Narration und
präsenten Bildern kann durch ekphrastisches Erzählen aufbrechen oder vermittelt
werden. Ihre Pole sind eine eher dekorative bzw. eine eher sinnfunktionale Einbettung im Erzählzusammenhang.[207] (3.) Medientheoretisch betrachtet schließlich manifestieren sich in Ekphraseis Versuche, Hörer z. B. in Zuschauer zu verwandeln oder, allgemeiner formuliert, den Rezipienten zum Erlebenden zu
machen. Die Beschreibungen des *Trojanerkriegs* verarbeiten Paradoxien aller
genannter Dimensionen.

Speziell im Diskurs der Mythographie stehen Beschreibungen in einem zu-
sätzlichen Spannungsverhältnis, das der Erzähler mit seinem Verweis auf die toten
Bilder markiert (Tr 19715). Denn von der Spätantike bis zum späten Mittelalter steht
ekphrastisches Erzählen unter dem Verdacht, Idolatrie zu befördern, indem es
falsche Präsenzen der Dinge vortäusche.[208] Ekphraseis teilen damit jenen onto-

---

**204** Vgl. Cicero: *Akademische Abhandlungen*, S. 26,1f. (2,17). Nach Wandhoff: „Kunstbeschreibungen", S. 57 bedient die Ekphrasis auch im Mittelalter „ein ausgeprägtes Schau-Bedürfnis"
konkreter Evidenz: „eine Faszination an zeitlich wie räumlich fernen Attraktionen, die durch die
volkssprachige Literatur nun endlich auch einem Laienpublikum nahegebracht werden können."
**205** So formuliert Quintilianus: *Institutio oratoria*, Bd. 1, S. 698f. (6,2,5): „ubi vero animis
iudicum vis adferenda est et ab ipsa veri contemplatione abducenda mens, ibi proprium oratoris
opus est" („Wo es aber gilt, dem Gefühl der Richter Gewalt anzutun und den Geist selbst von
dem Blick auf die Wahrheit abzubringen, da liegt die eigentliche Aufgabe des Redners"). Vgl.
dazu Graf: „Ekphrasis", S. 145f.
**206** Vgl. Grosse: „Ekphrasis im altfranzösischen Antikenroman", S. 124.
**207** Zur Unterscheidung von „description ornementale" und „description significative" vgl.
Genette: „Frontières du récit", S. 156f.; Nünning: „Description", S. 112f.: „decorative" / „ex-
planatory description". Im Anschluss an Roman Jakobson unterscheidet Grosse: „Ekphrasis im
altfranzösischen Antikenroman", S. 119 mit Anm. 41 zwischen „metonymischer Kontiguitäts-"
und „metaphorische[r] [...] Ähnlichkeitsbeziehung" von ekphrastischen Erzähleinschüben.
**208** Vgl. z.B. Tertullianus: *De idolatria*. Critical text, translation and commentary. Hg. u. übers. v.
Jan H. Waszink u. Jacobus C. M. van Winden. Leiden [u.a.] 1987, S. 38,1–40,36 (10). Im 13. Jahr-

logisch und semiotisch prekären Status von Illusionseffekten, der seit Fulgentius auch Mythen zugeschrieben wird:[209] Ekphraseis und Mythen verführen in ihrer affektiven Potenz zur „falschen Lektüre der Zeichen".[210] Nicht nur im Hinblick auf das Verfahren selbst, sondern auch im Rahmen der religiösen Diskursordnung des Mittelalters stellt ekphrastisches Erzählen somit für Texte mit Wissensansprüchen gerade dank seines Präsentifikationspotentials ein Risiko dar – es macht das Lesen zur Gefahr.[211] Weshalb – und mit welchen Effekten – geht der *Trojanerkrieg* dieses Risiko in der Helenabeschreibung dennoch ein?

Die Beschreibung gliedert sich in drei Partien. Den ersten Teil bilden Bescheidenheits- und Aufrichtigkeitsbeteuerungen des Erzählers, Helenas unergründliche Schönheit eben so gut beschreiben zu wollen, wie es denn gehe (Tr 19672–19757) – trotz der Ankündigung eines paradoxen Gegenstandes durchaus konventionelle Elemente rhetorischer Beschreibungstopik.[212] Nach einem kurzen Erzähleinschub, der Paris als fokalisierten Beobachter der Helenabeschreibung positioniert,[213] schließt sich eine ausführliche *descriptio de capito ad calcom* an:[214]

---

hundert rechnet z. B. Wilhelm von Auvergne in seinem Traktat *De legibus* den *cultus imaginum* zu den Idolatrieformen; vgl. dazu Lentes, Thomas: „Idolatrie im Mittelalter. Aspekte des Traktates ‚De idolatria' zwischen dem 12. und 15. Jahrhundert". In: *Frömmigkeit – Theologie – Frömmigkeitstheologie. Contributions to European Church History. Festschrift Berndt Hamm.* Hg. v. Gudrun Litz, Heidrun Munzert u. Roland Liebenberg. Leiden [u.a.] 2005, S. 31–45; zur Nähe von Ekphrasis und Idolatrieverdacht vgl. auch Ernst: „Ekphrastischer Roman", S. 128.

**209** Vgl. Fulgentius: „Mitologiae", S. 15,20–17,8 (Kap. „Unde idolum"); Isidor von Sevilla: *Etymologiae* 8,11,4–14; Alberich von London: „De diis gentium", S. 152,4–16 („Prooemium"); Liebeschütz: *Fulgentius metaforalis*, S. 65–71 (Kap. „Ydolatria"). Damit ist nur eine einflussreiche Texttradition des Mittelalters benannt – Grundlagen des Idolatrieverdachts von Mythen legt freilich schon Platon.

**210** Lentes: „Idolatrie", S. 44.

**211** Vgl. hierzu grundsätzlich Schnyder, Mireille: „Kunst der Vergegenwärtigung und gefährliche Präsenz. Zum Verhältnis von religiösen und weltlichen Lesekonzepten". In: *Literarische und religiöse Kommunikation in Mittelalter und Früher Neuzeit.* Hg. v. Peter Strohschneider. Berlin, New York 2009, S. 427–452, insbes. S. 437 f.

**212** Zur *infirmitas*-Topik vgl. Lausberg: *Handbuch der literarischen Rhetorik*, S. 157 f. (§ 275 β–γ); Curtius: *Europäische Literatur und lateinisches Mittelalter*, S. 93–95 (§ 3). Für weitere topische Bescheidenheitssignale im Zuge der Beschreibung Helenas vgl. Tr 19937, 20004 f., 20026 f.

**213** Vgl. Tr 19758–19901. Ein Soliloquium eröffnet Einblick in Paris' Gedanken und Wahrnehmung. Wie zuvor für den Erzähler scheint Helenas Schönheit auch für Paris überwältigend (Tr 19826 f.: „überwildet / und überwundert allen schîn"). Unmittelbar vor Auftakt der Beschreibung vermerkt der Erzähler nochmals die Verwirrung des Paris: „Pârîs wart von ir minne / sîn selbes dô beroubet" (Tr 19900 f.) – Wahrnehmungseindruck und Affektwirkung der anschließenden Beschreibung werden damit der Figurenperspektive zugeschrieben.

**214** Die generelle Beschreibungsrichtung von Kopf bis Fuß bildet für ausführliche Personenbeschreibungen in der mittelalterlichen Rhetorik ein normatives Schema; vgl. Faral, Edmond:

| Verse (Tr) | Körperteil | Elemente der Beschreibung (Attribute) |
| --- | --- | --- |
| 19902–19907 | 1. Kopf | zühteclîche; niht wenken; in schamender bliucheit |
| 19908–19915 | 2. Haar | crispel unde krûs; als ez gespunnen wære / ûz golde von Ârâbiâ; löcke [...] glizzen âne kunterfeit |
| 19916 f. | 3. Stirn | wandels [...] niht |
| 19918–19923 | 4a. Augen (I) | der ôsterlîche tac; lebender wunne; got [...] / si [...] schuof |
| 19924–19931 | 5. Augenbrauen | swarz reht als ein kol; glizzen [...] / als ob ein vaden [...] / von sîden wære dar gezogen; wunder |
| 19932–19935 | 4b. Augen (II) | spiegel; daz man sich drinne mohte ersehen |
| 19936–19943 | 6. Nase | niht hoverehte noch ze krump |
| 19944–19951 | 7. Teint | mit wîze und [...] mit rôte / vermischet |
| 19952–19959 | 8. Wangen | umbevangen / mit rôte; als ein rôsenblat |
| 19960–19969 | 9. Mund | gleiz [vaster] / denn ein rubîn; durliuhtic rôt; eng unde dicke; fiur der süezen minne; fröuden honictranc |
| 19970–19983 | 10. Zähne | als ein niuwevallen snê; kunden herzelichez wê / [...] swachen; als ob da liljen bluoten |
| 19984–19987 | 11. Kinn | ein kerbelîn [...] liutsæleclîche schein |
| 19988–19990 | 12. Nacken/Hals | glat als [...] helfenbein; wîzer denne [...] krîdemel |
| 19991–19993 | 13. Hände/ Finger | linde; blanc; kleine |
| 19994–19997 | 14. Arme | glizzen als ein swane; alsam ein kerze sinewel |
| 19998 f. | 15. Haut | weich; glat |
| 20000–20003 | 16. Figur | schône; adelichen |
| 20004–20007 | 17. Gang | als ein wünschelgerte / [...] ûfreht |
| 20008 f. | 18. Beine | sleht; smal |
| 20012–20015 | 19. Füße | tapfer unde hol; vil cleine |

Mosaikartig setzt der Erzähler das Bild aus kleinteiligen Facetten zusammen, die überwiegend konventionalisiertem Frauenpreis entsprechen; Künstlichkeitssignale (4. Augen[215]; 5. Augenbrauen: glänzend wie Seide) oder paradoxe Häufungen (10. Zähne: weiß wie Schnee und gleichzeitig wie blühende Lilien) bleiben unauffällig. Die Einschätzung Jan-Dirk Müllers, Konrad zeige statt einer sukzessiven *descriptio* der Körperteile vornehmlich „Lichtreize, die vom Körper ausge-

---

*Les arts poétiques du XIIe et du XIIIe siècle. Recherches et documents sur la technique littéraire du moyen âge.* Paris 1958, S. 80; so auch Halsall: „Descriptio", Sp. 552.
**215** Der Vergleich der Augen mit der Auferstehungsfreude (4a: „ôsterlîche[r] tac") zitiert ein Leitwort des intertextuellen Dialogs von Reinmar und Walther: vgl. *Des Minnesangs Frühling*, S. 330 (MF 170, 19) und Walther von der Vogelweide: *Leich, Lieder, Sangsprüche*, S. 234 (81,1,4). Vgl. dazu Lienert: *Geschichte und Erzählen*, S. 208, Anm. 596.

hen", wird diesem mustergültig schematisierten Aufbau und seinen Details also kaum gerecht.[216]

Dem Verfahren nach konventionalisiert ist auch der Blick auf die Gesamterscheinung, der die physiognomische *descriptio* beschließt. Doch treten dabei auffällige Ergänzungen hervor:

| Verse (Tr) | Körperteil/Aspekt | Elemente der Beschreibung (Attribute) |
|---|---|---|
| 20016f. | 20. Gesamteindruck (I) | gar wandels eine / und alles ungelückes arm |
| 20018–20025 | 21. Mund/Hals | kein sumer wart nie sô warm / [...] man fünde [...] / an ir bilde niuwen snê; sô kalt nie winter mê, / man spurte vrische rôsen dran |
| 20028f. | 22. Gesamteindruck (II) | ûze und inne / [...] saelden überfluz |
| 20030f. | 23. Atem | als ein muscâtnuz |
| 20032f. | 24. Gesamteindruck (III): Körper | glan[z]; wæh[e] |
| 20034f. 20036f. | 25. Gesamteindruck (IV): Klugheit / Kultivierung / Schönheit | ir lobes heime ich z'ende niht |
| 20038–20045 | 26. Gesamteindruck (V): Wirkung der Erscheinung | zieren / mit tugenden; êren alliu wîp |
| 20046–20054 | 27. Gesamteindruck (VI): Wirkung des Namens | sorg unde leit zerstœret / eim iegelichen manne; herze [...] hôher ûf gerücket |

In Helenas Teint mischen sich Sommer und Winter, Rosen und Schnee – die Schönheit solcher paradoxen Mixtur scheint unausschöpflich. Schon ihr Name allein hebt die Herzen. Gleichwohl: Auch dies entspricht Vorgaben von Rhetoriklehrbüchern des 12. Jahrhunderts, in denen Helena als Typus der Frauenschönheit zu den prominenten Übungsstücken zählt.[217] Gegenstand und Schema der Beschreibung sorgen damit durch ihren *top-down*-Aufbau für kognitive Stabilisierung und aktivieren mit konventionellen Mitteln die Bildvorstellung des Rezipienten.[218]

---

**216** Müller: „Ästhetisierung", S. 299, relativierend allerdings in Anm. 27 sowie zuvor S. 298 mit Hinweis auf Konrads „regelgerecht[e] Beschreibung". Auch Müller: „Blinding sight", S. 211 stellt die Schematisierung zurück, indem er die irritierenden Wahrnehmungsreize der Helenabeschreibung nachdrücklich betont: „it is impossible to imagine the shape of the body because its radiance is blinding"; „visual perception is confused".

**217** Vgl. Matthäus von Vendôme: „Ars versificatoria", S. 129f. (1,56f.). Auch der *Trojanerkrieg* zeichnet Helena prototypisch als „bluome glanzer wîbe" (Tr 19676 und öfter).

**218** Vgl. zur Schematisierung von Beschreibungen allgemein Nünning: „Description", S. 97–99: „top-down, frame-driven descriptions rely much more heavily on the metonymic logic of de-

Um so stärker weicht davon die nachfolgende Kleiderbeschreibung ab, welche die Ekphrasis beträchtlich ausweitet (Tr 20055 – 20296). Nacheinander gleitet der Blick über Mantel, Futter, Unterrock und Kleid. Doch statt zu rhetorischer Topik zu greifen, wie sie für die Ausschmückung literarischer Adelsgarderoben ebenfalls zur Verfügung stünde, verfällt der Erzähler in Ekstasen und Krisen ungewohnter Wahrnehmungsreize. Helenas Mantel, von den Zauberkünsten eines „heidenisch getwerc" verfertigt (Tr 20070), wechsele siebenmal pro Tag seine Farbe, erscheine abwechselnd rosenrot und lilienweiß. Wie das changierende Fell des Zauberhündchens Petitcreiu in Gottfrieds *Tristan* vertreibt dieser Wandlungseffekt von Helenas Mantel jegliche Trübsal: „durch sîner wandelunge flîz / vergaz ein herze sîner klage" (Tr 20084 f.). Aufgestickte Tiere, Wälder und Weinberge dekorieren den Seidenstoff so realistisch, „als ez künde leben" (Tr 20101), und mischen sich mit kostbaren Edelsteinen zu einem Gesamteindruck, dessen Genuss herausfordert, ja überfordert:[219]

> swaz ouge wol gevellet
> und eime herze fröude gît,
> daz lac *ze vil enwiderstrît*
> an dem plîâte wol gestalt.
> (Tr 20114 – 20117; Herv. B.G.)

Nicht nur seine visuelle Erscheinung erregt Aufsehen, sondern ebenso das Temperaturverhalten von Helenas Mantel, der im strengsten Winter wärme und bei Hitze kühle (Tr 20118 – 20125).

Lässt sich ein solcher Eindruck steigern? Der *Trojanerkrieg* versucht dies durch Einführung eines phantastischen Materials. Das Mantelfutter stamme von einem exklusiven orientalischen Tier namens Dindialus, das sich nur von seltensten Kräutern ernähre, Wohlgeruch verströme und dessen Fell „wîz, brûn, gel, rôt, grüen unde blâ" schillere (Tr 20188) – in jenem umfassenden formelhaften Farbspektrum also, das auch die Schlachtbeschreibungen zum Leuchten bringt. Da der Dindialus von Natur aus überaus naiv sei (Tr 20158: „sîn muot ist alsô tumber"), könne man das Tier leicht überlisten, indem man ihm mit Balsamblättern Schatten spende – sobald es sich erschöpft vom landesüblich heißen Klima im Schatten zum Schlafen niederlege, könne man es leicht erlegen.

---

scriptive systems and contextual frames by providing only so much information about the phenomenon in question as to enable readers to identify the respective real-life object" (S. 99). Dies trifft für die erste Hälfte der Helenabeschreibung zu: Figureninformationen werden innerhalb des dominanten Schemas relativ sparsam und konventionell vergeben. Sie fungieren vor allem als Aktivierungssignale (*clues*) der Imagination des Rezipienten.
**219** Zur Wirkung von Helenas Mantel vgl. Lechtermann: „Schillerndes Erzählen", S. 53 f.

Der *Trojanerkrieg* versetzt damit auf Helenas Mantel die Geschichte eines sagenhaften Materials, aus dem im *Roman de Troie* der Mantel der Briseida gefertigt war (RdT 13364–13390). Kleriker läsen in ihren Büchern („Ço truevent clerc en escriture") von einem wilden, fremden Volk der „Cenocefali" in Indien („Gent sauvage"; „d'estrange façon") – so berichtet Benoîts Erzähler –, das den „dindialos" wegen seines Fells jage, auf dem Gott sämtliche Farben der Natur versammelt habe: „Onc Deus ne fist cele color, / En taint n'en herbe ne en flor, / Dont la pel ne seit coloree" (RdT 13368–13371). Das diabolische Monstervolk („li monstre, li aversier") aber erlege das göttliche Wundertier, wenn es sich im Schatten der Balsamzweige niederlege. Benoîts ekphrastische Metaerzählung folgt somit erkennbar dem geistlichen Monsterdiskurs des Mittelalters: Das deformierte Volk der „Cenocefali" repräsentiert den Monstertypus der Hundeköpfe (*Kynokephali*), die diskurstypisch in Indien als Extremfälle der göttlichen Natur lokalisiert werden, welche das Fell des Dindialos metonymisch bezeichnet.[220] Auch der Hinweis auf das heiße Klima und das Motiv des Schattenspendens gehören zu den Konstanten dieser Kulturtopographie des Monströsen, mit der mittelalterliche Autoren anthropologische und kulturelle Alteritäten bändigen und die Grenzen eigener Wissensordnungen sichern, indem sie noch deren Außengrenzen mit Zeichenfiguren Gottes (*monstra*) besetzen.[221] Im *Roman de Troie* zieht die Geschichte vom Dindialos diese Grenze mit ihrer normativen Opposition von diabolischen Monstern und göttlichem Wundertier scharf nach.[222]

Die Neubearbeitung der Mantelbeschreibung im *Trojanerkrieg* entfesselt diese Grenze wieder, indem sie den Monsterdiskurs und seine Distanzierungsleistung reduziert. Die Kynokephalen verwandelt Konrads Erzähler zu „liute[n]" (Tr 20140, 20164) des orientalischen Landes „Cepfaliâ" (Tr 20139). Negative Werturteile fehlen ganz. Diskurssignale, die wie Benoîts Verweis auf die Lektüre der „clerc"

---

**220** Vgl. zu diesem Typus in antiker und mittelalterlicher Monstrologie Wittkower, Rudolf: „Marvels of the east. A study in the history of monsters". In: *Journal of the Warburg and Courtauld Institutes* 5 (1942), S. 159–197, insbes. S. 160; Lecouteux, Claude: *Les monstres dans la littérature allemande du Moyen Âge. Contribution à l'étude du merveilleux médiéval.* Göppingen 1982, Bd. 2, S. 20–28.

**221** Vgl. Röcke, Werner: „Erdrandbewohner und Wunderzeichen. Deutungsmuster von Alterität in der Literatur des Mittelalters". In: *Der fremdgewordene Text. Festschrift für Helmut Brackert zum 65. Geburtstag.* Hg. v. Silvia Bovenschen [u.a.]. Berlin, New York 1997, S. 265–284; ausführlich auch Lecouteux: *Les monstres*, Bd. 1, S. 74–90 und 153–206.

**222** Auch die Kennzeichnung der Monster als teuflisch folgt einem etablierten Differenzmuster – der christlichen Codierung von Hässlichkeit; dazu immer noch grundlegend Jauß, Hans Robert: „Die klassische und die christliche Rechtfertigung des Häßlichen in der mittelalterlichen Literatur". In: *Die nicht mehr schönen Künste. Grenzphänomene des Ästhetischen.* Hg. v. Hans Robert Jauß. München 1968, S. 143–168, insbes. S. 152–156.

(RdT 13364) Vermittlungsdistanz schaffen, holt der *Trojanerkrieg* bis zum unmittelbaren Wissensbezug über den Dindialus heran: „von dem seit uns diu schrift alsus" (Tr 20143). Entsprechend erscheinen Wissensinhalte nicht nur dem Dindialus bzw. seinen Jägern syntaktisch zugeordnet, sondern durch passivische Formulierungen oder das Leersubjekt *man* verallgemeinert. Im *Trojanerkrieg* gebärdet sich das Wissen vom Dindialus dadurch als positives Allgemeinwissen (sämtliche Herv. B.G.):

> durch sîner hiute bilde
> *wirt im geleit* der Tôdes stric.
> (Tr 20148 f.)

> des *wirt* ein lâge im dâ *bereit*
> und sîner glanzen hiute.
> (Tr 20162 f.)

> sô *wirt* zehant ein wâfen
> durch ez *gestochen und geslagen*
> (Tr 20178 f.)

> die liute, die *man vindet* dâ,
> die vâhent einer hande tier
> (Tr 20140 f.)

> sô gar unmæzeclichen heiz,
> daz *man* dâ luftes bresten *hât.*
> (Tr 20152 f.)

> alsô *muoz man* diz tier *bejagen*
> und an dem schaten *vâhen*
> (Tr 20180 f.)

> wîz, brûn, gel, rôt, grüen unde blâ
> *siht man* von im dâ schînen.
> (Tr 20188 f.)

Leitendes Referenzmuster ist nun nicht mehr der Monsterdiskurs, sondern geistliche Naturallegorese nach dem Vorbild des *Physiologus*. Das vielfarbige Fell des Dindialus verströmt heilenden Wohlgeruch, wie ihn der *Physiologus* dem Panther zuschreibt (Tr 20192 f.),[223] die Jagdanweisung erinnert in ihrer positiven Umbesetzung an die Einhorn-Jagd.

---

223 Vgl. den Hinweis im Kommentar zu: *Das Münchner Gedicht von den fünfzehn Zeichen vor dem Jüngsten Gericht*. Nach der Handschrift der Bayerischen Staatsbibliothek Cgm 717. Edition und Kommentar. Hg. v. Christoph Gerhardt u. Nigel Palmer. Berlin 2002, S. 110 (dort die Anm. zu Vers 127). Die syntaktische Verallgemeinerung entspricht diskursiver Verallgemeinerung: Der *Physiologus* gehört zur klassischen Schullektüre des Mittelalters; vgl. Henkel, Nikolaus: *Studien*

Während Benoîts Monsterdiskurs seine Zeichen zu stabilisieren sucht, beginnt der Dindialus als Material von Helenas Mantelfutter im *Trojanerkrieg* semiotisch zu schillern. Berichtet seine Herkunftsgeschichte zum einen von Täuschung und Betrug (Tr 20159: „daz ez betrogen sanfte wirt") um der Schönheit willen (Tr 20163: „sîner glanzen hiute"), so weist dies auf jene Verbindung von Täuschung und Schönheit voraus, der Helena und Paris wenig später erliegen und die sich schließlich in Vernichtung und Pracht des Trojanischen Kriegs potenzieren wird.[224] Brisanz verleiht solcher Verweisung das Diskursmuster der Tierallegorese, indem es diese Konstellationen heilsgeschichtlich perspektiviert.

Ähnlich stiften auch die Kräutervorlieben des Dindialus mehrfache Verweisungsbezüge. Sie lassen sich auf jene Götter und gottähnlichen Figuren des *Trojanerkriegs* beziehen, die im Rahmen des mythographischen Diskurses als kräuterkundige Naturmagier porträtiert werden – allen voran Medea. Wie der Apfel der Discordia lässt sich das Mantelfutter somit als *mise en abyme* lesen, als Potenzierung der Erzählung in einem Objekt der Erzählung, das zwischen schöner Materialität und verweisungstiefem Zeichencharakter oszilliert.[225] Schon das Fell des Dindialus verleiht der Helenabeschreibung somit die Funktion einer „metadescription",[226] die grundlegende Funktionen des Beschreibens im *Trojanerkrieg* (Sinnverweisung und Präsenzästhetik) reflektiert. In der Kombination von etabliertem Diskursmuster (allegoretische Narration) und exotischer Information (es gibt kein so „vremdez" Material wie das Dindialus-Futter, Tr 20135) zeigt sich das Mantelfutter des Dindialus sinnlich erlebbar und sinnförmig. Die gezähmte Fremdheit monströser Zeichenhaftigkeit wird dadurch wieder literarisch entfesselt.

Auch die nachfolgenden Kleidungsstücke kennzeichnen metanarrative Züge, die ihre literarische Konstruktion zugleich sinnhaft und sinnlich zur Geltung bringen (Tr 20204–20237). Den Mantel ziere eine edelsteinbesetzte Seidenborte „noch grüener denne ein louch" (Tr 20206); Helenas Unterrock ist kunstvoll zugeschnitten (Tr 20224: „geschrôten") und derart durchbrochen, dass er Helenas schönen Körper sehen lässt:

> dâ was ein glanz gegozzen hin,
> der schein durliuhteclichen wîz,
> daz sîner blanken varwe flîz

zum *Physiologus im Mittelalter*. Tübingen 1976, S. 53–58, speziell zur Verbreitung der Panthererzählung S. 167 f., allerdings ohne Nachweis der Anspielung im *Trojanerkrieg*.
**224** Mit dieser Prolepse auf den „bitterlichen tôt" um Helenas willen schließt denn auch die Helenabeschreibung: Tr 20284–20296.
**225** Vgl. Laufer: „Materialität der Sprache"; Müller: „Ästhetisierung", S. 302.
**226** Vgl. Nünning: „Description", S. 111.

kein ouge mohte erlîden.
ez kunde wol die sîden,
daz golt und daz gesteine
mit sînem glaste reine
getœten unde erblenden.
(Tr 20230–20237)

Geschildert wird in erster Linie ein ästhetischer Potenzierungseffekt von Verbergen und Enthüllen, der den deskriptiven Beobachter an die Grenzen der Wahrnehmungsfähigkeit führt: Helenas durchbrechender Körper (Tr 20231: „durliuhteclichen wîz") lässt alle materielle Prachtentfaltung erblinden, *tötet* im wahrsten Sinne des Wortes die Wahrnehmung durch Übersteuerung.[227]

Übersteuert sind aber auch die metanarrativen Verweisungen der kurzen Passage. Helenas grüne Borte lässt sich nicht nur als intratextueller Rückverweis auf den Apfel der Discordia lesen, den ebenfalls eine Smaragdleiste „noch grüener, denne ein gras" zierte (Tr 438).[228] Sie ruft ebenso als Intertexte die berühmten Pferde-*descriptiones* aus Chrétiens[229] und Hartmanns Erec-Romanen auf, die ebenfalls übersteuernde Wahrnehmungskontraste schöner Erscheinung über eine grüne Linie laufen lassen. Enites Pferd leuchtet auf einer seiner Flanken so weiß, dass „ez enmohte niemen vaste / deheine wîle ane gesehen"; erhöht wird diese Leuchtintensität durch den Kontrast zur anderen, schwarzen Flanke des Pferdes, die ein grüner Strich trennt:

zwischen den varwen beiden
was ein strich über geleit
wol eins halben vingers breit.
der strich *grüene* was
*unde lieht sam ein gras.*[230]

Dass bereits Chrétiens und Hartmanns Beschreibungen von Pferd, geschnitztem Sattel und reich bebilderter Satteldecke metapoetische Kunstpferde entwerfen, ist verschiedentlich herausgestellt worden: Hartmanns Ausweitung von Chrétiens

---

**227** Vgl. hierzu zentral die Beobachtungen von Bleumer: „Narrativität und Visualität", S. 119 und Müller: „Blinding sight".
**228** Vgl. insgesamt Tr 436–481: Die Smaragdleiste und ihre Schrift bildeten gerade das Wahrnehmungszentrum des Apfels und seines Spiels von Ästhetik (Materialität) und Hermeneutik (Schriftleiste); vgl. Laufer: „Materialität der Sprache" und die eingehende Analyse von Kap. III.3.1.2.
**229** Vgl. Chrétien de Troyes: *Erec et Enide. Altfranzösisch/deutsch.* Hg. u. übers. v. Albert Gier. Stuttgart 2000, V. 5314–5353.
**230** Hartmann von Aue: *Erec.* Mit einem Abdruck der neuen Wolfenbütteler und Zwettler Erec-Fragmente. Hg. v. Kurt Gärtner. 7. Aufl. Tübingen 2006, V. 7311–7315; Herv. B.G.

Pferdebeschreibung demonstriert nicht nur rhetorische Regelkompetenz (*dilatatio*)[231] und „interartifizielle Relationierung" von Dicht- und Bildkunst,[232] sondern auch die Imaginationspotenz des Erzählens.[233] Als *mise en abyme* bündelt insbesondere der grüne Strich die Kunst der ästhetischen Organisation („schöne underscheiden"[234]) und der artifiziellen Verfertigung (er ist dem zweifarbigen Pferdekörper „über geleit", so Hartmann).

Das Miniaturzitat des *Trojanerkriegs* öffnet damit einen weiten Echoraum der Kunstreflexion volkssprachlicher Romanpoetik. Wenn Helenas weiße Haut durch ihr Gewand hervorleuchtet, „daz sîner blanken varwe flîz / kein ouge mohte erlîden" (Tr 20232f.), und ihre Augenbrauen wie schwarze Kohlen hervorstechen (Tr 19326), schreiben sich die Wahrnehmungsinterferenzen der Helenabeschreibung explizit in diesen Artifizialitätsdiskurs ein. Wie Enites Pferd reflektieren Helena und ihre Kleider einen Kunstanspruch, der Wahrnehmung so intensiv zur Geltung zu bringen sucht, dass es schmerzt.

Nicht nur die visuelle Wahrnehmung von Deskriptor und Betrachter übersteuern angesichts von Helena, sondern auch die intertextuellen Perspektiven Helenas durchbrochener Unterrock, der „ir hût dâ niht verhal" (Tr 20223), führt nicht nur Feudalmode vor Augen, sondern ruft auch Enites zerschlissenes grünweißes Gewand in Erinnerung, durch das ihr Körper „wîz alsam ein swan" und wie Lilien hervorleuchtet und dadurch Erecs Begehren erregt.[235] Kombiniert mit dem erotischen Transparenzeffekt der Kleidung bringen Helenas schwanengleiche Arme und lilienweiße Zähne also die Attribute Enites zur Geltung – und mit ihr die rhetorischen Symbole geistlicher Erotik (u. a. Hoheliedauslegung, Marientopik),

---

**231** Darauf hat maßgeblich Worstbrock: „Dilatatio materiae" aufmerksam gemacht.

**232** Vgl. mit Hinweisen zur älteren Forschung Bürkle: „‚Kunst'-Reflexion"; als implizite Reflexion des künstlerischen Schaffensprozesses liest Enites Pferd auch Mertens, Volker: „Theoretische und narrativierte Narratologie von Chrétien bis Kafka". In: *Historische Narratologie. Mediävistische Perspektiven.* Hg. v. Harald Haferland u. Matthias Meyer. Berlin, New York 2010, S. 17–34, insbes. S. 25–28.

**233** Vgl. Scheuer: „Das Heraldisch-Imaginäre", S. 61.

**234** Hartmann von Aue: *Erec*, V. 7310.

**235** Vgl. Hartmann von Aue: *Erec*, V. 324–341. Chrétien war deutlich sparsamer verfahren und hatte die zerschlissenen Kleider Enides nur als Armutszeichen angeführt; vgl. Chrétien de Troyes: *Erec et Enide*, V. 393–410. Auch dieser Aspekt des Durchbrechens von Kleidung ist in der höfischen Literatur poetologisch codiert: *strîfeln* bezeichnet die Technik, in die eigene Sprache Lehnworte einzustreuen, so dass sprachliche Vertrautheit mit fremden Reizen durchbrochen wird; vgl. z.B. Thomasin von Zerclaere: *Der wälsche Gast*. Mit einer Einleitung und einem Register von Friedrich Neumann. Hg. v. Heinrich Rückert. Berlin 1965, V. 41.

die wiederum hinter Hartmanns Beschreibung stehen. Helena schimmert hochgradig intertextuell.[236]

So konkret die Helenabeschreibung auf Hartmann bezogen scheint, so rasch entgrenzt der Erzähler die intertextuelle Bezugnahme auf geistliche Diskurse um Erscheinen und Entzug, um Körper und Begehren. Ihre rhetorische Evidenz entfesselt also nicht nur aktuale Wahrnehmung, sondern ebenso potenzierten Sinn, erzeugt Präsenzeffekte ebenso wie verweisungsoffene Bedeutungshorizonte. Kennzeichnen Helenas Kleidung also im umfassenden Sinne Verhältnisse des Mischens und der Interferenz (Tr 20113: „getempert und gesellet"; Tr 20116: „vil enwiderstrît"), so erzeugt auch Konrads deskriptiver *discours* Mischungen von mehrschichtiger Intertextualität. Helena wird dadurch sinnlich geradezu blendend präsent, während sie gleichzeitig als Sinnfigur der Frauenschönheit trübe wird.[237]

Der Versuch des Erzählers, mit der Helenabeschreibung Paradoxien zu absorbieren, setzt sich mit ihrem letzten Detail fort und überschlägt sich (Tr 20238 – 20296). Für ihr Kleid habe ein besonderer Fisch des Paradiesflusses seine Haut lassen müssen:

> noch blâwer danne ein fîn lâsur
> schein dâ sîn varwe reine
> und glizzen tropfen cleine
> von golde ûz sînem velde blâ,
> die wâren von in selber dâ
> gewahsen an der hiute
> und heten si niht liute
> getröufet noch gemachet drîn.
> mit dem schînâte vischîn
> stuont daz gewant gebræmet
> und was nâch ir geschræmet
> mit hovelicher fuoge.
> (Tr 20248 – 20259)

Fischhäute sind in der literarischen Hofkleidung keine Seltenheit.[238] Einzigartig bestechen die Fischhautapplikationen an Helenas Kleid allerdings dadurch, dass

---

**236** Als weitere Bezugspunkte verweist Lechtermann: „Schillerndes Erzählen", S. 59 auf Gyburg und Isolde. Auch damit ist die Liste freilich nicht erschöpft.
**237** Der *Trojanerkrieg* absorbiert damit eine Paradoxie von Phänomenalität und Sinn, die strukturalistische Ansätze auseinanderzuhalten suchen – so z. B. Nünning: „Description", S. 116: „transparent description vs. opaque descriptions".
**238** Vgl. z. B. *Das Nibelungenlied*. Nach der Ausgabe von Karl Bartsch. Hg. v. Helmut de Boor. 22. Aufl. Wiesbaden 1996, Str. 363,1; Wolfram von Eschenbach: *Parzival*. Studienausgabe. Mittel-

sich diese gleichsam selbst herstellen und veredeln. Ihre kunstvolle Verarbeitung verdankt sich bloßer Natur; Lasurtechnik („fîn lâsur"), Edelmetalle und Dekoration („tropfen cleine / von golde") scheinen „von in selber dâ / gewahsen". Ähnlich wie sich bereits am Prolog des *Trojanerkriegs* beobachten ließ,[239] wird Helenas Kleidung zum Medium einer Selbstreferentialisierung: Während literarische Kommunikation im Mittelalter unter dem mehr oder weniger offenen Druck steht, sich primär fremdreferentiell organisieren zu müssen und *von Anderem her* autorisiert zu werden,[240] so naturalisiert Helenas Fischhaut eine Künstlichkeit, die sich gleichsam selbst hervorbringt. Gleichsam heißt, dass auch Helenas *readymade* nicht ohne die Unterscheidung von *ars* und *natura*, von fremdreferentieller und selbstreferentieller Produktivität auskommt, sondern diese durch Negation allenfalls kupiert: „und heten si *niht liute / getröufet noch gemachet* drîn" (Tr 20254 f.; Herv. B.G.). Dennoch zielt der Beschreibungsversuch eben darauf, diese Differenz und ihre paradoxen Überkreuzungen zu invisibilisieren, indem er höfische Wirkungsästhetik („stuont daz gewant [...] / mit hovelicher fuoge") zur Kippfigur einer natürlichen Produktionsästhetik erklärt.

Eine solche Balance bleibt labil und kontingent, solange sie nicht ästhetisch und narrativ gesichert wird. Konrads ekphrastisches Erzählen entwickelt, wie sich zusammenfassen lässt, dazu drei Strategien. (1.) Ekphrasis leistet erstens, was sich im rhetorischen Sinne als Energetisierung der Wahrnehmung bezeichnen ließe.[241]

---

hochdeutscher Text nach der sechsten Ausgabe von Karl Lachmann. Übersetzung von Peter Knecht. Mit einer Einführung zum Text der Lachmannschen Ausgabe und in Probleme der ‚Parzival'-Interpretation von Bernd Schirok. 2. Aufl. Berlin, New York 2003, 570,2; Wirnt von Grafenberg: *Wigalois*. Text, Übersetzung, Stellenkommentar. Hg. u. übers. v. Sabine Seelbach. Berlin, New York 2005, V. 809.

**239** Vgl. Kap. III.2.

**240** Vgl. hierzu im Anschluss an die Thesen Michel de Certeaus Hasebrink, Burkhard: „Sprechen vom Anderen her. ‚Heterologie' mystischer Rede als epistemischer Fluchtpunkt mittelalterlicher Literarizität". In: *Germanistik in und für Europa. Faszination – Wissen. Texte des Münchener Germanistentages 2004*. Hg. v. Konrad Ehlich. Bielefeld 2006, S. 391–399. Religiöse und literarische Kommunikation scheiden sich keineswegs als einfache Asymmetrie – davon macht nicht zuletzt der *Trojanerkrieg*-Prolog strategischen Gebrauch. Vgl. zur „unscharfen Grenze" ihrer Unterscheidung Strohschneider, Peter: „Vorbericht". In: *Literarische und religiöse Kommunikation in Mittelalter und Früher Neuzeit*. Hg. v. Peter Strohschneider. Berlin, New York 2009, S. IX–XXII. Dass die Unterscheidung von Heterologie und Autologie wiederum auf jeder ihrer Seiten kopiert und verdoppelt wird (*re-entry*) und so z. B. auch die volkssprachliche Literatur in sich selbst die Spannung von heterologem Wiedererzählen und autologer Neuschöpfung von Erzählmöglichkeiten austrägt, zeigt Hasebrink: „Ambivalenz des Erneuerns", programmatisch S. 207.

**241** Zur rhetorischen Kategorie der *enargeia/energeia* („angeregte[r], möglichst intensive[r] Bilderfluss im Kopf", so Reich: *Name und maere*, S. 35, Anm. 37) vgl. Lausberg: *Handbuch der*

Helenas *descriptio* reiht eine ebenso lange wie syntaktisch dichte Folge von Imaginationsanweisungen, die gemäß mittelalterlicher Pneumakonzeption der Sprache jeder Rezipient verlebendigt, der den *Trojanerkriegs* kommunikativ mitvollzieht. Variationen gegenüber erwartbaren *imagines* kommen in diesem Zusammenhang herausgehobene Bedeutung zu, da sie Wahrnehmung verlebendigen, erfrischen und erneuern und somit die mentale Aktualisierung des Beschriebenen im Pneumafluss anregen.[242] Deutlich richtet der Erzähler das deskriptive Verfahren mit der Kleiderbeschreibung in diesem Sinne auf ästhetische Präsenzstimulation aus. Ungewöhnliche Irritationsimpulse der Vorstellungsbilder – allen voran changierende Farbwechsel des Mantels, Tierphantasien mit Spiegeleffekten, Intertextualisierung und Selbstreferentialisierung von ästhetischen Objekten – produzieren insofern Präsenzeffekte, als sie die Komplexität der Beschreibung und ihres Wahrnehmungskorrelats überraschend erhöhen. Nicht nur um die Präsenz von visuellen Bildern dreht sich die Helenabeschreibung, sondern auch um die Aktualisierung und Stimulation von Kognition überhaupt.

(2.) Sie folgt dabei zweitens einer planvollen Technik von Ordnung und Transgression. Ordnungsrahmen stiften zum einen – auf makrodeskriptiver Ebene – etablierte Schemata (Beschreibung von Kopf bis Fuß, vom Körper zur Kleidung) und rhetorische Elementartopik (Körperteile und andere *loci* der Personenbeschreibung). Die Einzelbilder der Kleiderbeschreibung überschreiten diesen Rahmen hingegen durch entfesselte Imaginationsanweisungen (der Glanz von Helenas weißer Haut lässt Edelsteine erblinden; irisierende Vielfarbigkeit) sowie durch kognitive Sprünge über Differenz (u. a. vom präsenten Bild zu Texten und

---

*literarischen Rhetorik*, S. 402 (§ 812); Graf: „Ekphrasis", S. 144–146; Zanker, Graham: „Enargeia in the ancient criticism of poetry". In: *Rheinisches Museum* 124 (1981), S. 297–311; für weitere Literaturhinweise vgl. Reich: *Name und maere*, S. 35 mit Anm. 37.
**242** Vgl. dazu exemplarisch Galfried von Vinsauf: „Poetria Nova", S. 214 (558–561): „Si cibus esse velit et plena refectio mentis, / Ne sit curta nimis brevitas vel trita vetustas. / Sint variata novis exempla secuta figuris, / Rebus ut in variis oculus spatietur et auris" („Wenn [die Beschreibung] Nahrung und reichliche Erfrischung für den Verstand sein soll, vermeide man eine zu gedrängte Kürze sowie abgenutzte Bilder. Einzelne Beschreibungen, begleitet von neuartigen Figuren, sollen vielfältig sein, damit Auge und Ohr in einer Vielfalt von Themen umherstreifen können"). Beides vermeidet die Helenabeschreibung, „gedrängte Kürze" ebenso wie „abgenutzte Bilder". Übersetzung nach Halsall: „Descriptio", Sp. 552. Zur Bedeutung von Abweichung für den Imaginationsprozess vgl. Reich: *Name und maere*, S. 51–56; Neuber, Wolfgang: „Imago und Pictura. Zur Topik des Sinn-Bilds im Spannungsfeld von Ars Memorativa und Emblematik (am Paradigma des ‚Indianers')". In: *Text und Bild, Bild und Text. DFG-Symposion 1988*. Hg. v. Wolfgang Harms. Stuttgart 1990, S. 245–261, hier S. 257: „Konventionalisierung wirkt als Habitualisierung auf die Dauer affektmindernd". Der *Trojanerkrieg* setzt von Anfang an auf solche Entkonventionalisierung des *erniuwen*: vgl. Kellner: *„erniuwen"* und Hasebrink: „Ambivalenz des Erneuerns", S. 215–217.

Diskursen). Aber auch auf mikrodeskriptiver Ebene greifen Ordnung und Ordnungsüberschreitung strategisch ineinander. Die gesamte Passage gliedern Erzählsignale, die das *stacking* (wörtlich: das narrative Stapeln) der Beschreibung markieren:[243] Rahmende, informationsarme Verse, die das jeweils entfaltete Bild resümieren und an das Deskriptionsschema zurückbinden, sichern die Konsistenz von eingeschachtelten Vorstellungsobjekten mit der Erzählsequenz.[244] Aus diesem Rahmen wuchert die Beschreibung von Helenas Kleidern hinaus, indem sie einzelne Elemente narrativ entfaltet (Dindialus-Haut) oder ausweitet (Borte, Unterrock, Tuch des Kleides; Kopftuch und Schappel: Tr 20264–20281). Schematisierung und Transgression potenzieren sich damit gegenseitig, sichern sich aber auch durch *stacking*-Signale ab. Einer sorgfältigen Analyse zeigt sich die Helenabeschreibung damit strategisch ausbalanciert zwischen Ordnung und Ordnungsüberschreitung.[245]

(3.) Drittens lässt die Beschreibung den Deskriptor verlöschen.[246] Formal betrachtet unterliegt die Helenabeschreibung keinem Wissensfilter, sie verdankt sich nullfokalisierter extradiegetischer Konstruktion. Doch wird die Instanz des konstruierenden Erzählers abgeblendet, indem Wahrnehmungssubjekte seine Stelle einnehmen. Auf intradiegetischer Ebene ist dies zunächst und zuletzt Paris, dessen Perspektive mit einem neu eingefügten inneren Monolog die Beobachtung

---

243 Marie-Laure Ryan fasst mit diesem Begriff der Informatik den vertikalen Organisationprozess von Binnenerzählungen, der Aufbau bzw. Abbau von narrativen Ebenen explizit ausstellt. Minimalregel ist, „that every boundary be crossed twice, once during the building and once during the unbuilding"; Ryan, Marie-Laure: *Possible worlds, artificial intelligence, and narrative theory.* Bloomington 1991, S. 187. Dieser Begriff lässt sich gewinnbringend auch auf Beschreibungen anwenden, die wie die Helenabeschreibung metadiegetische Tendenzen zeigen (greifbar z. B. in der Binnenerzählung vom Dindialus oder in der Beschreibung von Helenas Wirkung) und diese durch Markierung stabilisieren. Metadiegetische Funktionen von Ekphrasis und Bilderzählung konstatieren auch Haferland u. Mecklenburg: „Einleitung", S. 12 und Wandhoff: *Ekphrasis*, S. 7–10 (Forschungsüberblick).
244 Vgl. zu solchen resümierenden Rahmenversen Tr 20092 („wandelungen" des Mantels); Tr 20130–20133 (Mantelstoff): „ûz dem rîlichen tuoche, / [...] / truoc Helenâ diu schœne / des mâles mantel unde roc"; Tr 20196–20199 (Mantelfutter): „ûz sîner [= des Dindialus'] wunneclichen hût / was daz underzoc gemaht / des rîches mantels vil geslaht, / den Helenâ des mâles truoc"; Tr 20210f. (Mantel/Unterrock): „der mantel stuont der frouwen / ze lobelichem wunder / und was der roc dar under [...]"; Tr 20238f. (Borte): „daz kleit was an den enden / bestellet wol in alle wîs".
245 Die Forschung hat diese Balance eher asymmetrisiert: „Der rhetorische *locus* des Rühmens *a corpore* wird also aufgerufen, um in der Überbietung seine Ordnungen untergehen zu lassen" – so Müller: „Ästhetisierung", S. 299.
246 Vgl. zu diesem Begriff Nünning: „Description", S. 102f.

Helenas fokalisiert (Tr 19794 – 19864). Es ist Paris, der jene Wahrnehmungsaffekte erleidet, die Helena auslöst:

> [unmittelbar vor Beginn der Beschreibung:]
> mit ougen wart nie wîbes
> sô rehte vil gewartet;
> ouch wart ir gnuoc gezartet
> mit herzen und mit sinne.
> Pârîs wart von ir minne
> sîn selbes dô beroubet
> [es folgt die Beschreibung]
> (Tr 19896 – 19901)

> [nach der Beschreibung:]
> Pârîs der hôchgeborne degen
> stuont dâ mit den gesellen sîn
> und sach die werden künegîn
> mit minneclichen ougen an.
> sîn herze nâch ir minne bran
> und wiel von hitze sam ein blî
> (Tr 20318 – 20323)

Mit diesem Rahmen wird Paris als Beobachtungssubjekt der Beschreibung installiert. Zwei selbstreflexive Erzählerkommentare verstärken diese Perspektive, indem sie den Wirkungsanspruch der Rede mit gehäuften *infirmitas*-Topoi zurückstufen: Helenas Schönheit sei mit epideiktischer Rhetorik schlechterdings nicht einzuholen;[247] wenn der Erzähler ihr dennoch gezwungenermaßen das Wort leihe (Tr 20283: „daz tuot mir nôt"), so nur deshalb, weil Helenas atemberaubende Schönheit später manchen Mann das Leben gekostet habe (Tr 20282 – 20296). Um sich außerdem der Qual der Beschreibung zu entziehen, fehle ihm die Besonnenheit: „dar zuo bin ich niht vollen wîs / an sinne und an vernünste" (Tr 19688 f.). Statt als Regisseur des Imaginationstheaters gibt sich der Erzähler somit ganz von jenen Bildern affiziert, die Helena ausstrahlt. Diese Haltung aber ist identisch mit der überwältigten Betrachterrolle des Paris.

Metaphern transformieren Helena auf diese Weise in eine Zwei-Seiten-Form, die sich mithilfe religiöser Codierung in phänomenale Erscheinung und transzendente Quelle spaltet. Konsequent verfällt Paris schon beim ersten Anblick auf Figuren mystischer Rede (*hyper*-Bildungen, Semantiken der Vernichtung):

---

**247** Vgl. Tr 19694 – 19697: „des bite ich werde liute, / daz si mir niht verkêren, / ob ich nâch vollen êren / ir lop niht müge ergründen"; Tr 20036 f.: „solt ich si prîsen tûsent jâr, / ir lobes kæme ich z'ende niht". Vgl. insgesamt auch Tr 19680 – 19757.

> ir schœnheit *überwildet*
> und *überwundert allen schîn,*
> der von klârheite mac gesîn
> an wîben unde an frouwen.
> wer *mac* den glanz *geschouwen,*
> der *ûz ir varwe schînet?*
> (Tr 19826 – 19831; Herv. B.G.)

Leuchten, ohne beleuchtet zu werden (*ûz schînen*); erscheinen, ohne in Erscheinung restlos aufzugehen; bezeichenbar zu sein, ohne von Bezeichnung je ausgeschöpft zu werden („sô bodenlôs", Tr 19720 f.); Helligkeit zu schaffen, die andere verdunkelt (Tr 19708 – 19719) – solche und andere Transzendenzmetaphern treten an die Stelle des Deskriptors und invisibilisieren die literarische Konstruktion auf Ebene der Semantik. Sie schließen Darstellung und Dargestelltes kurz, wenn etwa der Fischhautbesatz von Helenas Kleid „von [...] selber" und „niht [...] gemachet" (Tr 20252, 20254 f.) erscheint. Transzendenzmetaphern wie diese bleiben im *Trojanerkrieg* keineswegs auf Helena begrenzt, sondern gehen an unzähligen Stellen in die Kriegsdarstellung ein. Die Beschreibung Helenas entfesselt damit schon an dieser Stelle eine Evidenz, die der Schlachtdarstellung insgesamt zur Verfügung gestellt wird.

Nicht nur narrative und mediale Paradoxien werden damit invisibilisiert, sondern auch die rhetorische Spannung der Ekphrasis. „Der Leser/Hörer wird im Idealfall selbst den Text/Erzähler nicht mehr wahrnehmen, sondern nur noch das Erzählte" – so hat kürzlich Björn Reich die Zielrichtung von ekphrastischer Realitätserzeugung zugespitzt.[248] Für mittelalterliche Autoren liegt darin die Schwierigkeit, den Simulationscharakter von literarischer Beschreibung höchstens überspielen, nicht aber aufheben zu können.[249] Das „Faszinosum der Lebensechtheit der Darstellungen" oszilliert zwischen Realitätseffekt und „Staunen vor der Sinnentäuschung".[250] Der *Trojanerkrieg* unternimmt mit der Beschreibung Helenas den Versuch, diese Paradoxie der Präsenzerzeugung unsichtbar zu ma-

---

[248] Reich: *Name und maere*, S. 52.
[249] Wenzel, Horst: *Hören und Sehen, Schrift und Bild. Kultur und Gedächtnis im Mittelalter.* München 1995, S. 328 führt das Beispiel Richarts de Fournival (um 1200 – 1260) an: „Car quant on voit painte une estoire, ou de Troies ou d'autre, on voit les fais des preudommes ki cha en ariere furent, *ausi com s'il fussent* present. / Et tout ensi est il de parole. Car quant on ot.i. romans lire, on entent les aventures, *ausi com* on les veïst en present" (Übersetzung Wenzel: „Denn wenn man eine Geschichte gemalt sieht – die von Troje oder eine andere –, so sieht man die Heldentaten, die einst geschahen, so *als wären* sie gegenwärtig. Und ebenso verhält es sich mit dem Wort. Denn wenn man einen Roman lesen hört, hört man die Abenteuer, *als wenn* man sie vor sich *sähe*"); sämtliche Herv. B.G.
[250] Haferland u. Mecklenburg: „Einleitung", S. 11.

chen, indem die klassische Funktion des Erzählers als Deskriptor durch Wahrnehmungssubjekte (Paris; impliziter Rezipient) ersetzt wird, Imagination poetisch intensiviert und konzeptuell auf Selbstreferenz umgestellt wird. Statt Helena als „Kunstgegenstand par excellence" auszustellen,[251] sucht solche Erzählstrategie ihre durchaus komplexe Künstlichkeit gleichzeitig zu unterdrücken. Weder bloße „Häufung"[252] der Darstellungsmittel noch bloße Einkleidung mit religiösen Metaphern bringt Helena dabei zum Gleißen – sondern eine Ökonomie des Erzählens, die ihre Investitionen raffiniert umbucht.

### 1.3.1 Exkurs: Unendliches Erzählen. Deskription als Invisibilisierung der Textproduktion

En-bloc-Deskriptionen im *Trojanerkrieg* haben traditionell besondere Aufmerksamkeit der Forschung auf sich gezogen. Nicht nur die Helenabeschreibung führt die Invisibilisierungsleistung von ekphrastischem Erzählen eindrücklich vor Augen, sondern ebenso die Beschreibung Medeas, die ebenfalls metafiktional in Erscheinung tritt. Verarbeiten Helenas Kleider vor allem Paradoxien von Phänomenalität und Konstruktivität, so invisibilisiert Medea die Wissensansprüche solchen Erzeugens. In diesem Zusammenhang verweist Burkhard Hasebrink auf die Rolle der Magie:

> Magie erlaubt es, ganz bestimmte Typen von Kausalität und Motivation narrativ ins Spiel zu bringen, zugleich aber ihren Mechanismus im Dunkeln zu lassen. [...] Magie ist erzähltechnisch gesehen Medium verdeckter Motivierung.[253]

---

251 So der Befund von Lienert: „Helena", S. 419; zum „Eindruck von Künstlichkeit" vgl. auch Lienert: *Geschichte und Erzählen*, S. 273. – Bei aller Vorsicht, die gegenüber den tendenziösen Wertungen von Basler: *Trojanischer Krieg* grundsätzlich geboten scheint, bezeugt auch diese Studie die Invisibilisierungsleistung des *Trojanerkriegs* mit emphatischen Worten: „er zaubert sich und uns sofort ein Bild hin, das uns den im Grunde trockenen Stoff der unendlichen Schlachten, Reden und Einzelkämpfe lebendig aufblühen läßt. Landschaften, Kleider, Waffen, Schlachten, Tiere, Geräte, Feste sehen wir vor uns, wandeln in schattigen, paradiesischen Hainen und Gärten; unser Auge ergötzt sich an den prächtigen in Gold, Silber und Edelsteinen strotzenden Kleidern; wir werden hingerissen von dem prächtigen Schauspiele der in der Schlacht hin- und herwogenden Kämpferreihen, deren glänzende Rüstungen die Strahlen der Sonne tausendfältig zurückwerfen"; Basler: *Trojanischer Krieg*, S. 33.
252 Diese Verkürzung findet sich z.B. bei Monecke: *Studien*, S. 172, ließe sich aber auch in anderen Studien belegen.
253 Hasebrink: „Rache als Geste", S. 223 / 227. Magie als Leitkonzept der Invisibilisierung des gesamten Romans erwägt Hasebrink: „Ambivalenz des Erneuerns", S. 216.

Medeas Naturbeschwörung und Verjüngungszauber überspielen nicht nur auf Handlungsebene Differenzen von Tod und Leben, Altern und Verjüngen oder gelehrtem *artes*-Wissen und arkaner Naturbeherrschung. Ihre Magie korreliert auch auf Ebene des *discours* mit einem Kunstanspruch, der seine paradoxe Spannung von Wiederholung und Übertreffen bisheriger Trojaerzählung in seinem Programm des Erneuerns ebenfalls zu verdecken sucht: durch Konzepte der göttlichen Inspiration, der Natur (z.B. Nachtigallenmetapher, Metaphern des Blühens) oder des Kunsthandwerks (Reparaturmetapher des Prologs). Nicht nur die von Hasebrink analysierte Konzeptebene des Erzählens weist Medea als Invisibilisierungsfigur solcher Differenzen aus, sondern auch der Modus ihrer Narrativierung.

Dazu gehören nicht zuletzt ekphrastische Strategien. Die Beschreibung von Medeas Beschwörungsritual macht die „ungehiure" Szene als detaillierten, multisensorischen Bilderstrom verfügbar – das Gehölz ächzt, Felsen bersten, durch die Luft und über wogende Felder hinweg jagen Windsbräute (Tr 10536 – 10545). Imaginative Präsentifizierung der Zauberszene wird auch dadurch befördert, dass sie ihren Rezipienten appellativ anregt: „ein götîn Eckaten genant, / [...] / seht, die beswuor si tiure" (Tr 10528 / 10531). Auffällig bleibt nur Medeas performative Zauberrede solcher Präsenzerzeugung entzogen, denn nur von Außen vermag der Erzähler die entfesselnde Potenz der Geheimrede zu bezeichnen: „si sprach sô vrevelichiu wort / von zouberlichen sachen" (Tr 10536 f.). Präsenzstiftende Rede, der ihr Grund verborgen bleibt, kehrt somit auch im ekphrastischen Erzählen selbst wieder.

Solche Übersetzungsstellen zwischen einzelnen Figuren bzw. Episoden und Beschreibungsverfahren lassen sich im *Trojanerkrieg* relativ leicht isolieren. Schwieriger ist dagegen ein Phänomen zu klären, das die *Trojanerkrieg*-Forschung zwar nachhaltig, aber eher unterschwellig begleitet: die überwältigende Textmasse, die ekphrastisches Erzählen im *Trojanerkrieg* aufwirft.[254] „Anschauung ist gewonnen, aber nur auf Kosten der Bedeutung" – so hatte Monecke kritisch formuliert und mit kaum verhohlenem Ärger über die „Riesenmasse der Schlachtschilderungen" und „ihre sinnlosen Dimensionen" hinzugefügt, „Konrads beängstigendes Talent" steigere sich hierbei „ins Manische".[255] Der Verdacht der „Weitschweifigkeit" begleitet die „unendlichen Schlachten" des *Trojanerkriegs*

---

254 Nur drei von Benôits 23 Schlachten sind im *Trojanerkrieg* vollständig ausgeführt; das angestrebte Gesamtvolumen von Konrads Bearbeitung lässt sich daher nur extrapolieren. *Dass* dieses jede Form von rezeptiver Kohäsion gesprengt hätte, steht jedoch außer Frage.

255 Monecke: *Studien*, S. 161.

seit den frühesten ausführlichen Forschungsarbeiten.[256] Zumindest ausblicksweise ist daher nach dem Zusammenhang zu fragen, der zwischen Beschreibungen, Invisibilisierung und quantitativen Effekten von Konrads Textproduktion bestehen könnte.

Dass ein solcher Zusammenhang im *Trojanerkrieg* besteht, beweist eine Analyse von deskriptiven Ausweitungen seiner Vorlagen.[257] Drei signifikante Schwerpunkte lassen sich dabei ausmachen. Konrad erweitert bevorzugt die Beschreibung von außergewöhnlichen Gegenständen (z. B. Apfel der Discordia), Figuren und Handlungen (Götter, Herculesmythos), zweitens Kleidungs- und Schmuckbeschreibungen sowie drittens Schlachtbeschreibungen (Rüstungen, Wappen, Panoramen usw.). Neben den herausgehobenen Beschreibungen, deren ästhetische Effekte zugleich metadeskriptive Züge tragen, gehört der vielbeschworene Umfang der Kriegspartien also zu den ekphrastischen Erweiterungen.

Dies deckt sich mit der bereits beschriebenen Funktion des Kriegserzählens, imaginative Präsenz zu verstärken. Aber auch ein quantitativer Vergleich mit der Leitvorlage des *Trojanerkriegs* bestätigt besondere Ausweitungen in diesen Partien. Entfaltet der *Roman de Troie* das Schlachtgeschehen von den Porträts der Kriegsteilnehmer bis einschließlich der dritten Schlacht auf insgesamt 6003 Versen (RdT 5093–11096), so weitet der *Trojanerkrieg*-Torso dieselbe Handlungsstrecke von der Kriegsfahrt bis zum Beginn der vierten Schlacht auf 17030 Verse und damit zu fast dreifacher Länge aus (Tr 23394–40424). Im Kontrast dazu sind die Vorgeschichten des Kriegsteils – die Jugenderzählungen von Paris und Achill, aber auch die Argonautenhandlung – eher Ergebnisse der Kompilation und Integration unterschiedlicher Quellen und Diskurse als deskriptiver Ausweitung.[258] Quantitativ und qualitativ sind Beschreibung, Ausweitung und Präsenzerzeugung somit im *Trojanerkrieg* eng aufeinander bezogen.

Freilich ist zu berücksichtigen, dass Konrads Erweiterungen von den Möglichkeiten ekphrastischen Erzählens unterschiedlich Gebrauch machen. Narration und Deskription profilieren die Schlachtauftritte anders als die Metadiegesen um Hercules oder Patroclus; standardisierte Elemente wie Auftritte und Kampfhandlungen im engeren Sinne wechseln mit starken Erregungspunkten wie den

---

256 Basler: *Trojanischer Krieg*, S. 32f. Zum „Überwuchern" von Details vgl. auch Lienert: *Geschichte und Erzählen*, S. 271 sowie Green: *Konrads ,Trojanerkrieg'*, S. 28 und S. 64f.
257 Wichtige Grundlagen liefern hierzu die Quellenvergleiche von Lienert: *Geschichte und Erzählen*, zusammenfassende Beobachtungen zu Beschreibungsausweitungen S. 271–275; Anhaltspunkte auch bei Basler: *Trojanischer Krieg*, S. 32–66.
258 Ausnahmen bestätigen in diesem Fall die Regel – der Apfel der Discordia oder die Drachen-*descriptio* der Kolchisepisode erzeugen auch hier herausragende Intensivierungspunkte über Beschreibung.

Wappenbeschreibungen oder den multisensorischen Schlachtpanoramen. Dennoch bestätigen auch sie die grundsätzliche Tendenz, die Präsentifikation des Trojanischen Kriegs verstärkt über ekphrastische Erzählverfahren zu bewerkstelligen.

Elisabeth Lienert hat eine Reihe von Gründen geltend gemacht, um diese Korrelation zu plausibilisieren.[259] (1.) Konrads „Ästhetik der Fülle" bringe die rhetorische Praxis von *dilatatio* und *amplificatio* zur Meisterschaft, wobei der *Trojanerkrieg* (2.) zugleich der allgemeinen Gattungsentwicklung der Epik im 13. Jahrhundert „zu ausladenden Großformen" folge. (3.) Im Gönnerumfeld des Basler Bischofshofs und Domstifts erfülle rhetorische Prachtentfaltung zudem klerikale und stadtadelige Repräsentationsbedürfnisse.[260] (4.) Dem Abstand zur höfischen Kultur um 1200 und einem daraus erwachsenen „‚ritterromantischen' Interesse am schönen Schein" entspreche der Roman mit Ästhetisierung. (5.) Durch „relevanzbezogene" Funktionalisierung markierten deskriptive Ausweitungen nicht zuletzt auch Sinnzentren: „Konrads Beschreibungen korrespondieren proportional der Bedeutung des Helden oder des Gegenstands".

Manche dieser Erklärungsansätze sind vor allem für die literaturgeschichtliche und sozialhistorische Kontextualisierung des *Trojanerkriegs* einschlägig; andere zentrieren den *Trojanerkrieg* auf das hermeneutische Paradigma der Sinnerschließung. Keiner von ihnen plausibilisiert jedoch die Präsenzeffekte, die ekphrastisches Erzählen so eindrücklich hervorruft.

Der Begriff der Invisibilisierung ist geeignet, diese Lücke zu schließen. Die voranstehenden Analysen verweisen auf die Möglichkeiten ekphrastischen Erzählens, Paradoxien zu absorbieren und zu invisibilisieren – Voraussetzungen für die kommunikative Erzeugung von Wissen. Die hohe Affinität des *Trojanerkriegs* zu ekphrastischen Verfahren könnte somit auf Wissensfunktionen verweisen, die weder auf den Ebenen von Erzähleransprüchen oder gar Autorintention angesiedelt sind, noch auf Ebene diskursiver Konzepte erscheinen müssen, sondern sich performativ im Erzählen realisieren. „[K]leine Bilder von Schönheit und Vollkommenheit" stelle Konrad der „finalen Struktur des Ganzen als ein strukturelles Gegengewicht" entgegen, so fasst Lienert die kompositionelle Anordnung von Beschreibungen im *Trojanerkrieg* zusammen.[261] Die epistemische Relevanz des ekphrastischen Erzählens bringt diese Beobachtung auf den Punkt: Für Selbstreferenz sorgen zu können, wo Kommunikation weiterzulaufen droht, gehört zu den Effekten einer Evidentialisierung des Erzählens, die Wissen erzeugt.

---

**259** Vgl. Lienert: *Geschichte und Erzählen*, S. 271 f. und 274.
**260** Vgl. hierzu auch Lienert: „Der Trojanische Krieg in Basel", insbes. S. 269 f.
**261** Lienert: *Geschichte und Erzählen*, S. 274.

Die gleichsam unendliche Verlängerung dieser Evidenz im Kriegserzählen müsste sich damit weder gigantischen Autoransprüchen verdanken, noch allein gattungs- oder stilgeschichtlichen Konfigurationen entspringen, wie sie die Forschung im Hinblick auf die summarischen Tendenzen spätmittelalterlicher Epik diskutiert hat. Sie könnte in erster Linie auf eine Produktivität verweisen, die ekphrastisches Erzählen generiert. Von ihren frühesten Beispielen in der antiken Literatur bis zu paradigmatischen Beschreibungen der mittelalterlichen Epik erlaubt die Ekphrasis, auf geradezu atemberaubende Weise Differenz zu invisibilisieren, die dem Erzählen durch Regeln der Rahmung oder durch Realismuskonventionen der erzählten Welt normalerweise auferlegt sind. So enthält Achills Schild bei Homer ein komplettes Erzähluniversum mit Himmel und Erde, Städten und Menschen, mit Flüssen, Weinbergen und Feldarbeitern, er enthält Binnengeschichten von Gerichtsverfahren und Krieg und sogar einen eigenen Sänger – vermittelt durch ekphrastische Narrativierung. Auch Enites Sattelzeug umfasst, wie Haiko Wandhoff treffend formuliert, „[d]ie ganze Welt auf einem Pferd",[262] indem es über alle Grenzen hinausgehend, die Material und kunsthandwerklichen Möglichkeiten realistischerweise vorgezeichnet sind, die vollständige Geschichte Trojas und sämtliche Wunder des Himmels und der Erde zeige. Von Homer über Hartmann bis zu Konrad nutzen ekphrastische Erzähler somit die narrative Evidenzleistung des Beschreibungsmodus, um nicht nur Differenzen von Sinneskanälen und Medien zu überspielen, sondern auch von Wirklichkeitskonventionen des Erzählens selbst: ekphrastisch lebendige Bilder überströmen, sprechakttheoretisch formuliert, ontologische Grenzen der erzählten Welt mit illokutionären Überschüssen des Erzählens.[263]

Die unendlichen Bildströme des *Trojanerkriegs* lassen sich insofern als Entfaltung einer Erzählmöglichkeit verstehen, die in der Ekphrasis funktional angelegt ist. Das Kriegserzählen vergrößert so gesehen makrostrukturell denselben Effekt, der auf der Mikroebene des Textes Objekte und Einzelfiguren zum Glänzen bringt. Zur besonderen Invisibilisierungsleistung des *Trojanerkriegs* gehört, die Irritationen zu kanalisieren, die solche Verschränkung provozieren könnte:[264] Sie

---

**262** Wandhoff: *Ekphrasis*, S. 157, zur gesamten Analyse der Pferdebeschreibung vgl. S. 157–179.

**263** Vgl. zu diesem Effekt am Beispiel Robbe-Grillets Ryan: *Narrative theory*, S. 177: „A picture is described as an object contained within the primary reality; in the course of the description, the characters in the picture begin moving, their actions develop into a plot, and the world within the picture gradually emancipates itself from the primary reality." Diese Emanzipation kultiviert die Tradition des ekphrastischen Erzählens in unterschiedlichem Maße – der *Trojanerkrieg* aber in extremer Form.

**264** Dass irritierende Verschränkungen von Erzählstruktur und Objekten der erzählten Welt den *Trojanerkrieg* durchziehen, hat Bleumer: „Narrativität und Visualität" herausgestellt. Fraglich ist

kondensieren hier wie dort zu einer Grundfigur des Erscheinens. Wenn der *Tro-janerkrieg*-Prolog Helena und den Krieg (Tr 312–321) als Identitätspunkte des Romans ankündigt, verdankt sich solche Kondensierung also nicht nur themati-schen Bezügen, sondern einer rekursiven Beziehung der ekphrastischen Prä-senzerzeugung. Solche Rekursion kann im wahrsten Sinne des Wortes glänzend gelingen, weil Verfahren wie ekphrastisches Erzählen Konstruktionsakte und Sinnalternativen gleichermaßen verbergen.

## 2 Semantiken

Invisibilisierungsformen wie der aufbrausende Achill, die Konversion des Her-cules oder Helenas transzendentes Glänzen verdanken sich nicht allein narrativen Verfahren, sondern nutzen dazu Bedeutungsdispositive. Sie verwenden und modifizieren Semantiken, die in mittelalterlicher Literatur und Kultur generalisiert sind. Gleichwohl ist der Beitrag von semantischen Dimensionen für den Wis-sensaufbau intrikat, denn auch sie verarbeiten – invisibilisieren – für sich ge-nommen Paradoxien. So speichern Semantiken nicht nur mentales, handlungs-leitendes Wissen in sprachlich abrufbaren Formen,[265] sondern gewährleisten zuallererst, dass Äußerungen aufeinander beziehbar werden und Kohärenz für Kommunikation aufgebaut werden kann: „Eine einzelne Äußerung bedarf, um in einem bestimmten Sinn verstanden zu werden, der Voraussetzung eines kogni-tiven, epistemischen Hintergrundes, vor dem allein ein aktueller Sinn sich ergeben kann."[266] Semantik ist somit nicht bloß Produkt, sondern zugleich Bedingung der Möglichkeit von kommunikativem Wissensaufbau. Für ein systemtheoretisches Wissensmodell ist die Dimension der Semantik damit entscheidend, tritt doch mit ihr eine grundlegende Paradoxie in den Blick, die kommunikative Sinnerzeugung trägt: die Paradoxie, dass Bedeutung schon vorausgesetzt werden muss, wenn sie erzeugt wird. Um so mehr muss überraschen, dass Luhmann den Begriff der Se-mantik – trotz produktiver Verwendung – nur verhalten ausgearbeitet hatte:[267]

---

jedoch, ob der *Trojanerkrieg* diese Irritationen tatsächlich selbst preisgibt – oder ob nicht erst die gezielte Suche nach Paradoxien mittels *second order observation* diese der Invisibilisierung entringt.

**265** Vgl. repräsentativ für diesen pragmatischen Ansatz Fritz, Gerd: *Einführung in die historische Semantik.* Tübingen 2005, S. 12: „Das semantische Wissen über einen Ausdruck [...] ist das Wissen, das man benötigt, um das Handlungspotenzial eines Ausdrucks nutzen zu können."

**266** Busse, Dietrich: *Historische Semantik. Analyse eines Programms.* Stuttgart 1987, S. 251 f.

**267** Konkrete soziologische Analysen entwickelt Luhmann nahezu vollständig am Leitfaden des Semantikkonzepts – vgl. Luhmann, Niklas: *Gesellschaftsstruktur und Semantik. Studien zur*

Die gesellschaftliche Reproduktion von Kommunikation muß danach über die Reproduktion von Themen laufen, die ihre Beiträge dann gewissermaßen selbst organisieren. Die Themen werden nicht jeweils fallweise neu geschaffen, sind aber andererseits auch nicht durch die Sprache, etwa als Wortschatz, in ausreichender Prägnanz vorgegeben [...]. Es wird demnach ein dazwischenliegendes, Interaktion und Sprache vermittelndes Erfordernis geben – eine Art Vorrat möglicher Themen, die für rasche und rasch verständliche Aufnahme in konkreten kommunikativen Prozessen bereitstehen. Wir nennen diesen Themenvorrat [...], wenn er eigens für Kommunikationszwecke aufbewahrt wird, *Semantik.*[268]

Inspiriert von Reinhart Kosellecks Konzept der Begriffsgeschichte löst Luhmann den Begriff der Semantik nicht nur von konkreten Elementen der Einzeläußerung (Sprache, Wortschatz), sondern von der „Basis des Sinnprozessierens" überhaupt ab:[269] Nicht konkrete Äußerungsakte, ihre Sinnunterstellungen oder Transformationen stehen im Einzelfall zur Diskussion, sondern ein „Themenvorrat" zwischen Interaktion und Sprache, den Luhmann als „gepflegt[e] Semantik" tituliert.[270] Doch selbst ausführlichere Erläuterungen Luhmanns wie auch seine Analysearbeit zu einzelnen Semantiken bekräftigen nur, dass solche „Themen" nicht auf der Ebene konkreter kommunikativer Verwendung erhoben werden – etwa durch dichte Beschreibung von Einzeltexten oder der Abstraktion von Verwendungsregeln aus breiten Textcorpora.[271] „Gepflegte Semantik" sucht sich

---

*Wissenssoziologie der modernen Gesellschaft.* Frankfurt a.M. 1980 – 1995; Luhmann: *Gesellschaft der Gesellschaft*, Bd. 2, S. 893 – 958.

**268** Luhmann: *Soziale Systeme*, S. 224.

**269** Vgl. im Anschluss an Koselleck Luhmann, Niklas: „Gesellschaftliche Struktur und semantische Tradition". In: *Gesellschaftsstruktur und Semantik. Studien zur Wissenssoziologie der modernen Gesellschaft.* Bd. 1. Frankfurt a.M. 1993, S. 9 – 71, hier S. 20: „Begriffsgeschichtliche Forschungen befassen sich ausschließlich mit gepflegter Semantik. Man wird das Recht zu einer solchen Auswahl nicht bestreiten, wohl aber stets mitbedenken müssen, daß sie von der Basis des Sinnprozessierens schon um zwei Stufen abgehoben ist [...]". Kritisch analysiert Busse: *Historische Semantik*, S. 50 – 60 die Probleme eines solchen Trennungsversuches von außersprachlicher Wirklichkeit und sprachlicher Bezeichnung im Hinblick auf Kosellecks Programm der *Geschichtlichen Grundbegriffe.* Zu unterschiedlichen textinternen und textexternen Zurechnungsmöglichkeiten von Semantik vgl. auch die Forschungsdiskussion bei Ort, Claus-Michael: „Das Wissen der Literatur. Probleme einer Wissenssoziologie literarischer Semantik". In: *Literatur und Wissen. Theoretisch-methodische Zugänge.* Hg. v. Tilmann Köppe. Berlin, New York 2011, S. 164 – 191, insbes. S. 170 – 175.

**270** Vgl. Luhmann: „Semantische Tradition", S. 19 f.

**271** Vgl. Luhmann: „Semantische Tradition"; Luhmann: *Gesellschaft der Gesellschaft*, Bd. 2, S. 887 spricht allgemein von „Sinnvorgaben", die „für Wiedererkennung und Mehrfachgebrauch geschaffen" sind und zur Selbstbeschreibung der Gesellschaft bereitstehen.

vielmehr über das wechselseitige Bezugsproblem von Wort- und Begriffsebene mit ideengeschichtlicher Eleganz hinwegzuheben.[272]

Luhmanns um Selbstbeobachtung bemühte Systemtheorie verhüllt dadurch in ihrem Theorierahmen selbst eine Paradoxie, die für den eigenen Beschreibungsanspruch – die Wechselwirkungen von Kommunikation und Gesellschaftsstruktur – entscheidend ist.[273] Eine Wissensforschung, die sich für konkrete Kommunikationsformen literarischer Texte interessiert, kann solche Invisibilisierung der semantischen Paradoxie von Wortverwendung und Begriffsbildung kaum zufriedenstellen.

Eher empfiehlt es sich, dafür auf linguistische Theorieangebote zur historischen Semantik zurückzugreifen. Eine wegweisende Option hatten Ludwig Wittgensteins *Philosophische Untersuchungen* mit dem Modell des Sprachspiels eröffnet, das Paradoxien von Regel und Regelvariation offen anspricht. Bedeutung erzeugt sich demnach unter ständigen Rückkoppelungen: Einzelne kommunikative Akte gelingen nur im Bezug auf Wissensregeln, die sie ermöglichen und umgekehrt etablieren und verändern kommunikative Praktiken die Gebrauchsregeln.[274] An das Konzept der Sprachspiele anschließend, unterscheidet Dietrich Busse drei unterschiedliche Reichweiten des Wissens mit dem Anspruch, diese Paradoxie methodisch zu kontrollieren: (1.) situatives, (2.) kontextuelles und (3.) diskursives Wissen strukturieren in ihrem Zusammenspiel die Bedeutungserzeugung von Sprachspielen, indem sie jeweils unterschiedliche Grade von Variationsmöglichkeiten abstecken. Doch auch Busse bemerkt: „Die Grenzen zwischen unmittelbarem Kontextwissen und diskursivem Allgemein-Wissen können flie-

---

272 Zusammenfassend pointiert diesen Unterschied zwischen „weniger abstrakte[r], vertraute[r] Kommunikation" und der „für ernsthaftere und abstraktere Kommunikationsabsichten aufbewahrt[en]" Semantik auch Baraldi, Claudio: „Semantik". In: *Glossar zu Niklas Luhmanns Theorie sozialer Systeme*. Hg. v. Claudio Baraldi, Giancarlo Corsi u. Elena Esposito. Frankfurt a.M. 1997, S. 168–170, hier S. 169; auch Baraldis Explikation unterstreicht die Leerstellen, die in Luhmanns Semantikkonzept zwischen kommunikativem „Ereignis", „generalisiertem Sinn" und der „Verbindung zwischen Neuem und bereits Bekanntem" bestehen (S. 168).
273 Es bezeichnet diese theoretische Invisibilisierung, dass Luhmann diese Entscheidung lediglich in einer Fußnote anspricht: „Die Wortwahl ‚Semantik' ist nicht in jeder Beziehung glücklich. Wir schließen nicht an die Lehre von Zeichen und ihrer Referenz an, sondern an das, was man meint, wenn man von ‚historisch-politischer Semantik' spricht"; Luhmann: „Semantische Tradition", S. 19, Anm. 13.
274 Vgl. zusammenfassend Busse: *Historische Semantik*, S. 192–195 und 205–220.

ßend sein"²⁷⁵ – die Spannung von Äußerungsakten zwischen Verwendung und Veränderung von semantischem Wissen läuft prinzipiell mit.

Was theorietechnisch schwierige Unterscheidungen aufwirft, könnte indes entscheidende Ansatzpunkte für eine historische Wissenssemantik markieren. Zu fragen wäre dann, wie literarische Texte semantisches Wissen erzeugen, indem sie die Spannung von semantischen Regeln und kommunikativen Einzelakten doppelgleisig, d. h. regelaffirmativ *und* regelproduktiv nutzen. Auch hier kann der Begriff der Invisibilisierung greifen: Invisibilisierung benennt auf semantischer Ebene die paradoxe Verflechtung von Regelverwendung und Regelveränderung von Äußerungen, die im Kommunikationsakt selbst nicht thematisch wird. Äußerungsakte können somit entweder als regelkonform oder als innovativ kommuniziert werden, nie jedoch als beides zugleich, wenn diese Paradoxie verborgen wird. Dass Semantik auf Invisibilisierung zurückgreift, könnte somit eine zentrale operative Bedingung auch von kommunikativem Wissensaufbau darstellen.

Der *Trojanerkrieg* bedient sich dieser Strategie wiederholt. Bedeutungsregeln des diskursiven Wissens um Troja werden aufgerufen und zugleich verändert, doch werden die Paradoxien planvoll gelöscht. Der Roman gebärdet sich dadurch als literarisches Trojawissen, obgleich auf Ebene einzelner Segmente der Romankommunikation paradoxe Verschiebungen von Diskursabruf und literarischer Veränderung feststellbar sind.

An zwei für den Roman zentralen Semantiken ist im Folgenden exemplarisch zu untersuchen, wie sich solche semantische Invisibilisierung in der Spannung von einzelnen Äußerungssegmenten und Bedeutungsregeln vollzieht: an Semantiken der Natur und der Liebe. Sie codieren wesentliche Partien des Handlungsganges und rufen etabliertes Trojawissen ab – *frames* der Rezeption und kommunikative *scripts* für Figuren, die mittelalterliches Reden über Troja auf diskursiver Wissensebene strukturieren.²⁷⁶ Der Aufmerksamkeit der Forschung entging jedoch bislang, dass der *Trojanerkrieg* mit ihrer Hilfe Paradoxien absorbiert, die Konrads Eingriffe in das Trojawissen des Mittelalters auf Ebene einzelner

---

**275** Busse: *Historische Semantik*, S. 253. Auch für die lexikographische Semantik wird „eine strenge Trennung" zwischen lexikalischem Sprachwissen und enzyklopädischem Weltwissen „nicht mehr angenommen"; Fritz: *Einführung*, S. 12.
**276** Im Hinblick auf die epistemisch orientierte Fragestellung der Arbeit scheint es hilfreich, diese Konzepte der kognitiven Semantik aufzugreifen, weil sie die Paradoxie von Gebrauchsbedeutung (Wittgenstein) bzw. Diskurssemantik (Busse) kognitiv formulierbar machen. Pragmatische, diskurstheoretische und kognitive Ansätze lassen sich verbinden: Eine Äußerung ruft nicht nur einen standardisierten Wissenskontext ab, sondern reproduziert oder modifiziert diesen *frame* zugleich. *Frames* sind damit sowohl global angesetzt als auch variationsfähig. Zur Wissensstrukturierung von semantischen *frames* und *scripts* vgl. zusammenfassend Blank, Andreas: *Einführung in die lexikalische Semantik für Romanisten*. Tübingen 2001, S. 54–62.

Segmente aufwerfen. Die zentrale Strategie, die der Roman hierfür verwendet, lässt sich analog zu einem Begriff der kognitiven Metaphernlinguistik als *mapping* bezeichnen:[277] Auf innovative Veränderungen von Figuren oder Handlungsmotivationen werden Konzepte abgebildet, die einem etablierten Diskurswissen entspringen. Resultat solcher Projektion ist wiederholt ein „Kippeffekt":[278] Abweichungen des Romans vom mythologischen Diskurswissen des Mittelalters schlagen in etablierte Semantiken um, Regelveränderung wird zur Regelbestätigung invisibilisiert.

## 2.1 Wildheit – Zorn – Passion. Semantiken der Naturalisierung

Solche Invisibilisierung vollziehen zum einen Semantiken der Natur. Wie vielfältig ihr Spektrum ausfällt, wird besonders an der Achillhandlung deutlich, deren Episoden jeweils unterschiedliche semantische Facetten des Natürlichen verwenden. Das Verwilderungsprogramm, das Achill in der rauen Bergwelt Schyrons absolviert, formt den heranwachsenden Krieger durch Verschränkung von mentaler Kontrolle und physischer Wildheit. Auf Scyros erscheint Achills Natur dagegen vor allem als Geschlechtsdimension des Körpers: Hybride Spiele des *crossdressing* lassen dabei physische Substanz und codierbare Oberflächen, natürliches und soziales Geschlecht, Anlage und Habitualisierung auseinandertreten. Entdeckung und Herbeiholung Achills basieren auf einem Affektmodell, das maßgeblich über den Impuls des heroischen Zorns naturalisiert wird. Als Heros mit passionierten Nahbezügen zu Patroclus und Hector rückt Achill schließlich in einen Diskurs, der homosoziale Nahbeziehungen als anti-natürliche Grenzüberschreitung der Sodomie markiert. Wildheit, Zorn und Passion bezeichnen drei verschiedene Optionen der Naturalisierung; und jede dieser Optionen löscht paradoxe Züge der Veränderung von Figuren, Sinnmodellen und Handlungen.

Wie bereits mit der vorangegangenen Analyse deutlich wurde, verdankt sich Achills Wildheit einem planvollen Programm seines Erziehers, das eine permanente Spannung von psychophysischer Stimulation und Regulierung habitualisiert. Von einer Löwin gesäugt, entwickelt Achill in der wilden Natur und im Kampf mit wilden Tieren nicht nur Kraft, Wagemut und Gewaltlust, sondern übt dabei zugleich höfisches Kontrollverhalten (z. B. Selbstbeherrschung bei der Jagd) und höfische Kulturtechniken ein (Tr 6168: „hovewunnen" wie Gesang, Schach- und

---

Vgl. Kohl: *Poetologische Metaphern*, S. 181; Lakoff, George u. Mark Johnson: *Metaphors we live by*. 2. Aufl. Chicago, London 2003, S. 252–256.
**278** Blank: *Semantik*, S. 74 f. im Anschluss an die Gestaltpsychologie.

Saitenspiel). Wenn Thetis und Schyron vorab das pädagogische Ziel vereinbaren, Achill zu „hôher zuht" zu erziehen (Tr 6000), bringt das prekäre höfische Tugendkonzept der *zuht* diese Spannung von Gewalt und Gewaltregulierung auf den Begriff.[279] Wildheit zeigt sich als paradoxes Programm der kontrollierten Animalisierung.[280]

Diese paradoxe Wildheit verkörpert Schyron „der zühte meister" (Tr 6090) in vergrößertem Maßstab. Einerseits existiert kein wilderes Tier als der in lichtloser Höhle verborgene Kentaur:

> swaz er dar în gedinsen
> mohte wilder tiere,
> diu gaz er alliu schiere
> beid ungesoten unde rô.
> (Tr 5888–5891)

Andererseits beherrscht Schyron „hoveliche kunst" (Tr 5839) in vollendetem Maße, wozu neben Grundkenntnissen in Dialektik und politischer Klugheit auch Unterhaltungskünste gehören:

> und was er doch sô tugenthaft,
> daz er wist übel unde guot.
> bescheiden was sîn vrecher muot
> ze hovelichen dingen.
> rotten, harpfen, singen
> und aller hande zabelspil,
> daz kunde er unde treip sîn vil.
> (Tr 5970–5976)

Vollzieht sich Achills Habitualisierung wesentlich als Inkorporierung, so macht schon der Kentaurenkörper seines Lehrers die paradoxe Spaltung der Wildheit sinnfällig, die Animalität und Kultivierung zusammenschließt. Diese Paradoxierung verdankt sich bei Konrad einem Neuarrangement: Während Statius die

---

**279** Zur Semantik von mhd. *zuht* zwischen Gewaltausübung und Gewaltregulierung vgl. Gebert, Bent: „Poetik der Tugend. Zur Semantik und Anthropologie des Habitus in höfischer Epik". In: Text und Normativität im deutschen Mittelalter. XX. Anglo-German Colloquium. Hg. v. Elke Brüggen [u.a.] Berlin, New York 2012, S. 143–168.

**280** Vgl. unter dem Begriff der „Reanimalisierung" Friedrich: *Menschentier und Tiermensch*, S. 264–269. Zu dieser Paradoxie vgl. auch Friedrich: „Diskurs und Narration", S. 118: „Während Erziehung nach außen hin Natur im Sinn von Wildheit (Tieren) bricht, ist sie nach innen auf die Ausbildung wilder Eigenschaften angelegt." Ob sich Achills Wildheitsprogramm entlang der Innen/Außen-Differenz tatsächlich strikt entparadoxieren lässt, wie Friedrich vorschlägt, ist zu überprüfen.

Lernzeit Achills als ununterbrochene Kette von Kraft- und Gewalttaten präsentiert und abschließend vermittelte Kunstfertigkeiten (Heilkunde, Heldenlieder, Rechtsvorschriften zur Herrschaftsausübung) ausschließlich der Vervollkommnung von Achills heroischem Habitus dienen,[281] entfaltet der *Trojanerkrieg* ein Simultanprogramm von Gewalt und Kultivierung, das „feudaladeliger Existenz" entspricht.[282] Auch Schyron erhält erst im *Trojanerkrieg* sein spannungsreiches Profil von Rohheit bei gleichzeitiger Kultivierung – eine Paradoxie, die Statius nur in abgeschwächter Form kennt.[283]

Diese Paradoxie löschen überraschend Semantiken der Natur, als Thetis angesichts des drohenden zweiten Kriegs ihren Sohn aufsucht. Statt eines höfisch trainierten Jünglings stellt ihr Schyron nun nämlich einen wilden Gewalttäter vor: „er ist ein knabe sô wilde, / daz man vernam daz wunder nie" (Tr 13538 f.). Leichtfüßiger als ein Steinbock im Gebirge (Tr 13542 f.) und brutal gegen „diu grimmen tier" (Tr 13548 f.), scheint Achill der animalischen Wildnis gänzlich eingeformt: „sô wont er dem gewilde bî / und wurket vrevelîchiu werc" (Tr 13542 f.). Kein Wort erinnert mehr an die Paradoxie seiner Ausbildung. Spuren der Kultivierung werden stattdessen von dramatischen Berichten der Gewaltausübung überlagert, die Thetis schaudern lassen (Tr 13544–13585): Statt Schach- und Harfespiel hört die Mutter von den Raubzügen des Sohnes gegen das Kentaurenvolk und seinen Kämpfen mit Drachen, Greifen und Löwen. Schyrons Kultur-

---

**281** Vgl. insgesamt den Rückblick Achills auf seine Jugendzeit: Statius: „Achilleis", S. 394–396 (2,110–167). Anders als im *Trojanerkrieg* bereitet das Musizieren für Statius' Achill Mühe (2,157: „sudor"). Die Lieder selbst dienen bei Statius weniger dem Amüsement als vielmehr zur Erinnerung an den Ruhm der Vorfahren – es ist gesungene Heldenepik (2,158). Medizinische Lehrinhalte konzentrieren sich auf Kenntnisse zur Heilung von Krankheit und Verletzungen, auch sie sichern Kampfkraft. Zuletzt sind auch die Vorschriften der „sacrae justitiae" kein Selbstzweck – Chiron vermittelt sie als Bestandteile einer Herrschaftstechnik, mit der er selbst die Bewohner rund um den Pelion befriedet (2,163–165). Aber auch der vorherige Ausbildungsgang Achills enthält bei Statius keine Spuren kultivierender Verhaltensregulierung: Abweichungen verzeichnen detailliert Lienert: *Geschichte und Erzählen*, S. 52–54 und Knapp: *Hector und Achill*, S. 54–58.
**282** Friedrich: „Diskurs und Narration", S. 119.
**283** Zur friedlichen Figurenzeichnung Chirons vgl. Statius: „Achilleis", S. 320 (1,106–118). Dieses Bild transportiert auch der mythographische Diskurs des Mittelalters, der Chiron als Lehrer von Künsten anführt – so z. B. exemplarisch Konrad von Mure: *Fabularius*, S. 55,158 („Achilles"): „primo commendauit eum [= Achillem] in Pelio monte Schyroni Centauro, qui ipsum enutriuit et multis artibus erudiuit."

technik der Habitualisierung überblenden nun Semantiken der *art*, die Achills Wildheit auf selbstentfaltete Naturanlagen zurückführen:[284]

> er *ist* ein knabe *sô wilde* (Tr 13538)
>
> al sîn gebâr was ûzerlich
> und wider si [= Thetis] *gar wilde.*
> *nâch lieber kinde bilde*
> *wolte er lützel arten.*
> er liez im wênic zarten
> mit rede und mit gebærde.
> daz was ir ein beswærde
> (Tr 13714–13720; Herv. B.G.)

Kontrolliertes, intimes Verhalten („zarten / mit rede und mit gebærde") wird mit solchen Formulierungen als bloß äußerliche Imitationsmöglichkeit von der *wahren Natur* Achills abgestreift. Achills Wildheit verdankt sich somit einer Invisibilisierung, die Paradoxien höfischer Kulturierung löscht: Sie wird auf das narrative *script* der exorbitanten Heldenjugend bezogen und in einen diskursivierten Wissens-*frame* eingefügt, der Natur als Prozess der Selbstentfaltung entwirft. Achills Wildheit gebärdet sich als Animalität, die nicht gezähmt, sondern von Thetis nur überlistet werden kann, wenn sie in einer Fischblase wie in einem Sicherheitsbehälter eingeschlossen von Schyron nach Scyros transportiert wird.

Fortan belegt der Erzähler Achill mit Metaphern und Vergleichen, die diese Invisibilisierung bildhaft verstärken – etwa dem Zorn des Löwen (Tr 14436), mit dem sich Achill den neuerlichen Zähmungsversuchen seiner Mutter entgegenwirft. Indem der *Trojanerkrieg* die Sequenz der *Achilleis* in disparate Episoden zerlegt und durch annähernd siebentausend Verse trennt, werden die Ausgangsparadoxien effektiv dem Blick entzogen und durch Bilder der natürlichen Wildheit ersetzt.

Achills erotisches Intermezzo auf Scyros konfiguriert ein neues Spiel, dessen Paradoxien wiederum gelöscht werden. Deutlich stellt der Erzähler schon im ersten Disput zwischen Mutter und Sohn die schwierigen Ausgangsbedingungen ihres zweiten Schutzversuchs heraus. In Frauenkleidern unter den Töchtern des Lycomedes möge er „hovelîche zuht" erlernen (Tr 14192) – nicht bloß der Gunst der Frauen wegen, sondern auch um die eigene Wildheit zu kontrollieren („zühtic sîn"):

---

284 Mit dieser Semantik greift der *Trojanerkrieg* ein diskursiviertes Erzählmuster der natürlichen Selbstentfaltung auf; vgl. dazu Müller: *Höfische Kompromisse*, S. 50–65; zur „feudale[n] Geblütsmentalität" der Passage vgl. auch Friedrich: „Diskurs und Narration", S. 119.

> dar under und dâ zwischen
> gelernest dû wol zühtic sîn.
> dîn lîp und daz gemüete dîn
> sint worden gar ze wilde,
> des wil ich frouwen bilde
> dich lâzen kiesen unde sehen.
> (Tr 14208–14213)

Als sei Achill bislang unberührt von *zuht*, hofft Thetis auf die körperlich („lîp")
und mental („gemüete") zähmende Wirkung kontrollierter Imitation vor bzw. nach
dem „bilde" von Frauen: „daz dû von in gezemet wirst" (Tr 14215). Auch dabei läuft
die Natursemantik einer wilden Selbstentfaltung latent mit, die allenfalls dosiert
und zurückgedrängt werden kann.

Die Krise der Geschlechtsidentität, die Achill daraufhin durchläuft, gewinnt in
dieser Perspektive eine neue Funktion:[285] Die Paradoxien des von Liebe über-
wundenen Ausnahmehelden und der perfekten Frau Achill erzeugen eine Kontrastfolie, vor der sich heroisches Begehren nach Waffen und Krieg als natürlich
profilieren kann.[286] Die gesamte Verkleidungsepisode gliedern Erzähleraussagen,
die Achills *cross-dressing* als bloß sekundäre Formung des Geschlechts (*bilden*,
*verheln*) oder als bloß äußerlicher Verstoß gegen männliche Naturanlagen (*art*)
ausweisen (sämtliche Herv. B.G.):

> und wart *geschepfet als* ein wîp (Tr 14922)

> er liez als einen minnediep
> sich *in frouwen bilde steln*
> und *in ir wæte sich verheln*
> (Tr 14926–14928)

> *nâch* frouwelicher wîpheit
> *geschepfet* wart sîn *bilde*
> (Tr 14958 f.)

> und er von eime knehte
> *nâch* hôher und *nâch* rîcher *art*
> *gebildet* z'einer megde wart
> (Tr 14970–14972)

> sus tete Achille diz gedon,
> daz er dâ *wider sîner art*

---

285 Für eine ausführliche Analyse des Sozialisierungsmodells vgl. auch Kap. V.1.1.1.
286 Diesen Kontrasteffekt verstärken auch komische und schwankhafte Züge der Verkleidungsepisode, die Miklautsch: „Das Mädchen Achill", S. 587 und Sieber: „Achills Crossdressing", S. 57 ansprechen.

betwungen von der minne wart,
daz er wîbes *bilde truoc.*
(Tr 15084–15087)

Während ihm seine Mutter mit einem Musterkatalog weiblichen Verhaltens ein-
schärft (Tr 14984–15068), sich dem weiblichen Habitus unerkannt einzuformen,
lenkt der Erzähler in die entgegengesetzte Richtung, indem er die Differenz von
primärer Natur und sekundärem *bilden* betont (aufsetzen, verkleiden, überformen,
ausrichten). Auch Hinweise auf den Löwenkämpfer Achill (z. B. Tr 15557 f.) halten
diese Differenz wach.

Paradox verwirren sich jedoch Achills erste und zweite Natur, als er in Liebe zu
Deidamia entbrennt. Denn erstaunlicherweise löst ihre Nähe nicht heterosexu-
elles Begehren, sondern eine weiblich-weibliche Mimesis des Geschlechts aus, die
seine Identität ein zweites Mal verwildert:

er meinte die juncfrouwen cluoc,
diu *mit ir lîbe* wunnevar
ein *niuwez leben im gebar*
und im sîn *altez bilde*
gemachet hete *wilde,*
als ez der minne kraft gebôt.
si was ein muoter sîner nôt
und der *figûren wîplich,*
*in* die *verwandelt* hete sich
sîn vrecher lîp vil unverzagt.
(Tr 15648–15657; Herv. B.G.)

Schöpfungs- und Geburtsmetaphorik („niuwez leben"/„altez bilde", „gebern",
„muoter") signalisieren einen Verwandlungsprozess, der Achills aktives Doppel-
spiel in weibliche Identität umschlagen lässt:[287] „in hete ir clârheit unde ir tugent /
gestalt nâch einem wîbe" (Tr 15670 f.). Signifikant ist dafür wiederum die Semantik
des Verwilderns: Achill verwildert zur Frau.

Doch das Spiel findet rasch zur Ausgangslage zurück. Zwar ‚schöpft' sich
Achill weiblich „nâch ir site" (Tr 16431), aber unter dem Habitus (wörtlich Tr 16433:
„dar under") ist seine Liebe geweckt. Weicht die Überlagerung von Natur und
sekundärem Habitus also kurzzeitig einem Modell der Identität (sequentiell: alte/
neue Form), so kehrt das Erzählen wieder zum Differenzmodell der Verhüllung
zurück, das Achills eigentliche Natur im Kern situiert (simultan: an der Oberflä-
che/unterhalb). Im genauen Blick enthüllt sich Achills Mädchenzeit somit als

---

**287** Vgl. hierzu treffend Miklautsch: „Das Mädchen Achill", S. 587: „Achills Verwandlung in ein
Mädchen wird nachgerade als Metamorphose beschrieben".

Abfolge von Differenzierungen, die Achills Natur zwischen mehrfacher Habitusschichtung und punktuellen Identitätsmomenten inszeniert.[288]

Diese Komplexität bricht mit der List des Ulixes strategisch zusammen. Beim Anblick von Rüstung und Waffen, welche die griechische Delegation neben Schmuckstücken vor den Mädchen ausbreitet, schwillt Achills heroischer „zorn" (Tr 28395, 28401) – ein simuliertes Hornsignal reizt Achill vollends, „mit ungebærden wîbes zuht" zu durchbrechen (Tr 28485). Ein umfänglicher Vergleich führt aus, wie Achills animalische Natur daraufhin jede Form weiblicher Kontrolle abwirft und zum dritten, endgültigen Mal verwildert:

> alsam ein löuwe freissam,
> den ûz eime tiere zam
> sîn schate machet wilde.
> swenn er sîn selbes bilde
> in eime spiegel hât ersehen
> und er die craft beginnet spehen,
> der wunder ist an in gewant,
> weizgot, sô brichet er diu bant,
> dâ mite er ist gebunden,
> und schrenzet bî den stunden
> den meister sîn ze stücken.
> an grimmelichen tücken
> erzeiget er im dâ mit craft,
> daz er dekeine meisterschaft
> fürbaz gelîden von im mac.
> der sîn dâ vor mit lêre phlac,
> der dunket in ze swach dar zuo,
> daz er durch in iht danne tuo,
> swenn er beschouwet sînen schîn.
> sîn meister muoz der êrste sîn,
> der im ze spîse wirt beschert,
> wan er sîn leben dâ verzert
> und er in frizzet alsô rô.
> dem tet gelîch der knappe dô,
> der Achilles was genant.
> (Tr 28487–28511)

---

288 Höhepunkt dieser Habitualisierungsperspektive der Geschlechtsnatur ist das „sinnlich-erotisch[e] Naturszenario" des Bacchusfestes, bei der Achill im Zentrum eines exklusiv weiblichen Ritus seine männliche Geschlechtsidentität vor Deidamia eröffnet; vgl. hierzu Miklautsch: „Das Mädchen Achill", S. 589f.

Das Bild des rasenden Löwen führt zwar das Konzept der Zähmung fort,[289] die Thetis ihrem Sohn für sein *undercover* anempfohlen hatte, transponiert es aber aus dem ethisch-pädagogischen *script* von Erziehung und Selbstkontrolle in einen *frame* über Natur. Diese Übertragung bewirkt eine Reihe von semantischen Transformationen.

Erstens verschiebt der Vergleich Achills mit einem gezähmten Tier das Kulturmodell der kontrollierten Verwilderung und seine paradoxe Spannung zu einem entparadoxierten Konzept des widernatürlichen Zwanges, das seit dem 12. Jahrhundert verstärkt die theologische Anthropologie bestimmt. Der gezähmte Löwe exemplifiziert Natur nicht im Modus von Kulturierung und Lernen, sondern im Defizienzzustand.[290] Zweitens verschiebt sich damit auch die in der gesamten Episode hochfrequente Semantik des Bildens. Bezeichnete *bilden* zuvor Verhältnisse der fremdreferentiellen Formung – *durch* andere (Schyron, Deidamia) oder *auf* andere *hin* (weiblicher Typus) –, so stellt das Spiegelbild des Löwen die Bildsemantik auf Selbstformung um: Noch der eigene Abglanz genügt, um an natürliche Stärke zu erinnern und artwidrige, unnatürliche Fremdbezüge abzuschütteln. Drittens steigert der Vergleich mit dem „wunder" der Löwenkraft auch Achills Anlagen in exorbitante Dimensionen – in jenes heroische Format also, das zuletzt auf dem Höhepunkt der Verwilderung bei Schyron erreicht war. Viertens revoltiert das Bild der blutigen Rache gegen jene Formen des Lernens und der Kontrolle, die Achill an dritte gebunden hatten – an Schyron ebenso wie an Thetis und die Frauenwelt auf Scyros. Entsprechend schließt der Vergleich die Ausdrücke „lêre" und „meister"/„meisterschaft" zu einer Isotopie des Fremdbezugs zusammen, die als widernatürlich abgewiesen wird (sämtliche Herv. B.G.):

---

289 Zur Diskursivierung von Zähmung als Heroismusmodell im hohen Mittelalter vgl. Friedrich: „Zähmung des Heros".

290 Schon Statius vergleicht Achill mit einem gezähmten Löwen: Statius: „Achilleis", S. 376–378 (1,858–863): „ut leo, materno cum raptus ab ubere mores / accepit pectique iubas hominemque vereri / edidicit nullasque rapi nisi iussus in iras, / si semel adverso radiavit lumine ferrum, / eiurata fides domitorque inimicus, in illum / prima fames, timidoque pudet servisse magistro" („Wie ein Löwe, den man von den Zitzen seiner Mutter geraubt hat, zahm wurde und darauf abgerichtet wurde, sich seine Mähne kämmen zu lassen, den Menschen zu achten und nicht in Zorn auszubrechen, außer es würde ihm befohlen, wirft er sein Zutrauen ab, wenn einmal der Stahl vor ihm aufgeblitzt ist, und sein Bändiger wird sein Feind, sein erster Hunger richtet sich auf ihn und er schämt sich, einem furchtsamen Meister gehorcht zu haben"). Der *Trojanerkrieg* verwandelt den Löwenvergleich hingegen in eine Selbstreflexion der Natur (Spiegelszene); sämtliche positive Aspekte der Zähmung (Statius: „mores accepit", „hominem vereri") werden gänzlich gelöscht.

> daz er [= der Löwe] dekeine *meisterschaft*
> fürbaz gelîden von im mac
> (Tr 28500 f.)

> sîn *meister* muoz der êrste sîn
> der im ze spîse wirt beschert
> (Tr 28506 f.)

> ûf sîner muoter *meisterschaft*
> begunde er [= Achill] ahten kleine
> dô sîn antlitze reine
> gesach der wol gemuote.
> ir *lêre* und alle ir huote
> begunde er ringe mezzen
> (Tr 28518 – 28523)

> dekeiner vrouwen *lêre*
> wolte er langer dâ gelosen.
> (Tr 28552 f.)

Die Analogiestruktur des Vergleichs projiziert somit auf die paradoxen Lehr-Lern-Situationen von Achills Jugend- und Mädchenzeit eine natürliche Überlegenheit, die keiner Fremdlenkung bedarf. Erziehung und Natur scheinen dadurch erstens nicht länger kompatibel, sondern gegenstrebig. Zweitens löscht solches *mapping*: Was nämlich Achills früheren Erfolg bei Schyron und Deidamia begründet hatte – lernen zu können und mehrfach überformbar zu sein –, wird nun zur bloßen naturwidrigen Abhängigkeit erklärt. An ihre Stelle tritt Brutalität: Wie der Löwe seinen Dompteur „schrenzet" (Tr 28496), zerreißt daraufhin auch Achill sein Frauengewand (Tr 28547: „zerbrechen und zerschrenzen"). Zählt das Kleid im geistlichen und didaktischen Schrifttum des Mittelalters zu den zentralen Metaphern des Habitus, so zerreißt Achill mit seinen prachtvollen höfischen Kleidern metaphorisch die Unterscheidung von Naturanlage und Habitus, um als ununterschiedene Kraft der „wildekeit" hervorzubrechen:[291]

> man sach von golde glenzen
> und von gesteine sîniu kleit,
> diu zarte in sîner wildekeit
> ab im der tugenthêre.
> (Tr 28548 – 28551)

---

[291] Diese aktive Gewalt des Zerreißens (*schrenzen*) führt der *Trojanerkrieg* neu ein; bei Statius löst Achill die Mädchenkleider nur leicht, die wie von selbst zu fallen scheinen: „iam pectus amictu / laxabat" – „illius intactae cecidere a pectore vestes"; Statius: „Achilleis", S. 378 (1,874 f. und 1,878).

Die Naturalisierung Achills zum Löwen stellt damit höfische Paradoxierungen der Habitualisierung und der Minnebeziehung auf einen etablierten, entparadoxierten *frame* um – sie leitet, wenn man so möchte, jene Mythisierung der Gewalt ein, die Achill als Zornfigur im mythographischen Diskurs des Mittelalters repräsentiert. Abschließend betont der Vergleich auch die Dimension der Löschung als Vergessen:

> er [= Achill] hete dô vergezzen
> wîplicher zuht, des sît gewis!
> (Tr 28524 f.)

> in hete sînes bildes schate
> bewîset unde Ulixes,
> daz er vergaz schier alles des,
> daz im sîn muoter ie gebôt.
> (Tr 28540 – 28544)

Wird erzähltes Vergessen damit offen ausgestellt – und Naturalisierung letztlich unwirksam? Achills Vergessen wirkt raffinierter. Denn das Bild vollzieht selbst implizit, wovon es spricht. Es macht in einem Bild der animalischen Befreiung der selbstbezüglichen Natur vergessen, dass erst sie jene Stufe der Rohheit einlöst (im Löwenvergleich formuliert: „und er in frizzet alsô rô"), die Schyrons Präferenz des Rohen vorbildete: Auch Schyron frisst das Fleisch „ungesoten unde rô" (Tr 5891), wie die Eingangsepisode festhielt. Im metaphorischen Bruch mit Vor-Bildern realisiert das Löwenbild von Achill gerade zentrale Elemente des Vorbildes. Paradoxien des Fremdbezuges werden somit invisibilisiert, nicht aber getilgt.

Erst mit dem Löwenvergleich und seinen semantischen Transformationen wird Achill – um eine Formulierung Friedrich Nietzsches aufzugreifen – zu dem, was er ist:[292] zur gewaltdurchdrungenen Verkörperung des Jähzorns, der sich über jegliche soziale Bindung hinwegsetzt, bevor ihn Fesseln der Liebe zu Fall bringen.[293] Doch wird Achill dies nicht ohne die vorausgegangenen Paradoxierungen

---

292 Vgl. Nietzsche, Friedrich: „Ecce homo. Wie man wird, was man ist". In: *Sämtliche Werke. Kritische Studienausgabe*. Bd. 6. Hg. v. Giorgio Colli u. Mazzino Montinari. 2. Aufl. Berlin, New York 1999, S. 255–374, hier S. 293.

293 So das Leitbild, das der mythographische Diskurs des 12. und 13. Jahrhunderts standardisiert. Konrad von Mure: *Fabularius*, S. 54,139 f. bedient sich dafür in zwei Merkversen bei der horazischen *Ars poetica* (V. 121 f.): „Impiger, iracundus, inexorabilis, acer / iura negat sibi nata, nichil non arrogat armis" („Unermüdlich, jähzornig, unerbittlich, gewaltsam bestreitet er, dass für ihn Gesetze gelten, und fordert alles mit Waffengewalt"). Achills Aufenthalt auf Scyros wird zumeist als Verstrickung und Befreiung von Begehren (*libido*) gesehen, dem Achill später in Gestalt Polyxenas tödlich verfällt. Vgl. z. B. Alberich von London: „De diis gentium", S. 242,12–17 (Kap. 11,24: „Venus"): „Inde etiam ad Lycomedis regiam fertur, id est ad libidinis regnum."

seiner Natur. Indem diese transformiert und auf diskursivierte Wissensschemata (Selbstentfaltung der Natur; Heldenzorn) bezogen werden, naturalisieren sie Achill zur Wissensfigur: Achill empfindet und reagiert „als eime helde wol gezam", wie der Erzähler lakonisch formuliert (Tr 28557). Gerade die Paradoxierungen seiner früheren Lern- und Liebeserfahrungen potenzieren also Spannungen, die der Löwenvergleich um so effektvoller auflösen kann. Erst über die semantische Spannung von innovativen Transformationen und etabliertem Diskurswissen produziert der *Trojanerkrieg* somit den Heros Achill, der frühere Paradoxien von *natura* und *eruditio* wie naturwidrige Fesseln abstreifen kann.

Der Begriff der Invisibilisierung markiert somit einen blinden Fleck der *Trojanerkrieg*-Forschung, die vornehmlich nach einheitlichen Figurenkonzepten fragte.[294] Wenn etwa Gerhard Knapp beobachtet, „von einem Wesenszug des Zorns" könne „bei Konrads Achill nicht zu reden sein",[295] so ist diese Beobachtung mithin erhellend – und verfehlt zugleich. Zwar registriert sie zutreffend, dass das Merkmal des Jähzorns erst spät und episodisch auf die Achillfigur projiziert wird, doch übersieht sie dabei ihre semantischen Transformationen, welche die vorausliegende Figurenzeichnung gleichsam absorbieren. So wenig Achill zuvor als bloße Figuration des Jähzorns eingeführt wurde, so konsequent invisibilisiert die vermeintliche Entdeckungsszene Achill zum Zornakteur. Achills Wesen wird dadurch mittels semantischer Umdeutung erst performativ hergestellt. Wildheit und Zorn fungieren dadurch im *Trojanerkrieg* als Invisibilisierungsgrößen einer Natursemantik, die kulturanthropologische Paradoxien löscht.

Achills Zorn ist kein Einzelfall. Wiederholt verwendet der *Trojanerkrieg* Natursemantiken, um innovative semantische Paradoxien in etablierte diskursive Bezugsrahmen umschlagen zu lassen. Achills passionierte Klage um Patroclus bedient sich dazu des Diskursrahmens der Sodomie.[296] Aber auch im Rahmen des Parisurteils löscht der *Trojanerkrieg* die Paradoxien der euhemeristischen Figurenkonstruktion durch *art* und *natûre*:

> In *twanc* dar zuo diu *blüende jugent*
> und sîn *angeborniu* tugent,

---

Lycomedes (γλυκὺ μηδέν) *dulce nihilum* interpretatur. Omnis namque libido et dulcis et nihil est. Denique et amore Polyxenae apud Trojam perit, et propter libidinem per talum occiditur" („Daher wird er auch an den Hof des Lycomedes gebracht, das heißt ins Reich der Lust: Lycomedes (γλυκὺ μηδέν) bedeutet *süße Nichtigkeit*. Denn alle Lust ist süß und nichtig. Letztlich stirbt er vor Troja wegen seiner Liebe zu Polyxena und wird ebenso wegen seiner Lust über seine Ferse getötet").

**294** Vgl. Lienert: *Geschichte und Erzählen*, S. 137 f.

**295** Knapp: *Hector und Achill*, S. 74; zur Analyse von Achills Wildheit vgl. insgesamt S. 74–78.

**296** Vgl. Kap. IV.2.1.6.

> daz sîn gemüete ûf minne stuont.
> er tet *alsam die jungen* tuont,
> die *von natûre* sint der *art*,
> daz in sô liebes nie niht wart,
> sô vröude ist unde wunnespil.
> (Tr 2715 – 2721; Herv. B.G.)

Organische Naturmetapher („blüende jugent"), Notwendigkeit („twanc") und generationelle Verallgemeinerung („alsam die jungen tuont") schreiben Paris' Entscheidung die Merkmale von Natürlichkeit zu, die autonome Entscheidung eliminiert und durch Selbstentfaltung ersetzt („angeborniu tugent"). Komplexitäten der Wahrnehmung (Apfel der Discordia) und der Sinnzurechnung (Götterfiguren), die in der Erzählsequenz unmittelbar vorangegangen waren, werden auf diese Weise augenblicklich reduziert, indem Paris' Entscheidungskalkül auf Natur umgestellt wird: Minne erscheint nicht als gesellschaftliches Spiel oder Codierung, sondern wird zur unausweichlichen Aktualisierung anthropologischer Anlagen naturalisiert.

Auch dabei vollzieht der Erzählerkommentar eine Löschoperation. Zum einen überdeckt er, dass hinter der erklärten Primärursache der Natur wiederum andere Ursachen wirken – Venus und die paradoxen Instanzen der Götter lenken Paris insgeheim.[297] Zum anderen verdeckt der Erzähler, dass bereits die Götterfiguren mit dem magischen Konzept der Naturtechnik verbunden worden waren (Tr 858 – 1007). Kenntnis der *art* von Kräutern und Steinen ermöglicht den Götter-Zauberern, durch eigene Kompetenz (*meisterschaft*) aktiv Naturprozesse zu steuern:

> ir nützen und ir reinen
> art si wol erkanden
> und tâten in den landen
> von ir tugende krefte
> und mit ir meisterschefte
> sô manic wunder wilde
> daz man dâ von ir bilde
> müeste an beten iemer sît.
> (Tr 864 – 871)

---

**297** Dies bezeichnet die Adverbialkonstruktion des Verdeckens: „Vênus geschuof und ir geheiz / daz wunder an im *tougen*, / daz er muost âne lougen / nâch hôher minne siechen" (Tr 2740 – 2743; Herv. B.G.). Ausbalanciert und invisibilisiert wird diese Ursache wenige Verse später durch den Hinweis auf Paris' natürlichen Entwicklungsstand: „ouch twanc in daz gemeine reht / und sîn spilende kintheit, / daz ir sîn helfe wart bereit" (Tr 2750 – 2752).

Das Parisurteil ersetzt dieses Konzept der steuerbaren Natur durch das Modell einer einzig sich selbst vollziehenden Natur.[298] Dass Paris sein Liebesversprechen gegenüber Oenone vergisst, wird dementsprechend von der Forderung eines natürlichen Begehrens nach Helena überdeckt (Tr 4357–4459).

Im *Trojanerkrieg* hat die Invisibilisierung mittels Natursemantik Konsequenzen für das gesamte Erzählen, erlaubt sie doch, den erzähltechnisch heiklen Anschluss von euhemeristischen Paradoxien (Figuren wie Venus können als Götter und zugleich als Menschen behandelt werden) an einen weiteren Handlungsgang sicherzustellen, der die Götterperspektive weitgehend reduziert. Invisibilisierung überspielt mittels Natursemantik somit einen neuralgischen Punkt des gesamten Erzählprojekts: Sie hilft grundlegende Differenzen zwischen weitgehend götterlosen Erzählordnungen (Dares/*Roman de Troie*) und mythologisch angereicherten, paradoxieaffinen Erzählordnungen (*Excidium Troie*, mythographische Handbücher, *Heroides* und *Metamorphosen*, *Ilias latina* u. a.) herzustellen und unsichtbar zu machen. Für ihre Integration zu einer kohärenten Wissenstextur erweist sich Invisibilisierung damit als wichtiges Verfahren.

Auch an anderen Stellen des *Trojanerkriegs*, an denen Vorlagentexte verändert oder remontiert werden, verdecken mitunter Natursemantiken Kohärenzprobleme. So bewegt „diu natûre" beispielsweise Priamus dazu, sich über Unheilsprophezeiung und marternde Zweifel hinwegzusetzen und Paris wieder in Troja aufzunehmen (Tr 5676) – Natursemantik verdeckt hier Nahtstellen einer komplexen Quellenkompilation der Vorgeschichte um Paris.[299] Auch beim Verwandtenkampf von Hector und Ajax verdeckt die Semantik von Blut und natürlicher Abstammung die kompositionelle Zäsur, welche die ausgedehnte Erzählstrecke nach der Vorlage von Benoîts *Roman de Troie* (Tr 25110–37053) von der anschließenden mythographischen Einlagerung der Herculeserzählung (Tr 37886–38744) absetzt. Als Diskussion über familiäre Verpflichtung – Isolaus sucht die Erinnerung an seinen Vater Hercules aufrechtzuerhalten, Nestor im Hinblick auf seine eigene Familie gerade zu verhindern – setzt die Erzählung vom

---

[298] Die Natursemantik des *Trojanerkriegs* steht damit im Kontext von Entwicklungen des mhd. Wortfeldes der Natur im 13. Jahrhundert; wenige Generationen nach Konrad kann *natûren* bei Meister Eckhart den Selbstvollzug Gottes bezeichnen; vgl. Ruh, Kurt: „Mittelhochdeutsch ,natûren'. Beobachtungen zur Bedeutungsentfaltung". In: *Studia Linguistica et Philologica. Festschrift für Klaus Matzel zum 60. Geburtstag.* Hg. v. Hans-Werner Eroms, Bernhard Gajek u. Herbert Kolb. Heidelberg 1984, S. 255–262, insbes. S. 257–259. Zur Rückbindung der Natursemantik an die Invisibilisierungsform der göttlichen Schöpfung vgl. auch Grubmüller, Klaus: „*Natûre ist der ander got.* Zur Bedeutung von *natûre* im Mittelalter". In: *Natur und Kultur in der deutschen Literatur des Mittelalters. Colloquium Exeter 1997.* Hg. v. Andrew Robertshaw u. Gerhard Wolf. Tübingen 1999, S. 3–17.

[299] Vgl. hierzu die Übersicht im Anhang der Arbeit.

Tod und Fortleben des Hercules also eine Natursemantik der Genealogie fort, die solche Quellenwechsel überspielt. Nicht nur für die Invisibilisierung von Figuren, sondern auch der Erzählkomposition leistet semantische Naturalisierung somit einen entscheidenden Beitrag.

## 2.2 „ach got, daz ich ie schœne wart!"
### Liebessemantik als Absorptionsmedium von Begründungskontingenz

„Alles, was sich im *Trojanerkrieg* abspielt, wird von den beiden Themenbereichen Minne und Krieg her bestimmt."[300] Mit dieser Einschätzung resümiert Elisabeth Lienert eine *communis opinio* der Forschung, die Liebesdarstellungen im *Trojanerkrieg* vornehmlich als Destruktion des Erzähldispositivs von Liebe und Kampf gelesen hat, das der höfische Roman im 12. Jahrhundert errichtet.[301] Sämtliche Minnebeziehungen (Paris/Oenone, Jason/Medea, Achill/Deidamia, Paris/Helena, Hercules/Deianira) variierten ein gemeinsames „Hauptmotiv" des katastrophalen Liebesverrats:[302] „Untreue und das leidvolle Ende der Minne sind indes in der Tat Konstanten im *Trojanerkrieg*."[303]

Die Beobachtung der „Konstante" enthält eine weitergehende These zur Dominanz des Minnethemas: Minne ergreife die Figuren stets mit der Macht einer „Naturgewalt", so formulierte als erster Karl Basler.[304] Zwar werde in Episoden wie dem Parisurteil oder der Begegnung zwischen Jason und Medea die Liebesentstehung mit dem topischen Programm der Liebesstufen flankiert, doch brächten äußere Einwirkungen allenfalls Anlagen zur Entfaltung, wie Elisabeth Lienert feststellt: *„causae amoris* sind, ähnlich wie im ‚Tristan', die in den Liebesgott-

---

**300** Lienert: *Geschichte und Erzählen*, S. 289.

**301** „Minne und Kampf gleichwertig zu behandeln", ist nach Cormeau: „Quellenkompendium", S. 315 ein „höfischer Impuls" des Romans. Vgl. auch Worstbrock: „Tod des Hercules", S. 278: *„ritterschaft* und *minne* bestehen je für sich, verhalten sich von vornherein zueinander beziehungslos, treten nicht in einen Lebenszusammenhang. Sie bauen daher auch nicht mehr wie in der Tradition des höfischen Romans [...] eines mit dem andern die Einheit des Ritters und dessen spezifisches Ethos auf." Zur „außerordentlich unhöfisch[en]" Auffassung der Liebe vgl. auch Basler: *Trojanischer Krieg*, S. 96.

**302** Vgl. Schnell: *Mittelhochdeutsche Trojanerkriege*, S. 47; zusammenfassend Lienert: *Geschichte und Erzählen*, S. 291–297.

**303** Lienert: *Geschichte und Erzählen*, S. 290; vgl. auch Kokott: *Konrad von Würzburg*, S. 278–280.

**304** Basler: *Trojanischer Krieg*, S. 96; zum „enge[n] Zusammengehen von *minne* und *natûre*" vgl. auch Monecke: *Studien*, S. 151.

heiten personifizierte *minne* und *natûre*. Minne von außen und Natur von innen wirken zusammen."[305]

Dieser Sicht stehen, wie bereits an der Liebesentstehung des Paris erkennbar wurde, komplexe Vorgeschichten entgegen. Der scheinbar natürlichen Verursachung aufgrund von *kintheit* und deren Aktivierung durch Venus geht eine Problematisierung von Naturbeherrschung und Götterfiguren voran. Auch Jason und Medea führt zunächst das Sozialprestige der *êre* zueinander, bevor Feuermetaphorik und Stufenweg der Minne eine natürliche Liebesentstehung simulieren. Das Liebeskonzept des *Trojanerkriegs* erfordert somit komplexere Erklärungsansätze als die Bestimmung von „Konstanten" – es erfordert Beschreibungsmöglichkeiten, die den *Eindruck* von Konstanten plausibilisieren können, der sich trotz offenkundiger Inkonstanz einstellt. Die beobachtete Nähe von Liebes- und Natursemantiken legt nahe, auch hier nach Funktionen der Invisibilisierung zu fragen. Könnte es sein, dass auch die Liebessemantik Differenzen von Motivation und Komposition oder Paradoxien des Erzählens löscht? Diese Hypothese gilt es im Folgenden an einer Figur zu überprüfen, die wie keine andere die Liebessemantik des *Trojanerkriegs* zu bündeln scheint: Helena.

Aufschlussreich sind hierfür besonders die beiden Mauerschauen, in denen sich Helena Leid und Zerstörung der zweiten Schlacht zunächst als Schuld zurechnet (Tr 33954–33994), bevor sie in der dritten Schlacht in überragender Positur der Minnedame die Destruktion offen stimuliert (Tr 39242–39287). Sowohl im Vergleich beider Mauerschauen als auch in Relation zur Vorgeschichte des Helenaraubs lassen sich dabei semantische Verschiebungen beobachten, deren Ergebnis Invisibilisierungen sind.

Als Helena erstmals unter sich die wogende Massenschlacht erblickt, bricht sie „in herzen unde in muote" (Tr 33996) in Klagen aus:

> [...] ouwê mir, armez wîp,
> daz alsô manic hôher lîp
> von mîner schulde wirt verlorn!
> daz ich zer welte ie wart geborn,
> daz ist ein übel mære,
> wan ez vil bezzer wære,
> daz man mich hæte nie getragen,
> denn ieman hiute würde erslagen
> von hôher und von reiner art.
> (Tr 33959–33967)

---

**305** Lienert: *Geschichte und Erzählen*, S. 298; das Konzept der Naturanlage (*natûre*) als Bedingung der Liebesentstehung bezieht Lienert (ebd., Anm. 255) auf die Liebestheorie des Andreas Capellanus.

Vor dem *forum internum* bezichtigt sich Helena nicht als Individuum, sondern als weiblicher Prototyp schlechthin („armez wîp"), das gesamte Kriegsleid ausgelöst zu haben – lieber wäre sie nie geboren worden, als dass nun edle Krieger ihr Leben lassen müssten. Der diskurstypischen Gerichts- und Klagerhetorik[306] entsprechend rekapituliert Helena nochmals das „übel mære" ihrer Geburt und deren Folgen:

> daz Pârîs ie den Kriechen
> gezuhte mich vil armez wîp,
> daz garnet hiute manic lîp,
> der sîn vil hôchgebornez leben
> muoz eime grimmen tôde geben.
> (Tr 33990 – 33994)

Zu wem spricht Helena – und mit welchem Effekt?[307] Ihr Miniaturnarrativ zieht einen direkten schuldhaften Kausalnexus von ihrer Geburt über den Raub durch Paris zur Massenschlacht. Helenas Dreischritt verdeckt dabei jedoch, dass die erste Erzählhälfte des *Trojanerkriegs* eine beachtliche Reihe von unabhängigen Motivationssträngen exponiert hatte, die sich erst spät verflechten: Hecubas Fackeltraum, der Streit um den Apfel der Discordia im Rahmen der Thetis-Hochzeit oder die Genealogie der Rache, welche die Argonautenreise vor Troja anstößt, markieren jeweils getrennte Ausgangspunkte zu Motivation und Deutung des Trojanischen Kriegs. Ohne diese Komplexität mit nur einem Wort in Erinnerung zu rufen, versucht Helenas Anklagerede damit, die Erzählorganisation zu revidieren und auf ein einfaches ontologisches Muster zu reduzieren: Ihre Geburt wird kurzerhand zum umfassenden Auftakt der Katastrophe erklärt. Sie greift damit in eine Erzähltradition von Trojaberichten ein, die Helena sogar partiell entlastet

---

306 Wenn der *Roman de Troie* und seine Bearbeiter Helenas Reflexionen als Klage präsentieren, verwenden sie einen Redemodus, der in lateinischer wie volkssprachlicher Antikenrezeption des 12. und 13. Jahrhunderts eng mit Helena verbunden ist – vgl. als berühmtes Beispiel etwa die Trojaklage des *Carmen buranum* 101: *Carmina burana. Texte und Übersetzungen*. Mit den Miniaturen aus der Handschrift und einem Aufsatz von Peter und Dorothee Diemer. Hg. u. übers. v. Benedikt Konrad Vollmann. Frankfurt a.M. 1987, S. 370 – 374 (101,6 – 17).
307 Formal betrachtet handelt es sich natürlich um ein Soliloquium, denn Helena spricht zu sich selbst; vgl. Hübner: *Erzählform*, S. 48 f. Der *Trojanerkrieg* verwendet dabei jedoch keinen Figurenfilter: Dass Paris sie den Griechen geraubt habe, ist mit nullfokalisierter Stimme gesprochen. Entsprechend repräsentiert Helenas Soliloquium weniger Figuren- als vielmehr Erzählersicht.

hatte.[308] Im *Trojanerkrieg* hingegen führt Helena zufolge die Existenz weiblicher Schönheit auf direktem Weg in die Zerstörung:

> ach got, daz ich ie schœne wart
> und ie sô clâren lîp gewan!
> des muoz engelten manic man,
> der mîn genozzen wênic hât.
> (Tr 33968–33971)

Nicht ohne Grund bezieht sich Helenas Klageruf auf Gott. Denn um derart gravierende Löschungen der Vorgeschichte zu verdecken und zu autorisieren, bedarf es leistungsfähiger Invisibilisierungskonzepte – in der religiösen Kultur des Mittelalters leistet dies unüberbietbar die Letztinstanz Gottes, auf die Helena folgerichtig die Schuldbegründung wiederholt zurückleitet: „daz ich gelebte ie disen tac, / daz riuwe got den reinen!" (Tr 33978 f.). Schönheit wird somit im Gewand der Anklagerede auf Transzendenz umgestellt – und damit auf eine Semantik, der ästhetische Effekte des Erscheinens korrelieren. Helena reduziert somit nicht bloß die Komplexität der Vorgeschichte zu einem einfachen ontologischen Begründungsschema fataler Frauenschönheit, sondern entzieht dessen Ursprung der menschlichen Handlungsentscheidung. Ergebnis ist eine überraschende Invisibilisierung von Optionalität: Liebe und tödliches Begehren erscheinen als bloßes Verhängnis, das individueller Verantwortung entzogen ist.

Doch damit ist nur eine erste Stufe der Invisibilisierung aufgebaut, wie Helenas zweiter Auftritt auf den Mauern Trojas beweist. Denn erst jetzt sind auch die letzten Spuren eines Begründungs- oder Schulddiskurses gänzlich getilgt und durch ästhetische Effekte ersetzt, die von Helena ausgehen:

> Helêne bî den zîten
> saz ûf der mûre zinnen,
> diu glenzen unde brinnen
> kund als ein lûter morgenrôt.
> si gap den ougen unde bôt

---

**308** Die für die epische Trojatradition des Mittelalters maßgeblichen Darstellungen – die fingierten Augenzeugenberichte des Dictys und des Dares – räumen Helena allenfalls eine „Mitschuld am Krieg" ein, da die trojanischen Prinzen die Auslieferung Helenas aus eigenen Interessen verhindern (Dictys) oder andere Ursachenketten wie die Argonautenreise vorgeschaltet werden (Dares); vgl. dazu Schneider: „Helena", S. 311. Mit der Argonautenfahrt und der durch sie einsetzenden Konfliktkette beginnt auch Benoît – die einseitige Schuldzurechnung von Helenas erster Mauerschau findet sich dagegen nur im *Trojanerkrieg*. Speziell zu Benoîts Helena vgl. Siebel-Achenbach: „Helena"; zu Helena als „tragische[m] Grund" des „entsetzlichen Krieges" vgl. auch Pastré: „Typologie und Ästhetik", S. 408 sowie Lienert: „Helena", insbes. S. 413 f.

> des mâles wunnebæren schîn.
> (Tr 39242–39247)

Zusammen mit Polixena betrachtet Helena nun ihrerseits die Schlacht als attraktives Schauspiel mit entlastender Wirkung: „die ritterschaft vermezzen / si beide wolten schouwen, / dar umbe daz den vrouwen / würd ir gemüete ringer" (Tr 39254–39257). Solche Wendung muss überraschen: Erinnerte Helena der Anblick der Schlacht nicht an die eigene Schuld? Aus teleiopoietischer Distanz von Minnedamen auf der Burgarchitektur verweisen beide Frauen nun zum Vergnügen auf das Geschehen,[309] indem sie gegenseitig herausragende Kämpfer identifizieren:

> Helêne mit dem vinger
> begunde ir friunt Pârîsen
> dâ sîner swester wîsen.
> dâ wider lie Polixinâ
> vil manigen si beschouwen dâ,
> des si niht hete war genomen.
> die tugentrîchen und die vromen,
> die wol geprîset wâren,
> begunde si der clâren
> ouch mit dem vinger zeigen.
> (Tr 39258–39267)

Statt wie bei der ersten Mauerschau die Selbstwahrnehmung nach innen zu wenden und zu belasten, richtet sich Helena gänzlich auf den Außenraum, dessen Aktionen entlasten; negative Selbstwahrnehmung wird durch admirative Fremdwahrnehmung („beschouwen") ersetzt. Helenas und Polixenas Zeigegesten spannen dabei einen deiktischen Schauraum auf, der die Schlacht und ihre Akteure auch für den Rezipienten imaginativ erscheinen lässt.

---

**309** Diese Distanzposition auf der Burgmauer ruft eine erotische Raumkonstellation auf, die „Burg/Frau" engführt: „‚Burg' impliziert zugleich weibliche Körperlichkeit" – so die Beobachtung von Bauschke, Ricarda: „Burgen und ihr metaphorischer Spielraum in der höfischen Lyrik des 12. und 13. Jahrhunderts". In: *Die Burg im Minnesang und als Allegorie im deutschen Mittelalter.* Hg. v. Ricarda Bauschke. Frankfurt a.M. 2006, S. 11–40, hier S. 34 bzw. S. 39 zu Burgmotiven in der Liebeslyrik des 12. und 13. Jahrhunderts. Zur teleiopoietischen Raumkonstruktion vgl. demnächst: Gebert, Bent: „The greater the distance, the closer you get. On teleiopoetry". In: *Spatial practices. Medieval/modern.* Hg. v. Markus Stock. Göttingen [in Druckvorbereitung].

Das ästhetische Schauspiel hat eine gefährliche ethische Rückseite. Denn die anzügliche Erscheinung der Frauen auf der Mauer lähmt jeden, der zu ihnen hinaufblickt:[310]

> si zwô vil manigen veigen
> dâ mahten ûf der mûre,
> der sich an ir figûre
> sô lange dô verkapfte,
> daz einer ûf in stapfte
> und ungewarnet in ersluoc.
> si beide tâten schaden gnuoc
> des mâles mit ir bilde.
> ir schœne ûf daz gevilde
> vil gar durliuhteclichen schein.
> si wâren vil nâch ein und ein
> an liehter varwe reine,
> wan daz Helêne ein cleine
> dâ lûhte vür Polixinam.
> (Tr 39268–39281)

Was die Kämpfer in Bann schlägt, sind Transzendenzeffekte der Schönheit mit enormer Transformationswirkung: Während Helena und Polixena von Betrachterinnen zu aktiven Leuchtquellen werden („sie beide tâten schaden [...] / [...] mit ir bilde"), verwandeln sie die Handelnden zu Betrachtern. Tödlich ist solche Betrachtung, weil sie inmitten der Handlungssituation zu entzeitlichtem Verweilen verlockt – zur aisthetischen Kontemplation von Formen („figûre").[311] Ihre Transzendenz verbürgen zum einen Metaphern des schönen Erscheinens („ir schœne ûf daz gevilde / vil gar durliuhteclichen schein");[312] zum anderen Diskurssignale, die den topischen Schönheitsvergleich in die Nähe einer Einheitsontologie der Schönheit rücken („si wâren vil nâch ein und ein"). Solche Schönheit ist auf Handlungs- wie auf Diskursebene unauslotbar.

Aber auch auf Ebene des Erzählens zieht Helena die Beobachtung machtvoll an sich und zwingt zum selbstvergessenen Verweilen in Präsenz. Denn nur unter

---

310 Zuvor hatte der Anblick Helenas die Griechen zur Aktion stimuliert: „des wurden si vil harte / von ir gereizet ûf den strît. / si vâhten alle bî der zît / vil herter, dan si tâten vor" (Tr 34020 – 34023). Die aktivierende Wirkung kehrt der *Trojanerkrieg* nun um.

311 Zum „genießende[n] Verweilen in der Gegenwart einer vollkommenen Erscheinung" als Zeitmodus der aisthetischen Wahrnehmung vgl. Jauß, Hans Robert: *Ästhetische Erfahrung und literarische Hermeneutik*. Frankfurt a.M. 1982, S. 132.

312 Schon zuvor leuchtet Helena wie die Sonne: vgl. z. B. Tr 34009 – 34011, 34555 – 34557.

betontem Abbruch seiner epideiktischen Rede kann sich auch der Erzähler von der Betrachtung losreißen, um zu sich selbst zurückzufinden:[313]

> ob ich die vrouwen minnesam
> nû lopte mê, waz solte daz?
> sîn selbes maniger dô vergaz,
> der si zwô willeclîche sach.
> (Tr 39282–39285)

Erst die Unterbrechung des deskriptiven Blicks also sichert das Überleben der Narration, die daraufhin rasch zu Hector und Achill weitergleitet (ab Tr 39288).

Löscht Helenas erste Mauerschau die Komplexität der Vorgeschichte als Invisibilisierung erster Ordnung, so lässt sich ihre zweite Mauerschau als Invisibilisierung zweiter Ordnung lesen, die konsequent die Begründungsperspektive überhaupt löscht. Diese wird zwar weiterhin mitgeführt, jedoch zur Form eines präsenten Grundes verdeckt, der entzogen bleibt – räumlich durch die Distanz von Schlachtfeld und Stadtmauer, epistemologisch durch asymmetrische Beobachtungsmöglichkeiten (entlastende Überschau der Damen versus gefährliche Fixierung der Krieger), metaphorisch durch Formulierungen der Transzendenz. Performativ wird solche Invisibilisierung beglaubigt, indem sie selbst die Erzählinstanz in sich hineinzuziehen scheint. Während Helenas Mauerschau explizit das Vergessen als Gefährdung betont (Tr 39284), besteht das noch raffiniertere Vergessen in der mehrfachen Löschung komplexer textinterner Fremdreferenzen, der mehrfachen Begründungsmuster des Kriegs. Vollendet wird diese Löschung, wenn schließlich die Wirkung erotischer Schönheit und das Kriegsgeschehen metaphorisch zusammenfallen: „ein strîten von in zwein [= Helena und Polixena] geschach, / daz nie sô grimmes wart vernomen" (Tr 39286 f.). Helena organisiert somit nicht nur konzentrisch um sich den Kriegsraum, sondern verkörpert ein Kriegserzählen mit Präsenzeffekten, das ebenfalls Sinnverweisung löscht. Invisibilisierung wird mit Helena strukturell, operativ und semantisch in die Ordnung des Kriegs eingebaut.[314]

---

313 Beschreibungsverzicht kann selbstverständlich auch als Unfähigkeitstopos oder Selbstermahnung des Erzählers nach einer Digression verstanden werden. Im Kontext der Betrachtungsproblematik erhält dieser Verzicht jedoch ein thematisches Gewicht: als bewusste Vermeidung der vollen Äußerung. Zum rhetorischen Hintergrund dieser Technik vgl. Lausberg: *Handbuch der literarischen Rhetorik*, S. 439 (§ 888, 2c).
314 Vgl. repräsentativ für viele ähnliche Stellen Tr 34004 f.: „doch lûhte Elêne mit gewalt / diu schœnste vor in allen." Es bedarf kaum des Nachweises, dass solche Koppelungen von Krieg und Liebe keineswegs eine Erfindung des *Trojanerkriegs* sind: „Seit der Antike wird Kampfmotivik für die Liebesdarstellung benutzt, gehen doch Kriegsgott Mars und Liebesgöttin Venus

Einerseits stellen Figuren- und Erzählerrede durch semantische Verschiebungen die innovative Komplexität des ersten Erzählteils auf einen konventionalisierten *frame* um, der Helena in Literatur und Kultur des Mittelalters als „Urbild" der „schönen, verführerischen Frau" charakterisiert.[315] Andererseits koppelt der *Trojanerkrieg* auf diese Weise thematische und ästhetische Aspekte fest aneinander, die in der Vorgeschichte noch unabhängig voneinander erzählbar waren. Krieg und Schönheit, Handeln und Wahrnehmen werden dadurch reversibel: „Pracht und Vernichtung laufen im Krieg [...] und in Helenas Schönheit und fataler

---

in der Mythologie eine heimliche Verbindung ein"; Bauschke: „Burgen", S. 33. Diese Koppelung setzt bereits rahmend im *Trojanerkrieg*-Prolog an, wenn der Erzähler – entgegen der nachfolgenden mehrsträngigen Ursachenkette – Helena als Mörderin mit dem Krieg kurzschließt: „ich sag iu von den dingen, / wie daz vil keiserlîche wîp / Helêne manigen werden lîp / biz ûf den tôt versêrte, / und waz man bluotes rêrte, / daz durch si wart vergozzen" (Tr 312–317).

[315] Kern, Manfred: „Helena". In: *Lexikon der antiken Gestalten in den deutschen Texten des Mittelalters.* Hg. v. Alfred Ebenbauer, Manfred Kern u. Silvia Krämer-Seifert. Berlin, New York 2003, S. 282–290, hier S. 287. Schon in der Antike zeichnet sich nach Homer eine semantische Reduktion der Helenafigur ab: „Sie wird zunehmend für den Krieg verantwortlich gemacht und zum Exempel einer treulosen verführerischen Frau"; Schneider: „Helena", S. 309. Ein eindrückliches Beispiel für Helenas Reduktionswirkung auf Begründungskontingenz bietet in der mittellateinischen Literatur die Hecubaklage der *Carmina burana.* Obwohl Hecuba verschiedene Ursachen anführt, die zur Zerstörung Trojas beitrugen – das Schicksal (101,1; 101,27), die diebischen Absichten des Paris (101,3–5) und den Zorn Junos (101,22; 101,26) –, lastet sie die Schuld einzig Helena an: „Seua, quid euadis, non tradita cetera tradis? / Cur rea tu cladis non quoque clade cadis?" („Du Furie, warum gehst du frei aus, die du, selbst nicht preisgegeben, alles andere preisgibst? / Warum gehst du, die am ganzen Unheil schuld ist, nicht auch selber zugrunde?"); *Carmina burana*, S. 372f. (101,15). – Als generalisierte Begründungsfigur der zerstörerischen Liebe beherrscht Helena auch die volkssprachliche Dichtung – von kurzen Anspielungen in Exempelform bis zu ausführlichen Inszenierungen. Paris' Raub der Helena habe die Zerstörung Trojas und Didos Liebesleid bewirkt (vgl. Heinrich von Veldeke: *Eneasroman*, V. 52,10–15); auch Heinrich von dem Türlin: *Die Krone.* Hg. v. Fritz Peter Knapp [u.a.]. Tübingen 2000–2005, V. 11550 betrachtet Helena und Paris als Ursache für die Zerstörung Trojas. Helena sei die schönste aller Frauen (Gottfried von Straßburg: *Tristan*, V. 8267), aber schön ohne Verstand (Thomasin von Zerclaere: *Der wälsche Gast*, V. 823); ihretwegen wurde Troja belagert (*Mauritius von Craûn*. Hg. v. Heimo Reinitzer. Tübingen 2000, V. 15). Der Pokal in *Flore und Blanscheflur* zeigt, wie um Helenas willen viele Menschen starben (Konrad Fleck: *Flore und Blanscheflur.* Hg. v. Emil Sommer. Quedlinburg, Leipzig 1846, V. 1632f); so auch Konrad von Stoffeln: *Der Ritter mit dem Bock. Gauriel von Muntabel.* Hg. v. Wolfgang Achnitz. Tübingen 1997, V. 4382,12–14 oder der fünfte Leich Rudolfs von Rotenburg (*Deutsche Liederdichter des 13. Jahrhunderts.* Hg. v. Carl von Kraus. 2. Aufl. Tübingen 1978, Bd. 1, S. 377 [V. 204f.]). Noch Dantes *Divina commedia* führt Helena als Exemplum weiblicher Untreue auf; vgl. Dante Alighieri: *Die göttliche Komödie. Italienisch und deutsch.* Hg. u. übers. v. Hermann Gmelin. 2. Aufl. München 1988, Bd. 1, S. 62f. (*Inferno* 5,64f.). Mit weiteren Belegen zur Anspielungsrezeption dieses Helenabildes vgl. auch Kern: *Anspielungsrezeption*, S. 230–237.

Handlungsrolle zusammen."[316] Solche Isotopie und scheinbare Fatalität – so das Ergebnis der Analyse – werden jedoch erst hergestellt, sie verdanken sich mehreren Schritten der semantischen Invisibilisierung.

Die Helenahandlung zeigt damit exemplarisch, dass genau genommen nicht das Muster der destruktiven Minnebeziehung den Roman durchgehend bestimmt. Umgekehrt lässt sich vielmehr an Helenas Löschungen beobachten, dass der *Trojanerkrieg* die Liebessemantik verwendet, um Komplexitätsprobleme aufzulösen, die Konrads Vorhaben der umfassenden Trojakompilation aufwirft. Liebe stellt im *Trojanerkrieg* weder ein bloßes Thema, noch fungiert sie als stabiler Code, sondern wird als Form von dynamischen Verschiebungen greifbar, die systematisch verbergen, wovon sie sprechen. Die Zentralstellung, die der *Trojanerkrieg* Helena dafür einräumt, hat in dieser Absorption von Kontingenz ihren funktionalen Grund.

## 3 Effekte des Erscheinens. Ostensives Erzählen und die Produktion von Unbeobachtbarkeit

Helenas Glanzeffekte und die Kriegsästhetik des *Trojanerkriegs* haben die Forschung seit jeher beeindruckt. Beide führen die Beobachtung an paradoxe Grenzen: „[D]as Licht, das erzählt wird, hat keinen Ursprung, entspringt keiner Reflexion natürlichen Lichts. Es scheint aus den Figuren selbst zu kommen."[317] Schon Wolfgang Monecke hatte daher den Beschreibungspartien ein „eigentümliches Vergegenwärtigungsprinzip" zugeschrieben, dessen „Zwang zur Selbstbestätigung" förmlich irritiere:

> Es beruhigt sich nicht, kommt nicht zu fester Kontur. Die Kraft, die es aus seiner Schwäche nimmt, gereicht ihm nicht zu gesammeltem Dasein, sondern äußert sich in Aktivität: es leuchtet, strahlt, gibt *schîn*, wodurch es appelliert und anzieht. Was aber, wenn die Instanz nicht da ist, auf die es weisen muß, um zu leben?[318]

Auch Moneckes Interpretation konnte sich der paradoxen Selbstreferentialisierung des *Trojanerkriegs* nur tentativ annähern, indem sie ihrerseits Paradoxien mit religiösen Anklängen reproduzierte. Die Leerstelle der Erzählinstanz sah Monecke als Vorzeichen des Renaissancekünstlers „jenseits aller mittelalterlichen Gebun-

---

**316** Lienert: *Geschichte und Erzählen*, S. 281; vgl. auch Lienert: „Helena", S. 417–420.
**317** Lechtermann: „Schillerndes Erzählen", S. 58.
**318** Monecke: *Studien*, S. 178.

denheit": Die „Beunruhigung" von Konrads strömender Bildrede wiese auf Formen einer „autonom werdenden Kunst" voraus.[319]

Mit überzeugenden Argumenten hat Jan-Dirk Müller davor gewarnt, solche
Konzepte der Autonomieästhetik oder des neuzeitlichen Ästhetizismus auf den
*Trojanerkrieg* zurückzuspiegeln. Denn Ästhetisierungseffekte seien „nicht ab-
trennbar von [Konrads] ethischem Engagement. Er treibt die vollendete Schönheit
in ein Maximum, um am Untergang des Vollendeten die Defizite der Vollendung zu
zeigen."[320] Ambivalenzen des Erscheinens von glänzenden Oberflächen mit töd-
lichem Grund manifestierten die Aporien einer höfischen Kultur zwischen Per-
fektionsansprüchen und Vergänglichkeitsdrohung, die weiterhin religiösen Ord-
nungsmustern des Mittelalters verpflichtet bleibe. Indem Konrads
Beschreibungstechnik diese Aporie paradox zuspitze, komme der *Trojanerkrieg*
ans „Ende der höfischen Epik".[321]

Im Anschluss an Müllers Beobachtung dieser Ambivalenzstruktur hat Burkhard Hasebrink darauf aufmerksam gemacht, dass die „Spannung von Referenz
und ästhetischer Präsenz" für theologische und poetologische Konzepte des Erneuerns konstitutiv ist.[322] Die in der Konradforschung etablierte These einer gat-
tungsgeschichtlichen Auflösungstendenz ist damit mindestens revisionsbedürf-
tig, beruht diese doch eher auf breiter diskursivierten Bedingungen
mittelalterlichen Wiedererzählens statt auf gattungsspezifischen Vorgaben. Wenn
Hasebrink die „Ambivalenz im Programm des Erneuerns" im *Trojanerkrieg* darin
bestimmt, dass Konrad „die abwesende Sache [...] unmittelbar und sichtbar zu
evozieren scheint, zugleich aber dadurch die Aufmerksamkeit auf seine [i.e. des
Kunstwerks] materielle Oberfläche lenkt, die diesen Glanz erst hervorbringt", so
gilt diese Beobachtung ebenfalls einer Paradoxie.[323] Spannungen zwischen
Selbstreferentialisierung der Kunst und göttlicher Inspiration im Prolog, schillernde Mixturen von Sinnlichkeit und Sinn, wie sie der Apfel der Discordia oder
das Kleid der Medea vor Augen führen, brächten geradezu „magische Kraft [...] in
der erzählerischen Erneuerung" zur Geltung. Entscheidend seien dafür Strategien,
die ihre immanenten Differenzen verschwinden lassen: Der „ästhetisch[e] Schein"
von Konrads poetischer Neugestaltung der Trojatradition erzeuge eine „betörende

---

**319** Monecke: *Studien*, S. 179.
**320** Müller: „Ästhetisierung", S. 302. In ähnlicher Spannung bestimmt auch Lienert: „Helena",
S. 418 die „unheilvolle Funktion des Schönen": „[D]ie erzählte Welt ist der Inbegriff irdischer
Herrlichkeit und wird trotzdem zunichte".
**321** Müller: „Ästhetisierung", S. 303; vgl. auch Müller: „Blinding sight", S. 215: „Konrad is
perhaps the last true courtly narrator".
**322** Hasebrink: „Ambivalenz des Erneuerns", S. 217.
**323** Hasebrink: „Ambivalenz des Erneuerns", insgesamt S. 213–217 (Zitat S. 213).

Macht", so Hasebrink, welche „die Kluft der Differenz zur Vergangenheit der überlieferten Texte und ihrer Geschichte(n) überbrückt und mit der poetisch inszenierten Kohäsion zugleich auch die wirkliche Gegenwärtigkeit, die blühende Frische und Lebendigkeit der Erzählung, hervorbringt."[324]

Der *Trojanerkrieg* reizt seine Beobachter damit bis heute dazu, seine Paradoxien in der Analyse zu verdoppeln; wie kaum ein anderer Roman des 13. Jahrhunderts ziehen seine Erzähleffekte ihre Beobachter zweiter Ordnung beharrlich in die Beobachtungsposition erster Ordnung zurück und setzen sie entsprechend deren Paradoxien aus.[325] Je näher sich die Interpretation dabei den Paradoxien des *Trojanerkriegs* annähert, desto schwieriger wird es, deren strategische Verschiebungen, Transformationen und Löschvorgänge wahrzunehmen. Ein Ausweg aus diesem Dilemma der Interpretation wäre, die Bedingungen solcher Absorptionseffekte selbst zum Thema zu machen.

Wenn der *Trojanerkrieg* für seine Beschreibung Entparadoxierungsprogramme wie Transzendenz verwendet, so geht es weder um kunstreligiöse noch um ästhetizistische, weder um säkulare noch um geistliche Ausrichtung der Zeichen. Vielmehr nutzt Konrads Roman in solchen Fällen die semantische Leistung des religiösen Codes, um Unterscheidungen zu erzeugen, deren Außenseiten in mittelalterlicher Kultur als schlechthin unbeobachtbar gelten. Sie ermöglichen Absorptionseffekte, die für literarische Wissenserzeugung unmittelbar relevant sind, insofern sie die Kontingenz von Beobachtung invisibilisieren – ob der Beobachtung Gottes oder der Beobachtung Helenas, ist prinzipiell irrelevant. Konsequent verbindet der *Trojanerkrieg* Helena daher sowohl mit Metaphern des Todes als

---

**324** Hasebrink: „Ambivalenz des Erneuerns", S. 216.

**325** Symptomatisch dafür ist, dass die Forschung zum *Trojanerkrieg* ihre Interpretamente bevorzugt paradox zuspitzt: Helenas erscheine als „Monstrum an Schönheit" (Monecke: *Studien*, S. 172), als „Verkörperung [...] von Schönheit und Verderben, Glück und Leid, Positivität und Negativität, die das ganze Werk durchzieht" (Lienert: „Helena", S. 410). Helena stelle das „Paradox von Einheit und Agonalität" aus, das dem Krieg zugrunde liege (Lechtermann: „Schillerndes Erzählen", S. 54), aber ebenso den ambivalenten „Glanz der höfischen Kultur": „Paradox formuliert, die Kumulierung von Sichtbarem beeinträchtigt und verunsichert die visuelle Wahrnehmung, zielt auf ihre Überschreitung" (Müller: „Ästhetisierung", S. 303); vgl. auch Müller: „Blinding sight", S. 215; Bleumer: „Narrativität und Visualität" rekonstruiert Konrads „Darstellungsproblem der Schönheit" als „Paradox einer sinnlich-unsinnlichen Erfahrung" (S. 125). – Einen Sonderfall, der die Forschung ebenso stark befördert wie behindert hat, bildet zweifellos die Arbeit von Wolfgang Monecke. Ihre oben nur exemplarisch zitierte Strategie, auf Erzählparadoxien des *Trojanerkriegs* mit feinnervigen Paradoxien der Beschreibungssprache zu reagieren, ist von systematischem Interesse. Scheint der *Trojanerkrieg* seine Beobachter vor die zentrale Herausforderung zu stellen, riskante Paradoxierungen zu beantworten, so verfängt es dazu wenig, die Beobachtung paradox zu verwickeln. Konrads Erzählprinzip der *wildekeit*, dem Monecke nachspürte, scheint jedoch genau dazu zu verleiten: vgl. Monecke: *Studien*, S. 1–11.

auch der Sonne, des Tötens wie der verlebendigenden Wärme,[326] fungiert sie doch als in-differentes Wahrnehmungsobjekt bzw. als Handlungssubjekt, das Unterschiede schafft, während es selbst ununterschieden bleibt. Wenn Helena von den Mauern Trojas herab die Kämpfenden belebt und blendet,[327] wird demnach weniger ein thematisches Zentrum[328] als vielmehr eine epistemische Invisibilisierungsfigur wirksam.

Entscheidend für eine solche Argumentation ist, Invisibilisierung nicht als Fixierung von Sichtverhältnissen aufzufassen. Mit seinem Bilderstrom und seinen Spaltungen von Phänomenalität und Reflexion erzeugt der *Trojanerkrieg* ästhetische und kognitive Dynamiken, nicht statische Differenz. Tatsächlich entfalten seine Kriegspassagen ein „Riesenpanorama, an dem der Leser sich schwindelnd entlangbewegt".[329] Wie Müller am Beispiel von Helenas Farbmischungen herausgestellt hat, greifen Ästhetik und Epistemik dabei immer wieder ineinander: „Man kann nicht sagen, ob im Anblick (*varwe*) ihres Gesichts weiß oder rot vorherrscht. Die Überwältigung bringt den Blick um sein Unterscheidungsvermögen."[330] Planvoll stimuliert der *Trojanerkrieg* Akte des Unterscheidens, die zwischen der Ordnung schematisch wiederkehrender *descriptiones* (neben den Figurenbeschreibungen z. B. in Form von modularisierten Rüstungs- und Kampfbeschreibungen[331]) und ekstatischer Ordnungsüberschreitung pendeln. So sind es ebenso wahrnehmungsorientierte wie kognitive Dynamiken von „Kontrast" und „Ununterscheidbarkeit", die jene Ästhetik des Schillerns hervorrufen, deren Rückseite die „Unsichtbarkeit" von narrativer Konstruktion und Erzählinstanz ist, die Monecke beunruhigte.[332]

Doch Glanzeffekte stellen nicht ausschließlich darauf ab, ihren Rezipienten zu irritieren. Was die Forschung als ästhetische und epistemologische Provokation beschäftigt hat, schien spätmittelalterlichen Lesern durchaus attraktiv – dies belegt zumindest die Exzerptüberlieferung des *Trojanerkriegs*, die gezielt Glanz-

---

**326** Vgl. im Rahmen der *descriptio* z. B. Tr 19715–19719, 19880, 20237, 20275, 20284, 20304, 20322–20325.
**327** Vgl. Kap. IV.1.1.11.
**328** Vgl. Lienert: „Helena".
**329** Monecke: *Studien*, S. 172.
**330** Müller: „Ästhetisierung", S. 299.
**331** Vgl. Kap. IV.1.1.15.
**332** Monecke: *Studien*, S. 175 / 177. Der Begriff der Invisibilisierung fasst damit theoretisch als Einheit, was die Forschung zum *Trojanerkrieg* in der Regel als Paradoxie entfaltet: z. B. als Paradoxierung von narrativer Sinnkonstitution und visueller Imagination; vgl. ausführlich Bleumer: „Narrativität und Visualität", speziell zu Helenas Invisibilisierung S. 136: „Helenas Schönheit ist von blendender *clârheit* [...] und damit im genauen Wortsinne evident, d. h. einleuchtend."

partien des Romans auswählt (Helenabeschreibung, Kriegspassagen).[333] Statt
weitere Paradoxien aufzudecken, ist daher umgekehrt zu fragen: Was sind die
Bedingungen der Möglichkeit, dass Glanzeffekte des *Trojanerkriegs* zwar eindrücklich in Erscheinung treten können, ohne jedoch *als* Paradoxien auffällig zu
werden und somit zu blockieren oder zu stören?

Neben den untersuchten ekphrastischen Verfahren könnten dazu Zeige-
praktiken beitragen, die der religiöse Diskurs im Laufe des 13. Jahrhunderts institutionalisiert und als Rezeptionsgewohnheit für Konrads Präsentifikationsverfahren bereitstellt. Wie die voranstehenden Analysen zeigten, ist das
Kriegserzählen des *Trojanerkriegs* nur unzureichend als rhetorische Herstellung
von Evidenz zu fassen, weil es seinen kommunikativen Zug verbirgt. Während
rhetorische *evidentia* idealtypisch von der Anrede bzw. Wendung des Sprechers an
imaginär präsente Instanzen und Objekte ausgeht, erscheinen Helena und der
Krieg dagegen gleichsam selbstleuchtend. Ein aufschlussreiches Modell für
Konrads a-technische Erzählpraxis könnte ein Konzept liefern, das sich aus unterschiedlichen Theoriezusammenhängen der Erkenntnis- und Sprachtheorie
sowie der historischen Kulturwissenschaften speist: das Konzept der Ostension
bzw. Ostentation.[334] Wissen von einem Gegenstand kann nicht nur durch Angabe
expliziter Definitionen, durch Merkmalsbeschreibungen oder *by acquaintance*
erzeugt werden, sondern auch durch Vorzeigen bzw. Zeigen auf den Gegenstand –
durch ostensive Akte.[335] Ostensionen basieren auf Zeichenbeziehungen mit ver-

---

**333** Die Handschrift $W_1$ (Wien, Österreichische Nationalbibliothek, Cod. 2690, 1. Hälfte 14. Jahrhundert) überliefert im Anschluss an *Weltchronik*-Auszüge Rudolfs von Ems sowie einen kurzen
Ausschnitt der Paris-Helena-Begegnung (Tr 20733–21436) auf fol. 110$^{ra}$–145$^{vb}$ umfangreiche
Partien der zweiten sowie die gesamte dritte Schlacht (Tr 34021–40122) – im Zentrum des
Überlieferungsinteresses am *Trojanerkrieg* steht somit die glänzende Kriegsästhetik. Die Sammelhandschriften K (Köln, Historisches Archiv der Stadt, Best. 7020 W* 3, 1410/1420; Tr 19661–
20054 auf fol. 166$^r$–168$^v$) und $M_2$ (München, Bayerische Staatsbibliothek, Cgm 714; Tr 19893–
20054 auf fol. 182$^v$–186$^v$) bieten Auszüge der Schönheitsbeschreibung Helenas: „Narratio,
Handlung, tritt (fast) völlig zurück hinter reiner Descriptio; der Handlungskontext des Trojanerkriegs spielt keine Rolle mehr", so Lienert: „Überlieferung", S. 393; zu den genannten
Textzeugen vgl. S. 347–349 und 361 f.
**334** Vgl. zu den folgenden Überlegungen auch Gebert, Bent: „Von der Erfüllung der Zeichen
zum Erzählen mit erfüllten Zeichen. Narration und Ostension im ‚Trojanerkrieg' Konrads von
Würzburg". In: *Narrativität als Transformationsfaktor in der Geschichtsschreibung und den
Künsten*. Hg. v. Anna Heinze, Albert Schirrmeister u. Julia Weitbrecht. Berlin, New York [in
Druckvorbereitung].
**335** Vgl. zur ostensiven Definition Russell, Bertrand: *Human knowledge. Its scope and limits*.
New York 2009, S. 61–68; Wittgenstein, Ludwig: *Philosophische Untersuchungen*. In: *Werkausgabe in acht Bänden*. Bd. 1. Hg. v. Joachim Schulte. 16. Aufl. Frankfurt a.M. 2004, § 6, 28–30, 38
(„hinweisendes Lehren" bzw. „hinweisende Definition"); Quine, Willard: „Identity, ostension,

hältnismäßig flachen Sinnpotentialen: Nicht diskursiv, sondern durch Vorzeige-
praktiken im isolierten Nahraum erzeugen sie anschauliche Gewissheit.[336] Im
Hochmittelalter gewinnen ostensive Praktiken enorme kulturelle Signifikanz.[337]
Sie reichen von logischen Verfahren der Wissensbildung durch Vorzeigen
(ostensive *demonstratio*)[338] über Frömmigkeitspraktiken des 13. Jahrhunderts wie
die Elevation von Kelch und Hostie, das Vorzeigen der Hostie in Ostensorien bzw.
Monstranzen[339] bis hin zum Vorzeigen von Reliquien in Reliquiaren oder zur
Verfestigung von ikonographischen Mustern wie dem Wundenzeigen Christi, der
*ostensio vulnerum*. Alle diese Praktiken verbindet, dass sie Wissen nicht über
Hinweise oder Verweise herstellen, sondern über vergegenwärtigendes Vorzeigen.
Auch der *Trojanerkrieg* entfaltet den Kriegsraum als imaginären Zeigeraum, in dem
ostensives Erzählen am Phantasma vorherrscht:[340] Vorzeigen, sinnliche Intensi-
vierung und Wiederholen mittels Erzählmodule sind seine basalen Operationen.

Eine zentrale Leistung von Ostensionen kann darin gesehen werden, dass sie
die Paradoxie annehmbar machen, dass etwas *sich zeigt*, ohne dass sein Ursprung

---

and hypostasis". In: *From a logical point of view. 9 logico-philosophical essays*. 2. Aufl. Cambridge 2003, S. 65–79; Eco, Umberto: *Semiotik. Entwurf einer Theorie der Zeichen*. München 1987, S. 300–303.

**336** Nach Blanke: *Vom Bild zum Sinn*, S. 124–130 sind ostensive Zeichenverwendung zwar für Sinnerzeugung funktionalisierbar, doch kann dieser Sinn nur über code-externe Instanzen (Sprecherintention, Zeichenumgebung u.a.) erzeugt werden: *„Das Vorzeigen [...] ist weitgehend mit der kommunikativen Verwendung unkodierter Signale deckungsgleich"* (S. 128). Zur vordis-kursiven Qualität des Vorzeigens vgl. auch Wittgenstein: *Philosophische Untersuchungen*, § 28: „Das heißt, die hinweisende Definition kann in *jedem* Fall so und anders gedeutet werden." Zur Unterbrechung von Verweisungsüberschüssen im Zeigen vgl. Boehm, Gottfried: „Bildbeschrei-bung. Über die Grenzen von Bild und Sprache". In: *Beschreibungskunst – Kunstbeschreibung. Ekphrasis von der Antike bis zur Gegenwart*. Hg. v. Gottfried Boehm u. Helmut Pfotenhauer. München 1995, S. 23–40, hier S. 38: „Wer zeigt, unterbricht sich in seinem eigenen Tun [...], unterbricht aber auch den unbestimmten Horizont der jeweiligen Situation. Wer zeigt, hebt etwas heraus, macht es sichtbar, indem er es in seiner anschaulichen Einbettung isoliert."
**337** Vgl. Kiening, Christian: „Wege zu einer historischen Mediologie", 2007. http://www.ger-manistik.unibe.ch/SAGG-Zeitschrift/4_07/kiening.html (Stand: 15.11.2010); vgl. auch Kiening: „Mediale Gegenwärtigkeit".
**338** Vgl. für Thomas von Aquin die Belege von Schütz, Ludwig: *Thomas-Lexikon*, 2006. www.corpusthomisticum.org/tl.html (Stand: 15.11.2010), s.v. *demonstratio* (c, Nr. 4).
**339** Die Exposition der Hostie ist ab 1287 im Zusammenhang von Fronleichnamsprozessionen für Lüttich bezeugt; vgl. Elbern, Viktor H.: „Geräte, Liturgische. I. Historisch". In: *Theologische Realenzyklopädie*. Hg. v. Gerhard Krause u. Gerhard Müller. Bd. 12. Berlin 1984, S. 396–401.
**340** Ich knüpfe damit an die Überlegungen von Lechtermann: „Schillerndes Erzählen", S. 61 an, die „Ostension der konturierten Gegenstände" und „Ostension medialer Bedingtheit" im *Tro-janerkrieg* unterscheidet.

belangt werden könnte.[341] Ostensionen können damit als Formen der sinnlichen Invisibilisierung verstanden werden, die sich vollziehen lässt, ohne als Herstellung oder Technik zu erscheinen: *Unverfügbares* zeigt sich, *Entzogenes* wird gezeigt. In genau diesem Sinne erklärt der Erzähler Helenas Schönheit für „bodenlôs" (Tr 19720), die aber trotzdem durch Beschreibung zur Erscheinung gebracht werden kann.

Nicht nur vergleichsweise hochstufige Erzählverfahren des Beschreibens führen solche Effekte ostensiven Erscheinens herbei, sondern schon basale sprachliche Elemente und Operationen. In einer wegweisenden Studie zum *Trojanerkrieg* hat Hartmut Bleumer die Metapher als zentrale sprachliche Mikroform identifiziert, mit der Konrads *Trojanerkrieg* unablässig die Zeichenordnung auf Imaginationseffekte hin überschreitet. Zugleich verdeutlicht Bleumers Untersuchung die grundlegenden Beschreibungsprobleme, die solche Umschlagsphänomene für literaturwissenschaftliche Analysen aufwerfen.[342] Der *Trojanerkrieg* spitzt somit in seinen Effekten des Erscheinens eine Transgression von Zeichenproduktion auf Präsenzphänomene zu, die geradezu paradigmatische Herausforderungen stellt. Das historische Konzept der Ostension und das analytische Konzept der Invisibilisierung antworten auf dieses Problem.

Die wissenssoziologischen Vorüberlegungen der Arbeit führten zu der Hypothese, dass Invisibilisierungsakte konstitutiv für Wissen sind, indem sie nicht nur Kontingenz absorbieren, sondern diesen Löschvorgang selbst unsichtbar machen. Zu solchen Praktiken zählen auch Ostensionen. Der *Trojanerkrieg* nutzt ihr Invisibilisierungspotential, um ein Sinnfeld und ein Zeigefeld des Erzählens zu entfalten.[343] Während das narrative Sinnfeld in der ersten Erzählhälfte vielfältige Trojanarrative aufnimmt und montiert, sorgt das Zeigefeld für Abbruchprozeduren und Präsenzeffekte durch ostensives Erzählen. Wenn Helenas blendendes Gleißen die Kämpfenden ebenso anzieht wie betäubt, den Krieg ausleuchtet und zugleich

---

**341** Ostensionen sind mithin auf Entparadoxierungen spezialisiert, die gelegentlich der Deixis im Allgemeinen zugesprochen werden, so z. B. bei Boehm: „Bildbeschreibung", S. 39: „Die Erkenntnis öffnende Kraft der Deixis wird am deutlichsten daran, daß der *gezeigte* Gegenstand *sich* zeigt." Dies lässt allerdings die Möglichkeit offen, auf den Zeigenden zurückzukommen (mit Rückfragen, Einwänden, Zustimmung und anderer Kommunikation) – diese Möglichkeit wird von Ostensionen mehr oder weniger unterbunden.

**342** „Die literarische Ästhetik" – so Bleumers prägnantes Fazit – „kennt keine elementare Aisthesis": Phänomene der Bildwahrnehmung und die Ebene sprachlicher Zeichen stehen in der Theoriebildung unvermittelt gegenüber (Bleumer: „Narrativität und Visualität", S. 129).

**343** In Anlehnung an Bühler: *Sprachtheorie*, insbes. S. 121–140 zu Deixis am Phantasma. Bühlers deiktisches Verständnis vom ‚Zeigfeld' ließe sich auch auf komplexere Erzählverfahren beziehen.

Sichtbarkeit löscht, so verdichtet sich dieser ostensive Invisibilisierungseffekt zu einem eindrücklichen Bild.

Elisabeth Lienert kommt das Verdienst zu, das Quellenuniversum an Geschichten aufgedeckt zu haben, das der *Trojanerkrieg* birgt. Ihr detaillierter Befund hat die Forschung seitdem angeleitet, den Roman als „riesig[e] Collage" zu lesen.[344] Eine historische Invisibilisierungspraktik wie Ostension erlaubt im Gegenzug zu beschreiben, wie eine Vielfalt von *Geschichten* sich als *Geschichte* des Trojanischen Kriegs verbirgt. Schon die Metaphernarbeit des Prologs kündigte diese Transformation an. Ihr globaler Effekt ist, dass der *Trojanerkrieg* nachhaltig die Sicht auf alternative Geschichten begrenzt, sich selbst aber als maßgeblicher Wissenstext der deutschsprachigen Trojaliteratur durchsetzt. Wenn der Erzähler zum Auftakt des *Trojanerkriegs* eine Erzählung solcher Tiefe ankündigt, „daz man ez kûme ergründen / [...] / biz ûf des endes boden kan" (Tr 241 / 243), so ist damit gerade nicht hermeneutischer Tiefgang in Liebe und Verderben ausgerufen – sondern ein Bild, das Begründungs- und Deutungskontingenz zu löschen trachtet, indem es den Krieg selbst vorzeigt.

## 4 Zusammenfassung: Sichtbarkeiten / Unsichtbarkeiten

Invisibilisierung kennzeichnet Stabilisierungsvorgänge von Wissen, die sicherstellen, dass man nicht sieht, dass man nicht sieht, wenn man etwas sieht. Sowohl Wissensgegenstände als auch die Beobachtung von Wissen setzen demnach Verhüllung einzelner Aspekte ihrer Grenzen voraus, die im Gegenzug gesteigerte Sichtbarkeit ermöglichen. Um stabile Formen aufbauen und reproduzieren zu können, muss Wissenskommunikation den paradoxen Charakter von Unterscheidungen und die Kontingenz des Beobachtens unsichtbar machen. Invisibilisierung bezeichnet in diesem Sinne eine komplementäre Funktion der Sicherung. Im *Trojanerkrieg* wurde sie auf unterschiedlichen Ebenen greifbar: auf Ebene von Erzählverfahren, Semantiken und Effekten. Auf jeder dieser Ebenen war die Doppelfrage zu stellen: Was wird unsichtbar, was sichtbar? Und welche Operationen regulieren das Invisibilisierungsverhältnis von Sichtbarkeit und Unsichtbarkeit?

*Kap. V.1.1: Einlagerungen (Metadiegesen).* Ein umfangreicher erster Komplex von Erzählverfahren betrifft potenzierte Erzählsituationen des *Trojanerkriegs*. Wie sich an drei Typen der Metadiegese (Achills Gesangsunterricht, argumentative Mythenverwendung durch verschiedene Figuren, Philoctets Herculesmythos) so-

---

344 Sieber: „Achills Crossdressing", S. 53.

wie der Konstruktion einer metadiegetischen Erzählinstanz (*liumet*, Hörensagen) zeigte, invisibilisieren narrative Einlagerungen Paradoxien, die weit über die konkrete Episode und ihren Rahmen hinaus für den *Trojanerkrieg* relevant sind. Insgesamt sorgen potenzierte Erzählsituationen somit für Irritationsdämpfung.

*Kap. V.1.1.1: Verkleidete Selbstreferenz (Achill)*. Seinem maximalen Integrationsanspruch entsprechend montiert der *Trojanerkrieg* seine Hauptfigur Achill aus unterschiedlichen Quellen: Jugenderzählung und Kriegervita speisen sich aus Texten von Statius, Ovid, Dares/Benoît und anderen mythographischen Quellen. Kohärenzprobleme solcher Kompilation brechen jedoch verschärft auf, wenn sich Achill auf sich selbst bezieht – traditionell ist dieses Motiv durch die Jugendgeschichte der *Achilleis* vorgegeben, in der Achill die Lycomedestochter Deidamia durch verhüllte Lieder über sich selbst verführt. Der *Trojanerkrieg* greift die Paradoxierung von Selbstreferenz durch Metadiegese auf und verschärft sie zunächst sogar, entwickelt aber gleichzeitig neue Lösungen, um diese Paradoxie und damit zugleich die Kohärenzprobleme der Figurenmontage sequentiell prozessierbar zu machen. Personalitätswechsel des Erzählens, mehrschichtige Intertextualisierung oder das Erzählschema der Initiation (Achills *rite de passage* der Geschlechtsidentität) liefern drei narrative Verfahren, um Paradoxien der Figurenkonstruktion unsichtbar zu machen und Achills erotische Verwicklungen als bloßes Zwischenspiel der Heroisierung sichtbar werden zu lassen. Das Leitmotiv der Verkleidung spielt dafür eine zentrale Rolle, werden Paradoxien des Erzählens doch geradezu verkleidet. Allerdings bleibt solche Täuschung ausgestellt: Die Verfahren der Achillepisode leisten damit einen vergleichsweise geringen Grad der Invisibilisierung.

*Kap. V.1.1.2: Argumentieren mit Mythen*. Stärkere Unsichtbarkeiten erzeugen Figuren, die im *Trojanerkrieg* Mythen erzählen und im Rahmen von Argumentationsstrategien verwenden. Figuren steigen in diesen Fällen zu Erzählern auf, die über Wissen verfügen, das nur Erzählern, nicht aber (oder nur höchst unwahrscheinlich) Figuren innerhalb der erzählten Welt zukommt. Achill und Thetis, Paris und Helena erzählen nicht nur, sie ringen um Mythen und ihre exemplarische Auslegung. Als literarische Figuren werden metadiegetische Mythenerzähler dadurch verdeckt: Je kontroverser sie das Erzählte diskutieren, desto stärker trägt sie die Realitätsunterstellung des Erzählaktes. Dass Achill und Thetis, Paris und Helena gleichzeitig Erzählte und Erzähler sind (*re-entry*), wird damit unsichtbar.

*Kap. V.1.1.3: Hörensagen (liumet)*. Im Rückgriff auf Ovid verdichtet der *Trojanerkrieg* sein Erzählmodell textintern zu einer metadiegetischen Erzählinstanz: dem geflügelten Hörensagen (*liumet*). Zentrales Verfahren ist dafür die figurative Rede der Personifikation. Sie entwirft den *liumet* einerseits metaphorisch als Herrscher eines Informationshofs in den Wolken, an dem sämtliche Nachrichten zusammenlaufen, andererseits als Vogel, der als Verbreitungsmedium immer schon präsent ist, wenn sich Differenz erhebt. Konstitutive Elemente des Erzählmodells (maximale Streuung der Rezeption, Produktion von Differenz) werden somit im *liumet* modellhaft zusammengefasst. Zugleich wird die besondere Invisibilisierungsleistung des figurativen Verfahrens und seiner imaginativen Mittel erkennbar. Die Personifikation des Hörensagens lässt den Erzähler als Referenz für Kommunikation unsichtbar werden; sichtbar wird an seiner Stelle eine rein mediale Stimme, die selbst nicht adressiert werden kann. Erzeugen Metaphern im Medium von Sprache konzeptuelle und imaginative Identität bei gleichzeitiger Differenz, so macht sich die Personifikation des *liumet* diesen allgemeinen Effekt zunutze: Sie entwirft eine metadiegetische Erzählinstanz, die zwar Kommunikation anbieten kann, aber für Kommunikation selbst nicht zur Verfügung steht – in die Erzählung werden somit wesentliche Aspekte des Erzählmodells des *Trojanerkriegs* hineinprojiziert.

*Kap. V.1.1.4: Das Fortleben des Hercules.* Verarbeitet die Achillepisode in erster Linie Paradoxien der Figurenkonstruktion, so geht Philoctets Metadiegese des Herculesmythos nach der zweiten Schlacht darüber hinaus: Nicht nur Differenzen der Figurenzeichnung des Hercules, sondern auch des Kriegserzählens werden neu gesichert. Während die Forschung in der Erzählung vom Tod des Hercules vornehmlich Auflösungstendenzen höfischer Figurenzeichnung feststellte (Worstbrock), führten Vergleiche mit dem mythographischen Diskurs des Mittelalters zu einem gegenteiligen Befund: Differenzen der Herculesfigur sind erstens kein besonderes Zerfallsphänomen des *Trojanerkriegs*, sondern ein weitverbreitetes Diskursmuster der Mythographie. Zweitens entwickelt Philoctets Metadiegese weitere Formen, die solche Differenz auffangen und integrieren: Inkonsistenzen der Herculesfigur werden unsichtbar, indem sie als Muster von Kontemplation und Konversion sichtbar gemacht werden (Diskursivierung); digressive Ausweitungen von Redepartien innerhalb der Metadiegese verhindern zusätzlich Konsistenzprüfungen, die Identitätsprobleme der Herculesfigur zwischen Rahmenerzählung (Heroisierung) und Binnenerzählung (kontemplativer Philosoph und *confessor*) aufwerfen könnten (Potenzierung); durch Semantik und Rezeptionshaltung der *compassio* werden Differenzen von Narration und Figurenkonstruktion übersprungen. Aggression und Leiden werden durch Philoctets Bericht somit als kontemplativ vertiefte Überwindung neu legitimiert und stiften neue Gewalt zwischen Griechen und Trojanern. Statt vom Tod des Hercules zu erzählen, sichert die Metadiegese durch Diskursivierung, digressive Potenzierung und imitative Verflechtung von Rahmen- und Binnenerzählung somit das Fortleben des Hercules, aber auch die (erneuerte) Fortsetzbarkeit der Kriegsdifferenz.

*Kap. V.1.2: Dekomposition und Paradigmatisierung.* Neben vertikalen Einlagerungsverfahren zeigte auch die horizontale Sequenzierung des Erzählens Verfahren der Invisibilisierung. Ausgangspunkt bot dazu die Beobachtung der Forschung, dass der *Trojanerkrieg* seine Finalstruktur durch eine Vielzahl von Binnenromanen oder „Perlen" an der „Kette" des Erzählens aufbricht (Monecke, Lienert, Cormeau). Exemplarisch wurde dieses Dekompositionsverfahren an der Achillhandlung untersucht, deren von Statius aufgenommene Erzähleinheit der *Trojanerkrieg* in drei Stationen mit unterschiedlichen Figurenprofilen auseinanderlegt. Achill erscheint darin nacheinander als kontrollierter Feudalkrieger, irritabler Minneritter und als heroische Kampfmaschine. Alle drei Varianten der Achillfigur verdanken sich jeweils anderen narrativen Bedingungen der Figurenzeichnung in jedem Segment, die weder zur Deckung gebracht noch aneinander als Entwicklung angeschlossen werden können – ein Ordnungsverfahren der Narration, das in Anlehnung an Rainer Warning als Paradigmatisierung charakterisiert wurde. Statt Kontingenz auszustellen, wird im *Trojanerkrieg* jedoch tendenziell unsichtbar, dass mythologische Figuren wie Achill im Verlauf der Narration gravierenden Veränderungen unterworfen sind; größere Erzähleinschübe und semantische Transformationen (s.u. Kap. V.2.1) verdecken die erheblichen Eingriffe des *Trojanerkriegs*. Sichtbar werden im Gegenzug drei paradigmatische Bilder, die Achill als Krieger, als Minneakteur und als Heros zeigen, ohne auf Einheit gestellt zu sein. Es gehört somit zum besonderen Erzählprofil des Romans, sowohl in manchen Fällen Inkohärenzen der Figurenzeichnung zu integrieren (Hercules), als auch in anderen Fällen extreme Differenz zu desintegrieren (Achill). Beide Lösungen setzen auf Invisibilisierung.

*Kap. V.1.3: Ekphrastisches Erzählen.* An Konrads Helenabeschreibung ließ sich ein weiteres Verfahren greifen, das Paradoxien invisibilisiert: das ekphrastische Erzählen. Modellcharakter besitzt die Beschreibung Helenas und ihrer Kleidung, weil sie eine grundlegende Paradoxie auch des Kriegserzählens verarbeitet: die Differenz von fremdreferentieller Konstruktion (Helena wie der Trojanische Krieg sind imaginative Produkte) und selbstreferentiellem Erscheinen (Helena wie der Trojanische Krieg stellen sich als Bildpräsenz ein). Die detaillierte Auswertung der Helena-*descriptio* galt drei Aspekten der Invisibilisierung. Ekphrastisches Erzählen energetisiert Wahrnehmung durch irritierende Bilder, verfolgt dazu eine Balance von Ordnung (durch rhetorische Schemata und Topoi) und Ordnungsüberschreitung (z. B. durch exotische Imaginationsanweisungen der Kleiderbeschreibung) und bringt schließlich den Deskriptor zum Verlöschen: Der Konstruktionsprozess der *descriptio* weicht metaphorischer Selbstreferentialisierung (Helenas Kleid verfertigt sich selbst) und der Einsetzung ergriffener Wahrnehmungssubjekte (Paris, Rezipient). Helena, ihre Kleidung und die mit ihr verbundenen Gegenstände werden sichtbar, Beschreibung als Erzeugungssystem hingegen unsichtbar.

Daran schlossen sich grundsätzliche Überlegungen zum Verhältnis von Beschreibung und Textproduktion an. Das Kriegserzählen verdankt sich auf der

Makroebene des Textes demselben Beschreibungsverfahren, das auf der Mikroebene einzelne Objekte und Einzelfiguren präsent werden lässt. Grundfigur dieses Verfahrens, so das Ergebnis, ist das Erscheinen. Dies eröffnet neue Perspektiven auf die Engführung Helenas mit dem Trojanischen Krieg (Tr 312–321), die bislang vorwiegend thematisch verstanden wurde. Die Analyse führte zu dem Ergebnis, dass solche thematischen Bezüge ihrerseits von einer Verfahrensbeziehung der ekphrastischen Präsenzerzeugung getragen werden.

*Kap. V.2: Semantiken.* In und mit Verfahren der Invisibilisierung sind Semantiken wirksam, die Grenzen von Sichtbarkeit/Unsichtbarkeit sichern. An Semantiken der Natur und der Liebe ließ sich exemplarisch beobachten, dass innovative Gestaltungen von Figuren und Handlungen im *Trojanerkrieg* wiederholt mit etabliertem Diskurswissen überformt werden – mit anthropologischen, organologischen oder mythographischen *frames*, die provokante Veränderungen zu Regelbestätigungen verhüllen.

*Kap. V.2.1: Naturalisierung.* Achills Wesen als zorniger Heros wird so zum Beispiel erst mittels semantischer Umdeutung performativ hergestellt. Wildheit und Zorn fungieren im *Trojanerkrieg* als Invisibilisatoren einer Natursemantik, die kulturanthropologische Paradoxien seiner Jugendgeschichte zwischen Kontrolle und Gewalt, Naturierung und Sozialisierung löscht. Auch an anderen Stellen des *Trojanerkriegs*, an denen Vorlagentexte verändert oder remontiert werden, verdecken Natursemantiken häufig Kohärenzprobleme, wie sich im Hinblick auf die Geschichten von Paris und Hercules zeigte.

*Kap. V.2.2: Liebessemantik.* Das Muster der bestraften Minneverfehlung galt lange Zeit als Grundgerüst des *Trojanerkriegs* (Kokott, Lienert). Im Hinblick auf Helenas Mauerschauen auf den Trojanischen Krieg und dessen Vorgeschichte zeigte sich hingegen, dass dieses Muster erst allmählich hergestellt wird: Destruktive Minnebeziehungen verdanken sich erzählinternen Löschoperationen. An Helena ließ sich exemplarisch nachverfolgen, dass der *Trojanerkrieg* demnach die Liebessemantik verwendet, um Komplexitätsprobleme des Kompilationsprojekts zu lösen. Helenas Mauerschauen inszenieren dazu ein zweistufiges Verfahren: Sie reduzieren das komplexe Motivationsgeflecht der Vorgeschichte zu persönlicher Schuld, die semantisch auf das Diskursmuster fataler Schönheit bezogen wird, bevor Helenas zweite Mauerschau sämtliche Spuren des Schulddiskurses löscht und durch die höfische Liebessemantik der Minnedame als Attraktionszentrum ersetzt. Liebe fungiert im *Trojanerkrieg* also als Form von dynamischen Verschiebungen, die Komplexität abblenden.

*Kap. V.3: Ostensives Erzählen.* Haupteffekte der Invisibilisierung sind im *Trojanerkrieg* Phänomene des Erscheinens – von Artefakten wie dem Apfel der Discordia über Figuren wie Helena und Medea bis zum Trojanischen Krieg selbst. Das letzte Kapitel skizzierte einen Vorschlag, um solche Invisibilisierungseffekte mit einem historischen Konzept der Kontingenzlöschung zu beschreiben: dem Konzept des ostensiven Erzählens, dem Erzählen durch Vorzeigen. Praktiken der Ostension/Ostentation werden ab dem Hochmittelalter zunehmend institutionalisiert und verarbeiten eine grundlegende Paradoxie: Unverfügbares zeigt sich, Entzogenes wird gezeigt. Praktiken der Paradoxiebewältigung mittels Ostension begegnen nicht nur in der religiösen Kultur des Mittelalters, sondern prinzipiell auch in mittelalterlichem Wiedererzählen, das Variationen von Geschichten als stets erneuerte Kontinuität der einen Geschichte (*materia*) erzeugt. Dazu gehört nicht zuletzt der Antikenroman mit seiner/seinen Geschichte/n vom Trojanischen Krieg. Konrads *Trojanerkrieg* nutzt das kulturell generalisierte Invisibilisierungspotential von Ostensionen, so der Vorschlag, um ein Sinnfeld und ein Zeigefeld zu erzeugen. Vielfältige Geschichten werden aufgenommen und montiert, aber durch ostensive Erzählpraktiken auf Bildpräsenz und Effekte des Erscheinens gestellt, die ihren Konstruktionscharakter verdecken. Während die Kriegspartien die narrative Vielfalt der Vorgeschichten unsichtbar werden lassen, wird so der Trojanische Krieg als geschichtliches Ereignis sichtbar und erneuert.

# VI Ergebnisse

Die Arbeit nahm ihren Ausgang von Leitfragen, die sich auf Verfahren der literarischen Wissenserzeugung, auf die Wissensförmigkeit von Mythographie sowie auf den Beitrag von Mythosdiskursen zu kulturwissenschaftlicher Wissensforschung richteten. Die voranstehenden Analysen verfolgten diese Fragen auf sämtlichen Ebenen, die der *Trojanerkrieg* zu bieten hat: von der Detailstufe konkreter Metaphernverwendungen bis zur Abstraktionslage von differenztheoretischen Analysen des Erzählens.

Anstatt Einzelergebnisse nochmals zu wiederholen, wie sie die Zwischenzusammenfassungen bieten, möchte ich auf dieser Grundlage versuchen, (1.) Antworten auf die verfolgten Leitfragen zu geben, (2.) in gebotener Kürze den Beobachtungsversuch des Wissensmodells zu kommentieren, das im ersten Teil der Arbeit entwickelt und im Studienteil auf die Probe gestellt wurde, sowie (3.) Anschlüsse und Perspektiven zu benennen, die sich damit eröffnen. Dies soll abschließend für die drei Leitfragen der Arbeit versucht werden.

## 1 Der *Trojanerkrieg* als Wissenstextur

(1.) *Welchen Beitrag leisten spezifisch literarische Verfahren zur Wissenserzeugung?* Die theoretischen Vorüberlegungen zum Wissensbegriff mündeten in den Vorschlag eines Modells, das Wissen als Invisibilisierung von Beobachtungsparadoxien untersuchbar macht. Wissensförmig wird Kommunikation, wenn dadurch selbstreferentielle Anschlussmöglichkeiten von Kommunikation wahrscheinlich, fremdreferentielle Verweisungen unwahrscheinlich werden. Auch literarische Kommunikation kann diese Formen und Funktionen besitzen – insofern verfügt auch Literatur prinzipiell über die Möglichkeit, Wissen nicht nur zu importieren, zu repräsentieren oder zu verhandeln, sondern auch mittels genuin literarischer Operationen zu erzeugen. Im *Trojanerkrieg* ließ sich beobachten, dass der Roman als Ganzes diese Form des Wissens annimmt. (a) Spezielle Verfahren erzeugen und regulieren seine Paradoxien: Metaphorisierung, Formularisierung und andere Formen erzeugen eine Erzählerstimme, die sich zerstreut, im Erzählen auflöst und transparent wird für erscheinende Gegenstände. Mehrfache Referentialisierung lässt mythologische Figuren schweben und dämpft damit mythographische Paradoxien ab. Der zweiteilige Erzählaufbau des *Trojanerkriegs* legt Paradoxien der Sinnkonstruktion global auseinander: Ein Vorderfeld entsteht, in dem vielfältige Motivations- und Deutungslinien der sinnförmigen Verweisung aufgebaut werden (Traumdeutung, Prophezeiungen, Rache, Apfel der Discordia, Helena); von ihm hebt sich das Kriegserzählen durch Erzählverfahren ab, die solche Sinnverweisung unterbinden. Zentraler Ort dieser Entparadoxierung von kommunikativem Selbstbezug und Verweisung ist eine Erzählerreflexion an der transformatorischen Nahtstelle beider Erzählpartien.

(b) Der *Trojanerkrieg* trennt Selbstreferenz und Fremdreferenz des Erzählens keineswegs dichotomisch, beide Bezugsrichtungen bleiben stets komplementär aufeinander bezogen. Gleichwohl lassen sich zwei Schwerpunkte erkennen, in denen jeweils Fremd- bzw. Selbstreferenz in den Vordergrund treten. Während die komplexen Quellenmontagen der Vorgeschichte zum Trojanischen Krieg mit zahlreichen Formen der Verweisung und (Voraus-)Deutung einhergehen, sorgen unterschiedliche Verfahren des Kriegserzählens dafür, solche Verweisung zu unterbrechen, auszuschalten oder abzublenden: Sie bewirken eine Selbstreferentialisierung des Kriegserzählens, die sich in den Dimensionen der Narration (Beschreibung, Modularisierung des Erzählens), der Kognition (Aktualisierung von Bildpräsenz durch Wahrnehmungsreizung des Rezipienten), der Semantik (Metaphernorganisation), des Erzählmodus (entpersonalisierte Wahrnehmung und panoramatisches Erzählen) sowie der Pragmatik (Performativität) abzeichnet. Fremdreferenzen, die nicht das interne Verweisungssystem des Romans, sondern externe Anschlüsse an Kommunikationskontexte des Hoch- und Spätmittelalters sicherstellen, organisiert der *Trojanerkrieg* in umfassendem Sinne als Diskursivierung.

(c) Auch für die Invisibilisierung seiner Paradoxien findet der *Trojanerkrieg* mit literarischen Mitteln verschiedene Lösungen. Metadiegesen verarbeiten verschiedene Unterscheidungsprobleme der vertikalen Erzählorganisation, Dekompositionen von Handlungssträngen und Paradigmatisierung von Figuren verdecken Unterscheidungen der horizontalen Organisation. Prominente semantische Felder wie Natur- und Liebessemantiken erweisen sich zudem als Löschoperatoren, die Komplexitäten des kompilatorischen Erzählens reduzieren und auf etabliertes Diskurswissen projizieren – auch dies sind Verfahren, mit denen der *Trojanerkrieg* wissensförmig wird. Zuletzt wurde auch die Nähe der vielfältigen Beschreibungspartien des Romans zur mittelalterlichen Praxis der Ostension deutlich, die Paradoxien des Erscheinens reguliert. Nicht durch eine singuläre Operation wird der *Trojanerkrieg* also zur Wissenstextur – sondern erst durch das Zusammenspiel dieser (und in der Untersuchung näher differenzierter) Verfahren. Sie entwickeln ein Wissensprofil des Erzählens, das seine Quellenvielfalt zur Präsenz des Trojanischen Kriegs transformiert und kondensiert.

Dies wirft neues Licht auf alte Probleme. Nachhaltig hat die Forschung die Frage beschäftigt, inwiefern der *Trojanerkrieg* als „Quellenkompendium" auf

Kohärenz oder Zerfall angelegt sei.[1] Thematisch orientierte Ansätze der Motiv- und Kompositionsanalyse führte diese Frage bislang in das Dilemma, dass der *Trojanerkrieg* sowohl Destruktionsphänomene als auch Integrationsansprüche vorführt. Die vorliegenden Analysen erarbeiteten ein alternatives Angebot, das diese Aporie auflösen könnte: Destruktion und Integration lassen sich als Komplementärstrategien eines epistemischen Formierungsprozesses betrachten.

(2.) *Beobachtung des Beobachtungsmodells.* Dieses Ergebnis hat für die methodische Beobachtbarkeit von Wissen gewöhnungsbedürftige Implikationen. Welcher Instanz ist dieses Wissen vom Trojanischen Krieg zuzurechnen: dem Text, dem (historischen oder impliziten) Autor, dem (historischen oder impliziten) Rezipienten? So beträchtlich einerseits der Abstraktionsgewinn des vorgeschlagenen Wissensmodells ist, so deutlich zeigt die Untersuchung zum *Trojanerkrieg* andererseits, dass historische Wissensformen nicht aus ihren historischen Kommunikationszusammenhängen herauszureißen sind: *Als Wissen* fungiert der *Trojanerkrieg* nur innerhalb dieser historischen Beziehungen. So gesehen aktualisiert sich das Wissen des *Trojanerkriegs* in voller Form für Rezipienten, die mit antiken und mittelalterlichen Mythosdiskursen einerseits und mit dem Archiv der volkssprachlichen Epik des 12. und 13. Jahrhunderts andererseits vertraut sind, einschließlich ihrer semantischen Dispositive, Interdiskurse usw. – dies sind vergleichsweise anspruchsvolle Voraussetzungen. Doch es wäre falsch, dieses Wissen *nur* in der Kognition der historischen Rezipienten zu verorten. Denn der Text selbst produziert Formen, die sich mithilfe des Arbeitsmodells als Wissen rekonstruieren lassen. Der *Trojanerkrieg* selbst besitzt die Form eines Wissens, das sich dem Roman prinzipiell unabhängig von seinem historischen Autor, vertexteten Wirkungsintentionen oder mentalen Systemen zuschreiben lässt – auch wenn dieses nur innerhalb eines weitergefassten Rahmens historischer Kommunikation beobachtet werden kann. Für die Operationalisierbarkeit des Wissensmodells heißt dies erstens: Wenn die besondere Leistung des vorgeschlagenen Modells darin besteht, die Produktion von Wissensformen in historischen Wissenskulturen beobachten zu können, so gehört dazu auch die Beobachtung der kommunikativen Kontexte, die solche Wissensformen voraussetzen.

Die zweiteilige Anlage der Arbeit birgt methodische Herausforderungen, die zugleich besondere Beobachtungsmöglichkeiten eröffnen. Einerseits wurde der Anforderungskatalog für ein historisierungsfähiges Wissensmodell aus einer Breitbandaufnahme von historisch und systematisch höchst vielfältigen Theorien und Semantiken des Wissens gewonnen, aus denen wiederkehrende Problem- und Irritationspunkte abstrahiert wurden. Andererseits schuf das abstrakte Mo-

---

1 So Cormeau: „Quellenkompendium"; zur Zerfallsthese vgl. Worstbrock: „Tod des Hercules".

dell eine Ausgangslage, von der die Wissensform(en) des *Trojanerkriegs* in gleichsam mikrologischen Studien erschlossen wurden. Erhebliche Bewegungen von Abstraktion und Konkretisierung kennzeichnen somit die gesamte Arbeit.

Lässt sich dieser Aufwand vermeiden? Wäre es zielführender, eine spezifische Theorie des Wissens zu wählen und für Lektüren zum *Trojanerkrieg* zu nutzen? Dies könnte notorische Schwierigkeiten der Wissensforschung allenfalls reproduzieren, nicht aber lösen. So war es unumgänglich, nicht einfach eine Wissenstheorie zu wählen, die sich für den Gegenstand – einen Antikenroman des 13. Jahrhunderts – gut eignet. Dies käme einem hermeneutischen Zirkel gleich, der im Falle der Beobachtung fremden Wissens gerade *nicht* erhellend durchlaufen werden kann, da er von gravierenden Wissensunterstellungen ausgehen müsste. Für die Beobachtung fremder Wissensformen wie der mittelalterlichen Mythographie war somit ein Modell gefordert, das nicht aus Vorabannahmen über deren Wissensgehalte destilliert wurde. Auf diese Aufgabe ließen sich die Begriffe der Modellebene als Detektor ansetzen: Jede Kommunikation basiert auf Paradoxien und verwendet selbstreferentielle und fremdreferentielle Operationen, die sich beobachten lassen – sofern diese invisibilisierte Form annehmen, ist von Wissen zu sprechen. Gegensteuernde Bewegungen von Abstraktion und Konkretisierung der Beobachtung waren daher wichtig, um die Analyse fortlaufend vor Universalisierung und Wissensunterstellungen zu schützen: Denn Wissensformen sind weder kultur-, zeit- und medieninvariant, noch beschränken sie sich auf einfache Formen oder psychische Systeme – gerade die Produktion von Wissen im *Trojanerkrieg* belegt dies eindrücklich. Erst im permanenten Wechsel beider Einstellungen – von Panorama- und Mikroanalyse – lässt sich die Rolle ermessen, die literarischer Kommunikation in (historischen) Wissenskulturen zukommt. Risiko und Aufwand regelmäßiger Einstellungswechsel eröffnen also umgekehrt die Chance, die Produktion von Wissensformen beobachten zu können.

Verallgemeinerungsfähig wird dieser Vorschlag, wenn Theoriearbeit auf mindestens drei Ebenen investiert wird. Untersuchungsbegriffe wie Paradoxien, Organisation von Referenz und Invisibilisierung sind auf abstrakter Modellebene angesiedelt; unabhängig von Objekt und Gegenstandsbereich können sie die Beobachtung von Wissensformen leiten. Spezifisch mediävistisch (und noch spezieller: im Hinblick auf den *Trojanerkrieg*) waren Auswahlentscheidungen zu treffen, denen mikrotheoretische Annahmen über das Untersuchungsobjekt zugrunde lagen – z.B. zum sprachlichen Aufbau der Romankommunikation und ihrer Mittel. Zwischen beiden Ebenen vermittelten Theoriemodule, die einerseits auf die allgemeine Modellebene bezogen waren, insofern sie Begriffe wie Paradoxie oder Invisibilisierung konkretisierten, andererseits aber gegenstandsadäquat zu wählen waren, um konkrete Textanalysen zu ermöglichen: Theoreme der Erzähltheorie, der Diskurstheorie oder auch der mittelalterlichen Imaginations-

und Zeichentheorie gehörten zu dieser mittleren Theorieebene. Allgemeiner gesagt: Während die Modellebene abstrakt angelegt ist, ist also je nach disziplinärem Rahmen und je nach Gegenstandsbereich mehrstufige Theoriearbeit gefordert, um Wissensobjekte kontrolliert beobachten zu können. Während das Design allgemein verwendbar ist, bedarf seine Anwendung jeweils zusätzlicher theoretischer Entscheidungen auf zweiter und dritter Ebene. Wissensforschung bedarf damit, so der methodische Vorschlag, sowohl Theorietechnik als auch Künste der Interpretation.

(3.) *Anschlüsse und Perspektiven.* Sowohl für allgemeine Wissensforschung als auch für die Mediävistik ergeben sich daraus Anschlussaufgaben und neue Perspektiven. Als textuellem Wissensträger lässt sich dem *Trojanerkrieg* die Form des Wissens zuschreiben, ohne dass dafür sein Urheber – das historische Autorsubjekt Konrad von Würzburg – und dessen Wissenshorizont herangezogen werden müssten. Dieses Ergebnis eröffnet neue Perspektiven für eine historische Wissensforschung, die nicht auf psychische Systeme als eigentliche Quellen oder Empfänger von Wissen beschränkt bleibt. Die vorliegende Arbeit erprobte an einem konkreten Modellfall eine allgemeinere Heuristik, die Artefakte nicht bloß als repräsentierende, vermittelnde Formen für Wissen beschreibt, sondern diese als Wissensformen selbst kenntlich macht. Offen bleibt die Frage, wie sich dieser „Überschuss" von literarischer Wissensförmigkeit kausal erklären lässt:[2] Liefern Wissensformen wie der *Trojanerkrieg* Belege einer voranschreitenden Ausdifferenzierung des Systems Kunst oder ihrer Autonomisierung gegenüber der kommunikativen Pragmatik des höfischen Romans? Beides wären vorschnelle und in der Sache unzutreffende Hypothesen, wie schon die interdiskursive Verflechtung des *Trojanerkriegs* beweist. Erklärungsansätze wären erst auf breiterer Vergleichsbasis zu entwickeln, die sich nach dem Muster der Modellstudie erheben ließen: Wie organisieren Texte die Paradoxien ihrer Leitunterscheidungen? Wie gestalten sie dabei Referenz? Inwiefern wird dabei der (paradoxe) Charakter der Unterscheidungen verdeckt? Es liegt auf der Hand, nicht nur literarische Erzähltexte im engeren Sinne einzubeziehen, sondern textsorten- und diskursübergreifende Querschnitte zu erheben. Auf ihrer Basis wären unterschiedliche Formen des Paradoxiemanagements z. B. von künstlerischer, religiöser oder historiographischer Kommunikation als unterschiedliche Wissensformen zu beschreiben – aber ebenso ihre Konvergenzen, Transformationen oder Umbauvorgänge.[3]

---

2 Vgl. Danneberg u. Spoerhase: „Literatur und Wissen", S. 75.

3 Dieses Projekt verlangt nach wie vor nach theoretischen Beschreibungsmöglichkeiten; vgl. dazu zuletzt Strohschneider, Peter (Hg.): *Literarische und religiöse Kommunikation in Mittelalter und Früher Neuzeit.* Berlin, New York 2009.

Für einen solchen Umbau könnte wiederum der *Trojanerkrieg* einen aufschlussreichen Modellfall liefern – und dies nicht nur im Hinblick auf seine zahlreichen Anleihen bei religiösem Paradoxiemanagement (Ostensionen und Erscheinen, Transzendenzsemantiken usw.). Denn auch seine Überlieferung dokumentiert verschiedene Wissenseffekte und Wissenstransformationen, die den *Trojanerkrieg* zum erfolgreichsten Bezugspunkt für Trojawissen im deutschsprachigen Spätmittelalter machen. Sie wären in einem Anschlussprojekt neu aufzurollen:[4]

Während beispielsweise ausführliche Langversionen[5] von *Trojanerkrieg*-Exzerpten in historiographischen Texten wie etwa der *Weltchronik* Heinrichs von München (1. Hälfte 14. Jh.) mehrere Motivationsstränge wiedergeben, reduzieren Kurzversionen[6] die komplexe Vorgeschichte des *Trojanerkriegs* auf die Paris-Helena-Handlung. Der Invisibilisierungseffekt, den Helena durchsetzt, bildet sich damit in den Selektionsformen der Exzerptüberlieferung unmittelbar ab. In den Weltchroniken verbindet sich der *Trojanerkrieg* zudem eng mit dem Aufnahmetext und weiterem Trojamaterial und geht gleichsam unsichtbar ins Geschichtswissen des Spätmittelalters ein – als literarischer Text ist der *Trojanerkrieg* in solchen Formen vollständig invisibilisiert.

Sammelhandschriften belegen dagegen in ihrer Mitüberlieferung den Geltungseffekt von ostensivem Erzählen. Abgesehen von Minnereden-Exzerpten wird der *Trojanerkrieg* ausschließlich mit Gattungen verbunden, die hohe Verbindlichkeits- und Wahrheitsansprüche erheben: mit Chroniken, Antikenromanen, *Chansons de geste* und Bibeldichtungen – nie aber mit Fiktionstypen wie dem Artusroman.[7]

---

4 In zwei grundlegenden Studien hat Elisabeth Lienert die Textzeugen erschlossen und Typen der Überlieferung bestimmt: vgl. Lienert: „Überlieferung"; Lienert: „Geschichtswissen". Noch kaum sind allerdings die enormen Transformationen plausibilisiert, die der *Trojanerkrieg* dabei durchläuft. Mit ihnen fächert sich ein bemerkenswertes Spektrum literarischer Wissenstransformationen des Spätmittelalters auf. Eine wissensgeschichtliche Untersuchung der Überlieferung könnte hier mit dem entwickelten Instrumentarium fruchtbar ansetzen.

5 Vgl. hierzu die Exzerptüberlieferung des *Trojanerkriegs* in den *Weltchronik*-Handschriften Berlin, Staatsbibliothek Preußischer Kulturbesitz, Mgf 1416, fol. 104^(ra) und fol. 108^(va)–147^(vb); München, Bayerische Staatsbibliothek, Cgm 7377, fol. 72^(rb) und fol. 75^(vc)–107^(vc); Wien, Österreichische Nationalbibliothek, Cod. 13704, fol. 164^(vb) und fol. 177^(rb)–239^(vb); Wien, Österreichische Nationalbibliothek, Cod. s. n. 9470, fol. 162^(rb) und fol. 169^(ra)–229^(rb); außerdem das Fragment Klagenfurt, Kärntner Landesarchiv, Geschichtsverein für Kärnten, Cod. 5/23–1; dazu Lienert: „Überlieferung", S. 396–398 und Lienert: „Geschichtswissen", S. 413–419.

6 Vgl. die *Weltchronik*-Handschrift Wolfenbüttel, Herzog August Bibliothek, Cod. Guelf. 1.5.2. Aug. fol., fol. 57^(rc) und 61^(va)–69^(vb). Dazu Lienert: „Geschichtswissen", S. 413–419.

7 Vgl. dazu Übersicht und Auswertung bei Lienert: „Überlieferung", S. 396–404.

Ekphrastisches Erzählen löst einzelne Details aus der narrativen Sequenz. Auch dieser Effekt bildet sich in Überlieferungszeugen ab, die wie die Kölner Handschrift K (Köln, Historisches Archiv, Best. 7020 W* 3, fol. 166$^r$–168$^v$) oder die Münchner Handschrift M$_2$ (München, Bayerische Staatsbibliothek, Cgm 714, fol. 182$^v$–186$^v$) nur die Helenabeschreibung übernehmen. Besonders heikle Reflexionsstellen auf den Künstlichkeitscharakter des *Trojanerkriegs* werden dagegen in der Überlieferung ausgeblendet: Außer der Straßburger Handschrift sparen alle übrigen Vollhandschriften[8] etwa den Prolog aus.

Zuletzt ließen sich auch die drei illustrierten Vollhandschriften des *Trojanerkriegs* aus der Werkstatt Diebold Laubers (B$_1$; Wü; Z) in ihrem Profil als „Bilderbücher" mit ostensiven Praktiken in Verbindung bringen, die visuell und materiell die Präsentifikation des Trojanischen Kriegs befördern.[9] Eine Ausgangshypothese für eine Neuuntersuchung könnte davon ausgehen, diese Überlieferungsformen weniger als Werkrezeption des *Trojanerkriegs* sondern vielmehr als unterschiedliche Manifestationen von Wissenskommunikation zu beschreiben, die zwar die Werkgrenze ausbilden können (Vollhandschriften), aber ebenso vollständig auflösen und transformieren (Exzerptüberlieferung).

Man kann in diesen Überlieferungsbefunden geradezu empirische Konkretisierungen der These von der Wissensförmigkeit des Textes sehen. Allerdings kann sich dieser empirische Befund erst abzeichnen, wenn die zugrundliegenden Verfahren und Formen der literarischen Wissensbildung herausgearbeitet sind, ohne dabei Zirkelschlüsse der Unterstellung von historischen Wissenstextsorten und Medienprofilen des Wissens einzugehen.

## 2 Der *Trojanerkrieg* als Mythographie

(1.) *Inwiefern wird Mythographie im Trojanerkrieg wissensförmig?* Der Kriegsbericht des Dares und auf seinen Spuren ebenso Benoîts entgötterter *Roman de Troie* distanzieren sich weitgehend vom mythographischen Diskurs. Auch der *Trojanerkrieg* folgt ab der Argonautensequenz dieser Erzähltradition, sucht jedoch

---

**8** Ohne Prolog überliefern die *Trojanerkrieg*-Handschriften B$_1$: Berlin, Staatsbibliothek Preußischer Kulturbesitz, Mgf 1; N$_1$: Nürnberg, Germanisches Nationalmuseum, Hs. 998; Wü: Würzburg, Universitätsbibliothek, M.ch. f. 24; Z: Zeil, Fürstlich Waldburg Zeil'sches Gesamtarchiv, ZMs 37. Die Handschrift Sg: St. Gallen, Stiftsbibliothek, Cod. 617 überliefert einen Prologteil (ab Tr 201); vollständig ist der Prolog nur in Handschrift S überliefert: Straßburg, Johanniter-Bibliothek, A. 90 (verbrannt; eine Abschrift ist in Straßburg erhalten: Bibliothèque Nationale et Universitaire, Nr. 2125 – 2131).
**9** Lienert: „Überlieferung", S. 393.

bemerkenswerte Nähe zum Mythosdiskurs. Mythen, mythologische Figuren und mythographische Redestrategien erhalten im *Trojanerkrieg* neuen Erzählraum, erscheinen aber zugleich in neuen Formen. Am Leitfaden des Wissensmodells ließ sich der mittelalterliche Mythosdiskurs in seinem grundlegenden Spannungsverhältnis von Selbstreferenz und Fremdreferenz rekonstruieren: Mythen werden zwar auf Wissensordnungen bezogen, gelten jedoch selbst als deformierte, irrtümliche Zeichen, die nicht selbst wissensförmig sind. Mythographische Äußerungen werden daher im Mittelalter von Umstellungsdynamiken bewegt, die schwierige Selbstreferenz in Fremdreferenzen umlegen und neu codieren.

Hier setzt der *Trojanerkrieg* mit innovativen Transformationen an. Obwohl der Roman explizit an die fremdreferentielle Umstellungspraxis der Mythographie anknüpft (euhemeristischer Götterexkurs), lässt er mythologische Figuren zwischen Selbst- und Fremdbezügen schweben. Das Referenzparadox des Mythosdiskurses erhält dadurch eine neue Form: Götterfiguren wie Venus, Juno und Pallas oder mythologische Heroen wie Hercules und Achill verweisen nicht nur auf Anderes, sondern agieren ebenso selbstbezüglich. Auch über Figurenkonstruktionen hinaus bahnt der *Trojanerkrieg* neue Wege des mythographischen Erzählens: Dispersion der Erzählerstimme, Präsentifikation des Trojanischen Kriegs, metadiegetische Potenzierungen des Mythenerzählens und Absorption von Sinnverweisung bezeichnen globale Strategien, die mit fremdreferentieller Umstellungsmythologie brechen. Benoîts *Roman de Troie* hatte historiographische Wissensansprüche nur unter der Bedingung großer Distanz zum Mythosdiskurs artikulieren können. Umgekehrt dazu schreibt sich der *Trojanerkrieg* gerade durch mythographische Quellenmontage und Aufnahme mythographischer Bezeichnungspraktiken in diesen Diskurs ein, stellt diese aber auf Wissen um: Mythologische Figuren, Ereignisse und Handlungen des Trojanischen Kriegs verweisen nicht nur auf Wissensbestände, sondern werden selbst zu wissensförmigen Größen. Die innovative Leistung des *Trojanerkriegs* im Rahmen hoch- und spätmittelalterlicher Wissensordnungen kann in dieser Transformation gesehen werden.

(2.) *Beobachtung des Beobachtungsmodells.* Auch diese Transformation ließ sich erst mithilfe des differenztheoretischen Wissensmodells beobachten. Dieses stützte sich auf eine semiotische Leitunterscheidung, die fremdreferentielle Bezüge auf Wissensordnungen analytisch von Äußerungen abhebt, die selbstreferentiell bzw. Selbstreferenz bezeichnen. Ein solcher Vorschlag reagiert auf eine methodische Diskrepanz der mediävistischen Mythosforschung. Vielfach leitete die ältere Forschung ideengeschichtliche Hypothesen über Vereinnahmung, Verchristlichung oder Mediävalisierung von Mythen; nur selten verfügten diese Ansätze jedoch über griffige Instrumente, um die Wissenspraxis von Mythographie und ihre Veränderungsprozesse zu beschreiben. Neuzeitliche Mythostheorien versprechen zwar begrifflich schärfere Angebote, entziehen sich jedoch in der

Regel der Historisierungsaufgabe. Im Hinblick auf die epistemischen Dimensionen von Mythosdiskursen schlägt das Beobachtungsmodell der vorliegenden Arbeit eine heuristische Alternative vor. Mit der analytischen Unterscheidung von Selbstreferenz und Fremdreferenz traten historische Umstellungspraktiken in den Blick, die für mittelalterliche Mythosdiskurse und ihre Wissensprofile konstitutiv sind. Der analytische Gewinn des Beobachtungsmodells liegt darin, Konstruktionen und Transformationen von mythographischem Wissen beschreiben zu können. Der *Trojanerkrieg* wurde auf dieser Basis als Modellfall lesbar, der etablierte Diskursvorgaben der Mythographie aufnimmt, diese jedoch – im Unterschied zu deren fremdreferentieller Bezeichnungspraxis – zu einer komplexen Wissensform transformiert.

(*3.*) *Anschlüsse und Perspektiven.* Zweifellos markiert der *Trojanerkrieg* damit eine paradigmatische Verschiebung. Aber welche Reichweite besitzt dieser Fall in der Evolution von Mythosdiskursen? Fest steht, dass diese Evolution keinen einsträngigen, linear gerichteten Prozess vollzieht. Mythographische Großprojekte wie der *Ovide moralisé* demonstrieren, dass auch und gerade in Spätmittelalter und Früher Neuzeit die fremdreferentielle Diskurspraxis keineswegs abgebaut, sondern bisweilen verstärkt wird.[10] Erhebliche Unterschiede hinsichtlich ihrer Konventionalisierung (z. B. von mythographischen Schultexten und literarischen Bearbeitungen) oder ihrer Veränderungsspielräume (z. B. zwischen lateinischer und volkssprachiger Mythographie) können zudem verdeutlichen, dass die diskursähnliche Formation Mythos im Mittelalter weder diachron noch synchron einsträngig verläuft.

Ihre Binnendifferenzen wären erst noch zu erheben, diachrone Studien zur diskursiven Praxis mittelalterlicher Mythographie und ihrer Wissensprofile über das 12. Jahrhundert hinaus stehen noch aus.[11] Es wäre daher unvorsichtig, den Befund zur Wissenstransformation des *Trojanerkriegs* abschließend in eine Entwicklungsgeschichte mittelalterlicher Mythenrezeption einfügen zu wollen – eine solche Geschichte ist nach bisherigem Forschungsstand nicht einmal ansatzweise erkennbar. Das Beobachtungsmodell der vorliegenden Arbeit stellt jedoch eine Perspektive und Begriffe zur Verfügung, mit denen sich Stationen einer solchen Transformationsgeschichte diesseits der Ideengeschichte untersuchen ließen.

---

**10** Vgl. exemplarisch Behmenburg: *Philomela*, S. 89–187.

**11** Dies bleibt trotz der Studien von Jane Chance weiterhin ein Desiderat. Aufzuarbeiten wäre auch das Material von Forschungsarbeiten, die sich Mythosdiskursen des 12. Jahrhunderts vornehmlich unter ideengeschichtlichen Aspekten oder in der Perspektive von Autorrezeptionen (v. a. zu Ovid und Vergil) zuwandten; vgl. hierzu den Forschungsüberblick in Kap. II.2.2.

# 3 Kulturwissenschaftliche Wissensforschung und Mythographie

(1.) *Welche Aufschlüsse verspricht Mythographie für kulturwissenschaftliche Wissensforschung?* Mythographien bilden eine prekäre Textsorte, weil sich viele ihrer Textfunktionen durch Unschärfe der kategorialen Zuordnung entziehen – dazu gehört auch die epistemische Funktion von Wissensansprüchen. Andererseits fungieren Mythos und Mythographie als zentrale Formen, um kulturelles Wissen zu organisieren. Prinzipiell gewähren sie damit Einblicke nicht nur in historische Wissensbestände – im Falle der mittelalterlichen Mythographie etwa in theologisches, naturwissenschaftliches, linguistisches Wissen usw. –, sondern ebenso in historische Ordnungen des Wissens – ihre Zeichenkonzepte, Bezeichnungspraktiken und Semantiken. Aufschlussreich sind Mythographien für kulturwissenschaftliche Wissensforschung, indem sie die Produktion und Transformation von Wissen vorführen, ohne selbst stets schon wissensförmig sein zu müssen. Unterhalb von ausgearbeiteten Wissensformen wird in Mythographien ein Erzeugungssystem greifbar, das Wissen herstellt. Für kulturwissenschaftliche Forschungen, die sich nicht mit positivistischen Bestandsaufnahmen von (historischem) Wissen begnügen, sondern dessen Verfertigung und Gründungsparadoxien erforschen, ist Mythographie daher ein prominentes Objekt.

Auch evolutionäre Verschiebungen von Wissensordnungen lassen sich an Mythographien studieren, wie der Modellfall des *Trojanerkriegs* exemplarisch vor dem Hintergrund des hochmittelalterlichen Mythosdiskurses zeigt. Konrads Roman führt vor, wie Kohärenzprobleme von Quellenkompilation und Varianz von Geschichten zur Selbstreferenz einer Geschichte verarbeitet werden, die ihre vielfältigen Fremdbezüge gleichsam unsichtbar werden lässt. Zahlreiche weitere mythographietypische Merkmale lassen sich im *Trojanerkrieg* studieren: die Erzeugung von Figuren über Varianz, die Dispersion des Erzählers, Erzählmodelle des Hörensagens, absolute Wahrnehmung und andere Formen mehr. Wie die Untersuchung zeigte, stellt der *Trojanerkrieg* solche Merkmale von Mythographie erst durch vielschichtige Verfahren her, wobei Diskursvorgaben zeitgenössischer Wissensordnung verändert werden. Die Schwierigkeiten der mythographischen Gattungskonstitution, von denen die Arbeit ausging, könnten somit auf eine Textsorte verweisen, die für Wissensproduktion *und* Wissenstransformation verwendet wird.

(2.) *Beobachtung des Beobachtungsmodells.* Insofern birgt die vorliegende Arbeit auch jenseits der Mythographie methodische Konsequenzen. Will mediävistische Wissensforschung die Alterität ihrer Objekte ernst nehmen, so ist der Wissensbegriff als Analysevokabel nicht länger stillschweigend oder intuitiv vorauszusetzen, sondern explizit zu klären – im Rahmen eines historisierungssensiblen Modells, das dem einleitend zusammengetragenen Anforderungskatalog gerecht wird. Einen Vorschlag zu einer solchen transdisziplinären Methodendiskussion der Wissensforschung, die bislang in der Mediävistik noch aussteht, stellt die vorliegende Arbeit zur Debatte.

(3.) *Anschlüsse und Perspektiven.* Zugänge dieser Art können auch Phänomene und Transformationen des Wissens analytisch erschließen, die nicht durch klassische Wissenssemantiken markiert oder mit expliziten Wissensansprüchen artikuliert sind: literarische Verfahren und ästhetische Praktiken ebenso wie implizite und performative Wissensformen oder Wissensevolutionen. Der Fall des *Trojanerkriegs* zeigt in dieser Hinsicht exemplarisch, dass Sinnkulturen vielfältige Verfahren der *production of presence* in sich einlassen, um Wissensformen zu erzeugen, aber diese im gleichen Zug auch verbergen, um sich zu stabilisieren. Die Poetik von Mythographie bietet dafür ein paradigmatisches Objekt, da sie die eminente Rolle von ästhetischen Funktionen für Wissensproduktion zur Geltung bringt. Begreift man Mythographien in dieser Weise weniger als konservierende Aufzeichnungssysteme, so öffnen sich neue Perspektiven für eine Wissensforschung, die auf Mythographien des Mittelalters, aber ebenso der Antike und der Neuzeit zu richten wären. Beobachtbar werden nicht nur Elemente, die in verschiedenen Kulturen als wissbar gelten oder aber als nicht-wissensförmig abgegrenzt werden, sondern darüber hinaus auch Irritationen und Transformationen, welche die Produktion von Wissen anregen und ermöglichen. Untersuchungen von Mythosdiskursen und Mythographie könnten damit einen Beitrag zur Grundlagenforschung der Kulturwissenschaften leisten.

# VII Anhang und Literaturverzeichnis

## 1 Anhang (I): Handlungs- und Quellenübersicht zum *Trojanerkrieg*[1]

| Nr. | Bezeichnung | Verse | Leitquelle(n)[2] |
|---|---|---|---|
| 1. | **Prolog** | **1–324** | |
| 2. | **Jugend des Paris** | **325–803:** | |
| | *Fackeltraum und Traumdeutung* | 350–434 | S, Ex |
| | *Tötungsplan und Aussetzung* | 435–541 | Ex |
| | *Jugend des Paris beim Hirten* | 542–599 | Ex, My*, S |
| | *Paris und Oenone* | 698–803 | Oh |
| 3. | **Thetis-Hochzeit und Parisurteil** | **804–4669:** | |
| | *Thetis-Hochzeit und Streit um Discordias Apfel* | 804–1610 | Ex, My, Om |
| | *Parisurteil* | 1611–2881 | Ex, Oh, S* |
| | *Streit um Paris und Kampf Hector/Peleus* | 2892–4495 | |
| | *Prophezeiung des Proteus* | 4496–4669 | |
| 4. | **Wiederaufnahme des Paris in Troja** | **4670–5763** | Ex* |
| 5. | **Jugend Achills** | **5764–6497** | St |
| 6. | **Argonautenfahrt, Jason und Medea** | **6498–11377:** | |
| | *Anstiftung, Aufbruch, Vertreibung* | 6498–7215 | B, Om*, My* |
| | *Liebe von Jason und Medea* | 7216–9371 | B, Om |
| | *Erringung des Goldenen Vlies und Heirat* | 9372–10201 | B |
| | *Rückkehr nach Griechenland und Racheplan* | 10202–10244 | B, Om |
| | *Verjüngung des Eson* | 10245–10885 | Om |
| | *Rache an Peleus* | 10886–11183 | Om |
| | *Jasons Untreue und Tod / Medeas Rache* | 11184–11377 | Oh*, Om* |
| 7. | **1. Zerstörung Trojas und Plan zum Wiederaufbau** | **11378–13397** | B |
| 8. | **Achill und Deidamia** | **13398–17329** | St, Oh*, Oa* |

---

1 Bezeichnungen sind in Anlehnung an Lienert: *Geschichte und Erzählen* gewählt; Modifikationen, Ergänzungen und Einteilung der Versbereiche stammen vom Verfasser.

2 Aufgeführt werden mythographische Quellen und Trojatexte, die Lienert: *Geschichte und Erzählen* jeweils als Leitquellen plausibilisiert. Weder ist damit ausgeschlossen, dass der *Trojanerkrieg* zahlreiche weitere Texte der mittelalterlichen Epik und Mythographie zitiert und referiert, noch trifft die Aufstellung Aussagen über Art und Umfang der Bearbeitung. Lediglich gesicherte Quellenschwerpunkte können über die Aufstellung erschlossen werden. Die Siglen entsprechen folgenden Texten: Benoît de Sainte-Maure, *Roman de Troie* (B); Ovid, *Heroides* (Oh), *Ars amatoria* (Oa) und *Metamorphosen* (Om); Statius, *Achilleis* (St); *Ilias latina* (IL); Simon Aurea Capra, *Ilias* (S); *Excidium Troie* (Ex); mythographische Handbücher (Servius, Hyginus, *Mythographi vaticani:* My); Vergil, *Aeneis* (V). Asteriske (*) kennzeichnen unsichere Zuschreibungen. Leere Felder bezeichnen Neuzusätze des *Trojanerkriegs* bzw. Aufnahmen von Material außerhalb der Trojaliteratur.

| Nr. | Bezeichnung | Verse | Leitquelle(n)[2] |
|---|---|---|---|
| 9. | **Vom Wiederaufbau Trojas zum Raub der Helena** | **17330–19389:** | |
| | *Schilderung des neuerbauten Troja* | 17330–17694 | B |
| | *Rachepläne der Trojaner und Antenors Gesandtschaft* | 17695–18247 | B |
| | *Beratungen zur Kriegsfahrt der Trojaner* | 18248–18754 | B |
| | *Paris' Vorschlag zum Raub Helenas* | 18755–18985 | B |
| | *Warnprophezeiung des Helenus* | 18986–19090 | B |
| | *Troilus' Gegenrede für den Helena-Raub* | 19091–19225 | B |
| | *Warnprophezeiung des Panthus* | 19226–19357 | B |
| | *1. Unheilsprophezeiung Cassandras* | 19358–19389 | B, Oh* |
| 10. | **Raub der Helena** | **19390–23393:** | |
| | *Ausfahrt, Ankunft und Begegnung Paris/Helena* | 19390–20667 | B, Ex* |
| | *Liebe von Paris und Helena* | 20668–22408 | Oh, Oa* |
| | *Raub der Helena und Ankunft in Troja* | 22409–23197 | B* |
| | *Heirat von Paris und Helena* | 23198–23229 | B |
| | *2. Unheilsprophezeiung Cassandras* | 23230–23393 | B |
| 11. | **Aufbruch der Griechen zur Kriegsfahrt** | **23394–24759** | B |
| 12. | **Erzählerreflexion** | **23640–23752** | |
| 13. | **Ankunft der Griechen** | **23753–25109:** | |
| | *Ereignisse in Aulis* | 23753–24661 | B, Om, St* |
| | *Iiumet-Episode: Verbreitung der Nachricht* | 24662–24759 | Om, V |
| | *Mobilmachung der Trojaner* | 24760–25088 | B |
| | *Eroberung Tenedons durch die Griechen* | 25089–25109 | B |
| 14. | **Landungsschlacht** | **25110–26210:** | |
| | *Ankunft der griechischen Flotte* | 25110–25188 | B |
| | *Reaktion der Trojaner* | 25189–25221 | B |
| | *Landung des Protesilaus* | 25222–25505 | B |
| | *Landung des Alîn und Aggalon* | 25506–25554 | B |
| | *Eingreifen des Effimenis und Landung des Ulixes* | 25555–25729 | B |
| | *Landung des Agamemnon und des Menelaus* | 25730–25765 | B |
| | *Wendung der Schlacht durch Palamedes/Dolamîdes* | 25766–25905 | B |
| | *Hector tötet Protesilaus* | 25906–26083 | B |
| | *Rückkehr Hectors nach Troja und Ende der Schlacht* | 26084–26210 | B |
| 15. | **Halbjähriger Waffenstillstand** | **26211–29649:** | |
| | *Gesandtschaft der Griechen* | 26211–26935 | B |
| | *Herbeiholung Achills* | 26936–29649 | St |
| 16. | **2. Schlacht** | **29650–37584:** | |
| | *Vorbereitung der Schlacht:* | | |
| | *Leid und Kampfvorbereitungen auf beiden Seiten* | 29650–29695 | B |
| | *Aufstellung des trojanischen Heers* | 29696–30507 | B |
| | *Aufstellung des griechischen Heers* | 30508–30745 | B |
| | *Aufmarsch beider Heere* | 30746–30824 | B* |
| | *Schlachtexposition:* | | |
| | *1. griech. / 1. troj. Schar; Hector tötet Patroclus* | 30825–31035 | B |
| | *2. griech. Schar, Achill und Merion attackieren Hector* | 31036–31350 | B |
| | *2. troj. Schar; Troilus' Kämpfe* | 31352–31623 | B |

| Nr. | Bezeichnung | Verse | Leitquelle(n)[2] |
|---|---|---|---|
| | 3. griech. / 3. troj. Schar | 31624–31841 | B |
| | 4. griech. / 4. troj. Schar | 31842–32035 | B |
| | 5. griech. / 5. troj. Schar; Hectors und Achills Kämpfe | 32036–32593 | B |
| | 6. und 7. griech. / 6. troj. Schar | 32594–32803 | |
| | 8. und 9. griech. / 7. troj. Schar; Paris rettet Hector | 32804–33240 | |
| | 10. und 11. griech. Schar | 33241–33355 | |
| | 8. troj. Schar | 33356–33551 | |
| | 12. und 13. griech. Schar | 33552–33575 | |
| | 9. troj. Schar; Heldentaten Paris' und Hectors | 33576–33729 | |
| | 14. und 15. griech. Schar | 33730–33761 | |
| | 10. troj. Schar bleibt in der Stadt; Kämpfe | 33762–33837 | |
| | *Gesamte Massenschlacht:* | | |
| | *Gesamtbild der Schlacht und Helenas 1. Mauerschau* | 33838–34140 | |
| | *10. troj. Schar (Priamus) und Kämpfe vor Helena* | 34141–34309 | B* |
| | *Zweikampf zwischen Menelaus und Paris* | 34310–34605 | |
| | *Gefangennahme des Paris durch Castor, Pollux und Achill* | 34606–35055 | B* |
| | *Befreiung des Paris durch Hector; Paris und Panfilôt* | 35056–35399 | B* |
| | *Wiederbegegnung von Paris und Panfilôt* | 35400–35475 | B* |
| | *Hector und troj. Hilfstruppen befreien Polidamas* | 35476–35622 | B |
| | *Gegenangriff der Trojaner:* | | |
| | *Hector rächt den Tod Casilians und treibt die Griechen zurück* | 35623–36395 | B |
| | *2. Zweikampf zwischen Hector und Achill; Achill entflieht* | 36396–36429 | |
| | *Massenschlacht; Hector tötet Merion und wütet unter den Griechen* | 36430–37053 | B |
| | *Begegnung von Hector und Ajax; Schlachtende* | 37054–37584 | B, IL |
| **17.** | **Dreimonatiger Waffenstillstand** | **37585–39133:** | |
| | *Rückzug und Bergung der Toten; Verabredung d. Waffenruhe* | 37585–37607 | B* |
| | *Philoctet erzählt vom Tod des Hercules* | 37866–38744 | Oh, Om, My |
| | *Totenfeier der Griechen für Patroclus, der Trojaner für Casilian* | 38745–38967 | B |
| | *3. Unheilsprophezeiung Cassandras* | 38958–39025 | B |
| | *Führungsstreitigkeiten der Griechen; Absetzung Agamemnons* | 39026–39133 | B |
| **18.** | **Dritte Schlacht** | **39134–40216:** | |
| | *Aufstellung beider Heere und Massenschlacht* | 39134–39241 | B |
| | *2. Mauerschau Helenas und Polixenas* | 39242–39287 | B |
| | *3. Zweikampf zwischen Hector und Achill* | 39288–39648 | B |
| | *Zweikampf zwischen Troilus und Diomedes* | 39649–39775 | B |
| | *Paris und Menelaus greifen in das Kampfgeschehen ein* | 39776–39807 | B |
| | *Hector tötet Poestes und Archilogus, Achill tötet Dolostalus* | 39808–39895 | B |
| | *Heldentaten der trojanischen Fürsten* | 39896–39931 | B |
| | *Massenschlacht; Hector tötet Prothenor; Kampf um die Leiche* | 39932–40181 | |

| Nr. | Bezeichnung | Verse | Leitquelle(n)[2] |
|-----|-------------|-------|------------------|
| | *Flucht der Griechen; Einbruch der Nacht verhindert Niederlage* | 40182 – 40216 | B |
| 19. | **Nächtliche Kampfpause und Rehabilitierung Agamemnons** | 40217 – 40398 | B |
| 20. | **Auftakt zur vierten Schlacht** | 40392 – 40424 | B |

## 2 Anhang (II): Formularisierung im *Trojanerkrieg* und in höfischer Epik

Die folgende Analyse gilt zwei Fragen. Erstens zum *Trojanerkrieg:* Wie häufig, mit welcher Länge und in welcher Verteilung greift der Text auf feste Formeln zurück? Zweitens vergleichend: Welches Profil zeigt diese Formularisierung des Erzählens im Vergleich zu anderen höfischen Romanen und heldenepischen Texten?

Erfasst wurden sämtliche Phrasen von mindestens vier Worten, die in exakt identischer Form mindestens viermal oder häufiger im Text auftreten (Tr 1– 40424). Der Befund wurde mithilfe des elektronischen Textanalyseprogramms Textanz (Version 2.5.0.0) automatisch erhoben. Textgrundlage war der digitalisierte Text der Ausgabe Adelbert von Kellers in der Version des Oxford Text Archive. Jeweils gesondert ausgewiesen wurden bei dieser Erhebungsmethode Phrasenkerne (z. B. „mit herzen und mit [+Komplement]") und ergänzte Phrasen (z. B. „mit herzen und mit munde"), sofern mindestens vier Belege greifbar sind. Getrennt nach den beiden großen Erzählfeldern des *Trojanerkriegs* wurden mit dieser Analyse folgende Phrasen greifbar:[3]

Feste Formeln im ersten Erzählfeld des Trojanerkriegs (Tr 1– 23752)

| Phrase | Frequenz | Länge | Streuung |
|--------|----------|-------|----------|
| mit herzen und mit | 32 | 4 | 199412,5 |
| an lîbe und an | 15 | 4 | 276775,8 |
| mit lîbe und mit | 11 | 4 | 203992,5 |
| ze herzen und ze | 11 | 4 | 182580,6 |
| mit rede und mit | 10 | 4 | 175544,2 |

---

**3** Zur Bezeichnung: Phrase = feste Formel des *Trojanerkriegs*; Frequenz = absolute Belegzahl; Länge = Anzahl der Wortglieder einer Phrase; Streuung = durchschnittlicher Abstand zwischen den Belegen einer Phrase, berechnet in Zeichen des elektronischen Textes (ausgenommen Leerzeichen).

| Phrase | Frequenz | Länge | Streuung |
| --- | --- | --- | --- |
| den âbent und den morgen | 10 | 5 | 155582,0 |
| an êren unde an | 10 | 4 | 43278,0 |
| ûf al der erden | 10 | 4 | 217275,7 |
| an herzen und an | 9 | 4 | 98069,0 |
| waz touc hie lange | 9 | 4 | 180128,2 |
| als ich ez las | 9 | 4 | 227559,4 |
| mit lîbe und mit dem | 8 | 5 | 185618,4 |
| mit herzen und mit munde | 8 | 5 | 155900,7 |
| mit herzen und mit sinne | 8 | 5 | 238831,7 |
| waz touc hie lange rede | 8 | 5 | 157661,5 |
| rîch von hôher art | 7 | 4 | 207711,3 |
| mit golde und mit | 7 | 4 | 82123,1 |
| an liuten unde an | 7 | 4 | 17588,0 |
| mit herzen und mit lîbe | 7 | 5 | 172266,6 |
| mit lîbe und mit dem guote | 7 | 6 | 186683,8 |
| ir leben unde ir | 6 | 4 | 59043,2 |
| die clâren und die | 6 | 4 | 165170,9 |
| biz ûf den grunt | 6 | 4 | 194127,9 |
| mit kreften und mit | 6 | 4 | 143175,3 |
| mit golde und mit gesteine | 6 | 5 | 85297,3 |
| mit worten und mit | 6 | 4 | 287943,1 |
| Vrô Pallas und vrô | 6 | 4 | 22886,6 |
| an herzen unde an | 6 | 4 | 48759,2 |
| waz touc hie lange rede mê | 5 | 6 | 144521,9 |
| Nû daz der künic | 5 | 4 | 183638,6 |
| an êren und an | 5 | 4 | 144860,8 |
| dâ von der künic | 5 | 4 | 314301,8 |
| ir herze und ir | 5 | 4 | 169515,2 |
| dar umbe daz si | 5 | 4 | 12290,0 |
| an den jungestlichen tac | 5 | 4 | 136725,7 |
| biz an den jungestlichen | 5 | 4 | 134247,2 |
| der edele und der | 5 | 4 | 174385,9 |
| im an sîn herze | 5 | 4 | 121003,9 |
| mit rede und mit gebâre | 5 | 5 | 210467,0 |
| er bî den stunden | 5 | 4 | 146064,1 |
| des lîbes und des | 5 | 4 | 218385,8 |
| daz er ze Troye | 5 | 4 | 109047,0 |
| sprach si wider in | 5 | 4 | 193306,3 |
| der rede antwürte bôt | 5 | 4 | 224413,1 |
| biz ûf ein ende | 5 | 4 | 228136,5 |
| an herzen unde an lîbe | 4 | 3 | 43051,3 |
| des bin ich wer | 4 | 4 | 94938,3 |
| mit witzen und mit | 4 | 4 | 222611,7 |
| mit hôhem vlîze gar | 4 | 4 | 182018,8 |
| er wart von ir | 4 | 4 | 115564,7 |

| Phrase | Frequenz | Länge | Streuung |
|---|---|---|---|
| vür alle man besunder | 4 | 4 | 80737,1 |
| mit werken und mit | 4 | 4 | 203592,7 |
| ieman ûf der erden | 4 | 4 | 184941,9 |
| ze herzen und ze beine | 4 | 5 | 161378,8 |
| sô sêre und alsô | 4 | 4 | 266851,7 |
| daz ich mit iu | 4 | 4 | 191801,7 |
| von hôher art geborn | 4 | 4 | 151874,3 |
| an sîne brust und | 4 | 4 | 74520,6 |
| mit jâmer und mit | 4 | 4 | 43924,4 |
| biz an den jungestlichen tac | 4 | 5 | 149953,0 |
| mit fröuden und mit | 4 | 4 | 88779,8 |
| von êren und von | 4 | 4 | 250771,2 |
| kint von hôher art | 4 | 4 | 214851,0 |
| als ich dâ vorne | 4 | 4 | 85712,6 |
| schoene und ûz erkorn | 4 | 4 | 217200,4 |
| an kreften und an | 4 | 4 | 23823,1 |
| wart er von ir | 4 | 4 | 155980,6 |
| ich ûf die triuwe mîn | 4 | 5 | 222661,9 |
| ûf den grunt der | 4 | 4 | 207284,5 |
| Mit disen worten und | 4 | 4 | 59896,7 |
| was ûf in geleit | 4 | 4 | 219595,2 |
| sô kürlich und als ûz | 4 | 5 | 213173,4 |
| wan ez enwart nie | 4 | 4 | 228314,7 |
| dar ûf mit hôhem | 4 | 4 | 273630,9 |
| die wîle daz ich | 4 | 4 | 153830,7 |
| an sich unde las | 4 | 4 | 46035,6 |
| in al der welte | 4 | 4 | 166430,0 |
| ir herze und ir gemüete | 4 | 5 | 170591,3 |
| daz er von ir | 4 | 4 | 35058,5 |
| ir zuht und êre | 4 | 4 | 93980,4 |
| an lîbe und an gebâre | 4 | 5 | 222751,4 |
| dô wart sîn herze | 4 | 4 | 136223,5 |
| von der Kriechen lant | 4 | 4 | 218825,2 |
| mittlere Streuung: | | | 157945,312 |

Feste Formeln im zweiten Erzählfeld des *Trojanerkriegs* (Tr 23753–40424)

| Phrase | Frequenz | Länge | Streuung |
|---|---|---|---|
| mit herzen und mit | 25 | 4 | 135109,7 |
| mit creften und mit | 10 | 4 | 130259,3 |
| er bî den stunden | 8 | 4 | 94269,7 |
| an êren unde an | 7 | 4 | 187766,2 |
| zuo des plânes habe | 7 | 4 | 115489,3 |

| Phrase | Frequenz | Länge | Streuung |
|---|---|---|---|
| ûf der geblüemten heide | 7 | 4 | 135997,4 |
| mit swerten und mit | 7 | 4 | 146250,2 |
| bî der selben zît | 7 | 4 | 131463,4 |
| der werde künic Prîant | 6 | 4 | 144164,6 |
| des mâles unde bî der | 6 | 5 | 106796,9 |
| dâ von sô wart | 6 | 4 | 165370,4 |
| fuorte in eime schilte | 6 | 4 | 22338,5 |
| an liuten unde an | 6 | 4 | 164785,5 |
| ze herzen und ze | 6 | 4 | 146036,5 |
| an herzen unde an | 6 | 4 | 123425,3 |
| mit worten und mit | 5 | 4 | 145500,4 |
| des lîbes und des | 5 | 4 | 120618,1 |
| als ich ez las | 5 | 4 | 210193,2 |
| nider ûf daz gras | 5 | 4 | 43115,3 |
| von sîner frechen hende | 5 | 4 | 34852,8 |
| in herzen unde in | 5 | 4 | 106443,3 |
| mit herzen und mit sinnen | 5 | 5 | 157628,9 |
| ûf die von Troie | 5 | 4 | 147993,6 |
| als ich geschriben las | 5 | 4 | 182950,3 |
| an sich unde las | 5 | 4 | 164700,2 |
| der rede antwürte bôt | 5 | 4 | 159524,9 |
| und ze tôde wunt | 4 | 4 | 161290,4 |
| des mâles unde bî der zît | 4 | 6 | 104355,4 |
| an lîbe und an | 4 | 4 | 121927,3 |
| ûf den plân geleit | 4 | 4 | 106911,0 |
| mit werken und mit | 4 | 4 | 89105,7 |
| die clâren und die | 4 | 4 | 144197,5 |
| von der Kriechen her | 4 | 4 | 36999,6 |
| ouch der bruoder einer | 4 | 4 | 3002,5 |
| daz er vil nâch | 4 | 4 | 77426,1 |
| ze tôde sluoc er | 4 | 4 | 183289,6 |
| ûf der plânîe grüene | 4 | 4 | 73809,6 |
| er wider in dô sprach | 4 | 5 | 114648,8 |
| ûf in die lüfte | 4 | 4 | 116103,0 |
| daz er des mâles | 4 | 4 | 89294,0 |
| mit handen und mit | 4 | 4 | 174633,2 |
| in herzen unde in muote | 4 | 5 | 97332,2 |
| dâ wart vil manic | 4 | 4 | 110738,9 |
| daz si von dannen | 4 | 4 | 146605,1 |
| ûf dem grüenen plân | 4 | 4 | 118365,7 |
| nû daz er in | 4 | 4 | 38453,1 |
| mit witzen und mit | 4 | 4 | 71982,2 |
| und ûf den strît | 4 | 4 | 82869,6 |
| sprach dô wider in | 4 | 4 | 68657,1 |
| helt von hôher art | 4 | 4 | 103745,3 |

| Phrase | Frequenz | Länge | Streuung |
|---|---|---|---|
| nam er an sich | 4 | 4 | 154286,9 |
| der helt von hôher | 4 | 4 | 101509,9 |
| hin zuo den kielen | 4 | 4 | 156869,2 |
| dar nâch begunde er | 4 | 4 | 165247,5 |
| daz den von Troie | 4 | 4 | 218438,2 |
| der Achilles was genant | 4 | 4 | 153767,8 |
| mit herzen und mit handen | 4 | 5 | 136845,1 |
| des lîbes und des lebetagen | 4 | 5 | 131769,3 |
| noch balder denne ein | 4 | 4 | 63515,7 |
| mit slegen und mit stichen | 4 | 5 | 119955,3 |
| er an sich unde las | 4 | 5 | 156397,1 |
| er fuorte in eime schilte | 4 | 5 | 23065,0 |
| in eime schilte rôt | 4 | 4 | 106347,4 |
| mit swerten und mit spiezen | 4 | 5 | 172231,3 |
| dâ von huop sich | 4 | 4 | 194251,2 |
| er tuo im unde | 4 | 4 | 128221,1 |
| mit herzen und mit henden | 4 | 5 | 20522,0 |
| unde liute ein wunder | 4 | 4 | 167364,2 |
| mittlere Streuung | | | 121020,456 |

Die tabellarischen Übersichten der häufigsten Formeln belegen erstens einen insgesamt hohen Differenzierungsgrad der verwendeten Formeln. Zweitens sind Formeln in den Erzählfeldern des *Trojanerkriegs* unterschiedlich frequent: Während Formularisierungen in der ersten Erzählpartie (bis Tr 23572) mit einer durchschnittlichen Streuung von 157945 Zeichen im Untersuchungstext voneinander getrennt sind, verringert sich ihr Abstand in der zweiten Erzählpartie (ab Tr 23573) auf durchschnittlich 121020 Zeichen. Formeln treten somit im Kriegserzählen um fast 25 % häufiger auf.

Beim gesamten Textbestand von 40424 Versen der Straßburger Handschrift verwendet der *Trojanerkrieg* insgesamt 223 unterschiedliche Formularisierungen von mindestens vier Worten, die sich mindestens viermal oder öfter nachweisen lassen. Gemessen an der volkssprachlichen Romanliteratur ist dies eine signifikante Verstärkung von formularisierter Rede, wie ein Vergleich mit ausgewählten Referenztexten belegt:[4]

---

**4** Für die elektronische Analyse wurden herangezogen: für Hartmanns *Erec* das Digitalisat der Edition von Thomas Cramer, abgerufen unter http://www.hs-augsburg.de/~harsch/germanica/Chronologie/12Jh/Hartmann/har_erec.html (Stand: 21.06.2010); für Gottfrieds *Tristan* die Ausgabe von Rüdiger Krohn nach dem Text von Friedrich Ranke, abgerufen unter http://www.hs-augsburg.de/~harsch/germanica/Chronologie/13Jh/Gottfried/got_tr00.html bis got_tr30.html (Stand: 21.06.2010); für Wolframs *Parzival* der Text der Lachmann-Edition in 5. Aufl., abgerufen

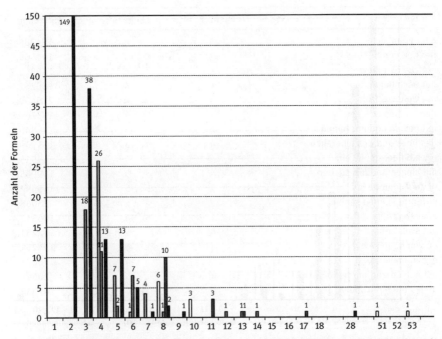

durchschn. Frequenz pro 20.000 Verse  □ Erec ▫ Tristan ▪Parzival ▪Lanzelet ▪Trojanerkrieg (Gesamttext)

**Schaubild 1:** Formularisierung im höfischen Roman und im *Trojanerkrieg*

Bei insgesamt 10135 Versen bietet Hartmanns *Erec* nur 11 unterschiedliche Formularisierungen, deren hochfrequente Belege allein auf Namensumschreibung entfallen („[Êrec] fil de roi Lac" mit 27 bzw. 26 Belegen). Wolframs *Parzival* und der *Lanzelet* Ulrichs von Zazikhoven verwenden mit 42 unterschiedlichen Formeln bei 24810 Versen (*Parzival*) bzw. 15 unterschiedlichen Formeln bei 9444 Versen (*Lanzelet*) feste Fügungen ebenfalls deutlich sparsamer und in weniger differenzierter Form. In Gottfrieds *Tristan* sind mit derselben Analyseroutine bei 19558 Versen nur 38 unterschiedliche Formularisierungen greifbar. Wenngleich Gottfrieds Text sich auch von anderen höfischen Romanen durch stärkeren Rückgriff auf formularisierte Elemente abhebt – 26 Formeln kehren im *Tristan* durch

aus dem Oxford Text Archive unter http://ota.ahds.ac.uk/ (Stand: 21.06.2010); für den *Lanzelet* Ulrichs von Zazikhoven die Edition Karl A. Hahns, abgerufen aus dem Oxford Text Archive unter http://ota.ahds.ac.uk (Stand: 21.06.2010). Entsprechend der unterschiedlichen Textumfänge wurden absolute Frequenzwerte auf relative Frequenzwerte pro 20000 Verse umgerechnet; sämtliche relativen Frequenzwerte wurden ganzzahlig gerundet. Das Schaubild ist somit folgendermaßen zu lesen: Es gibt beispielsweise 149 Formularisierungen von vier oder mehr Worten im *Trojanerkrieg*, die bei 20000 Versen zweimal fallen.

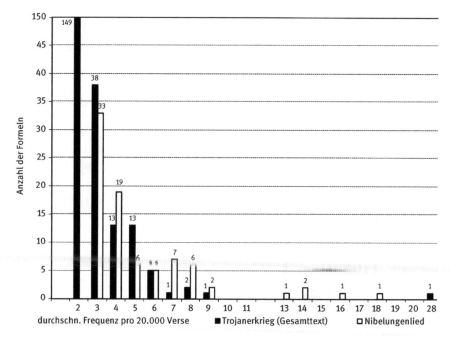

**Schaubild 2:** Formularisierung im *Nibelungenlied* und im *Trojanerkrieg*

schnittlich viermal wieder –, so bleibt auch dies hinter der Häufigkeitsverteilung und Differenzierung von Formularisierungen im *Trojanerkrieg* zurück. Im gesamten Durchschnitt aller Formularisierungen bezogen auf eine angeglichene Basis heißt dies: Während im *Erec* extrapoliert auf 20000 Verse 182 Mal Formularisierungen greifbar werden, im *Tristan* 167, im *Parzival* 157 und im *Lanzelet* 143 Formularisierungen, sind dies im *Trojanerkrieg* 619. Mit anderen Worten: Von den paradigmatischen Romanen Hartmanns und Gottfrieds hebt sich der *Trojanerkrieg* mit einem hohen Grad formularisierter Rede ab. Allein die zweite Erzählhälfte des *Trojanerkriegs* bietet bei vergleichbarem Textumfang knapp doppelt so häufig Formularisierungen wie Gottfrieds *Tristan*; im Vergleich zu Hartmanns *Erec* greift der *Trojanerkrieg* insgesamt sogar fünfmal häufiger zu Formularisierungen.

Näher steht der *Trojanerkrieg* der Formularisierungspraxis heldenepischer Texte, wie ein exemplarischer Vergleich mit der Beleghäufigkeit und Frequenzverteilung von Formeln im *Nibelungenlied* zeigt: Bei gleichem Umfang weisen das *Nibelungenlied* und die erste Erzählhälfte des *Trojanerkriegs* die gleiche Gesamtzahl von unterschiedlichen Formularisierungen auf (je 83). Bezogen auf eine angeglichene Basis verwendet das *Nibelungenlied* 326 Formularisierungen pro 20000 Verse und liegt damit der durchschnittlichen Frequenz von 619 Formularisierungen pro 20000 Verse im *Trojanerkrieg* deutlich näher als die Vergleichstexte des höfischen Romans.

Einschränkend ist zu betonen, dass dieser Befund keine qualitativen Schlüsse auf ähnliche Verwendungsweisen oder Funktionen der Formelsprache von heldenepischen Texten wie dem *Nibelungenlied* und Konrads *Trojanerkrieg* zulässt. Belegt ist damit lediglich eine größere quantitative Nähe der Formularisierungspraxis im Kontrast zum höfischen Roman.

# 3 Abkürzungen

LvT: Herbort von Fritzlar: *Liet von Troye*. Hg. v. Georg Carl Frommann. Quedlinburg, Leipzig 1837.

MF: *Des Minnesangs Frühling*. Unter Benutzung der Ausgaben von Karl Lachmann und Moriz Haupt, Friedrich Vogt und Carl von Kraus. Hg. v. Hugo Moser u. Helmut Tervooren. 38. Aufl. Stuttgart 1988.

Myth. vat.: *Scriptores rerum mythicarum latini tres Romae nuper reperti. Ad fidem codicum Mss. Guelferbytanorum Gottingensis, Gothani et Parisiensis*. Hg. v. Georg Heinrich Bode. Celle 1834, Bd. 1, S. 1–73 [= Myth. vat. I] u. S. 74–151 [= Myth. vat. II].

PG: *Patrologiae cursus completus. Series graeca*. Hg. v. Jacques Paul Migne. Paris 1857–1866.

PL: *Patrologiae cursus completus. Series latina*. Hg. v. Jacques Paul Migne. Paris 1844–1855.

RdT: Benoît de Sainte-Maure: *Le roman de Troie*. Hg. v. Léopold A. Constans. Paris 1904–1912.

Tr: Konrad von Würzburg: *Der Trojanische Krieg*. Nach den Vorarbeiten K. Frommanns und F. Roths. Hg. v. Adelbert von Keller. Stuttgart 1858.

# 4 Textausgaben

Aelred von Rieval: *Über die geistliche Freundschaft. Lateinisch – deutsch*. Übers. v. Rhaban Haacke. Trier 1978.

Alanus von Lille: *De planctu Naturae*. Hg. v. Nikolaus M. Häring. Spoleto 1978.

Alberich von London: „De diis gentium et illorum allegoriis". In: *Scriptores rerum mythicarum latini tres Romae nuper reperti. Ad fidem codicum Mss. Guelferbytanorum Gottingensis, Gothani et Parisiensis*. Bd. 1. Hg. v. Georg Heinrich Bode. Celle 1834, S. 152–256.

Albertus Magnus: „De somno et vigilia". In: *Opera omnia*. Bd. 9. Hg. v. Auguste Borgnet. Paris 1891, S. 121–212.

Albertus Magnus: *Commentarii in IV sententiarum (Dist. XXIII–L)*. In: *Opera omnia*. Bd. 30. Hg. v. Auguste Borgnet. Paris 1894.

Albertus Magnus: *Enarrationes in secundam partem Evangelii Lucae (X–XXIV)*. In: *Opera omnia*. Bd. 23. Hg. v. Auguste Borgnet. Paris 1895.

Albertus Magnus: *Summae theologiae pars secunda (Quaest. LXVIII–CXLI)*. In: *Opera omnia*. Bd. 33. Hg. v. Auguste Borgnet. Paris 1895.

Apollodorus: *Bibliotheke. Götter- und Heldensagen.* Hg. u. übers. v. Paul Dräger. Düsseldorf, Zürich 2005.

Aristoteles: *Die Nikomachische Ethik. Griechisch – deutsch.* Hg. v. Rainer Nickel. Übers. v. Olof Gigon. Düsseldorf, Zürich 2001.

Aristoteles: *Poetik. Griechisch / Deutsch.* Hg. u. übers. v. Manfred Fuhrmann. Stuttgart 1994.

Aristoteles: *Zweite Analytik. Analytica Posterioria. Griechisch – Deutsch. Griechischer Text nach W.D. Ross.* Hg. u. übers. v. Wolfgang Detel. Hamburg 2011.

Arnulph von Orleans: „Allegoriae super Ovidii Metamorphosin". In: *Arnolfo d'Orleans. Un cultore di Ovidio nel seculo XII.* Hg. v. Fausto Ghisalberti. Mailand 1932, S. 157–234.

Augustinus, Aurelius: *Confessionum libri XIII.* In: *Opera.* Bd. 1. Hg. v. Lucas Verheijen. Turnhout 1981.

Augustinus, Aurelius: *De civitate dei. Libri I–XXII.* Hg. v. Bernhard Dombart u. Alfons Kalb. 4. Aufl. Turnhout 1955.

Augustinus, Aurelius: *De musica. Bücher I und VI. Vom ästhetischen Urteil zur metaphysischen Erkenntnis.* Hg. u. übers. v. Frank Hentschel. Hamburg 2002.

Augustinus, Aurelius: *De trinitate libri XV.* In: *Opera.* Bd. 16. Hg. v. William J. Mountain. Turnhout 1968.

Baudri von Bourgueil: „Fragment sur la mythologie". In: *Œuvres poétiques.* Edition critique publiée d'après le manuscrit du Vatican. Hg. v. Phyllis Abraham. Genf 1974, S. 273–316.

Baudri von Bourgueil: *Carmina.* Hg. v. Karlheinz Hilbert. Heidelberg 1974.

Benoît de Sainte-Maure: *Le roman de Troie.* Hg. v. Léopold A. Constans. Paris 1904–1912.

Bernardus Silvestris: *The commentary on Martianus Capella's De Nuptiis Philologiae et Mercurii attributed to Bernardus Silvestris.* Hg. v. Haijo Jan Westra. Toronto 1986.

Berthold von Regensburg: *Vollständige Ausgabe seiner Predigten.* Mit Anmerkungen von Franz Pfeiffer. Mit einer Bibliographie und einem überlieferungsgeschichtlichen Beitrag von Kurt Ruh. Berlin 1965.

Bodel, Jean: *La chanson des Saisnes.* Hg. v. Annette Brasseur. Genf 1989.

Boethius: *Consolatio philosophiae. Trost der Philosophie. Lateinisch – deutsch.* Übers. v. Ernst Gegenschatz u. Olof Gigon. Düsseldorf, Zürich 2004.

Bolzano, Bernard: *Wissenschaftslehre. §§ 269–306.* In: *Gesamtausgabe. Reihe 1: Schriften.* Bd. 13. Hg. v. Eduard Winter. Stuttgart 1989.

Borges, Jorge Luis: „Die Bibliothek von Babel". In: *Sämtliche Erzählungen.* Übers. v. Karl August Horst, Eva Hessel u. Wolfgang Luchting. München 1970, S. 190–198.

Boutemy, André: „La version Parisienne du poème de Simon Chèvre d'Or sur la Guerre de Troie (Ms. lat. 8430)". In: *Scriptorium* 1 (1946/1947), S. 267–288.

Brown, Virginia: „An edition of an anonymous twelfth-century *liber de natura deorum*". In: *Mediaeval Studies* 34 (1972), S. 1–70.

Caesarius Heisterbacensis: *Dialogus miraculorum. Dialog über die Wunder.* Hg. u. übers. v. Nikolaus Nösges. Turnhout 2009.

*Carmina burana. Texte und Übersetzungen.* Mit den Miniaturen aus der Handschrift und einem Aufsatz von Peter und Dorothee Diemer. Hg. u. übers. v. Benedikt Konrad Vollmann. Frankfurt a.M. 1987.

Chrétien de Troyes: *Erec et Enide. Altfranzösisch/deutsch.* Hg. u. übers. v. Albert Gier. Stuttgart 2000.

Cicero, Marcus Tullius: „Laelius". In: *Cato der Ältere. Über das Alter. Laelius. Über die Freundschaft.* Hg. v. Max Faltner. 4. Aufl. Düsseldorf, Zürich 2004, S. 109–223.

Cicero, Marcus Tullius: *Akademische Abhandlungen. Lucullus.* Hg. u. übers. v. Christoph Schäublin. Hamburg 1995.

Cicero, Marcus Tullius: *De oratore. Über den Redner. Lateinisch/Deutsch.* Hg. u. übers. v. Harald Merklin. Stuttgart 2006.

Comes, Natalis: *Mythologiae, sive explicationum fabularum libri decem.* Reprint of the edition Venice 1567. New York 1976.

Dante Alighieri: *Die göttliche Komödie. Italienisch und deutsch.* Hg. u. übers. v. Hermann Gmelin. 2. Aufl. München 1988.

Dares Phrygius: *De excidio Troiae historia.* Hg. v. Ferdinand Meister. Leipzig 1873.

*Das Münchner Gedicht von den fünfzehn Zeichen vor dem Jüngsten Gericht.* Nach der Handschrift der Bayerischen Staatsbibliothek Cgm 717. Edition und Kommentar. Hg. v. Christoph Gerhardt u. Nigel Palmer. Berlin 2002.

*Das Nibelungenlied.* Nach der Ausgabe von Karl Bartsch. Hg. v. Helmut de Boor. 22. Aufl. Wiesbaden 1996.

„De deorum imaginibus libellus im cod. reginensis 1290". In: *Fulgentius metaforalis. Ein Beitrag zur Geschichte der antiken Mythologie im Mittelalter.* Hg. v. Hans Liebeschütz. Leipzig, Berlin 1926, S. 117–128.

*Der Göttweiger Trojanerkrieg.* Hg. v. Alfred Koppitz. Berlin 1926.

*Der Millstätter Physiologus.* Text, Übersetzung, Kommentar. Hg. u. übers. v. Christian Schröder. Würzburg 2005.

Der Stricker: *Die Kleindichtung.* Gesamtausgabe in fünf Bänden. Hg. v. Wolfgang W. Moelleken. Göppingen 1973–1978.

*Des Minnesangs Frühling.* Unter Benutzung der Ausgaben von Karl Lachmann und Moriz Haupt, Friedrich Vogt und Carl von Kraus. Hg. v. Hugo Moser u. Helmut Tervooren. 38. Aufl. Stuttgart 1988.

Descartes, René: *Meditationes de prima philosophia.* In: *Œuvres de Descartes. Nouvelle présentation.* Bd. 7. Hg. v. Charles Adam u. Paul Tannery. Paris 1996.

Descartes, René: *Regulae ad directionem ingenii.* In: *Œuvres de Descartes. Nouvelle présentation.* Bd. 10. Hg. v. Charles Adam u. Paul Tannery. Paris 1996.

*Deutsche Liederdichter des 13. Jahrhunderts.* Hg. v. Carl von Kraus. 2. Aufl. Tübingen 1978.

Dictys Cretensis: *Ephemeridos belli Troiani libri a Lucio Septimio ex Graeco in Latinum sermonem translati.* Hg. v. Werner Eisenhut. 2. Aufl. Leipzig 1973.

*Excidium Troie.* Hg. v. Alan Keith Bate. Bern [u.a.] 1986.

Fichte, Johann Gottlieb: *Wissenschaftslehre.* In: *Gesamtausgabe der Bayerischen Akademie der Wissenschaften.* Bd. I/2. Hg. v. Reinhard Lauth u. Hans Jacob. Stuttgart 1965.

Fulgentius, Fabius Planciades: „Expositio sermonum antiquorum ad grammaticum calcidium / super Thebaiden". In: *Opera. Accedunt Fabii Claudii Fulgentii de aetatibus mundi et hominis.* Hg. v. Rudolf Helm. Leipzig 1898, S. 180–186.

Fulgentius, Fabius Planciades: „Mitologiarum libri tres". In: *Opera. Accedunt Fabii Claudii Fulgentii De aetatibus mundi et hominis.* Hg. v. Rudolf Helm. Leipzig 1898, S. 1–80.

Galenus, Claudius: „De praenotione ad posthumum liber". In: *Opera omnia.* Bd. 14. Hg. v. Karl G. Kühn. Hildesheim 1965, S. 599–673.

Galenus, Claudius: „Hippocratis Prognosticon et Galeni in eum librum commentarius I". In: *Opera omnia.* Bd. 18. Hg. v. Karl G. Kühn. Hildesheim 1965, S. 1–109.

Galenus, Claudius: *In Hippocratis Epidemiarum librum sextum commentaria I–VIII.* Hg. v. Ernst Wenkebach u. Franz Pfaff. Berlin 1940.

Galfried von Vinsauf: „Poetria Nova". In: *Les arts poétiques du XIIe et du XIIIe siècle. Recherches et documents sur la technique littéraire du moyen âge.* Hg. v. Edmond Faral. Paris 1958, S. 194–262.

Galfried von Vinsauf: „Summa de coloribus rhetoricis". In: *Les arts poétiques du XIIe et du XIIIe siècle. Recherches et documents sur la technique littéraire du moyen âge.* Hg. v. Edmond Faral. Paris 1958, S. 321–327.

Gottfried von Straßburg: *Tristan.* Hg. u. übers. v. Rüdiger Krohn. 8.–12. Aufl. Stuttgart 2007–2008.

Gregor IX.: „Epistola Gregorii Papae IX. Ad Henricum Friderici imperatoris filium. De quibusdam haereticis Germaniae". In: *Sacrorum conciliorum nova et amplissima collectio.* Bd. 23. Hg. v. Giovanni Domenico Mansi. Graz 1961, S. 323–324.

Gregory, Tullio: „I sogni e gli astri". In: *I sogni nel medioevo. Seminario internazionale Roma, 2–4 ottobre 1983.* Hg. v. Tullio Gregory. Rom 1985, S. 111–148.

Grimm, Jacob: „Gedanken über Mythos, Epos und Geschichte. Mit altdeutschen Beispielen". In: *Kleinere Schriften.* Bd. IV/1. Berlin 1869, S. 74–85.

Grimm, Jacob: *Deutsche Mythologie.* 4. Aufl. Berlin 1875–1878.

Hartmann von Aue: „Gregorius". In: *Gregorius. Der Arme Heinrich. Iwein.* Hg. u. übers. v. Volker Mertens. Frankfurt a.M. 2008. S. 8–217.

Hartmann von Aue: „Iwein". In: *Gregorius. Der Arme Heinrich. Iwein.* Hg. u. übers. v. Volker Mertens. Frankfurt a.M. 2008, S. 317–767.

Hartmann von Aue: *Erec.* Mit einem Abdruck der neuen Wolfenbütteler und Zwettler Erec-Fragmente. Hg. v. Kurt Gärtner. 7. Aufl. Tübingen 2006.

Heinrich von dem Türlin: *Die Krone.* Hg. v. Fritz Peter Knapp [u.a.]. Tübingen 2000–2005.

Heinrich von Veldeke: *Eneasroman.* Nach dem Text von Ludwig Ettmüller ins Neuhochdeutsche übersetzt, mit einem Stellenkommentar und einem Nachwort. Hg. u. übers. v. Dieter Kartschoke. 2. Aufl. Stuttgart 1997.

Herbort von Fritzlar: *Liet von Troye.* Hg. v. Georg Carl Frommann. Quedlinburg, Leipzig 1837.

Herder, Johann Gottfried: *Eine Metakritik zur Kritik der reinen Vernunft.* In: *Sämtliche Werke.* Bd. 21. Hg. v. Bernhard Suphan. Hildesheim 1967.

Herodot: *Historien.* Hg. u. übers. v. Josef Feix. München 2004.

Hesiod: *Theogonie. Griechisch/Deutsch.* Hg. u. übers. v. Otto Schönberger. Stuttgart 1999.

Hieronymus: *Commentariorum in Hiezechielem libri XIV.* Hg. v. Franciscus Glorie. Turnhout 1964.

Hobbes, Thomas: *Leviathan.* Hg. v. Richard Tuck. 7. Aufl. Cambridge 2004.

„Hugdietrich". In: *Heldenbuch. Altdeutsche Heldenlieder aus dem Sagenkreise Dietrichs von Bern und der Nibelungen.* Bd. 1. Hg. v. Friedrich Heinrich von der Hagen. Leipzig 1855, S. 169–198.

Hugo von St. Viktor: *Didascalicon de studio legendi. Studienbuch.* Übers. v. Thilo Offergeld. Freiburg i.Br. [u.a.] 1997.

Hugo von Trimberg: *Der Renner.* Hg. v. Gustav Ehrismann. Berlin 1970.

Hyginus: *Fabulae.* Hg. v. Peter K. Marshall. 2. Aufl. Leipzig 2002.

Isidor von Sevilla: *Etymologiarum sive Originum libri XX.* Hg. v. Wallace M. Lindsay. Oxford 1911.

Jacobi, Friedrich Heinrich: „Über die Lehre des Spinoza in Briefen an den Herrn Moses Mendelssohn". In: *Werke. Gesamtausgabe.* Bd. I/1. Hg. v. Klaus Hammacher. Hamburg 1998, S. 1–146.

Jacobus de Voragine: *Legenda aurea.* Hg. v. Giovanni Paolo Maggioni. 2. Aufl. Florenz 1999.

Jans der Enikel: „Weltchronik". In: *Jansen Enikels Werke*. Hg. v. Philipp Strauch. Hannover [u.a.] 1972, S. 1–596.

Johannes Scotus: „Reportata Parisiensia". In: *Opera omnia*. Bd. 22–23. Hg. v. Luke Wadding. Paris 1894.

Johannes von Garland: *Integumenta Ovidii. Poemetto ined. del secolo XIII*. Hg. v. Fausto Ghisalberti. Mailand, Messina 1933.

Johannes von Salisbury: *Policratici sive De nugis curialium et vestigiis philosophorum libri VIII*. Hg. v. Clement C. J. Webb. London 1909.

Kant, Immanuel: *Gesammelte Schriften*. Begonnen von der Königlich Preußischen Akademie der Wissenschaften. Hg. v. der Berlin-Brandenburgischen Akademie der Wissenschaften. Berlin 1902–2009.

Konrad der Pfaffe: *Das Rolandslied. Mittelhochdeutsch/Neuhochdeutsch*. Hg. u. übers. v. Dieter Kartschoke. Stuttgart 1993.

Konrad Fleck: *Flore und Blanscheflur*. Hg. v. Emil Sommer. Quedlinburg, Leipzig 1846.

Konrad von Hirsau: „Dialogus super auctores". In: *Accessus ad auctores. Édition critique entièrement revue et augmentée*. Hg. v. Robert B. C. Huygens. Leiden 1970, S. 71–131.

Konrad von Mure: *Fabularius*. Hg. v. Tom van de Loo. Turnhout 2006.

Konrad von Stoffeln: *Der Ritter mit dem Bock. Gauriel von Muntabel*. Hg. v. Wolfgang Achnitz. Tübingen 1997.

Konrad von Würzburg: „Die Klage der Kunst". In: *Die Klage der Kunst. Leiche, Lieder und Sprüche*. Hg. v. Edward Schröder. 2. Aufl. Berlin 1959, S. 1–8.

Konrad von Würzburg: *Der Trojanische Krieg*. Nach den Vorarbeiten K. Frommanns und F. Roths. Hg. v. Adelbert von Keller. Stuttgart 1858.

Konrad von Würzburg: *Partonopier und Meliur*. Aus dem Nachlasse von Franz Pfeiffer und Franz Roth. Hg. v. Karl Bartsch. Wien 1871.

*La vision de Tondale. Les versions françaises de Jean de Vignay, David Aubert, Regnaud le Queux*. Hg. v. Mattia Cavagna. Paris 2008.

*Le Roman d'Eneas*. Hg. u. übers. v. Monica Schöler-Beinhauer. München 1972.

Macrobius, Ambrosius Theodosius: *Commentarii in somnium Scipionis*. Hg. v. James Willis. 2. Aufl. Leipzig 1970.

Martianus Capella: *De nuptiis Philologiae et Mercurii*. Hg. v. James Willis. Leipzig 1983.

Matthäus von Vendôme: „Ars versificatoria". In: *Les arts poétiques du XIIe et du XIIIe siècle. Recherches et documents sur la technique littéraire du moyen âge*. Hg. v. Edmond Faral. Paris 1958, S. 106–193.

*Mauritius von Craûn*. Hg. v. Heimo Reinitzer. Tübingen 2000.

Migne, Jacques Paul (Hg.): *Patrologiae cursus completus. Series graeca*. Paris 1857–1866.

Migne, Jacques Paul (Hg.): *Patrologiae cursus completus. Series latina*. Paris 1844–1855.

Musil, Robert: *Der Mann ohne Eigenschaften*. In: *Gesammelte Werke in neun Bänden*. Bd. 1–5. Hg. v. Adolf Frisé. Reinbek 1978.

„Mythographus [vaticanus] primus". In: *Scriptores rerum mythicarum latini tres Romae nuper reperti. Ad fidem codicum Mss. Guelferbytanorum Gottingensis, Gothani et Parisiensis*. Bd. 1. Hg. v. Georg Heinrich Bode. Celle 1834, S. 1–73.

„Mythographus [vaticanus] secundus". In: *Scriptores rerum mythicarum latini tres Romae nuper reperti. Ad fidem codicum Mss. Guelferbytanorum Gottingensis, Gothani et Parisiensis*. Bd. 1. Hg. v. Georg Heinrich Bode. Celle 1834, S. 74–151.

Nietzsche, Friedrich: „Ecce homo. Wie man wird, was man ist". In: *Sämtliche Werke. Kritische Studienausgabe.* Bd. 6. Hg. v. Giorgio Colli u. Mazzino Montinari. 2. Aufl. Berlin, New York 1999, S. 255–374.

Notker [Labeo]: *Die Hochzeit der Philologie und des Merkur.* Diplomatischer Textabdruck, Konkordanzen und Wortlisten nach dem Codex Sangallensis 872. Hg. v. Evelyn Scherabon Firchow. Hildesheim 1999.

Origenes: *Contra Celsum libri VIII.* Hg. v. Miroslav Marcovich. Leiden [u.a.] 2001.

Ovid: *Heroides. Briefe der Heroinen. Lateinisch/Deutsch.* Hg. u. übers. v. Detlev Hoffmann, Christoph Schliebitz u. Hermann Stocker. Stuttgart 2006.

Ovid: *Metamorphosen. Lateinisch / Deutsch.* Hg. u. übers. v. Michael von Albrecht. Stuttgart 1997.

Pessoa, Fernando: *Das Buch der Unruhe des Hilfsbuchhalters Bernardo Soares.* Hg. v. Richard Zenith. Übers. v. Inés Koebel. Zürich 2003.

Petrus Berchorius: *Reductorium morale, Liber XV: Ovidius moralizatus. Cap. i. De formis figurisque deorum. Textus e codice Brux., Bibl. Reg. 863–9.* Hg. v. Institut voor Laat Latijn der Rijksuniversiteit Utrecht. Utrecht 1966.

Philo von Alexandria: „Ueber Abraham". In: *Philo von Alexandrien. Die Werke in deutscher Übersetzung.* Bd. 1. Hg. v. Maximilian Adler [u.a.]. 2. Aufl. Berlin 1962, S. 93–152.

Platon: „Gorgias". In: *Werke in acht Bänden. Griechisch und Deutsch.* Bd. 2. Hg. v. Gunther Eigler. Übers. v. Friedrich Schleiermacher. 4. Aufl. Darmstadt 2005, S. 269–503.

Platon: „Ion". In: *Werke in acht Bänden. Griechisch und Deutsch.* Bd. 1. Hg. v. Gunther Eigler. Übers. v. Friedrich Schleiermacher. 4. Aufl. Darmstadt 2005, S. 1–39.

Platon: „Menon". In: *Werke in acht Bänden. Griechisch und Deutsch.* Bd. 2. Hg. v. Gunther Eigler. Übers. v. Friedrich Schleiermacher. 4. Aufl. Darmstadt 2005, S. 505–599.

Platon: „Phaidros". In: *Werke in acht Bänden. Griechisch und Deutsch.* Bd. 5. Hg. v. Gunther Eigler. Übers. v. Friedrich Schleiermacher. 4. Aufl. Darmstadt 2005, S. 1–193.

Platon: „Theaitetos". In: *Werke in acht Bänden. Griechisch und Deutsch.* Bd. 6. Hg. v. Gunther Eigler. Übers. v. Friedrich Schleiermacher. 4. Aufl. Darmstadt 2005, S. 1–217.

Quintilianus, Marcus Fabius: *Institutionis oratoriae libri XII. Ausbildung des Redners. Zwölf Bücher.* Hg. u. übers. v. Helmut Rahn. 2. Aufl. Darmstadt 1988.

Robertus Grosseteste: *Commentarius in posteriorum analyticorum libros.* Hg. v. Pietro Rossi. Florenz 1981.

Rudolf von Ems: *Alexander. Ein höfischer Versroman des 13. Jahrhunderts.* Hg. v. Victor Junk. Leipzig 1928–1929.

Rudolf von Ems: *Willehalm von Orlens.* Aus dem Wasserburger Codex der Fürstlich Fürstenbergischen Hofbibliothek in Donaueschingen. Hg. v. Victor Junk. Berlin 1905.

*Schwabenspiegel. Langform Z. Fassung Zü.* Hg. v. Karl August Eckhardt. Aalen 1974.

*Somniale Danielis. An edition of a medieval Latin dream interpretation handbook.* Hg. v. Lawrence T. Martin. Bern [u.a.] 1981.

*St. Patrick's purgatory. Two versions of Owayne Miles and The vision of William of Stranton together with the long text of the Tractatus de purgatorio sancti Patricii.* Hg. v. Robert Easting. Oxford 1991.

Statius: „Achilleid". In: *Thebaid, books 8–12. Achilleid.* Hg. u. übers. v. David R. Shackleton Bailey. Cambridge, London 2003, S. 311–397.

*Stoicorum veterum fragmenta.* Hg. v. Hans von Arnim. Leipzig 1905–1924.

Tertullianus: *Ad nationes libri duo.* Hg. v. Jan W. Borleffs. Leiden 1929.

Tertullianus: *De idolatria*. Critical text, translation and commentary. Hg. u. übers. v. Jan H. Waszink u. Jacobus C. M. van Winden. Leiden [u.a.] 1987.

*The commentary on the first six books of the Aeneid of Vergil commonly attributed to Bernardus Silvestris*. Hg. v. Julian Ward Jones u. Elizabeth Frances Jones. Lincoln [u.a.] 1986.

Thomas von Aquin: *Summa theologiae*. In: *Sancti Thomae Aquinatis Opera omnia iussu impensaque Leonis XIII. P. M. edita*. Bd. 4–12. Rom 1888–1906.

Thomasin von Zerclaere: *Der wälsche Gast*. Mit einer Einleitung und einem Register von Friedrich Neumann. Hg. v. Heinrich Rückert. Berlin 1965.

Thukydides: *Geschichte des Peloponnesischen Krieges*. Hg. v. Georg Peter Landmann. München, Zürich 1976.

Ulrich von Etzenbach: *Alexander*. Hg. v. Wendelin Toischer. Tübingen 1888.

Ulrich von Liechtenstein: *Das Frauenbuch*. Hg. u. übers. v. Christopher Young. Stuttgart 2003.

Vergil: *Aeneis. Lateinisch/Deutsch*. Hg. u. übers. v. Edith Binder u. Gerhard Binder. Stuttgart 1998–2005.

Vinzenz von Beauvais: *Speculum doctrinale*. In: *Speculum quadruplex sive Speculum maius*. Bd. 2. Graz 1965.

Vinzenz von Beauvais: *Speculum naturale*. In: *Speculum quadruplex sive Speculum maius*. Bd. 1. Graz 1964.

*Visio Tnugdali. Lateinisch und altdeutsch*. Hg. v. Albrecht Wagner. Hildesheim, Zürich, New York 1989.

Walther von der Vogelweide: *Leich, Lieder, Sangsprüche*. 14., völlig neubearb. Auflage der Ausgabe Karl Lachmanns mit Beiträgen von Thomas Bein und Horst Brunner. Hg. v. Christoph Cormeau. Berlin, New York 1996.

Wilhelm von Conches: *Dragmaticon philosophiae. Summa de philosophia in vulgari*. In: *Opera omnia*. Bd. 1. Hg. v. Italo Ronca u. Lola Badia. Turnhout 1997.

William von Ockham: *Scriptum in librum primum sententiarum ordinatio. Prologus et distinctio prima*. In: *Opera philosophica et theologica. Opera theologica*. Bd. 1. St. Bonaventure 1967.

Wirnt von Grafenberg: *Wigalois*. Text, Übersetzung, Stellenkommentar. Hg. u. übers. v. Sabine Seelbach. Berlin, New York 2005.

Wittgenstein, Ludwig: *Philosophische Untersuchungen*. In: *Werkausgabe in acht Bänden*. Bd. 1. Hg. v. Joachim Schulte. 16. Aufl. Frankfurt a.M. 2004.

Wittgenstein, Ludwig: *Über Gewißheit*. In: *Werkausgabe in acht Bänden*. Bd. 8. Hg. v. Gertrude E. M. Anscombe u. Georg H. von Wright. 11. Aufl. Frankfurt a.M. 2008.

Wolfram von Eschenbach: *Parzival*. Studienausgabe. Mittelhochdeutscher Text nach der sechsten Ausgabe von Karl Lachmann. Übersetzung von Peter Knecht. Mit einer Einführung zum Text der Lachmannschen Ausgabe und in Probleme der ,Parzival'-Interpretation von Bernd Schirok. 2. Aufl. Berlin, New York 2003.

# 5 Forschungsliteratur und Nachschlagewerke

Albrecht, Andrea: „Zur textuellen Repräsentation von Wissen am Beispiel von Platons *Menon*". In: *Literatur und Wissen. Theoretisch-methodische Zugänge*. Hg. v. Tilmann Köppe. Berlin, New York 2011, S. 140–163.

Alfen, Klemens, Petra Fochler u. Elisabeth Lienert: „Deutsche Trojatexte des 12. bis 16. Jahrhunderts. Repertorium". In: *Die deutsche Trojaliteratur des Mittelalters und der Frühen Neuzeit. Materialien und Untersuchungen*. Hg. v. Horst Brunner. Wiesbaden 1990, S. 7–196.

Allen, Judson Boyce: „An anonymous twelfth-century ‚De Natura Deorum'". In: *Traditio* 26 (1970), S. 352–364.

Allen, Michael J. B.: „Homo ad zodiacum. Marsilio Ficino and the Boethian Hercules". In: *Plato's Third Eye. Studies in Marsilio Ficino's Metaphysics and its Sources*. Aldershot 1995, S. 206–221.

Alston, William P.: „Justification and knowledge". In: *Epistemic justification. Essays in the theory of knowledge*. Ithaca 1989, S. 172–182.

Alt, Peter-André: „Beobachtung dritter Ordnung. Literaturgeschichte als Funktionsgeschichte kulturellen Wissens". In: *Grenzen der Germanistik. Rephilologisierung oder Erweiterung?* Hg. v. Walter Erhart. Stuttgart, Weimar 2004, S. 186–209.

Althoff, Gerd: „Freundschaft". In: *Handwörterbuch zur deutschen Rechtsgeschichte*. Hg. v. Albrecht Cordes, Heiner Lück u. Dieter Werkmüller. 2. Aufl. Bd. 1. Berlin 2008, Sp. 1798–1801.

Antonello, Pierpaolo: „The materiality of presence. Notes on Hans Ulrich Gumbrecht's theoretical project". In: *Producing Presences. Branching out from Gumbrecht's Work*. Hg. v. Victor K. Mendes u. João Cezar de Castro Rocha. Dartmouth 2007, S. 15–27.

Armstrong, David M.: *Belief, truth and knowledge*. Cambridge 1973.

Assmann, Aleida u. Jan Assmann: „Mythos". In: *Handbuch religionswissenschaftlicher Grundbegriffe*. Hg. v. Hubert Cancik [u.a.]. Bd. 4. Stuttgart 1998, S. 179–200.

Assmann, Jan: *Das kulturelle Gedächtnis. Schrift, Erinnerung und politische Identität in frühen Hochkulturen*. 5. Aufl. München 2005.

Bachelard, Gaston: *La formation de l'esprit scientifique. Contribution à une psychanalyse de la connaissance objective*. 4. Aufl. Paris 1960.

Bachmann-Medick, Doris (Hg.): *Kultur als Text. Die anthropologische Wende in der Literaturwissenschaft*. Basel, Tübingen 2004.

Bachorski, Hans-Jürgen: „*Träume, die überhaupt niemals geträumt*. Zur Deutung von Träumen in mittelalterlicher Literatur". In: *Weltbilder des mittelalterlichen Menschen*. Hg. v. Heinz-Dieter Heimann [u.a.]. Berlin 2007, S. 15–51.

Backes, Herbert: „Teufel, Götter und Heiden in geistlicher Ritterdichtung. Corpus Antichristi und Märtyrerliturgie". In: *Die Mächte des Guten und Bösen. Vorstellungen im XII. und XIII. Jahrhundert über ihr Wirken in der Heilsgeschichte*. Hg. v. Albert Zimmermann. Berlin, New York 1977, S. 417–441.

Baier, Sebastian: „Heimliche Bettgeschichten. Intime Räume in Gottfrieds *Tristan*". In: *Virtuelle Räume. Raumwahrnehmung und Raumvorstellung im Mittelalter. Akten des 10. Symposiums des Mediävistenverbandes, Krems, 24.–26. März 2003*. Hg. v. Elisabeth Vavra. Berlin 2005, S. 189–202.

Banfield, Ann: „Describing the unobserved. Events grouped around an empty centre". In: *The linguistics of writing. Arguments between language and literature.* Hg. v. Nigel Fabb [u.a.]. Manchester 1987, S. 265–285.

Baraldi, Claudio: „Semantik". In: *Glossar zu Niklas Luhmanns Theorie sozialer Systeme.* Hg. v. Claudio Baraldi, Giancarlo Corsi u. Elena Esposito. Frankfurt a.M. 1997, S. 168–170.

Barel, Yves: „De la fermeture à l'ouverture, en passant par l'autonomie?". In: *L'Auto-organisation. De la physique au politique.* Hg. v. Paul Dumouchel u. Jean-Pierre Dupuy. Paris 1983, S. 466–475.

Basler, Karl: *Konrads von Würzburg ‚Trojanischer Krieg' und Benoîts de Ste Maure ‚Roman de Troie'.* Berlin 1910.

Bate, Alan Keith: „Introduction". In: *Excidium Troie.* Hg. v. Alan Keith Bate. Bern [u.a.] 1986, S. 5–9.

Bateson, Gregory: *Steps to an ecology of mind. With a new foreword by Mary Catherine Bateson.* Chicago, London 2000.

Bauman, Zygmunt: „Out of touch together". In: *Liquid times. Living in an age of uncertainty.* Cambridge 2007, S. 71–93.

Baumann, Peter: *Erkenntnistheorie.* 2. Aufl. Stuttgart, Weimar 2006.

Baumgartner, Emmanuèle u. Laurence Harf-Lancner (Hg.): *Entre fiction et histoire. Troie et Rome au Moyen Âge.* Paris 1997.

Baumgartner, Emmanuèle u. Laurence Harf-Lancner (Hg.): *Lectures et usages d'Ovide (XIIIè–XVè siècle).* Paris 2002.

Bausch, Constanze [u.a.]: „Begehrende Körper und verkörpertes Begehren. Interdisziplinäre Studien zu Performativität und *gender*". In: *Praktiken des Performativen.* Hg. v. Erika Fischer-Lichte u. Christoph Wulf. Berlin 2004, S. 251–309.

Bauschke, Ricarda: „Burgen und ihr metaphorischer Spielraum in der höfischen Lyrik des 12. und 13. Jahrhunderts". In: *Die Burg im Minnesang und als Allegorie im deutschen Mittelalter.* Hg. v. Ricarda Bauschke. Frankfurt a.M. 2006, S. 11–40.

Bauschke, Ricarda: „Geschichtsmodellierung als literarisches Spiel. Zum Verhältnis von gelehrtem Diskurs und Geschichtswahrheit in Herborts ‚Liet von Troye'". In: *Eine Epoche im Umbruch. Volkssprachliche Literalität 1200–1300. Cambridger Symposium 2001.* Hg. v. Christa Bertelsmeier-Kierst u. Christopher Young. Tübingen 2003, S. 155–174.

Bauschke, Ricarda: „Räume der Liebe – Orte des Krieges. Zur Topographie von Innen und Außen in Herborts von Fritzlar ‚Liet von Troye'". In: *Innenräume in der Literatur des deutschen Mittelalters. XIX. Anglo-German Colloquium Oxford 2005.* Hg. v. Burkhard Hasebrink [u.a.]. Tübingen 2008, S. 1–22.

Beckermann, Ansgar: „Zur Inkohärenz und Irrelevanz des Wissensbegriffs. Plädoyer für eine neue Agenda in der Erkenntnistheorie". In: *Zeitschrift für philosophische Forschung* 55 (2001), S. 571–593.

Behmenburg, Lena: *Philomela. Metamorphosen eines Mythos in der deutschen und französischen Literatur des Mittelalters.* Berlin, New York 2009.

Benecke, Georg Friedrich, Wilhelm Müller u. Friedrich Zarncke: *Mittelhochdeutsches Wörterbuch.* Leipzig 1854–1861.

Berger, Peter u. Thomas Luckmann: *Die gesellschaftliche Konstruktion der Wirklichkeit. Eine Theorie der Wissenssoziologie. Mit einer Einleitung zur deutschen Ausgabe von Helmuth Plessner.* Frankfurt a.M. 1969.

Betz, Werner: „Zur Wortgeschichte von ‚Mythos'". In: *Deutsche Sprache. Geschichte und Gegenwart. Festschrift für Friedrich Maurer zum 80. Geburtstag.* Hg. v. Hugo Moser, Heinz Rupp u. Hugo Steger. Bern, München 1978, S. 21–33.

Bezner, Frank: „Herakles". In: *Mythenrezeption. Die antike Mythologie in Literatur, Musik und Kunst von den Anfängen bis zur Gegenwart.* Hg. v. Maria Moog-Grünewald. Darmstadt 2008, S. 326–343.

Bezner, Frank: *Vela veritatis. Hermeneutik, Wissen und Sprache in der Intellectual History des 12. Jahrhunderts.* Leiden [u.a.] 2005.

Bezold, Friedrich von: *Das Fortleben der antiken Götter im mittelalterlichen Humanismus.* Aalen 1962.

Bichler, Reinhold u. Robert Rollinger: *Herodot.* Darmstadt 2000.

Bieri, Peter: *Analytische Philosophie der Erkenntnis.* 2. Aufl. Frankfurt a.M. 1992.

Bieri, Peter: „Einleitung". In: *Analytische Philosophie der Erkenntnis.* Hg. v. Peter Bieri. 2. Aufl. Frankfurt a.M. 1992, S. 75–84.

Bildhauer, Bettina: *Medieval Blood.* Cardiff 2006.

Blank, Andreas: *Einführung in die lexikalische Semantik für Romanisten.* Tübingen 2001.

Blanke, Börries: *Vom Bild zum Sinn. Das ikonische Zeichen zwischen Semiotik und analytischer Philosophie.* Wiesbaden 2003.

Bleumer, Hartmut: „Entzauberung des Wissens. Ästhetik und Kritik in Konrads von Würzburg *Partonopier und Meliur*". In: *Neugier und Tabu. Regeln und Mythen des Wissens.* Hg. v. Martin Baisch u. Elke Koch. Freiburg i.Br. 2010, S. 207–233.

Bleumer, Hartmut: „Zwischen Wort und Bild. Narrativität und Visualität im ‚Trojanischen Krieg' Konrads von Würzburg. (Mit einer kritischen Revision der Sichtbarkeitsdebatte)". In: *Zwischen Wort und Bild. Wahrnehmungen und Deutungen im Mittelalter.* Hg. v. Hartmut Bleumer [u.a.]. Köln 2010, S. 109–156.

Blumenberg, Hans: *Arbeit am Mythos.* 3. Aufl. Frankfurt a.M. 1984.

Blumenberg, Hans: „Wirklichkeitsbegriff und Wirklichkeitspotential des Mythos". In: *Terror und Spiel. Probleme der Mythenrezeption.* Hg. v. Manfred Fuhrmann. München 1971, S. 11–66.

Blumenfeld-Kosinski, Renate: *Reading myth. Classical mythology and its interpretations in medieval French literature.* Stanford 1997.

Bode, Friedrich: *Die Kamphesschilderungen in den mittelhochdeutschen Epen.* Diss. Greifswald 1909.

Boehm, Gottfried: „Bildbeschreibung. Über die Grenzen von Bild und Sprache". In: *Beschreibungskunst – Kunstbeschreibung. Ekphrasis von der Antike bis zur Gegenwart.* Hg. v. Gottfried Boehm u. Helmut Pfotenhauer. München 1995, S. 23–40.

Boehncke, Heiner: „Herkules – vom Mythos zum Markenzeichen". In: *Herakles/Herkules.* Hg. v. Ralph Kray u. Stephan Oettermann. Bd. 1. Basel, Frankfurt a.M. 1994, S. 297–304.

Boesch, Bruno: *Die Kunstanschauung in der mittelhochdeutschen Dichtung von der Blütezeit bis zum Meistergesang.* Bern, Leipzig 1936.

Borgards, Roland: „Wissen *und* Literatur. Eine Replik auf Tilmann Köppe". In: *Zeitschrift für Germanistik N.F.* 17 (2007), S. 425–428.

Borgards, Roland u. Harald Neumeyer: „Der Ort der Literatur in einer Geschichte des Wissens. Plädoyer für eine entgrenzte Philologie". In: *Grenzen der Germanistik. Rephilologisierung oder Erweiterung?* Hg. v. Walter Erhart. Stuttgart, Weimar 2004, S. 210–222.

Boswell, John: *Christianity, social tolerance, and homosexuality. Gay people in Western Europe from the beginning of the Christian era to the 14th century.* Chicago 1980.

Boswell, John: „The history of same-sex unions in medieval Europe". In: *Same-sex unions in premodern Europe*. New York 1995, S. 218 – 261.

Bourdieu, Pierre: *Sozialer Sinn. Kritik der theoretischen Vernunft*. Frankfurt a.M. 2005.

Brall, Helmut: „Geschlechtlichkeit, Homosexualität, Freundesliebe. Über mann-männliche Liebe in mittelalterlicher Literatur". In: *Forum Homosexualität und Literatur* 13 (1991), S. 5 – 27.

Brall, Helmut: „Homosexualität als Thema mittelalterlicher Dichtung und Chronistik". In: *Zeitschrift für deutsche Philologie* 118 (1999), S. 354 – 371.

Braun, Manuel: *Ehe, Liebe, Freundschaft. Semantik der Vergesellschaftung im frühneuhochdeutschen Prosaroman*. Tübingen 2001.

Braun, Manuel: „Kristallworte, Würfelworte. Probleme und Perspektiven eines Projekts ‚Ästhetik mittelalterlicher Literatur'". In: *Das fremde Schöne. Dimensionen des Ästhetischen in der Literatur des Mittelalters*. Hg. v. Manuel Braun u. Christopher Young. Berlin, New York 2007, S. 1 – 40.

Braun, Manuel: „Versuch über ein verworrenes Verhältnis. Freundschaft und Verwandtschaft in mittelalterlichen und frühneuzeitlichen Erzähltexten". In: *Freundschaft. Motive und Bedeutungen*. Hg. v. Sibylle Appuhn-Radtke u. Esther P. Wipfler. München 2006, S. 67 – 96.

Braun, Manuel u. Cornelia Herberichs: „Gewalt im Mittelalter: Überlegungen zu ihrer Erforschung". In: *Gewalt im Mittelalter. Realitäten – Imaginationen*. Hg. v. Manuel Braun u. Cornelia Herberichs. München 2005, S. 7 – 37.

Breidbach, Olaf: *Neue Wissensordnungen. Wie aus Informationen und Nachrichten kulturelles Wissen entsteht*. Frankfurt a.M. 2008.

Brendel, Elke: *Wahrheit und Wissen*. Paderborn 1999.

Brinkmann, Hennig: „Der Prolog im Mittelalter als literarische Erscheinung. Bau und Aussage". In: *Wirkendes Wort* 14 (1964), S. 1 – 21.

Brinkmann, Hennig: *Mittelalterliche Hermeneutik*. Tübingen 1980.

Brisson, Luc: *Einführung in die Philosophie des Mythos*. Bd. 1: *Antike, Mittelalter und Renaissance*. Darmstadt 2005.

Broich, Ulrich u. Manfred Pfister (Hg.): *Intertextualität. Formen, Funktionen, anglistische Fallstudien*. Tübingen 1985.

Brunner, Otto: *Land und Herrschaft. Grundfragen der territorialen Verfassungsgeschichte Österreichs im Mittelalter*. 5. Aufl. Darmstadt 1973.

Bühler, Karl: *Sprachtheorie. Die Darstellungsfunktion der Sprache*. Ungekürzter Neudruck der Ausgabe Jena 1934. Mit einem Geleitwort von Friedrich Kainz. 3. Aufl. Stuttgart 1999.

Bulang, Tobias: *Enzyklopädische Dichtungen. Fallstudien zu Wissen und Literatur in Spätmittelalter und früher Neuzeit*. Berlin 2011.

Bulang, Tobias: „Epistemische Kontingenzen und ihre literarische Aktivierung. Fallstudie zur Nomenklatur der Pflanzen in Johann Fischarts *Geschichtklitterung*". In: *Kein Zufall. Konzeptionen von Kontingenz in der mittelalterlichen Literatur*. Hg. v. Cornelia Herberichs u. Susanne Reichlin. Göttingen 2010, S. 364 – 389.

Bumke, Joachim: *Mäzene im Mittelalter. Die Gönner und Auftraggeber der höfischen Literatur in Deutschland 1150 – 1300*. München 1979.

Burdach, Konrad: *Reinmar der Alte und Walther von der Vogelweide*. Zweite berichtigte Auflage mit ergänzenden Aufsätzen über die altdeutsche Lyrik. Halle 1928.

Burgwinkle, William E.: *Sodomy, masculinity, and law in medieval literature. France and England, 1050 – 1230*. Cambridge 2004.

Burkert, Walter u. Axel Horstmann: „Mythos, Mythologie". In: *Historisches Wörterbuch der Philosophie*. Hg. v. Joachim Ritter. Bd. 6. Basel 1984, Sp. 281–318.

Bürkle, Susanne: „„Kunst'-Reflexion aus dem Geiste der *descriptio*. Enites Pferd und der Diskurs artistischer *meisterschaft*". In: *Das fremde Schöne. Dimensionen des Ästhetischen in der Literatur des Mittelalters*. Hg. v. Manuel Braun u. Christopher Young. Berlin, New York 2007, S. 143–170.

Burns, E. Jane: *Courtly love undressed. Reading through clothes in medieval French culture*. Philadelphia 2002.

Busse, Dietrich: *Historische Semantik. Analyse eines Programms*. Stuttgart 1987.

Canetti, Elias: *Masse und Macht*. Frankfurt a.M. 1983.

Carruthers, Mary J.: *The craft of thought. Meditation, rhetoric, and the making of images, 400–1200*. Cambridge 1998.

Chance, Jane: *Medieval Mythography*. Bd. 1: *From Roman North Africa to the School of Chartres, A.D. 433–1177*. Gainesville 1994.

Chance, Jane: *Medieval Mythography*. Bd. 2: *From the School of Chartres to the Court at Avignon, 1177–1350*. Gainesville 2000.

Chance, Jane: „The origins and development of medieval mythography from Homer to Dante". In: *Mapping the Cosmos*. Hg. v. Jane Chance u. Raymond Wells. Houston 1985, S. 35–64.

Chenu, Marie-Dominique: „Involucrum. Le mythe selon les théologiens médiévaux". In: *Archives d'histoire doctrinale et littéraire du moyen âge* 22 (1956), S. 75–79.

Chisholm, Roderick M.: *Theory of knowledge*. 3. Aufl. Englewood Cliffs 1989.

Cieslik, Karin: „Die Wartburg". In: *Burgen, Länder, Orte*. Hg. v. Ulrich Müller u. Werner Wunderlich. Konstanz 2008, S. 951–964.

Clark, David: *Between medieval men. Male friendship and desire in early medieval English literature*. Oxford 2009.

Classen, Albrecht: „Helena von Troja – verführte Verführerin, Freudenbringerin und Untergangsfigur. Ein antiker Mythos im Nachleben des Mittelalters und der Neuzeit". In: *Verführer, Schurken, Magier*. Hg. v. Ulrich Müller u. Werner Wunderlich. St. Gallen 2001, S. 375–393.

Clauss, Martin: *Kriegsniederlagen im Mittelalter. Darstellung, Deutung, Bewältigung*. Paderborn 2010.

Clifford, James: *The predicament of culture. Twentieth-century ethnography, literature, and art*. Cambridge, Mass. 2002.

Clüver, Claus: „Ekphrasis reconsidered. On verbal representations of non-verbal texts". In: *Interart poetics. Essays on the interrelations of the arts and media*. Hg. v. Ulla-Britta Lagerroth, Hans Lund u. Erik Hedling. Amsterdam 1997, S. 19–33.

Cormeau, Christoph: „Quellenkompendium oder Erzählkonzept? Eine Skizze zu Konrads von Würzburg ‚Trojanerkrieg'". In: *Befund und Deutung. Zum Verhältnis von Empirie und Interpretation in Sprach- und Literaturwissenschaft*. Hg. v. Klaus Grubmüller. Tübingen 1979, S. 303–319.

Coste, Didier u. John Pier: „Narrative levels". In: *Handbook of narratology*. Hg. v. Peter Hühn. Berlin, New York 2009, S. 295–308.

Craig, Edward: *Was wir wissen können. Pragmatische Untersuchungen zum Wissensbegriff*. Frankfurt a.M. 1993.

Curtius, Ernst Robert: *Europäische Literatur und lateinisches Mittelalter*. 11. Aufl. Tübingen 1993.

Czerwinski, Peter: *Die Schlacht- und Turnierdarstellungen in den deutschen höfischen Romanen des 12. und 13. Jahrhunderts. Zur literarischen Verarbeitung militärischer Formen des adligen Gewaltmonopols.* Diss. Berlin 1975.

Danneberg, Lutz u. Carlos Spoerhase: *„Wissen in Literatur* als Herausforderung einer Pragmatik von Wissenszuschreibungen: sechs Problemfelder, sechs Fragen und zwölf Thesen". In: *Literatur und Wissen. Theoretisch-methodische Zugänge.* Hg. v. Tilmann Köppe. Berlin, New York 2011, S. 29–76.

Danneberg, Lutz u. Friedrich Vollhardt (Hg.): *Wissen in Literatur im 19. Jahrhundert.* Tübingen 2002.

Däumer, Mathias, Cora Dietl u. Friedrich Wolfzettel (Hg.): *Artusroman und Mythos.* Berlin 2011.

Davidson, Donald: „Three varieties of knowledge". In: *A. J. Ayer memorial essays.* Hg. v. Allen P. Griffiths. Cambridge 1991, S. 153–166.

Deleuze, Gilles: *Foucault.* Frankfurt a.M. 1987.

Demats, Paul: *Fabula. Trois études de mythographie antique et médiévale.* Genf 1973.

Derrida, Jacques: *Politik der Freundschaft.* Frankfurt a.M. 2002.

Detel, Wolfgang: *Erkenntnis- und Wissenschaftstheorie.* Stuttgart 2007.

Detel, Wolfgang: „Wissen und Kontext". In: *Wissen zwischen Entdeckung und Konstruktion. Erkenntnistheoretische Kontroversen.* Hg. v. Matthias Vogel u. Lutz Wingert. Frankfurt a.M. 2003, S. 249–287.

Detel, Wolfgang: „Wissenskultur bei Platon und Aristoteles". In: *Wissen und Bildung in der antiken Philosophie.* Hg. v. Christof Rapp u. Tim Wagner. Stuttgart, Weimar 2006, S. 305–321.

Detel, Wolfgang: *Philosophie des Geistes und der Sprache.* Stuttgart 2007.

Dickhaut, Kirsten: „Das Paradox der Bibliothek. Metapher, Gedächtnisort, Heterotopie". In: *Erinnerung, Gedächtnis, Wissen. Studien zur kulturwissenschaftlichen Gedächtnisforschung.* Hg. v. Günter Oesterle. Göttingen 2005, S. 297–331.

Diem, Albrecht: „„nu suln ouch wir gesellen sîn'. Über Schönheit, Freundschaft und mann-männliche Liebe im Tristanroman Gottfrieds von Straßburg". In: *„Die sünde, der sich der tiuvel schamet in der helle". Homosexualität in der Kultur des Mittelalters und der frühen Neuzeit.* Hg. v. Lev Mordechai Thoma u. Sven Limbeck. Ostfildern 2009, S. 91–121.

Dittrich, Andreas: „Ein Lob der Bescheidenheit. Zum Konflikt zwischen Erkenntnistheorie und Wissensgeschichte". In: *Zeitschrift für Germanistik* 17 (2007), S. 631–637.

Dittrich, Marie-Luise: *„gote* und *got* in Heinrichs von Veldeke ‚Eneide'". In: *Zeitschrift für deutsches Altertum und deutsche Literatur* 90 (1960/1961), S. 85–122, 198–240, 274–302.

Dronke, Peter: *Fabula. Explorations into the uses of myth in medieval Platonism.* Leiden [u.a.] 1974.

Ebenbauer, Alfred: „Der Truchseß Keie und der Gott Loki. Zur mythischen Struktur des arthurischen Erzählens". In: *Literarische Leben. Rollenentwürfe in der Literatur des Hoch- und Spätmittelalters. Festschrift für Volker Mertens zum 65. Geburtstag.* Hg. v. Matthias Meyer u. Hans-Jochen Schiewer. Tübingen 2002, S. 105–131.

Ebenbauer, Alfred u. Ulrich Wyss: „Der mythologische Entwurf der höfischen Gesellschaft im Artusroman". In: *Höfische Literatur und Hofgesellschaft. Höfische Lebensformen um 1200. Kolloquium am Zentrum für Interdisziplinäre Forschung der Universität Bielefeld (3. bis 5. November 1983).* Hg. v. Gert Kaiser u. Jan-Dirk Müller. Düsseldorf 1986, S. 513–540.

Eco, Umberto: *Semiotik. Entwurf einer Theorie der Zeichen.* München 1987.

Edwards, Robert: „The heritage of Fulgentius". In: *The classics in the Middle Ages. Papers of the twentieth annual conference of the center for medieval and early renaissance studies.* Hg. v. Aldo Bernardo u. Saul Levin. Binghamton 1990, S. 141–151.

Egidi, Margreth: *Tausch/Gaben. Ökonomische und anökonomische Logik in „Flore und Blanscheflur" und „Apollonius von Tyrland".* Unveröff. Habilitationsschrift. Konstanz 2008.

Ehlert, Trude: „Zu Konrads von Würzburg Auffassung vom Wert der Kunst und von der Rolle des Künstlers". In: *Jahrbuch der Oswald von Wolkenstein Gesellschaft* 5 (1988/89), S. 79–94.

Eickels, Klaus van: „Verwandtschaftliche Bindungen, Liebe zwischen Mann und Frau, Lehenstreue und Kriegerfreundschaft. Unterschiedliche Erscheinungsformen ein und desselben Begriffs?". In: *Freundschaft und Verwandtschaft. Zur Unterscheidung und Verflechtung zweier Beziehungssysteme.* Hg. v. Johannes F. K. Schmidt [u.a.]. Konstanz 2007, S. 157–164.

Eikelmann, Manfred: *Studien zum deutschen Sprichwort im Mittelalter. Gattungsbegriff, Überlieferungsformen und Funktionstypen.* Unveröff. Habilitationsschrift. Göttingen 1994.

Elbern, Viktor H.: „Geräte, Liturgische. I. Historisch". In: *Theologische Realenzyklopädie.* Hg. v. Gerhard Krause u. Gerhard Müller. Bd. 12. Berlin 1984, S. 396–401.

Emmerich, Wolfgang, Bernd Seidensticker u. Martin Vöhler: „Zum Begriff der Mythenkorrektur". In: *Mythenkorrekturen. Zu einer paradoxalen Form der Mythenrezeption.* Hg. v. Bernd Seidensticker u. Martin Vöhler. Berlin, New York 2005, S. 1–18.

Epp, Verena: *Amicitia. Zur Geschichte personaler, sozialer, politischer und geistlicher Beziehungen im frühen Mittelalter.* Stuttgart 1999.

Erhart, Walter (Hg.): *Grenzen der Germanistik. Rephilologisierung oder Erweiterung?* Stuttgart, Weimar 2004.

Ernst, Gerhard: *Das Problem des Wissens.* Paderborn 2002.

Ernst, Gerhard: *Einführung in die Erkenntnistheorie.* Darmstadt 2007.

Ernst, Ulrich: „‚Nouveau Roman' im Mittelalter? Generistische Betrachtungen zum ‚ekphrastischen Roman'". In: *Das Mittelalter* 13 (2008), S. 107–130.

Ertzdorff, Xenja von: „Höfische Freundschaft". In: *Spiel der Interpretation. Gesammelte Aufsätze zur Literatur des Mittelalters und der Frühen Neuzeit.* Göppingen 1996, S. 185–203.

Faral, Edmond: *Les arts poétiques du XIIe et du XIIIe siècle. Recherches et documents sur la technique littéraire du moyen âge.* Paris 1958.

Feldman, Richard: „Reliability and Justification". In: *The Monist* 68 (1985), S. 159–174.

Fischer-Lichte, Erika: *Ästhetik des Performativen.* Frankfurt a.M. 2004.

Fischer, Stephan M.: *Dynamisches Wissen. Die Einschränkung der Möglichkeit.* Weilerswist 2010.

Fischer, Steven R.: *The complete medieval dreambook. A multilingual, alphabetical Somnia Danielis collation.* Bern [u.a.] 1982.

Fleck, Ludwik: *Entstehung und Entwicklung einer wissenschaftlichen Tatsache. Einführung in die Lehre vom Denkstil und Denkkollektiv.* 2. Aufl. Frankfurt a.M. 1993.

Foucault, Michel: *Archäologie des Wissens.* Frankfurt a.M. 1981.

Foucault, Michel: *Der Wille zum Wissen. Sexualität und Wahrheit 1.* 14. Aufl. Frankfurt a.M. 1983.

Foucault, Michel: *Die Ordnung der Dinge. Eine Archäologie der Humanwissenschaften.* Frankfurt a.M. 1974.

Frazer, James George: *The golden bough. A study in magic and religion.* 3. Aufl. London 1905–1915.

Frege, Gottlob: „Über Sinn und Bedeutung". In: *Funktion, Begriff, Bedeutung. Fünf logische Studien.* Hg. v. Günter Patzig. Göttingen 2008, S. 23–46.

Freytag, Hartmut: *Die Theorie der allegorischen Schriftdeutung und die Allegorie in deutschen Texten besonders des 11. und 12. Jahrhunderts.* Bern [u.a.] 1982.

Freytag, Wiebke: „Zur Logik *wilder âventiure* in Konrads von Würzburg Paris-Urteil". In: *Jahrbuch der Oswald von Wolkenstein Gesellschaft* 5 (1988/89), S. 373–395.

Fricke, Harald: „Potenzierung". In: *Reallexikon der deutschen Literaturwissenschaft.* Hg. v. Georg Braungart [u.a.]. Bd. 3. Berlin, New York 2007, S. 144–147.

Fried, Johannes: „Mäzenatentum und Kultur im Mittelalter". In: *Die Kunst der Mächtigen und die Macht der Kunst. Untersuchungen zu Mäzenatentum und Kulturpatronage.* Hg. v. Ulrich Oevermann, Johannes Süßmann u. Christine Tauber. Berlin 2007, S. 47–72.

Friedlein, Roger: „Indexikalisierung von Wissensinszenierungen in der Renaissance-Epik Portugals (Luís de Camões: *Os Lusíadas* und Jerónimo Corte-Real: *Naufrágio de Sepúlveda*)". In: *Dynamiken des Wissens.* Hg. v. Klaus W. Hempfer u. Anita Traninger. Freiburg i.Br. 2007, S. 187–217.

Friedmann, Lionel J.: „Gradus Amoris". In: *Romance Philology* 19 (1965), S. 167–177.

Friedrich, Udo: „Die ‚symbolische Ordnung' des Zweikampfs im Mittelalter". In: *Gewalt im Mittelalter. Realitäten – Imaginationen.* Hg. v. Manuel Braun u. Cornelia Herberichs. München 2005, S. 123–158.

Friedrich, Udo: „Die Zähmung des Heros. Der Diskurs der Gewalt und Gewaltregulierung im 12. Jahrhundert". In: *Mittelalter – Neue Wege durch einen alten Kontinent.* Hg. v. Jan-Dirk Müller u. Horst Wenzel. Stuttgart 1999, S. 149–179.

Friedrich, Udo: „Diskurs und Narration. Zur Kontextualisierung des Erzählens in Konrads von Würzburg ‚Trojanerkrieg'". In: *Text und Kontext. Fallstudien und theoretische Begründungen einer kulturwissenschaftlich angeleiteten Mediävistik.* Hg. v. Jan-Dirk Müller. München 2007, S. 99–120.

Friedrich, Udo: *Menschentier und Tiermensch. Diskurse der Grenzziehung und Grenzüberschreitung im Mittelalter.* Göttingen 2009.

Friedrich, Udo: „Ordnungen des Wissens". In: *Germanistik als Kulturwissenschaft. Eine Einführung in neue Theoriekonzepte.* Hg. v. Claudia Benthien u. Hans Rudolf Velten. Reinbek 2002, S. 83–102.

Friedrich, Udo u. Bruno Quast: „Mediävistische Mythosforschung". In: *Präsenz des Mythos. Konfigurationen einer Denkform in Mittelalter und Früher Neuzeit.* Hg. v. Udo Friedrich u. Bruno Quast. Berlin, New York 2004, S. IX–XXXVII.

Fritz, Gerd: *Einführung in die historische Semantik.* Tübingen 2005.

Fromm, Hans: „‚Aufklärung' und neuer Mythos im Hohen Mittelalter". In: *Arbeiten zur deutschen Literatur des Mittelalters.* Tübingen 1989, S. 1–23.

Fromm, Hans: „Die Unterwelt des Eneas". In: *Philologie als Kulturwissenschaft. Festschrift für Karl Stackmann.* Hg. v. Ludger Grenzmann. Göttingen 1987, S. 71–89.

Fuhrmann, Manfred (Hg.): *Terror und Spiel. Probleme der Mythenrezeption.* München 1971.

Galle, Arnold: „Wappenwesen und Heraldik bei Konrad von Würzburg". In: *Zeitschrift für deutsches Altertum und deutsche Literatur* 53 (1912), S. 209–259.

Garnier, Claudia: *Amicus amicis – inimicus inimicis. Politische Freundschaft und fürstliche Netzwerke im 13. Jahrhundert.* Stuttgart 2000.

Gärtner, Kurt, Klaus Grubmüller u. Karl Stackmann: *Mittelhochdeutsches Wörterbuch.* www.mhdwb-online.de (Stand: 14.11.2010).

Gebert, Bent: „Die Fremde von Nebenan. Sirenen in der mittelalterlichen Literatur zwischen Allegorese und Mythos". In: *Umarmung und Wellenspiel. Variationen über die Wasserfrau.* Hg. v. Jost Eickmeyer u. Sebastian Soppa. Overrath 2006, S. 60 – 94.

Gebert, Bent: „The greater the distance, the closer you get. On teleiopoetry". In: *Spatial practices. Medieval/modern.* Hg. v. Markus Stock. Göttingen [in Druckvorbereitung].

Gebert, Bent: „Beobachtungsparadoxien mediävistischer Mythosforschung". In: *Poetica* 43 (2011), S. 19 – 61.

Gebert, Bent: „Poetik der Tugend. Zur Semantik und Anthropologie des Habitus in höfischer Epik". In: *Text und Normativität im deutschen Mittelalter.* XX. Anglo-German Colloquium. Hg. v. Elke Brüggen [u. a.]. Berlin, New York 2012, S. 143 – 168.

Gebert, Bent: „Von der Erfüllung der Zeichen zum Erzählen mit erfüllten Zeichen. Narration und Ostension im ‚Trojanerkrieg' Konrads von Würzburg". In: *Narrativität als Transformationsfaktor in der Geschichtsschreibung und den Künsten.* Hg. v. Anna Heinze, Albert Schirrmeister u. Julia Weitbrecht. Berlin, New York [in Druckvorbereitung].

Gebert, Bent: „Wissensordnungen, Wissbares und das Unbehagen der literarischen Repräsentation: Gibt es einen mittelalterlichen Mythosdiskurs?". In: *Zwischen Präsenz und Repräsentation. Formen und Funktionen des Mythos in theoretischen und literarischen Diskursen.* Hg. v. Bent Gebert u. Uwe Mayer. Berlin, New York [in Druckvorbereitung].

Gebert, Bent [u.a.]: „Einführung: Zur Heuristik der mythologischen Differenz". In: *Mythologische Differenz. Studien zur Mythostheorie.* Hg. v. Stefan Matuschek u. Christoph Jamme. Jena 2009, S. 9 – 20.

Gebert, Bent u. Uwe Mayer (Hg.): *Zwischen Präsenz und Repräsentation. Formen und Funktionen des Mythos in theoretischen und literarischen Diskursen.* Berlin, New York [in Druckvorbereitung].

Geertz, Clifford: „The growth of culture and the evolution of mind". In: *The interpretation of cultures. Selected essays.* New York 2000, S. 55 – 83.

Geertz, Clifford: „Thick description. Toward an interpretive theory of culture". In: *The interpretation of cultures. Selected essays.* New York 2000, S. 3 – 30.

Geisenhanslüke, Achim: „Was ist Literatur? Zum Streit von Literatur und Wissen". In: *Was ist Literatur? Basistexte Literaturtheorie.* Hg. v. Jürn Gottschalk u. Tilmann Köppe. Paderborn 2006, S. 108 – 122.

Genette, Gérard: *Die Erzählung.* 3. Aufl. München 2010.

Genette, Gérard: „Frontières du récit". In: *Communications* 8 (1966), S. 152 – 163.

Genette, Gérard: „Neuer Diskurs der Erzählung". In: *Die Erzählung.* 3. Aufl. München 2010, S. 175 – 272.

Gettier, Edmund: „Is justified true belief knowledge?". In: *Analysis* 23 (1963), S. 121 – 123.

Gibson, James J.: *Die Sinne und der Prozeß der Wahrnehmung.* 2. Aufl. Bern, Stuttgart, Wien 1982.

Giedke, Adelheid: *Die Liebeskrankheit in der Geschichte der Medizin.* Düsseldorf 1983.

Girard, René: *Das Heilige und die Gewalt.* 3. Aufl. Frankfurt a.M. 1999.

Girard, René: *Figuren des Begehrens. Das Selbst und der Andere in der fiktionalen Realität.* Hamburg 1999.

Goldman, Alvin: „A causal theory of knowing". In: *The Journal of Philosophy* 12 (1967), S. 357 – 372.

Goldman, Alvin: *Epistemology and cognition*. Cambridge, Mass. 1986.

Goodman, Nelson: *Languages of art. An approach to a theory of symbols*. Indianapolis 1997.

Goodman, Nelson: *Ways of worldmaking*. Sussex 1978.

Goya, José M. L.: „La nature mythique du Graal dans ‚Le Conte du Graal' de Chrétien de Troyes". In: *Cahiers de civilisation médiévale* 52 (2009), S. 3–20.

Graevenitz, Gerhart von: *Mythos. Zur Geschichte einer Denkgewohnheit*. Stuttgart 1987.

Graf, Fritz: „Ekphrasis: Die Entstehung der Gattung in der Antike". In: *Beschreibungskunst – Kunstbeschreibung. Ekphrasis von der Antike bis zur Gegenwart*. Hg. v. Gottfried Boehm u. Helmut Pfotenhauer. München 1995, S. 143–155.

Graus, František: „Troja und trojanische Herkunftssage im Mittelalter". In: *Kontinuität und Transformation der Antike im Mittelalter. Veröffentlichung der Kongreßakten zum Freiburger Symposion des Mediävistenverbandes*. Hg. v. Willi Erzgräber. Sigmaringen 1989, S. 25–43.

Green, Dennis Howard: *Konrads ‚Trojanerkrieg' und Gottfrieds ‚Tristan'. Vorstudien zum Gotischen Stil in der Dichtung*. Basel 1949.

Greenblatt, Stephen: *Shakespearean negotiations. The circulation of social energy in Renaissance England*. Oxford 1990.

Greenblatt, Stephen: „Towards a poetics of culture". In: *The New Historicism*. Hg. v. H. Aram Veeser. New York 1989, S. 1–14.

Greene, Logan D.: *The discourse of hysteria. The topoi of humility, physicality, and authority in women's rhetoric*. Lewiston 2009.

Grimm, Reinhold R.: *Paradisus coelestis, paradisus terrestris. Zur Auslegungsgeschichte des Paradieses im Abendland bis um 1200*. München 1977.

Grosse, Max: „Die Ekphrasis im altfranzösischen Antikenroman. Magie und Darstellung statt Kunst und Beschreibung". In: *Die poetische Ekphrasis von Kunstwerken. Eine literarische Tradition der Großdichtung in Antike, Mittelalter und früher Neuzeit*. Hg. v. Christine Ratkowitsch. Wien 2006, S. 97–132.

Grubmüller, Klaus: „Autorität und *meisterschaft*. Zur Fundierung geistlicher Rede in der deutschen Spruchdichtung des 13. Jahrhunderts". In: *Literarische und religiöse Kommunikation in Mittelalter und Früher Neuzeit*. Hg. v. Peter Strohschneider. Berlin, New York 2009, S. 689–711.

Grubmüller, Klaus: „*Natûre ist der ander got*. Zur Bedeutung von *natûre* im Mittelalter". In: *Natur und Kultur in der deutschen Literatur des Mittelalters. Colloquium Exeter 1997*. Hg. v. Andrew Robertshaw u. Gerhard Wolf. Tübingen 1999, S. 3–17.

Gumbrecht, Hans Ulrich: *Diesseits der Hermeneutik. Die Produktion von Präsenz*. Frankfurt a.M. 2004.

Gumbrecht, Hans Ulrich: „Epiphanien". In: *Dimensionen ästhetischer Erfahrung*. Hg. v. Joachim Küpper u. Christoph Menke. Frankfurt a.M. 2003, S. 203–222.

Gumbrecht, Hans Ulrich: *Lob des Sports*. Frankfurt a.M. 2005.

Gumbrecht, Hans Ulrich: *The powers of philology. Dynamics of textual scholarship*. Urbana 2003.

Hacking, Ian: *The social construction of what?* Cambridge, Mass. 1999.

Haferland, Harald: „Der auswendige Vortrag. Überlegungen zur Mündlichkeit des ‚Nibelungenliedes'". In: *Situationen des Erzählens. Aspekte narrativer Praxis im Mittelalter*. Hg. v. Ludger Lieb u. Stephan Müller. Berlin, New York 2002, S. 245–282.

Haferland, Harald: „Erzählen als Beglaubigung. Eine paratextuelle Strategie, aufgezeigt u. a. am Beispiel des ‚Livre des figures hiéroglyphiques' von Nicolas Flamel". In: *Erzählungen in Erzählungen. Phänomene der Narration in Mittelalter und Früher Neuzeit.* Hg. v. Harald Haferland u. Michael Mecklenburg. München 1996, S. 425–444.

Haferland, Harald: *Mündlichkeit, Gedächtnis und Medialität. Heldendichtung im deutschen Mittelalter.* Göttingen 2004.

Haferland, Harald u. Michael Mecklenburg: „Einleitung". In: *Erzählungen in Erzählungen. Phänomene der Narration in Mittelalter und Früher Neuzeit.* Hg. v. Harald Haferland u. Michael Mecklenburg. München 1996, S. 11–26.

Haferland, Harald u. Michael Mecklenburg (Hg.): *Erzählungen in Erzählungen. Phänomene der Narration in Mittelalter und Früher Neuzeit.* München 1996.

Hahn, Alois: „Zur Soziologie der Freundschaft". In: *Institution und Charisma. Festschrift für Gert Melville.* Hg. v. Franz Joseph Felten, Annette Kehnel u. Stefan Weinfurter. Köln 2009, S. 617–627.

Hähnle, Alfred: *Gnorismata.* Tübingen 1929.

Halbfass, Wilhelm u. Klaus Held: „Evidenz". In: *Historisches Wörterbuch der Philosophie.* Hg. v. Joachim Ritter. Bd. 2. Basel 1972, Sp. 829–834.

Halsall, Albert W.: „Beschreibung". In: *Historisches Wörterbuch der Rhetorik.* Hg. v. Gert Ueding. Bd. 1. Darmstadt 1992, Sp. 1495–1510.

Halsall, Albert W. : „Descriptio". In: *Historisches Wörterbuch der Rhetorik.* Hg. v. Gert Ueding. Bd. 2. Darmstadt 1994, Sp. 549–553.

Hanfling, Oswald: „A situational account of knowledge". In: *The Monist* 68 (1985), S. 40–56.

Hardy, Jörg [u.a.]: „Wissen". In: *Historisches Wörterbuch der Philosophie.* Hg. v. Joachim Ritter. Bd. 12. Basel 2004, Sp. 855–902.

Harms, Wolfgang: *Der Kampf mit dem Freund oder Verwandten in der deutschen Literatur bis um 1300.* München 1963.

Harms, Wolfgang: *Homo viator in bivio. Studien zur Bildlichkeit des Weges.* München 1970.

Hasebrink, Burkhard: „Aporie, Dialog, Destruktion. Eine textanalytische Studie zur 37. Aventiure des ‚Nibelungenliedes'". In: *Dialoge. Sprachliche Kommunikation in und zwischen Texten im deutschen Mittelalter. Hamburger Colloquium 1999.* Hg. v. Nikolaus Henkel, Martin H. Jones u. Nigel Palmer. Tübingen 2003, S. 7–20.

Hasebrink, Burkhard: „Die Ambivalenz des Erneuerns. Zur Aktualisierung des Tradierten im mittelalterlichen Erzählen". In: *Fiktion und Fiktionalität in den Literaturen des Mittelalters.* Hg. v. Ursula Peters u. Rainer Warning. München 2009, S. 205–217.

Hasebrink, Burkhard: „*ein einic ein.* Zur Darstellbarkeit der Liebeseinheit in mittelhochdeutscher Literatur". In: *Beiträge zur Geschichte der deutschen Sprache und Literatur* 124 (2002), S. 442–465.

Hasebrink, Burkhard: „Erecs Wunde. Zur Performativität der Freundschaft im höfischen Roman". In: *Oxford German Studies* 38 (2009), S. 1–11.

Hasebrink, Burkhard: „Ich kann nicht ruhen, ich brenne'. Überlegungen zur Ästhetik der Klage im *Fließenden Licht der Gottheit*". In: *Das fremde Schöne. Dimensionen des Ästhetischen in der Literatur des Mittelalters.* Hg. v. Manuel Braun u. Christopher Young. Berlin, New York 2007, S. 91–107.

Hasebrink, Burkhard: *Prudentiales Wissen. Eine Studie zur ethischen Reflexion und narrativen Konstruktion politischer Klugheit im 12. Jahrhundert.* Unveröff. Habilitationsschrift. Göttingen 2000.

Hasebrink, Burkhard: „Rache als Geste. Medea im ‚Trojanerkrieg' Konrads von Würzburg". In: *Literarische Leben. Rollenentwürfe in der Literatur des Hoch- und Spätmittelalters.*

*Festschrift für Volker Mertens zum 65. Geburtstag.* Hg. v. Matthias Meyer u. Hans-Jochen Schiewer. Tübingen 2002, S. 209–230.

Hasebrink, Burkhard: „Sprechen vom Anderen her. ‚Heterologie' mystischer Rede als epistemischer Fluchtpunkt mittelalterlicher Literarizität". In: *Germanistik in und für Europa. Faszination – Wissen. Texte des Münchener Germanistentages 2004.* Hg. v. Konrad Ehlich. Bielefeld 2006, S. 391–399.

Hasebrink, Burkhard [u.a.] (Hg.): *Innenräume in der Literatur des deutschen Mittelalters. XIX. Anglo-German Colloquium Oxford 2005.* Tübingen 2008.

Haubrichs, Wolfgang: „Bekennen und Bekehren (*confessio* und *conversio*). Probleme einer historischen Begriffs- und Verhaltenssemantik im zwölften Jahrhundert". In: *Wolfram-Studien* 16 (2000), S. 121–156.

Haubrichs, Wolfgang: „Emotionen vor dem Tode und ihre Ritualisierung". In: *Codierungen von Emotionen im Mittelalter.* Hg. v. C. Stephen Jaeger u. Ingrid Kasten. Berlin, New York 2003, S. 70–97.

Haug, Walter: „Konrad von Würzburg: Artistische Faszination und isolierte Moral". In: *Literaturtheorie im deutschen Mittelalter. Von den Anfängen bis zum Ende des 13. Jahrhunderts.* 2. Aufl. Darmstadt 1992, S. 344–363.

Haug, Walter: „sælde, mâze und lêre. Rudolfs von Ems ‚Alexander'". In: *Literaturtheorie im deutschen Mittelalter. Von den Anfängen bis zum Ende des 13. Jahrhunderts.* 2. Aufl. Darmstadt 1992, S. 299–315.

Häussler, Reinhard: „Grundzüge antiker Mythographie". In: *Mythographie der frühen Neuzeit. Ihre Anwendung in den Künsten.* Hg. v. Walther Killy. Wiesbaden 1984, S. 1–23.

Haustein, Jens: „Leich". In: *Reallexikon der deutschen Literaturwissenschaft.* Hg. v. Georg Braungart [u.a.]. Bd. 2. Berlin, New York 2007, S. 397–399.

Heffernan, James A. W.: „Ekphrasis and representation". In: *New Literary History* 22 (1991), S. 297–316.

Heider, Fritz: *Ding und Medium.* Mit einem Vorwort von Dirk Baecker. Berlin 2005.

Heidmann Vischer, Ute: „Mythologie". In: *Reallexikon der deutschen Literaturwissenschaft.* Hg. v. Georg Braungart [u.a.]. Bd. 2. Berlin, New York 2007, S. 660–664.

Heidmann Vischer, Ute: „Mythos". In: *Reallexikon der deutschen Literaturwissenschaft.* Hg. v. Georg Braungart [u.a.]. Bd. 2. Berlin, New York 2007, S. 664–668.

Heinzle, Joachim: „Gnade für Hagen? Die epische Struktur des *Nibelungenliedes* und das Dilemma des Interpreten". In: *Nibelungenlied und Klage. Sage und Geschichte, Struktur und Gattung. Passauer Nibelungengespräche 1985.* Hg. v. Fritz Peter Knapp. Heidelberg 1987, S. 257–276.

Hempfer, Klaus W.: „Zur Enthierarchisierung von ‚religiösem' und ‚literarischem' Diskurs in der italienischen Renaissance". In: *Literarische und religiöse Kommunikation in Mittelalter und Früher Neuzeit.* Hg. v. Peter Strohschneider. Berlin, New York 2009, S. 183–221.

Hempfer, Klaus W. u. Anita Traninger: „Einführung". In: *Dynamiken des Wissens.* Hg. v. Klaus W. Hempfer u. Anita Traninger. Freiburg i.Br. 2007, S. 7–21.

Henkel, Nikolaus: *Studien zum Physiologus im Mittelalter.* Tübingen 1976.

Herberichs, Cornelia: *Poetik und Geschichte. Das „Liet von Troye" Herborts von Fritzlar.* Würzburg 2010.

Hexter, Ralph: „Medieval articulations of Ovid's *Metamorphoses.* From Lactantian segmentation to Arnulfian allegory". In: *Mediaevalia* 13 (1989), S. 63–82.

Hofmann, Erich: *QVA RATIONE ΕΠΟΣ, ΜΥΘΟΣ, ΑΙΝΟΣ, ΛΟΓΟΣ ET VOCABVLA AB EISDEM STIRPIBVS DERIVATA IN ANTIQVO GRAECORVM SERMONE (VSQVE AD ANNVM FERE 400) ADHIBITA SINT.* Göttingen 1922.

Holzhauer, Antje: *Rache und Fehde in der mittelhochdeutschen Literatur des 12. und 13. Jahrhunderts.* Göppingen 1997.

Hörisch, Jochen: *Das Wissen der Literatur.* München 2007.

Horstmann, Axel: „Der Mythosbegriff vom frühen Christentum bis zur Gegenwart". In: *Archiv für Begriffsgeschichte* 23 (1979), S. 7–54, 197–245.

Horstmann, Axel: „Mythos, Mythologie. II. Von der Patristik bis zum 17. Jh. – Das frühe Christentum". In: *Historisches Wörterbuch der Philosophie.* Hg. v. Joachim Ritter u. Karlfried Gründer. Bd. 6. Basel 1984, Sp. 283–286.

Huber, Christoph: „Merkmale des Schönen und volkssprachliche Literarästhetik. Zu Hartmann von Aue und Gottfried von Straßburg". In: *Das fremde Schöne. Dimensionen des Ästhetischen in der Literatur des Mittelalters.* Hg. v. Manuel Braun u. Christopher Young. Berlin, New York 2007, S. 111–141.

Huber, Christoph: „Mythisches erzählen. Narration und Rationalisierung im Schema der ,gestörten Mahrtenehe' (besonders im *Ritter von Staufenberg* und bei Walter Map)". In: *Präsenz des Mythos. Konfigurationen einer Denkform in Mittelalter und Früher Neuzeit.* Hg. v. Udo Friedrich u. Bruno Quast. Berlin, New York 2004, S. 247–273.

Hübner, Gert: *Erzählform im höfischen Roman. Studien zur Fokalisierung im „Eneas", im „Iwein" und im „Tristan".* Basel, Tübingen 2003.

Hübner, Gert: „*evidentia.* Erzählformen und ihre Funktionen". In: *Historische Narratologie. Mediävistische Perspektiven.* Hg. v. Harald Haferland u. Matthias Meyer. Berlin, New York 2010, S. 119–147.

Hübner, Gert: *Lobblumen. Studien zur Genese und Funktion der „Geblümten Rede".* Basel, Tübingen 2000.

Hübner, Kurt: *Die Wahrheit des Mythos.* Studienausgabe. Freiburg i.Br., München 2011.

Husserl, Edmund: *Cartesianische Meditationen. Eine Einleitung in die Phänomenologie.* 3. Aufl. Hamburg 1995.

Ingarden, Roman: *Das literarische Kunstwerk. Mit einem Anhang von den Funktionen der Sprache im Theaterschauspiel.* 3. Aufl. Tübingen 1965.

Jackson, Timothy R.: *The legends of Konrad von Würzburg. Form, content, function.* Erlangen 1983.

Jaeger, C. Stephen: *Die Entstehung höfischer Kultur. Vom höfischen Bischof zum höfischen Ritter.* Berlin 2001.

Jaeger, C. Stephen: *Ennobling love. In search of a lost sensibility.* Philadelphia 1999.

Jaeger, C. Stephen: „Mark and Tristan. The love of medieval kings and their courts". In: *in hôhem prîse. A Festschrift in honor of Ernst S. Dick.* Hg. v. Winder McConnell. Göppingen 1989, S. 183–197.

Jakobson, Roman: „Linguistik und Poetik". In: *Literaturwissenschaft und Linguistik. Ergebnisse und Perspektiven.* Hg. v. Jens Ihwe. Bd. II/1. Frankfurt a.M. 1971, S. 142–178.

Jamme, Christoph: *Einführung in die Philosophie des Mythos.* Bd. 2: *Neuzeit und Gegenwart.* Darmstadt 2005.

Jamme, Christoph: „*Gott an hat ein Gewand". Grenzen und Perspektiven philosophischer Mythos-Theorien der Gegenwart.* Frankfurt a.M. 1999.

Jannidis, Fotis: „Zuerst Collegium Logicum. Zu Tilmann Köppes Beitrag ,Vom Wissen *in* Literatur'". In: *Zeitschrift für Germanistik N.F.* 18 (2008), S. 373–377.

Jauß, Hans Robert: „Allegorese, Remythisierung und neuer Mythus". In: *Alterität und Modernität der mittelalterlichen Literatur. Gesammelte Aufsätze 1956–1976.* München 1977, S. 187–209.

Jauß, Hans Robert: *Ästhetische Erfahrung und literarische Hermeneutik.* Frankfurt a.M. 1982.

Jauß, Hans Robert: „Die klassische und die christliche Rechtfertigung des Häßlichen in der mittelalterlichen Literatur". In: *Die nicht mehr schönen Künste. Grenzphänomene des Ästhetischen.* Hg. v. Hans Robert Jauß. München 1968, S. 143–168.

Jensen, Minna Skafte: „The oral-formulaic theory revisited". In: *Oral art forms and their passage into writing.* Hg. v. Else Mundal u. Jonas Wellendorf. Kopenhagen 2008, S. 43–52.

Jordan, Mark D.: *The invention of sodomy in Christian theology.* Chicago 1997.

Jussen, Bernhard: „*Confessio.* Semantische Beobachtungen in der lateinischen christlichen Traktatliteratur der Patristik und des 12. Jahrhunderts". In: *Zeitschrift für Literaturwissenschaft und Linguistik* 126 (2002), S. 27–47.

Kablitz, Andreas: „Kunst des Möglichen. Prolegomena zu einer Theorie der Fiktion". In: *Poetica* 35 (2003), S. 251–273.

Kanzog, Klaus: „Rahmenerzählung". In: *Reallexikon der deutschen Literaturgeschichte.* Hg. v. Werner Kohlschmidt u. Wolfgang Mohr. Bd. 3. Berlin, New York 1977, S. 321–343.

Kasten, Ingrid: „Einleitung". In: *Codierungen von Emotionen im Mittelalter.* Hg. v. C. Stephen Jaeger u. Ingrid Kasten. Berlin, New York 2003, S. XIII–XXVIII.

Kasten, Ingrid: *Frauendienst bei Trobadors und Minnesängern im 12. Jahrhundert. Zur Entwicklung und Adaption eines literarischen Konzepts.* Heidelberg 1986.

Kasten, Ingrid: „Heinrich von Veldeke: *Eneasroman*". In: *Mittelhochdeutsche Romane und Heldenepen. Interpretationen.* Hg. v. Horst Brunner. Stuttgart 1993, S. 75–96.

Keilberth, Thomas: *Die Rezeption der antiken Götter in Heinrichs von Veldeke „Eneide" und Herborts von Fritzlar „Liet von Troye".* Diss. Berlin 1975.

Kellner, Beate: „*daz alte buoch von Troye* [...] *daz ich es welle erniuwen.* Poetologie im Spannungsfeld von ‚wiederholen' und ‚erneuern' in den Trojaromanen Herborts von Fritzlar und Konrads von Würzburg". In: *Im Wortfeld des Textes. Worthistorische Beiträge zu den Bezeichnungen von Rede und Schrift im Mittelalter.* Hg. v. Gerd Dicke, Burkhard Hasebrink u. Manfred Eikelmann. Berlin, New York 2006, S. 231–262.

Kellner, Beate: *Grimms Mythen. Studien zum Mythosbegriff und seiner Anwendung in Jacob Grimms „Deutscher Mythologie".* Frankfurt a.M. 1994.

Kellner, Beate: „Meisterschaft. Konrad von Würzburg – Heinrich von Mügeln". In: *Interartifizialität. Die Diskussion der Künste in mittelalterlicher Literatur.* Hg. v. Susanne Bürkle u. Ursula Peters. Berlin 2009, S. 137–162.

Kellner, Beate: „Melusinengeschichten im Mittelalter. Formen und Möglichkeiten ihrer diskursiven Vernetzung". In: *Text und Kultur. Mittelalterliche Literatur 1150–1450.* Hg. v. Ursula Peters. Stuttgart 2001, S. 268–295.

Kellner, Beate: *Ursprung und Kontinuität. Studien zum genealogischen Wissen im Mittelalter.* München 2004.

Kellner, Beate u. Peter Strohschneider: „Erzählen und Episteme". In: *Erzählen und Episteme. Literatur im 16. Jahrhundert.* Hg. v. Beate Kellner u. Peter Strohschneider. Berlin, New York 2011, S. 1–19.

Kellner, Beate u. Peter Strohschneider (Hg.): *Erzählen und Episteme. Literatur im 16. Jahrhundert.* Berlin, New York 2011.

Kerényi, Karl: *Die Mythologie der Griechen.* 16. Aufl. München 1994.

Kern, Manfred u. Silvia Krämer-Seifert: „Cassandra". In: *Lexikon der antiken Gestalten in den deutschen Texten des Mittelalters.* Hg. v. Alfred Ebenbauer, Manfred Kern u. Silvia Krämer-Seifert. Berlin, New York 2003, S. 155–158.

Kern, Manfred: „Discordia". In: *Lexikon der antiken Gestalten in den deutschen Texten des Mittelalters.* Hg. v. Alfred Ebenbauer, Manfred Kern u. Silvia Krämer-Seifert. Berlin, New York 2003, S. 227–229.

Kern, Manfred: *Edle Tropfen vom Helikon. Zur Anspielungsrezeption der antiken Mythologie in der deutschen höfischen Lyrik und Epik.* Amsterdam 1998.

Kern, Manfred: „Einführung in Gegenstand und Konzeption". In: *Lexikon der antiken Gestalten in den deutschen Texten des Mittelalters.* Hg. v. Alfred Ebenbauer, Manfred Kern u. Silvia Krämer-Seifert. Berlin, New York 2003, S. IX–XCI.

Kern, Manfred: „Helena". In: *Lexikon der antiken Gestalten in den deutschen Texten des Mittelalters.* Hg. v. Alfred Ebenbauer, Manfred Kern u. Silvia Krämer-Seifert. Berlin, New York 2003, S. 282–290.

Kern, Manfred: „Isolde, Helena und die Sirenen. Gottfried von Straßburg als Mythograph". In: *Oxford German Studies* 29 (2000), S. 1–30.

Kern, Manfred: „Paris". In: *Lexikon der antiken Gestalten in den deutschen Texten des Mittelalters.* Hg. v. Alfred Ebenbauer, Manfred Kern u. Silvia Krämer-Seifert. Berlin, New York 2003, S. 466–475.

Kiening, Christian: „Arbeit am Absolutismus des Mythos. Mittelalterliche Supplemente zur biblischen Heilsgeschichte". In: *Präsenz des Mythos. Konfigurationen einer Denkform in Mittelalter und Früher Neuzeit.* Hg. v. Udo Friedrich u. Bruno Quast. Berlin, New York 2004, S. 35–57.

Kiening, Christian: „Mediale Gegenwärtigkeit. Paradigmen – Semantiken – Effekte". In: *Mediale Gegenwärtigkeit.* Hg. v. Christian Kiening. Zürich 2007, S. 9–70.

Kiening, Christian: „Poetik des Dritten". In: *Zwischen Körper und Schrift. Texte vor dem Zeitalter der Literatur.* Frankfurt a.M. 2003, S. 157–175.

Kiening, Christian: „Wege zu einer historischen Mediologie", 2007. http://www.germanistik.unibe.ch/SAGG-Zeitschrift/4_07/kiening.html (Stand: 15.11.2010).

Kintzinger, Martin: *Wissen wird Macht. Bildung im Mittelalter.* Darmstadt 2003.

Klarer, Mario: „Die mentale *imago* im Mittelalter: Geoffrey Chaucers Ekphrasen". In: *Die poetische Ekphrasis von Kunstwerken. Eine literarische Tradition der Großdichtung in Antike, Mittelalter und früher Neuzeit.* Hg. v. Christine Ratkowitsch. Wien 2006, S. 77–96.

Klarer, Mario: „Introduction". In: *Word & Image* 15 (1999), S. 1–4.

Klausnitzer, Ralf: *Literatur und Wissen. Zugänge – Modelle – Analysen.* Berlin, New York 2008.

Klinkert, Thomas: *Epistemologische Fiktionen. Zur Interferenz von Literatur und Wissenschaft seit der Aufklärung.* Berlin, New York 2010.

Klinkert, Thomas: „Literatur und Wissen. Überlegungen zur theoretischen Begründbarkeit ihres Zusammenhangs". In: *Literatur und Wissen. Theoretisch-methodische Zugänge.* Hg. v. Tilmann Köppe. Berlin, New York 2011, S. 116–139.

Klinkert, Thomas (Hg.): *Literatur, Wissenschaft und Wissen seit der Epochenschwelle um 1800. Theorie – Epistemologie – komparatistische Fallstudien.* Berlin, New York 2008.

Klitscher, Gustav: *Die Fortsetzung zu Konrads v. Würzburg Trojanerkrieg und ihr Verhältnis zum Original.* Diss. Breslau 1891.

Knape, Joachim: „Geschichte bei Konrad von Würzburg?". In: *Jahrbuch der Oswald von Wolkenstein Gesellschaft* 5 (1988/1989), S. 421–430.

Knape, Joachim: „Rhetorik und Stilistik des Mittelalters". In: *Rhetorik und Stilistik*. Hg. v. Ulla Fix, Andreas Gardt u. Joachim Knape. Berlin, New York 2008, S. 55–73.

Knapp, Fritz Peter: „Historische Wahrheit und poetische Lüge. Die Gattungen weltlicher Epik und ihre theoretische Rechtfertigung im Hochmittelalter". In: *Deutsche Vierteljahrsschrift für Literaturwissenschaft und Geistesgeschichte* 54 (1980), S. 581–635.

Knapp, Gerhard P.: *Hector und Achill. Die Rezeption des Trojastoffes im deutschen Mittelalter. Personenbild und struktureller Wandel.* Bern [u.a.] 1974.

Kobbe, Peter: „Funktion und Gestalt des Prologs in der mittelhochdeutschen nachklassischen Epik des 13. Jahrhunderts". In: *Deutsche Vierteljahrsschrift für Literaturwissenschaft und Geistesgeschichte* 43 (1969), S. 405–457.

Köbele, Susanne: *Bilder der unbegriffenen Wahrheit. Zur Struktur mystischer Rede im Spannungsfeld von Latein und Volkssprache.* Tübingen 1993.

Köbele, Susanne: „Die Illusion der ‚einfachen Form'. Über das ästhetische und religiöse Risiko der Legende". In: *Beiträge zur Geschichte der deutschen Sprache und Literatur* 134 (2012), S. 365–404.

Köbele, Susanne: *Frauenlobs Lieder. Parameter einer literarhistorischen Standortbestimmung.* Bern, Tübingen 2003.

Köbele, Susanne: „Mythos und Metapher. Die Kunst der Anspielung in Gottfrieds *Tristan*". In: *Präsenz des Mythos. Konfigurationen einer Denkform in Mittelalter und Früher Neuzeit.* Hg. v. Udo Friedrich u. Bruno Quast. Berlin, New York 2004, S. 219–246.

Köbele, Susanne: „Vom ‚Schrumpfen' der Rede auf dem Weg zu Gott. Aporien christlicher Ästhetik (Meister Eckhart und das *Granum sinapis* – Michel Beheim – Sebastian Franck)". In: *Poetica* 36 (2004), S. 119–147.

Köbele, Susanne: „Zwischen Klang und Sinn. Das Gottfried-Idiom in Konrads von Würzburg *Goldener Schmiede* (mit einer Anmerkung zur paradoxen Dynamik von Alteritätsschüben)". In: *Alterität als Leitkonzept historischen Interpretierens.* Hg. v. Anja Becker u. Jan Mohr. Berlin, New York 2012, S. 303–333.

Koch, Elke: „Inszenierungen von Trauer, Körper und Geschlecht im *Parzival* Wolframs von Eschenbach". In: *Codierungen von Emotionen im Mittelalter.* Hg. v. C. Stephen Jaeger u. Ingrid Kasten. Berlin, New York 2003, S. 143–158.

Koch, Elke: *Trauer und Identität. Inszenierungen von Emotionen in der deutschen Literatur des Mittelalters.* Berlin, New York 2006.

Kohl, Katrin: *Metapher.* Stuttgart 2007.

Kohl, Katrin: *Poetologische Metaphern. Formen und Funktionen in der deutschen Literatur.* Berlin, New York 2007.

Kokott, Hartmut: *Konrad von Würzburg. Ein Autor zwischen Auftrag und Autonomie.* Stuttgart 1989.

Köpf, Ulrich: „Das Thema der Freundschaft im abendländischen Mönchtum bis zum 12. Jahrhundert". In: *Freundschaft. Motive und Bedeutungen.* Hg. v. Sibylle Appuhn-Radtke u. Esther P. Wipfler. München 2006, S. 25–44.

Köppe, Tilmann: „Fiktionalität, Wissen, Wissenschaft. Eine Replik auf Roland Borgards und Andreas Dittrich". In: *Zeitschrift für Germanistik* 17 (2007), S. 638–646.

Köppe, Tilmann: *Literatur und Erkenntnis. Studien zur kognitiven Signifikanz fiktionaler literarischer Werke.* Paderborn 2008.

Köppe, Tilmann: „Literatur und Wissen: Zur Strukturierung des Forschungsfeldes und seiner Kontroversen". In: *Literatur und Wissen. Theoretisch-methodische Zugänge.* Hg. v. Tilmann Köppe. Berlin, New York 2011, S. 1–28.

Köppe, Tilmann: „Vom Wissen *in* Literatur". In: *Zeitschrift für Germanistik N.F.* 17 (2007), S. 398–410.

Koschorke, Albrecht: „Codes und Narrative. Überlegungen zur Poetik der funktionalen Differenzierung". In: *Grenzen der Germanistik. Rephilologisierung oder Erweiterung?* Hg. v. Walter Erhart. Stuttgart, Weimar 2004, S. 174–185.

Kottje, Raymund: „Bussbücher in mittelalterlichen Bücherverzeichnissen". In: *Sacris erudiri* 45 (2006), S. 305–326.

Kottmann, Carsten: „Gott und die Götter. Antike Tradition und mittelalterliche Gegenwart im ‚Eneasroman' Heinrichs von Veldeke". In: *Studia Neophilologica* 73 (2001), S. 71–85.

Krämer, Olav: „Intention, Korrelation, Zirkulation. Zu verschiedenen Konzeptionen der Beziehung zwischen Literatur, Wissenschaft und Wissen". In: *Literatur und Wissen. Theoretisch-methodische Zugänge.* Hg. v. Tilmann Köppe. Berlin, New York 2011, S. 77–115.

Krämer, Sybille: „Sagen und Zeigen. Sechs Perspektiven, in denen das Diskursive und das Ikonische in der Sprache konvergieren". In: *Zeitschrift für Germanistik N.F.* 3 (2003), S. 509–519.

Kraß, Andreas: „Achill und Patroclus. Freundschaft und Tod in den Trojaromanen Benoîts de Sainte Maure, Herborts von Fritzlar und Konrads von Würzburg". In: *Traurige Helden.* Hg. v. Wolfgang Haubrichs. Stuttgart 1999, S. 66–98.

Kraß, Andreas: „Freundschaft als Passion. Zur Codierung von Intimität in mittelalterlichen Erzählungen". In: *Freundschaft. Motive und Bedeutungen.* Hg. v. Sibylle Appuhn-Radtke u. Esther P. Wipfler. München 2006, S. 97–116.

Kraß, Andreas: *Geschriebene Kleider. Höfische Identität als literarisches Spiel.* Basel, Tübingen 2006.

Kraß, Andreas: „Sprechen von der stummen Sünde. Das Dispositiv der Sodomie in der deutschen Literatur des 13. Jahrhunderts (Berthold von Regensburg / Der Stricker)". In: *„Die sünde, der sich der tiuvel schamet in der helle". Homosexualität in der Kultur des Mittelalters und der frühen Neuzeit.* Hg. v. Lev Mordechai Thoma u. Sven Limbeck. Ostfildern 2009, S. 123–136.

Krohn, Rüdiger: „„daz si totfuorgiu tier sint'. Sirenen in der mittelalterlichen Literatur". In: *Dämonen, Monster, Fabelwesen.* Hg. v. Ulrich Müller u. Werner Wunderlich. St. Gallen 1999, S. 545–563.

Krohn, Rüdiger: „Erotik und Tabu in Gottfrieds ‚Tristan': König Marke". In: *Stauferzeit. Geschichte, Literatur, Kunst.* Hg. v. Rüdiger Krohn, Bernd Thum u. Peter Wapnewski. Stuttgart 1979, S. 362–376.

Krüger, Caroline: „Dido – Herrscherin im Liebeswahn". In: *Freiburger Universitätsblätter* 48 (2009), S. 57–74.

Krüger, Caroline: *Freundschaft in der höfischen Epik um 1200. Diskurse von Nahbeziehungen.* Berlin, New York 2011.

Kuefler, Mathew (Hg.): *The Boswell thesis. Essays on christianity, social tolerance, and homosexuality.* Chicago 2006.

Kuhn, Thomas S.: *The structure of scientific revolutions.* Chicago 2004.

Kullmann, Wolfgang: „Einige Bemerkungen zum Homerbild des Mittelalters". In: *Litterae medii aevi. Festschrift für Johanne Autenrieth zu ihrem 65. Geburtstag.* Hg. v. Michael Borgolte u. Herrad Spilling. Sigmaringen 1988, S. 1–15.

Küsters, Urban: „Klagefiguren. Vom höfischen Umgang mit der Trauer". In: *An den Grenzen höfischer Kultur. Anfechtungen der Lebensordnung in der deutschen Erzähldichtung des hohen Mittelalters.* Hg. v. Gert Kaiser. München 1991, S. 9–75.

Kutschera, Franz von: „Der Wissensbegriff bei Platon und heute". In: *Wissen und Bildung in der antiken Philosophie.* Hg. v. Christof Rapp u. Tim Wagner. Stuttgart, Weimar 2006, S. 87–102.

Lakoff, George u. Mark Johnson: *Metaphors we live by.* 2. Aufl. Chicago, London 2003.

Lakoff, George u. Mark Turner: *More than cool reason. A field guide to poetic metaphor.* Chicago, London 1989.

Landfester, Manfred: „Religiöse Wissensordnungen zwischen Kontinuität und Transformation. Die Entwicklung religiöser Wissensordnungen und ihrer Deutung in der paganen griechischen Antike". In: *Erinnerung, Gedächtnis, Wissen. Studien zur kulturwissenschaftlichen Gedächtnisforschung.* Hg. v. Günter Oesterle. Göttingen 2005, S. 333–355.

Lanzoni, Francesco: „Il sogno presago della madre incinta nella letteratura medievale e antica". In: *Analecta Bollandiana* 45 (1927), S. 225–261.

Laufer, Esther: „Die Materialität der Sprache und die Sprachlichkeit des Materials in Konrads von Würzburg *Trojanerkrieg*". In: *variations* 17 (2009), S. 101–111.

Lausberg, Heinrich: *Handbuch der literarischen Rhetorik. Eine Grundlegung der Literaturwissenschaft.* 4. Aufl. Stuttgart 2008.

Lechtermann, Christina: *Berührt werden. Narrative Strategien der Präsenz in der höfischen Literatur um 1200.* Berlin 2005.

Lechtermann, Christina: „Figuren der Abhebung. Schillerndes Erzählen im ‚Trojanischen Krieg'". In: *Deixis und Evidenz.* Hg. v. Ludwig Jäger u. Horst Wenzel. Freiburg i.Br. 2008, S. 43–64.

Lecouteux, Claude: *Les monstres dans la littérature allemande du Moyen Âge. Contribution à l'étude du merveilleux médiéval.* Göppingen 1982.

Lee, Kwan Min: „Presence, explicated". In: *Communication Theory* 14 (2004), S. 27–50.

Lehrer, Keith u. Thomas D. Paxson: „Knowledge: undefeated justified true belief". In: *The Journal of Philosophy* 66 (1969), S. 225–237.

Leipold, Inge: *Die Auftraggeber und Gönner Konrads von Würzburg. Versuch einer Theorie der „Literatur als soziales Handeln".* Göppingen 1976.

Lentes, Thomas: „Idolatrie im Mittelalter. Aspekte des Traktates ‚De idolatria' zwischen dem 12. und 15. Jahrhundert". In: *Frömmigkeit – Theologie – Frömmigkeitstheologie. Contributions to European Church History. Festschrift Berndt Hamm.* Hg. v. Gudrun Litz, Heidrun Munzert u. Roland Liebenberg. Leiden [u.a.] 2005, S. 31–45.

Lexer, Matthias: *Mittelhochdeutsches Handwörterbuch.* Leipzig 1872–1878.

Lieb, Ludger: „Erzählen am Hof. Was man aus einigen Metadiegesen in Wolframs von Eschenbach *Parzival* lernen kann". In: *Literatur und Macht im mittelalterlichen Thüringen.* Hg. v. Ernst Hellgardt, Stephan Müller u. Peter Strohschneider. Köln 2002, S. 109–125.

Liebeschütz, Hans: *Fulgentius metaforalis. Ein Beitrag zur Geschichte der antiken Mythologie im Mittelalter.* Leipzig, Berlin 1926.

Lienert, Elisabeth: „Antikenroman als Geschichtswissen". In: *Die deutsche Trojaliteratur des Mittelalters und der frühen Neuzeit.* Hg. v. Horst Brunner. Wiesbaden 1990, S. 407–456.

Lienert, Elisabeth: „*daz beweinten sît diu wîp.* Der Krieg und die Frauen in mittelhochdeutscher Literatur". In: *Vom Mittelalter zur Neuzeit. Festschrift für Horst Brunner.* Hg. v. Dorothea Klein, Elisabeth Lienert u. Johannes Rettelbach. Wiesbaden 2000, S. 129–146.

Lienert, Elisabeth: „Der Trojanische Krieg in Basel. Interesse an Geschichte und Autonomie des Erzählens bei Konrad von Würzburg". In: *Literarische Interessenbildung im Mittelalter. DFG-Symposion 1991*. Hg. v. Joachim Heinzle. Stuttgart, Weimar 1993, S. 266–279.

Lienert, Elisabeth: *Deutsche Antikenromane des Mittelalters.* Berlin 2001.

Lienert, Elisabeth: „Die Überlieferung von Konrads von Würzburg ‚Trojanerkrieg'". In: *Die deutsche Trojaliteratur des Mittelalters und der Frühen Neuzeit. Materialien und Untersuchungen.* Hg. v. Horst Brunner. Wiesbaden 1990, S. 325–406.

Lienert, Elisabeth: „Ein mittelalterlicher Mythos. Deutsche Troiadichtungen des 12. bis 14. Jahrhunderts". In: *Troia. Traum und Wirklichkeit.* Hg. v. archäologischen Landesmuseum Baden-Württemberg. Stuttgart 2001, S. 204–211.

Lienert, Elisabeth: *Geschichte und Erzählen. Studien zu Konrads von Würzburg ‚Trojanerkrieg'.* Wiesbaden 1996.

Lienert, Elisabeth: „Helena – thematisches Zentrum von Konrads von Würzburg ‚Trojanerkrieg'". In: *Jahrbuch der Oswald von Wolkenstein Gesellschaft* 5 (1988/89), S. 409–420.

Lienert, Elisabeth: „Ritterschaft und Minne, Ursprungsmythos und Bildungszitat. Troja-Anspielungen in nicht-trojanischen Dichtungen des 12. bis 14. Jahrhunderts". In: *Die deutsche Trojaliteratur des Mittelalters und der Frühen Neuzeit. Hg. v. Horst Brunner.* Wiesbaden 1990, S. 199–243.

Lienert, Elisabeth: „Zur Diskursivität der Gewalt in Wolframs ‚Parzival'". In: *Wolfram-Studien* 17 (2002), S. 223–245.

Lienert, Elisabeth: „Zwischen Detailverliebtheit und Distanzierung. Zur Wahrnehmung des Krieges in den deutschen Antikenromanen des Mittelalters". In: *Die Wahrnehmung und Darstellung von Kriegen im Mittelalter und in der Frühen Neuzeit.* Hg. v. Horst Brunner. Wiesbaden 2000, S. 31–48.

Link, Jürgen u. Ursula Link-Heer: „Diskurs/Interdiskurs und Literaturanalyse". In: *Zeitschrift für Literaturwissenschaft und Linguistik* 77 (1990), S. 88–99.

Lionarons, Joyce T.: „Walhalla". In: *Burgen, Länder, Orte.* Hg. v. Ulrich Müller u. Werner Wunderlich. Konstanz 2008, S. 943–950.

Lombard, Matthew u. Theresa Ditton: „At the heart of it all. The concept of presence", 1997. http://jcmc.indiana.edu/vol3/issue2/lombard.html (Stand: 12.05.2011).

Lot, Ferdinand: *Étude sur le Lancelot en prose.* Paris 1918.

Lotman, Jurij M.: *Die Struktur des künstlerischen Textes.* Frankfurt a.M. 1973.

Lubac, Henri de: *Exégèse médiévale. Les quatre sens de l'écriture.* Paris 1959–1964.

Luhmann, Niklas: *Die Gesellschaft der Gesellschaft.* Frankfurt a.M. 1998.

Luhmann, Niklas: *Die Kunst der Gesellschaft.* Frankfurt a.M. 1997.

Luhmann, Niklas: „Die Paradoxie der Form". In: *Aufsätze und Reden.* Hg. v. Oliver Jahraus. Stuttgart 2007, S. 243–261.

Luhmann, Niklas: „Die Soziologie des Wissens: Probleme ihrer theoretischen Konstruktion". In: *Gesellschaftsstruktur und Semantik. Studien zur Wissenssoziologie der modernen Gesellschaft.* Bd. 4. Frankfurt a.M. 1995, S. 151–180.

Luhmann, Niklas: *Die Wissenschaft der Gesellschaft.* Frankfurt a.M. 1992.

Luhmann, Niklas: „Erkenntnis als Konstruktion". In: *Aufsätze und Reden.* Hg. v. Oliver Jahraus. Stuttgart 2007, S. 218–242.

Luhmann, Niklas: „Gesellschaftliche Struktur und semantische Tradition". In: *Gesellschaftsstruktur und Semantik. Studien zur Wissenssoziologie der modernen Gesellschaft.* Bd. 1. Frankfurt a.M. 1993, S. 9–71.

Luhmann, Niklas: *Gesellschaftsstruktur und Semantik. Studien zur Wissenssoziologie der modernen Gesellschaft.* Frankfurt a.M. 1980–1995.
Luhmann, Niklas: „Ist Kunst codierbar?". In: *Schriften zu Kunst und Literatur.* Hg. v. Niels Werber. Frankfurt a.M. 2008, S. 14–44.
Luhmann, Niklas: *Liebe als Passion. Zur Codierung von Intimität.* Frankfurt a.M. 2007.
Luhmann, Niklas: „Literatur als fiktionale Realität". In: *Schriften zu Kunst und Literatur.* Hg. v. Niels Werber. Frankfurt a.M. 2008, S. 276–291.
Luhmann, Niklas: „Ökologie des Nichtwissens". In: *Beobachtungen der Moderne.* Opladen 1992, S. 149–220.
Luhmann, Niklas: *Soziale Systeme. Grundriß einer allgemeinen Theorie.* Frankfurt a.M. 1987.
Lutterbach, Hubertus: *Sexualität im Mittelalter. Eine Kulturstudie anhand von Bußbüchern des 6. bis 12. Jahrhunderts.* Köln 1999.
Lutz, Eckart Conrad: „lesen – unmüezec wesen. Überlegungen zu lese- und erkenntnistheoretischen Implikationen von Gottfrieds Schreiben". In: *Der „Tristan" Gottfrieds von Straßburg. Symposion Santiago de Compostela, 5. bis 8. April 2000.* Hg. v. Christoph Huber u. Victor Millet. Tübingen 2002, S. 295–315.
Matejovski, Dirk: *Das Motiv des Wahnsinns in der mittelalterlichen Dichtung.* Frankfurt a.M. 1996.
Matt, Peter von: *Die Intrige. Theorie und Praxis der Hinterlist.* München 2006.
Matuschek, Stefan: „Mythologisieren. Der doppelte Bezug zum Mythos als literarisches Darstellungsmuster". In: *Zwischen Präsenz und Repräsentation. Formen und Funktionen des Mythos in theoretischen und literarischen Diskursen.* Hg. v. Bent Gebert u. Uwe Mayer. Berlin, New York [in Druckvorbereitung].
Matuschek, Stefan u. Christoph Jamme (Hg.): *Die mythologische Differenz.* Heidelberg 2009.
Maurer, Friedrich: „Der Topos von den ‚Minnesklaven'". In: *Deutsche Vierteljahrsschrift für Literaturwissenschaft und Geistesgeschichte* 27 (1953), S. 182–206.
Melville, Gert: „Durch Fiktionen von der Wirklichkeit zur Wahrheit. Zum mittelalterlichen Umgang mit Widersprüchen zwischen Empirie und kultureller Axiomatik". In: *Fiktion und Fiktionalität in den Literaturen des Mittelalters.* Hg. v. Ursula Peters u. Rainer Warning. München 2009, S. 83–104.
Melville, Gert u. Peter von Moos (Hg.): *Das Öffentliche und Private in der Vormoderne.* Köln 1998.
Mertens, Volker: „Bildersaal – Minnegrotte – Liebestrank. Zu Symbol, Allegorie und Mythos im Tristanroman". In: *Beiträge zur Geschichte der deutschen Sprache und Literatur* 117 (1995), S. 40–64.
Mertens, Volker: *Der Gral. Mythos und Literatur.* Stuttgart 2003.
Mertens, Volker: „Recht und Abenteuer – Das Recht auf Abenteuer. Poetik des Rechts im ‚Iwein' Hartmanns von Aue". In: *Juristen werdent herren ûf erden. Recht – Geschichte – Philologie. Kolloquium zum 60. Geburtstag von Friedrich Ebel.* Hg. v. Andreas Fijal, Hans-Jörg Leuchte u. Hans-Jochen Schiewer. Göttingen 2006, S. 189–210.
Mertens, Volker: „Theoretische und narrativierte Narratologie von Chrétien bis Kafka". In: *Historische Narratologie. Mediävistische Perspektiven.* Hg. v. Harald Haferland u. Matthias Meyer. Berlin, New York 2010, S. 17–34.
Mertens, Volker: „‚Was ist ein Mäzen?' Poetologische Überlegungen an Hand des ‚Wilhelm von Österreich'". In: *Le heros dans la réalité, dans la légende et dans la littérature médiévale.* Hg. v. Danielle Buschinger u. Wolfgang Spiewok. Greifswald 1996, S. 81–95.

Michaelis, Beatrice: „Die ‚Sorge um sich' und die Sorge um den Freund. Zur Inszenierung von Freundschaft im ‚Prosalancelot'". In: *Verwandtschaft, Freundschaft, Bruderschaft. Soziale Lebens- und Kommunikationsformen im Mittelalter*. Hg. v. Gerhard Krieger. Berlin 2009, S. 363–384.

Michel, Paul: „Über das Wissen". In: *Reformatio* 53 (2004), S. 165–173.

Mielke, Christine: *Zyklisch-serielle Narration. Erzähltes Erzählen von 1001 Nacht bis zur TV-Serie*. Berlin, New York 2006.

Miklautsch, Lydia: „Das Mädchen Achill. Männliches Crossdressing und weibliche Homosexualität in der mittelalterlichen Literatur". In: *Literarische Leben. Rollenentwürfe in der Literatur des Hoch- und Spätmittelalters. Festschrift für Volker Mertens zum 65. Geburtstag*. Hg. v. Matthias Meyer u. Hans-Jochen Schiewer. Tübingen 2002, S. 575–596.

Minnis, Alastair J. u. Alexander B. Scott: „Poetic fiction and truth: William of Conches, Bernard Silvester, Arnulf of Orleans, and Ralph of Longchamps". In: *Medieval literary theory and criticism c. 1100 – c. 1100. The commentary-tradition*. Überarb. Aufl. Oxford 1991, S. 113–126.

Monecke, Wolfgang: *Studien zur epischen Technik Konrads von Würzburg. Das Erzählprinzip der mâledchm. Stuttgart 1968.*

Müller, Jan-Dirk: „Blinding sight. Some observations on German epics of the thirteenth century". In: *Rethinking the medieval senses. Heritage, fascination, frames*. Hg. v. Stephen G. Nichols, Andreas Kablitz u. Alison Calhoun. Baltimore 2008, S. 206–217.

Müller, Jan-Dirk: *Das Nibelungenlied*. 3. Aufl. Berlin 2009.

Müller, Jan-Dirk: *Höfische Kompromisse. Acht Kapitel zur höfischen Epik*. Tübingen 2007.

Müller, Jan-Dirk: „Mittelalterliche Literatur im Deutschunterricht". In: *Didaktik Deutsch* 1 (1996), S. 53–62.

Müller, Jan-Dirk: „Mythos und mittelalterliche Literatur". In: *Mythos – Sage – Erzählung. Gedenkschrift für Alfred Ebenbauer*. Hg. v. Johannes Keller u. Florian Kragl. Göttingen 2009, S. 331–349.

Müller, Jan-Dirk: „Performativer Selbstwiderspruch. Zu einer Redefigur bei Reinmar". In: *Beiträge zur Geschichte der deutschen Sprache und Literatur* 121 (1999), S. 379–405.

Müller, Jan-Dirk: „Rationalisierung und Mythisierung in Erzähltexten der Frühen Neuzeit". In: *Wolfram-Studien* 20 (2008), S. 435–456.

Müller, Jan-Dirk: „*schîn* und Verwandtes. Zum Problem der ‚Ästhetisierung' in Konrads von Würzburg ‚Trojanerkrieg'. (Mit einem Nachwort zu Terminologie-Problemen der Mediävistik)". In: *Im Wortfeld des Textes. Worthistorische Beiträge zu den Bezeichnungen von Rede und Schrift im Mittelalter*. Hg. v. Gerd Dicke, Burkhard Hasebrink u. Manfred Eikelmann. Berlin, New York 2006, S. 287–307.

Müller, Jan-Dirk: *Spielregeln für den Untergang. Die Welt des Nibelungenliedes*. Tübingen 1998.

Müller, Jan-Dirk: „Verabschiedung des Mythos. Zur Hagen-Episode der *Kudrun*". In: *Präsenz des Mythos. Konfigurationen einer Denkform in Mittelalter und Früher Neuzeit*. Hg. v. Udo Friedrich u. Bruno Quast. Berlin, New York 2004, S. 197–217.

Nancy, Jean-Luc: *The birth to presence*. Stanford 1993.

Nancy, Jean-Luc: *Der unterbrochene Mythos*. Stuttgart 1985.

Nestle, Wilhelm: *Vom Mythos zum Logos. Die Selbstentfaltung des griechischen Denkens von Homer bis auf die Sophistik und Sokrates*. Stuttgart 1940.

Neuber, Wolfgang: „Imago und Pictura. Zur Topik des Sinn-Bilds im Spannungsfeld von Ars Memorativa und Emblematik (am Paradigma des ‚Indianers‘)". In: *Text und Bild, Bild und Text. DFG-Symposion 1988*. Hg. v. Wolfgang Harms. Stuttgart 1990, S. 245–261.

Neumeyer, Harald: „Literaturwissenschaft als Kulturwissenschaft (Diskursanalyse, *New Historicism*, ‚Poetologien des Wissens‘). Oder: Wie aufgeklärt ist die Romantik?". In: *Kulturwissenschaftliche Literaturwissenschaft. Disziplinäre Ansätze – Theoretische Positionen – Transdisziplinäre Perspektiven*. Hg. v. Ansgar Nünning u. Roy Sommer. Tübingen 2004, S. 177–194.

Newald, Richard: *Nachleben des antiken Geistes im Abendland bis zum Beginn des Humanismus. Eine Überschau.* Tübingen 1960.

Niederhäuser, Andreas: „‚si underkusten tûsentstunt / ougen wange unde munt‘. Freundesliebe im höfischen Epos". In: *Invertito. Jahrbuch für die Geschichte der Homosexualitäten* 3 (2001), S. 38–67.

Nitsche, Barbara: „Augenzeugenschaft als Authentisierungsstrategie in mittelalterlichen illuminierten *Roman de Troie*-Handschriften". In: *Die Listen der Evidenz*. Hg. v. Michael Cuntz [u.a.]. Köln 2006, S. 106–122.

Nitsche, Barbara: „Konzeptionen mehrfacher Autorschaft in altfranzösischen und mittelhochdeutschen illuminierten *Trojaroman*-Handschriften". In: *Autorbilder. Zur Medialität literarischer Kommunikation in Mittelalter und Früher Neuzeit*. Hg. v. Gerald Kapfhammer, Wolf-Dietrich Löhr u. Barbara Nitsche. Münster 2007, S. 93–113.

Nolte, Karen: *Gelebte Hysterie. Erfahrung, Eigensinn und psychiatrische Diskurse im Anstaltsalltag um 1900.* Frankfurt a.M. 2003.

Nünning, Ansgar: „‚Great Wits Jump‘. Die literarische Inszenierung von Erzählillusion als vernachlässigte Entwicklungslinie des englischen Romans von Laurence Sterne bis Stevie Smith". In: *Lineages of the novel. Essays in honour of Raimund Borgmeier*. Hg. v. Bernhard Reitz u. Eckart Voigts-Virchow. Trier 2000, S. 67–91.

Nünning, Ansgar: „Towards a definition, a typology and an outline of the functions of metanarrative commentary". In: *The dynamics of narrative form. Studies in Anglo-American narratology*. Hg. v. John Pier. Berlin, New York 2006, S. 11–57.

Nünning, Ansgar: „Towards a typology, poetics and history of description in fiction". In: *Description in literature and other media*. Hg. v. Werner Wolf. Amsterdam 2007, S. 91–128.

Ohly, Friedrich: „Du bist mein, ich bin dein. Du in mir, ich in dir. Ich du, du ich". In: *Kritische Bewahrung. Beiträge zur deutschen Philologie. Festschrift für Werner Schröder zum 60. Geburtstag*. Hg. v. Ernst-Joachim Schmidt. Berlin 1974, S. 371–415.

Okken, Lambertus: *Kommentar zum Tristan-Roman Gottfrieds von Strassburg.* 2. Aufl. Amsterdam 1996.

Opitz, Karen: *Geschichte im höfischen Roman. Historiographisches Erzählen im ‚Eneas‘ Heinrichs von Veldeke.* Heidelberg 1998.

Ort, Claus-Michael: „Das Wissen der Literatur. Probleme einer Wissenssoziologie literarischer Semantik". In: *Literatur und Wissen. Theoretisch-methodische Zugänge*. Hg. v. Tilmann Köppe. Berlin, New York 2011, S. 164–191.

Oswald, Marion: *Gabe und Gewalt. Studien zur Logik und Poetik der Gabe in der frühhöfischen Erzählliteratur.* Göttingen 2004.

Palmer, Nigel: „‚Herzeliebe‘, weltlich und geistlich. Zur Metaphorik vom ‚Einwohnen im Herzen‘ bei Wolfram von Eschenbach, Juliana von Cornillon, Hugo von Langenstein und Gertrud von Helfta". In: *Innenräume in der Literatur des deutschen Mittelalters. XIX.*

*Anglo-German Colloquium Oxford 2005.* Hg. v. Burkhard Hasebrink [u.a.]. Tübingen 2008, S. 197–224.

Palmer, Nigel: „Literary criticism in Middle High German literature". In: *Literary criticism.* Bd. 2: *The Middle Ages.* Hg. v. Alastair J. Minnis u. Ian Johnson. Cambridge 2009, S. 533–548.

Palmer, Nigel: ,*Visio Tnugdali'. The German and Dutch translations and their circulation in the later Middle Ages.* München, Zürich 1982.

Panofsky, Erwin: *Die Renaissancen der europäischen Kunst.* Frankfurt a.M. 1990.

Paravicini Bagliani, Agostino u. Giorgio Stabile: „Einleitung". In: *Träume im Mittelalter. Ikonologische Studien.* Hg. v. Agostino Paravicini Bagliani u. Giorgio Stabile. Stuttgart, Zürich 1989, S. 7–8.

Pastré, Jean-Marc: „Typologie und Ästhetik: Das Porträt der Helena im ,Trojanerkrieg' Konrads von Würzburg". In: *Jahrbuch der Oswald von Wolkenstein Gesellschaft* 5 (1988/89), S. 397–408.

Peters, Ursula: *Literatur in der Stadt. Studien zu den sozialen Voraussetzungen und kulturellen Organisationsformen städtischer Literatur im 13. und 14. Jahrhundert.* Tübingen 1983.

Pethes, Nicolas: „Literatur- und Wissenschaftsgeschichte. Ein Forschungsbericht" In: *Internationales Archiv für Sozialgeschichte der deutschen Literatur* 28 (2003), S. 181–231.

Pethes, Nicolas: „Poetik/Wissen. Konzeptionen eines problematischen Transfers". In: *Romantische Wissenspoetik. Die Künste und die Wissenschaften um 1800.* Hg. v. Gabriele Brandstetter u. Gerhard Neumann. Würzburg 2004, S. 341–372.

Petit, Aimé: *Naissances du roman. Les techniques littéraires dans les romans antiques du XIIe siècle.* Paris 1985.

Pfennig, Martin: *erniuwen. Zur Erzähltechnik im Trojaroman Konrads von Würzburg.* Bern [u.a.] 1995.

Pflugmacher, Torsten: „Description". In: *Routledge encyclopedia of narrative theory.* Hg. v. David Herman, Manfred Jahn u. Marie-Laure Ryan. London, New York 2005, S. 101–102.

Philipowski, Katharina: „Wer hat Herzeloydes Drachentraum geträumt? Trûren, zorn, haz, scham und nît zwischen Emotionspsychologie und Narratologie". In: *Beiträge zur Geschichte der deutschen Sprache und Literatur* 128 (2006), S. 251–274.

Plumpe, Gerhard u. Niels Werber: „Literatur ist codierbar. Aspekte einer systemtheoretischen Literaturwissenschaft". In: *Literaturwissenschaft und Systemtheorie. Positionen, Kontroversen, Perspektiven.* Hg. v. Siegfried Schmidt. Opladen 1993, S. 9–43.

Polanyi, Michael: *The tacit dimension.* With a new foreword by Amartya Sen. Chicago 2009.

Pouillon, Jean: *Temps et roman.* 3. Aufl. Paris 1946.

Powell, Barry B.: *Einführung in die klassische Mythologie.* Stuttgart 2009.

Prietzel, Malte: *Kriegführung im Mittelalter. Handlungen, Erinnerungen, Bedeutungen.* Paderborn 2006.

Prince, Gerald: *A dictionary of narratology.* London 1987.

Probst, Peter, Henning Schröer u. Franz von Kutschera: „Paradox". In: *Historisches Wörterbuch der Philosophie.* Hg. v. Joachim Ritter. Bd. 7. Basel 1989, Sp. 81–97.

Puff, Helmut: „Die Sünde und ihre Metaphern. Zum Liber Gomorrhianus des Petrus Damiani". In: *Forum Homosexualität und Literatur* 21 (1994), S. 45–77.

Quast, Bruno u. Monika Schausten: „Amors Pfeil. Liebe zwischen Medialisierung und Mythisierung in Heinrichs von Veldeke *Eneasroman*". In: *Schrift und Liebe in der Kultur des Mittelalters.* Hg. v. Mireille Schnyder. Berlin, New York 2008, S. 63–82.

Quine, Willard: „Identity, ostension, and hypostasis". In: *From a logical point of view. 9 logico-philosophical essays*. 2. Aufl. Cambridge 2003, S. 65–79.

Rajewsky, Irina O.: *Intermedialität*. Basel, Tübingen 2002.

Rapp, Christof u. Tim Wagner: „Einleitung: Wissen und Bildung in der antiken Philosophie". In: *Wissen und Bildung in der antiken Philosophie*. Hg. v. Christof Rapp u. Tim Wagner. Stuttgart, Weimar 2006, S. 1–22.

Ratkowitsch, Christine: *Descriptio picturae. Die literarische Funktion der Beschreibung von Kunstwerken in der lateinischen Großdichtung des 12. Jahrhunderts*. Wien 1991.

Ratkowitsch, Christine: „Die Gewebe in Claudians Epos De raptu Proserpinae – ein Bindeglied zwischen Antike und Mittelalter". In: *Die poetische Ekphrasis von Kunstwerken. Eine literarische Tradition der Großdichtung in Antike, Mittelalter und früher Neuzeit*. Hg. v. Christine Ratkowitsch. Wien 2006, S. 17–42.

Reckwitz, Andreas: „Die Kontingenzperspektive der ‚Kultur'. Kulturbegriffe, Kulturtheorien und das kulturwissenschaftliche Forschungsprogramm". In: *Unscharfe Grenzen. Perspektiven der Kultursoziologie*. 2. Aufl. Bielefeld 2010, S. 15–45.

Reich, Björn: „Die Präsenz des Mythos und die Zahl. Herborts von Fritzlar Trojaroman und die Evidenz des Erzählens". In: *Zwischen Präsenz und Repräsentation. Formen und Funktionen des Mythos in theoretischen und literarischen Diskursen*. Hg. v. Bent Gebert u. Uwe Mayer. Berlin, New York [in Druckvorbereitung].

Reich, Björn: „Helena und der Gral. Trojamythos und Adelskritik im *Göttweiger Trojanerkrieg*". In: *Mythes à la cour, mythes pour la cour (Courtly mythologies)*. Hg. v. Alain Corbellari [u.a.]. Genf 2010, S. 179–190.

Reich, Björn: *Name und maere. Eigennamen als narrative Zentren mittelalterlicher Epik. Mit exemplarischen Einzeluntersuchungen zum Meleranz des Pleier, Göttweiger Trojanerkrieg und Wolfdietrich D*. Heidelberg 2011.

Reinle, Christine: „Das mittelalterliche Sodomiedelikt im Spannungsfeld von rechtlicher Norm, theologischer Deutung und gesellschaftlicher Praxis". In: *„Die sünde, der sich der tiuvel schamet in der helle". Homosexualität in der Kultur des Mittelalters und der frühen Neuzeit*. Hg. v. Lev Mordechai Thoma u. Sven Limbeck. Ostfildern 2009, S. 13–42.

Reuvekamp, Silvia: *Sprichwort und Sentenz im narrativen Kontext. Ein Beitrag zur Poetik des höfischen Romans*. Berlin, New York 2007.

Rexroth, Frank u. Johannes F. K. Schmidt: „Freundschaft und Verwandtschaft. Zur Theorie zweier Beziehungssysteme". In: *Freundschaft und Verwandtschaft. Zur Unterscheidung und Verflechtung zweier Beziehungssysteme*. Hg. v. Johannes F. K. Schmidt [u.a.]. Konstanz 2007, S. 7–13.

Rheinberger, Hans-Jörg: *Experimentalsysteme und epistemische Dinge. Eine Geschichte der Proteinsynthese im Reagenzglas*. Göttingen 2001.

Richter, Sandra: „Wirtschaftliches Wissen in der Literatur um 1900 und die Tragfähigkeit ökonomischer Interpretationsansätze". In: *Literatur und Wissen. Theoretisch-methodische Zugänge*. Hg. v. Tilmann Köppe. Berlin, New York 2011, S. 214–238.

Ricklin, Thomas: *Der Traum der Philosophie im 12. Jahrhundert. Traumtheorien zwischen Constantinus Africanus und Aristoteles*. Leiden 1998.

Robertson, Durant W.: „Some medieval literary terminology, with special reference to Chretien de Troyes". In: *Studies in philology* 48 (1951), S. 669–692.

Röcke, Werner: „Erdrandbewohner und Wunderzeichen. Deutungsmuster von Alterität in der Literatur des Mittelalters". In: *Der fremdgewordene Text. Festschrift für Helmut Brackert zum 65. Geburtstag*. Hg. v. Silvia Bovenschen [u.a.]. Berlin, New York 1997, S. 265–284.

Ronen, Ruth: „Description, Narrative and Representation". In: *Narrative* 5 (1997), S. 274–286.

Rösler, Wolfgang: „Die Entdeckung der Fiktionalität in der Antike". In: *Poetica* 12 (1980), S. 283–319.

Ruh, Kurt: „Epische Literatur des deutschen Spätmittelalters". In: *Europäisches Spätmittelalter*. Hg. v. Willi Erzgräber. Wiesbaden 1978, S. 117–188.

Ruh, Kurt: „Mittelhochdeutsch ‚natûren'. Beobachtungen zur Bedeutungsentfaltung". In: *Studia Linguistica et Philologica. Festschrift für Klaus Matzel zum 60. Geburtstag*. Hg. v. Hans-Werner Eroms, Bernhard Gajek u. Herbert Kolb. Heidelberg 1984, S. 255–262.

Rupp, Heinz: „Konrad von Würzburg". In: *Das ritterliche Basel. Zum 700. Todestag Konrads von Würzburg*. Hg. v. Christian Schmid-Cadalbert. Basel 1987, S. 32–35.

Russell, Bertrand: *Human knowledge. Its scope and limits*. New York 2009.

Ryan, Marie-Laure: *Narrative as virtual reality. Immersion and interactivity in literature and electronic media*. Baltimore 2001.

Ryan, Marie-Laure: *Possible worlds, artificial intelligence, and narrative theory*. Bloomington 1991.

Sandkühler, Hans Jörg: *Kritik der Repräsentation. Einführung in die Theorie der Überzeugungen, der Wissenskulturen und des Wissens*. Frankfurt a.M. 2009.

Scarry, Elaine: *Dreaming by the book*. New York 1999.

Scheuer, Hans Jürgen: „Die Wahrnehmung innerer Bilder im ‚Carmen Buranum' 62. Überlegungen zur Vermittlung zwischen mediävistischer Medientheorie und mittelalterlicher Poetik". In: *Das Mittelalter* 8 (2003), S. 121–136.

Scheuer, Hans Jürgen: „*Numquam sine phantasmate*. Antike in mittelalterlicher Imagination". In: *Germanistik in und für Europa. Faszination – Wissen. Texte des Münchener Germanistentages 2004*. Hg. v. Konrad Ehlich. Bielefeld 2006, S. 381–390.

Scheuer, Hans Jürgen: „Wahrnehmen – Blasonieren – Dichten. Das Heraldisch-Imaginäre als poetische Denkform in der Literatur des Mittelalters". In: *Das Mittelalter* 11 (2006), S. 53–70.

Schippers, Jacobus W.: *De ontwickeling der euhemeristische godencritiek in de christelijke lateijnse literatur*. Groningen 1952.

Schlaffer, Heinz: *Poesie und Wissen. Die Entstehung des ästhetischen Bewußtseins und der philologischen Erkenntnis*. Frankfurt a.M. 2005.

Schmid, Wolf: *Elemente der Narratologie*. Berlin, New York 2008.

Schmidt, Johannes F. K.: „Soziologie der Verwandtschaft. Forschung und Begriff". In: *Freundschaft und Verwandtschaft. Zur Unterscheidung und Verflechtung zweier Beziehungssysteme*. Hg. v. Johannes F. K. Schmidt [u.a.]. Konstanz 2007, S. 15–43.

Schmidt, Siegfried J.: „Kommunikationskonzepte für eine systemtheoretische Literaturwissenschaft". In: *Literaturwissenschaft und Systemtheorie. Positionen, Kontroversen, Perspektiven*. Hg. v. Siegfried J. Schmidt. Opladen 1993, S. 241–268.

Schmidtke, Dietrich: *Geistliche Tierinterpretation in der deutschsprachigen Literatur des Mittelalters. 1100–1500*. Berlin 1968.

Schmitt, Arbogast: „Konkretes Denken. Zur emotionalen und praktischen Bedeutung des Wissens im Platonismus und Aristotelismus". In: *Wissen und Bildung in der antiken Philosophie*. Hg. v. Christof Rapp u. Tim Wagner. Stuttgart, Weimar 2006, S. 287–304.

Schmitt, Stefanie: „Autorisierung des Erzählens in Romanen mit historischen Stoffen? Überlegungen zu Rudolfs von Ems *Alexander* und Konrads von Würzburg *Trojanerkrieg*". In: *Geltung der Literatur. Formen ihrer Autorisierung und Legitimierung im Mittelalter*. Hg. v. Beate Kellner, Peter Strohschneider u. Franziska Wenzel. Berlin 2005, S. 187–201.

Schmitt, Stefanie: *Inszenierungen von Glaubwürdigkeit. Studien zur Beglaubigung im späthöfischen und frühneuzeitlichen Roman.* Tübingen 2005.

Schneider, Almut: *Chiffren des Selbst. Narrative Spiegelungen der Identitätsproblematik in Johanns von Würzburg „Wilhelm von Österreich" und in Heinrichs von Neustadt „Apollonius von Tyrland".* Göttingen 2004.

Schneider, Manfred: *Liebe und Betrug. Die Sprachen des Verlangens.* München 1992.

Schneider, Steffen: „Helena". In: *Mythenrezeption. Die antike Mythologie in Literatur, Musik und Kunst von den Anfängen bis zur Gegenwart.* Hg. v. Maria Moog-Grünewald. Darmstadt 2008, S. 308–317.

Schneider, Ulrich Johannes (Hg.): *Seine Welt wissen. Enzyklopädien in der frühen Neuzeit.* Darmstadt 2006.

Schneider, Ulrich Johannes: „Wissensgeschichte, nicht Wissenschaftsgeschichte". In: *Michel Foucault. Zwischenbilanz einer Rezeption.* Hg. v. Axel Honneth u. Martin Saar. Frankfurt a.M. 2003, S. 220–229.

Schnell, Rüdiger: *Causa amoris. Liebeskonzeption und Liebesdarstellung in der mittelalterlichen Literatur.* Bern, München 1985.

Schnell, Rüdiger: „Hofliteratur und Hofkritik in Deutschland. Zur funktionalen Differenz von Latein und Volkssprache". In: *Deutscher Königshof, Hoftag und Reichstag im späteren Mittelalter.* Hg. v. Peter Moraw. Stuttgart 2002, S. 323–355.

Schnell, Rüdiger: „Text und Kontext. Erzählschemata, Diskurse und das Imaginäre um 1200". In: *Poetica* 40 (2008), S. 97–138.

Schnell, Stefan: *Mittelhochdeutsche Trojanerkriege. Studien zur Rezeption der Antike bei Herbort von Fritzlar und Konrad von Würzburg.* Diss. Freiburg 1953.

Schnyder, Mireille: „‚Daz ander paradise'. Künstliche Paradiese in der Literatur des Mittelalters". In: *Paradies. Topographien der Sehnsucht.* Hg. v. Claudia Benthien. Köln 2010, S. 63–76.

Schnyder, Mireille: „Kunst der Vergegenwärtigung und gefährliche Präsenz. Zum Verhältnis von religiösen und weltlichen Lesekonzepten". In: *Literarische und religiöse Kommunikation in Mittelalter und Früher Neuzeit.* Hg. v. Peter Strohschneider. Berlin, New York 2009, S. 427–452.

Scholz, Oliver R.: *Bild, Darstellung, Zeichen. Philosophische Theorien bildlicher Darstellung.* 3. Aufl. Frankfurt a.M. 2009.

Schröder, Werner: *Zur Kunstanschauung Gottfrieds von Straßburg und Konrads von Würzburg nach dem Zeugnis ihrer Prologe.* Wiesbaden 1990.

Schulz, Armin: „Fragile Harmonie. ‚Dietrichs Flucht' und die Poetik der ‚abgewiesenen Alternative'". In: *Zeitschrift für deutsche Philologie* 121 (2002), S. 390–407.

Schulz, Armin: *Poetik des Hybriden. Schema, Variation und intertextuelle Kombinatorik in der Minne- und Aventiureepik.* Berlin 2000.

Schütz, Ludwig: *Thomas-Lexikon,* 2006. www.corpusthomisticum.org/tl.html (Stand: 15.11.2010).

Schwarz, Werner: „Notes on formulaic expressions in middle high German poetry". In: *Beiträge zur mittelalterlichen Literatur.* Hg. v. Peter Ganz u. Timothy McFarland. Amsterdam 1984, S. 14–24.

Schwietering, Julius: „Die Demutsformel mittelhochdeutscher Dichter". In: *Philologische Schriften.* Hg. v. Friedrich Ohly u. Max Wehrli. München 1969, S. 140–215.

Sedgwick, Eve Kosofsky: *Between men. English literature and male homosocial desire.* New York 1985.

See, Klaus von: *Germanische Heldensage. Stoffe, Probleme, Methoden. Eine Einführung.* Frankfurt a.M. 1971.

Seebold, Elmar (Hg.): *Chronologisches Wörterbuch des deutschen Wortschatzes.* Berlin, New York 2001–2008.

Seel, Martin: *Ästhetik des Erscheinens.* Frankfurt a.M. 2003.

Seel, Norbert M.: *Weltwissen und mentale Modelle.* Göttingen, Zürich 1991.

Segal, Robert: *Mythos. Eine kleine Einführung.* Stuttgart 2007.

Seidel, Kerstin u. Peter Schuster: „Freundschaft und Verwandtschaft in historischer Perspektive". In: *Freundschaft und Verwandtschaft. Zur Unterscheidung und Verflechtung zweier Beziehungssysteme.* Hg. v. Johannes F. K. Schmidt [u.a.]. Konstanz 2007, S. 145–156.

Semmler, Hartmut: *Listmotive in der mittelhochdeutschen Epik. Zum Wandel ethischer Normen im Spiegel der Literatur.* Berlin 1991.

Seznec, Jean: *Das Fortleben der antiken Götter. Die mythologische Tradition im Humanismus und in der Kunst der Renaissance.* München 1990.

Shapin, Steven: *The scientific life. A moral history of a late modern vocation.* Chicago, London 2008.

Sieber, Andrea: „Die ,französische' und die ,deutsche' Helena im 12. Jahrhundert". In: *Germanisch-romanische Monatsschrift N.F.* 51 (2001), S. 267–283.

Sieber, Andrea: „*daz frouwen cleit nie baz gestount.* Achills Crossdressing im ,Trojanerkrieg' Konrads von Würzburg und in der ,Weltchronik' des Jans Enikel". In: *Genderdiskurse und Körperbilder im Mittelalter. Eine Bilanzierung nach Butler und Laqueur.* Hg. v. Ingrid Bennewitz u. Ingrid Kasten. Münster 2002, S. 49–76.

Sieber, Andrea: „Die *angest* des Hercules. Zum Wandel emotionaler Verhaltensmuster in Trojaromanen". In: *Codierungen von Emotionen im Mittelalter.* Hg. v. C. Stephen Jaeger u. Ingrid Kasten. Berlin, New York 2003, S. 222–234.

Sieber, Andrea: *Medeas Rache. Liebesverrat und Geschlechterkonflikte in Romanen des Mittelalters.* Köln 2008.

Simon, Marcel: *Hercule et le christianisme.* Paris 1955.

Simon, Marcel: „Les dieux antiques dans la pensée chrétienne". In: *Zeitschrift für Religions- und Geistesgeschichte* 6 (1954), S. 97–114.

Simonis, Annette: „Einleitung: Mythen als kulturelle Repräsentationen in den verschiedenen Künsten und Medien". In: *Mythen in Kunst und Literatur. Tradition und kulturelle Repräsentation.* Hg. v. Annette Simonis u. Linda Simonis. Köln 2004, S. 1–26.

Singer, Samuel (Hg.): *Thesaurus proverbiorum medii aevi. Lexikon der Sprichwörter des romanisch-germanischen Mittelalters.* Berlin, New York 1995–2002.

Sjöström, Henning: „Magister Albericus Lundoniensis, mythographus tertius vaticanus. A XIIIth century student of classical mythology". In: *Classica et mediaevalia* 29 (1968), S. 249–264.

Sloterdijk, Peter: *Zorn und Zeit. Politisch-psychologischer Versuch.* Frankfurt a.M. 2008.

Smith, R. Scott u. Stephen M. Trzaskoma: „General introduction: what is mythography?". In: *Apollodorus' Library and Hyginus' Fabulae. Two handbooks of Greek mythology.* Hg. v. R. Scott Smith u. Stephen M. Trzaskoma. Indianapolis 2007, S. x–xxviii.

Smith, R. Scott u. Stephen M. Trzaskoma: „Introduction to Apollodorus' *Bibliotheke* (*Library*)". In: *Apollodorus' Library and Hyginus' Fabulae. Two handbooks of Greek mythology.* Hg. v. R. Scott Smith u. Stephen M. Trzaskoma. Indianapolis 2007, S. xxix–xli.

Sparn, Walter: „Hercules Christianus. Mythographie und Theologie in der frühen Neuzeit". In: *Mythographie der frühen Neuzeit. Ihre Anwendung in den Künsten.* Hg. v. Walther Killy. Wiesbaden 1984, S. 73–107.

Specht, Benjamin: „Was weiß Literatur? Vier neue Antworten auf eine alte Frage". In: *KulturPoetik* 10 (2010), S. 234–249.

Spencer-Brown, George: *Laws of form.* London 1969.

Spreitzer, Brigitte: *Die stumme Sünde. Homosexualität im Mittelalter. Mit einem Textanhang.* Göppingen 1988.

Stackmann, Karl: *Der Spruchdichter Heinrich von Mügeln. Vorstudien zur Erkenntnis seiner Individualität.* Heidelberg 1958.

Stackmann, Karl: „Ovid im deutschen Mittelalter". In: *Arcadia* 1 (1966), S. 231–254.

Stählin, Gustav: „Mythos". In: *Theologisches Wörterbuch zum Neuen Testament.* Hg. v. Gerhard Kittel u. Gerhard Friedrich. Bd. 4. Stuttgart 1942, S. 769–803.

Stemmler, Theo (Hg.): *Liebe als Krankheit. Vorträge eines interdisziplinären Kolloquiums.* Tübingen 1990.

Stiening, Gideon: „Am ‚Ungrund' oder: Was sind und zu welchem Ende studiert man ‚Poetologien des Wissens'?". In: *KulturPoetik* 7 (2007), S. 234–248.

Stiening, Gideon: „‚Und das Ganze belebt, so wie das Einzelne, sei'. Zum Verhältnis von Wissen und Literatur am Beispiel von Goethes *Die Metamorphose der Pflanzen*". In: *Literatur und Wissen. Theoretisch-methodische Zugänge.* Hg. v. Tilmann Köppe. Berlin, New York 2011, S. 192–213.

Stock, Brian: *Myth and science in the twelfth century. A study of Bernard Silvester.* Princeton 1972.

Störmer-Caysa, Uta: *Grundstrukturen mittelalterlicher Erzählungen. Raum und Zeit im höfischen Roman.* Berlin, New York 2007.

Strohschneider, Peter: „Einfache Regeln – komplexe Strukturen. Ein strukturanalytisches Experiment zum ‚Nibelungenlied'". In: *Mediävistische Komparatistik. Festschrift für Franz Josef Worstbrock zum 60. Geburtstag.* Hg. v. Wolfgang Harms u. Jan-Dirk Müller. Stuttgart 1997, S. 43–75.

Strohschneider, Peter: „Kemenate. Geheimnisse höfischer Frauenräume bei Ulrich von dem Türlin und Konrad von Würzburg". In: *Das Frauenzimmer. Die Frau bei Hofe in Spätmittelalter und früher Neuzeit. 6. Symposium der Residenzen-Kommission der Akademie der Wissenschaften in Göttingen.* Hg. v. Jan Hirschbiegel u. Werner Paravicini. Stuttgart 2000, S. 29–45.

Strohschneider, Peter (Hg.): *Literarische und religiöse Kommunikation in Mittelalter und Früher Neuzeit.* Berlin, New York 2009.

Strohschneider, Peter: „‚nu sehent, wie der singet!' Vom Hervortreten des Sängers im Minnesang". In: *‚Aufführung' und ‚Schrift' in Mittelalter und Früher Neuzeit.* Hg. v. Jan-Dirk Müller. Stuttgart, Weimar 1996, S. 7–30.

Strohschneider, Peter: „Vorbericht". In: *Literarische und religiöse Kommunikation in Mittelalter und Früher Neuzeit.* Hg. v. Peter Strohschneider. Berlin, New York 2009, S. IX–XXII.

Stuckmann, Manfred: *Wappenschilderungen und historisch-heraldische Anspielungen in Konrads von Würzburg Trojanerkrieg.* Diss. Wuppertal 2003.

Suntrup, Rudolf: „Allegorese". In: *Reallexikon der deutschen Literaturwissenschaft.* Hg. v. Georg Braungart [u.a.]. Bd. 1. Berlin, New York 2007, S. 36–40.

Swirski, Peter: *Of literature and knowledge. Explorations in narrative thought experiments, evolution and game theory.* London, New York 2007.

Sziráky, Anna: *Éros – Lógos – Musiké. Gottfrieds Tristan oder eine utopische renovatio der Dichtersprache und der Welt aus dem Geiste der Minne und Musik?* Bern [u.a.] 2003.

Tammen, Silke: „Gewalt im Bilde. Ikonographien, Wahrnehmungen, Ästhetisierungen". In: *Gewalt im Mittelalter. Realitäten – Imaginationen.* Hg. v. Manuel Braun u. Cornelia Herberichs. München 2005, S. 307–349.

Teichert, Matthias: *Von der Heldensage zum Heroenmythos. Vergleichende Studien zur Mythisierung der nordischen Nibelungensage im 13. und 19./20. Jahrhundert.* Heidelberg 2008.

Tenbruck, Friedrich: „Freundschaft. Ein Beitrag zu einer Soziologie der persönlichen Beziehungen". In: *Die kulturellen Grundlagen der Gesellschaft. Der Fall der Moderne.* Opladen 1989, S. 227–250.

Tepe, Peter: *Mythos & Literatur. Aufbau einer literaturwissenschaftlichen Mythosforschung.* Würzburg 2001.

Thoma, Lev Mordechai u. Sven Limbeck (Hg.): *„Die sünde, der sich der tiuvel schamet in der helle". Homosexualität in der Kultur des Mittelalters und der frühen Neuzeit.* Ostfildern 2009.

Titzmann, Michael: „Kulturelles Wissen – Diskurs – Denksystem. Zu einigen Grundbegriffen der Literaturgeschichtsschreibung". In: *Zeitschrift für französische Sprache und Literatur* 99 (1989), S. 47–61.

Tomasek, Tomas (Hg.): *Handbuch der Sentenzen und Sprichwörter im höfischen Roman des 12. und 13. Jahrhunderts.* Bd. 2: *Artusromane nach 1230, Gralromane, Tristanromane.* Berlin, New York 2009.

Turner, Victor: „Das Liminale und das Liminoide in Spiel, ‚Fluß' und Ritual. Ein Essay zur vergleichenden Symbologie". In: *Vom Ritual zum Theater. Der Ernst des menschlichen Spiels.* Frankfurt a.M., New York 1995, S. 28–94.

Virchow, Corinna: „Der Freund, ‚der rehte erkennet wer ich bin'. Zu Konrads von Würzburg *Engelhard* und einer Freundschaft in gespiegelter Vorbildlichkeit". In: *Oxford German Studies* 36 (2007), S. 284–305.

Vogl, Joseph: „Für eine Poetologie des Wissens". In: *Die Literatur und die Wissenschaften 1770–1930.* Hg. v. Karl Richter, Jörg Schönert u. Michael Titzmann. Stuttgart 1997, S. 107–127.

Vogl, Joseph: *Kalkül und Leidenschaft. Poetik des ökonomischen Menschen.* München 2002.

Vogl, Joseph (Hg.): *Poetologien des Wissens um 1800.* München 1999.

Vogt, Ludgera: „Ehre in traditionalen und modernen Gesellschaften. Eine soziologische Analyse des ‚Imaginären' am Beispiel zweier literarischer Texte". In: *Ehre. Archaische Momente in der Moderne.* Hg. v. Ludgera Vogt u. Arnold Zingerle. Frankfurt a.M. 1994, S. 291–314.

Volfing, Annette: „Sodomy and ‚rehtiu minne' in Heinrich von Veldeke's ‚Eneit'". In: *Oxford German Studies* 30 (2001), S. 1–25.

Vollhardt, Friedrich: „Wissen in Literatur im 19. Jahrhundert. Zur Einführung in den Band". In: *Wissen in Literatur im 19. Jahrhundert.* Hg. v. Lutz Danneberg u. Friedrich Vollhardt. Tübingen 2002, S. 1–6.

Wachinger, Burghart: „Wissen und Wissenschaft als Faszinosum für Laien im Mittelalter". In: *Ars und Scientia im Mittelalter und in der Frühen Neuzeit.* Hg. v. Cora Dietl u. Dörte Helschinger. Basel, Tübingen 2002, S. 13–29.

Walde, Ingrid: *Untersuchungen zur Literaturkritik und poetischen Kunstanschauung im deutschen Mittelalter.* Diss. Innsbruck 1961.

Waldenfels, Bernhard: *Grundmotive einer Phänomenologie des Fremden*. Frankfurt a.M. 2006.

Walter, Ingeborg: „Der Traum der Schwangeren vor der Geburt. Zur Vita Sixtus' IV. auf den Fresken in Santo Spirito in Rom". In: *Träume im Mittelalter. Ikonologische Studien*. Hg. v. Agostino Paravicini Bagliani u. Giorgio Stabile. Stuttgart, Zürich 1989, S. 125–136.

Walton, Douglas: „Pragmatic and idealized models of knowledge and ignorance". In: *American Philosophical Quarterly* 42 (2005), S. 59–69.

Wandhoff, Haiko: „Bilder der Liebe – Bilder des Todes. Konrad Flecks Flore-Roman und die Kunstbeschreibungen in der höfischen Epik des deutschen Mittelalters". In: *Die poetische Ekphrasis von Kunstwerken. Eine literarische Tradition der Großdichtung in Antike, Mittelalter und früher Neuzeit*. Hg. v. Christine Ratkowitsch. Wien 2006, S. 55–76.

Wandhoff, Haiko: *Ekphrasis. Kunstbeschreibungen und virtuelle Räume in der Literatur des Mittelalters*. Berlin, New York 2003.

Wandhoff, Haiko: „Zur Bildlichkeit mittelalterlicher Texte. Einführung". In: *Das Mittelalter* 13 (2008), S. 3–18.

Warning, Rainer: „Die narrative Lust an der List. Norm und Transgression im *Tristan*". In: *Transgressionen. Literatur als Ethnographie*. Hg. v. Gerhard Neumann u. Rainer Warning. Freiburg i.Br. 2003, S. 175–212.

Warning, Rainer: „Erzählen im Paradigma. Kontingenzbewältigung und Kontingenzexposition". In: *Romanistisches Jahrbuch* 52 (2001), S. 176–209.

Webb, Ruth: „Ekphrasis ancient and modern: the invention of a genre". In: *Word & Image* 15 (1999), S. 7–18.

Weber, Max: *Wirtschaft und Gesellschaft. Grundriss der verstehenden Soziologie*. Studienausgabe. Hg. v. Johannes Winckelmann. 5. Aufl. Tübingen 1985.

Wehling, Peter: „Gibt es Grenzen der Erkenntnis? Von der Fiktion grenzenlosen Wissens zur Politisierung des Nichtwissens". In: *Grenzen des Wissens – Wissen um Grenzen*. Hg. v. Ulrich Wengenroth. Weilerswist 2012, S. 90–117.

Wehrhahn-Stauch, Liselotte: „Adler". In: *Lexikon der christlichen Ikonographie*. Hg. v. Engelbert Kirschbaum. Bd. 1. Freiburg i.Br. [u.a.] 2004, Sp. 7076.

Wehrli, Max: „Antike Mythologie im christlichen Mittelalter". In: *Deutsche Vierteljahrsschrift für Literaturwissenschaft und Geistesgeschichte* 57 (1983), S. 18–32.

Weinand, Heinz Gerd: *Tränen. Untersuchungen über das Weinen in der deutschen Sprache und Literatur des Mittelalters*. Bonn 1958.

Weinrich, Harald: „Fünfte Diskussion: Mittelalter und Renaissance. Zitat und Wiederkehr des Mythischen". In: *Terror und Spiel. Probleme der Mythenrezeption*. Hg. v. Manfred Fuhrmann. München 1971, S. 617–638.

Wengenroth, Ulrich (Hg.): *Grenzen des Wissens – Wissen um Grenzen*. Weilerswist 2012.

Wengenroth, Ulrich: „Zur Einführung: Die reflexive Modernisierung des Wissens". In: *Grenzen des Wissens – Wissen um Grenzen*. Hg. v. Ulrich Wengenroth. Weilerswist 2012, S. 7–22.

Wenzel, Franziska: „*Meisterschaft* und Transgression. Studie zur Spruchdichtung am Beispiel des Langen Tons der Frauenlob-Überlieferung". In: *Das fremde Schöne. Dimensionen des Ästhetischen in der Literatur des Mittelalters*. Hg. v. Manuel Braun u. Christopher Young. Berlin, New York 2007, S. 309–334.

Wenzel, Horst: „Fernliebe und Hohe Minne. Zur räumlichen und zur sozialen Distanz in der Minnethematik". In: *Liebe als Literatur. Aufsätze zur erotischen Dichtung in Deutschland*. Hg. v. Rüdiger Krohn. München 1983, S. 187–208.

Wenzel, Horst: *Hören und Sehen, Schrift und Bild. Kultur und Gedächtnis im Mittelalter*. München 1995.

Weston, Jessie L.: *From ritual to romance.* Princeton 1993.

Westra, Haijo Jan: „The allegorical interpretation of myth. Its origins, justification and effect". In: *Medieval antiquity.* Hg. v. Andries Welkenhuysen, Herman Braet u. Werner Verbeke. Leuven 1995, S. 277–291.

Wingert, Lutz: „Die eigenen Sinne und die fremde Stimme. Über den mehrfachen Grund unserer Wissensansprüche". In: *Wissen zwischen Entdeckung und Konstruktion. Erkenntnistheoretische Kontroversen.* Hg. v. Matthias Vogel u. Lutz Wingert. Frankfurt a.M. 2003, S. 218–248.

Winiarczyk, Marek: *Euhemeros von Messene. Leben, Werk und Nachwirkung.* München 2002.

Winst, Silke: *Amicus und Amelius. Kriegerfreundschaft und Gewalt in mittelalterlicher Erzähltradition.* Berlin, New York 2009.

Wittkower, Rudolf: „Marvels of the east. A study in the history of monsters". In: *Journal of the Warburg and Courtauld Institutes* 5 (1942), S. 159–197.

Wittmer-Butsch, Maria Elisabeth: *Zur Bedeutung von Schlaf und Traum im Mittelalter.* Krems 1990.

Wolf, Werner: „Framing borders in frame stories". In: *Framing borders in literature and other media.* Hg. v. Werner Wolf u. Walter Bernhart. Amsterdam, New York 2006, S. 179–206.

Worstbrock, Franz Josef: „Der Tod des Hercules. Eine Problemskizze zur Poetik des Zerfalls in Konrads von Würzburg ‚Trojanerkrieg'". In: *Erzählungen in Erzählungen. Phänomene der Narration in Mittelalter und Früher Neuzeit.* Hg. v. Harald Haferland u. Michael Mecklenburg. München 1996, S. 273–284.

Worstbrock, Franz Josef: „Die Erfindung der wahren Geschichte. Über Ziel und Regie der Wiedererzählung im *Trojanerkrieg* Konrads von Würzburg". In: *Fiktion und Fiktionalität in den Literaturen des Mittelalters.* Hg. v. Ursula Peters u. Rainer Warning. München 2009, S. 155–173.

Worstbrock, Franz Josef: „Dilatatio materiae. Zur Poetik des ‚Erec' Hartmanns von Aue". In: *Frühmittelalterliche Studien* 19 (1985), S. 1–30.

Worstbrock, Franz Josef: „Fernliebe. Allgemeines und Besonderes zur Geschichte einer literarischen Konstruktion". In: *Projektion – Reflexion – Ferne. Räumliche Vorstellungen und Denkfiguren im Mittelalter.* Hg. v. Sonja Glauch, Susanne Köbele u. Uta Störmer-Caysa. Berlin, New York 2011, S. 137–159.

Worstbrock, Franz Josef: „Wiedererzählen und Übersetzen". In: *Mittelalter und frühe Neuzeit. Übergänge, Umbrüche und Neuansätze.* Hg. v. Walter Haug. Tübingen 1999, S. 128–142.

Yeo, Richard: „Classifying the sciences". In: *Eighteenth-century science.* Hg. v. Roy Porter. Cambridge 2003, S. 241–266.

Zacharias, Rainer: „Die Blutrache im deutschen Mittelalter". In: *Zeitschrift für deutsches Altertum und deutsche Literatur* 91 (1962), S. 167–201.

Zagzebski, Linda: „What is knowledge?". In: *The Blackwell guide to epistemology.* Hg. v. John Greco u. Ernest Sosa. Oxford 2002, S. 92–116.

Zanker, Graham: „Enargeia in the ancient criticism of poetry". In: *Rheinisches Museum* 124 (1981), S. 297–311.

Ziolkowski, Jan M.: „Twelfth-century understandings and adaptations of ancient friendship". In: *Mediaeval Antiquity.* Hg. v. Andries Welkenhuysen, Herman Braet u. Werner Verbeke. Leuven 1995, S. 59–81.

Zips, Manfred: *Das Wappenwesen in der mittelhochdeutschen Epik bis 1250.* Diss. Wien 1966.

Zotz, Thomas: „Odysseus im Mittelalter? Zum Stellenwert von List und Listigkeit in der Kultur des Adels". In: *Die List.* Hg. v. Harro von Senger. Frankfurt a.M. 1999, S. 212–240.

# VIII Index

Das folgende Register verzeichnet explizit genannte Figuren antiker und mittelalterlicher Mythographie. Nicht aufgeführt sind vereinzelt erwähnte Nebenfiguren sowie Figuren, die dem mythographischen Diskurs nicht oder nur sporadisch angehören.

Achill 11, 15, 88 u. Fn., 89, 93, 100, 120 u. Fn., 134, 156, 160 u. Fn., 173 Fn., 174 u. Fn., 176 Fn., 190–193, 206–212, 225, 227, 244, 246 Fn., 247 Fn., 253 Fn., 260, 266, 274, 277 f., 281–283, 286, 295, 307 Fn., 308 Fn., 309 Fn., 311, 318 Fn., 321, 327, 341 Fn., 343, 345–348, 370 Fn., 371 f., 390–404, 410–412, 420–427, 429–423, 433, 435, 441, 464–472, 478 Fn., 497, 499 f., 504–514, 517, 523, 532–536, 545

Aeneas s. Eneas

Aeson s. Eson

Agamemnon 122, 244–246, 252 Fn., 297 u. Fn., 307 Fn., 308 Fn., 309 Fn., 464 f.

Ascalafus 244, 307 Fn., 308 Fn., 309 Fn.

Ajax 250 f., 261 Fn., 278, 295 f., 298 u. Fn., 307 Fn., 308 Fn., 309 Fn., 315, 327, 372, 375–380, 389 f., 412, 516

Alexander (Paris) 5, 101 Fn.

Alexander der Große 163

Anchises 175 Fn.

Antenor 175 Fn., 189 Fn., 210, 294, 307 f., 311

Apollon 89, 101 Fn., 118 f., 199 u. Fn., 206, 208 u. Fn.

Archelaus 307 Fn., 309 Fn.

Argonauten 100, 117, 157, 161, 210–213, 227, 237 f., 242, 321, 343, 347 f., 350 Fn., 430, 497, 519, 520 Fn., 544

Bacchus 88 u. Fn., 118 f., 427, 429 Fn., 510 Fn.

Briseida 484

Calchas 173 u. Fn., 189, 206–210, 226 f., 468

Casilian 251, 307 Fn., 309 Fn., 464 u. Fn.

Cassandra 100, 156 f., 160, 189, 192, 199–207, 209 f., 218, 226 f., 464

Castor 213, 238, 241 u. Fn., 274, 278, 295, 309 Fn., 404 Fn.

Cerberus 449 f., 459 Fn.

Chiron s. Schyron

Creusa (Gattin Jasons) 343, 370, 371 Fn.

Cupido, Amor 90 f., 117–119, 354

Dedamia s. Deidamia

Deianira 341, 370 Fn., 372, 433, 443, 445–448, 450 u. Fn., 452–454, 461, 517

Deidamia 327, 341, 343, 348 Fn., 360 Fn., 370 Fn., 370, 372, 420–427, 441, 465, 467, 509, 510 Fn., 511 f., 517, 533

Deiphobus 255, 289, 291–294, 307 Fn., 309 Fn.

Diana 88 u. Fn., 118 f., 122, 208 Fn.

Diomedes 307 Fn., 309 Fn., 311

Discordia 119, 124, 132, 133 Fn., 159, 162 f., 176–189, 220, 226 f., 231, 248, 263, 274, 301, 316, 320 u. Fn., 379, 413, 419 u. Fn., 478, 486 f., 497 u. Fn., 515, 519, 526, 536, 538

Echo 86

Eneas, Aeneas 86, 91, 240 Fn., 289 u. Fn., 295 Fn., 307 u. Fn., 309 Fn., 397 Fn., 398

Eson 123, 321, 366 f.

Eurydike 80

Eurytus, Euritus 446 f., 450 Fn.

Eusebius 173 Fn., 198 u. Fn., 226

Fortuna, gelücke, destinee 157, 380 Fn., 384

Hector 120 Fn., 187, 206, 231, 239, 246 Fn., 250 f., 260, 261 Fn., 262–264, 266, 268, 271 Fn., 274–278, 281–286, 289–299, 305 f., 307, 308 Fn., 309 Fn., 311–313, 315, 321, 327, 338 f., 372, 375–385,

389–392, 394–396, 399, 401 Fn., 402–404, 410, 412, 470 f., 504, 516, 523

Hecuba 156 f., 159, 162–164, 166 u. Fn., 169 u. Fn., 171 f., 175 f., 194 Fn., 226, 335, 385, 434, 519, 524 Fn.

Hekate 368

Helena 6 f., 16, 88 u. Fn., 100, 101 Fn., 122 f., 127 Fn., 131, 133 Fn., 159, 161, 163, 173 u. Fn., 189 Fn., 194, 199 f., 210–212, 214 f., 217–224, 226–228, 235 f., 247 Fn., 251, 253 Fn., 266, 270–274, 277, 279 f., 285, 293 u. Fn., 295, 296 Fn., 298 f., 308 Fn., 314 f., 317, 319, 324, 340–342, 359 Fn., 363 Fn., 372 f., 387–389, 413 f., 417 Fn., 419 f., 433–435, 464, 471–473, 478, 480 u. Fn., 482–484, 486–495, 500, 516–529, 531, 533, 535 f., 530, 543 f.

Helenus 157, 160, 171 Fn., 173 u. Fn., 174, 189 u. Fn., 191, 193–198, 209, 226

Hercules 11, 14, 84, 100, 101 Fn., 210, 212–214, 216, 235 Fn., 237–243, 289, 293 Fn., 294 f., 320 u. Fn., 341, 347, 365 Fn., 370 Fn., 371 Fn., 372, 420, 428–430, 433 f., 440–465, 471, 497, 500, 516 f., 532, 534–536, 545

Hesione 210, 212, 214 f., 222, 227, 238, 251, 293, 363 Fn.

Hydra 443, 448 f., 452

Hymenäus 118–120

Iole 443, 446, 450 Fn., 452 Fn.

Iolaus, Isolaus 443, 446 Fn., 461, 516

Jason 100, 117, 122 f., 134 u. Fn., 160, 174 Fn., 189 Fn., 210–216, 227, 237, 321, 324, 341–366, 369–372, 411 f., 414, 432–435, 441, 443 Fn., 517 f.

Jocundille 207, 420, 422 Fn., 424, 426 Fn., 467

Juno, Hera 3–7, 83 f., 88 u. Fn., 114, 118 f., 121 Fn., 124–126, 128–130, 176, 177 Fn., 183, 185, 381 f., 429 f., 449, 524 Fn., 545

Jupiter, Zeus 5, 82–86, 88, 110, 117–119, 121 Fn., 177–179, 183, 338, 362, 372, 380–383, 429 f., 449 Fn.

Kalchas s. Calchas

Lamedon, Laomedon 117, 157, 210–214, 238–242, 289, 295, 347, 383, 386, 454

Lichas 443 u. Fn., 448 Fn., 461

Lycomedes, Licomedes 156, 191, 207, 327, 421 u. Fn., 425, 426 Fn., 468 f., 507, 514 Fn., 533

Margariton 246 Fn., 289–291, 294, 307 Fn., 308 Fn., 309 Fn.

Mars 118 f., 122, 362, 523 Fn.

Medea 11, 97, 100, 112, 116, 122 f., 134 u. Fn., 189 Fn., 190, 192 Fn., 216, 231, 316, 320 f., 324, 341–344, 346, 348–372, 411 f., 414, 419, 433–435, 441, 443 Fn., 478, 486, 495 f., 517 f., 536

Menelaus 245, 246 Fn., 261, 262 Fn., 266 f., 271, 277 f., 280, 293 Fn., 295, 297 u. Fn., 307 Fn., 308 Fn., 309 Fn., 317, 327, 340, 373, 387–390, 404, 412

Merion 297 u. Fn., 307 Fn., 308 Fn., 309 Fn.

Merkur, Mercurius 92, 117–119, 123, 215 Fn.

Minerva 83 u. Fn., 124, 177 Fn., 183

Narcissus 86

Neptun 88 u. Fn., 92, 118, 120, 122 f., 208 Fn., 225

Nessus 443 u. Fn., 445–450, 455 f., 461

Nestor 213, 241 Fn., 307 Fn., 309 Fn., 443, 462, 516

Oenone 127 Fn., 337, 343, 370 Fn., 371, 411, 434, 516 f.

Orpheus 80, 86 f.

Palamedes, Palomîdes 307 Fn., 309 Fn., 464 Fn.

Pallas (Athene) 3–7, 118, 120, 121 Fn., 124, 128–131, 176, 184 f., 381 f., 545

Pallas (Sohn des Evander) 398

Panfilôt 296, 298 f., 327, 340, 390, 404, 406–410, 412

Panthus 157, 173 u. Fn., 189, 191, 198 f., 203 f., 209, 226

Paris 3–5, 7, 15, 82 f., 88 f., 92, 100, 101 Fn., 109 f., 117, 119 Fn., 120–128, 131–134,

156 – 161, 165 u. Fn., 167, 169 Fn., 171
Fn., 173, 174 Fn., 176, 180 Fn., 182 – 184,
186 f., 189 Fn., 193, 197 f., 200, 202 f.,
205, 210 f., 214 f., 218, 220 – 224, 226 f.,
244 Fn., 246 Fn., 251 u. Fn., 259 u. Fn.,
262 u. Fn., 267, 271 Fn., 274, 277 f., 280,
289, 203 Fn., 295 – 298, 307, 308 Fn.,
309 Fn., 311, 317, 318 Fn., 321, 324, 327,
334 – 343, 370 Fn., 371 – 373, 379 – 390,
404 – 412, 414, 433 – 435, 464 f., 471 f.,
480 u. Fn., 486, 492 f., 495, 497, 514 –
519, 524 Fn., 529 Fn., 533, 535 f., 543
Patroclus 189, 243 Fn., 244 u. Fn., 250 Fn.,
253 Fn., 276 f., 285, 308 Fn., 313, 390 –
394, 398 – 400, 402 f., 410, 412, 464,
497, 504, 514
Peleus 92, 110, 160, 187, 190, 210 f., 227,
231, 271 Fn., 339, 344 – 347, 352, 369,
372, 380, 383, 389, 411 f., 420, 423 Fn.,
432 f.
Pelias 345 u. Fn., 346 Fn.
Perseus 307, 311
Philoctet 420, 442 – 448, 453 – 455, 459 –
464, 532, 534
Pluto 88 u. Fn.
Polixena, Polyxena 100, 401 Fn., 513 Fn., 514
Fn., 521 – 523
Pollux 213, 238, 241 Fn., 243 Fn., 274, 278,
295, 309 Fn., 404
Priamus 101 Fn., 156, 164 – 167, 170 – 172,
174 – 176, 183, 194 Fn., 195, 198, 203 –

205, 210, 214, 283, 289 u. Fn., 292, 307
Fn., 309 Fn., 335 f., 338 u. Fn., 340, 379
Fn., 380 – 386, 464, 516
Proteus 160, 174, 189 – 194, 198 f., 207,
209 f., 226 f.
Pyramus 130

Schyron, Chiron 160, 422 f., 426 Fn., 466 –
468, 470, 504 – 507, 511 – 513
Sirene 131 f.

Thelamon 214, 238, 241 Fn., 242, 251, 262
Fn., 274, 278, 307 Fn., 309 Fn., 423 Fn.
Theseus (Entführer Helenas) 433 f.
Theseus (Retter Hectors) 246 Fn., 278, 297,
309 Fn., 434 Fn.
Thetis 88 u. Fn., 92, 109 f., 117 – 120, 156 u.
Fn., 160, 177, 189 – 191, 199, 207 f., 338,
346 Fn., 424 Fn., 426 Fn., 428 – 432,
435, 505 – 508, 511, 533
Thisbe 130
Troilus 174, 196 f., 244, 262, 278, 289 f., 307
Fn., 309 Fn.

Ulixes 88, 160 Fn., 307 Fn., 309 Fn., 311, 370
Fn., 468 – 470, 510, 513

Venus, Aphrodite 3 – 7, 83 u. Fn., 90 – 92,
118 f., 121, 123 – 133, 176 f., 183, 185,
215, 220 – 222, 225 f., 338, 354, 381 f.,
433, 435, 515 f., 518, 523 Fn., 545